电子政务理事会 编

CHINA'S E-GOVERNMENT YEARBOOK（2013）

中国电子政务年鉴（2013）

社会科学文献出版社
SOCIAL SCIENCES ACADEMIC PRESS (CHINA)

编 委 会

编辑说明

一、《中国电子政务年鉴》（以下简称《年鉴》）是由电子政务理事会组编，记载党中央和国家机关及地方政府电子政务的主要状况，汇集国家主管部门指导电子政务发展的重要文件，收录年度电子政务的专题报告和观察评述，整理电子政务发展水平的基础数据的工具书。《年鉴》每年编印一册，《中国电子政务年鉴（2013）》记载2013年的事件。

二、《年鉴》文稿由作者单位提交至年鉴编委会审定，文稿中涉及的技术、数据、保密内容等问题均经撰稿人所在单位把关审定。

三、《年鉴》以数据或实例为依据，鼓励使用图表表述，且尽量不与文字内容重复，收录的第三方报告以数据和图表为主，不做观点阐述。

四、本年鉴力求内容全面、资料准确、整体规范、文字简练，并注重实用性、可读性和连续性。

五、限于编辑水平和经验，《年鉴》难免有不足之处，我们热诚希望广大读者和各级领导提出宝贵意见，以便我们改进提高。

《中国电子政务年鉴》编辑部
2014 年 4 月

前　言

冬去春来，年复一年，又到了《中国电子政务年鉴（2013）》（以下简称《年鉴》）即将付印出版的日子了。

《年鉴》的结构变动不大，但增加了许多令人欣慰的内容。与《中国电子政务年鉴（2012）》比，《年鉴》全书唯一的变化是由原九篇变为了八篇，将 2012 年年鉴的第六、七篇合并成了一篇，各篇的内容有了不少的充实。

第一篇是政策文件篇，收集了国办、工信部、发改委发的 13 个文件，对政府信息公开、信息消费、集约化的云计算平台建设，政务部门信息共享和工程建设管理、物联网重大应用示范工程试点等工作做出了明确的指导规定。

第二篇是综述篇，变化较大。除了由工信部信息化推进司章晓杭撰写的《2013 年电子政务发展综述》，对 2013 年全国电子政务面临的形势、任务、发展重点作了深入的综述，还增加了国家信息中心宁家骏写的国家重点电子政务工程项目的进展情况，较为全面地介绍了国家发改委在落实"十二五"政务信息化规划方面的工作。

第三篇是中央国家机关电子政务发展概况，本年度年鉴新增了外交部、发改委、科技部、财政部、国税总局、国家政务外网等 6 个单位的内容，反映出《年鉴》组稿上了档次，得到了国家一线大部委的认可和支持。

第四篇是地方政府电子政务发展概况，2013 年供稿的单位共 68 个，其中 27 个省、11 个副省、30 个地级市及区县，较 2012 年有较大增加。新增山西、内蒙古、重庆、青海、宁夏，反映出西部地区对电子政务的重视程度不亚于中部、东部地区，可喜可贺。

第五篇是 2013·中国电子政务优秀案例，是内容增加最多的一篇，有 7 个部委、21 个省的电子政务主管部门推荐了 2013 年的 66 个试点示范项目，而 2012 年这一数字是 3 个部委和 13 个省 38 个案例，反映出越来越多的电子政务主管部门对于《年鉴》这一宣传和交流平台的认可。

第六篇是电子政务专题报告，收入 8 篇专题报告，其实是 10 篇，还有两篇，一篇是周德铭副理事长撰写的《2013 年中央国家机关电子政务发展评述》，因为内容是评述中央国家机关电子政务发展情况的，所以放在第三篇，另一篇是金锋副理事长的《2013 年地方电子政务发展评述》，因为内容是评述地方政府电子政务发展情况的，所以放在第四篇了。

特别值得提出的是，2013 年有 3 家国内知名 IT 企业——华为、中兴通讯、浪潮也将他们的专题成果放到《年鉴》中来了，说明《年鉴》作为行业日益重要的交流平台，正在得到企业的认可和支持。

第七篇为年度发布，其中 2013 年电子政务最高荣誉奖 8 人，2013 年电子政务年度人物 30 人，电子政务优秀供应商 6 家，这些先进个人和企业的成就和业绩，值得业内同人好好学习。

第八篇是大事记，虽说只限于 2013 年度的活动和事件，内容也不少，遗憾的是标准不统一，真正有影响的事件不突出，明年应改革组稿方式。

从中国电子政务的发展来看确实需要一本好的年鉴。20多年来，作为一项跨地区、跨部门、跨业务的新型政务形态，我国电子政务的发展经历了初级发展而步入普及与应用阶段，几乎国际上所有最新的信息技术都能在中国的电子政务中找到应用案例，但遗憾的是，中国电子政务虽然每年投入几百个亿，几乎所有的地方、部门都有专门的甚至多个信息化机构在推动建设和管理，却缺乏一个全国性的、权威的机构来系统总结、评估中国特色的电子政务发展道路。因此，电子政务理事会适时组织各地方、各部门的电子政务主管部门、责任单位、建设和运维机构以及专家学者编写中国电子政务年鉴。这本涵盖10年我国电子政务有关文件、法规，各地方、各部门电子政务发展概况，年度中央和地方电子政务试点示范项目，电子政务绩效评估和专题研究以及10年电子政务大事记、知识库，洋洋洒洒130余万字的年鉴，虽有内容不全、覆盖与原创不足等缺陷，但我们欣喜地看到，业界给予的评价是宽容和鼓励的。

编写一本在内容和影响力上更给力的年鉴，这是我们这个改革的时代对电子政务理事会的要求。从2013年5月"《年鉴（2012）》新闻发布会"，到6月银川的"2013年电子政务理事会年鉴工作会议"，再到2014年1月在哈尔滨举行的"《中国电子政务年鉴（2013）》组稿工作会议"，一直到目前正在审稿、改稿的年鉴编辑部，电子政务理事会从理事长、副理事长到秘书处的各位同事，据统计，从部委到地方，今年共有87个理事单位150多个作者参加了《年鉴》的编写。大家都为这本《年鉴》付出了自己的劳动和智慧。

立足一个行业，编好一本年鉴，这是协会组织取得行业话语权的基础。实质上，年鉴的编写绝不是单纯的约稿、编稿这么简单的事，是行业协会跨年度的重要工作。策划、选题、组稿、评选、颁奖等年鉴工作，其实是行业知情权和话语权的运作与实现。它深刻地影响着一个行业的自律规则，是实现这个行业所涉甲、乙、丙、丁四方互联互通的平台。

我们正处在新一轮改革的浪潮中，以"推进国家治理体系和治理能力现代化"为总目标，简政放权是十八大以来党中央、国务院高层坚定推行的改革举措，政府放权，社会组织应势而上加入到国家治理体系之中，做好政府不能做、做不好而市场又需要，社会有需求的事情。年鉴编写正是这样一项工作。

最后，我想说的是，党的十八届三中全会明确提出"完善和发展中国特色社会主义制度，推进国家治理体系和治理能力现代化"的总目标，部署了加快转变政府职能、推动城乡发展一体化、强化权力运行制约和监督体系、推进社会事业改革创新、创新社会治理体制、加快生态文明制度建设等一系列重大任务，对大力推进电子政务发展提出了新的、更高的要求。相信2014年中国的改革浪潮将催生电子政务更多的新的创新发展，2014年的《中国电子政务年鉴》将更丰富、更精彩。

电子政务理事会理事长陆首群

2014年3月

目　　录

第一篇　政策文件

·国务院·

国务院关于推进物联网有序健康发展的指导意见 …………………………………… 3

国务院关于促进信息消费扩大内需的若干意见 …………………………………… 7

·国务院办公厅·

国务院办公厅关于印发当前政府信息公开重点工作安排的通知 ………………… 13

国务院办公厅关于印发政府机关使用正版软件管理办法的通知 ………………… 16

国务院办公厅关于进一步加强政府信息公开回应社会关切提升

政府公信力的意见 ………………………………………………………………… 18

·工业和信息化部·

工业和信息化部信息化推进司关于印发《基于云计算的电子政务公共平台

顶层设计指南》的函 ……………………………………………………………… 22

工业和信息化部办公厅关于征选信息消费试点市（县、区）的通知 …………… 27

·国家发展改革委·

关于进一步加强政务部门信息共享建设管理的指导意见 ………………………… 31

国家发展改革委关于加强和完善国家电子政务工程建设管理的意见 …………… 34

国家发展改革委办公厅关于组织实施 2013 年国家信息安全专项

有关事项的通知 …………………………………………………………………… 39

国家发展改革委办公厅关于组织开展 2014～2016 年国家物联网重大应用示范

工程区域试点工作的通知 ………………………………………………………… 43

关于开展国家下一代互联网示范城市建设工作的通知 ·············· 46

· 财政部 ·

关于做好政府购买服务工作有关问题的通知 ················ 49

第二篇　综述

2013 年电子政务发展综述 ······························· 55

"十二五"国家电子政务重点工程扎实推进 ················ 69

第三篇　中央国家机关电子政务发展概况

2013 年中央国家机关电子政务发展评述 ················ 77

2013 年国家电子政务外网建设应用情况 ················ 84

2013 年外交部电子政务发展概况 ················ 86

2013 年国家发改委电子政务发展概况 ················ 89

2013 年科技部电子政务发展概况 ················ 91

2013 年公安部电子政务发展概况 ················ 93

2013 年财政部电子政务发展概况 ················ 96

2013 年人力资源和社会保障部电子政务发展概况 ················ 99

2013 年国土资源部电子政务发展概况 ················ 102

2013 年环境保护部电子政务发展概况 ················ 105

2013 年交通运输部电子政务发展概况 ················ 108

2013 年水利部电子政务发展概况 ················ 111

2013 年农业部电子政务发展概况 ················ 114

2013 年文化部电子政务发展概况 ················ 116

2013 年审计署电子政务发展概况 ················ 119

2013 年海关总署电子政务发展概况 ················ 122

2013 年国家税务总局电子政务发展概况 ················ 124

2013 年国家工商行政管理总局电子政务发展概况 ················ 128

2013 年国家质量监督检验检疫总局电子政务发展概况 ·············· 131

2013 年国家安全生产监督管理总局电子政务发展概况 ·············· 133

2013 年国家统计局电子政务发展概况 ························· 135

2013 年国家林业局电子政务发展概况 ························· 138

2013 年中国银行业监督管理委员会电子政务发展概况 ·············· 141

2013 年中央机构编制委员会办公室电子政务发展概况 ·············· 144

第四篇　地方政府电子政务发展概况

2013 年地方政府电子政务发展评述 ·························· 151

·省、自治区、直辖市·

2013 年北京市电子政务发展概况 ··························· 157

2013 年天津市电子政务发展概况 ··························· 159

2013 年河北省电子政务发展概况 ··························· 162

2013 年山西省电子政务发展概况 ··························· 165

2013 年内蒙古自治区电子政务发展概况 ······················ 167

2013 年吉林省电子政务发展概况 ··························· 170

2013 年黑龙江省电子政务发展概况 ························· 172

2013 年上海市电子政务发展概况 ··························· 174

2013 年江苏省电子政务发展概况 ··························· 178

2013 年安徽省电子政务发展概况 ··························· 180

2013 年福建省电子政务发展概况 ··························· 183

2013 年江西省电子政务发展概况 ··························· 185

2013 年山东省电子政务发展概况 ··························· 188

2013 年河南省电子政务发展概况 ··························· 191

2013 年湖北省电子政务发展概况 ··························· 194

2013 年湖南省电子政务发展概况 ··························· 197

2013 年广东省电子政务发展概况 ··························· 201

2013 年广西壮族自治区电子政务发展概况 ····················· 204

2013 年海南省电子政务发展概况 ··························· 207

2013 年重庆市电子政务发展概况 ……………………………………… 210

2013 年四川省电子政务发展概况 ……………………………………… 213

2013 年贵州省电子政务发展概况 ……………………………………… 216

2013 年云南省电子政务发展概况 ……………………………………… 219

2013 年陕西省电子政务发展概况 ……………………………………… 222

2013 年青海省电子政务发展概况 ……………………………………… 224

2013 年宁夏回族自治区电子政务发展概况 …………………………… 227

2013 年新疆维吾尔自治区电子政务发展概况 ………………………… 231

·计划单列市·

2013 年大连市电子政务发展概况 ……………………………………… 236

2013 年青岛市电子政务发展概况 ……………………………………… 239

2013 年深圳市电子政务发展概况 ……………………………………… 242

·副省级城市·

2013 年长春市电子政务发展概况 ……………………………………… 245

2013 年沈阳市电子政务发展概况 ……………………………………… 247

2013 年南京市电子政务发展概况 ……………………………………… 250

2013 年杭州市电子政务发展概况 ……………………………………… 253

2013 年广州市电子政务发展概况 ……………………………………… 256

2013 年武汉市电子政务发展概况 ……………………………………… 259

2013 年成都市电子政务发展概况 ……………………………………… 263

2013 年西安市电子政务发展概况 ……………………………………… 265

·省会城市·

2013 年石家庄市电子政务发展概况 …………………………………… 269

2013 年太原市电子政务发展概况 ……………………………………… 272

2013 年福州市电子政务发展概况 ……………………………………… 275

2013 年南昌市电子政务发展概况 ……………………………………… 278

2013 年郑州市电子政务发展概况 ……………………………………… 281

2013 年长沙市电子政务发展概况 ……………………………………… 284

2013 年南宁市电子政务发展概况 ……………………………………… 287

2013 年贵阳市电子政务发展概况 ……………………………………… 289

2013 年兰州市电子政务发展概况 ……………………………………… 292

·地级市·

2013 年黑龙江省齐齐哈尔市电子政务发展概况 ……………………………… 296

2013 年山西省长治市电子政务发展概况 ……………………………………… 299

2013 年山西省晋城市电子政务发展概况 ……………………………………… 302

2013 年浙江省温州市电子政务发展概况 ……………………………………… 305

2013 年福建省南平市电子政务发展概况 ……………………………………… 308

2013 年江西省上饶市电子政务发展概况 ……………………………………… 311

2013 年江西省九江市电子政务发展概况 ……………………………………… 314

2013 年山东省潍坊市电子政务发展概况 ……………………………………… 317

2013 年山东省东营市电子政务发展概况 ……………………………………… 320

2013 年河南省南阳市电子政务发展概况 ……………………………………… 323

2013 年湖北省宜昌市电子政务发展概况 ……………………………………… 325

2013 年湖南省郴州市电子政务发展概况 ……………………………………… 328

2013 年贵州省六盘水市电子政务发展概况 …………………………………… 331

·区县·

2013 年北京市东城区电子政务发展概况 ……………………………………… 335

2013 年北京市西城区电子政务发展概况 ……………………………………… 338

2013 年北京市朝阳区电子政务发展概况 ……………………………………… 340

2013 年北京市海淀区电子政务发展概况 ……………………………………… 343

2013 年北京市大兴区电子政务发展概况 ……………………………………… 345

2013 年北京经济技术开发区电子政务发展概况 ……………………………… 349

2013 年江苏省仪征市电子政务发展概况 ……………………………………… 351

2013 年湖北省武汉市江夏区电子政务发展概况 ……………………………… 353

第五篇　2013·中国电子政务优秀案例

·国家部委·

国家环境信息与统计能力建设项目 …………………………………………… 359

全国水利普查空间信息系统 …………………………………………………… 364

12316 农业综合信息服务平台 …………………………………………… 370

国家级非物质文化遗产代表性项目管理平台 ………………………… 375

中国海关办公平台 HB2012 系统 ……………………………………… 378

国家工商总局企业登记管理数据分析系统 ………………………… 382

国家卫星林业遥感数据应用平台 ……………………………………… 386

·北京市·

北京城管移动应用服务平台 …………………………………………… 389

北京法院构建司法公开服务体系项目 ………………………………… 393

西城区云计算数据中心项目 …………………………………………… 397

"智慧朝阳"服务网 …………………………………………………… 403

朝阳区安全生产移动应用 ……………………………………………… 406

朝阳区统一 GIS 平台 ………………………………………………… 409

海淀区房屋全生命周期管理系统 ……………………………………… 415

海淀区办公云平台建设项目 …………………………………………… 419

·天津市·

天津市医疗保险实时监控系统项目 …………………………………… 424

·河北省·

河北省政府门户网站智能搜索系统 …………………………………… 429

·辽宁省·

民心网——民意诉求表达信息网络系统 ……………………………… 432

沈阳市规划和国土资源局"一张图"及综合业务电子政务系统 …… 436

大连市国家税务局纳税服务质量管理系统 …………………………… 441

大连市地方税务局网上办税大厅 ……………………………………… 445

·吉林省·

长春市社区信息网络及综合服务平台 ………………………………… 450

·河南省·

郑州市数字档案馆项目 ………………………………………………… 454

郑州住房公积金业务中心批量处理与末端分散办理交互平台…………457
基于"一体化集成框架"的郑州市城乡规划信息系统 …………462

·上海市·

上海市移动政务统一通讯平台…………468
以土地有形市场管理信息系统…………472
上海市水务综合信息平台…………476
科技企业统计与服务通道系统…………480

·江苏省·

江苏省生态环境监控系统…………486
江苏检验检疫国检云平台…………491
江苏省电子营业执照识别应用系统…………494
江苏省新型农村合作医疗信息系统…………499

·浙江省·

浙江省实有人口基础信息资源库和共享交换平台…………505
杭州市电子公章政务统一平台…………508

·海南省·

海南省、市县、乡镇三级农村宅基地产权管理系统…………512

·四川省·

崇州公众信息网微信平台…………516

·贵州省·

贵州省"一张图"平台的省国土资源电子政务系统…………518

·新疆维吾尔自治区·

新疆政府系统电子政务专有云试点项目…………523
新疆克拉玛依市区域远程医学平台…………527
喀什行政审批一站式服务平台…………532
新疆粮食综合管理信息系统…………536
新疆药品流通监控系统…………541

·广东省·

广州市公安局"网上车管所"应用项目 …………………………………… 546

广州从"数字人才"迈向"智慧人才" …………………………………… 550

东莞市以社保卡为载体的公共服务平台 ………………………………… 554

越秀区基于社区服务管理平台 …………………………………………… 558

·山东省·

济南市电子政务服务平台 ………………………………………………… 564

青岛市政府投资项目监管平台 …………………………………………… 568

青岛市网上便民服务大厅 ………………………………………………… 572

德州市电子政务提升工程 ………………………………………………… 576

东营市国土资源网络交易服务平台 ……………………………………… 580

青岛市城阳区全员全程勤廉监管平台 …………………………………… 583

·湖北省·

武汉市农产品溯源管理新模式 …………………………………………… 588

武汉市科技信息资源服务平台 …………………………………………… 592

武汉市智慧社会管理平台 ………………………………………………… 596

武汉市硚口区底册编制系统 ……………………………………………… 600

湖北宜昌市大综合电子监察平台 ………………………………………… 604

宜昌市公共资源交易管理系统 …………………………………………… 607

宜昌市建设行业综合监管平台 …………………………………………… 611

·安徽省·

马鞍山市国土执法视频监控系统 ………………………………………… 617

·福建省·

南平市县统一政务协同办公系统 ………………………………………… 621

·江西省·

南昌县统一电子政务平台项目 …………………………………………… 625

·山西省·

长治市城区"三位一体"网格化社会管理服务系统 ……………………… 629

晋城市电子政务统一云服务平台"栖凤云" ……………………………… 633

·甘肃省·

定西市电子民生平台 ·· 638

第六篇　电子政务专题报告

发达国家电子政务发展特点与趋势 ···················· 645

地理空间数据与电子政务系统 ························· 654

初探政务大数据 ··· 662

智慧城市发展指数研究 ································· 667

智慧城市与智慧东城 ····································· 680

青岛市政务云公共服务平台建设和应用情况专题报告 ·· 690

移动政务助力智慧政府 ································· 699

浪潮云框架与微应用 ····································· 705

第七篇　年度发布

·2013 年电子政务最高荣誉奖·

任守信　中共中央办公厅信息中心原主任 ············· 711

汪玉凯　国家行政学院教授 ······························· 711

宁家骏　国家信息中心专家委员会主任 ··············· 712

王智玉　审计署信息化建设办公室原主任 ············· 713

姚　琴　国家税务总局电子税务管理中心主任（司长） ·· 713

阎冠和　北京市经济和信息化委员会原副主任 ········· 715

慈明安　辽宁省人民政府办公厅副巡视员 ············· 716

郭子龙　山西省经济信息中心原常务副主任 ··········· 717

·2013 年电子政务年度人物·

韩海青　国土资源部信息中心主任 ····················· 720

李昌健　农业部信息中心主任 ························· 720

蔡　阳　水利部水利信息中心副主任（正局级）…………………… 721

胡晓军　科技部信息中心主任…………………………………… 723

贾怀斌　人力资源和社会保障部信息中心主任……………… 724

王　桦　海关总署办公厅副主任（副局级）………………… 725

王庆春　国家质检总局信息中心副主任、高级工程师……… 725

张瑞新　国家安全监管总局通信信息中心主任、党委副书记… 726

孙松涛　上海市政府办公厅电子政务办公室主任………… 728

刘春林　黑龙江省政府办公厅副主任、党组成员………… 728

邓三龙　湖南省林业厅党组书记厅长…………………… 729

刘　稚　新疆维吾尔自治区人民政府电子政务办公室主任… 731

朱志祥　陕西省信息化工程研究院院长………………… 732

董振国　河北省政府办公厅技术处处长………………… 733

宋　刚　北京市城市管理综合行政执法局科技信息中心主任… 734

王岚生　北京市高级人民法院信息技术处处长………… 735

耿　昭　大连市政府网站管理中心主任………………… 736

张　艳　青岛市市电子政务和信息资源管理办公室副主任… 738

李协军　武汉市信息产业办公室巡视员………………… 739

李宗华　武汉市国土资源和规划信息中心主任………… 740

刘春贵　济南市信息中心主任…………………………… 741

张占峰　广州市人事人才信息资源中心主任…………… 742

盛　铎　郑州市电子政务中心主任、高级工程师……… 743

郑纪华　兰州市数字城市建设办公室主任……………… 745

谢霄鹏　北京市东城区信息化工作办公室主任………… 746

王　臻　北京朝阳区信息化工作办公室主任…………… 747

何建吾　北京市海淀区经济和信息化办公室…………… 747

董藏收　东营市政府办公室电子政务科科长…………… 748

肖　兵　九江市人民政府信息工作办公室主任………… 749

彭　勃　长沙天心区电子政务管理办公室主任………… 751

·2013年电子政务优秀供应商·

中兴通讯股份有限公司…………………………………… 752

方正国际软件（北京）有限公司………………………… 757

北京华宇软件股份有限公司……………………………… 764

龙信数据（北京）有限公司 ································· 768

上海普华诚信信息技术有限公司 ························· 773

北京地林伟业科技股份有限公司 ························· 778

获奖名单 ································· 784

第八篇　大事记

2013 年电子政务大事记 ································· 797

附　录

电子政务理事会名单 ································· 807

后　记 ································· 812

第一篇
政策文件

国务院关于推进物联网有序健康发展的指导意见[*]

国发〔2013〕7号

各省、自治区、直辖市人民政府，国务院各部委、各直属机构：

物联网是新一代信息技术的高度集成和综合运用，具有渗透性强、带动作用大、综合效益好的特点，推进物联网的应用和发展，有利于促进生产生活和社会管理方式向智能化、精细化、网络化方向转变，对于提高国民经济和社会生活信息化水平，提升社会管理和公共服务水平，带动相关学科发展和技术创新能力增强，推动产业结构调整和发展方式转变具有重要意义，我国已将物联网作为战略性新兴产业的一项重要组成内容。目前，在全球范围内物联网正处于起步发展阶段，物联网技术发展和产业应用具有广阔的前景和难得的机遇。经过多年发展，我国在物联网技术研发、标准研制、产业培育和行业应用等方面已初步具备一定基础，但也存在关键核心技术有待突破、产业基础薄弱、网络信息安全存在潜在隐患、一些地方出现盲目建设现象等问题，急需加强引导加快解决。为推进我国物联网有序健康发展，现提出以下指导意见：

一 指导思想、基本原则和发展目标

（一）指导思想。以邓小平理论、"三个代表"重要思想、科学发展观为指导，加强统筹规划，围绕经济社会发展的实际需求，以市场为导向，以企业为主体，以突破关键技术为核心，以推动需求应用为抓手，以培育产业为重点，以保障安全为前提，营造发展环境，创新服务模式，强化标准规范，合理规划布局，加强资源共享，深化军民融合，打造具有国际竞争力的物联网产业体系，有序推进物联网持续健康发展，为促进经济社会可持续发展作出积极贡献。

（二）基本原则。统筹协调。准确把握物联网发展的全局性和战略性问题，加强科学规划，统筹推进物联网应用、技术、产业、标准的协调发展。加强部门、行业、地方间的协作协同。统筹好经济发展与国防建设。

创新发展。强化创新基础，提高创新层次，加快推进关键技术研发及产业化，实现产业集聚发展，培育壮大骨干企业。拓宽发展思路，创新商业模式，发展新兴服务业。强化创新能力建设，完善公共服务平台，建立以企业为主体、产学研用相结合的技术创新体系。

需求牵引。从促进经济社会发展和维护国家安全的重大需求出发，统筹部署、循序渐进，以重大示范应用为先导，带动物联网关键技术突破和产业规模化发展。在竞争性领域，坚持应用推广的市场化。在社会管理和公共服务领域，积极引入市场机制，增强物联网发展的内生性动力。

---

* 中华人民共和国中央人民政府网站，http://www.gov.cn/zwgk/2013-02/17/content_ 2333141.htm。

有序推进。根据实际需求、产业基础和信息化条件，突出区域特色，有重点、有步骤地推进物联网持续健康发展。加强资源整合协同，提高资源利用效率，避免重复建设。

安全可控。强化安全意识，注重信息系统安全管理和数据保护。加强物联网重大应用和系统的安全测评、风险评估和安全防护工作，保障物联网重大基础设施、重要业务系统和重点领域应用的安全可控。

（三）发展目标。总体目标。实现物联网在经济社会各领域的广泛应用，掌握物联网关键核心技术，基本形成安全可控、具有国际竞争力的物联网产业体系，成为推动经济社会智能化和可持续发展的重要力量。

近期目标。到2015年，实现物联网在经济社会重要领域的规模示范应用，突破一批核心技术，初步形成物联网产业体系，安全保障能力明显提高。

——协同创新。物联网技术研发水平和创新能力显著提高，感知领域突破核心技术瓶颈，明显缩小与发达国家的差距，网络通信领域与国际先进水平保持同步，信息处理领域的关键技术初步达到国际先进水平。实现技术创新、管理创新和商业模式创新的协同发展。创新资源和要素得到有效汇聚和深度合作。

——示范应用。在工业、农业、节能环保、商贸流通、交通能源、公共安全、社会事业、城市管理、安全生产、国防建设等领域实现物联网试点示范应用，部分领域的规模化应用水平显著提升，培育一批物联网应用服务优势企业。

——产业体系。发展壮大一批骨干企业，培育一批"专、精、特、新"的创新型中小企业，形成一批各具特色的产业集群，打造较完善的物联网产业链，物联网产业体系初步形成。

——标准体系。制定一批物联网发展所急需的基础共性标准、关键技术标准和重点应用标准，初步形成满足物联网规模应用和产业化需求的标准体系。

——安全保障。完善安全等级保护制度，建立健全物联网安全测评、风险评估、安全防范、应急处置等机制，增强物联网基础设施、重大系统、重要信息等的安全保障能力，形成系统安全可用、数据安全可信的物联网应用系统。

二　主要任务

（一）加快技术研发，突破产业瓶颈。以掌握原理、实现突破性技术创新为目标，把握技术发展方向，围绕应用和产业急需，明确发展重点，加强低成本、低功耗、高精度、高可靠、智能化传感器的研发与产业化，着力突破物联网核心芯片、软件、仪器仪表等基础共性技术，加快传感器网络、智能终端、大数据处理、智能分析、服务集成等关键技术研发创新，推进物联网与新一代移动通信、云计算、下一代互联网、卫星通信等技术的融合发展。充分利用和整合现有创新资源，形成一批物联网技术研发实验室、工程中心、企业技术中心，促进应用单位与相关技术、产品和服务提供商的合作，加强协同攻关，突破产业发展瓶颈。

（二）推动应用示范，促进经济发展。对工业、农业、商贸流通、节能环保、安全生产等重要领域和交通、能源、水利等重要基础设施，围绕生产制造、商贸流通、物流配送和经营管理流程，推动物联网技术的集成应用，抓好一批效果突出、带动性强、关联度高的典型应用示范工程。积极利用物联网技术改造传统产业，推进精细化管理和科学决策，提升生产和运行效率，推进节能减排，保障安全生产，创新发展模式，促进产业升级。

（三）改善社会管理，提升公共服务。在公共安全、社会保障、医疗卫生、城市管理、民生服务等领域，围绕管理模式和服务模式创新，实施物联网典型应用示范工程，构建更加便捷高效和安全可靠的智能化社会管理和公共服务体系。发挥物联网技术优势，促进社会管理和公共服务信息化，扩展和延伸服务范围，提升管理和服务水平，提高人民生活质量。

（四）突出区域特色，科学有序发展。引导和督促地方根据自身条件合理确定物联网发展定位，结合科研能力、应用基础、产业园区等特点和优势，科学谋划，因地制宜，有序推进物联网发展，信息化和信息产业基础较好的地区要强化物联网技术研发、产业化及示范应用，信息化和信息产业基础较弱的地区侧重推广成熟的物联网应用。加快推进无锡国家传感网创新示范区建设。应用物联网等新一代信息技术建设智慧城市，要加强统筹、注重效果、突出特色。

（五）加强总体设计，完善标准体系。强化统筹协作，依托跨部门、跨行业的标准化协作机制，协调推进物联网标准体系建设。按照急用先立、共性先立原则，加快编码标识、接口、数据、信息安全等基础共性标准、关键技术标准和重点应用标准的研究制定。推动军民融合标准化工作，开展军民通用标准研制。鼓励和支持国内机构积极参与国际标准化工作，提升自主技术标准的国际话语权。

（六）壮大核心产业，提高支撑能力。加快物联网关键核心产业发展，提升感知识别制造产业发展水平，构建完善的物联网通信网络制造及服务产业链，发展物联网应用及软件等相关产业。大力培育具有国际竞争力的物联网骨干企业，积极发展创新型中小企业，建设特色产业基地和产业园区，不断完善产业公共服务体系，形成具有较强竞争力的物联网产业集群。强化产业培育与应用示范的结合，鼓励和支持设备制造、软件开发、服务集成等企业及科研单位参与应用示范工程建设。

（七）创新商业模式，培育新兴业态。积极探索物联网产业链上下游协作共赢的新型商业模式。大力支持企业发展有利于扩大市场需求的物联网专业服务和增值服务，推进应用服务的市场化，带动服务外包产业发展，培育新兴服务产业。鼓励和支持电信运营、信息服务、系统集成等企业参与物联网应用示范工程的运营和推广。

（八）加强防护管理，保障信息安全。提高物联网信息安全管理与数据保护水平，加强信息安全技术的研发，推进信息安全保障体系建设，建立健全监督、检查和安全评估机制，有效保障物联网信息采集、传输、处理、应用等各环节的安全可控。涉及国家公共安全和基础设施的重要物联网应用，其系统解决方案、核心设备以及运营服务必须立足于安全可控。

（九）强化资源整合，促进协同共享。充分利用现有公共通信和网络基础设施开展物联网应用。促进信息系统间的互联互通、资源共享和业务协同，避免形成新的信息孤岛。重视信息资源的智能分析和综合利用，避免重数据采集、轻数据处理和综合应用。加强对物联网建设项目的投资效益分析和风险评估，避免重复建设和不合理投资。

三　保障措施

（一）加强统筹协调形成发展合力。建立健全部门、行业、区域、军地之间的物联网发展统筹协调机制，充分发挥物联网发展部际联席会议制度的作用，研究重大问题，协调制定政策措施和行动计划，加强应用推广、技术研发、标准制定、产业链构建、基础设施建设、信息安全保障、无线频谱资源分配利用等的统筹，形成资源共享、协同推进的工作格局和各环节相互支撑、相互促进的协同发展效应。加强物联网相关规划、科技重大专项、产业化专项等的衔接协调，合理布局物联网重大应用示范和产业化项目，强化产业链配套和区域分工合作。

（二）营造良好发展环境。建立健全有利于物联网应用推广、创新激励、有序竞争的政策体系，抓紧推动制定完善信息安全与隐私保护等方面的法律法规。建立鼓励多元资本公平进入的市场准入机制。加快物联网相关标准、检测、认证等公共服务平台建设，完善支撑服务体系。加强知识产权保护，积极开展物联网相关技术的知识产权分析评议，加快推进物联网相关专利布局。

（三）加强财税政策扶持。加大中央财政支持力度，充分发挥国家科技计划、科技重大专项的作用，统筹利用好战略性新兴产业发展专项资金、物联网发展专项资金等支持政策，集中力量推进物联网关键核心技术研发和产业化，大力支持标准体系、创新能力平台、重大应用示范工程等建设。支持符合现行软件和集成电路税收优惠政策条件的物联网企业按规定享受相关税收优惠政策，经认定为高新技术企业的物联网企业按规定享受相关所得税优惠政策。

（四）完善投融资政策。鼓励金融资本、风险投资及民间资本投向物联网应用和产业发展。加快建立包括财政出资和社会资金投入在内的多层次担保体系，加大对物联网企业的融资担保支持力度。对技术先进、优势明显、带动和支撑作用强的重大物联网项目优先给予信贷支持。积极支持符合条件的物联网企业在海内外资本市场直接融资。鼓励设立物联网股权投资基金，通过国家新兴产业创投计划设立一批物联网创业投资基金。

（五）提升国际合作水平。积极推进物联网技术交流与合作，充分利用国际创新资源。鼓励国外企业在我国设立物联网研发机构，引导外资投向物联网产业。立足于提升我国物联网应用水平和产业核心竞争力，引导国内企业与国际优势企业加强物联网关键技术和产品的研发合作。支持国内企业参与物联网全球市场竞争，推动我国自主技术和标准走出去，鼓励企业和科研单位参与国际标准制定。

（六）加强人才队伍建设。建立多层次多类型的物联网人才培养和服务体系。支持相关高校和科研院所加强多学科交叉整合，加快培养物联网相关专业人才。依托国家重大专项、科技计划、示范工程和重点企业，培养物联网高层次人才和领军人才。加快引进物联网高层次人才，完善配套服务，鼓励海外专业人才回国或来华创业。

各地区、各部门要按照本意见的要求，进一步深化对发展物联网重要意义的认识，结合实际，扎实做好相关工作。各部门要按照职责分工，尽快制定具体实施方案、行动计划和配套政策措施，加强沟通协调，抓好任务措施落实，确保取得实效。

国务院

2013 年 2 月 5 日

国务院关于促进信息消费扩大内需的若干意见[*]

国发〔2013〕32 号

各省、自治区、直辖市人民政府，国务院各部委、各直属机构：

近年来，全球范围内信息技术创新不断加快，信息领域新产品、新服务、新业态大量涌现，不断激发新的消费需求，成为日益活跃的消费热点。我国市场规模庞大，正处于居民消费升级和信息化、工业化、城镇化、农业现代化加快融合发展的阶段，信息消费具有良好发展基础和巨大发展潜力。与此同时，我国信息消费面临基础设施支撑能力有待提升、产品和服务创新能力弱、市场准入门槛高、配套政策不健全、行业壁垒严重、体制机制不适应等问题，亟需采取措施予以解决。加快促进信息消费，能够有效拉动需求，催生新的经济增长点，促进消费升级、产业转型和民生改善，是一项既利当前又利长远、既稳增长又调结构的重要举措。为加快推动信息消费持续增长，现提出以下意见：

一　总体要求

（一）指导思想。以邓小平理论、"三个代表"重要思想、科学发展观为指导，以深化改革为动力，以科技创新为支撑，围绕挖掘消费潜力、增强供给能力、激发市场活力、改善消费环境，加强信息基础设施建设，加快信息产业优化升级，大力丰富信息消费内容，提高信息网络安全保障能力，建立促进信息消费持续稳定增长的长效机制，推动面向生产、生活和管理的信息消费快速健康增长，为经济平稳较快发展和民生改善发挥更大作用。

（二）基本原则。市场导向、改革发展。加快政府职能转变和管理创新，充分发挥市场作用，打破行业进入壁垒，促进信息资源开放共享和企业公平竞争，在竞争性领域坚持市场化运行，在社会管理和公共服务领域积极引入市场机制，增强信息消费发展的内生动力。

需求牵引、创新发展。引导企业立足内需市场，强化创新基础，提高创新层次，鼓励多元发展，加快关键核心信息技术和产品研发，鼓励业务模式创新，培育发展新型业态，提升信息产品、服务、内容的有效供给水平，挖掘和释放消费潜力。

完善环境、有序发展。建立和完善有利于扩大信息消费的政策环境，综合利用有线、无线等技术适度超前部署宽带基础设施，运用信息平台改进公共服务，完善市场监管，规范产业发展秩序，加强个人信息保护和信息安全保障，建设安全诚信有序的信息消费市场环境。

（三）主要目标。信息消费规模快速增长。到 2015 年，信息消费规模超过 3.2 万亿元，年均增长 20% 以上，带动相关行业新增产出超过 1.2 万亿元，其中基于互联网的新型信息消费规模达到 2.4 万亿元，年均增长 30% 以上。基于电子商务、云计算等信息平台的消费快速增长，电子商务交易额超过 18 万亿元，网络零售交易额突破 3 万亿元。

信息基础设施显著改善。到 2015 年，适应经济社会发展需要的宽带、融合、安全、泛在的下一代信息基础设施初步建成，城市家庭宽带接入能力基本达到每秒 20 兆比特

---

* 中华人民共和国中央人民政府网站，http://www.gov.cn/zwgk/2013-08/14/content_2466856.htm。

（MBPS），部分城市达到100MBPS，农村家庭宽带接入能力达到4MBPS，行政村通宽带比例达到95%。智慧城市建设取得长足进展。

信息消费市场健康活跃。面向生产、生活和管理的信息产品和服务更加丰富，创新更加活跃，市场竞争秩序规范透明，消费环境安全可信，信息消费示范效应明显，居民信息消费的选择更加丰富，消费意愿进一步增强。企业信息化应用不断深化，公共服务信息需求有效拓展，各类信息消费的需求进一步释放。

二 加快信息基础设施演进升级

（四）完善宽带网络基础设施。发布实施"宽带中国"战略，加快宽带网络升级改造，推进光纤入户，统筹提高城乡宽带网络普及水平和接入能力。开展下一代互联网示范城市建设，推进下一代互联网规模化商用。推进下一代广播电视网规模建设。完善电信普遍服务补偿机制，加大支持力度，促进提供更广泛的电信普遍服务。持续推进电信基础设施共建共享，统筹互联网数据中心（IDC）等云计算基础设施布局。各级人民政府要将信息基础设施纳入城乡建设和土地利用规划，给予必要的政策资金支持。

（五）统筹推进移动通信发展。扩大第三代移动通信（3G）网络覆盖，优化网络结构，提升网络质量。根据企业申请情况和具备条件，推动于2013年内发放第四代移动通信（4G）牌照。加快推进我国主导的新一代移动通信技术时分双工模式、移动通信长期演进技术（TD－LTE）网络建设和产业化发展。

（六）全面推进三网融合。加快电信和广电业务双向进入，在试点基础上于2013年下半年逐步向全国推广。推动中国广播电视网络公司加快组建，推进电信网和广播电视网基础设施共建共享。加快推动地面数字电视覆盖网建设和高清交互式电视网络设施建设，加快广播电视模数转换进程。鼓励发展交互式网络电视（IPTV）、手机电视、有线电视网宽带服务等融合性业务，带动产业链上下游企业协同发展，完善三网融合技术创新体系。

三 增强信息产品供给能力

（七）鼓励智能终端产品创新发展。面向移动互联网、云计算、大数据等热点，加快实施智能终端产业化工程，支持研发智能手机、智能电视等终端产品，促进终端与服务一体化发展。支持数字家庭智能终端研发及产业化，大力推进数字家庭示范应用和数字家庭产业基地建设。鼓励整机企业与芯片、器件、软件企业协作，研发各类新型信息消费电子产品。支持电信、广电运营单位和制造企业通过定制、集中采购等方式开展合作，带动智能终端产品竞争力提升，夯实信息消费的产业基础。

（八）增强电子基础产业创新能力。实施平板显示工程，推动平板显示产业做大做强，加快推进新一代显示技术突破，完善产业配套能力。以重点整机和信息化应用为牵引，依托国家科技计划（基金、专项）和重大工程，大力提升集成电路设计、制造工艺技术水平。支持地方探索发展集成电路的融资改革模式，利用现有财政资金渠道，鼓励和支持有条件的地方政府设立集成电路产业投资基金，引导社会资金投资集成电路产业，有效解决集成电路制造企业融资瓶颈。支持智能传感器及系统核心技术的研发和产业化。

（九）提升软件业支撑服务水平。加强智能终端、智能语音、信息安全等关键软件的开发应用，加快安全可信关键应用系统推广。面向企业信息化需求，突破核心业务信息系统、大型应用系统等的关键技术，开发基于开放标准的嵌入式软件和应用软件，加快产品生命周期管理（PLM）、制造执行管理系统（MES）等工业软件产业化。加强工业控制系统软件开发和安全应用。加快推进企业信息化，提升综合集成应用和业务协同创新水平，促进制造业服务化。大力支持软件应用商店、软件即服务（SAAS）等服务模式创新。

四　培育信息消费需求

（十）拓展新兴信息服务业态。发展移动互联网产业，鼓励企业设立移动应用开发创新基金，推进网络信息技术与服务模式融合创新。积极推动云计算服务商业化运营，支持云计算服务创新和商业模式创新。面向重点行业和重点民生领域，开展物联网重大应用示范，提升物联网公共服务能力。加快推动北斗导航核心技术研发和产业化，推动北斗导航与移动通信、地理信息、卫星遥感、移动互联网等融合发展，支持位置信息服务（LBS）市场拓展。完善北斗导航基础设施，推进北斗导航服务模式和产品创新，在重点区域和交通、减灾、电信、能源、金融等重点领域开展示范应用，逐步推进北斗导航和授时的规模化应用。大力发展地理信息产业，拓宽地理信息服务市场。

（十一）丰富信息消费内容。大力发展数字出版、互动新媒体、移动多媒体等新兴文化产业，促进动漫游戏、数字音乐、网络艺术品等数字文化内容的消费。加快建立技术先进、传输便捷、覆盖广泛的文化传播体系，提升文化产品多媒体、多终端制作传播能力。加强数字文化内容产品和服务开发，建立数字内容生产、转换、加工、投送平台，丰富信息消费内容产品供给。加强基于互联网的新兴媒体建设，实施网络文化信息内容建设工程，推动优秀文化产品网络传播，鼓励各类网络文化企业生产提供健康向上的信息内容。

（十二）拓宽电子商务发展空间。完善智能物流基础设施，支持农村、社区、学校的物流快递配送点建设。各级人民政府要出台仓储建设用地、配送车辆管理等方面的鼓励政策。大力发展移动支付等跨行业业务，完善互联网支付体系。加快推进电子商务示范城市建设，实施可信交易、网络电子发票等电子商务政策试点。支持网络零售平台做大做强，鼓励引导金融机构为中小网商提供小额贷款服务，推动中小企业普及应用电子商务。拓展移动电子商务应用，积极培育城市社区、农产品电子商务。建设跨境电子商务通关服务平台和外贸交易平台，实施与跨境电子商务相适应的监管措施，鼓励电子商务"走出去"。

五　提升公共服务信息化水平

（十三）促进公共信息资源共享和开发利用。制定公共信息资源开放共享管理办法，推动市政公用企事业单位、公共服务事业单位等机构开放信息资源。加快启动政务信息共享国家示范省市建设，鼓励引导公共信息资源的社会化开发利用，挖掘公共信息资源的经济社会效益。支持电信和广电运营企业、互联网企业、软件企业和广播电视机构发挥优势，参与公共服务云平台建设运营。加快推进国家政务信息化工程建设，建立完善国家基础信息资源和政府信息资源，建立政府公共服务信息平台，整合多部门资源，提高共享能力，促进互联互通，有效提高公共服务水平。

（十四）提升民生领域信息服务水平。加快实施"信息惠民"工程，提升公共服务均等普惠水平。推进优质教育信息资源共享，实施教育信息化"三通工程"，加快建设教育信息基础设施和教育资源公共服务平台。推进优质医疗资源共享，完善医疗管理和服务信息系统，普及应用居民健康卡、电子健康档案和电子病历，推广远程医疗和健康管理、医疗咨询、预约诊疗服务。推进养老机构、社区、家政、医疗护理机构协同信息服务。建立公共就业信息服务平台，加快就业信息全国联网。加快社会保障公共服务体系建设，推进社会保障一卡通，建设医保费用中央和省级结算平台，推进医保费用跨省即时结算。规范互联网食品药品交易行为，推进食品药品网上阳光采购，强化质量安全。提高面向残疾人的信息无障碍服务能力。大力推进广播电视"户户通"工程，提升广播电视公共服务水平。推进地理信息公共服务平台建设。完善农村综合信息服务体系，加强涉农信息资源整合。大力推进金融集成电路卡（IC卡）在公共服务领域的一卡多应用。

（十五）加快智慧城市建设。在有条件的城市开展智慧城市试点示范建设。各试点城市要出台鼓励市场化投融资、信息系统服务外包、信息资源社会化开发利用等政策。支持公用设备设施的智能化改造升级，加快实施智能电网、智能交通、智能水务、智慧国土、智慧物流等工程。鼓励各类市场主体共同参与智慧城市建设。在国务院批准发行的地方政府债券额度内，由各省、自治区、直辖市人民政府统筹考虑安排部分资金用于智慧城市建设。鼓励符合条件的企业发行募集资金用于智慧城市建设的企业债。

六　加强信息消费环境建设

（十六）构建安全可信的信息消费环境基础。大力推进身份认证、网站认证和电子签名等网络信任服务，推行电子营业执照。推动互联网金融创新，规范互联网金融服务，开展非金融机构支付业务设施认证，建设移动金融安全可信公共服务平台，推动多层次支付体系的发展。推进国家基础数据库、金融信用信息基础数据库等数据库的协同，支持社会信用体系建设。

（十七）提升信息安全保障能力。依法加强信息产品和服务的检测和认证，鼓励企业开发技术先进、性能可靠的信息技术产品，支持建立第三方安全评估与监测机制。加强与终端产品相连接的集成平台的建设和管理，引导信息产品和服务发展。加强应用商店监管。加强政府和涉密信息系统安全管理，保障重要信息系统互联互通和部门间信息资源共享安全。落实信息安全等级保护制度，加强网络与信息安全监管，提升网络与信息安全监管能力和系统安全防护水平。

（十八）加强个人信息保护。落实全国人大常委会关于加强网络信息保护的决定，积极推动出台网络信息安全、个人信息保护等方面的法律制度，明确互联网服务提供者保护用户个人信息的义务，制定用户个人信息保护标准，规范服务商对个人信息收集、储存及使用。

（十九）规范信息消费市场秩序。依法加强对信息服务、网络交易行为、产品及服务质量等的监管，查处侵犯知识产权、网络欺诈等违法犯罪行为。加强从业规范宣传，引导企业诚信经营，切实履行社会责任，抵制排挤或诋毁竞争对手、侵害消费者合法权益等违法行为。强化行业自律机制，积极发挥行业协会作用，鼓励符合条件的第三方信用服务机构开展商务信用评估。完善企业争议调解机制，防止企业滥用市场支配地位等不正当竞争行为。进一步拓宽和健全消费维权渠道，强化社会监督。

七 完善支持政策

（二十）深化行政审批制度改革。严格控制新增行政审批项目。对现有涉及信息消费的审批、核准、备案等行政审批事项评估清理，最大限度缩小范围，着重减少非行政许可审批和资质资格许可，着力消除阻碍信息消费的各种行业性、地区性、经营性壁垒。在已取消部分行政审批项目的基础上，年底前再取消或下放电信资费、计算机信息系统集成企业资质认定、信息系统工程监理单位资质认证和监理工程师资格认定等一批行政审批事项和行政管理事项。优化确需保留的行政审批程序，推行联合审批、一站式服务、限时办结和承诺式服务。按照"先照后证、宽进严管"思路，加快推进注册资本认缴登记制度，降低互联网企业设立门槛。

（二十一）加大财税政策支持力度。完善高新技术企业认定管理办法，经认定为高新技术企业的互联网企业依法享受相应的所得税优惠税率。落实企业研发费用税前加计扣除政策，合理扩大加计扣除范围。积极推进邮电通信业营业税改增值税改革试点。进一步落实鼓励软件和集成电路产业发展的若干政策。加大现有支持小微企业税收政策落实力度，切实减轻互联网小微企业负担。研究完善无线电频率占用费政策，支持经济社会信息化建设。

（二十二）切实改善企业融资环境。金融机构应当按照支持小微企业发展的各项金融政策，对互联网小微企业予以优先支持。鼓励创新型、成长型互联网企业在创业板等上市，稳步扩大企业债、公司债、中期票据和中小企业私募债券发行。探索发展并购投资基金，规范发展私募股权投资基金、风险投资基金创新产品，完善信息服务业创业投资扶持政策。鼓励金融机构针对互联网企业特点创新金融产品和服务方式，开展知识产权质押融资。鼓励融资性担保机构帮助互联网小微企业增信融资。

（二十三）改进和完善电信服务。建立健全基础电信运营企业与互联网企业、广电企业、信息内容供应商等合作和公平竞争机制，规范企业经营行为，加强资费监管。基础电信运营企业要增强基础电信服务能力，实现电信资费合理下降和透明收费。鼓励民间资本参与宽带网络基础设施建设，扩大民间资本开展移动通信转售业务试点，支持民间资本在互联网领域投资，加快落实民间资本经营数据中心业务相关政策，简化数据中心牌照发放审批程序，鼓励民间资本以参股方式进入基础电信运营市场。完善电信、互联网监管制度和技术手段，保障企业实现平等接入，用户实现自主选择。

（二十四）加强法律法规和标准体系建设。推动修订商标法、消费者权益保护法、标准化法、著作权法等法律，加快修订互联网信息服务管理办法、商用密码管理条例等行政法规。加快重点及新兴信息消费领域产品、服务标准体系建设，发挥标准对产业发展的支撑作用。加大知识产权保护力度，引导标准、专利等产业联盟健康有序发展。

（二十五）开展信息消费统计监测和试点示范。科学制定信息消费的统计分类和标准，开展信息消费统计和监测。加强信息平台建设，保证统计数据的可用性、可信性和时效性。加强运行分析，实时向社会发布相关信息，合理引导消费预期。在有条件的地区开展信息消费试点示范市（县、区）建设，支持新型信息消费示范项目建设，鼓励地方各级人民政府因地制宜研究制定促进信息消费的优惠政策。

各地区、各部门要按照本意见的要求，进一步认识促进信息消费对扩大内需的积极作用，切实加强组织领导和协调配合，明确任务落实责任，尽快制定具体实施方案，完善和细化相关政策措施，扎实做好相关工作，确保取得实效。

国务院
2013 年 8 月 8 日

国务院办公厅关于印发当前政府信息公开重点工作安排的通知[*]

国办发〔2013〕73 号

各省、自治区、直辖市人民政府，国务院各部委、各直属机构：

《当前政府信息公开重点工作安排》已经国务院同意，现印发给你们，请认真贯彻落实。

国务院办公厅

2013 年 7 月 1 日

当前政府信息公开重点工作安排

2012 年以来，各地区、各部门按照国务院关于政府信息公开工作的部署，积极推进重点领域信息公开，带动了政府信息公开工作全面深入开展，在回应公众关切、有效保障人民群众依法获取政府信息方面迈出新的步伐。当前，社会各方面对政府信息公开工作高度关注，本届政府部署的一些重要工作，都对加强相关信息公开提出了明确要求。为深入贯彻落实《中华人民共和国政府信息公开条例》（以下简称《条例》）和国务院工作部署，现就当前政府信息公开重点工作作如下安排。

一 大力推进重点领域信息公开

（一）推进行政审批信息公开。加强行政审批项目调整信息公开，重点围绕投资审批、生产经营活动审批、资质资格许可、工商登记审批等方面，及时公开取消、下放以及实施机关变更的行政审批项目信息。推进审批过程和结果公开，重点做好涉及人民群众切身利益、需要社会公众广泛知晓或参与的行政审批项目审批过程、审批结果公开工作。推进行政许可信息公开，包括许可的事项、依据、条件、数量、程序、期限以及申请时需要提交的全部材料目录，重点做好行政许可办理情况的信息公开工作。（中央编办牵头落实）

（二）推进财政预算决算和"三公"经费公开。要在继续做好财政预算决算和部门预算决算公开工作的同时，进一步加大"三公"经费、国有资本经营预算和财政审计信息公开

---

* 中华人民共和国中央人民政府网站，http：//www.gov.cn/xxgk/pub/govpublic/mrlm/201307/t20130710_66175.html。

力度。一是着力推进"三公"经费公开。在2012年工作基础上，2013年要进一步细化公开中央部门"三公"经费，"三公"经费预算决算总额和分项数额增长的中央部门，要细化说明增长的原因。细化中央部门2014年预算编制，将公务用车购置和运行费细化公开为购置费和运行费。各省（区、市）政府要全面公开省本级"三公"经费，并指导督促省级以下政府加快"三公"经费公开步伐，争取2015年之前实现全国市、县级政府全面公开"三公"经费。二是推进国有资本经营预算公开。中央国有资本经营支出预算要在2012年按款级科目公开的基础上，进一步细化公开至项级科目。三是推进财政审计信息公开。在继续做好中央预算执行和其他财政收支审计查出问题公开工作的基础上，各部门各单位要全面主动公开整改情况，进一步提升中央预算执行和财政收支审计工作情况公开的透明度和全面性。（财政部、审计署分别牵头落实）

（三）推进保障性住房信息公开。深入推进保障性安居工程建设、分配和退出信息公开。在2012年工作基础上，2013年所有市、县级政府都要按要求公开保障性安居工程建设、分配和退出信息。地级以上城市，要及时公开外来务工人员纳入当地住房保障范围的政策措施和实施情况。（住房城乡建设部牵头落实）

（四）推进食品药品安全信息公开。切实做好食品药品安全热点问题信息公开工作，及时客观准确规范发布有关信息，同步公布已经采取的处理措施和进展情况。加大食品药品行政审批、执法检查、案件处理、查缉走私等政府信息公开力度，建立食品药品违法违规企业"黑名单"公开制度。做好重点整治工作信息公开，围绕婴幼儿配方乳粉、乳制品、保健食品等公众尤其关注的问题，公开重点治理整顿的相关信息。（食品药品监管总局牵头落实）

（五）推进环境保护信息公开。一是推进空气质量和水质环境信息公开。扩大公开细颗粒物（PM$_{2.5}$）、臭氧等空气质量新标准监测信息的城市数量，在继续做好目前74个城市监测信息发布的基础上，新增116个城市公开空气质量新标准监测信息，公布重点城市空气质量排名。继续做好重点流域断面水质数据、地表水水质自动监测数据等信息公开工作，加大集中式饮用水水源地水质状况等信息的公开力度。二是推进建设项目环境影响评价信息公开。主管部门要明确相关要求，指导全国环保部门实行环评受理、审批和验收全过程公开。三是推进环境污染治理政策措施和治理效果信息公开。加大地方政府环境污染治理政策措施的信息公开力度，及时公开排污单位环境监管信息，督促排污单位公开污染治理效果。强制公开重污染行业企业环境信息。四是推进减排信息公开。继续做好重点减排工程建设和进展情况信息公开工作，加强全国主要污染物排放情况信息公开，及时发布总量减排核查结果。（环境保护部牵头落实）

（六）推进安全生产信息公开。各级政府负责处置的生产安全事故，都要进一步加大信息公开力度。一是加强调查处理信息公开。除依法应当保密的内容外，在继续做好特别重大事故调查报告公开工作的基础上，重点推进重大事故调查报告公开工作，进一步提高较大事故调查处理结果和调查报告的公开比例。2014年，要实现重大事故调查报告全面公开。二是加大生产安全事故应对处置信息公开力度。负责组织事故处置、救援的有关地方人民政府要及时准确发布本级政府处置的生产安全事故抢险救援进展等信息。三是加大安全生产预警和预防信息公开力度。及时发布可能引发事故灾难的自然灾害风险信息和重大隐患预警信息，着力提高信息发布的时效。（安全监管总局牵头落实）

（七）推进价格和收费信息公开。要在继续做好政府管理价格和行政事业性收费调整信息公开的同时，进一步加大价格和收费信息公开力度。一是着力做好政府定价目录和行政事业性收费目录公开工作。加强全国性及中央部门和单位行政事业性收费项目目录公开，督促地方政府全面公开本地区政府定价目录和行政事业性收费目录。二是加大价格和收费监管信息公开力度。重点做好涉及教育、交通运输、农民负担、医疗、房地产市场、旅游市场等民生领域价格和收费监管信息的公开工作，对社会影响大、公众反映强烈的价格违法案件，要及时公布查办情况。（发展改革委、财政部按职责分工牵头落实）

（八）推进征地拆迁信息公开。一是推进征地信息公开。在依法依规做好征地报批前告知、确认、听证，征地批准后征地公告、征地补偿登记和征地补偿安置方案公告的基础上，重点推行征地信息查询制度，方便公众查询征地批复、范围、补偿、安置等相关信息。二是进一步加强房屋征收与补偿信息公开。在继续做好房屋征收补偿方案、补偿标准、补偿结果信息公开的基础上，重点做好房屋征收决定、补助奖励政策和标准在征收范围内公布，征收房屋调查结果、初步评估结果、补偿情况在征收范围内向被征收人公布工作，实行阳光征收。（国土资源部、住房城乡建设部牵头落实）

（九）推动以教育为重点的公共企事业单位信息公开。一是进一步扩大高校招生信息公开范围。重点加强招收保送生、具有自主选拔录取资格考生、高水平运动员、艺术特长生等有关政策和信息的公开工作，加大对考生资格及录取结果的公开公示力度。二是加大高校财务信息公开力度。推动各高校公开预算决算信息，并细化公开至项级科目。三是逐步扩展公共企事业单位信息公开范围。重点做好推进医疗卫生机构、科研机构、文化机构和国有企业信息公开的研究工作。（教育部、卫生计生委、科技部、文化部、国资委分别牵头落实）

各地区、各部门在推进上述重点工作时，要与全面贯彻落实《条例》紧密结合起来，带动政府信息公开工作深入、规范、有序开展。一是进一步规范和深化主动公开工作。凡是《条例》规定应该公开、能够公开的信息，都要及时、主动公开。对于新制作的政府信息，要依法依规及时明确公开属性，能公开的尽量公开。对《条例》施行前形成但没有移交国家档案馆的政府信息，要以目前仍然有效的规范性文件为重点，进行全面清理，分时段、有步骤做好公开工作。二是依法依规做好依申请公开工作。积极稳妥开展依申请公开，着力协调处理好涉及民生，涉及多个地区、多个部门的申请事项，加强对依申请公开工作中复杂疑难问题的研究，推动健全和完善相关制度，更好地满足公民、法人或其他组织对政府信息的特殊需求。三是加强制度建设。各地区、各部门要加强政府信息公开统计制度建设，建立健全工作考核考评机制，加强工作考核，扩大公众参与，逐步实现重点领域信息公开工作的科学化、规范化和常态化。

二　努力提高公开实效

政府信息公开是现代政府的内在必然要求，是推进依法行政、打造阳光政府、提升政府公信力的重要举措。各地区、各部门要更加自觉地把做好政府信息公开工作摆上重要日程，将推进政府信息公开、提升公开效果、增强政府公信力作为工作的着力点，深入细致地抓实抓好。

（一）细化任务，强化落实。各地区、各部门要按照前述重点工作安排，分工专人负责，抓好工作部署，将重点公开工作落实到具体部门和单位，做到责任明确，便于检查。各项重点工作的牵头部门，要对牵头任务进行细化分解，明确具体要求，制定落实措施，加强工作指导；涉及的其他部门要密切配合，确保公开工作按要求落实到位。对于落实不到位的，牵头部门要进行通报批评，督促改正。

（二）规范信息发布，做好解读工作。根据《条例》和有关文件规定精神，各级行政机关要按照谁公开、谁负责信息审查，谁公开、谁负责解疑释惑的原则做好信息公开工作。各级政府及其部门在公开信息前，要依法依规按程序对拟公开信息进行保密审查；发布重要的政府信息，要做好深入解读的工作预案。公开后，要密切跟踪舆情，针对出现质疑的情形，及时准确发布权威信息，做好对公众关切的回应工作。

（三）加强平台和渠道建设。要充分发挥政府网站、政府公报、新闻发布会以及报刊、广播、电视、政务微博等传播政府信息的作用，确保公众及时知晓和有效获取公开的政府信息。进一步加强政府网站、新闻发言人制度、政府热线电话建设，充分依托这些平台，展示公开信息，答复公众询问，回应公众关切，提高政府信息公开实效。

（四）加强培训，提高能力。各级政府要根据实际工作需要，有针对性地加强对不同层级工作人员的政府信息公开培训，逐步扩大培训范围。国务院有关主管部门要将政府信息公开工作列为公务员培训的重要内容，逐步普及政府信息公开理念及基本知识。地方各级政府及有关部门要通过举办培训班、以会代训等形式，加强工作培训，不断提高政府工作人员做好政府信息公开工作的能力。

请各项重点工作牵头部门于2013年年底前将相关工作开展情况报国务院办公厅。国务院办公厅将会同有关部门适时对政府信息公开重点工作落实情况进行督查。

国务院办公厅关于印发政府机关
使用正版软件管理办法的通知[*]

国办发〔2013〕88号

各省、自治区、直辖市人民政府，国务院各部委、各直属机构：

《政府机关使用正版软件管理办法》已经国务院同意，现印发给你们，请认真贯彻执行。

国务院办公厅
2013年8月15日

政府机关使用正版软件管理办法

第一条 为进一步规范政府机关使用正版软件行为，建立长效机制，根据《中华人民

---

* 中华人民共和国中央人民政府网站，http://www.gov.cn/zwgk/2013-08/27/content_2474712.htm。

共和国著作权法》、《中华人民共和国审计法》、《中华人民共和国政府采购法》、《中华人民共和国预算法》和《计算机软件保护条例》，制定本办法。

第二条　本办法所称软件包括计算机操作系统软件、办公软件和杀毒软件三类通用软件。

第三条　各级政府机关的计算机办公设备及系统必须使用正版软件，禁止使用未经授权和未经软件产业主管部门登记备案的软件。

各级政府机关工作人员不得随意在计算机办公设备及系统中安装或卸载软件。

第四条　国务院各部门、地方各级政府及其部门对本部门和本地区政府机关使用正版软件工作负总责，其主要负责人是使用正版软件工作的第一责任人；负责信息化工作的部门及其负责人具体负责本地区、本单位使用正版软件的推进工作。

第五条　各级政府机关要按照勤俭节约、确保政府信息安全的原则，充分考虑实际工作需要和软件性价比，科学合理制定软件采购年度计划。

各级财政部门应当将政府机关软件采购经费纳入本级财政预算。

第六条　各级政府机关采购软件应当严格执行《中华人民共和国政府采购法》的有关规定，严格遵守国家软件产品管理制度，采购软件产业主管部门登记备案的软件产品。

各级政府机关应当规范政府采购软件行为，建立健全相关工作机制，准确核实拟采购软件的知识产权状况，防止侵权盗版软件产品进入政府采购渠道。

各级政府机关应当明确需采购软件的兼容性、授权方式、信息安全、使用年限、技术支持与软件升级等售后服务要求，对需要购置的纳入政府集中采购目录的软件，依法实行政府采购。

政府集中采购机构负责组织实施政府机关软件集中采购，采取协议供货等采购形式，定期公布软件价格、供应商目录等。

各级政府机关购置计算机办公设备时，应当采购预装正版操作系统软件的计算机产品，对需要购置的办公软件和杀毒软件一并作出购置计划。

第七条　各级政府机关通过各种方式形成的软件资产均属于国有资产，应当按照《固定资产分类与代码》（GB/T 14885－2010）等有关国家标准和规定纳入部门资产管理体系，软件配置、使用、处置等应当严格执行国有资产管理相关制度，防止因机构调整、系统或软件版本升级、系统或设备更新和损毁等造成软件资产流失或非正常贬值。

各级政府机关应当根据不同软件资产的特点，坚持制度手段、技术手段并重，有针对性地实施软件资产日常管理和维护。

各级政府机关应当完善有关标准和管理工作程序，实现软件资产管理与预算管理、政府采购、财务管理、信息技术管理相结合。

第八条　推进使用正版软件工作部际联席会议负责组织、协调和指导全国政府机关使用正版软件工作。联席会议办公室设在国务院著作权行政管理部门，并保障必要的工作条件。

各省、自治区、直辖市人民政府建立相应的工作机制，负责组织、协调和指导本地区政府机关使用正版软件工作，并保障必要的工作条件。

第九条　著作权行政管理部门会同推进使用正版软件工作机制各成员单位负责政府机关使用正版软件情况日常监管、督促检查及培训工作。

工业和信息化部门负责软件产品质量管理工作，督促软件生产商和供应商提高软件产品质量、做好售后服务；会同著作权行政管理等部门做好新出厂计算机预装正版操作系统软件的管理工作。

财政部门负责软件采购资金保障和使用的监督检查，指导软件集中采购工作，研究制定规范软件资产管理的指导意见和政府机关办公通用软件的配置标准等。

审计部门负责对政府机关采购软件资金管理使用和软件资产管理情况进行审计监督，并将相关审计结果纳入审计报告。

工商部门负责依法查处垄断和不正当竞争行为，维护软件市场公平竞争秩序。

机关事务主管部门按照本级政府分工做好软件资产管理相关工作。

第十条　各级政府机关应当于每年11月底前将本单位当年使用正版软件的资金保障、软件采购、软件资产管理等情况书面报本级著作权行政管理部门。

各省、自治区、直辖市人民政府应当于每年12月底前将本地区当年推进使用正版软件工作情况书面报国务院著作权行政管理部门，国务院著作权行政管理部门汇总、核实后书面报国务院。

第十一条　各级政府应当将使用正版软件工作纳入年度考核，建立考核评议制度和责任追究制度，定期对使用正版软件工作进行考核、评议。对未按要求完成软件摸查、采购、安装验收、资产管理、年度报告、长效机制建设等工作的，由本级政府或上级政府有关部门依法依规对相关责任人进行诫勉谈话或给予处分。

第十二条　政府机关违反本办法规定的，由本级政府或上级政府有关部门责令改正；造成他人损失的，依法承担相应的民事责任；情节严重的，对相关责任人依法给予处分；涉嫌犯罪的，移送司法机关依法追究刑事责任。

第十三条　推进使用正版软件工作机制各成员单位在履行职责的过程中滥用职权、玩忽职守、徇私舞弊或消极塞责的，由本级政府或上级政府有关部门责令改正；情节严重的，对相关责任人依法给予处分；涉嫌犯罪的，移送司法机关依法追究刑事责任。

第十四条　政府机关以外的其他国家机关、事业单位、人民团体和免予登记的社会团体使用正版软件工作，参照本办法执行。

第十五条　本办法由国务院著作权行政管理部门负责解释。

第十六条　本办法自印发之日起施行。

国务院办公厅关于进一步加强政府信息公开回应社会关切提升政府公信力的意见[*]

国办发〔2013〕100号

各省、自治区、直辖市人民政府，国务院各部委、各直属机构：

依法实施政府信息公开是人民政府密切联系群众、转变政风的内在要求，是建设现代政

　＊　中华人民共和国中央人民政府网站，http：//www.gov.cn/zwgk/2013 – 10/15/content_ 2506664. htm。

府，提高政府公信力，稳定市场预期，保障公众知情权、参与权、监督权的重要举措。《中华人民共和国政府信息公开条例》施行以来，政府信息公开迈出重大步伐，取得显著成效。随着互联网技术的迅猛发展和信息传播方式的深刻变革，社会公众对政府工作知情、参与和监督意识不断增强，对各级行政机关依法公开政府信息、及时回应公众关切和正确引导舆情提出了更高要求。与公众期望相比，当前一些地方和部门仍然存在政府信息公开不主动、不及时，面对公众关切不回应、不发声等问题，易使公众产生误解或质疑，给政府形象和公信力造成不良影响。为进一步做好政府信息公开工作，增强公开实效，提升政府公信力，经国务院同意，现提出以下意见。

一 进一步加强平台建设

（一）进一步加强新闻发言人制度建设。要以主动做好重要政策法规解读、妥善回应公众质疑、及时澄清不实传言、权威发布重大突发事件信息为重点，切实加强政府新闻发言人制度建设，提升新闻发言人的履职能力，完善新闻发言人工作各项流程，建立重要政府信息及热点问题定期有序发布机制，让政府信息发布成为制度性安排。国务院新闻办公室要围绕国务院常务会议等重要会议内容、国务院重点工作、公众关注热点问题，及时组织新闻发布会，把国务院新闻办公室新闻发布厅建设成中央政府重要信息发布的主要场所。与宏观经济和民生关系密切以及社会关注事项较多的相关职能部门，主要负责同志原则上每年应出席一次国务院新闻办公室新闻发布会，新闻发言人或相关负责人至少每季度出席一次。国务院各部门要建立健全例行新闻发布制度，利用新闻发布会、组织记者采访、答记者问、网上访谈等多种形式发布信息，增强信息发布的实效；与宏观经济和民生关系密切以及社会关注事项较多的相关职能部门，要进一步增加发布的频次，原则上每季度至少举办一次新闻发布会。各省（区、市）人民政府要建立政府主要负责同志依托新闻发布平台和新媒体发布重要信息的制度，并指导本级政府各部门和市、县级政府加强新闻发布工作，进一步增强信息发布的权威性、时效性，更好地回应公众关切。

（二）充分发挥政府网站在信息公开中的平台作用。各地区各部门要进一步加强政府网站建设和管理，通过更加符合传播规律的信息发布方式，将政府网站打造成更加及时、准确、公开透明的政府信息发布平台，在网络领域传播主流声音。加强政府信息上网发布工作，对各类政府信息，依照公众关注情况梳理、整合成相关专题，以数字化、图表、音频、视频等方式予以展现，使政府信息传播更加可视、可读、可感，进一步增强政府网站的吸引力、亲和力。涉及群众切身利益的重要决策，要在政府网站公开征求意见；重要政策法规出台后，要针对公众关切，及时通过政府网站发布政策法规解读信息，加强解疑释惑；对涉及政务活动的重要舆情和公众关注的社会热点问题，要积极予以回应，及时通过政府网站发布权威信息，讲清事实真相、有关政策措施以及处理结果等，地方政府和部门负责同志应主动到政府网站接受在线访谈。拓展政府网站互动功能，围绕政府重点工作和公众关注热点，通过领导信箱、公众问答、网上调查等方式，接受公众建言献策和情况反映，征集公众意见建议。完善政府网站服务功能，及时调整和更新网上服务事项，确保公众能够及时获得便利的在线服务。加强政府网站数据库建设，逐步整合交通、社保、医疗、教育等公共信息资源，以及投资、生产、消费等经济领域数据，方便公众查询。

（三）着力建设基于新媒体的政务信息发布和与公众互动交流新渠道。各地区各部门应积极探索利用政务微博、微信等新媒体，及时发布各类权威政务信息，尤其是涉及公众重大关切的公共事件和政策法规方面的信息，并充分利用新媒体的互动功能，以及时、便捷的方式与公众进行互动交流。开通政务微博、微信要加强审核登记，制定完善管理办法，规范信息发布程序及公众提问处理答复程序，确保政务微博、微信安全可靠。

此外，要进一步加强政府热线电话建设和管理，清理整合有关电话资源，确保热线电话有人接、能及时答复公众询问。

二　加强机制建设

（四）健全舆情收集和回应机制。各地区各部门要建立健全舆情收集、研判和回应机制，密切关注重要政务相关舆情，及时敏锐捕捉外界对政府工作的疑虑、误解，甚至歪曲和谣言，加强分析研判，通过网上发布消息、组织专家解读、召开新闻发布会、接受媒体专访等形式及时予以回应，解疑释惑，澄清事实，消除谣言。回应公众关切要以事实说话，避免空洞说教，真正起到正面引导作用。有关主管部门要进一步加大网络舆情监测工作力度，重要舆情形成监测报告，及时转请相关地方和部门关注、回应。

（五）完善主动发布机制。各地区各部门要围绕党和政府中心工作，针对公众关切，主动、及时、全面、准确地发布权威政府信息，特别是政府重要会议、重要活动、重要决策部署，经济运行和社会发展重要动态，重大突发事件及其应对处置情况等方面的信息，以增进公众对政府工作的了解和理解。对发布的政府信息，要依法依规做好保密审查，涉及其他行政机关的，应与有关行政机关沟通确认，确保发布的政府信息准确一致。统筹运用新闻发言人、政府网站、政务微博微信等发布信息，充分发挥广播电视、报刊、新闻网站、商业网站等媒体的作用，扩大发布信息的受众面，增强影响力。

（六）建立专家解读机制。重要政策法规出台后，各地区各部门要及时组织专家通过多种方式做好科学解读，让公众更好地知晓、理解政府经济社会发展政策和改革举措。有关部门可根据工作需要，组建政策解读的专家队伍，提高政策解读的针对性、科学性、权威性和有效性，让群众"听得懂"、"信得过"。

（七）建立沟通协调机制。各地区各部门要加强与新闻宣传部门、互联网信息内容主管部门以及有关新闻媒体的沟通联系，建立重大政务舆情会商联席会议制度，建立政务信息发布和舆情处置联动机制，妥善制定重大政务信息公开发布和传播方案，共同做好政府信息发布和舆论引导工作。

三　完善保障措施

（八）加强组织领导。各地区各部门要把做好政府信息公开、提高信息发布实效摆上重要工作日程，做到政府经济社会政策透明、权力运行透明，让群众看得到、听得懂、能监督，不断把人民群众的期盼融入政府决策和工作之中，努力增强提升政府公信力、社会凝聚力的"软实力"。地方政府和部门主要负责人要亲自过问，分管负责人要直接负责，逐级落实责任，确保各项工作措施落实到位。要加强工作机构建设，已经设置专门机构的，要加强力量配置，把专业水平高、责任心强的人员配置到关键岗位，特别是要选好配强新闻发言人；尚未设置专门机构的，要明确专人负责，确保在应对重大突发事件以及社会热点事件时不失声、不缺位，有条件的应尽快成立专门机构，保障必要的工作经费。同时，要为信息公开工作人员、新闻发言人、政府网站工作人员、政务微博微信相关人员参加重要会议、掌握相关信息提供便利条件。

（九）加强业务培训。各地区各部门要建立培训工作常态化机制，经常组织开展面向信息公开工作人员、新闻发言人、政府网站工作人员、政务微博微信相关人员等的专业培训，及时总结交流经验，不断提高相关人员的政策把握能力、舆情研判能力、解疑释惑能力和回应引导能力。有关部门要把政府信息公开工作列为公务员培训内容，进一步加大培训力度，扩大培训范围。

（十）加强督查指导。国务院办公厅和国务院新闻办公室、国家互联网信息办公室要协同加强对政府新闻发言人制度、政府网站、政务微博微信等平台建设和管理工作的督查和指导，进一步完善相关措施和管理办法，加强工作考核，加大问责力度，定期通报有关情况，切实解决存在的突出问题，确保平台建设和机制建设的各项工作落实到位。

国务院办公厅

2013 年 10 月 1 日

工业和信息化部信息化推进司
关于印发《基于云计算的电子政务
公共平台顶层设计指南》的函[*]

工信信函〔2013〕2 号

各省、自治区、直辖市、新疆生产建设兵团，计划单列市及副省级城市工业和信息化主管部门：

为深化电子政务应用，根据《国家电子政务"十二五"规划》的部署，我司制定了《基于云计算的电子政务公共平台顶层设计指南》，现印发给你们，供参考使用。

请结合实际，积极开展电子政务公共平台顶层设计，避免电子政务基础设施重复建设和投资浪费，进一步提高电子政务发展质量。

工业和信息化部信息化推进司

2013 年 2 月 20 日

基于云计算的电子政务公共平台顶层设计指南

为贯彻落实《中共中央办公厅国务院办公厅关于进一步做好党政机关厉行节约工作的通知》（中办发〔2011〕13 号）、《国务院关于大力推进信息化发展和切实保障信息安全的若干意见》（国发〔2012〕23 号）和《国家电子政务"十二五"规划》（工信部规〔2011〕567 号），充分发挥既有资源作用和新一代信息技术潜能，开展基于云计算的电子政务公共平台顶层设计，继续深化电子政务应用，全面提升电子政务服务能力和水平，特制定本指南。

一　设计目的

（一）以需求为导向，以效益为根本，密切结合中心工作，积极推动云计算模式在电子政务中的应用，提高基础设施资源利用率，为减少重复浪费、避免各自为政和信息孤岛创建新的技术支撑体系。

（二）充分发挥云计算虚拟化、高可靠性、通用性、高可扩展性等优势，利用现有电子政务基础，建设完善电子政务公共平台，支撑各部门应用发展，促进跨地区、跨部门、跨层

＊　中华人民共和国工信和信息化部网站，http：//xxhs.miit.gov.cn/n11293472/n11295327/n11297217/15901725.html。

级信息共享。

（三）推动建设完善电子政务公共平台信息安全保障体系，加大安全可靠软硬件产品的研发和应用力度，带动信息产业发展，提升信息安全保障能力，保障政府信息系统安全可靠运行。

（四）转变电子政务建设和服务模式，促进电子政务建设运行维护走市场化、专业化道路，全面提升电子政务技术服务能力，降低电子政务建设和运维成本。

二　设计方向

（一）推动数据和业务系统与承载的技术环境分离。基于云计算的电子政务公共平台建成后，各部门基于电子政务公共平台实现数据和业务系统的建设与完善，不再需要单独自建、更新和升级技术环境。

（二）推动电子政务项目建设过程优化。各部门电子政务项目建设不再需要经历需求分析、设计、施工、运行和维护等全过程，不用考虑应用实现的技术细节，由电子政务公共平台提供技术支撑、运维服务和安全保障。

（三）推动建设完善信息资源服务体系。建设完善电子政务公共平台，实现基础信息共享和统一、及时更新，促进各类业务信息互补互动使用，优化业务系统、业务流程和工作模式，提高信息化条件下政务部门履行职责的能力。

三　设计目标

（一）结合电子政务发展实际，完成基于云计算的电子政务公共平台顶层设计，指导电子政务公共平台建设实施和应用服务。

（二）明确电子政务公共平台的建设原则、实施步骤和运行保障的制度措施，确保顶层设计可实施。

（三）明确电子政务公共平台降低建设和运行成本、提高基础设施利用率的量化目标，确保建设和应用取得成效。

（四）明确电子政务公共平台的系统框架和服务功能，确保满足各政务部门的需求。

（五）明确电子政务公共平台建设、运行、服务和管理机制，完善信息安全管理措施，确保平台可持续发展。

四　设计原则

（一）统一领导，分级实施。加强组织领导，建立统一的顶层设计工作机制和制度规范，坚持统筹规划、试点先行、分级实施，逐步构建形成目标一致、方向统一、互联互通、层级衔接的全国各级电子政务公共平台顶层设计实施体系。

（二）统一建设，资源共享。坚持设施共建和资源共享，在《国家电子政务"十二五"规划》指导下，统筹利用已有电子政务基础设施和信息资源，统一设计建设电子政务公共平台，实现基础设施和资源共享运用。

（三）统一管理，保障安全。统一管理电子政务公共平台规划、标准、制度和技术体系，采用安全可控的软硬件产品，综合运用信息安全技术，建立安全可靠的信息安全保障体系，全面提高安全保障能力。

（四）统一服务，注重成效。顺应新技术发展趋势，探索运行管理服务新模式，加强电子政务公共平台服务提供机构和服务队伍建设，建立统一的服务体系，全面提升服务能力，切实发挥电子政务公共平台的成效。

五　设计内容及重点

（一）需求设计。

1. 电子政务公共平台是指由县级以上信息化主管部门，组织专业技术服务机构，运用云计算技术，统筹利用已有的计算资源、存储资源、网络资源、信息资源、应用支撑等资源和条件，统一建设并为各政务部门提供基础设施、支撑软件、应用功能、信息资源、运行保障和信息安全等服务的电子政务综合性服务平台。

2. 电子政务公共平台应紧紧围绕各级政务部门深化电子政务应用、提高履行职责能力的迫切需要，为各部门实现政务、业务目标提供公共的技术环境和服务支撑。

3. 电子政务公共平台应有效支持政务部门灵活、快速部署业务应用，满足业务不断发展和改革的需要。

4. 电子政务公共平台应满足跨地区、跨部门、跨层级信息共享，以及行业系统与地方应用条块结合的需要。

5. 电子政务公共平台应满足大量数据访问、存储和智能化处理的需要。

6. 电子政务公共平台应满足安全可靠运行的需要。

（二）系统架构设计。

1. 统筹考虑计算资源、存储资源、网络资源、信息资源、应用支撑和信息安全等要素，建立一个公共的、安全的、灵活的、供各政务部门广泛接入和使用的平台系统架构。

2. 优化已有数据中心配置，统一数据库管理软件、操作系统、中间件和开发工具等应用支撑软件，构建应用支撑软件服务。

3. 统一开发通用型应用程序、应用功能组件，构建应用功能服务。

4. 构建逻辑集中、实时高效、共建共享的信息资源目录和交换、共享体系。

5. 设计统一的信息安全保障基础设施、技术措施和管理制度，保障电子政务公共平台安全可靠运行。

（三）基础设施服务设计。

1. 基础设施服务是指政务部门通过电子政务公共平台获取计算资源、存储资源、网络资源等基础设施支撑的服务。

2. 电子政务公共平台的建设和运行需要基于广泛接入的互连互通网络进行。各地应根据政务内网、政务外网和互联网的发展现状，围绕区域和行业应用发展的需要，采用能满足电子政务公共平台部署所需的互连互通网络，设计并构建网络资源服务。

3. 整合现有软硬件资源，进行资源池化设计，通过电子政务公共平台为各政务部门动态提供虚拟化的资源，这些资源包括虚拟机、存储、负载均衡、虚拟网络等。

4. 设计资源调度管理系统，统一管理和调度数据处理、存储等资源，实现对资源使用情况的实时监控、综合分析、快速部署、动态扩展，实现资源高效利用，降低能耗。

（四）支撑软件服务设计。

1. 支撑软件服务是指政务部门可使用电子政务公共平台上提供的操作系统、中间件、数据库和开发工具等应用支撑软件，进行业务应用开发和部署的服务。

2. 充分考虑已有产品和软件系统复用，设计为政务部门提供集成的业务应用开发、运行和支撑环境。

3. 设计的业务应用开发环境应包括提供数据搜索引擎、通用代码库、类库和工具等组建和构件，满足各政务部门快速开发部门业务应用需要。

4. 设计的业务应用运行和支撑环境要为安全和授权管理，调配业务资源，进行代码编写、调试和仿真运行等，提供工具和服务。

（五）应用功能服务设计。

1. 应用功能服务是指政务部门直接使用电子政务公共平台上提供的各种应用服务软件，快速实现业务应用的服务。

2. 电子政务公共平台统一规划、设计、开发和部署政府网站系统、邮件系统、即时通讯、电子公文传输系统、电子签章系统、办公系统等通用应用服务软件，供各政务部门按需调用。

3. 设计中应考虑应用功能服务的升级更新，保持接口一致性和应用的高度可用性。

4. 设计应用服务软件的使用权限管理，使各政务部门按照一定的授权进行部署使用。

（六）信息资源服务设计。

1. 信息资源服务是指政务部门使用电子政务公共平台上提供的信息资源目录检索工具，获取信息资源共享、查询、交换等服务，为政务部门开展业务应用提供信息资源支撑的服务。

2. 设计满足跨地区、跨层级、跨部门信息资源共享交换使用的信息资源目录服务网站、认证授权与管理系统，明确政务部门提供共享信息、检索信息和使用信息的应用流程。

3. 设计基于身份权限获取公共平台信息资源共享的开放式应用程序接口（WEB API）服务。

4. 设计支持"设备无关"的安全保障和隐私保护机制，在无须知道设备类型的情况下，各政务部门可以通过检索元数据，获取数据属性和应用规则服务。

（七）信息安全服务设计。

1. 信息安全服务是指通过统一建设安全可控的信息安全基础设施，综合运用安全技术手段，制定全方位安全保障制度和标准，为各政务部门基于公共平台开展业务应用提供安全保障的服务。

2. 电子政务公共平台的规划、设计、建设和运行维护全过程，严格落实等级保护、分级保护、密码管理等信息安全管理的要求。

3. 设计关键参数和指标，确保采用自主可靠软件硬件产品，构建电子政务公共平台，提高安全可靠能力。

4. 设计统一的身份认证、访问授权、责任认定等安全管理措施，增强电子政务公共平台安全防护能力。

5. 设计电子政务公共平台容灾备份设施，制定相应的灾难恢复管理措施。

6. 充分考虑云计算技术应用带来的信息安全风险，针对可能出现的数据丢失与泄露、共享技术漏洞、不安全的应用程序接口等问题，设计相应的安全保护措施，明确相应信息安全责任。

（八）应用部署设计。

1. 分析部门业务应用对电子政务公共平台的不同需求，分类设计应用部署和服务方案。

2. 设计部门业务系统向电子政务公共平台迁移策略和计划，应将各级政务部门中业务成熟度高、复杂程度低、技术风险小、影响面不大的业务系统，作为优先向电子政务公共平台迁移的系统。

3. 设计业务应用迁移流程和规范，包括项目启动、评估审核、规划设计、迁移整合和收尾总结等环节的工作内容和要求，确保政务部门原来的业务应用不受影响。

4. 设计电子政务公共平台应用部署启动方案，首批将各政务部门政府网站系统、邮件系统、办公系统等通用型系统，基于电子政务公共平台部署运行。

（九）运行保障服务设计。

1. 运行保障服务是指通过建立统一的运行服务体系，制定服务标准和规范，为各政务部门提供满足需求、响应及时、安全可靠的运行保障服务。

2. 设计服务提供机构资质和服务人员资格管理体系，明确成为电子政务公共平台服务提供机构的条件，明确服务人员的上岗资格，不断提高专业技术服务能力。

3. 设计完备的服务交付管理流程，设计日常服务管理制度，设计服务开通、计费、关闭等服务环节的协议和操作细则，明确服务提供机构和使用部门的权利和责任。

4. 设计统一的运行服务保障体系，建立统一服务电话、信息系统和服务窗口构成支撑平台，以及故障响应流程、日常巡检、服务质量监督和服务质量报告制度，实现对服务全生命周期的精细化管理，持续改进服务质量。

（十）服务实施设计。

1. 服务提供机构是指各级具体负责建设和维护电子政务公共平台，并统一为政务部门提供服务的电子政务专业技术服务机构。服务提供机构包括各级信息中心或外包服务支撑机构等技术服务单位。

2. 设计统一组织领导、统一建设、统一管理和统一服务的实施体系，形成在省级地方信息化领导小组领导下，地市和县各级地方主管部门共同参与的组织实施体系，保证电子政务公共平台顶层设计的权威性和一致性。

3. 设计切实可行的电子政务公共平台建设实施方案，在省级地方信息化领导小组统一领导下，由信息化主管部门牵头，会同有关部门，明确服务提供机构，有序推进服务实施。

4. 制定电子政务公共平台建设和运行管理办法，落实服务资金保障，保障平台的建设实施和长期有效运行。

工业和信息化部办公厅关于征选
信息消费试点市（县、区）的通知*

工信厅信函〔2013〕701号

各省、自治区、直辖市工业和信息化主管部门：

为贯彻落实国务院《关于促进信息消费扩大内需的若干意见》（国发〔2013〕32号）精神，充分发挥信息消费在拉动国内有效需求、推动经济转型升级中的积极作用，工业和信息化部拟在有条件的地区开展信息消费试点示范。为确保试点示范有序、有效，请各省、自治区、直辖市工业和信息化主管部门在本地区范围内推荐符合要求的参选市（县、区）。现将相关要求通知如下。

一　工作目标

全国范围内遴选50个市（县、区）开展为期两年的首批信息消费试点。2014年1月开始，截止到2015年12月结束。试点结束时，择优评选"全国信息消费示范市（县、区）"，进行示范经验推广。

二　征选方式

（一）试点范围包括设市城市（县、区）。原则上每省推荐2~3个候选试点城市，综合考虑不同级别城市类型，可将范围扩大到具有特色信息服务模式和产品集聚的新型城镇。

（二）申报试点市（县、区）的人民政府是试点责任主体，负责试点申报、组织实施、落实配套条件等工作。

（三）申报试点市（县、区）的人民政府提出申请，经所在省级工业和信息化主管部门初核后报送工业和信息化部。直辖市及计划单列市由城市人民政府直接报送工业和信息化部。

（四）部试点示范领导小组在各省推荐市（县、区）中，综合考虑区域分布、城市类型和基础条件等因素，遴选50个市（县、区）开展试点工作。

三　征选条件

申报信息消费试点的市（县、区）应在经济发展、网络建设方面具备较好的基础，在信息服务和信息产品方面具有一定的规模，在信息服务模式、信息产品创新、公共服务应

---

* 工业和信息化部网站，http://www.miit.gov.cn/n11293472/n11293832/n12843926/n13917012/15670349.html。

用、政策环境支持等方面具有本地特色。申报信息消费试点的市（县、区）应具备以下几方面基础条件。

（一）良好的经济基础；

（二）较为完善的信息基础设施；

（三）一定的信息消费规模；

（四）较强的信息服务创新和产品制造能力；

（五）电子商务发展良好且配套产业完善；

（六）各类公共信息服务平台作用突出；

（七）良好的信息消费市场环境；

（八）有力的政策保障措施；

（九）已提出促进本地区信息消费的工作计划和方案；

（十）已形成跨部门的促进信息消费工作机制。

申报信息消费试点的市（县、区）应围绕上述条件组织申报材料，对有特色的基础条件可进行重点说明。在试点效果评估和示范市（县、区）评选时，将围绕上述几方面细化评估指标。

四 试点内容

以地方政府、行业、企业、社区为主体，重点围绕建设宽带和 TD－LTE 等信息基础设施、开发智能信息产品、培育新型信息消费示范项目、整合政府公共服务云平台、拓展中小企业电子商务服务平台、引导信息消费体验等开展试点示范。

（一）完善城市信息基础设施。将光纤宽带和4G网络建设纳入地方城乡建设和土地利用规划，在合理布局、充分利用现有条件基础上，加快建设信息通信基础设施，积极推动 TD－LTE 网络发展，提升普及水平，提高上网速率，构建宽带、融合、安全、泛在的城市信息基础设施，夯实信息消费的支撑能力。

（二）开发智能信息产品。以智能手机、个人电脑、智能电视等新型信息产品为重点，支持数字家庭智能终端研发及产业化，有条件的地区可大力推进数字家庭示范应用和数字家庭产业基地建设，加快电子信息产业聚集发展，提高电子基础产业和软件业支撑能力，增强信息产品供给能力。

（三）培育新型信息消费示范项目。结合新型城镇化战略，以智慧家庭、健康医疗、智能安防、居家养老、社区服务等新兴信息服务为重点，创建特色新型信息消费示范项目，加大相关宣传和引导，培育信息消费新业态。

（四）整合政府公共服务云平台。统筹地方政府各部门的公共信息资源共享和利用，开展公共服务需求数据的跨部门融合分析，探索政府、企事业单位合作建设和运营的模式，建设服务政府管理和提供公共服务的统一政府云平台。

（五）拓展电子商务服务平台。建立面向中小企业的电子商务交易平台，综合挖掘不同渠道的商务服务需求数据，完善各类物流快递配送点，推动中小企业普及电子商务。支持大型企业供应链信息化提升、电子商务与物流信息化集成创新、移动电子商务、消费需求综合数据分析平台等试点示范。

（六）引导城市信息消费体验。引导基础运营商和有实力的商贸流通企业，联合互联网信息服务企业及智能终端企业，依据居民需求，建设若干新型信息消费体验中心，面向消费者提供各类新型信息服务和信息产品的感性体验服务。

试点市（县、区）应围绕上述内容，结合本地特点，制定明确的试点目标，提出具体的试点任务，制定可行的政策措施。

五　进度安排

2013 年 11 月 8 日前，各省、自治区、直辖市工业和信息化主管部门组织本地符合要求的市（县、区）提交申报材料，并完成初步审核、出具推荐意见，报部工作小组。编写申报书可参考附件《信息消费试点申报书（大纲）》。

2013 年 11 月中旬，工作小组会同专家组完成对申报材料的评审，向部领导小组提交试点市（县、区）建议名单。

2013 年 12 月初，部领导小组审定 50 个信息消费试点市（县、区）名单，正式启动信息消费试点工作。

六　工作要求

（一）加强领导，精心组织。各地要充分重视信息消费试点工作，结合当地实际情况，精心筛选和组织本地区具有基础和特色的市（县、区）申报试点，制定切实可行的工作方案。

（二）严格标准，务求实效。要坚持公平、公正、公开原则，实事求是，真正把在挖掘信息消费需求、创新信息服务应用、推广信息产品普及、提高公共服务水平、营造信息消费环境等方面具有示范意义的市（县、区）推荐上来。

（三）部省联合，统筹推进。加强工业和信息化部与地方政府和相关部门的沟通、配合，协调一致，形成合力，共同选出典型，联合开展信息消费试点工作。

请于 11 月 8 日前将信息消费试点申报材料（纸质版和电子版）报送至工业和信息化部信息消费试点示范工作小组。纸质版申报材料推荐函加盖公章，以邮寄或机要形式报送。电子版发送至电子邮箱。

联系地址：北京市海淀区万寿路 27 号工业和信息化部信息化推进司

邮政编码：100846

联系人：郭顺义　路文赜

电话/传真：010 - 68208230

电子邮箱：XINXISDSF@126.COM

附件：信息消费试点申报书（大纲）

工业和信息化部办公厅

2013 年 10 月 9 日

附件

信息消费试点申报书（大纲）

一、申报市（县、区）的基础条件

（一）经济基础现状；

（二）信息基础设施情况；

（三）信息消费规模现状；

（四）信息服务创新和产品制造能力；

（五）电子商务发展及配套产业现状；

（六）各类公共信息服务平台建设与使用情况；

（七）信息消费市场环境；

（八）政策保障措施。

二、试点总体思路及目标

（一）试点总体思路；

（二）试点目标。

三、试点内容

（一）特色试点项目或工程；

（二）预期成果、风险和经济社会效益；

（三）试点工作计划进度。

四、组织保障条件

（一）试点的组织管理及工作机制；

（二）拟出台的配套政策和措施。

关于进一步加强政务部门信息共享建设管理的指导意见[*]

发改高技〔2013〕733 号

中央和国家机关各部委，各省、自治区、直辖市及计划单列市、新疆生产建设兵团发展改革委、编办、工业和信息化主管部门、财政厅、审计厅、质量技术监督局、密码局，各直属检验检疫局，各级政务内网建设和运维管理单位：

我国政务信息化建设取得实质性进展，已进入全面推进、深化应用的新阶段。为更好地适应新时期新形势下经济社会发展的客观需求，各政务部门迫切需要利用信息化手段，多渠道快速准确地获取和共享信息，切实提升宏观决策、监测分析、应急处置和公共服务能力，政务信息共享已成为政务部门有效规范经济社会秩序，加强和创新社会管理，优化公共资源配置，促进经济社会健康发展的紧迫任务。

为贯彻落实《国民经济和社会发展"十二五"规划纲要》"实现重要政务信息系统互联互通、信息共享和业务协同"的要求，进一步促进政务信息共享，提升政务效能，提高投资效益，现提出以下意见。

一　推进信息共享的总体要求

根据《"十二五"国家政务信息化工程建设规划》部署的建设任务，重点推进政务信息资源、信息共享基础设施和相关技术条件建设，完善信息共享标准规范，建立健全政务信息共享机制，强化部门协同配合，严格工程项目管理。通过国家电子政务工程建设，实现国家信息资源库的基础信息在政务部门间的普遍共享，实现国家信息资源库和重要信息系统的业务信息在相关政务部门间的协议共享，基本满足各部门履行职能的实际业务需求，充分发挥国家政务信息化促进服务型政府建设，提高依法行政能力，提升社会管理科学化水平的积极作用。

国家电子政务工程应严格按照本意见在项目需求分析、项目建议、可行性研究、初步设计和投资概算等环节，切实落实信息共享有关要求，对于不支持信息共享和业务协同的项目，项目审批部门将不予审批。

二　实现信息共享的基本原则

（一）目标导向，按需共享。按照国家电子政务工程确定的建设目标，根据政务部门履

---

* 中华人民共和国国家发展和改革委员会网站，http：//www.sdpc.gov.cn/zcfb/zcfbtz/2013tz/t20130503_540146.htm。

行职能和解决社会问题的实际业务需求，确定共享信息的范围和内容，切实实现信息共享。

（二）规范建设，保证质量。政务部门要按照一数一源、多元校核、动态更新的要求，采集和处理各类政务信息，确保共享信息的真实性、准确性和时效性。

（三）强化管理，授权使用。政务部门要依据职能分工，将本部门建设管理的信息资源，授权需要该信息资源的政务部门无偿使用。共享部门要按授权范围合理使用共享信息，国家秘密的知悉范围，应当根据工作需要限定在最小范围。

（四）明确责任，保障安全。按照保守秘密、维护权益的要求，政务部门间信息共享各方须承担共享信息的安全保密责任和相应法律责任，确保共享信息的安全。

三　明确信息共享的范围和方式

人口、法人单位和空间地理等国家信息资源库中有关名称、编码等具有标识性和基准性特征的基础信息，应在所有政务部门间共享使用。国家信息资源库和重要信息系统工程中反映政务部门职能领域变化发展和具体工作过程动态的业务信息，应以双边或多边协议的形式在相关政务部门间共享使用。

基础信息和业务信息中客观呈现经济社会运行变化和政府公共管理过程的痕迹信息、主观判定公共管理对象实际情况和政务业务工作效果的状态信息，以及公共管理制度政策和业务工作规范等相关政务信息，应依据履行职能的具体需求，以查询、交换和发布等方式在政务部门间共享使用。

四　发挥信息共享基础设施的支撑作用

充分利用国家电子政务内网、外网和互联网，以及国家信息资源库和有关领域的信息共享基础设施，为政务信息共享提供信息查询、交换和发布等公共服务。依托国家电子政务网络信任设施，利用有关部门和地方已建电子认证系统，为政务信息共享提供身份认证、授权管理和责任认定等安全服务。

五　制定完善信息共享标准规范

在已有国家相关标准的基础上，结合国家电子政务工程建设，进一步建立健全公共基础信息和重要共享信息的关键技术标准，以及查询、交换和访问授权等信息共享方式的标准规范，形成统一完善的国家政务信息共享标准规范体系。政务部门在国家电子政务工程项目建设中，应切实采用相关国家标准规范，保障国家电子政务工程项目业务数据输出格式的一致性和兼容性。

六　加强信息共享工作的组织领导

政务部门"一把手"要加强对信息共享工作的领导，确定部门信息共享工作的责任单位，以及相关业务司局、信息化支撑单位和保密工作单位在信息共享工作中的具体职责，信息共享工作的责任单位应牵头落实部门内部、外部，以及本部门中央与地方之间的信息共享需求，明确共享信息的基本内容，协调落实与其他部门间信息共享的长效机制，确保实现政务信息共享。

七 强化信息资源和信息共享技术条件的建设

政务部门应统筹规划本部门的内部和外部、中央和地方相互间需要共享的信息资源，有效汇聚本部门中央和地方的相关信息资源，在本部门的工程项目中落实信息统一管理、统一查询、访问控制等支持信息共享技术条件的建设，为有效支撑本部门的业务应用和实现跨部门跨区域的信息共享奠定基础。

八 建立完善跨部门信息共享的保障机制

国家电子政务工程项目的牵头建设部门和单位，应会同该工程项目的相关建设部门和单位，共同建立信息共享的跨部门协调机制。在工程建设前期阶段，以联合发文或签署信息共享协议等方式，共同确定共享信息的名称、内容、质量、数量、更新频度、授权使用范围和使用方式、共享期限、共享依据、实现进度等事项，有关文件和协议作为项目建议书或可行性研究报告的附件，报项目审批部门。在项目建成运行使用阶段，应根据业务需求变化情况，及时调整、补充和完善信息共享授权范围，形成信息共享长效机制，持续保障信息共享。

九 工程立项阶段切实落实信息共享需求

项目建设部门应在工程项目建议书（包括项目需求分析报告）中，专门分析部门内部、外部，以及本部门中央和地方之间的信息共享需求，列出共享信息目录，明确部门内部和外部以及本部门中央和地方之间的共享信息内容并征求各相关部门意见；在可行性研究报告中进一步细化共享信息目录，明确共享信息数据的字段、格式、技术接口、加工处理方法和信息可追溯的技术要求等。共享信息目录作为项目建议书和可行性研究报告的附件，报项目审批部门。

十 工程项目管理中严格落实信息共享要求

项目评审机构要将信息共享内容作为国家电子政务工程项目建议书、可行性研究报告和初步设计方案的评审重点，对信息共享协议、共享信息目录、信息共享基础设施利用、部门信息资源汇聚和信息共享技术条件等方面的落实情况进行重点评审，并做出明确判断。

项目审批部门对没有提供信息共享协议和共享信息目录，以及在工程项目的项目建议书（包括项目需求分析报告）和可行性研究报告等申请材料中未专门分析信息共享需求的项目申请不予受理，对信息共享协议和项目申请材料中有关内容不满足相关部门信息共享需求的项目不予审批。

十一　加强信息共享建设成效的监督管理

项目审批部门要将信息共享作为项目绩效管理和验收的重要内容，对未达到信息共享要求的，不予通过项目验收，并限期整改。监察、审计会同有关部门，加强对信息共享相关工作的监督。对项目投入使用后未持续保障信息共享的，财政部门要削减相应的运维经费。

十二　组织开展政务信息共享的试点示范

围绕通过信息共享优化公共服务、创新社会管理、促进依法行政等方面，重点推进跨部门、跨地域、跨层级的政务信息共享和业务协同，通过创建政务信息共享国家示范省市，实施跨部门跨区域信息共享和信息共享基础设施服务等专项，开展政务信息共享的试点示范。鼓励利用云计算、物联网、移动互联网、大数据管理等新技术，推进信息共享相关标准规范的试点应用，探索政务信息动态采集汇聚、计算分析和共享服务的新模式，为全面促进政务信息共享积累经验。

国家发展改革委
中 编 办
工业和信息化部
财 政 部
审 计 署
质 检 总 局
国家电子政务内网协调小组办公室
2013 年 4 月 12 日

国家发展改革委关于加强和完善国家电子政务工程建设管理的意见*

发改高技〔2013〕266 号

中央和国家机关各部委、直属机构，各省、自治区、直辖市及计划单列市、新疆生产建设兵团发展改革委：

为贯彻落实《"十二五"国家政务信息化工程建设规划》（以下简称《规划》），规范国家电子政务工程建设，加强国家电子政务工程建设项目（以下简称"电子政务项目"，主要指国家统一电子政务网络、国家基础信息资源库、国家网络与信息安全基础设施、重点业务

---

* 中华人民共和国国家发展和改革委员会网站，http：//www. giss. ndrc. gov. cn/gzdt/201305/t20130503_ 540156. htm。

信息系统、政府数据中心以及电子政务相关支撑体系等使用中央财政性资金建设的政务信息化工程建设项目。）的管理，促进政府信息共享和业务协同，提高投资效益，现提出如下意见。

一 电子政务项目建设的思路和原则

（一）电子政务建设思路要实现三个转变。一是在建设目标上，要从过去注重业务流程电子化、提高办公效率，向更加注重支撑部门履行职能、提高政务效能、有效解决社会问题转变；二是在建设方式上，要从部门独立建设、自成体系，向跨部门跨区域的协同互动和资源共享转变；三是在系统模式上，要从粗放离散的模式，向集约整合的模式转变，确保电子政务项目的可持续发展。

（二）电子政务项目建设要坚持三个原则。一是解决社会问题的原则，电子政务项目建设内容的确定，要以解决广大人民群众最关心最直接最现实的利益问题为出发点，以服务公众为落脚点，加快促进政府职能转变；二是提升政务部门信息能力的原则，要充分利用信息化手段，提升政务部门宏观调控、市场调节、社会管理和公共服务的能力，切实发挥电子政务支撑政务部门履行职能的作用；三是注重顶层设计的原则，要推进部门间的互联互通、业务协同和信息共享，发挥电子政务项目促进多部门协同解决经济社会问题的作用，避免重复投资、重复建设，发挥投资效益。

二 强化电子政务项目"一把手"负责制

（一）落实电子政务项目建设的责任机制。项目建设部门的"一把手"，应按照"三个转变"的建设思路，强化责任机制，有效落实顶层设计的思想，强化需求分析工作的指导，推动业务流程优化和业务模式创新，促进部门内部和部门之间的信息共享和业务协同，加强电子政务项目全过程的统筹指导，切实保障电子政务项目的建设实效。

（二）加强电子政务项目跨部门统筹协调。涉及多部门建设的电子政务项目，应建立跨部门统筹协调机制。项目牵头部门应会同共建部门，基于《规划》提出的建设目标和任务，细化项目体系架构，明确具体建设任务，确定部门间的业务协同关系和信息共享需求，落实共建部门的建设范围和责任义务。项目建成后，应进一步完善跨部门的共享共用机制，保障部门间的业务协同和信息共享，切实提高投资效益。

三 统筹推进电子政务共建项目的建设

（一）中央跨部门共建项目应统筹建设方案整体推进。对于多个部门共建的电子政务项目，应由项目牵头部门会同共建部门，共同研究形成项目体系架构和建设方案，各共建部门应按照已明确的建设任务，深入开展需求分析，确定具体建设目标和建设内容，细化建设方案。项目牵头部门会同共建部门完成项目整体立项的项目建议书，报国家发展改革委审批立项。

项目整体立项批复后，各共建部门应依据立项批复编制可行性研究报告，报国家发展改革委审批。对于整体立项后，需要相关部门分别编制可行性研究报告的电子政务项目，应由项目牵头部门对共建部门的可行性研究报告分别提出审查意见，并按照整体立项的统一要求，做好共建项目的统筹协调，确保项目建设发挥实效。

各共建部门在可行性研究阶段，应严格按照《国家电子政务工程建设项目管理暂行办法》（国家发展改革委令2007年第55号，以下简称"55号令"）有关要求开展相关工作，并做好以下几方面工作。

1. 按照国家发展改革委《固定资产投资项目节能评估和审查暂行办法》（国家发展改革委令2010年第6号）的有关规定，做好该项目的节能评估工作，并单独形成节能评估文件与可行性研究报告一并报国家发展改革委。

2. 按照《中华人民共和国招标投标法实施条例》、《中华人民共和国招标投标法》、《工程建设项目可行性研究报告增加招标内容和核准招标事项暂行规定》（国家发展计划委令2001年第9号）等有关规定，在编写招标内容的同时填写招标基本情况表，对不列入招标范围的具体项目及自行招标、邀请招标等依据和理由作出说明，并与项目可行性研究报告一并报国家发展改革委。

3. 按照《国家发展改革委重大固定资产投资项目社会稳定风险评估管理办法》（发改投资〔2012〕2494号）的有关规定，做好项目的社会稳定风险评估工作，社会稳定风险分析应作为项目可行性研究报告的重要内容并设独立篇章。向国家发展改革委报送项目可行性研究报告的申报文件中，应当包含对该项目社会稳定风险评估报告的意见，并附社会稳定风险评估报告。

4. 涉及土建工程的项目，按照国家有关规定，做好项目建设的用地预审、规划选址、环境影响评价等工作。

（二）中央和地方共建项目应统一规划整体立项。中央有关部门要加强对中央和地方共建电子政务项目的总体规划，统筹制定信息共享和业务协同的标准规范，做好对地方建设部分的指导工作，并组织地方共同开展项目需求分析和方案设计，地方有关部门应做好所建项目与本地区已有项目以及电子政务相关规划的衔接，并就涉及本地区的建设内容和投资规模等提前征求地方项目审批部门意见，地方项目审批部门应结合本地实际情况出具资金承诺函。地方资金承诺函应与整体立项的项目建议书一并报国家发展改革委审批。

中央部门和地方部门应依据立项批复，分别编制可行性研究报告，并报同级项目审批部门审批。涉及中央补助资金的地方项目，按《中央预算内投资补助和贴息项目管理暂行办法》（国家发展改革委令2005年第31号）第七条有关规定执行。可行性研究报告应包含节能、招投标、社会稳定风险评估等内容，具体按国家有关规定执行。

各地方在确保完成项目整体立项确定的建设目标和建设任务的前提下，在测算中央补助资金时确定的基本配置的基础上，可根据地方实际情况，优化调整具体建设内容和建设规模，具体请按55号令执行。

四　充分重视电子政务项目的需求分析

（一）强化电子政务项目需求分析工作。在立项准备阶段，各项目建设部门应按照55号令，以及需求分析报告编制的有关要求，自行或与委托的专业咨询机构共同开展项目的需求分析工作，注重需求分析工作的基础性、适用性和指导性。

需求分析的经费计入项目总投资，其构成主要包括政务业务和系统结构的基础调研、量化分析、论证咨询、需求分析报告编制和专家评议等。需求分析有关经费可在项目建设的前期工作费、设计费和预备费中列支。

（二）发挥项目建设部门业务司局的主导作用。应充分发挥项目建设部门业务司局在需求分析工作中的主导作用，信息化支撑单位应加强与业务司局的协调配合，并做好技术支撑保障。

需求分析工作应基于项目建设部门的核心职能，重点研究分析所面临的社会问题，以及急需解决的社会问题，合理确定项目的政务目标，创新行政运行机制、优化业务流程，科学组织信息资源、优化系统结构。在此基础上，形成项目需求分析报告。

（三）明确需求分析工作的基础地位。项目建设部门完成项目需求分析报告后，应由国家发展改革委组织的专家组对其进行评议。专家组的评议意见，作为国家发展改革委审批项目建议书或可行性研究报告的重要参考。

项目建设部门应按照专家组评议通过的项目需求分析报告，组织编制项目建议书或可行性研究报告。

评估和评审机构在评估项目建议书、可行性研究报告及评审初步设计和投资概算的过程中，应将专家组评议通过的需求分析报告作为项目评估和评审的重要参考。

五　大力推进跨部门信息共享

（一）严格落实信息共享需求。项目建设部门在项目建议书（包括需求分析报告）和可行性研究报告编制中，应专门分析部门内部、外部，以及本部门中央和地方之间的信息共享需求，列出信息共享目录，信息共享目录应包含共享数据的字段、格式、技术接口、加工处理方法和信息可追溯的技术要求等。信息共享目录作为项目建议书和可行性研究报告的附件，报项目审批部门。

（二）发挥国家电子政务网络支撑作用。项目建设部门必须充分利用国家电子政务网络开展电子政务项目建设。项目建设部门应根据业务需求，将涉及国家秘密的机密级及以下的业务系统部署在国家电子政务内网上，将非涉及国家秘密的业务信息系统部署在国家电子政务外网上。现有部门专网承载的涉及国家秘密的业务信息系统和非涉及国家秘密的业务信息系统要分别逐步迁移到国家电子政务内网和国家电子政务外网上来。国家原则上不再审批新建部门专网，具体要求按《关于进一步加强国家电子政务网络和应用的通知》（发改高技〔2012〕1986 号）执行。

六　加强电子政务项目的质量管理

（一）严格电子政务项目的立项审批。对于需求分析不够清晰完整、不支持信息共享和业务协同，以及项目建议书、可行性研究报告、初步设计和投资概算中未落实需求分析设定的目标和相关要求的项目，国家发展改革委不予审批。

（二）完善电子政务项目的全过程管理。按照《国家发展改革委关于进一步加强国家电子政务工程建设项目管理的通知》（发改高技〔2008〕2544号，以下简称"2544号文件"）的要求，强化项目建设部门对项目建设情况的信息通报制度。严格项目概算调整的管理，项目建设部门必须按照批复的初步设计和投资概算实施项目建设。主要建设内容或投资概算确需调整的，必须报原项目审批部门批准。按照2544号文件有关规定可自行审批调整的，应将调整批复文件报原项目审批部门备案。要加强对电子政务项目的监理，提升项目建设质量。按《国家电子政务工程建设项目档案管理管理办法》（档发〔2008〕3号）的要求，加强电子政务项目档案管理工作，同步推进电子化档案管理。在验收和后评价工作中，应加强对电子政务项目的绩效评价，切实保障项目建设取得实效。

（三）保障电子政务项目建设所需资金。中央和地方共建项目按照统筹规划、分级建设的原则，根据中央和地方的事权划分，确定相应的建设内容和建设运维资金。建设资金列入同级政府固定资产投资，运维经费列入同级财政预算。国家对西部地区和东、中部欠发达地区的中央和地方共建项目按照基本配置予以适当补助。其中，对新疆生产建设兵团、南疆三地州、西藏及四省藏区全额补助，对西部地区以及比照西部大开发政策的东、中部地区原则上补助20%，有国家特殊政策的，按相关政策执行。补助资金通过中央政府固定资产投资安排解决。项目所需建设资金和运维经费要及时到位，以确保项目建设的顺利实施和信息系统的可靠运行。

七　保障电子政务项目安全可控

（一）统一使用国家网络信任服务设施。部署在国家电子政务内网上的业务应用要统一使用电子政务内网平台提供的符合保密要求的信任服务设施。部署在国家电子政务外网上的业务应用要统一使用电子政务外网平台提供的信任服务设施。已建和新建的电子政务项目，有关部门要按照国家电子政务网络信任体系建设的总体要求，建设相应的信任服务系统，同步使用国家电子政务内网和国家电子政务外网平台提供的信任服务设施，实现基于国家电子政务内网和国家电子政务外网的跨部门、跨区域业务应用。

（二）加强信息系统分级保护和等级保护。根据国家关于涉密信息系统分级保护和非涉密信息系统信息安全等级保护的规定，项目建设部门在电子政务项目的需求分析报告和建设方案中，应同步落实分级保护和等级保护的相关要求，形成与业务应用紧密结合、技术上安全可控的信息安全和保密解决方案。项目建成后试运行期间，项目建设部门应组织开展信息安全风险评估，具体要求按《关于加强国家电子政务工程建设项目信息安全风险评估工作的通知》（发改高技〔2008〕2071号）执行。涉密信息系统投入使用前应经保密行政管理部门审查批准。

（三）积极采用安全可控信息技术和产品。在项目建设中，从技术方案到招标采购，尤其是核心网络设备、基础软硬件产品、信息安全装备等关键技术和产品的采用，均应达到安全可控要求。项目软硬件产品的采用情况将作为项目验收的重要内容。

八　推动电子政务项目建设改革创新

（一）创新电子政务项目建设运维模式。项目建设部门应积极采用服务外包、项目代建等专业化和市场化方式，探索项目建设和运维的新机制、新模式，合理控制和降低建设与运维成本，提升专业化水平和服务质量，确保重要信息系统的安全可靠运行。

（二）推进新技术在电子政务项目中的应用。鼓励在电子政务项目中采用物联网、云计算、大数据、下一代互联网、绿色节能、模拟仿真等新技术，推动新技术在电子政务项目建设中的广泛应用，进一步提高政务信息化资源利用效率，深化业务应用，扩大服务范围，提升服务质量，为创新电子政务发展模式，提升电子政务效能积累经验。

（三）加强对《规划》实施的有效督促。项目审批部门要对《规划》实施的进展情况跟踪分析，并及时进行总结和评价。项目投入运行后，应组织专家或委托相关机构开展项目审计、监督和绩效评价。对未实现效能目标或未达到预期效果的，项目建设部门要限期整改。对拒不整改或整改后仍不符合要求的，有关部门可对其进行通报批评，并将有关情况和评价结果向国务院报告。项目实施情况和取得的成效，将作为"中国信息化成果评选"的重要参考。

（四）加强国家网络与信息安全基础设施建设管理。根据《规划》的部署，项目审批部门要会同国家网络与信息安全基础设施（以下简称"信息安全设施"）建设部门，按照设施共建、资源共享、业务协同的原则，加强对信息安全设施建设目标、思路、建设布局和系统框架的研究。按照"中央侧中央投资，地方侧地方投资，企业侧企业投资"的方式，组织中央和地方相关部门及相关企业，共同推动信息安全设施建设。信息安全设施的项目建设管理等有关要求，具体参照本意见执行。

国家发展改革委

2013 年 2 月 16 日

国家发展改革委办公厅关于组织实施 2013 年
国家信息安全专项有关事项的通知[*]

发改办高技〔2013〕1965 号

工业和信息化部、公安部、安全部、质检总局、中科院、国家保密局、国家密码局办公厅（室），各省、自治区、直辖市及计划单列市、新疆生产建设兵团发展改革委，相关中央直属企业：

为了贯彻落实《国务院关于大力推进信息化发展和切实保障信息安全的若干意见》（国发〔2012〕23 号）的工作部署，针对金融、云计算与大数据、信息系统保密管理、工业控制等领域面临的信息安全实际需要，国家发展改革委决定继续组织国家信息安全专项。现将有关事项通知如下：

---

* 中华人民共和国国家发展和改革委员会网站，http：//www.sdpc.gov.cn/zcfb/zcfbtz/2013tz/t20130822_ 554528. htm。

一 专项重点支持领域

（一）信息安全产品产业化

产品自身应具有较高的安全性，不低于目前 GB/T 20281－2006、GB/T 20275－2006、GB/T 18336－2008 等国家标准中 3 级的相关要求。

1. 金融信息安全领域

（1）金融领域智能入侵检测产品。适用于金融机构电子银行等应用业务系统，支持 IPV4/IPV6 环境，具有双向数据检测、历史数据关联分析、网络报警数据筛选过滤、反馈测试、自学习和自定义检测规则、多维度展现，以及攻击影响分级等功能，吞吐量不低于 20GBPS，基于国内外主流特征库检测的漏报率低于 10%、误报率低于 5%。

（2）高级可持续威胁（APT）安全监测产品。适用于金融机构的业务网络和应用系统，支持 IPV4/IPV6 环境，具有规模化虚拟机或沙箱执行等动态检测技术的威胁感知功能，具备对各类设备网络文件传输异常行为、漏洞利用行为、未知木马、隐蔽信道传输等多样性、组合性和持续性攻击的检测能力，支持 1000 个以上的并发检测能力，基于国内外主流特征库检测的漏报率低于 5%、误报率低于 10%。

（3）面向电子银行的 WEB 漏洞扫描产品。适用于金融机构电子银行业务系统，具备开放式 WEB 应用程序安全项目（OWASP）通用漏洞的高启发、高强度、交互式检测能力，具有漏洞验证、基于电子银行系统业务流程的流量录制重放式的逻辑漏洞分析等功能，基于国内外主流漏洞特征库扫描的漏报率低于 5%、误报率低于 10%。

（4）金融领域应用软件源代码安全检查产品。适用于金融机构各类业务应用系统，具备适用于金融领域特点、可更新和自定义的安全扫描规则库，可定制扫描策略，在 LINUX、AIX、WINDOWS、ANDROID、IOS 等环境下，具有对 JAVA、C/C＋＋、C#、JSP、COBOL、VB、RUBY 等主流编程语言和 .NET、ECLIPSE、MATLAB 等集成软件工具开发的应用系统进行源代码扫描的功能，对源代码潜在问题分析给出分级别建议，每小时扫描百万行以上代码，基于国内外主流软件源代码漏洞特征库检测的误报率低于 30%、漏报率低于 35%。

2. 云计算与大数据信息安全领域

（1）高性能异常流量检测和清洗产品。支持 IPV4/IPV6 环境，适用于云计算和大数据的应用，具备流量牵引和回注、网络层和应用层攻击检测与清洗等功能，支持地址区间的 IP 保护，可实现对 100 万个以上 IP 地址的异常攻击流量清洗，启用全部检测和清洗功能后，设备整体吞吐量达到 100GBPS 以上。

（2）云操作系统安全加固和虚拟机安全管理产品。支持 IPV4/IPV6 环境，支持虚拟化认证授权、访问控制和安全审计，具备虚拟机逃逸监控、实时操作监测与控制、防恶意软件加载和安全隔离等功能，具备 1 万台以上安全可控轻量级虚拟机的安全管理能力。

（3）高速固态盘阵安全存储产品。支持 IPV4/IPV6 环境，具备双控及冗余保护机制，具有缓存镜像、掉电保护、采用国家密码局规定算法的数据加密等功能，支持原生命令队列（NCQ）技术及多种主流接口协议，单盘持续读写性能不低于 200MB/S，容量大于 512GB，每秒输入输出次数（IOPS）大于 12000，单阵列支持 500 块以上单盘扩展，响应时间小于 800MS，非加密通道 IOPS 大于 220000，加密吞吐量大于 1GB/S。

（4）大数据平台安全管理产品。支持 IPV4/IPV6 环境，具有对不少于 3 种大数据应用平台进行漏洞扫描、配置基线检查、弱口令检测、版本检测和补丁管理等功能，可实现大数据去隐私化处理和策略化数据抽取与集成、统一的策略管理、统一事件分析、全文检索及多维度大数据审计，能够对用户访问敏感信息行为进行报警、阻断、跟踪和追溯，关键安全策略同时支持结构化与非结构化数据的管理，支持 1000 万以上并发业务访问。

3. 信息安全分级保护领域

（1）网络保密检查和失泄密核查取证产品。适用于涉密网和普通业务网络，支持各类主流操作系统，具备对各种网络失密泄密事件证据保全、提取和分析的功能，支持只读方式、多种硬盘接口、DD 或 AFF 等多种镜像格式，支持已删除文件、注册表、分区的恢复，具有自定义策略取证、关键词搜索、2000 万个以上文件并行搜索、加密文件快速检测的能力，对带有密级标志的图形、版式等类型文件识别率大于 95%。

（2）特殊木马检查产品。适用于涉密网和普通业务网络，支持各类主流操作系统，具有已知木马和未知特殊木马检测的能力，具备木马样本及其配置信息的提取、特征归类检测等功能，能够定期进行升级，已知木马检测准确率为 100%，未知特殊木马检测准确率大于 70%。

（3）涉密信息系统安全保密风险评估软件产品。符合涉密信息系统分级保护相关国家保密标准，具备合规性检测、漏洞扫描等功能，以自动检测为主、人工判定为辅，评估内容覆盖涉密信息系统安全保密风险评估全部项目，评估结论准确可靠，能够自动生成评估报告。

4. 工业控制信息安全领域

（1）面向现场设备环境的边界安全专用网关产品。支持 IPV4/IPV6 及工业以太网，适用于集散控制系统（DCS）、数据采集与监视控制系统（SCADA）、现场总线等现场环境，具备 5 种以上工业控制专有协议以及多种状态或指令主流格式数据的检查、过滤、交换、阻断等功能，数据传输可靠性达到 100%，可保护节点数不少于 500 点，设备吞吐量达到线速运行水平，延时小于 100MS。

（2）面向集散控制系统（DCS）的异常监测产品。适用于电厂、石油、化工、供热、供水等工艺流程，具有对工业控制系统的 DCS 工程师站组态变更、DCS 操作站数据与操控指令变更，以及各种主流现场总线访问、负载变更、通信行为、异常流量等安全监测能力，具备过程状态参数、控制信号的阈值检查与报警功能。

（3）安全采集远程终端单元（RTU）产品。支持工业以太网协议，适用于 -40℃ ~ + 70℃温度环境，电磁兼容性（EMC）不低于 4 级，具有内置安全模块，实现数据采集与监视控制系统（SCADA）软件端到端的信源加密，具备基于数字证书的安全认证功能，支持基于国家密码局规定算法的数据加密，加密速率不小于 20MB/S。

（4）工业应用软件漏洞扫描产品。适用于石油化工、先进制造领域，具有对符合 IEC61131-3 标准的控制系统上位机（SCADA/HMI）软件、DCS 控制器嵌入式软件以及各种主流现场总线离线漏洞扫描能力，具有对数字化设计制造软件平台（如产品数据管理 PDM、专用数控机床通信软件 EXTREMEDNC、高级设计系统 ADS 等）漏洞扫描能力，具备检测与发现软件安全漏洞、评估漏洞安全风险、可视化展示、漏洞修复建议等功能，漏洞检测率达到 90% 以上。

（二）重要信息系统安全可控试点示范

1. 金融信息安全试点示范

支持商业银行开展一体化信息安全风险感知体系试点示范，按照信息安全等级保护相关要求，建立银行系统整体信息安全风险感知预警、网点集中管控的防护体系，完善灾备能力检测、第三方安全服务质量评价等管理规范。

支持商业银行开展电子银行和移动支付业务系统安全态势监控试点示范，按照信息安全等级保护相关要求，构建银行新型增值业务应用的安全管理机制，并形成相应标准规范体系。

支持商业银行、信息安全专业机构、行业主管部门对电子银行系统联合开展金融领域钓鱼网站和金融诈骗事件安全应急保障试点示范，探索银行、机构和政府部门合作的新模式，建立联合处置、及时有效的应急保障机制。

2. 云计算与大数据安全应用试点示范

按照信息安全等级保护的相关要求，在金融、能源、交通、电子政务、电子商务和互联网服务领域，支持重点骨干企业，围绕主要业务应用，采用安全可控的技术和产品，开展云计算和大数据安全应用试点示范，研究制定云计算和大数据应用的安全管理机制、责任认定机制、数据保护和使用安全机制与规范。

3. 信息系统保密管理试点示范

在国家重点党政机构和涉密单位，按照信息安全等级保护相关要求，开展基于密级标识的涉密信息及载体管控试点示范，部署电子文件密级标识管理、涉密计算机和涉密移动存储介质识别管理等系统，探索重要信息系统保密管理新方式。

支持商业机构、专业机构开展电子邮箱安全保密试点示范，采用国家密码局规定算法，以及相关信息安全防护技术，建设安全邮箱服务平台，形成电子邮箱防泄密、反窃密综合保障能力，探索安全加密邮件与智能终端电子邮件消息加密推送等新服务模式。

4. 工业控制信息安全领域示范

在电力电网、石油石化、先进制造、轨道交通领域，支持大型重点骨干企业，按照信息安全等级保护相关要求，建设完善安全可控的工业控制系统。建立以杜绝重大灾难性事件为底线的工业控制系统综合安全防护体系，建立完善工业控制信息安全技术与管理的机制和规范。

二　申报要求

（一）请项目主管部门根据投资体制改革精神和《国家高技术产业发展项目管理暂行办法》的有关规定，结合本单位、本地区实际情况，认真做好项目组织和备案工作，组织编写项目资金申请报告并协调落实项目建设资金、环境影响评价、节能评估等相关建设条件，同时汇总相关申请材料并报我委。

（二）通过国务院有关部门及中央直属企业申报的项目，项目单位应与有关部门和中央直属企业有财务隶属关系。其他项目应按照属地管理原则，通过项目单位所在地的省级发展和改革委员会申报。

（三）项目主管部门应对报送的材料，如资金申请报告、银行贷款承诺、自有资金证明、各类许可资质等，进行认真核实，并负责对其真实性予以确认。

（四）项目纸质申报材料包括：项目资金申请报告（达到可行性研究报告深度）、项目简表和项目汇总表，上述材料一式两份。项目简表、项目汇总表、项目备案文件、自有资金证明、投资及信贷承诺等所有附件要与项目资金申请报告一并装订（项目简表和汇总表应订装在报告正文前）。各项目材料一经提供不予退还，请做好备份。

（五）项目材料的具体报送时间、地点和相关要求将在今年9月下旬在国家发展改革委高技术司网站（网址 http://gjss.ndrc.gov.cn）信息化栏目下另行通知。

（六）信息安全产品产业化项目的承担单位原则上应为企业法人。申报项目应具备以下条件：（1）按规定在当地政府备案；（2）已落实项目建设资金；（3）采用的科技成果应具有自主知识产权；（4）项目申报单位必须具有较强的技术开发和项目实施能力，具备较好的资信等级，资产负债率在合理范围内；（5）项目答辩时各单位应已有相关产品。

（七）重要信息系统安全可控试点示范项目的承担单位应为企业法人或事业法人（不包含高校和科研机构），项目的具体要求及项目资金申请报告的编制要点详见附件2。

（八）本次信息安全专项分两阶段开展。第一阶段受理金融信息安全、云计算与大数据安全、信息系统保密管理项目的申报，截止时间为2013年10月15日。第二阶段受理工业控制信息安全项目申报，截止时间为2014年7月15日。我委对项目进行初步评审后，将组织现场答辩。其中，专项拟支持的产品将全部委托第三方检测机构进行公开测试，有关具体项目答辩和测试名单、时间和地点，以及公开测试的时间将另行通知。

附件：1. 信息安全产品产业化项目资金申请报告编制要点
　　　2. 重要信息系统安全可控试点示范具体要求及项目资金申请报告编制要点
　　　3. 信息安全项目及承担单位基本情况简表
　　　4. 信息安全项目汇总表

国家发展改革委办公厅
2013年8月12日

国家发展改革委办公厅关于组织开展
2014～2016年国家物联网重大应用
示范工程区域试点工作的通知*

发改办高技〔2013〕2664号

各省、自治区、直辖市及计划单列市、新疆生产建设兵团发展改革委：

为贯彻落实《国务院关于推进物联网有序健康发展的指导意见》（国发〔2013〕7号）、《国务院关于促进信息消费扩大内需的若干意见》（国发〔2013〕32号）、《关于印发10个

---

* 中华人民共和国中央人民政府，http://www.gov.cn/zwgk/2013-11/08/content_2524053.htm。

物联网发展专项行动计划的通知》（发改高技〔2013〕1718号），推进物联网产业持续健康发展，我委将于2014～2016年组织开展国家物联网重大应用示范工程区域试点工作。现将有关事项通知如下。

一　工作目标

支持各地结合经济社会发展实际需求，在工业、农业、节能环保、商贸流通、交通能源、公共安全、社会事业、城市管理、安全生产等领域，组织实施一批示范效果突出、产业带动性强、区域特色明显、推广潜力大的物联网重大应用示范工程区域试点项目，推动物联网产业有序健康发展。重点支持地方有条件的企业，根据自身基础条件开展物联网技术的集成应用，提供物联网专业服务和增值服务，推进精细化管理，提升生产效率，促进节能减排，保障安全生产，探索新型商业模式，培育新兴服务产业，支撑实体经济发展。通过示范工程区域试点，扶持一批物联网骨干企业，提高我国物联网技术应用水平，引导企业实现创新驱动发展，带动物联网关键技术突破和产业化，推动我国物联网产业健康快速发展。

二　主要任务、基本原则和重点领域

（一）主要任务

请各地发展改革部门认真分析本地区区域特点、发展优势和产业基础条件，建立完善的推进物联网发展协调机制，从解决本地区经济社会发展重大需求出发，有所为、有所不为，因地制宜，提出本地区国家物联网重大应用示范工程区域试点工作方案及重点项目考虑，系统推进本地区物联网发展及应用。

（二）基本原则

1. 以市场为导向，以企业为主体。遵循经济规律和市场准则，发挥市场在资源调配中的基础性作用，充分调动企业积极性，支持有条件的企业开展物联网应用，鼓励第三方应用服务平台建设和应用服务的市场化。

2. 围绕地方经济社会发展实际需求。紧密结合本地实际需求和基础条件，利用物联网技术改造传统产业，推动产业转型升级和经济发展；促进社会管理和公共服务信息化，提高人民生活质量，促进信息消费。充分调动地方的积极性，由地方自主选择应用示范领域。

3. 创新服务模式和商业模式。支持信息服务、系统集成等第三方服务企业参与物联网应用示范工程的运营和推广，鼓励政府部门和企事业单位购买信息服务，积极探索新型物联网发展商业模式，发展有利于扩大市场需求的物联网专业服务和增值服务。

4. 注重资源整合和信息共享。充分发挥地方的统筹协调优势，避免重复建设和不合理投资。加强各类资源的整合与协同，促进基础资源和信息的共享。重视信息资源的智能分析和综合利用，提高资源利用效率。

5. 有效带动上下游产业发展。充分发挥物联网带动性强的特点，加强物联网与云计算、大数据、下一代互联网、移动互联网、TD－LTE、智能终端等新一代信息技术和先进制造技术的融合创新，带动技术融合创新和产业规模发展，形成具有较强竞争力的物联网产业集群。

6. 与行动计划和前期项目做好衔接。做好与 10 个物联网发展专项行动计划重点任务的衔接，加强与国家创新型城市、智慧城市、云计算示范城市和下一代互联网示范城市等工作的统筹协调推进。

（三）重点领域。

1. 物联网专业服务和增值服务应用示范类项目。支持优势服务企业通过建设物联网应用基础设施和服务平台，提供工业制造、农业生产、节能环保、商贸流通、交通能源、公共安全、社会事业、城市管理、安全生产等领域的物联网应用服务。鼓励地方政府部门、企事业单位向应用服务企业购买服务。

2. 物联网技术集成应用示范类项目。支持有条件的企业围绕生产制造、商贸流通、物流配送、经营管理等领域，开展物联网技术集成应用和模式创新。鼓励企业积极利用物联网技术改造传统产业，提升生产和运行效率，推进节能减排，保障安全生产，促进产业升级，带动物联网产业发展。

三　工作要求

（一）项目承担单位。项目承担单位原则上应为企业法人，要具有较强的技术开发、资金筹措、应用示范实施能力，以及较好的资信等级；在制定应用示范实施方案时，严格控制征地、新增建筑面积和投资规模。

（二）项目建设标准。项目要参照国家物联网技术标准规范建设和运营。涉及标识管理的，要与我委已批复的由中国科学院计算机网络信息中心牵头，联合工业和信息化部电子科技情报研究所、工业和信息化部电信研究院、中国物品编码中心实施的物联网标识管理公共服务平台兼容。

（三）服务范围和能力。项目申报单位要提出合理的商业模式和服务模式。承担物联网专业服务和增值服务应用示范类项目的企业，要具备跨企业、跨行业的应用服务能力，并与用户单位签署协议或合同。承担物联网技术集成应用示范类项目的企业，项目实施后要有效提升企业的生产和经营效率。

（四）投资规模。重点支持示范效果突出、产业带动性强、推广潜力大的应用示范项目，单个项目投资规模原则上不低于 5000 万元。

四　申报程序

（一）请有意愿、有基础的省市发展改革委根据本通知的工作目标、主要内容、区域试点重点领域和相关要求，编报国家物联网重大应用示范工程区域试点总体工作方案，并附不超过 8 个重点项目的实施方案，总体工作方案编制大纲见附件 1。请于 2014 年 3 月 31 日前将相关材料（纸质材料一式两份，附电子版光盘）报送我委（高技术产业司）。

（二）在地方组织申报的基础上，我委将按照公正、公平的原则，组织专家对各地报送的总体工作方案和重点项目实施方案进行评审。对通过评审的，我委将通知相关地方启动区域试点工作。未通过评审的，可以继续修改完善总体工作方案，并根据我委通知另行上报。

（三）请启动试点工作的相关省市发展改革委按照我委批复的总体工作方案和重点项目安排，按照成熟一批批复一批的原则，批复重点项目的资金申请报告，并根据我委通知编报申请下达国家补助资金的请示。

  附件：1. 国家物联网重大应用示范工程区域试点总体工作方案编制大纲

     2. 重点项目及项目单位基本情况表

国家发展改革委办公厅

2013 年 10 月 31 日

关于开展国家下一代互联网示范城市建设工作的通知*

发改办高技〔2013〕1884 号

有关省、直辖市、自治区及计划单列市发展改革委、工业和信息化主管部门、通信主管部门、科技主管部门、广播影视局，中国电信集团公司、中国联合网络通信集团有限公司、中国移动通信集团公司：

互联网是我国经济社会发展的重要信息基础设施。根据国务院审议通过的《关于下一代互联网"十二五"发展建设的意见》（发改办高技〔2012〕705 号），为推动我国下一代互联网产业加快发展，国家发展改革委、工业和信息化部、科技部、国家新闻出版广电总局决定联合开展"国家下一代互联网示范城市"建设工作，在目前已具备一定基础条件的 22 个城市（名单见附件 1）中，先行支持建设一批具有典型带动作用的示范城市。现就有关工作事项通知如下。

一 总体目标和主要任务

（一）总体目标。

着力探索解决我国下一代互联网发展遇到的突出矛盾和问题；创新发展模式，突出特色应用，树立样板工程，形成有利于更大规模应用的示范效应，促进信息消费；加快基础设施建设和升级改造，为完成我国下一代互联网"十二五"发展目标奠定基础。

（二）示范城市主要建设任务。

1. 加强基础设施建设。加快城域网、接入网、互联网数据中心（IDC）、业务系统、支撑系统等基础设施的 IPV6 升级改造，全面提升 IPV6 用户普及率和网络接入覆盖率。

---

  * 中华人民共和国国家发展和改革委员会网站，http：//www.sdpc.gov.cn/zcfb/zcfbtz/2013tz/t20130821_ 554266. htm。

2. 推动业务全面升级。积极推动商业网站系统及政府、学校、企事业单位外网网站系统的 IPV6 升级改造，促进各类业务向 IPV6 过渡，并确保平滑演进，积极发展地址需求量大、速率快、移动性高的个性化互动业务。

3. 开展行业特色应用。结合物联网、云计算和移动互联网等新兴业务，选择教育、农业、工业、医疗、交通、铁路、水利、环保、社会管理等部分重点领域开发部署一批具有典型示范作用的下一代互联网应用，培育新服务、新市场、新业态。

4. 健全产业支撑体系。积极培育下一代互联网骨干企业，初步形成一批下一代互联网产业聚集区域，建立技术研发和产业支撑体系，提升产业规模和创新能力，带动地方就业和经济增长。

5. 提高安全保障能力。建立重要网络应用安全评估制度，全面部署网络与信息安全防护体系，提高信息安全技术保障和支撑能力，加强网络信息与安全保障工作。

二　工作要求

（一）建立工作机制。参与创建工作的城市要建立示范城市建设工作协调机制，负责制定工作方案，协调政策措施，组织重点项目建设等。协调机制要明确主管市领导、牵头部门及参与部门，并将相关工作任务纳入有关部门考核指标，明确责任，形成各方相互配合、通力合作的良好工作局面。

（二）制定工作方案。参与创建工作的城市要结合当地经济和社会发展实际，充分调动基础电信运营企业、广电企业、商业网站、设备制造企业等多方力量，制定国家下一代互联网示范城市建设工作方案（工作方案的编制要点参见附件2），并参照示范城市建设考核体系（参见附件3），确定年度工作目标、重点、步骤，提出具体政策措施和保障机制。

（三）凝聚各方资源。示范城市的创建工作要充分调动相关社会资源，联合推进。要切实推动基础电信运营企业与当地应用企业之间开展实质性合作，并充分发挥广电企业、商业网站、设备制造企业等产业链其他环节，以及高等院校、科研机构、行业组织等多方力量的作用。

（四）加强统筹协调。示范城市的创建工作要注重与国家实施创新驱动发展战略和培育发展战略性新兴产业的结合，要加强与"宽带中国"战略实施以及 TD－LTE、云计算、物联网、大数据等新兴业务发展的衔接，要努力与国家创新型城市、电子商务示范城市、智慧城市等其他试点工作做好配合，做到点面结合，增强工作的系统性。

（五）注重因地制宜。示范城市的创建工作要结合本地区、本城市发展需求，广泛开展调研，充分听取各界意见，要注重政策与投资相结合，切实将创建国家下一代互联网示范城市作为培育产业、发展经济、转变方式、服务民生的重要契机，有效推动地方经济社会发展。

（六）确保目标落实。经审核通过后的示范城市要按照既定方案抓紧开展工作，落实各项任务，确保实现工作目标，并定期将进展情况报送国家发展改革委、工业和信息化部、科技部、国家新闻出版广电总局。国家发展改革委将联合工业和信息化部、科技部、国家新闻出版广电总局组织有关专家对建设工作进行定期评估，对于工作目标实现良好的示范城市将给予连续支持。

三　组织实施

（一）国家发展改革委将对示范城市下一代互联网建设项目给予支持。根据下一代互联网"十二五"工作安排，采用 3 年滚动支持的方式。各地方发展改革委工业和信息化、通信、科技、广电主管部门，根据经审核通过的工作方案，负责审批示范城市具体建设项目并组织实施。国家发展改革委进行年度考核后，对符合要求的项目，适时下达年度资金计划。具体工作安排另行通知。

（二）工业和信息化部将加强行业指导，引导和支持电信运营企业和互联网企业等加快示范城市信息基础设施改造，并会同新闻出版广电总局在推进三网融合过程中，加快发展业务应用。

（三）科技部将积极支持下一代互联网关键技术研究及在示范城市的试验应用，加速科研成果转化，不断提升自主创新能力。

（四）新闻出版广电总局将加快推动广播电视宽带网络的升级改造，促进网络能力与业务创新同步发展，深化下一代互联网在广电领域的应用。

四　申报程序

（一）请相关省市发展改革委工业和信息化、通信、科技、广电主管部门，于 2013 年 9 月 16 日前将经申报城市人民政府批准同意的"国家下一代互联网示范城市建设工作方案"（纸质材料一式两份，附电子版光盘）报送国家发展改革委。

（二）国家发展改革委将联合工业和信息化部、科技部、国家新闻出版广电总局组织专家对工作方案进行评审。根据材料审查、方案答辩和实地考察结果，形成综合意见，确定国家下一代互联网示范城市名单。

附件：1. 基础电信运营企业已开展基础网络改造的城市名单
2. 国家下一代互联网示范城市建设工作方案编制要点
3. "国家下一代互联网示范城市"建设考核体系

国家发展改革委办公厅
工业和信息化部办公厅
科技部办公厅
国家新闻出版广电总局办公厅（代章）
2013 年 8 月 2 日

关于做好政府购买服务工作有关问题的通知[*]

财综〔2013〕111 号

国务院各部委、直属各机构，各省、自治区、直辖市、计划单列市财政厅（局），新疆建设兵团财务局，财政部驻各省、自治区、直辖市、计划单列市财政监察专员办事处：

为贯彻落实党的十八届三中全会精神和《国务院办公厅关于政府向社会力量购买服务的指导意见》（国办发〔2013〕96 号，以下简称《指导意见》），加快推进政府购买服务工作，现就有关事项通知如下。

一　充分认识推进政府购买服务工作的重要性和紧迫性

推进政府购买服务是新时期全面深化改革的必然要求。当前，我国发展进入新阶段，社会结构、利益格局、思想观念发生了深刻变化，人民群众日益增长的公共服务需求对政府管理和服务模式提出了新要求。在全面深化改革的关键时期，大力推进政府购买服务，逐步建立健全政府购买服务制度，是正确处理政府和市场、社会的关系，建设服务型政府，推进国家治理体系和治理能力现代化的客观要求；是创新公共服务供给方式、提高公共服务供给水平和效率的迫切需要；是培育和引导社会组织、加快服务业发展、扩大服务业开放、引导有效需求的重要举措，对于深化社会领域改革，推动政府职能转变，整合利用社会资源，增强公众参与意识，激发经济社会活力，提高财政资金使用效益，为人民群众提供更加优质的公共服务具有重要意义。

党中央、国务院高度重视政府购买服务工作，作出了一系列部署和要求。党的十八大强调要改进政府提供公共服务方式，新一届国务院明确要求在公共服务领域更多利用社会力量，加大政府购买服务力度，党的十八届三中全会通过的《中共中央关于全面深化改革若干重大问题的决定》明确提出，推广政府购买服务，凡属事务性管理服务，原则上都要引入竞争机制，通过合同、委托等方式向社会购买。国务院领导多次作出重要批示，要求财政部会同有关部门抓紧推进政府购买公共服务改革。

当前和今后一个时期，大力推进政府购买服务是贯彻落实三中全会精神和《指导意见》的一项重要工作任务。《指导意见》是推动我国政府购买服务工作的重要指导性文件，各地区、各部门要认真学习领会、准确把握精神，将思想和行动统一到党中央、国务院的决策部署上来，统一到《指导意见》的精神上来，将推进政府购买服务工作摆在发展改革的重要位置，增强紧迫感、使命感和责任感，按照中央的部署和要求，积极稳妥、扎实有效地开展工作，确保《指导意见》顺利实施。

---

* 中华人民共和国中央人民政府，http：//www. gov. cn/gzdt/2013－12/09/content_ 2545041. htm。

二 积极有序推进政府购买服务工作

《指导意见》的基本定位是注重原则性、方向性、统筹性和指导性，既鼓励支持地方和部门先行先试，发挥做好政府购买服务工作的主动性、积极性和创新精神，也明确了工作的总体目标和基本要求。根据《指导意见》的精神，目前，为进一步做好顶层设计，财政部正抓紧研究政府购买服务管理办法以及相关预算、政府采购、税收等具体政策措施。各地区、各部门要结合实际，积极行动起来，主动部署开展工作，抓紧制定相关政策文件，尽快形成中央和地方共同推进购买服务工作的氛围和机制。

（一）坚持正确方向，积极探索创新。开展政府购买服务工作要以改革的决心和勇气，正确处理当前和长远、全局和局部的关系，正确对待利益格局调整，不拖不等不靠，积极创新，大胆探索。要根据《指导意见》精神，抓紧制定本地区、本部门政府购买服务的实施意见、办法和具体措施，尽快形成中央与地方衔接配套、操作性强的政府购买服务政策体系。已经出台相关文件的，要对照《指导意见》进一步细化和完善相关政策措施，不断健全与本地经济社会发展相适应的政府购买服务制度体系。尚未出台政策性文件的，要按照《指导意见》要求，结合工作实际，在调查研究基础上，抓紧研究针对性的政策措施和办法，积极探索试点，积累经验，逐步推开。

（二）坚持突出重点，稳妥有序推广。要结合实际，在准确把握公众需求的基础上，全面梳理并主动提出购买服务的内容和事项，精心研究制定指导性目录，明确购买的服务种类、性质和内容。在公共服务需求日趋多样化的形势下，应突出公共性和公益性，重点考虑、优先安排与保障和改善民生密切相关的领域和项目，把有限的财政资金用到人民群众最需要的地方。对于政府新增的或临时性、阶段性的公共服务事项，凡适合社会力量承担的，原则上都按照政府购买服务的方式进行。看得准、拿得稳的先推下去，一时看不准、有疑问的要深入研究，条件成熟了再推进。要通过购买服务，推动政府简政放权，防止"大包大揽"。要确保政府全面正确履行职能，防止"卸包袱"，将应当由政府直接提供、不适合社会力量承担的公共服务事项推向市场。购买服务的范围、内容和目录应倾听群众呼声，反映群众意愿，根据经济社会和政府职能的发展变化，及时进行动态调整。

（三）坚持规范操作，完善购买程序。要按照公开、公平、公正的原则，完善政府购买服务的各项程序规定，建立以项目申报、项目评审、组织采购、资质审核、合同签订、项目监管、绩效评估、经费兑付等为主要内容的规范化购买流程，有序开展工作。要将政府购买服务资金纳入预算，并严格资金管理，加强绩效评价。要及时充分地向社会公开购买服务的项目内容、承接主体条件、绩效评价标准等信息，确保社会力量公平参与竞争，严禁层层转包、豪华购买、暗箱操作等违规违法行为，筑牢预防腐败的制度防线。

（四）坚持政策衔接，注重建章立制。要处理好积极推进和制度建设的关系，做好相关政策的完善和相互衔接。既要考虑当前政府购买服务工作的重点是鼓励和推进改革，在坚持大的原则不变和透明预算的前提下，注重研究解决现行政府采购、预算编制、会计处理等技术性管理难题，必要时可适当做出政策调整，为政府购买服务工作的顺利推进创造条件；又要兼顾长远，在实践中不断总结经验，注重体制机制建设，为将来建立购买服务制度打基础。同时，要做好政府购买服务与事业单位分类改革、行业协会商会脱钩等相关改革的衔接，按照国务院关于"财政供养人员只减不增"的要求，在有效增加公共服务供给的同时，积极研究探索通过政府购买服务方式支持改革的政策措施，实现"费随事转"。要通过政府购买服务，推动公办事业单位与主管部门理顺关系和去行政化，推进有条件的事业单位转为企业或社会组织，坚决防止一边购买服务，一边又养人办事、"两头占"的现象发生。

三　切实加强对政府购买服务工作的组织实施

推广政府购买服务是一项新的综合性改革工作，是全面深化改革的重要举措和方向，政策性强，涉及面广，任务艰巨，要用发展的眼光、改革的理念切实加强对这项工作的组织实施。

（一）加强组织领导。各地区、各部门要按照政府主导、部门负责、社会参与、共同监督的要求，切实加强对政府购买服务的组织和指导。要尽快建立工作机制，制定工作计划和实施方案，扎实推进。同时，加强对下一级政府购买服务的指导，督促其积极开展工作。

（二）发挥牵头作用。各地区、各部门财政（务）部门要切实履行职责，发挥好牵头作用，当好参谋助手，加强沟通协调，形成工作合力。各地财政部门要尽快明确牵头处室，明确分工，落实责任。中央国家机关各部门要尽快明确牵头司局和责任处室，积极支持配合财政部统筹推进政府购买服务工作，并主动做好本部门、本行业、本系统相关工作。

（三）加强培训宣传。各地区、各部门要切实加大宣传和培训力度，确保广大干部群众及相关社会力量负责人、工作人员了解、熟悉和掌握有关背景知识、政策措施及操作规范。要充分利用广播、电视、网络、报刊等媒体，广泛宣传实施政府购买服务工作的重要意义、指导思想、基本原则和主要政策措施，为推进工作营造良好的舆论环境。

各地区、各部门要按照党的群众路线教育实践活动要求，切实加强调查研究，认真总结好经验、好做法，及时发现并解决实施过程中出现的问题，逐步完善政策措施和制度设计，确保近期工作取得实质性进展，中长期形成比较完善的政府购买服务制度体系。各地区、各部门的工作进展情况、工作中遇到的新情况和重大问题，以及有关意见和建议，请及时报财政部，以便统筹研究解决。

财政部

2013 年 12 月 4 日

第二篇

综　述

2013 年电子政务发展综述

前 言

2013 年是《国家电子政务"十二五"规划》发布的第三年,是我国电子政务发展的关键阶段。电子政务科学健康的发展是落实科学发展观、深化改革开放、加快转变经济发展方式的必然要求,是各级政务部门履行职责的重要途径,是深化行政管理体制改革和建设人民满意的服务型政府的战略举措。

2013 年 11 月,党的十八届三中全会做出了《关于全面深化改革若干重大问题的决定》,明确指出要以建设服务型和法治型政府为目标,切实转变政府职能,深化行政体制改革,创新行政管理方式,给电子政务发展提出了新的要求。

在 2013 年,我国电子政务紧紧围绕民生和社会管理,不断深化应用,一批国家电子政务重要业务信息系统正在稳步发展;重视信息资源的整合利用,人口资源库、法人资源库、地理空间信息库等都在进行积极建设;教育、医疗卫生、就业、社会保障等民生方面的政务应用系统不断成熟,提高了政府服务社会的能力,获得了社会的广泛认可;食品药品安全、社会治安、安全生产、环境保护、城市管理、质量监管、人口和法人管理等方面电子政务应用持续普及,加强和提升了社会管理能力和水平;政府网站在县级以上机构基本普及,内容不断丰富,成为政务公开、政民互动、网上办事的重要平台,网上行政审批服务更加优化,同时,政务微博蓬勃发展,政民互动进入新的发展阶段;信息安全的管理逐渐规范,技术手段不断成熟,网络与信息系统安全保障能力跨入一个新的水平;电子政务依赖的技术手段不断完善,云计算、物联网、下一代互联网等新技术不断应用到电子政务的发展中,改善了电子政务发展的技术环境。

一 2013 年电子政务发展情况

(一)总体发展情况

从转变电子政务发展方式来看,电子政务的发展朝着合理、有序、规范、健康的方向迈进。在电子政务建设与应用方面,由重基础设施、轻应用向深化应用、注重成效转变;由重表层应用、缺乏对可持续发展能力的考量向重视可持续发展转变;由过度重视政府自身应用,相对忽视公共服务与社会管理向电子政务的发展紧紧围绕政府履职转变。

在电子政务建设与管理体制方面,由各自为政、分散建设向重视统筹规划与顶层设计转变;电子政务发展过程中条块冲突严重,目前逐渐重视统筹协调。

在电子政务的参与方面,由政府独家包办的方式向引入社会力量进行共建、对运维服务进行外包转变。

在管理与绩效评估方面，由缺乏有效的绩效评价方法和问责制向逐步确立评估方式与手段、管理制度逐渐规范转变。

在对技术的态度方面，原先的发展缺乏对技术的充分认知和合理的选择，未充分考虑实际需求，片面求新求全，现在的发展更重视把结合中国实际和与国际接轨结合起来。

在电子政务建设内容方面，过度以政府网站、信息设备框定对电子政务的理解，转变为重视政务系统的应用；由信息资源开发的片面性，转变为重视政务信息资源的开发、存储、管理、利用等多个环节；电子政务原先的发展以办公室内为主，以信息终端设备为依托，目前电子政务的发展逐步重视移动互联、移动政务。

在电子政务人才队伍的建设方面，改变了之前电子政务人才主要由 IT 行业从事计算机与网络通信等工作的技术人才组成的现状，电子政务的发展越来越重视政务与技术的融合，多种学科背景的人才逐渐进入这个领域；在以往的电子政务人才队伍建设过程中，缺乏电子政务人才培养机制，从事电子政务的官员缺乏相应的专业训练，当前电子政务的发展，重视建设高素质、职业化的电子政务管理和服务队伍，专业的培训体系已具雏形。

在电子政务的理论研究方面，改变了基础理论研究相对薄弱，理论研究支撑和引导作用相对不足的局面，各级政务部门逐渐注重理论指导，对电子政务的发展进行科学规划。

（二）电子政务基础设施发展情况

2013 年我国电子政务基础设施建设进一步取得成效，我国政府机构已普遍建立和使用了内部办公业务网络，电子政务网络基础设施在满足各级党委、人大、政府、政协、法院、检察院各系统推进业务应用需要的基础上，进一步拓展和实现了中央政府部门之间、中央政府部门与地方政府部门之间的互联互通和信息共享。一些业务数据库及一批功能齐全、使用方便的业务系统开始在部分单位的网络基础设施中运行，有效地促进了各级政府部门行政效率的提高。

电子政务网络已经覆盖所有的省、自治区、直辖市，以及 90% 以上的市和 80% 以上的县。中央国家机关各单位都建成了局域网，多数单位建设了本系统专用网络，重要业务信息系统实现了从中央到地方的联网运行。在地方政府方面，北京和上海已基本形成全市基础网络平台，各区县的统一政务网络平台也已建成并接入市政务外网平台，覆盖市、区、街道三级的电子政务基础网络初步成型。河北省构建了全省统一的电子政务网络平台，电子政务网络横向连通所有省直部门，纵向贯穿省、市、县三级。广东省建立了全省统一的电子政务网络，基本上覆盖到县级单位。黑龙江、河北、青海、内蒙古、广东、陕西等省份均基本建成省、市、县三级电子政务网络。

（三）重点业务应用系统建设和应用有序推进

在全民社会保障信息化工程方面，2012 年 6 月 "电子政务社会保障工程社会保险信息系统分工程（金保工程）一期建设项目" 通过验收，该期工程统筹推进了全国社会保险信息系统建设，发挥出信息化对业务的支撑和引领作用，成为支撑社会保险业务经办、提升社会保险服务水平、强化社会保险基金安全的有力保障。二期工程已经启动，将紧紧围绕"推进社会保障卡应用，建设覆盖乡村社区、实现多险种和跨省区接续的社会保险经办服务信息系统，建设城市到农村的统一社会救助、社会福利和慈善事业管理信息、社会保障监管信息等系统，继续深入推进全民社会保障信息化建设。

安全生产监管信息化工程方面，安监总局依托政务外网构建了国家、省和地（市）安监局、煤监局的虚拟专网，实现了全国安监系统视频会议、IP电话和数据交换与共享，实现了安全生产监管、监察和行政执法工作的信息化，提高了事故预测、安全生产形势分析与决策的时效性和科学性。2012年10月，工程一期项目通过验收。危险化学品、病险设施、工业生产、工程建设、交通运输等领域的监管信息系统正在积极建设中。

市场价格监管信息化工程方面，国家发改委已经建成全国成本监审网上平台网站，发挥了各级政府价格主管部门成本调查机构的业务交流平台作用，成为对外发布全国主要农产品成本数据及其他重要商品和服务生产经营成本数据的信息窗口。建立起覆盖电、油、天然气、药品、水、交通运输、邮政电信、教材、化肥、烟叶、食盐、民爆器材、职业资格考试考务费标准等领域的市场价格公开体系，切实加强了价格调控监管，提升了重要商品的市场价格监测预警、价格调控、监督检查，以及公共服务的能力和效率。

生态环境保护信息化工程方面，环保部以环境保护信息公开为重点，加强环境核查与审批信息公开，深入推进行政权力公开透明运行；加强环境监测信息公开，全面推进涉及民生、社会关注度高的环境保护信息公开，2013年实现了京津冀、长三角、珠三角区域及直辖市、省会城市和计划单列市等74个城市空气质量状况的监测与发布；同时加强重特大突发环境事件信息公开，及时公布处置情况。

社会信用体系信息化工程方面，建设重点是利用人口和法人基础信息库，依托部门和地方建设的业务信息系统，进一步完善公民和法人的信贷、纳税、履约、生产、交易、服务、工程建设、参保缴费，以及违法违纪等信用信息记录。在个人信贷方面，中国人民银行已组织各商业银行建立起个人信用信息共享平台，并发布《中国人民银行个人信用信息基础数据库管理暂行办法》，规范数据库采集、整理、保存个人信用信息，为金融机构提供个人信用状况查询服务，为货币政策和金融监管提供有关信息服务。在法人信用体系建设方面，2011年工商总局和省级局两级数据中心基本建成，全系统企业信用分类监管信息共享和数据交换基本能实时完成，实现了总局、省级局、地市局、县级局、工商所五级联网应用，"上下互通、左右互动、跨区域、跨部门"的企业法人信用体系正在形成。

金融监管信息化工程方面，证监会目前正在推进稽查执法信息化系统建设，筹划和分步实施以"一个平台、四个系统"为核心的稽查执法综合管理平台建设工程，规划建设监测预警与线索发现、案件管理、调查分析、复核审理等四个信息系统，针对市场关注和投资者反映较为突出的虚假信息欺诈及操纵股价等问题进行快速准确地定位，有效解决问题；利用行情异动数据驱动信息监测，强化行情与信息传闻监测的动态联动，努力实现对虚假信息的全天候、全方位、立体化扫描监控，提高监测针对性和查处打击的效率效果，逐步增强金融信息服务能力，规范金融机构行为，提高对金融风险的防范预警能力和应急处置水平，为金融市场平稳运行和国民财富安全等监管提供信息支持。

其他方面，药品安全监管信息化工程已完成规划设计，将于"十二五"末期初步建成。食品安全监管信息化工程正处于规划设计阶段，能源安全、全民健康保障、全民住房保障、应急维稳保障、行政执法监督、民主法治建设和执政能力建设等重点信息化工程建设也都在稳步推进中。

（四）各类政务信息化应用全面深入展开

截止到2013年底，国务院部门主要业务信息化覆盖率达80%。我国海关、税务、公安、审计、国土、金融监管等重点领域业务信息化覆盖率近90%，部分部委，如公安部、科技部、人民银行、审计署等已达到100%；国家统计局核心业务电子政务覆盖率已经达到80%以上。

目前，省级政务部门主要业务信息化覆盖率较高，普遍在75%以上，地市级主要业务信息化覆盖率已经达到60%，区县一级达到40%。

各地积极探索运用信息化拓展社会公共管理内容改进公共管理方式，并在人口管理、城市管理、基层社会管理及市场监管等方面取得一定成绩。全国流动人口服务管理信息化覆盖率达80%以上，31个省会城市中有90%以上实现了与国家流动人口子系统的对接。全国36个大城市中大部分已经完成或正在开展数字化城管工作。国家省市和高危行业中央企业国家级应急救援队伍的应急平台建成率达80%以上，重点县高危行业地方大中型企业的应急平台建成率达到50%以上，初步实现互联互通和信息共享。

政府部门通过独立建设网站或依托门户网站设置网页等形式履行政府网站职能，覆盖中央省市县四级政府及部门的政府网站层级体系建设基本完成。

各部委网站信息公开情况普遍较好，基本满足了社会公众"知情权"要求。信息公开内容更加丰富、公开范围更加明确、公开时间更加及时，行政决策、财政资金等信息全面公开，通知公告、工作动态等信息持续更新。财政预决算、三公经费等深度信息公开力度加大，政府透明度再度提升。

部委网站在线办事服务内容更加丰富。办事指南建设相对较好，内容较为详细，各项要素较为齐全。部委网站办事指南格式统一、内容全面。表格下载可用性较好。多数部委网站能够提供表格下载或资料下载服务。

多数地方政府网站围绕民生和企业需求建立了服务专栏，提供了一体化的办事渠道，并积极策划场景式服务。

各部委网站均提供了领导信箱或咨询投诉信箱，基本实现用户在线咨询、投诉举报的需求。

全国各级政府网站能按要求开设信箱、调查、访谈等互动渠道，且各渠道功能便捷，操作简单。为政府与公众之间的友好沟通提供了有效桥梁。绝大多数的地方政府网站以为用户答疑解难为出发点，在咨询投诉、民意征集、实时交流等方面，积极答复咨询投诉信件，开展网上调查和在线访谈活动。

北京、上海、广东、河北、山东、湖南、海南等省和广州、宁波、厦门等大多数省级和副省级城市人口基础信息资源数据库不断完善。湖北、广东、海南、上海等地人口信息库初步实现信息资源的集中整合和共享利用。河北省法人基础信息库为国税征管、小金库治理、事业登记以及社会治安等提供了共享服务；山东省法人数据库实现了质监、工商、税务、外办、人事等多个部门的企业基础信息共享，极大地提高了企业所得税和个人所得税征收能力；湖北、广东、上海等省市法人单位数据库已经建立并不断完善。河北省基础地理信息数据库不断完善，为主体功能区规划、减灾救灾、护城河安全保卫、反恐等应用提供了支撑；山东省空间地理基础信息数据库已建设完成省级1：10000、1：50000基础测绘数据库，为全省信息化建设提供空间支持载体和基础平台；浙江省杭州市城市空间地理基础数据库包含杭州全市基础地形数据、正射影像数据、数字高程模型和基础框架数据，以及覆盖杭州市主城区的综合地下管线数据和地名数据等；陕西省西安市建成了数字西安地理空间信息系统，搭建了数字西安地理空间数据共享交换平台，完成城市基础服务支撑平台的构建；湖北、广东、海南、上海等省市基础地理信息库建设进展良好，为下一步的应用拓展奠定良好的基础。

（五）政府网站服务能力持续提升

1. 信息公开注重成效

目前，各级政府网站基本都按照《政府信息公开条例》以及国家电子政务"十二五"规划的要求进行信息公开。大多数政府网站编制了信息公开指南及目录，依申请公开的事项也发布在网站上，供公众进行查询。在信息公开方面存在着两个问题。

第一，部分政府网站在对信息公开的认识上存在着误区，认为公开的信息越多越好，公布的多就是为民服务，在信息公开的时候忽略了信息对公众的实用性，公众对某些类别的信息缺乏兴趣，同时对特殊的信息内容兴趣强烈，但信息公开往往导致公众在意的信息公开不足，这需要各级政府对信息公开再认识，在依法的基础上对信息公开内容进行科学合理的规划。

第二，信息公开的内容需要科学分类，提高为民服务的深度。目前，各级政府网站的信息公开基本上以时间进行排序，部分网站还可以以部门进行排序，为提升为民服务的质量，亟须对信息公开的内容进行科学合理的分类，方便公众进行查询调阅。

2. 公众接入性日趋便捷

目前，政府网站在县级政府已经基本普及，部分地区向街道（乡镇）甚至社区（行政村）进行延伸，政府网站已成为政务公开、政民互动、网上办事的重要平台，提升了政府形象，得到社会的认同，政府网站朝着服务多样化的方向迈进。

在政府网站的发展过程中，新技术、新应用不断融入，一些政府网站开发了无障碍浏览，通过语音识别技术方便特殊人群的浏览；绝大多数政府网站都能够以简繁两种字体供公众进行浏览和查询，少数民族地区以及边境贸易地区等与国外交流密切地区的政府网站都能够以多种语言进行展示，满足了不同群体对政府网站的需求；大多数政府网站以简洁实用为根本要求，避免版面设计复杂使公众查询出现困难；各级政府网站与相关政府网站的链接设计较为完备，方便公众在所需求的政府网站之间进行页面转换。

政府网站的发展逐渐走出之前注重版面设计，忽视内容与实用性的发展方式，在界面的友好性、易用性、专业性上不断提升，关注公众的实际需求，使公众更容易利用政府网站。

3. 政民互动良性发展格局初步形成

目前我国网民的互联网应用习惯发生显著变化，包括新型即时通信、微博等在内的新兴互联网应用迅速扩散。同时，网民的互联网沟通交流方式也变化明显，社交媒体快速发展。伴随着微博的发展，越来越多的党政机构和党政干部开通了微博，政务微博网站已发展成为政府政务公开、为民服务、了解民意、政民互动的重要平台。

目前已开通微博的部委和地方政府正积极在为公众提供服务、引导舆论等方面发挥重要作用，比如公安系统微博已经发展成为政务微博的领跑者，目前公安微博已经在全国范围内形成了一定的规模集群效应，在维护社会稳定、案件侦破、改善警民关系等方面起到明显作用。外交部小灵通精心打造"外交动态""外交小知识""外交史上的今天"等栏目，分类发布权威外交知识和信息，充分发挥了政务微博信息公开平台的功能。北京微博发布厅在信息传达、民意沟通、组织动员等三方面发挥了重要作用，北京微博发布厅整合了北京各大政府部门资源，除及时全面传达最新权威政令外，还直观地向市民展示工作进度和阶段效果，有利于民意征集、调查工作展开，并可有效动员民众积极参与公益事业，全面宣传推广城市活动。

（六）电子政务信息资源综合管理能力提高

各地对信息质量重要性的认识不断提高。政务信息资源集约化采集、规范化管理、制度化更新的开发利用工作机制逐步建立，信息资源的真实性、准确性和完整性不断提高。各地在提高信息质量的同时，政务信息资源利用成效和服务能力不断提高。各地在政务信息资源产生、传输存储管理、维护、服务等环节中遵循一数一源原则，建立政务信息资源采集目录，政务信息资源准确性管理不断得到加强，通过明确信息来源确保信息的准确性，通过建立实时动态更新机制确保信息及时性；通过建立授权使用制度加强信息防篡改和可恢复管理等手段，确保信息的安全性和可靠性。

信息共享的实现方式和手段逐渐完善。大大提高目前政府部门的工作效率，随着信息共享的需求不断提高。各地方以平台为依托成为各地方信息共享的主要手段。为信息共享和业务协同提供有力的技术支撑，更好地满足了部门间信息共享和业务协同的需求。各地方已建设并完善提供各种信息共享和跨部门应用中所需数据交换服务的数据交换中心，根据不同类型信息共享和业务协同的应用需求满足业务应用，方便、快捷获得所需共享信息。如河北省依托信息交换与共享平台，建设企业基础信息系统，实现了工商、国税、地税、质监等部门的信息交换、比对和共享，为加强市场监管。促进财税增收，提供了有效的信息支撑。广东省已建成覆盖省委、省人大、省政府、省政协机关党政领导班子的信息共享平台。广州、深圳、佛山等11个地市已建成市级信息资源共享平台。各地方不断建设和完善信息共享平台，有效解决了跨部门信息共享问题，降低了实施难度和成本，提高了成功率和共享效率，实现了在线实时的部门间信息共享，满足了部门间信息共享的需求，各部门工作效率大大提高。

参与信息共享部门的范围越来越大，涉及部门核心业务越来越多，覆盖部门核心业务也越来越广泛：从各地情况来看，参与信息共享的部门从原来集中在自然人口库、法人库、空间地理信息库涉及的部门，自然人口库以公安部门的户籍人口、流动人口信息为基础，结合劳动保障、民政计生等部门的数据；法人库以工商部门的企业、个体户信息为基础，结合质监、地税、国税等部门的数据，建立法人单位基础信息库形成完整、准确的法人单位档案；空间地理基础信息库以国土、规划、建设等部门共享的空间地理基础信息为基础。随着核心业务覆盖越来越大，信息共享逐渐向更多的部门扩大，涉及包括教育、工业和信息化、监察、司法、财政、环保、交通、水利、农业、商务、文化、卫生、审计、质监、体育、安全生产监督、统计、林业、知识产权、旅游、食品药品监督等部门。

随着参与信息共享的部门不断增加，支持各类协同业务不断增多，部门内部产生的信息资源不断丰富，信息共享内容也日益丰富，涉及部门职能业务的信息种类不断增多，政府核心业务信息资源的覆盖面越来越广。

利用信息共享加强市场监管整合企业基础信息，将工商、国税、地税、质监等部门所收集的企业基础信息进行共享和比对，达到促进财税增收、提高市场监管水平的目的。通过信息共享提升公共服务，提高各部门办事效率、服务水平，为公众提供一体化的便民服务。

（七）"云计算"标准的制定进度加快

电子政务发展正处于转变发展方式、深化应用和突出成效的关键转型期。政府职能转变和服务型政府建设对电子政务发展提出了更新更高要求。电子政务依托的信息技术手段发生重大变革。充分发挥既有资源作用和新一代信息技术潜能，开展基于云计算的电子政务公共平台顶层设计和实施服务，继续深化电子政务应用，全面提升电子政务服务能力和水平，实现电子政务发展方式转变，促进电子政务科学发展。

为落实《中共中央办公厅国务院办公厅关于进一步做好党政机关厉行节约工作的通知》（中办发〔2011〕13号）、《国务院关于大力推进信息化发展和切实保障信息安全的若干意见》（国发〔2012〕23号）的精神和要求，按照《国家电子政务"十二五"规划》提出的"加快研究制定基于云计算的电子政务标准规范"的部署，推进基于云计算的电子政务公共平台顶层设计和服务实施，避免电子政务基础设施重复建设和投资浪费，进一步提高电子政务发展质量，2012年7月，受工业和信息化部委托，由全国通信标准化技术委员会（TC485）云计算电子政务标准工作组组织编写"基于云计算的电子政务公共平台"国家标准。

2013年完成了包括《基于云计算的电子政务公共平台术语和定义（征求意见稿）》《基于云计算的电子政务公共平台系统架构（征求意见稿）》《基于云计算的电子政务公共平台服务实施规范（征求意见稿）》《基于云计算的电子政务公共平台功能和性能技术要求（征求意见稿）》《基于云计算的电子政务公共平台服务测试规范（征求意见稿）》和《基于云计算的电子政务公共平台安全规范（征求意见稿）》等第一批六个国家标准。

（八）下一代互联网基础设施发展迅速

"十二五"以来，为提高基础资源利用率和应用服务成效，工信部以效果为导向，大力推行"云计算服务优先"模式，加快推动基于云计算的电子政务公共平台的建设和应用。2013年9月，北京市、内蒙古自治区、黑龙江省、青岛市等18个省级、副省级地区，以及海淀区、东城区、大兴区、顺义区、呼和浩特市、包头市等59个市（县、区）被工信部确定为全国首批省级基于云计算的电子政务公共平台建设和应用试点示范地区，旨在鼓励地方在现有基础上建设集中统一的区域性电子政务云平台，支撑各部门业务应用发展，防止重复建设和投资浪费，促进互联互通和信息共享，增强电子政务安全保障能力。

虽然以云计算为基础的电子政务公共平台试点工作处于起步实施阶段，部分列入试点的地区在组织机构、人员、资金、工作机制等方面积极创新发展、先行落实、扎实工作，也取得了丰硕成果：2013年，北京市建立了首都之窗政务智能分析云平台，平台已监测到网站群内87家分站数据，为6家分站提供了数据分析报告，为北京市电子政务运行态势系统提供相关数据支持；北京政务互联网云平台也已成功为市委组织部"我身边的党员先锋"投票、市台湾同胞联谊会、市财政局互联网应用等项目提供了服务。从系统的实际运行效果来看，互联网云平台及各类设备抗压能力是实际峰值的5~10倍，充分验证了平台的性能；平台也充分发挥了云计算服务资源集约化、技术标准化、能力服务化、提供快速化、资源弹性化、管理自动化、管控集中化的优势，通过实际项目运行积累了充分的数据及经验，为市级电子政务云服务的发展打下坚实基础。

随着政府信息化的逐步深入，基层（包括县乡以及政府各部门）的电子政务平台建设开始演绎主角。电子政务平台正从"面"渗透到"点"，数据中心平台正从中大型应用转向基层中小型应用，电子政务云平台的发展推动了政务信息的互联互通、信息共享、业务协同，强化了信息资源的整合，规范了采集和发布，加强了社会综合开发利用。

建设电子政务公共平台是电子政务发展到深化应用、突出实效阶段的重要举措，未来一段时间内，应以省级平台为主建设统一的电子政务公共平台，带动市（区、县）的电子政务公共平台建设，让政府部门在体验"云"的便捷的同时，也能更好地管控自身内部的数据安全。

工作方式的变化以及公共服务能力的提高带来管理方式的变化，对现有的电子政务管理方式及工作方式提出了新的挑战，亟待法规政策的出台。

总之，建立以"云计算"为基础的电子政务公共平台对社会公共服务事业、对经济发展具备重要意义。统一的电子政务将成为纵深"两化融合"的新标准，它能够打破行政区域区格、部门条块分割，连通政府部门职能，消除信息孤岛效应，也是基于互联网构筑面向全社会的电子政务管理，使得政府的监管职能与服务职能合二为一。现阶段应该按照统一领导、分级实施，统一建设、资源共享，统一管理、保障安全，统一服务、注重成效的原则，由政府主导、企业参与，以市场为导向，立法为保障，建立大数据时代服务型的政府管理机制。

（九）人才队伍建设的总体发展情况

总体来看，随着我国电子政务建设的普遍开展，一支信息化管理队伍基本形成，公务员整体素质和信息技能大幅提高，电子专业技术队伍不断壮大，并且已经形成了独特的管理模式（充分利用社会力量，部分业务系统的建设和运维采用外包方式），有效地支持了我国电子政务建设与发展。

从人才纵向分布看，中央和省一级人才相对充足，地、县两级，特别是县一级政府部门，人才缺口较大。

从横向比较看，电子政务发展水平较高的地区，人员编制也相对较充足，电子政务主管领导通常为公务员编制，甚至在一些地方还同时兼任本级党委或政府副秘书长职务。

（十）服务采购新模式逐步被采用

截至目前，电子政务建设已经覆盖了税务、海关、农业、银行、公安和社会保障等关系国计民生的重要领域，并已开始为政务部门履行经济调节、市场监管、社会管理和公共服务职能提供重要的技术支撑。转变电子政务建设和服务模式，促进电子政务建设运行维护走市场化、专业化道路，全面提升电子政务技术服务能力，降低电子政务建设和运维成本势在必行。电子政务服务采购是促进国家电子政务产业发展的重要途径和手段，而这种建设方式也是政府部门与IT企业之间双向选择的结果，其中重中之重是在电子政务外包与托管过程中专业技术服务机构技术服务达标率（专业技术服务机构是指服务资源提供商、服务产品提供商等），这一要素直接影响着电子政务系统的运行和使用效果。所以《国家电子政务"十二五"规划》在发展目标中明确提出："专业技术服务机构技术服务达标率平均达到60%以上。"这项要求与评审要求相互配套，促进电子政务外包和托管服务的良性发展。

（十一）国产软硬件应用加强

国产软硬件的充分使用保障了政府部门的信息安全可控。信息政务网络安全防护体系涵盖着物理安全、网络安全、系统安全和应用安全，要从各个层面上采取措施，实现安全保密的无缝连接，提升信息化装备国产化水平，真正做到采用的信息技术和信息安全产品可管可控，杜绝安全漏洞和安全缺陷，降低安全风险和安全隐患，全面提升信息安全防护能力。同时，采用国产软硬件是贯彻执行国家政策的要求。

二　问题与挑战

尽管这段发展时期电子政务稳步推进，发展方式朝着科学、健康的方向转变，但也面临着一些问题，部分地区对电子政务仍然存在思想上的误区，电子政务的发展依然难以摆脱工程建设的简单思维；科学的电子政务发展机制还未健全，政务和技术的融合不够紧密；统筹不足、政出多门、分散建设、低水平重复、投资浪费等现象仍然存在；电子政务发展的统筹规划和顶层设计尚待加强，行业与地方间条块矛盾突出，政务信息资源的开发利用缺乏统一的规划，信息共享和业务协同难以推进；信息安全在新的形势下暴露出一些问题，亟待解决。在后一阶段电子政务的发展中，必须认清形势，结合实际，切实解决发展中遇到的问题。

从规划编制情况看，部分地区紧密围绕国家"十二五"规划所确定的目标和方向，先后出台了当地的电子政务发展规划，形成层次鲜明、相互衔接的电子政务发展规划体系。

但从总体看来，在电子政务发展规划的制定和实施上存在着一些问题。

（一）互联互通亟须法律制度的规定

政府部门在实施统一应用、构建整体网络基础设施的过程中，应该打破部门分割和地域限制，一些政务部门实现了从经办业务到公共服务的转变、从部门分割到流程协同的转变、从以业务分类到以服务对象分类的转变。

开展网络基础设施建设，重要的不仅仅是网络结构和所采用的网络技术与设备性能，更是技术与管理上的标准与规范，如接入的标准与运行管理制度等。对各地方、各部门而言，网络技术与设备应以满足应用需求、具有普适性为基本原则，地域差异、经济发展状况、信息化发展阶段将导致建设、使用和管理上的差异，这些都要求必须将实用性、可行性、可靠性和可管理性放在首位。

（二）信息共享的制度化亟待确立

我国大量的信息资源都分散在政府职能部门，缺乏统一的开发利用的规划，信息资源开发利用明显滞后于信息网络的建设，资源不足和资源闲置同时共存，限制了信息资源的综合利用。

地方政府在电子政务建设中，重视数据库建设，忽视信息共享。这些误区造成当前信息资源没有得到有效的开发和利用，造成投资不小、收效不高的局面。从 2013 年的发展现状来看，大部分政府网站能够实时发布信息，数据能够通过网络上报，但还不能为民众提供更高层次的服务，原因就在于数据不能互联，信息没有共享，这是下半期电子政务发展过程中需要着力解决的。下一阶段应调整思路，对信息资源进行统一规划，技术问题在信息资源开发利用方面已经不占主要地位，认识、管理和统筹规划才是解决问题的关键。

（三）网上办事应以基层为重点

从网上调研结果来看，在省级政府网站中，除了直辖市和少部分省级政府网站外，其他的省级政府网站的网上办事并未具备相应的功能，其网上办事只是列举了办理事项所需的材料清单、材料上交部门、工本费及联系电话等内容，所办理的事项还需去各行政机关进行办理，这些政府网站偏向于信息公开和信息查询，网上办事更多地强调办理事项指南，全流程事项几乎没有，多为在线申报。根据网上调研结果，具体分类如下。

政府网站可以在线申请办理事项的省级行政单位（17/32）：辽宁、黑龙江、河北、甘肃、青海、安徽、江苏、浙江、湖北、湖南、福建、海南、广东、北京、上海、天津、重庆。

政府网站能够下载办理事项表格的省级行政单位（8/32）：吉林、山西、陕西、河南、贵州、新疆、宁夏、新疆生产建设兵团。

仅有事项办理流程信息的省级行政单位（7/32）：山东、江西、云南、四川、内蒙古、广西、西藏。

反观省级以下的政府网站，各地网上办事大厅发展迅速，网上办事大厅成为服务企业、服务社会、服务市民的重要平台，部分地区开展网上"一站式"服务，明确了各项行政审批、公共服务事项的内容、依据、程序、时限等，而且为市民网上办事提供实时在线咨询服务，简化了行政审批手续，打破了条块业务的分割，社会服务事项、行政审批服务逐渐规范化、高效化，为政府转变职能，吸纳公众意见，提高政务服务水平提供了条件。

因此，网上办事应该成为基层政府网站的发展重点，为公众提供最基本的公共服务，不断提升为民服务的质量。

（四）对政务信息资源开发利用认识上仍有偏差

电子政务的发展要以解决实际问题为着眼点，要以为民服务为中心，切实推动政府职能的转变。部分地区对政务信息资源的开发利用忽视了信息和知识的区别。辅助政府决策解决实际问题的是知识，而非信息，只有对信息进行科学加工和处理才会形成有效知识，为政府科学决策提供有力支持。

这一认识上的误区导致各级政府在政务信息资源开发利用时，只注重信息来源及获取方式，而忽视对信息的加工和处理，也就是信息知识化的过程。在以后的发展中，要充分认识到信息资源开发利用的合理性，重视信息资源开发利用的全生命周期的管理和维护。

（五）重点业务系统的协同共享需要新突破

2013 年以来，重点业务系统的发展有力促进了政务服务信息化的建设，部门间业务协同和信息共享的基础更加坚实，条件更加成熟，必要性和实用性更加突出。经济运行、财政管理、综合治税、强农惠农、城市管理、国土管理、住房管理、应急指挥、信用监管等应用的业务协同水平有了进一步提高，各部门加强信息交换与共享，形成部门间的监管合力，利用重点业务系统探索建立相关领域突出问题的长效治理机制，跨区域、跨部门联合监管的局面正在形成。

当前，跨部门业务协同与部门职能分工之间的矛盾仍然凸显，解决矛盾的关键在从概念范围上实现突破。

首先，协同与共享要有边界，业务协同需要以共性的职能为基础，如关于保障性住房方面，建设、规划、社会保障、房产等部门就需要在本部门的职能分工内，与其他部门做好沟通协作，开发出本部门相应的电子政务应用。

其次，要区别部门业务信息共享与公共信息共享的不同，在公共服务领域要注重公共产品的信息公开，保障服务的公正性，信息和服务指向是公众，重点是为民服务；在社会治理领域和市场监管领域要注重监管和服务对象信息的共享共用，指向是部门，重点是监管。

最后，随着业务系统的逐步规范和业务协同水平的提高，根据政府履行职责的需要，电子政务将根据职责来构建系统，突破过去按部门的划分构建系统的方法。

（六）各地区电子政务发展规划制定率不均衡

根据网上调研结果，省、市、县三级地方政府电子政务发展规划制定率呈现逐渐降低的趋势，制定电子政务"十二五"发展规划的省级政府约为60%，地市级约为6%，区县级约为1%。就总体制定情况来看，省级地方政府明显优于地市级地方政府，区县级地方政府的相关规划制定率亟待提高。

电子政务的科学发展需要从基层抓起，基层政府的电子政务发展水平和方向决定了电子政务的实施效果和群众的满意度，调动各级地方政府主动性，推动顶层设计的落实与完善成为电子政务科学发展的基本点。

（七）区域间电子政务发展规划制定工作不均衡

总体而言，东部地区电子政务发展规划制定工作情况优于中西部和东北地区，东部地区有90%的省级地方政府制定了相关规划，中西部、东北地区均未超过50%。

电子政务的均衡发展需要与西部大开发、振兴东北、中部崛起等国家政策结合起来，加强中西部和东北地区电子政务发展规划的制定工作。

尽管地方电子政务发展规划的编制工作呈现不均衡性，但是电子政务发展实践却与政府职能紧密结合，在当电子政务发展规划的指导下，不断满足群众实际需求，获得了社会的认可。

电子政务在提供公共服务、进行社会管理、监管市场运行、保障公平正义等政府职能方面扮演着日趋重要的角色。在金宏、金财、金农、金盾、金保、金税、金关、金审、金质、金水、金卡和金旅为代表的"十二金"工程的示范与带动下，2013年，各部门电子政务实践持续、深入进行——全民健康保障、全民住房保障、全民社会保障、药品安全监管、食品安全监管、安全生产、市场价格监管、金融监管、能源安全保障、信用体系建设、生态环境保护、应急维稳保障、行政执法监督、民主法制建设和执政能力建设十五个领域的信息化建设工程全面铺开，为政府履行职能，执政为民，建设服务型政府提供了有力保障。

（八）人才队伍建设中存在的问题

与电子政务科学发展的需求相比，电子政务专业人才队伍建设有待进一步加强，还存在一些亟待解决的突出矛盾和问题。

1. 编制不足：编制不足现象比较突出，有的地方甚至只有雇员，没有编制，导致一些电子政务机构不能按照当地电子政务发展的要求去推进电子政务，进行全面管理，而只能重点解决领导重视的问题。

2. 留不住人才：编制不足与人才难觅同时存在，地方上尤其是基层的电子政务部门难以招到高学历的专业人才，即使招到此类人才，往往也不能长期留住。此外，由于政务服务职能主要集中在县一级，因此人才缺口最大。

3. 人才类型不符合电子政务发展的要求：电子政务"十二五"规划强调要加强政务与技术的融合，但是在地方电子政务部门，所招收的人员基本是理工科背景出身，政务知识储备不足，单一的知识背景无法满足当地电子政务发展的需要。

4. 身份尴尬：地方上的信息中心等基层的电子政务部门一般属于事业编制，它们的上级领导或其服务的业务部门的人员编制则是公务员，身份上的差异，加之知识背景单一，使得从事信息化工作的人员在推动电子政务工作时畏首畏尾、信心不足。

5. 研究力量匮乏，理论创新不足：我国电子政务专业人才的培养相对滞后，虽然在个别职业院校设立了电子政务专科、本科专业，但许多普通高校仅在研究生阶段，在其他学科下设置了电子政务研究方向。且大多数电子政务研究者对电子政务的研究只是偶尔涉足，缺乏固定的研究范畴，专注度不够。研究往往停留在经验层面，缺乏深入的理论探讨，甚至对于"什么是电子政务"等这样一些基本概念的认识也未能达成统一。研究人员依据各自的知识背景，或过多强调政务理念，或过分强调技术实现，导致了理论、工程、技术之间的相互割裂，也即是我们通常所见的"顶层设计"与"工程实践"两张皮的现象。研究力量匮乏，理论创新不足，也制约着我国电子政务的科学发展。

（九）对运维服务的认识存在偏差

信息化作为无形资产的特殊性，导致了财政、审计部门无法实施会计核算、预算、实施收费或内部转移价格，所以财政部门对运维的预算无法进行有效测算，不知道该不该给钱、该给多少钱。另外，由于建设与运维的分离考核导致运维的好坏取决于建设之初的运维规划的好坏，而建设与运维又常常相互推诿致使运维的效果无法评估，运维费用的效益在信息化考核中无法考核。

三 机遇与革新

（一）行政体制改革和政府管理创新

我国当前普遍实行的"部门自建电子政务建设模式"无论从绩效上看，还是从管理上看，都已经被实践证明是高成本、高风险、低绩效，其最大的弊端是难以支持行政管理体制改革和政府管理创新。这种建设模式模仿原有组织结构和业务流程，使信息化所具有的跨部门跨地域的资源整合和流程优化重组能力无用武之地。除大幅度增加行政成本外，必然加固部门的"刚性"，加剧部门之间的业务分割，使行政管理体制改革的难度更大，成本更高。

党的十八大报告提出，要建设职能科学、结构优化、廉洁高效、人民满意的服务性政府。推动政府职能向创造良好发展环境、提供优质公共服务、维护社会公平正义转变。特别要强化社会管理和公共服务职能，着力促进教育、卫生、文化等社会事业健康发展，建立健全公平公正、惠及全民、水平适度、可持续发展的公共服务体系，推进基本公共服务均等化。这给电子政务的发展提供了良好的发展环境，也给电子政务的发展提出了更高的要求：我们要利用现代信息技术，推行电子政务，优化管理流程。创新行政管理方式，提高政府公信力和执行力。大力推进政务公开提高科学决策水平，完善决策信息系统和决策智力支持系统。

（二）电子政务统筹协调能力亟待加强

当前，地方电子政务管理机构主要设置在经信委、发改委、办公厅（室）等，直属部门均有电子政务支撑机构。目前，有超过一半的地方政府将电子政务管理职能设在信息化推进处或信息处，典型的省份为河北、山西、内蒙古、辽宁、上海、黑龙江、江苏、浙江、安徽、广西、海南、重庆、四川、云南、陕西、甘肃、宁夏、新疆；26%的省级政府的工业和信息化部门设立了单独电子政务处或电子政务与信息资源处、电子政务与信息安全处，具体是北京、天津、江西、山东、河南、湖北、湖南、广东；超过10%的省级政府没有设立专门的电子政务管理部门或明确电子政务管理职能，有3%的省级政府虽设有信息化推进部门但是电子政务的管理职能放在了当地的发改委。

目前我国电子政务建设缺乏统一的建设管理机构，跨部门、跨地区，中央和地方间缺乏稳定的协调机制。中央部委和地方政府基本形成了由信息化领导小组、信息化领导小组办公室和信息中心构成政府信息化管理"三位一体"的决策、协调和执行机制。但是这种模式在不同部门和地区的运行有所不同，取得的实际效果差异很大，由于没有形成上下统一的信息官制度，容易形成职权分散，缺乏权威。大部制改革后，大部分地方政府都成立了工业和信息化部门，但是名称有所不同，有的叫工业和信息化厅（委员会），有的叫经济和信息化厅（委员会），在地方工业和信息化部门处室设置中，信息化相对处于弱势。

随着电子政务进入资源整合和深化应用的全面快速发展阶段，中央部门与地方电子政务协调发展的矛盾日益突出。目前中央各部门自上而下的纵向专网（条）与地方电子政务统一网络（块）之间缺乏有效的结合机制，形成电子政务网络建设纵强横弱、条块分割的局面。从"条"看，各行业部门都有强化其业务系统和网络向地方基层延伸的要求，使"信息孤岛"的风险进一步加大，造成资源难以共享、协同；从"块"看，各级地方政府普遍希望能够通过统一网络平台承载来自上面各部门的业务，但在实际工作中没有政策依据和明确规定，使得当地电子政务的网络建设统筹困难，难以形成统一应用和管理。有的地方虽具备一条或多条省级专网，但仍不能与中央政务内网、外网或部门专网良好对接。因此，急需建立有效的条块结合机制，只有实现集约发展，方能发挥网络基础的综合效能。

电子政务管理各相关职能部门间协同不足。建立电子政务跨部门、跨地区协同推进体系是世界各国电子政务建设面临的共同话题，发达国家主要是建立政府首席信息官体系和制度化的首席信息官联席会议来解决。我国则主要是依靠国家信息化领导小组开会协商的形式，并没有真正建立电子政务的协同机制，直接造成了电子政务各自为政、分散建设的局面。目前我国电子政务建设没有将政府作为一个整体来统筹设计顶层 IT 战略、基础设施和政策制度框架，政府各部门往往对于政府整体利益考虑不够，常以本部门和项目利益最大化为目标进行信息化项目建设，在规划实施过程中造成各自为政的局面，导致资源难以共享，协同应用水平很低。

（三）加强电子政务队伍建设的措施

强化教育培训，提高能力素质。需要在政府、社会、高等院校之间相互合作衔接基础上，构建差异化的电子政务人才教育与培养体系。电子政务人才应同时具备技术、政务和管理三方面的能力和素质。因此，从个体层面看，合格的电子政务专业人才应是复合型人才。从整体层面看，电子政务人才个体之间应具有能力互补性。

适时推行电子政务职业认证制度，促进电子政务人才教育与培养，建立电子政务人才教育与培养认证制度，推行电子政务人才岗位资格认证体系。建议参照公务员录用办法，凡进必考，获得相应资格认定后才能取得相应的就业岗位。

（四）"云平台"的发展亟须制度规范

建设电子政务公共平台是电子政务发展到深化应用、突出实效阶段的重要举措，未来一段时间内，应以省级平台为主建设统一的电子政务公共平台，带动市（区、县）的电子政务公共平台建设，让政府部门在体验"云"的便捷的同时，也能更好地管控自身内部的数据安全。

工作方式的变化以及公共服务能力的提高带来管理方式的变化，对现有的电子政务管理方式及工作方式提出了新的挑战，亟待法规政策的出台。

总之，建立以"云计算"为基础的电子政务公共平台对社会公共服务事业、对经济发展具备重要意义。统一的电子政务将打破行政区域区格、部门条块分割，连通政府部门职能，消除信息孤岛效应，也是基于互联网构筑面向全社会的电子政务管理，使得政府的监管职能与服务职能合二为一。现阶段应该按照统一领导、分级实施，统一建设、资源共享，统一管理、保障安全，统一服务、注重成效的原则，由政府主导、企业参与，以市场为导向，立法为保障，建立大数据时代服务型的政府管理机制。

（五）大数据推动政府为民服务新模式

大数据技术在数据量、处理速度、多样性和真实性方面的特点，为政务信息资源的开发利用提供了技术支撑。目前各级政务部门掌握着大量信息资源，在大数据时代面向公众不仅是共享这些数据，而更重要的是高效利用大数据资源提高政府的服务能力。

巨量数据正在成为一种资源、一种生产要素，渗透至各个领域，而拥有大数据能力，即善于聚合信息并有效利用数据，将会带来层出不穷的创新，从某种意义上说它代表着一种生产力。麦肯锡认为，"人们对于海量数据的运用将预示着新一波生产率增长和消费者盈余浪潮的到来"。2013 年联合国电子政务研究指出，大数据将为管理海量数据集合提供部分解决方案，在"电子健康""空间""灾难"等方面对发挥作用。可以说，政府在线服务需要拥抱大数据时代的来临，构建一种具有"高效管理、智能服务、科学决策"特征的政府在线服务模式。

（六）有效的运维管理是保障安全的重要手段

目前，各地信息安全着重从信息基础设施的角度去考虑，在工程建设时投入很多，但往往收效不大，没有充分认识到运维对保障信息安全的重要性。在以后的发展中，要逐步改变信息网络安全始终处于重技术轻管理、重防御轻秩序、重局部轻协同的局面，从监、管、控、查四个方面实现技术加管理的有效结合，充分重视运维安全管理制度的建设，重视工作人员安全意识的培养。

（章晓杭）

"十二五"国家电子政务重点工程扎实推进

为贯彻《国务院关于"十二五"国家政务信息化工程建设规划的批复》（国函〔2012〕36号）文件精神，有效落实《"十二五"国家政务信息化工程建设规划》（以下简称《规划》），加快推进国家电子政务工程建设，国家发展和改革委员会在各部门协助下，2013年做了大量扎实细致的指导协调工作，稳步推进各个重点工程建设，取得了明显的成效。其中2012年成立的国家电子政务工程建设指导专家组发挥了建设单位和审批部门间的桥梁和纽带的重要作用。

一年来，在发改委高技术司的组织和领导下，列入规划的各个重点工程项目在牵头部门的组织协调下，积极全面开展各项工作，认真学习《规划》及其配套文件精神，研究指导工程需求分析/总体方案等方面，取得了一定的成绩。由于《规划》从思想方法的理解到工程项目的实施都具有相当的创新性和复杂性，各个重点工程的参建部门都需要做有针对性的研究工作，认真解决落实影响《规划》的突出问题，各建设单位通过不断沟通和交流，深化需求分析，做了不少有益的探索，有些工作也具有开拓性，也形成了一些解决问题的思路和若干建议，对解决这些问题发挥了应有的作用，也为以后的工作中更好地落实《规划》起到积极的推动作用。

一　编制完成了《"十二五"国家政务信息化工程建设规划解读》

《规划》从政策层面的指导思想到操作层面的工程项目的具体实施，再到《规划》本身的内容结构和文本体例，都体现着极强的创新性，其建设内容的确定不再是以各政务部门的信息化建设为主线，建设内容也不再是部门建设项目的简单罗列。《规划》以解决经济社会特定领域的问题为出发点，整合多个政务部门的相关职能，形成业务协同和信息共享的主题工程。此外，《规划》在工程的具体实施过程中还提出了很多新的政策要求。

为了使建设单位、服务机构和相关企业真正理解《规划》，将《规划》的目标和要求转化为各部门和有关机构的诉求与行动，在自身的工作中落实《规划》，形成各个国家政务信息化工程，就需要对《规划》做专门的分析和解读。为此，在高技术司的统一安排和组织下，17位指导专家组成员和9位国内其他权威专家，历时4个月，共撰写了26篇《规划》解读文章，其内容主要涉及加强电子政务建设的顶层设计、信息共享和业务协同、电子政务全过程管理和政务网络建设，以及典型工程的建设思路等内容。该辅导读本已于2012年12月正式出版。

该读本对建设单位、咨询服务单位以及社会各方面全面和深入地理解《规划》的思想方法与各项工程的建设内容，以及按照各项政策措施的要求开展电子政务建设，都具有重要的指导和参考作用，可以说该读本是《规划》思想和建设工作的普及教材。

二 编制完成并下发了《"十二五"国家政务信息化工程建设规划》配套文件

为了有效落实《规划》的建设任务和政策要求，国家发改委高技术司统筹组织研究起草了5份文件：《关于进一步加强电子政务网络建设和应用工作的通知》《国家发展改革委关于加强和完善国家电子政务工程建设管理的意见》《关于进一步加强政务部门信息共享建设管理的指导意见》《国家电子政务工程建设项目绩效评价管理办法》和《国家电子政务工程项目需求分析工作指南》。其中，前三个文件已经印发，后两份文件还在修订和完善中。

《关于进一步加强电子政务网络建设和应用工作的通知》（发改高技〔2012〕1986号）。该文件的发布在我国电子政务建设中第一次从政策上确保了各建设单位不能再建设新的专用网络，而是要在保留少数必要专网的基础上，充分利用国家电子政务网络支撑部门的信息化建设应用，有效避免各部门的重复建设。

《国家发展改革委关于加强和完善国家电子政务工程建设管理的意见》（发改高技〔2013〕266号）。该文件是在全面总结梳理2007年55号令发布以来的工作经验的基础上，细化《规划》6项保障措施所形成的综合性管理规范。重点针对工程建设的领导与协调、需求分析、质量管理、基础设施和信息资源共建共享、业务协同、安全可控，以及建设管理机制创新和采用新技术等方面提出了具体要求。该文件最大的特点是综合性，即涉及相关的政策要求、技术要求和专业方法要求，并把这些要求落实在电子政务建设全生命周期管理的各个环节。该意见的印发，将进一步加强工程项目的全过程管理，确保各项建设任务能够按照《规划》提出的坚持需求导向、突出建设效能，坚持统筹协调、强化协同共享，坚持创新发展、保障信息安全的建设原则组织实施。

《关于进一步加强政务部门信息共享建设管理的指导意见》（发改高技〔2013〕733号）。该意见对确立信息共享原则，明确信息共享需求、确定共享范围和共享方式、落实共享部门责任、完善信息共享机制、加强监督管理等提出了具体要求，将进一步强化政务信息化工程建设中的政务信息共享。该文件的实施对加快促进我国政务信息化建设从各自为战、封闭建设转向协同共享、注重整体建设效能的新阶段，将起到实质性的作用。

《国家电子政务工程建设项目绩效评价管理办法》。部分专家于2012年，已经组织启动了效能评价指标体系的研究工作。为了进一步修改和完善该文件，深入探讨指标体系的合理性和可操作性，验证绩效评价标准规范和相关的工作方法，为今后的推广工作积累经验。国家发改委与有关部门共同于2013年10月启动了绩效评价试点工作，试点工作的开展将进一步推动该文件的修改完善，该文件的制定工作目前正在进行，预计于2013年底前完成。

《国家电子政务工程项目需求分析工作指南》。从2007年开始，部分指导专家参与制定了《需求分析报告的编制要求》，此后该文件被多次修订，并产生了几个不同的版本。在此基础上，专家组将继续修改完善，并形成更易被理解接受和实施操作的《国家电子政务工程项目需求分析工作指南》，以专家组的名义发布，并在实践中不断完善。

三 《"十二五"国家政务信息化工程建设规划》 各项重点工程稳步展开

（一）几个重点基础信息资源库建设有了明显进展

一是人口基础信息资源库的先导工程已通过了初步设计，正式进入了建设阶段。国家人口基础信息数据库建设是国家基于新的市场经济环境、人口流动性增强、人口信息共享需求强烈的大背景，提出的战略性构想。国家人口基础信息库经过近10年的研究，建设思路和建设模式几经变化，大量的专家和领导参与了过程的讨论和决策，于2011年明确了国家人口库的总体目标，即按照中央领导的要求和中央综治委的计划安排，国家人口基础信息库先导工程由公安部牵头建设，会同卫生计划生育委员会、人事与社会保障部、民政部等部门先期投入建设，其目标是建立国家人口基础信息库总体框架，提供基本的信息共享服务，初步实现"底数清、情况明、信息准、服务好"的总体目标。目前此项工作已经于2013年正式启动建设，工程进展顺利。

二是法人单位信息资源库建设在历经十多年停滞不前的不利情况下，有了重大突破性进展。在国家发改委高技术司的组织和协调下，多次召集法人库建设的前期跨部门协调会，与各参建部门一起就法人库的建设方案取得了共识，正式启动了法人库的项目立项工作，为各项工作的开展奠定良好基础。2013年7月，指导专家小组指导项目立项报告编制单位初步完成了需求分析报告和项目建议书的编制工作。此后，指导专家组全体专家多次召开研讨会对法人库项目建议书提出了进一步修改和完善意见，并与建设部门进行了充分探讨，对确保法人库项目建设目标的实现和项目的顺利实施起到了关键的作用。目前，在充分吸收专家组意见的基础上，法人库项目立项报告编制单位和参建单位编制了修改后的项目建议书，法人库建设方案重新取得共识，立项工作按照高技术司的要求继续加快推进。自2012年7月11～18日，发改委高技术司组织和协调召开了法人库项目建设前期跨部门协调会。项目主要建设单位中央机构编制管理办公室、民政部、国家工商总局和国家质检总局就法人单位信息资源库的工程整体框架和实施方案达成共识，一致认为该工程方案可以作为下一阶段立项工作的基础。

该项目取得了以下共识：关于参建部门：在中编办、民政部、工商总局和质检总局先期共同完成需求分析报告和项目建议书初稿的基础上，再扩展到税务总局、人社部、统计局和工信部等基础信息参与校核部门，工程的项目建议书最终由上述8个部门会签上报发改委。

关于法人单位信息资源：法人单位信息资源由基础信息和业务信息两部分构成，其中，基础信息是5条标识法人单位的唯一性和实有性的信息。在工程实施中，除5条基础信息外，还需增加N条共享度很高的业务信息，以物理集中的方式对外实现普遍共享，即所谓

"5＋N"的模式。现阶段首先将法人基础信息库设计确定为"5＋4"项信息项的模式，以加快项目推进、降低建设难度，为本项目基础信息库的设计和建设奠定基础。其他业务信息都分布在各部门的前置系统中，通过法人单位信息资源库的共享服务平台实现双边的或多边的协议共享。项目已经明确了"在法人库的一期建设中，在交换平台上以物理集中的方式建设基于'5＋4'信息项的基础信息库"。集中库用于数据分析，为政府部门宏观决策提供信息支撑和无偿服务，并满足"十二五"国家政务信息化工程的建设需要，该项目将由国家信息中心承建统一门户，该门户采用双通道多点同步模式为用户提供服务；双通道多点同步模式即集中库与各分库同时独立响应查询等应用请求，以各分库的应答作为结果提供给用户，同时对集中库中对应信息进行比对更新；当分库出现故障时，集中库可用于应急服务。为实现"活库"目标，集中库按实际情况采取实时更新的方式实现与各分库信息同步；同时以双通道多点同步模式提供的信息同步更新机制作为补充，进一步保证集中库的鲜活。

对空间地理信息资源库与宏观经济信息资源库也做了一定前期工作，其中国家发改委已经将宏观经济信息资源库先导性工程正式立项，涵盖了固定资产投资联网信息系统、落后产能淘汰联网信息系统、重点企业节能减排信息系统纳入了首先启动的建设内容。再是对文化信息资源库建设进行了研究。由于文化信息资源库复杂性程度较高、内容较新，已经按照中央《关于深化文化体制改革，推动社会主义文化大发展大繁荣若干重大问题的决定》《国家"十二五"时期文化改革发展规划纲要》等文件精神，对文化库建设要解决的主要问题和主要目标，初步进行了调研，正在起草建设思路并为形成建设思路草案作好准备。

（二）重点推进信息惠民重大工程

其一是重点推进全民健康保障信息化工程。按照规划精神，进一步明确了工程的定位、建设目标、建设原则、工程应具有的属性、工程建设方式和重点建设内容。项目自2013年3月启动以来，国家卫生计生委组建后专门成立规划与信息司，统筹卫生计生行业的信息化设计、重大信息化项目工程安排以及标准安全等相关工作。在卫生计生委主要领导任组长的信息化工作领导小组的统筹领导下，成立全民健康保障信息化工程起草小组，内部分为总体规划组、系统架构组、业务逻辑分析组。2012年9月该项目编制完成了《需求分析报告》初稿。重点开展了深化社会问题和目标分析、业务信息系统流程梳理、业务建模仿真，并与人力资源社会保障部、国家食品药品监管总局等部门就信息共享原则、内容和机制进行了沟通，初步达成一致意见。2014年1月和3月，国家电子政务工程建设指导专家组两次召开全民健康保障信息化工程需求分析报告专家评议会，肯定了国家卫计委前期所做工作，认为全民健康保障信息化工程对促进经济社会发展和改善保障民生具有重要意义，该工程的顺利实施，必将为医疗服务可得性、可及性和可信性的提升奠定坚实基础。该工程需求分析报告以业务为主导，以共建、共享、协同为目标，对该项目以及全民健康保障信息化建设工程进行了顶层设计，思路比较清晰，需求分析编写体例符合国家发展改革委的要求。现有需求分析报告成果比较丰富，可作为下一步深化、细化和凝练的基础，并在此基础上加快推进立项工作。

其二是全民住房保障信息化工程。该工程在建住房管理信息系统的基础上，正在进一步研究全民住房保障信息化工程的建设内容，并牵头组织人口委、国土资源部，以及人民银行、银监会、财政部、国家税务总局、民政部、统计局等相关部门参与该工程的需求分析和项目建议书编制。

其三是全民社会保障信息化工程。该工程重点研究了该工程与人社部金保二期和新农保等工程之间的关系，以及工程向电子政务外网迁移等问题，初步明确了人社部作为该工程牵头单位的责任和组织协调工作，加快了全民社保工程统一立项的前期工作，组建全民社保工程的协调工作组，并由人社部牵头，确定人员和形成定期会商的工作制度；在前期工作中，进一步细化需求分析，整理作业目标－业务目标－政务目标之间的层次关系、逻辑推演关系；在问题－目标分析过程中，提出有针对性的业务解决办法，并推导出业务解决办法对应的信息化建设任务；加强量化分析和细化业务需求与系统需求之间的映射关系；同时还研究了项目重点，明确要求该工程的社会保险相关的建设任务；由人社部牵头，组织有关部门细化落实，与低保、救助、福利和慈善等相关的建设任务；由民政部牵头，组织有关部门细化落实，最后由人社部组织汇总，形成该工程整体的需求分析和项目建议书。2013 年 10 月全民社会保障信息化工程（金保二期）项目建议书由专家进行了研讨和预评审会，就跨部门信息共享的协议框架和原则等问题达成了初步共识。该项目已经正式进入项目建议书审理流程，加快立项步伐。

其四是药品安全监管信息化工程。鉴于药监局原有的一期工程正在实施中，目前竣工日期有所推迟。因此本项工程需要等到一期验收后再行启动。目前已经初步研讨了工程建设思路、可行的实施步骤和实施方案。

其五是食品安全监管信息化工程。目前围绕规划确定的建设任务、细化任务、重点建设内容和下一步工作安排已经做了研究，基本形成了该工程的建设思路、工程建设的边界与起点、工程的有限目标和有效策略、部门建设任务的细化与整合。2013 年 2 月国家发改委高技术司组织召开了由国务院食品安全管理委员会、国家质检总局、卫生部、国家药监局、商务部和农业部的相关负责人参加的跨部门协调会。指导专家小组在会议上向建设部门介绍了 1 月 10 日指导专家组全体会议后形成的工程建设思路。各建设部门表示要配合好发改委工作，与各相关部门做好协调，并将根据国务院机构调整后的实际情况，尽快开展工程立项工作。协调会议后，该工程的立项工作开始分步逐步开展。其中考虑到进出口食品安全监管的行政体系和业务体系相对比较独立且完备，以及进出口食品安全监管的重要性和紧迫性。因此，质检总局向发改委申请该项目单独立项，国家发改委同意质检总局负责的进出口食品安全监管信息化工程项目可以单独立项，并先行一步建设。

其六是安全生产监管信息化工程。目前国家安监总局作为该工程牵头部门，按照《规划》及其配套文件的要求，与其他 7 个共建部门积极协调，建立了信息化工程前期工作协调联络机制。参建部门成立了信息化工程前期工作协调联络办公室，每个共建部门分别明确了办公室成员和联络员；制定了工程前期工作规则，明确了职责分工、工作机制、沟通机制和工作安排等事项。国家安监总局自 2013 年 3 月份以来，会同其他 7 个共建部门共同开展了工程需求分析工作。在各单位的共同努力下，此项工作取得了积极进展。2013 年底，组织召开了安全生产监管信息化工程项目需求分析评议会，通过了对该工程的需求分析报告评议。评议专家组认为，安全生产监管系统是涉及国家安全、民生安全和人民幸福的重要信息系统，工程建设需求十分迫切。安全生产监管信息化工程项目协调工作付出了较大的努力，牵头部门和参建部门做了大量工作，为做好工程项目需求分析奠定了良好基础，各项工作值得肯定。目前项目牵头单位和共建单位开始筹备项目立项工作，工程各项立项工作正在加快推进，已经列入国家2014年投资计划。

其七是能源安全保障信息化工程。目前能源安全保障信息化工程认真开展了需求分析，已完成了《总体框架研究报告》与《需求分析报告》编写等工作，梳理了国家能源局和共建单位的业务需求，成立了以国家能源局副局长刘琦同志为组长，国土资源部、环保部、交通运输部、商务部、海关总署、国家统计局、中国气象局、国家测绘地理信息局等单位有关司负责相关工作的司领导为成员的协调机制，统筹推进工程建设。目前该项目牵头单位正在深化项目顶层设计，把政府目标、社会市场目标，做好结合，明确信息共享机制；以大数据应用为核心，重视借鉴国际经验，实现系统建设的开放性、安全性，争取今年启动建设。

其八是信用体系建设信息化工程。目前围绕该工程的建设内容、信用信息的构成、来源和属性，信用信息的汇聚、动态校核和查询分析，以及工程建设的具体实施步骤，正在结合国务院布置的社会信用体系建设加快推进，初步明确了依托国家电子政务外网平台推进社会信用信息共享与发布平台的总体构想。

（三）积极试点，完善政务信息化工程绩效评价指标体系

为落实《规划》提出的主要任务，确保《规划》目标的实现，全面提升电子政务项目效能，加强电子政务工程项目管理，开展对电子政务项目建设实现预期政务目标和效能成果的检查和考核等绩效评价工作是十分重要的。为更好地开展这项工作，探索和完善《电子政务工程绩效评价指标体系》，量化评价工程项目效益，进一步转变政务信息化工程建设模式和推进电子政务可持续发展，国家发改委与有关部门共同于2013年10月启动了绩效评价试点工作，希望通过此次试点，验证绩效评价标准规范和相关的工作方法，为今后的工作推广积累经验。在国家发改委的统一部署下，指导专家组具体实施了此次绩效评价试点工作。

根据国家发改委工作要求，绩效评价试点工作所针对的部门是，国家发改委、海关总署、人社部、国家电子政务外网管理中心和国家计算机网络与信息安全中心。绩效评价试测工作包括自测和专家测试两部分，针对的主要评价内容包括以上部门在"十一五"时期已经建设的政务信息化项目。

本次绩效评价将主要围绕该工程是否实现了工程设定的政务效能；是否实现了既定的业务目标；公共服务模式的改革和政务运行机制的创新，是否实现了业务流程的优化，是否实现了政务信息化工程建设运行管理的新模式；该工程是否支持信息共享和业务协同，工程是否建立了项目完工投用后的共用共享机制，是否增强了部门间的业务协同能力，是否具备了可持续发展及其相应的信息机制保障。该工程的应用系统、信息资源和系统基础设施等系统架构是否实现了集约化和资源整合，该工程是否充分利用了统一的国家电子政务网络等基础设施，是否提高了投资效益等方面。试点工作由国家发改委高技术司具体组织部署，由"十二五"国家政务信息化工程建设指导专家组负责具体实施。

在专家组的积极努力和参加测评部门的积极配合下，此次绩效评价工作取得了积极的成效，进一步验证了《国家电子政务工程建设项目绩效评价管理办法》的可行性及评价指标的合理性和可操作性，为更好地开展国家电子政务工程建设项目绩效评价工作积累了宝贵经验。

（宁家骏）

第三篇

中央国家机关电子政务
发展概况

2013 年中央国家机关电子政务发展评述

2011 年 12 月，工业和信息化部发布了《国家电子政务"十二五"规划》；2012 年 5 月，国家发展改革委发布了《"十二五"国家政务信息化工程建设规划》。两个"规划"对"十二五"时期国家电子政务的发展提出了信息共享、业务协同的共同关键词，以及实现建设目标、建设方式、建设模式的三个转变。中央国家机关电子政务作为国家电子政务的重要组成部分，在 2013 年的重要实践中，发挥了推进"十二五"国家电子政务发展的引领作用。本文仅就中央国家机关电子政务在 2013 年的重要实践，以及电子政务的发展趋势和应对策略作一评述。

一　电子政务发展的重要实践

2013 年，中央国家机关电子政务在两个"规划"的指导下，积极探索"三个转变"，迈出了重要的第一步。诚然，"三个转变"涉及我国目前政务体制、制度、机制和思想观念等多方面、多层次的制约和影响，不可能是一蹴而就的。但是，能够迈出第一步总是最重要的。尽管这一步在各中央国家机关中不是同步的，这一步也只能说是初步的，本节仍以赘述的方式记录下这一步的信息。

（一）电子政务建设目标转变的重要实践

我国电子政务经历了从单项办公管理走向部门业务系统的发展过程，目前的部门政务信息化较为注重业务模式、业务流程和业务信息化的实现。在进入"十二五"以建设服务型、效能性政府为主旋律的发展时期，利用政务信息化提升政务部门履行政务职能、有效解决社会问题，已经成为当前国家电子政务建设关注的重点。为此，"十二五"规划提出，我国电子政务在建设目标上应当从过去注重业务流程电子化，提高办公效率，实现向更加注重支撑部门履行职能，提高政务效能，有效解决社会问题的转变。

2013 年，中央国家机关电子政务的规划和建设在注重支撑部门履行职能，有效解决社会问题，实现电子政务建设目标转变的实践中，进行了积极探索，获取了重要经验。

实践一：以履行政务职能为基点，以解决社会问题为导向，规划确定中央国家机关"十二五"信息化工程的建设目标和内容框架。其中，国家人口基础信息库确定了建设和完善覆盖全国人口、以公民身份号码为标识、以居民身份证信息为主要内容，初步实现相关部门人口信息资源实时共享的建设目标；国家法人单位信息资源库确定了以法人单位基础信息为基准，初步实现相关部门法人单位信息资源实时共享的建设目标；全民健康保障信息化工程确定了实现相关政务部门的信息共享和业务协同，提高突发公共卫生事件应对能力、重大疾病防控能力、卫生监督和公众健康保障能力，提高远程医疗服务能力，促进医疗卫生公共服务均等化，满足人民群众多层次多样化医疗卫生需求的建设目标；全民社会保障信息化工程确定了实现社会保险经办服务的多险种跨省区可接续，为完善社会保障制度提供信息支持，不断提升国家社会保障能力和水平的建设目标；药品、食品安全监管信息化工程确定了强化相关部门的信息共享和业务协同，逐步实现药品、食品的生产、流通、使用和消费的全过程监督的建设目标；安全生产监管信息化工程确定了推进各级安全生产监管部门对安全生产信息的共享共用，提升重大危险源管理和生产安全事故的预防预警、监管监察和应急处置能力的建设目标；行政执法监督信息化工程的审计信息化确定了以公共财政运行安全和绩效评价为主要内容，强化现代审计能力和组织方式，进一步促进国家财政安全、金融安全、投资安全、社会保障安全、资源环保安全等的建设目标。"十二五"规划确定的各类重大信息化工程都在积极探索建设目标的转变。

实践二：中央国家机关的一些重大信息化工程紧紧围绕政务职能，深刻分析面临的社会问题，解剖问题根源和症结，提出解决社会问题的政务信息化目标和措施。例如，生态环境保护信息化工程履职部门的主要政务职能是负责环境保护方面的区划、规划编制和基础能力建设，推进生态文明建设。该工程认真分析了我国当前生态环境保护方面存在的水环境污染、大气环境污染、土壤污染、危险废物污染、生态系统脆弱和生态功能退化等问题，分析了生态环境保护信息化方面存在的标准规范、信息采集、资源共享、业务协同、安全保障和创新应用等方面不能满足生态文明建设和发展要求的问题根源和症结，提出了实现生态环境保护工作相关部门的互联互通、信息共享和业务协同，提高环境保护基础能力、应对环境突发事件和总揽生态环境管理全局等方面的信息化能力和水平，实现"为发展服务、为管理服务、为社会服务、为群众服务"的生态环境保护信息化工程建设目标，并由此展开的信息化工程总体架构和建设内容。

实践三：中央国家机关的相关监管部门结合行政执法监管的政务职能，在探索解决社会问题的政务信息化实践中，取得了政务信息化工程建设目标转变的较好效果。例如，2013年，国家安全监管总局与顺义区、津南区、沈阳市、宁波市、诸城市、马鞍山市、长沙市、洛阳市、广州市、珠海市等10个重点示范样板地区的隐患排查治理信息系统实现了互联互通。形成了覆盖工贸行业、部分高危行业（如危险化学品）等企业隐患自查自报信息的共享和交换，建成了一条由乡镇、区县、地市、省、国家总局连通的"高速公路"，为实现全国范围、覆盖全行业的安全生产监管信息与各级监管机构乃至总局的互联互通奠定基础，真正实现了对排查治理全过程的动态跟踪和监管，更好地支撑了安全监管部门隐患排查治理体系建设工作。国家质检总局在2013年积极推进质量诚信体系建设，通关单联网核查系统实现了与口岸管理部门的信息共享、互联互通，组织开展了"一次申报、一次查验、一次放行"信息化试点应用，有效推进了国家质量检验检疫工作在信息化环境下的水平和质量。审计署按照国务院关于组织开展全国政府性债务审计工作的指示，于2013年8月至9月组织全国审计机关5.44万名审计人员，按照"见人、见账、见物，逐笔、逐项审核"的原则，对中央、省、市、县、乡5级政府的62215个政府部门和机构、7170个融资平台公司、68621个经费补助事业单位、2235个公用事业单位和14219个其他单位的政府性债务情况进行了全面审计。同年12月发布的《全国政府性债务审计结果》表明，截至2013年6月底，全国各级政府负有偿还责任的债务206988.65亿元，负有担保责任的债务29256.49亿元，可能承担一定救助责任的债务66504.56亿元。连同2011年组织全国4万多审计人员核查全国地方政府性债务、2012年组织全国5万审计人员核查全国社会保障资金，审计署利用国家审计数据中心、国家审计交换中心及其构建的统一组织审计项目管理平台,实现了全国审计系统扁平化的统一组织指挥和管理模式,审计结果为国家关于财政安全、社保资金安全的重要决策和宏观调控提供了重要信息支持。

(二) 电子政务建设方式转变的重要实践

我国电子政务经历了从单项业务建设、部门业务建设走向领域业务建设的发展过程,目前的政务信息化较为注重部门和领域的自身建设。在进入"十二五"以信息共享、业务协同、有效提升政府为民服务为主旋律的发展时期,利用政务信息化实现为民服务业务链上相关部门之间的共享协同,已经成为当前国家电子政务建设关注的重点。为此,"十二五"规划提出,我国电子政务在建设方式上应当从各自为政、相互封闭,实现向跨部门跨区域的协同互动和资源共享的转变。

2013年,中央国家机关电子政务的规划和建设在强化部门和领域信息化的基础上,注重为民服务业务链上相关部门之间的信息共享和业务协同的实践中,进行了积极探索,获取了重要经验。

实践一:"十二五"规划的重大信息化工程普遍实施了跨部门共建方式的转变。其中,国家人口信息资源库围绕人口基础信息的建设和服务的业务链,实施由公安部、人口委、人社部、民政部、国家统计局、教育部、卫生部、中国残联、税务总局、中组部、中编办、中央统战部、中医药局、国务院扶贫办,以及商务部、国家发改委、中央综治办、中央政法委等部门的信息化共建工程;国家法人单位信息资源库围绕法人单位基础信息的建设和服务的业务链,实施由工商总局、中编办、民政部、外交部、商务部、税务总局、工信部、教育部、人社部、国家统计局、质检总局,以及中央政法委、中央综治办等部门的信息化共建工程;全民健康保障信息化工程围绕全民健康信息和服务的业务链,实施由卫生部、中医药局、药监局、人社部、人口委,以及国务院扶贫办、发改委等部门的信息化共建工程;全民社会保障信息化工程围绕全民社会保障信息和服务的业务链,实施由人社部、民政部、卫生部、财政部,以及国务院扶贫办、人民银行、审计署、监察部等部门的信息化共建工程;安全生产监管信息化工程围绕安全生产监管信息和监管服务的业务链,实施由安监总局、交通部、住建部、质检总局、电监会、邮政局、水利部、工信部等部门的信息化共建工程;生态环境保护信息化工程围绕生态环境保护信息和服务的业务链,实施由环保部、国土资源部、水利部、农业部、国家林业局、工信部、国家海洋局、电监会,以及发改委、国家气象局等部门的信息化共建工程。"十二五"规划确定的各类重大信息化工程都在积极探索建设方式的转变。

实践二:中央国家机关的一些重大信息化工程紧紧围绕为民服务链的信息共享和业务协同主题,积极探索跨部门的协同规划和实施。如,国家法人单位信息资源库实施了由工商总局、中编办、民政部、质检总局、人社部、税务总局、国家统计局和国家信息中心等部门的跨部门协同规划。共同研究国家法人单位信息资源库的信息和服务需求、建设目标和建设内容,确定了法人单位包括行政机关法人、事业单位法人、企业法人、社会团体法人及其他依法成立与注册的各类机构法人,法人单位基础信息包括法人名称、法人组织机构代码、法人注册登记代码、法人设立的批准或核准机关、法人设立的批准或核准时间,以及法定代表人、法人类型、处所、存续状态等"5+4"基础信息结构;行政机关和事业单位的法人基础信息建设和服务由中编办负责，企业法人基础信息建设和服务由工商总局负责，社会团体法人基础信息建设和服务由民政部负责，各类法人的组织机构代码由质检总局机构代码管理部门负责，国家法人单位信息资源库的信息共享交换平台由国家信息中心负责，相关信息的提供和校核还包括人社部、税务总局、统计局等。

实践三：中央国家机关信息化工程在探索跨区域的协同互动和资源共享转变中，取得了初步进展和效果。例如，全民社会保障信息化工程把跨区域服务、跨业务整合作为工作重点，积极探索跨区域的协同互动和资源共享。一是推进社保业务的跨区域覆盖。截至2013年底，基本养老保险待遇状态比对查询服务系统已有29个省份入网，养老保险关系转移系统已有30个省份的292个地市入网，外国人参保信息查询系统已有15个省份入网，累计查询4862万人次，为重复待遇核查提供了有效手段；医疗保险关系转移系统已有14个省份的55个地市入网，部分省实现省内跨统筹地区持卡就医即时结算，基本医疗保险医疗服务监控系统建设技术方案和系统应用范围扩大到45个重点联系城市；借助社保待遇资格协助认证系统，全国13个省份已开展协助认证工作，2013年累计认证24.2万异地居住退休人员。二是实施社会保障"一卡通"机制。2013年新发社会保障卡2亿张，截至12月底，社会保障卡持卡人数达到5.4亿，发卡地区覆盖全国30个省份的334个地级以上城市，占全部地级以上城市的87%；持卡人群向城乡居民快速扩展，城乡居民达到3.3亿人，占持卡总人数的61.3%。社会保障卡已广泛应用于医疗保险即时结算，并逐步在就业、人事人才等人力资源社会保障领域得到应用，部分地区还将社会保障卡应用于公积金、低保等领域。三是为支持养老保险业务的跨区域覆盖和转移接续、医疗保险业务的异地就医即时结算，继续推动业务专网扩面工作。到2013年底，31个省份实现了部、省、市三级网络贯通，覆盖到323个地市节点，地市覆盖率达96.1%；城域网覆盖到90.8%的社会保障管理服务机构，83.5%的街道、社区、乡镇、定点医疗机构和零售药店。

（三）电子政务建设模式转变的重要实践

我国电子政务经历了从初步的、单一的事务处理逐步走向较高层次集成系统的发展过程，目前一些重要领域初步实现了系统的集约化和整体化，但相当部分信息化工程仍处于单一事务处理的高投入、高消耗、低产出状态。在进入"十二五"以资源节约型、环境友好型、服务效能型为主旋律的发展时期，改变目前存在的粗放式和离散化状态，已经成为当前国家电子政务建设关注的重点。为此，"十二五"规划提出，我国电子政务在建设模式上应该从粗放式、离散化转向集约化、整体化的可持续发展。

2013年，中央国家机关电子政务建设模式在从系统的粗放式、离散化转向集约化和整体化方面，进行了积极探索，取得了重要实践经验。

实践一：积极探索政务业务和相关业务的产业链、信息链的整体化建设和管理模式，是2013年电子政务建设模式转变的重要实践。例如，能源安全保障信息化工程按照构建安全、稳定、经济和清洁的现代能源产业体系的要求，建设覆盖能源资源，能源生产、运输、储备、库存、价格、进出口、消费等各个环节，能源上下游相关产业的监测预警与监督管理的整体化信息系统。信用体系建设信息化工程按照加快推进社会信用体系建设的要求，利用人口和法人基础信息库，依托部门和地方建设的业务信息系统，进一步完善公民和法人的信贷、纳税、履约、生产、交易、服务、工程建设、参保缴费，以及违法违纪等信用信息记录的整体化信息系统。应急维稳保障信息化工程按照有效提高对自然灾害和突发公共事件的综合防范和应对能力要求，规划对自然灾害、公共卫生事件和突发群体性事件的信息报送、预测预警、分析评估、舆论引导、应急预案智能化联动、预警信息发布、应急通信、应急指挥、防灾减灾、应急队伍和物资调配、应急处置责任认定等信息能力建设的整体化信息系统。"十二五"规划确定的各类重大信息化工程都在积极探索整体化建设模式的转变。

实践二：在积极探索和推进政务信息化的集约化建设和管理模式的转变中，中编办、国土资源、农业、水利、交通等部门开展了有效实践。中编办在构建即时新闻、业务知识、专题信息三位一体的信息服务体系，以机构编制部门视角为基本脉络，充分利用图、文、视频、动画等形式，梳理和展现各方面的信息，综合服务能力不断提高。网站功能日趋完善，优化了调查、咨询、下载、查询、办事等互动服务栏目。国土资源部坚持电子政务科学发展的方针，以国土资源"一张图"和综合监管平台、政务办公平台、公共服务平台等三大平台建设为重点，不断拓展和深化电子政务应用，加强信息资源开发利用，强化国土资源信息化的集约化建设模式，有效推动了全国国土资源电子政务建设健康、快速发展。重点把全国矿业权实地核查成果、全国各级土地利用总体规划和基本农田等重要数据纳入"一张图"进行集约化管理，数据汇交和更新机制逐步完善，数据统筹和整合进一步加强，通过与行政审批管理对接，包括全国遥感监测数据的土地利用变更调查成果实现年度更新，数据汇交和动态更新机制基本建立，"一张图"核心数据库更新实现常态化、长效化。全国29个省（区、市）不同程度的建设完成"一张图"核心数据库和统一的管理平台，逐步整合和叠加各类数据，形成数据汇交和更新机制，与行政审批管理对接，形成日常化应用。市、县级"一张图"及核心数据库建设开始启动。农业部在这一年按照全面提升农业现代化服务能力的目标要求，对已建信息资源和应用系统进行集约化整合，包括农业信息采集系统的农业综合统计、农情、植保、土肥、农村经营管理情况等12项业务信息，农机监理监管系统的驾驶证等11项业务信息，行政审批综合办公的畜牧饲料、转基因、种子、船舶检验、兽医兽药、种植业及农药、农技推广、渔业、农产品质量安全等90项业务信息，以及12316农业综合信息门户、12316短彩信平台、12316语音平台、12316实名用户服务系统、全国农民专业合作社经营管理系统、双向视频诊断系统等"一门户、五系统"进行全面集约整合。其中，借助农产品监测预警系统，整合农业农村经济和农产品生产、市场等各类数据、信息，通过在线分析、协同工作，开展18种（类）农产品市场监测分析服务。系统针对粮食、棉花、油料、水果、蔬菜、肉类、牛奶、蛋类、水产品等18种（类）农产品，从生产、供需、价格、成本收益、贸易等方面建立了监测预警业务数据库，选取了若干常用指标，设计定制了800多张报表、图表，定期自动展示最新监测数据信息，为农业农村和农民提供有效的服务信息，为领导决策提供有效支持信息。水利部按照重点工程有新进展；电子政务应用有新提升；资源整合利用有新突破；新技术应用有新成效的"四新"要求，以及统一技术标准、统一运行环境、统一安全保障、统一数据中心和统一门户的"五统一"原则，积极实施水利信息化的集约化顶层设计，整体规划和建设完善国家防汛抗旱指挥系统、国家水资源监控能力系统、全国水土保持监测网络和信息系统、全国水库移民后期扶持管理信息系统、全国山洪灾害防治县级非工程措施和中小河流水文监测系统，促进了全国水利电子政务前所未有的全面快速发展。交通运输部在这一年按照实现长江电子航道图的全线贯通的信息化目标，开展了长江航运信息资源整合工作，建立了"一数一源"的共享机制，推动建立了长江航运信息资源交换平台，实现了长江流域重要信息的共享交换，交换数据吞吐量达4500万条。

实践三：2013年，国家科技、文化、统计等部门，结合领域特色，利用已有信息化基础，在探索电子政务集约化建设模式方面，迈出了坚实的步伐。这一年，科技部紧密围绕"深化科技体制改革、建设创新型国家"的重大战略部署，积极探索科技信息化的集约化和创新驱动策略，积极实施"973"计划、"863"计划、科技支撑计划三大主体计划的国家科技计划管理流程再造，实现科技计划数据资源库、监督检查、经费管理、专家管理、评审管理、信用管理等信息资源在科技计划管理、科技经费管理中的共享协同。文化部在这一年按照电子政务真正融入文化行业管理和公共服务全过程的发展目标要求，以创建文化信息资源目录体系为集约化渠道，积极推进文化部政府门户网站、公共电子阅览、国家数字图书馆、文化市场管理平台、非物质文化遗产数字化保护等信息资源的建设和融合。国家统计局在这一年按照奋力打造现代化服务型统计工作的目标要求，成功实施了"一套表"统计联网直报系统，将劳动工资调查、重点服务业、PMI采购经理调查，规模以下工业企业抽样调查，小微企业调查，城卡、县卡、乡卡等业务完成向"一套表"的迁移，名录库管理、城乡住户调查、PPI价格调查、劳动力调查等业务正在向"一套表"的迁移实施中。

二　电子政务发展趋势与对策

当前，我国电子政务呈现两大发展趋势：一是两个"规划"提出的我国"十二五"电子政务发展的信息共享、业务协同和"三个转变"的发展趋势，是我国当前和未来一个时期电子政务的发展方向，是国家电子政务制度设计安排的重要依据。当前，在推进国家电子政务发展过程中，仍然存在思想认识、体制制度和立项机制等方面的不足，应当采取切实有效的应对策略。二是大数据、移动互联网等新技术的快速迅猛发展，正在推动我国电子政务向决策支持和为民服务的纵深发展和多样化、多元化发展，同样是国家电子政务制度设计、技术设计和管理模式设计的重要依据。当前，在推进国家电子政务发展过程中，对大数据、移动互联网等新技术和新模式的探索与应用，已经出现了初步成效，但是与新时期电子政务的决策支持和为民服务发展要求相比存在较大差距，应当采取切实有效的应对策略。

（一）提高对我国电子政务"三个转变"发展趋势的认识

党的十八届三中全会通过的《中共中央关于全面深化改革若干重大问题的决定》提出，落实各项改革措施要以重大问题为导向，推进国家治理体系和治理能力现代化必须更加注重改革的系统性、整体性、协同性。这两个重要论断，完全可以指导我们提高对国家电子政务发展的认识。其一，电子政务以社会问题为导向的"三个转变"转型发展同《决定》提出的以重大问题为导向是一脉相承的。规划要求以政务履职所面临的社会问题及其根源症结分析为导向，规划政务信息化工程的政务目标、业务目标和体系框架，体现了认识、分析和解决我国当前包括电子政务在内的诸多问题的辩证唯物主义矛盾学说思想。其二，中央国家机关是国家治理体系的重要组成部分，国家电子政务是促进治理能力现代化的重要组成部分。因此，国家电子政务的建设和发展，必须同样注重其系统性、整体性和协同性。规划提出电子政务建设方式应当向跨部门、跨区域的共享协同转变，建设模式应当向集约化、整体化的可持续发展转变，完全符合系统性、整体性和协同性的整体要求。

（二）逐步完善我国电子政务建设的体制和制度机制

我国行政体制的设置原则是依据行政法的基本原则。改革开放 30 多年来，我国进行了多次重大的行政体制改革。2013 年，《国务院机构改革和职能转变方案》以职能转变为核心，提出了继续简政放权、推进机构改革、完善制度机制、提高行政效能的具体方案。国家电子政务的职责履行和共享协同，既涉及我国的行政体制，也涉及相关部门间的协同制度机制。例如，从农作物种植和家禽家畜的养殖，到最终消费者口中的食品，要经过农产品生产、农产品加工、农产品销售三大环节，每个环节又会涉及多个主管部门，打通各环节、各部门间的协同机制，才可能构建食品安全信息化工程的完整信息链。因此，国家电子政务要实行建设方式的有效转变，一方面要依托国家行政体制改革，另一方面也要积极构建和逐步完善协同制度机制。《"十二五"国家政务信息化工程建设规划》按照为民服务主题设置多部门共建的信息化工程，其设计思路正是在于探索行政体制和协同机制的融合。

（三）加快完善国家政务信息化工程的立项机制

《"十二五"国家政务信息化工程建设规划》实施至今的近两年时间中，对我国政务信息化工程的转型定位起到了积极的指导作用，但也存在政务信息化工程立项审批进度较慢的问题。究其原因，除了对"三个转变"的思想观念和行政体制的主要原因外，立项审批要求过细、过于追求完美也是重要原因。例如，需求分析对信息化工程的业务逻辑分析和技术实现测试的粒度过细，并且要求在项目建议书前期完成，在实际操作中有一定难度。社会问题分析和政务目标确定应当在前期开展，而业务逻辑分析和技术实现测试可以随着立项和建设进程逐步细化。再如，中央跨部门共建项目要求项目牵头部门会同共建部门完成项目整体立项的项目建议书后报送审批立项，也加大了实际操作的难度。目前，国家发改委正在认真总结规划实施以来的经验和不足，进一步完善立项审批机制，建立健全国家政务信息化工程的立项审批、建设管理、绩效评价等一系列制度和机制。

（四）加快新技术应用推进电子政务的决策支持和为民服务

大数据新技术呈现的持续快速增长的数据体量（Volume）、数据类型和来源的多样化（Variety）、高并发读写和高效率存储的数据处理速度（Velocity）、信息产生于各类活动和行为痕迹记录的数据真实性（Veracity）的"4V"特征，已经成功地运用于各类商业模式，对我国电子政务的决策支持能力带来重大机遇和挑战。在贯彻落实党的十八大和十八届三中全会提出的经济建设、政治建设、文化建设、社会建设和生态文明建设的"五位一体"战略任务中，电子政务应当而且完全可以利用大数据的信息资源和信息技术，构建各类决策支持分析模型，提供"五位一体"战略任务实施的决策支持信息，充分发挥中央国家机关作为国家治理体系重要组成部分的能动作用，进一步提升治理能力现代化的促进作用。

移动互联网是移动和互联网融合的产物，呈现移动随时随地随身接入互联网进行分享和消费的便捷性，通过地理空间和物联网等技术实时采集有限和无限空间信息的智能感知性，通过终端、网络和内容与应用的定制而实现个性化的三大特征，已经成功地运用于各类商业模式，对我国电子政务的为民服务能力带来重大机遇和挑战。在贯彻落实党的十八大和十八届三中全会提出的各项任务中，电子政务应当而且完全可以利用移动互联网技术，采用信息公开和实时互动方式，为民提供教育、文化、健康、养老、住房、食品和药品安全、供应和物价等各类信息服务；提供财政、金融、物价、投资、环境保护等各类政府决策的民众信息知情权和决策参与权；按照建立健全权力运行制约和监督体系要求，提供科学决策、民主决策、依法决策，健全决策机制和程序的民众参与权；按照完善民主制度建设要求，扩大有序参与、推进信息公开、加强议事协商、强化权力监督的民众监督权等；按照深化行政体制改革要求，提供建设职能科学、结构优化、廉洁高效、人民满意的服务型政府的民众参与和评价权。

2013 年，是中央国家机关电子政务转型发展的重要一年。我们期待，在国家政务信息化新一轮体制和机制的引领下，在两个"规划"提出的信息共享、业务协同和"三个转变"的具体指导下，经过中央国家机关和各类信息化资源方的共同努力，我国电子政务一定会乘势而上，长足发展。

（电子政务理事会副理事长　周德铭）

2013 年国家电子政务外网建设应用概况

2013 年是"十二五"承上启下的关键一年，国家电子政务外网（以下简称政务外网）作为我国电子政务建设的重要公共基础设施，紧紧围绕国家电子政务建设总体规划和部署，认真贯彻落实《关于进一步加强国家电子政务网络和应用的通知》（发改高技〔2012〕1986号）要求，坚持以需求为导向，不断夯实网络基础，努力拓展业务应用，积极创新发展思路，各项工作取得新的进展。

一　网络覆盖不断拓展，业务承载能力进一步增强

网络覆盖面持续增长。从纵向看，政务外网已连接31 个省（区、市）和新疆生产建设兵团、312 个市（地市、州、盟）和2307 个县（市、区、旗），地市级和区县级覆盖率分别达到93.7% 和80.9%，计入新疆兵团，则地市级和区县级政务外网整体覆盖率分别达到93.9% 和81.9%。北京、天津、云南、甘肃等21 个省（区、市）及新疆生产建设兵团基本实现县级全覆盖。2013 年地方覆盖情况统计首次引入乡级数据，北京、福建、江西、四川等12 个省（区、市）实现全部或部分乡镇覆盖，政务外网全国乡级覆盖率达到33.2%。横向接入方面，政务外网已接入中央政务部门和相关单位85 家；省及以下政务部门约9.8 万家，比2012 年同期增长34%；接入终端超过147 万台，比2012 年同期增长56%。

数据灾备等公共支撑能力不断加强。中央政务外网利用云计算等先进技术手段，拓展共享灾备等基础设施领域服务；面向电子政务的共性需求，逐步完善信息资源目录和数据交换平台等公共应用服务，支撑国家基础数据库的运行及部门信息资源的整合与共享。地方政务外网在确保中央纵向业务稳定运行的基础上，开展实用效果突出的公共支撑平台建设。以江西省为例，依托政务外网建设了全省政务容灾备份中心，建立的共享数据统一交换平台支持省、市、县三级数据交换能力。

二　业务应用不断增加，网络效益日益显现

已承载业务应用继续发挥重要作用。政务外网已经承载了中纪委监察部、国务院应急办、国家审计署、国家安监总局等 30 多个中央部门的全国性业务应用，国家发展改革委、人社部、中编办等 26 家中央政务部门使用政务外网互联网出口。政务外网支撑中央部门业务、促进信息共享与业务协同的作用越来越显著，特别是，政务外网支撑国务院应急平台多次在抗震救灾等国家突发应急事件中发挥了重要作用，从四川芦山"4·20"地震，到吉林德惠宝源丰禽业公司特别重大火灾事故，政务外网为国务院领导及时了解灾情和指挥决策提供了网络支撑。

利用政务外网开展业务应用的中央政务部门不断增加。按照 1986 号文部署，又有一批中央部门的业务应用已经或准备利用政务外网运行。一年来，新增中央综治办、国家民委、司法部、国家密码管理局、国家减灾中心等部门的全国性业务，国家审计署依托政务外网开展中央和省两级业务应用基础上，进一步开展四级互联试点。全国人大、国务院发展研究中心、国家铁路局等部门业务系统以及国家法人库、国家信用诚信体系等工程项目也将不同程度地依托政务外网运行。

地方政务外网的业务应用也在不断扩大。据不完全统计，各地已有财政预算、卫生应急、电子监察、并联审批、网上办事大厅等多种类型的业务在政务外网上运行，总数超过 3700 项，逐渐展现出政务外网在增强地方政务部门社会管理和公共服务能力方面的重要作用。以四川省为例，在承载国家部委相关业务的基础上，四川政务外网开展了政府信息公开、应急指挥管理、行政审批监察、政府公文无纸化传输、行政权力依法规范公开运行等全省综合性业务和民政、卫生、水利、旅游、农业等几十个行业性业务以及数百项市县级业务应用，在创新社会管理、促进公共服务等方面发挥了重要作用。这些应用建设搭建起了公开的平台，提高了政府工作的透明度，方便了公众对政府工作的监督，促进了各级政府转变工作作风，提高自身服务能力和意识，树立了良好的政府形象。

三　强化安全运维，做好政务外网运行服务保障

等级保护工作持续推进。目前，已有上海、广东等 23 个省级节点取得第三级定级备案证明，6 个省级节点正在进行测试和报备审批，全国省级政务外网安全等级保护定级率达到 94%。

安全标准规范研究与应用不断加强。一年来，按照国家信息安全专项规定的政务外网标准编制及试点验证工作要求，研究政务外网信息安全标准体系框架、安全接入、安全交换、安全监测、安全管理平台（SOC）接口和接入政务外网局域网安全 6 项基础技术，搭建安全接入、安全监测、安全交换 3 大技术类平台基础环境及验证测试平台，实现了安全标准规范"边编制、边修订、边验证"。

运维管理水平切实提升。严格落实 7×24 小时网络监控、故障处理和定期巡检等运维管理制度，全力推进运维支撑平台建设，继续扩大系统监控范围，完善分级网管功能，开展政务外网运维能力评价体系研究，积极探索一体化运行平台建设思路，采取多种措施，全面保

障政务外网平稳运行。2013 年，中央广域骨干网可用率达到 99.985%，城域网骨干网可用率达到 99.88%，互联网出口可用率达到 100%。

四 创新工作思路，探索政务外网发展新路径

事企合作机制进一步深化。围绕"重大项目支撑"和"公共应用推进"两条主线，与有关企业及研究机构合作，开展创新型研究与应用。联合东软公司，开展政务云数据交换平台实践及示范等合作，共同拓展政务外网应用支撑服务能力；与华三公司签署战略合作协议，在"跨域政务云"领域开展理论技术研究、工程实践和应用示范等方面合作；启动"曙光云"（政务外网公共区）建设，圆满完成 2014 年度国家公务员考试网上报名保障任务；在 2012 年合作建立"华为云"（政务外网互联网区）基础上，拓展业务应用，配合全国公共文化发展中心完成国家公共文化数字支撑平台测试和演示系统部署；与国家信息技术安全研究中心合作，开展政务外网互联网出入口监测，联合建设并共同运营互联网安全邮件系统并开展相关标准研究。

承担建设国家工程实验室，为政务外网未来发展提供技术支撑保障。联合国内主流云计算企业、标准化机构、科研院校等十家合作单位，成功申报"电子政务云集成与应用国家工程实验室"。实验室将针对电子政务公共云平台中的网络、计算、存储、安全等资源的统一调度管理问题和政务应用云化迁移带来的数据安全问题，围绕"十二五"我国政务信息化工程建设利用云计算技术实现资源共享和信息整合的紧迫需求，建设电子政务公共云平台技术集成研究和应用试验环境，开展异构虚拟资源的一体化管理、跨域云资源调度管理、政务云环境安全监控与审计、政务云平台的共享式容灾备份、政务云环境统一身份和授权管理、政务应用的迁移部署等技术的集成验证和工程化研发，承载政务应用服务试点试验，开展相关标准研究制定工作。

推动 IPv6 新技术应用试点工作。组织建设"国家电子政务外网下一代互联网应用平台网络及安全改造试点工程"，积极争取"国家发展改革委下一代互联网技术研发、产业化和规模商用专项"资金支持，通过项目建设，积极探索政务外网 IPv6 技术应用，同时进一步提升政务外网中央级广域骨干网的可靠性。

2014 年，政务外网将继续在国家有关部门的指导和支持下，按照"修国道、筑边防、促应用、拓共享"的发展思路，明确"更通达、更便捷、更安全"的服务目标，整合利用现有资源，探索采用多种建设模式，尽快建成"纵向到底，横向到边"、更为健壮安全的统一政务外网网络平台，为提高党和政府的执政、行政能力，助力我国服务型政府建设发挥更加重要的作用。

（国家电子政务外网管理中心办公室）

2013 年外交部电子政务发展概况

"十二五"期间，外交部在部党委和信息化工作领导小组的统一领导和部署下，以党的

十八大精神为指引，以促进外交中心工作为根本出发点，以信息资源的整合开发利用为主线，统筹国内国外两个大局，完善外交信息化工作顶层设计，加强网络信息安全管理和办公业务系统建设，不断提高电子政务应用的广度和深度。2013年，着力加强对电子政务建设的统一规划，科学管理，稳步推进，并完成应急管理、电子阅文等一批重点项目建设，在信息化发展上取得了明显进展。

一　以信息化外交和电子政务深入应用为导向，强化外交信息化工作的顶层设计

随着国际形势的复杂演变和信息技术的深入发展，西方发达国家积极利用本国在信息技术方面的优势，通过互联网、新媒体、大数据应用等信息化手段辅助其外交实践，直接推动了传统外交在形式和内涵上的改变。面对这一新的趋势和课题，外交部结合当前信息化发展特点，及时总结国内成功做法，分析借鉴国外有益经验和成果，站在外交全局的高度，加强顶层设计和统筹规划，整体推进、突破重点，形成了涵盖公共外交、海外领事保护、国内外舆情分析、涉外应急管理、外交案例和知识库等多领域的外交信息化支撑体系，构建了较为完整的电子政务网络格局，为下一步推进符合我国外交工作特点的信息化外交提供了框架设计和策略步骤。

二　以网络建设为重点，大力推进信息化基础设施建设

基础设施是电子政务应用发展的前提。"十二五"以来，外交部紧紧抓住信息化基础设施建设这个根本，不断夯实信息化发展的基础条件，为各类信息化应用提供了坚实保障。经过多年不懈努力，初步建成电子政务内网、电子政务外网和公众门户网等三个基础性网络，并通过技术手段将电子政务外网延伸至各驻外使领馆。

2012年以来，外交部电子政务内网、电子政务外网分别顺利通过国家相关行政主管部门测评，承载了公文运转、应急处理、电子阅文、内设机构网站群及全球视频会议等多种电子政务应用。以外交部及各驻外使领馆门户网站群为代表应用的公众信息网面向国内外民众提供各类信息服务，其设计充分考虑了冗余和备份，并配备了网络安全设备和网络加速设备，提高了网络的安全性、稳定性和访问速度，在各类国内外重大突发事件和重要外交外事活动期间经受了考验，运行稳定。

三　以重大信息化应用项目建设为抓手，全力提升信息化服务水平

1. 建设应急管理平台，提升对突发事件的应急响应能力

近年来，随着我国对外开放的不断深化和"走出去"战略的稳步推进，国际交往日益密切，我国公民出境人数和驻外机构数量迅速增加，海外利益不断延伸。随之而来的是，涉及我国家利益和境外公民、机构生命财产安全与合法权益的突发事件日渐增多，涉外应急管理工作的形势日趋严峻。

为做好新形势下涉外应急管理工作，切实保障国家利益，维护我驻外机构和广大华人华侨的切身权益，外交部利用先进的技术手段，建立有效的应急响应机制，强化和完善应急工作的日常管理，建设集信息接报、辅助决策、综合协调、统一指挥于一体的应急管理平台。应急管理平台建设以外交工作需求为导向，按照统筹规划、总体设计和分级分步实施的原则，整合利用现有应急资源，以应用促发展，既要满足当前工作需要，又要适应未来技术和应用的发展。

2013年8月，外交部应急指挥中心暨应急管理平台建成并投入使用。应急管理平台纵向实现了指挥决策中心与部内部署各单位、各驻外使领馆的视频会议、应急联动和信息共享，横向实现与国务院应急平台的互连互通，并为下一步与各部委、省市应急指挥网络的互连打下基础，提高了涉外应急管理工作的科学化、规范化和信息化水平。

2. 完成公文运转中心建设，有效提高机关办公效率

为进一步提升部机关办公效率，外交部本着集约化、一体化、协同化的原则，依托原有信息化办公系统，分析、梳理、优化公文处理流程，以一站式文件集散服务为目标，建设统一文件运转中心。运转中心按照统筹规划、整合资源、优化流程的原则，将过去相对分散的文件交换节点进行整合，组成全部文件运转的核心枢纽，大幅提升文件流转效率。同时，采用新材料智能文件箱等多项先进技术和视频监控、门禁管理、身份认证等多重安防措施，提高了系统可靠性，强化了对文件流转过程的有效监管，堵塞了安全漏洞，确保文件安全。

运转中心的建成，使外交部全部在文件运转方面减少了大量人力开支，初步形成公文运转"统一枢纽，集中交换，一站服务"的新格局，显著提高了部机关运行效率。

3. 开发建设一批重点信息化应用系统，构建外交信息资源库

2013年，外交部先后建设完成了电子阅文、驻华外交机构及国际组织特权与豁免业务电子服务系统等多个信息化应用系统，通过信息技术贴近外交工作实际的深入应用，在优化内部管理，提升对外服务方面发挥了巨大的推动作用，产生了良好的社会效益。同时，数字化技术的广泛运用，也为全方位构建外交信息资源库打下基础。

四　以全面提升信息安全保障能力为目标，不断完善网络与信息安全体系建设

外交工作身处一线，其自身工作特点决定了信息安全在外交整体工作中重要性和复杂性。在网络安全形势日趋严峻，外交工作深入发展的新形势下，外交信息安全工作的重要性和紧迫性进一步凸显。为切实落实中央关于加强网络及信息系统安全的要求，2013年，外交部根据中央及国家相关工作要求，结合外交信息化工作发展特点，统筹国内国外两个大局，持续加大信息安全防护体系建设力度，不断完善网络安全体系建设。加强安全防范能力，建设全球信息安全平台预警联动机制，完善信息安全防护规范，加大信息安全培训力度，使信息安全防护工作朝着标准化、科学化、流程化的方向发展。

（中华人民共和国外交部信息化工作领导小组办公室）

2013 年国家发改委电子政务发展概况

2013 年，国家发改委政务信息化工作在新一届委党组领导下，全委上下把加快推进政务信息化建设作为一项重要而紧迫的任务，扎实推进，抓好平台建设，进一步注意基础设施、信息资源与业务应用的有机融合，紧紧围绕发改委中心工作，突出重点，狠抓落实，取得了显著成效，为全国改革与发展工作提供了有力支撑与保障。

一　编制完成了国家发改委电子政务建设规划

2013 年国家发改委针对全委电子政务建设发展面临的新形势、新机遇，结合发改委自身改革与职能转变的需要，在委党组书记、委主任徐绍史同志的亲自领导下，组织各业务司局和专家，编制完成了《国家发改委电子政务三年建设规划》，通过统筹规划，明确了科学规划、分步实施、突出重点、注重实效、深化应用、促进共享，强化安全、保障运行的建设原则，依据业务重要性和急需程度、业务流的持续稳定性、工程建设条件成熟度，制定了三年建设目标，提出了总体框架：概括为"一站、三平台"。包括互联网门户网站、综合办公业务平台、综合监测分析平台、基础设施平台。通过整合、改造、建设，形成能够支撑各类业务应用的统一基础设施平台，包括集约化的计算存储资源、安全互联的涉密网络、基于政务外网的跨部门跨地区非涉密网络、安全可控的跨网数据交换平台、视频会议系统，以及统一的数据中心和灾备中心等。

二　电子政务基础设施发展情况

（一）网络基础设施建设进一步整合与完善。2012 年以来国家发改委按照"自愿整合"的建设要求，对国家发改委纵向网、机关内网以及金宏内网的网络系统进行了正常维护运行，系统基本运行正常，部分设备进行了升级改造，解决了委机关楼层网络交换设备老化问题，降低了故障率，提升了网络性能和稳定性，保证了对业务运行的支撑。

（二）加快了国家发改委两个同等安全保密级别的纵向网与委机关内网安全互联的方案设计、论证以及安全交换试点工作，在国家安全保密部门指导下，研究联网及数据传输的相关事宜，力争通过联网，实现从各省市发改委与国家发改委各司局数据电子化传输的历史性突破，为国家发改委各业务司局业务员系统与各地发改委联网业务数据的及时交换奠定了良好基础。

（三）IT 运维服务管理体系日趋完善。一是新增了日常监控管理流程，实现了网络、机房和软硬件设备运行状况监控巡检的自动化、流程化、定期化。二是进一步优化服务管理流程，特别是针对业务系统逐步纳入统一运维的需求，调整了服务请求界面，对运维流程进行了细化，提高了系统运维质量与效率。

（四）国家发改委纵向网和互联网视频会议系统良好运行。2013 年国家发改委对纵向网视频会议设备进行了设备更新改造，采用了国产自主可控的先进设备，替代了落后的进口设备。2013 年，国家发改委通过纵向网视频会议系统组织召开各类会议 20 次，通过互联网视频会议系统组织召开各类会议 34 次，参会单位覆盖地方政府、各级发改委、有关部门、专家和其他人员，参加人员超过 6 万人。

三　信息安全保障体系建设情况

（一）基础安全防护体系不断加强。一是按照国家保密局的要求，进一步完善了发改委机关涉密计算机及移动存储介质保密管理系统（"三合一"系统）的部署工作，实现了内外网 U 盘的分开管理，有效防范了 U 盘混用导致的数据泄露等风险。二是加强了服务器、网络设备等的操作管理和安全审计，改造了安全管理系统。三是对机关内网和纵向网等涉密网安全设备进行了正常维护和必要的更新，并对安全策略进行了重新梳理和优化配置。

（二）继续推进等级保护和分级保护工作。按照等级保护和分级保护的要求和评测意见，进一步完成等级保护测评报告和风险评估报告的完善工作，并完成了信息安全等级保护测评及相关服务项目的验收。按照国家统一部署，开展了重要信息系统和网站安全专项检查，通过了自查并邀请国家信息技术安全研究中心对重要信息系统和网站进行了远程渗透测试和内部现场测试，并及时对一些安全漏洞和弱口令问题进行了整改。

四　政府网站应用发展情况

2013 年，国家发改委以"面向社会公众打造双面、动态、便捷、阳光的门户网站，形成我委政务公开、信息引导、接受社会监督的窗口，提供多样化业务服务的窗口，强化政民互动的窗口，树立我委公开、透明、便民利民的良好形象"为宗旨，切实做好国家发改委门户网站的信息发布和运行管理工作，不断加强国家发改委门户网站的建设管理，提升信息服务水平。一是健全全网站信息采集机制，拓宽采集渠道，增强网站信息发布的前瞻性、针对性、协调性、丰富性。通过考核通报等方式向各单位征集稿件，同时开通投稿邮箱，向社会和各级发改委系统征稿。二是精心策划编辑新闻专题，聚合网络宣传正能量，发挥国家网络宣传上下联动、左右互动的优势。2013 年共策划编辑了循环经济、节能减排、环境保护、物价等近 30 个综合专题。三是严格信息发布审核，建立"分工明确，权限清晰，多人复审，逐级把关"的信息发布机制，及时准确发布权威资讯，力争重点信息发布实现"零失误"。四是根据时代变化，开设了微门户，开通网站手机版，进一步丰富了公开渠道，方便公众更加便捷地获取发改政务信息，满足网民不同形式浏览习惯。五是对网站进行了大规模改版，优化网站内容布局，同时提高网站访问速度，增强网页稳定性，进一步改善网民访问体验。2013 年，国家发改委门户网站全年日均点击量超过 100 万次，在中国优秀政务平台推荐及综合影响力评估中，国家发改委门户网站连续数年当选中国互联网最具影响力政府网站之一。

五　电子政务应用发展情况

（一）以机关内网为支撑，以机关办公综合信息系统为平台，全力推进国家发改委信息系统一体化建设，全面提升委机关业务信息化水平。逐步完善综合办公业务平台，按照"优化流程、在线办理、限时办结"的要求，推进综合办公系统建设。去年这一工作进行了总体规划、设计和方案论证，进行了工程建设招标，目前正在积极组织开展一体化建设相关工作，着力提升国家发改委政务信息化建设水平。

（二）扩充完善应用系统功能，为发展改革工作提供技术支撑保障。

一是继续做好金宏工程主系统正常运行工作。继续按照数据采集要求，不断为宏观经济综合数据库补充数据，实现数据的动态更新，依据实际需求进一步完善数据仓库，实现数据的综合分析，为宏观经济研究和预测分析、资金分配、项目管理、政策制定等提供了数据支持。

二是进一步整合、改造现有监测分析系统，统筹建设包括宏观经济、经济运行调节、地区经济、投资项目、外债管理、节能减排、市场价格等监测预测类综合监测分析和决策服务平台，为"调控与监管同步强化"提供支撑。这一工作2012年进行了研究和策划，初步设计了方案，2014年将正式开始建设。

三是投资项目备案信息系统建设。以强化投资监管、服务宏观调控为重点，综合考虑下放审批权限后需相应强化的投资、外资等相关司局投资项目监管需求，构建兼顾通用需求和特殊需求的投资项目备案信息系统，逐步形成投资项目备案信息库，充分利用地理信息系统（GIS）等分析展现技术，为宏观决策、投资项目管理以及社会投资引导提供支撑服务。

四是市场价格监管信息化工程建设。以强化价格监管、服务社会公众为重点，建设和完善以支持"12358"价格举报、价格监管、价格监测预警、成本调查、价格认证、药品和医疗器械价格评审、价格监督检查、价格综合服务等内容的信息系统，这一工作已经完成了项目需求分析和方案设计，2014年将正式投入建设。

五是经济运行监测与应急调度指挥系统建设。在经济运行调度信息网络系统的基础上，完善经济运行信息采集监测系统；建设经济运行综合协调系统；配套建设全委共享、常态与非常态结合的调度指挥中心；建设以应急物资管理信息平台为核心的应急物资综合协调保障系统。

六是产能严重过剩行业信息系统建设。以加强对产能过剩行业监测监管、促进产业转型升级为目的，建设产能严重过剩行业项目信息系统，重点是涵盖现有生产企业在建项目和已核准或备案项目的动态情况；依托相关协会数据支撑，重点监测产能利用率、占世界产能比重、产量、产值、就业、销售利润率、负债率、原材料进口比重、产品外销比重等过剩行业信息。

七是重点用能单位能耗在线监测系统建设。以促进节能减排为目标，通过系统建设对全国各行业能源消费总量和部分重点产品单位能耗实现在线监测，动态掌握重点用能单位能源消费情况，追踪节能政策实施效果，开展国内外能效水平比较，支撑节能执法工作。这一项目已经进行了方案设计和初步试点，2014年将进一步在全国推广。

（宁家骏 李丹）

2013年科技部电子政务发展概况

2013年，科技部紧密围绕"深化科技体制改革、建设创新型国家"的重大战略部署，坚持需求导向，加强宏观统筹，大力推进电子政务系统的建设和应用，充分发挥信息化在落实创新驱动发展战略、服务科技体制改革中的支撑和保障作用，切实使信息化成为践行党的群众路线、落实中央八项规定的有力抓手。

一　建设国家科技管理信息系统助推科技体制改革

建设国家科技管理信息系统是落实创新驱动发展战略的重要举措，是推进科技管理体制改革的重要基础性工作，是实现国家科技计划管理流程再造的一项系统工程。2013 年，科技部相关业务司局和技术服务单位加强协调、全力投入，以改革的精神推进国家科技管理信息系统建设。对科技计划管理流程进行全方位梳理，重点抓好系统顶层设计，统筹协调相关单位，设计开发覆盖科技计划管理各环节的业务模块。2013 年底，科技部按期完成一期项目建设任务，"973"计划、"863"计划、科技支撑计划三大主体计划全流程管理模块开发建设基本完成，实现科技计划管理、科技经费管理的互联互通；完成数据资源库、监督检查、经费管理、专家管理、评审管理、信用管理等模块的开发和数据加载，全面支撑科技计划改革和管理流程再造。

二　网络视频评审成为规范科技项目评审的有效手段

国家科技计划实行网络视频评审是利用信息化手段对现有科技计划管理模式的创新。视频评审能确保项目评审过程的公开透明、便捷高效，有利于提升科技计划管理水平、有利于营造良好创新环境、有利于简化项目评审程序。2013 年，科技部统一部署，各地方、部门科技主管单位积极配合，建成了国家科技计划网络视频评审及答辩系统，共建成 3 个固定视频评审场地，并完成 37 省市 50 余个地方答辩室网络的评测互联。近三年，利用网络视频评审系统共完成 1 万余项次科技计划项目（课题）的视频答辩和评审，得到科技管理相关单位和部门、科研人员的广泛好评。

三　科技部门户网站成为构建服务型政府的重要窗口

2013 年，科技部门户网站建设更加突出服务功能，努力提高网站的服务能力和整体水平。按照"整合资源、强化创新、规范管理"的工作思路，对科技部门户网站进行了再次改版，新版网站共拥有 2500 多个栏目，74000 多条数据，设立"新闻宣传""信息公开""办事服务""互动交流"四大版块，新建"科技计划""科技政策""新闻中心"栏目，进一步加强网站信息资源集成。积极配合做好网站重点栏目建设和大型专题宣传，进一步加强科技政策的宣传解读，提供多选项科技政策检索，更好地服务基层。重点加强专题栏目建设，宣传效果得到有效提升。2013 年还首次利用门户网站系统开展了"科技好新闻"网评工作。在 2013 年由中国社科院信息化研究中心和国脉互联政府网站测评研究中心组织的第八届特色政府网站评选活动中，科技部门户网站获得最佳实践案例奖，这是科技部门户网站连续 3 年获得此项殊荣。

四 以网络信息安全管理和服务体系支撑信息化服务

2013年，科技部核心网络连通率持续保持100%，在互联网带宽和主要网络互联互通方面，继续领先于各部委。2013年完成了工作网建设和涉密网改造，并对现有网络进行优化，进一步扩展网络性能空间，形成更为规范、安全、高效的"三网"网络和应用服务格局。首次利用无源光网络技术建设视频评审会场网络环境，并与中科院系统的IPV6实现互联互通，具备可随时向下一代互联网升级的能力。继续加强对重要应用系统、个人计算机终端的日常和定期信息安全风险评估，不断创新工作模式和技术手段，强化主动防范意识和能力。全年应用系统检查覆盖率100%，安全问题检出率超过70%，全年未发生重大安全事件。

五 以政务办公平台建设应用促进机关工作作风转变

科技部进一步明确提出将推进应用系统建设作为落实八项规定、转变工作作风、提高工作效率的重要支撑和硬性约束，加大建设力度，强化应用推广，规范服务模式。2013年，重点加强政务信息系统的整体规划和建设，新建出差管理系统、落实八项规定报送系统、会议管理系统、值班管理系统、部省会商服务平台等。积极推进政务办公平台的建设以及与相关系统的有效对接和应用集成，使其成为政务办公的"一站式"服务平台，同步推进智能文件交换系统、邮件系统等的分网部署，取得较好的应用效果。同时，以用户为中心，进一步加强主动服务，加强对应用系统及其基础运行环境的监控和预警。全年科技部重要应用系统稳定运行率为99.9%。

总之，在过去的一年中，科技部的信息化建设工作在部信息化建设工作领导小组的统一部署下，在部系统各相关单位的共同努力下，取得了突破性进展。下一步，科技部将继续加强信息化建设工作的顶层设计，加强与相关部门的协调配合，继续完善网络信息安全体系和应用服务体系，真正使信息化成为科技管理体制改革的强大驱动力。

（科学技术部信息中心）

2013年公安部电子政务发展概况

2012～2013年全国公安机关围绕推动平安中国、法治中国建设的目标，坚持信息化引领警务实战、服务社会公众、提升基础工作水平和规范执法监督等发展思路，全面落实国家电子政务发展规划，在夯实信息网络基础设施，推进公安信息化深度应用、创新公安门户网站、信息资源共享，信息安全保障，以及队伍建设等方面，都获得了长足的进步。

一 夯实了基础设施，提升了网络可靠性和覆盖面

公安部、省、市主干网络及各级公安机关局域网基本建成，网络畅通及可靠性得到进一

步加强。公安一级网核心层完成提速至 622 兆 ~2.5 千兆，个别省级接入大区已超过 2.5 千兆，一级网设备及链路全部采用了在线冗余，网络设备基本完成升级更新，充分保证了公安一级网的可靠性。全国公安二级网连接所有地市级公安机关，网络带宽普遍达到 155 兆以上，部分省、市达到了 2.5 千兆，2/3 以上的省、直辖市还实现了网络设备及链路的冗余备份；全国公安三级网连接有 99.9% 以上区县级公安机关，其中 65% 以上的接入单位网络带宽达到 100 兆以上，全国有 99% 以上公安基层所队采用专线接入公安主干网，主干网络畅通率达到 99.99% 以上，同时，各级公安机关和公安直属院校、研究所、行业公安等机关局域网也完成就近接入公安信息网工作。

全国公安机关基本建成部、省、市、县四级视频通信系统，大部分基层所队安装了软视频会议系统，通过各级图像控制中心的层级转接，实现部、省、市、县四级视频通信系统的互联互通，公安 IP 专网电话、专线电话基本覆盖了各级公安机关，百名干警拥有电话机比率达到 63% 以上，能够满足召开电视电话会议、可视指挥调度、监控图像的整合共享和实时传输等。

全国公安机关建有专用的无线通信网络。省市基本建成 350 兆模拟集群系统，部分省市实现了跨区域联网，正在积极推进 350 兆警用数字集群（PDT）系统的标准制定、装备研发及全国试点等工作；通过租用公共卫星信道，公安建有专用的加密卫星网络，卫星频率资源得到较大幅的扩容，已装备百余辆"动中通""静中通"卫星通信车，配备上千辆无线指挥通信车和 8000 多台车载或单兵图传系统，一线民警的移动手台配备率达到 70% 以上、移动查询终端（警务通）配备率达到 40% 以上。

二 公安信息化应用的普及，提升了公安电子政务面向公众服务的水平

提升公安面向公众服务的效率。公安信息网上运行的各类信息系统已达数千个，建立公安信息资源库，存储各类基础数据总量达数百亿条，建设内容涉及所有业务警种，信息化应用覆盖了几乎所有公安业务领域。以警务信息综合应用平台为代表的全警协同的基础工作平台建设，已实现基础信息采集、网上办案、执法监督、绩效考核等一体化应用。全国联网的派出所、车管所、出入境证件办理和边检验放等面向公众服务的窗口单位全部实现了计算机管理。建成的公安交通管理综合应用平台使民警整合了机动车登记、驾驶证管理、交通违法处理、交通事故处理等主要业务，优化了业务流程，提高了工作效率，实现了一窗式服务、一站式服务，每日通过该平台办理交通管理业务约 230 万笔；建成的"出入境自动通关系统""车辆快捷通关系统"有效地提高入出境港澳人员、车辆的通关效率；通过政府网站开通的"网上受理系统"方便了公众申办护照等证件的预受理和往来港澳签注；消防安全重点单位户籍化管理系统，解决了消防安全社会面防控精细化管理。依托互联网技术和公安内部专网，部分地市公安局还开通了"网上警局"，构建了快捷互通、联成一体模拟现实办公场景的办事大厅，做到把公安局"搬"到百姓家里，集合了公开、办事、互动、监督等各种服务方式，建立管理全流程、服务全实现、警务全覆盖的管理模式，群众足不出户就可办理相关业务。

丰富和创新公安门户网站。公安部、省、市、部分县市公安机关都建有门户网站，以网

站为载体，开设有公安要闻、政策法规、工作动态、网上办事服务公示、警民互动、政府信息公开、公安工作队伍建设等栏目。一是及时准确公开政务信息。及时发布各级公安机关重大决策部署、警务工作信息、专项行动进展、社会治安综合情况和重特大案件消息，权威发布公安部法律法规以及与民众生活密切相关的便民利民措施等信息。二是精心制作网站专题专栏。通过文字、图片、视频等形式，精心组织开设"平安中国""危险物品安全大检查大整治""打击食品犯罪，保卫餐桌安全""警察故事""公安机关打击网络谣言""在线访谈"等网站专题专栏。三是认真回复网民咨询留言。进一步规范网站咨询受理、流转、处置、答复等工作流程，针对群众反映较为集中、急需解决的热点问题进行集中、公开答复。四是开展多项公安业务网上便民办理。

加强信息整合共享、深度挖掘。依托建设的综合信息查询系统、搜索引擎、请求服务系统、警用地理信息系统、部门间信息共享与服务平台、图像信息联网平台，以及消防、交通、各级公安机关指挥中心系统等，形成了公安内部横向对接、纵向联动，推进了公安信息资源的高度整合共享及深度应用，为公安机关在新形势下开展流动人员动态管控、预警防范、突发事件的应急和决策指挥提供了强有力的支持。对外加强了部门间的协同，目前我部与外交部、教育部、工信部、民政部、司法部、人社部、农业部、卫生计生委、国家质检总局、铁路总公司、全国组织机构代码管理中心等有关部委单位已经或正在协商签订信息共享"两两协议"；参与了《公民社会信用代码管理办法》的编写工作；会同各共建单位配合发改委完成"国家人口基础信息库项目"建设的初步设计和投资概算评审等工作；继续为全国公安机关和银行、安全、铁路等社会部门提供优质信息共享服务。2013年，向全国提供信息查询、核查服务约18.9亿次，同时，为加强信息共享的安全管理，2013年还制定了《公安信息通信网边界接入平台安全规范——公安信息采集部分》等管理性文件。

三 信息安全保障体系更加趋于完善

公安信息网安全保障体系正在进行升级改造，安全防范水平不断提高。"公安部综合安全管理平台""全国公安漏洞扫描管理系统升级""公安信息网应用服务安全监测系统""公安部身份认证与访问控制管理系统扩容"等项目正在建设之中。截至2013年12月底，全国各地共建公安信息通信网边界接入平台292个，省级平台建设和合格率达100%，地市级平台建设率和合格率分别超过70%。完成了全国"一机两用"监控系统升级工作，基本做到能及时发现各类网络违规事件和发现、修补高危漏洞，全国高危漏洞平均累计修补率提升至97.80%；全国公安机关联网计算机数量已超过了百万台，基本实现每个民警平均拥有一台联网计算机和一张签发的数字证书。终端安全、互联网应用监管、云计算安全、物联网安全及综合安全审计等重点领域的研究也在进行之中。

四 加强了信息化队伍管理和培训力度

根据颁布的《公安信息中心等级评定办法》《公安信息通信网运行服务管理规定》《公安通信保障值班备勤等级规定》《公安卫星网管理规定》《公安信息网络安全管理规

定》等运维管理规定，组织完成了地市级以上信息中心的等级评定工作。除了要求在日常工作严格执行这些管理规定外，还按年度进行考核、检查、评比，确保了公安信息网基本实现了网络不中断、系统不瘫痪、数据不丢失。依托公安院校，建立公安部科技信息化教育训练基地 3 个；将信息化应用技能达标列入警衔培训合格的重要考核指标；有针对性开展信息化专业人员的专业培训；同时通过举办 2013 年全国公安科技活动周，宣传普及信息化建设应用成果。

（公安部科技信息化局）

2013 年财政部电子政务发展概况

2013 年，财政信息化工作在新一届部党组领导下，按照"财政管理科学化、规范化、信息化"要求，紧紧围绕财政中心工作，突出重点，狠抓落实，取得了显著成效，为财政改革与发展提供了有力支撑与保障。

一 电子政务基础设施发展情况

（一）网络基础设施建设得到加强

按照"双活"数据中心的建设要求，财政部对三里河数据中心和丰台数据中心的网络系统进行了升级完善，新增一条光纤线路，通过对双中心波分多路复用设备进行扩容并增加光保护板卡，实现了两条裸光纤的故障自动切换，保证了两个数据中心网络互联的高可靠性。对互联网络进行了多端口捆绑，提高了线路的可靠性和带宽。更换了涉密网和外网部分超期运行的楼层交换机，解决了部机关楼层网络交换设备老化问题，降低了故障率，提升了网络性能和稳定性。

（二）与国税总局横向联网及数据传输工作取得突破

为推进财政部与国税总局横向联网业务数据及时交换，2013 年 11 月 14 日，财政部通过财政税务横向联网系统成功接收了国税总局发送的 2013 年 10 月份《税收月度快报》，实现了税收数据电子化传输的历史性突破，为财政部与国税总局横向联网业务数据的及时交换奠定了良好基础。

（三）IT 运维服务管理体系日趋完善

2013 年，财政部进一步完善 IT 运维管理体系，一是新增了日常监控管理流程，实现了网络、机房和软硬件设备运行状况监控巡检的自动化、流程化、定期化；二是进一步优化服务管理流程，特别是针对业务系统逐步纳入统一运维的需求，调整了服务请求界面，丰富了业务人员信息，对运维流程进行了细化，提高了系统运维质量与效率。

（四）财政视频会议系统良好运行

2013 年，财政部通过财政视频会议系统组织召开各类会议和培训 31 次，参会单位覆盖各级财政部门、各地专员办、中央预算单位，参加人员达 85000 余人。

二 信息安全保障体系建设情况

（一）基础安全防护体系不断加强

一是按照国家保密局的要求，完成了部机关涉密计算机及移动存储介质保密管理系统（"三合一"系统）的部署工作，实现了内外网 U 盘的分开管理，有效防范了 U 盘混用导致的数据泄露等风险。二是完善身份认证与授权管理系统功能。在身份认证和数字签名的基础上，建设了电子印章系统，将印章持有人的电子签名认证证书与其管理的实物印章图像有效绑定，从而确保文档发布者的可信性及文档内容的正确性，并保证关键业务操作的安全。三是加强了服务器、网络设备等的后台操作管理，统一为系统维护人员制作了数字证书，将各类设备逐渐全部纳入到后台设备安全管理系统（堡垒机）统一进行管理。四是对涉密网防火墙、入侵检测、漏洞扫描、网络审计等安全设备进行了更新，并对安全策略进行了重新梳理和优化配置。五是积极推进容灾系统建设。在丰台搭建了软硬件平台、虚拟化环境和数据库系统，初步完成了预算一体化系统、国库支付核心系统、用款计划管理系统、国债管理系统、非税收入管理系统、单点登录门户系统的应用级容灾中心建设。

（二）继续推进等级保护和分级保护工作

在等级保护方面，按照公安部统一部署，开展了重要信息系统和网站安全专项检查，通过自查并邀请国家信息技术安全研究中心对部内重要信息系统和网站进行了远程渗透测试和内部现场测试，并及时对一些安全漏洞和弱口令问题进行了整改。完成了 5 个新开发信息系统的定级工作。在分级保护方面，配合中办机要局保密技术研究院课题组，开展涉密信息处理课专题研究工作。

三 政府网站应用发展情况

以"突出财政、服务财政、宣传财政"为宗旨，切实做好财政部门户网站的信息发布和运行管理工作，一是健全网站信息采集机制，拓宽采集渠道，增强网站信息发布的前瞻性、针对性、协调性、丰富性。通过考核通报、印发"信息日历"等方式向各单位征集稿件，同时开通投稿邮箱，向社会和财政系统征稿。二是精心策划编辑新闻专题，聚合网络宣传正能量，发挥财政网络宣传上下联动、左右互动的优势。2013 年共策划编辑了"财政预算报告解读""营改增试点取得明显成效""各地财政切实抓好盘活存量资金工作"等近 40 个综合财政新闻专题。三是严格信息发布审核，建立"分工明确、权限清晰，多人复审、逐级把关"的信息发布机制，及时准确发布权威资讯，力争重点信息发布实现"零失误"。四是根据网站内容重要程度和网民浏览习惯，优化网站内容布局，同时提高网站访问速度，增强网页稳定性，进一步改善网民访问体验。五是适应移动互联网迅猛发展形势，开通网站手机版，进一步丰富了公开渠道，方便公众更加便捷地获取财政信息。2013 年，财政部门户网站全年日均点击量超过 150 万次，在中国优秀政务平台推荐及综合影响力评估中，财政部门户网站连续五年当选中国互联网最具影响力政府网站，连续三年在部委网站中排名第二。

四　电子政务应用发展情况

（一）全力推进财政部信息系统一体化建设，全面提升财政业务信息化水平

按照新一届部党组提出的"构建涵盖全部流程的完整生产系统、建设统一的办公自动化系统、建立全国统一平台"等新的发展方向和工作要求，财政部成立了业务流程、办公自动化和技术研究三个工作小组。其中，业务流程小组对现行业务流程和系统支撑情况进行了梳理，详细分析了存在的问题，并提出了中央财政业务流程重构基本设想。办公自动化组广泛调研了解其他中央部门和地方财政部门办公自动化系统建设情况，组织河北、江苏等省市作了专题交流，制定了办公自动化系统建设方案。技术研究小组对财政信息化、一体化建设所需解决的网络延伸建设和部署方式、标准规范体系、信息安全管理、平台优化完善等技术问题进行了深入研究，并提出了一体化建设总体技术方案。在三个小组分别提出各自构想的基础上，形成了《财政信息化建设总体方案》。2013 年 12 月，部长办公会议审议通过了《财政信息化建设总体方案》，并对下一步项目组织实施工作进行了部署安排。

（二）扩充完善应用系统功能，为财政业务顺利开展提供技术支撑保障

结合一体化建设方向，紧密跟踪业务管理需求和系统运行情况，及时组织做好系统升级改造和运行维护，为财政业务顺利开展提供技术支撑。

1. 预算管理系统

一是优化整合中央预算管理系统。在认真梳理业务流程、统一编码标准的基础上，通过统筹规划和整体设计，完成了中央部门预算管理、预算指标管理、财政转移支付测算、预决算辅助编制等系统的一体化整合，构建了动态预算数据仓库，实现了预算数据的综合分析，为预算收支预测、资金分配、项目管理、政策制定等提供了数据支持。二是完成地方政府性债务管理系统二期开发。为贯彻落实国务院对地方政府性债务管理的有关工作要求，组织完成了地方政府性债务管理系统二期开发，新增和完善了政府债务管理功能。同时为配合地方政府性债务的审计工作，调整了政府债务审计报表，转换了债务数据口径，较好地满足了政府债务的审计需求。三是完善地方财政分析评价系统。完善了系统数据管理与分析功能，建立了中央、省、市、县、乡五级财政部门的纵向数据交换通道，用户达到 150 多万，实现了各级财政信息的及时、动态收集管理，进一步增强了决策支持能力。四是继续开展政府收支分类科目系统建设。根据 2014 年政府收支分类科目编制需求，对系统功能进行了修改完善，增加了科目跨年度口径对比功能，为各级政府预算编制、执行、统计分析提供了科目支持。

2. 预算执行相关系统

一是改造中央国库支付系统，根据新的业务管理需求，对国库支付核心系统、计划管理系统功能进行了扩充和完善，既满足了新增业务管理需求，也提高了系统运行效率。二是完

成财政部与人民银行间无纸化电子印章系统的升级，提高了电子印章系统的兼容性，进一步扩展了无纸化业务单据范围。同时，开展地方国库支付无纸化应用安全支撑体系试点工作。至2013年底，系统已在25个省份进行了推广实施，10个省份已经成功上线运行。三是完善工资统发系统，扩充了系统功能，完成了与人社部工资系统、工商银行系统以及部内支付系统的测试联调工作。四是组织完成国债管理系统二期项目的建设工作，建立了国债管理系统数据仓库和数据模型，丰富了国债管理系统的监测预警机制，强化了系统的分析预测功能。五是同步组织做好中央预算单位银行账户信息管理、部门决算审核查询、中央财政国库动态监控等系统的升级改造和运行维护工作，切实保障相关业务管理的顺利开展。

3. 政府采购管理交易系统

为实现政府采购相关行业的一体化管理，继续推进政府采购交易管理系统建设及系统上线工作。按照面向服务的技术架构体系，认真开展非结构化数据管理、网格计算等设计和开发，实现了技术架构与系统有效融合。同时，组织做好系统上线所需的环境部署、数据迁移、用户培训等工作。截至2013年底，服务支持子系统和专家子系统已全面完成推广运行；计划管理子系统已在大部分部委基本部署完成，并在民政部、商务部、海关总署等四家单位启动试点运行。

4. 同步做好其他业务系统的建设、改造和维护工作

除了上述系统之外，对于行政事业单位资产管理、非税收入管理系统、行政办公管理、彩票发行销售和资金管理、人事教育管理系统、中央文化企业国有资产监督管理、行政复议信息管理系统（二期）等系统，积极组织力量开展系统建设、升级改造与运行维护，确保系统稳定运行及相关业务工作顺利开展。

（财政部信息网络中心）

2013年人力资源和社会保障部
电子政务发展概况

2013年，人力资源和社会保障部深入贯彻落实党的十八大精神，坚持"民生为本、人才优先"的工作主线，按照"完整、正确、统一、及时、安全"的总要求，积极落实人力资源和社会保障信息化建设"十二五"规划确定的各项目标任务。以推动社会保障一卡通、省级数据大集中、跨业务信息系统整合、金保工程二期立项为重点，增强基础保障能力，提升系统应用水平，扩展服务决策领域，全面推进人力资源和社会保障信息化建设快速、协调、安全、可持续发展。

一　信息化基础设施服务能力稳步增强

各级数据中心进一步完善，多数省级数据中心具备省级集中系统和跨地区业务的实时处理能力，市级数据中心业务覆盖面和功能扩展进一步提升。继续推动业务专网扩面工作，32

个省份（含新疆生产建设兵团，下同）实现了部省市三级网络贯通，覆盖到 323 个地市节点，地市覆盖率达 96.1%。城域网覆盖到 90.8% 的各类人力资源和社会保障管理服务机构，83.5% 的街道、社区、乡镇、定点医疗机构和零售药店。26 个省份建立了 DNS 系统。容灾中心省级建设比例达到 50%。部省主干网带宽达到 10M，省市主干网带宽普遍达到 2M 以上，实时通信能力显著提高。

二 社会保障卡建设持续快速发展

2013 年新发社会保障卡 2 亿张，截至 12 月底，社会保障卡持卡人数达到 5.4 亿，提前超额完成全年计划，完成"十二五"规划目标的 67.5%。发卡地区覆盖全国 30 个省份的 334 个地级以上城市，占全部地级以上城市的 87%；持卡人群向城乡居民快速扩展，城乡居民达到 3.3 亿人，占持卡总人数的 61.3%。社会保障卡已广泛应用于医疗保险即时结算，并逐步在就业、人事人才等人力资源社会保障领域得到应用，部分地区还将社会保障卡应用于公积金、低保等领域。为进一步规范社会保障卡管理工作，制定实施了《社会保障卡发行管理流程》《社会保障卡密钥载体管理办法》等多项管理制度，并制定了《社会保障卡持卡人员基础信息库建设方案》，指导各地加快构建跨地区卡应用环境。在此基础上，开展社会保障卡行业标准的制定工作，并与人民银行进一步完善社会保障卡加载金融功能的合作机制；指导各地完成社会保障卡质量安全检查整改工作，确保社会保障卡规范化建设。

三 社会保障业务信息化水平不断提高

城乡居民社会养老保险系统应用不断深入，截至 2013 年三季度，新农保业务系统已覆盖全国所有省份的 2696 个县（市、区、旗），达全国县（市、区、旗）总数的 97%；城镇居民养老保险系统已覆盖全国所有省份及新疆生产建设兵团的 2687 个县（市、区、旗），达全国县（市、区、旗）的 97%。社会保险跨地区系统建设迈出坚实步伐，截至 12 月底，养老保险关系转移系统、医疗保险关系转移系统分别已有 30 个、14 个省份的 292 个和 55 个地市入网，通过系统办理的业务量达 50 多万人次；借助社保待遇资格协助认证系统，全国 13 个省份已开展协助认证工作，2013 年累计认证 24.2 万异地居住退休人员；部分省份实现省内跨统筹地区持卡就医即时结算。基本养老保险待遇状态比对查询服务系统已入网 29 个省份，累计查询 4862 万人次，为重复待遇核查提供了有效手段；外国人参保信息查询系统目前已有 15 个省份入网。下发了基本医疗保险、医疗服务监控系统建设技术方案，系统应用范围扩大到 45 个重点联系城市。

四 人力资源应用系统建设进一步加强

进一步完善就业信息监测指标，完成了数据上报和质量校核等工作，截至 12 月底，就业监测信息覆盖全国 32 个省级单位，达到 1.64 亿人。加快推进全国招聘信息公共服务平台建设，联网机构已覆盖 29 个省、154 个地区（含省本级）的 196 家公共就业人才服务机构，累计发布 438.99 万条招聘岗位信息，涉及招聘人数 2723.04 万人，招聘会信息 3.02 万条，用人单位信息 63.88 万条。启动外国人在华和台港澳人员在内地就业跨地区业务管理系统建设，支持跨地区的就业管理工作。加强人事人才信息化建设，推进职称评审系统、留学回国人员服务系统、军转安置系统、人员调配和高校毕业生进京管理系统的建设和运维工作。稳步推进劳动关系信息化建设，截至 12 月底，劳动关系管理信息系统软件已在 19 个省份实施应用，逐步实现对各项劳动关系业务的统一管理。起草下发了《关于建立全国劳动保障监察信息监测制度的通知》，完成了劳动保障监察执法监督系统的开发任务，并已在各省实施。完成新版仲裁员管理系统的开发工作，正在全国推广应用。

五　信息资源开发利用取得新进展

城镇职工养老、失业，城镇职工医疗、工伤、生育等各项联网监测应用继续深入，上传数据量分别达到 30377 万、13324 万、23140 万、14285 万和 11341 万条；已有 29 个省份上报了 47119 万条新农保和城居保联网数据；28 个省份上报了 16885 万条城镇居民医疗保险联网数据；5 个省份分别上报了 16549 和 12633 条外国人养老和医保联网数据。加强联网数据分析利用，结合业务部门政策研究需要，开展数据分析工作，对政策制定和宏观决策的支持作用得到体现。继续推进国家人口库项目建设，完成人口库初步设计文档内容的调整工作。与公安部共同推进国家人口库项目建设，启动了项目实施工作。继续推进与其他部门的数据交换，分别与公安部、民政部门签署了数据交换协议。

六　公共服务体系建设形成规模

12333 电话咨询服务实现省级全覆盖，全国统一的电话咨询服务体系基本成形。完成了电话咨询服务系统建设和业务开展情况调查；推进部级公共服务信息资源库、部级 12333 电话咨询服务接转平台建设；举办了第二届"12333 全国统一咨询日"活动，并在全国推广 12333 统一标识，着力加强咨询服务品牌建设。开展自助服务一体机的推广工作。完成人力资源和社会保障部门户网站平台升级工作，并印发了《关于加强人力资源和社会保障系统门户网站建设和管理工作的指导意见》。指导山东省完成了劳动保障基层管理信息系统全省推广工作。

七　信息安全保障能力进一步巩固

大力推进地方重要信息系统的等级保护工作，指导各地对 1072 个省、市集中建设的重要信息系统进行等级保护测评，全国定级备案率达到 67% 以上，测评完成率为 29%。2013 年，人力资源和社会保障部获得"电子政务电子服务机构"资质，并被列入国家电子认证服务机构目录。与此同时，继续推动人力资源和社会保障部电子认证系统建设，基于业务专网建成"电子认证服务平台"；积极开展数字证书应用工作，全国跨地区业务系统已普遍使用数字证书进行身份认证，面向各级人力资源和社会保障部门发放数字证书达 26091 张，其中 2013 年新发 8306 张。在全国范围内开展业务专网安全整治、信息安全检查、等级保护检查等工作。开展门户网站检测、保密普查和商用密码检查等专项检查。

八　基础建设及规划落实稳步推进

继续加强信息化综合管理机构（信息中心）建设，32 个省级单位均成立了信息化综合管理机构（信息中心），全国人力资源和社会保障系统专职从事信息化建设的人员达到 3420 人，省级单位平均 17 人，地市级单位平均 9 人。全国电话咨询服务员已达 3000 余人。各地社会保障卡管理服务队伍近千余人。大力推进金保工程二期立项，完成了项目建议书并已报送国家发改委进行审批。完成了"国家职业资格服务体系关键技术研究开发及示范应用"和"劳动保障公共服务业务与信息技术体系关键技术研究及重大应用"科技支撑项目的验收工作。印发了《关于推进人力资源和社会保障信息系统省级集中的意见》，推动信息系统向省级集中。部本级金保工程新型农村社会养老保险信息系统试点工程已进入实施阶段。32 个省级单位全部完成人力资源和社会保障信息化建设"十二五"规划的中期评估工作。

（人力资源和社会保障部信息中心）

2013 年国土资源部电子政务发展概况

2013 年，国土资源部认真贯彻落实中央领导同志重要指示精神，坚持电子政务科学发展的方针，以国土资源"一张图"和综合监管平台、政务办公平台、公共服务平台三大平台建设为重点，不断拓展和深化电子政务应用，加强信息资源开发利用，强化网络与信息安全，全面推动全国国土资源电子政务建设健康、快速发展，并取得显著成效。

一　基础设施建设进一步完善，保障能力不断提升

2013 年，全国各级国土资源主管部门信息化基础设施保障体系进一步完善，四级网络互联范围进一步扩大，为国土资源信息化向规模化扩展提供了基础保障。

一是国土资源业务网接近全覆盖。将国土资源主干网带宽升级到 4M。部、省、市、县四级网络互联取得突破性进展，30 个省（区、市）国土资源主管部门的网络互联（专网）均已覆盖到全部市级，新疆生产建设兵团国土资源主管部门覆盖到师级。贵州等 8 个省（区、市）实现省、市、县、乡四级全覆盖，网络互联覆盖面的扩大有力地支撑了视频会议、电子数据远程报送和联网审批。

二是数据中心运行环境保障能力进一步增强。紧跟技术潮流，引入虚拟化技术，实现服务器的虚拟化，灵活动态分配 CPU、内存、存储等资源，初步具备"云"的能力，数据中心运行环境的计算能力、存储能力、调度能力、管理能力得到明显提升。第二次全国土地调查成果等重要数据实现异地备份，保障了数据安全。各省（区、市）已开始利用异地数据备份中心开展数据备份。

三是视频会议系统应用显著增强。完成部视频会议高清改造工作，更好地满足地质灾害

远程会商、各类教育培训等事项对视频会议传输高清晰图像的要求，适应了国土资源精细化管理的需要。2013年全年在国土资源部机关通过视频会议系统召开学术交流、信息发布、系统培训和学习讲座等各类重要会议32次，极大地节约了会议经费，提升了会议效果，在国土资源管理、学习、培训与交流等方面发挥了重要作用。全国29个省（区、市）完成视频会议系统建设，北京等23个省（区、市）实现视频会议系统省、市、县三级全覆盖。

四是建立软件正版化工作长效机制。按照国办相关要求，积极推进软件正版化，同时加大监督管理力度，加强和规范部机关、各派驻地方的国家土地督察局和各直属单位的软件资产配置管理，确保软件正版化工作常态化、制度化。

二　核心业务全部实现信息化管理，应用进一步拓展和深化

一是充实国土资源"一张图"核心数据库。全国"一张图"数据管理平台进一步完善，全国矿业权实地核查成果、全国各级土地利用总体规划和基本农田等重要数据纳入"一张图"。数据汇交和更新机制逐步完善，数据统筹和整合进一步加强，通过与行政审批管理对接，包括全国遥感监测数据的土地利用变更调查成果实现年度更新，数据汇交和动态更新机制基本建立，"一张图"核心数据库更新实现常态化、长效化。全国29个省（区、市）不同程度的建设完成"一张图"核心数据库和统一的管理平台，逐步整合和叠加各类数据，形成数据汇交和更新机制，与行政审批管理对接，形成日常化应用。市、县级"一张图"及核心数据库建设开始启动。

二是进一步拓展综合监管平台覆盖范围和功能，深化应用，不断提升信息化对国土资源管理决策的支撑作用。新上线土地利用动态巡查、矿山储量监测数据管理等7个系统。土地监管向乡镇一级延伸，矿产资源监管向开发利用全过程延伸，综合监管平台应用已成为日常监测、业务审批、综合统计、形势分析、问题预警、调控决策的依据。全国25个省（区、市）建立了综合监管平台并开展初步应用。

三是网上办公、网上审批持续推进，应用不断深化。部所有行政许可事项实现网上审批全覆盖，全面实行网上办公。部机关办公平台功能不断拓展。中办和国家发改委宗地统一代码电子文件管理项目通过验收，构建起国家级地籍数据库框架，实现宗地统一代码电子文件"统一归档、统一监管、统一查询与服务"等功能。2013年全年政务大厅共办理各类行政审批事项近4000件。统计网络直报系统进一步扩充和完善，2013年新上线运行地质灾害灾情统计月报等3个专业统计网络直报系统。大多数省、市级国土资源部门的所有行政审批事项实现网上运行，并持续向县、乡级延伸，构建了政务大厅统一受理、电子报件、接办分离、联网审查、集体会审、限时办结、结果公开的格式化、程序化、标准化、透明化审批模式，不断简化手续、优化程序，实现审批提速和简政放权，使权力变为程序，审批成为服务，促进管理理念、管理职能、管理方式的重大转变。

四是网上公开、网上服务成效显著。政务信息网上公开取得新进展，政民互动进一步强化。2013年共发布各类信息62.9万余条，制作专题专栏12个，开展网上直播18次，举办在线访谈15次；以"部长信箱"为重要渠道，解答民众疑问，促进政民互动，处理各类邮件9838封；宣传报道部重要会议、重大活动110次。2013年部门户网站获得最具影响力政府网站奖和中国政府网站领先奖两项大奖。地质资料信息集群化共享服务平台实现在全国部

署和应用。继续在全国 105 个重点城市向商业银行提供土地信息查询服务。全球地质矿产信息系统全年采集信息约 1.2 万条，及时向部领导和司局提供信息，向地勘单位、企业和社会公众提供服务。

三　安全意识逐步提高，信息安全保障措施不断完善

一是强化信息网络安全保障体系。进一步完善了国土资源综合监控系统建设，完成了单向网闸、下一代防火墙的部署调试，满足了部机关外网向部机关内网的信息单向导入的工作需要。加强信息安全和保密管理，保障网络、网站及终端安全运行。全国所有省（区、市）国土资源主管部门均开展了网络与信息系统安全等级保护工作，其中 16 个省（区、市）完成了非涉密重要信息系统定级备案和整改。

二是加强监督和检查。组织召开国土资源信息系统安全等级保护工作会，对行业内 60 个单位信息安全情况进行年度检查，进一步加强了行业的信息安全意识，有效预防和避免了重大信息安全事件的发生。按照公安部关于重要信息系统和政府网站安全专项检查的相关要求，对国土资源部本级的重要信息系统和门户网站安全有关组织机构与责任、组织保障与考核、制度建立与执行、监测预警与应急、防护技术措施与落实、国外信息技术产品使用与服务等安全情况进行认真排查和梳理。

四　信息化建设机构趋于完善，人才建设有效加强

一是组织机构建立健全，信息化工作制度和机制逐步完善。国土资源部 1998 年成立信息中心，1999 年成立部信息化领导小组，下设办公室，专门负责统筹组织、协调全国国土资源信息化建设。目前，全国各级国土资源主管部门都成立了主要负责人为组长的信息化领导小组，全国所有省级、绝大多数市级和部分县国土资源管理部门都组建了信息中心，或配备了专职人员。国土资源部将信息化建设情况纳入部机关各司局绩效考核指标体系。部分省（区、市）每年年底对省、市、县级国土资源厅局领导进行信息化工作量化考核，信息化工作制度和机制逐步完善。

二是加强信息化建设及应用队伍的人才培养。国土资源部注重信息化人才队伍建设，每年针对管理人员、技术人员实际的信息化应用需求，开展计算机基础、数据库及应用系统建设、信息网络及安全等方面的培训，2013 年举办国土资源信息技术高级研修班，围绕《国土资源信息化"十二五"规划》、国土资源信息化重点工作，对信息化发展战略、政策、趋势、技术和国土资源信息化建设与应用等方面的内容开展培训，各省（区、市）、副省级城市、新疆生产建设兵团、直属单位及督察局的从事国土资源信息化建设的 100 余名技术骨干人才参加了研修班。

五　统筹部署，稳步推进"十二五"规划落实

一是统筹谋划，明确年度工作任务。围绕《国土资源信息化"十二五"规划》目标任务，每年年初制定年度信息化工作要点，明确建设目标、建设任务和保障措施，并通过制定

年度重点工作布局，落实责任和完成时限，确保建设任务保质保量的完成。

二是稳步推进"十二五"规划所明确的重点工作任务。2013年组织开展《国土资源信息化"十二五"规划》中期评估，评估结果显示：《规划》目标"网上办公、网上审批、网上监管、网上公开、网上服务四级全覆盖"稳步推进，总体进展顺利，初步建成"一张图"及核心数据库，基本建成覆盖全国的综合监管体系，基本实现四级国土资源主要管理业务的网上运行，构建了以国土资源门户网站为载体的公共服务体系，建立了信息化基础设施保障体系。

（国土资源部信息中心）

2013 年环境保护部电子政务发展概况

2013年，环境保护部按照"信息强环保"的总体要求，以实现环境信息共享为目标，以提高环保业务能力和信息技术能力为根本，以信息安全、归口管理、标准建设、业务应用为主要抓手，紧紧依托"互联网、内网、专网"三大网络资源平台，全力推进环境保护信息化建设，加快电子政务发展。

一 政府网站建设

2013年，部政府网站围绕"信息公开、在线服务、政民互动"功能定位，深化政府信息公开，正确引导社会舆论，不断完善在线服务和互动交流功能，网站综合服务水平不断提高。

（一）突出重点、热点问题，持续深化政府信息公开

部政府网站继续深入贯彻落实《中华人民共和国政府信息公开条例》（国务院令第492号）、《国务院办公厅关于印发当前政府信息公开重点工作安排的通知》（国办发〔2013〕73号）以及《国务院办公厅关于进一步加强政府信息公开回应社会关切提升政府公信力的意见》（国办发〔2013〕100号）要求，全面、及时公开各类环境信息。加强信息公开目录的内容保障与管理，信息公开目录系统运行稳定，信息发布准确、完整、及时。围绕当前环保工作重点及公众关注热点，部网站制作了相关专题报道，保障了公众知情权，合理引导了舆情。充分梳理、整合数据资源，数据信息涵盖环境质量、污染防治、环境影响评价、环保法律法规、自然生态、科技标准、环保产业、核与辐射安全管理、污染源排放总量控制等环保业务领域，丰富了网站信息发布内容，提升了网站信息发布能力，为社会公众了解环保信息提供了便捷的服务窗口。

（二）完善在线服务功能，增进与公众互动交流

目前，部政府网站公开了27项环境行政许可项目的审批依据、受理范围、审批程序、表格下载等，提供了建设项目环评及验收在线申报系统，定期公布受理与审批结果信息。网

站设有网上举报、直播访谈、网上调查等公众互动类栏目。其中，网上举报主要接受社会公众对环保系统各项管理工作的投诉，由信访、监察等部门直接对公众的信件予以处理和反馈，每月定期发布群众举报案件处理情况。直播访谈栏目对重大会议、重要活动等进行网上直播，方便公众了解会议实况，及时解疑释惑。通过完善在线办事和互动交流渠道，便捷公众办事，增进互动沟通，有效回应公众对环保问题的社会关切。

（三）加强安全体系建设，全面提升网站安全防范水平

严格按照信息安全等级保护、电子政务安全规范和技术要求，不断加强网站安全体系建设，制定周密的防范措施和应急预案，提高网站对网络攻击、木马入侵、病毒感染、系统故障等风险的安全防范和应急处置能力。网站系统实现全天候监控；每周进行一次网站软硬件环境安全巡检；每月进行一次网站漏洞安全扫描；每季度开展一次网站深度测试。每个环节发现问题能够及时加固整改，保障了网站的安全稳定和可靠运行。

二　电子政务平台建设

按照"以需求促应用，以服务为导向"的要求，加强环境保护应用系统建设，促进部门间业务协同，拓展公共服务领域，全面推进环境保护电子政务建设。

（一）加强应用系统整合，建立统一服务体系

以部业务专网为载体，大力推进电子政务信息交换平台建设，相继建立了面向省级环保部门的电子政务信息交换门户和面向部机关的业务应用平台，初步形成了统一的政务资源和文档中心基础环境；开展了相关应用系统的集成与整合，完成了远程电子公文传输系统、政务信息系统、全国环境信访信息管理系统、环境保护值班系统、多媒体视频系统等业务应用系统的集成；开展了移动平台扩展应用试点。目前，专网信息化建设和应用服务的基础信息平台作用发挥明显，部电子政务信息交换平台已成为环境保护业务专网资源共享、业务协同的门户，为网上运行的信息化系统提供统一的用户管理、访问控制。

（二）开通远程电子公文传输系统，提高公文运转效率

为提高全国环保系统公文运转效率，根据《环境保护部贯彻落实〈十八届中央政治局关于改进工作作风、密切联系群众的八项规定〉实施办法》（环发〔2013〕11号），我部2013年4月7日正式启用电子公文传输系统，实行非涉密公文传输的电子化单轨制运行，实现了部机关与全国各省、自治区、直辖市及计划单列市电子公文流转。远程电子公文传输系统的开通，极大地提高了公文传输效率，促进了电子政务的发展。

（三）开展网上行政审批，提供优质公共服务

为转变政府职能，建设服务型政府，探索建立了"互联网受理、专网流转、内网审批"三网互动的信息化建设模式，形成了覆盖建设项目"申报－受理－评估－审批－决策－信息发布与反馈"的全流程管理模式，实现了闭环管理。2013年，部正式启用了首个网上行政审批系统——建设项目环评及验收申报系统，提高了行政办事效率和监管水平。

（四）扩大应用使用范围，推进信息共享

围绕"方便群众、规范工作、提供服务"的建设目的，建成统一规范、兼顾地方特色、覆盖全国环保信访部门的信访业务处理体系；自动预警、主动预防、智能提醒、合理评估的督查督办管理体系；信息资源共享、数据交换安全可靠的信息共享体系；精准查询、统计便捷的查询分析体系；安全保密、合理授权的安全保障体系，使群众利益诉求和社情民意能够顺畅上达。全国环境信访信息系统开展了各省级、地市级节点推广应用工作，已完成 16 个省级及所属地市级的推广工作。

（五）深挖内部资源，探索信息使用新模式

按照《环境保护部部门预算项目成果管理暂行规定》的要求，积极探索部门预算项目成果的管理模式，相继完成了《环境保护部部门预算项目成果管理系统规划咨询》的编制及部门预算项目成果库的建设工作，完成了部属 31 个部门，2011～2012 年 2511 个成果的采集、整理及入库工作，共收集成果附件 35000 余个，初步形成了部机关部门预算项目成果共享和服务体系，促进了成果转化与利用。

（六）注重基础平台建设，提升信息化水平

借助国家重大信息化工程，不断推进信息化基础设施建设，完成减排应用系统支撑平台的建设工作，形成具有技术支撑、业务支撑、集成整合支撑能力的信息化基础体系。在全国各级环保部门初步构建了标准、规范的信息化生态环境，为未来新的应用系统建设、已有系统的集成整合提供了统一的基础支撑环境。注重平台自身发展和业务需求变化，不断优化体系结构，形成具有自适应性和可扩展性的生态系统。

（七）高度重视安全保障体系，保障应用安全稳定运行

高度重视现有电子政务内网、专网及互联网的安全保障和管理保障，按照国家安全管理要求，建立了相关管理制度和技术措施，开展了相关系统的补充完善和安全加固工作，保障了应用系统安全稳定运行。

三　基础网络设施建设

随着全国环境保护信息化建设的不断完善，网络与信息安全保障体系建设成为信息化建设的重点工作。

（一）网络运行与维护

按照信息安全等级保护和分级保护要求，开展了部机关机房和信息中心监控机房定期巡检与维护，完成机房空调、防雷设备改造及 UPS 更换。编写完成 2014 年部机关机房供电电缆改造方案及扩容改造方案，保障了部机关网络应用、系统运行和信息安全。加强部内、外局域网设备管理与维护，完成 DMZ 区改造、移动办公网络接入及终端管理系统部署，优化了网络配置使用。

（二）网络安全管理

为有效应对信息安全新形势、新变化，以及新技术、新应用带来的安全挑战，根据分级保护要求，对安全管理中心、电子政务涉密内网安全运行等进行部署。通过对内网 CA 系统的升级改造、部署安全管理中心、优化配置内网网管系统、部署配置核查系统、设置安全基线等改造调整，提升了内网安全管理水平。完成了内网身份账户及涉密设备使用流程规范化调整，简化了流程，提高了使用效率。完成环保行业重要信息系统和政府网站安全检查及相关报告编写工作。梳理重要信息系统 589 个，对部属有关直属单位开展了信息系统安全风险评估，编写完成《环境保护部部分直属单位网络与信息系统渗透测试报告》，编制了信息安全自查报告。通过梳理环保行业重要信息系统及其定级备案情况，总结信息安全态势和存在问题，提高了风险防范能力。

（环境保护部办公厅）

2013 年交通运输部电子政务发展概况

一　2013 年基本情况

2013 年，在交通运输部党组和部信息化工作领导小组的高度重视和统筹指导下，交通运输部电子政务工作有序推进，在电子政务重大工程建设、政府网站建设、信息资源整合与技术应用、标准化建设、网络信息安全保障，政策制度体系完善等方面取得明显成效，电子政务保障队伍能力不断提升，交通运输部电子政务支撑保障能力进一步增强，各业务领域管理和服务水平得到有效提升，电子政务已成为实现交通运输全面深化改革，加快推进综合交通、智慧交通、绿色交通、平安交通发展的重要手段。

二　2013 年重点工作

（一）加强电子政务发展制度建设

2013 年，我部由部领导亲自带队组织调研，编制印发了《关于推进交通运输信息化智能化发展的指导意见》，提出了面向 2020 年的行业信息化、智能化发展的指导思想、建设目标、主要任务和保障措施，我部行业电子政务制度保障进一步完善。

（二）深入开展电子政务工程建设

2013 年我部继续推进了公路水路安全畅通与应急处置系统、公路水路建设与运输市场信用信息服务系统、公路水路出行信息服务系统、交通运输经济运行监测预警与决策分析系统等重大工程的建设。同时，为指导各项重大工程建设实施工作，我部还组织编制了各工程的建设指南，加强了行业信息化重大工程的整体性、协调性和集约性。

此外，在行业重点业务领域，我部还推进实施了道路运输管理信息系统、全国交通运输行政执法综合管理信息系统等项目建设实施，大大提升了我部各业务领域的电子政务管理服务能力。

（三）加强行业政府网站服务水平

我部按照交通运输部群众路线教育实践活动总体部署，完成了部行政许可网上办理平台功能升级；组织研发上线了部政府网站无障碍访问版和移动版；组织开展了百度搜索引擎可见性优化以及部省网站信息资源数据交换试点工作；组织发布了《交通运输部政府信息公开目录（修订版)》，建设完善了网上政府信息公开系统和网上依申请公开系统，完成了部政府网站内容管理平台升级。

（四）积极推进行业信息资源整合与技术应用

2013 年，由我部领导带队重点开展了长江航运信息资源整合工作，建立了"一数一源"的共享机制，推动建立了长江航运信息资源交换平台，实现了长江流域重要信息的共享交换，交换数据吞吐量达 4500 万条，实现了长江电子航道图的全线贯通，初步实现了基于门户网站、手机终端、广播和船载终端的航运综合信息服务，有力地促进了长江航运信息化发展。

我部继续组织推动了国家物联网应用示范工程实施工作并取得阶段性成果，受到了示范地区市民和船民的广泛欢迎；组织开展了智能航道技术研发工作，长江电子航道图 3.0 版已经上线试运行。

（五）着力强化电子政务标准化建设

我部组织编制印发了《交通运输信息化标准体系表（2013 年)》，正式上线交通运输信息化标准体系表查询系统；组织研究编制了《交通运输信息数据标准符合性检测管理办法》和检测技术规程，开发完成了标准符合性检测系统；组织编制了《交通运输物流公共信息平台标准化建设方案（2013～2015 年)》等重要行业标准，组建了行业信息化工程标准工作组；组织在"物联网交通领域应用标准工作组"中成立三个专业项目组，编制了"交通运输物联网标准体系表"。

（六）全面深化网络与信息安全保障

我部在 2013 年正式加入了国家网络与信息安全信息通报成员单位，并开展了"行业网络与信息系统信息通报"试点工作，组织编制印发了《交通运输行业信息安全等级保护管理总则》；研究制订了《交通运输行业重要信息系统安全等级保护定级指南》等行业标准。

按照公安部和工业和信息化部要求，组织开展了交通运输行业国家重要信息系统调查梳理工作，完成了部机关和部属单位"全国重要信息系统和政府网站安全专项检查"等检查工作。

国家密码管理局正式批复交通运输密钥管理与安全认证系统通过审核并投入运行，深入推进了行业统一密钥管理和证书认证的工作进程。

（七）稳步推进部机关信息化工作

2013 年，我部组织推动了部机关办公 OA 新系统升级工作，启动了部机关电子政务信息安全等级保护设备购置、综合行政办公业务系统建设、电子政务网设备更新工程；组织完成了部视频会议系统的更新改造，编制印发了《交通运输视频会议系统管理办法》，制定了《交通运输部信息系统运行维护管理实施细则（试行）》；部机关机房设备搬迁工程基本完成。

（八）落实电子政务培训工作

2013 年，我部在政府网站建设、网络与信息安全等方面组织举办了多期行业培训班，邀请各类技术专家，传达通报国家有关要求和精神，讲授信息技术应用知识，从而培训提高行业电子政务工作人员的综合能力。

三　主要成果

（一）制度建设

2013 年我部组织印发了多项电子政务相关文件，主要包括：《关于推进交通运输信息化智能化发展的指导意见》《交通运输行业信息安全等级保护管理总则》，同时组织制订发布《交通运输物流公共信息平台标准化建设方案（2013~2015 年)》等行业标准 10 余项。

（二）项目建设

2013 年，我部共组织启动实施省级电子政务工程约 50 余项。其中，省级安全畅通与应急处置系统工程 12 项、省级建设与运输市场信用信息服务系统工程 18 项，其他重点业务领域电子政务工程十余项。

（三）网站建设

2013 年，我部继续着力开展部政府网站能力建设，部政府网站服务能力得到进一步提升，我部政府网站在国家部委网站绩效评估名列第 5 位，得分比 2012 年提高 5 个百分点，其中网站移动版获电子政务理事会颁发的"2013 年政府网站创新应用奖"。

（四）机房网络建设

基本实施完成部机关机房设备搬迁工程，将部机关机房搬至北京国际卫星地面站，机房面积扩大至 300 余平方米，同时利用虚拟化技术整合了部政务外网的相关设备，规范了机房网络的运维管理，提升了部机房网络的服务容纳能力和绿色运行水平。

四　总结与思考

一年来，交通运输电子政务推进工作取得了快速的发展和长足的进步。但面对交通运输全面深化改革、创新发展的新形势，行业电子政务发展任重而道远，未来发展中需要关注如下主要问题。

一是政府与市场的关系界定还不明晰。政府"越位"和"缺位"的现象并存，尚未充分发挥市场配置资源的决定性作用，电子政务发展的商业模式还有待建立。

二是网络与信息安全问题日益突出。面对当前国内外网络安全问题日趋严峻的形势，行业网络信息安全仍存在安全漏洞导致受到黑客攻击、关键部件国产产品使用率低等一些突出问题，行业信息安全工作不容忽视。

三是信息技术快速发展与行业电子政务发展还不能充分衔接。物联网、云计算、大数据、移动互联网等新一代信息技术的涌现，给已建系统的更新改造、新建系统的规划设计带来了巨大的挑战。

针对以上问题，我部未来将在以下几个方面开展工作。

1. 加强政策研究和引导，进一步加强政务信息资源公开共享的推进力度，鼓励支持行业信息化发展的商业模式创新，积极推进信息化条件下对交通业务流程的规范和优化，加强统筹管理，推进业务协同和管理创新。

2. 充分认识网络信息安全重要性。根据国家有关规定和技术标准规范，建立健全行业信息系统等级保护体系，完善技防措施和手段，提高关键部件国产化程度，提升专业技术人员安防能力，提高重要信息系统可靠性。

高度关注大数据、物联网、下一代移动通信、云计算以及高分辨率对地观测、北斗导航等新一代信息技术在交通行业的应用，加强集成创新应用。

（交通运输部科技司）

2013 年水利部电子政务发展概况

2013 年，水利电子政务得到进一步发展，主要表现在重点工程有新进展，电子政务应用有新提升，资源整合利用有新突破，新技术应用有新成效，安全保障工作有新举措。为可持续发展水利提供了强力支撑。

一　基本情况

2013 年是实施水利发展"十二五"规划承前启后的关键一年，也是全国水利电子政务事业迅猛发展的一年，水利电子政务建设已经进入了新的发展阶段。

2013 年的全国水利电子政务工作，继续坚持统一技术标准、统一运行环境、统一安全保障、统一数据中心和统一门户的"五个统一"原则，贯彻落实水利信息化顶层设计。重点工程持续推进，国家防汛抗旱指挥系统二期工程初步设计正式批复，建设工作全面启动；国家水资源监控能力建设项目全面开展；全国水土保持监测网络和信息系统、全国水库移民后期扶持管理信息系统竣工验收并投入使用，全国山洪灾害防治县级非工程措施和中小河流水文监测系统建设等重点工程也在积极推进，全国水利电子政务正呈现前所未有的全面快速发展态势，从各分类统计的结果看，2013 年度全国各项水利信息化工作和发展指标均取得了显著的进展。

二 "十二五"规划目标实现情况及电子政务发展情况

"十二五"时期的水利电子政务主要目标是：1. 建成比较完善的水利信息基础设施体系，增强水利信息基础设施支撑能力；2. 建成功能比较完备的水利业务应用体系，提高水利信息系统应用服务水平；3. 建立比较完善的水利电子政务保障环境，促进水利电子政务又好又快发展。

（一）重点工程有新进展

1. 国家防汛抗旱指挥系统二期工程全面启动。二期工程项目概算通过国家发改委核定，初步设计正式批复，对流域机构和省级实施方案进行了审核，项目招投标工作全面展开。二期工程总投资为 12.08 亿元，将建设水情、工情、旱情信息采集系统、移动应急指挥平台等 15 个子系统，工期为 4 年。

2. 国家水资源监控能力建设项目全面推进。重点开展了三大监控体系建设，包括国控监测点和水环境监测中心能力建设，基本完成中央、流域、省级水资源监控管理三级信息平台和水资源管理业务三级通用软件开发，基本完成项目标准规范建设；各流域和省级项目办组织编制了《技术方案》并通过部项目办的审查；完成了涉及敏感区域数据传输方案编制，研制了数据安全采集系统专用产品。

3. 水利普查成果应用服务系统开发完成。水利普查成果建库和查询及服务系统开发完成，向流域机构和地方水利部门分发了大量数据成果，为基本地理国情普查等国家重点任务和水利部多项重大项目提供信息服务。

此外，以地方建设为主体的全国中小河流水文监测和山洪灾害防治项目，投入大，进展快。其中，中小河流水文监测系统建设项目年度中央投资 28.0 亿元，地方配套 24.43 亿元，全国累计完工项目 29516 个，其中水文站 1255 处、水位站 2782 处、雨量站 24570 处。山洪灾害防治项目中央投资 41.38 亿元，地方配套投资 12.5 亿元。这两个系统建设成效初步显现，为中小河流、山洪易发区雨水情监视预警、防洪指挥决策等提供了重要信息支撑。

（二）电子政务应用有新提升

1. 水利网站再创佳绩。2013 年，水利部网站访问量达 3088 万人次，发布信息 23536 条。在中国政府网站绩效评估中取得最好成绩，部委网站总体排名第五，部委政府透明度排名第二。"水利百科栏目"被评为"2013 年政府网站信息公开精品栏目"。同时，对外服务有所提升。广东省水利厅门户网站获得省政府网站评估"优秀奖"和"进步奖"。

2. 异地会商视频会议系统应用成效显著。视频会议系统范围进一步扩展，覆盖四级系统、4827 个分会场；2013 年，水利部主会场完成本地会议 260 次，异地会议 41 次，约 12 万人次参会，视频会议已成为会议常态，大大提高工作效率、降低行政成本。

3. 水利普查成果发挥作用。普查成果在黑龙江大洪水、曲亭水库垮坝、芦山地震等应急事件处置中发挥重要作用。

4. 水利卫星通信和遥感应用取得新成效。台风"尤特"带来的强降雨造成乐昌峡水利枢纽地面通信线路全面中断，水利卫星通信小站及时将水雨情信息发出，为乐昌峡水利枢纽防洪调度、抢险减灾提供了应急可靠通信手段；水利行业卫星遥感技术取得突破，成为重要信息源和技术手段，在防汛抗旱、突发事件处置、水利管理以及水利普查、黑龙江防洪抢险等工作中发挥重要作用。

5. 水利电子应用结硕果。一批水利信息化应用项目获殊荣，全国水利普查空间信息系统构建与应用获 2013 年国家测绘科技进步特等奖；水利卫星大数据业务化处理与监测关键技术及应用获湖北省 2013 年度科技进步一等奖；湖北水利业务应用平台获中国信息产业金奖；宁夏水利数据中心项目获 2013 年度 Esri 最佳应用奖。

（三）信息资源整合共享有新突破

水利信息资源开发利用和整合共享取得新突破，《水利信息化资源整合共享顶层设计》编制完成并通过国家发改委项目评审中心的评估，长江水利委员会作为试点单位正式立项建设。珠江水利信息资源目录平台建成，《珠江基础数据共享管理办法》引入共享补偿机制和考核机制。北京市加快水利信息化资源整合利用，形成 425 条河流、1085 个小流域、5 大水资源三级区等水务"一张图"。天津市水务信息化按照"四统一"要求，开展水务业务管理平台、水环境在线监测监控系统、水资源监控能力建设等项目。

（四）安全保障工作有新举措

水利部重要信息系统全部通过等级保护测评，公安部现场检查给予充分肯定。七个流域机构重要信息系统安全等级保护改造全部获得立项，改造工作即将全面展开。水利部加入国家网络与信息安全信息通报机制。

（五）新技术应用有新成效

新一代信息技术应用积极推进。云计算在国家水资源监控能力建设项目中得到积极应用，浙江等省级水利部门信息系统初步实现在云平台的部署；国家水库安全运行物联网应用示范工程工作方案通过国家发展改革委组织的专家审查，水利部无锡水利物联网示范基地挂牌运转；防汛 PDA 广泛应用，水利普查成果查询服务系统移动版开发完成；浙江台州智慧水务试点工作、"智慧太湖"前期工作积极推进。

三　电子政务发展环境保障情况

至 2013 年末，保障环境方面，在省级以上水利部门中，已有 35 家单位成立了领导和具体负责机构；信息化从业人员 2722 人；年度新建项目大幅增长，年度落实信息化保障及运行维护经费 23508.11 万元；全年共编制各种信息化项目前期工作文档 150 个，新颁布水利信息化技术标准 17 个，发布管理规章制度 30 个；年度信息化专题培训 4814 人次；共有 9 家单位开展了信息化发展评估工作。

（水利部水利信息中心）

2013 年农业部电子政务发展概况

2013 年，农业部深入贯彻落实党的十八大精神及《国务院关于大力推进信息化发展和切实保障信息安全的若干意见》的要求，根据《农业部关于加快推进农业信息化的意见》要求，不断深化电子政务建设与应用，强化网络信息安全管理，取得显著成效。

一　电子政务基本情况

经过多年建设，尤其是金农工程一期项目建设，农业部已建立起较为完善的电子政务信息网络和信息安全技术与管理体系，建成了设施完善的电子政务基础运行保障环境。已建成应用的 156 个业务信息系统、60 余个行业数据库、200T 的信息资源，为农业部履行政府职能、提高政务效能提供了有效支撑，提高了为各级农业部门、农户、专业合作社、涉农企业和社会公众等提供农业管理、生产、经营和服务等方面的信息化支持能力与服务水平。

二　电子政务发展重点

2013 年农业部电子政务重点围绕以下五个方面开展工作。

1. 完善电子政务标准规范体系建设

通过编制《农业部电子政务项目建设管理办法》《农业部电子政务基本要求》《农业部网络与信息安全防护能力建设规划》《农业部信息系统运行维护定额标准》《信息系统应急处置总体预案》《信息系统等级保护定级指南》等标准规范，大力推进和完善电子政务标准规范体系建设。

2. 构建统一的监控运维服务体系

着手构建统一的配置管理数据库、知识库和综合展现平台，实现对国家农业数据中心基础设施环境、网络系统、主机服务器系统、数据库、中间件系统、业务应用系统等的统一监控和管理，及时处理系统运行中出现的告警、问题和故障，实现数据中心整体运行监控与支持服务能力的提升。

3. 加强网络信息安全管理工作

加强网络安全事件动态监测和主动防御，发现问题立即启动应急预案；利用漏洞扫描、渗透测试等安全技术手段，有效检验并提升系统的防攻击、防篡改、防瘫痪能力。农业部已建信息系统基本完成定级备案，其中 56% 的三级系统完成等级保护测评和安全建设整改，31% 的信息系统形成了常态化的安全风险评估机制。

4. 推动重要电子政务系统开发与应用

农业信息采集系统实现农业综合统计、农情、植保、土肥、农村经营管理情况等 12 项统计业务的数据采集，部分业务实现了乡、县、地、省、部五级填报。农机监理监管系统包括驾驶证等 11 项业务模块，2013 年在黑龙江省全面推广应用，实现了"车、证、人"的电子化管理。行政审批综合办公系统实现农业部行政许可的统一管理、监控、高效、规范运行，系统主要包括行政许可申报及审批、依申请公开、投诉建议、结果公开四个子系统，涉及 99 项行政审批事项。2013 年主要建成畜牧饲料、转基因、种子、船舶检验、兽医兽药、种植业及农药、农技推广、渔业、农产品质量安全等 90 项行政许可审批系统。农业部绩效管理信息系统主要完成三级指标管理模块开发、司局内部处室绩效管理模块开发、事业单位绩效考评子系统试运行等工作。

5. 建设 12316 中央级综合信息服务平台

中央级综合信息服务平台完成了 12316 农业综合信息门户、12316 短彩信平台、12316 语音平台、12316 实名用户服务系统、全国农民专业合作社经营管理系统、双向视频诊断系统等"一门户、五系统"的建设工作。

三　电子政务应用成效

1. 全力推动重要电子政务系统应用，提高业务系统使用成效

2013 年，农业信息采集系统共下发各类采集任务 297 次，完成省、地、市、县、乡各级报表采集 147.2 万份，从互联网抓取国外农业信息 102.4 万条；农机监理监管系统实现黑龙江省全部 124 个农机监理机构注册，办理拖拉机注册登记 5.4 万件、联合收割机注册登记 0.6 万件，驾驶证申领 8.2 万件；农药监管系统受理审批服务事项 1.2 万件，农药进出口电子联网核销系统受理农药进出口放行通知单 10.9 万件；农业部绩效管理信息系统实现农业部 21 个司局、12 个直属事业单位 2100 多项绩效指标的分解，为农业部开展年度绩效考核工作提供了有力保障。

2. 加快打造农业部门户网站，创立农业新媒体第一品牌

2013 年，农业部门户网站创新管理思路，加强网站建设研究，积极开拓信息资源，扩大网站影响力，全力创建农业新媒体第一品牌。全年共发布 56.5 万条信息，同比增长 18%；网站群日均点击 480 多万次，日均页面浏览量 304 万次，日均独立 IP 访问者数达 12 万个，遍布 158 个国家和地区。据 Alexa 统计，农业部门户网站每个访问者每天页面浏览量、访问时间、最低跳出率三项指标均居世界农业网站第一位，在国内农业网站中稳居第一。搭建中国名优特农产品宣传展示平台，按地域、品种、品牌进行专题展示，加快推进名优特农产品走进大市场。全国农产品批发市场价格信息网覆盖全国 746 家大中型批发市场，日采集近 500 个农产品品种、8000 多条价格数据和行情动态，交换电子结算数据十万余条，每日定时通过 CCTV2、央广网等媒体发布全国批发市场价格指数和分析报告，为政府部门宏观管理调控农产品市场和农业生产经营决策，提供及时权威的信息支持。

3. 强化农产品监测预警分析和数据开发工作，为决策和生产经营提供及时的信息服务

借助农产品监测预警系统，整合农业农村经济和农产品生产、市场等各类数据、信息，通过在线分析、协同工作，开展 18 种（类）农产品市场监测分析服务。系统针对粮食、棉花、油料、水果、蔬菜、肉类、牛奶、蛋类、水产品等 18 种（类）农产品，从生产、供需、价格、成本收益、贸易等方面建立了监测预警业务数据库，选取了若干常用指标，设计定制了 800 多份报表、图表，定期自动展示最新监测数据信息。此外，设计开发了农业经济景气指数，从农业产出、投入、消费、加工等几方面选取 10 类指标建立了指标体系，综合反映农业经济运行状况。同时，通过在线、离线、移动客户端等方式提供农村宏观经济、农产品价格、农产品进出口贸易、农产品成本收益、农产品国际供求等 14 类数据集市的简单分析查询和复杂挖掘分析，为生产、经营和决策者提供了更加便捷的信息服务。在部、省农产品分析人员和相关专家的共同努力下，2013 年共计发布各类分析报告 1625 篇，涉及粮、棉、油、糖、肉、蛋、奶、水产品、蔬菜、水果十大类农产品。部分研究报告上报国务院、发改委和农业部的相关司局，为领导决策发挥了较好的参考作用。

4. 深入研究农产品市场供求与流通机制，大力开展农产品网络营销促销服务

为更好地发挥市场信息引导农产品跨区域有序、高效流通的重要作用，以农产品供求"一站通"和"中国农业网上展厅"两个平台为核心，着力开展"网上撮合、网下交易"的农产品网络促销服务。通过引入电子商务等现代市场流通方式，进一步提升和完善服务管理功能，降低农产品市场流通成本、提高流通效率。2013 年，"一站通"等促销系列平台应地域、品种和上市季节的不同，全年 365 天不间断进行信息审核发布，为农业生产经营者提供第一手市场信息的同时，帮助他们第一时间衔接市场购销，全年审核发布供求和预供求等信息 17.2 万余条。同时，联合北京市农业局及社会力量进入居民社区开展农产品电子商务试点服务，帮助农民专业合作社与社区对接进行直销，全年销售蔬菜水果等农产品累计 4000 多吨。"中国农业网上展厅"实现了中、英、日、韩、俄多语种信息服务，全年采集、编辑和发布龙头企业、农民专业合作社、三品一标、农资企业、一村一品、休闲农业与乡村旅游、名优品牌等企业和产品文字信息共计 2.8 万条，图片信息 3.4 万余张，日均点击量达到 22.6 万次，网站访问用户覆盖到全球 50 多个国家和地区。

5. 着力建设 12316 综合信息服务平台，提高为农信息服务的能力和水平

农业部积极组织开展了 12316 农业综合信息服务平台建设，重点打造以中央平台为系统依托，以省级为应用组织保障，以农民专业合作社示范应用为服务基础，基于电脑、手机、上网本等多种终端的综合信息服务平台，进一步促进了农业信息资源共享，为各级农业部门及广大农户、农民专业合作社等涉农主体及时获取信息、更好地开展工作提供了信息化手段支撑，在提高农业部门服务效能、提升农业生产经营管理水平、促进农产品市场流通、加快农业技术推广、缩小城乡"数字鸿沟"等方面发挥了积极作用。

（农业部信息中心）

2013 年文化部电子政务发展概况

2013 年，文化部立足于已有的基础，稳步推进电子政务建设，在基础运行维护、数据业务建设、门户网站建设、电子政务工程建设和信息应用服务等方面取得进展，使电子政务真正融入文化行业管理和公共服务的全过程，基本完成了文化部 2013 年电子政务建设的主要任务。

一　完善电子政务建设机制

为加快推进电子政务建设，统筹管理电子政务建设项目，文化部于2011年成立了信息中心，编制28名，下设综合办公室、信息化处、网络媒体处、数据处、技术保障处、专网与通信监管处6个处室。2013年，信息中心不断加强制度建设，中心编审委员会、技术委员会充分发挥作用，加强了各项工作规章制度的建设，修订了《文化部信息中心信息系统等级保护管理制度》《信息中心综合业务工作单管理办法》等规定，使中心日常工作能够规范化、制度化，确保各项工作的稳定性、连续性，为推进文化部电子政务建设打下坚实基础。

二　完善文化部电子政务基础设施和安全保障建设

（一）推进文化部业务信息专网建设，加强系统内业务协同

文化部业务信息专网（以下简称专网）是文化部信息化工作基础性、支撑性的网络设施。2013年，通过建设文化部综合运维管理平台，实现了全国37条专网线路、501台硬件设备参数配置及运行软件的统一管理，全面掌握了专网整体运行情况，规范和完善了运维管理流程，极大提升了运维效率。

目前，专网在保障视频会议、网吧监管平台等现有系统带宽需求的同时，还承载了科研项目申报平台、非物质文化遗产项目管理平台等系统，并承担了国家级非遗项目申报工作中视频申报材料的传输工作。在第四批国家级非遗项目认定工作中，通过专网平台接收申报单位的1000多份申报书以及对应的1000多个音、视频资料，通过业务专网传输的数据总量可达600G。实现与全国30多个省、自治区的2594个项目保护单位间，2682个国家级非遗项目的资金评审和分配，以及全国17个生态保护区和1987个项目传承人的网上管理。

（二）突破创新政务外网建设，充分发挥新媒体宣传主导作用

2013年，文化部圆满完成了政府门户网站第五次改版工作，网站实现了"服务架构明确化、网站设计标准化、展现形式规范化、用户体验人性化"的建设目标，新版门户网站已于2013年10月10月正式上线运行，三个版本的移动门户（安卓、iPhone、iPad）也同步上线。在中国社会科学院信息化研究中心与国脉互联政府网站评测研究中心联合举办的近70家部委、局政府网站绩效评估中，文化部政府门户网站排名第10，并获得了"服务创新奖"。在"中国信息化研究与促进网"评测中荣获"2013年度中国政务网站领先奖第8名"和"2013年度中国最具影响力政务网站"。"文化资讯"栏目还被电子政务理事会评为"2013年中国政府网站信息公开精品栏目"。

进一步加大了信息发布和新闻宣传工作力度。2013年文化部政府门户网站共发布各类政务信息16000余条，加大了政府信息公开力度，发布各直属单位展演讲座信息近600条，开展会议、"网上直播"活动12场，制作各类宣传视频14个，推出"热点专题"13个。

加强了文化部政府网站群建设和管理。加强新技术应用，建成文化部政府网站群云服务平台。2013年已在云服务平台上为办公厅（文化部社会组织网上在线网站）、机关党委（文

化部党建在线网站、文化青年网站）、文化部恭王府管理中心（文化部恭王府管理中心网站）、甘肃省文化厅（甘肃省文化厅政府门户网站）等单位提供网站建设及综合运维服务。

（三）　启动文化部政务信息资源目录体系项目和非遗项目管理库建设

通过深入调查研究，文化部与地方文化厅局和直属单位共同协商，提出文化资源数字化战略行动，着力推动部、省两级文化数据资源建设。通过统一标准、加强协作，做好全国文化数据资源的有效整合、统一管理和交换共享的基础性工作。并按数据资源建设工作的近期目标，优先选取"文化部政务信息资源目录体系建设项目"为启动项目。非遗项目管理库的建设正在进行，初期目标是形成较为全面的非遗政务资源数据库，为公众提供公示和查询服务并为非遗政务管理、学术研究等人员提供数据分析和形势研判等服务。

（四）　深入开展等级保护工作，保障业务系统安全稳定运行

2013 年文化部继续深入开展信息系统等级保护工作，有效保障了各类信息系统的稳定运行。部信息办目前正在组织开展全行业信息系统定级备案工作，通过调研汇总各地方文化部门和各直属单位信息系统建设和定级备案情况，全面了解文化行业等级保护建设情况。据统计，文化部直属单位信息系统已全部完成定级备案，各省、自治区、直辖市文化厅局信息系统定级备案比率为74%。

三　积极推进重点工程建设，提高文化行政管理和服务水平

（一）　全国文化信息资源共享工程建设和公共电子阅览室建设

全国文化信息资源共享工程初具规模，已基本建成覆盖城乡的 6 级服务网络。充分发挥网站、卫星、手机等资源服务平台作用，围绕学习宣传"十八大"等主题，组织策划 10 余个专栏和互动活动，将 1000 多小时精品数字资源送到 2000 多个县级支中心。公共电子阅览室建设计划落实良好，截至 2012 年底，已完成乡镇级 19545 个，街道 1389 个，社区 7678 个（共计 28612 个）基层服务点公共电子阅览室的设备升级任务。

（二）　国家数字图书馆工程和数字图书馆推广工程

通过推进国家数字图书馆工程攻坚收尾工作，形成了数字图书馆现代化的硬件平台、开放互连的软件平台和较为完善的标准规范体系。2012 年，国家图书馆与 15 家省级图书馆实现虚拟网联通，数字资源达 700TB。数字图书馆推广工程迅速开展，全国 20 多家省级图书馆和近 100 家市级图书馆完成了硬件配备。

（三）　文化市场管理平台建设

文化市场管理平台建设加快实施。开发行政审批系统，对文化市场 52 项行政许可、150 项业务流程进行统一梳理，启动中央、省、市、县四级联动网上办事大厅。

建设网吧监管平台，目前中央平台已与全部省份的监管平台实现对接，可对全国 12 万余家网吧内的 793 万余台计算机终端实行实时动态监控。

（四）非物质文化遗产数字化保护工程

"中国非物质文化遗产数字化保护工程"进展顺利，工程（一期）补充项目完成验收。工程"一期"补充项目有效吸收并借鉴 2011 年"一期"项目工作经验及成果，围绕"民间文学"门类，完成了国家级名录项目"吴歌"的资源数字化采集、专题数据库建设及数字化标准规范草案制定三方面工作。专题数据库共收录项目相关文字 240 余万字，图片 6000余张，音、视频资料 60 多小时。

四　电子政务工程建设存在的问题

（一）体制不完善，机制不健全，缺乏统筹规划和统一管理

文化部信息中心到 2011 年才成立，比其他部委平均晚了 10 年。各省、自治区、直辖市及计划单列市文化厅局成立信息化机构的只有 12 家，低于其他行业的平均水平。由于缺乏信息化的宏观管理和实施计划，文化系统各单位的电子政务建设基本上也是一事一办、一人一摊，这种业务建设模式无法形成信息化科学发展的合理结构布局。

（二）缺乏顶层设计与规划，工程缺乏前瞻性

文化系统长期缺乏对行业管理和业务流程的科学研究与梳理，缺乏顶层设计与规划，容易造成电子政务建设无的放矢、盲目跟风以及与文化管理需求的严重脱节。

（三）资金不足、人才匮乏，成为制约文化部电子政务发展的瓶颈

文化电子政务建设资金、人才、技术等方面的供给长期不足。尽管文化系统也开展了诸如"全国文化信息资源共享工程""国家数字图书馆建设工程"等重大项目，并获得了一定的财政支持，但这些只是文化行业内的专项建设，没能形成全行业电子政务的体系化发展，无法支撑起整个文化系统的电子政务建设。

（文化部信息中心）

2013 年审计署电子政务发展概况

2013 年，全国审计信息化的重点任务是论证"金审三期"工程，规划审计信息化的总体目标，同时积极推广"金审二期"建设成果，为审计信息化实现新发展奠定坚实基础。

一　积极推广应用金审工程二期成果

为了总结交流多年来审计信息化建设的做法和经验，研究部署进一步推进审计信息化建

设，审计署于 2012 年 7 月 9 日至 11 日在哈尔滨召开了以信息化为主题的全国审计工作座谈会。刘家义审计长在会上全面阐述了今后一个时期审计信息化的目标、任务。会后，审计署根据会议精神，印发了《关于进一步推进审计信息化建设的指导意见》（以下简称《指导意见》）。《指导意见》就做好金审二期工程和金审三期工程衔接期间审计信息化工作，探索构建国家电子审计体系，推进审计信息化建设迈上新的台阶，提出了进一步加强审计信息化基础设施建设，加大审计管理系统（OA）和现场审计实施系统（AO）应用力度，并继续完善提升两个软件的功能；要逐步扩大联网审计范围，积极探索信息系统审计；做好金审三期工程的立项申报、系统运行维护等日常审计信息化建设组织领导和管理等 15 条指导意见。

二 科学设计金审三期工程建设任务及实现途径

金审工程的建设遵循总体设计、分步实施的原则。对于一期、二期的分步实施，审计署从事多年信息化建设的资深人士曾经通俗地概括出一个说法：金审一期，开发软件，解决工具，继续查错纠弊；金审二期，联网审计，提高效率，着力加强管理。金审三期的业务目标是构建"集中分析、发现疑点、分散核查、精确定位、系统研究"的数字化审计方式。

金审三期工程定位是，在金审一期和二期工程的基础上，利用云计算、大数据等现代信息技术，持续完善和发展国家审计信息系统，建设审计综合作业平台、国家审计数字化指挥中心、审计模拟仿真实验室和审计综合服务支撑系统，提升审计指挥决策、审计质量管理、数据汇聚与共享、数据综合分析等能力；以公共财政运行安全和绩效评价为重点，探索构建国家电子审计体系，初步实现对国家经济安全的常态化审计监督，提升国家审计在保障经济社会健康运行中发挥免疫系统功能的能力，切实发挥国家审计推动完善国家治理的作用。

按照国家发改委《关于进一步加强国家电子政务工程项目管理的若干意见》等项目审批文件的要求，从 2012 年 9 月起，审计署着手编制了《项目需求分析报告》。该报告构成《项目建议书》的一部分内容，力图通过开展业务需求分析，针对当前政务系统必须解决的紧迫社会问题，开展相关业务研究，通过相应的行政运行机制创新，形成业务解决方案；通过开展技术需求分析，将业务解决方案转化为相应的信息机制，并基于信息机制量化计算业务量、信息量、业务发生规律等指标，形成技术解决方案，科学指导投资。

2012 年 12 月 29 日，国家发改委指定的专家组对需求分析报告进行了初步评议，提出了修改完善的意见建议。2013 年 1 月至 6 月，按照刘家义审计长指示，将需求分析报告送署领导、署信息化建设领导小组成员和审计系统部分单位征求意见，根据反馈意见和发改委专家评审意见，对需求分析报告进行了进一步修改完善。

2013 年 3 月，根据发改委要求和专家意见，同步开展了需求仿真分析工作。为做好这项工作，采取了公开邀请社会力量参加需求仿真分析工作的方式，共有近 38 个单位参与完成了系统建模仿真的准备工作。按照标准规范建设、信息资源建设、业务应用建设、系统支撑能力、信息通信网络建设、信息系统安全保障建设、信息系统运行维护建设和基础环境建设 8 个部分进行了分工。7 月底基本完成了需求分析的建模仿真工作。随后结合前一阶段需求仿真分析的成果，初步完成了需求分析报告的编写工作。并依据需求分析报告和电子政务工程管理有关规定起草了项目建议书初稿。期间，再次邀请发改委电子政务专家组有关专家、学者和专业技术人员召开座谈会，结合金审三期立项申报准备工作，对金审三期技术路线、工作重点等提出意见建议。9 月 18 日，需求分析报告通过了国家发改委组织的专家评审。

2013 年 10 月 10 日，在北京组织召开了地方审计机关金审三期工程建设任务及投资协调会。介绍了金审三期工程总体建设方案及为地方审计机关提供的三种不同建设规模的备选建设方案，听取地方审计机关对金审三期工程建设的意见建议。要求地方审计机关尽快确定建设方案，向本级发展改革部门作出投资承诺。

在开展需求仿真分析的同时，启动了金审工程三期项目项目建议书的编写工作。2013 年 10 月 24 日，国家发改委组织电子政务专家对三期工程项目建议书进行了专家论证。12 月 18 日，电子政务专家委员会 7 名专家对《金审工程（三期）项目项目建议书》再次进行了内部论证，提出了 22 条修改意见。根据专家意见对项目建议书进行了进一步的修改完善。截至 2013 年底，已经完成了《金审工程（三期）项目项目建议书》的最终修改，计划 2014 年 1 月正式报送国家发改委。

三 积极开展信息化科研，为金审三期工程提供技术储备

2013 年，与科研院所和企业合作，研究先进信息技术在审计工作中应用的途径和方法，为金审三期的顺利开展和审计模拟仿真实验室的筹建做了一系列准备。研发了个性化审计舆情系统，为开展大规模的大数据收集做了技术储备；研发了审计成果智能分析软件，采用数据挖掘技术提高审计成果再利用的水平；设计了我国对外贸易安全审计分析系统的原型，针对外贸形势对我国经济发展的影响进行了初步探索；探索了前沿可视化技术的审计应用，例如网络可视化、GIS 技术遥感图像的应用，为审计指挥中心的展示功能进行了技术储备；探索了针对公共政策的审计仿真的基本理念、技术方法，并给出了针对社保政策的初步的审计仿真模型。

组织审计署科研所、中经网、南京审计学院等课题参与单位完成了国家科技支撑计划项目《动态监测审计方式和监测模型研究》课题研究和结题验收。组织完成了《审计行业信息智能处理分析与预警系统及其应用》的子项目《中央税收收入征管政策执行效果联网审计预警分析研究及审计应用》和《面向国家审计"免疫系统"的审计模拟与仿真平台研发及应用示范》的课题相关研究任务，根据国家科技支撑计划《审计行业信息智能处理分析与预警系统及其应用》项目实施计划和两个课题任务书中规定的各项内容，对各课题参与单位工作情况实施有效管理。完成了项目和两个课题的 2013 年度执行情况报告，其中包括两个课题的科技报告，已上报科技部。

此外，审计署计算机技术中心还成功申报了国家自然科学基金 A 类依托单位，为更好地开展计算机审计科研工作创造了条件。

四 健全计算机培训体系，稳步推进审计信息化人才队伍建设

2013 年除继续开展中级培训、AO 认证考试等工作外，创办了审计数据分析师高级培训班。审计数据分析师培训的背景是，近年来以特派办为代表的审计机关积极探索"总体分析、发现疑点、分散核实、精确定位、系统研究"的数字化审计方式，在推进数字化审计

模式创新中做了大量富有成效的工作，取得了较为突出的审计成果。但与此同时，伴随"大数据""云计算""数据可视化"等新的技术和应用不断涌现，审计业务的复杂程度和技术难度也不断提升。这些都对计算机审计人才提出了新的、更高的要求。为了培养一批既懂审计，又掌握统计学、统计分析技术、计算机科学与技术等方面的综合知识，具备审计电子数据的数据获取、安全管理和综合分析能力，熟悉数据处理与数据分析的基本原理和方法，灵活运用主流的数据处理与统计分析工具，能够带领团队共同开展审计数据综合分析工作的计算机审计业务核心骨干。按照《审计署开展审计数据综合利用的试行意见》，经反复研究形成了《审计数据分析师高级培训班培训方案》。经过精心筹备，2013年6月初第一期审计数据分析师高级培训班在京开班，学员为计算机专业学科背景人员和通过审计署计算机审计中级考试的审计人员，共53人，培训时长为55天。学员们系统学习了"数据库技术高级应用""数据获取""审计数据分析""数据安全管理""云计算与大数据"5项核心内容，还穿插了审计典型案例分析及IT前沿技术应用讲座等环节。培训期间，石爱中副审计长看望了学员，并与他们进行了亲切的座谈和交流。培训结束时，举行了审计数据分析师考试。

2013年，审计署以金审工程三期的需求分析仿真和建设方案论证为主线，积极开展了前期科研和人才培养工作，为金审工程三期的顺利申报和实施奠定了坚实的基础。

（审计署计算机技术中心应用技术推广处副处长　裴晓宁）

2013年海关总署电子政务发展概况

海关总署电子政务工作坚持按照"以需求为导向，以应用促发展"的指导原则开展建设，业务应用主要涵盖两大方面：一是总署机关内部办文、办事的政务信息化；二是面向公众、企业、社会各类非政府组织提供政务信息化公共服务。

一　机关内部政务信息化建设

海关总署先后开发、建成了总署机关政务办公系统（HB2008）和直属海关政务办公系统（HB2004），建有收文管理、发文管理、签报管理、督办管理、综合管理、档案管理等核心办公应用，以及电子公文传输、会议管理、政务信息采编发等20余个辅助办公应用；实现了总署机关和各直属海关单位内部行政办公"无纸化"。为进一步打造完善、智能、先进的新一代办公平台，2012年，组织开发了新版的政务办公系统（以下简称"HB2012"），并于2013年1月上线运行。

二　政务信息化公共服务

中国海关门户网站集成了政务信息公开、网上办事服务、公众互动交流、海关新闻宣传等方面，按照"外网受理，内网处理，外网反馈"的网上服务模式，将社会公共服务和海关职能有机结合起来，建立并实现了"一站式服务"（one – stop-service）的工作机制。

（一）强化政务管理，着力推进双网办公

2013年，电子政务处在海关总署机关推行双网办公。HB2012办公系统推广过程中，电子政务处一方面积极宣传"双网办公"的意义，一方面及时完善HB2012办公系统，为用户提供实用易读的说明，广泛征求意见并针对性采取措施解决问题。经2013年全年推广，总署机关双网办公取得积极成效，真正成为实用高效的海关办公平台，用户认可度接近100%。

（二）突出重点工程，全面推进HB2012办公平台总署版本建设

2013年，办公厅部署设计更加先进、操作更加简便的HB2012办公平台。其间HB2012运行总体稳定，用户总体满意，基本实现预期目标。经国家级官方团队认定，HB2012办公平台功能强大、操作方便、设计细致，具有人性、简单、智能、多样的特点。年内主要做了以下工作：

一是不断升级完善，提高系统质量。办公厅通过问卷调查、上门走访、业务研讨等形式收集机关用户对HB2012系统的意见建议，据此进行多次版本更新，实现功能改进和流程优化。经优化后HB2012的系统功能完善，操作简便，凸显其"完善、智能、先进"的设计目标。同时，完善了HB2012配套软硬件系统，升级电子公文传输系统、文字处理软件系统和公文交换箱系统。年内，HB2012三期建设项目亦启动，顺利地完成了中国海关即时消息系统的软硬件采购、系统开发和上线的准备工作。

二是倾听群众意见，跟进保障服务。针对不同岗位、不同需求，举办集中培训，解决用户操作疑难，并在日常工作中及时处理办公操作异常申请。

三是深入研究论证，稳妥准备试点。年内，集中办公厅精干力量，研究HB2012全国试点推广的业务需求、实施计划，开展业务测试。通过整体规划严格遴选，为2014年启动直属海关试点做了充分准备。

四是优化网站设计，强化窗口作用。年内，对主网站进行了两次重大改版和42项功能改进，进一步优化了页面布局，丰富了网站内容。根据需要，主网站还及时开辟了宣传专栏，建设实用软件，贴近职工需要，服务广大用户。

（三）服务中心工作，中办电子文件管理试点项目在我署成功上线运行

电子文件管理对推进通关无纸化改革有重要的借鉴和参考意义。我署组织的电子文件试点项目——"海关船舶吨税电子支付管理系统"按期启动，在天津、大连、上海三个海关上线试运行，顺利通过了署内验收。为确保项目达到预期目标，办公厅重点协调完成了船舶吨税业务系统的开发、电子签章的应用、电子文件标准规范的制定以及电子文件的全过程管理四方面工作。

（四）海关"大网站"体系基本建成

2012年，在海关总署办公厅的指导下，海关总署启动"大网站"体系建设，对46个子

网站进行统筹规划，开展全国海关"一个网站"建设的需求分析与设计，着力打造了寓智慧、集约、融合、实用和精细于一体的中国海关门户网站群。2013年海关大网站正式上线，各直属关初步完成原有网站数据向新版网站的数据迁移工作。

2013年海关总署网站加强了三个方面建设。一是优化站内搜索功能，提高网站资源可寻性水平；二是重点开展信息服务专题建设，提高"大网站"内容保障和提高网站资源服务实用性效果；三是持续开展海关网站群内容保障日常监测与分析工作，推动海关"大网站"整体服务能力的提升。

经过一年建设，中国海关"大网站"体系全面建成，现已基本达到技术标准统一、页面风格一致、安全保障一体、运行维护规范的建设目标。

三　"金关"工程取得阶段性成果

金关一期建设取得了阶段性建设成果：通过电子海关系统建设，促进了全国海关业务操作的高度统一，为海关完成国家任务提供坚强保障；通过电子口岸系统建设，提高了通关效率，降低了企业贸易成本，促进了政府部门间合作，实现了进出口领域综合治理；安全、网络、系统等信息化基础设施不断完善，为支撑海关业务应用提供了坚实的基础。

在金关一期取得良好效果的基础上，海关总署决定在"十二五"期间开展金关二期建设，这是海关进一步优化监管和服务、提升信息化应用水平的重大举措。

（海关总署办公厅）

2013年国家税务总局电子政务发展概况

2013年，围绕营业税改征增值税等税制改革要求，围绕实施强化税收整改和优化纳税服务需要，全国税务系统电子税务建设从应用支撑、数据分析、运维保障、技术队伍等方面取得了新的进展，金税三期工程实施工作稳步推进，电子税务对税收工作的支撑、对纳税人的服务能力进一步提高。

一　适应税制改革，电子税务支撑能力进一步提高

2013年4月，国务院常务会议决定进一步扩大营业税改征增值税试点范围，明确提出自8月1日起，将交通运输业和部分现代服务业"营改增"试点在全国推广。国家税务总局根据税制改革任务，将信息技术保障作为重点，组织全国各级信息技术部门，全力推进各相关工作。

在基础设施方面，为适应"营改增"带来的纳税人数量和业务量的增长，通过梳理基础环境，统一为各省级单位增配了小型机60台，组织18个省市完成了主机平台和数据的迁移工作，补充了缺口，为支撑"营改增"落实奠定了稳定的基础；在应用系统方面，根据

"营改增"业务需求，升级税务应用系统，保障业务政策及时落实，按时完成了综合征管、防伪税控等 10 个总局统推软件的升级，发布补丁 43 个；在面向纳税人技术服务方面，突出纳税人端软硬件保障，围绕全国纳入"营改增"范围的 260 多万户纳税人，组织完成了税控装置发行、防伪税控和货运发票企业开票软件升级、税控发票网上受理系统安装部署，确保对纳税人技术服务到位；在信息系统运行监控方面，开发部署了"营改增"运行监控平台，准确反映新扩围"营改增"纳税人登记、申报、入库和发票开具的状况；督导落实安全保障与应急措施，保证系统持续稳定运行。

在信息化技术的全力保障下，两项重大财税改革措施顺利实施到位。全国"营改增"扩大试点的增值税纳税人和享受税收优惠的小微企业在 9 月征期按照新的税收政策顺利进行了纳税申报。

二　服务税收管理，数据分析处理工作进一步深化

（一）数据集中范围进一步扩展

在原有基础上，2013 年，税务总局继续扩大数据集中范围，集中了各省稽核库中海关缴款书数据，推进了增值税货运专用发票的数据集中，完成车购税系统数据集中。继续开展第三方数据的采集、处理、存储和安全管理。目前，税务总局集中的税收数据达到 260T，并以每月 4T 的数量快速增长。这些数据涵盖全国国税、地税 3500 多万户纳税人的征管信息、100 多亿份增值税专用发票信息、超过 10 亿份出口退税单证信息以及 2.24 亿个人所得税信息。

（二）数据交换和数据共享力度进一步加大

实现了与财政部的信息共享，车辆合格证含税价格电子信息共享。通过外部数据交换平台与外汇管理局实现两类新增数据的共享。

（三）综合数据分析平台不断完善和优化

进一步完善和优化综合数据分析平台，依托海量数据，积极开展数据仓库的建设，加强与业务部门紧密配合，结合税源监控、纳税评估、风险预警，建立关键指标分析体系，开展税收数据处理、分析，查找组织收入中的薄弱环节和征收管理中的风险点。利用处理效应模型从税负和经济两个方面对宏观税负、销售收入、工资、就业、固定资产投资和物价等指标深入分析营业税改增值税的政策影响。全年为各单位提供专项数据处理服务 210 次，提供数据 30 亿条。

（四）探索应用数据处理新技术，深度挖掘数据背后的信息

利用数据集中的资源优势，通过发票分析、税负分析、经济与税收关联分析等方法，探索非结构化分析方法和可视化技术，加强对各类税收数据的深度挖掘，从税收视角客观反映宏观经济运行状况，预测宏观经济运行态势，揭示宏观经济运行风险，为税制改革和税收政策实施提供决策依据。

三 保障系统运行，运维和安全保障体系不断完善

（一）全面做好各个信息系统升级完善和运行维护

2013 年，先后针对海关缴款书"先比对后抵扣"、车辆合格证电子信息应用、车辆购置税完税证明二维码扫描、税控发票网上受理等 20 余项重点需求涉及的综合征管、防伪税控、税控收款机、稽核协查、出口退税、计统报表、财税库银、资源整合、总局电子申报等 10 个总局统推应用系统 50 多个补丁的开发、测试和升级部署工作，保障了各项税收工作的顺利开展。在系统运维工作中，以主动运维为重点，开展核心应用系统健康检查。通过呼叫中心、重大紧急通道及时收集基层用户反映的问题及需求，有效组织力量及时解决各类运维问题，据统计，2013 年 1～10 月，呼叫中心远程解决各类问题 12.2 万个，解决各地重大疑难问题 2136 个。

（二）确保网络畅通，改善基础环境

积极做好各级网络日常运行维护工作，确保全国税务系统网络和通信线路的通畅无阻。完善综合监控系统，建立和逐步实现全面丰富的多层次监控体系，提高各层面问题发现的及时性和全面性。进一步改善各机房环境，合理规划 IT 资源，保障机房运行稳定。

（三）切实保障各应用系统信息安全

2013 年重点加强安全防护体系的各项功能联动，提升整体防御能力，实现总局集中管理、展示和综合预警分析。一是对税务系统 18 个省级单位开展了信息安全专项检查工作；二是实时监控税务系统各单位互联网应用和税务业务专网的信息安全态势；三是开展税务系统信息安全通报工作；四是开展信息安全日常应急响应、集成实施、渗透测试等工作。在税务系统发布《税务系统网络与信息安全应急演练工作指南（试行）》中，指导省级税务单位依据该指南落实应急演练的机构组成与职责，确定应急演练的目标与内容，明确应急演练的组织过程与形式，对演练过程进行监督检查和评价。

四 加强技术管理，纳税人办税技术环境不断优化

2013 年，对总局统推的纳税人端软件实行统一版本管理和补丁下发，进一步规范开发过程，严格流程管理。

（一）规范纳税人涉税系统的开发

通过规范开发过程、加大测试力度、优化技术服务，提升了电子申报软件等纳税人涉税软件和税控装置等设备的质量和性能。目前，税务系统已有 21 个省超过 40 万纳税人使用了总局统一推广的电子申报软件。各地税务机关积极开展网上办税系统整合，全系统通过网上办理申报的纳税人达到 1000 万户，2013 年通过税库银系统网上办理业务 1.9 亿笔，划缴税款达 5.67 万亿元。

（二）整合纳税人涉税系统

开发并推广税控发票网上受理系统，实现增值税专用发票和货运专用发票网上抄报和认证受理平台的整合，有效降低了各地部署网上抄报和认证系统的成本，减轻了纳税人负担。

（三）完善统一运维平台

将自助办税终端系统、12366纳税服务热线系统纳入统一运维平台，实现技术归口管理。着手制定自助办税终端系统建设标准和技术规范，建立了与综合征管等税务端软件的衔接升级机制。规范了全国12366系统升级、扩容和运行维护工作，保障了纳税服务热线稳定高效运转。目前，全国自助办税终端已部署约5000台，各地12366座席达2500多个，在方便纳税人办税方面发挥了重要作用。经统计，通过4006112366及时解决应用系统问题56.7万个，问题解决率达到100%，纳税人反映的满意度达到93%。通过4008112366热线面向全国税务系统提供技术支持，并在各省国税单位全面推广。

五 加强技术队伍建设，信息技术队伍能力稳步提升

税务总局全年组织信息技术培训班35期，培训1500多人次，培训范围涵盖应用系统维护、数据处理应用、主机存储管理、网络建设和信息安全保障等各个方面。通过电子税务网站及时发布培训课件，丰富了培训渠道。坚持开展技术人员职称评审工作，推动技术人员自我提升和自我增值，2013年共有100人通过评审获得了中级职称，目前，全系统中、高级职称以上信息技术人员比例达到24%。

2013年，税务系统实施了税务领军人才培养工程。其中，专门设置了税收信息化专业，在全国范围内选拔26人纳入培养体系。全国税务信息化领军人才培养，促进了税收信息化高精尖人才队伍的形成，将为税收事业可持续发展奠定人才基础，提供智力支持。

六 推进金税三期项目实施

金税三期工程实现五省试点。截至2013年10月8日，金税三期工程核心征管系统、个人税收管理系统、决策支持一包、外部信息交换、纳税服务等应用在山西、山东全省国税局、地税局单轨上线运行。这是继2013年2月金税三期工程在重庆试点上线稳定运行后又一重要进展，"两山"单轨切换上线，首个征期所有系统平稳运行。第二个征期（11月15日），山西、山东、重庆三地国税、地税系统业务办理正常。表明金税三期工程应用系统日趋成熟和完善，为进一步扩大试点奠定了坚实基础。

金税三期基础项目顺利推进。按照《金税三期工程管理办法》，金税三期工程运维、安全技术与管理、灾难备份等基础设施类项目的招标采购、部署实施及运行维护工作进展顺利。其中：运维项目完成采购；安全技术与管理、灾难备份已召开启动会议部署实施；开展金税三期工程广域网项目骨干网和省网部分已完成初验；视频会议项目完成最终验收；计算

存储项目在山东、山西、内蒙古、广东和河南国税的实施工作组织完成；身份认证系统六个试点单位的实施工作组织完成；信息安全策略二包（应用安全支撑平台）的实施工作组织完成。

（国家税务总局电子税务管理中心）

2013 年国家工商行政管理总局
电子政务发展概况

2013 年，工商行政管理信息化建设以党的十八大和十八届三中全会精神为指引，以国家信息化发展要求为方向，坚决贯彻执行工商总局党组的各项重大决策部署，精心组织，主动作为，各项工作不断取得新的进展。

一　加强统筹协调，推动工商信息化工作长远发展

（一）完成企业信用监管一期工程（金信工程一期）建设项目的竣工验收工作

在 2012 年初步验收的基础上，根据专家意见，完成了实时数据同步系统和数据集成系统的开发和运行，优化和完善了信息总体安全策略，对金信工程一期应用系统进行了整体测试。2013 年 11 月 20 日，受国家发改委委托，组织召开了竣工验收会，金信工程一期顺利通过竣工验收。

（二）深入推进法人单位信息资源库项目申报工作

法人单位信息资源库（以下简称国家法人库）是《"十二五"国家政务信息化工程建设规划》确定的国家五大基础性、战略性信息资源库之一。2013 年，工商总局联合中央编办、民政部等八个部委，完成了《项目建议书》与工商业务支撑系统《需求分析报告》编制；针对国家电子政务工程建设指导专家组提出的修改意见，积极与八个部门沟通协调，主动提出建设意见，认真进行方案比对，大力推进立项进程；分别在广东、新疆、浙江召开 3 次信息化工作座谈会，向省级工商部门进行统一部署。

（三）全面开展标准制定与修订工作

完成《GS7 - 2006 市场准入与退出数据规范 - 市场主体分册》等 15 册数据规范修订，编制并下发了 13 册《统计报表统计指标与数据规范对应关系》；开展《主体分类方法》和《案件分类方法》等主体、案件分类标准研究工作；完成"工商行政管理信息化标准管理与服务系统"建设；开展《市场主体准入与合同信用指标指南》国家标准草案的编制工作；起草了《工商总局信息安全管理制度汇编（试行）》。

二　积极主动作为，支撑工商登记制度改革

（一）努力推进电子营业执照系统建设

积极稳妥开展电子营业执照的试点及应用推广，成功申报国家核高基专项课题《基于安全可靠基础软硬件的在线事务处理系统应用迁移/重构和示范》；逐渐摸索形成了一套符合工商系统的电子营业执照技术路线；向国密局提交名称变更申请并获批复同意；制定了《电子营业执照系统建设工作方案》。

（二）积极推进企业信用信息公示系统建设

对广州、深圳、东莞、顺德等地深入调研，编制了《企业信用信息公示系统技术方案》，形成《工商登记制度改革信息化建设技术方案》。编制《外商投资企业全程电子化登记注册技术方案》，完成外资企业全程电子化注册项目建设。

三　服务重点应用，提升工商市场监管效能

（一）加大力度推进商标信息化建设

商标注册与管理自动化系统——适应《商标法》修改软件改造与建设项目（商标三期系统）进入尾声阶段，组织对系统进行了多轮用户测试，依据测试结果对系统修改和改进超过4000条。2013年8月30日全国人大常委会四次会议审议并通过了《商标法》修正案，新法将于2014年5月1日起生效实施，遵循"安全、可靠、便捷"的原则，按照力保2014年"五一"系统上线的目标，重新制定了工作进度表。

积极推进提高商标审查与评审工作效率改造项目进程。2013年5月启动"提高商标审查和评审工作效率信息化改造项目"，按照"统筹长远发展、当前急需先行、技术成熟先做、积极研究探索"的原则，开展需求分析，组织顶层设计和项目实施，完成《智能化审查检索原型系统》《商标审查与评审质量管理与控制原型系统》《商品分类规范化系统》《商标审查与评审电子图书馆》等任务的技术方案编制和招标采购。

积极开展商标行政执法信息平台建设工作，完成系统功能设计和建设方案，积极推动项目实施。2013年起为律师事务所制作数字证书，提供商标申请网上服务。建设完成商标注册与管理自动化双屏支持系统，完成工商总局中印大厦商标评审辅助人员办公环境改造工作。

（二）积极推进网络商品交易监管信息化工作

完成对2012年网络商品交易监管平台采购建设内容的验收，不断完善平台的功能与性能；完成2013年度网监平台信息化应用和服务工作的采购建设，完成网络监管取证实验室的设备采购和装修建设，积极开展网络经营主体电子标识系统建设的方案论证等工作。

四　提升服务水平，优化总局公共服务平台和办公自动化系统

（一）大力加强工商总局政府网站建设和管理

2013 年，工商总局政府网站编制了《工商行政管理系统政府网站建设发展规划（2013～2015 年）》，切实强化了政府信息网上发布；开通了商标注册场景式办事服务，完善了地方办事服务导航及信息查询功能，全年网上申报名称 8917 笔，名称核准业务的网上申报率已达 100%；2013 年，共向工商总局相关司局转发公众留言 7953 件，编发了 2 期《工商总局政府网站公众留言概览》；完善了工商总局公共服务平台功能建设，10 月开通了工商总局政府网站手机版移动门户 2013 年新增功能；完成了 2013 年度工商系统省级政府网站绩效评估工作；在"第十二届（2013）中国政府网站绩效评估"活动中，工商总局政府网站位列中央部委网站综合排名第 9 位，连续两年进入前 10 名优秀部委网站行列，在政务移动 APP 专项评估中位列部委网站第 2 名。

（二）全面开展工商总局机关办公自动化系统二期建设

完成了电子文件归档、档案管理系统功能建设并试点运行，开展了工商总局机关行政秘书和直属单位文书档案管理人员操作使用培训，档案管理系统电子档案查询功能试点单位使用培训；实施了应用基础平台系统升级；基本完成流程优化升级、文件中心等综合类功能建设，即将上线运行；实施了硬件基础环境升级改造；完成了工商总局"学党史、知党情"党建知识百题问答等专项工作的技术支持。

五　强化数据建设，实现统计数据生成工作良好开局

（一）全面加强数据中心建设

开展了数据中心整体规划，形成了"建设一个经济户籍库，建立总局、省局两级数据中心，覆盖三个网络，构建四个平台"为核心的工商系统数据中心总体框架；新网络经营主体数据库、农资经营主体数据库、消费侵权案件数据库等；推进数据中心各类数据的整合及应用，建立数据综合查询系统；不断完善建设数据中心管理、运维长效机制，制定《工商行政管理数据办法》，建立数据质量定期监测和情况通报制度；完善了数据质量校核评价系统；组织全国工商系统做好数据质量建设前三年总结，下发《工商总局关于全国工商行政管理系统"数据质量建设年"活动情况的通报》，对 10 个省级先进单位、126 个省以下先进单位和 157 名先进个人予以通报；联合有关司局开启新三年市场主体数据质量检查，从 2013 年 8 月开始加强业务规则检查，共实施检查 4 次。

（二）实现统计数据生成工作良好开局

2013 年工商总局调整统计工作机制，统计数据生成工作首次由总局信息中心承担，中心组织开发了统计报表软件系统，对全系统进行了培训，顺利完成半年以来全国工商系统各

期别的统计数据的审核汇总工作。构建了统计数据审核模板，制定了审核工作流程，明确了审核工作职责，建立了按季度发布的统计报表上报审核情况通报制度，建立了统计数据生成工作机制，提高审核工作效率，推动数据审核工作不断前移，创新统计审核方法。

（三）提升数据分析应用服务保障能力

服务工商总局经济形势分析会的相关工作，全年形成全国市场主体情况月报 10 份，简报 10 份；开展了企业登记管理数据分析系统建设，为业务司局提供数据查询、统计及分析服务 40 余次，为民政部、中纪委、公安部、审计署等政府部门提供了相关的数据查询、统计及分析服务 7 次，为北京、上海、河南和贵州等省市提供工商总局汇总库中相关数据信息 10 万余条；稳妥推进面向金融业的高端信息分析挖掘服务。

六　夯实安全保障，加强信息化基础运行环境建设

基本完成北京三里河、马连道和无锡的总局两地三中心数据备份项目建设，进入试运行阶段，试运行期间各业务系统数据备份运行稳定。拟定了办公自动化系统和总局数据中心的灾难恢复预案及灾难恢复演练操作手册，并于 2013 年底进行了办公自动化系统和总局数据中心的灾难恢复演练。

（国家工商行政管理总局经济信息中心）

2013 年国家质量监督检验检疫
总局电子政务发展概况

2013 年，我局坚决贯彻中央和国家信息化一系列决策部署，认真落实《国家电子政务"十二五"规划》，紧密围绕质检工作"十二字"方针，全面推进信息化与质检业务发展深度融合，质检信息化规划、建设、管理和服务迈上了新台阶，取得了新成效。

一　质检信息化规划取得重要进展

2013 年，质检系统认真贯彻落实《质量发展纲要》和《"十二五"国家政务信息化工程建设规划》，更加注重顶层设计，有效发挥信息化战略支撑作用，不断加强统筹规划。我局密切了与国家发改委、环保部、卫计委、安监总局、食药总局等部委的联系，成立了质检领域"十二五"政务信息化工程建设规划项目编写工作组，制定了周密计划，启动实施并完成了进出口食品安全监管、安全生产监管、生态环境保护、能源安全保障、全民健康保障以及法人基础信息库等涉及质检职能的政务需求分析报告的编制、需求分析建模仿真数据准备、项目建议书等工作任务。浙江、深圳、宁波检验检疫局，安徽、江苏、天津质监局结合各自实际，调整和完善了中长期信息化专项建设规划，为有效支撑质检事业科学发展奠定了基础。

二 质检信息化建设取得新的成效

2013 年，质检系统认真执行《国家发改委关于加强和完善国家电子政务工程项目建设管理的意见》相关要求，加快推进云计算、大数据、物联网等新技术在质检核心业务的应用，不断创新监管模式，中国电子检验检疫主干系统建设取得重大进展，开发任务全面完成。计量、特种设备、12365、企业质量档案、产品质量信用等质监信息化建设取得新进展。江苏、广东、深圳、珠海、天津、上海、厦门、福建检验检疫局为提高通关便利化水平，组织开展了"一次申报、一次查验、一次放行"信息化试点项目，取得了新成效，四川、广东、山东、福建、内蒙古、黑龙江质监局积极运用新技术、加快推进信息化与业务融合工作迈上了新台阶。

三 质检信息化管理水平得到提升

2013 年，质检系统信息化主管部门以需求为导向，主动靠前、积极进取、超前谋划，结合重点项目，积极推进信息化与质量管理、检验检疫、特种设备、认证认可、标准化等核心业务深度融合，大力加强应用系统建设。我局组建了检验检疫信息化标准化技术委员会，完成了《检验检疫信息系统建模规范》等 16 个标准规范的修订工作，举办了大数据时代信息化发展趋势讲座，开展质检系统信息化主管部门负责人培训班、赴美信息化管理与电子政务顶层设计高级培训班，分别组织了面向专业技术人员的金质工程软硬件技术和网站建设技术培训班，全系统近 300 人参加了培训。全系统高度重视信息化绩效考核工作，结合信息化实际，制定了绩效考核指标，加强了对我局机关、直属单位和各直属检验检疫局信息化绩效考核，提高了全系统对信息化工作的认识，提升了信息化管理服务水平。

四 质检信息化服务水平不断提高

2013 年，我局门户网站连续 5 年在国家部委政府网站绩效评估中排名第二，认真抓了质量监督和检验检疫信息资源整合，组织开展了全国质量信息资源整合调查，完成了《质检行业信息资源分类、信息资源核心元数据规范（征求意见稿）》的编制工作。质量诚信体系建设稳步推进，金质工程一期推广应用有了新进展，通关单联网核查系统实现了与口岸管理部门的信息共享、互联互通。进出口电子监管系统升级改造和在全国范围推广应用取得积极进展。广东、山东、江苏、福建、黑龙江等 17 个检验检疫局，福建、上海、北京、广东、江西等 14 个质监局门户网站获得 2013 年度优秀网站。满足了企业社会公众诉求，实现了与企业社会公众的互动，提高了信息化服务水平。

五 质检信息化保障能力得到加强

2013 年，我局成立了专业运维队伍，建立了 ITIL 运维管控平台，编制了《运维服务手册》，加强了集约化运维技术力量的配备，制定了我局应急指挥系统、局域网集约化运维改造项目等重点工程建设方案，集约化运维成效显著。我局不断加强信息安全的资金投入，及时采取新技术，不断加强信息安全防控、监测、检查工作力度，防范了信息安全事故的发生，提升了核心业务系统和网站、网络信息安全水平。山东、北京、辽宁、珠海、湖南、云南、安徽检验检疫局，浙江、四川、天津、重庆、陕西、江西、河北质监局信息安全工作取得显著成效。

（国家质量监督检验检疫总局信息化工作领导小组办公室）

2013 年国家安全生产监督管理总局电子政务发展概况

2013 年，国家安全生产监管总局高度重视电子政务建设，充分发挥信息技术在安全监管监察业务中的作用。在国家安全监管总局信息化工作领导小组的组织领导下，加快安全监管监察信息化建设与应用工作，电子政务工作取得明显进展和积极成效。

一　2013 年基本情况

2013 年，国家安全监管总局加强基础网络建设，强化专网的日常管理、等级保护管理以及涉密网的日常管理、保密管理等工作。一是印发了《国家安全监管总局办公厅关于开展信息安全检查的通知》（安监总厅〔2013〕109 号），在全国安全生产监管监察系统范围内详细部署了 2013 年信息安全检查工作，对 43 个功能独立网站以及 50 省安监局煤监局的政府网站进行了漏洞扫描。二是积极推进总局机关重要信息系统建设，建设政务办公平台，实现网络和移动办公，提升总局机关政务信息化水平。三是改善了总局机关会议室、机关食堂等公共场所的流媒体系统，提升会议音、视频效果，满足公共场所展示政务动态的音、视频需求。四是引进并开展虚拟机技术和产品，将总局现有主机服务器资源环境进行整合。对总局政务网身份认证系统扩容，使该系统能够支持全国事故快报业务人员通过短信令牌进行身份认证。五是完成华北科技学院、东疆分局、内蒙古煤矿安全培训中心接入金安专网的节点建设和远程技术支持工作。

二　2013 年重点工作

（一）积极推进"安全生产监管信息化工程"前期工作

安全生产监管信息化工程项目被列入"十二五"国家政务信息化重点工程后，按照《国家发展改革委关于印发"十二五"国家政务信息化工程建设规划的通知》（发改高技〔2012〕1202 号）要求，开展了项目前期工作。国家发展改革委高技术司召集工信部、住建部、交通运输部、水利部、质检总局、原电监会、邮政局等 8 个部门召开了"安全生产监管信息化工程"前期工作协调会议，明确 8 个参会单位为工程共建单位，共同编制工程项目需求分析和项目建议书，我局为工程的牵头部门，同时要求我局牵头会同各共建部门扎实开展前期工作。编制完成了《安全生产监管信息化工程需求分析总报告》和 8 个分报告，10 月 15 日，国家发改委委托 9 名国家电子政务专家组成的评审组评审了项目需求报告。

（二）组织编制了安全生产信息化建设顶层设计

按照国家安全监管总局领导关于做好安全生产信息化顶层设计的指示精神，编制完成了《安全生产信息化建设总体方案》，首次对安全生产信息化的功能定位、实现目标和建设内容提出了明确要求，将为今后各级安全监管监察机构开展安全生产信息化建设提供依据。

三　主要成果

（一）政府网站加强政府信息公开，有力地推动了安全生产宣传教育工作

2013 年，国家安全生产监督管理总局政府网站按照《国务院办公厅关于进一步加强政府信息公开回应社会关切提升政府公信力的意见》（国办发〔2013〕100 号）的要求，进一步加强政府信息公开，积极围绕安全生产工作重点开展工作。新增"省部领导抓安全"栏目，及时发布全国省部级领导有关安全生产的信息，直接展示出各地区、各部门对安全生产的高度重视，安全生产工作落实有力。调整建设"安全评价"专栏，建立安全评价报告等信息网上公开。加强信息公开的力度，促进安全评价机构加强诚信体系建设，提高安全监管工作透明度，强化社会监督，让权力在阳光下运行。进一步加强政策解读，强化热点专题制作，对于重大政策、活动、会议制作专题，强化解读，将数字可视化。针对公众和网民的关注，更加有针对性的突出宣传报道，进行正确的政策引导，做好舆论导向。增加"公益广告"栏目，加强"视频在线"发布，使安全生产政策、知识传播更加可视、可读、可感，以图文并茂、易学易懂的情景化方式为社会、企业、公众个人提供网上服务，以此推动安全生产宣教工作。

（二）网络舆情监测分析范围不断扩大，微博得到广泛关注，为引导安全生产舆论发挥了重要作用

安全生产网络舆情监测分析系统实现了对各大主流网络媒体、商业网站、博客、微博、微信、论坛、贴吧、视频网站等各种网络媒体安全生产相关舆情信息的 24 小时监测分析，开发的舆情网页每天发布安全生产舆情信息，策划、制作舆情专题，为国家安全生产监管总局机关提供不间断的舆情信息服务，形成了包括舆情周报、专报、动态、资料、职业健康专报、信息化专报在内的舆情报告体系，建立了包括重大事故网络信息、纪检监察专项信息等信息报送制度。国家安全监管总局官方微博于 2011 年 8 月 4 日在人民微博平台开通。2013 年发布 140 余条微博，拥有近 23 万粉丝；信息被阅读量累计超过 33.7 万次，转发和评论累计 1700 余次，显示出强大的传播力和社会影响力。2013 年 12 月 31 日，人民微博发布《2013 年人民微博政务影响力报告》，公布了十大部级政务微博排行、十大省市级政务微博

排行等 5 大榜单。国家安全监管总局官方微博被评为"十大部级政务微博"之一，名列第七位。

（三）安全隐患排查治理信息系统在全国推动深化隐患排查治理体系中发挥了积极作用

安全隐患排查信息系统作为《国务院安委会办公室关于建立安全隐患排查治理体系的通知》（安委办〔2012〕1 号）中重点建设项目，截止到 2013 年底，国家安全监管总局与顺义区、津南区、沈阳市、宁波市、诸城市、马鞍山市、长沙市、洛阳市、广州市、珠海市 10 个重点示范样板地区的隐患排查治理信息系统实现了互联互通。形成了覆盖工贸行业、部分高危行业（如危险化学品）等企业隐患自查自报信息的共享和交换，建成了一条由乡镇、区县、地市、省、国家总局连通的"高速公路"，为实现全国范围、覆盖全行业的安全生产监管信息与各级监管机构乃至总局的互联互通奠定基础，真正实现了对排查治理全过程的动态跟踪和监管，更好地支撑了安全监管部门隐患排查治理体系建设工作。

（国家安全生产监督管理总局通信信息中心）

2013 年国家统计局电子政务发展概况

2013 年统计系统按照党的十八大、十八届三中全会和中央近期若干工作会议对统计部门提出的一系列新要求和新任务，创新进取，砥砺前行，着力拓展统计四大工程，不断促进"三个提高"，奋力打造现代化服务型统计，电子政务发展取得长足进步。

一　电子政务应用发展势头强劲

（一）统计四大工程建设实现新突破

"一套表"统计联网直报成功实施后，为充分发挥一套表平台的优势和效能，进一步提升统计业务的集约化水平，积极拓展统计联网直报业务范围，使一套表以外的统计业务，尽快向一套表平台迁移和整合，对"一套表"联网直报平台系统进行了不断地改进完善和功能开发，完成多个应用版本更新。2013 年，劳动工资调查、重点服务业、PMI 采购经理调查、规模以下工业企业抽样调查、小微企业调查、城卡、县卡、乡卡等业务都已完成迁移。名录库管理、城乡住户调查、PPI 价格调查、劳动力调查等业务正在迁移实施中。通过联网直报系统报送数据的企业也稳步上升到 90 多万家。

（二）第三次全国经济普查工作扎实推进

第三次全国经济普查工作（简称"三经普"）是我国统计史上现代信息技术应用程度最高的。本次普查，充分运用现代信息技术，实现普查数据采集、报送、处理全流程的电子化、网络化、无纸化。全面建立了电子地图，使用 PDA 移动采集终端，现场采集数据，无线发送，移动终端统一管理平台接收数据，一套表平台对普查数据进行网络化处理。与历次普查相比，这次普查数据处理系统最复杂，技术含量最高，设备投入量最多，系统开发、集成、管理难度最大。经过一年多的艰苦开发、调试、改进完善，三经普数据处理系统已全部完成系统开发，并投入使用。

（三）开通中国统计移动客户端和统计官方微信

中国统计移动客户端包括"中国统计""数据中国"两部分。"中国统计"向智能手机用户提供中国官方统计的即时资讯，包括统计新闻动态、统计数据发布，以及统计热点问题和指标解释等。"数据中国"采用动态图表方式展示中国国民经济和社会发展变化情况，供媒体、投资者、市场研究机构及个人及时查询了解国家统计数据。国家统计局政务微信"统计微讯"充分利用微信公众平台发布功能，以丰富的多媒体形式、亲切的语言打造"最新发布""数据解读""指标解释"等精品栏目，第一时间发布权威统计信息，及时解答广大微友的提问，为公众提供更加便捷、高效的统计信息。

二 电子政务公共服务水平不断提升

（一）统计网站政务服务水平进一步提升

本着以用户导向、技术领先、兼顾拓展为目标，国家统计局对内网、外网进行升级，迁移信息量共计158G，迁移信息40多万条，用户471个，修改和新建栏目2571个，制作及修改模板1531个。改版后的国家统计局外网中英文版信息更加丰富、功能更加强大、界面更加友好、使用更加方便，受到社会公众和专业机构的普遍好评。

（二）举办第四届中国统计开放日

举办第四届中国统计开放日，让政府统计成果更好地惠及全社会。在活动前夕，国家统计局在官方网站及新浪网等网络媒体，开设了开放日专题栏目，开展了网友征集活动和用户需求调查，并从参与调查的网友中遴选出 20 多位代表参加现场活动。当日，新浪微博对活动全程进行微直播，统计官方微信实时刊发现场活动内容。

（三）呼叫中心为建设现代化服务型统计发挥重要作用

通过一年半的实践和摸索，联网直报呼叫中心逐步建立了一线接听服务与后台技术、业务支持相结合的多层次技术服务体系，并开通了新浪和腾讯服务微博、微信服务平台，建立技术支持与服务的 QQ 群，对联网直报企业和统计用户提供全方位的服务支持。三经普进入数据采集阶段以来，面对每天众多的电话量，呼叫中心发挥桥梁和枢纽作用，实现用户咨询问题的总承接和总调度，及时受理并解决数据报送及处理中遇到的各类问题。呼叫中心还将所有咨询问题，按照规范流程记录、整理成常见问题"知识库"，供大家查询，使一些问询者自动获得答案，极大地提高了答疑效率。联网直报呼叫中心在建设现代化服务型统计中发挥重要作用。

三　政务信息资源开发利用持续加强

（一）国家统计数据库建设进一步加强

制定了《进一步加强和改进国家统计数据库建设的方案》，完成新版国家统计数据库的系统基础环境建设。按照建设国际一流发布库的总体要求，新版数据库在指标数据量、功能性、整体设计上都有重大改进。可供查询的数据被划分为月度数据、季度数据、年度数据、普查数据、地区数据、部门数据以及国际数据六类。为了更好地满足社会公众对统计数据的需求，新版数据库对指标量和数据量进行了大量补充。其中统计指标扩展到 3881 个，统计表 12959 张；工作库数据 5 万多个，数据近 2000 万笔；发布库数据近 600 万笔。

（二）定期为"金宏工程"加载数据和统计文献

定期为国家八大部委共享的"金宏工程"经济统计共享数据库加载数据，为经济文献共享数据库提供统计资料，并长期承担子系统的运行维护工作。

（三）开发并启用统计电子图片管理系统

积极探索信息化技术在档案管理中的应用，开发并正式启用了覆盖省级统计机构的电子图片管理系统。

四　信息安全保障能力进一步提高

（一）统计信息安全管理工作持续增强

联网直报系统正式上线后，来自各方面针对系统的攻击明显增多。国家制定了一系列的联网直报系统管理办法、安全策略和操作规范，采用了拒绝服务攻击拦截、恶意代码拦截、安全身份认证、主机防护、安全检测等技术手段，提升了系统的防护能力，确保了统计数据的安全。"四大工程"建设工作开展以来，统计数据实现了大集中，统计数据的安全性、统计信息系统的安全性都面临着巨大挑战。国家统计局及时完成了国家统计安全等保密体系建设，加快涉密网建设。统计数据异地灾备系统完成了所有审批程序，已开始实施建设。编制了《国家统计系统信息系统应用安全管理规范》《"十二五"时期国家调查队系统信息化建设安全规划方案提纲（初稿）》《涉密计算机恶意代码防护管理规定（初稿）》等规范标准，力争从制度建设方面加强信息安全管理工作。

（二）建立联网直报系统监测监控机制

为保证"一套表"联网直报系统安全、稳定、高效的运行，国家统计局建立了系统监测和值守监控机制，每月对上报高峰期间进行了严密的系统监测和值守监控，提前预防系统风险，有力地确保了联网直报系统的稳定运行。同时，坚持做好系统的多层数据备份，确保数据安全，万无一失。

（三）建成机房视频监控系统

为切实保障国家统计局机房基础设施安全，完成了机房视频监控系统改造项目，实现了对机房设施的实时监控，增强了基础设施的现代化安全监控手段。

五　电子政务可持续发展

（一）探索利用大数据迈出重要步伐

围绕"大数据""分布式数据库""内存数据库"等内容，国家统计局与众多国内外知名公司及顶尖研究机构进行了深入的技术交流，主办了"大数据技术应用研讨会"。通过交流研讨，了解学习了这些技术的最新发展，开阔了视野，也加深了对这些技术的理解，增加了技术储备，为下一步"大数据"技术在统计工作中的应用打下了坚实的技术基础。

（二）继续巩固拓展统计四大工程

国家统计局要继续巩固拓展统计四大工程，进一步推动基本单位名录库和"一套表"制度建设，强化统一平台软件功能，不断拓展联网直报应用范围，争取在 2015 年实现三个"全部"：所有由调查对象填报的调查全部通过互联网直接向国家数据中心报送，所有现场调查全部由调查员手持电子终端现场采集数据并通过网络直报国家数据中心，全部国家统计调查均在统一软件平台处理数据。

（国家统计局数据管理中心）

2013 年国家林业局电子政务发展概况

2013 年是全面贯彻党的十八大精神的开局之年，是深入实施林业"十二五"规划承上启下的关键之年，也是全国林业信息化全面加快推进的第五年。紧紧围绕林业中心工作，认真贯彻执行党的路线方针政策和国家林业局"加快林业信息化，带动林业现代化"等重要部署，坚持"五个统一"基本原则，践行信息化服务林业大局、服务司局、服务基层、服务林农"四个服务"工作理念，科学谋划、系统部署，扎实推进各项工作，重点加强了战略谋划、工程建设、基础管理、队伍建设等工作，取得了多项新突破，开启了智慧林业建设的新阶段，为发展生态林业和民生林业做出了重要贡献。

一　深化顶层设计，深入动员部署

一是进行了战略部署。召开了第三届全国林业信息化工作会议，对林业信息化工作进行了再动员、再部署。深入贯彻落实党的十八大精神和国务院关于加快推进信息化建设的一系列决策部署，按照全国林业厅局长会议要求，认真总结"十二五"以来的林业信息化工作，科学分析林业信息化工作面临的形势，进一步理清思路、明确方向，研究部署当前和今后一个时期的工作，发布了《中国智慧林业发展指导意见》，标志着林业信息化由数字林业步入智慧林业发展新阶段，是林业信息化建设的又一个里程碑。二是发布了战略文件。印发了《国家林业局关于进一步加快林业信息化发展的指导意见》，这是林业系统贯彻党的十八大关于推进新型工业化、信息化、城镇化、农业现代化同步发展要求的重要举措，是落实《国务院关于促进信息消费扩大内需的若干意见》的重要行动，是指导全国林业信息化建设的重大政策性文件。三是完成了战略规划。组织编制印发了《中国智慧林业发展指导意见》，系统诠释了智慧林业的内涵意义、基本思路、目标任务和推进策略。组织编制了《中国林业云框架设计》和《中国林业物联网框架设计》。

二 加快项目建设，拓展服务内容

一是积极落实国家"十二五"重大信息化工程规划，扎实推进生态环境保护信息化相关工作。二是继续推进国家卫星林业遥感数据应用平台建设项目。连通了与资源卫星中心的线路，完成了数据接入。国家卫星林业遥感数据应用平台的建成，把国产卫星遥感信息资源批量化引入国家林业遥感监测业务运行体系，提供对林业资源的综合监测所需的各类遥感信息源及数据应用服务，为林业各监测体系监测成果的综合应用提供强有力的技术支撑。三是继续实施国家林业局内、外网安全等级保护建设项目。完成了重要信息系统等级保护建设，安全等级保护系统定级及差距分析，系统安全等级保护测评，安全保障体系框架设计，建立了适用于信息安全要求的运维体系和应急保障体系。四是推进"林业生态建设与保护北斗示范应用系统"建设工作。编制了林业生态建设与保护北斗示范应用系统实施方案。五是积极推进智能林业物联网应用示范工程。

三 优化网站质量，提升应用水平

中国林业网进一步推进政务信息公开，加强民生服务，拓宽服务渠道，提升在线办事水平，互联网影响力日益提高。在 2013 年 11 月 28 日召开的第十二届中国政府网站绩效评估结果发布会上，中国林业网（国家林业局政府网）综合排名位居 70 多个部委网站第三名，首次跻身前三甲，在 2011 年首次进入部委网站前 10 名、2012 年首次进入部委网站前 5 名的基础上，再次取得历史性突破。一是加强网站建设。对中国林业网进行改版升级，推出了中国林业网 2013 版。开展了网站可见性优化，提高了中国林业网在各大搜索引擎的收录量和可见性。建设了中国林业网智能移动客户端和林业智能服务平台，开展自动化的咨询互动服务。二是扩大站群规模。扩大森林公园、国有林场、种苗基地、自然保护区等网站群建设，新上线 1000 多个。完成了主要树种、珍稀动物、国外林业国家网站群建设工作，建设了中国花卉网站群。积极开展市、县林业网站群建设工作。三是加强基础建设。围绕生态林业、民生林业的要求，按照国家和地方两大体系整合了 37 项林业行政审批事项，整合新增了80多项便民服务资源。完善中国林业数据库，与林业遥感数据库、国家自然资源和地理空间基础信息库链接。扩大数字图书馆规模，为林业系统各单位提供文献信息服务。四是进一步做好网站内容保障，积极推进全国林业信息化发展水平评测和全国林业网站绩效评估工作，形成常态化、制度化。中国林业网每天发布信息100万字，访问量100万人次，主流媒体每天引用超过100条，来自100多个国家的访问，网站访问量突破12亿人次。五是优化升级办公自动化系统。继续优化升级办公自动化系统，完成了林业综合办公系统群建设，完成个性化电子签名的试点工作，进一步提升了办公自动化建设应用管理水平。六是开展网络文化建设。中国林业网分别于2013年1月和4月启动了首届"美丽中国"征文大赛和第二届全国生态作品大赛，为广大公众打造了弘扬生态文化的网络平台，成为创建生态文化的重要基地。

四　加强运维管理，保障信息安全

一是建立制度保障。编制印发了《国家林业局关于全面加强林业信息安全工作的通知》，从统一工作思路、建立保障体系、标准规范、制度体系及监督检查等8个方面提出了指导性意见，为确保林业行业信息系统安全、稳定、高效运行提供了政策保障，使行业信息安全工作再上新台阶。二是完成信息安全检查。就信息安全管理、技术防护、应急、安全教育培训等方面进行了检查工作，从源头和关键环节查漏补缺，防范和堵塞信息安全方面存在的各种问题，并及时进行了整改。三是着力开展运维精细化管理。对所有与运维服务相关的工作进行了细化梳理，优化工作流程，提高规范化水平，建立了运维准入和考核制度。进一步明确了岗位职责、工作范围及其操作实施流程，提高了运维保障能力。加强国家林业中心机房安全管理及维护。四是提高信息安全保障能力。对发现的安全隐患等问题及时采取有效措施，组织相关人员进行处理，并及时将处理结果进行汇报，加大安全监控、漏洞扫描的监督和检查力度。以等级保护项目建设为契机，提升了信息安全运维队伍建设。五是积极推进正版化工作。制定了《国家林业局使用正版软件管理规定》，大力推进软件正版化工作。

五　推进标准建设，深化培训交流

一是首批林业信息化行业标准正式颁布。2013年11月，国家林业局正式颁布了《林业数据库设计总体规范》等23项林业信息化行业标准。二是积极申报新标准立项。组织标委会委员及有关专家，讨论完善林业信息化标准项目储备库。国标委已批复6项林业物联网国家标准的立项。三是积极开展林业信息化培训。举办了林业信息化标准和GIS应用培训班。举办多次专题培训，对各省自行举办的林业信息化培训，进行了指导和帮助。四是推动了战略合作。不断强化合作意识，积极借助外部优势力量，不断形成推进林业信息化的强大合力。联合中国绿色碳汇基金会等单位，共同运营好"中国植树网"。利用微博平台，与央视、新华网、人民网、新浪网、腾讯网等单位进一步深化合作，在5大媒体网站开通了"林海微报"微博，建立了中国林业微博发布厅，微博影响力正不断扩大。在腾讯网开通了微信，拓展了信息发布渠道，促进了交流合作。

六　加强综合管理，抓好机构队伍

一是建设信息办工作综合管理平台，进一步完善规范工作流程，提高管理水平，提升工作效率。二是深入推进文化建设，办好《林业信息化》《今日网情》。出版了《中国林业信息化发展报告 2013》《信息革命与生态文明》《信息改变林业佳作 100 篇》等。三是加强林业信息化示范省建设，完成 25 个全国林业信息化示范市、50 个示范县实施方案的审核工作，推进了全国林业信息化发展。

（国家林业局信息化管理办公室）

2013 年中国银行业监督管理委员会电子政务发展概况

一　基本情况

银监会自成立以来高度重视电子政务发展，电子政务系统已在提高行政效率、加强信息共享、提升行政透明度、增强监管有效性方面发挥了重要作用。银监会现已初步形成了服务全系统、服务银行业金融机构、服务社会公众的全方位、多层次的电子政务系统架构。2013年银监会着力提升电子政务服务领导决策、服务监管中心工作的能力，抓实、抓细，积极探索银监会电子政务工作的新思路和新方法。

二　"十二五"规划目标实现情况（国家电子政务"十二五"规划发展目标）

（一）设立电子政务管理机构、完善工作机制

为了进一步加强对电子政务系统的管理，银监会在办公厅设立了电子政务处，统筹规划全系统电子政务系统的建设，推进顶层设计，研究银监会电子政务系统总体框架建设思路，探索建立科学合理、合作共享的电子政务管理机制。

（二）推进各类应用发展，提高电子服务能力

银监会已初步形成了服务全系统、服务银行业金融机构、服务公众的全方位、多层次的电子政务系统架构。既有服务内部办公运转的综合办公平台系统，也有服务银行业监管的非现场监管系统和现场检查系统；既有覆盖银监会机关、银监局、银监分局三级的、双向的电子公文传输系统，也有连通银行业金融机构的电子政务传输系统；既有服务银监会

· 141 ·

内部工作人员的内网网站，也有服务社会公众的官方网站。主要业务信息化覆盖率超过85%。

（三）做好公众服务，提高行政透明度

银监会的具体行政行为和公共服务主要面对各类银行业金融机构，相关服务事项电子政务覆盖率超过70%。面向社会公众的服务主要是政府信息公开和公众教育服务，银监会在官方网站建立"政府信息公开"专栏，开设了"公众教育服务网"，不断提高银监会监管工作的透明度。

（四）信息共享和业务协同成效显著

以综合办公平台推广为契机，通过接口程序连接电子公文传输系统、档案系统，在会机关实现了各类文件（绝密件除外）的全程电子化运转，在银监局机关实现了各类文件（涉密件除外）的全程电子化运转。各项监管业务系统之间根据业务需要实现系统关联。主要业务信息共享率超过50%。

（五）电子政务技术服务能力持续提升

银监会系统（会机关、银监局、银监分局）内部通过专线实现了内部工作网的双向连通，银监会系统与银行业金融机构之间建有金融专网，用于双向数据传输，包括机构数据报送、信息披露、公文传输等。电子政务网络互联互通率超过85%。

（六）信息安全保障能力不断加强

遵循国家政策要求，银监会制定了整体信息安全框架，涵盖了电子政务信息安全保障。

三 电子政务发展情况

（一）电子政务应用范围不断拓展

一是新版金融许可证系统上线，信息公开的要素更多，查询更加便捷，该栏目被评为2013年度中央国家机关网站特色栏目。二是银监会新版内网网站上线运行。按照"合理布局、页面简洁大方；突出内容、增进信息共享；加强管理、制定统一规范；改进功能、完善运行机制"的建设原则，进一步规范信息发布，提高内容质量，增强信息时效性，增进互联互通，形成上下联动、高效统一的内网网站运维机制。

（二）强化银监会官方网站应用建设

一是加大政府网站信息公开力度，增强信息公开的主动性、及时性和准确性，丰富信息公开内容，提高信息质量。二是大力提升网站网上办事能力，以社会公众为中心，扩大网上办事服务事项，优化办事流程，不断提高网上办事事项的办事指南、表格下载、网上咨询等服务功能覆盖，提高便捷性和时效性。三是加强网站服务保障和运行维护保障，建立相关制度，开展绩效评估考核，建立信息更新维护的长效机制。四是充分利用官方网站这个窗口做

好自我宣传，展示中国银行业监管工作的成绩与动态，及时就社会关切的重点热点问题发布权威消息，树立良好社会形象。

（三）着力推进信息共享和业务协同

积极推进跨部门、跨单位的信息共享，丰富信息共享内容，扩大信息共享覆盖面，提高信息共享使用成效。建立信息共享机制，明确共享信息内容和程序，保障共享信息安全。采取多种方式和手段，为深化电子政务应用跨层级、跨部门信息共享服务。

（四）电子政务平台建设取得重大进展

一是以需求为导向，以应用促发展，整合已有资源，改变传统办公文化，打造"一站式"综合办公平台。二是依托金融专网构建银监会系统与银行业金融机构间专用传输网络，打造安全、高效、便捷的公文传输系统，逐步建成纵向到银监分局、横向到被监管机构，互联互通的银监会系统全国性电子政务网络。三是依托银监会官方网站及各派出机构子站，做好新闻发布、政务公开和信息披露工作，开创银行业监管机构和社会公众良性互动的格局。四是依托综合办公平台，打造办公资源库和业务资源库，逐步实现银监会系统内的政务数据集中和整合。

（五）电子政务信息安全保障不断加强

一是基础设施建设和维护工作稳步实施，完成了虚拟化平台和重要政务系统数据备份系统的建设工作。二是加强业务应用系统的维护和管理，建立健全重要系统应急预案并开展应急演练，提升系统运维保障能力。三是继续在银监会系统推广等级保护整改和测评工作。

四　电子政务发展环境保障情况

一是初步建立电子政务工作体系。建立和完善了统一领导和分工协作机制、科学合理的管理框架、良好的沟通与协调机制，形成互联互通、集中管理、高效统一的现代电子政务工作体系。二是重视电子政务发展工作，明确目标和任务，精心组织，争取使电子政务工作成为一把手工程。按照银监会电子政务发展规划进行建章立制、制定标准、组织实施。三是积极和财会部门、信息科技部门沟通，谋求提高政务系统的资金投入。四是加强队伍建设和人才培养，逐步培养出一支熟悉银监会电子政务工作情况，了解电子政务发展趋势，既有顶层设计眼光又有实践工作经验的电子政务人才队伍。目前虽然各级派出机构都配备专人负责本级机构电子政务工作，但都是兼职，做好日益增加的电子政务工作的压力越来越大。五是通过形式多样、易于接受的培训帮助银监会干部职工适应并熟练掌握各类电子政务系统，使其充分享受银监会电子政务工作的成果。六是不断跟踪学习电子政务发展趋势，根据国家电子政务发展规划，研究银监会电子政务发展规划，有组织、有计划、有重点地推动电子政务工作。七是银监会将按照"统一规划、统一标准、统一管理、资源共享"的管理原则，继续建设互联互通、相互共享、集中管理、高效统一的现代电子政务体系。

（中国银监会办公厅）

2013 年中央机构编制委员会办公室电子政务发展概况

2013 年，在中央编委和中央编办的领导下，各级机构编制部门认真贯彻落实中央关于加强电子政务建设的要求，以开展党的群众路线教育实践活动为契机，以组织实施《全国机构编制部门电子政务发展规划（2011～2015 年)》（以下简称《规划》）为主线，坚持稳中求进工作总基调，扎实推进电子政务建设，取得积极成效。

一 现代信息技术与机构编制业务进一步融合

（一）服务办中心工作的能力不断增强

通过在中国机构编制网开设专题专栏以及在党的十八大、"两会"等重要时间节点推出深度报道和在线访谈等形式，及时发布机构编制方面的权威信息，为国务院行政审批制度改革办等中心工作开展营造了良好氛围。配合国务院机构改革和职能转变、行政审批制度改革，完成了全国机构编制管理信息系统需求分析、先导工程立项等。根据向社会全面公开国务院各部门所有行政审批事项的进度安排，配合开发了"国务院各部门行政审批事项网上公开平台"。配合办内相关司局完善了事业单位在线登记管理系统，为分类推进事业单位改革提供了基础数据支撑。

（二）信息系统建设初见成效

在办内《规划》实施工作小组领导下，统筹做好项目申请立项、系统开发应用等工作。通过赴有关省市调研、现场培训等方式，督促指导地方编办信息化机构做好具体规划落实工作。开展了电子文件管理信息系统试点，开发了办公自动化系统并上线试运行。实施了机关内网分级保护工作，并按照等保要求对我办外网及在外网上运行的中国机构编制网网站等系统进行安全防护。完成了 32 个省级编办拨号加密及密钥更换工作。

（三）信息资源应用不断推进

按照机构编制综合业务平台总体技术要求，进一步优化完善了机构编制统计及实名制网络管理系统，制定了数据对接技术方案，完成了《机构编制统计及实名制网络管理系统核心数据规范》国家标准的初审和立项公示。目前，实名制系统已在 22 个省级编办得到不同程度的应用，重庆等 5 个省级编办已完成实地部署并投入使用。积极推进中央一级机构编制、组织人事、财政预算等部门间的数据和信息共享。

二 党政群机关及事业单位网上名称管理进一步规范

（一）不断提高域名注册管理服务水平

修改完善了域名管理相关规章制度、流程，自主研发了党政群机关及事业单位网上名称管理系统，巩固完善了域名注册管理业务新模式。对现有的域名注册管理、操作流程、收费标准等进行进一步修订和完善，域名注册服务管理水平进一步提高，域名覆盖范围大幅增加。与机构编制业务、绩效评估管理、当地政务信息公开相结合，有侧重地扶持有条件的地区开展了"网络红页"应用推广工作，妥善解决了基层单位在电子政务建设过程中遇到的资金、人才、技术等问题。

（二）加大对地方编办的指导力度

通过召开培训会议、开通微信平台等方式，加大了对地方编办域名注册管理工作的宣传和指导力度。在指导地方编办开展域名注册管理工作的过程中，始终强调要按照自愿原则鼓励和引导注册单位注册和使用中文域名，对已注册单位要切实做好后续服务和技术保障等工作。指导地方各级编办利用网站等资源因地制宜地开展宣传培训，提升了注册单位对"政务""公益"域名的认知度和认可度。

（三）积极开展对外合作与国际交流

积极跟踪国外互联网相关域名发展和管理动态，注重加强对我国域名服务新情况、新问题的研究，为相关政府部门的决策提供支撑。加强与国际互联网相关组织的沟通和联络，推动将".政务"".公益"等中文通用顶级域纳入国际域名体系。2013 年 12 月，".政务"".公益"成功纳入根区，标志着历时五年的国际域名申请工作顺利完成，对于提高我国在国际互联网领域的话语权将发挥积极作用。

三　机构编制部门网站群建设步伐加快

（一）网站框架体系不断优化

按照具有机构编制特色的大型综合性网站的定位，进一步完善了网站栏目建设，加大了专题制作、内容更新的力度。目前，网站建成了编办信息、改革探索、编办业务、政务关注等导航服务首页核心板块，开设高层新闻、时政、社会等 50 多个频道，并下设栏目和子栏目共 300 多个。网站舆论引导和服务决策能力不断增强，逐步成为机构编制部门信息公开、在线服务、互动交流的重要平台和窗口。

（二）综合服务能力不断提高

服务内容丰富，构建了即时新闻、业务知识、专题信息三位一体的信息服务体系。展现形式多样，以机构编制部门视角为基本脉络，充分利用图、文、视频、动画等形式，梳理和报道各方面的信息。网站功能日趋完善，优化了调查、咨询、下载、查询、办事等互动服务栏目。积极为地方编办网站建设提供政策指导和技术服务，省级编办网站建成率达到 78%。

（三）规章制度建设不断完善

健全了网站内部管理、信息公开、稿费规定、值班管理等基本制度，完善了网站信息发布审核细则，进一步规范了信息发布流程，强化了热点和敏感问题的审核与把关。完善了信息通报和绩效评估制度，并与业务部门、地方编办建立了良好沟通机制和稿件线索供应机制，调动了各方面的积极性。

四　信息安全等保障体系不断完善

（一）内网、广域网建设情况

按照《全国党委系统信息化建设规划（2010～2012年）》和《规划》要求，我们积极开展电子政务内网、广域网建设。在实施过程中，各省级编办首先通过终端接入方式连接党委系统电子政务内网中央级骨干网络，实现省级编办对中央编办网站、实名制管理等应用系统的访问。截至2013年底，已有22个省级编办接入了党委系统业务网，与中央编办实现了互联互通。

（二）中央编办内网分级保护系统情况

根据《中华人民共和国保守国家秘密法》等要求，我办对涉密内网开展了分级保护建设工作。通过前期专家评审，确定我办涉密信息系统分级保护等级为机密级。我们按照分级保护对机密级系统的要求，开展技术防护体系建设工作，严格落实身份鉴别、访问控制等技术防护措施，提高了涉密网络保密防护能力。2013年9月，通过了国家保密局组织的现场测评。

（三）中央编办外网等级保护系统情况

在涉密内网开展分级保护工作的同时，我们也在外网开展了等级保护工作。我们对外网的现状进行了分析评估，制定了《中央编办互联网区等级保护项目设计方案》，并于2013年10月进入具体实施阶段。在等级保护的建设过程中，我们还注重将等级保护建设与其他任务相结合。在配合（国家级）行政审批公开平台开发建设工作中，积极协调等保的建设方做好相关工作。

五　电子政务发展环境保障能力持续提升

（一）强化组织领导，体制机制进一步理顺

初步建立了信息化工作机制，为机构编制管理信息化提供了制度保障。先后建立了信息化建设项目及其经费使用评估、信息安全和资金安全责任制等工作机制。大多数省级编办也都建立了相应的信息化工作机构和机制，形成了全面推进信息化的合力。

（二）强化教育培训，业务能力进一步增强

着力研究提高服务保障和技术支撑能力、推进现代信息技术与机构编制主体业务深度融合的具体措施。注重培养既熟悉机构编制业务又精通信息技术的复合型人才，积极开展电子政务技能和应用培训，切实提高机构编制部门人员的信息化素质和应用水平。

（三）强化建章立制，内部管理进一步优化

建立和健全了重大事项民主讨论决策、内外部工作协调机制和公文运转等规定，完善和细化了人事管理、内控机制等制度。特别是在项目管理的过程中，始终严格按照《中央编办电子政务和信息化建设项目及其经费使用评估办法》要求，对采购项目进行评估。对评估通过的项目，严格按照《政府采购法》《招投标法》等及时组织实施政府集中采购工作。

（中央编办电子政务中心）

第四篇

地方政府电子政务
发展概况

2013 年地方政府电子政务发展评述

2013 年，全国各省、自治区、直辖市在国家信息化主管部门的指导下，在当地党委、政府的领导下，理顺关系，创新发展，以建设服务型政府、法制型政府为目标，以强化社会管理和公共服务为宗旨，以政务信息资源开发利用为主线，以资源整合、应用集成、信息共享、业务协同为重点，在信息基础设施建设、核心业务信息化应用、网络和信息安全保障、电子政务发展环境建设等方面取得了新的成绩。

一 信息基础设施建设有了新成效

各地十分重视按照集约化、统一性的发展模式，强化与完善信息基础设施建设，着力破解信息孤岛、信息割据问题，为信息共享、业务协同奠定了良好的基础。

大多数省、自治区、直辖市已经建立和完善了覆盖本省、市、县的电子政务外网与内网统一网络平台，为各级党委、人大、政府、政协和政务部门统一提供联网服务，为加快电子政务应用系统部署，提高联网效率，节省网络建设经费奠定了坚实基础。

北京市统筹建设了市级政务云平台，形成了总数超过 1300 个标准云主机，为近 100 家政务部门提供云计算、云存储服务。建立与完善了北京市政务信息资源共享交换平台，共接入 63 个市级政务部门和 16 个区县，接入系统 172 个，支撑了 3900 余项跨部门、跨层级信息交换工作，交换数据量累计超过 40 亿条。

陕西省建成并运行了省级信息化综合服务中心，面向全省各级政务部门统一提供机房资源、网络资源、存储灾备、安全保障、运维支撑、信息资源共享等多方面服务。

江西省全面建成并开通了"政务网乡乡通"工程，将电子政务外网进一步向乡镇、街道延伸，采用"一网通"方式，统一解决了全省各级管理部门面向乡镇的联网需要，全省形成了省、市、县、乡"四横一纵"的电子政务网络体系。建成并开通运行了江西省电子政务共享数据统一交换平台，实现了全省电子政务跨部门、跨地区、跨层级、多业务的数据交换与共享。

湖南省电子政务内网和外网均实现了省、市（州）、县（区）三级互联互通，并与国家电子政务网络实现了对接，成为湖南覆盖面最广、连接部门最多、规模最大的电子政务网络。电子政务内网涵盖了省直部门、中央驻湘单位、省管企业和高等院校，纵向连接全省 14 个地级市及各县市区党政机构。电子政务外网已接入 119 家省直部门及直属二级机构，市州、县市区部门接入近万家，63.4% 的县市区已延伸至乡镇。

山东省依托省科学院的云计算中心建设了省级电子政务综合服务平台，初步实现了公安、人社、民政、计生、工商等五部门 13 类人口信息和 144 个信息项近 100 万数据的交换与共享；同时，质监、工商等部门参与建设的法人基础信息交换共享正在向省级电子政务综合服务平台迁移中。

青岛市完成了信息交换共享平台的升级与改造，建立信息交换共享平台的安全机制，形成包括34个部门307项政务信息资源的《政务信息资源共享目录》，依据该目录，制定《政务信息资源集中采集实施方案》，已交换共享信息数亿条。青岛市自建成了政务云公共服务平台以来，支撑各类业务信息化应用系统达到140种。

成都市统一建成云计算平台，结合已建成的政务信息共享交换平台、电子政务短信平台、市民邮箱系统等公共性基础服务平台开展集约化应用。目前，已有28个部门的54项电子政务应用迁移到云计算平台。

杭州市建成多网融合直播系统。创造性地将视频会议技术、互联网技术和数字电视技术整合融入政府会议工作当中，让市民通过视频会议参与双向互动交流，通过互联网、数字电视和手机参与单项收看收听会议直播，开创了政府"开放式决策"机制新模式。

福州市建立和完善了"福州发布"政务微博群，并逐步开通了县（市）区和市直部门政务微博，主动发布新闻类与生活服务类信息；同时积极与网友互动，及时回应网友评论、意见和建议，及时解答网友咨询，进一步拓宽了党和政府与人民群众的沟通渠道。

南京市完成了政务数据中心安全升级改造，实现政务内网4个万兆核心交换机，14个汇聚交换机，连接了209个节点，主要承载党政机关和内部办公应用；实现政务外网4个万兆核心交换机，19个汇聚交换机，政务外网连接市级部门135家，市区街居四级联网接入点数近2000个承载的主要业务。

沈阳市搭建了"政务云"基础框架，构建了政务云的计算资源池和存储资源池，实现了计算资源和存储资源的动态分配和调用，大大提升了设备资源利用率，增强了系统的稳定性和安全性，现已为全市20余个政务部门当中的30余项应用提供政务云服务。

大连市建成了政府统一数据中心，全市85%以上的政务外网、互联网业务系统均集中部署在数据中心机房，同时建设了统一容灾中心，统一提供数据库备份、业务数据备份和核心应用备份等全系列灾难备份和恢复业务。

宜昌市利用新理念、新技术构建了全市统一政务信息共享平台。在完善人口、法人、宏观经济、房屋、城市部件、地理空间六大数据库的基础上，21个部门的专业数据库与基础数据库实时交换，数据总量达到17亿条、48T，应用大数据理念，对政务数据关联比对核查，建立准确可用的政务信息资源数据库；采用网格化管理的理念，通过100多个网格员，实时采集社区城区人、房、物、事基础信息，确保实时动态更新。

晋城市以信息共享、提升服务、优化发展为目标，采用云平台技术，集成存储和备份解决方案，高标准、高质量建成了市、县、乡统一的电子政务集约型资源池、共享平台、创新服务三个云计算服务平台，全市电子政务云服务平台实现了资源池的集约化管理，数据备份的双活机制以及资源池的分级调试管理，取得良好效果。

北京市东城区稳步推进网格化云服务及两网融合，初步形成全区网格化社会服务云平台，并在司法、助老、助残、志愿者服务、统战对象等方面开展应用。

北京市海淀区通过购买云服务模式进行电子政务云平台建设。在有效降低重复建设投资、节能环保的基础上，实现海淀区电子政务基础设施的按需调配、即需即用、有效共享。

二　核心业务信息化应用迈上新台阶

2013 年，大多数省、自治区、直辖市高度重视电子政务在建设服务型政府、提高政务部门履职能力、强化社会管理与公共服务的作用。创新建设和应用模式，坚持电子与政务相结合，信息资源开发利用与信息共享、业务协同相结合，深化电子政务应用与注重实效相结合，遵循集约化、统一性原则，重视电子政务的总体规划与顶层设计，结合云计算、大数据、移动互联网、智慧城市等新技术、新方法，大力推进信息技术在重点业务领域的广泛深入应用，在建设电子政务大平台、推进信息资源大整合、促进公共数据大共享、深化管理服务大协同方面取得了一定的成效，核心业务信息化应用迈上新台阶。

（一）智慧城市建设逐步展开

部分省市开始规划或正在开展智慧城市、智慧社区建设。江苏省率先建成覆盖全省的"智慧江苏"门户平台，着力打造"江苏智慧城市群"，开通运行智慧教育、智慧医疗、智慧环保、智慧旅游、智慧社区、智慧家庭、智慧养老、智慧青奥等公共服务，上线应用 460 多个。

智慧南京建设快速推进，依托智慧南京中心，构建了智慧南京中心数据交换平台，实现了交通、环保、气象、水利、城管、电力等 15 个部门相关数据的交换共享，日平均交换数据量达 1500 万条。通过整合、关联、挖掘等方法，以完整、清晰的视图展现南京市各相关领域的运行状况，为科学决策、社会管理和公共服务提供有效支撑。

北京市东城区、海淀区、大兴区，安徽省合肥、芜湖、宿州、淮北、宣城，山东省东营市等开展了智慧社区建设，构建了信息化、智能化的智慧社区新模式，强化了公共服务，提高了办公效率。

北京市、福建省，广州、武汉、南宁、湖北宜昌、山西长治等省市正在积极规划和推进智慧城市建设。

（二）社会管理与公共服务能力显著增强

各地积极利用信息技术，创新政府社会管理方式，在优化公共服务方面取得了较大成效。

许多省、自治区、直辖市围绕行政权力公开透明运行，大力推进政务公开、提高行政效能、强化监督检查，建设了网上审批和电子监察系统，为广大公众和企业提供一站式服务、一条龙审批，大大提高了办事质量和效率；同时，各地权力运行的网上监察力度进一步加强，不少省市对行政审批进行实时、动态、全程监察，为科技防腐奠定了基础。一些省、自治区、直辖市还建设了公共资源交易系统，规范了工程招标、政府采购、产权交易、土地出让、矿业权出让、药品采购等行为，促进了公共资源交易在阳光下运行。

公安信息化稳步推进。各地以公安信息化大平台大融合为中心，着力推进各专业系统建设和内外部信息资源整合共享，普遍建成省市一体化警综平台，实现了与警务通、电子签章、现场勘查、涉案财物、执法资格训练考试等系统的对接，为全警办公办案提供了有力的信息化平台支撑。福建省建设了省级行政执法与刑事司法衔接信息共享平台，实现全省各级行政执法机关、侦查机关、检察机关、审判机关之间执法、司法信息互联互通。

大部分省、自治区、直辖市建设和完善了社会保障"一卡通"工程，开发了社会保险"五保合一"应用软件，实现了对辖区内市、县及经办机构的全覆盖，社会保障公共服务能力有效提升。

交通智能服务管理提档升级，市政交通一卡通广泛覆盖公交车辆、轨道交通等；部分省市引入北斗卫星定位系统，对公交车辆、出租车、长途客运车和危险品运输车辆等开展智能位置服务；华东五省一市开展了高速公路 ETC 信息化联网建设，有效实现高速公路跨省市一卡通畅行。

大部分省、自治区、直辖市开展教育信息化公共服务体系建设与升级改造，进一步优化农村中小学宽带接入与网络条件下的教学环境，为各级各类学校教育信息化应用提供网络支持。实现教育公共服务平台的省、市、县对接，为教育资源的有效共享、科学管理提供了支撑和保障。

医疗卫生信息化快速推进，一些省市开展了居民电子档案、医院电子病历系统建设，提升了医疗卫生质量和效率，初步实现了医疗卫生信息的交换共享。部分省市开展了预约挂号、远程会诊、居民健康卡等系统建设与应用。卫生监督、卫生应急、新农合、药品采购网上招标等信息化应用进一步深化。

民政社区信息化持续发展，大部分省、自治区、直辖市建成了覆盖市、区县、乡镇（街道）、村（居委会）四级低保业务机构的城乡低保信息管理系统，婚姻登记数据库和工作平台，民政业务管理平台与公共服务平台。少数省市着手横向整合各部门延伸到社区的业务系统，形成社区统一的数据采集和业务受理门户；有的省市开始构建全省社区综合管理和服务一体化平台，实现社区管理与服务的有效融合，提高服务效率，构建和谐社区。

许多省、自治区、直辖市还结合当地实际情况，积极开展地理信息系统、社会信用系统、旅游信息系统、审计信息系统、综合治税系统、环境保护系统、数字城管系统、政务移动办公平台、涉农信息系统、食品药品安全监管系统、公文电子传输系统、社会保险系统、应急指挥系统、决策支持系统等信息化应用系统建设，大大提高了履职能力和办事效率，强化了社会管理和公共服务。

（三）全国各地政府网站建设质量与服务水平进一步提高

各级政府网站的政府信息公开内容不断完善，数量不断增加，深度不断增强，更新速度有所提高；网上办事服务事项覆盖范围更加广泛，服务指南查询、网上表格下载更加方便，有的行业实现了在线办事办结服务，但是大多数部门与行业在线服务仍是薄弱环节，亟待提升加强；政民互动栏目丰富、渠道多样，实时互动与综合评价功能有所加强，普遍建立了意见征集、咨询投诉、在线访谈与视频访谈功能，部分网站开通了政务微博，政府网站逐步成为政府信息公开的重要窗口、网上办事服务的重要平台、政府互动的重要渠道。

三 网络信息安全保障取得新进展

2013 年，各地进一步加强了网络信息安全保障工作，主要采取了以下几项措施。

一是提升网络信息安全统筹协调能力。大部分省、自治区、直辖市成立了网络与信息安全协调小组，负责统一领导、组织协调本地区网络信息安全管理，着力推进和落实网络信息安全的技术措施、工程措施和管理措施，普遍建立了职责明确、分工合理、措施得力的长效工作机制。

二是加强网络信息安全保障能力建设。不少省、自治区、直辖市建成省级网络信息安全综合管控平台，有效提升全省网络信息安全防护保障能力和监控管理水平。对重要网络和信息系统进行等级保护，对不同等级的信息系统采取有针对性地安全技术策略和技术措施。加强政务内网和外网信息安全密码保障基础设施建设，逐步建立以身份认证、授权管理和责任认定为主要内容的网络信任体系，CA 电子认证服务范围进一步拓展。不少省、自治区、直辖市建立了多级容灾备份系统，并鼓励单位自用容灾中心建设，合理引导社会容灾中心发展，为网络信息系统灾难备份与快速恢复奠定了良好基础。

三是加强网络信息安全监测与检查。对重要网络应用系统、政府网站进行 7×24 小时在线信息安全监测，及时发现和处置安全漏洞。对重要网络与信息系统进行安全检查，对重要信息系统开展安全等级保护专项检查，并对省直部门重要信息系统的商用密码应用情况进行摸底和抽查，及时排查安全隐患，及时进行整改，进一步提高了政府部门网络信息安全保障能力。

四是加强网络信息安全应急处置能力建设。一些省、自治区、直辖市编制了电子政务应急响应预案，明确了网络信息安全的应急处置的任务、策略、措施、程序、队伍、资源及应急联动方式等，逐步形成较完整的网络信息安全保障体系。

四　电子政务发展环境建设有了新提升

2013 年，各地党委、政府重视电子政务发展，积极营造良好的电子政务发展环境。

一是加强电子政务法规和制度建设。许多省、自治区、直辖市制定出台了《电子政务建设项目管理办法》，以政府立法的形式，对电子政务项目的审批、设计、建设、监理、资金投入、招投标、效益评估、验收等作了明确规定；制定了《电子政务网络建设和管理办法》，明确网络建设的目标、任务、覆盖范围、建设与运维主体、联网与服务方式、安全管理措施等；制定了《政府网站管理办法》，明确了政府网站建设的任务、内容与功能，管理主体、技术支持单位、考评办法等；制定了《政府信息公开指南与目录》，明确了政府信息公开的范围、内容、目录；制定了《政府网站安全管理技术指南》，明确了政府网站安全管理工作任务、技术策略、技术措施；制定了《电子政务绩效考核办法》，明确了考核的内容、对象和方法等，一系列法规和制度的建设，促进了电子政务规范有序健康发展。

二是加强组织机构建设。各省、自治区、直辖市建立和健全了信息化工作领导小组及其办事机构，统一领导，组织协调本地区电子政务工作、促进电子政务网络互联、信息共享、业务协同；成立了信息化专家咨询委员会，为信息化发展与科学决策提供智力支持；进一步建立和完善了电子政务建设与服务队伍，为各地电子政务发展奠定了良好的组织保障。

三是加强电子政务总体规划与顶层设计。许多省、自治区、直辖市纷纷打破信息孤岛和信息割据状况，站在全省高度，遵循集约、整合、共享、协同与高效、安全、服务的原则，统筹电子政务建设的总体规划与顶层设计，着手建立大网络、大平台、大数据、大共享、大协同；有效促进了电子政务的网络互联互通、系统整合集成、信息交换共享、业务联合协同。

四是加强了电子政务建设的经费支持。不少省、自治区、直辖市建立了电子政务发展专项资金。专项用于电子政务重大项目的建设与应用；用于支持部门与地方电子政务建设项目的财政性资金有所增长，有效提高电子政务建设与服务水平。

五　存在的问题与发展前景

2013 年，全国各地电子政务建设虽然取得了一些成效，但与经济社会发展要求和人民群众对建设服务型政府的期望相比，还存在一定差距，主要表现在以下几个方面。

一是电子政务推进机制需要创新。目前的电子政务建设管理模式难以适应信息时代的发展要求，需要进一步理顺关系，统筹协调、强化领导、高位推进，创新电子政务建设模式，站在集约、整合、共享、协同的高度，规范有序、高效安全地推进电子政务建设。

二是电子政务发展不平衡。地区之间、行业之间、条块之间电子政务发展不平衡，各地电子政务建设的速度、质量、效益、结构差异明显，需要加强统筹协调、应用政策和资金杠杆，努力消除数字鸿沟和地区差异。

三是部分电子政务建设项目效益不明显。多年来，我国实施的金税、金关、金财、金盾等金字系列工程取得了良好的社会经济效益，但是有的地方和部门，盲目争项目、争投资、不经过科学论证，草率决策，致使少数电子工程项目存在低水平重复建设而没有达到预期目标和效益，需要进一步加强电子政务项目的科学认证与决策，提高投资效益。

四是信息共享与业务协同程度不高。交换共享信息的及时性、准确性和完整性不高；业务协同、联合办公、并联审批的范围、程度不高，缺乏动力，各自为政仍较普遍。迫切需要采取行之有效的措施，建立长效机制，解决信息共享与业务协同问题。

五是一些地方电子政务缺乏统筹规划、顶层设计。致使电子政务建设无序进行，信息共享与业务协同不但存在部门壁垒，还存在技术、标准、规范的障碍，需要加强总体规划与顶层设计，提高电子政务的建设效益和可持续性。

综上所述，2013 年，全国各省区市的电子政务建设取得了新的成效，也存在一些亟待解决的问题。下一步，不少地方以党的十八届三中全会关于全面深化改革若干重大问题的决定为指导，着手理顺电子政务建设管理机制，强化管理、高位推进。遵循集约、共享、协同、高效、安全的原则，重视总体规划、顶层设计，高起点规划、高标准设计、高质量建设电子政务项目，积极探索云计算、大数据、移动互联网、智慧城市的新技术、新方法，建立大平台、大数据、大共享、大协同、大服务，推动我国电子政务建设迈上一个新台阶，为建设服务型政府、深化改革、促进国民经济发展与社会进步做出应有的贡献。

（电子政务理事会副理事长　金锋）

2013 年北京市电子政务发展概况

"十二五"期间北京市电子政务工作按照《国家电子政务"十二五"规划》的总体要求，遵循统筹集约、融合渗透、安全可信、绩效导向的原则，深入落实《北京市"十二五"时期电子政务发展规划》，扎实推动"智慧北京"建设，在基础设施建设、核心业务信息化应用、信息安全保障、信息化发展环境建设等方面取得了阶段成效，阶段性完成了"十二五"规划的既定任务。

一　信息基础设施实现了集约智能发展

集约智能的网络体系逐步完善。基本建成了覆盖城乡的高速宽带骨干网络，家庭接入互联网带宽能力超过 20 兆，固定网络方面接入用户 479 万户，光纤到户覆盖家庭达 592 万户；第三代移动通信系统（3G）累计建设基站约 1.6 万个，基本上实现全市广泛商用；基本完成了城区有线电视双向网络改造，全市双向网覆盖超过 460.8 万户，高清交互数字电视用户达到 333.8 万户；无线城市大规模的开展，AP 基本上达到了 17 万个；开始了规模探索试验 4G 网络建设，目前开通了 1480 多个基站；建成了以电子政务有线专网和 800 兆无线专网为基础的电子政务网络体系，政务外网接入单位 7000 余家，承载业务 300 多个，保障了 6000 多个电子政务应用，入网用户达 6.8 万。

政务应用平台支撑体系基本健全。统筹建设了市级政务云平台，形成总数超过 1300 个标准云主机、220T 以上存储规模，为接近 100 家各级政府单位提供服务；完善了市政务信息资源共享交换平台，共接入 63 个市级政务部门和 16 个区县，接入系统 172 个，支撑了 900 余项跨部门、跨层级信息的共享交换工作，数据量累计超过 40 亿条；完善了移动电子政务管理平台，已接入市应急办、市经济和信息化委、市国土局、市安监局、市药监局、市文物局、市交通委等 10 余家单位的终端设备。

政务信息资源开发利用数据库体系初步建成。建立了北京政府数据资源网（DATA 网站），网站汇集了 29 个政府部门的 205 类、共计约 22 万条地理信息数据、441 项软件信息服务业政策文件和 1064 项文化创意产业政策文件；积极开展宏观经济与社会发展基础数据库建设工作，已经建立了包括主题、专题、指标、分组的数据资源体系，涉及国民经济核算、财政与税收、资源环境、人民生活等 37 个应用主题和世界城市、功能区建设、节能减排、新农村建设等 22 个应用专题。

二　核心业务信息化协同服务水平显著提高

人口精准服务管理水平持续提升。建成了人口地理信息系统，完成了全市 16 个区县、323 个乡（镇、街道）、6563 个村（居委会）、71351 个普查小区边界的界定与绘制；建成了独立于业务信息的民政人口基础信息库，对建筑物进行了统一编码，加载了人口信息，实现了地理数据库与人口数据库的有效集成；加强了人群流量的动态监控，实现了地铁站、机场、火车站以及部分重点公园、大型公用建筑等地区客流量的监控。

交通智能服务管理水平持续提升。全市65%的公交车辆、6万多辆出租车、长途客运、旅游客运和危化品运输车辆安装了卫星定位设备；建立了综合交通监测调度指挥体系，整合了2800多项数据，接入6000多路视频；市政交通一卡通覆盖全部公交车辆、轨道交通线路和部分出租车、停车场，发卡超过4000万张；建成了412条不停车收费（ETC）车道；建成了公共交通出行行人导航服务系统，覆盖用户200万，提供服务超过300万次。

资源环境精细管理水平持续提升。建成了PM2.5监测网络，建设了覆盖全市的35个监测站点，并通过空气质量发布平台实时发布监控数据；推进了"电子绿标"的更新工作，进一步加强了污染源在线监控系统的建设与应用工作，推广了智能计量表，目前纳入自动监控的重点污染源超过200个。

城市安全智能保障能力持续提高。重点开展了城市安全运行和应急管理领域物联网应用建设，开展了10个试点示范应用；实现了对水、电、燃气等12个方面、316项城市运行日常信息监测和数据统计分析；建立和完善了非煤矿山、煤矿、危险化学品、烟花爆竹的安全生产监控监管系统，及时掌握了4类行业3000多家重点企业的安全生产动态；建设完成了社区防灾减灾应用平台，完成了防灾减灾机构、避险安置场所等7万余条数据的采集。

民生服务更加便捷高效。社保卡全市发放1317.61万，开通定点医疗机构1921家，建成350个社保卡服务网点，4个服务站点，提供7×24小时呼叫服务；开通全市医院的预约挂号系统，覆盖了72家三级医院，69家二级医院；全面推广了居民电子健康档案，同时在北京大学人民医院、北京大学第三医院等9家医院开展电子病历试点；建设了100个数字文化社区并投入使用，涵盖了300万册电子书、10000种期刊、2000种中华文化视频等方面。

社会服务管理创新能力持续提高。东城区社会管理网格将29个部门300多项业务和事项纳入网格，覆盖20多万重点服务人群；西城区"全响应"社会服务管理平台，实现群众诉求全面感知、快速传达、积极响应；朝阳"全模式"社会服务模式，将应急管理、安全生产、社会保障、经济动态等十大模块纳入社会服务管理网格中；完善了"96156"社区服务平台，面向居民提供包括家政、综合维修等服务；全面启动智慧社区建设，完成了首批512个社区试点建设。

市场精确监管服务能力持续提高。完善了北京市食品安全监控系统，实现了16个区县政府和工商、质检、卫生、城管等食品安全委员会相关成员单位的信息和资源共享；以搭建食品安全溯源平台为目标，在猪肉流通领域搭建起一条从屠宰厂到批发市场、超市的完整追溯链条，覆盖全市6家生猪定点屠宰厂、5家批发市场及其附属零售大厅的500多个零售终端、17家连锁超市的394个门店。

党政机关科学管理水平持续提升。推广网络协同、移动办公及视频会议等工作方式，市司法局实现了与市监狱局、市劳教局、16个区县司法局和322个基层司法所互联互通；北京高法"信息球"将来自公安部、人民银行、各商业银行等单位的数据共享与法院司法审判工作有机融合，提供195项各类司法信息共享；行政审批的网上监察力度进一步加强，覆盖全市具有审批职能的45个委办局的946项行政许可和非行政许可业务。

三　信息安全保障能力不断增强

推动了信息安全等级保护和安全检查等工作的法治化、制度化，加强了政府部门和重点行业信息技术服务外包的安全管理，建立了信息技术服务外包企业的审查和备案制度；加强了重点信息平台的安全保护能力，政务云平台实现 7×24 小时可靠稳定运行，政务部门的互联网和移动网络实现了统一接入；加强了交通、税管、市政、教育、卫生、社保医保等信息安全保障能力建设；建立了安全产品强制性认证服务平台，进一步完善了信息安全应急处置设施的建设，合理引导社会领域商业化容灾中心和企业自用容灾中心建设；依法加强了对网络信息、安全产品和网上交易行为的监管和依法打击，严厉打击危害计算机信息系统安全和利用计算机技术进行犯罪的活动。

四　电子政务发展环境不断完善

成立了北京市信息化专家咨询委员会和信息化项目评审中心，加强项目的全流程管理；启动了信息化的顶层设计工作，有效推动全市信息化的统筹集约和互联互通；建立了"智慧北京"发展水平第三方评估机制，建立了北京智慧城市发展指数；积极开展需求与产业对接，带动了自主创新和相关产业发展；开展"智慧北京"大赛，宣传展示"智慧北京"建设的阶段性成果；编制了《北京市移动电子政务总体技术要求》等六个方面的标准，制定并完善了电子政务互联网云平台服务目录和服务指南，完成并发布了政务物联网实体编码规范等标准规范。

（北京市经济和信息化委员会）

2013 年天津市电子政务发展概况

一　工作回顾

2013 年，天津市信息化建设取得了显著成效，电子政务已经成为转变政府职能、提高政府管理和公共服务水平的有效手段。

（一）政务信息化水平大幅提升

一是推进电子政务顶层建设。全面建成天津市电子政务专网覆盖了全市副局级以上单位，实现了政务部门之间的互联互通，为信息共享和业务协同创造了条件。完成政务云计算中心（过渡机房）建设，部署云试验平台。

二是政务网站和政务信息公开建设取得新成绩。以中国天津政务门户网站为枢纽，各政务部门网站为支撑，打造政务公开及政府为民服务第一平台。"网上办公大厅"提供服务事项达 3100 余项，在线办事能力连续排名全国前列。

三是政务信息资源开发利用取得新成效。建设了全市统一的空间地理信息平台，首创的三维立体数据库，走在了全国的前列；建成了企业基础信息交换系统，市工商、税务、质监等 15 个部门的近 190 万条企业基础数据实现共享；建成了市应急指挥中心信息系统、重大动物疫情预警预报与应急处置系统等一批管理系统。

四是一批重要的电子政务业务系统发挥新作用。远程电子申报纳税网络平台通过互联网征收的税款占地税全部收入的 70% 以上。开通了全国第一家实现联网的省级审计系统；建成了数字化城市管理系统，搭建了市、区（县）两级平台；"公安技防网"实现了各系统与公安机关 110 指挥系统之间关联互通；天津电子口岸在全国海关中实现了报关、报检数据的一次录入、分别申报等七个率先；安监局对移动危险源进行实时监控；国土房管"一张图"全面支撑国土资源的"批、供、用、补、查"和房屋管理的"买、抵、住、管、拆"；规划管理"一网通"实现了统一作业、统一监管和统一服务。

（二）社会重要领域信息化应用更加深入

一是医疗信息化工作成效明显。医保覆盖全市城乡 1000 万名参保人员。居民健康档案系统年底前实现全覆盖，电子病历年底前覆盖全部三甲医院。在全国率先实现了医保网、医院内网和银行网的"三网互通"实时结算，患者可通过布置在医院大厅自助机、银行网点的自助查询机、银行柜台或银行网站等电子渠道完成挂号，不必再到门诊大厅排队。同时，通过设置在诊室、化验室、辅助检查室的刷卡设备即可完成自助缴费，并实现与医保实时结算。

二是文化资源共享工程深入开展。将《天津日报》的全部历史报纸数字化，建立了面向党政机关、研究机构、行业用户和社会公众的报刊数据应用体系。建立了包括文化遗产资源库在内的 15 个数字文化资源库。

三是公众信息应用系统便民作用明显。全市就业服务信息系统初步建成，实现了就业服务网络化管理。建成水、煤气、交通等公共服务事项集成化便民服务查询系统。在全国率先开通二手房交易资金监管系统，做到网上交易签约、权属变更登记、交纳税费的一条龙服务。"8890""12319" 等一批便民信息系统方便了群众，赢得了赞誉。

四是社区信息化务实推进。部署全市统一的社区管理和社区服务综合信息平台，基本完成了全市城市社区的楼宇、居民、驻区单位、公共服务等基础数据的采集、录入，形成了天津市社区综合数据库。同时，通过社区服务网站，为市民提供各类便民信息的自助查询服务。

二　应用效果

第一、提高了政府工作的行政效能。目前，天津市电子政务已经成为各级党政机关日常工作不可或缺的重要手段。以往必须由行政人员手工进行的作业，可以通过虚拟办公、无纸化传输的应用，在全新的网络状态下进行。据统计各部门行政办公效率平均提高了 40%。

第二、提升了政府公共服务水平。12319 城建服务热线及应急指挥系统，将全市道路桥梁、排水、中水、供热、地铁等 10 个市政公用窗口服务行业、几百个经营服务单位的资源整合起来。劳动就业服务管理信息系统实现了就业服务各项业务经办、再就业优惠待遇和失业保险待遇支付的计算机网络化管理，为用人单位和劳动者提供方便快捷的公众服务。

第三、增强了政府监测和调控运行能力。宏观经济数据库完成 GDP 指标的入库和查询工作。城建施工现场远程监管系统实现了全天候 24 小时监控，对建设工程的安全、质量、材料使用等 7 大项 19 个分项内容可以随时掌握、统筹监督。

第四、提高了政府城市建设与管理水平。"一张图""一网通"在制定国土资源规划和海洋国土规划、海河综合开发改造过程中，都发挥了重要促进作用。二手房交易资金监管系统做到网上交易签约、权属变更登记、交纳税费的一条龙服务。

第五、促进了民生和社会事业的快速发展。社保实现了全市定点医院的联网全覆盖，参保人员不再需要垫付资金和等候报销。基本建成了高校数字化图书馆、基础教育资源库、北方教育网站、教育新闻等各类特色资源。建立了文化遗产资源库、文化讲座资源库、天津名人故居资源库等十余个数字文化资源库。实现了天津市卫生防病中心与 18 个区（县）卫生局防疫站网上通报。

第六、带动了信息技术与相关产业的深入发展。在信息系统建设中，在应用了大量的国产技术产品，有些突破了国际上的关键技术，带动了相关行业的飞速发展。

三　下一步需要解决的问题

一是政府网站建设现状与公众需求存在差距。总体看，天津市政府网站公开内容不够全面，网上办事的深度和广度还需努力。二是信息资源共建、共享进展缓慢。长期以来，政府部门的信息资源在开发的规划、组织、资金和体制上都是条条块块、各自为政，导致信息资源跨部门共享困难，信息孤岛现象严重，信息资源共建、共享进展缓慢。三是建设资金分散，缺乏统一管理。经信委、市财政、市发改委分头审批，各单位多头申报，存在重复建设现象，使用效率不高。四是政策环境和管理体制亟须进一步完善。各级政府对于电子政务在经济社会中的重要作用认识还不到位，电子政务建设的管理推进机制有待进一步完善，政策法规环境建设有待进一步改善。

四　下一步工作思路

围绕信息化环境下提升执政和履职能力需要，加强统筹规划和顶层设计，完善电子政务法制建设，加速推动"五个一"建设进度，以云计算为核心，以资源整合为着力点，以物联网为依托，以应用为目的，以信息安全为保障，全面推进政府云建设，为构建智慧天津奠定坚实基础。

（1）统筹推进政务部门业务应用发展。建立以云计算为基础的顶层规划，降低电子政务建设和运维成本，提高电子政务发展质量，增强电子政务安全保障能力；建成全市统一的宽带电子政务城域网和政务云计算中心、交互中心、灾备中心，完善人口、法人、空间地理、宏观经济和文化资源数据库规划与建设；推行"云计算服务优先"模式，推动政务部门业务应用系统向云计算服务模式的电子政务公共平台迁移，加强重要信息系统建设，不断扩大应用规模，逐步实现应用全业务、全流程和全覆盖，推动政务与技术深度融合，充分发挥应用成效，每年推出一批重点应用。

（2）加强政府公开和政务服务应用，提升群众满意度。加大各级政府政务公开和政务服务应用推进力度，不断创新政务服务方式和手段，促进基本公共服务体系建设的应用发展。依托电子政务公共基础设施，开展民政、计生、劳动、教育、卫生、公安、农业等政务服务应用，增加服务内容，扩大服务范围，加强业务应用系统互联互通，推进信息共享和业务协同，提高服务水平。加快推进政务服务应用向乡镇（街道）和社区（行政村）的延伸。不断提升基层政务工作人员电子政务应用能力，开展"一站式"服务，为社会公众提供方便优质、多方式全方位的服务，提高基层服务水平，促进基本公共服务均等化。

（3）大力推动信息共享和政务信息资源社会化利用。普遍开展跨地区、跨部门信息共享和业务协同，逐步消除信息孤岛。以协同业务需求为导向，明确共享信息内容和程序，确定信息共享部门责任，制定信息共享制度，建立信息共享基础设施，保障共享信息安全，进一步完善信息共享管理和服务。重点推进地理、人口、法人、金融、税收、统计等基础信息资源共享，推进宏观经济、财政、国土、投资、工业经济、科技创新、贸易、房地产、现代农业等宏观调控信息共享，推进食品药品监管、环境保护、公共安全、流动人口、安全生产监管、质量监管、社会信用、城镇综合管理等社会管理信息共享，推进劳动就业、教育、文化、社会保障、医疗卫生、社会救助等公共服务信息共享。

（天津市经济和信息化委员会）

2013 年河北省电子政务发展概况

2013 年，在省委、省政府的高度重视和正确领导下，在各级各部门的共同努力下，河北省电子政务建设取得了明显进展。政府核心业务应用系统建设继续稳步推进，政府门户网站进行了 10 年来的首次升级改造，政务网络信息安全有效加强，为支撑政务部门履行职责，创新社会管理做出了贡献。

一　电子政务基础设施进一步完善

省政府电子政务网络平台基本建成。上联国务院政务外网、横向连接 60 个省政府部门，下联 11 个设区市政府和 140 个县（市、区）政府，并实现了与 7 个市级外网和 12 个国家有关部门外网的对接，其中审计、安监、国土资源、统计、民政、环保、发改、农业等部门实现了与 88 个市级部门、360 个县级部门和 600 多个基层部门的对口连接。全省电子政务外网网络覆盖率已经达到 80%，其中设区市达到 100%，县市区达到 72%。已经接入政务部门 3182 家，接入计算机终端 3.5 万多台。

为了满足各部门对政务外网的不同应用及安全需求，我们将全省公务外网划分为数据共享区、视频业务区和部门专网区 3 个功能区，三个功能区之间相互隔离。其中数据共享区是各部门、各地区实现数据共享的网络区域，为跨地区、跨部门的业务应用提供支撑平台；视频业务区是保障各部门多媒体业务实现的区域，目前优先保证全省应急指挥系统的建设；部门专网区是保证各部门对下属部门业务系统建设的区域。在保证上述三个网络区域建设的同时，我们同时规划互联区接入区，首先实现了省政府办公厅和各设区市政府重点用户对接入互联网的需求。

在国家和省有关部门的积极努力推动下，依托公务外网的应用业务不断增加，今年先后开通了监察部纠风业务系统、安监总局"金安"工程，文化部文化共享工程等8个部委、12项业务应用。政务网络安全保障体系不断完善，"国家电子政务外网河北省电子认证注册服务中心"获批授牌，政务外网建设管理工作获得国家电子政务外网管理中心的通报表彰。

二　社会信息化应用更加深入

电子政务最终的目标是政府对群众的要求进行更快捷的反应，更直接地为社会服务。

（一）民生领域信息化水平稳步提升

接入互联网的中小学达50%以上，为6024所农村中小学校配备了多媒体教室，全省完全小学以上中小学计算机教室配备率达到100%。举办了河北省首届网络文化节，开通了"河北微博发布厅"。社会保障卡发放突破3060万张，在石家庄开展了居民健康卡应用试点。全省11个设区市建立了12349民政公益服务电话和信息服务平台，居家养老呼叫服务网络实现城乡全覆盖，入网人数突破100万人。

（二）智慧城市建设步伐加快

石家庄等9个城市入选国家智慧城市建设试点，37个县（市）完成县级数字城管建设，首次利用遥感技术对城乡规划实施动态监测；新增高速公路电子不停车收费系统（ETC）车道100条，全省ETC用户超过20万户。

三　政府系统电子政务应用不断深入

省政府电子公文交换系统已成为河北省电子政务领域核心业务应用之一。该系统依托身份认证、电子印章、加密传输等安全技术，实现政府系统安全可靠的电子公文交换，提高了公文传输效率。目前，已建成省级交换中心、市二级交换中心，连接120个省直部门、11个设区市政府、22个扩权县（市），实现了上报公文和下发公文的网络化、无纸化传输。

省级电子公文发文比率已超过45%，全省党政机关核心业务信息化率达到55%。在全国率先建设了国库集中支付电子化管理系统。政府性债务审计信息管理系统实现全省重大审计项目实时动态监管。药品检验报告电子管理平台覆盖药品生产、批发、零售企业和医疗机构1.8万家。山洪灾害监测预警系统覆盖河北省山洪灾害易发的全部65个县。全省林权管理系统覆盖175个县（市、区）宗地信息；建筑企业信用综合评价系统实现在冀企业信用管理全覆盖。

在2013年11月国务院办公厅召开的电子政务应用交流座谈会上，河北省就电子公文交换系统建设情况在大会上交流经验。此外，作为"十二五"重点项目的电子政务数据资源和决策支持中心项目建设取得新进展，已经正式启动进入实施阶段。该项目包括资源整合平台、目录服务平台、数据整合平台等建设内容，该项目的建设将为河北省政府系统的电子政务资源共享、业务协同、决策支持提供基础支撑。

四　省政府网站建设取得新进展

2013 年，河北省政府门户网站紧紧围绕信息公开、在线办事服务、互动交流等基本需求，以及无障碍、智能搜索、移动互联等新技术的应用，完成了网站后台管理系统更换、前台页面规划设计、基础软硬件设备升级等工作。在推动政府信息公开深入开展、行政办事服务模式优化和业务流程再造、提供实用化针对化便民服务、关注网络舆情民意开展科学民主决策等方面实现了业务和技术创新。

（一）政府信息公开平台升级

根据国务院办公厅《政府信息公开条例》的要求和国办发〔2013〕73 号文规定中关于加强建设重点领域信息公开的要求，对照河北省政府职能，对政府信息公开栏目重新进行梳理。从信息公开指南、信息公开目录、公共企事业单位信息公开、公开年报、信息公开规定、依申请公开角度出发规范信息公开的内容，建成全省统一的政府信息公开平台，统一目录、统一规范。省政府各部门使用该平台，实现了按体裁、主题、专版、聚合方式等分类进行信息发布，并且实现了和网站信息共享发布，减少了重复报送信息、重复发布信息的工作量。

（二）网上办事服务系统建设

按照省级政府网站考核指标要求，对省级办事事项进行重新梳理，增强网站的办事服务能力。

（1）按照职能部门（各厅局）、服务对象（如个人、企业等）、主题（如婚姻、教育、社保等）等进行分类，在河北省政府网站统一进行发布、展示。

（2）为了方便企业和社会公众办事，提高办事效率，选取一些热点事项，提供场景式服务功能，包括户籍办理、工商登记注册、纳税服务、出入境、买卖租住房、婚育收养、驾驶证办理等。

（三）手机移动门户建设

目前全国手机用户高达 7 亿之多，随着社会的发展和科技的进步越来越多的人使用手机上网，通过建设手机政府网，可以满足手机上网用户访问政府网站的功能。手机上网采用无线的方式，不限制时间、地点，可以在旅途车上等随时随地的访问政府网，大大增强了信息的传播和政务公开等信息，从而达到更好的宣传作用。在本次项目中，开发建设了手机 HTML 5 网站和网站 APP，满足了主流的 IOS 和 Android 操作系统手机下载客户端需求。

（四）无障碍网站建设

随着我国信息化快速发展，积极为广大残疾人以及有特殊需求人群提供信息获取的无障碍服务，缩小数字鸿沟给社会所带来的影响等工作，得到政府和社会各界的高度重视。根据

2012 年工业和信息化部颁布实施的《网站设计无障碍技术要求》，河北省政府无障碍网站面向听力和视力有障碍的特殊人群，提供缩放字体、缩放页面、页面配色、标尺、指读、自动朗读等功能，解决了特殊人群访问网站的需求。在 2013 年中国软件评测中心政府网站绩效评估中，河北省政府取得了省级政府排名前 10 名的好成绩。

（五）网站安全加固

网站的安全越来越受到各级政府部门和社会公众的广泛关注，外界对网站的安全威胁和安全攻击也屡屡出现，给政府网站的安全运行带来很大的隐患，因此，项目建设过程中，采购了网页防篡改系统、入侵防御系统、数据库安全审计系统等安全设备，对网站进行了安全加固，保证了网站安全稳定运行。

（河北省人民政府办公厅技术处）

2013 年山西省电子政务发展概况

2013 年，在省委、省政府的正确领导下，我们始终以党的十八大精神为指导，着力优化政策环境，提升基础设施承载能力，不断深化政务公开，强化重点业务信息化覆盖，推进社会管理创新，电子政务发展水平稳步提升，为推进政府职能转变和服务型政府建设发挥了积极的作用。

一 发展环境进一步优化

各级各部门对电子政务发展的认识不断提高，将电子政务建设纳入工作重点，充分发挥在宣传政策、信息公开、政民互动的载体作用，扩展掌握吸纳民情民意、提高执政为民效能的重要渠道，加快推进各类民生服务平台建设。法制化建设取得新突破，2013 年 8 月 1 日颁布了《山西省信息化促进条例》（以下简称《条例》），并于 10 月 1 日起正式施行，《条例》对电子政务工程建设规划、信息资源共享和开发利用、安全保障等多方面做了具体规定，为电子政务发展奠定了坚实的法律基础。领导机构建设进一步完善，调整了省级信息化领导小组组成人员，着力改变政出多门、职能交叉的现状。重视程度的不断提高、强有力的组织领导、完善的政策法规为推进电子政务健康发展创造了良好的发展环境。

二 互联网和电子政务基础设施建设不断完善

截至 2013 年底，全省宽带网络已实现城镇和所有行政村全覆盖，3G 网络已覆盖 100% 的城镇和 80% 的行政村；互联网宽带接入用户数突破 520 万户，宽带普及率达到 15%；移动电话用户接近 3100 万户，移动电话普及率超过 85 部/百人。省级电子政务外网实现上联国家电子政务外网，向下完成 11 个地市的落地设备调试，横向与 50 多个省直厅局连通；政务内网主干已实现上与国家内网安全对接，垂直到 11 个市、120 余个县（区），横向连接 100 余省直厅局；此外，还建成了财政、教育、税务、公安等多条业务专网。互联网和移动互联网的普及发展为电子政务向基层延伸创造了有利的条件，政务网络的建设为业务系统的顺利运行和部门间信息共享、业务协同奠定了坚实的基础。

三 政府门户网站建设和信息公开能力明显提升

截至 2013 年底，全省共有备案的以 gov.cn 为后缀的网站接近 1200 个，政府门户网站已覆盖了 11 个市、119 个县（区）级人民政府和 1000 多个政府业务部门，省级政府部门门户网站覆盖率基本达到 100%，市级政府部门门户网站覆盖率达到 80%，网站的访问量日益增长，信息公开、网上办事、政民互动等功能日臻完善，政府网站已逐步成为政府联系和服务公众的重要窗口。2013 年，全省各级、各有关单位通过政府门户网站主动公开政策法规、工作动态等各类信息 66.1 万条，受理用地审批、社保就业等各类信息公开申请 224 件，接受公众咨询超过 762.5 万人次，基本做到了政务信息主动公开、受理申请全部回复、公众咨询及时解答。以太原市政务"一网通"平台、长治市政府网站、"晋城在线"等为代表的市级政府网站，极大地方便了公众获取政务信息和加强政务互动的渠道。

四 信息资源库建设和应用成效明显

全员人口数据库已录入常住人口信息超过 3600 万条，并实现了与公安、卫生、教育、民政、工商等多部门数据互通共享和智能比对；法人数据库记录各类市场主体信息超过 225 万户，以法人数据库为基础的信用体系建设正在加紧推进；省级基础地理数据库收录 1：10000 地形图数据量接近 3.5TB，覆盖全省 15.6 万平方公里，"天地图·山西"在公安、交通、规划等 30 多个领域广泛应用；金融、税收、统计等宏观经济数据库正在逐步完善，文化信息数据库也在加紧建设中。此外，公安、社保、医疗、教育、环保等各部门建成各类业务数据库超过 70 个。基础数据库和各类业务数据的建设完善，对各部门业务开展、提升政务服务能力起到了重要的支撑作用。

五 核心业务信息化覆盖率稳步提升

省直部门办公自动化系统和视频会议系统等基础应用不断普及，综合覆盖率达到 50%，对优化内部办公流程、提升办公效率作用明显；以"金字"工程为代表的专项业务系统扎实推进，已建成运行各类业务系统超过 270 个，支撑业务涵盖保障和改善民生、加强宏观调控、强化社会公共管理等多个领域，政务部门主要业务信息化覆盖率稳步提升，主要业务信息化覆盖率接近 60%。其中，实施"金字"工程的部门，主要业务信息化覆盖率明显较高，税务、统计、科技等 15 个省直单位主要业务基本实现信息化全覆盖。

六　创新社会管理应用不断深化

太原、阳泉等市（县、区）智慧城市试点建设陆续起步，智慧交通、智慧水务等便民应用不断深化，以"龙城单车"为代表的自行车站点信息的实时监控系统，为市民绿色出行提供了极大的便利；社保"一卡通"覆盖率达到57.8%，制卡发卡量处于全国前列；基于全员人口数据库的"人口管理服务信息系统"，整合了计生、卫生、民政、社保等多项社会管理和服务职能，实现了社区网格化精细管理和服务；"公安便民服务在线"是全国规模最大的便民服务网站群，不仅能够实现信息查询、咨询投诉、交流互动，而且实现了226项与人民群众密切相关的公安业务的网上预约、在线申办；纪检监察"一网六平台"的管理模式，充分运用"制度+科技""人防+技防"等先进手段，充分提升了网上监察能力；煤炭领域安全监测和生产过程信息化建设取得阶段性成果，实现了省市县三级主管部门和煤炭企业对矿井生产的实时监管，有效提升了安全生产水平。各类社会管理应用和便民应用的不断深化，在加强公共管理、提升基层社会服务能力等方面效果突出，进一步加速了服务型政府建设步伐。

七　信息安全保障能力持续提升

信息安全组织机制不断完善，在省级网络与信息安全领导协调机构建设完善的基础上，各市网络与信息安全领导协调机构已基本建设完善；等级保护、分级保护等基础性工作持续推进，备案、测评、整改等工作持续开展；安全检查工作逐步制度化，连续三年对政府机构和重点企事业单位进行了安全大检查，有力促进了信息安全工作的不断强化和提升；各部门对信息安全工作的重视程度不断提升，大多数政府部门都设立的专门的信息中心或网络信息管理部门，明确了主管领导和安全管理机构的职责和范围，安全监测手段和措施进一步强化；各级各部门应急预案基本制定完成，应急演练陆续开展，有效控制了突发事件发生的风险和隐患，减少了突发事件造成的损失和影响。信息安全管理和技术水平的不断提升，有力地保障了电子政务的健康发展。

（山西省经济和信息化委员会）

2013年内蒙古自治区电子政务发展概况

大力推进国家电子政务发展是国家"十二五"的重要任务，是落实科学发展观、深化改革开放、加快转变经济发展方式的必然要求，是党委、人大、政府、政协、法院、检察院系统各级政务部门政务工作的组成部分，是政务部门提升履行职责能力和水平的重要途径。内蒙古自治区经信委按照《国家电子政务"十二五"发展规划》的总体要求，紧密结合内蒙古经济社会发展实际，围绕"完善网络、突出应用、推动共享、建立机制、保障安全"的工作思路，全力推进全区电子政务外网建设和应用，强化信息资源共享和业务协同，电子政务外网建设效能得到进一步发挥。

目前，内蒙古自治区电子政务建设普遍开展，组织体系不断健全，专业技术队伍建设不断加强。推动电子政务发展的政策、制度和标准规范继续完善，许多地方制定了地方性相关法规。围绕经济和社会发展的需要，电子政务应用深入推进，富有成效的典型应用不断涌现。教育、医疗、就业、社会保障、行政审批和电子监察等方面电子政务积极推进，改善和增强了政府为社会公众提供服务的能力和水平。目前，全区电子政务网络支撑能力持续提升，业务应用稳步拓展，安全保障不断强化，认证服务体系进一步完善，三级网络统一运维管理体系逐步建立，已经完全具备了为各级政务部门履行职能提供服务，为面向公众、服务民生的业务应用系统以及国家基础信息资源的开放共享提供信息支持的能力。2013年是内蒙古自治区电子政务工作快速发展的一年，主要进展如下。

一 基础设施建设进一步完善

截至2013年底，内蒙古自治区基本建成了覆盖全区12个盟市、2个计划单列市、99个旗县区以及自治区本级所有政务部门的标准统一、功能完善、安全可靠的电子政务核心网与骨干网。全区12个盟市、2个计划单列市及99个旗县区全部按照要求完成了电子政务网络改造任务。自治区本级政务网及盟市旗县政务网骨干设备全部提升，具备了承载各级政务部门不同业务系统应用需求的能力。自治区到盟市骨干传输线路由原20M扩容到155M，盟市到旗县2M扩容到10M，互联网出口由之前的250M扩容到双500M。城域网改造顺利进行，改造后各厅局带宽升级为100M。

二 统筹规划工作取得新进展

2013年9月，内蒙古自治区被国家工信部确定为全国首批18个省级"基于云计算的电子政务公共平台建设和应用试点示范地区"之一，同时，呼和浩特市、包头市、呼伦贝尔市、通辽市、赤峰市、锡林郭勒盟、鄂尔多斯市、巴彦淖尔市、乌海市及阿拉善盟被确定为首批市（县、区）试点示范地区。按照国家工信部顶层设计试点要求以及自治区政府2012年第12次主席常务会议提出的电子政务应"统筹规划、集约建设、共建共享"的精神，以"提升电子政务平台的管理能力、服务能力和安全保障能力"为目标，启动了基于云计算模式的电子政务网升级改造。

三 网络覆盖面进一步扩大

自治区所属12个盟市、2个计划单列市、99个旗县区及自治区本级所有的政务部门已全部接入统一的电子政务网，各盟市横向部门的接入率已达到90%以上，旗县接入率达到70%，基本上达到了横向到边、纵向到底的要求，为国家各部委及自治区各级政务部门业务应用系统的运行和延伸提供了强有力的保障。

四　部门业务应用系统逐步迁移

电子政务网的建设和完善就是要承载更多部门的业务应用系统，为各部门履行职责提供服务，满足各级政务部门通过网络履行经济调节、市场监管、社会管理和公共服务职能的需要。2013年自治区电子政务外网新增业务系统116个，主要包括自治区卫生厅、商务厅、计生委、工商局、经信委、食品药品监督管理局等部门业务应用系统及自治区政务网站群。自治区总工会、农牧业厅、商务厅、经信委等部门依托自治区电子政务外网建设了自治区、盟市视频会议系统。尤其是自治区计生委人口信息系统依托自治区政务网三级骨干网络及统一VPN接入平台，14000多个社区（村、嘎查）计生部门实现数据直报，每年可节省线路租赁费用近亿元。自治区气象局实现三级应急指挥平台及内部业务系统依托自治区电子政务网部署。自治区卫生厅依托政务网开通了区域卫生信息云平台、基层医疗信息系统等应用。截至2013年底，自治区统一的电子政务网接入终端数已达到72645台，自治区、盟市、旗县三级共3721个政务部门的477个业务应用系统已部署在电子政务网上正式运行。

五　数据交换与共享工作进展顺利

2013年4月，自治区电子政务外网全区基础数据交换与共享平台正式上线，该平台目前已实现了自治区国税局、地税局、质监局及工商局基础信息交换与共享。同时，公安厅、人口计生委、卫生厅、人社厅、民政厅、气象局等部门正在积极协商利用该平台开展业务。2013年6月，完成了人口资源库、法人单位信息资源库、空间地理信息资源库的基础调研和前期准备工作，目前正在进行项目可研报告的编制工作。同时，印发了《关于利用自治区统一的基础数据交换平台开展部门数据交换与共享业务的通知》。

六　加强电子政务培训工作

2013年8月2日在呼和浩特召开了全区电子政务建设（第三期）技术交流培训会议暨2013年度电子政务建设工作会议；2013年10月至11月期间，分别在呼和浩特市、乌海市、通辽市、赤峰市召开了旗县区级电子政务培训会议，各盟市及所属旗县区电子政务主管部门领导及运维技术负责人、应用直属相关部门负责人、各旗县区政府分管电子政务工作的旗县区长及主管部门负责人和技术负责人共计500余人参加了会议。会议不仅加强了电子政务系统的沟通和交流，同时对于进一步推动和提升电子政务应用水平、加强全区电子政务建设、大力提升各盟市及旗县区信息化相关工作者对电子政务的认知度和专业水平具有重要作用。

电子政务建设在产生积极社会效益的同时，也取得了较好的经济效益。从目前已经承载的业务系统统计，仅自治区本级每年可节省线路租赁费用约1.4亿元，互联网出口租赁费用每年约0.1亿元。

2013年内蒙古自治区电子政务外网建设取得了一定的成绩，但是面对新的形势，我们必须清醒地认识到内蒙古自治区电子政务发展中仍然面临着一系列严峻挑战：各级政务工作者对发展电子政务作用的认识亟待进一步提高，需要大力提升政务与技术融合程度，不断缩小电子政务应用成效与服务型政府建设需求之间的差距；符合电子政务科学发展的体制机制亟待健全，需要着力改变统筹不足、政出多门、分散建设、低水平重复投资等浪费现象。这些问题的存在，也为进一步加快和提升电子政务外网建设及运行维护提供了难得的历史机遇，需要我们在今后的工作中进一步加大工作力度，采取切实可行的措施认真加以解决。

（内蒙古自治区经济和信息化委员会）

2013 年吉林省电子政务发展概况

吉林省政府系统的电子政务工作，在国务院办公厅的统一规划指导下，按照省政府安排部署，通过省政府办公厅及各地、各部门共同努力，在基础设施建设、核心业务应用、信息安全保障、组织机构和人才队伍建设等方面得到加强，取得了新的进展。

一 基础设施建设日臻完善

全省政府系统电子政务内网（省政府专网）连接了省政府与所有省直部门和市（州）、县（市）政府，并实现了省政府与省委、省人大、省政协、省法院、省检察院等单位互联互通。政府电子政务内网纵向骨干网省至市（州）带宽155M，市（州）至县（市）带宽10M，省、市、县三级政府接入带宽100M，省直部门根据需求接入带宽分别为1000M、100M 和 2M。省财政厅等 11 个部门依托电子政务内网建设了本系统的虚拟纵向网。省政府办公厅局域网不断完善，市（州）、县（市、区）政府普遍建立了自己的局域网。全省政府系统电子政务内网框架体系基本建立，成为支撑机关日常办公的基本环境。初步建成了涵盖应急指挥场所、基础支撑系统、应急应用系统和移动应急平台的省政府应急平台，部分市（州）政府完成了应急指挥场所建设，在 9 个市（州）政府和长白山管委会建设了中型移动应急平台，省政府应急指挥车完成"动中通"改造，初步形成了以省政府为中心，对上可与国务院应急平台、对下可与市（州）应急平台互联互通的移动应急指挥体系。省、市、县三级政府门户网站体系基本建成，省政府门户网站完成升级改版，依托省政府网站软硬件资源建设的 42 个部门网站实现逐步更新。配套建设了安全支撑平台、数字证书、网络检测、信息保密、安全审计、终端准入等安全设施。省政府门户网站互联网出口带宽达到 510 兆，其中联通出口带宽 400 兆，电信出口带宽 110 兆。

二 核心业务应用水平逐步提高

省政府办公厅依托办公厅局域网建设的工作网平台集成了公文处理、秘书函件、应急值守、公务接待活动等十几个应用系统，内容涵盖信息发布、学习和资源共享、内部通信和沟通交流等内容，已成为省政府领导、省政府办公厅领导及工作人员日常办公的重要平台和手段。全省政府系统电子政务内网承载了语音、数据、视频等多种业务，公文处理、公文传输、信息报送、网上督查、视频会议、IP 电话、电子邮件等系统得到较好应用，2009 年即实现了省政府与省直部门、市县两级政府的非密级公文的传输和流转，松原、白城等市还实现了市政府与市直部门及所属县（市、区）政府的公文传输。视频会议系统在节省行政成本、提高工作效率、转变工作方式等方面发挥了重要的作用。为解决设备老化和满足应急视频会商的需求，2012 年和 2013 年省政府办公厅分两期对全省视频会议进行了高清改造。省政府政务资源网网站整合电子政务内网应用的多数系统。初步形成政务信息资源数据库，使系统底层支撑平台和信息数据库的更新和维护得到加强。市、县政府也相继开展了核心政务应用系统建设工作，完成了应急平台综合应用系统开发，实现了应急信息网上报送，启动了应急数据交换与共享系统试点工作，推进应急信息数据库建设，实现了省政府应急办与各市（州）应急办及部分省直应急委员单位的应急视频会商。政府网站将政府基础信息、政务和公共服务信息有效整合，建立统一的政府信息资源共享平台，实现政府及部门信息和服务资源集中存储，有效利用，资源共享。围绕"信息公开、在线办事、公众参与"三大功能定位，进一步完善了网站功能，提升综合服务能力。

三　信息安全保障工作得到完善

省政府安全支撑平台、证书注册审批系统在系统应用中发挥了重要作用。在省政府电子政务内网、办公厅局域网及门户网站部署了防火墙、安全审计系统以及终端准入等，实现对网络核心资源和信息的有效防护。加强了安全保密关键部位的管理，完善了机房、会议室等安全保密场所的技术保障措施，实现了机房环境指标的集中监控和智能化管理，加强了门户网站数据库异地容灾，强化防病毒、防篡改、防攻击等安全措施，完善了涉密人员管理和数据安全存储工作，制定了安全、可靠、高效的备份策略，为基础数据的安全保密提供有力保障。

四　组织机构进一步健全

吉林省政府领导高度重视电子政务工作，并将电子政务工作纳入政府办公部门议事日程。为加强对全省政府系统信息化建设的组织领导和协调管理工作，省政府成立了吉林省政府系统信息化领导小组，领导小组办公室设在省政府办公厅，负责领导小组的日常工作。省政府办公厅主要职责之一是负责全省政府系统电子政务总体规划建设，指导全省政府系统电子政务工作。具体工作由电子政务办公室、省政府网站管理办公室（参公）和信息技术室（参公）三个处室承担。三个处室既有分工，又有合作，互相配合、协调工作。电子政务办公室负责全省政府系统电子政务建设总体规划的制定、组织实施和督促检查；指导全省政府系统电子政务网络建设、资源整合和技术应用；承办省政府系统政务信息化领导小组办公室的日常工作。省政府网站管理办公室负责省政府门户网站的建设、管理和运行维护；负责全省政府网站建设总体规划的制定和管理；负责网络信息本级的组织编发和向上级网站的报送。信息技术室负责省政府和办公厅业务应用系统及其支撑环境的运行保障、维护管理；承担省政府和办公厅信息技术服务等工作。各地、各部门办公厅（室）主要负责人亲自抓本地、本系统电子政务建设工作。全省各市（州）政府、长白山管委会办公厅（室）均设有负责电子政务工作的处（科）室，县（市、区）政府办公室普遍设有独立科室负责电子政务工作，未单独设立科室的县（市、区）也明确了负责此项工作的科室。

五 人才队伍建设得到加强

加强人才培养使用，推进电子政务人才培训、引进和使用，建立健全激励机制，合理配备专业技术和管理人才，充分调动各方面的积极性，建立结构合理的人才梯队，是吉林省政府系统电子政务建设长远发展的重要保证。面对信息技术发展的日新月异，通过培训、研讨、交流等方式加强对电子政务工作人员进行有针对性的培养，不断提高电子政务建设、管理和使用人员的业务素质及运用信息技术的能力。在工作中不断提高这支队伍的技术水平、组织、协调和落实能力，切实打造出一支想干事、善干事、能干事的工作团队，以适应电子政务工作的需要。通过培训和强化队伍建设，一支既懂政务又懂技术的专业队伍正逐步形成。

（吉林省人民政府办公厅电子政务办公室）

2013 年黑龙江省电子政务发展概况

2013 年，在省政府、省政府办公厅的高度重视和正确领导下，全省电子政务建设取得重大进展，政务信息系统的运维工作、门户网站管理工作、网络与多媒体会议、安全保密工作以及数字认证、培训等工作，都有所提高。

一 省政府门户网站的运行管理工作

全年完成网站专题及信息的采集、编辑、发布、监察共 82105 条，发布省政府及办公厅文件 83 条；完成 42 期信息专题的建设及信息发布工作，链接发布地市专题 8 期；完成 8 场政务访谈实施与图文发布工作；完成哈洽会 19 场新闻发布会的现场图文视频报道工作；完成对中国政府网信息保障工作，中国政府网采发黑龙江省网站信息 95 条；完成网站信息报送、网上咨询技术支持工作，网上咨询答复 740 条，电话答疑 270 余次。2013 年荣获 2012 年度"中国政府网站优秀奖"；网站"新闻发布会""政务专题"两个栏目获"2013 年度政府网站精品栏目"奖牌和证书；被评为"全省文明网站"并获奖牌。

二 办公厅机关办公网的运行维护工作

全年完成 24 个处室的设备更新工作；完成 282 台式电脑、打印机、笔记本、传真机、多功能一体机的安装；完成设备维护工作 480 次；完成了耗材申请及更换工作 291 次；完成了各处室保密机器 15 台防护密码设置工作；完成了办公厅国办专网设备 MAC 地址及 IP 地址统计工作；完成了全厅各处室正版软件使用情况检查工作，对30台设备重做系统、安装WPS应用软件、驱动打印机25台，驱动多功能一体机5台。为光大银行、华融集团等25个单位解决了VPDN上网业务问题。

三　全省电子政务网运行管理工作

全年保证了中心机房安全无事故，各级网络正常畅通，圆满完成国办专网工作任务，并保证黑龙江省政府专网各项工作的顺利开展。根据国家外网中心联网工作需要，落实了省工信委等10个单位对国家政务网的IP地址的申请工作，科学合理的从国家政务外网地址段划出IP地址保证省直单位的使用。完成了国办电子政务办关于国办网络升级的配合工作。

四　应用推广工作

（1）按国务院办公厅要求，完成了全省电子公文传输系统的升级工作，确保系统稳定运行，为厅文电处收发电子文件提供技术保障。2013年通过电子公文传输共发送电子公文768件，其中厅局434件、地市334件；接收电子公文共410件，其中厅局30件、地市380件。经监控统计，13地市电子公文签收回执率达到了100%；省直各委办厅局、中直单位、大学、驻军及企业电子公文签收回执率87%，与2012年持平；县级政府电子公文签收回执率79%左右，其中发布短信47316条。为省长、省政府办公厅、省商务厅、宝清县政府办等34家单位制作电子公章49枚，为89家单位更改短信接收用户157人，为使用单位电话技术答疑300多次。

（2）按照《中共黑龙江省人民政府办公厅党组关于开展党的群众路线教育实践活动的实施方案》的安排，协同办公系统设计了调查问卷栏目，以不记名形式接受各方面的建议和意见，取得很好的效果。其他栏目也得到广泛的应用。在维护协同办公系统各模块功能及后台权限设置方面，2013年共更新省政府领导、秘书、省政府办公厅人员信息50多人次，并设置相应人员办公权限。为用户更改密码28次，解决无法登陆协同办公系统11次，答疑技术问题7次，解决了登陆等待时间长问题。

（3）中省直单位、市（地、县）政府、省政府驻外办事处通过政务信息报送系统报送共享信息、专报信息、分送信息、互联网信息共计36079条，比2012年提高了0.09%。在《专送信息》刊物、《昨日要报》"重要信息"、《黑龙江上报信息》、《政府领导参考》采用信息共计4846条。为省局、地市及县级单位开通新用户权限8次，对用户使用过程中电话答疑37次，系统故障处理33次。

五　多媒体会议工作

全年完成会议系统技术支持417次，累计参会25901人次，会议加班10次；完成大屏幕运行维护管理，信息采集、编辑、发布等工作，发布各类信息1752条；处理大屏幕故障23次；完成省电子政务网站视频系统新闻录播320部，为人事处发布视频10部，发布纪检监察学习视频30部；排除视频点播故障7次。

六　电子政务安全管理工作

完成了涉密计算机及涉密介质的登记备案工作；对省政府网站进行安全检测工作，完成《黑龙江政府网站渗透测试安全服务项目实施技术方案》的审定和《关于省政府网站安全检测委托函》的修改拟定工作；完成了省保密局到省政府办公厅进行政府信息公开保密审查工作专项检查工作，形成《关于省保密局到我厅进行政府信息公开保密审查专项检查情况的汇报》向厅领导进行汇报；配合厅保密办完成全国安全保密普查的填报工作，完成信息安全检查的自查及上报工作；完成办公厅更换计算机的隔离卡和涉密硬盘拆除与回收、内网数据导出端口等日常安全管理工作。

七　电子认证工作

黑龙江省数字证书认证工作启动以来，各项工作进展顺利。截至 2012 年底已向省直各厅局累计发放公务员数字证书 12500 个。黑龙江省电子政务公众服务数字证书的认证工作首先从工商部门入手，发行嵌入数字证书的企业电子营业执照。2013 年度增发 5813 个证书。目前已在大庆、佳木斯、鸡西、牡丹江、七台河、鹤岗、伊春等地市累计发放公众服务数字证书 23000 余个。2010 年国家人力资源和社会保障部下发《关于在部分地区开展人力资源社会保障电子认证体系建设工作的通知》（人社信息函〔2010〕53 号），选定黑龙江省为全国 8 个数字证书认证建设试点省份之一，合作建设行业内认证系统。该系统于 2013 年 1 月建设完成，全年发放数字证书 3210 张。经与国家政务外网电子认证办和省国家密码管理局联系，取得了省国家密码管理局关于申请在黑龙江省建设国家电子政务外网电子认证服务注册审核系统的批复。完成国家政务外网黑龙江 RA 系统的阶段性建设工作。

（黑龙江省人民政府办公厅电子政务办公室）

2013 年上海市电子政务发展概况

2013 年，上海市电子政务工作按照市委、市政府部署，紧紧围绕建设"服务政府、责任政府、法治政府、廉洁政府"的目标，充分发挥电子政务在转变政府职能、推动体制创新、优化业务流程、提升行政效能、创新服务方式、提高服务水平等方面的重要作用，科学开展项目建设，不断深化业务应用，稳步推进资源共享，有力推动了"两高一少"行政区的建设。

一　促进政府管理模式创新，提高行政效能

（一）深入推进无纸化办公，打造高效政府

政府系统无纸化办公向纵深发展，精简文件、会议、简报，压缩流转时间，提高办公效

率，改进工作作风，方便基层办事，提升政府形象。据统计，2013 年 8 月 1 日至 12 月 31 日期间，市政府办公厅与市政府各部门和各区县全部实现联网；由办公厅统一规范的简报 100% 实现了电子化上报；668 次会议通过电子方式发送通知并进行反馈；1947 篇公文实现电子化接收和处理；在部分业务"双轨制"的情况下，纸质材料减少 30% 以上。

（二）不断拓展网上行政审批应用，增强改革实效

深化网上行政审批工作，推动流程再造，缩短办理时限。截至 2013 年底，网上政务大厅访问量近 165 万人次，通过审批平台并联流程完成的新设内资企业共计 20.8 万家，平均办理时间约为 6.5 个工作日，比原来缩短近 9 个工作日。建设工程并联审批系统全年共申报地块 344 块，其中 203 块完成入市交易准备。单部门审批事项规范上网工作稳步推进，市公安局等 8 个部门的 22 项审批事项先行试点，共办理 2 万余件，示范效应继续扩大。

（三）积极推进自贸试验区软环境建设，助推制度创新

在中国（上海）自由贸易试验区建设过程中，围绕多部门协同，编制信息化建设导则，加强信息化顶层设计。建立与自贸试验区相适应的投资管理模式。依托市、区两级网上行政审批平台，在"中国上海"门户网站开通"投资办事直通车"专栏，实现一口申请等网上申报，自开通以来完成内外资企业新设共计 4000 余家。目前负面清单以外领域的外资企业设立周期由原来的 29 个工作日缩短至 4 个工作日，成效显著。

二　深化重点领域业务应用，提升现代治理能力

（一）经济发展与监管领域，重点提高服务能级

围绕完善现代市场体系，运用信息化手段，创新市场监管和服务模式，努力为经济发展创造更加良好的环境。市工商局积极推进"网络商品交易及有关服务行为监管"等项目建设，加强信息资源深度开发和利用，提升市场监管水平。市地税局、市财政局等部门开展电子发票试点工作，研究建立电子发票相关管理制度，为进一步完善税收征管工作机制奠定基础。市经济信息化委建设法人网上身份统一认证系统，发放一证通数字证书近 60 万张，为各类法人在不同政府部门和业务系统在线办事提供统一数字认证服务。市商务委建设"走出去"公共信息服务平台，整合各类资源，为政府和企业的决策提供可靠信息，促进外经工作全面发展。

（二）城市建设与管理领域，重点提高应用水平

统筹城市建设与管理相关政务信息资源的开发利用，提高应用效能，推进城市建设与管理工作精细化、集约化。市规划国土资源局等部门从数据标准制定、数据成果整合、数据更新机制和成果管理应用四个方面建立规划国土资源数据管理新机制。市水务局完成市防汛办灾情报送系统建设，加强防汛信息保障能力。市环保局完成环境质量管理系统建设，推出"上海环境"APP，为市民提供实时移动服务。市建设交通委、市民防办推进地下空间信息基础平台建设，完成徐汇、普陀、黄浦三个既有地下管线数据区域的数据收集、核对和入库工作。市交通港口局开发建设岸线航道综合信息管理系统，促进港口岸线资源的合理配置使用。

（三）社会民生与服务领域，重点提高惠民质量

以市民需求为先导，建设和完善使用便捷、服务高效的公共服务平台，提高市民生活质量。市卫生计生委积极推进健康信息网项目建设，完成市级平台、医联平台、市公共卫生平台和区县平台的互联互通及数据分级采集汇聚工作。市住房保障房屋管理局大力推进住房保障信息系统建设，实现住房保障"建设、分配、使用"全过程监管。市公安局完善公安"网上办事"平台功能，新增"道路交通安全权威发布"等为民服务事项。各区县大力推进智慧社区建设，利用信息技术创新社区管理模式，提高社区管理水平。以居民生活服务需求为出发点，汇聚各类为民服务信息资源，通过网站等形式，提供与居民生活密切相关的衣食住行等各类信息和服务。

三 推动政务信息资源开发利用，促进信息共享

（一）完善重点基础信息资源库建设，夯实共享基础

发挥实有人口、法人、空间地理等信息资源库的基础性、全局性、战略性作用，为进一步推进信息共享创造更好条件。实有人口信息库汇聚了全市 2500 万常住人口的基础类、就业类、医疗类、房产类、教育类等信息。法人数据库涵盖全市 142 万户法人单位的登记、资质、监管信息。空间地理信息库完成覆盖全市陆域的高分辨率数码航空遥感摄影，影像的地面分辨率达到 0.25 米。

（二）推进政务信息资源向社会开放，促进开发利用

发挥政务信息资源在本市经济结构转型、政府管理创新中的重要作用，向社会提供政务信息资源的浏览、查询、下载等基本数据服务，汇聚基于政务信息资源开发的应用程序等增值功能，满足公众和企业对政府信息资源的使用需求。完成上海市信息资源服务平台（一期）建设，对内实现政务信息资源的统一管理，对外通过上海市政府数据服务门户向社会开放。

（三）加强跨部门信用信息互连互通，推进社会诚信建设

政府部门以政务诚信示范引领全社会诚信建设。建成并试运行上海市公共信用信息服务平台，归集全市 54 个机构的信用信息，汇聚信息事项 1014 个，共 2.2 亿多条数据，基本实现市实有人口库、法人库数据按需实时调用。研究制定《上海市公共信用信息归集和使用管理办法（草案）》，抓紧进入立法程序。

四 深化拓展多渠道服务方式，提高立体式服务水平

（一）深化政府网站群建设，打造人民满意的网上政府

以"中国上海"为标志的政府网站群不断拓展办事服务内容，在便民服务方面深入挖掘，整合资源，取得显著成效。"中国上海"探索与政务微博互动，形成关联发布、内容递

增的新局面。43 个政府网站完成无障碍改造，方便视力障碍人士使用。2013 年，政府网站群首页访问量为 2.9 亿人次，页面总访问量为 59.9 亿人次。全市政府网站工作继续保持全国领先水平，"中国上海"在全国网站绩效评估中名列前茅。

（二）完善市民服务热线功能，提升为民服务水平

"12345"市民服务热线围绕市政府关于"服务市民的重要平台，检验政府工作成效的重要窗口"的工作定位，加强系统支撑，完善运行体系，建立"三位一体"的行政效能联合督查机制，基本形成了全市一体的标准化热线服务模式和流程。2013 年共接听市民来电 150 余万个，接通率为 91.9%，转送工单 47.3 万余份，事项办结率达到 96.3%。

（三）充分利用新媒体、新技术，增强政民互动便捷度

政务微博、微信成为政府发布信息的新形式、开展政民互动的新渠道和提供公共服务的新平台。"上海发布"政务微博在新浪全国政务微博"政府影响力"百强榜上继续排名第一，全年发布信息 1 万多条。"上海发布"微信平台上线半年来日查询量超过 1000 次。顺应移动网络和智能移动终端的发展，在新技术运用方面开展积极探索。"智行者"道路交通信息服务等 4 项应用，参评阿联酋迪拜"全球级别最佳移动政务奖"。

五 优化基础设施和安全体系，提升保障能力

（一）改造政务内网平台，强化业务支撑

政务内网的基础设施继续完善，网上应用加快发展。在保障视频会议、公文收发、电子邮件、共享资料库等通用应用和条线业务应用的同时，上线了电子文件交换、电子阅件浏览及批阅、机构组织及权限管理等三大应用系统，大力推进文件简报的网上传阅工作，工作成效明显。

（二）优化政务外网布局，拓展应用功能

政务外网不断提高网络平台业务承载能力，为重大业务信息系统提供网络支撑。截至 2013 年底，已接入 1300 多家市级单位和 17 个区县政务外网，并逐步向居（村）委和社区中心等基层组织延伸。基于政务外网开展的 60 余项市级业务、50 余项条线业务和 24 项上联国家部委业务稳定运行。

（三）提升政务共网能级，推广终端应用

800 兆政务共网覆盖范围的进一步扩大，统一指挥、联合行动的能力得到提升，为上海电影电视节开闭幕式等重大活动提供调度通信保障。迪士尼项目已先期入网 100 台终端，满足建设施工需求。截至 2013 年底，800 兆政务共网长期入网终端总数 1.1 万台。

（四）健全安全管理体系，提高防范能力

强化安全长效管理，完善与城市信息化发展水平相适应的信息安全保障体系。启动政府部

门云计算服务信息安全审查国家试点工作；完成对《上海市网络与信息安全事件专项应急预案》的修订；组织开展针对本市重点单位重要网站的日常监测、风险提示和季度报告工作。

（上海市电子政务办公室）

2013 年江苏省电子政务发展概况

2013 年，江苏省各地各部门以建设服务型政府为目标，坚持深化应用和注重成效相结合，着力深化政务公开和政务服务，着力推进资源整合和强化信息共享，继续深化行政权力网上公开透明运行，不断提高政府网站服务水平，持续推进信息技术在重点业务领域的广泛应用，更好地发挥电子政务在支撑部门履行职能、提高行政效能、有效解决社会问题中的作用，江苏省电子政务发展取得新进展、新成就。

一 信息基础设施建设有了新成绩

三网融合工作整体推进。组织扬州、泰州、南通、镇江、常州、无锡、苏州等市成功申报并实施国家第二批三网融合试点，形成了以南京为首的沿江 8 市整体试点格局，成为全国最大试点区域之一。推动电信、广电业务双向进入和 IPTV 播控平台合作建设。

宽带普及提速工程顺利开展。组织实施宽带普及提速工程，积极推进光纤到户（FTTH）建设，加快推进 3G 移动网络建设，努力打造高速质优的信息通信基础网络。

广电网络双向化改造加快。深入推进有线电视户户通工程，加快有线网络数字化双向化改造，积极推动高清互动、手机电视、CMMB、电视购物、物联网融合业务等新媒体新业态发展，自主研发的云媒体电视正式上线。

二 核心业务信息化应用有了新进步

公安信息化。以公安"大平台"系统深化建设和深度应用为重点，提升公安科技含量和工作水平。全面完成省市两级警用地理平台（PGIS）平台和"3·20"工程建设任务，实现了与警务基础平台、情报平台的对接应用。深入推进数据资源汇聚整合，省、市、县三级公安机关初步建成综合数据库，实现省级"大平台"汇集数据。成立警用空间信息技术重点实验室，开展实战试点应用，侦控信息共享、人像识别等新技术新应用取得突破。

教育信息化。加快省教育和科研计算机网升级改造成为全省教育专网，稳步推进全省教育信息化公共服务体系建设，完成教育公共服务平台省县对接，26 个试点项目被教育部批准立项，积极融入国家教育云服务体系，启动省教育云架构数据中心建设，开通江苏"e 学习"平台，着力提升教育信息化应用水平和内涵发展。

社会保障信息化。重点推进全省社会保障"一卡通"建设，加快推进发卡进度，加快升级完善省级数据中心和社会保险应用系统，目前城乡居保和就业监测数据已覆盖 1500 万居民。在全国率先完成省级大集中劳动关系信息系统建设，建立了联动举报投诉平台"12333"省集中模式，实现了省、市、县三级联动。

民政社区信息化。全面启用婚姻登记网上预约服务功能，切实做好优抚信息管理系统升级改造，构建全省统一社区综合管理服务信息平台和"12349"民政公共服务热线。编制完成《江苏省社区综合管理和服务信息平台共性技术规范》，向国家质监总局申报备案成为江苏省地方标准（DB32/T1928－2011）。

医疗卫生信息化。大力推进居民电子健康档案、医院电子病历系统建设，全省60%以上的二、三级医院已应用电子病历系统，9个市、近30个县（市）基本建成区域卫生信息平台。加快推进居民健康卡、预约诊疗、远程会诊、12320等系统建设应用，120急救网络实现向县级延伸。新农合、卫生监督、卫生应急、药品集中采购信息系统进一步深化应用，其中新农合省级平台被确定为国家级平台接入试点。

交通信息化。启动江苏智慧交通"232畅通网"工程，加快交通信息化提档升级。高速公路ETC联网范围新增浙江全省，"苏通卡"畅行苏沪皖赣闽浙华东五省一市。船联网工程取得重要进展，内河船舶便捷过闸系统在泰州口岸船闸试点应用成功。建成开通铁水联运信息服务网站，重点服务范围扩大到连云港、南京两个港口。统一"96520"作为全省出租汽车"一号招车"专用短号码，手机自助招车试点成功。完成交通运输部示范工程——南京交通主枢纽客运南站综合管理与信息服务系统建设和全国高速公路信息通信系统联网工程（江苏段）可行性研究。交通运输行业能耗数据统计调查分析系统建成并投入运行。

宣传文化信息化。推进互联网信息综合服务项目建设，确保互联网宣传信息平台安全可靠运行。数字化图书馆与南京图书馆顺利完成对接。开展网络保密和重点新闻网站安全检查，对存在漏洞的网站进行整改，确保十八大期间信息安全。完成互联网出版监管系统升级改造，实现千家网站实时监控、数据对接和共享。

三 各类平台建设形成新格局

开展智慧城市规划和平台建设。率先建成覆盖全省的"智慧江苏"门户平台，着力打造"江苏智慧城市群"。开展《江苏智慧城市建设研究》，提出了江苏省智慧城市群建设的工作思路。开通运行智能环保、智慧医疗、智慧教育、智慧社区、智慧家庭、智慧养老、智慧旅游、智慧青奥等便民服务，目前上线应用已超过460个。

启动信息资源共享交换平台建设。推进政务信息资源开发利用，促进了包括基础信息资源和主要信息资源建设在内的各领域业务应用和公共服务。推进省信息资源共享交换平台建设，编制完成《江苏省信息资源共享交换平台建设方案》和《省级信息资源共享交换目录》，研究确定首批13家省级信息资源共建共享部门和六大类共享交换应用。按照国家A类机房标准要求，改造扩建公用机房，布置服务器机柜，可承载800台设备运行。

加强地理信息资源建设和共享。深入推进地理空间基础数据库建设，完成全省土地利用现状数据、基本农田数据、正射影像数据、土地利用规划数据入库并发布切片服务，启动遥感监测"一张图"和综合监管平台建设，建成耕地保护、地籍管理、矿产资源动态监管、建设用地使用权网上交易系统。加快推进全省城乡规划信息系统建设，编制完成《江苏省城市总体规划成果数据标准》。完成省太湖流域城市供水安全动态监控系统建设，实现了太湖流域水质实时监测和视频监控。加强测绘成果社会化服务。

四　网络和信息安全工作有了新进展

完成信息安全保障重点任务。加强对重要信息系统安全监测与风险评估，开展全省网络集中清理检查工作，重点检查文件制发、网络使用、信息发布、网站监管等四个方面，进一步规范了全省网络安全保密管理。开展网络安全应急演练，实行网络安全日报告和"零报告"制度，确保基础通信网络安全运行。

开展信息安全检查和涉密审批。一是开展了重点领域网络与信息安全检查行动，对重要信息系统、政府门户网站、单位网络与信息系统进行抽查。二是开展了重要信息系统等级保护专项检查，上门检查信息系统运营使用单位1309家。三是对197家省直机关和省属企事业单位重要信息系统的商用密码应用情况进行摸底和抽查。四是开展涉密网络测评审批工作，制定了《涉密网络测评审批工作实施方案》，积极推进省级机关和军工单位涉密网络测评审批，加强对涉密网络投入使用的安全保密管理。

强化互联网监管与服务。为省、市两级政府门户网站、省级机关网站和全省新闻网站提供7×24在线信息安全监测服务，开展了打击网络违法犯罪"破案攻势"和整治"网络黑市"专项行动，开展网吧专项检查和网络环境整治行动，组织全省通信行业开展垃圾短信专项治理。

提高全社会信息安全意识。组织多形式多渠道信息安全普及宣传，组织编写了《江苏省公务人员培训丛书——政府信息系统安全管理与技术防护》教材。举办江苏省信息安全技能竞赛，编发了《网络与信息安全动态》《网络监控信息通报》《江苏省互联网网络安全专报》，及时开展信息安全法规宣贯与工作交流。

（江苏省经济和信息化委员会）

2013年安徽省电子政务发展概况

2013年，在省委、省政府的正确领导下，在工信部的大力指导和支持下，安徽省认真贯彻落实《国家电子政务"十二五"规划》的任务和要求，扎实推进电子政务工作深入开展。

一　电子政务基本情况

全省各地、各部门以促进政府职能转变、提高政府行政效能为重点，进一步加强电子政务工作机制体制创新，不断完善电子政务网络体系建设，深化电子政务应用，全省电子政务工作有了新进展，取得了新成效。

一是信息公开目录服务体系建设成效显著，促进了各级政府信息公开服务质量的提高。

二是省级统一行政服务平台投入运行,政府在线服务功能和服务范围进一步扩展。

三是注重政务公开、政务服务体系标准化研究与推广,提高电子政务服务质量。

四是注重网站服务架构理念更新,突出"以公众服务为中心"的政府网站架构平台化特征明显。

五是基于第三方的全省政府网站评估工作常态化开展,对各级政府网站发展促进作用明显。

二 "十二五"规划目标实现情况

按照国家和安徽省电子政务"十二五"规划目标任务要求,各项工作稳步有序向前推进。

一是电子政务统筹协调发展不断深化。按照电子政务服务"体系化"发展的思路,研究制定"安徽省统一政府服务"品牌策略,构建统一标准规范、业务协同一致、监督保障有力的全省电子政务整体服务应用平台基础框架。

二是政府网站服务质量稳步提高。省、市、县三级共计170多家政府网站全部开通,政府网站绩效水平不断提高。安徽省政府门户网站在全国政府门户网站绩效评估中多次荣获全国优秀政府网站前十名。

三是政府公共服务和管理应用成效明显。各级政府部门围绕中心、服务大局,大力拓展服务领域,工作呈现出稳步发展、不断深化的良好态势。马鞍山等市以建设统一的社区综合服务信息平台应用为抓手,探索出一条具有本地特色的社区为民服务新路子。

四是电子政务信息共享和业务协同取得突破。启动了全省政务信息资源交换与共享平台建设工作。省政务服务中心数据交换平台采用了 SOA 和 ESB 服务总线架构,依托互联网和电子政务外网,连接省直部门、试点市的网络环境,实现了政务服务业务数据的实时交换和信息共享。

五是电子政务信息安全保障能力持续提升。电子政务信息安全监管体制业已形成,工作机制全面建立,有力保障了政府信息系统和重要网络正常运行。电子认证证书得到广泛推广,信息安全等级保护和风险评估工作有序推进,应急响应和处置工作取得积极成效。

三 核心业务应用情况

一是加强电子政务外网及协同办公建设。全省16个市电子政务外网全面建成,95%以上区县实现全覆盖,累计开通15万协同办公 OA 账号,宿州等地市、县区公务员使用手机、pad 等移动终端进行办公。

二是加强全省应急平台系统建设。警务 E 通省平台在部分地市实施,为1万多名一线干警提供移动办公及执法服务。消防部门建成全省统一的消防 E 通平台,重点防火单位消防员与消防监督部门实现互动,及时排除火灾隐患。

三是大力推进社会保险信息系统建设。将社会保险登记、申报、审核、征缴、发放、稽核、账户、基金管理以及劳动力市场招聘、求职、就业登记、失业管理等诸环节纳入统一的信息系统管理,基本实现了社保业务信息化全覆盖。

四是大力推进各类基于银行卡的创新电子支付服务。推出了一系列以银联卡产品和创新支付产品为主的产品体系,包括高端卡、福农卡、公务卡、金融 IC 卡等卡产品,以及在线支付、手机支付、电视支付、迷你付等创新支付产品。

五是开发安徽省药品质量监督抽验信息平台。安徽省药品质量监督抽验信息平台运行以来，已录入56246个批次的药品抽样、检验数据，为全省食品药品稽查抽验工作提供了有力的基础数据支撑。

六是促进智慧社区全省规模推广。完成合肥、芜湖、宿州、淮北、宣城等地市、县区社会管理一体化平台建设，实现了社区管理与服务的有效融合，构建了信息化、智能化的智慧社区新模式，重点推进社区信息化和居家养老信息化项目，提高工作效率，构建和谐社区。

七是完成数字城管市县级项目平台建设。合肥等8个地市数字城管系统建成完毕，城管案件平均处理时间可以缩短到现在的1/10左右。银行、学校、社区等视频监控系统与公安部门的"天网"系统整合，实现信息资源共享。

八是全省医疗保险异地结算信息系统建设逐步推广。社会保险管理信息系统和试点医院HIS的升级改造工作业已完成，实现四家试点市参保人员到合肥市就医的联网结算。

四　电子政务信息安全保障情况

一是加强信息安全工作机制建设。参照国家网络与信息安全协调小组架构，成立了省网络与信息安全协调小组，积极履行信息安全管理职责，大力落实信息安全技术防护措施，形成了职责明确，分工合理的工作机制。

二是开展信息安全检查。按照《安徽省政府信息系统安全检查实施办法》，对政府网站组织开展信息安全等级保护与风险评估、信息安全隐患排查等工作，强化了政府部门信息安全管理意识，提高了政府信息系统安全防护能力。

三是加强网络与信息安全综合管控平台建设。建立安徽省政府网站安全在线监测系统，对67个省直部门和全省县级以上政府门户网站进行远程渗透测试，及时发现问题，组织技术力量进行跟踪督查。

四是加强数据容灾备份能力建设。安徽省信息系统灾难备份中心被国家有关部门评定为四星级数据中心，为全省多家政府部门、企事业单位提供了专业化灾难备份服务，有效保障了全省基础信息网络和重要信息系统安全运行。

五　电子政务发展环境保障情况

省委、省政府十分重视电子政务发展，把电子政务工作定位为提升全省经济社会发展的核心竞争力，积极营造良好的电子政务发展环境。

一是加强法规建设，促进电子政务健康发展。制定《安徽省政府网站管理办法》，明确省政府办公厅为全省政府网站管理主体，全面负责全省政府网站的目标制定、建设协调和督促工作。各级政府和部门按照"加强政府网站建设，服务安徽奋力崛起"的目标要求，统筹规划网站栏目内容和服务功能。各市、各部门按照《安徽省政府网站安全管理技术指南》的要求，做好政府网站安全管理工作。淮南、马鞍山、池州等市制定出台《电子政务建设项目管理办法》，通过政府立法的形式，对电子政务项目的审批、设计、建设、监理、资金投入、招投标、效益评估、验收等方面作了规定，有效规范了电子政务项目建设，提高了建设的科学水平，避免了资金的盲目投入。六安、蚌埠、淮北等市制定《电子政务工作考核办法》，有力促进电子政务推广应用，加快电子政务建设发展，强化电子政务监督管理。安徽省教育厅制定《安徽省教育电子政务建设实施意见》，建立办事高效、运转协调、行为规范的教育管理体制，进一步提高工作质量和效率。通过加强政策、法规和标准规范建设，进一步促进了全省电子政务工作步入法治化、规范化建设轨道。

二是加强组织领导，指导全省电子政务云平台建设应用。为扎实推进安徽省基于云计算的电子政务公共平台发展，及时成立省电子政务云平台建设应用工作组，指导检查全省电子政务云平台建设应用工作，支持马鞍山、池州市等试点地区各部门业务应用发展，防止重复建设和投资浪费，促进互联互通和信息共享，增强电子政务安全保障能力，推动电子政务朝集约、高效、安全和服务方向发展。

三是加大经费投入，保障电子政务建设有序开展。2013年度"数字安徽"建设资金为3000万元，从中切出一块作为电子政务建设专项引导资金，支持各级政府、各部门电子政务建设。省直部门、各市政府也相应出台政策支持电子政务发展。安徽省卫生厅、马鞍山市等分别制定《安徽省卫生信息化建设管理办法》《马鞍山市财政系统信息化工作管理办法》，明确电子政务项目资金的来源、使用和管理规定等。

四是加强业务培训，打造一支过硬的电子政务队伍。积极组织人员参加基于云计算的电子政务公共平台顶层设计培训班，为安徽省试点地区编制《基于云计算的电子政务公共平台顶层设计方案》奠定了坚实的基础。为做好全省各级政府网站安全管理工作，组织5期共500多人次的网站安全管理或技术人员的培训班，有效地提高政府部门信息安全管理的能力和水平。在芜湖等市县举办省工程建设领域项目信息公开和诚信体系建设应用培训，参加培训人员达300余人次，提高了政府网站服务和技术保障能力。

（安徽省经信委信息化推进处　杨广琦）

2013年福建省电子政务发展概况

2013年，福建省按照省委、省政府的工作部署和《2013年数字福建工作要点》，积极应对信息化面临的新形势和新任务，遵循大平台、大整合、大共享的建设应用理念，创新建设和应用模式，电子政务建设取得了良好的成效。

一　在集约建设上谋效益

推行平台化、集约化建设，按照平台上移、服务下移的思路，部署推进基于云计算技术的公共平台建设。

（1）完成电子政务公共平台顶层设计。根据国家工业和信息化部关于加快电子政务公共平台建设要求和省政府〔2013〕34号专题会议纪要精神，制定印发了《关于推进全省电子政务公共平台建设应用的通知》和《福建省电子政务公共平台建设服务实施指南》，规范推进福建省电子政务公共平台建设应用工作。

（2）推进一批公共平台建设和应用。一是完成水环境统一监测平台建设规划设计，以及水环境统一监测管理平台信息化项目和水环境监测技术公共服务平台立项工作。二是启动建设北斗卫星综合应用平台，先期将在车联网智能位置服务及海洋渔业信息服务开展示范应用，再逐步扩展到其他应用领域。三是建成了省级电子政务移动云平台，满足各部门提出的移动办公需要。四是依托政务内外网云平台，采用"省级部署、三级应用"模式，建设覆盖全省三级政府执法单位的网上行政执法平台，实现行政处罚案件的网上运行、网上公开和电子监察。五是拓展政务云平台应用，2013年新建的项目全部依托该平台进行部署建设，集约化建设水平有了新的提高。

（3）推进超算二期建设。借助中国联通在福建省筹建东南计算基地的契机，与联通公司合作建设。拟将超算中心建成为数字福建云平台的重要组成部分，实现资源的高度利用并提升传统云计算中心的盈利能力。并由联通和福大共同出资，合作成立一个运营实体，进行建成后的市场化运营。

二 在为民服务上谋创新

积极探索现有政策法规信息化条件下的适应性改造，利用网络平台开展政民互动，推行文件证照电子化应用，逐步构建信息化条件下政务工作新模式。

（1）"12345"政务服务热线全线贯通。建成覆盖全省所有市县的"12345"政务服务热线，形成了统一平台、统一受理、统一监察的机制，为解决群众诉求、促进政民互动开辟了渠道。

（2）推广文件证照电子化应用服务。2013年10月25日国务院常务会议提出了"推行电子营业执照和全程电子化登记管理，与纸质营业执照具有同等法律效力"的举措，数字福建早在2009年就开始研究建设覆盖全省的电子证照共享服务系统，并于2011年进入工程实施阶段。已建成省级电子证照共享服务系统，完成42个部门系统对接改造，实现在业务办理过程中同步生成证照。2013年12月27日，省直25个厅局200类电子证照正式开通使用，将为促进跨部门信息共享和业务协同，实现业务全流程电子化创造条件。

（3）建成高速公路长下坡安全预警系统。针对福建省高速公路长下坡路段事故高发问题，建设高速公路长下坡安全预警系统，在沈海高速公路B道2003公里至2015公里试点路段投入使用，实现了高速公路一次事故"早发现、早预警、早作为"，从而大幅降低该路段二次事故。该系统经过国庆长假的考验，系统成效显现。该经验将推广到福建省高速公路其余长下坡。

三 在共享协同上谋突破

（1）贯彻落实国家七部委《关于进一步加强政务部门信息共享建设管理指导意见》。联合省委编办等七部门，结合数字福建建设和电子政务深化应用的需要，在项目管理、应用创新以及机制保障等方面提出五点贯彻落实意见，以推动部门间政务信息共享。同时，向厅局征集第一批信息共享目录以及信息共享需求，为下一步展开具体工作打下基础。

（2）启动建设省救助申请家庭经济状况核对平台。通过政务信息共享平台，抽取公安厅、住建厅等六部门的个人经济数据，开展低保、教育医疗救助、廉租房、经济适用房等各类救助服务的信息核对工作，提高救助家庭经济状况核对水平，确保政府财政惠及真正困难群体。

（3）开展社区信息整合工作。针对当前多个部门延伸到社区的系统相互独立，无法互联互通，导致了数据重复采集录入以及信息孤岛问题，通过调研，形成福建省社区信息整合初步方案，拟通过横向整合各部门延伸到社区的业务系统，形成社区统一的数据采集和业务受理门户。待方案确定后，将在具备条件的社区开展试点，之后逐步在全省推广。

（4）建设省行政执法与刑事司法衔接信息共享平台。依托政务内外网云平台，统一部署全省两法衔接信息共享平台，实现全省各级行政执法机关、侦查机关、检察机关、审判机关之间执法、司法信息的互联互通。

四　在发展前沿上谋布局

把握物联网、大数据等新一代信息技术应用的趋势，以及智慧城市建设带来的新的发展空间，积极布局发展前沿，推动数字福建由数字化向智慧化阶段迈进。

（1）统筹布局全省智慧城市建设。牵头编制福建省推进智慧城市建设指导意见，会同有关部门积极组织设区市申报国家首批基于云计算的电子政务公共平台建设和应用试点，福建省有福州市、三明市、龙岩市、南平市、莆田市五个地市及10个县区列入试点。

（2）启动大数据应用工作。研究起草推进福建省大数据应用和产业发展行动方案，已形成初步成果，并开展相关研讨论证工作。

（3）开展福建省视频安防产业发展调研。联合省信息化局开展调研工作，形成了调研报告，提出扶持福建省视频安防产业发展的建议。

五　在日常管理上谋保障

（1）强化安全保障工作。积极推进信息安全等级保护和分级保护工作。在开展电子政务外网安全调研基础上，制定了《电子政务外网安全管理办法》。

（2）开展2013年度电子政务绩效考核工作。会同有关部门印发了年度电子政务绩效考核实施方案，对考核工作进行了部署和指导。通过考核，全省电子政务基础工作持续加强，促进电子政务应用不断深化。

（3）完善规章制度。印发了《加快福建省下一代互联网"十二五"发展建设的实施意见》《数字福建宽带网络建设实施方案》《推进文件证照电子化应用创新行政审批模式的实施意见（暂行)》《福建省电子文件证照共享服务技术指南》以及《福建省社会保障卡标准》等文件。

（福建省数字福建建设领导小组办公室）

2013年江西省电子政务发展概况

江西省电子政务工作以全面提升政府公共管理和服务水平作为工作的出发点和落脚点，以信息资源开发利用为核心，以深化应用为主线，以信息共享和业务协同为重点，以网络与信息安全为保障，为政府科学决策、提高行政效能、强化社会管理和公共服务做出了积极贡献。

一　基本现状

电子政务统筹协调逐步加强，工作机制逐步完善。县级政府政务公开和政务服务工作不断加强，基于云计算的电子政务公共服务平台建设已经启动，政府社会管理和服务水平明显提高；电子政务应用取得进展，县级以上政务部门主要业务基本实现全覆盖，政务信息资源开发利用成效明显，信息共享和业务协同取得一定突破，县级以上政府不同程度地开展了跨地区、跨部门信息共享和业务协同，共享内容和范围不断扩大，业务协同能力不断增强；电子政务基础设施建设不断完善，专业技术水平和支持服务能力持续提升；电子政务信息安全保障得以强化，管理制度普遍得以建立，基础设施及可靠软硬件产品应用得以加强。

（1）各级政府部门积极编制电子政务中长期规划，158 家单位制定了相关年度工作计划，108 家单位组织下属机构制定相应的年度工作计划，基层电子政务建设的顶层设计与统筹有所加强。

（2）依托电子政务平台加强县级政府政务公开和政务服务试点工作初见成效，南昌县、南康市、丰城市、都昌县等 4 个国家级试点已基本完成任务，贵溪市等 11 个省级试点有效整合各类业务应用系统和基础设施，县级政府电子政务统一平台建设进展顺利。

（3）为探索符合江西省实际的电子政务管理模式，提升全省电子政务建设发展水平，在严格执行《江西省政府网站管理办法》等法规的基础上，着手起草了《江西省电子政务管理办法》，已上报省政府审定。

（4）制定了《2013～2015 年度全省政府网站绩效评估指标体系》，对政府网站绩效评估和日常监测方式进行了调整。据不完全统计，全省有 74 家设立有网站群，有力推进了跨地区、跨部门、跨层级的信息共享。

二　建设发展

（1）江西省"政务网乡乡通"工程已全部建成，全省具备实施条件的 1700 多个乡（镇、街道）全部实现了联网，统一解决了省民政、社保、财政、税务、监察、计生、卫生、司法、文化、国土、农业、林业、统计等党政机关面向基层的信息互联互通需求，为实现网络环境下的"一体化政府"和"一站式服务"创造条件。农业政务应用发展取得新成效，全省实现了农情、灾情网络调度和监控，优化了省农业行政许可内网与江西省行政审批服务网的数据对接模式，确保了数据同步。公安信息化建设不断深入，省公安厅"警务云"建设取得初步进展，对总体框架和一期建设任务进行了规划，加快了部门间信息共享与服务平台建设。数字林业取得新进展，明确了公共基础平台及森林资源管理信息系统、林权管理信息系统、办公自动化系统等"一平台三系统"建设，结合数字林业建设重点内容，科学编制"智慧林业"发展规划。人社信息化网络体系贯通纵横，初步建成贯通人社及省内各相关单位的纵横网络体系，联通了国家、省、市、县、乡等五级业务专网，依托政务网联通了 11 个设区市、376 个县（市、区）级网络节点，覆盖了 734 个社保经办机构。国土资源电子政务应用水平逐步提升，已开发省国土资源厅电子政务平台，搭建和运行了厅机关办公自动化系统、江西省建设项目用地预审系统、江西省建设用地审批系统、江西省土地供应管理系统、江西省矿业权管理系统、江西省地质灾害预警预报及应急指挥系统等。

（2）省政府各组成部门和直属机构、各设区市及县（市、区）全部建立了政府网站，一个覆盖全省、惠及城乡的政府网站群初步建成，成为江西省电子政务的重要组成部分，为打造服务型政府奠定了坚实基础。已有30家省直部门（单位）开展了网站宣传推广工作，有53家对网站进行了及时全面的检查，以确保网站的正常运行。网上政务信息公开范围和总量进一步加大，信息公开质量进一步提升，工程建设领域项目信息公开和诚信体系专栏得以建立，政府和部门财政预算信息和重要领域信息逐步公开，有的还公开了"三公经费"等重要信息；各级政府网站进一步完善政府网站网上互动栏目，完善了在线访谈、领导信箱、在线咨询、民意征集等功能，省市领导和窗口行业积极开展在线访谈活动，加强了公众与政府的沟通交流，有效规范了政府行为，改善和提升了政府公信力；政务网站网上办事服务能力有所提高，绝大部分设区市和省直部门（单位）实现了业务网上咨询、网上申报和网上查询等服务。

（3）积极利用互联网新技术推进政务服务，通过政务微博与政府网站信息及时发布和全面深度公开的联动机制，及时向网民推送相关政务信息。11个设区市均建立了政府政务微博，省直部门（单位）也逐步建立官方微博，有的还开通了手机APP平台、WAP移动门户网站。全省各部门将电子政务作为促进是管理和政务服务的有效手段，不断深化电子政务在社会管理各领域的应用，让所有行政权力在"阳光"下公开透明运行，提高为民服务效率，推进社会和谐发展。

（4）由国家文化部和财政部组织并实施的文化信息资源共享工程，为开辟一个不受地域、时空限制的崭新的文化传播渠道，迅速扭转农村特别是贫困地区的信息匮乏、经济和文化落后的状况，江西省已建成1个省级分中心、11个地市级分中心、65个县级支中心、471个乡镇基层服务点、11368个村基层服务点。省地税局初步建立了一套信息采集、共享、分析利用的机制，加强了数据质量管理，通过自主开发的数据质量管理软件建立相应的数据质量管理指标并纳入绩效考核，并通过业务系统优化逐步将数据质量关前移至采集阶段，从事后清理逐步转化为入口把关，并与国税、国土、监察、审计等单位建立了定期数据交换机制，各地在政府的主导下大力建设第三方信息交换平台。警用地理信息系统是金盾工程二期建设的重点应用项目，是公安机关整合信息资源、提升应用水平的高端应用平台，与省测绘局基础地理信息中心就获取公安PGIS平台建设所需的全省地理信息数据进行沟通，完成了江西省警用地理信息基础平台地图数据建设需求报告，并制定了江西省警用地理信息系统建设技术方案、江西省警用地理信息基础地理平台地图数据建设招标采购相关技术参数。

三　保障情况

（1）按照"三定"方案，由省工信委承担全省电子政务管理职能，省信息化工作领导小组办公室、依托电子政务平台加强县级政府政务公开和政务服务工作联席会议办公室均设在省工信委。省市县三级电子政务统筹管理体制机制，也正在逐步完善。

（2）大部分省直部门较为重视电子政务顶层设计，54家开展过相关的规划工作，46家制订了电子政务工作计划，有效引导和规范了本系统电子政务建设和发展。各设区市均针对各自实际制订了电子政务建设和发展年度工作计划，并加强了对辖区内电子政务建设的统筹。全省共有 101 个县级政府制订了电子政务工作计划，占比 94.4%。

（3）为避免电子政务建设不按统筹规划，各行其是，重复建设，浪费投资的现象，江西省制定《江西省省级电子政务和电子监察项目经费管理使用暂行办法》加强对项目经费的管理，明确未经省工信委审核的项目财政不予安排建设经费和运行维护经费，迈出了探索符合江西省实际的资金管理模式的第一步。

（4）各地各部门高度重视电子政务建设，成立了相应的领导机构，落实了工作部门，配备的专业技术人员队伍，组织开展业务培训等。尤其是通过持续开展的政府网站绩效评估工作，全省政府网站建设队伍更加明确化、规模化、专业化，政府网站服务保障和运维保障能力有了大幅提升。

（江西省工业和信息化委员会）

2013 年山东省电子政务发展概况

2013 年，在省委、省政府和工信部的领导支持下，山东省认真贯彻落实国家和省电子政务"十二五"发展规划，坚持以建设服务型政府为核心，全面提高政府经济调节、市场监管、社会管理和公共服务的能力与水平，促进政府职能转变，电子政务工作有了新进展和突破。

一　"十二五"期间电子政务规划目标实现情况

2013 年山东省的电子政务建设取得了显著成绩，基本实现了"十二五"规划时间过半，任务过半的目标，为全面实现发展目标打下了良好的基础。

（一）加强电子政务统筹协调，推进电子政务顶层设计

山东省作为工信部确定的首批"云政务"试点单位，在充分吸收陕西省电子政务顶层设计的经验的基础上，结合实际，委托浪潮集团和省科学院，开展了基于云计算的电子政务公共平台顶层设计，实施方案在工信部阶段性评审中获得优秀成绩。同时推荐山东省济南、潍坊等六个市地作为全国基于云计算的电子政务公共平台顶层设计县市级试点城市。

（二）电子政务应用水平不断提高

全省各级各部门的信息化覆盖率有了明显提升，政务微博、微信等新兴手段在深化应用方面发挥了突出作用。"金质"工程实现了 23 项行政审批事项网上办理、特种设备动态监管和预警预测、质量产品监督及缺陷产品召回；"金审"工程实现了对被审计单位财务收支的真实、合法、效益进行实时、远程检查监督；民政部门的阳光民生救助系统，整合社会各种救助资源，避免了由部门之间信息共享不畅通导致的重复救助等问题，使有限的救助资源得到了更加合理的分配。

（三）政府的社会管理能力和公用服务能力得到明显增强

全省各级、各部门将电子政务作为促进社会管理方式创新的有效手段，不断深化电子政务在社会管理各领域的应用，推动了社会管理方式的创新，促进了社会和谐稳定。

通过科技防腐工程的推动，各部门行政审批事项的网上办理比例进一步增长。省级行政审批电子监察系统正式运行，网上政务大厅、政府信息公开、行政效能投诉系统、行政处罚电子监察系统、政府法制监督及行政权力事项动态管理系统已投入试运行，省电子监察中心与29个省直部门单位33个服务大厅（窗口）、14个市的视频监察系统联网，8个市55个县（市、区）建立了统一的公共资源交易中心，15个市87个县（市、区）建立了行政审批电子监察系统。

（四）信息资源共享和业务协同实现新突破

2012年开始山东省依托省科学院的云计算中心启动了省级电子政务综合服务平台建设，作为全省统一的电子政务公共服务平台，为政府部门提供更多的信息共享服务形式，提供较为完善应用支撑，使社会公众、政府部门能够更快、更便捷地获取所需信息资源。平台一期建设初步实现了公安、人社、民政、计生、工商等5部门13类人口信息144个信息项近100万条数据的共享与交换。同时，质监、工商等部门参与的法人基础信息共享交换正在向省级电子政务综合服务平台迁移中。

（五）电子政务信息安全保障能力持续提升

山东省坚持电子政务建设与信息安全保障并重，不断提高基础信息网络和重要信息系统的安全保护水平，进一步完善信息安全管理体制和应急机制。同时继续推进信息安全风险评估和等级保护，抓好网络与信息安全应急处置体系建设。开展数据容灾备份中心建设，实现对重要数据、设备的异地存储和备份。加强和规范电子政务网络信任体系建设，实现数字证书应用的统一管理。在容灾备份中心建设方面，面向全省的电子政务灾备平台已实现应用，可满足全省的灾备需求，提高电子政务的安全级别。

二 山东省电子政务发展情况

（一）电子政务基础设施建设

继续完善网络基础设施建设。2013年山东省继续完善网络基础设施建设。依托云计算中心建设的山东省电子政务云平台的应用效果和效益逐渐凸显。以信息共享和政府购买服务为引导，越来越多的政务部门自愿将原有的信息系统迁移到云平台，通过少量的资金获得专业的软硬件环境支持以及专业的运维和安全保障服务。山东省数据灾备服务中心在威海等地建设分中心，逐步形成一个管理中心、多个数据中心覆盖全省的资源分布格局。灾备服务中心定位于面向全省政府部门提供专业的灾备服务。

（二）政府网站服务

2013年，山东省继续以政务网站绩效评估为抓手，强化政府门户网站的建设和应用。以信息公开、网上办事、政民互动等环节为重心，继续完善各级各部门门户网站的应用开发；依托各级政府和部门的政府网站群，有效推进政务信息发布、在线服务、业务协同和交流互动能力的全面提高。

省直政府网站作为政府面向社会公众的窗口，以用户为中心，围绕行业优势提供服务的能力不断提高，服务的实用性和易用性得到了加强；市级政府网站通过开办网上服务大厅，提供"网站受理、后台办理、网站反馈"的"一站式、一体化"服务模式，保证了办事服务的连续性和效果；区县政府网站建设逐步走上正轨，网站内容更加规范，服务功能更为完善。

（三）信息资源开发利用和共享

2013年，山东省继续做好信息共享和业务协同的基础性工作。重点制定数据交换的标准，明确界定部门的信息采集和更新权责，按照"一数一源"的原则，形成有序的信息采集与更新机制。按照统一的标准和规范，逐步建立起覆盖全省的政务信息资源目录体系与交换体系，为实现跨部门、跨层级、跨地区的信息资源共享与业务协同奠定基础。以云计算为基础的山东省电子政务公共服务平台作为山东省信息化主管部门统一规划、统筹建设的信息化基础设施，能够满足政府部门间不断增长的信息共享和业务协同的需求，为提高部门办事效率、辅助领导科学决策、加强政府综合监管等提供有效的技术支撑，有利于加快推进服务型政府的建设。

（四）电子政务公共平台建设和应用

2013年山东省被工信部定为基于云计算的电子政务公共平台顶层设计试点省份。省直部门基础建设水平和电子政务发展水平成正比，大部分单位都按照规定接入了电子政务内、外网，为统一接入电子政务公共平台打下良好的基础；各部门之间信息共享需求迫切，信息资源共享潜力巨大；省直部门的信息安全状况整体上看不乐观。迁移到电子政务公共云平台，用少量的资金获取专业的基础设施服务、运维服务和安全保障服务是上佳选择。

济南市与浪潮集团签订协议，依托浪潮云计算中心建设基于云计算的面向全部市直部门的电子政务公共平台，实现全市政务信息系统的统一建设、统一管理、统一运维和安全保障服务，有效降低政务信息系统的建设投资和运行维护费用，全面提高信息资源的利用率。

三 电子政务发展环境保障情况

2013年，山东省高度重视电子政务环境建设工作。

一是各市及省直部门加强电子政务宣传和培训，提高对电子政务的认识，普及电子政务的真正目的和意义，切实提高了各部门对电子政务的重视程度。

二是各级部门认真贯彻落实《山东省电子政务"十二五"发展规划》及各自的电子政务"十二五"发展规划。为实现电子政务发展目标做出了进一步努力，取得了突出的成绩。

三是加快信息资源开发利用步伐，健全信息资源共享的机制体制，努力解决信息资源共享渠道不畅通的难题，同时加强信息资源开发和共享管理，确保部门共享安全有序。

四是加强绩效考核制度建设。2013年山东省印发了《山东省电子政务绩效考核办法》，组建考核队伍对46个省直部门进行了电子政务绩效考核,编制了考核报告。大多数地市都发布了自己的电子政务绩效考核办法,促进了一批重要信息化项目的推广和应用,全省电子政务建设水平显著提高。

(山东省经济和信息化委员会)

2013 年河南省电子政务发展概况

2013 年,河南省认真贯彻落实《国家电子政务"十二五"规划》要求,以现代信息技术与政务工作深度融合为手段,以信息资源共享与业务协同为重点,以提升政务服务水平为目标,多部门联动,共同推进,全省电子政务工作取得积极进展。

一 政务应用水平显著提升

全省统一的电子政务网络框架基本形成,较好地支撑了各级、各部门纵向业务系统应用。其中,电子政务内网纵向骨干网实现了中央、省、市、县四级联网,党务内网横向连接至 158 个单位,政府内网横向连接至 208 个单位。电子政务外网实现了与国家电子政务外网对接,延伸至 100% 的省辖市和部分县(市、区),横向接入 91 个省直政务部门。"金盾""金财""金税""金审"等一批"金"字工程建设及应用不断深化,取得了较好的经济和社会效益。政府、法院、检察院电子政务建设与应用取得了明显成效,党委、人大、纪检、组织、政法、应急、监察、环保等业务系统建设完成了全省部署,社保、医疗、教育等民生领域信息化和交通、旅游、工商等行业信息化应用稳步推进。

二 政府网站应用稳步推进

省、市、县三级政府门户网站实现全面发展,省政府综合门户网站功能日趋完善,100% 的省辖市政府、99% 的省直部门和 100% 的县级政府开通了门户网站,基本形成了从省政府及其组成部门到省辖市、县(市、区)政府及其部门的政府门户网站群,为各级政府、各部门公开政务信息、开展互动交流和解决民生问题提供重要途径。各级政府网站紧紧围绕"政务公开、公共服务、互动交流"三大功能,按照"严格依法、全面真实、及时便民"的原则,着眼于推进政务公开,立足于突出政务特色,着力于提高政务信息质量,不断提升便民服务水平,充分发挥了政务信息对经济社会发展和公众生产生活的服务作用。

三 社会管理和公共服务应用持续深化

全省各地、各部门不断深化电子政务在各领域的应用,电子政务已成为促进社会管理创新、提高公共服务能力的重要手段。

· 191 ·

（一）社会管理应用

（1）社会治安方面。全省公安系统以公安信息化大平台大融合为中心，积极推进各大平台建设完善和内外部信息资源整合共享。省市一体化警综平台在全省各级公安机关同步启用，实现了与警务通、电子签章、现场勘查、执法资格训练考试、涉案财务等系统的对接，为全警办公办案提供了强有力的信息化支撑平台。

（2）城市管理方面。全省各地因地制宜地推进数字化城市管理工作，"网格化管理"得到广泛应用。截至目前，11个省辖市已经建成覆盖全市功能齐备的数字化城市管理平台，并运行良好，有效提升了城市管理效率，改善了城市的投资环境、旅游环境和人居环境。

（3）食品药品安全监管方面。省食品药品监督管理局充分将信息技术应用于食品药品安全监管工作，开发建设了涵盖省、市、县三级的药品医疗器械稽查抽验、餐饮食品、保健食品、化妆品电子监管的全程监管系统，推广应用了网上行政审批子系统和企业诚信管理子系统，全省食品药品电子监管工作的整体水平有效提升。

（4）环境保护方面。省环保厅以环境管理需求为导向，积极推动环境自动监控系统建设，实现了对54家上网电厂和155家污水处理厂等重点污染源的实时工况监控，进一步丰富了环保部门的监管手段，为监控数据全面应用于污染减排、排污收费等工作提供了有力保障。

（5）林业管理方面。省林业厅大力推动河南省林业信息化示范省建设工作，在全省范围内积极推广营造林管理系统应用，全省各县（市、区）林业局、国有林场使用营造林作业设计系统进行作业设计普及率已近100%。

（二）公共服务应用

（1）社会保障方面。省人社厅大力推进社会保障"一卡通"建设，目前，已与7家金融机构签订了一卡通合作协议，并完成了全省医疗保险、生育保险"三个目录"的统一和全省社会保障卡管理系统、异地就医结算系统建设。统一的社会保险"五保合一"应用软件实现了对全省18个省辖市和154个县（市、区）的覆盖，城乡居民养老保险信息系统覆盖全部经办机构，全省社会保障公共服务能力有效提升。

（2）医疗卫生方面。省卫生厅通过发放普及居民健康卡，大力推进电子病历和居民电子健康档案等数据库建设，为逐步实现医疗卫生服务信息跨机构、跨地域互联互通、资源共享、业务协同提供支撑。初步建设完成了省市两级区域卫生信息平台，并依托平台面向公众开发了健康河南云服务平台，通过互联网和移动终端满足公众对综合卫生信息消费服务的需求。

（3）教育方面。省教育厅以"三通、两平台"建设为重点，大力推进信息技术与教育教学的融合应用。进一步优化农村中小学宽带接入与网络条件下的教学环境，逐步解决各级各类学校的网络接入问题，为信息化应用提供网络支撑。建成了省级数字教育资源公共服务平台，为教育资源的广泛共享、便捷实用提供管理和技术保障。

（4）就业服务方面。省人社厅紧密围绕全省就业工作的重点和发展方向，加快推广实施新版全省就业系统，目前全省18个省辖市均完成了系统部署工作，其中15市正式上线运行，郑州、安阳等地已实现业务向基层的延伸和应用，可为劳动者和用人单位提供优质高效的公共就业服务。

（5）房产管理方面。省住房和城乡建设厅围绕"一网一库一平台"电子政务框架，推进全省住房城乡建设领域信息化建设。目前，全省住房保障综合管理服务系统已建设完成并投入试运行，向公众提供涵盖住房保障申请、保障对象管理、项目管理、房源管理等全链条数字化管理及服务。

（6）旅游信息服务方面。省旅游局充分利用移动互联网、物联网等新技术，提高旅游服务的水平。启动了河南省旅游目的地三级营销平台和河南省旅游公共电子商务平台建设，开发完成了"智游河南"手机客户端应用并正式上线运行，为游客提供吃、住、行、游、购、娱的一站式全方位"掌"上服务。

四 信息资源开发利用和共享

（一）基础数据库建设情况

全省继续推进政务信息资源的开发利用，各类政务信息资源开发、采集、传输与应用不断拓展，人口、法人、宏观经济、自然资源和空间地理基础数据库四大基础数据库建设与应用取得阶段性成效。

（二）资源共享与业务协同

（1）企业基础信息共享平台。省企业基础信息共享平台建设进一步完善，目前基本实现了工商、国税、地税等部门间业务数据的实时交换与信息共享，提高了政府市场监管能力和公共服务水平。

（2）联网审计工作。省审计厅继实现与地税、财政、社保部门联网审计之后，2013年重点推进省级工商和投资联网审计系统建设，目前已实现从省工商局提取企业登记、年检及商标注册等基础信息，为联网分析和系统建模奠定了基础；投资联网从被审计单位、项目承建方及相关第三方动态获取审计数据，初步实现了对工程立项、项目审批、资金使用的全过程监督。

五 信息安全保障能力不断强化

（一）提升全省信息安全统筹协调能力

为加强对网络与信息安全工作的综合协调，加快建设信息安全保障体系，结合全省信息安全发展形势需要，由河南省信息化工作领导小组和河南省网络与信息安全协调小组合并设立了省信息化和信息安全工作领导小组，进一步提升了全省网络与信息安全的指导和统筹协调能力。

（二）建成省级网络与信息安全综合管控平台

省级网络与信息安全综合管控平台建设完成并投入试运行，该平台的运行将有效提升全省信息安全监管水平和保障能力，通过 7×24 小时不间断监测和一周一报、一月一结等措施，加强监管力度，进一步提高信息安全应急响应和防护能力。

（三）全面开展信息安全检查工作

为达到以查促改、以改保安的目的，2013 年组织开展了全省信息安全检查工作，通过省辖市及省直各单位自查、现场抽查、远程技术测试、整改复查等一系列环节，对全省重要领域年度网络与信息安全工作进行了全面检查，进一步提高了各政府网站及业务系统的安全保障能力。

（河南省工业和信息化厅）

2013 年湖北省电子政务发展概况

2013 年，在工信部的指导和省委、省政府的领导下，湖北省经信委认真贯彻落实《国家电子政务"十二五"发展规划》，继续完善全省电子政务网络平台，深化电子政务应用，全省电子政务工作有了新进展、新突破、新成效。

一　全省电子政务外网平台不断完善

按照国家电子政务总体框架，湖北省已基本建成了上联国家政务外网、横联 104 个省直部门、下联 17 个市州及市县政务外网的省政务外网及应用支撑平台，初步具备了非涉密政务信息的传输和处理能力。市州、县区电子政务网络设施基础日趋改善。全省 17 个市州已建设完成本地政务外网，覆盖了 96 个县（市区）和 1600 多个单位。全省政务外网的一级接入点已达 123 个，二级接入点已达 1650 个，基本形成了全省统一的政务外网体系，规模和技术在国内处于先进水平。目前，省政务外网承载了 15 个国家部委办和省应急指挥、电子监察等多个重要业务应用；集成了省直部门 68 个应用系统数十类政务信息以及人口、法人等基础信息数据库；接纳了 16 家省直单位的部分网络设备和 23 个应用系统的托管服务，审计、信访、安监、文化、林业等部门依托省政务外网资源初步建立了部门网络业务，提供满足省、市、县三级的相关政务服务。几年来，省电子政务外网基础设施的建设和应用不断推进，已经初步具备承载省级部门和地方政务业务的能力，在减少重复建设、节省投资、降低消耗、规范管理上产生的效益初步显现，在促进网络互联互通和资源共享、业务协同方面发挥的作用越来越强。

二　电子政务服务水平不断提高

形成具有湖北特色的电子政务应用服务基本架构，建设了党政决策支持、人大和政协提案管理、党员干部教育、社会综合管理、政法信息化等领域的应用系统。依托省政务门户实现了 521 项功能应用，在省政府互联网门户实现了 209 项功能应用，为公众提供计划生育、人口和户籍管理、教育、卫生、就业、社保、交通、纳税等方面的服务，为企事业单位提供机构设立、网上纳税、年检年审、质量检查、国土和矿产管理、劳动保障、建设管理、资质认证等方面的服务，形成了较为完善和科学的电子政务应用体系，初步奠定了湖北省电子政务应用基础，实现了信息资源的集中与共享和跨部门应用，为各级领导科学决策提供信息服务，在提高办事效率、推进依法行政、促进为民服务等方面发挥了积极作用。

各级党政机关和地方积极推进业务应用，有效提升各领域的政务管理能力，运用业务应用系统改进了服务方式，提升了服务水平，创新了为民服务手段。党委、纪检、组织、宣传等部门的电子政务服务正逐步延伸到基层，人大、政协与代表委员之间初步实现了网上业务互动，法院、检察院的电子政务业务能力日益提升，教育、卫生、人保、财政、交通、公安、工商、税务等部门在已有业务应用基础上正向信息资源综合利用深化推进。省级行政审批电子监察系统实现了"一个窗口、一表受理、一网运作、一次发证"，提高行政审批效率和服务质量，强化了过程监督；省地税网上办税平台实现了网上办税，方便纳税人"足不出户，轻松办税"；省网上信访系统在公众与政府之间搭建了一条便捷高效全天候的网络沟通渠道，社会效益明显；省企业网上登记年检平台，在全国率先实现了企业注册登记由"一站式"办理到"一网式"办理的跨越，为企业节约了大量的人力、时间成本，经济效益明显。各地政务服务中心积极推行网上服务，实现了网上申请、受理、审查、审批、收费、办结、发证等服务新模式，拓宽了电子政务为民服务的功能，推动了电子政务服务体系的形成。

三　政府门户网站功能不断增强

"十一五"期间，省、市、县三级政府门户网站实现了较快的发展。省级建设了省政务外网门户、省政府互联网门户和 45 个省政府部门网站，地方开通了 17 个市州政府、93 个县（市、区）政府门户网站，基本形成了从省政府及其部门到市州、县（市、区）政府及其部门的政府门户网站群。围绕"政务公开、网上办事、政民互动"三大主体功能的门户网站建设与服务水平有了明显提高，已逐步成为政府信息公开的重要窗口，人民群众网上办事的重要平台，政民互动的重要渠道。省政务门户建设成为全国电子政务外网门户首创，武汉、襄阳、宜昌等政府网站排名处于全国前列。

四　大力推进电子政务公共平台建设

一是推进政务外网全覆盖。按照"需求主导、统一规划、分步实施、立足应用"的原则，围绕省委省政府提出的努力实现省、市、县三级电子政务和电子监察的全覆盖为目标，建立健全省、市、县三级电子政务网络体系，延伸至乡镇、街道（社区），突出部门核心业务和行政审批服务事项，推进电子政务全覆盖工作。积极做好全覆盖设计方案编制工作，并已于 2012 年底通过专家论证，在广泛征求修改意见后，报省电子政务工作领导小组审定实施。加强全覆盖接入设备的兼容性测试，确保不同设备间的兼容和互联互通。开展整合部门专网的前瞻性课题研究工作。高度重视和积极推进市州政务外网的全覆盖建设，督促建设滞后的市州加快建设步伐，鼓励指导有条件的市州网络向乡镇延伸，印发市州电子政务网络全覆盖建设指导意见，为市州政务外网建设的模式、技术架构和安全体系提供全面的解决方案。全省电子政务网覆盖的广度和深度不断扩大，各部门的业务网进一步整合，具有湖北特色的统一电子政务网络公共平台体系初步形成。

二是不断推动公共平台应用服务。应用服务是电子政务的出发点和落脚点，电子政务的生命力在于应用服务。网络化的应用服务是区别于政府传统服务模式的一种创新。积极引导各地各部门自觉应用电子政务提高办事效率，鼓励公众企业充分利用电子政务进行网上办事的积极性。把电子政务作为考核的一项重要内容，推动电子政务服务不断深化。省大企业直通车网络服务系统，充分利用网络信息技术手段，拓宽了政府和企业的沟通交流渠道，企业诉求可在第一时间通过网络直达政府相关部门，政府的服务及时通达企业，提高了办事效率；新型农村合作医疗系统实现了全省3500多万农民个人账户和就诊明细信息服务；省公众出行服务系统为公众提供实时动态的文字语音视频交通信息集成服务；省企业投资项目备案系统的全流程一站式服务被国家发改委向全国推广；工程建设领域项目信息公开和诚信体系建设项目依托政府门户网站建立了"工程建设领域项目信息公开专栏"，提供工程建设领域项目信息查询和检索服务，推进了工程建设项目信息公开，提高了腐败风险预警防控的科学化水平。

五 组织制定全省电子政务规划、标准和制度

一是认真组织编制电子政务总体设计方案和发展规划。根据国家电子政务发展总体框架的要求，结合湖北省电子政务工作实际，组织制定了湖北省电子政务建设总体设计及实施方案，指导各地各部门制订电子政务建设方案，保障了省市平台建设工作的统一完整、有序推进和互联互通。针对社会发展的新形势新要求，认真组织全省电子政务"十二五"发展规划编制工作。目前，规划草案正在广泛征求各方面意见，待进一步修改完善后，报省电子政务工作领导小组审议下发。

二是推进湖北省电子政务标准体系建设。按照省委、省政府领导关于电子政务"统筹规划、标准先行"的重要指示，在全国率先组织制定并发布实施了36项省电子政务地方标准，涵盖了湖北省电子政务建设方案编制、工程立项、技术规范、过程控制和竣工验收等各个环节，规范了电子政务建设，减少了各种风险因素，确保了互联互通、资源共享和跨部门业务协同的有序进行，为湖北省电子政务建设的快速推进提供了有力保障。

三是建立健全湖北省电子政务规章制度。加强信息化法规建设，出台了《湖北省信息化条例》。强化项目管理和运维制度建设，研究制定了电子政务项目预算审核、建设管理等一系列规章制度和规范。与省财政厅联合印发了《关于省直部门电子政务项目预算编制和执行有关问题的通知》和《湖北省电子政务项目预算申报和审核办法（试行）》，制定验收考核办法，出台了《省电子政务重点应用系统项目验收办法》《省电子政务应用系统运行维护管理办法》等有关制度，为湖北省电子政务的持续健康发展提供了制度保障。

六 加强电子政务信息安全保障

积极做好全省电子政务网络和信息安全的建设保障工作。近几年，我们在抓好电子政务网络和应用系统建设的同时，同步规划、同步建设全省电子政务网络和信息安全体系，并同

步投入运行，定期进行检查、更新和优化。协调做好政务外网电子认证系统建设，督促指导湖北数字证书管理有限公司按照国家有关要求进行改造，使之具备为政务外网提供电子认证服务的资质，推动形成全省统一的政务外网电子认证服务体系，先后印发了《湖北省电子政务网络与信息安全体系规划》和《湖北省市州电子政务网络与信息安全体系建设指导方案》，督促指导各市州、各部门制定信息安全保障应急预案，并组织实施了省电子政务外网平台的应急演练。

七 强化队伍建设，优化电子政务发展环境

在省委、省政府的统一领导下，成立了省电子政务工作领导小组，负责统筹推进和指导协调全省电子政务工作，领导小组办公室（省电子政务办）设在省经信委，负责具体落实领导小组决定的事项，站在为全省经济社会发展服务的全局角度，组织和协调各地各部门的电子政务建设和管理工作，探索和积累了一些行之有效的办法和经验，形成了工作指导、统筹协调和监督管理的工作机制。各地各部门按照省委、省政府的统一部署，逐步建立了电子政务工作组织领导体制，明确了办事机构和工作职责，结合本地本部门实际，不断推进电子政务工作，切实搞好电子政务的建设和管理。同时，建立了一支熟悉电子政务、适应工作需要的专家咨询队伍。全省上下逐步形成了电子政务工作领导和管理的有效机制。

（湖北省经济和信息化委员会）

2013 年湖南省电子政务发展概况

2013 年，在国家和省委、省政府的正确领导下，在各地、各单位电子政务工作部门的密切配合下，湖南省电子政务工作稳步推进，基础设施和标准规范逐步完善，应用项目不断拓展，服务能力日益增强，安全管理得到强化，整体效益明显提高。

一 基本情况

（1）电子政务统筹机制和队伍建设初具规模。省数字湖南建设领导小组（省信息化领导小组）、省网络与信息安全协调小组均为全省电子政务和信息安全工作领导和协调机构，全省多数省直部门和市、县（区）都确定了电子政务信息管理工作领导机构和专业人员，负责电子政务相关事务的办理和协调，各部门基本上明确了更新、维护网站的信息员和保障网络安全的工程师。

（2）电子政务基础设施建设取得明显进步。电子政务内网已经全部覆盖省、市、县，电子政务外网网络也已基本实现全覆盖。

（3）电子政务应用初见成效。覆盖全省的网上政务服务和电子监察系统初步建成，全省地理空间框架建设取得阶段性成果，人口数据库实现全省覆盖，法人单位信息数据库、企

业信用信息数据库基本建成。"金"字工程完成阶段性建设任务，社会信用信息系统基本建成，应急指挥省级平台一期工程建设完成。政府网站体系已经形成，省、市、县三级政府门户网站拥有率达到100%，在线服务能力不断增强。

（4）电子政务发展环境进一步优化。电子政务标准体系初步成型，出台实施了湖南省电子政务外网平台技术规范和应用规范等地方标准。电子政务建设作为的重要组成部分和先导力量列入"数字湖南"建设规划纲要。2013年，编制了《湖南省政务信息资源目录体系地方标准》《湖南省政府网站建设规范》，这些标准规范都为电子政务建设、运行、管理和发展提供了有力的保障。出台了《湖南省电子政务外网平台管理办法》，通过制度建设、实时监控等方式，全力保障政务外网畅通和安全稳定运行。

二 2013年重点工作

（一）突出抓好政务网站应用服务能力提升

全省62个省直单位、14个市州政府和123个县市区政府全部建立了政府网站，形成了以省政府门户网站为龙头，各级各部门政府网站为支撑，统一入口、上下联动、相互链接的全省政府网站体系。

一是网站管理水平不断提升。不断完善全省政府网站绩效评估制度，坚持公开、公平、公正，以评促建效果更加明显；创新网站阅评形式，结合公众关注热点，更有针对性地围绕"政府信息公开""公共服务"等主体开展阅评，通过阅评评查问题，较好地推动了全省政府网站质量提升。

二是坚持不懈推进政府网站整合与集约化建设。截至2013年底，省政府统一站群平台已整合170多家子站，其中，厅局子站30余家，省委政法委长安网已整合130余家。

三是政府信息公开不断深化。省政府门户网站编制省直部门行政职权目录，公开67家省直部门的行政审批依据、流程和结果，以及行政事业性收费的项目、标准、范围和期限，促进权利透明运行；编制公共企事业单位信息公开目录，整合教育、医疗、交通、劳动保障、通信、公共事业等公共企事业单位的基本信息和业务信息，有效满足公众实际需求。2013年，省政府门户网站共发布政务信息近5万条，省政府信息公开发布平台共发布信息2万多条。

四是政民互动交流不断深入。认真做好领导信箱办理工作。省政府门户网站省长信箱2013年分拣群众来信5580件，办结4972件，办结率89%。积极开展在线访谈。省政府门户网站2013年共完成在线访谈32期，有效推动了各级各部门与网民的互动交流，进一步密切了党群干群关系。切实做好在线咨询、调查和民意征集等工作，2013年，省政府门户网站公众问答栏目共收到群众来信916件，已处理723件，办结率为80%，网上公开378件；在线法律咨询栏目共收到群众来信216件，已处理200件，网上公开回复89件，办结率为92.6%。

五是公共服务能力不断提升。整合在线办事和其他公共服务资源，为公众提供12类重点办事服务，梳理省直部门网站的企业办事服务资源，提供系统化企业办事服务，进一步提升了网站的实用性和服务能力。

（二）着重抓好社会管理和政务服务应用

湖南省县级以上政府政务服务事项电子政务覆盖率已达 100%。县级以下街道（乡镇）和社区（行政村）的政务服务事项电子政务覆盖率也在不断提高。

（1）网上政务服务应用快速发展。目前，全省网上政务服务和电子监察系统纳入 55 家省直单位系统事项共 1348 项，14 个市州本级纳入系统事项共 10687 项，123 个县市区纳入系统事项共 55834 项，2013 年全年共在线办理事项 500 多万件。通过省、市、县级的网上政务服务系统对接，部分实现了纵向三级联动审批。按照全省统一部署，市、县（市、区）政务大厅均实现了"全球眼"视频监控的全覆盖。截止到 2013 年底，接入系统的部门 7603 个，审批事项 68810 项，共在线办理事项 5620177 件，是 2012 年的 4.42 倍，日办件事最高超过 7 万件；网上政务服务大厅注册用户超过 239 万，其中企业用户 36 万以上，个人用户 203 万以上，用户访问次数超过 814 万次，系统应用成效显著，社会效应不断扩大。

（2）创新社会管理有序推进。按照下发的《湖南省社会管理创新项目规划（2012～2015 年）》，以社会管理创新"项目制"为抓手，实现了社会管理一步一步推进。各地因地制宜，采取不同模式确保项目落到实处。省公安厅人口与出入境管理局通过技术创新、整合资源，立足湖南省业务大集中的基础上，启动实有人口信息综合应用系统建设，为加强和完善实有人口管理、流动人口和特殊人群管理和服务提供坚实的技术支撑。

（3）公共服务内容进一步丰富。省政府门户网站联合省教育厅、省卫生厅、湘潭市、岳塘区，整合省市县服务资源，建设了三级互联互动的教育服务和健康服务栏目，实现了省市县办事服务的"一站通"。梳理整合分散在省直部门的企业办事服务资源，为中小企业、外资企业、民营企业提供分类服务；积极回应公众需求，建设重点服务事项栏目，为公众提供户口办理等常见的 12 类重点办事服务，实现政策法规、办事指南、常见问题、表格下载、在线办理"一条龙"服务。省人社厅加快推进社会保障卡的发行工作，到 2013 年 12 月末，湖南省社会保障卡持卡人数达到 410 万人，完成人社部下达湖南省的社会保障卡年度发行任务（400 万人）。

（三）信息资源开发利用和共享步伐进一步加快

全省已建成资源数据库 77 个，基础地理信息数据库数据资源总量达到 2T；法人单位基础数据库实现了全省覆盖；企业和个人信用信息数据库得到进一步完善，实现了全省 38 个信用信息归集部门之间 1540 多万条数据交换和资源的整合共享。电子政务内网资源目录共享平台实现了组织机构数据库、公务员信息数据库、数字图书馆、期刊和论文数据库、音像资料库、实时数据库等内网共用关键数据资源的整合共享和开发利用。

（四）积极开展重点领域信息安全检查和培训工作

根据工业和信息化部的要求和湖南省政府领导的批示，于 2013 年 7 月召开了 2013 年全省信息安全工作布置暨培训会议，7～9 月在全省范围内组织开展了重点领域网络与信息安全检查行动。此次全省重点领域信息安全检查，共涉及重要信息系统 1068 个，比 2012 年统计数据增加了 238 个。重要工业控制系统运营单位 78 家，重要工业控制系统 259 套，数据均比 2012 年统计时有了大幅上升。

积极组织信息安全培训工作。在 2013 年全省信息安全工作布置暨培训会议上，特别邀请了工信部信息安全协调处、国家信息技术安全研究中心、中国电信集团系统集成公司等单位的有关专家做了专题讲座。同时，我们正在联系相关专业技术队伍编制信息安全培训教材。

三　主要成果

（一）电子政务公共平台建设逐步拓展

湖南省电子政务内网和外网均实现了省、市（州）、县（区）三级互连互通，并与国家电子政务网络实现了对接，成为湖南省覆盖面最广，连接部门最多，规模最大的电子政务网络。内网横向涵盖了省直部门、中央驻湘单位、省管企业和高等院校，纵向连接了全省 14 个地市及各县市区党政机构。电子政务外网已接入 119 家省直部门及直属二级机构，市州、县市区部门接入已近万家，63.41% 县市区已延伸到乡镇一级。

完成了省电子政务外网平台网控中心的建设，在省委、省人大、省政府、省政府机关二院、省政协、长沙市政府建立了六个汇聚节点；完成了省经济运行监控与分析系统、网上联合审批管理系统、"诚信湖南"信用信息系统和政务公开系统等四大公共应用子系统的建设；完成了省数字认证系统、邮件系统、外网音视频制作播出系统等公共服务系统的建设。

通过全面加强政府网站管理，湖南省政府门户网站建设成效明显，在 2013 年全国政府网站绩效评估中取得了第五名的好成绩。

（二）服务平台建设取得新进展

行政事业性收费管理平台建设进展顺利，涉及全省 44 个行业（部门）的行政事业性收费管理法规和详细收费标准、14 个市州，总的收费明细条目达上万条。湖南区域医疗信息共享及协同服务示范平台完成平台中心建设，将进一步有利于整合湖南省优质医疗资源、提高医疗服务水平、降低老百姓看病的成本、提高医院管理水平，为国家医改提供技术和服务模式的创新。综合治税信息平台建设全面启动，社会综合治税体系建设迈上了一个全新的台阶。

（三）重点应用项目建设务实推进，积极推进全省信息安全监督

管理与应急指挥系统建设。此项工作 2013 年正式启动，已编制完成可行性研究报告，正在申请立项。全省信息安全监督管理与应急指挥系统公共平台建成后，将有效地提高湖南省重点领域的信息安全监测、防护和应急指挥能力。工程建设领域项目信息公开和共享系统建设务实推进，参建部门主要包括省直、14 个市州及 123 个县市区的发改、国土、住建、交通、水利、环保等 6 个部门，有的地市还扩大了参建部门范围，实现了电子政务资源的整合和高效利用。目前，系统总体运行情况稳定可靠；数据收集整体工作成效显著，项目信息和信用信息公开量居全国前列。

（湖南省经济和信息化委员会）

2013年广东省电子政务发展概况

　　近年来，广东省电子政务建设持续深入推进，组织体系不断健全，专业技术队伍建设不断加强，电子政务在社会管理、公共服务、市场监管和宏观调控等方面发挥着越来越重要的作用，企业和公众对政府满意度稳步提升。

一　"十二五"规划目标实现情况

　　全省统一的电子政务网络大平台基本建成，党政内网联通21个地市和134个省级单位；电子政务外网横向联通124个省级单位，纵向连接21个地市和121个县（市、区）。省政务信息资源共享平台已覆盖60多个党政部门，18个地市。各部门业务系统信息化覆盖率达83.4%。全省各级政府已建立门户网站5990多个，初步形成覆盖省、市、县（市、区）、镇（乡、街道）的政府网站群。建成开通省网上办事大厅，全省21个地市和顺德区及53个省级单位建成网上办事分厅（窗口）并与省网上办事大厅联通。

二　电子政务发展情况

（一）省网上办事大厅建设情况

　　在广东省委、省政府高度重视和全力推动下，2012年10月，广东省网上办事大厅正式开通，以政务公开、投资审批、网上办事、政民互动、效能监察等功能模块为主的网上办事平台初步建成。开通一年多以来，广东省网上办事大厅建设按照工作计划完成各阶段工作任务，在制度改革、服务创新等方面进行有益尝试，取得了阶段性成效。

　　（1）省网上办事大厅主厅框架体系基本建成。主厅日均访问量达5万多人次，52个省级单位以及21个地市、顺德区和珠三角县（市、区）已经全部实现与省网上办事大厅对接，界面风格统一，实现事项目录数据同步。

　　（2）省直窗口和各级分厅的建设进一步完善。截至2013年11月1日，有事项的52个省级部门已全部进驻省网上办事大厅，经界定，省级部门应进驻事项1619项，其中行政审批应进驻事项1215项，社会事务服务应进驻事项404项。行政审批事项已进驻1207项，进驻率达99%，约68%的行政审批事项达到二级办理深度、30%的行政审批事项达到三级办理深度。

　　（3）网上办事大厅后台系统功能不断升级。通过不断强化后台系统建设，建成统一网上公共申办受理系统和行政审批系统，已有18个省级部门利用该系统实现审批事项网上申办受理。完善了事项目录管理系统，实现了网上办事大厅与省编办事项目录管理系统与省监察厅行政审批电子监察系统的数据同步，并实施动态管理。开发完成事项目录同步系统，实现与21个地市、顺德区分厅及珠三角区县级分厅事项目录数据同步。加快办事过程信息对接，目前有进驻事项的45个省级部门全部通过数据交换功能测试，完成了平板电脑版开发，初步完成手机版开发。

（4）"试点"研究跨层级、跨部门的事项并联审批和业务流程再造。拟选取佛山市及南海区作为试点，推进联合审批改革及网上办事流程再造试点工作。佛山市非常重视网上办事及审批流程改革工作，积极建设并联审批系统，通过信息化手段，将分散在各部门办理的同一个审批事项通过集中、联合、并联的方式，重组再造审批流程，提高审批效率和服务质量。目前企业设立登记审批时间从 20～50 个工作日压缩到 10～25 个工作日，工程报建审批时限从 200 多个工作日减少到 45 个工作日，竣工验收时间从 35～180 个工作日统一压缩到 13 个工作日。

（二）政府网站服务情况

2013 年，经第三方评估，广东省各级政府网站公共服务程度最高水平达到 96.4 分，80 分以上地市达到 15 个，占 71%，政府网站服务水平进一步提高。

（三）社会管理和政务服务应用情况

1. 积极开展基层社会建设信息化试点

广东省将广州市越秀区等 13 个区县列为省级基层社会建设信息化试点，通过试点工作探索建设县（区）级社会管理和公共服务综合信息服务平台的有效模式和经验，取得了良好成效。特别是广州市越秀区、佛山市顺德区、云浮市新兴县、东莞市大朗镇，作为国家依托电子政务平台加强县级政府政务公开和政务服务试点，更是成效显著。当前，广州越秀区、佛山顺德区已实现在区、镇（街道）、村（居）三级全覆盖，大朗镇 28 个社区（村）全部设置了基层便民服务"一站式"办事窗口，云浮新兴县 12 个镇和 31 条试点村均建立了基层便民服务点并部署了基层便民服务系统。

2. 电子政务服务向农村基层进一步延伸

2013 年广东省大力支持电子政务向农村基层延伸，支持 67 个县利用信息技术进行农村基层社会管理和公共服务，建设基层政务平台和网上办事大厅。开展"百万农民学电脑"培训服务活动，全年全省各县（区）平均举办农村信息化培训活动 55 场，县（区）参加培训的农民数平均达 4303 人次。培训了 1200 多名农村青年网络经营带头人，推动 1000 多家"农家网店"建设。开展偏远山区教育信息化试点建设，为 6 所山区中小学提供了优质远程教学服务。

3. 推动协同政务信息化试点工作

根据协同政务的特点，编制《协同政务信息化推进办法（征求意见稿）》，试点先行，以综合城管、综合治税、重点车辆管理等为切入点，探索推进协同政务信息化的有效模式，以信息技术提高政府综合治理的协同性，提高效率。

（四）信息资源共享情况

（1）截至 12 月底，省信息资源共享平台已有 35 个政务部门开展了信息资源共享工作，共享了 195 类信息；数据总量共达 23.41 亿条。

（2）完成电子政务畅通工程立项，开始进行省、市、县三级信息资源交换共享体系建设。

（3）建设信息资源共享信息梳理系统，利用信息技术对省直部门的共享信息需求进行梳理，共梳理 25 个省直部门提交共享事项 295 类，提供信息项 508 项。目前，正在此基础上抓紧开展第五批共享目录的编制，下一步将梳理市、县纵向信息共享需求，并将其纳入第五批目录。

（4）编制了信息资源共享交换体系框架，指导市、县进行信息资源共享平台的建设。

（五）电子政务公共平台建设和应用情况

1. 不断建设完善企业信用信息网

不断建设完善企业信用信息网，提供面向公众的企业信用信息查询服务，公开各类企业信用信息，逐步满足企业信用信息公开方面的需要，目前已整合了全省超过 130 万家企业的相关信息，日峰值访问量超过 9 万余次，累计访问量超过 3045 万次。

2. 农村信息基础设施建设进一步完善

2013 年全省各县（区）接通宽带的乡镇比例约为 98.5%，接通宽带的行政村比例约为 97.7%，3G 网络覆盖率约为 86.9%，乡镇卫生院、乡镇中小学互联网接入率分别约为 98.1%、96.8%，有线电视接入率约为 94.3%，45.45% 的县（区）开通了农村热线、专线电话。各县（区）信息化培训场所平均拥有量为 4.9 个，培训场所电脑总数平均约为 97 台，县（区）农村信息化人才队伍平均达 203 人，其中信息员队伍所占比例达 61.31%。农村信息基础设施进一步完善，为下一步农村信息化发展提供了基础保障。

（六）电子政务信息安全保障

2013 年，广东省进行信息安全服务支撑体系建设，主要用于建设联合工作平台（将与工信部平台进行对接）和线上实时检测系统、应用系统离线检测。搭建省级数字证书交叉互认试点平台，支持数字证书跨省内行政区域应用，实现一证多用和多证通用，筹划建设"粤港网上服务自由办"和"粤港网上贸易便利化平台"，推动粤港澳跨境数字证书应用。

加强对电子政务内网和电子政务外网的统筹管理，制定了《广东省电子政务网络管理办法》，统一政府部门互联网出口，规范网络接入和移动互联，提高网络的安全和保密水平。

整合社会资源，抓支撑队伍建设，初步形成了以电子五所、互联网应急中心、广东信息安全测评中心、广州市信息安全测评中心、深圳市信息安全测评中心为主体的信息安全检查、监测服务队伍，逐步建立电子政务技术应用支持联盟，集合重点企业，建立安全可控的信息产品支撑队伍。

抓信息安全检查。积极开展省重点领域信息安全检查任务，有效提升全省信息安全防护保障水平。组织全省 102 家省直单位、22 个地市（区）的 1200 余家市直单位、121 个县市区相关单位开展自查，共检查 1566 套重要信息系统、16672 台终端计算机、1315 台重要信息系统服务器。组建 4 支专业检查队伍，现场检查广州市政务办、省公安厅等 10 家政府部门的重要信息系统，远程渗透检查 43 家政府和航空、能源、电力等重点省属国有企业的重要信息系统和网络。

（广东省电子政务协会）

2013年广西壮族自治区电子政务发展概况

2013年，根据广西电子政务"十二五"规划，全区各级各部门积极开展网络和信息系统建设和政务信息资源整合，大力推动重点项目建设，基本完成电子政务"十二五"规划中期任务。

一 电子政务网络整合初见成效

2013年，在自治区党委办公厅、政府办公厅、发展改革委等部门的积极沟通和大力协调下，广西开始启动电子政务内、外网络整合工作。成立了广西电子政务内网建设和管理协调小组和广西电子政务外网管理中心，负责广西电子政务内网和外网管理工作；建立广西电子政务网络和信息资源整合利用管理体系，从电子政务项目建设审批源头做好电子政务网络整合工作。

截至2013年底，共有南宁、柳州、桂林等10个市建成本地区电子政务内网横向城域网络，自治区发展改革委，监察厅等12个部门纵向应用依托广西电子政务外网开展。

二 信息资源开发利用工作进一步深入

（一）构建广西数据交换体系

2013年，广西完成了跨地区、跨部门应用系统数据交换和信息共享平台的设计和选型工作，并选取部门开展试运行工作，初步实现不同部门行政审批系统、电子公文的数据交换和信息共享。同时，广西发布了广西地方标准《政府系统电子公文传输与交换》，为广西政府系统各级各部门电子公文相互之间的传输、读取、认证奠定基础。

（二）大力开展基础数据资源整合工作

自治区质监局、国土厅、公安厅、人口计生委、统计局等单位，按照广西电子政务"十二五"规划实施要求，开始启动自治区法人单位信息资源数据库、空间地理信息资源数据库、人口基础信息资源数据库、宏观经济信息资源数据库项目立项和建设工作。自治区发展改革委、工信委、科技厅等20个区直部门完成本部门政务信息资源梳理工作，编制了本部门用于信息共享和数据交换的政务信息资源目录。南宁市完成了南宁市政务地理信息共享服务平台建设和应用，为各部门政务应用提供地图支持；建成信用信息查询系统，为市民提供信用查询服务，成为国家首批查询个人信用信息试点区域；开展南宁流动人口管理信息共享交换平台建设，推进居住证改革工作。柳州市建成了全市统一的空间地理基础数据库和人口基础数据库，人口基础数据库涉及125个数据项的10542819条记录。桂林市完成了桂林世界旅游城地理信息公共服务平台及三维城市信息系统建设，为各单位提供统一的地理信息服务和城市三维模型展示。

三　电子政务服务体系深入基层

（一）优化行政审批和电子监察平台，进一步规范行政审批工作

建立全区统一的行政审批标准目录库，实现广西行政审批无差异化、政务服务均等化和办理流程标准化，全区 4000 多个政务服务窗口单位使用统一的行政审批标准目录库；围绕优化企业投资服务的目标要求，建立重大项目联合审批和跟踪管理系统，实现广西重大项目联合审批全过程电子办理和跟踪及提醒。在北海市试点，已成功审批 5 个项目，投资金额达 8.9 亿元；编制了广西"一服务两公开"数据交换规范和传输标准，建立数据交换平台，与 7 个部门 15 套审批软件实现了对接，有效解决了行政审批过程的"二次录入"问题。

（二）推进"一服务两公开"基层信息化平台延伸

将"一服务两公开"基层信息化应用平台推广到全区 1129 个乡镇（街道）和 11976 个村（社区），实现了区、市、县、乡镇（街道）、村（社区）的五级电子联网的政务服务体系。同时，以东兰县为试点，依托"一服务两公开"基层信息化应用平台推行"农事网办""农事村办"，覆盖了东兰县 12 个乡镇，49 个村，实现了基层群众"小事不出村、大事不出乡"。

（三）促进政府信息公开服务多样化开展

不断加强自治区人民政府门户网站建设，在 2013 年中国政府网站绩效评估中，广西政府门户网站名列全国省级网站第 14 名，列西部省（区）第 4 名，是全国省级网站中进步幅度较大的省（区）。开展广西政府网站绩效评估工作，对全区各级各部门政府网站政府信息公开工作进行绩效评估，促进各级各部门政府网站健康发展。进一步优化政府信息公开统一平台，解决平台与各级各部门政府网站数据交换，实现政府信息公开统一平台数据的实时更新，目前，政府信息公开统一平台已覆盖全区 8433 个行政机关和公共企事业单位，建立区、市、县、乡全区统一的政府信息公开体系。

四　社会管理信息系统大力发展

（一）社会保障"五险合一"大集中系统应用取得新突破

完成金保工程"五险合一"信息系统开发工作和南宁、北海、防城港、钦州、百色、河池、贺州等 7 市社会保险数据的整理、迁移，实现 7 市医保异地即时结算、社保业务实时办理、社保关系转移接续、社会保险网上大厅、虚拟大厅自主办理等业务。

（二）国土信息资源应用全覆盖

全面建成涵盖广西 23.7 万平方公里土地、矿产、海洋以及地质灾害的国土资源数据

"一张图"，包含建设用地审批、征地数据、供地数据、耕地占补数据等28个业务数据库，数据量达到30多TB，为广西国土审批和管理业务提供技术支撑。建成土地、矿业权市场网上交易系统，初步实现广西土地、矿业权的网上交易，2013年，成功完成网上出让采矿权交易10宗，实现采矿权价款收入704万元。

（三）食品药品监管信息化建设取得新进展

完成了食品生产、流通环节业务数据整合和系统优化，建成广西"四品一械"综合监管平台，基本实现食品、药品、保健食品、化妆品、医疗器械的网上审批、实现食品生产环节的信息化审批和日常监管。

（四）人口信息化管理取得新进展

初步建立人口数据快速采集、动态监测分析和人口发展领域辅助决策的人口数据动态管理与分析系统，对广西人口总量与分布、人口流动与迁移、人口与资源环境、人口预测分析、人口结构与素质、人口与计生工作、人口与经济社会、人口与地理信息、主体功能区人口发展等九大类145项信息实现数字化管理。依托人口计生管理服务综合信息平台实现全区人口计生证件电子化办理，统一全区编号、实现全区防伪互通和证件规范打印。

（五）环保信息化实现跨越式发展

建成上联环境保护部、下联直属单位与14个地级市环境保护局，业务覆盖、信息全整合的广西环境预警预测、监控监管、决策指挥信息化体系。建立广西环境空气质量实时发布平台，及时发布广西各地PM2.5在线监测指标。

（六）税务信息化服务取得成效

广西地税以12366纳税服务热线为核心，以地税网站为平台、以IM税企短信互动平台为辅助手段，建成覆盖全区范围的ETS多元化电子纳税服务体系，为纳税人提供个性化服务。ETS体系开通至今，共受理各类电子化涉税服务488.52万次，受理涉税咨询99.87万次，解决涉税疑难问题72.19万次，提高了办税效率和质量，监督办税过程。

（七）积极探索便民服务信息化建设

南宁市联合市数字化办、发改委、交通局、财政局、公安局等单位推出南宁市民卡业务，为南宁市民提供乘公交车、身份识别以及银联卡的借记服务，2013年12月20日南宁市民卡正式发卡，首发2000张。

五　完善安全保障体系

（一）建立安全保障管理体系

广西建立了基于国家信息安全等级保护和涉密信息系统分级保护的电子政务安全保障管理体系，将等级保护和分级保护要求贯彻到电子政务项目审批、建设全过程。同时，建立电子政务安全检查制度，每年组织一次全区电子政务安全检查。

（二）搭建电子政务安全管理平台

1. 建成广西电子政务外网安全管理平台

2013年4月，广西完成电子政务外网网络安全管理平台建设，建成网络安全管理平台，实现对安全事件的集中监控、预警、响应和处置，全网统一管理和监控。

2. 电子政务信息安全监控平台项目顺利开展

由广西公安厅牵头，全面开展广西壮族自治区政府网站、政务信息安全监控平台，建设"监、防、控"一体的安全管理体系，先期建成网站安全扫描检测平台，最大可同时对广西壮族自治区2000个网站进行检测。2013年，使用检测平台对广西壮族自治区1770个政府网站进行日常监测，完成检测任务46500次，发现安全风险和漏洞隐患178万多个。

（广西壮族自治区人民政府办公厅电子政务中心）

2013年海南省电子政务发展概况

一　基本概况

截至2013年底，海南在原有"三纵两横"骨干网络的基础上，加快了固定光纤网络和宽带移动通信网络建设，初步形成了大容量、高速率、覆盖全省城乡的信息通信网络，综合通信能力显著增强，三网融合工程顺利推进。

省电子政务外网、省数据共享平台等公共应用系统已得到广泛使用，全省统一、多级联动的电子政务公共服务平台正组织实施；工商、国土等部门应用系统建设和应用取得了良好成效；省政府门户网站建设水平进入全国先进行列。

全省社保系统、新农合、农业科技110、数字海南地理空间框架等社会事业信息化系统已建设完成并广泛应用，智能交通、海岛立体防控等重点项目正抓紧实施，全省公共服务能力正不断增强。

2013年，海南省的信息化建设成果为"智慧城市"建设创造了较好的基础与环境。万宁市在智慧城市试点建设过程中，还重点探索了城市产业的数字化应用。

海南省信息化政策法规环境日益健全，《海南省信息化条例》于2013年11月1日起颁布执行，《鼓励和支持战略性新兴产业和高新技术产业发展的若干政策》等一系列优惠政策为海南信息化建设和信息产业发展提供了强有力支撑。

二　"十二五"规划目标实现情况

"十二五"期间，海南省电子政务发展的总体目标是：坚持低成本、集约化、见实效的原则，实行一体化建设、一统型平台、一网制办公、一站式服务、一路上监督的建设和管理模式，全力打造网络环境下的"一站式"公共服务平台和"一体化"政务服务体系，积极推动政务和技术的深度融合，全面深化核心业务信息化应用，重点推进部门间信息共享和业务协同，大力发展基层电子政务，全面支撑服务型政府建设。

"十二五"规划目标实现情况如下。

（一）面对新形势全力打造省电子政务公共服务平台

根据《海南省国民经济和社会发展信息化"十二五"规划》和《海南省信息智能岛规划（2010～2020 年)》的总体要求和建设目标，以政务服务和电子监察为应用抓手，开展全省电子政务公共服务平台的顶层设计和初步设计。

截止到 2013 年底，已初步建成全省统一、多级联动的电子政务公共服务平台，实现了全省省直单位、市县（区）、乡镇（街道）服务全覆盖，实现 3 个试点区域的县（市、区）、乡镇（社区）、行政村（居委会）服务全覆盖，正加快部署推广。

（二）建成了覆盖全省统一的电子政务外网和省数据中心

电子政务外网已覆盖 48 个省直部门和全省 19 个市县，各市县已完成镇、村服务窗口及其通信传输线路建设。省政府数据中心机房于 2012 年已交付使用，正扩容建设。

（三）依托省电子政务外网平台，组织实施了一批重点应用项目，实现业务系统数据大集中

一是省数据共享平台完成第一期工程建设投入运行，实现省财政、地税、国税、工商、社保、质监等六家单位企业基础信息共享；二是省工商行政管理业务信息系统投入运行，实现了全省工商行政管理数据大集中；三是省统一的应急联动指挥平台工程已完成，整合现有各专业应急指挥资源，与省三防办、公安 110、消防 119、海上救助、省 120 等五个专业应急指挥中心联网，实现应急指挥信息的互联互通和共享，具备应急指挥功能。

（四）政府部门办公自动化取得很大进展，各类业务应用系统相继建成

目前省直机关和市县 60% 以上的单位使用 OA 系统办公，80% 以上的单位开发了信息系统和数据库；在省直部门推广应用全省统一的办公系统（大 OA 建设模式），完成了第一期 12 个省直部门的试点推广应用。党政机关电视电话会议系统顺利开通，在省直机关和市县政府设立 24 个分会场。

（五）加强信息化项目统筹管理

由省信息化主管部门和省财政厅负责对省级电子政务项目的规划、立项、招投标、工程监理、验收、评估等实行统一管理，所有项目建设必须符合《海南省电子政务"十二五"发展规划》要求，避免重复建设、条块分割，并开展了电子政务项目绩效评估。

三　基础设施建设

在 3G、宽带、移动互联网等新技术的有力推动下，海南省通信和信息业等信息化基础设施建设一直保持平稳、健康发展态势，正积极部署"宽带战略"落地实施计划。城市地

区着力推进光纤化成片改造，行政村通宽带比例保持 100%。截至 2013 年底，互联网用户超过 750 万户，移动电话普及率超过 98%，全省增值电信企业 159 家，通信行业已经成为推动海南省电子政务信息化的重要力量。

四　电子政务核心业务应用

近年来，通过大规模投入建设，90% 以上的省直部门都已建设有应用系统，47 个省直部门共建设了 207 个业务应用系统，核心业务对于信息化的依赖程度越来越高。在有国家电子政务工程推动的各级政府部门，核心业务系统数量或信息化支撑程度相对较高。信息化已成为大多数部门行使职能、提高管理服务水平、实现创新发展不可或缺的手段。如财政、司法、交通、人力社保、人口计生、出入境等部门的业务系统数量较多；公安、国土、地税等部门核心业务支撑系统建设比例较高，且系统应用效果普遍显著。

（一）政府网站发展

海南省人民政府门户网站是于 1996 年开通运行，是全国第一个开通运行的省级政府门户网站，2007 年以来连续七年在全国省级政府网站绩效评估中排名前十，2013 年获得全国政府门户网站评比第 5 名。

目前已建成了以省政府门户网站为主站，厅局、市县政府网站为子站的政府网站群平台，现平台中运行共计 94 个站点。

（二）社会管理和政务服务应用

目前，共有 34 个省直和中央驻琼单位的 1240 项行政许可和非行政许可事项，通过省政府政务服务中心统一建设的网上审批系统集中办理，占全省省级许可审批事项的 87%，拉动了省级部门整体政务服务的信息化应用水平。

截至目前，70% 的市县建立了行政审批大厅，并与省级大厅实现了联网并联审批。

（三）信息资源开发利用和共享

在人口基础数据库建设方面，经过几年的努力，基本已经建设完成了涵盖全省 870 万常住人口信息和部分流动人口的基础库，汇集了省公安厅、省人口计生委、省民政厅、省卫生厅、省教育厅、省人力资源社会保障厅等部门相关人口数据。

在法人库建设方面，现阶段已建成全省企业法人基础库，汇集了省工商行政管理局、省国家税务局、省地方税务局、省财政厅、省质量技术监督局、省社会保障局等部门企业法人相关数据。

在空间地理数据库建设方面，目前已建立了覆盖全省的大地数据库、10000~250000 矢量地形图数据库、全省栅格地形图数据库、数字地面高程模型数据库、数字正射影像数据库等基础地理空间数据资源。

五　电子政务信息安全保障

采用积极防御和综合防范工作方针，建立电子政务网络与信息安全保障体系框架。

海南省政府、各省直机关及各市县基本实现了电子政务外网的接入，网络安全有了基本的保障。

电子政务应用系统建设采用数字证书技术，实行全省统一身份认证。商密证书由省工业和信息化厅根据国家有关规定委托依法设立的数字证书认证机构实施；普密证书由省委机要局根据国家有关规定委托依法设立的数字证书认证机构承担。

六　机构和队伍建设情况

建立省级信息化建设领导小组的综合协调机制，加强了全省电子政务的组织领导及各部门之间的协调配合；成立了信息化专家咨询委员会，建立专家定时研讨机制，为信息化项目管理提供智力支持。

目前，海南省约70%省级部门已经建立了信息中心等信息化机构，统一管理和建设各部门内的信息化工作。

各部门信息化专业机构的人员数量、素质水平和结构分布仍不能完全满足各部门信息化发展的需求。初步统计，信息化专业人员占省直部门公务员人数不足1%，近80%的部门信息化机构编制在5人左右。

（海南省工业和信息化厅）

2013 年重庆市电子政务发展概况

一　2013 年基本情况

（一）领导体制逐步完善

为科学规划和实施信息化重点工程，重庆市专门成立了信息化领导小组，适时调整了信息化领导小组组成部门和人员，实现了全市信息化建设组织的协调与统一。严格执行《重庆市信息化项目建设暂行管理办法》，对投入财政性资金50万元以上的信息化项目进行前置审核，保证全市电子政务系统的协调统一和信息共享。

（二）电子政务基础设施建设得到加强

市政府出台《重庆市大数据行动计划》，大力推动大数据技术在民生服务、城市管理及全市支柱产业发展等领域的广泛应用，使大数据产业成为重庆市经济发展的重要增长极，形成民生服务、城市管理和经济建设融合发展的新模式，构建起云端智能信息化大都市，成为具有国际影响力的大数据枢纽及产业基地。

重庆市电子政务外网一期工程完成可行性研究报告编制完成，年内启动建设，将建成覆盖市、区县的两级网络，为各级提供自上而下的业务网络和横向互联互通网络。

（三）规范文件逐步出台

为推动电子政务稳健发展，相继出台了《重庆市信息化工程暂行管理办法》《关于加快信息化建设的意见》。这些制度为电子政务建设、管理和发展提供了有力保障。

二 2013 年重点工作

（一）应用发展取得进展

根据市信息化领导小组办公室、市经济信息委委托重庆邮电大学开展的市电子政务发展水平评估工作结果显示，重庆市电子政务发展水平总体处于普及发展阶段后期，其中 40% 的市级部门处于起步发展阶段，40% 的部门处于普及发展阶段，20% 的部门处于深度发展阶段。重庆市发改、教育、科技、公安、财政、人力资源和社会保障、国土房管、环保、规划、市政、交通、水利、农业、文化、人口计生、审计、国税、地税、工商、质监、药监、体育、安监、统计、旅游等 25 个主要职能领域均有业务系统应用。229 项主要核心业务中，有信息系统支撑的核心业务 178 项，占 77.73%，所含各子业务均有系统支撑的核心业务 108 个，占 60.67%。

（二）政务应用发展

采用互联网 VPN 接入的方式，建成覆盖市、区县、乡镇（街道）、村（居）委会四级低保业务机构的城乡低保信息管理系统、全市婚姻登记数据库和工作平台。筹建民政一期信息化系统，建立容纳全市民政业务数据的民政数据中心，覆盖市、区县、乡镇（街道）、社区四级民政机构的业务管理平台，服务全市社会公众的公共服务平台。

主要财政业务基本实现电子政务覆盖，市本级财政主要业务信息化覆盖率超过 80%，区县级财政主要业务信息化覆盖率超过 50%，政务信息资源开发利用成效显著。基本实现社会管理和政务服务电子政务覆盖率平均达到 60% 以上。

建成并投入一批国土和房屋管理系统，积极推进当前急需的食品药品监管系统建设。零售药店电子监管项目是国家药品监管信息系统一期工程建设项目，从 2013 年初开始，先后完成了系统布局、设备分发、系统安装与培训、系统运行应用等工作。

重庆市地质灾害信息管理和监测预警系统（一期）项目正式通过专家组验收并初步投入使用。该项目由市政府投资 600 余万元建设通过"一张图"使全市地质灾害信息管理和监测预警一目了然，对重庆地质灾害监测预警研究具有重要使用价值。

计划生育技术服务机构审批、第二胎生育管理、计划生育技术服务人员管理、奖励扶助业务管理等多项业务已覆盖全市所有街道（乡镇），流动人口计划生育管理和人口信息统计业务已覆盖全市所有社区（行政村）。

三 主要成果

（一）交通信息服务水平持续提升

开通公交"移动"电子站牌。在菜园坝、龙头寺和牛角沱三个公交站场内安装的实体电子站牌运行正常。年内建成覆盖全市主城区 50% 公交线路的移动电子站牌系统，实现线路、站点查询、出行规划、公交车到站实时预报（站数、距离）等功能。

开通公路客运联网手机购票系统。在原联网售票系统基础上，2013 年 12 月初在西部地区率先开通了手机购票 APP，并同时支持银联和支付宝两种在线支付方式。

出租汽车服务管理信息系统试点工程及出租车电召。安装完成主城区 12000 余辆智能终端。推出安卓、苹果智能手机的电召软件，并探索市场化方式，接入了嘀嘀打车、快的打车等商业电召软件，最大程度方便了市民。乘坐出租车刷"宜居畅通卡"付费功能已经开发完成，正在进行最后测试，即将开通。

（二）电子政务支撑社会保障服务

城乡居保网上申报。通过互联网实现了网上预申报，社会保险参保单位可以直接在市人力社保网站上预办理部分参保及信息查询业务。使用 CA 认证的参保单位可以直接办理参保增加、减少、修改以及信息查询等业务。目前 CA 认证已在北部新区进行试点。

城乡居民医保村医手机报账功能。已在铜梁县开展试点，实现城乡居民医疗保险参保人员在村卫生室就医后通过手机完成个人账户资金的实时报账服务。

正式开通 12333 电话咨询人工服务。12333 作为人力社保部门服务社会公众、了解社情民意和化解社会矛盾的载体，重庆市按照"基本公共服务均等化"和构建服务型政府的要求，完成了 12333 电话咨询服务系统建设，实现与社会保险、社保卡、12333 子网站等系统的无缝链接，为社会公众提供人力社保政策咨询、社保信息查询、社保卡挂失和密码修改、转接劳动监察投诉举报等服务。2013 年 1～11 月，市民累计拨打 12333 服务热线总量 188.6 万个，其中人工服务 31.6 万个，来电咨询问题总量 34.5 万个。

加快推进劳动监察"两网化"管理。为切实维护劳动者合法权益和劳动关系和谐稳定，在前期江北区、南岸区试点运行劳动保障监察"网格化、网络化"信息系统基础上，2013 年启动了全市 21 区的系统培训应用。系统以乡镇（街道）为基础，以用人单位和劳动者数量为依据，以便利劳动者维权和服务企业为导向划分监察网格，以信息化网络为支撑，将城乡用人单位全面纳入劳动监察监管范围。计划 2014 年内完成全市所有区县的上线使用，逐步覆盖全市所有乡镇（街道）。

（三）医疗应急指挥高效调度

建成包括市级卫生应急指挥平台、区县卫生应急指挥中心、市 120 指挥调度中心、卫生应急移动通讯指挥系统等四个部分、17 个子系统在内的重庆市卫生应急指挥与决策系统，全面实现对全市卫生应急资源信息的有效管理，实现突发公共卫生事件的动态监测与自动分级、预警；实现全市卫生应急体系的统一指挥、指令传达、数据传送、资源共享，实现领导指挥与决策需要的专业信息服务、决策依据和分析手段。

（四）居民健康卡项目启动建设

重庆作为"全国居民健康卡"项目的第二批试点省市，将于今年在渝中区卫生局、巫山县卫生局、重庆医科大学附属第一医院、附属第二医院、附属儿童医院和第三军医大学附属大坪医院开展试点，通过区域平台与实际平台连接，实现"居民健康卡"跨区域、医疗机构使用。

（五）教育信息和重点工作加快推进

重庆结合已开展的"校通宽带工程""宽带普及提速工程"及"点亮村小工程"，加强网络设备和网络条件下的基本教学环境建设。通过"农村义务教育薄弱学校改造计划"、教学点数字教育资源全覆盖项目和数字校园建设，建好专递课堂、名师课堂、名校网络课堂"三个课堂"，为中小学所有班级配备多媒体教学设备，将优质资源送到每一个班级，实现优质教学资源的普遍应用。

（六）安全监管全过程管理

建立安监局网上办事系统，强化非煤矿山、危险化学品、烟花爆竹、安全评价、安全培训等许可业务从个人、企业申报到区县审核、市局审核批准全过程的网上办理，覆盖了80%的安监的网上行政许可业务。利用"门户受理－内网办理－门户反馈"的运行模式确保了各级监察部门和各级安监部门内设监察机构对行政许可关键环节的实时动态监控。2013年1~11月，共受理网上行政许可2248件，其中在办484件，办结1764件。

四　总结

重庆市电子政务工作坚持以建设服务型政府为核心，以强化公共服务为宗旨，以提高应用水平为重点，以政务信息资源开发利用为主线，以资源共享和业务协同为突破，不断提高电子政务建设与应用的广度和深度，大力加强政务基础设施、政务信息系统和信息安全建设，2013年各项建设取得了明显成效。

（重庆市经济和信息化委员会）

2013 年四川省电子政务发展概况

2013 年是四川省重要的一年，在省委、省政府的正确领导下，我们始终以党的十八大精神为指导，着力优化政策环境，提升基础设施承载能力，不断深化政务公开，强化重点业务信息化覆盖，推进社会管理创新，电子政务发展水平稳步提升，为推进政府职能转变和服务型政府建设发挥了积极的作用。

一　电子政务基础设施建设

（一）电子政务外网建设情况

四川省电子政务外网从 2005 年开始规划建设，经过 8 年多的探索实践，不断深化开放合作、强化基础建设、细化技术支撑，使政务外网建成为广东省连接政务部门最广、承载业务种类最多的政务公用网络。省政务外网骨干网和省级城域网采用 MSTP 线路组网，绝大部分县级以上政务部门采用专线模式连接。广域骨干网纵向采用 100 兆光纤连接 21 个市（州），10 兆光纤连接 181 个县（市、区）及部分乡镇（街道），省级城域网横向连接 153 个节点单位，全省接入 12117 家政务部门和单位，终端用户达 12 万，建立了省到各市（州）的备份线路，以及省级多运营商互联网统一出口等网络优化措施。目前，电子政务外网网络基本实现"横向到边、纵向到底"的省、市、县三级政务部门全覆盖，为省市县之间及省政府各部门之间的信息化应用创造了网络条件。2013 年，四川省全面完成电子政务外网二期工程建设，顺利通过了国家和省主管部门组织的项目竣工验收。

（二）电子政务典型应用介绍

四川省电子政务外网承接了国家审计署、农业部、卫生部、科技部、国土资源部、国务院应急办等 21 项国家级应用。开展了政府信息公开、应急指挥管理、行政审批监察、政府公文无纸化传输等全省综合性应用和民政、卫生、水利、旅游、农业等几十个行业性应用以及数百个地方应用，在创新社会管理、促进公共服务等方面发挥了重要作用。

1. 全省工程建设领域项目信息公开和诚信体系平台

全省共建立公开共享专栏 2772 个。其中省级政府门户网站和省级行业主管部门已建设公开共享专栏 41 个，市（州）级政府门户网站和市（州）级行业主管部门已建设公开共享专栏 306 个，县（市、区）级政府门户网站和县（市、区）级行业主管部门已建设公开共享专栏 2425 个。四川省工程建设领域项目信息公开平台建立了专栏链接服务系统、信息检索服务系统、信息整合发布服务体系。截至 2013 年 3 月，平台公开项目建设管理信息 19858 条，项目从业单位信用信息 38580 条、从业人员信用信息 114565 条。

2. 四川省行政权力依法规范公开运行平台

2013 年底，四川省行政权力依法规范公开运行平台省、市、县三级正式联网运行，实现了行政权力的网上运行和全方位、多环节实时透明公开，公众通过电子政务大厅，可在网上查询各种政务信息，快速了解法规依据和服务流程，申请办理行政事项，实时跟踪行政权力事项办理情况，基本形成了权责清晰、程序严密、运行公开的行政权力依法规范公开运行机制。

（三）政务信息资源共享和业务协同

整合资源，积极推进统一平台建设。在电子政务网络建设日益深入完善后，部分部门和市州积极探索，统一平台建设，促进数据交流，避免重复浪费，提升信息化水平。

广安市按照"统一建设，统一管理，互联互通，资源共享"的建设原则，全市统一的政务门户网站集群、统一的电子政务核心机房和统一的政务信息处理平台的建设已形成基本的框架，初步实现了以政府网为核心，以电子政务平台为基础，以政府网数据库为依托、以市各机关各专业网站为子网站的网站群体系。

成都市积极推进电子政务资源共享和业务协同。加强政府门户网站服务功能建设，完善了系统平台和栏目内容建设。完善行政权力网上公开透明运行平台建设，推进网上政务大厅与行政审批系统、电子监察系统以及部门业务系统互联互通，组织编制了政务信息资源交换标准。完善基层政务公开服务平台建设，形成以公开为导向，整合农业、科普、文化、卫生等延伸到基层的服务事项的全市统一的基层公开综合服务平台，已在全市推广应用。

资阳市电子政务建设坚持全市一盘棋，实行市、县、乡"一体化"建设与应用，采取"统一建设、统一管理、统一运维和市县分级投资"的建设模式，建成了全市统一的数据交换平台，首期完成了11个数据交换节点的接入，实现了交换节点间数据的有限共享。

省工商局按照"整合、融合、一体化"的要求，以统一信息化标准为前提，以数据标准和应用标准建设为重点，以保障信息共享、联网应用和促进信息化一体化为目标，对准入、案件等系统所涉及的数据结构按照总局最新数据标准体系逐项比对和设计，对全省综合业务系统实施了整体改造。

全省为全国工程建设领域项目信息公开和诚信体系建设试点之一，全省总共建立公开共享专栏2772个。其中省级政府门户网站和省级行业主管部门已建设公开共享专栏41个，市（州）级政府门户网站和市（州）级行业主管部门已建设公开共享专栏306个，县（市、区）级政府门户网站和县（市、区）级行业主管部门已建设公开共享专栏2425个。全省工程建设领域项目信息公开平台建立了专栏链接服务系统、信息检索服务系统、信息整合发布服务体系。截至2013年3月，平台公开项目建设管理信息19858条，项目从业单位信用信息38580条、从业人员信用信息114565条。该项目的实施节约了投资经费，避免了各地各部门重复建设，实现了全省工程建设领域项目信息公开数据集中统一、互联互通、信息共享。

二　政务系统的信息安全保障

四川省高度重视政务信息系统安全管理。加强省政务外网骨干网防护，按照信息系统等级保护标准开展等保定级备案和评测；建立省级安全监控平台，全天候监测，在重大节假日、敏感时期及黑客活动频繁的时间节点，强化安全监控，预估可能发生的情况和影响对象，提高对突发事件的反应能力；下发了《关于进一步加强电子政务外网安全管理的通知》，指导各地各部门开展安全自查，并和省经信委、通管局等部门联动，每年开展电子政务外网安全检查。省级电子政务外网长期保持安全平稳运行，骨干网络畅通率达99.8%，未发生因安全事件造成信息系统中断、异常等情况。

政务外网省到市骨干网络按照等级保护三级标准进行安全防护，省级政务外网建有边界防护、入侵防护、网络审计、漏洞扫描、防病毒等网络安全防护系统。部署了全网统一终端管理系统，在9000余个终端上安装了安全管理软件；在公文传输等应用中推广证书使用，全网颁发证书1.8万张，占全国政务外网发证量10%。

三　人才队伍建设得到加强

加强人才培养使用，推进电子政务人才培训、引进和使用，建立健全激励机制，合理配备专业技术和管理人才，充分调动各方面的积极性，建立结构合理的人才梯队，是四川省政府系统电子政务建设长远发展的重要保证。面对信息技术发展的日新月异，通过培训、研讨、交流等方式加强对电子政务工作人员进行有针对性的培养，不断提高电子政务建设、管理和使用人员的业务素质及运用信息技术的能力。在工作中不断提高这支队伍的技术水平、组织、协调和落实能力，切实打造出一支想干事、善干事、能干事的工作团队，以适应电子政务工作的需要。通过培训和强化队伍建设，一支既懂政务又懂技术的专业队伍正逐步形成。

（四川省人民政府办公厅）

2013 年贵州省电子政务发展概况

"十二五"以来，按照省委、省政府提出的"两加一推"总基调要求，紧紧围绕十八大提出的"建设资源节约型、环境友好型社会"的目标，贵州省电子政务以"数字贵州"建设为抓手，加强顶层设计与统筹规划，加快政务基础信息设施建设，推进信息技术在政务领域的深入应用和政务信息资源的开发利用，全省电子政务建设稳步推进，各项工作取得了新的进展。

一 "十二五"规划目标实现情况

"十二五"以来，贵州省根据《国家电子政务"十二五"规划》及《贵州省"十二五"推进信息化发展专项规划》要求，大力推进电子政务建设。2013 年，贵州省被工信部列为"基于云计算的电子政务公共平台顶层设计实施试点"试点省，目前已完成《贵州省基于云计算的电子政务公共平台顶层设计实施方案》编制，正按序推进实施试点建设；电子政务应用发展取得重大进展，省级政务部门核心业务信息化覆盖率达到 85% 以上，市、县政务部门核心业务信息化覆盖率逐步提高；依托全省统一的电子政务外网网络平台，实现了省市县政府三级协同办公及电子政务外网数据交换，贵州省"省级网上办事大厅暨省市县三级政府协同办公系统"将于 2014 年 6 月上线运行；全省信息安全保障体系初步建立，网络安全管理机制逐步完善，各部门针对网站管理制定了内部网络与机房安全管理制度，网络安全预警和网络监察系统逐步建立，60% 的省政府组成部门及机构、100% 的市州做了本地容灾备份。

二 发展现状

"十二五"期间，各级政府和部门认真贯彻落实国家电子政务和贵州省信息化发展战略，电子政务建设取得了可喜进展。

（一）电子政务基础设施建设步伐进一步加快

按照国家统一要求和技术规范的全省统一的电子政务外网初步形成。目前，省、市（州）电子政务外网二期工程均已完工，省级已完成 140 余家省级委办厅局的连接并扩大至部分国有企业和事业单位；市（州）已完成平均 100 家局级单位的连接；县级已完成平均

30 多局级单位的连接。全省已完成 9 个市（州）和 89 个县的电子政务外网与电子政务外网骨干网的汇接以及 1546 个乡的连接，实现了省电子政务外网与国家电子政务外网的对接，为实现中央到地方的业务应用提供了网络通道。9 个市（州）政府及 90% 的省政府工作部门建立了机关内部局域网，为各部门业务承载提供了基础网络支撑环境，为实现全省跨部门、跨地区的信息资源共享创造了条件。

（二）跨地区、跨部门、跨层级政务信息共享和业务协同取得突破

以公共基础数据库为支撑，以资源整合为核心，积极推进行政审批电子监察系统、全省省市县政府三级协同办公系统、电子政务外网数据交换平台等公共服务平台，逐步实现基础设施、数据资源和应用平台三个层次的省级公共信息资源整合与共享。贵州省公安厅与贵州省人口和计划生育委员会按照"信息共享、优势互补、保障安全、长期合作、共同促进"的原则，开展信息资源共享，已在省级建成信息共享平台，以双方信息系统的数据库为基础，进行人口相关数据比对，不断完善和充实人口计生全员数据库的数据信息，提高全员人口信息资源质量。

（三）绩效评估工作推进全省政府网站建设良性发展

从 2009 年起贵州省人民政府办公厅会同贵州省信息化领导小组办公室连续开展贵州省政府系统门户网站绩效评估工作，2013 年是全省政府系统门户网站绩效评估工作开展第五年，回顾发展历程可以看到，各级政府网站发展水平的提升，除了得到各级领导高度重视、具体负责同志的不断探索尝试之外，还得力于绩效评估的有力推动。自开展绩效评估工作以来，我们以绩效评估为抓手，不断探索、了解政府网站的发展方向和思路，创新网站的管理和服务模式，切实有效地推动了各级政府网站的发展提升。全省政府系统门户网站平均绩效从 33.89 分提升至 48.37 分，省政府组成部门及机构网站平均绩效从 35.39 分提升至 47 分，市（州）政府网站平均绩效从 47.74 分提升到 72.66 分，县（市、区、特区）政府网站从 31.82 分提升至 46.69 分。在网站绩效评估的推动下，各级政府网站建设由最初的"技术导向"阶段，逐渐发展到以"信息公开、在线办事、政民互动"为核心的"内容导向"阶段，这种变化符合政府网站的发展趋势。

（四）政民互动推动网络问政上台阶

贵州省各级政府部门积极利用微博、微信等工具，进一步拓展信息公开渠道，大力鼓励网友参与热点讨论，建言献策，政民互动热情日益高涨。贵州省政府督查室通过办理网民留言，对推进网络问政、创新社会管理、保障和改善民生进行了有效探索。贵州省旅游局官方微博在 2012 年及 2013 年分别以 84.61 和 86.18 的总分，排名全国旅游机构前十位；贵州省旅游局利用微信平台将贵州旅游优势资源"一对一，点对点"精准推送给微信网友，创新了贵州省社会化媒体营销方式。政府微博和微信的开通，提高了政务信息受众面，保障了公民的知情权、监督权和参与权。

（五）"金"字工程建设取得实效

按照国家总体部署，"金字工程"等重要业务信息系统应用全面深化，进一步提高了贵

州省各级政府部门管理效能和服务水平，增强了政府工作的透明度和公正性，促进了政府职能转变。其中，贵州省"金土工程"已基本建成全省国土资源"一张图"和综合监管平台、电子政务平台、共享服务平台的建设框架体系，2012年贵州省国土资源厅电子政务应用荣获首届中国信息化（国土资源领域）成果一等奖，2013年，贵州省国土资源厅"基于空间地理信息平台的贵州省国土资源电子政务建设与应用"又荣获中国地理信息科技进步奖二等奖；贵州省"金审工程"已建成覆盖省市县三级审计局统一的审计管理系统平台，实现了审计"署－省－市－县"的四级网络互联；贵州省"金保工程"已建成了省、地两级数据中心，构建了支撑劳动保障主要业务工作的数据平台、网络平台、应用平台和信息安全保障系统，建立了全省统一的劳动就业信息系统，完善了省、市两级统一的社会保险信息系统，开通了12333电话咨询服务，实现了部分市州和省本级异地就医"一卡通"。

（六）涉农信息服务体系初步建成

贵州省涉农信息网络已建成省、地、县、乡四级组织体系，完成农经网"信息入乡工程"建设并推进网络向村级延伸；围绕贵州省"5个100工程"完成79个农业示范园区基础信息入库，建成5个农业示范园区物联网研究应用示范县，进一步提升示范县农业生产精准化水平，并利用二维码技术建立贵州农产品绿色履历系统，实现农产品的质量信息追溯；紧扣"多彩贵州""四在农家·美丽乡村"等贵州乡村旅游信息化需求，建立乡村旅游信息服务平台，采集发布乡村旅游景点和"农家乐"信息1000余家，有力宣传了贵州乡村旅游发展；贵州省农村党员干部现代远程教育"百千万示范带动工程"继续推进，远程教育站点覆盖了全省100%的乡镇和行政村，省、地、县三级均建立了资源库和辅助教学网站；贵州省文化信息共享工程、"金农工程"等全面推进，专业化的农村信息服务站（网）向乡、村覆盖面不断扩大，全省9个市（州）、88个县已建成农村综合信息服务站18818个；2013年，科技部联合中组部、工信部共同发文，批复贵州等5省获得新一轮"国家农村信息化示范省"建设试点；12316综合信息服务平台以及"智能化农业信息技术示范工程"等直接服务产业基地和农户，切实增强了信息服务"三农"的能力，有效推动了贵州省农村信息化的建设与发展。

（七）电子政务发展环境逐步优化

《贵州省信息化条例》的贯彻落实和《中共贵州省委、贵州省人民政府关于促进信息产业跨越发展的意见》《贵州省促进信息消费实施方案（2013～2015）》《贵州省信息化和工业化深度融合专项行动计划实施方案（2014～2017年）》等一系列文件的出台，为贵州省电子政务健康有序推进提供了政策保障。电子政务专业技术队伍基本形成，电子政务人才培养机制正不断完善，形成了多层次、开放型、综合性的信息技术教育与培养体系。信息安全保障体系初步建立，网络安全管理机制逐步完善，各部门针对网站管理制定了内部网络与机房安全管理制度，网络安全预警和网络监察系统逐步建立；省级城域网及广域骨干网已获得贵州省公安厅《信息系统安全等级保护备案证明》第三级，依托于国家电子政务外网数字认证体系，建设完成了省、市（州）两级的贵州省电子政务数字认证系统，形成了国家－省－市（州）相结合的跨区域、跨平台的电子政务认证体系。信息化政策、人才培养机制、和信息安全保障环境的不断改善，有力地支撑贵州省电子政务建设，有效地保障了电子政务健康发展。

2013 年，贵州省电子政务建设促进了政府职能转变，提高了行政效率，降低了行政成本，方便了人民群众，在经济和社会发展中发挥了实实在在的作用，奠定了深化应用的基础。

（贵州省经济和信息化委员会信息化推进处）

2013 年云南省电子政务发展概况

2013 年，在省委、省政府的正确领导下，云南省认真贯彻落实《国家电子政务"十二五"规划》和《云南省电子政务发展规划（2011～2015 年)》，注重顶层设计，继续完善电子政务网络体系，突出公共服务，深化电子政务应用，全省电子政务工作取得了新成效。

一　电子政务基础设施进一步完善

根据国家的统一部署和要求，云南省电子政务网络建设不断深入，整体基础设施进一步完善。全省统一的电子政务网络框架基本形成，较好地支撑了各级、各部门纵向业务系统应用。同时注重将原有专网与电子政务内网、外网等基础设施的功能定位及建设管理进行界定，加强运行维护，提高保障能力，促进电子政务全网运行安全可靠、稳定高效。

一是建设电子政务内网及安全基础设施。完善统一的全省党政电子政务内网平台；按照涉密信息系统分级保护的有关标准和要求，综合运用密码和相关信息安全技术，建设完善网络安全隔离、传输加密、接入认证等网络安全保护系统，完善全省电子政务内网安全域划分、系统定级和分级保护；建设信息保护、跨域交换、身份认证、访问控制、责任认定、病毒防护、终端安全、介质管理等应用安全服务系统；为内网的等级评测工作做了充分的准备。

二是完善国家电子政务外网云南子网及安全基础设施。云南省电子政务外网省、州市、县区三级骨干网络于 2011 年底基本建成后，按照国家"统一的网络平台、逐步完善的体系"的要求，将云南省已经建设的电子政务"专、外、联" 3 个网络平台整合为政务外网，截至 2013 年年末目前完成了约 50% 的州市网络整合，并开展省级城域网的整合。

建成云南省电子政务外网安全接入平台（包含移动接入平台、VPN 接入平台）、横向接入平台、数据中心和国家电子政务数字认证中心云南省注册中心（RA 中心）已经投入使用，实现了 3G（含 4G）用户和 VPN 用户的接入及省级横向单位的统一接入和省级数据中心的安全防护；州市级搭建了公共服务平台、横向接入平台和 VPN 接入平台，实现了公共业务的统一管理和安全防护和州市横向单位的统一接入。目前，全省电子政务外网专线接入单位约 3000 个、VPDN 接入部门或单位数量约 8659 个、VPN 接入部门或单位数量约 12478 个、移动接入数量约 1600 个。

三是建设了完整的信息安全保障体系。加强以基础信息网络和重要信息系统的安全为重点，推进电子政务网络信任体系建设，强化电子政务网络安全防护能力，搞好风险评估，推动不同信息安全域的安全互联，建立健全信息安全监测系统，加强电子政务应急响应能力建设，逐步形成完整的信息安全保障体系。

四是启动了省电子政务公共数据中心建设前期工作。为落实省信息领导小组第六次会议精神，及时完成省政府2013年重点督查的区域信息汇集中心业务和技术用房建设前期研究工作，采取外出调研，积极汲取先进省份的经验和模式，结合云南省各地、各部门电子政务建设现状和需求，按照国家工信部下发的《基于云计算的电子政务公共平台顶层设计指南》要求，初步形成了云南的建设思路，编写了《云南省电子政务公共数据中心建设需求分析报告》（讨论稿）。

二 业务应用进一步深化

2013年，全省各级政府部门进一步深化核心业务系统的建设和应用推广工作，基本实现了政府管理和公共服务的信息化，促进了全省效能政府和服务政府建设，提升了政府经济管理、社会管理和公共服务能力。

（一）经济管理方面

建设完善了云南省发展规划信息系统、云南省工业经济综合管理系统等业务系统，为政府宏观调控提供了决策依据。云南省发展规划信息系统以经济数据库为基础，将分散在政府部门的经济信息数据进一步加工处理，为云南省规划纲要的编制工作提供有力的技术支持和决策依据；云南省工业经济综合管理系统通过建设省、州市工作系统与行业协会及企业"四位一体"工业经济管理信息网络，实现全省工信系统与相关政府部门之间的互联互通、信息共享、业务协同，提高工业经济管理信息化和科学决策的水平，提高部门工作效率，提升公共服务能力。

（二）社会管理方面

建设完善了云南省财政一体化系统、云南省医保信息系统、省行政执法与刑事司法信息共享平台等业务系统，提升了社会管理的能力和服务水平。云南省财政一体化系统实现了非税票据管理、会计管理、政府采购、门户网站的应用的整合，有效促进了财政业务的协同；云南省医保信息系统通过统一的业务系统实现养老、工伤、生育、医疗和失业、人力资源市场等业务网络化管理，率先在全国开展省内持卡异地就医管理服务；省行政执法与刑事司法信息共享平台共接入约500家单位，实现案件的网上移送、网上办公、执法动态的交流和业务研讨、案件信息的流程跟踪和监控，增强了行政执法与刑事司法整体工作的合力，提升了查处破坏社会主义市场经济秩序违法犯罪工作的质量和效率。

（三）公共服务方面

以政务服务信息化平台的建立健全为重点，建设完善了投资项目审批系统、云南省效能政府四项制度应用系统、云南省畅通群众诉求工作信息平台等系统，提高了公共服务的能力和水平。投资项目审批系统围绕"一个窗口受理、一站式办结、一条龙服务"的总体目标，按照"就近申报、统一接件、中心分送、同步审批、全程监督、限时办结"的原则进行相应功能设计，实现了省、州（市）、县（市、区）三级联动审批；全省各级政务服务中心通过行政审批系统办理的行政审批和服务事项已达21959项，累计办件数达到3701990多件，极大提高了政府为民服务的效率；云南省畅通群众诉求工作信息平台已覆盖全省16个州市、129个县、1403个乡镇、14200个村委会，共有16675用户，累计办理的群众投诉件92000多件，用信息化的手段有效保障了人民群众诉求表达，切实维护群众合法权益，对维护公平正义，化解社会矛盾，促进和谐社会建设发挥了积极作用。

三　信息安全保障进一步加强

一是政府部门互联网统一接入一期试点工程顺利完成。通过安全接入项目的实施，增强了接入单位网络与信息安全的保障能力，提升了网络使用与管理的效率，降低了互联网使用的费用。2013年完成了省级政府部门互联网统一安全接入试点项目的建设和验收。

二是全省统一共享容灾备份中心建设前期工作有序推进。根据省信息化领导小组第六次会议精神，借鉴省外已建灾备中心的案例，形成了云南省电子政务统一共享容灾备份中心建设思路及投资估算。目前，该项工作正在有序推进。

三是积极推动数字证书在全省的推广应用。云南省数字证书认证中心（云南CA）自2011年挂牌成立以来，省工信委会同省密码管理局等部门，通过召开研讨会等多种方式，积极帮助云南省数字证书认证中心在全省推广使用数字证书，发挥密码技术在全省经济和社会各个领域的保障作用。

四是开展了全省重点领域网络与信息安全专项检查行动。由省工信委会同省公安、安全、保密、密码等职能部门开展了2013年度全省重点领域网络与信息安全专项检查行动。有效推动了全省各级部门及重点领域企、事业单位信息安全保障体系的建立。

五是进行了网络与信息安全应急演练。通过演练，进一步检验了《云南省网络与信息安全事件应急预案》的可执行性，加强了网络与信息安全事件应急管理，提高了网络与信息安全防范水平和处置突发事件的能力。

四　电子政务发展环境进一步改善

将贯彻落实国家层面关于电子政务的工作部署和省信息化领导小组第六次会议精神紧密结合，以省政府大力推进政务服务体系建设为契机，各级政府加强电子政务建设的组织领导、资金投入等保障，电子政务的发展环境进一步改善。

一是统筹规划进一步加强。《云南省电子政务发展规划（2011～2015年）》和《云南省电子政务发展规划（2011～2015年）实施方案》正式发布，提出了"十二五"期间电子政务建设的指导思想和基本原则，明确了电子政务建设总体目标、主要任务和重点应用工程，以及政务建设的保障措施。各级工信、发改、财政等相关部门加强工作的联系协调，分级推进建设任务的落实。

二是电子政务专项资金继续得到保障。全省2013年继续安排1.5亿元电子政务专项资金，用于省级部门的电子政务建设和全省性应用系统的开发部署，各州（市）也不同程度地安排了专项建设资金，有效地推动了电子政务发展。

三是电子政务管理和技术队伍建设进一步健全。州（市）、县（市、区）二级政府电子政务管理机构及人员进一步充实，省级技术支撑机构和州（市）、县（市、区）二级电子政务网络管理中心服务能力进一步提升。目前，全省各州（市）、县（市、区）均落实了电子政务建设的承担单位，并有专人负责。

四是电子政务公共平台顶层设计取得阶段成果。根据工信部的统一安排和要求，云南省积极开展基于云计算的电子政务公共平台顶层设计工作。完成了全省电子政务建设调研和需求分析，编写了《云南省电子政务公共平台顶层设计书》，在工信部组织的阶段性验收评估中被评为优秀。设计从满足全省电子政务发展的战略目标和不断变化的建设需求出发，与云南省电子政务"十二五"发展规划相衔接，为整合现有利用资源，推进全省电子政务公共平台的建设和应用，促进云南电子政务科学可持续发展奠定了基础。

（云南省工业和信息化委员会）

2013 年陕西省电子政务发展概况

一　基本概况

在工信部的具体指导下，在省信息化领导小组的正确领导下，我们以信息共享、便民服务为目标，实施顶层设计，省市县三级联动，全省一盘棋推进以"两网四库三平台"为核心的信息化公共平台体系建设，应用成效明显。2013 年 3 月 23 日，国家地方电子政务公共平台建设座谈会在陕西省召开，总结并在全国推广电子政务"陕西模式"，即"统筹机制是工作核心；集中管理是根本方法；顶层设计是关键环节；公共平台是基础设施；技术服务是实施重点；安全可靠是发展保障"。陕西省电子政务公共平台试点工作已得到 31 个省市及副省级城市的高度认可。陕西成为全国至今唯一提出政务信息化顶层设计并贯彻实施的省份，成为全国唯一可以实施"交光盘工程"省份，成为全国政务云唯一落地的省份。

二　"十二五"规划目标实现情况

《陕西省电子政务"十二五"发展规划》中提出，到"十二五"末，电子政务支撑政府公共服务、社会管理、市场监管和宏观调控的能力与水平显著提升，促进行政体制改革和服务型政府建设的作用更加明显。全省电子政务基础资源共享服务体系基本建立，信息共享和业务协同成效显著，电子政务发展继续处于西部领先，并迈进全国先进行列。2013 年各项目标完成情况如下。

（1）统筹协调发展机制不断完善。开展了 4 个省级部门、4 市 10 县的电子政务顶层设计工作，强化了政务与技术深度融合，提高了统筹协调能力。

（2）应用水平显著提高。2013 年政务部门主要业务信息化覆盖率达到 55.3%。

（3）公众服务和社会管理应用成效明显。2013 年县级以上政府社会管理和政务服务事项电子政务覆盖率平均达到 80％。政府门户网站行政许可办理率达到 80％。

（4）信息共享和业务协同应用稳步提升。各级各部门基于基础资源综合服务体系开展信息共享和业务协同，县级以上政府主要业务信息共享率平均达到 50％以上。

（5）基础资源共享服务体系逐步建立。县级电子政务公共平台覆盖率达到 90％。

三　基础设施建设

省级信息化综合服务中心于 2013 年 1 月 12 日上线试运行，面向全省各级各部门提供机房资源、网络资源、存储灾备、安全保障、运维支撑、信息资源共享等方面的服务。11 个地市平台中，建成 10 个市级信息化平台，在建 1 个。全省 107 个县级平台建成的有 95 家（7 个虚拟），在建 12 家。

四　电子政务核心业务应用

陕西省积极推进基于三级体系的电子政务业务应用。按照"边建设、边部署、边应用"的原则，由业务部门建设部署各类应用业务，省市县三级公共基础资源提供支撑服务。陕南移民搬迁信息管理系统、住房保障信息系统、区域卫生信息化 5 个试点县（区）等省级信息化重点项目；秦税二期、金审二期、基础教育学籍管理、全员人口管理和药品统一招标采购系统等项目基于全省信息化基础资源共享体系部署建设，大大节省了项目建设成本。

（一）政府网站发展

2013 年省政府网站信息公开、网上服务、政务互动功能显著提高。进一步完善规范行政许可事项办事指南，充分利用各市政务服务中心资源，建立网上申报系统，逐步实现行政许可事项的网上办理、查询。完善协调机制，制定管理办法，明确各级政府部门作为互动交流责任主体的职责，建立健全舆情收集、研判和回应机制及政府主动发布机制，规范信息发布程序和问题收集办理答复程序。政府网站咨询投诉答复水平进一步提高，强化了网站在意见征集方面的作用，更加积极回应公众关注或社会热点，充分利用微博、微信等技术手段，进一步增强互动交流的及时性。

（二）信息资源开发利用和共享

陕西省积极协调，扎实推动基础信息数据库应用与共享。一是完成人口库与公安厅数据比对工作，推进人口库应用。以汉中市 360 万人口同省公安厅进行比对（身份证号，姓名，性别），280 万数据相一致，比对一致率 77.76％。2013 年 6 月 19 日，人口库与汉中市签署信息共享协议，编制了《陕西省人口基础信息数据库使用管理办法（试行）》，完成了《陕西省人口数据库信息质量管理问题研究》课题。二是编制完成了《陕西省法人单位数据库使用管理办法（试行）》，完成了《法人单位信息目录与交换体系》评审。三是完成了平台内网版和互联网版向省信息化服务中心的迁移工作和地理信息平台的验收工作。四是推进宏观经济库建设。

五　电子政务信息安全保障

本年度开展重点领域网络与信息安全检查行动工作，保障基础网络、重要信息系统和信息内容的安全。对 2 个市、2 个省级部门、3 个重点行业的 4 家企业的 30 个网络与信息系统进行安全检查。同时完成对全省 904 个县级以上的政府网站和 4 家抽查企业的 20 个网站的外部扫描检查工作。开展了省信息化中心信息安全问题的梳理工作。组织开展了市级政府门户网站安全测试工作。

六　队伍建设和培训推动方面

本年度组织开展了全省信息安全培训。按照《国务院关于大力推进信息化发展和切实保障信息安全的若干意见》（国发〔2012〕23 号）要求，为增强陕西省电子政务信息安全工作人员的安全意识和技术水平，12 月底，组织召开了全省 150 人的电子政务信息安全专项培训工作会议。

（陕西省工业和信息化厅）

2013 年青海省电子政务发展概况

一　基本情况

省、州、县、乡四级电子政务内网网络框架基本形成。

2010 年至 2013 年，对全省政务内网线路进行了升级，省至州（地、市）升至 40M，各州（地、市）至县升至 20M，省州县横向部门带宽全部升至 4M。随着近两年网络整合步伐的加快，尤其是省直部门对政务内网带宽、安全和业务连续性提出了更高的要求，省政府办公厅又规划实施了政务内网安全域划分工作，启动了政务内网省至州及省直部门线路带宽的升级扩容，省至州政务内网主干备份线路项目建设，至 2013 年完成了项目建设。省至州主干网络带宽将达到 100M，省直横向线路带宽全部提升到 100M，实现省至州主干线路的容灾备份，可完全满足以后几年政务内网各业务系统运行和网络资源整合的需要。

二　"十二五"规划目标实现情况

根据《国家电子政务"十二五"规划》的总体要求，青海省完成一些重点项目和目标。

（一）政务内网安全平台的建立

为保证政务内网和核心业务系统安全，2013 年，建成了电子政务内网安全平台项目建设。

平台以省政府办公厅为信任源，在各州（地、市）政府分别建立二级安全应用平台，通过部署网络安全设备、网络安全管理系统、核心应用系统异地容灾备份系统和内外网机房监控系统建设，全方位提高了政务内网全网的安全等级，为电子政务应用提供了安全基础平台。

（二）内网网络资源得到有效整合

在政务内网的建设过程中，青海省高度重视网络规划顶层设计，积极推进省委、省人大常委会、省政府、省政协和省纪委、省法院、省检察院等几大班子政务内网顶层的互联互通工作，带动了全省党政机关电子政务的发展。大力推进省直部门的网络业务应用，促使一些省直部门纵向业务应用逐步向政务内网进行整合。到 2013 年，省委、省人大常委会都通过政务内网建设了政务信息报送和电子公文传输系统；省财政厅国库集中支付、公务卡结算等 20 多个业务系统部署在政务内网运行，并向省、州、县、乡延伸；省政府采购中心部署了其业务应用系统；省人力资源社会保障厅通过政务内网建设覆盖全省的金保工程；省政府法制办、省信访局和省无线电管理办公室依托政务内网部署了其业务处理和行业监管系统；省卫生厅、省审计厅、省交通厅等部门在政务内网建设各自业务系统的同时，还建设了本部门纵向到州的视频会议系统。还有许多部门考虑利用政务内网建设本单位的业务应用系统，内网网络资源得到了充分利用，为财政节约了大量经费。

三　电子政务发展情况

（一）2013 年全面建成了全省统一的电子公文传输和交换平台

电子公文传输系统采用分步式结构，在省委办公厅、省政府办公厅和 8 个州（地、市）政府分别各部署一台公文传输服务器，负责本行政区域内各单位之间的电子公文传输，在省政府办公厅部署一台公文交换服务器，负责跨服务器的电子公文传输。又陆续实施了州、县、乡电子公文传输系统项目建设。通过连续四期电子公文传输系统建设，全省建成电子公文传输节点 4152 个，率先在全国建成了覆盖省、州（地、市）、县、乡四级党政机关的电子公文传输平台，实现了全省行政机关和企事业单位电子公文纵横交错的网上传输。截至 2013 年底，全省利用电子公文传输系统传输各类政务信息及政府文件 44.74 万余件，收文总数超过 700 多万件次。

（二）2013 年青海省政务视频会议系统和电话会议系统在政务活动中发挥积极作用

系统采用分布式体系结构，以省政府为中心，在省政府办公厅设立 2 个主会场（1 个会议中心、1 个会议室）和视频会议系统管理及资源调度中心，在省委办公厅和全省 8 个州（地、市）分别设立二级视频会议系统管理及资源调度分中心，全省 42 个县（市、行委）政府和 13 个省直相关厅局设立分会场，共建设会场 65 个，系统覆盖了省、州（地、市）和县三级政府。自系统建成至 2013 年底，利用视频会议系统召开全省性会议 68 次，各地区利用视频会议系统召开各类会议 1200 多次，参加人数超过 20 万余人次。在全省政务视频会议系统的基础上，建设完成了省、州、县、乡四级政府的电话会议系统，作为视频会议系统的补充，共建设电话会议系统终端462个，包括8个州（地、市），46个县（区、市、行委）和全省407个乡（镇）政府和街道办事处。

（三）2013年政府系统全面推广应用通用办公自动化系统

针对全省各地、各部门办公自动化（OA）软件开发相对滞后，且建设各自为政、标准不统一的情况，为全面提高全省政务信息化水平，对省政府办公厅办公自动化系统进行了通用化设计，逐步开发完善了适合青海省政府系统办公的综合通用办公自动化系统。在项目实施过程中，根据地区政府和省直部门工作流程的差异，尤其针对青海省地区政府机构多、人员少、办公经费紧张的实际，分别开发了地区政府集中式办公自动化和省直部门办公自动化系统，进一步贴近了各地各部门政府办公的实际，取得了很好的效果。

（四）政府内网网站成为信息资源共享和网上办公的平台

政府内网网站是政府系统实现信息资源共享、为各级领导提供决策参考、为广大公务员提供学习交流的重要工作平台。省政府内网网站经过几年连续多次的改版和完善，已成为全省政府系统内网办公和信息资源共享和交换的门户网站。到2013年底，省政府内网网站与8个地区和42个省政府部门的政务内网网站进行了链接，还实现了与8个地区和部分省政府部门网站一些栏目信息资源的自动共享，并与省委综合信息网、省人大常委会机关网进行了链接。

（五）政府门户网站和政府信息公开平台成为公众了解政府信息的第一窗口

一是全省政府网站体系基本形成。"中国·青海"政府门户网站在2013年进行了全新改版。依托省政府门户网站，开通了省长信箱，实现了群众信访的网上在线审批和办理，增强了省政府门户网站互动交流等服务栏目的后台办理能力。2013年青海省建成的青海省藏文政务网站得到了较快的发展，到2013年在省政府门户网站的带动下，全省各级政府网站建设取得了很大进展，全省6个州两市政府、所有县（区、市、行委）都建立了政府门户网站，省直部门都建立了网站。

二是省政府信息公开平台成为政府信息公开的统一窗口。政府信息公开平台是省政府和各地各部门统一面向社会公开政府信息的窗口。2013年平台依托省政府门户网站，按照《中华人民共和国政府信息公开条例》和政府信息公开目录编制的要求进行设计，自主开发建设了标准统一、自主发布、集中监督、方便查阅、快速搜索、功能齐全的全省政府信息公开系统平台。在实现省政府及办公厅公开信息发布的基础上，规定了各地各部门必须公开的政府信息目录，还为8个州（地、市）政府、47个部门和单位搭建了政府信息公开子网站，有效规范和统一了全省各级政府信息公开工作标准和体系，2013年实现了全省政府信息公开的统一集中发布和分布式管理。

三是建立了省级电子政务行政服务平台。到2013年，全省已建成市（州）、县（区）、乡（镇）三级行政服务中心（政务大厅）574个，省政府部门综合服务窗口11个。目前全国有22个省市建立了省级行政服务中心，青海省2012年至2013年，完成了青海省网上政务大厅网络监控中心和青海省公共资源交易市场网络监控中心，并于2013年12月31日正式挂牌运行，省级行政服务和公共资源交易中心的建成，填补了青海省没有统一规范的省级行政服务和公共资源交易平台的空白，是深化青海省行政审批、政务公开和公共资源交易监管体制机制改革的实践成果，对转变政府职能，建设服务型政府，提高行政管理能力，打造"阳光政府"形象具有重要意义。

四　青海电子政务发展存在问题和建议

（一）加强调查研究，抓紧研究制定青海省电子政务发展规划

建议由全省信息化领导小组办公室会同有关成员单位，共同开展电子政务发展专项研究。重点深入省政府组成部门和重点地区，进一步摸清青海省电子政务发展中存在的问题、分析原因、研究对策，科学制定《青海省电子政务发展规划》，明确今后一个时期青海省电子政务工作目标、重点领域和主要任务，并上报省政府批转执行。

（二）减少重复建设，加强信息化统筹规划、顶层设计

鉴于青海省政务内网、政务外网、政府门户网站等电子政务平台的建设和管理职能归属多个单位和部门，建议省政府会同有关部门，研究制定《青海省电子政务公共平台整合方案》，重点明确电子政务公共平台须实行统一建设、统一管理和统一维护；对租用运营商线路自行组建业务网和建设机房的地区和部门，须逐步将业务网络和系统割接、调整到对应的电子政务公共平台。

我们建议青海省下一步推进政府信息化工作中，在建设电子政务平台时，可以考虑在云模式下进行，通过建设全省统一的大平台，使用共享大数据，进一步推进青海省信息化建设深入、有效进行。

相关部门通过加大统筹规划、顶层设计，充分利用基础电信运营企业提供的网络资源、云平台和现代通信服务，以共建共享方式，进一步整合资源，通过硬件虚拟化部署、信息集约化共享和平台化系统应用开发，将有效降低信息化项目投资与技术运维成本，达到可持续发展的目的。

（青海省经济委员会　李义奇）

2013 年宁夏回族自治区电子政务发展概况

在工业和信息化部信息化推进司的支持指导下，宁夏回族自治区深入贯彻落实中央信息化及电子政务建设的各项部署，各项工作取得了一定的成效。现将宁夏电子政务发展情况总结如下。

一　基本情况

经过各方共同努力，宁夏回族自治区信息化总体处于单项、多项应用并存阶段向深化应

用、系统共享的阶段发展。一是通信基础设施向宽带化发展。宁夏电信、移动和联通建成了光纤超过 7 万公里，覆盖全区城乡的骨干传输和宽带接入通信网络，实现了光纤网络覆盖到全区乡镇、行政村，3G 网络覆盖到全区主要乡镇及风景区，上网用户达到了 458 万。二是电子政务网络向互联互通发展。居于枢纽地位的自治区信息中心平台已基本建成，形成了高速宽带的党政内网和政务专网（外网），连接到了各厅局、各市县（区），为跨地区、跨行业的互联互通、信息共享奠定了网络基础。三是重点行业信息化向综合集成发展。公安、人口、财政、社保、税务、国土资源等行业采用省级数据大集中方式，建设了领域（行业）专业信息平台，建立了业务专网，推动了业务在线办理和应用。四是市（县）信息化向基层延伸发展。银川、平罗、永宁等市、县（区）建设了区域信息平台，建设了互联网门户网站，发布了一些基础信息，推动了公共管理和服务延伸到街道、社区和乡村。

二　电子政务统筹协调发展不断深化

为使宁夏回族自治区信息化建设特别是电子政务建设更具前瞻性、更加科学合理、更符合宁夏回族自治区实际，宁夏回族自治区积极开展宁夏信息化战略研究，全面推进电子政务顶层设计。一是通过全国政府采购方式，选择了在全国具有丰富专业经验的工信部下属赛迪信息化咨询公司，对宁夏回族自治区信息化发展战略进行研究。二是广泛调研走访，完成了对全区 108 个行政事业单位、各市、县（区）、重点企业的问卷调查工作。三是基本形成了《宁夏信息化战略研究报告（讨论稿)》及相关配套文件，对宁夏回族自治区信息化特别是电子政务的发展方向、建设路径和模式等进行顶层设计，使宁夏回族自治区电子政务工作体制和机制不断完善，统筹协调能力不断提高。

三　政务应用发展不断深化

一是从部门与行业信息化建设情况来看，根据建成的局域网，开通了 80 多个各具特色的业务网站。得益于中央"十二金"工程的实施，自治区发改委、财政厅、公安厅、国税局、地税局、工商局、统计局等部分厅局租用基础电信运营商的线路，建立了上对相应中央部委、下联 5 市、22 个县（区）、部分到乡镇的纵向业务专网。依托业务专网开展了本行业部分业务工作的初级应用，实现了业务的网上办公。二是部分市、县（区）建设了区域性信息中心平台。全区各市、县（区）都建设了政府门户网站，以政府网站为载体，加快与电子政务、领域信息化的融合，约 30% 县级政府与所属部门实现了不同程度地公文传输、政务信息公开、特色产业服务、党员远程教育等信息化应用和服务。

四　政府网站应用不断提升

一是建立各级政府网站群。自治区、5 市和 22 个县（市区）全部建立了政府门户网站。依托信息平台和当地门户，约 45% 的各级部门和乡镇建立了网站或子站。实现信息畅通，资源共享。二是开设政务公开专栏。在自治区、市、县（区）政府门户网站显著位置开设了政府信息公开专栏，设置了政府文库、政策法规、计划规划、公示公告、财政公开、计划生育、土地审批、重点项目、统计公报、行政事业性收费等栏目，及时公开各级党委、政府及各部门重要文件和各类政策规章，及时公开各级政府的工作计划、工业、农业和第三产业整体的发展规划，及时公开各级政府人事任免、公务员招聘、事业单位人员招聘录用信息，及时公开各地财政预决算、政府采购、土地审批及统计数据。增加了信息公开透明度，方便了广大群众的查询。三是推进在线互动。在各级网站中，大都开通书记信箱市长信箱、效能投诉、建言献策、政府论坛等栏目，建立来信办理工作制度，增强了政民互动功能。

五　创新社会管理应用不断拓展

一是社会保障信息化方面。实施社会保障"一卡通"工程，建设了社会保障数据中心和数据库，开发了社会保障核心应用和社会保障卡应用系统。该工程对于规范和提升全区城乡居民医疗、养老等社会保障各项业务，特别是解决参保人员异地就医、异地结算等问题，实现信息共享具有重要作用。二是工商信息化方面。积极推进工商系统企业电子档案管理、高危行业监管、商标查询监测管理、农资市场综合监管等信息系统的建设，完成了全区工商系统省、市、县（区）、乡（镇）四级网络贯通，加强了对企业全方位的管理与服务。三是人口信息化方面。通过自治区政务外网平台和农村信息化网络，建设了全区全员人口宏观管理数据库和信息系统，开发应用了育龄妇女、流动人口、三项制度、报表统计、账卡册管理等业务信息系统。完成了覆盖全区的常住人口与流动人口信息基础数据库。实现了区、市、县、乡、村五级管理与服务联动，对人口宏观决策、计划生育、就业服务、流动管理、养老服务等工作提供有力支撑，极大地提高了人口发展科学决策水平和人口计生业务管理水平。四是应急平台建设方面。实现了自治区政府应急平台与国务院应急平台、自治区有关部门应急平台和各市、县（区）政府应急平台互联互通。完成了应急通信指挥调度系统、基础支撑系统、综合应用系统、3G掌上应急处置系统、数据库等的建设。为突发事件的监测预警、应急值守、协调处置、资源管理等提供了技术支撑，提高了政府应急管理工作效率。

六　政务服务应用不断提高

建立自治区政务服务中心，依托自治区政府专网平台建设了全区统一的行政审批、公共服务和电子监察系统，已连接全区各厅局和各市县（区），形成了区、市、县、乡、村"五级服务网络"，构筑了互为贯通、上下联动的政务服务体系。实现了"审批内容、法律依据、办理条件、办理程序、审批时限、收费标准、数量限制、申报材料"的八公开和"一门受理、统一收费、限时办结"的工作流程，为公民和企业提供了高效便民、廉洁规范的"一站式"审批服务。保证了政务中心42个单位752项审批服务事项的网上业务办公，累计受理行政审批服务事项360万件。

七　政务信息资源开发利用不断加强

一是政法信息化方面。建设了覆盖区、市、县、乡（镇）四级涉及800余个政法部门的信息网络，形成各级公安、检察、法院、司法和国家安全等部门的网络共用。建设了各部门之间的信息交换平台，提高了各级政法部门协同执法办案能力和社会治安综合治理水平。二是公安信息化方面。以警用地理信息系统（GIS）和全球定位系统（GPS）为依托，建设城市监控和道路交通报警联网系统，实现主要地区治安报警和道路交通监控。完善社会治安防控体系，区、市、县三级公安机关和派出所在情报平台上开展了情报搜索报送与处理、七类重点人员动态管控等工作，在维护稳定工作中做到信息灵敏，在打击犯罪工作中做到反应快速，在服务群众工作中做到便捷高效，不断提升警务效能。三是地理信息资源信息化方面。建设了包括1∶500地籍图、1∶2000正射影像图、1∶10000地形图等多种类型、多种比例尺的空间数据库，矢量和影像图形的数据量达到10T。建设土地和矿业权交易信息系统、"影像宁夏"服务系统，并开通了"天地图网站"，为社会各界提供图形浏览、空间查询和统计分析等功能，在测绘、地籍、规划、用地管理等方面得到推广应用，实现国土资源调查评价、政务管理和社会服务的信息化管理。

八 信息共享和业务协同不断推进

一是以数据库建设为核心，以信息资源整合为突破口，建设人口基础、法人单位、空间地理、宏观经济等基础数据库、法律法规等专题数据库和信息资源目录与交换体系。二是健全信息共享长效机制，根据法律法规和履行职责需要，明确各部门、各单位政务信息共享的内容、方式、责任、权利和义务，实现信息共享和业务协同。合理确定信息完全共享、部分共享、有条件共享的范围，扩大信息的使用效率。制定信息交换的技术规范，为跨地区、跨部门的信息共享提供基础支撑，形成区内各地、各部门网络汇集的综合性信息交互平台。目前50%以上的跨部门业务能够通过网络完成。

九 电子政务基础设施不断完善

一是完善平台，互联互通。经过几年建设，自治区党政内网、政务专网平台和农村综合信息平台已基本建成，初步形成了内、外网信息安全交换平台。根据应用发展需求，规模和功能在不断提升，分别实现了与自治区各部门、各市、县（区）共196个节点、191个乡镇和2800多个行政村信息服务站的高速网络连接。为全区跨地区、跨部门的互联互通、信息共享奠定了基础。二是建设局域网，实现连接。自治区100%的部门建立了局域网，并实现了与自治区信息中心平台的连接。银川等5市及22个县（区）约65%的部门建设了内部局域网并实现了与区域性政务平台的连接。全区100%的乡镇和行政村都能通过宽带上互联网。三是优化办公设备，提高效率。全区各级党政部门及基础组织人均拥有计算机0.9台，90%以上的公务人员能够利用计算机进行办公和业务处理。

十 政府信息系统信息安全保障不断加固

一是加快实行全区信息安全等级保护。加强信息安全风险评估工作，制定信息安全等级保护的管理办法和技术指南，保护全区基础信息网络和关系国家安全、经济命脉、社会稳定等方面的重要信息系统。加强自治区党政内外网信息安全密码保障基础设施建设，规范身份认证、授权管理、责任认定等网络信任体系。二是建设和完善信息安全监控体系。建设自治区网络与信息安全监控体系和网络信息安全评测中心，提高对网络与信息安全事件应对和防范能力，增强网络攻击、病毒入侵、网络失窃密的防范能力，依法加强网络信息内容安全管理，防止有害信息传播。三是重视信息安全应急处理工作。健全完善自治区网络与信息安全事件应急处置指挥和安全通报制度，制定并不断完善全区信息安全应急处置预案，加强信息安全事件的应急处置。提倡资源共享、互为备份，提高信息安全应急响应能力。

十一 电子政务发展环境不断优化

一是由于自治区党委、政府以及各有关部门的重视，全区信息化发展环境逐步优化。成立了由自治区党委常委、常务副主席担任组长，自治区副主席担任副组长的高规格的"智慧宁夏"暨信息化建设领导小组，统筹领导全区"智慧宁夏"暨信息化建设。自治区各部门、各市、县区也都建立了高规格的信息化建设领导体制，积极推进领域和区域信息化建设。二是健全各项制度。陆续出台了《自治区党委、人民政府关于集中信息资源建设信息中心平台的决定》全力推进自治区信息中心平台建设。适时下发了《宁夏回族自治区信息化事业"十二五"发展规划》等一系列相关政策文件，全区信息资源整合和互联互通的能力进一步提升。三是自治区信息化专项资金逐年增加，保障了信息化重点项目的实施。初步形成信息化人才培训体系，各类教育机构开展了多层次的信息化培训，信息化人才培养规模不断扩大，信息化宣传与普及工作不断深入。

（宁夏回族自治区经济和信息化委员会）

2013 年新疆维吾尔自治区电子政务发展概况

2013 年，新疆维吾尔自治区各地各部门紧紧围绕自治区经济社会发展战略，以建立统一的政府内网和推进电子政务云计算应用为工作重点，充分发挥政府网站、政务微博和微信等多种平台的效益，加强网络与信息安全管理，完善工作协调指导和考核机制，继续提升应用水平，加快推进电子政务工作，为创新政府管理、提高行政效能、增强政府社会管理和公共服务能力，打造服务型阳光型政府，促进自治区跨越式发展战略实施提供支持和保障。

一 电子政务基础网络设施建设继续完善

（一）电子政务内网建设逐步推进

以新疆自治区人民政府为中心，覆盖全区 19 个地州（市）政府（行署）、96 个县市（区）政府、167 个自治区人民政府组成部门、直属机构及有关单位的自治区电子政务专网（内网工作域），发挥着越来越重要的作用。文件传输、信息报送、会议组织、应急管理、干部监督等重要业务均依托政务专网高效运行，促进政务效率显著提高。

根据国家电子政务内网建设规划和自治区电子政务内网建设规划要求，自治区人民政府办公厅对全区电子政务内网政府系统业务网建设工作进行了及时部署，制定了政务内网涉密子网建设需求，组织对自治区电子政务专网开展了定级备案、差距化分析和整改建设方案制定工作，并积极开展立项申报等工作。为建设自治区统一的电子政务内网，进一步提升政府电子政务内网建设和管理水平做了相关准备工作。

自治区已有 40 个政府部门及直属机构依托自治区电子政务内网（工作域）建立内网应用网站，开展相关应用，政府各部门之间信息和资源的共享水平进一步提升。

（二）政府网站全面建成

全区县以上各级人民政府及所属部门依托互联网共建立政府网站 2025 家，已基本构建起适应信息时代要求的新疆维吾尔自治区政府网上服务和办事体系。

二　政务应用进一步深化

（一）政府信息公开工作全面开展

2013 年各地各部门共上报自治区政府网站供信息公开发布用的政务动态 70000 余条，发布 14000 余条，上报网站专题 100 余个，采用网站专题 79 个，各地各部门网站数据更新更加及时、网站内容更加丰富，政府信息公开进一步深化。

以自治区政府和部门财政预决算信息全面公开为抓手推进政府信息公开工作不断发展。在 2012 年政府部门依托网站全面公开财政预算信息的基础上，2013 年自治区党委综合部门、政府部门及直属机构等也开始在政府网站上公开发布财政预算及决算信息，极大地提高了新疆自治区信息公开的范围和水平。上海财经大学公共政策研究中心发布的《2013 中国财政透明度报告》显示，新疆位列全国省级财政透明度排行榜第三名。

（二）网上政民互动取得新的进步

2013 年以来，13 个地州（市）、47 个政府部门及直属机构邀请本单位领导就政府重点工作和公众关注热点在网站上开展了在线访谈活动，实现政府与网民进行实时沟通交流。各级政府网站领导信箱处理数量不断增长、信件督办质量不断提升，政民互动工作水平得到进一步提高。

（三）以政务微博、微信应用为标志的网络问政工作获得显著发展

自治区全面开展《新疆维吾尔自治区政府系统政务微博客应用管理规定》宣贯工作，通过集中培训、视频会议等指导好全区政务微博的应用工作，促进全区政府系统政务微博应用水平不断提升。同时自治区政府电子政务办公室组织阿克苏地区等单位开展了政务微信应用试点工作，试点工作验证了微信在全区特别是基层政府开展应用的可行性。

截至目前，已有 16 个地州（市）、46 个政府部门及直属机构、83 个县市（区）政府本级开通政务微博，较 2012 年增长 182％。2 个地州、19 个县市（区）、6 个政府部门及直属

机构本级开通政务微信，较2012年增长了26倍。各地各部门通过政务微博、微信应用加强政府信息公开渠道和网络问政平台建设，在与民众沟通、改善政府形象和推进社会管理创新等方面发挥了重要作用。

（四）网上审批、在线办事应用稳步推进

依据自治区行政审批工作改革方案，自治区36个政府部门及直属机构在政府网站上全面公开了本单位办事项目的名称、依据、程序和要求，提供表格下载、业务咨询和办理指南等，自治区政府行政审批事项公开率达90%，为逐步实现在线申请受理、状态查询和结果反馈，全面提升在线办事水平奠定了良好基础。

（五）自治区政府门户网站应用水平不断提升

自治区政府电子政务办不断对自治区政府门户网站进行完善和内容丰富工作，全面改版在线办事栏目，多版本政府网站客户端（APP）上线试运行，充分发挥其自治区门户和应用示范作用。目前，自治区人民政府网站已建立汉文版（包括简体、繁体和纯文本版）、维吾尔文版和英文版以及手机版等多种版面，是拥有文字语种最多的省市区政府网站之一。2013年，新疆政府门户网站发布各类政务信息2万余条，发布政府文件130余件，热点专题79个，按规范受理49件依申请公开信件。

（六）县市（区）政府依托电子政务平台加强政务服务应用试点工作通过验收

伊犁州奎屯市、阿勒泰地区富蕴县等全国县级政府依托电子政务平台加强政务服务应用试点单位整合现有电子政务资源，延伸乡（镇）、村（社区）电子政务平台建设，构建起了集行政审批、公共服务、效能监察为一体的综合型服务平台；完成了以县政府网站为中心、乡、街道、政府部门为主体的网站群建设；政务服务体系不断完善，搭建起了以县市行政服务中心为核心，社区便民服务中心及各代办点为支撑的政务服务体系。

三　云计算技术在电子政务中率先推广初显效益

为适应信息技术和政务发展的需要，在2012年自治区政府系统电子政务专有云应用试点项目成功的基础上，自治区政府电子政务办在有关方面的支持下，制定应用推进指导方案，开始全面推进电子政务云计算技术应用。

目前，依托天山云建立的自治区电子政务专用云已基本建成，系统安全等级保护体系和运维机制也已基本完善。在试点应用的基础，目前已有近20家地州县市和政府部门在电子政务云平台开展政府网站和行政审批系统应用，获得初步效益。

四　政府信息系统安全保障体系进一步完善

（一）全区政府网站安全等级保护工作取得了突破性进展

2013年继续积极推进各级政府开展网站安全等级保护工作，鼓励并引导各级政府网站

将依托电子政务云平台统一开展网站安全等保工作。截至目前，10 个地州（市）、18 个政府部门及直属机构已全面完成政府网站信息系统安全等级保护工作，大部分地州（市）和厅局已完成定级备案及差距分析。

（二）全区政府网站安全应急管理体系基本建立

2013 年，自治区各地州市、自治区主要的政府部门及直属机构全面依自治区下达的规范制定了政府网站应急管理预案，形成了系统全面的政府网站应急管理基本体系。

（三）政府网站安全监控和预警预报机制不断完善

建立健全了对政府外网和网站安全监控、通报和应对处理机制，对发现的少数政府网站遭受黑客攻击的情况进行了及时的应对处理，保障了全区电子政务网络和信息系统的可靠和安全运行。

全区各级政府网站信息系统安全等级保护工作的全面开展及应急预案和预警管理体系的建立，提高了全区政府网站安全保护的科学性、整体性、针对性，网站信息安全保障能力和水平进一步提升，将保障和促进自治区电子政务应用健康发展。

五　电子政务发展和保障体制逐步完善

（一）电子政务业务工作全面纳入自治区绩效考评体系

自治区电子政务应用和安全管理 8 项主要工作指标全面纳入自治区绩效考核体系。各地各部门进一步重视电子政务工作的组织领导和推进，认真按考核要求开展应用建设和安全管理工作。实践表明，电子政务纳入自治区绩效考核范围，对全区电子政务工作发展起到了巨大的推进作用。

（二）机构和队伍不断健全和充实

目前，自治区人民政府 55 个部门和直属机构、19 个地州（市）、70% 以上县市（区）政府均已设置电子政务工作机构，全区县以上政府和部门电子政务专职工作人员 1000 余人。经过上一轮各地机构改革，各地州（市）和县市政府对电子政务机构进行了职责划分和调整，确立了在当地政府的领导下、在政府办公室（厅）的直接管理下开展工作的电子政务工作推进体制。

（三）协调指导工作继续加强

自治区制定了自治区电子政务内网政府系统业务网规划和建设工作通知，印发了《关于做好 2013 年度电子政务绩效管理及考核工作的通知》等指导性文件。举办面向全区政府系统的网站建设、政务微博应用等培训班，培训 460 余人次，赴阿勒泰地区、伊犁州等 6 个地州（市）及所属 10 余个县市、自治区环保厅等 20 余个自治区组成部门及直属机构检查调研电子政务工作。

（四）《新疆电子政务发展报告》编印出版

自治区人民政府办公厅在"新疆电子政务发展研究"课题研究的基础上组织编辑的《新疆电子政务发展报告》于 2013 年 3 月出版。自治区党委副书记、自治区主席努尔·白克力为《新疆电子政务发展报告》作序。《新疆电子政务发展报告》共分 6 部分、约 30 万字，是一本指导电子政务具体应用的参考书，也是一本内容丰富、案例翔实的电子政务发展专题调研分析报告。

（新疆自治区政府电子政务办公室）

2013 年大连市电子政务发展概况

2013 年，在大连市委、市政府的正确领导和高度重视下，在全市电子政务从业者的不懈努力下，在电子政务基础设施和政务业务应用和信息安全保障等方面开展了大量卓有成效的工作，紧紧围绕建设服务型政府和高效能政府的目标，实现大连市电子政务的整体推进和跨越式发展。

一 电子政务基础设施集约化建设成效显著

（一）建设统一的电子政务外网平台

根据国家电子政务外网建设和应用的统一要求："凡属于社会管理、公共服务范畴及不需在政务内网上部署的新建业务系统，原则上都必须依托政务外网运行，已建并投入运行的该类业务系统，要抓紧制定迁移方案，向外网迁移，并逐步实现其业务在政务外网上的部署和应用"，在市发改委、财政局的正确指导下，在全市统一的政务外网平台上，以集中拓展共享应用、优先发展跨部门应用、积极开展部门应用为指导，不拉专线、不建专网、不建机房，将各类电子政务应用集中在统一的政府数据中心，面向全市开展各类电子政务应用。

（二）规划建设高起点的云计算中心

建设新一代的政府数据中心——大连市政府云计算中心，计划 2014 年建设完成。该项目已与大连市公共资源交易中心大楼建设一并立项。全市所有的电子政务系统将采用"统规、统建、统管"的原则，集中部署到政府云计算中心。

（三）建设统一的容灾备份中心

截至 2013 年底，已经建设了统一数据中心。全市 85% 以上的电子政务外网、互联网业务系统均集中部署在数据中心机房。利用统一数据中心场地建设了统一容灾中心。提供了数据库备份、业务数据备份和核心应用备份等全系列灾难备份和恢复业务。

二 电子政务业务应用不断深化

（一）政府网站的建设和管理进一步加强

全市政府网站建设稳步推进，信息保障力度日益加强。2013 年，"中国大连"政府门户网站群信息维护情况良好，共发布各类政务信息约 16 万条。全年共接到网民邮件 2.16 万余条，答复 2.14 万余条，总答复率约 99.07%，全年组织"在线访谈"56 次。

各子网站建设水平继续提高。2013 年市公安局、科技局、审计局、地税局、文广局、国税局、中山区、甘井子区、金州新区、旅顺口区等多家单位因对本单位网站的建设管理进行了创新优化,受到国家、省级权威部门的表彰。

(二) 大力推进信息共享和业务协同

《大连市政府系统数据资源共享目录》(2012 版) 于 2013 年 2 月正式印发,市信息资源共享交换平台正在搭建,同期进行数据测试。待交换平台建设完毕后,组织全市相关人员进行业务培训,预计平台于 2014 年正式开通,市政府各部门间将可以实现横向按需数据交换与共享,促进政府各部门间业务协同互通,大幅提升政府行政管理效率和公共服务水平,消除"信息孤岛"。

(三) 扩展全市统一的综合政务短信平台应用

大连市政府综合政务短信平台自正式投入使用以来,应用效果显著。各单位利用市政府综合短信平台,为公共企事业办事公开网、便民服务应用提供支撑,提高工作效能,充分发挥综合政务短信平台实时、准确、便捷的作用,助推服务型政府和软环境建设工作。

三　信息安全保障措施逐步完善

(一) 网络安全管理进一步加强

全面升级电子政务外网服务器区出口安全设备 WAF,加强安全防护。大连市电子政务外网安全管理平台应用进一步深入,全年发放各类授权 1700 余个用于电子化政府采购管理与交易系统、计生服务站管理系统、固定资产管理系统等 35 个系统。

(二) 各项规章制度约束有力

等级化保护建设方面,国家信息化工作办公室于 2005 年 9 月发布文件《关于转发〈电子政务信息安全等级保护实施指南〉的通知》(国信办〔2005〕25 号)。大连市电子政务系统等级化保护方案的规划和建设,均按照该文件的描述,完成定级、设计和实施等任务,保障项目过程的严谨性和科学性。

安全防护措施设计方面,公安部于 2005 年发布了《信息系统安全等级保护基本要求》。该文件对完成定级的信息系统的安全威胁、安全目标及安全要求方面,进行了详细的描述和设计,我们严格遵从了该文件提出的要求,并结合大连市电子政务外网的实际问题,提出针对性的技术解决方案。

管理制度规划和人员安全设计方面,参考《信息安全管理实践准则》,要求各组织建立并运行一套经过验证的信息安全管理体系,用于解决资产的保管、组织的风险管理、管理标的和管理办法、要求达到的安全程度等问题。大连市起草并审议通过了《信息系统安全检查规范》,建立科学、规范、有序的信息系统安全检查环境,保证信息系统可信、安全、可控,同时还依据相关的国际、国内标准、法规,构建相对科学、规范、严谨的信息系统安全检查标准体系。

四　机构和队伍人才建设初具规模

电子政务的发展离不开机构建设和人才队伍保障。在市级层面，由市政府办公厅电子政务处和市政府电子政务技术服务中心（大连市网站管理中心）两个机构负责全市电子政务的相关事务。按照市编办的文件规定，大连市电子政务处（大连市电子政务办公室）负责大连市政府系统电子政务建设的规划、管理、组织、协调、培训、指导、考核等工作。大连市政府电子政务技术服务中心（大连市网站管理中心）负责电子政务发展过程中相关具体技术工作。2013年大连市开展电子政务标准体系建设，明确了各单位电子政务组织机构，按照"谁主管、谁负责"的原则，实行统一规划、分级管理。

五　"十二五"期间大连市电子政务重点工作落实情况

根据《国家电子政务"十二五"发展规划》的要求和总体部署，结合大连市发展实际，制定了《大连市电子政务建设"十二五"发展规划》，提出了"十二五"时期大连市电子政务建设的指导思想和基本原则，明确了电子政务建设的总体目标、主要任务。

（一）建设市政府云计算中心

"充分整合政府系统电子政务基础资源"是大连市政府电子政务"十二五"规划的主要任务之一，建设新一代的政府数据中心——大连市政府云计算中心，是充分整合政府系统电子政务基础资源的主要途径。该项目已与大连市公共资源交易中心大楼建设一并立项，计划2014年建设完成。全市所有的电子政务系统、新建及升级改造电子政务项目将直接部署到该中心，原有的系统也将在今后几年内逐步迁移、整合，避免分散投资，重复建设，各自为政。

（二）推进政务外网统一平台建设

大连市电子政务"十二五"规划中提出，要强化政务外网统一应用。根据国家电子政务外网管理中心要求、结合大连市政府和各部门外网业务发展需要，纵向延伸政务外网接入范围扩大覆盖面，"十二五"期间，要完成144个街道（乡、镇）和1687个社区（村）的接入，确保国家、省、市各级外网业务系统的正常开展；利用国家外网管理中心已有的安全认证体系实现政务外网的接入授权和认证，完成10000个授权终端的发放，强化大连市外网的安全管理，保证各应用业务系统的安全有效运行。截至2013年底，街道（乡、镇）和社区（村）的接入已完成30%，授权终端发放完成20%。

（三）完善政策规章，促进规范管理

根据《"十二五"国家政务信息化工程建设规划》和《进一步加强国家电子政务网络建设和应用工作》的要求，结合大连市电子政务建设和应用实际，协调发改、公安、财政、保密和机要等相关部门，制定出台了大连市电子政务工程建设和应用的具体要求，进一步规范电子政务工程项目的组织、规划、审批、管理、实施和评测。

（四）建立全市政府系统数据资源共享目录

大连市电子政务"十二五"规划中将"建立全市政府系统数据资源共享目录"作为重点任务之一。2013 年印发了《大连市政府系统数据资源共享目录》，市政府数据交换平台系统也正在搭建中，数据资源的共享和交互，将推动大连市信息资源共享向更深层次发展。

（大连市政府行政服务中心）

2013 年青岛市电子政务发展概况

2013 年，青岛市以党的十八大和十八届二中、三中全会精神为统领，按照国家和山东省的要求和部署，继续贯彻实施《青岛市电子政务发展"十二五"规划纲要》，坚持以技术创新推动政务创新，服务于转变政府职能、优化发展环境，进一步巩固和发展了"青岛模式"，取得了丰硕成果。

青岛政务网在全国政府网站绩效评估中再获副省级城市第一名，在包括省、自治区、直辖市在内的全部地方政府门户网站中仅次于北京，列第二位；在中国信息化研究与促进网联合工业和信息化部电子科学技术情报研究所等单位组织的"2013 年中国优秀政务平台推荐及综合影响力评估"中，获"中国最具影响力政务网站""中国政务网站领先奖"和"中国政府网站外文版国际化程度优秀奖"；在中国社科院信息化研究中心和国脉互联政府网站评测研究中心组织的 2013 中国政府网站绩效评估中，获"政府透明度领先奖"；"信息公开"栏目被电子政务理事会评选为 2013 年政府网站信息公开精品栏目；"网络在线问政"栏目被电子政务理事会评选为 2013 年政府网站政民互动精品栏目；在全省政府网站绩效评估中列 17 市第一名。青岛市还被工信部确定为基于云计算的电子政务公共平台建设和应用试点示范城市，被国家行政学院邀请为全国政府管理创新培训班和国务院办公厅电子政务专题培训班介绍电子政务发展经验。

一　推进重大应用工程

（1）加快推动网上办事。印发《青岛市网上政务服务体系建设方案》（青政办字〔2013〕73 号）、《关于进一步推进政务便民服务事项下沉基层的通知》（青政办字〔2013〕110 号）和《关于做好全市网上办事服务事项试点和填报工作的通知》（青政公办字〔2013〕1 号）。市级部门、公共企事业单位和各区市分别梳理完成面向公众的各类政务（办事）服务事项 2212 项、371 项和 18116 项；形成并上网发布动态更新的政务（办事）服务目录和政务（办事）服务指南；基本建成功能完善的网上政务服务平台，确定部门网上办理系统开发平台、身份认证、内容管理、服务展现、信息交换、申报、反馈、搜索、支付、评价等"十统一"接入规范；11月 18 日，包括市民一站通、企业一站通和我的政府一站通三大服务体系的网上便民服务大厅上线运行，标志着市委、市政府门户网站初步实现由信息服务为主向综合办事服务转型。

（2）助力审批提速。完成审批业务系统升级改造，做好全部 1441 项审批事项的业务流程定制和46个部门审批新业务系统运行保障和系统调整；实现审批事项网上预约、申报和评价；实现5679个项目、8577项业务的登记和联合办理以及204个重点项目的绿色快速通道运转和实时监控；新增审批证照数据9343条；实现网上办理业务5.3万件，审批平均提速率达36.85%。

（3）优化网上办公。为适应移动互联网快速发展的新趋势，组织开发金宏移动办公系统，在智能手机和平板电脑上实现金宏办公系统的主要功能，移动政务发展迈出实质性一步；组织金宏办公系统升级改造，完成新版本功能开发并部署实施；网上公文信息流转量达2000多万件次。

（4）完善网上执法系统。完成案源管理模块改造，共登记案源1.6万件，实现从源头规范执法行为；全面改造市工商局行政处罚系统，完成200余项流程改造和个性化开发；实现近2万件行政处罚案件的网上规范透明运行。

（5）深化电子监察。优化电子监察基础平台功能和展示方式；升级纪检监察信访举报综合信息系统，改造社保基金电子监察系统，规划建设残联电子监察系统、慈善资金电子监察系统、政府职能转变过程监督系统和社会组织管理改革监督系统。目前，监察机关已对30多个重要权力领域实施了电子监察。

（6）推进应急信息化。制定应急应用平台升级改造方案；完成21个单位应急视频会议终端设备部署实施。

（7）搭建食品安全监管网络平台。实现对全市农产品种植、畜禽养殖、水产养殖、生产、流通、餐饮、餐饮消毒七大环节52个类别10.5万户食品经营主体的网络化监管；建成青岛市和各区市食品安全门户网站群。

（8）推进市政府投资项目综合监管平台建设。完成全流程业务平台、数据库和配套的电子监察系统开发；完成238个政府投资项目、6364条业务信息的采集。

（9）建成全市统一的政务信息采集平台。部门、区（市）应用该平台采集各类信息58万条，实现政务信息的"一次采集、多家共享"，有效解决了数据重复采集问题。

（10）推进部门业务应用。建成全市统一的社区民族工作信息管理平台；完善中介组织诚信体系平台，录入并发布中介组织基本信息11.5万条，建成青岛市中介组织信用信息网站；推进红十字会信息管理系统建设；组织开发市政协提案系统；制定公共资源交易系统建设框架和实施计划。

二 强化政务信息资源共享

（1）推进政务信息资源交换共享。完成信息交换共享平台升级改造，建立信息交换共享安全机制；形成包括34个部门307项政务信息资源的《政务信息资源共享目录》，依据该目录，制定《政务信息资源集中采集实施方案》，组织部门交换共享信息2.86亿条，部门间信息共享需求满足率达到35.8%，税务部门通过共享信息比对，查补税款5.42亿元；推进人口、法人、空间地理、信用等中央数据库建设，新增信息2600余万条。

（2）建设企业信用信息查询系统。在工商、税务、质监等部门提供的企业基础信息的基础上，整合网上执法、审批证照、社保缴费、税收缴纳、交通违章等信息，搭建涉企信用信息数据库；建设企业信用信息查询系统，提供企业综合信息查询、重点领域信用信息查询和分类信用专项查询等服务，并实现相应权限下企业分类统计分析展示功能。

（3）推进政务地理信息共享。制定并实施地理编码库建设方案，初步建成全市统一的地理编码数据库；对政务地理信息共享平台进行完善升级，增加统计专题图展示功能，优化地图展现方式和功能布局，提高用户体验。

三　促进政民互动

（1）研究探索政府数据开放。形成政府数据开放调研报告，提出政府数据开放服务平台建设思路，建成政府数据开放门户网站内部测试版。

（2）提升网络问政实效。实现计划审核和发布、上线提醒、短信定制、组织规范性、限时答复跟踪、回音壁办理跟踪、典型案例筛选、热点发帖查询和统计、评估考核的自动化运转，同时注重提升用户体验和提高系统承载能力；开展网络问政698场，参与网民11.3万人次，提出问题1.4万个，部门回复率达99.7%，并组织开展第三方评估两次。

（3）完善政府信箱系统。增加多次提问和答复功能、办理流程公开功能；为后台开发二次办理和逾期信件办理列表和自动提醒功能；拓展政府信箱中转站功能，为政府信息公开、公文政策网上咨询提供受理和分办服务；政府信箱受理市民诉求首次突破4万件，达到4.48万件。

四　做好网站建设和服务工作

（1）完善青岛政务网栏目。对照全国政府网站绩效评估指标，重点完成办事服务版块15个专题服务的规划设计，6个重点服务领域的全流程办事服务。

（2）推进青岛政务网后台升级项目。研究新后台功能，对各功能进行完善和梳理改造；部署前、后台服务器环境，对青岛政务网数据库进行分析，开发日常数据迁移程序，梳理并建设青岛政务网三民活动、党代会等10个专题页面，保证青岛政务网后台交替的无缝衔接。

（3）进行全市政府部门网站建设绩效评估工作。对各部门、各区（市）网上服务绩效和网络问政情况组织开展第三方评估，形成并发布评估报告。

五　深化平台整合

电子政务专网（金宏网）专线宽带接入单位达到179个，政务外网接入单位达到143个；机房托管服务单位达到41个，政务云公共服务平台支撑各类业务信息化应用系统140多个，支撑部门网站101个；对19个部门25个信息化项目建设方案进行审核把关，节省建设资金4749万元。

六　调整网络布局

按照国家发展改革委、公安部、财政部、国家保密局、国家电子政务内网建设和管理协调小组办公室联合下发的《关于进一步加强国家电子政务网络建设和应用工作的通知》（发改高技〔2012〕1986号）有关要求，将电子政务专网（金宏网）作为一个高安全域纳入电子政务外网体系，并组织建设金宏网安全接入平台，实现互联网终端安全可控访问金宏网内业务应用的功能，同时在市级机关 1~4 号办公楼内建设电子政务无线专网（E-GOV），为楼内单位和办公人员提供免费无线上网服务。

七　加强信息安全保障

邀请第三方专业机构，按照国家 A 类机房标准对市电子政务机房进行检测，保证机房环境安全；实施机房 UPS 扩容和配电系统升级，提高机房供电负载能力和用电安全；对重要电子政务网络和系统实施信息安全风险评估，完善网络和系统安全防护能力；对政府网站、办公系统定期进行漏洞扫描和安全检测，确保系统安全可靠。

下一步，青岛市将深入贯彻落实党的十八大和十八届二中、三中全会精神，按照加强统筹、开拓创新、提质增效的电子政务工作思路，深化资源整合、推进重大应用工程、提升服务质量，更好发挥电子政务在深化行政管理体制改革、优化发展环境、建设智慧青岛中的积极作用，不断推动电子政务向世界先进水平迈进。

（青岛市电子政务和信息资源管理办公室）

2013 年深圳市电子政务发展概况

2013 年，深圳市按照"统建统管、建用分离"的原则，建成全市统一的党政机关网络平台、数据中心、灾备中心、政务信息资源共享交换平台、网站生成平台、共享交换平台、党政机关信息安全联合工作平台、政务邮件系统和短信平台等，构建起全市统一、集约化的电子政务公共平台框架，有力推进了深圳市电子政务建设的"五统一"（即统一的党政机关网络、统一的政务云基础设施、统一的安全和应用支撑平台、统一的基础信息资源库和统一的政府电子公共服务门户），为全市电子政务发展提供了有力支撑。截至 2013 年 7 月，政务外网地区覆盖率和部门覆盖率均达到 100%，全市行政审批事项网上办理率超过 90%，服务事项网上办理率超过 80%。

一　深圳市政府门户网站服务

目前，深圳市政府门户网站提供了 42 个市政府部门、8 个区政府和 4 类公共企事业单位信息公开总数达 15 万多条，行政审批和办事服务事项 3800 项，收到的咨询投诉信息达13.5 万多条。在国家和省有关部门的指导和支持下，在全市各部门的共同努力下，深圳市政府门户网站已连续多年在全国评比中取得好成绩，2010 年、2011 年、2012 年连续三年名列全国第一，2013 年名列全国第二。政府网站已初步成为全市统一的电子公共服务平台。

二　社会管理服务

1. 全面实施电子监察

电子监察的实施，使监察工作从以往点对点、人对人的监督转向全时段、全过程的监督，解决了以往大量行政事务难以监督到位的问题。2012 年，深圳市行政审批电子监察系统对 2008169 笔审批业务进行了实时监察，其中，办结业务 1944703 笔，提前办结 1828950 笔，提前办结率为 94.06%。政务信息资源共享电子监察系统集中 24 家市直单位和 4 个区级政府的证照信息 600 余类，市区两级行政审批部门共查询、比对证照 451498 次，比对过程中发现 4808 笔证照存在内容不一致等情况。政务公开电子监察系统监测到各部门主动公开信息 44899 条，受理政府信息公开申请 1935 条，发出黄牌 8 张，红牌 8 张，相较 2011 年减少了 65%。行政执法电子监察系统对全市 25 家行政执法部门的 1437 项行政处罚事项进行监督检查，比 2011 年增加了 655 项。从系统数据看，各部门全年共办理一般行政处罚案件 100309 宗，其中立案 106767 宗，已办结案件 86694 宗，按期办结的 79225 宗，按期结案率为 91.4%。

2. 率先实现商事登记全流程网上办理

推行全流程网上商事登记，免除注册窗口受理纸质材料这一传统的企业登记关键环节，使申请人足不出户或远在异国他乡就能快速办理营业执照，减少申请人在注册大厅的排队时间，降低申请人办事成本，省事、省力、省心，有效解决企业办事难的问题。目前，全流程网上商事登记系统平稳运行，全流程网上商事登记企业申请量已快速增长，以每周 1000 笔的增长幅度上升。而企业申请驳回率也在逐渐降低，从最初的 52% 降至目前的 16%，申请通过率大大提高。

3. 智慧交通系统工程

2012 年 10 月 23 日，深圳市智慧交通系统工程上线试运行，基本实现了交通设施管理、道路养护管理、公交设施管理、慢行交通管理、路政执法管理、停车拥堵管理、路内停车管理 7 大类问题从"信息采集、任务分发、结果反馈、监督考核"的智能化闭合管理。同时，通过与市城管局、交警局等部门的多方协作，实现了第一时间发现问题、第一时间处置问题，第一时间解决问题，提高了智慧交通案件的处置效率，基本实现交通行业管理的科学化、规范化、精细化。

4. 社会治安电子防控系统

深圳市已基本构建起覆盖全市，信息互通，资源共享，技术兼容，全天候、多层次、全方位的电子防控报警系统。该系统与全市"四大治安防控网络"有机结合，形成"人眼""天眼""电子眼"互动。截至目前，全市已完成一、二、三类电子监控点近 20 万个，覆盖到全市所有重点范围，为全市社会治安管理、应急处突、重大安保工作和城市综合管理等提供了强有力的保障。

5. 用信息化手段加强法律服务行业诚信建设，净化行业市场

2013 年深圳市建设了法律服务诚信专题数据库，按照不同权限向有关政府机构及社会公众开放。该数据库包括律师和律师事务所、司法鉴定机构及司法鉴定人员、公证机构和公证人员、司法考试考生等的身份信息系统、提示信息系统、警示信息系统和奖励信息系统四个方面，有助于加强公众对律师行业、公证行业、司法鉴定行业和司法考试的监督，加大对违纪违法行为的曝光力度，进一步净化法律服务市场。

6. 启用信访管理系统整合信访资源

2013 年 5 月，深圳市两级法院新"信访管理系统"启用，实现了对两级法院信访资源的有效整合，进一步推动两级法院信访管理工作的统一化、规范化。新系统克服原系统不足，从信访件登记和转办、信访工作办文、信访风险评估、信访信息发布、信访档案管理等五个方面进行改进和创新，实现了信访件的电子化流转和存储、信访量精细化统计、与诉讼系统数据无缝对接、重大信访信息短信预警等方面的新变化，解决了两级法院信访信息不通、六区法院各自独立、系统功能陈旧单一等现实问题，有效整合了全市信访资源，为信访管理工作带来了强大支持，也方便了当事人。

三　信息资源开发利用和共享

（1）根据"深圳质量"要求，市经贸信息委对所负责的市政府绩效评估指标"网上办事率"进行研究，将考核范围从行政审批服务事项扩展到所有办事事项，并将"审批结果共享利用情况"三级指标进一步扩充，力争减少和取消要求申请人提供政府部门出具的证明文件，进一步推进信息资源共享，提高政府服务水平。根据绩效评估监测情况，全市行政审批事项网上办理率已超过90%，服务事项网上办理率超过80%。

（2）建设完善空间地理、人口、法人单位等基础数据库。深圳市开展了构建覆盖市、区、街道、社区的社会建设"织网工程"综合信息系统建设，打造全员人口公共基础信息、法人（机构）公共基础信息和房屋（城市部件）公共基础信息三大资源库、社区综合信息采集和社会管理工作网信息两大系统以及社区家园网站。目前，全市公共基础信息资源库已接入的单位达到30家，导入的数据达到3.2亿条；社会管理工作网已实现市、区、街道和社区四级纵向联通；社区家园网已建成统一的后台管理系统，在31个社区进行了试点建设，今年可在已建社区服务中心的350个社区开通运行。

（3）建成全市统一的灾备中心。深圳市灾备中心占地面积5000平方米、建筑面积16578平方米，可向使用单位集中提供符合国家相关标准的机房和配套的运行维护、业务恢复等资源，统一提供介质保管、备用场地、存储空间、数据备份、数据容灾复制（外网）、应用级容灾、应急备机、灾难恢复办公座席等服务，可有效保障深圳市电子政务系统可靠运行、提高电子政务系统抵御灾难打击的能力。

（4）建成全市统一的政务信息资源共享交换平台。深圳市在政务内网和外网各建设了一套政务信息资源共享交换平台，覆盖全市党政机关和各个区，目前已正式运行，并已为多个应用进行数据交换提供支持，为跨部门电子政务应用、优化整合业务流程、推动管理体制改革提供了有力支撑，避免了重复建设。

（5）建成全市统一的党政机关信息安全联合工作平台。该平台为全市党政机关和各个区提供统一的安全管理规范、安全自查工具、制度模板和信息安全事件现场处置指引等服务，大大提高了风险评估、安全检查等信息安全工作的自动化程度，提高了工作效率，有效提升了全市党政机关信息安全防护能力。

（6）加强电子政务宣传和培训，提高电子政务影响力。为让广大企业和市民知道通过电子政务能办什么事情以及如何办，让电子政务惠及市民和企业，在《深圳市电子公共服务指引》（第二版）基础上，开展了各单位电子公共服务情况梳理，于年底前完成《深圳市电子公共服务指引》（2013版）印制，并通过市区行政服务大厅和街道、社区等公共场所发放。

（深圳市经济贸易和信息化委员会信息化处）

2013年长春市电子政务发展概况

2013年长春市电子政务工作在"全市党政机关一盘棋"的体制格局下，牢牢把握政务主导的基本原则，坚持以人为本的工作理念，紧紧围绕"抓建设、抓管理、抓应用"开展工作，加强服务型机关建设，努力提高工作效能，推动全市电子政务工作健康发展。

一　2013年基本情况

长春市的电子政务领导小组由常务副市长肖万民任组长，党委、人大、政府、政协等有关部门为成员，负责全市的电子政务规划建设、投资等重大决策，协调解决有关问题。在市电子政务领导小组的统一领导下，本着"全市党政机关一盘棋"，市政府办公厅充分发挥电子政务领导小组办公室职能，坚持政务主导、统一规划、整合资源、集约建设的基本原则，将办公业务系统建设和应用视为规范内部管理、强化社会服务、提高行政效能的重要手段，有力促进了全市电子政务建设应用工作。坚持"统一规划、统一网络、统一软件和分级推进"的原则，集中建设和完善电子政务共享平台。通过基础设施共享、平台共享、应用共享，加大技术系统整合力度，巩固集约化模式。建成了以210公里光纤城域网为主，覆盖全市各县（市）区、开发区、市直机关、主要公益部门、财政拨款事业单位及各社区的内外网物理隔离、平行的两套城域网络。长春市作为国家政务信息资源目录体系试点城市，初步构建起全市统一的政务信息资源目录体系平台和交换体系平台，整合了公安、交通、工商、质监、计生、民政等多部门的信息资源，12个部门开展业务协同应用，累计交换信息6亿多条；长春信息港网络平台为100多个部门和单位提供国际互联网接入服务；市政府中心机房，为市政府22个部门提供主机集中托管服务；全市统一的公务员电子邮箱系统，应用范围覆盖市直机关全部公务人员。实现了由信息分散独享向信息集中共享转变，打破了信息资源部门所有观念，通过制度、技术、服务等各种手段，改变"信息孤岛"状态。从机制入手，站在全局高度建立部门之间的共建、共享机制；从框架入手，完善交换和共享体系，完善数据标准和技术标准；从应用入手，以资源共享需求最迫切的领域和业务为突破口，整合需求，以典型应用的效应带动全面推进。

二　2013年重点工作及主要成果

（一）抓建设

重点加强了政府门户网站建设和市政府视频会议系统高清改造工作。

一是加强政府网站建设，提高行政效率。全市政府网站的考核评议工作以评促建，对提升长春市政府网站的整体服务能力，发挥了良好作用。我们认真总结以往经验，出台了全市政府网站绩效考评指标体系，综合评判各网站建设、管理和运行维护情况。在对全市政府网站的运行情况进行统一监测的基础上，对各参评网站逐一进行分析，找出各网站存在的主要问题，提出有针对性的整改意见，形成《加强政府网站建设意见的函》发给相关县（市）区和市直有关部门，限期改正。通过"回头看"的工作方式，我们发现，各相关网站针对存在的问题和整改意见进行了相应的调整和修改，有的网站进行了全新改版，面貌焕然一新。总体看，我们的"以评促建"工作达到了预期目的，各网站信息公开、公共服务和公众参与三大功能明显增强，市政府门户网站共采集、整理和发布政务信息12861条，发布了46个单位和部门的838项行政审批项目，为广大市民提供"一站式"网上办事服务，在线受理、发布咨询投诉类信息521条，就群众关心的热点问题请有关部门开展了访谈9次，对全市安全建设年、电子政务协调会等全市性会议进行了网上直播5次，有力促进了全市政府网站的健康发展。

二是市政府视频会议系统高清改造工作。按照省政府办公厅的统一要求，2013年省、市、县三级政府的视频会议系统全面实施高清改造。办公厅协调市工信局和机关局对市政府视频会议系统进行高清改造，以实现会议室终端设备与视频会议网络核心系统高清改造同步进行，保证长春市视频会议的整体高清效果。为确保该项目的科学性，办公厅组织有关专家及市工信局、机关局等相关部门，召开了专家论证会，进一步完善建设方案，通过了市财政局的评审。视频会议系统高清改造工程完成后，政府系统的视频会议效果极大改善，能够更好满足政府和部门的视频会议需求，对长春市政府进一步转变会风将起到积极的促进作用。

（二）抓管理

进一步强化"全市党政机关电子政务工作一盘棋"的体制格局，健全和完善与之配套的工作机制。

一是健全以需求导向的开发应用机制。我们坚持电子政务工作要搞集约化建设，特别是注意整合重大基础设施和跨部门的电子政务建设。长春市的公务员驾驶舱系统、社区信息化服务平台、移动政务平台、医疗救助平台等一批综合性重点应用项目纷纷建成使用，有力促进了政务工作的开展。行政审批系统对长春市360余个行政审批项目实行电子监察，有效地强化了行政监察、促进了依法行政、提高了行政效率、推进了政务公开、优化了发展环境。公务员驾驶舱在办公厅的应用得以普及和深入，公文、信息、议案、督查、秘书等核心办公政务已全部在网上运行。2013年市政府办公厅通过公务员驾驶舱系统收文办理2977件、发文办理622件，建议提案办理612件，会务办理579件，信息成刊378期。

二是健全以高效为目标的服务保障机制。通过抓组织保障，进一步加强协调领导小组对电子政务工作的组织领导，巩固管理体制，强化市政府办公厅作为小组办公室对全市电子政务工作的组织协调、统筹规划和监督管理等方面的职能和作用。通过抓人力保障，一方面我们充分利用"外脑"，切实发挥电子政务专家咨询组的"智囊"作用。另一方面，我们通过电子政务讲座、专业培训、专题研讨等多种方式，加强长春市党政机关内部电子政务人才培养。通过抓经费保障，我们积极争取财政资金的支持，并千方百计地提高资金的使用效益。

（三）抓应用

重点是抓好通用办公业务系统在全市党政机关的推广应用工作。

为进一步推进公务员驾驶舱系统在长春市党政机关的全面普及和应用，长春市电子政务协调领导小组下发了《关于加快推进我市党政机关通用办公业务系统应用工作的意见》，市政府办公厅于2013年9月组织召开了"长春市电子政务协调领导小组工作（扩大）会议"。除领导小组成员单位相关负责人参加会议外，还邀请了市法院、市检察院、市政府各部门、各县（市）区和开发区分管负责人参加了会议，共计78个部门和单位参会。按照赵显秘书长在会上提出的"保质量、保重点、保进度"的总体要求，将公务员驾驶舱的应用深入到部门处室、深入到基层单位，突破"最后一公里"，最大限度发挥公务员驾驶舱的潜能。市信息中心会同公务员驾驶舱开发企业积极推广部署、技术保障、应用培训等工作，年底前完成公务员驾驶舱在全市政府系统的推广工作。我们下一步要加强制度建设，强化安全管理，形成长效机制。按计划明年将全面完成公务员驾驶舱在党委、人大、政协、检法等系统的推广工作。通用办公业务系统在全市党政机关全面推广应用后，核心政务将实现"无纸化"办公。

三 问题与思考

长春市电子政务管理机制方面存在一些问题。如信息资源的开发和利用不够充分，存在着"五多五少"现象，即原始信息多，加工整理信息少；孤立分散的信息多，交流共享的信息少；传统载体方式信息多，电子载体方式信息少；行政性开发的信息多，市场化开发的信息少；静止状态的信息多，动态反馈的信息少。激活信息资源库，使它们能够借助政府的力量或市场的作用，逐渐产生社会和经济效益。若能充分利用好这部分巨大的信息资源，实现信息流通和共享，必然会有力促进电子政务的发展。"信息孤岛"现象依然存在。由于区域管理与行业管理并存的网络体系，且在具体实施中多以纵向的网络建设为主，逐渐形成了网络分离和条块分割的局面。在这样的网络结构中，链路备份困难，带宽难以共享，网络难以互联，管理投入过大，由此引发了"信息孤岛"问题，造成各种资源的极大浪费。为了更好地利用有限的信息资源，应更多采用横向区域体系为主导的网络建设方针，为网络互通和信息共享创造有利的条件。

搞好电子政务工作，对于加快转变发展方式与行政体制改革，提高行政质量和效率，增强政府监管和服务能力，促进社会监督，具有十分重要的意义。今后我们将牢固树立大局意识，以高度的责任感和迫切感，全面推进长春市的电子政务工作发展，全面提升全市党政机关信息化应用能力，全面拓展覆盖民生的电子公共服务体系，全面实现社会建设和城市管理的数字化和智能化，以电子政务促进长春市的经济发展和社会进步。

（长春市政府办公厅电子政务处）

2013 年沈阳市电子政务发展概况

一 2013 年基本情况

沈阳市电子政务机构设在沈阳市经济和信息化委电子政务管理办公室，其主要职责是：

制定全市电政务建设的总体规划和阶段性目标及实施方案，并组织实施；承担全市党政信息网核心平台等全局性、基础性和公众性政务工程的建设、管理和维护；推动全市政务网络的互联互通、政务信息公开、信息资源的整合及共享；协调管理政府门户网站和各党政部门的网站；承担对全市电政务建设项目方案的技术审核、跟踪管理、安全认证和绩效评测；承办市政府交办的相关工作任务，同时为市人大、市政协、法院、检察院等机关的政务信息化提供技术支持。机构规格相当于正处级，事业编制 8 名。

2013 年，在中共沈阳市委和市政府的正确领导和统一部署之下，在相关政务部门的共同努力之下，沈阳市电子政务已成为提升党的执政能力和建设服务型政府不可或缺的有效手段。主要表现在以下方面。

1. 政务信息透明度不断提升

中国沈阳政府门户网站经过重新设计规划后，共开通 7 个信息频道，800 多个子栏目，同时，沈阳政府网站建设工作正式纳入了市政府绩效考评体系，全市 13 个区县政府系统网站和 68 个委办局政府网站参评，促进了政府网站建设水平的整体提升。沈阳政务公开服务网公开各类政务信息 60 余万条，并且扩充教育、房产、医疗、办事指南和家政服务等便民信息 20 余万条，此外，沈阳市政务部门网站都设有政务公开栏目。沈阳 96123 市民服务热线通过网站及电话方式，回复投诉类事件共 11.4 万件，其中公开办结 8.9 万件，回复咨询、求助类事件共 5.8 万件，其中公开办结 5.1 万件，已成为政府接收群众各类咨询、求助、投诉、举报的重要载体。

2. 公共服务信息化进一步普及

共有 35 个部门实行"网上审批"，包括许可证照、施工备案、人力资源在内的 300 余项审批服务事项。社会保障卡实际发放 201 万张，具有原医保卡功能，同时实现了退休人员养老金发放、失业保险金发放、灵活就业人员养老保险和医疗保险的代扣代缴功能。实现了全市 1771 个乡镇及以上医疗卫生机构传染病疫情和突发公共卫生事件直报网络的全覆盖，市级部分医院实现了电子病历、无线临床服务等创新应用。设立 60 余处交通诱导屏，形成了"一横、两环、三纵"的道路交通信息发布系统，实时向公众发布路况信息。通过搭建社区呼叫中心、养老服务、婚姻收养、社会组织、殡仪殡葬、社会救助、居民家庭收入核对等多个专项信息化平台，各类专项社会事务由面对面办理到在线受理，全面提升便民利民的服务水平。

3. 市场监管和社会管理信息化手段明显增强

通过药品经营和生产企业电子化监管系统实现了对全市 2700 余家药品经营企业和 21 家高风险药品生产企业的实时监控。通过房地产市场信息系统，涵盖了全市 200 多万卷的房产电子档案信息，规范化了房地产交易与权属登记管理。通过数字城管系统，共受理各类问题139 万件，办结 125 万件，实现了城市管理由事后到实时，由粗放到精细的转变。通过土地执法监管平台，建立起"天上看、地上查、网上管、视频盯"的综合监管机制，提高土地监管水平。通过交通 GPS 及远程视频监控平台，实现了对全市 1400 多辆公交车、近万辆出租车、3000 多辆客运及危货运输车辆和重要公交、客运场站的实时监控。通过污染源在线自动监控系统，实现了对感观环境、治理设施运行、PM2.5 指标等情况的实时监控。通过安全生产应急救援指挥平台，收集了 104 家市直管企业、3309 家区管规模以上企业信息，对18 个重大危险源（点）实现了动态监控。通过公安视频监控联网系统，整合了全市 2.3 万路公共区域和比赛场馆视频监控信息，实现了跨区域、跨部门、跨警种的图像信息共享和应用，为平安城市建设提供有力支撑。通过全市城市应急指挥平台，推动了公安、安监、气象、地震、水务、三防、交通等行业信息共享与应急联动。通过防汛会商和监控系统，基本实现了对全市河道、水库等重要防汛部位信息采集，对沈阳市防洪减灾工作发挥了重要作用。

二　2013 年重点工作

2013 年沈阳市电子政务建设主要做了以下几项工作。

1. 做好核心平台四期工程建设

市党政信息网核心平台是沈阳市电子政务框架建设的首要标志和重要的公共信息基础设施，按照总体规划工程共分为四期建设，其中前三期工程主要完成了机房、网络及服务器基础设施、公共地理信息平台、政务信息数据交换平台、领导辅助决策支持系统、OA 协同办公系统、信息资源目录系统等公共应用系统开发等工作。沈阳市于 2013 年 3 月启动核心平台四期工程建设，其主要建设内容为：一是实现市政务外网的区、县（市）政府全覆盖。二是搭建起沈阳市"政务云"的基础框架，构建了政务云的计算资源池和存储池，使市党政信息网核心平台拥有服务器总量达到 55 台，存储总量达到 125TB，具备了为全市政务部门公共应用提供硬件基础服务的能力。三是采用虚拟化技术通过云管理平台实现了计算资源和存储资源的动态分配和调用，极大提升了设备资源利用率、增强了系统的稳定性和安全性。四是完善了沈阳市协同办公系统，为政务部门内部办公和跨部门协同办公提供统一服务。五是完善核心平台中心机房的整体功能，改善的供电设施和空调设备的工作环境。本项目于 2013 年 10 月顺利地完成了验收工作，并投入实际应用中。

2. 启动了政务云示范应用项目建设

为适应沈阳市电子政务发展需求和整体规划设计，2013 年 11 月沈阳市还启动了政务云示范应用项目建设，一是建设覆盖全市各级政务部门的网络平台，实现各级政务部门的互联互通，并在网络平台基础上实现全市各委办局互联网出口的统一；二是构建统一的信息安全保障体系，通过购置多重防火墙、入侵检测系统、病毒过滤系统等、审计系统、网页防篡改系统，保障各级政务部门的网络安全、信息安全以及应用安全；三是政务云基础设施建设，构建政务外网统一运维监控系统，形成全市统一的外网运行维护体系，保证市电子政务外网安全可靠运行，提供优质的服务；四是建设沈阳市工业经济及文化产业运行管理监测系统，实现工业信息化及文化产业工作协同、经济直报及动态管理、规范管理、园区管理的信息化；目前项目中的统一互联网出口工作已经完成，其余部分已处于招投标阶段。

3. 各部门电子政务建设情况

在改善公众服务方面，启动建设了市政务公开综合信息服务平台、市卫生局医疗信息发布平台、市养老服务系统、市妇女儿童信息交互平台、市农村信息社会化综合服务系统、市企业上市信息服务平台等；在加强社会管理方面，启动建设了市全运会视频联网整合系统、十二运场馆安保设施改造工程、市国土规划一张图、市防空防灾"天地一体"多功能警报系统、市防汛视频监控系统、市一、二环道路监控系统等；在强化综合监管方面，启动建设了市房地市场信息系统复检系统、市数字化审计会商系统、市地税局综合信息管理平台等。

在完善宏观调控方面，启动建设了市经济信息服务支撑平台、市工业经济及文化产业运行管理监测系统、市服务业综合信息管理平台等。

三 主要成果

1. 电子政务网络体系基本形成

沈阳市电子政务网络以市党政信息网核心平台为网络核心，上联国家、省委省政府，下联13个区、县（市），横向与人大、政府、政协、检法两院互联互通，内网已联通全市115个市级政务部门，外网已联通142个市级政务部门，并已实现市级政务部门互联网的统一接入。

2. "政务云"基础框架建设初见成效

构建了"政务云"的计算资源池和存储资源池，实现了计算资源和存储资源的动态分配和调用，极大提升了设备资源利用率、增强了系统的稳定性和安全性。已为全市20余个政务部门30余项应用提供硬件基础服务。

3. 共性应用系统助力各政务部门电子政务建设

全市公共的协同办公系统、基础地理信息共享平台、数据交换系统、政务资源目录体系、内外网公务员邮箱等应用系统已融入全市50余个政务部门的应用系统之中共享使用，一方面增加了各部门业务系统功能、降低了资金投入，另一方面为跨部门的信息交换和业务协同提供了重要支撑。

（沈阳市电子政务管理办公室）

2013年南京市电子政务发展概况

2013年是南京市实施"十二五"规划承前启后的关键一年，全市电子政务工作紧紧围绕率先基本实现现代化的目标任务，在"智慧南京"顶层设计总体框架内，以"数据集中、系统整合、业务协同"为主线，着力推进信息资源整合共享、深化政务服务应用，电子政务在基础设施、资源开发、业务协同、环境营造等方面都取得了新进展。

一 基本情况

（一）机构更加健全，职能更加明确

南京市电子政务建设由市信息化领导小组及其所属市信息办统一领导。市信息办积极发挥智慧南京建设统筹协调作用，大力推进全市信息化建设的战略、规划、政策和重大问题的协调。南京市信息中心负责全市政府信息化建设、公共信息平台建设维护工作，统筹政府及社会信息资源的共建共享和开发利用。全市11个区和各部门均成立了政府信息化工作机构，履行政府电子政务和信息化推进职能。

（二）机制更趋完善，管理更加规范

为抑制重复投资，防止出现信息孤岛现象，南京市政府出台了《南京市政务信息化项目管理办法》，对全市政务信息化项目的审批、资金安排、建设监管、信息资源整合共享等方面进行了规范。为加快智慧南京建设，促进城市规划设计科学化、公共服务均等化、社会管理精细化，全面提升南京信息化水平，南京市出台《智慧南京顶层设计总体方案》。为提升市、区两级党政机关网站服务公众能力，促进政府职能转变，整合市、区党政机关门户网站，出台《关于整合建设"中国南京"网站群的实施意见》。同时，为加快推进"中国南京"网站群建设工作，南京市信息中心起草了《南京市政府网站群管理办法》《南京市政府网站群信息发布制度》《南京市政府网站群在线服务制度》等多项管理制度。此外，为充分发挥全市信息通信基础设施建设对信息化建设的支撑作用，出台《关于加快推进信息通信基础设施建设的意见》。

（三）水平不断提升，保障更加有力

信息化全面支撑政府行政管理工作，政务信息公开网上发布率达到100%，政府部门普遍实现网上办公。南京市政务内网和外网已分别连接了232家和148家市级部门和单位，网络主干带宽达到万兆，接入点带宽达到千兆。同时，依托政务网络平台，还为"智慧医疗""智能交通""公安320工程"信息平台提供了网络支撑，完成411家医疗卫生单位、165个交通信息采集接入点建设。

二　2013年重点工作

（一）"十二五"电子政务规划实施情况

1. 基础支撑平台日臻完善

南京实现4G/3G/2G/WiFi互为补充的无线宽带公网全覆盖，建设了覆盖主城的政务无线专网和"宽带多媒体数字集群通信网"。全市目前已完成政务内、外网的扩容，设立两处国际一流水平IDC机房，建成核心保密机房，能为市级机关提供应用系统迁移和管理服务。市政务数据中心（麒麟）项目已完成前期研究，多部门将协同推进。

2. 全面推进城市综合信息库

依托智慧南京中心，构建了智慧南京中心数据交换平台，实现了交通、环保、气象、水利、城管、电力等15个部门的涉及城市设施领域的相关数据资源的共享交换，平均日交换量达1500万条。

3. 试点应用移动办公平台

2013年全市开展移动办公平台试点工作，为多部门建设移动办公与执法平台。为达到集中维护、统一管理、节能环保的要求，采用云桌面的方式为政务内外网接入单位提供桌面云接入服务，这样既节约了维护时间，也降低了维护成本。

（二）积极推进重大项目

1. "中国南京"网站群初步成型

"中国南京"网站群整体构架已经完成，有统一的界面标识，统一的内容规划，市、区内容一致共享的信息公开体系和公共服务目录，线上线下联动，服务在线化程度显著提高。全面梳理涵盖市、区、街道、社区四级的公共服务内容、服务主体和服务流程，建立市、区网站群之间公共服务事项的联动和互补机制。"中国南京"门户网站整合了全市 35 个部门及公共企事业单位的 2100 余项服务事项，构建了教育、社保、就业、健康、住房、交通、婚育、公用事业、证件办理、企业开办、资质认定、经营纳税、招商引资等 13 个服务专题。2013 年底完成 126 个党政机关网站的迁移整合工作，2014 年元月正式上线运行。

2. 智慧政务社区建成运行

位于南京河西新城的智慧政务社区入驻了 22 家政府部门，社区高度集成了物联网、云计算、移动通信等先进信息技术，并充分融合了智能建筑技术、政务应用等，以智慧管理和智能办公为导向，以"物联化、互联化、智能化"的整体智慧的体系进行设计建设，最终打造一个以绿色低碳、安全可靠、高效便捷、健康舒适的智慧的政务社区。

（三）重视电子政务培训

2013 年结合"中国南京"网站群建设，对全市各部门网站内容保障工作人员进行了 17 场 800 余人次的业务培训。同时，全市开展信息安全教育培训，推行信息安全员 AB 角制度，推进区级机关开展信息安全员上岗培训。

三　主要成果

（一）智慧南京中心建成运行

智慧南京中心通过协调汇聚 14 个部门的信息资源，通过整合、关联、挖掘等技术手段，以完整、清晰的视图展现城市各领域的运行状况。智慧南京中心运行以来，先后接待了国家相关部委、省市领导、各部门和企业 284 批次、4400 余人次参观访问，受到了广泛好评。为体现节俭办大型赛事，智慧南京中心作为 2013 年亚青会和 2014 年青奥会主运行中心投入了赛会保障工作，为赛会节省建设和运维资金 6000 万元。

（二）综合治税信息共享平台投入使用

综合治税信息共享平台顺利验收并发挥了重要作用。市国税局通过从软件企业认定、政策性搬迁、股权变更、地税移交企业四个方面进行数据应用工作，确保了软件企业资格真实有效，有力推进了"营改增"各项工作。市地税局通过平台获得总数达 2900 余万条数据，通过对获取的数据进行税收风险识别与应对，截至年底增加税收 8.24 亿元。

（三）政务数据中心安全改造升级

全市完成了网络与信息安全方案，对政务数据中心安全进行一系列的改造。实现政务内网 4 个万兆核心交换机，14 个汇聚交换机，政务内网连接了 209 个节点，主要承载党政机关单位的内部办公应用。在政务内网上，构建了党政系统涉密业务专网和区域卫生信息专网。实现政务外网 4 个万兆核心交换机，19 个会聚交换机。政务外网连接市级部门 135 家，市、区、街、居四级联网接入点数量近 2000 个承载的主要业务。

（四）全面加强信息安全工作

全市各部门对 123 个信息系统进行自查，其中第一级 36 个，第二级 41 个，第三级 10 个，未定级 20 个。按要求开展等级测评的系统 5 个。安全技术检测方面，经对 891 台服务器、10000 多台终端进行病毒木马等恶意代码检测，发现存在恶意代码服务器 8 台，终端 195 台；对 824 台服务器、近 10000 台终端进行漏洞检测，发现存在漏洞的服务器 70 台，存在漏洞的终端 1031 台。全市信息安全产品国产化程度高，所用的国产设备均通过国家统一强制性认证。

通过不断的努力，在 2013 年全国政府网站绩效评估中，南京跨入省会城市政府网站前 8 名行列，比 2012 年上升 2 个位次。

四　总结

2013 年全市电子政务建设虽然取得一些成效，但与先进城市相比，与城市发展要求和市民对建设服务型政府期盼相比，还存在一定差距，突出表现在以下几个方面。

（一）电子政务推进机制有待进一步创新

传统的电子政务建设管理模式已不能适应信息时代的发展要求，迫切需要在智慧城市顶层设计框架下不断探索、创新电子政务建设模式，统筹推进实施，实现电子政务与智慧城市建设统一规划、统一建设、统一应用、统一管理。

（二）信息资源开发利用有待进一步加强

由于对信息资源的开发利用和管理重视不够，在很多领域信息利用基本上处于自发状态，缺乏基本的管理体系和制度，影响到电子政务工作推进效率。因此，必须重视并大力提高信息资源开发利用的水平和能力，形成若干个有一定规模的信息资源中心和信息交换平台，有效提升全市电子政务建设整体水平。

（三）标准与规范建设有待进一步完善

标准不统一，不仅影响到信息资源开发利用的质量和安全，更无法实现电子政务推进当中的规模效应。因此必须重视信息标准的制定和普及推广，加强对标准制定的统筹规划，加大各类标准的实施力度。

（南京市信息中心）

2013 年杭州市电子政务发展概况

2013 年，杭州市电子政务工作紧紧围绕国家和省电子政务发展主要任务，认真贯彻落实回杭州市委、市政府创新强市战略，加强统筹协调，提升应用水平，推进整合共享，牢牢把握"管理、统筹、协调、推进、技术支持"五大环节，在辅助领导决策、加强资源整合、优化政务流程、创新社会管理、促进公共服务等方面，取得了较为显著的发展成效。

一　辅助领导决策

杭州市面向开放式政务决策的多网融合直播系统，创造性地将视频会议技术、互联网技术以及数字电视技术已融入政府会议工作，让市民通过视频会议参与双向互动交流，通过互联网或数字电视、手机参与单向收看收听会议直播，开创了政府"开放式决策"机制新模式。以该系统为主要技术平台的杭州市"开放式决策"荣获中国地方政府创新奖、十佳电子政务公共服务优秀应用奖。

杭州市人民政府电子政务办公室作为多网融合直播系统技术研究和保障部门，通过选择适合的互动软件平台，搭建模拟直播平台，多次进行会议直播线路测试、视频互动演示。多网融合直播系统摒弃了传统网络直播的劣势，创新的采用了数字电视与互联网相结合的方式，解决网络直播系统的带宽受限问题和资费高的问题，实现了参与手段多样化，参会人群普及化，参会数量扩大化。同时，采用政府购买服务的方式实现，用户不需要搭建专门的会议系统，只需租用运营商提供的相关服务，避免了大笔的人员支出和系统建设费用的开支。

该系统的应用提高了政府决策的透明度，使市民更了解和掌握政府决策的过程，鼓励市民积极参与政府决策，为民主参与和监督政府决策开辟了新的广阔空间。对全市各级政府起到了良好的示范作用，进一步推进政务公开，广开言路，提高市民参政议政的积极性，从而营造出全社会良好的民主氛围。

二　加强资源整合

推进市党政机关信息化资源的整合。按照杭州市委办公厅、市政府办公厅的要求，由杭州市人民政府电子政务办公室具体负责实施市党政机关信息化资源的整合项目，从2009年开始，全市党政机关非涉密信息系统服务器设备统一托管到华数网通信息港有限公司托管机房。截至目前，共有68家单位1743台完成设备托管，使用机柜245个。既满足了全市党政机关的信息化工作需求，又有效整合了各部门信息化基础设施，节省了各部门自有机房建设资金，降低机房运维及能耗成本。

党政机关办公业务资源系统平稳运行。行政办公是电子政务应用最早的领域，杭州市开发应用了杭州市党政机关办公业务资源系统，涵盖各区、县（市）委、政府和市级机关180多家单位的办公系统，实现了真正意义上的集成办公平台。

电子政务网络整合迁移项目有序推进。针对各部门自有网络建设情况各异，业务系统复杂的现状，对市级部门业务网络进行了有效的整合迁移，共节省线路200多条，累计费用达1000多万元，既满足了各部门的业务需求，又整合了网络基础设施，并加强了市电子政务外网的延伸和统一运行管理。通过这些电子政务系统的建设和应用，近几年来，杭州市的行政办公效能得到了明显的提升。

三　优化政务流程

电子政务作为转变政府职能和创新管理方式的重要手段,其最本质、最核心的内容是利用信息技术对现有业务流程进行改造,使其更加规范和优化。

权力阳光电子政务系统提升管理效率。该系统是杭州市权力阳光运行机制建设的重要内容之一,充分利用现有信息化建设基础和条件,全面整合全市政务信息资源,以依法清理和规范权力为基础,政务公开为原则,电子政务为载体,建立全市统一的网上政务平台,进一步规范和优化了业务流程、提高了政务效能的技术基础,建成覆盖杭州市各委办局的权力阳光运行平台,实现功能完整的全局性的网络化监察和监督,进一步提高行业管理效率和促进杭州市透明、公正、廉洁的服务型政府建设。

网上行政审批平台提高审批效率。杭州市充分利用电子信息技术与行政审批业务相结合,施行了固定资产投资项目审批"网上受理、网上办理、网上监督、网上反馈"的全程网上审批模式。一是审批平台将整个审批流程进行并联审批,规范流程管理和时限管理。二是进一步规范审批的"预审"环节,切实提高审批效率。三是在审批平台上建设了投资项目审批资料共享库,通过"批文入库、资料共享"提高审批平台的使用效率,减少企业纸质报件资料的重复递交,方便企业办事。网上行政审批平台正日益成为杭州市投资项目审批的重要支撑平台,并且在国内取得了较大的影响。

四　创新社会管理

新一代"警务通"系统优化警务流程。为服务全市公安机关社会治安防控体系建设,进一步优化警务流程、提升实战效能,新一代"警务通"系统一期已经在市、区(县、市)两级公安机关治安防控机动队和15个治安状况较为复杂的派出所200名民警中开展试点应用,取得了明显成效。主要表现在:信息系统利用率明显提高,使用"警务通"系统采集信息更加便捷,并可获取较为全面的反馈结果,实现了"采集即录入、录入即核查"。单警携装化繁为简,"警务通"系统实现了执法参考、执法记录等功能的有机统一,有效减少了民警携带摄像机、录音笔、工具书等单警装备的负担。警务工作规范高效,"警务通"系统的实时定位、接处警指令、及时反馈以及执法参考等功能,有效实现高效调度、快速就近接处警,有力提升了警务工作效能。

五　促进公共服务

"交通杭州"公共出行服务系统方便市民出行。为更好地利用移动通信技术向公众提供交通出行信息服务,杭州市构建了涵盖全市城市公交、公共自行车、轨道交通、水上巴士、出租车、长途客运、公路与城市道路、机动车维修、驾驶培训等信息资源的综合交通数据中心,建成了"交通杭州"公众出行服务系统,并开发了手机客户端软件,提供了杭城五位一体公共交通、城际公共交通及个人自驾等出行方式所需要的信息,涵盖了线路站点、班线时刻、票价里程、换乘转乘、路径规划、实时路况、自助约车、停车诱导、通行费用等交通出行信息，得了良好的社会反响。

土地登记当场办结系统加快办理速度。为进一步规范全市土地登记工作，加快土地登记办理速度，提高国土系统为民服务的水平，杭州市实施了土地登记当场办结系统，全面提升土地登记效能。在系统技术上，结合城乡一体化地籍信息系统建设，开发了土地登记当场办结信息系统，建立了分户基础数据库、宗地影像图库，解决了信息共享的难题，目前杭州市城镇土地登记工作已经处于全省第一全国领先水平。

房产办证实现立等可取。全面推出房产办证"立等可取"服务，给广大市民办证带来极大的便利。"立等可取"是国内房产办证首次推出的一项特色服务，创造性地把BPR（流程再造）理论、TQM（全面质量管理）概念、流水线操作等现代企业管理模式应用到房产办证系统，成功地建立了标准化、规范化、制度化的个人房产办证"立等可取"工作模式。住房和城乡建设部认为该项目属国内首创，具有示范作用和推广价值，在全国范围内进行推广。

市民卡"智慧医疗"实现诊间付费。为解决就医难中的门诊就诊多次付费排队、排队等候时间长的问题，杭州市推出了市民卡智慧医疗诊间结算功能，实现边诊疗边付费。通过市民卡上的医保结算功能和市民卡账户支付功能减少排队付费过程，患者在诊间看完病就可马上检查、取药，大大简化就医流程，有效解决"看病烦"的难题。市级大多医院全面开通市民卡"智慧医疗"结算功能，并开始在社区卫生服务中心及管辖站点推广。实实在在让群众享受到了方便和快捷；同时由于减少了往返的人流，改善了医疗秩序，改善了群众的就医体验。

（杭州市人民政府电子政务办公室）

2013 年广州市电子政务发展概况

2013 年，广州市按照《国家电子政务"十二五"规划》的总体要求，以创建创新型城市和智慧城市为目标，以统一规划、统一建设、统一管理为原则，全面化、集约化、有序化推进电子政务建设、管理和服务。在增强智慧基础设施支撑能力、提升公共服务水平、优化完善发展环境等方面取得了新进展，为实现信息政府及"智慧广州"的目标迈出了坚实的步伐。

一 智慧基础设施支撑能力增强

（一）网络覆盖范围快速扩展

实施光纤到户工程，2800 多个楼盘（含商业楼宇）和小区实现光纤覆盖，覆盖达 500 万户。建成无线城市 WALN 接入点 17.02 万个。重点推进大学城 14 个公共区域免费无线上网。实现广州地铁二号线、三号线和八号线所有站台站厅的 3G 信号覆盖。与中国移动广东公司签署合作框架协议，累计建成 TD – LTE 基站 4431 个。电子政务网络实现了 830 家市财政一、二级预算单位统一联网，覆盖市、区县、街镇、居村委四级，内外网主干网运行率和可用性为 99.9%。通过实施互联网出口用户实施出口倍增计划，推动各委局用户互联网的带宽提速。

（二）政府信息共享覆盖范围持续扩大

建成涵盖 1800 万自然人和 120 万法人的基本信息库。市政府信息共享平台接入单位 70 家，日常交换 58 家，比 2012 年增加 10 家；信息资源主题 1083 个，比 2012 年同期增长 39%；累计交换数据 35.5 亿条，较 2012 年同期增长 34.82%；日均交换数据 131 万条，比 2012 年同期增长 19.1%；平台汇集数据 9.7 亿条，并与广东省数据中心实现互通。有效支撑商事改革、中小客车总量调控、综合治税、居民家庭经济收入核对等 30 多项政府重点工作和民生热点工作。

（三）公共服务平台服务能力持续提升

全市统一建设的数字证书、社会保障（市民卡）、市民电子邮箱、手机短信、呼叫中心、自助终端等公共服务渠道的服务能力持续提升。全市政府门户网站、社区服务中心和政务服务中心的服务能力持续提升。其中，结合云技术发展趋势，深入研究政府网站资源云服务平台的关键技术，为政府各部门建设部门门户网站提供集中统一技术支撑平台，政府门户网站群平台成为网站建设新模式。

二 公共服务水平显著提升

（一）智慧交通服务水平快速提升

整合市交委、市公安局等部门交通出行信息，分别推出被市民称赞为"出行法宝"的"行讯通""警民通"等智能语音服务终端软件，实时发布市内 700 多条公交线路、10000 多辆公交车、多条地铁线路的实时路况及到站信息。市民只需通过智能手机就可搜索广州中心城区实时路况、停车场服务、实时公交、地铁、驾驶培训等信息，极大方便了市民出行，助推了智能公交发展。

（二）食品安全信息化监控成效明显

启动"食得放心"城市建设工作，搭建了覆盖公共饮食环境的监控系统试验平台，完成了食品检验、试点监管、企业信用等系统的新建与改造：市食品药品监督管理局建立了食品检验监测暨 LIMS 系统，实现检验过程完全自动化、智能化；市工商局构建了统一的工商企业信用信息共享与查询服务平台，抽取了接近 2000 万个企业信用主题数据，为构建企业信用平台奠定了基础。

（三）空气实时监测水平提高

推行"广州环保"空气质量发布系统手机版软件，启用 LED 户外显示屏实时公布

PM2.5 数值，方便市民随时随地了解环境质量信息。建设完成机动车排放监督管理系统、放射源监控管理系统，实现对机动车污染物排放、放射源进行实时监控和预警，方便市民、主管部门及时监督和查处违法排放污染物、放射性物质的行为。

（四）商事登记效率大幅提高

建设商事登记信息平台，简化公司的设立流程，实现系统自动判断商事主体行业类别、智能推送商事主体登记信息、智能关联整合各部门登记、公示许可审批及处罚信息商事主体，力争商事主体"一分钱不出、一个局不跑"即可申请领取营业执照并开展经营活动。目前广州市近 30 多个行政审批部门完成了与商事登记管理信息平台的无缝衔接和信息共享，大大提高了申办企业的效率，提升了为经济和市场服务的能力。

（五）社区管理创新能力显著增强

搭建社区服务管理信息平台，为社区公众提供行政管理、社会事务、电子商务、物业管理等"一站式"社区综合服务，实现市区街道社区四级信息共享，并与市民网页、智慧党建、智慧团建、微博等对接，目前广州 12 个区、县级市结合实际需求陆续开展了网格化智慧社区的建设，通过市民网页网格化服务实现市民公共服务向基层沉降，市区街三级对接，从上而下形成联动。全年全市新增智慧社区 348 个。

（六）智慧便民服务水平有效提升

开通网上办事大厅，实现全市 47 个部门 1276 个办事和服务事项、12 个区（县市）6577 个办事和服务事项网上办理。完成社会保障（市民卡）新增申领 440 万、累计申领 990 万，实现社保、卫生、民政等 10 个领域"一卡多用"。市民网页累计开户量 577 万，新增预约挂号、健康档案等应用。市民邮箱累计开户 670 万，其中企业用户覆盖全广州 90% 以上纳税企业。数字证书累计发行 255630 张，覆盖税务、社保、招投标等 20 多个行业和应用。市政府门户网站全年累计发布信息 4 万余条，获全省政府网站绩效评估第一名。

（七）智能化办公决策水平显著提高

全面普及应用政府智能化办公决策平台，全市电子公文交换单位数达 102 家，基本实现政府工作部门全覆盖；视频会议系统整合了会谈会商、视频监控、应急指挥等多种手段，全市区（县级市）61 家单位可实现远程视频会议；政务督查系统对全市 99 个政府系统单位下发任务 988 条，有效对全市 46 个市直机关、12 个区（县）级市政府及 264 个街、镇单位进行信息公开、数据统计及政务督查，实现"自动化""智慧化"全市电子政务督查。

三 发展环境优化完善

（一）加强顶层设计

编制《广州市电子政务总体技术框架》，对全市信息化发展的总体方向进行了规划和设计，规范了全市的电子政务管理机制，统筹和指导了各部门的电子政务建设，为梳理部门内部信息化发展现状和需求、推动重要政务信息系统互联互通、实现信息共享等方面创造了条件。

（二）创新项目管理

完善信息化项目管理机制。在立项引入并贯彻依职能申报，提高项目申报的针对性及成功率。项目验收创新随报随验模式，分流项目验收峰值，提升项目实施质量。进一步规范项目立项验收流程和要求，引导项目单位规范化进行项目立项和验收申报。

（三）推进集约化建设

按照数据和业务系统与承载的技术环境相分离原则，推动全市电子政务从分散建设、分散运维，向集约化建设和统一运维转变。引入各部门信息中心参与信息化项目评审，建立相互制约、共同把关机制。

（广州市科技和信息化局）

2013 年武汉市电子政务发展概况

2013 年伴随国家中心城市建设的深入，武汉智慧城市的建设稳步推进实施。全市政务网络和应用系统的建设不断完善、功能提升；市级政务云（数据中心）加紧谋划和启动建设；"中国武汉"政府门户网站内容不断充实和完善，服务功能得到增强，在 2013 年全国政府网站绩效评估中，位列省会城市第四名，较 2012 年提升了两位，副省级城市第六名，较 2012 年提升了一位。

一　大力推进智慧城市示范建设

按照工信部《基于云计算的电子政务公共平台顶层设计指南》和《武汉市智慧城市总体规划和设计》，编制了《武汉智慧政务建设规划》，2013 年 4 月 9 日通过国家级专家评审，并围绕《武汉智慧政务建设规划》的实施开展了工作。

（一）成功获批并积极创建住建部国家智慧城市试点

获批住建部国家智慧城市第一批试点，按照住建部要求，市政府已与住建部、省建设厅三方签订《国家智慧城市试点创建任务书》，试点创建工作正按计划稳步推进。

（二）面向全市征集智慧城市建设示范项目

针对武汉市智慧城市建设的十五个重点领域，筛选出武汉市城管委"武汉数字化城管系统——公共服务平台"，侨亚百老汇信息技术有限公司"侨 E 脉智能终端研发与智能居家养老

· 259 ·

云服务平台"，双向沟通公司"武汉市第二中学智慧校园示范"，江汉区人民政府"江汉区社会管理与服务信息系统"，武汉市住房保障和房屋管理局"武汉市优秀历史建筑二维码应用"，武汉广播电视信息网络有限公司"武汉市智慧电视书城"，立得空间信息技术有限公司"'我秀中国'公众位置服务平台项目"，武汉城投停车场公司、武汉光谷智能有限公司"基于ETC后台支付的智慧停车场项目"等8个项目，通过专家评审，达到武汉市智慧城市示范项目标准，授予2013年度武汉市"智慧城市建设示范项目"称号，完成市绩效考核挑战值。

（三）进一步完善智慧城市建设配套的领导、组织和投融资体制机制

积极落实市人民政府常务会议纪要（第25期）要求，为进一步加强全市智慧城市建设的组织领导，深化武汉智慧城市发展规划，加快推进智慧城市建设，市政府办公厅正式印发了《关于成立市智慧城市城市建设工作领导小组的通知》（武政办〔2013〕96号）。成立了以武汉市委常委、武汉市人民政府常务副市长为组长，以武汉市科技局、武汉市信息产业办公室等27家政府部门为成员的领导决策协调机构。

（四）积极开展智慧城市宣传

为集中展现武汉市智慧城市建设成果，扩大智慧城市建设影响力，组织拍摄智慧城市建设宣传片。通过对城管、国土规划、市民之家、家事易、九州通医药物流、ETC、武汉二中智慧校园、居家养老等全市具有代表性的智慧城市示范项目的集中展示，向观众宣传普及智慧城市建设的重要意义和基本知识，为下一步智慧城市建设的全面铺开做好群众基础。

（五）开展智慧城市建设对外交流活动

组织全市智慧城市建设先进企业参加亚太地区城市信息化合作办公室主办的"2013中国（上海）智慧城市推进论坛"暨评选活动；组织参加中国国际信息通信展暨中国智慧城市发展论坛，积极向国内外宣传智慧武汉建设成果，与国际国内先进城市交流学习智慧城市建设经验，以更好推动全市智慧城市建设。

二　改造提升全市政务网络和应用系统

（一）完成政务网升级改造

为满足高清视频会议、地理信息系统等政务应用对高速网络带宽的需求，对政务专网骨干网进行了升级，政务专网骨干网网络带宽由千兆升级为万兆，接入层带宽由百兆升级为千兆；完成市国资委局域网公网出口的改造；积极做好市政务专网新增接入单位的联网工作，今年新增政务专网入网单位20余家，市级党政机关协同办公系统的联网接入单位已达到155家。

（二）完成市级高清视频会议系统升级改造

按照市级视频会议主会场的需求，组织施工方制定工程方案并督促落实，主要改造完成

2 台高清多点控制单元、6 台高清视频终端、6 台高清摄像头、2 块 120 英寸显示屏和部分设备等。全年完成 62 次省、市级视频会议转播。

（三）保障市级财政支持经济发展专项资金平台、社会组织审批等系统稳定运行

按照市财政局的要求，对该资金管理平台进行升级，为企业提供了更完善的信息录入界面，形成企业电子数据库，简化企业项目申报步骤，市财政专项资金管理平台现已注册 2006 家企业，今年新注册 351 家。进一步完善社会组织网上审批系统。完成 2013 年市级社会组织审批系统的维护升级，解决电子印章网上咨询及电子印章的制作、变更等项业务。

三　丰富完善"中国武汉"政府门户网站内容和功能

（一）网站改版升级，充实完善栏目内容和功能

组织专班开展调研，对网站栏目和功能作全面检查，充实完善栏目内容。全年更新信息和图片 6 万余条，超额完成市绩效考核的挑战目标值。建立全市电子咨询服务系统，为公众提供一站式的网上咨询服务。丰富网站互动功能，创建了图文访谈特色专栏，开展了 3 期与市民密切相关的主题图文直播。

（二）创新推进武汉多语种政府网站、移动政务门户建设

完成法文和日文政府网站建设，网站现已建成并正常运行，其为外籍人士在汉工作、生活、商旅提供了全面、及时的信息资源综合服务。完成"中国武汉"移动政务门户建设任务，集成了武汉要闻、便民服务、在线办事和互动等功能，方便市民通过移动终端使用政务应用。

（三）建立健全政务网站群运行监测和服务机制

为增强门户网站的内容和信息保障，加强对全市政务网群的管理和服务，组织开展全市政务网站群运行情况在线监测，开发建立"武汉政务网站群监测预警平台"，对全市范围内 112 家部门外网网站进行连续的远程在线监测，形成长效工作机制，发布月度监测报告 4 期，为全市党政机关网站群运行情况的科学评估提供了量化依据。

（四）认真做好政府门户网站安全管理

面对网络信息安全的重要程度和形势，持续加强网站安全检查，在高考、中考及节假日，安排对门户网站进行人工监测，加强防范。及时升级防病毒软件、内核加固、网页防篡改和远程电话网络遥控等软硬件设施，做好网站运行日志和内容备份，提高网站安全防范能力。

四　推动市级政务云（数据中心）建设

（一）开展政务云相关工作研究

撰写《关于武汉市实施大数据发展战略的初步意见和构想》《关于武汉市实施大数据发

展的战略构想》《关于推进智慧城市建设工作的汇报》和《武汉市大数据发展战略三年行动计划（2013~2015年）》等。组织力量对"市民融合平台"方案进行研究，编制形成《市民之家二期工程武汉市民融合服务平台项目建设方案》。

（二）以市财源信息共享平台建设为突破口，大力推动市政务云（数据中心）建设

完成《市财源信息共享平台建设方案》和项目立项审批及组织招投标等相关工作。依托市政务云（数据中心）总平台向下延伸构建政务服务云平台，市民融合服务云平台，企业综合服务云平台以及政府公开数据库。

按照市政府《关于印发武汉市财源信息共享平台建设工作方案的通知》要求，积极推动市财源信息共享平台的建设，以该平台为切入点，推进武汉市政务云（数据中心）建设，加快全市信息资源整合和利用步伐，以一个政务云平台、一个数据中心、八个基本应用、九个高级应用和五个工作台为核心的内容建设，制定基础数据库标准和设计全市数据整合与共享模型，并在基础数据库基础上建立包括财源资源目录数据库、单位报送数据库、户籍库、税源库、税基库、地籍与宗地库、税收库和综合库为主要内容的财源平台八大应用数据库，逐步构建全市数据中心框架。

五　加强信息安全管理

针对政府各部门的网站和应用系统的安全隐患，重点进行了信息安全保障的法规建设和重点领域信息安全检查及整改。

（一）加强全市政府网站安全保障的法规建设

为进一步加强政府门户网站安全保障，提高网站安全防护能力，市政府办公厅制发了《市人民政府办公厅关于进一步加强我市政府网站安全保障工作的通知》，按照"谁主管谁负责、谁运行谁负责、谁使用谁负责"的原则，明确政务网站安全管理工作责任主体、职责、应急处置机制等。

（二）组织开展全市重点领域信息安全检查工作

开展了重点领域信息安全检查工作，起草并下发了《武汉市2013年重点领域信息安全检查实施方案》，指导并督促全市13个行政区、5个管委会、50个政府职能部门完成对本单位的信息安全自查工作。

（三）对全市政府门户网站安全进行整改

为加强全市政务网站的技术防护和安全管理水平，组织召开了武汉市政务网站安全专题工作会，对存在较高安全漏洞的10家政府网站责任单位进行了重点点评。同时，对20家存在高、中危安全漏洞的政府门户网站下发了整改通知和评测报告。

（武汉市信息产业办公室）

2013 年成都市电子政务发展概况

"十二五"时期是成都市加快转变发展方式、实现跨越式发展的重要时期。2013 年,成都市加快建设创新型城市和国际化城市,推进"四化同步"发展。全市电子政务建设紧密围绕规范化服务型政府建设,突出便利化、国际化、标准化理念,打造遵行国际惯例的政务服务环境。重点推进行政权力依法规范公开运行平台建设,电子政务向基层和移动互联网延伸,依托政府网站和电子政务应用提升政务服务能力和水平,取得新的成效。

一　电子政务基础支撑体系优化提升

近年来,成都不断加大城域网核心交换能力,全面推进实施光网城市、无线城市、三网融合等宽带成都工程,家庭光纤接入覆盖 400 余万户,家庭宽带普及率超过 63%,移动电话人均拥有率超过 150%,无线通信网络覆盖 100% 行政村,3G 网络覆盖城区、重点乡镇和主要景区,Wi-Fi 热点覆盖了大部分高校、机场、车站和重点场所,建成互联网同城直联试验中心和国际直达专用数据电路,在中西部率先迈入 4G 时代,为电子政务发展奠定了良好的基础。

具体到电子政务基础设施方面,建成了由电子政务外网、政府集中机房、政务云计算中心、政务数据存储与灾备中心、CA 认证中心等共同组成的较为完善的电子政务基础支撑体系。电子政务外网已接入 90% 以上的市级部门及全部区(市)县,互联网出口达 2.1Gbps。建设了 3300 平方米的政府集中机房,集中存放近千台服务器,承载了政府门户网站、流动人口管理系统等数十个重要应用。在信息安全方面,以政务数据存储与灾备中心为核心,基本形成了涵盖本地生产备份中心、同城容灾中心和异地灾备中心的"两地三中心"容灾格局,保证了不同部门、不同系统、不同时段的关键数据容灾需求。

在集约化建设方面,成都市近几年一直在推进云计算平台在电子政务、食品安全、流动人口、信用系统、地理信息服务等社会各领域的应用,目前成都市 40 多个委、办、局已有 28 个部门的 54 项电子政务应用迁移到云计算平台上。结合已建的政务信息资源共享交换平台、电子政务短信平台、市民邮箱系统等公共性基础服务平台,信息基础设施的集约效应已初步显现。

二　电子政务应用体系提升服务效能

成都是国家电子政务示范城市,通过近年来不断深化和完善电子政务应用体系,电子政务服务水平和行政效能得到进一步提升。

在加强政务公开和服务方面,依托于政府网站平台,成都构建了覆盖市、区(市)县、乡镇(街道)、村(社区)四级的政务公开体系,建设了集行政权力事项公开和办事服务为一体的网上公开透明运行体系,搭建了市长信箱、微博、政风行风热线等政民互动平台。2013 年,成都市政府门户网站在多家专业机构对政府网站绩效进行的综合评估中,始终居于同级城市政府门户网站排名前列。经中国信息协会电子政务专业委员会和国家信息中心网络政府研究中心联合测评，在中国政府网站互联网影响力指数中排名全国第一，网站及市长信箱、政风行风热线等一批服务被不同机构评为互动创新奖和精品栏目奖。

成都市还切实推进电子政务向基层和移动互联网延伸，2013年建成全市统一的基层公开综合服务监管平台覆盖全市20个区（市）县、316个乡镇（街道）、3345个村（社区）。平台以"宣传平台、工作平台、服务平台"为工作定位，构建政策法规、基层公开、便民服务、监督管理、沟通互动、服务发展六大功能板块，打造一个集信息公开、服务群众、互动交流、网络监管于一体的综合信息化服务监管平台。自2013年6月上线运行以来，共公开各类信息327万余条，累计访问量4478万余人次，成为全国基层电子政务建设亮点。移动政务方面，以提供移动办事服务为目的的移动电子政务大厅初步建成，将政务服务的便利化水平提升到新的高度。

在加强社会管理和公共服务方面，建成了流动人口管理系统、区域卫生信息平台、社会保障信息系统、城乡一体社会救助系统等应用，通过跨部门、跨地区的业务协同和信息共享，不断创新社会管理方式，社会管理能力显著提高。在强化综合监管方面，食品质量安全可追溯平台、智能交通、数字城管、应急联动指挥系统等一批重大项目快速推进并发挥了重要作用，管理效率和服务水平显著提高。

目前，成都市正在推进建立全市农业综合服务门户网站、农业资源展示、农业生产认证基地管理、疫情预报预警管理、种植适宜性分析管理、农产品价格监测预测、农产品信息溯源、农产品安全储备管理和物联网集成等应用的现代农业管理信息系统，推进农业现代化进程。进一步推进教育、人力资源和社会保障、区域卫生和社会救助等重大公共服务应用系统的改造，推进城乡公共服务均等化。

在政务信息资源开发利用方面，成都市按照以应用聚资源，以资源促应用的思路加快推进政务信息资源的开发利用。建设了以公民信息基础库为核心的公民信息管理系统，标志着全市重要政务信息资源基础库建设进入统一规划、全面整合、应用服务的重要阶段；企业基础信息数据库和企业信用信息数据库的数据规模和数据质量不断提高；成都地理信息系统公共平台、宏观经济数据库等基础性信息资源库也初步建立并提供服务。各部门以业务应用为抓手，建设了户籍人口库、参保人员库、社会救助库、流动人口库等一批专题数据库和业务数据库。

三　健全管理机制促进电子政务转型发展

2013年，为加快成都市电子政务发展，进一步提高政务效能和服务水平，推动全市经济社会科学、快速发展，成都市研究制定了《成都电子政务（外网）发展规划》《成都市电子政务（内网）应用总体规划》，对下一阶段的电子政务发展做了顶层设计。信息安全方面，围绕信息安全等级保护，强化信息安全检查，增强基础网络和信息系统的安全防护能力，增强信息安全监测、预警和应急处置能力，研究制定了《成都信息安全产业"十二五"发展规划》《成都市电子政务外网信息安全建设"十二五"发展规划》等政策文件，促进了信息安全保障水平、互联网安全性和可信性的提升。

为进一步发挥电子政务对政府职能转变的推动作用，成都市积极推进电子政务发展方式的转变，由传统的重视建设和技术运维向利用电子政务数据提升管理服务精细化水平和科学决策水平转变。为全面提高成都全市政府网站的服务水平，成都市在开展政府网站绩效评估的基础上，创新开展基于大数据分析的政府网上公共服务效能提升工作，目前已在全市30余家政府部门网站统一部署在线服务效能监测系统，对全市政府网站用户行为和运行情况进行监测分析，促进提升全市政府网站群的整体服务效能，并为传达社情民意，支撑相关部门的科学决策提供支持。从实际应用效果来看，已在提升政府门户网站互联网影响力和优化在线政务服务方面取得积极成效。

下一步，成都市电子政务将继续以公众为中心，深入开展公众需求和行为数据分析，探测公众需求热点，研究行为模式和趋势，在此基础上，以市政府门户网站为前台，以具体电子政务应用为支撑，运用大数据技术实现公共服务体系和业务应用系统的深度整合，构建智慧的公共服务平台，不断优化政务服务供给，全面提升政务服务体验和服务效能。同时，整合各方面政务数据资源，建立可视化和智能化的大数据应用分析模型，为政务服务、教育就学、劳动就业、医疗卫生、社会保障等公共服务资源配置和服务效能提升提供决策依据，服务全市经济社会发展，实现电子政务效益最大化。

（成都市政府行政建设效能办公室）

2013 年西安市电子政务发展概况

2013 年西安市按照中央、省委省政府关于电子政务建设的一系列部署和要求，在市委、市政府正确领导和支持下，围绕市政府主要工作，继续推进资源整合，互联互通，完善基础数据库，优化发展环境，提升政府服务水平，不断提高电子政务创新为民服务的能力，各项工作取得了有效进展。

一　全市电子政务统一平台建设继续发展

（一）电子政务制度建设进一步完善

完成《西安市电子政务管理办法》的修订，并经市政府常务会议研究通过，印发全市实行，进一步理顺了全市电子政务建设管理体制。印发了《西安市电子政务资源共享和业务协同实施方案》，对现阶段全市电子政务共享提出了具体任务和措施。印发了《2013 年电子政务工作要点》，明确了电子政务年度任务。

（二）区县电子政务平台基本建成

按照国家和省上的要求，积极推进区县电子政务平台建设，目前 11 个区县均完成区县级电子政务平台建设，9 个区县通过了验收，7 个区县获得省信息化奖励资金，阎良区、户县计划 12 月验收。灞桥区和莲湖区因机关搬迁，已完成了平台虚拟化建设方案，近期将进行部署。为推动区县依托平台开展整合基础资源，开展政务服务，先后对蓝田县、灞桥区、莲湖区、阎良区、户县、周至进行现场指导。

（三）积极推进基础资源整合，完成"政务云"建设方案

按照提升网络基础资源，深化市级电子政务平台应用的思路，基于服务器虚拟化、存储虚拟化、网络虚拟化，以及资源自动化调度和分配的"政务云"设计方案基本完成，并经省市信息化专家论证。

二　大力推进业务系统建设，提升公共服务水平

紧紧围绕"以需求为导向，以应用促建设"的电子政务建设思路，以提高政府行政效率，增强社会管理和公共服务能力为出发点，积极深入推进电子政务应用业务系统建设，提升城市管理水平。

（一）逐步完善建立食品药品监管信息化支撑体系

建立食品药品监管信息化支撑体系，通过企业"进、销、存"台账管理、企业从业人员监管、企业诚信评估、企业视频监控、"政企互动"、移动执法/应急指挥系统、食品安全信息共享、视频会议等手段，实现对企业全过程监管，全面促进了食品药品监管信息化，为食品药品安全保障服务。

（二）建成了数字化城管系统

建成了数字城管系统，再造城市管理流程，实现了对城市的精确、协同、高效管理。系统将城市管理区域划分为若干网格，对每个城市管理部件（小到井盖、路灯、行道树，大到停车场、工地、立交桥）都赋予代码，按照地理坐标标注在电子地图上。输入任意一个代码，都可以通过信息平台找到它的名称、现状、归属部门和准确位置等信息。同时，开发"城管通"系统，监督员可以通过网格化地图的智能手机，对发生的问题进行拍照、录音，发往监督中心。

（三）建成了人力资源和社会保障信息一体化系统

建成了西安市人力资源和社会保障信息一体化系统提升社会保障和人力资源工作的管理水平。系统网络横向连接民政、财政、公安等部门，纵向上联部、省数据中心，下延区（县）、街道（乡镇）和社区，数据集中在市数据中心。功能涵盖就业服务和失业保险管理、职工医疗保险管理、养老保险管理、工伤保险管理和职工生育保险管理、职业技能开发管理、劳动关系管理、社会保障卡系统、公共服务平台系统14个方面业务。

（四）建成了应急指挥系统系统

建成了纵向对接省和区县、横向连通市级相关部门的城市应急指挥平台，将涉及自然灾害、事故灾难、公共卫生、公共安全等突发事件归口管理部门的各类应急资源进行整合，保证了对突发公共事件进行实时监测和分析研判，及时决策指挥调度并实施快速有效处置。市

级应急指挥中心可与各区县、市级各有关部门、110 指挥中心、120 调度中心、119 指挥中心及省应急指挥中心保持网络和通信畅通，与国务院应急平台实现对接，实现对各相关部门的统一指挥调度，协调联动。同时依靠电视、手机短信、电子信息大屏幕等手段，及时向社会公众发布预警信息。

（五）建成了医疗一卡通系统

西安市的医疗一卡通按照卫生部规范建设，融合身份识别、医疗诊治、医疗支付、居民健康信息等应用于一体，共享市民在各医院就诊的信息，实现全市市级医院患者门诊信息共享，实现跨地区和跨机构就医、电子病历交换和费用结算。解决患者就医中挂号、收费、取药过程的重复排队及信息重复录入，提高医疗资源的综合利用率。使市民能够手持一卡可在西安市多家医院方便、快捷地就诊，改善就医环境，缓解就医压力，提高服务质量。

（六）建成了环保综合业务系统

一是建成重点污染源自动监测系统，从各重点污染企业采集水或烟气的实时污染数据，用户可查看实时、十分钟、小时和日数据。二是建成了环境空气质量监测系统，每日完成空气质量日报和预报，通过各种媒体及时向公众公布。三是在沪河、灞河建立了水质自动监测站，在黑河水源地建成了水源地无线远程监控系统，对生态环境、人为活动、车辆通行状况等进行重点环境安全远程监控。四是建成了机动车尾气监测及管理系统。通过信息化、网络化的手段，对机动车环保定期检验进行实时的信息采集和监督管理，西安市机动车环保检验合格标志管理工作也正式联网运行，实现了对全市 28 个标志发放点标志的出库、入库及标志核发工作的实时监管。五是建成了环境投诉及应急系统，有效提高了环保投诉受理处理速度，拓宽了群众投诉渠道，提高了处理突发应急事件的能力。六是建成了环境地理信息系统。通过 GIS 地图对现有水、气、声、渣、辐射、污水管网、热力管网、机动车等污染源进行一图展示，提高西安市环保信息化水平，从而有力地促进西安市环境保护工作的开展，实现从"数字环保"向"智慧环保"迈进的目标。

三 服务大局，确保市电子政务平台安全运行

（一）协助市应急办完成了市应急指挥平台建设及验收

按照市政府领导的要求，确定市公安局视频信号接入平台的方案，落实建设资金，完成建设，实现市公安视频监控信号接入。按照市应急平台建设合同，确定了平台建设验收方案，组织完成了竣工验收，并将有关平台建设资料完全移交应急办。

（二）高标准服务行政中心各园区机关，保证园区网络畅通

全年园区互联网总入口流量约为 1164T，总出口流量 1843T。负责处理市级领导及市政府办公厅各处室 PC、打印机、软件应用等终端维护，以及园区网络维护，共处理各类电话报障 2000 余件。巡检中心机房 3000 次，发现处理告警 400 余件。坚持对园区 182 个弱电

间，1250 台交换机每月巡检一次。完成了 1120 台交换机的密码重新配置工作。开通 13 各区县、人社、信访、消防等 18 家重要单位的政务内外网裸光纤业务，为园区内各单位开通上网账号 136 个，为各委办局分配 IP 地址 265 个，完成防汛办、地震局、卫生局、工信委等多家单位的静态路由及路由优化工作；完成机房空调维护、故障处理共计 40 余件。

（三）加强机房内托管业务的巡检，保证各业务系统正常运行

全年接收托管应用 8 个，处理网站系统问题 30 余次。定制综合办公系统 6 家，制作电子印章约 130 枚，处理公文传输和 OA 办公系统问题 46 件。处理邮件系统问题 7 件，添加内外网邮件用户账号 67 个。协助内网系统用户完成公文模板的制作、腾讯通软件的安装及用户的维护、省政府二维码软件的安装与配置。升级杀毒软件 45 次，处理中心机房动环检测系统告警 206 次，资产管理系统软件设备申请 80 条，添加设备 560 个，线路 1860 条。完成市政府文件服务器备份工作 6 次。

（四）加强电子网络安全管理和保密工作

配合市保密局对全市各部门进行了保密专项检查，对全市 100 多家政府网站发布的信息和网站域名进行检查。对中国西安门户网站进行了全面的安全检测，及时修复各类漏洞，部署了网页防篡改系统，确保系统能够安全稳定运行。

四　2014 年工作基本思路

2014 年西安市电子政务建设总体思路是：以邓小平理论和"三个代表"重要思想为指导，全面贯彻落实十八大精神和十八届三中全会精神，继续推进政务资源共享和业务协同，加快推进区县电子政务应用，着力面向公众创新服务，完善电子政务建设管理体制，注重队伍建设和重视人才培养，加强信息安全和网络安全，重点做好以下工作。

（一）推动基础数据库建设，推进跨部门业务协同。

（二）加快数据中心、冗灾备份中心、运维服务中心建设。

（三）推进"政务云"建设，进一步优化市级平台资源。

（四）加强队伍建设，做好电子政务培训工作。

（西安市电子政务办公室）

2013 年石家庄市电子政务发展概况

近年来，石家庄市委、市政府认真贯彻落实国家和省大力推行电子政务建设的方针政策，高度重视电子政务建设工作，坚持"以需求为导向，以应用促发展"的原则，稳步推进电子政务发展，全市的电子政务基础设施和基本应用建设取得长足进展，有些工作还进入全省乃至全国先进行列。

一 建立全市统一的政务网络平台

石家庄市按照"建强中心、强核辐射、统一网络、避免重复"的原则，建立了电子政务核心骨干网，上联省政府、下联 24 个县（市）区政府，横向连接市委、市人大、市政府和市政协各部门，实现了物理链路的互联互通；网络平台和核心机房建成并投入使用以来，为政府东、西两院及部分院外单位 2500 个客户端提供了互联网统一接入服务；为市县两级政府及部门提供了方便快捷、畅通无阻的政务办公电子信息通道，对改变传统办公方式发挥了重要作用；承载着大量业务应用，其中政务办公系统、政府门户网站群系统、审计、国土、计生、住房公积金、医保、诚信、人事管理等 60 多个部门和单位不同程度地共享公用网络资源；并为市商务局电子商务平台、市招商局招商网、市旅游局旅游网、市供销社信息网、市档案局档案信息网、桥东区政府网站等 10 余个单位网站或信息系统提供服务器设备托管服务。

二 政府机关信息化建设进展明显

市政府政务办公系统自从 2008 年 9 月 1 日起，办公厅停止所有下发的纸质公文，一律通过网上发送、接收；2009 年 3 月 1 日起，停止接收纸质请示报告件，一律网上报送。提案建议、督查管理、值班管理可实现网上交办、办理。仅 2013 年利用系统下发公文 354 余件，常务会议纪要 13 期，上报请示报告 870 余件；通过办公系统下发通知 4000 余件；通过信息采编功能对各县（市）区政府、市政府各部门上报的信息 7000 余条合成期刊 171 多期；通过专送传阅功能传阅信息 2 万多条；建议提案管理完成网上交办接收承办事项 384 件。随着应用的深入，目前，政务办公系统的应用已成为机关人员自觉的、必需的日常办公手段。

在石家庄市 41 个市直部门中，28 个部门建有单位局域网，19 个的部门开通了办公自动化系统，16 个部门使用办公自动化系统进行电子公文信息交换，4 个部门还实现了移动办公；网上审批已经起步，8 个部门内部实现了联合审批；应用系统有了一定发展，18 部门使用了国家和省业务管理系统，18 个部门建立了诚信系统；政府信息公开进展明显，有 86.49% 的部门采用动态发布系统更新网站信息。

各县（市）区、乡镇（街道）党政机关一把手负责信息化的达 42.48%；96.96% 的单位具备了上互联网条件，67.92%的单位实现了宽带接入，62.73%的单位建有内部局域网；42.86%单位开始应用办公自动化系统，30.12%的单位建立了电子公文信息交换系统；计算机普及率较高，97.49%的单位使用计算机，77.21%的单位有电子邮箱应用；网站应用有了一定基础，58.47%的机关建立了门户网站，其中有40.17%的网站实现了动态信息发布。

三　政府门户网站建设成效突出

石家庄市是较早利用"网站群"模式建设门户网站的城市，按照"集中建设、分布应用、强核辐射、资源共享"的集群化建设模式，涵盖了G2B、G2C和政务信息公开等电子政务建设的主要内容。这些栏目在建设透明、服务、高效政府方面取得一定的成效。特别是政府网站已成为百姓参政议政的重要平台。

（1）政民互动应用进一步强化。继续推进政府与市民互动交流应用工作，一是积极开展以"政府信箱"为重点的政民互动交流，畅通民意，解疑释惑，解决问题。2013年，"政府信箱"收到公共留言18641条，有效留言16413条，处理答复16293条，处理答复率99.3%。二是积极开展网上听政活动。市政府及各部门就市区停车场设置、出租车运价调整、城乡规划、重污染天气应急预案、冬季取暖等20多项涉及群众利益的决策过程中，都通过政府网站征集吸纳群众意见建议，完善修订政策，提高民主决策水平，使决策更加符合实际。2013年共接收社会公众的意见建议1500多条，为相关工作的开展提供了科学决策依据。

（2）网上办事服务扎实推进。一是指导政府部门认真做好网上办事服务工作。目前，各部门网上办事指南、办事表格、在线查询、在线申请数量明显增多。二是对政府门户网站原来网上办事服务频道进行了完善调整。将市政府各部门负责的行政管理审批业务事项的办事指南、办事表格全部组织上网发布。目前，网上有各类办事指南982项，办事表格744项，业务查询69项，结果查阅22项，在线申报49项。还组织一批与市民生活密切相关的政府业务信息资源实现上网查询，极大便利了广大市民的工作生活。

（3）积极推进政府信息公开平台的维护工作。2013年石家庄市各级各部门充分发挥政府网站作为信息公开第一平台的作用，通过政府门户网站政府信息公开平台主动公开信息26174条，其中，各县（市）区政府公开14423条，市政府各部门及有关单位公开11751条。

四　实施统一的互联网接入工程

2012年实施了石家庄市政府部门统一互联网安全接入项目。实现网络的整合归并，规范、减少了互联网出口数量，实现政府机关互联网的集中接入，并确保网络服务的高可用性，提升了网络整体安全防护能力，实现对来自互联网攻击的统一防范，有效抵御病毒感染、木马植入、黑客攻击，敏感信息的泄漏。项目实施后，互联网统一接入市直单位51家、3500余客户端。通过集中统一的网络与信息安全建设及管理，既解决了政府部门分散接入互联网、安全管理和防护措施参差不齐、安全隐患日益突出等问题，又大大提高了网络资源的使用效率，节省了近千万的建设资金、建设用房和维护管理成本。

五 公共服务领域信息化开始起步

为了提高公共服务的水平，加快建设服务型政府，近年来，石家庄市各级政府先后建立了便民服务机构、便民信息亭、社区服务点，利用多种方式和多种渠道开展公共服务。

为了向公众提供更加便捷的服务，石家庄市先后开通了12345市长公开电话、市长短信、12319市城管热线、12315市工商局热线、12369市环保局热线、85810市电视台热线、110省会公安热线、12333劳动保障热线等与市民生产、生活密切相关的热线电话。其中110省会公安热线、12319市城管热线等热线电话在应用系统建设和服务水平等方面走在了全省的前列。

六 社会管理水平不断提高

经过多年建设，石家庄市社会管理信息化水平取得较大的成绩，目前已经建立了城市基础地理信息系统、数字城管系统、数字房产系统、社会诚信系统用110系统，为进一步建设社会管理和应急体系奠定了基础。

城市基础地理信息系统实现了对地形图、规划图、管线图、卫星影像图、地质资料、规划审批的用地数据、建筑数据、道路红线、绿化数据及控制点、高程等城市基础空间数据及其属性进行科学挖掘、提取、组织、管理及应用。

数字城管建立了全球卫星定位、城管便民服务热线和市政公用管理三大系统，通过热线电话、70多个电视监控点、GPS系统和数十个电子显示屏，对涉及市民工作和生活的市政、公用、市容、环卫等城市管理方面的热点、难点问题和突发事件，实行统一调度、协调、指挥和督察，实现了市内重要路段汛期积水、冬季降雪、占道经营、市容市貌等情况的视频监控，提高了快速响应和处置城市管理问题的能力。

数字房产建成了房产测绘和信息系统两大应用系统，使城市房地产的宏观信息、地理基础信息与房产自然信息、权属信息、交易信息以及蕴藏在房产中的其他社会人文信息得以有效结合，全面提升了城市房产管理的技术手段，提高了城市管理的效率和水平。

社会治安防控系统以重点单位、要害部位为主进行监控，强化安全防范技术建设，对维护社会治安、预防犯罪工作发挥了重要作用。

省会110系统以处理公众紧急情况为核心，目前接警量每天约4000件，实现了110、112和119热线的三台合一，在应急与求助方面发挥了积极的作用。

七 信息资源管理体系初步建立

自然资源和地理空间基础信息库的建设取得较大的成绩。市国土资源局和规划局等分别建立各自的数据库，全市960平方公里的矢量地形图已入库，并开始初步使用。市政府在政府门户网站上也开通了电子地图功能，并建立了商场分布、学校分布、医院分布、交通管制等空间数据点。

（石家庄市信息中心）

2013 年太原市电子政务发展概况

太原市电子政务建设起步较晚、基础薄弱，和先进城市相比存在较大的距离。近年来，市委、市政府领导高度重视、积极推进，把电子政务建设作为落实效能政府、建设一流省会城市的重要手段和保障，在 2013 年取得了多项建设成果的历史性突破。

一 明确电子政务建设整体思路

围绕 2014 年建成全国一流的服务型政府的总体目标要求，市政府办公厅通过现状调研分析、摸底调查、对标一流等方式，征询了多家相关权威机构的意见，在此基础上围绕正确处理四个关系，即"把握电子与政务的主次；理顺全局与局部的职责；建设与维护并重；把握先进与后发的步骤"，明确了"补短板、立规矩、寻突破、齐推进"的整体建设思路。

（一）把握电子与政务的主次关系

政务是目的，电子是手段，紧扣效能政府和阳光政府建设主题大力开展电子政务建设，以提高社会管理能力和提高公共服务水平为目标，积极推进电子政务应用和信息资源整合。

（二）理顺全局与局部的职责关系

纵强横弱和信息孤岛是电子政务建设的通病，应理顺结构、分清职责、多元参与、共建共享，充分发挥政府办公厅政务枢纽作用，充分调动各方面的积极性，发挥其专业优势，通过合理分配建设目标和任务，形成合力，实现共建共享。

（三）平衡建设与运维的并行关系

按照实用、管用、耐用、急用的"四用"原则，由简到繁，由易到难，合理选择优先和重点建设的业务系统，分步有序实施，同时建立运营维护机制，保障维护资金，对每个项目不但要建设好，更要维护好、应用好。

（四）把握先进与后发的互补关系

充分发挥后发优势，学习引进先进城市的经验，最大化降低风险和减少建设周期，快速缩短差距，在引进中求创新。在整体水平基本达到一流后，再寻找突破口，争创先进。

二 补短板、夯基础、搭建技术平台

（一）完成市电子政务外网建设

2013 年太原市政务外网主体工程顺利完工。按照"纵向到底，横向到边，条块结合"

的原则,市电子政务外网上联国家、省政务外网,横向连接市四大班子、法检两院和 87 个市直部门、部分群众团体和市直企业,下接 10 个县(市、区)和 4 个开发区的政务外网,共计超过 110 个单位,与现有的政务专网和视频会议网,形成完整的电子政务骨干网络。

截止到 2013 年 12 月,政务外网实现接入太原市各级政府单位 113 个,市级政府部门覆盖率达到 92%,区县覆盖率 100%。

(二)太原市政务网站门户

1. 政府门户网站全新改版

2013 年,太原市政府门户网站完成了全新改版,形成了以中国·太原政府网站为龙头,各部门共同参与并维护的网站群体系,初步实现了政府信息"资源共享、协同管理、独立部署、统一展现"的要求。

2. 移动门户初步建成

政府移动门户客户端"掌上太原"上线运行。政府移动门户网站围绕"政务公开""便民服务"等主题模块开发,重点突出政府信息公开、对外宣传、为民服务等特点,已经发布了"政府公告""招商引资""政府公报"等 34 个栏目。

3. 政府信息公开进一步强化

2013 年,新版太原市政府网站通过数据整合、链接等方式,及时、准确地公开政府信息共计 14 大类、40 小类信息,信息公开总量达 10338 余条。当前通过太原市政府网站已经实现了 71 个部门、10 县(市、区)政府、4 个开发区、6 个企事业单位信息集中公开。

同时,政府网站群的数据交换平台建成,为政府信息公开工作提供了有力的保障。

(三)强化政务外网环境安全

电子政务外网的信息安全管理是电子政务的重要基础保障。市政府办公厅高度重视,严格按照国家等级保护三级要求建设政务外网,并顺利完成了等级保护测评工作。

三　立规矩,整合资源,统筹规划建设

(一)"四统一分"管理体制获确立

2013 年,太原市人民政府办公厅正式印发《太原市电子政务建设管理办法》,确定了指导太原市电子政务建设的"四统一分"管理体制,即"统一领导、统一规划、统一网络、统一资源、分级推进"。

(二)完善专家咨询团队

按照"对标一流"要求,市委、市政府领导高度重视电子政务的专家团队建设,在 2013 年 9 月份成立了方案规划和质量管控团队,负责太原市电子政务当前重点项目质量把控和今后工作的顶层设计、统筹规划和指导监督,成员包括国内多名信息化与电子政务建设领域权威专家。

四　寻突破，学习借鉴，追赶一流水平

2013 年初根据市委、市政府提出的建设一流服务型政府的总体战略目标，市政府办公厅确定了政务外网、OA 协同办公、12345 热线整合、行政审批向县区延伸为重点的四大项目。目前除了电子外网主体工程已经完工外，其他项目正按照"一事一表"的计划要求稳步向前推进。

（一）OA 协同办公

按照 OA 协同办公系统总体设计，形成全市一体、标准统一、优质高效的"一网式"协同办公平台，力争打造国内一流的政府协同办公体系，覆盖市委市政府办公厅、10 个县区以及 4 个开发区、包括 16 个固定资产投资审批部门在内的所有政府部门，重点实现"收文发文、请示报告、上会系统、电子邮件"应用，具备如下鲜明的特色。

（1）全市统一的 OA 办公承载平台：应用与承载分离，可将各部门已经建设的系统集成于统一的个人门户，同时可以无缝集成新的模块，以满足不断增长的协同办公需求。

（2）简单易用：为市领导、委办局、工作人员等不同角色提供相应的个性化界面。

（3）重点打造移动办公应用：提供安全可靠的移动办公环境，将领导从固定的办公场所解脱出来，随时随地处理公务。

（4）促进行政审批的电子化：结合行政审批电子化向县区延伸，打通行政审批到市委、市政府、各委办局及各县区的电子化通道，使行政审批电子化在全市形成"闭环"。

2013 年 5 月 OA 协同办公项目正式开始实施。当前，承载平台和重点应用的主体开发工作已完成，当前正在全市政府部门试运行。

（二）12345 热线整合

在现有 12345 便民服务热线的基础上，进一步整合市政府各部门及公共企事业单位的非紧急类的各类公开服务电话号码，实现"一号对外、内部联动"，形成覆盖全市、协调互动、便捷高效、保障有力的政府公共热线服务体系。建成后的 12345 便民服务热线，将具备以下功能。

（1）一个平台运营：将太原市目前 38 条相关公共服务热线将逐步整合到一个平台，老百姓记住 12345 就可以获得相关服务。

（2）多渠道集成，一致的服务体验：市民可以通过电话、短信、电子邮件、网站自动等方式提出请求、进行互动、获得咨询服务、解决诉求等。

（3）集成、高效的业务处理平台：结合后台派单流程、督查督办、绩效考核等红绿灯机制，座席人员、管理人员、委办局相关人员可同时在线实时协调事项的处理。

（4）灵活高效的知识库：建立公共服务和便民服务知识内容的采集、发布、更新等管理机制，对知识内容进行全面、准确、有效的归纳整理。

（5）智能化绩效分析和决策支持平台：保留全程服务痕迹，提供完善的统计报表、数据分析和丰富的图形展示，对各委办局进行客观评价和有效监督，识别政府服务的不足和内部服务瓶颈，不断完善服务内容。

截止到 2013 年 12 月，系统开发、知识库建设已完成，涉及的管理制度与流程已全部完成，系统测试与试运行工作即将展开。

（三）行政审批向县区延伸

全市政务服务中心行政审批统一平台，实现市、县（市、区）行政审批业务集中，审批流程集成，审批数据共享，为公众提供"一站式"的电子化行政审批服务，使太原市政务服务中心信息化程度达到国内领先水平。

截止到 2013 年 12 月，市级行政审批电子化流程开发测试工作已经完成，试运行工作即将开始，与电子政务外网、OA 协同办公系统的对接正在进行中。

五　齐推进，引进创新，实现全面一流推进

2013 年，太原市电子政务建设实现了政务外网、OA 协同办公、12345 热线整合、行政审批向区县延伸等重点突破。2014 年着重调动政府各部门，坚持服务民生的方向，推进应用的整合和资源共享，以全流程网上办事为抓手，全面推进全市电子政务建设，实现一站式、全流程网上办事，推动服务型政府的战略。

（太原市政府办公厅政府信息公开处　姚洪）

2013 年福州市电子政务发展概况

2013 年，我们紧紧围绕市委、市政府工作重心，以需求为导向，统筹规划、整合资源，深化应用、服务民生，集中力量建设、提升一批信息化项目，全市电子政务建设工作继续走在全省前列，为推进服务型政府建设提供有力的技术支撑。

一　"中国福州"门户网站绩效水平位居全国第三

坚持"集群发展、以人为本、融合服务"的门户网站建设理念，不断完善我市在互联网上构建的全市公共服务信息化统一平台，门户网站建设与管理水平显著提升，服务功能不断增强。

（1）信息公开有新亮点。新建环保、安全生产等专栏以及青运会福州赛区官网，更加主动地公开部门财政预决算、环境质量、安全生产等社会公众关注的热点信息。继续建设完善网上办事公开系统暨农村基层党风网，同时，探索突破政务信息公开传统模式，推动信息公开向厂务、村务、校务、院务和公共企事业单位等更大领域延伸拓展。

（2）资源整合有新突破。与市政府法制办、市行政服务中心共同组织梳理、规范办事指南，将梳理结果同时在"中国福州"门户网站以及市直部门子网站上发布，确保全市办事指南发布的统一性与权威性。突出市民关注的教育、医疗、就业、交通、住房、社保医保

等13大民生服务领域，通过跨部门服务事项的整合，打造虚拟行政办事大厅和场景式导航服务，实现办事预约与办事服务相对接。

（3）互动交流有新提升。坚持关注民生、倾听民声、广纳民意、服务市民的原则，深化网络问政。

二　努力推动行政权力阳光运行平台建设

不断强化由网上行政审批、行政处罚、公共资源交易、市场中介组织信用信息等4个系统构成的全市行政权力阳光运行平台建设，促进行政权力公开透明运行。其中包括以下几个方面。

（1）网上行政审批系统。依托网络技术，构建虚拟审批服务大厅，提供网上申报、网上查询、网上反馈、网上投诉等服务。

（2）网上行政处罚系统。在网上全部公开全市46个执法部门共5181项行政处罚事项、处罚依据、处罚标准、处罚结果以及执法人员资格等信息，加强行政处罚监督。

（3）网上公共资源交易系统。目前，已建设工程网上招投标平台、政府采购网上交易、国有产权网上交易等系统。

（4）市场中介组织信用信息系统。在网上统一发布福州地区所有市场中介组织的信用信息，包括基本信息、良好信息、不良信息等等，便于企业、群众查询、监督。

三　持续办好福州市便民呼叫中心12345系统

注重发挥市便民呼叫中心12345系统在听取群众意见、维护群众利益、化解社会矛盾等方面的独特优势，充分凸显12345系统的品牌效应，及时解决人民群众提出的诉求。同时，下大力气拓展12345系统的服务功能，计划以鼓楼区为试点，将区直部门、10个街（镇）、69个社区服务中心、公共事业单位的政务服务资源，以及服务群众生活、企业生产等各类单一、分散的信息资源进行梳理、整合，通过主题服务、场景式服务、热点服务等多个形式，为群众和企业提供政务、生活、生产等全方位服务，努力将12345系统建设成为集"办事指引、政府公共服务、政策咨询、网上办事、便民生活、政务投诉"于一体的便民综合服务平台。

四　不断扩大"福州发布"政务微博群覆盖面

"福州发布"政务微博群开通近两年来，运营管理逐步趋于制度化、规范化，在社会管理、信息公开、舆论引导、政民互动等方面发挥着积极作用，进一步拓宽了党和政府与人民群众的沟通渠道。

继2012年分两批开通县（市）区和部分市直单位政务微博后，2013年1月和8月又两次扩面，成员单位不断增加。各成员单位根据地区特色和部门职能规划栏目，以政务新闻类信息为主、生活服务类信息为辅发布信息，逐步加强服务功能，及时回应网友的一般性评论、建设性意见和建议。市微博办每日对各单位微博发布情况进行巡查，并定期通报全市政务微博建设情况。

五　健全完善全市空间地理基础数据库

空间地理基础数据库是国家确定建设的四大基础数据库之一，福州市空间地理基础数据库一期工程的主要建设内容包括：1个平台（数据共享服务平台）、1套基准（GNSS基准站及平面高程控制基准系统）、5个子数据库［数字正射影像（DOM）、数字线划地图（DLG）、数字高程模型（DEM）、地址编码、地下管线］。

始终注重基础数据库的共享应用，按照"先易后难，重点优先"的原则，选择一批信息化条件好且有应用需求的政府部门开展空间地理基础数据的共建共享。

六　全面启动建设数字城管系统

数字城管是依托信息技术创新城市管理模式的重要举措，其管理内容涵盖了城市公用设施、道路交通、市容环境、园林绿化、房屋土地、宣传广告、施工管理、街面秩序及突发事件等方面。数字城管一期工程覆盖范围包括鼓楼、台江两区53平方公里，专家组认为该系统建设"从技术、数据、组织和效果的成熟度处于国内同类新建项目领先水平"。同时，福州市相继出台了《福州市数字化城市管理实施办法（试行）》《福州市数字化城市管理部件和事件立案结案规范（试行）》等系列规定，为系统运行管理提供制度保障。

七　着力构建全市城市数字化综合管理服务平台

加大全市信息资源整合力度，按照"统一标准、统筹推进"的原则，建立市、县联动的全市数字化综合管理服务平台，推进城市管理和社会管理创新。市城市数字化综合管理服务平台建设内容包括：一个平台、两大中心、九个子系统。"一个平台、两个中心"指市级数字化城市综合管理服务平台，城市管理服务中心、市委市政府应急指挥中心；"九大子系统"指数字城管系统、社会综治管理系统、生态安全监管系统、公共场所监控平台、应急指挥系统、安全生产监管系统、社区矫正监管系统、特殊车辆监管系统、"爱福州"手机门户。建设该平台目的在于统筹推进各级各行业信息化系统建设与整合，促进市直部门各自开发的业务信息系统互联互通，形成统一高效、功能强大的城市管理服务的联动与协调机制，增强应对突发事件及自然灾害的应急决策、指挥与处置能力，提高城市服务和管理水平。

八　统筹规划全市政务云计算平台建设

当前，云计算应用正成为电子政务发展的新趋势。国家和省里制定的电子政务"十二五"发展规划，明确鼓励电子政务应用系统向云计算模式迁移。全市政务云计算平台借助云计算技术，统一搭建包括服务器、存储、系统软件等基础资源池，主要建设内容包括政务内网、政务外网两大部分。构筑云平台可实现基础软硬件资源的共建共享，提升硬件资源的利用率，降低建设与维护成本。全市政务云计算平台建成之后，市直部门新开工的信息化项目不再单独购置基础硬件；已建的信息化项目待设备老化后也要迁移到市政务云平台上。

九　不断深化全市党政部门办公自动化系统运用

在发文方面，对已建办公自动化系统的 71 家市直党政部门，市政府及市政府办公厅的所有公文通过电子公文传输系统进行交换，不再印发纸质文件；在收文方面，58 家主要政府部门向市政府及市政府办公厅行文，全部通过电子公文传输系统进行交换，市府办不再受理其报送的纸质公文。

十　切实保障全市电子政务网络安全运行

（1）积极推进东部办公区中心机房建设。根据东部办公区建设的实际需要，统一规划建设中心机房，将各单位的设备集中托管到中心机房，实现精密空调、不间断电源、消防、安防和防雷等机房基础设施的共建共用。同时，采用云计算技术，组织虚拟化条件下的软硬件资源按需分配、动态管理。目前，东部办公区中心机房建设已经完成，基本满足运行条件。

（2）全力做好技术保障工作。同时，完成福建省应急视频会商指挥系统（福州节点）的升级改造，有力地保障了全市电视电话会议系统的正常运转。

（3）切实加强政务内、外网横向接入管理。高度重视 170 家接入政务内网、82 家接入政务外网的市直单位网络管理，及时做好政务网络新增接入、迁移，保障市直各应用系统的网络线路畅通。同时，强化政务内、外网安全保密工作，全力维护网络信息安全。

（福州市"数字福州"建设领导小组办公室）

2013 年南昌市电子政务发展概况

随着政务信息化浪潮的不断推进，政务信息化的概念在实践中不断丰富，电子政务建设成为南昌市信息化建设的重要方向，2013 年，按照《南昌市电子政务"十二五"规划》和《"数字南昌"总体规划》要求，南昌市大力推进电子政务健康持续发展，取得较好成效。

一　电子政务建设取得的成功经验

1. 健全机构，完善管理机制

电子政务建设是典型的一把手工程，只有加强领导才能推进建设和管理。南昌市专门成立了由市长担任领导小组组长的"南昌市信息化领导小组"，同时，成立了全额拨款事业单位南昌市信息资源中心，在组织上保证了电子政务工作的顺利开展。

2. 科学规划，明确发展战略

电子政务建设是一项庞大的系统工程，必须规划先行。在《南昌市电子政务"十二五"

规划》的基础上，我委委托北京大学数字中国研究院编制了《数字南昌总体规划》和《数字南昌推进方案》，根据规划，数字南昌建设以"统筹规划，科学论证，资源整合，信息共享，统一标准，统筹建设，政府主导，社会投入，完善基础，保障安全"为原则，到2020年，率先在中部地区建成以"智能化生产、精细化管理、标准化服务、数字化生活"为主要特征，具有区域竞争力的"数字城市"。

3. 保证投入，明确职责任务

为促进南昌市信息化进程，南昌市设立了市本级信息化建设专项资金，重点扶持政务信息资源共享平台及综合应用服务项目、为社会提供公共服务的信息化项目、支持信息化政策研究、标准制定、科技研发、试点示范及重点信息资源开发的项目、保障政务信息资源采集维护更新及安全使用的项目和其他应纳入管理的信息化项目建设。

二　南昌市电子政务发展思路和建设重点

1. 创新战略

实施创新战略，先行先试。一是服务理念创新，以人为本，以市民企业为中心，提供综合服务、主动服务、人性化服务；二是工作模式创新，建立网上受理、就近受理的业务模式，建立巡检上报、协同联动的管理模式，建立协作、高效的办公模式；三是发展模式创新，由业务应用决定系统建设的模式，转变为在新技术、新环境下，由系统建设来促进政府行政服务方式创新的模式。

2. 融合战略

实施融合战略，从"电子和政务结合"向"电子和政务融合"转变。通过加强电子政务的顶层设计，一方面使业务流程基于信息化环境不断得到优化，另一方面使业务系统在使用中不断进行完善。要坚决摒弃工程或技术导向，推动信息化与政务工作的深度融合，从根本上扭转"电子"和"政务"两张皮的局面。

3. 资源整合，信息共享战略

要避免重复投资建设，充分整合现有信息资源，打破条块分割，优化资源配置，促进网络融合，着力建立健全信息资源采集、交换、共享的工作机制，建立信息资源交换共享体系和共享维护机制，实现系统之间的无障碍互联互通，确保信息资源的规范性、时效性、准确性，减少资源浪费。

南昌市电子政务具体建设目标可以归纳为"一个目标、两大体系、三大平台、四个层面、五大任务"。

一个目标：实现"数字南昌"全面覆盖，使南昌市城市信息化水平再上一个新台阶，进入全国第二梯队前列水平。

两大体系：建设公共管理信息化体系和公共服务信息化体系。

三大平台：搭建和完善信息资源平台、信息网络平台、信息安全保障平台。

四个层面：具体落实应用层、服务层、数据层和保障层四个工作层面。

五大任务：建设城市管理信息体系、公共服务体系、信息资源共享体系、城市信息网络基础设施建设体系和信息安全保障体系。

三 政务内网和政务外网等基础设施建设情况

南昌市政务信息网是市委、市政府根据中共中央办公厅、国务院办公厅转发国家信息化领导小组《关于我国电子政务建设的指导意见》和省委、省政府有关文件精神，按照"统一组织领导、统一规划实施、统一标准规范、统一网络平台、统一安全管理"原则建成的全市电子政务统一网络。

南昌市政务信息网自1999年建设至今，经过实验网、一期、二期、三期四个阶段的建设，到2004年初具规模，总投资2450万元，实现了省、市、县（区）三级政务网之间互联互通，为市委、市人大、市政府、市政协及市直各部门与县（区）、开发区、红谷滩新区党政部门以及部分企事业单位提供了统一的网络互联、信息共享、业务协同和安全管理的信息交换平台。

全市政务信息网以市经济信息中心为网管中心，通过百兆链路与13个县（区）、开发区、红谷滩新区网络平台互联互通，分为政务内网和政务外网，实行物理隔离。政务内网主要运行党委、政府、机要等各类涉密业务，政务外网主要运行非涉密的办公业务并提供互联网上网服务。

南昌市政务信息网工程严格按照中办发〔2002〕17号文件要求，实行内网和外网同时建设、同时开通，避免了网络重复建设，节省大量财政资金，具有显著的社会效益和经济效益，得到了国家、省、市有关部门的充分肯定。

四 政务信息资源开发建设、共享和业务协同情况

南昌市在信息资源建设方面取得了重要进展。主要包括以下方面：

（1）完成了各类电子政务信息系统所共需的全市地理空间基础信息数据库，南昌市基础地理信息数据库是开展数字城市建设的核心和基础内容之一，可广泛应用于测绘、国土、房产、水利、旅游、城市应急指挥、公安武警指挥调度、城市三维立体景观及政府宏观经济决策等各个领域。

（2）完成全市公文传输平台建设，依托南昌市政务信息网络，实现市县两级党委、政府之间，市委、市政府与市直各职能部门之间的公文传输，建立了"法律法规""政府文件""人代会文件""常委会公报"等数据库，并进一步整合开发南昌市政务信息资源，实现党政机关内部资源共享和协同。

（3）启动了南昌市企业基础信息共享和应用平台建设，将工商、国税、地税、质监、财政和办证中心等部门的各类企业基础信息进行整合，实现在线实时信息交换，并逐步建立完善全市统一的企业法人数据库。

（4）建设了天网工程，设置5591个探头。其中治安类4329个，城管类912个，交管类350个，实现视频监控资源共享。

五 基层电子政务建设情况

南昌市积极推进基层电子政务建设，建立了市、县区统一的电子政务网络，数字城管覆

盖市区所有街办并计划延升到社区；东湖区率先建设的"12343"家政网络服务信息平台已经吸纳了200多家加盟服务企业，涵盖了社区居民生活的方方面面。"12343"热线电话和网站24小时为社区居民提供衣、食、住、行等各类信息咨询和便民利民服务，社区居民只要"点点鼠标、拨拨电话"，就能轻松享受人性化、全新的社区服务；西湖区、青云谱区政府网站建设全省领先；南昌县、西湖区被列为依托电子政务平台加强县级政府政务公开和政务服务试点县区正根据上级部门要求，抓好依托电子政务平台加强政务公开和政务服务试点工作。

六　政府网站建设情况

政府门户网站是政府对外沟通的重要桥梁和窗口，在保障公众参政议政权利、服务人民群众生活、促进社会和谐发展等方面发挥着重要作用。

早在2003年中国南昌网站上线后不久，南昌市就成立了由市政府分管领导挂帅，各县区、市直各有关部门为成员的南昌市政府门户网站建设领导小组；专门成立了中国南昌门户网站编辑部，明确了网站专职人员。八年来，市委市政府先后下发了《关于做好中国南昌政务门户网站内容保障工作的意见》《南昌市政务类网站建设管理暂行办法》《中国南昌门户网站及县（区）、部门政务网站内容保障管理暂行办法》《南昌市政府信息公开目录》和《南昌市政府信息公开指南》等一系列规范性文件，对中国南昌门户网站日常管理、内容保障、安全运行等进行了逐一规范和明确。为将中国南昌门户网站打造成与省会城市相匹配，全省一流政府网站的目标，我们先后3次对其进行全面改版，聘请国内知名专业公司对网站进行设计和梳理。为使整个门户网站内容鲜活，对公服务水平不断提升，我们给各县区、市直各部门提出了明确要求，市每月通报、每年绩效评估，确保给政府网站注入"源头活水"。

（南昌市工业和信息化委员会）

2013年郑州市电子政务发展概况

2013年，郑州市把信息化建设作为实施创新驱动、推进"四化同步"发展的重要手段，坚持"整合、共享、应用、安全"的原则，以创建国家智慧城市试点为载体，以服务助推新型城镇化建设、现代产业体系构建和网格化管理"三大主体"为根本，以项目建设为抓手，大力推进信息资源整合共享和政务服务应用系统建设，在探索和推进智慧城市试点过程中有力地提升了郑州市信息化基础设施支撑力、政民互动力、内协外便力和创新引领力。

一　概况与概览

郑州市数字城市办公室是2011年5月经市委、市政府批准成立的正县级事业单位，隶属于市政府办公厅管理，内设 2 个中心（郑州市电子政务中心、郑州市信息资源管理中心），9 个处室（综合处、人力资源处、发展规划处、软件系统管理处、地理信息管理处、市民卡管理处、网络管理处、网站管理处、机房运行管理处）。主要职责是：负责数字城市、智慧城市及全市电子政务建设、信息资源整合共享和基础地理数据维护及应用系统推广等工作。

在市委、市政府主要领导的亲切关怀下，在国家、省直、市直相关部门的大力支持下，在全市信息化建设系统干部职工的共同努力下，2013 年郑州市信息化和电子政务建设取得了标志性和突破性的成绩：先后获得全国第一批智慧城市试点、电子商务试点、信息消费试点、时空信息云平台建设试点和国家级互联网骨干直联点、第二批国家智慧旅游城市试点，绿城通便民服务卡系统启动运行并实现了应用水平达到中西部领先的目标，政府网站建设连年获得全省政府网站考评第 1 名，信息资源中心系列项目和平台整合建设工作取得重大突破，以富士康 IT 产业园、高新区 IT 产业园为支撑的五千亿级信息产业基地加快建设，电子政务服务和平台安全保障能力显著提升。

二　重点与亮点

找准信息化和电子政务建设与郑州都市区建设的契合点，与"三大主体"工作的切入点，突出抓好"智慧城市建设、电子政务发展、信息资源整合共享"三大核心业务，以重点带全局、筑亮点、求突破。

（一）智慧城市建设

（1）顶层设计抓规划。坚持开发内力与借助外脑相结合，组建以政府为主导、以企业、院校为主体的高端专家评审组和专家库，先后编制完成了《郑州市智慧城市建设总体规划》（2013～2020）《郑州市智慧城市建设总体方案》《智慧城市创建任务书》等"1＋X"系列规划，并结合郑州都市区战略重点提升规划，编制了智慧城市建设"531 规划"，做到长远发展有规划、中期发展有计划、短期发展有方案。2013 年 10 月 30 日，在全国智慧城市试点重点项目推进培训会议上，郑州市顶层设计和规划编制工作受到了住建部领导的高度肯定，并作为全国典型作了经验交流。

（2）基础建设抓项目。按照"统一规划设计、统一项目建设、统一平台运行、统一推广应用、加强安全管理"的原则，加大基础建设投资和平台整合共享力度。建成了集电子政务中心机房、托管机房和备份机房于一体的，符合国家标准、全市统一运行、数据资源共享的电子政务集成系统平台，先后为全市 43 个局委的信息系统进行了托管，运行了 31 台虚拟服务器。通过狠抓项目建设和资源整合，既优化了资源配置，又节约了投资成本，更提升了运行效率。

（3）便民利民抓应用。以轨道交通一号线开通为契机，以公共交通整合为突破口，打造以绿城通卡为载体的城市一卡通应用系统，逐步搭建政务、公共事业和小额支付智慧应用平台。12 月 28 日地铁开通当日实现了绿城通卡在轨道一号线和公交车上刷卡运营。计划于 2014 年 10 月加入全国 45 个大中型城市互联互通城市联盟，实现绿城通卡在互联互通城市的异地消费。

（4）健全体系抓保障。一是领导保障，成立了以市委副书记、市长为组长的郑州市智慧城市领导小组。二是政策保障，制定出台了《郑州市人民政府关于加快建设智慧城市的实施意见》（郑政文〔2013〕180号）。三是资金保障，将"智慧城市关键技术研究"项目列入郑州市2014年度科技计划项目，解决了"在市科技专项经费中设立智慧郑州重大专项"的问题。

（二）电子政务建设

（1）加强政府网站建设，提高知名度。制定《郑州市政府网站建设技术规范》（郑政办文〔2013〕26号）和《郑州市政府网站考评指标》，加强对全市各级政府部门网站的测评。建设办公厅内网网站，将政府内网与OA自动化办公系统融合，并对OA系统进行升级改造。先后参与组织《政风行风在线访谈》80多期。

（2）加强政务信息公开，提高透明度。修订《郑州市政府信息公开指南和目录》，完善郑州市政府信息公开保密审查、依申请公开政府信息工作等制度。建成了市政府信息公开平台主系统，并在逐步实现与县（市、区）子系统的互联。全年累计主动公开政府信息261256条，受理依申请公开1800余件，市政府受理依申请公开123件，420多人次；行政复议36件，行政诉讼39件，较好地满足了公众需求，回应了社会关切。

（3）加强行政体制改革，提高便利性。按照郑州深化行政审批制度改革的工作部署，相继建设了郑州市政务服务行政审批系统和并联审批系统、电子监察网上办事大厅、绩效考核等10套子系统，覆盖了行政审批权力运行的各个环节，基本实现了通过"日清周结月通报季公示"平台，将行政审批动态评估机制、标准化机制、绩效考评机制、审批人员统一管理机制等7项机制共融一体的目标，为郑州深化行政审批制度改革提供了技术支撑。

（三）信息资源整合共享

（1）以时空云为平台，抓基础性数据的收集和共享。编制完成了《时空信息云平台项目可研报告》和《时空信息云平台项目设计方案》；天地图数据平台建设正在有序推进，已完成域名申请工作，并向新郑市、中原区、市公安局、市园林局等多个部门提供基础地理信息数据共享服务，支撑起相关部门的业务管理信息化建设工作。

（2）以快速化为目标，抓前沿性技术的集成和应用。坚持把引进前沿技术、确保网络安全作为首要任务，制定出台了《公务邮箱系统使用管理办法》，加强市政府办公厅软件正版化推进工作，对全市政务网络软、硬件系统进行了升级改造，加装了上网行为管理系统、网络反窃密设备和入侵检测设备，确保了全市政务网络管理工作的快速、安全、有效运行。

（3）以低成本为原则，抓系统性平台的整合和共享。抢抓国家信息中心批准在郑州市建设"国家政务外网CA中心郑州市分中心"的机遇，先后启动建设了郑州市保密网络、双活机房和灾备机房、郑州市视频信息共享平台、数字证书（CA）认证中心，有力地促进了系统性平台和信息资源的整合和共享避免了系统平台项目重复建设和资源浪费，推动了全市信息资源的优化利用，提高了管理部门的服务能力，实现了惠民、便民、利民。

三　实践与思考

党的十八大报告明确提出要促进工业化、信息化、城镇化和农业现代化同步发展，特别是在当前大数据、大转型、大改革、大开放的时代背景下，我们将抢抓中原经济区和郑州航空港实验区建设的重要历史机遇，抢抓被确定为国家智慧城市试点和国家级互联网骨干直连点的重大政策机遇，按照"全国找坐标、中部求超越、河南挑大梁"的总体要求，围绕"三年成规模、五年见成效"的目标，以统筹推进国家智慧城市"1＋3"试点创建为契机，全面推进郑州智慧城市建设，着力抓好构建高速泛在的信息基础设施体系、统一权威的公共信息服务体系，推进集约化、科学化城乡规划建设，推进网格化、精细化城市运行管理，均等化、便捷化社会公共服务，推进集聚、可持续的现代产业发展，推进绿色、循环、低碳的生态文明建设，推进城市文化实力和城市品位提升，推进绿色、智慧的航空港建设，推进新郑市智慧城市示范区建设等十大任务，积极探索符合南昌市实际的新型城镇化发展模式。通过3~5年的不懈努力，将郑州建设成为基础设施能级跃升、智慧应用效能明显、产业支撑能力突出、引领辐射作用较强的国家智慧城市示范区。

（郑州市人民政府办公厅）

2013年长沙市电子政务发展概况

2013年，长沙市电子政务工作在市委、市政府的正确领导下，各级政府部门和电子政务工作机构立足长沙市经济社会发展实际，紧紧围绕全市发展的中心工作，按照"统一领导、统一管理、统一规划、统一建设、统一运维"的原则，在网络基础设施、门户网站建设、业务应用系统、信息资源开发、网络信息安全、体制机制和管理制度等方面取得了明显成效。

一　2013年基本情况

长沙市人民政府电子政务管理办公室，归口市人民政府办公厅管理，财政全额拨款事业单位，副县级。内设6个科室：综合科、规划发展科、应用推进科、网站管理科、网络管理科、资源管理科，人员编制32名。

主要负责贯彻执行国家、省、市有关电子政务、信息资源开发利用的方针、政策和法律、法规，并拟订本市实施办法；负责拟订全市电子政务、信息资源开发利用发展规划和年度计划，报市人民政府批准后组织实施；负责市级政府投资的电子政务工程项目的论证、技术方案评审、验收，并提出项目建设意见；指导、协调电子政务项目的建设，对建设中的重大问题提出处理意见；负责对跨部门、跨区域和公益性、共享性电子政务应用系统的建设进行指导、协调及管理；负责建设、管理市人民政府网站及网站集群，并对外拓宽网站功能，收集、整理网络社情民意，有效开展网络问政，为市委、市人民政府决策提供信息服务；承担市委、市人民政府电子政务内、外网骨干网的建设、运行维护和管理及网络安全工作；负责统筹全市电子政务信息资源的开发、利用、整合与共享；负责对区、县（市）和市直部门的电子政务等相关业务进行指导、协调及绩效评估。

二　2013 年重点工作

（一）电子政务网络体系建设

按照国家、省的要求以及长沙市的具体需求，以"集中统一、整合共享、联合协同、安全高效"为原则，长沙市电子政务内外网平台目前已建成了上联省、下联区县、横向连接各市直部门，内外网物理隔离的电子政务网络平台，基本满足了各部门的网络需求。目前电子政务内网已接入政务部门200家，外网接入部门160家并延伸至全市大部分所辖乡镇和社区，政务网络承载了政府门户网站、协同办公、在线行政审批、数字档案、数字审计、数字城管、征信系统等73个应用系统和54个政府部门子网站。

（二）政府门户网站建设

以"中国·长沙"为标志的长沙市政府门户网站群在推动信息公开、网上办事、公共服务、网上互动、移动应用、无障碍建设以及社会监督等方面，成效显著。

一是加大政府网站信息公开力度，不断丰富公开信息内容，提高公开信息质量，增强信息公开的主动性、及时性和准确性。

二是大力提升政府网站网上办事能力。以社会公众为中心，整合6800余项服务事项的网上办事服务指南，重点推动医疗、教育、卫生、就业、交通、工商注册、企业纳税等方便公众和企业的网上办事服务。

三是推进政府网站政民互动服务发展。建立健全公众意见及问题受理、处理及反馈工作机制，实现"市长信箱""咨询投诉""民意征集""在线访谈""新闻发布会"等互动栏目的制度化和规范化，注重民意收集与信息反馈，保障人民的知情权、参与权、表达权、监督权。

四是加强网上政务舆情监控。利用舆情监控系统对互联网上关于长沙市政府的新闻报道、热点话题、突发事件等进行实时监控，每日将负面信息以《网络舆情简报》的形式报送给领导，向领导传达网民最关注的最新热点难点重点，为领导决策提供参考。

（三）统一应用平台建设

在应用方面，建成了覆盖人口、交通、资源环境、城市安全、民生服务、社会服务、市场监管等领域的全方位电子政务应用体系，共建成300多个业务系统，基本实现电子政务对核心业务的全面支撑。长沙市基本上建立了电子政务统一的应用基础平台，全面支撑了政府协同办公系统、行政审批系统、电子监察系统、领导信息报送系统，实现了行政审批电子监察上下联动、横向互通，构建了行政审批电子监察系统的长沙模式。

（四）综合治税平台建设

长沙市社会综合治税信息平台于7月1日正式上线运行，共整合10个部门的数据资源，采集了60项数据，4558万条数据库记录；建立了企业所得税年申报销售（营业）收入差异分析、5 个户籍对比模型、40 个辅助分析模型和 14 个财政收入分析模型。7～12 月，综合治税累计查补成果 19777 万元，其中，查补入库额为 13798.96 万元，调减以前年度亏损 5978.8 万元。

（五）保障网络信息安全

按照"电子政务外网统一建设、互联网统一接入、安全管理统一实施"的原则，通过统筹规划和整合部门现有互联网出口，建立统一的安全防护策略和措施，实施集中统一的安全监控，达到统一互联网接入口、优化宽带使用，减少信息安全风险的目的。

采用 SOC 安全监控平台对电子政务外网平台实行 7×24 小时安全监控，本年度共发现并处理安全事件 47144 起，未发生重大网络安全事故。

同时，制定了《长沙市人民政府电子政务管理办公室突发事件总体应急预案》和《长沙市政府门户网站突发事件应急预案》，《长沙市应用系统突发事件应急预案》《长沙市电子政务网络与机房突发事件应急预案》和《信息安全事件应急处理预案》。

（六）优化电子政务发展软环境。

推进政府系统电子政务建设标准规范的制定工作。出台了《长沙市电子政务工程项目建设管理办法》，推动各级各部门业务系统标准化建设，建立电子政务建设技术规范，确保政府系统电子政务建设协调一致、互联互通和整体应用，避免重复建设，提高建设高效。

电子政务专业技术队伍基本形成，电子政务人才培养机制正不断完善，形成了多层次、开放型、综合性的信息技术教育与培养体系。

三　主要成果

社会综合治税信息平台运行以来，累计成果超过 1.5 亿元。市政府门户网站在 2013 年度政府网站绩效评估中居省会城市第二位。"市长信箱"栏目荣获精品栏目。英文网站在"第七届中国政府网站国际化程度测评"中，荣获"领先奖"，排名全国省会及计划单列市第五名。"人民网"领导留言的"长沙为农民工讨回拖欠工资"回复办理工作被评为"2013 年全国网民留言办理十大案例"。

四　总结

当前，长沙市电子政务建设还存在着几个比较突出的问题。一是体制机制方面，电子政务建设和管理全市性统筹协调和监管有待进一步加强，区县、部门之间电子政务水平存在差异；二是建设效益方面，长沙市电子政务建设起步早、投入力度大，但是核心业务信息化程度偏低，部门间协同应用不够，社会管理和服务公众的效能有待进一步提升；三是信息资源共享和利用方面，信息的完整性、准确性和及时性不高，决策支持能力有限，部门之间、政民之间的信息共享和交互程度不够；四是安全保障方面，灾备中心没有建立无法适应新形势要求，电子政务整体的安全保障能力有待进一步提高。

2014 年长沙市电子政务工作将以"整合、协同、互联、共享、重构、评估、创新"为原则，以电子政务网络为基础，以信息共享和互联互通为依托，以各部门信息化应用为支撑，加快构建一个平台（电子政务云平台），一个中心（数据中心），遵循五个统一原则（统一规划、统一技术标准、统一基础设施建设、统一安全监测、统一资源目录），着力加强八个重点（申报信息惠民工程、完善项目管理、加强网络建设、加强网站建设、加强市长信箱的管理、整合应用系统、加强示范示点、加强督查和考核），全面整合并提升政府公共服务能力，实现政府管理方式转变和工作体制机制创新。

（长沙市人民政府电子政务管理办公室）

2013 年南宁市电子政务发展概况

南宁市是广西壮族自治区首府，辖 6 区 6 县，处于粤港澳经济区、西南经济区和东盟经济区的结合部，是中国西南出海大通道的重要枢纽，具有承东启西，连南接北的区位优势。南宁市按照"十二五"电子政务发展相关规划要求，紧密围绕打造"智慧政务"，建设阳光政府、法治政府和服务型政府的目标，全力加快推进全市电子政务建设。2013 年，南宁市政府网站绩效在五个自治区首府城市中排名首位。政府门户网站升级、办公自动化系统升级、电子政务网络改造、政府绩效管理系统、民生资金监管系统等一大批电子政务项目建成，大幅提升南宁市区域信息化首位度。

一　坚持统一建设模式，加快电子政务建设进程

1. 统一领导、归口管理

一是南宁市成立了全市信息化工作领导小组，由市委书记、市长担任组长，市属有关部门及通信运营商等有关单位的一把手领导为成员，在全市形成了信息化建设合力，实现了对全市信息化建设的统一领导、协调和指导。二是南宁市成立了市城乡数字化建设办公室，负责全市城乡信息化建设工作的指导、协调、规划、组织建设、推广应用、管理和监督检查等工作。

2. 统一规划、分步实施

南宁市电子政务建设建设按照"统一规划、分步实施"进行。全市信息化建设紧密围绕建设"智慧南宁"目标，完成了《"智慧南宁"建设规划》《南宁市电子政务建设指导意见（2011～2015 年)》《南宁市县区信息化建设指导意见（2011～2015 年)》，始终坚持规划先行，为信息化建设与发展提供科学的指导。每年编制年度电子政务计划，分步、分期组织实施，加强对项目的指导和监督，积极推进实施应用，力求取得实效。

3. 统一管理、整合资源

南宁市出台《关于进一步加强全市电子政务网络建设和应用工作的通知》，统一规范全市信息化项目规范管理。制定《南宁市政府信息资源管理办法》《南宁市政务网站管理暂行办法》《南宁市信息化建设考核办法》等制度，规范电子政务管理和信息资源整合。

4. 统一培训、提高应用

南宁市高度重视信息化培训和普及工作，把信息化应用培训作为全市信息化重点工作来抓，一是定期对领导干部进行统一培训，优化领导干部的信息化知识结构，提高对信息化的认识和重视程度；二是对全市公务员队伍和主要技术骨干进行统一的信息化应用培训，提高工作人员信息化应用水平；三是开展信息化项目专项应用培训，为项目的顺利应用提供保障。

二 推进基础政务平台建设，打造服务型政府

南宁市坚持以智慧政务建设为切入点，推进法治政府和服务型政府建设。一是加快完善政府办公自动化系统，实现公文交换补发、文件格式自动转换、安全审计、手写设备支持等功能，提升政府机关管理效率。二是南宁市在加快对政府常务会议系统升级优化的基础上，加快推进建设覆盖各县区、47个主要部门的政府视频会议系统建设，切实转变政府文风会风。三是实施政府门户网站升级工程，加强网站在线办事功能，提供涵盖教育、社保、医院预约、实时路况查询等服务功能，增强政府网站实用性。四是增强数字绩效平台升级，实现对重点工作重大项目进行实时在线监控，在各县区推广应用数字绩效平台应用。五是加快推进电子政务网络平台整体迁移及升级改造和电子政务机房建设，完成电子政务外网核心设备升级及安全审计系统建设，完成南宁信息化大楼8楼电子政务IDC机房预留区建设。

三 围绕信息惠民主题，切实加强基础民生信息资源共享建设

南宁市立足于服务民生、服务基层，紧紧围绕信息惠民主题，加快民生领域信息化建设。一是全力推进"智慧社区"建设，完成《南宁市社区信息化建设总体规划》《南宁市社区信息化建设实施方案》，在南宁市青秀区新竹社区和西乡塘万力社区开展信息化试点建设。二是开展农民工综合服务平台建设，平台能为农民工提供法律、计生、居住证、劳动仲裁、就业、技能培训、社保等多项服务事项办理，并提供网上查询。三是推进南宁市农村基础信息数据库建设，解决农村信息采集、加工、整合、发布、交换和共享难题。四是大力推进市民卡工程建设，12月20日，南宁市民卡正式发卡。五是加快就业、住房、食品安全、卫生等民生领域信息化应用，在200个重点行政村建立公共就业基层服务平台，促进就业创业信息化服务。实施南宁市住房信息系统第三期，提升房产管理监管和服务能。推进南宁市肉类蔬菜流通追溯系统一期建设，提升肉类蔬菜食品安全监管服务水平。加快南宁市卫生监督信息平台和社区卫生服务"双向转诊"平台（试点）建设。

四 加强新技术应用，提升部门业务信息化水平

南宁市积极推进信息化新技术在南宁市政府决策、管理、服务等领域的应用。一是推动公共安全和应急信息化应用，建立南宁市公安局一站式便民网上服务平台，提供便民查询服务，预约申请等互动服务，完成推进南宁市防汛应急支持决策支持系统二期项目（第二阶段）建设，提升南宁市防汛应急决策水平。二是推进民生资金监管系统建设，实现对南宁

市民生资金流转与支付全过程安全、精细管理，实现民生资金"在阳光下运行"。12月26日，系统建成投入使用，南宁市民生资金监管网（mszjjg. nanning. gov. cn）同步上线。三是完成社会管理监控报警联网系统二期建设，新增建设重点区域3000个高清视频监控点，提高南宁市管理水平和城市运行效率。四是加快交通管理智能化建设，建设城市交通管理与规划决策支持系统，提升交通管理水平。

五　加强政府信息系统安全建设和管理

南宁市严格遵循"网络安全管理零死角"的工作原则，加快积极全市网站、网络安全升级建设和安全管理，将信息安全管理纳入政府绩效管理，实现了信息安全规范化管理。加强南宁市政府门户网站、重要信息系统等级保护建设，通过加强培训、监管检查、加强整改、开展网络突发事件应急处置等方式，保障网络环境安全。

六　加快建设"智慧南宁"，实现信息惠民水平大提升

2014年，是实施"十二五"规划的关键一年，南宁市将围绕"抓改革、促发展、惠民生"的工作主基调，加快全市信息化建设，全面提升南宁市信息化建设首位度。一是围绕创建国家电子商务、智慧城市、信息消费和信息惠民试点城市要求，大力推进智慧城市建设成果普及应用，让广大市民共享信息化，开展先进智慧技术展示，引领推动"智慧南宁"建设。二是推进信息惠民基础设施建设，加快建设南宁智慧城市核心机房、公共管理和托管服务一体化中心机房，全面提升政府网络传输能力，推进共享服务型政府公共基础数据库、交换平台建设。加大依法管理网络力度，强化网络信息安全。三是积极推进人大、政协信息互动服务体系建设，全面推进社区、农村信息化建设，深入实施互联网、电话网等村村通工程，100人以上的自然屯实现手机信号覆盖、互联网连通，促进城乡信息服务均衡化发展。四是着力推进以网上市民服务中心与政务办事大厅为核心的政府公共信息平台建设，大力加快公共安全、食品药品安全、社会保障、健康医疗、就业服务、优质教育、城乡统一建设用地、社区服务、农村服务、养老服务等一批信息惠民工程建设和应用。五是拓展市民卡功能和应用，大力推进云计算中心、物流信息平台等建设和应用，支持电信运营商4G移动互联网、国际通信出入口等发展和应用，推动云计算、物联网、大数据等新技术应用和相关智慧产业发展，加强面向东盟信息服务，努力打造面向东盟的区域性信息交流中心和信息交流国际化城市。

（广西壮族自治区南宁市城乡数字化建设办公室）

2013年贵阳市电子政务发展概况

2013年以来，贵阳市电子政务建设按照省委、省政府提出的"两加一推"总基调要求，紧紧围绕"建设生态文明示范城市"的总目标，以"智慧贵阳"建设为抓手，在市信息化

工作领导小组的统一领导下，加强顶层设计与统筹规划，加快政务基础信息设施建设，推进信息技术在政务领域的深入应用和政务信息资源的开发利用，全市电子政务建设稳步推进，各项工作取得了新的进展。

一 2013 年基本情况

以完善"信息共享、业务协同"的全市电子政务应用框架为目标、打造面向服务的电子政务公共服务体系为目的，进一步加强政府与公众、企业的沟通互动，重点推进跨部门的政府服务与资源整合共享、业务协同联动和决策科学支撑，推进服务型政府建设。

以深化"中国·贵阳"政府门户网站群建设、构建统一的"12319"公共服务热线以及贵阳电子政务网上服务大厅为主要内容，打造立体的信息化服务渠道体系，让公众和企业可随时随地通过互联网、语音电话、手机短信等多种方式获取一致与整合的政务服务。

大力推动行政审批事项网上在线办理，加大政务信息网上公开落实力度，着力推进跨部门的业务协同与联动，进一步完善监督机制和绩效评估机制，促进行政服务效率提升和政务公开透明；加快政务应用的界面整合和应用整合，逐步构建起一套操作简单、易学易用的政务办公系统；建设政务决策支持系统，整合分析政务数据，将政务信息资源转化为辅助决策知识，提升政府科学决策水平；探索推进电子政务移动办公建设，提升政务办公效率。

加快统一的贵阳市电子政务外网建设，通过贵阳市电子政务外网一、二期工程的实施，构建起横向各市直部门全面覆盖、纵向市－区（县）－街道（乡镇）三级互通、并向社区和行政村延伸的贵阳市电子政务外网，加快各级政府部门面向公众和企业的信息化应用向统一电子政务外网迁移，全面提升在线服务水平。

二 2013 年重点工作

进一步夯实电子政务信息基础。以电子政务外网一期工程为基础，组织实施电子全市电子政务外网二期工程，以推进电子政务外网在全市行政区域的全面覆盖，构建一个打破行政区划的贵阳市电子政务外网城域网。贵阳市电子政务外网二期工程于 2013 年 6 月立项至今，已完成项目建设初步设计方案的编制和评审、项目建设预算资金的评审、项目招标和合同签订、项目建设深化设计方案的编制和评审工作，正在进行项目集成实施。

进一步提高政府门户网站群服务水平。2013 年 11 月，市信息化工作领导小组办公室组织开展 2013 年度市政府部门网站评测工作，按照"服务主导"的建站要求，以监督促整改，切实提高贵阳市政府部门网站建设水平和服务质量，强化了政府部门及区（县、市）政府网站对市政府门户网站的内容保障能力。

进一步拓展核心业务应用。为满足部门日益增长的业务需求和信息技术的更新换代要求，2013 年，全市在国土、税务、环保、物价等政务领域开建了一批政务业务应用系统，其中包括国土资源"一张图"、以地控税管理系统、防震减灾信息管理系统、红枫湖百花湖水质在线监控建设工程、网上公积金业务平台、贵阳市金价工程（二期）项目等典型示范工程。该批项目的建设采用了更为先进可靠的信息技术，系统的功能设计更加科学合理、具有针对性。

同时，全市以公共基础数据库为支撑，以政务信息资源整合为基础和核心，积极推进"12319"公共服务平台升级改造、政务服务中心三级联网、高清视频监控平台（二期）工程及综合治税平台等跨部门业务应用平台建设，逐步实现基础设施、数据资源和应用平台三个层次的市级公共信息资源整合与共享。

进一步完善信息安全保障机制。建立健全政务信息安全体系规范标准，加强政府和涉密信息系统安全管理，保障全市重要信息系统互联互通和部门间信息资源共享安全，落实信息安全等级保护制度，加强网络与信息安全监管，提升网络与信息安全监管能力和系统安全防护水平。

三　主要成果

（一）顺利完成全市政务外网改造升级

2013 年，贵阳市电子政务外网带宽已达 100M，形成上连省级平台，下连六区三县一市，横向连接市级各委（办、局）的"一城一网"基本构架。实现了市级 140 余家单位和十个区（市、县）的整体接入，完成了全市统一的电子政务外网平台以及市级 MPLS VPN 的整合和建设，为全市跨部门、跨地区、跨行业的政务信息资源共享和交换提供了安全、可靠、快速的网络服务。

（二）政府门户网站建设成果显著

按照"服务主导"的建站理念，通过"中国·贵阳"政务门户网站集群系统三期建设项目对原有政府门口网站进行全新改造，进一步提高门户网站的服务水平，扩大政务公开范围和内容，提高为公众和企事业单位服务的能力，加强对网站服务内容的整合，拓展互动应用的广度和深度。在第十二届（2013）中国政府网站绩效评估中，"中国·贵阳"获得全国省会及计划单列市政府门户网站绩效得分总排名第 9 名，并连续五年进入全国前十名；无障碍专项评估中，获得部委、省级、副省级城市、省会城市第 1 名。

（三）重大业务应用项目完成情况

贵阳市高清视频监控平台。贵阳市政府将高清视频监控平台作为 2012 年为民办的十件实事之一。一期项目于 2013 年 1 月建设完成，2013 年 3 月正式投入使用，总投资 3.6 亿。视频监控平台一期项目在主城区主次干道、重点区域建设了 3000 个点位的高清监控摄像头，并从公安、交通、城管等业务部门的实战要求出发，针对性地选择人脸采集和识别、异常行为及群体分析以及特征检索等技术，实现对行人卡口、智能检索、事件检测、视频质量诊断等有针对性的视频应用；同时建设了覆盖全贵阳市的骨干光纤网络，实现 273 个路口外场至各区分控中心、各分控中心之间及至平台控制中心的裸光纤直连，基本完成了贵阳市主城区范围光纤网络的全覆盖，并预留今后五年的光纤容量，为现有及今后的政府公益网络应用提供稳定的基础光纤资源。

贵阳市综合治税平台。贵阳市综合治税平台是横向覆盖全市 30 多家涉税单位，纵向覆盖市县两级的多部门协同应用系统。平台二期于 2013 年 9 月完成建设，12 月通过专家验收。

据测算，税务部门利用平台推送的信息，通过筛选比对，从中发现有价值的涉税线索 20 万条，共补缴税金、滞纳金及罚款 8 亿元以上。

四　存在问题

（一）对电子政务认识不足

一是对电子政务促进政府管理创新的重要作用认识不够，认为电子政务建设是一项边沿性的工作，可有可无。二是缺乏电子政务的相关知识，认为电子政务就只是办公自动化系统（OA）。由于专业局限性，部分机关工作人员对电子政务涉及的相关信息化技术知识了解不多，从而导致对电子政务的作用认识参差不一，电子政务应用推广受到限制，应用效益不是很高。

（二）电子政务建设统筹力度有待加强

一是全市电子政务建设统筹力度不够。由于缺乏市级层面对电子政务建设的统筹管理办法，导致部分市直部门电子政务项目出现重复建设问题。部门之间的政务资源没有实现有效的整合，系统功能存在重叠。二是贵阳市电子政务建设管理的体制机制还有待理顺，尚未建立集中、统一的电子政务管理体制。三是政务信息共享机制尚未完全建立，多部门之间共性业务数据共享协调难度大，联动部门之间业务联系不够紧密，"信息孤岛"时有出现。

（三）电子政务应用考核评估体系有待完善

因为前期调研不充分、系统需求不够明确、技术选型不够科学、后期应用培训滞后等原因，很多部门电子政务项目在建成后应用不够广泛深入，对职能业务帮助有限，应用效益难以达到预期。就 2013 年全市政务建设的实际情况看，虽然在电子政务深化应用方面取得了一定的成绩，但是全市电子政务重"建设"轻"应用"的问题依然具有一定的普遍性。

（贵阳市工业和信息化委员会）

2013 年兰州市电子政务发展概况

2010 年以来，兰州市按照省委、省政府"做快新区、做大产业、做美城市、做实民生"的总体要求，以全面提升政府公共服务水平和社会管理能力为核心，实施"数字兰州"战略，全面铺开信息化建设。至 2013 年初步构建了四个一、两个中心和五个平台的政务信息化体系。即：一网（市电子政务网络）、一站（市政府门户网站群）、一卡（市民卡）、一号（12345 民情通服务热线）、两中心（市数据中心、市政府应急指挥中心）、五平台（市级统一的办公系统平台、政务信息化应用云平台、政务信息资源共享交换平台、三维数字社会服务管理平台、市级统一的行政审批和电子监察系统平台）。

尤其是2013年"智慧兰州"建设启动以来，各领域信息化发展环境明显改善，兰州先后被认定为国家级创新型城市、国家电子商务示范城市、现代工业物流示范城市、国家级物流节点城市、地理空间框架建设项目试点城市、国家智慧城市试点城市、全国首批信息消费试点城市、国家"三网融合"试点城市、国家火炬计划软件产业基地、国家软件和信息业服务基地等，为兰州市创建信息惠民国家示范城市奠定了坚实的基础。

一 建成"四个一"的政务公开和政民互动体系

"一网"即市电子政务网络。建成覆盖全市172个单位（县区）的市级电子政务网络，包括政务外网和政务内网。其中，在政务外网部署了兰州市协同办公系统（短彩信平台、政务信息报送系统、移动办公系统、智能会议系统）、视频会议系统等应用；政务内网部署了常务会议系统、电子公文传输系统等应用。

"一站"即政府门户网站群。由1个主站和80个子站构成，已形成"统一平台、协调联动、资源共享"的运行模式，进一步强化了政务公开、政民互动、在线办事功能，已成为全市政务公开和政民互动的窗口。

"一卡"即兰州市民卡。兰州市民卡工程主要搭建政府公共服务、公用事业应用、金融应用和商业应用，已累计发卡约100万张，已实现银行借记、公共交通（公交车、出租车、自行车租赁、水上巴士）、卫生诊疗、图书借阅、虚拟养老院、水电暖燃气代缴费、商业小额支付等功能。

"一号"即民情通服务热线。将全市47部公共和生活服务电话整合于12345服务热线，让每一个生活在兰州和来到兰州的人，通过随时拨打12345民情通热线，都能享受周到的政务服务和生活服务，真正实现"12345，有事找政府"。

二 建成了"两个中心"的信息资源共享系统

即市数据中心、市政府应急指挥中心。市数据中心形成良好的政府信息资源共享机制，完成了人口库、法人库、宏观经济库、空间与地理信息库的设计、建库和数据入库工作，并已经开展部门之间的共享应用。市政府应急指挥中心建成了集视频监控系统、音控广播系统、电视墙及大屏幕显示系统、电视电话会议系统、网络通信系统、指挥调度中心保障系统、AV信号切换系统和中央控制系统为一体的便于统一指挥、调度的智能化指挥管理系统。

三 建成五个业务协同和信息惠民的支撑平台

即市级统一的办公系统平台、市政务信息资源共享交换平台、市三维数字社会服务管理系统平台、市级统一的行政审批和电子监察系统平台、市政务信息化应用云平台。办公系统平台已实现全市各部门公文流转、无纸化办公、数据的共享、办公资源整合；市政务信息资源共享交换平台全面整合市政府内各独立、分散的应用系统内数据，建立统一的政务信息资源处理和应用服务平台；市三维数字社会服务管理系统平台全国领先，该系统集"政务、事务、服务"

于一体，整合了十大民生服务系统，全市3县5区52个街道391个社区1482个网格以及市、区（县）各部门建成应用，加盟各类服务企业260多家。甘肃省14个市州已有5个市州建成三维数字社会服务管理系统，已在山东、山西、四川等9个省市自治区推广应用。行政审批和电子监察系统平台包括行政审批服务系统、网上政府大厅、综合电子监察系统、重大项目管理系统、行政服务投诉系统、行政服务投诉中心网站、民主评议系统、民主评议服务网站、业务梳理和事项管理系统、应用支撑系统和电子监察监控中心，共部署223个审批及处罚事项。市政务信息化应用云平台以购买公共服务方式，统筹建设政务信息化核心平台。

四　政务信息化稳步推进

完成了兰州市政务基础信息系统项目一期工程，全市电子政务内、外网已全部建成，政务外网共接入172家部门和8个县区。在政务网上部署了兰州市协同办公系统（含短彩信平台、政务信息报送系统、移动办公系统、常务会议系统等）、视频会议系统、公文传输系统、桌面软视频会议系统等系统。实现市级现有主要信息系统平台的联通和整合，基础行政办公的电子化和网络化，政务内网为全市153个部门内部收文、办文、发文和部门间的公文流转的自动化以及视频会议创造统一的信息平台和条件，提高无纸化办公水平，促进办公资源和办公系统的整合，实现文件等相关主要信息、数据的共享。建成行政审批和电子监察系统，部署了223个审批及处罚事项，实现了网上公示、网上申报、网上受理、网上办理。

五　数据中心建设初具规模

形成了良好的政府信息资源共享机制。依托兰州市政务信息化应用云平台及IDC机房网络链路服务完成了数据中心基础软硬件平台建设，完成了人口库、法人库、宏观经济库、空间与地理信息库的设计、建库及数据入库工作。其中人口库入库数据约1500万条，法人库入库数据约39.7万条，宏观经济库汇集兰州市近三年来374项指标数据，空间地理信息库入库城市四区1：500基础地理数据、五区三县1：2000、1：10000、1：50000、1：250000基础地理数据、专题数据、影像数据等。同时，还完成了人口、法人库数据空间化处理，空间地理信息城建坐标系、CGS2000坐标系两套坐标系在SUPERMAP、ARCGIS两套平台下共四套数据的配图、切图、服务发布。目前，四大库共占用存储空间5T。依据现有人口数据、空间与地理信息数据完成了人口主题示范应用功能开发，实现了基于地图的人口查询、人口数据统计、人口结构分析、人口分布分析等功能。全面完成数据中心信息资源门户、人口主题示范应用、领导辅助决策信息服务系统、数据中心共享交换平台、数据中心管理平台、数据中心监控平台的系统开发，为各部门和单位提供数据文件、数据库对接、接口查询等多种方式的数据交换模式，为政务信息资源共享提供了技术保障。

六　政府门户网站群系统建成应用

兰州市政府门户网站群系统，已形成"统一平台、协调联动、资源共享"的运行模式。

至2013年，已建成的1个主站和80个部门子站整体运行情况良好，不仅为全市打造"数字政府""阳光政府""网上政府"提供了保障，同时也大大节省了政府投资及人力成本。政务公开、在线办事、政民互动三大栏目得到网民普遍关注。全面加强网民留言办理及舆情信息工作，解决了一批网民关注和反映的问题，汇集了一批有价值的网民意见建议。据统计，仅2013年，共受理网民留言13000余条，回复率达90%以上。

七　全面实现了城市网格化管理的新模式

2013年，为进一步加强和创新社会管理，兰州市整合"五城联创"、污染治理等城市管理工作，全面推行了城市网格化管理，依托兰州市三维数字社会服务管理平台，以条块融合的扁平化网络管理为载体，深化和完善市、区、街道、社区、楼院分级负责的城市管理体制，将城市四区划分为49个一级网格、338个二级网格和1482个三级网格，通过加强对单元网格的部件和事件巡查，形成横向到边、纵向到底，不留空白、不留死角的城市网格化监管工作体系。小到个人焚烧垃圾，大到企业违规排污，在网格化管理构建的大巡防体系下，各类污染行为得到了及时的发现和制止。实现城市管理常态化、信息化、无缝隙、全覆盖，切实提升城市管理的科学化、规范化、精细化水平。

（兰州市数字城市建设办公室）

2013 年黑龙江省齐齐哈尔市
电子政务发展概况

2013 年，齐齐哈尔市电子政务工作紧紧围绕市委、市政府中心工作，认真落实电子政务"十二五"发展规划，以科学发展观为统领，以十八大精神为指针，以打造精品工程为中心，以服务经济社会发展、服务百姓生活为主线，依托市政府门户网站和电子政务应用，不断提升电子政务服务能力和水平，在 2013 年完成了多项建设成果，取得了历史性突破。

一 2013 年基本情况

齐齐哈尔市真正意义上的电子政务建设的起步是得益于 1999 年我国启动的"政府上网工程"。经过十多年的全力推进，已经得到纵深发展，形成各部门团结协作、密切配合的工作机制，营造出电子政务协调发展的良好环境。齐齐哈尔市信息中心作为齐齐哈尔市电子政务工作领导小组的日常办公机构，编制 35 人，领导职数 4 职（副处级 1 职、正科级 3 职），内设机构 5 个。根据信息化发展的需要，近年来信息中心的职能不断调整。"十二五"期间，齐齐哈尔市电子政务全面支撑政务部门履行职责，满足公共服务、社会管理、市场监管和宏观调控各项政务目标的需要，促进行政体制改革和服务型政府建设的作用更加显著。首先，电子政务基础设施初步完善。经过十多年的发展，建成了由市政府门户网站、OA 办公管理系统、电子政务外网、电子政务中心平台党政办公中心核心机房、政务服务中心等共同组成的较为完善的电子政务基础设施支撑体系，政府办公自动化程度逐渐提高。与此同时，九县（市）、七区均建立了政府网站，市直部门网站的数量也呈现逐年增加的趋势。这些发展成果表明，齐齐哈尔市的电子政务软硬件基础设施已经得到初步完善。政府网站建设稳步推进、管理水平得到很大提高。2013 年，我们在荣获全国地市优秀网站和信息公开优秀栏目奖项的基础上，又按照市委韩书记提出的"三集中、三到位"工作指示精神，突出便民服务，对齐齐哈尔市政府门户网站进行了再次改版。此次改版升级，是政府适应新时期电子政务和科技水平不断发展的新要求，是确保齐齐哈尔市政府门户网站更加便民、利企所采取的一项重要举措，我们把过去网站首页及一些老百姓最关心、最想看、想要办的 65 个栏目近千个事项整合为六大模块，制作成引导型的实用性网页，将便民服务事项清晰地展示给公众，使网站的适用性更强、服务性更好、便捷性更加突出。

二 2013 年重点工作

2013 年我们以"规范最佳，活力最大"为工作目标，规范管理、强化应用，电子政务应用能力显著增强。面对电子政务工作发展的新形势、新任务、新要求，以打造精品工程为中心，攻坚克难，圆满完成各项重点工作任务。

（一）政府网站的改版升级，调整完善情况

一直以来，我们始终坚持依靠信息中心自身力量储备进行网站建设和日常维护工作，从加强信息化战略的高度出发，精心组织建设，强化保障措施，在基础设施建设、网络平台搭建以及信息资源开发等方面获得了巨大突破。2013年，按照市委、市政府领导提出的便民利民、便捷适用要求，对齐齐哈尔市政府门户网站进行再次改版升级。此次改版升级，对推动政府办公网络化、智能化、数字化，打造服务型、阳光型、效能型和法制型政府具有十分重要的意义。使政府门户网站真正成为一个政府服务于企业、民众的交互式平台。

（二）OA办公系统的建设、运行情况

我们针对工作人员方便办公为切入点进行OA系统建设，并制订多项建设方案，通过自身技术力量提出便捷、高效开发构想，移动办公与PC办公相结合的新思路，根据组织机构、工作流程、人员权限等变化进行相应设置，形成结合工作动态、通知通告、审批功能、公文发布、工作交流、公示、工作载体、政务资料库、即时通信、呈报材料等10项主要工作为一体的OA办公系统。

（三）行政事业性收费平台建设情况

我们主要从两个系统着手建设。

一是行政事业性收费事项公开系统。该系统设置5个栏目。一是行政事业性收费项目。包括收费项目编码、收费项目名称、收费部门、收费依据、收费指南，以及被收费对象。二是经营服务性收费项目。与行政事业性收费项目所公开的事项相同。三是收费许可证查询。按照收费部门或收费项目进行查询相关的行政许可。四是收费结果公开。按照企业和个人两大类别，设有收费事项。五是收费举报。在收费平台设立收费举报口，与执法平台举报系统进行对接，实现了收费举报与执法举报的融合统一。

二是行政事业性收费系统。由于该系统涉及通信网络、收缴系统集成对接等技术难题，单凭市信息中心技术力量无法实现。我们与外包服务公司进行了几次深度对接，共同提出了方便、快捷、高效、安全，以及信息化程度高的系统建设方案，现已完成研发，通过测试，已达到预期的要求。

（四）行政执法检查（企业）申报系统建设情况

齐齐哈尔市实行行政执法检查（企业）活动审批制度是打造宽松的投资和发展环境所采取的重要举措。我们通过现代网络技术手段，进行开发，实现网上申报和审批。

（五）实现网上行政审批的互联互通

按照省委、省政府要求，实现行政审批网络化，全市行政审批上网单位共49家。信息中心配合市监察局、政务服务中心推广网上行政审批，在项目建设中提供技术支持，实现审批聚合页面，包括用户登录、审批查询、结果查询、办件统计等功能。

（六）电子政务培训工作情况

从完善体制机制入手，深化电子政务应用管理，大力开展培训工作，全面提升信息化建设水平。完成办公厅 OA、行政执法计划申报、办公自动化培训工作（电子传真、打印机、Word、Excel 表格等）及网站后台的使用培训。

（七）深化应用管理，制度体系逐步完备

为确保电子政务工作规范化、制度化，在原有网站管理制度、内容保障制度、信息员联络制度、网站网络与信息安全应急预案、工作人员职责、网站信息维护、管理工作规范及流程等各项制度和规定的基础上，2013 年还建立了《市政府网站信息保障工作先进单位考核评比制度》，制定、完善了《机房管理制度》《视频会议系统工作规范及制度》，并将各项制度的文件汇编成册，将岗位责任分工具体化，任务指标落实到人，实现了每项工作按照工作流程进行，逐级审批，确保各项工作提高度、上水平，使齐齐哈尔市电子政务进入制度化、规范化、科学化发展的新阶段。

三　2013 年度主要成果

（一）党政机关办公楼上网环境优化情况

2013 年我们从两个方面入手来进行党政机关办公楼上网优化。一是扩充网络带宽总出口，在原有的网通 100 兆光纤链路基础上新增加了电信 100 兆光纤链路。二是为了规范党政机关办公中心楼内上网行为，对机关网络增加了流控与分流设备，网速达到专线水平，上网速度得到大大提升。通过引进分流设备使原本承载不均衡的现象得到了有效解决。

（二）党政办公中心核心机房改造情况

2013 年党政办公中心核心机房改造标准按照核心机房建设的 7 级安全标准建设要求建设，参考标准机房建设情况，结合党政办公中心核心机房的实际，对核心机房进行消防系统、监控系统、空调系统、配电系统、设备区划分进行改造建设。

（三）2013 年所获荣誉奖项

一是在 2013 年 10 月 29 日由中国电子政务理事会主办的 2013·政府网站集约化建设与精品栏目管理经验交流大会上，荣获年度政府网站信息公开类精品栏目奖。是黑龙江省唯一获得全国精品栏目奖的地市级政府网站的城市。

二是齐齐哈尔市政府门户网站在 2013 年 12 月 6 日召开的中国智慧政府发展年会上，由中国社会科学院信息化研究中心与国脉互联政府网站评测研究中心联合主办的 2013 全国地级市政府门户网站绩效评估中排名第 75 名。齐齐哈尔市是黑龙江省地市级政府网站唯一进入前百名的城市。

从宏观上正确把握电子政务发展方向，在微观上全面落实电子政务建设管理措施，是齐齐哈尔市 2013 年电子政务进一步深化应用、全面推进阶段的着眼点和着力点，齐齐哈尔市

电子政务建设下步工作重点在于积极做好电子政务的应用推广和协调服务工作，努力形成各部门团结协作、密切配合的工作机制，营造出齐齐哈尔市电子政务全面协调发展的良好环境。

（齐齐哈尔市信息中心）

2013 年山西省长治市电子政务发展概况

　　长治位于山西省东南部，由于地处太行山之巅，地势较高，有"与天为党"之说，历史上称这里为上党，全市现辖 13 个县（市）区和一个高新技术开发区，总面积 13896 平方公里，总人口 340 万。近年来，在市委、市政府的高度重视下，长治市电子政务在基础设施建设、应用系统开发和政府网站推进等方面取得了明显成效。"中国长治"政府网站连续多年被评为中国优秀政府门户网站，先后获得了国家电子政务建设突出贡献奖、中国政府信息化应用推进奖等荣誉。长治市电子政务已成为提高政府行政效率、加强社会管理、提升公共服务能力的重要手段和载体，为推进全市经济和社会发展发挥了重要作用。

一　电子政务基础设施不断完善

　　长治市的电子政务建设起步于 2002 年，经过十余年的不断建设和完善，建成了全市统一的电子政务基础网络平台和数据中心。长治市电子政务网络平台主要包括电子政务内网和电子政务外网，政务内网、政务外网两个网络之间物理隔离，政务外网和互联网之间逻辑隔离。政务外网覆盖了市、县、乡三级政府，市直、县直有关部门，其中包括市委、市人大、市政协等部门，主要运行政务部门面向社会的专业性服务业务和不需要在内网上运行的业务。政务内网是内部办公的专用网络，覆盖了 13 个县市区及含高新区党委、政府，市委办公厅、市政府办公厅及市直 56 个相关部门，5 个市政务大厅分厅。电子政务基础设施的不断完善，为开展电子政务应用、推进资源共享打下了坚实的基础。

二　政府网站建设稳步推进

　　"中国长治"政府网站创建于 1999 年 7 月，是长治市政府及其部门在互联网上发布政务信息、提供在线服务、与公众互动交流的重要平台。多年来，网站坚持用户需求导向原则，采取多种有效措施，网站功能日趋完善，网站信息日益丰富。2013 年，"中国长治"政府网站发布信息 18757 条，较 2012 年提高 31%，全年点击量 700 万次。网站发布的信息被新浪网、搜狐网、凤凰网、中国经济网、网易等诸多主流媒体转载。在 2013 年全国政府网站绩效测评中，"中国长治"政府网在全国排名第 51 名，在全省排名第 2 名；网站的"在线访谈"栏目荣获电子政务理事会"2013 年政府网站精品栏目奖"。

　　2013 年，我们通过网站政民互动平台解决了老百姓最关心、最直接、最切实的许多诉

· 299 ·

求，群众的满意度越来越高，受到了广大网民的一致好评。2013 年，市长信箱共办结 1814 封，办结率达 95.8%；咨询投诉共办结 777 封，办结率达 95.3%；围绕市委、市政府中心工作和民生问题，共举办了 22 期在线访谈活动，先后有 153 位各级各部门领导和有关职能科室负责人参加访谈；举办了 2 期民意征集活动，充分发挥了会聚民智的重要作用。

"中国长治"政府网站整合服务领域资源，提升在线办事能力。2013 年，我们设置多种方式，按照领域和子领域为基础组织网站服务内容，整合不同部门的相关服务，围绕用户需求提供全面服务。同时分类整合相关政策文件、服务指南、表格下载、在线常见问题等资源，新增了 18 项重点业务服务能力的导航服务，方便了公众查阅和使用，使网站在线办事的实用性、全面性、便捷性和易用性得到较大提高。

2009～2013 年，我们对全市政府网站开展了绩效测评工作。通过采取日常监测和综合考评的方式，对各县市区和市直部门各政府网站的政府信息公开、办事服务、政民互动和日常维护管理等方面进行了测评，有力地推动了全市政府网站的建设和管理。

三　政府信息公开工作深入开展

2010 年，长治市明确了专门机构管理全市政府信息公开工作，确定了专门工作人员，将政府信息公开工作纳入了重要的日常工作。制定了长治市政府信息公开发布、审核、保密审查、考核、责任追究、澄清虚假或不完整信息等一系列制度。定制开发了政府信息公开管理系统（GIMS），为政府信息公开工作提供了有力的技术支持。市政府和市直 93 个政府信息公开主体单位共享一个平台，保障了政府信息公开目录的规范性。

四　电子政务应用广泛开展

（一）数字化城市管理

长治市数字化城市管理信息系统是按照住建部标准建设的基于计算机软硬件、网络环境，集成基础地理、单元网格、部件和事件、地理编码等多种数据资源，利用移动专线网络和城管通信息采集器等多种先进设备，通过多部门信息共享、协同工作，实现对城市市政工程设施、市政公用设施、市容环境与环境秩序监督管理的应用系统。长治市数字城管按照"一级监督、二级指挥"的模式运行。随着数字化城市管理领域的不断扩大，最终涵盖城管、市政、国土、规划、公安、消防、环保、园林、市容、民政等城市综合管理领域和社区综合治理等领域，构成"大城管"格局。

（二）网格化社会管理服务信息平台

长治市城区坚持以党建引领社会管理服务创新、以信息化提升社会管理服务效能，精心打造了集党的建设、社会管理和公共服务"三位一体"网格化社会管理服务信息平台。平台纵向贯穿区、街道、社区、单元网格四级管理服务网络，横向链接各单位内部办公系统。将辖区划分为 532 个单元网格，组建了网格管理服务团队，建立了管理服务信息即时采集、传输、反馈的运行机制，网上预约和呼叫、线下服务和配送相呼应的服务机制，引导居民积极参与城市管理，享受高效便捷的公共服务，初步构建起了"党建引领、平台支撑、三位一体、开放互动"的基层社会管理服务新模式。

（三）人口和家庭服务平台

人口和家庭服务平台整合了长治市全员人口服务管理数据库，并对全员人口个案信息分析处理转变为以家庭为单元的信息，根据家庭的不同需求进行服务管理。

（四）行政审批及电子监察系统

长治市行政审批电子监察系统，采用"厅网结合"模式，以市政务大厅为中心，覆盖市直38个行政审批职能部门、5个专业分厅、13个县市区和高新区政务大厅的应用系统。业务办理平台按照"一口受理、资源共享、内外结合、协同办理"原则，实行外网受理、内网办理、外网公布办理流程与办理结果的运行模式。电子监察平台对行政审批进行现场实时、全过程监督。公众服务平台提供了网上申报、网上查询、办事指南、表格下载、咨询投诉和结果公示等服务。

（五）长治公安便民服务在线

长治公安便民服务在线是在全市公安机关部署建设的统一标准、统一规范要求、上下互通的综合性便民服务平台。平台集亲民热线、短信平台、互联网门户网站、3G手机版四位一体，由信息发布、业务办理、交流互动、考核评测四大板块组成，能够实现174项与人民群众密切相关的公安业务的网上办理，真正实现了让人民群众"足不出户就能了解办事流程，打开电脑就能表达意愿诉求，鼠标一点就能办理相关业务"。

（六）社保一卡通

长治市在构建市、县、乡三级计算机通信网络基础上，完成了社保数据的市级集中和基金市级统筹，实现了社保卡医保结算、信息查询、金融功能、异地结算及跨区使用的"一卡通"功能。长治市智慧社保的建设目标为数据一体化、经办一体化、管理一体化和服务一体化。作为智慧城市的一部分，还将与公安、民政、卫生、工商等涉及民生的各个领域进行扩展和对接。

（七）数字城市地理空间框架

长治市围绕"高起点规划城市、高标准建设城市"总体要求，着力构建数字长治地理空间框架，力求实现全市地理信息资源的科学合理开发利用与共建共享，建成统一、权威、标准的长治市地理信息公共平台。数字长治地理空间框架建设内容主要包括长治市基础地理信息数据库建设、地理信息公共平台建设、典型应用示范系统建设等。

五　智慧城市建设迈出新步伐

2012年4月长治市政府和浪潮集团签署了关于建设"智慧长治"和"长治云计算中心"的框架协议。双方立足政府信息化、企业信息化等应用领域，以打造信息资源中心为目标，促进长治云计算产业、智慧政府、软件产业的发展。同时立足实际，制定了《"智慧长治"行动计划（2013～2015年）》并通过了专家论证。同时对齐齐哈尔市物联网发展情况进行了调研，按照国家、省有关文件精神，完成了《长治市关于推进物联网发展的实施意见》。

（长治市人民政府信息中心）

2013年山西省晋城市电子政务发展概况

一　政府信息公开多样化

2013年，认真贯彻《中华人民共和国政府信息公开条例》《关于深化政务公开加强政务服务的意见》有关精神，共发布各类政务信息9780条。

利用新平台进行信息公开，开通了"晋城在线"新浪微博和人民网微博，分别发布930条和830条微博；利用二维码信息量大、方便实用的特点开展晋城在线系列网上应用，逐步形成常态；推出无障碍浏览版本，使政府信息传播更加可视、可读、可感；得到了百度官方认证和安全联盟的加V认证。

11月底，晋城市官方政务微博"@晋城发布"上线，暂设了早安晋城、晋城新闻、醉美晋城、便民信息、实用百科、晚安晋城六个栏目。首期开通政务微博的有28个单位。截至12月，"@晋城发布"更新100多条微博，拥有粉丝586个，被关注104个。"@晋城发布"的开通大大拓宽了政府与百姓沟通的渠道，密切了党和群众的联系。

二　政府网站建设取得新成绩

自主采编质量提高。自主采编文字稿件2629篇，发布综合性文章、评论员文章73条，发布图片7737幅，制作外网视频新闻149条；政民互动更加多样。组织"争先综改·竞逐中原"知识竞赛等线上活动56个；在便民服务方面，开通2013晋城中考成绩查询等17个，疾病预报、公交线路查询等极大地保障了公众的知情权，住房公积金、个人医疗保险等服务，公众即时查询与自己密切相关的各项数据；"晋城在线"点击量达2206654225次，日均点击量600万～700万人次。"晋城在线"所发布的2358条信息被新华网、人民网和山西省人民政府门户网站等诸多主流媒体转载。2013年"网上活动"栏目被评为2013年政府网站政民互动精品栏目。

三　市长热线办理取得新实效

2013年，市长热线继续本着"便民、利民、为民"的工作宗旨，积极主动开展各项工作。强化业务培训，对日常工作进行规范化管理，严格落实值班制度，保证市长热线网络咨询平台畅通无阻。每月按时通报《12345市长热线运行情况》，认真承办省长电子邮箱转办事项。全年，12345市长热线累计受理来电52834件，办结率99.94%。

四　规范项目建设节约财政资金

2013年，本着高效集约、资源共享的原则，审核推进市财政局专家语音抽取系统和中介代理机构抽取系统、市外宣办开设晋城官方政务微博项目、市文联"晋城文艺网"建设、审计局工程造价软件的采购和审计信息系统、市统一电子政务云服务平台、市文广新局正版软件采购、市财政高清视频会议系统、文体宫数字图书馆建设、市民政局低收入家庭经济状况核对系统、市医保中心医疗生育保险基金财务管理信息系统、住房公积金综合业务信息系统、中小企业公共服务平台、职业技术学院购买图书业务管理系统软件、市水务局山洪灾害防治监测预警指挥系统、市发改委视频会议系统等信息化建设项目，以项目建设规范和大力推动各部门信息化发展。

五　云平台研究应用取得新成果

通过对虚拟化技术的使用和应用部署测试，从现有硬件资源和应用出发，以信息安全共享为出发点和落脚点，以信息共享、提升服务、优化投资为目标，采用云平台技术，集成存储和备份解决方案，高起点设计，高标准建设市、县、乡统一的电子政务集约型资源池（IAAS）、共享平台（PAAS）、创新服务（SAAS）三个云计算服务，全市电子政务云服务平台基本实现了资源池的集约化管理、数据备份的双活机制和资源池的分级调试管理。2013年11月，在中国城市信息化发展大会暨典型案例推介活动上，《栖凤云——打造晋城统一云服务平台》案例获得"2013年中国城市信息化发展大会服务典型创新案例奖"。

六　各部门信息化水平大幅提升

财政信息化建设进一步推进。一是财政一体化业务应用系统投入使用，财政预算、资金清算、指标管理、账务管理、工资管理、预算执行管理等更加科学规范和便捷，大大提高了行政效率。二是财政决策预警分析系统投入使用。三是为促进政府采购工作公开、公平、公正和规范化进行，提高政府采购工作效率，采购了专家语音抽取系统和中介代理机构抽取系统。四是建设了高清视频会议系统，市级视频会议分会场主导市县财政视频会议系统主干网络和会议终端建设，实现与省、县（市、区）连接，实现影音视频（高清）及双流数据双向传输；还可以利用高清视频会议系统，开展财政系统业务培训、应急处理等工作，可以节约会议开支，提高工作效率。

审计信息化稳步推进。一是采购了工程造价软件，解决了招投标环境下的工程计价、招投标业务问题，使计价更高效、招标更便捷，投标更安全；二是建设了审计信息系统，复用审计署联网审计平台，初步搭建数字化审计分析平台，包括财政组织预算执行审计、社保审计两个行业的数字化审计分析应用；三是构建财政组织预算执行审计数据库和社保五险审计数据库，为数字化审计分析应用提供数据支撑，进一步提升了审计监督履职能力。

民生保障信息化增强。一是建设了晋城市低收入家庭经济状况核对平台。将实现居民家庭经济收入及财产信息跨部门共享、网上低保审批功能、社会医疗救助信息化管理。有助于准确核算和掌握申请社会救助对象的家庭收入和财产状况，更好地认定救助对象，实现了社会救助制度的公开、公正、公平。二是建立了医疗生育保险基金财务管理信息系统。实现了医疗保险基金财务管理的全过程信息化，有助于进一步提高晋城市医疗生育保险服务水平，加强保险基金管理和监督。三是实施了住房公积金综合管理信息系统。搭建集中统一、分层互联、安全高效的网络体系；重构和优化住房公积金各业务子系统的业务处理模式，将有效建立规范的业务管理体系、有效的住房公积金监管体系和科学的分析决策体系；规范住房公积金管理，提高住房公积金管理水平，保证资金的安全。四是社会保障数据中心扩容改造完成，为各项社会保障业务应用提供了安全快捷的技术支撑环境。

文化事业信息化逐步推进。一是建设了"晋城文艺网"。对于树立晋城市文化品牌，弘扬现代文学艺术正气，锻造文学艺术队伍，繁荣文学艺术活动起了很好的作用；二是文体宫建立了数字图书馆。为公众提供信息检索、查询和阅览等信息服务，增强了公共文化服务能力，推动了文化惠民工程的建设；三是推动了正版软件的使用。本着有用必正版的原则，在充分调研的基础上，采购了一批正版软件，肃清了盗版风气，保护了知识产权。

七　区域信息化整体推进

（一）县（市、区）各具特色

高平市政务网络建设和应用突出。①重新构建电子政务网络。在原有的基础上，对电子政务网络进行了重新构建，将原来所联网单位线路由单线增加为双线，网络带宽增至千兆。扩大了网络规模，提升了网络质量，目前电子政务平台已覆盖全市48个部门16个乡镇434个行政村和29个社区，初步形成了高平市电子政务城域网，为下一步开展电子政务应用奠定了网络基础。②政务网络应用情况良好。投资800余万元，依照国家试点要求并结合高平电子政务发展规划精心筹划、周密部署，建设了政府信息公开系统、政务服务办理系统、电子监察系统，政府门户网站和政务短信平台，实现了与山西省电子监察网及晋城市惩防体系信息网的顺利对接，形成了外网受理、内网办理、外网反馈，逐步形成了电子政务服务体系和电子监察体系。高平市在中国社会科学院信息化研究中心与国脉互联政府网站评测研究中心对全国试点县政府网站绩效评估中名列前茅；2013年5月11日省纪委副书记、监察厅厅长冯改朵对高平市电子政务公开和政务服务调研后也给予了高度评价。

阳城县机构调整顺利，制度逐步健全。为加大政府网站建设力度，阳城县委、县政府于2012年底将信息中心升格为正科级事业单位，由县政府办公室管理。根据工作需要，及时招聘了高素质的专业人才，积极开展了网站管理、硬件维护、新闻写作等方面的培训工作，并结合工作实际新制定了《信息中心工作职责》《信息中心岗位职责》《网络舆情监测处置流程》《信息发布流程》《信息报送考核办法》等规章制度，确保了各项工作的有序展开。

陵川县加强了信息化建设规范，建立了信息员制度，并对信息公开情况进行督察考核。

为推进陵川县信息化建设，先后修订完善了《陵川人民政府公众信息网站管理办法》《陵川县互联网网络安全应急预案》和《陵川县网络与信息安全突发事件应急预案》等文件。同时，要求各单位明确信息化工作负责领导和信息员，建立适合本单位的内容保障机制，县信息化管理办公室同政府办信息督查科对各乡镇、各单位信息报送和政府信息公开情况进行统计并公开通报，并纳入了各单位的年度绩效考核。有力地促进了陵川县信息化建设和政府信息公开力度。

（二）各县（市、区）共性情况

各县（市、区）政府网站建设水平稳步提升。2013 年，各县（市、区）进一步规范了网站建设，对网站内容进行了不断充实和改进，不断加强信息公开和政民互动栏目的建设，加强信息化队伍建设，注重网络与信息安全工作，为各县（市、区）的经济发展和社会建设创造了良好的舆论氛围。

（山西省晋城市信息中心）

2013 年浙江省温州市电子政务发展概况

2013 年，温州市认真贯彻落实浙江省电子政务发展"十二五"规划，不断深化、完善电子政务应用和公共服务能力，着力提高电子政务公共基础设施建设和运维水平，扎实推进一批电子政务项目，各项工作取得有效进展。在 2013 年中国社会科学院信息化研究中心、国脉互联政府网站评测研究中心组织的全国政府网站绩效评估中，温州市政府门户网站获得地级市排名第三的成绩，并获得"政府透明度领先奖""服务创新奖"。

一　扎实推进电子政务基础设施建设

（一）注重电子政务网络基础平台建设

对电子政务外网核心设备进行双机热备，消除单点故障隐患，进一步提高网络的可靠性和稳定性；实施电子政务内网的骨干网络迁移升级，优化网络架构，提升网络平台的性能和可靠性；部署 IT 运维管理平台，实现外网骨干设备的实时监控，提升网络管理的规范化和自动化水平。

（二）加强虚拟化、云计算技术应用

通过整合、扩展、完善现有的虚拟化平台，提升了整体性能与服务能力；配合经信、国资等部门完成电子政务云平台的调试运行，并投入试运行；大力推行虚拟化平台和云平台的共享与应用，实现集约化发展。20 多个单位近 90 个应用系统在平台上投入使用，有效降低了电子政务建设和运维的成本。

· 305 ·

二　全力抓好政府门户网站建设

（一）加强内容保障工作

着眼于为公众提供有用的政务信息，把原创信息的搜集、整理、制作、发布作为重要工作来抓。网站编辑部坚持网站每日更新制度，全年发布各类信息3万多条，并策划制作扶工兴贸、"六城九市"联创、2013破难攻坚大行动、振兴温州实体经济等多个专题。重视录用部门、县（市、区）提供的原创信息，提高他们的工作积极性。由于政府网站原创信息具有独创性，是地方新闻媒体所欠缺的，具有"核心竞争力"，每天浏览政府网站成了许多市民的习惯。由于网站竞争力的提升，其影响力也逐步增强，近两年，本网站的访问量一直居浙江省前列。

（二）加强网上办事大厅建设

建立网上市民服务中心和企业办事大厅，通过对政府各部门和公共企事业单位的服务资源进行全面梳理整合，推出了证照办理、教育培训、医疗卫生、社会保障等11个与群众生活密切相关的主题服务，围绕企业登记注册、生产经营等方面的主要事项，加快推行网上审批。截至目前，市级各部门的重要行政审批业务100%在网上提供办事指南、表格下载和业务咨询服务，其中639个审批事项实现网上申报和结果反馈功能。

（三）加强政民互动建设

网站注重加强互动栏目建设，丰富互动交流方式，为公众表达诉求、参与政务创造条件；收集舆情民意，为领导决策提供重要参考依据。比如通过"市长信箱"系统，受理群众投诉、咨询和建议；围绕政府重大决策以及与公众利益密切相关的事项，开展意见征集、网上调查、网上评议，征集公众的意见和建议；在市领导和部门"一把手"接听群众电话时同步开通在线访谈；等等。全年推出公交站点、"十大民生工程"满意度等网上调查16次，开展各类意见征集11次，连续3年开展"开门写报告——我为政府工作建言献策"活动，面向全市人民征集关于政府工作的意见和建议，受到了社会各界的极大反响，切实发挥"问计于民"平台的作用。

（四）推出政府微门户

依托温州市政府门户网站，利用移动互联网、云计算等新技术，建立起以手机、智能终端为载体的政府微门户，为公众提供随身的智能化政务服务，建立起线上与线下联动的政府服务格局。"中国温州"微门户目前提供政务公开、今日温州、网上办事、公共服务、互动交流和生活助手等八大类、59个子栏目服务信息，"场景式办事大厅"开设了户籍办理、学校教育、婚姻登记等七类常用事项的导航式服务，开通两个月下载使用的用户数达8500多人。此外，微门户中建立消息中心，通过手机终端，及时主动发送政务信息和公共服务类信息，应用广场嵌入了温州本地各类公共服务应用程序，如公共自行车、温州交警等。

（五）改版英文版网站

针对外文版语种单一、信息更新迟缓、在线服务功能不强和互动不足等问题，启动外文版改版工作，提升网站国际化水平。①网站框架更合理。新版外文版网站以 WENZHOU INFO、OUR GOVERNMENT、CITY NEWS、COMMUNITY SERVICES、BUSINESS、TOURISM 等为主要栏目版块，同时加入了 JUST FOR YOU，INTERACT，Q&A 等服务性、互动性的辅助栏目版块，使得网站整体框架更加系统和清晰。②网站内容进一步完善。对所有栏目内容进行了整理，注重搜集实用和贴近生活的信息。比如 COMMUNITY SERVICES 栏目，包含了 HOSIPITALS、LIBRARIES、TELECOMMUNICATION、FITNESS、POST OFFICE、LAUNDRY、LANGUAGE SERVICE、TRANSPORT AND ROUTES 等生活资讯信息。③在线互动有所加强。网站增加了 JUST FOR YOU，INTERACT，Q&A 等栏目。"JUST FOR YOU"栏目按照不同角色的需要，为 RESIDENTS、INVESTORS 和 VISITORS 提供相应的公共服务信息。"INTERACT"栏目主要发布最新的市长专线接听和党政"一把手"网络访谈活动的通知信息。"Q&A"栏目则为外籍人士在线咨询提供平台。

（六）增加无障碍访问功能

无障碍网站是为盲人、视力有障碍人群、认知能力有障碍的残疾人和老年人利用互联网方便、快捷、准确地获取网站上的信息和服务内容，保障特殊群体的权益，促进残疾人"平等、参与、共享"网上服务资源的网站。2013 年，我们加入了由中国互联网协会和中国残疾人福利基金会等部门主办的，以"构建美丽信息中国，共享和谐信息文明"为主题的"美丽中国——2013 中国政务信息化无障碍公益行动"。通过搭建 Web 无障碍云框架，为市政府门户网站以及部门子站提供全面的信息无障碍支撑服务，使网页实现信息全程语音播报、颜色和字体等多样式的输出方式，键盘和语音等多通道的输入方式，给特殊群体用户浏览网站带来更好的体验。无障碍服务体现了信息化全覆盖的建设理念，为营造信息与交流无障碍环境，树立良好的政府形象，提高网站公共服务能力起到了重要的推动作用。

三　深入推进电子政务各项应用

（一）完善市级机关协同办公平台

温州市机关协同办公系统由市政府办公室牵头建设，该系统作为市四套班子、市各部门实现电子公文交换及办公自动化应用的公共平台，为各级公务人员办文、办会和办事提供了一个网络化的工作环境。通过近年来的不断推广，OA 系统在市级机关中得到了广泛应用。目前系统的注册用户数为 4800 人。协同办公系统的建立，大大提高了机关公文传输和工作沟通效率，促进了办公信息资源的共享程度。据统计，通过电子公文系统发送的各类公文、信息、简报、文档等累计达 20 万余条，系统中的共享文件库、综合材料库、共享信息库积累的信息达 12 万多条。

（二）建设政府部门共建共享数据库平台

针对政府各部门之间数据共享难、数字化不足等问题，建立政府部门数据共建共享平台。平台主要有数据采集整合、信息发布和数据共享等三大功能，整合统计、发改、经信、工商、海关等19个单位100多类统计数据，是部门数据联网直报、查询共享的综合性平台。平台建成后，不但所有参与共建单位将深受数据整合后的好处，如统计局通过共享分析其他部门直报数据，提高了GDP数据核算质量，同时有助于"用数据说话，用数据决策"，为市委、市政府做好温州经济形势分析与预判提供有力的支持。

四 抓好电子政务网络运维工作

加强电子政务网络的日常运维，全力保障网络平台的正常运转，全年累计处理各类网络故障和安全隐患500多次。继续抓好电子政务网络的延伸工作，协助30多个部门完成电子政务内、外网的接入或迁移工作，基本上实现了电子政务外网市、县、乡镇（街道）三级的全覆盖，电子政务内网的覆盖范围也逐步扩大，为各部门业务系统的推广提供网络支撑。继续做好视频会议系统的建设运维工作，逐步扩大视频会议系统的覆盖范围，2013年新增接入部门10个。

五 强化电子政务安全体系建设

按照省信息中心的部署要求，启动电子政务内、外网安全技术防护工作，着力完善终端接入认证、主机防护、审计和统一管理等安全防护措施，加强入网用户管理，确保网络信息安全。开展信息和网络安全自查工作，聘请第三方技术服务公司对门户网站、OA等重要信息系统进行漏洞扫描和风险评估，及时发现安全隐患，确保信息和网络安全。完善应急处置预案，开展网络故障应急演练，熟悉应急处置流程，提高应对网络突发故障的处理能力。升级备份系统，实行重要信息系统和重要数据的定期自动备份，确保数据安全。完善和修订日常管理工作制度，着重抓好各项工作制度的落实，使日常管理工作更为规范，有章可循。

（温州市电子政务中心）

2013年福建省南平市电子政务发展概况

2013年是南平市电子政务快速发展的一年，也是开展智慧城市建设的关键年。2013年南平市获批住建部首批国家智慧城市试点城市，成为福建省内首家以设区市为单位的试点城市。南平市紧紧围绕智慧城市发展战略，继续加快电子政务建设，推动市县电子政务一体化进程，有力促进了南平信息化健康发展。

一　2013 年南平市电子政务建设基本情况

为加强南平市信息化建设，2011 年 2 月整合相关部门信息产业、信息服务业、电子政务、政府信息公开等方面的职能，成立南平市信息化局，并加挂"数字南平建设领导小组办公室"牌子。南平市电子政务的组织、协调、建设和推进工作由市信息化局承担。

南平市的电子政务建设实行"五统一"建设机制，即统一的网络、统一的机房、统一的数据中心、统一的政府网站、统一的政务协同办公系统，统一建设模式打造之下的电子政务支撑平台更趋完善。2013 年，市本级政务信息网接入单位基本覆盖全市副处级以上单位，达到 226 家；政务外网贯通了与福建省电子政务外网和国家电子政务外网的互联。完整的网络架构为各类信息系统的应用提供了良好条件，信息化对政务活动的覆盖面不断扩大，基于电子政务内、外网的应用超过 50 项。

二　2013 年重点工作

（一）积极开展智慧南平顶层设计工作

作为国家住房和城乡建设部首批智慧城市试点，南平市积极开展智慧城市顶层设计工作，主要体现在健全组织机构、完善政策法规、编制规划要点、进行项目策划、实施项目监督、积极筹资融资等方面。

（二）电子政务网络体系持续提升

（1）进一步优化电子政务机房与政务信息网布局。根据政务信息网规模的扩容需求，积极采取各项措施加强政务信息网运维保障工作。一是优化升级政务网横向骨干网，保证了网络运行的稳定性和可靠性。二是分流政务网接入节点，减轻旧机房的压力。三是开通政务网运维热线，并实行 7×24 小时值班制。

（2）进一步规范政务外网的管理。一是健全管理制度。制定完善《南平市政务外网管理暂行办法》《南平市数据中心管理制度》等，进一步规范数据中心和政务外网接入管理，并印发了《2013 年度南平市电子政务绩效考核保障方案》，推动县级横向政务外网建设工作。二是加强 IP 地址规划。对全市 160 多家市直单位的政务外网 IP 地址进行统一规划，方便今后 IP 资源的分配管理。三是提高网络安全防护水平。检测加固现有的信息安全设备，优化安全策略，提升安全设备性能。

（三）有力推进重点项目建设进展

一是先进的市县统一政务协同办公系统进一步推广，有效提高办公效率。二是建立数字城市管理信息系统，加快城市精细化管理。三是积极推进警务信息化建设，促进城市安全管理。四是建立餐饮食品电子台账监管系统，加强食品安全监管。五是建立重大危险源监控与应急救援信息系统，加强安全生产监督管理。六是建立"卫生云平台"，实现医疗卫生城乡一体化。七是推进"班班通"信息化建设。八是建立 12345 政务服务平台，解决群众投诉难问题。九是建立市县网上行政执法平台，阳光执法工作进一步深化。十是实现南平主城区及部分县市用电信息智能化全采集。

（四）着力提高信息资源共享水平

在建成人口、法人基础数据库的基础上，进一步加强基础数据库建设。一是建立了基础地理信息库。完成基础地理信息库建设，并形成了包含 1:100 万、1:25 万、1:50000、1:10000、1:5000 以及 1:2000 、1:1000 、1:500 等多尺度的基础地理信息。二是建立了电子证照资源共享库。将政府部门形成的具有法律效力的各类证件、执照、批文电子化，统一建档，供政府部门和社会共享使用。三是建立了第三方涉税信息库。为进一步加强对各类涉税信息的分析利用、堵塞税收流失漏洞、增加财政收入、规范税收秩序、促进公平税负提供了新的手段。

（五）不断深化政府网站建设

在"中国南平"网站获得"2012 中国政府网站绩效评估地市级第四名""2012 年度中国政府网站领先奖"的基础上，南平市不断探索、深化和完善网站功能。一是加强网站专题专栏建设；二是优化网站办事指南体验，为市民提供更加方便易用的网上办事渠道；三是加强网站互动栏目建设；四是运用新技术提升网站用户体验；五是整合网站资源，优化网站表现形式。使网站向"一站通"方向又迈出了坚实的一步。

（六）进一步健全电子政务考核机制

2013 年先后制定下发《南平市人民政府办公室关于印发全市政府系统办公室工作考评细则的通知》《南平市效能办关于印发 2013 年县（市、区）政府绩效管理专项督查工作方案的通知》和《南平市政府办南平市效能办南平市数字办关于印发 2013 年度南平市电子政务绩效考核保障方案的通知》等文件，将"视频会议保障""政府门户网站""政府信息公开""办公协同系统""县级网上行政执法平台建设""电子政务外网建设"等信息化工作列入市政府对市直部门和县（市、区）绩效考核内容进行督察考评，有力地推进了市县电子政务共同发展。

三　主要成果

（一）2013 年智慧南平建设初见成效

2013 年共完成投资 3.75 亿元，创历年信息化基础设施投资之最。智慧应用进一步多元化。多个项目通过验收或投入运行。

（二）电子政务"五统一"建设模式取得突破

南平市的电子政务"五统一"建设模式，通过近年持续不断地推进，2013 年在四个方面取得了重大突破。一是在"网络资源共享"上实现突破。按"纵向到底、横向到边"的要求，建立和完善了覆盖市、县、乡、村四级电子政务内、外网，并要求各级政务部门不再重新铺设独立的网络线路，已建专网逐步整合到外网或内网上。二是在"信息平台共享"上实现突破。建立统一的数据中心，为各部门提供统一的数据处理、数据存储、信息交换、信息发布、运行维护、冗灾备份、信息安全等功能齐全的综合性技术支持，并规定新建项目原则上不再重复投资有关安全、存储、备份、网管等方面的建设。三是在"机房共享"上实现突破。建立统一的机房，为各部门统一提供信息系统所需的物理环境，并要求各部门原则上不再建新机房，已建的部门数据机房要逐步整合到统一机房内。四是在"数据库资源共享"上实现突破。建立统一的办公业务资源数据库、网站信息资源数据库，实行全市办公业务数据和网站信息大集中。

（三）信息系统应用的经济和社会效益明显

2013年3月，省效能与绩效核查组评价南平市"电子政务建设成效显著"，总分全省排名第四。同时，在工业和信息化部确定的59个"首批基于云计算的电子政务公共平台建设和应用试点示范地区"中，南平市和所辖建阳市、武夷山市被列为首批试点，试点数量在全省居前。

2013年，通过"第三方涉税信息系统"，在医药定点单位医保收入上，补申报销售收入5028万元，查补增值税215万元；在土地转让上，补转让收入385万元，弥补企业亏损216万元；在工商股权转让上，补申报收入6140万元，补缴企业所得税821万元。"12345政务服务热线"，多渠道倾听民意、了解民情，8月开通以来，收到公众来信714件，办结618件，解决群众投诉难问题，同时降低信访局到访接待数量。全面推广视频会议系统，变"要我用"为"我要用"，2013年召开大型视频会议超过110场，年节约会议成本数百万元。加强网上行政审批系统应用，2013年累计受理42969件，累计办结51243件，进一步优化了投资软环境。在市、县、乡三级全面推广"南平市县统一政务协同办公系统"，截至2013年底，用户数6013户，接入单位815个，有效提高了行政办公效率。

2013年11月荣获亚太地区城市信息化合作办公室颁发的"2013中国智慧城市推进杰出成就奖"，南平市的政府门户网站在由中国软件评测中心举办的全国政府网站绩效评估中连续四年在全国300个地市中位居前十，2013年获得全国第5名，南平市县统一政务协同办公系统项目获得南平市2012年度科技进步二等奖。

（福建省南平市信息化局）

2013年江西省上饶市电子政务发展概况

2013年，上饶市电子政务工作围绕全市经济社会发展，夯实网络基础，积极推进网上公开、网上服务、网上办公、网上审批、网上监察等各项电子政务应用，为全市提高机关工作时效，促进廉政建设，提高公共服务能力，节省财政开支发挥了积极的作用。

一　发展概况

（一）以强化职能为基础，加强了电子政务管理

为统筹管理和维护全市的电子政务工作，上饶市人民政府电子政务工作办公室4月18

日更名为中共上饶市委、上饶市人民政府电子政务办公室。6月份召开了全市政府网站建设工作会议，部署了全市政府网站工作。制定了《上饶市政务网"乡乡通"管理办法》，在全省首先规范了"乡乡通"管理，得到江西省信息中心领导的高度肯定。

（二）以"乡乡通"工程为重点，进一步巩固了网络基础

抓好政务网"乡乡通"建设工作。对全市"乡乡通"工程部分线路进行了整改和铺设，并对乡镇的样板机房进行了检查，6月份政务网乡乡通工程的联网工作全部完成，共联网232个乡镇（街道、林场），建设了24个样板机房。2013年12月27日，在鄱阳县召开了全市"乡乡通"应用现场会，鄱阳县、信州区、铅山县分别做了典型发言，有效地推进了全市"乡乡通"的应用。按照江西省信息中心的布置，完成了部分条管单位的全市政务信息网的横向联网工作。

（三）以网站内容保障为中心，进一步强化了网站建设

一是增强了公共服务功能。8月份开通了公共企事业信息公开平台，共有单位48个，公开信息1740条。二是增强了政民互动能力。成功进行了12期视频和图文直播的"在线访谈"；市长信箱受理咨询投诉6521件。三是狠抓了信息公开。截至2013年12月31日，全市政府网站主动公开信息235185条，其中"中国上饶"网站总共主动公开信息45335条。四是做好网站各栏目信息上传的工作。共上传首页信息36236条，条幅14条，专题栏目11个。五是做好"中国上饶"政府网站内容日常监测的工作，对存在的问题及时向市直单位下发整改工作单，全年共发工作单223个，纠正问题578个。

（四）以无纸化办公为核心，进一步加大了网上办公与应用的力度

1. 进一步完善了网上行政办公系统的功能

一是对网上办公系统进行了升级改造。能够兼容微软、WPS、中标办公系统和IE8浏览器。二是对移动办公平台进行技术的升级，完善了MOA的功能，既有手机版的系统，也有平板电脑版的系统。三是进行了电子印章建设，在全市推广使用电子印章，加快了无纸化办公进程。目前市委市政府各部门及多数县（市、区）都在网上办公系统中发送和接收会议通知的比例明显增多，发送通知量比2012年同期增加了3倍。

2. 认真保障了政务视频会议的召开

全年已保障政务视频会议96次，为提高工作效率、节约会务开支、节能减排做出了贡献。

3. 积极开展了电子政务应用，做好技术支撑和服务

搭建了一个平台：采用虚拟化技术，利用现有的网络、设备、机房等信息化资源部署建设了上饶市统一监察平台。目前已先行部署了行政审批、公共资源交易、阳光医药三项业务系统的电子监察。

构建了两个系统：一是建设了公共资源网上交易系统。目前已实现房建及市政工程招投标、交通工程招投标、水利工程招投标、政府采购等4个行业业务流程电子化。二是建设了全市电子印章和CA认证系统。目前已覆盖了市、县、乡三级全部政务部门。

强化了三个服务：一是做好区域卫生信息平台与统一电子监察平台数据对接工作；二是

审核了上饶市国土资源局的电子政务平台、"一张图"和综合监管平台、数据库中心机房和市公共交通有限责任公司的公交车监控调度指挥系统等项目的建设方案；三是为上饶市纪委案审室的办案信息支撑系统，市财政局票据管理信息系统，市政协网上提案系统、市法制办规范性文件备案系统，市委办领导外出管理系统提供了技术支撑。

（五）以"行政中心智能化系统"为核心，进一步加强了部门智能化建设和网络维护工作

一是做好了政务网络和行政中心智能化维护和外包工作。一年来，共处理网络、设备等故障150多次。二是对广信大厦、地税局、国土局、环保局、交通局、广丰行政中心等单位大楼智能化方案进行了技术审核。三是对上饶市政府办公厅的网络和电脑进行了保密改造，做到在保密的前提下进行日常文书处理。四是配合机关事务管理局完成了新的一卡通建设。

二　存在的问题

一是政府网站信息公开的质量不高。没有真正把上级要求的、社会公众最关注的信息公开出来，在线服务功能薄弱。二是网上审批和电子监察系统的使用不够广泛。还没有做到100%的单位使用网上审批。三是内部网上行政办公推进缓慢，许多很好的功能没有发挥作用。

三　下步工作重点

（一）抓紧重点系统建设

启动创建信息惠民国家示范城市工作；做好国家物联网重大应用示范工程区域试点工作；建设全市综合治税信息共享平台；做好公共资源网上交易和统一电子监察平台向县级延伸部署指导。

（二）完善政务信息网络内外网建设

重点做好全市政务信息网乡乡通工程的建设、维护和管理工作，做好推进各项系统的上线应用。完善内网平台建设。规范网络连接，整合网络资源，建设各类部署在内网上的应用系统。认真做好广信大厦的智能化建设，为全市党政部门单位提供良好的电子政务工作环境。

（三）着力推进"五大网上应用"

1. 推进网上办公

进一步推进各单位的网上内部办公，实现单位内部的无纸化办公；启用电子印章，实现单位之间的公文流转；全面推进手机移动办公（MOA）工作。

2. 推进网上公开

全面改版政府网站，建设"在线访谈室"，开发上线"在线访谈"直播系统，出台全市

部门网站建设规范和绩效评估体系指标，提高全市各部门子网站的建设水平。

3. 推进网上服务

建设网上虚拟办事大厅，提高政府部门和公共服务单位在线服务办事水平；加强公众参与沟通交流；全力做好横峰县依托电子政务平台开展政务公开和政务服务省级试点工作的指导和协调工作。

4. 推进网上审批

做好全市网上审批系统的维护和故障处理，确保正常运转；做好独立业务审批系统与网上审批系统的数据交换工作。

5. 推进网上监察

协助监察局使用好已经建成的全市电子监察平台和电子监察系统；将已建部门应用系统逐步纳入电子监察平台。

（江西省上饶市委、市政府电子政务办公室）

2013 年江西省九江市电子政务发展概况

一 基本情况

九江市人民政府信息化工作办公室（简称市政府信息办）为市政府直属正处级单位，下设科级事业单位一个——九江市电子政务网络管理中心。

市政府信息办主要负责全市电子政务工作的组织协调和监督管理，同时承担全市电子政务和电子监察工作领导小组办公室和全市政府信息公开领导小组办公室的日常工作。2004年9月，市政府以"政府令"的形式颁布《九江市政府信息公开试行办法》，将政府信息公开纳入法制轨道。2007年7月，市政府以"政府令"的形式颁布《九江市政府信息公开规定》，就公开宗旨、公开主体、公开原则、公开内容、公开方式、公开程序、监督和救济途径、法律责任等问题做出具体规范。2011年12月，市政府以"政府令"的形式颁布《九江市电子政务管理办法》，对电子政务项目建设、网络应用、政府网站和信息安全等一系列工作进行规范。

经过多年的建设，全市电子政务网络已形成上连国家省会，下达县区、乡镇，横连党委、人大、政府、政协、法院、检察院的统一网络平台，180多个电子政务应用系统在经济调节、市场监管、社会管理和公共服务等领域发挥良好作用，政府网站的政民互动、信息公开及在线办事能力不断得到强化，政府信息公开的深度和广度不断得到拓展，信息共享和业务协同水平不断得到提升，电子政务信息安全保障能力不断得到加强，政务部门主要业务信息化覆盖率、社会管理和政务服务事项电子政务覆盖率不断扩大，全市电子政务总体发展水平逐年上升。

为发挥电子政务在加强政府自身建设中的积极作用，更好地服务于经济和社会发展，市委、市政府对电子政务工作高度重视，对电子政务工作尤其是电子政务项目建设大力支持。

2013年1月，政府工作报告提出要加强行政机关信息化建设，不断提高行政效能。3月，召开了全市电子政务和电子监察工作会议。9月，针对网站建设的新要求，并结合下半年的电子政务工作，市政府专门召开会议提出工作要求。11月，市政府又开展了全面督察工作。做到了工作年初有布置，年中有推进，年末有检查，环环相扣，扎实推进。

二　2013年重点工作及主要成果

（一）重点工作

1. 加强电子政务项目建设

市政府信息办从整合全市公共资源网上交易系统和全市电子政务统一监察平台两个应用系统入手，推进电子政务公共平台建设。市安监局通过改造现有的安全生产动态监管系统，利用移动互联网技术开发了安全生产移动执法系统。此外，市物价局的"阳光价格"网、市财政局的账户资金运行管理系统、市地税局的存量房交易申报估价系统相继建成并投入使用，市执法局的数字城管系统、市国土局的综合电子政务系统开始步入实施阶段，全市电子政务数据中心、全市政务服务专网、"数字九江"地理空间框架等建设项目正在稳步推进。

2. 新建电子政务中心机房

在成功实施电子政务网络"乡乡通"工程及外网扩容改造后，新建全市电子政务中心机房。新机房面积达2300多平方米，增加了防DDOS攻击系统、互联网缓存系统、终端用户页面推送系统，并在重点领域进行了防火墙双机配备，在内、外部服务器区配备了单独的防火墙。新机房建成后，将成为全市的电子政务网络管理中心、政务数据交换中心、政务数据中心、政务数据备份中心、电子政务监察中心、信息安全管理中心、技术服务中心。

3. 提升政府网站服务功能

按照"三年一规划，一年一优化"的总体思路，对"中国九江"网进行了内涵式提升，进一步加强网站的内容保障、技术保障和制度保障，提高了信息公开、在线办事及政民互动功能。都昌、修水两县在开展依托电子政务平台加强县级政府政务公开和政务服务全国试点和省级试点工作中，将行政权力及政务服务事项进行优化、整合，开辟网上政务服务大厅，为社会公众提供便捷、高效的政务服务，在全市发挥了示范效应。另外，通过网上巡查、技术指导、情况通报、考核评比等方式的促进，市直和县（市、区、山）的政府网站也有了新的进步，政府网站服务功能得到了全面提升。

4. 推进重点领域信息公开

大力推进行政审批、财政管理等重点领域的信息公开，切实保障了人民群众的知情权、参与权、表达权和监督权。行政审批、环境保护、食品安全、安全生产、价格和收费、征地拆迁等领域的信息公开纷纷借助电子化、信息化手段，打造服务窗口，提升了公开实效，提高了服务质量。市直部门在网上公开了2013年的收支预算及"三公"经费预算，有力地促进了部门财务信息的公开透明，备受社会公众关注。

5. 深化社会管理和政务服务应用

市物价局运用信息化手段创新市场价格监管服务方法，建设集价格监管与服务于一体的"阳光价格"网，为价格管理部门提供监管平台，为社会公众提供价格信息公共服务。市食品药品监督管理局创新行政执法手段，开发了九江市食品安全监管系统，进一步提高了食品药品监管的靶向性及效率。修水、都昌两县将便民服务事项进一步延伸到行政村（社区），极大地方便了基层群众办事。

6. 提高信息资源开发利用和共享水平

继续完善全市统一公共数据交换平台，不断扩大数据交换的广度和深度。正在规划建设的政务信息资源目录体系和交换体系，将进一步丰富信息共享内容，扩大信息共享覆盖面，建立跨地区、跨部门、跨层级的信息共享推进机制，建立有利于社会化、市场化开发利用政务信息资源的机制，鼓励政务信息资源社会化开发利用，不断提高政务信息资源使用效益。

7. 改善信息安全保障能力

按照信息安全等级保护要求，进一步健全了电子政务网络安全管理制度，确保电子政务网络及应用系统安全稳定运行。在建设各级电子政务中心机房和网络等基础设施过程中，坚持信息安全系统建设与电子政务项目建设同步设计、同步施工、同步使用的要求。建设全市电子政务网络安全管理平台，进一步增强了网络和信息安全管控能力，提升了网络和信息安全保障水平。

（二）主要成果

1. 主要成效

2013年，全市电子政务工作取得了新的成效，电子政务中心机房跃上新台阶，重点领域政府信息公开取得新拓展，政府网站服务功能得到新提升，电子政务应用技术出现新发展，基层便民服务信息化工作获得新突破，展现了新特色、新亮点，工作水平较2012年有了明显的提升。

2. 所获荣誉奖项

（1）2013年1月28日，全省信息系统工作会议在南昌召开，市委市政府门户网站——"中国九江"网在政府网站绩效评估中位列全省第二，这是"中国九江"网连续三年获此荣誉。

（2）2013年5月30日，在第三届"长江论坛"暨长江沿岸中心城市信息化工作会议上，九江市与成都、宁波、武汉、南京等10个城市荣获"2012～2013年度长江沿岸中心城市信息化建设先进城市奖"，并再次当选"长信联"理事城市。

（3）2013年12月3日，在全国电子政务创新为民服务座谈会上，九江市推荐的《九江市创新价格信息公共服务的做法与成效》作为江西省两个入选国家的电子政务创新为民服务典型应用案例之一，编入《全国电子政务创新为民服务典型应用材料汇编》。

三　总结

九江的电子政务经过多年的推进，各项工作都取得了明显的成绩，但与先进地区相比，还存在不少问题和不足。

（1）政府信息公开工作有待深化。政府信息公开工作还存在发展不平衡、具体行政行为公开程度不足、回复涉人涉事依申请公开推诿拖延等问题。

（2）政府网站管理有待加强。部分网站存在网上办事不足、安全防范不到位、网站信息不规范、信息发布流程不完善等问题。

（3）政府信息的共享水平有待提高。由于跨部门应用不多，政府信息资源的共享和利用不足，降低了电子政务的应用效果。

今后的努力方向。

（1）提高认识。按照十八大提出的"四化同步"和中办、国办印发的《党政机关厉行节约反对浪费条例》有关信息化建设的精神，加深信息化对推进经济社会全面发展作用的理解，自觉遵循集中统一的原则，统筹规划实施党政机关政务信息系统建设，做到共享共用、资源整合，切实防止重复建设。

（2）加强指导。加强对电子政务工作的指导，开展电子政务和政府信息公开工作的自查和督查，加大电子政务宣传和培训的力度，积极探索解决新形势下政府信息公开工作遇到的新问题，进一步深化主动公开，规范依申请公开，大力推进重点领域的政府信息公开。

（3）强化保障。强化电子政务工作的保障机制，引进或培养既懂专业技术又熟悉政府管理和业务流程的复合型人才，为电子政务可持续发展提供人才支持和队伍保障。加强电子政务基础设施建设，进一步改进网络、网站和重要信息系统的管理，切实提高信息安全水平。

（九江市人民政府信息化工作办公室）

2013 年山东省潍坊市电子政务发展概况

2013 年，潍坊市认真贯彻国家电子政务"十二五"规划，以深化电子政务应用为重点，认真开展顶层设计，积极推进电子政务公共平台设计完善，全面推行机关网上办公，积极探索统筹化、集约化、一体化的电子政务建设模式，提高了信息化条件下政府的履职能力，推动了政府效能提升，支撑了服务型政府和智慧潍坊建设。潍坊市连续三届被评为中国城市信息化 50 强，成为全国首批基于云计算的电子政务公共平台建设和应用试点，荣获 2013 中国智慧城市推进杰出成就奖，"中国潍坊"政府门户网站在全国政府网站绩效评估中连续 6 年进入地市级前 20 名，居山东省第一名。

一 强化组织领导，创新技术服务

（一）组织领导机制逐步健全

由以市长任组长的市信息化工作领导小组，领导全市信息化和电子政务工作。电子政务建设和信息化工作纳入了对各县市区、各部门年度综合绩效考评总成绩。

（二）政策法规环境不断完善

先后出台了《潍坊市电子政务"十二五"发展规划》和《"数字潍坊"规划》《潍坊市

信息化促进办法》《潍坊市市级信息工程建设管理办法》《关于加快推进全市电子政务建设的实施意见》《潍坊市政府网站建设与管理规范》《关于进一步加强市级信息工程建设管理的通知》等一系列规范性文件，保障了全市信息化健康、有序、快速发展。

（三）市级信息工程项目管理更加规范

经信部门会同财政等部门，对市级信息工程项目进行审查把关，并逐步细化完善了信息工程项目立项、验收、绩效评估和运行维护等各个环节的管理规定，促进了信息工程项目的集约建设和信息共享。

（四）创新电子政务技术服务

整合原有的三个信息中心的相关资源，成立了隶属于经信部门的市综合信息中心，作为提供电子政务技术服务的专业机构，有关专业公司参与技术支撑和服务工作。全市电子政务网络建设及运维、数据中心机房运维以市综合信息中心为主，采取了政府购买服务的方式，聘请了本地专业公司提供技术支持。

二　加强顶层设计，完善公共平台

（一）开展电子政务顶层设计

按照工业和信息化部《基于云计算的电子政务公共平台顶层设计指南》要求，落实工业和信息化部基于云计算的电子政务公共平台建设应用试点工作，以需求为导向，以应用为目标，充分利用已建的电子政务网络和软硬件基础设施，做好基于云计算的电子政务公共平台顶层设计，明确平台建设原则、总体框架、服务功能以及平台建设、运行、服务、管理和安全机制，指导电子政务公共平台建设实施和应用服务，推进云计算技术应用，提高基础设施资源利用率，减少重复浪费和信息孤岛，提升信息安全保障能力，支撑各部门政务应用发展，促进信息共享和业务协同，推动电子政务建设和服务模式转变，进一步发挥了电子政务建设效益。

（二）建设完善电子政务公共平台

潍坊市已有电子政务资源统筹集约建设的基础较好，网络、机房、软硬件平台整合程度较高，已建成全市共享共用的电子政务网络、数据中心机房、云计算平台、地理信息公共服务平台、信息资源共享交换体系、政府网站群后台支撑系统、单点登录系统、协同办公平台、内部办公门户等平台以及数字证书（CA）认证系统、安全审计系统、入侵防御系统、防火墙等安全支撑环境。目前，已为50多个部门和60多个业务系统提供了共享共用的软硬件托管服务，为20多个部门业务应用和40多个部门网站提供了地理信息和后台管理共享服务，支撑了党政机关以及各县市区的办公需要以及行政审批中心的正常运行。2013年，根据应用需求，改造了电子政务网络，扩容了计算和存储资源池，添置了网络和信息安全设备，优化了云计算管理系统，建设了满足未来2~3年内市直各部门预计新增常规业务需求的电子政务云计算平台，为统筹集约利用资源提供了有力保障。

三　深化推广应用，注重发挥效益

（一）政府网站服务能力明显提升

潍坊市已连续8年开展了全市政府网站绩效评估工作，各级政府网站绩效水平明显提升。在统一后台支撑下，初步形成了以"中国潍坊"门户网站为核心的政府网站群。"中国潍坊"门户网站已建成具有英、日、韩等多语种版本，信息公开更加规范，办事服务资源深度整合，政民互动便捷畅通的高水平网站。整合了50多个部门，52个主题的3000余项办事服务资源，划分了农民、学生、军人、老幼病残等6个服务对象的绿色通道，整合开发了企业开办、劳动就业、潍坊导游、生育服务等19个场景式服务栏目。在第十二届（2013）中国政府网站绩效评估中居全国地市级第14名、山东省第1名，荣获了"中国政府网站优秀奖""中国政府网站管理创新奖"和"中国政府网站外文版领先奖"，在全国外文版网站国际化程度评估中居全国地市级第10名。

（二）保障和改善民生应用不断深化

在全市统一的行政审批系统支撑下，市公共行政服务大厅行政审批事项实现80%网上办理和100%网上查询，可通过政府门户网站查询审批事项办理进度，通过信息化手段，审批工作不断提速，全面提高了行政审批效率和服务水平，方便了群众办事。社保业务实现了网上办理。养老、医疗等业务实现了"一站式"办理和服务，社保卡已发行400多万张，整合了医疗就诊功能。"潍坊教育信息港"成为教育惠民的有效窗口，数字教育应用服务平台作为教育部的试点项目，集网上办公、网上教研、教学资源等服务功能于一体，向社会提供教育咨询投诉、校企合作、社会培训、家庭教育、就业服务、学生资助等惠民服务。12345市长公开电话日均接听群众来电2000余个，办结率和群众满意率都在98%以上，成为市民与政府沟通的桥梁。"潍坊干部学习网"实现了教、学、考、管等功能，已在山东省推广使用。

（三）创新社会管理应用效果明显

公安系统继续深入推进"金盾"工程建设，强力实施信息资源整合，显著提高了打击犯罪、管理防范和服务群众的能力。道路交通智能管理系统整合交通管理资源，依托视频监控、GPS系统和PGIS平台，形成了纵到底、横到边的"扁平化"指挥机制，道路通行效率提高了40%。计生部门建设的"三网一库"信息系统，使潍坊市计生信息化建设走在全省前列，并成为全国人口和计划生育信息化建设的唯一示范城市。应急联动与社会综合服务系统整合公安三警、卫生急救等系统和各类应急资源，实现了"一号呼入、全网联动"，日均接警2000多个，累计接警超过500万个，创新和转变了政府应急管理模式，有效提高了政府处置突发公共事件的能力和为民服务水平，先后荣获"山东省'十一五'电子政务示范工程""山东省计算机应用优秀成果一等奖"等荣誉。数字化城市管理系统实现了公用产品质量在线监测监控、市政工作状态管理、市容秩序管理和城市管理质量考核评价，利用物联网技术的公用产品质量在线监测系统荣获了国家专利，日均处理群众来电2000余件，办结率达到99.9%。城市运行监测系统依托全市统一的信息资源共享交换平台，采集分析工业经济运行、统计、治安、市政、行政审批服务等方面的城市运行体征数据，可以提供多维度的、及时的辅助决策信息。

（四）政务信息资源共享利用稳步推进

依托全市统一的信息资源共享交换体系，数据资源共享步伐加快，市信息资源共享交换平台已沉淀行政审批、工业经济运行等数据超过2GB，法人、人口、空间地理和经济运行等基础数据库逐步建立并开始发挥效益。市人社局通过与市公安局共享人口信息，短期内完成了社会保障卡的信息采集和核对，大大提高了换发社保卡的效率。建设和推广了全市统一的政务视频平台，接入了包含环保、水利、交警、市政等部门的300多路视频监控信号。基于全市统一的地理信息公共服务平台，构建了全市"一张图"的应用架构，已在国土、公安、民政、市政、规划等十几个部门共享应用。

四 推动项目实施，打造智慧政务

下步，潍坊市将以"智慧潍坊"建设为统领，加快建设完善电子政务公共平台，并以此为依托，实施阳光政务普及、"智慧潍坊"综合服务、电子政务云、信息资源共享、信息安全强化、"智慧潍坊"城建与运管、城市安全智能监控等重点工程建设，推动构建基于全市统一平台的"一张图"的地理信息公共服务、跨部门协同的"智慧交通"以及共享共用的"大城管"格局，加快完善以保障和改善民生为重点的电子政务公共服务体系建设，打造智慧政务。

（潍坊市综合信息中心）

2013年山东省东营市电子政务发展概况

2013年，东营市紧紧抓住国家智慧城市试点的重大机遇，充分发挥电子政务在智慧城市建设中的核心和引导作用，认真落实电子政务"十二五"发展规划，推动"数字东营"向"智慧东营"的跨越，走上了集约化、高效能、低成本的发展道路，在推进实施黄蓝国家战略、加快实现"两个率先"目标中发挥了重要的支撑和保障作用。

一 电子政务网络基础设施更加完善

经过不断升级改造，全市电子政务基础设施日益完善，应用支撑能力进一步提高，满足了各级机关高层次应用需求。

（1）升级电子政务内网。电子政务内网2002年建成使用。经过几年改造，2013年全面完成了省、市、县、乡四级的高速互联，更换网络设备，扩充网络带宽，拓展覆盖范围，搭建起安全、高效、顺畅的办公服务环境。

（2）改造电子政务外网。2003 年在全省率先建成覆盖市、县、乡三级的高速宽带城域网，与互联网逻辑隔离。2013 年完成核心层和汇聚层设备的升级更换，主干带宽升级到万兆，并实现与省电子政务外网连接，网络支撑能力显著提高。

（3）完善电子政务数据中心。建成政务内网云平台和机房环境综合监控系统，配套建设了认证中心、容灾备份中心和安全监管平台，推行信息安全等级保护制度和风险评估，健全信息安全管理和应急处理机制，形成比较完善的信息安全保障体系。东营市被评为"2013 年度山东省信息安全先进单位"。

二　电子政务公共服务水平明显提高

推进市政府网站集群升级建设，扩大服务范围，全面覆盖社会保障、医疗卫生、文化教育等民生领域，并向基层社区延伸，逐步形成完善的电子公共服务体系。

（1）新版"中国东营"政府门户网站上线运行。经过半年多建设，新版网站于 2013 年 6 月正式上线运行。改版后的网站，页面栏目设置更加科学，政府信息公开更加全面，政民互动渠道更加畅通，在线办事服务更加便捷，网站管理维护更加高效，综合服务能力和媒体影响力显著提升。市政府门户网站先后荣获"山东省优秀政府网站""中国优秀政府门户网站""中国城市政府门户网站十佳标志性品牌"等称号。在 2013 年 10 月公布的《中国政府网站互联网影响力评估报告》中，东营市政府网站列全国地级市政府网站互联网影响力指数排名第 22 位；在 2013 年山东省信息化领导小组开展的全省政府网站绩效评估活动中，东营市政府门户网站获市级政府网站绩效考核排名第四位，创历史最好成绩。

（2）建成网上审批电子监察系统。依托电子政务外网，通过与市政府网站网上政务大厅集成，实现了市、县两级行政审批和服务事项的网上公开、网上受理、网上流转、网上反馈、网上监督的"一站式"服务。2013 年，通过网站公示各类事项办理结果 10.6 万余件，外网申报办理 9000 余件。

（3）建成市政府网站在线访谈系统。采用先进的流媒体技术，实现了文字、图片和视频的现场直播，搭建起政府与民众沟通交流的新平台。自 2013 年 6 月开通以来，已举办访谈活动 13 期，在线访谈栏目荣获"2013 年度中国政府网站政民互动类精品栏目奖"。

（4）推进电子政务服务向村居（社区）延伸。垦利县的"智慧社区"试点、广饶县的电子健康档案和新农合医疗管理系统、利津县的"利农网"和"三农信息服务超市"、河口区的政府网站"微门户"、东营区的数字信息管理服务中心，通过网络、电话、电视、手机等多种方式，将电子政务服务延伸到社区和乡村，让百姓享受到了政务信息化发展带来的高效、便捷服务。

三　政府机关电子政务应用能力显著增强

政府机关在信息化环境下的新型工作模式基本形成，建成一系列业务办公系统，各部门核心业务信息化覆盖率不断提高，获取、处理、应用信息的能力显著增强。

（1）全面推进网上协同办公。基于电子政务内网，建成满足市、县、乡三级机关工作需要的区域一体化协同办公平台，实现了公文收发、电子签章、资源共享、在线交流、短信提醒等功能，提供了集成化网上办公环境，极大提高了办公效率和业务协同水平。

（2）建成数字城管系统。采用先进的物联网技术，主要建设了无线数据采集、中心受理、大屏幕监督指挥、综合评价等21个业务系统，搭建起功能完善的城市智能化监管服务平台，形成科学、严格、精细、高效的城市管理模式。

（3）建成城乡居民社会保险管理系统。作为山东省试点，东营市率先建成城乡居民社会保险管理系统，建立起市、县、乡、村四级业务管理平台，实现了全市社会保障一卡通、网上交费、检查比对、异地联网结算等功能，大幅提升了城乡居民医疗保险服务水平。

（4）推进全国农业农村信息化示范基地建设。2013年6月，东营市被国家农业部授予首批全国农业农村信息化示范基地。2013年重点启动了顶层设计及规划编制、农业生产领域物联网试点工程，建成生产环境监测、远程专家音视频会诊及互动课堂等系统，计划用三年时间，探索建立以信息化为特征的"智慧农业"发展模式。

（5）推进城市公共安全体系建设。推进防汛抗旱、农林水利、安全生产、城市应急、环境保护、治安管理等领域的预警预测、监测监控、应急指挥及辅助决策系统建设，城市应对突发事件的能力进一步提高。

（6）推进经济社会管理领域的应用系统建设。市财政局的"金财"工程、市公安局的"金盾"工程、市审计局的"金审"工程、市卫生局的120院前急救统一调度系统、市工商局的"经济户口"移动监管系统、市国税局的电子申报及票表稽核系统等一大批系统的建成使用，有效提高了经济建设和社会监管服务能力。

四 政务信息资源的公开和共享取得突破

全市政府信息公开平台不断完善，资源共享整合力度进一步加大，县级以上政府逐步开展跨地区、跨部门信息共享和业务协同，共享内容和范围不断扩大。

（1）升级完善政府信息公开平台。根据国务院、省政府有关文件要求，重新梳理修订全市政府信息公开目录，扩充重点领域信息公开、企事业单位办事公开和规范性文件管理功能，重新设计前台页面，推动信息公开工作顺利开展。

（2）建成工程建设领域项目信息公开和诚信系统。建设了全市工程建设领域项目信息及诚信体系数据库和支撑平台，对50万元以上政府投资项目的立项、审批、建设、验收各环节信息和参与企业、员工的信用信息全面公开，推动工程建设领域突出问题治理工作深入开展。

（3）建成地理信息公共服务平台。建成东营市唯一、权威、全覆盖、多尺度无缝集成的"天地图·东营"地理信息公共平台，构建了政务版和公众版，通过政务内网、市政府网站向政府部门和公众提供服务，为全市信息化建设提供了"一张图"的应用架构。目前，已在公安、规划、环保、城管等20多个部门共享使用。

（4）"智慧东营"建设试点稳步推进。作为国家首批智慧城市试点，东营市抢抓机遇，积极作为，2013年主要完成"智慧东营"组织领导体制建设、发展现状调查、顶层设计和规划编制等工作，确定了城市公共信息平台、智慧政务、智慧管网等12项重点工程，并将其纳入全市重大建设项目，有计划有步骤地推进实施。

五 电子政务发展环境进一步优化

（1）领导体制逐步理顺。2010年机构改革，电子政务职能划入市政府办公室，成立了全市电子政务建设工作领导小组。目前，各县区和市政府部门均设立了电子政务领导和工作机构，形成由政府办公室统一归口管理的领导体制。

（2）推进机制逐步健全。建立电子政务培训、考核和奖惩机制。2013年，在清华大学举办了全市首期电子政务领导干部研修班，全市共组织电子政务培训20多场次，培训1500余人。每年定期举办全市政府网站绩效评估活动，建立电子政务绩效考核制度，考核结果纳入市政府年度考核范围，并联合人事部门对工作突出的单位和个人进行表彰。

（3）政策体系逐步完备。先后出台《市委办公室、市政府办公室关于进一步推进全市电子政务建设的意见》《东营市电子政务"十二五"发展规划》和《东营市市级电子政务管理办法》等制度文件20多个，使东营市电子政务迈上制度化、规范化、科学化发展的新阶段。

（东营市电子政务建设工作领导小组办公室　董藏收　赵军　张景欣）

2013 年河南省南阳市电子政务发展概况

2013年，南阳市高度重视政府信息化的综合带动提升作用，坚持政府先行带动南阳市国民经济和社会信息化，按照打造智慧政府的目标，以智慧政务服务体系、智慧城市管理体系、智慧公共服务体系建设为切入点，加速推进全市电子政务建设，特别是"两网一站"（即电子政务内网、外网及市政府门户网站群）的建设和应用，在较短时期内，南阳市的电子政务发展水平和效能实现了新突破、大提升和大发展，取得了明显成效，走在了全省的前列。

一 市政府电子政务内网建设和应用实现大提升

新年伊始，南阳积极推动电子政务发展模式的创新，加大与河南移动公司合作力度，采用企业先期投资建设，政府分期付款模式，加快推进全市电子政务内网建设和应用，短时期内取得了显著成效。

（一）成功改版升级了市政府内网网站

一是建设和完善与省政府办公内网相连的市政府内网，优化了内网网络架构，实现了省、市、县（市、区）政府及市政府部门之间快捷的文电（非涉密公文、政务信息及明传电报等）传输，有效地提高了办公效率，节约了行政成本，确保了内网网站更安全，网络运转更稳定，服务质量更高效，管理维护更便捷。二是围绕政府中心工作和重点工作，不断创新工作机制，制定"集中管理，分散维护"等工作制度，强化内网内容保障。在保留原有内网部分栏目的基础上，新增了与政府当前重点工作密切相关的"十八大专题报道""一改双优""两度两力""政府会议""视频报道"等政务专题栏目和"南水北调中线工程"等特色栏目，确保了内网栏目设置更齐全，网页布局更规范，网站内容更丰富，互动功能更完善，满足了政府系统内部办公资源的需求。

（二）成功优化和推广市政府办公自动化应用

一年来，南阳市从明确任务，加强领导，健全机制，强化管理入手，强力推进市政府内网办公自动化系统（OA）的应用工作。一是逐步规范完善了收发文流程，实现了电子公文的及时归档管理等办公自动化系统各项功能；二是新开发了移动办公应用系统，拓展了全市政府系统办公自动化应用。目前，该系统实现了全市政府办公自动化系统安全、高效、便捷、稳定运行，提升了电子政务技术服务水平，提高了行政效能，降低了行政运行成本，推进了全市节约型社会建设步伐，满足政府系统内部办公及管理工作的需要。

（三）建设和完善市级各类业务应用系统

按照省政府要求，本着贴近领导、贴近实际、贴近需求的原则，依托全市电子政务内网平台，南阳市积极推进市级各类业务应用系统建设。一是已建成和完善了2个应急值守平台。一个是对下的会议发布系统，主要用于对下发布会议通知工作，并发送短信提醒功能。第二个是应急值守系统，主要用于与省政府应急平台连接处理各类应急突发事件工作。两个应急值守平台的应用基本上满足了全市各类突发事件应急指挥和统一调度的需要。二是建设和完善了市政府应急视频会商系统。目前，该系统已初步完成省、市两级联网，具备了语音通信、信息报送、音视频采集传输、卫星通信、移动办公等全部功能，满足了各级政府主要领导应急视频会商工作的需要。三是建设市政府宏观决策支持平台。目前，该平台具备了对全市经济运行过程进行监控、预警和预测，满足全市经济形势分析和经济调控工作的需要。

二 市政府电子政务外网建设和应用成效显著

全市电子政务外网是全市政务信息化的主要核心内容，是全市电子政务建设的重要基础设施，是国家电子政务外网的重要组成部分。南阳市政府市长办公会议明确提出"要提高标准，严格要求，向国内一流标准看齐，节约集约利用资源，避免重复建设，适当加大政府投资，顶层设计功能要一步到位……"的要求。为此，2012年12月，南阳启动市级电子政务外网建设工作，先期投入财政资金109万元，初步建成市级外网平台，并于2013年春节前，实现与省电子政务外网平台的互联互通。2013年5月，按照年初计划，市财政再次投资800余万元，加快推进市电子政务外网二期工程建设。目前，已落实外网和门户网站机房209平方米，办事服务窗口100余平方米，装修资金185万元，外网机房和服务窗口装修工程已顺利完工，正待设备到位，装配调试联网，地市级先进的市政府中心机房出现雏形。其次，全市各政务部门外网二级平台和各类重要业务系统相继建成并投入使用。如市行政审批和效能监察系统、市网络舆情监控系统、市教育城域网和农村中小学现代远程教育网等，取得了显著的社会效益和经济效益。其中2013年投资40余万元建设和运行的市政府网络舆情监测系统，已实现手机版的《网络舆情快报》直接报送，在及时、准确汇集民智、关注民生、解决民忧、为民办事、促进社会和谐稳定等方面发挥了积极作用，取得了显著的社会效益。再次，为加快推进全市电子政务外网整合和迁移工作，南阳市政府组织相关部门加大全市外网调研力度，在摸清了市直53家部门电子政务外网现状基础上，制定了分期分批接入的行动路线图。目前，各级政务外网和业务系统的整合和迁移工作正在稳步有序开展。再次，为确保全市政务外网的同步推进，南阳召开了三次全市外网建设相关启动和推进工作会议，相继启动了17个县（市、区）政府外网建设和应用，加快推进了国家、省、市、县四级网络的互联互通工作。此外，南阳积极充分调研论证和初步尝试应用大数据、云计算等新一代信息技术，加大全市基于云计算的电子政务公共平台建设的研究和应用，为下一步打造南阳智慧政府提供基础支撑。

三　建立统一的高效的市政府门户网站集群

2008年，根据中央、省相关电子政务建设指导规划和意见的要求，市政府投资近200万元，对市政府门户网站进行升级改版。新版的市政府门户网站采用先进的站群技术，建成了以市政府网站为主站，以市政府部门及有关单位为子站南阳市政府网站集群。

随着信息技术的迅猛发展，经济和社会的不断进步和政府转型发展的需要，为进一步提高政府网站的公共服务能力和水平，2013年南阳市积极引进利用先进的管理理念和成熟的信息技术，以建设优质高效的南阳市政府服务型网站群为目标，在前期投资近200万元的基础上，再次投入财政资金十余万元，对市政府门户网站主站进行升级改版，一是管理平台升级与构建，包括市政府门户网站内容管理系统升级，政府信息公开平台升级，网站群检索平台建设。二是实施市政府门户网站前台改版工作，优化栏目设置，美化网站首页，丰富网站内容。三是强化网站互动功能推进民政互动，优化和完善了"市长信箱"、网络问政、政务公开、在线访谈、在线公共服务等系统。目前政府门户网站所含内容共有六大类（走进南阳、信息公开、公共服务、互动交流、站群导航、专题专栏）62个栏目148个子栏目。其中的"政府信息公开系统"，实现市直单位政府信息公开统一管理和自动发布，共计公开规范性文件7000余份。截至2013年7月，市政府门户网站共发布各类信息61270余条。目前，南阳市政府门户网站群体系基本趋于完善。此次政府门户网站的升级改版，促进市政府向着网络环境下的"一体化政府"，为群众提供"一站式"服务的目标又迈进了一步。

（南阳市人民政府办公室）

2013年湖北省宜昌市电子政务发展概况

2013年，宜昌市电子政务工作以安全稳定运行、深化拓展应用、资源整合共享为重点，大力推进政务信息共享平台及政府核心业务信息化建设，主要抓了六个方面的工作。

一 做好顶层设计，促进宜昌电子政务跨越提升

加强县市区电子政务工作的指导。3月下旬，我们到各县市区进行电子政务调研，到乡到村，重点查看网络、网站、网上办公及部门应用系统。针对调研中发现的问题，下发了《关于进一步加强县市区电子政务工作的指导意见》，提出了统筹推进政府业务系统建设管理、完善市县统分结合工作机制等七个方面15条意见，进一步明确了县市区电子政务发展思路，促进市区电子政务向应用提升阶段跨越。

加强应用系统统筹管理。我们对74个市直部门已建业务信息系统进行了摸底调查：全市统一开发部署共性应用系统9个，为23个部门开发了27个业务应用系统，部门自主开发应用系统54个，上级开发本级部署系统26个，使用上级部署的业务系统106个，党政机关共性信息应用系统覆盖率达到100%，政府部门核心业务信息化覆盖率达到91.4%。

加强智慧城市总体规划和国家智慧城市试点申报工作。与市住建委、市发改委共同组织18个部门编写了《宜昌市智慧城市建设总体规划》以及住房和城乡建设部全国智慧城市试点申报材料，经住建部综合评审确定宜昌为国家智慧城市试点。参与《市委市政府关于建设"智慧宜昌"的决定》的起草。与此同时，发挥电子政务在智慧城市建设中的示范带动作用，着手开展智慧城管、智慧城建、智能交通、智慧教育、智慧民政、智慧社区的研究与实践。

二 加强共享平台建设，着力推进部门对接应用

利用新技术、新理念构建统一政务信息共享平台。在完善人口、法人、宏观经济、房屋、城市部件、空间地理等六大数据库的基础上，新立项自然资源数据库的建设。21个部门的数据库与基础数据库实时交换，数字总存量达到48T、17亿条。应用大数据的理念，对政务数据关联比对核查，建立准确可用的政务信息资源数据库。采用网格化管理的理念，通过1200多个网格员，实时采集社区城区人、房、物、事基础信息，确保实时动态更新。

发挥统一信息共享平台效能，开展全方位网格化社会管理与惠民服务。经过几年的努力，为公安、人社、民政、城管等22个部门建立了业务对接应用，为税务、工商等19个部门的业务系统提供数据共享服务，为14个县市区提供政务信息数据共享服务。宜昌市生育服务证、流动人口婚育证明、老年人优待证、居住证、出入境首次预申请等已经延伸到社区，实现了社保、公积金、车辆违章、水、电、气等十多项个人信息网上查询服务，用户达到32.3万人。手机APP"宜昌市民E家"1.0版已上线试运行。

三 加强应用系统建设，着力促进效能政府建设

提升公务员办公门户的应用水平。强力推进办公门户由乡镇延伸到村的应用，村（社区）使用数达到1442个。推进市直部门公文纵向协同处理，54个政府一级部门、党委重要部门已经实现与二级单位、县市区的业务协同。普及智能管理应用和智能学习应用，建议提案、督促检查、工作日程、值班系统、考勤系统等在各单位得到进一步推广，为市直18个单位建立了电子刊物栏目。2013年，通过公务员办公门户办理发文27609份、办理收文

807063 份、办理议案 615 件、提案 884 件。

　　加强应用系统的建设。2013 年公共资源交易、人口基础信息、妇幼保健信息管理、特殊人群服务信息管理等 4 个系统通过了终验；公众诉求、民政综合服务、公安网上办事、公共就业与人才服务、城市部件管理、行政审批及政务服务、综合电子监察、社保人脸识别等 9 个系统通过初验；政协工作管理、城市房屋信息管理、党校业务综合管理、智慧城管、市直部门网站群管理、文档一体化管理系统等 6 个项目已招标建设。

　　建设统一的综合电子监察平台，促进业务应用规范运行。按照"1 + N"模式，将政务服务、公众诉求办理、公共资源交易、政风行风热线、社会矛盾联动化解、网上办公、视频监控等 11 个业务应用系统纳入电子监察，市纪委和监察局安排专班对各系统业务运行情况实时监察，每月通报，纳入年度考核。综合电子监察平台的建设，提高了政府工作效率和质量，受到了省、市纪委领导的高度评价，得到了中央电视台《新闻直播间》、《中国纪检监察报》、中国反腐倡廉网和湖北电视台《湖北新闻》《荆楚廉政》等主流媒体的高度关注。

四　加强网站功能建设，着力提升政府网站的公共服务水平

　　中国宜昌门户网站全面改版升级。新版中国宜昌门户网站采用"引导页 + 一站 + 三频道"的展现形式，突出"政务公开、在线办事、互动交流"三大政府网站的功能，宜居、宜旅、宜业频道分别突出宜居生活、旅游服务、投资创业等内容。开发了宜昌市政府官方微信平台，包括宜昌要闻、天气查询、民声投诉、民声咨询、微信互动、各类常用查询等应用。2013 年，中国宜昌门户网站在全国三家权威机构测评中获得较大进步和较好名次：中国信息化研究与促进网测评中宜昌首次获得地市网站最高奖项"中国政务网站领先奖"，在 300 多个地级市中名列第 10 位。中国社会科学院信息化研究中心与国脉互联政府网站评测研究中心测评中宜昌在 301 个地级市政府网站中名列第 7 名；中国软件测评中心测评中，宜昌在 297 个地市中名列第 21 位。

　　深入做好政府信息公开。优化信息公开目录，对 63 个部门信息公开目录进行了清理。升级了政府信息公开系统，固化了 14 种类别处理单，设置了"第三方意见征询单"和"第三方意见回复单"模板。按照国家、省政府要求，做好重点领域政府信息公开。宜昌市政府信息公开系统全年主动公开政府信息 16988 条，依申请公开信息回复 58 条。

　　着力提升网站办事服务能力。清理了 49 个部门的包括行政审批在内的所有办事服务事项 1369 项，554 项实现网上办理。门户网站办事大厅对接行政审批系统，所有办事服务事项统一受理、统一办理、统一展示。对照国家考核指标体系，整合 27 个部门网站的资源，将 13 个重点领域考核内容做成专题集中展示。开发场景式服务平台，完成 18 个专项办事服务的个性化导航建设，提高办事服务人性化水平。

　　继续做好政民互动。2013 年政民互动平台受理咨询、投诉、举报类办件 28268 件，办结 27656 件，办件量比 2012 年增长 15%，共发布各类在线调查、意见征集 18 个，收到群众回复 2100 件。开通中国宜昌网新浪官方微博，及时发布市民关注的热点信息，有效微博用户达到 6800 个。

　　探索部门网站群统一运维模式。考察学习外地先进经验，对中国宜昌政府网站群的管理运维服务外包，组建中国宜昌政府网站群运维管理中心，对各部门网站统一规划、统一建设、统一监管，整体提升中国宜昌门户网站群服务能力。

五　加强支撑保障，着力提升电子政务运行管理水平

电子政务专网覆盖范围进一步扩展。2013年市直新增专线接入单位13家，VPN接入单位87个。县市区电子政务专网接入部门、二级单位、乡镇（街办）1906家，终端数29672个。接入村（社区）1442个，终端3770个。截至2013年12月，全市共接入3744个单位，46956个终端。

电子政务云平台和数据灾备中心运行稳定。三峡云计算中心计算能力达16.1万亿次/秒，存储容量249.3TB。网络核心设备升级到万兆，城区骨干网升级到千兆。县市实现电信、广电、移动三线互通互备。网络平台全年无重大安全事故发生，正常运行率达到100%。

数字证书中心服务单位和个人当年新增1784个，总数达到8119个，其中单位6181个，个人1938个，为电子政务重要应用系统的安全规范运行发挥了重要作用。

安全体系逐步完善。按照国家等级保护要求，对电子政务专网、网站、网上办公进行三级等保符合性测评。梳理完善了电子政务专网管理办法，优化了项目立项、进度督办、监理、验收、资金支付及项目负责人等一系列制度，促进了电子政务建设和管理的规范化、科学化。

六　加强学习培训，着力提高专业队伍素质

加强电子政务管理员队伍建设。制定了《宜昌市电子政务管理员暂行办法》，对市直单位电子政务管理员进行了重新登记确认，进一步明确了管理员的工作职责，初步建立了电子政务管理员队伍的考核和奖励机制。针对管理员队伍变更频繁的问题，组织了12个部门和6个县市区新管理员的培训。总结推广了当阳等地做法和经验，利用党校的电子政务培训基地，开展了多期专题培训。组织县市区电子政务干部参加了工信部信息化推进司、国家行政学院电子政务研究中心举办的电子政务公共平台建设与应用培训班。组织外出学习，2013年市电子政务办公室先后14次共31人次学习考察外地先进经验。

宜昌电子政务的建设模式及成效得到了国家主管部门及行业协会的高度评价和充分肯定，其经验先后有5次在全国性会议上被介绍，2次参加全国相关技术标准专家论证会。11月12~13日，国家发改委在深圳召开全国政务信息共享暨信息惠民国家示范城市建设研讨会，市委常委、常务副市长宋文豹在会上介绍经验，引起了热烈反响。据不完全统计，2013年宜昌共接待来自全国学习考察政务信息化的共340批2811人次。

（宜昌市电子政务办公室　王俊）

2013年湖南省郴州市电子政务发展概况

2013年，按照国家信息化建设指导方针和国家"十二五"电子政务发展规划的总体要求，郴州电子政务工作紧紧围绕全市经济社会发展战略部署，着力加大电子政务信息资源开

发应用，切实规范电子政务建设应用管理，努力加强信息资源整合共享，电子政务支撑政府社会管理与公共服务的水平与能力大幅度提升，全市电子政务工作迈上了新台阶。

一　科学规划，把握资源整合主线，稳步推进数字郴州

按照数字郴州规划的总体思路，先后做好了建设全市应急救援联动指挥系统、市机构编制实名制管理系统、消防安全物联网系统、统计联网直报指挥中心、整合公共安全信息资源、平安城市二期建设、郴州军分区战备指挥系统引接电子政务网络及相关业务应用等一大批全市跨部门和重大电子政务建设项目的方案论证、技术把关和建设支持工作，加快推动各类信息技术资源的高效整合、充分开发、深度应用和广泛共享。

二　突出重点，完善政府服务平台，优化经济发展环境

围绕郴州市 2013 年作风大整顿"发展环境整治年"活动，加速推进网上政务服务和电子监察平台建设与运用，着力提升机关效能，打造优质便捷、高效清正的政务服务环境。

一是政务服务系统实用效能进一步提升。全面完成郴州市行政审批和电子监察系统、行政处罚和电子监察系统包括批量审批、退窗办结、外网审批等 58 项新增及完善的共性功能开发部署，以及行政审批和电子监察系统 23 项、行政处罚和电子监察系统 30 项新增个性化功能开发、安全漏洞修补等方面的优化升级工作，建立和使用统一的数字认证安全体系，系统数据对接更加流畅、操作功能更加完善、反应速度更加快捷。

二是政务服务系统应用范围进一步拓展。加速推进并顺利完成了 5 个市直及中省驻郴单位自有系统与市级政务服务系统的互联对接；以市本级电子监察平台与市财政局行政收费系统互联对接为先导，积极探索实现政务服务工作多业务协同、多部门联动、多角度监管方式。县级审批系统已基本实现了 100% 的部门、事项、流程全覆盖，已有 4 个县市区全面完成审批系统向乡镇（街道）延伸工作。在确保市本级 48 家系统入网单位所有行政处罚事项全部网上运行的基础上，按照"统一技术方案、统一招标采购、统一建设验收、分级平台部署、分层实施维护、分摊建设资金"的原则，稳步铺开县市区行政处罚和电子监察系统建设应用工作。加快实现规范权力运行的数据电子化、流程标准化、信息公开化和监督实时化。

三是政务服务系统综合平台初步形成。编制完成《郴州市网上政府服务和电子监察发展建设规划（2014~2020 年）》，制定下发《郴州市网上政府服务和电子监察工作管理暂行办法》，深入推进行政审批、行政处罚两大电子监察系统现有应用功能的整合对接，初步构建了"单入口登录、分频道显示、全角度分析"的综合电子监察平台，规划设计了集行政审批、行政处罚、行政收费、公共资源交易、政府采购、政务公开等政府服务事项为一体的网上政府服务平台，为全面实现政府服务工作的网络化流转、协同化办理、无缝化对接和系统化监管奠定了基础。

三　把握主线，统筹系统网络建设，创新行政管理方式

以工作需求为导向，以实际应用促发展，大力推进电子政务应用系统建设，进一步加深

电子政务与政府行政管理体制创新的融合。一方面是电子政务网络基础逐步夯实。建设完成全市连接 11 个县市区的电子政务内网纵向骨干传输网和连接市委、市人大、市政府、市政协四大家，接入全市 220 家市直部门（单位）的电子政务内网横向传输工作网；整合部门专线政务网络和业务应用系统对接纳入外网平台统一运行，积极推进县市区电子政务外网向乡镇（街道）延伸工作，努力构筑省、市、县、乡四级互联互通的外网骨干传输网络体系。另一方面是应用系统集约建设逐步深化。建设完成横向覆盖市直所有医疗卫生机构、纵向连接 11 个县市区卫生信息化子平台，以居民电子健康档案、电子病历、门诊统筹管理为业务核心的区域医疗卫生信息化网络，实现了全市卫生医疗机构间数据、信息、资源的共享和交互；统一规划设计和建设部署市本级人大建议政协提案网上办理和人大代表政协委员履职管理系统，着力提升建议提案工作的信息化、科学化水平；开展市城区涉税信息共享系统二期建设，将涉税信系统延伸到北湖区、苏仙区、郴州高新技术产业园区、郴州经济开发区，充分实现信息共享和源泉控税功能，推动全市税收征管向精细化、集约化、数字化管理方式转变；立足加强市城区公交智能安防工作的要求，着手建设郴州市公共汽车公司智能公交管理系统。

四　树立导向，深化政府网站管理，放大站群综合效应

着力加强网站自身建设，不断提升运行管理水平，市政府门户网站群在综合展示政府形象、增强政府行政透明度、服务企业和社会公众、加强同群众的联系与沟通、提高行政效能等方面取得了显著成效。郴州市政府门户网站在国家工信部计算机与微电子发展研究中心（中国软件评测中心）组织的第十二届中国政府网站绩效评估工作中，排名全国 297 家地市级政府网站的第 21 位，连续 6 年被省政府评为"湖南省优秀政府网站"。

一是拓宽渠道，信息公开工作向实时化、常态化发展。规划设计了政府门户网站政务信息公开发布平台，11 个县市区政府、市政府 103 个工作部门和九大园区（开发区）管委会通过统一的公开目录体系在各自的信息公开栏目发布信息，大大拓宽了政务信息公开的广度和深度。2013 年，市政府门户网站内容更新 5.5 万篇；上传各部门简报 259 篇，上传市委文件 109 份，政府文件 271 篇；向省政府门户网站报送信息 1330 条，被采用 282 条；围绕市委、市政府的中心工作建设专题栏目 14 个。直播郴州两会、经济工作会议、新闻发布会、听证会、电视问政、在线访谈等节目 32 场，有效地维护和保障了人民群众的知情权、参与权和监督权。

二是整合资源，网上办事服务向人性化、纵深化发展。坚持以服务民生、服务企业为宗旨，积极探索联合共建的方式，深化拓展民生、企业专题服务和 13 个重点民生业务领域服务，搭建网上公共服务平台。选取计划生育服务证、保障性住房申请、身份证办理等 3 项办理量大、覆盖面广的办事服务，策划"重点业务服务"专题，将涉及 39 个职能部门的服务事项细分情况、办理流程、涉及部门、前后关联等资源详细提供给用户，进一步提高了服务的实用性。通过"重点领域业务服务、公众办事、企业办事、公共服务、场景服务、网上办事服务大厅"等栏目，为老百姓提供办事指南、表格下载、在线办理、咨询投诉、办件查询等服务事项 1629 项。进一步完善"郴州市电子地图"，正式开通了信息无障碍浏览服务平台，确保各类人群都能够从市政府门户网站平等、方便、无障碍地获取、利用信息。

三是贴近民生，政民互动交流向协作化、特色化发展。充分发挥"市长信箱"倾听民声、集中民智、关注民生的作用，严格规范信件办理规则，全年共收到市民来信 1752 件，

处理回复 1705 件，处理率 97.32%，满意率 61.47%。就市政府重点工作和老百姓关心的问题开展专题网上调查和意见建议征集活动 24 次，积极为政府科学决策进行参谋辅政。邀请县市区政府和相关职能部门领导做客市政府门户网站嘉宾访谈室，开展在线访谈 17 期。围绕政务工作重点、社会热点和用户需求点，优化升级基于移动终端的政府门户 APP 应用，深化实用查询服务。按照省政府工作部署，顺利搭建"数字郴州·无线城市 WAP 门户"上线运行。市政府门户网站官方微博共发布信息 1302 条，粉丝达 14248 名。

五　完善机制，强化基础工作措施，加强运维保障能力

通过健全管理制度，明确岗位职责，强化运行维护，有力保障电子政务工作的高效有序开展和应用系统的安全稳定运行。对县市区电子政务信息中心（电子政务管理办）制定下发《郴州市电子政务工作考核评比办法》，努力推动全市电子政务建设管理向制度化、规范化发展。严格执行市政府中心机房《安全管理办法》《值班管理制度》，定期对各电子政务应用系统的运行状况和基本性能进行全面审核与综合评价，确保市政府各电子政务系统安全有序稳定运行。对网上政务服务系统进行日巡检、周报告、月小结，及时发现和处理系统问题。先后开展各电子政务应用的系统使用、管理维护等方面学习培训班 16 场，累计培训人数达 1300 多人次。

（郴州市电子政务信息中心）

2013 年贵州省六盘水市电子政务发展概况

2013 年，六盘水市电子政务工作坚持以十八大精神为引领，以"切实转变政府职能，创新行政管理方式，增强政府公信力和执行力，打造透明型和服务型政府"为目标，以信息资源开发利用和整合为抓手，在市委市政府的正确领导和高度重视下及"六盘水市政府协同办公平台"、六盘水市安全生产综合信息监控平台等项目的带动下，六盘水市电子政务朝集约、高效、安全和服务方面发展，并取得了明显成效。10 月，工业和信息化部发布了首批基于云计算的电子政务公共平台建设和应用试点示范地区名单，六盘水市名列其中。

一　核心业务应用

（一）六盘水市政府协同办公平台

该平台于 2012 年 1 月 1 日开始正式应用，系统原只覆盖市政府办及归口单位和驻外办事处等 14 个部门。根据市政府安排，2013 年，对市财政局等 13 家单位进行协同办公平台的试点推广，通过分批次、有步骤的数据录入、人员培训工作，试点单位改变传统办公习惯，逐步实现文件查阅、协同应用、来文办理、内部行文等应用操作，现 13 家试点单位均已投入无纸化办公试运行阶段。

通过协同办公系统的使用，改变了传统的办公方式，极大地提高了办公效率，节约了办公成本，并提升了各单位的信息化工作水平。

（二）公文交换系统升级

2013 年，六盘水市完成原六盘水市党政机关公文交换系统到协同办公平台公文交换系统的平滑升级，并于 2013 年 3 月召开了全市电子公文交换升级暨培训大会，全市 200 多家单位参加了培训。该系统现有 227 家单位通过新公文交换系统进行公文收发，实现了各单位非涉密文件的发文、收文、退文，有效保证了市委、市政府和各单位之间的公文传输。2013 年通过公文交换系统共发送公文 8729 份，签收公文 29424 份次，经初步测算，实施电子公文交换系统后，全年可节约经费约 200 万元以上。

（三）做好投诉咨询平台系统升级及日常运行管理工作

完成投诉咨询平台的升级改造工作，每月定期通报各部门投诉咨询平台情况，每季度配合市信访局做好投诉咨询平台的通报。目前平台上的信件处理水平明显提高，各部门对信件的回复及时性和回复质量有了很大的改善。2013 年共收到各类诉求件 2314 件，处理 2288 件，对维护社会的和谐稳定发挥了积极作用。

（四）统一平台，建成全省规模最大的政府网站群

"中国凉都·六盘水"政府门户网站群系统管理平台是依托六盘水市电子政务一期工程，以"统一规划，统一平台，协同建设、分级管理、资源共享、安全保密"为原则，为了发挥政府网站在提高行政效能，提升政府公信力，推进跨部门协调，树立政府"为民、便民、利民"形象，增强城市吸引力等方面发挥极其重要的作用，同时为了避免重复建设、重复投入、重复数据采集，并解决政府网站遭遇信息孤岛、在线服务水平低下等瓶颈问题。六盘水市是全省第一个按网站群模式建设政府网站的地区。

"中国凉都·六盘水"政府门户网站群，由"中国凉都·六盘水"政府门户主网站，以及市人大、市政协、市纪委、市发改委、市财政局等政府各工作部门子站组成，现共有 76 个站点，站群规模居省内第一。2013 年，"中国凉都·六盘水"政府门户网站群向外发布信息 48971 条。

"中国凉都·六盘水"政府门户网站在六盘水市的影响力日益提升，2013 年访问量达 650 万（人次）。在第十二届（2013）中国政府网站绩效评估结果中，六盘水市在没有资金投入的情况下，在全国 297 个地市政府中名列 24 名，在全省名列第二。

二 行业应用

（一）六盘水市安全生产综合信息监控平台

六盘水市安全生产监管信息化平台建设是六盘水市贯彻国家、省大力实施科技兴安战略的重要举措，它不仅是项安全工程，更是一项民生工程，被列为"二十件民生实事之一"。该平台于 2013 年 5 月 23 日开始施工建设，2013 年 6 月 30 日主体工程建设完工。现已实现市、县、集团公司、煤矿企业四级联网，与四个县区级平台及部分煤矿开展视频会议、视频

语音、瓦斯监测监控、井下现场视频、隐患排查、数据传输等功能的互联互通。现正在进行视频调试和基础信息采集完善工作。

（二）公交车智能刷卡系统

六盘水市"公交车智能刷卡系统"是智能公交系统的一个部分，智能公交系统由公交车辆智能调试系统、基于 GIS 的车辆监控系统、公交电子站牌、公交智能车载收费管理系统等组成。智能公交系统的总投资为 400 万元，其中公交智能刷卡系统投入 100 万元。解决了乘客零钞问题，实现乘客快速乘车，提高了车辆运行效率。

该项目前期由市公交总公司自筹资金进行建设，并在六盘水市旅发会期间投入运行，后期中国人民银行六盘水中心支行为了积极推进金融 IC 卡在六盘水市更多领域的应用，经请示市政府同意，正式在六盘水市推广智能金融 IC 卡的推广应用，并确定以公交智能系统为切入点。12 月 20 日，首先促成了中国工商银行六盘水分行与市公交总公司的成功签约，各商业银行发行的金融 IC 卡将相继在公交车辆上刷卡使用。

（三）数字六盘水地理空间框架

数字六盘水地理空间框架项目投资资金 2257 万元。由贵州省第一测绘院中标承担《数字六盘水地理空间框架建设项目》，目前已完成 1∶500，1∶2000 数据的地图、整理、入库，面积分别为 100 平方公里和 293 平方公里；完成软硬件环境的购置；三维平台已完成 80%，整个项目建设目前已完成 90% 的项目建设，2014 年如期完成该项目建设。该项目已进入市国土资源地籍管理与"一张图"管理、市规划局编制城市总体规划，各类专项规划、市公安局"天网工程"管理系统中，目前，在进行修改和完善阶段。

（四）市电子招标投标平台项目

市电子招标投标平台采取了合作建设模式，由系统开发方投资开发平台，平台正式运行后，开发方向投标单位收取技术服务费，不再收取系统开发运行中的相关费用。硬件基础设施投资约 100 万元，交易中心筹建时完成建设工作，建设资金由市级财政投资，交易中心筹建完成通过省纪委验收后进行了资金奖励。2012 年 6 月，完成网站、企业库、专家抽取系统的建设，2013 年 1 月，完成与 CA 系统接口的开发。2013 年 3 月，针对原有系统与现实流程不相符的情况，中心根据六盘水市建设工程、政府采购项目的交易流程同杭州品茗软件公司开发了新的招标投标交易管理系统，系统已于 2013 年 6 月开发完成，系统具备网上报名、招标文件模板化制作、网上下载招标文件等功能，并实现同企业库的数据同步；2013 年 9 月，通过招标确定与建设银行合作，进行电子招投标系统互联网支付平台的开发。目前主要开发工作已经基本完成，系统正在测试中，到 2014 年投入试运行。平台运行后，将极大地提高交易效益并降低交易成本。

三　充分发挥管理职能，推动电子政务健康发展

（一）加强市级电子政务项目的管理

根据《六盘水市市级电子政务项目建设管理办法》，制定了规范市级电子政务建设项目

单位内部审核流程，明确了相关业务科室的审核职责。2013 年对《六盘水市旅游信息综合平台开发项目初步设计》《六盘水市人防地面应急指挥中心指挥信息系统工程实施方案》《市检察院涉密信息系统分级保护》等项目进行审查，并将审查意见报市发改委提供决策参考。

（二）制定办法，规范管理

为进一步加强和规范"中国凉都·六盘水"政府网站群的建设与管理，推动全市政府网站建设的健康有序发展，进一步提升六盘水市的公共服务和社会管理水平，六盘水市制定了《"中国凉都·六盘水"政府网站群管理暂行办法》，该办法于 10 月以市政府名义在全市印发执行。为促进全市电子公文交换的规范化、制度化、科学化，六盘水市 4 月份出台了《六盘水市电子公文交换管理暂行办法》，对网上传输电子公文操作进行了规范。

四　加强信息网络安全建设

为进一步加强"中国凉都·六盘水"门户网站群的信息网络安全管理，六盘水市就网站群存在的问题积极联系平台厂商进行处理。现已对网站存在的问题进行了修补、加固和升级。2013 年 10 月，六盘水市与贵州亨达技术有限公司合作，采取网站安全服务外包的方式由该公司提供技术支持解决相关剩余应用漏洞，解决了整个网站存在的安全风险。加固工作的完成减少了网站群系统安全风险，使政府门户网站群正常有序的运行。

（贵州省六盘水市电子政务办公室）

2013年北京市东城区电子政务发展概况

2013年，东城区信息化工作紧紧围绕区委、区政府中心工作，深化资源整合，以"共享、提升、创优、促进、绩效"为重点，以服务经济社会发展、服务百姓生活为主线，加快推进"智慧东城"建设，为实现信息强政、信息便民、信息兴业的目标扎实开展工作，提升经济社会信息化应用水平。

一 完善体制机制，深化应用管理

东城区从完善体制机制入手，强化评估审核，深化应用管理，大力开展培训，全面提升信息化建设水平。

1. 完善信息化组织保障框架

区信息化领导小组作为框架的顶层机构；东城区网络与信息安全协调小组、互联网宣传管理工作领导小组和党委系统信息化工作协调小组作为三个专业分支机构；东城区信息化工作办公室作为区信息化工作领导小组的日常办公机构。2013年9月25日，成立东城区信息化专家咨询委员会，作为区信息化工作领导小组的决策咨询机构。启动成立东城区信息化协会，促进区域数字内容产业、文化创意产业和信息产业的发展。

2. 建立东城区信息化建设绩效管理考评机制

为有效推动智慧东城建设，提高信息化资金的使用效率，东城区制定了《关于加强东城区信息化建设绩效管理工作意见》和《东城区信息化建设绩效管理考核办法（试行）》，经过第三十五次政府常务会审议通过并付诸实施。

3. 大力开展信息化培训

组织全区100余家单位信息化主管领导参加的培训会，聘请住房和城乡建设部、北航专家专题授课。同时，与区委组织部、区委党校联合，将大数据等前沿技术纳入党校干部培训课程，收到良好效果。另外，结合国家最新政策，聘请专家就"促进信息消费扩大内需"等内容对东城区相关单位进行培训。

4. 强化"智慧东城"行动计划项目审核

完成2012年"智慧东城"行动计划的24个项目建设；完成34家单位申报的46个2013年行动计划项目征集及审核并陆续启动，节约了建设资金60%。同时还完成了35家单位申报的138个2014年部门预算信息化项目的审查工作。

二 扎实开展工作，全面推进"智慧东城"建设

2013年1月，东城区被住房和城乡建设部确定为首批国家智慧城市试点，面对信息化发展的新形势、新任务、新要求，东城区扎实推进各项工作，加快建设"智慧东城"。

1. 扎实推进智慧城市试点工作

年初，按照住房和城乡建设部统一部署，结合东城区信息化规划，编制完成国家智慧城市试点任务书，并通过北京市住建委及住建部组织的专家评审。7月底，东城区与住建部建筑节能与科技司、北京市住建委共同签署《国家智慧城市创建任务书》，2013年，13项试点任务完成率达到70%。

2. 大力推进"智慧东城"行动计划项目建设

东城区作为北京市经信委确定的三维地理信息系统建设试点，与市资源中心在三维标准、资源共享等方面进行合作研究，初步完成东城区三维地理信息系统技术方案；建立东城区智慧商务综合服务平台，通过200个智能电子秤的改造和"早餐摇一摇"系统的开发，实现了东城区菜市场、早餐点的便民服务及实时监管；推进电子监察信息化建设，建成政府投资项目管理、保障性住房管理、政府协议采购竞价、招投标智能分析、网络行为管理5个监察系统。同时，通过建立数据共享机制，实现与北京市和东城区相关应用系统的实时对接；推进党委系统信息化建设，完成政务内网机房和党委系统互联网门户网站建设工作，进一步提升东城区党委系统信息化建设水平；按照"新时代、新东城"的设计理念，完成智慧东城体验厅的方案设计与招标，并启动实施。

3. 全力打造"智慧社区"

区信息办与社会办、民政局共同开展首批智慧社区试点建设验收及星级认定等工作，并对东城区的17个街道的49个试点社区进行了专题调研，形成了《"智慧社区"建设调研报告》，同时，从行动计划专项资金中安排400万元"智慧社区"试点工程引导资金，全力推进"智慧社区"试点建设。

三　依托信息化建设，努力提升精细化管理水平

东城区依托信息化建设，整合资源，稳步推进，规范管理、强化应用，全面提升信息化、精细化管理水平。

1. 稳步推进网格化云服务及两网融合

东城区成为国家"基于云计算的电子政务公共平台设计实施"试点，利用云计算技术，开展网格化社会服务云平台应用模式研究，搭建虚拟化云计算运行环境，初步形成符合东城区社区现状并可扩展和推广的网格化社会服务云平台；完成网格化社会服务管理信息系统13042个统战对象的整合，相继开发并推出基于网格化社会服务管理信息平台的助老、司法、助残和志愿者服务子系统和网格化社会面防控信息系统；积极开展永外街道网格化基础数据在线更新试点工作，实现了社区、网格基本情况的底数清、情况明；完成了国家级项目数字东城地理空间框架建设，得到了国家测绘地理信息局领导的充分肯定；制订了两网融合设计方案，开展《基于大数据技术的智慧东城网格创新管理服务平台的研发与示范应用》课题研究。

2. 推进政府门户网站的集约化整合与推广

完成了数字东城网站建设与升级改造工作。梳理各类办事服务事项6437项。在全国率先推出东城区文化服务导航网，创新研发"电脑自动摇号赠票"系统，目前网站总访问量达42860人次，实现了1815张演出票的网络发放；在各区县中率先建立综合性志愿者信息管理系统，实现志愿者统一管理、需求管理、服务需求响应以及工作评价等功能；在各区县中率先构

建社区办事服务门户网站，整合一批网上办事应用系统；开通街道"服务零距离、幸福每一天"政民互动交流网站；同时，按照大信访服务理念，打造网上信访互动平台，办结案件 2613 件。

3. 深入推进协同办公平台应用

目前，协同办公平台已完成全区 217 家党政机关、企事业单位的 100% 覆盖，实现政务办公无纸化、科学化、自动化、业务协同化。同时，积极推进部门协同办公系统建设，完成了政协、文化委、住建委等 58 家单位的部门协同办公系统建设。完成人大、政协提案管理系统的升级改造。

4. 信息技术服务体系不断完善

完成电子政务呼叫中心系统升级改造，新增短信发送、传真收发、工单流转等功能，优化业务办理流程。全年累计编发各类手机报 584 期；提供热线咨询服务 22517 次、远程支持服务 536 次、现场维护服务 4173 次。服务响应率 100%，综合满意度 92.9%。

四　提升基础设施建设，促进产业融合发展

东城区信息化建设本着夯实基础，加大投入，强化技术支撑，全力打造区域信息化发展工作体系，进一步促进产业融合发展。

1. 着力优化网络结构

完成《东城区电子政务外网升级改造规划》，并通过了专家评审；实现了前门步行街 My-Beijing 全覆盖；实现了五道营智能街区、龙潭湖智慧景区的 WLAN 网络全覆盖；完成东城区政府大院、行政服务中心、南锣鼓巷、钟鼓楼、南新仓、皇城根遗址公园等地区的 WLAN 设计并启动实施。

2. 提高网络安全保障

向全区党政机关事业单位下发了《关于开展电子政务网络和信息系统安全检查工作的通知》，会同区相关部门组织开展了 2013 年网络与信息系统安全检查工作，发现修补安全漏洞 60 处；下发了《关于开展电子政务用户信息核实工作的通知》，完成 103 家单位用户信息更新工作。

3. 改善公共服务水平

在王府井、前门、南锣鼓巷三个重点地区增加了 30 个城市旅游信息自助服务信息点，并拓展了自动解说、二维码扫描等多种新功能，游客只要下载软件或者扫描二维码，历史古迹、特色商铺、经典美食、艺术演出就能一览无余，充分享受到食、住、行、游、购、娱等全方位的便利；优化重点商业街区交通停车环境，在王府井地区新建 6 处二级停车诱导牌，新增接入 6 个停车场，共实现 3900 余个车位信息的实时发布，并以世纪大厦停车场为试点开展预定停车、错时停车等新服务，有效提升了王府井地区的交通运行智能化水平。

五　年度获奖

2013 年，东城区信息化工作成效显著，荣获多项国家、北京市奖项。1 月，网格化社会服务管理创新项目获"智慧城市创新应用奖"。4 月，获得北京市区县"智慧北京"建设综合绩效奖。10 月，政府门户网站"东城区志愿者服务专栏"被评为"2013 年政府网站特色

专栏"。11月，"智慧东城"建设成果荣获"2013中国城市信息化典型案例"以及2013中国（上海）智慧城市推进论坛"2013中国智慧城市推进杰出成就奖"。

（北京市东城区信息化工作办公室）

2013年北京市西城区电子政务发展概况

2013年，北京市西城区信息化工作按照"智慧北京"总体部署，按照统筹、服务、精品的工作思路，深化区域信息化工作探索研究，深入推进"智慧西城"顶层设计，加强信息化基础设施与重大项目建设，不断推进信息化在经济社会各领域的推广应用，形成了一批具有西城特色的信息化精品工程，更好地发挥信息化在支撑部门履行职能、提高行政效能的作用，全区信息化发展取得新进展、新成就。

一　信息化统筹能力进一步增强

1. 扎实开展"智慧西城"顶层设计

按照"智慧北京"顶层设计总则和指南的要求，由区领导牵头、区信息办统筹协调、各部门广泛参与，开展了区级、重点领域、区级部门和街道办事处三个层次的顶层设计，促进了基础设施集约、信息资源共享以及系统互联互通。2013年5月8日区政府常务会听取西城区信息化工作情况汇报，明确了东城区信息化"三层云"的顶层设计总体框架。目前，全区共有51家区级部门和街道完成了部门/街道顶层设计，5个牵头部门也完成了领域顶层设计。

2. 做好"十二五"中期评估

2013年5月启动了西城区"十二五"时期信息化发展规划中期评估，对规划总体进展、各项指标任务取得的成效、采取的主要措施进行评估。通过分析认为，规划确定的六大任务、十项重点工程进展顺利，较好的达到了中期目标，全区信息化整体发展水平迈上新台阶。同时分析了规划与发展环境的适应程度，提出了进一步推动规划实施的意见建议。

3. 制定制度规范

进一步完善管理制度，制定并发布了《西城区网络管理规定》《西城区网站管理办法》《西城区政务邮箱管理规定》《西城区信息化项目验收管理办法》。

4. 推动资源共享

提升数据库质量，开展数据比对，拓展数据来源，丰富数据内容，强化数据服务。依托政务信息资源共享交换平台，加强部门与部门、部门与街道等之间的信息交互，全区共部署网络交换节点31个、交换链路51条，实现信息、数据、文件、视频等各类信息资源的交互共享。提供系统级数据共享交换服务，为全响应、行政服务等系统提供电子证照的共享交换，为西城区各部门统筹提供地理信息系统查询。

5. 统筹项目管理

西城区发布了《北京市西城区信息化项目管理办法》，明确了凡是利用财政性资金的信息化项目，必须经过信息化主管部门审查。信息办联合监察局、发展改革委、财政局开展前期项目审查，财政部门保障建设资金，2013 年西城区共安排信息化项目 170 个，通过项目审查促进全区信息化均衡发展。

6. 集约建设政务云机房

西城区通过项目审查等手段严格控制各部门自建机房，保留并优化了 4 个政务机房，总面积达到 608 平方米，统一为各部门、街道提供云服务。主要承载了区级"全响应"平台、门户网站群、立体交叉数据中心、政务骨干网络以及区级部门和街道的 166 个业务系统，对公众或政府机关人员提供服务，节约计算资源建设费用成本 83%。

7. 集约建设共性平台

通过梳理各部门共性需求，建设并投入使用了包括信息资源共享交换、地理空间共享、图像管理等 12 个区级共性平台，为各类应用提供共建、共用、共享、安全、专业化、集约化的基础服务。强化基础应用系统建设，提供各类标准化应用组件服务和基础性功能支撑。目前已建有短信服务组件、统一认证服务组件和电子签章服务组件，并在西城区十余个业务系统中推广应用。

二　信息化支撑核心业务能力进一步提高

1. 信息化支撑辅助经济决策和电子商务发展

一是在辅助经济决策方面，西城区实施金宏工程，建成了经济社会资源中心、西城区金宏门户、领导决策支持系统、移动金宏和基于 GIS 的经济分析系统，为全区经济社会发展、综合管理提供信息和决策支持服务。二是在促进电子商务方面，西城区实现应用电子商务的企业数占企业总数的比重超过 44%；11 家企业获得第三方支付牌照，占北京市的 1/4；金融电子商务年交易额过千亿元，年度增长速度超过 300%。制定北京市西城区 3 年电子商务工作规划；精心建设一站式社区便民电子商务平台——"生活服务网"，1500 余家便民服务商入驻上线，各街道社区商圈网建设基本完成；加强对区域老字号企业开展电子商务引导扶持，使一批传统企业网上销售额实现翻倍增长。三是在社会信用方面，西城区积极构建社会信用体系，深入开展电子商务信用体系建设研究，初步制定了西城区电子商务在线信用评价办法，并在马连道特色茶业街试点应用；推进信用产品在政府采购、投融资服务等领域的应用，努力打造"信用西城"，力争高质量完成中小企业信用体系试验区建设试点工作。

2. 信息化支撑社会管理和公众服务

一是稳步推进社区信息化建设，打造全响应信息化保障基础，完成 12 个全响应网络化社会服务管理街道指挥分中心建设；通过平台处理社会事件近 10000 件，上报民情日志 64000 余条；开通 30 个事项"全区通办""三级联动"服务及 50 个事项网上预约预审服务，2013 年已为居民办理服务事项 45292 件，其中通办事件 112 条；在"智慧社区"顶层设计的统筹指导下，西城区积极推进"智慧社区"建设，按照《北京市智慧社区指导标准》，首批 70 个试点社区均达到二星级以上，59 个社区申报三星级社区。二是持续开展网站建设，将"倾听民声、实现民意、服务民众"作为立网之本。"北京西城"政务网站于 2013 年 11 月改版上线，协调配合 15 个部门开展网站建设和改版，新建并发布各类专题网站超过 20 个，开辟了网上信访、在线访谈、随手拍西城、微视频等政民沟通渠道。网站管理体系日趋完善，联合监察局每季度对政府各部门和街道办事处进行了绩效评分通报，各级日常监测共发现问题 150 余条，各部门和街道网站信息更新有大幅度提高。第十二届（2013）中国政府网站绩效评估结果发布，"北京西城"政务网站以77.4分的成绩位列全国495个区县级政府网站第一名。三是整合行政客服、社区服务、非紧急救助等热线资源，开通"12341"为民服务"一号通"，提供城市管理、行政服务、便民服务、社情民意和投诉举报五项服务功能。四是继续开展信息化技能培训，缩小信息化鸿沟。全年共组织辖区居民尤其是老年人、残疾人等弱势群体参加信息化培训3万人次，帮助居民体验信息化对生活带来的帮助和便利。启动月坛残联信息化康复站培训站，率先在全区开展智障、精神残疾人员信息化培训704人次。

3. 信息化支撑行政审批和政务办公

一是深入推进国家行政服务标准化试点工作，形成了《北京市西城区行政服务标准体系》，包括行政服务事项标准699项、管理规范类标准45项，用标准规范服务事项、服务流程、服务人员行为等，促进行政服务满意度的提升。二是西城区建成了区级7×24小时综合行政服务中心 - 街道办事大厅 - 社区基层服务站三级办事大厅、区级网上政府服务大厅 - 街道社区办事平台两级网上办事平台，实现30项事项全区通办、三级联动，为实现同城通办、四级联动探索了一条可行路径。三是实现"无纸化"办公，西城区建成了统一的OA办公平台，覆盖了135个区级党政机关和街道办事处，并开发了移动OA办公系统，实现了全区公共OA功能及流程在移动终端的应用。

三　信息化基础设施支撑能力进一步加强

1. 网络基础设施不断优化

2013年网络和信息安全全年无事故，信息安全保障能力不断提高。开展网络建设和改造，建设德胜街道社区等161个单位网络线路，完成政务网络整体调优工作。持续开展互联网出口和重点单位信道冗余配置，提高网络服务保障能力。

2. 平台基础设施不断完善

继续推进西城区公益性无线宽带局域网络建设，完成市级公益性无线宽带局域网络建设及优化工作，继续扩大公益性无线网络覆盖范围，已完成20个热点的覆盖。编制宽带西城行动计划，完善政务网络覆盖，利用4G等网络技术解决部分社区线路资源不足的问题。一年来，共新建无线网络热点1200余个，实现光纤到户33万余户，完成高清交互机顶盒发放30余万户，完成4G基站建设227个。

（北京市西城区政府信息化工作办公室）

2013年北京市朝阳区电子政务发展概况

2013年是"十二五"中期之年，也是大力推进《朝阳区信息化"十二五"规划》主要任务的关键一年，在区委、区政府的正确领导下，信息办坚持以科学发展观为指导，贯彻落实党的十八大精神，以"新四区"建设为统领，全面启动"智慧朝阳"建设，促进信息服务业发展，推动信息化与社会经济各领域的全面融合。

一　信息办基本情况

朝阳区信息办成立于2001年，是全区信息化的主管部门，主要负责指导、组织和实施辖区内信息化建设，推动区域信息服务业的发展。区信息办下设综合管理科、电子政务与社会信息化科、软件与信息服务业科和一个科级事业单位信息网络中心。工作人员以计算机、通信方面的专业技术人员为主。

朝阳区信息化的发展一直以来走在北京市乃至全国的前列，在奥运会和国庆60周年等重大活动和重要的历史时刻，区信息办都不辱使命，将信息化保障作为一项重要的政治任务，出色地完成了各项工作，得到了各级领导的肯定。经过14年的历程，朝阳区的信息化建设在政府管理、城市运行、社会发展、百姓生活等各个方面都发挥了非常重要的作用，加快了北京迈向"世界城市"步伐。

二　2013年重点工作及主要成果

1. 启动智慧朝阳顶层设计

2013年1月，朝阳区成功入选由住房和城乡建设部评选的全国首批智慧城市试点。为了更好地利用系统工程思想开展智慧朝阳建设，将本着"顶层设计、长远规划，基础共建、资源共享，示范先行、全面推进，政府主导、开放合作，统一规范、保障安全"的原则进行顶层设计。

2. 完成智慧社区建设任务

按照北京市、朝阳区折子工程任务，到2013年年底评上三星级智慧社区共63个，通过新一代信息技术手段，在社区管理、公共服务、社区环境、社区党建等方面，创建资源全整合、社会全参与、信息全联通、过程全监督的智慧社区。目前以团结湖、亚运村、奥运村、麦子店、安贞等为代表的智慧社区建设初见成效。

3. 建设示范性智慧园区

打造"智慧CBD""智慧电子城"等一批示范园区，推进全光通信网和无线宽带在公共场所及办公楼宇全覆盖；为企业开通视频会议、信息化党建等服务平台，提升智慧管理和服务水平；在区域内建设智能停车诱导系统，缓解交通压力；聚集一批以通信互联网、新媒体、金融信息、电子交易中心等为代表的信息服务企业，强化信息枢纽功能。

4. 完善政府网站工作

网站管理方面，加强节假日期间各单位网站内容的监管要求，在节前召开网站维护公司会议，制定网站应急预案，并向各单位发布通知要求上报本单位网站负责人值班人等信息。此外，全年共为6家单位提供自建站服务，并细化、规范申请建站流程。政府信息公开方面：2013年政府网站共更新12782信息，其中政务公开类信息2938条，发布民生服务信息量共计9844条，向首都之窗报送信息6014条；数字电视更新543条信息。网上办事方面：为推进服务网下发《关于核对并完善网上办事服务资源的通知》，要求各单位登录北京市朝阳区政府办事服务资源内容管理系统，核对并完善网上办事服务资源，并将网上办事发布情况与区内相关考核挂钩，保证网上办事信息的准确性。政民互动方面：2013年，政民互动平台电话受理信件 23596 件，网上受理信件 3608 件，区长信箱受理信件 1516 件，总信件数量为 28720 件；围绕政府部门工作、群众生活等开展，在门户网站开展 4 次民意征集活动。

5. 完善基础设施提升群众生活品质

全区新建小区宽带入户率接近 100%，3G 网络覆盖全区，推进"三网融合"应用，高清交互数字电视网络覆盖 60 万户家庭。全区政务专网线路完成由 ATM 向 ASON 网迁移任务，更换部分网络设备，逐步实现专网扩容，解决带宽不足问题。

6. 推进一氧化碳中毒预警防控项目

朝阳区累计在 13 个乡、105 个村安装部署联网式报警器 1.3 万支，进一步完善和拓展了物联网式报警器监测平台的各项功能，加强对报警器插电上线等使用情况的巡检工作。项目实施以来 4 个取暖季累计收到一氧化碳报警 39.9 万条，紧急求救报警 10 万余条，所有报警均得到有效处理，在已安装报警器正常插电上线区域，未发生一起人员伤亡事故。该项目被授予"北京市物联网项目最佳成效奖"，并纳入市级物联网示范工程。

7. 深入推进电子政务标准化工作

在已制定的政务信息资源基础数据标准体系基础上，进一步深化朝阳区电子政务标准化工作，修订 1 个管理办法、6 个规范文件和 2 个应用指南的编制（1 + 6 + 2），拟定移动平台标准规范、GIS 平台标准规范、云计算标准规范。

8. 建立移动电子政务体系

信息办统筹管理全区移动电子政务应用开发，现已整合全区人口承载力统计分析、图像监控系统、环境环保数据、交通流量、汛情防控、应急指挥等 11 个功能模块。

9. 区级重点信息资源应用项目

牵头建设房屋权属登记业务网上预约系统，在系统上线后参与系统运行专项保障工作；参与区级人口数据更新工作，会同流管办调研麦子店外籍人口服务中心建设工作，为对接市级相关部门人口数据工作提供技术支持；建设渣土智能监控系统，在 10 个主要在建工地出入口增设摄像头，监控渣土运输情况。

10. 加强全区信息安全保障工作

年内组织全区信息安全检查，完成 129 个政府外网网站应用漏洞评估工作，组织二、三级等保单位开展信息安全培训。截至 2013 年 10 月中旬，朝阳区共发生 9 起 Ⅳ 级信息安全事件，采取约谈、实地调查、发送整改建议函等方式进行处置，出具信息安全处置报告 9 份。更换部分老旧设备，区政府核心机房部署应用服务及网络设备监控报警系统，调整梳理区域安全策略，对重要系统和网站进行信息安全评估。

三 总结

朝阳区已经进入全面实施"十二五"规划、加快"新四区"建设的新时期，对信息化助力朝阳区经济社会又好又快发展提出的要求更高，任务更重。下一步将积极推动政府信息化建设，实现从"数字朝阳"到"智慧朝阳"的跨越式发展，为朝阳在更高层次上又好又快发展做出更大贡献。

（北京市朝阳区信息化工作办公室）

2013 年北京市海淀区电子政务发展概况

2013 年是智慧海淀全面建设的一年，以海淀区成为全国首批基于云计算的电子政务公共平台建设和应用试点示范地区的契机，以促进全区电子政务信息整合和资源共享为目标，推进全区政务云计算中心、政务光纤专网、重点区域免费 Wifi 网络等全区信息化基础设施建设，加快网格化社会管理服务平台、综合行政服务审批业务系统等一批重点信息化应用工程建设。在简化群众办事流程、提高办事效率的同时，全面改善海淀区电子政务办公环境，切实落实便民利民事项，为海淀区电子政务工作向集约、高效、便捷、安全方向发展打下了良好的基础。

一　全力加强信息基础设施

1. 积极推进第四代移动通信 TD－LTE 网络和光纤到户建设
截至 2013 年底，中国移动北京公司已在三环路以内地区及中关村、紫竹桥、知春路、上地等重点区域建设基站 1100 个，超额完成年初确定的 300 个基站建设目标。另外，海淀区共有宽带用户 107 万户，其中实现光纤接入累计共 56 万户。

2. 部分区域已完成无线局域网络覆盖并免费向公众开放
引导电信运营企业在海淀人才大厦、企业服务中心、招商大厦、上地办公中心等政务服务大厅，重点旅游景区、中关村西区、群众休闲广场等区域建设无线局域网络，政府购买服务并免费向公众开放。

3. 启动全区政务光缆网的规划和传输网络改造
2013 年通过全面调研和细致分析，结合网格化视频监控、教育、卫生等重点业务，启动了全区政务光缆网络的规划工作。同时，为解决当前区政务外网存在的设备老化、技术落后等问题。

4. 持续推进高清交互数字电视改造工程
按照市主管部门工作安排和创建全国文明城区要求，配合北京市广播电影电视局稳步推进城镇地区高清交互机顶盒推广工作，已完成数字化改造约 85.8 万户，其中完成高清化改造约 58 万户。

5. 启动海淀区政务云平台建设
海淀区通过购买云服务模式进行电子政务云平台建设，在有效降低重复建设投资、节能环保的基础上，实现海淀区电子政务系统基础设施资源的按需调配、即需即用、有效共享，实现海淀区电子政务应用的建设集约化、信息共享化、服务标准化、效益最大化，推进科技创新在海淀区电子政务领域的示范应用。

6. 完成区电子政务内网机房建设
落实市委办公厅及机要局有关文件要求，积极推进电子政务内网整合工作，已经完成电子政务内网机房建设并投入使用，部署的网络设备和监控设备安全稳定运行。

二　全面推进核心业务应用

1. 启动综合行政服务中心信息化系统建设

开展综合行政服务中心的方案设计和投资模式研究，完成了全区层面的业务事项梳理。建成后将形成一个大厅、一个网站、24 小时自助政务服务站全覆盖的区、街、居"三级联动"服务模式，提升办事服务水平和政务公开。实现数据互联互通、业务协同和资源共享，打造面向企业的"一站式服务"品牌。

2. 建成网格化社会管理服务系统，实现网格化区域管理

对全区 29 个二级网格、643 个三级网格、78 个委办局、8000 余名网格人员的基础上建设系统包括了网格化流程处理平台、实有人口管理系统及街镇网上办事大厅，实现城市管理系统与网格化社会服务管理信息化平台的整合，结合创建文明城区，将街镇工作通过该平台流转和考核，使该平台成为覆盖区、街、居三级的联动工作平台，实现部分行政许可审批事项全区通办，建设实有人口信息采集、动态更新和部门共享的数据库。

3. 完成政府网站优化升级，推进网站群建设

以信息公开、政民互动、网上办公、民生服务为突破口，结合北京市网站考评结果，完成了政府网站优化升级工作，开展了全区网站群的建设工作。目前，网站群已成为海淀对外的重要窗口。

4. 积极推动海淀区协同办公系统平台升级改造项目建设工作

打造海淀区办公云平台、升级改版现系统页面，实现系统服务功能模块化开发，全区 OA 系统用户已顺利过渡到新平台上使用，用户数增加到 6900 多人。系统的应用范围涉及党群系统、政法系统、政府系统、街道系统、乡镇系统、企业事业单位等 164 个部门，系统的月均访问量达到 9 万余次。

5. 推进智慧卫生建设

编制完成了《海淀区"智慧卫生"区域卫生信息化项目总体设计方案》确定了"3 + 3 + N"的总体技术架构，并部分启动了海淀区智慧卫生建设项目一期工作。重点开展了以电子病历为核心的医疗卫生机构内部系统改造升级工作，基于统一的区域卫生信息数据中心，完成北京大学人民医院和区属医疗机构之间医疗共同体信息化建设试点工作，实现试点机构之间的诊疗记录共享、居民电子健康档案数据共享、影像检查信息共享、预约挂号、双向转诊。推进卫生局视频监控指挥中心建设，实现视频监控的全覆盖，并实现全局调用、重点存储，以满足日常管理和巡检的要求，提高卫生局对突发事件的应急指挥的能力。

6. 推进智慧教育建设

开展《北京市海淀区智慧教育（2013 ~ 2020）发展规划》的编制工作，对未来一段时间全区教育信息化的发展进行前瞻性的统一规划，实现现有资源的集中整合、充分利用；稳步推进区内校园信息化建设工作，建立中小学读书平台，实现信息技术与教育教学深度融合，使海淀教育信息化继续保持国内领先水平。

7. 积极推动中关村核心区企业综合服务平台建设，加快实施智慧园区

完成了智慧园区整体设计，进一步完善海淀区中小微企业融资服务平台、信息化服务平台、创新营销服务平台、企业运行监控平台，加强各系统和各平台间的整合力度。

三　积极创新智慧海淀建设模式

1. 成立智慧海淀专项工程指挥部和办公室

协调推进智慧海淀各相关专项工作，实现了区级层面对智慧海淀建设的全面统筹。

2. 聘请第三方项目管理咨询服务团队

为智慧海淀建设项目进行细化技术审核、建设管理和后期评估。2013 年 3 月 28 日正式挂牌成立了海淀智慧城市产业联盟，来自海淀区 100 余家 IT 企业和海淀区政府各委办局 240 余人出席大会。联盟融合了产、学、研、用等多方力量，促进智慧海淀和区智慧城市产业发展壮大，同时引导企业间合作形成优势互补。

3. 以购买服务的方式对部分智慧海淀项目进行建设和管理

充分利用海淀区现有资源和区内信息化建设企业众多的优势购买企业既有服务和成型产品，在得到专业化、系统化服务的同时节约一次性政府投入，形成长效运行机制。

（四）继续加强网络和信息安全

1. 成立信息安全组织协调机构，建立健全信息安全管理体系

海淀区高度重视政务网络及信息系统安全，按照有关文件要求成立了海淀区网络和信息安全协调小组和海淀区通信保障和信息安全应急指挥部，领导协调全区网络和信息安全工作。

2. 加强电子政务机房和网络运维外包管理

为提高政务机房运行维护管理水平，确保电子政务网络及各核心机房运行安全稳定，海淀区实现了网络的统一接入、政务机房的统一管理、信息系统建设的统筹规划，信息安全和系统建设同步推进。政府信息化基础设施采取明确统一的运维外包的服务模式，依托专业运维外包公司的技术力量对政务机房和网络进行精细化管理和服务，有效提升了运维工作的效率和质量，全面增强了全区信息安全防御和保障能力。

3. 加强公文电子件的管理、审批、发布、传输监控力度

海淀区严格按照"上网不涉密，涉密不上网"的原则，在文件发出前须经过层层审核，网上流转全过程监控，保证了公文电子传输和管理的安全有效。

4. 建立健全政务网络和信息系统综合监控预警管理平台

为大力提高海淀区政务网络和信息安全管理水平，海淀区完成了政务网络和信息系统综合监控预警管理平台建设项目。自平台上线以来，累计监控发现各类预警信息 160 余起，有力保障了海淀区政务网络和信息系统安全稳定运行。

（北京市海淀区经济和信息化委员会）

2013 年北京市大兴区电子政务发展概况

2013 年，大兴区信息化工作紧紧围绕"智慧北京"建设，积极开展智慧大兴建设，坚持统筹集约的发展方式，全区信息化水平迈上了一个新的台阶。

一　强化统筹管理工作，推进全区信息化建设

1. 完善信息化组织机构建设

为加强全区信息化统筹管理工作，促进资源共享，推进"智慧大兴"建设，对区信息化工作领导小组成员进行相应调整，进一步完善信息化工作机制。

2. 积极推进智慧北京建设

为加快推进"智慧大兴"建设，大兴区下发了《关于做好 2013 年大兴区下半年信息化重点工作任务的通知》（京兴信发〔2013〕1 号），对全区信息化重点工作任务进行了分工。

3. 组织实施智慧大兴顶层设计

为推进智慧大兴顶层设计工作，进行信息化摸底调研，明确各单位的现状及需求；将《宽带北京行动计划》、两化融合等工作目标和需求纳入顶层设计；多次向市经信委、区领导进行汇报；组织区内各委办局、镇、街道、运营商和相关企业共 98 家，召开智慧大兴顶层设计宣讲会，多方征求听取各方意见和建议。

4. 强化信息化项目管理

加强信息化项目前置审查力度。通过项目技术审查，为各单位提供区政务办公平台、地理信息系统、法人库等共享资源，无须各单位单独购买，节约建设资金；对项目提出整合建设方案，实现集约建设，推动全区信息化整合共享；提出网络与信息安全建设要求，确保项目安全稳定运行。

二　整合信息基础资源，为信息化工作提供保障

1. 整合全区基础网络设施，提升安全保障能力

大兴区政务网全长 500 余公里，接入行政、事业单位 142 家，连通行政村 527 个、社区 60 个。2013 年，大兴区政务核心机房利用云计算技术将机房、网络、服务器、存储等物理资源进行服务化封装后形成基础设施服务资源池，实现基础资源共享。大兴区政务核心机房按照国际电信级 IDC 机房标准进行建设，配备了完整的制冷、防尘、消防系统，恒湿恒温环境；提供全自动的消防系统；7×24 小时的系统管理和技术支持服务、网络监控报警服务、流量带宽监控服务和机房基础支撑环境监控，全区信息安全能力进一步提升。

2. 整合全区网站资源，提升综合服务水平

2013 年，大兴信息网本着"安全、统一、规范、高效"的原则，对网站进行升级，增加无障碍通道，对旧网站所有栏目进行合并调整，更加突出服务型政府门户网站。同时，梳理政务服务事项 1323 项，进行统一编码和办事指南的全要素公开，确保网上办事服务和实体大厅的一致性，提升政民互动服务水平。

3. 整合政务办公平台，实现二级协同办公

大兴区政务云办公平台作为全区统一的政务办公门户，整合了公文管理、应急管理、提案议案办理等应用系统。2013 年，二级协同办公系统通用版本初步建设完成，组织 10 家单位进行试点，使用效果良好。

4. 整合基础信息平台，促进资源共享互通

（1）完善建设基础数据库。大兴区已建成空间地理、法人等基础数据库，为各委办局提供基础应用。大兴区空间地理基础数据库为网格化项目、平安亦庄、环保信息化等多个项目提供了空间地理信息服务。大兴区法人数据库实现了与市级数据的定时自动同步更新，为"大兴区安全生产管理系统""大兴区庞各庄镇'智汇安全'系统"等业务系统提供企业数据和比对服务。

（2）建设区级共性平台。截至2013年，大兴区建设政务办公云平台、政务网站群平台、空间地理信息平台等五个共性平台，提供信息化共性服务，实现全区信息化集约建设，逐步形成一体化的信息支撑平台。

（3）建设政务资源共享交换平台。为实现政务信息资源全面共享与整合，推动区属政务信息资源统一管理和应用，2013年，大兴区规划建设政务信息资源共享交换平台，完成了政务信息资源共享交换平台项目实施方案和立项工作。

三　推进各领域智能应用，加快智慧大兴建设

（一）加快推进城市精细化管理

1. 建设"天网"工程

大兴区制定颁布了《大兴区关于加强图像信息管理系统建设工作的意见》，统一图像视频监控系统标准；视频监控"天网"工程整合368家社会重点单位的图像资源，逐步构建全区唯一的视频监控图像共享交换枢纽。2013年，天网工程覆盖14个镇，5个街道及104国道和京开辅路的主要街道和重点部位。

2. 建设网格化综合服务管理体系

2013年，大兴区全面推广网格化服务管理模式，深化社会服务、城市管理、综治管理、安全管理等各类网格的融合与统筹，"一二三四五"模式初步形成。网格化社会服务管理系统和村庄社区化管理系统于2013年正式运行，将逐步实现与网格化城市管理系统、安全监管系统的对接和资源共享，共同搭建网格化综合决策支持平台。

3. 建设安全监管平台

2013年，大兴区建设动态安全监管和预警预报系统，以庞各庄镇"智汇安全"为基础，以网格化管理为模式，融合"企业自查自报、日常巡查、执法监察、联合执法、预警预报"等工作内容，健全问题发现、处置、反馈、监督、评估的长效机制，实现安全管理的动态化、标准化、智能化、科学化、信息化。

（二）推进农业精细化管理

1. 建设大兴区气象决策服务系统

2013年，大兴区气象决策服务系统开发建设完成，提供最新天气预报、气象自动站实时数据和预警信息等内容。各级领导及基层涉农部门运用该系统查看气象信息，提高了信息化在领导决策、指导生产、民俗推介、农资监管和金融服务等方面的服务水平。

2. 推动物联网技术在农业生产中的应用

大兴区通过物联网感知"精准农业技术"，实现了对园区农业生产的自动化和智能化管

理。自动灌溉和温室环境调控等功能，减少了病虫害的发生，缩短了生长的时间，提高了出成率10%，减少了劳动用工费用15%。同时，该项目增加了安全生产监控设备、墒情监测传感器及自动气象站等设备，实现果树产量提高了8%，用水量节约了15%。

（三）深化民生数字化服务

1. 建设村庄社区化管理系统

2013年，大兴区建设了村庄社区化管理信息系统，覆盖13个镇364个村，录入基础信息共95万条，完成采集录入工作70%。系统运行以来，共上报事件11357件，处置率93.96%。其中，事件主要集中在环境秩序、综合治理、安全管理和社会服务四个方面，分别占总量的41%、23%、23%和13%。

2. 建设网格化社会服务管理系统

2013年，大兴区网格化社会服务管理系统运行，共录入社区基础信息近40万条，建立了人口、网格、组织、设施、事件五大数据库。共接到居民诉求548件，解决率达80%。

3. 建设大兴社会服务网

大兴社会服务网是一个集生活、消费、娱乐、就业等内容的综合性服务平台，涵盖门户网站、移动客户端软件、呼叫中心等服务，形成三位一体的服务架构。大兴社会服务网与区委办局对接，通过权威机构筛查和公众的评论，共建诚信社会；与网格化系统对接，推出"民意诉求"发布功能，扩大民意收集渠道；提供公共自行车、大兴天气、公交、常用号码、应急避难场所查询等功能。自2013年2月上线以来，实现了大兴区11个大类164个小类的快捷查询，内容涵盖7000多家服务机构，遍布全区5个街道办事处、14个镇。截至目前，手机客户端软件下载量已超过6000次。

（四）推进环境信息化建设

2013年，大兴区建设了污染源在线监控系统、环境地理信息系统和环境数据中心，实现污染源监管智能化管理、环境业务监管"一张图"和环境数据资源的共享化。大兴区数据中心现有17大类资源数据，涵盖2008年至今的所有数据，实现了规范标准统一、数据一源多用和资源共享。

四 加强政策体系建设，优化信息化发展环境

2013年，大兴区编制了智慧大兴顶层设计报告及实施方案，为大兴未来3~5年发展提供指导。

完善信息化政策体系，编制发布了《大兴区政务信息资源管理办法》和《大兴区政务网络与信息安全管理办法》，修订完善了《大兴区信息化项目管理办法》和《大兴区政务网站管理办法》，信息化政策体系进一步完善，为信息化工作开展提供依据。

加大信息安全管理，组织应急演练，修订了《大兴区突发公共事件通信保障应急预案》和《大兴区网络和信息安全应急预案》，进一步提高应急处置能力。

（北京市大兴区经济和信息化委员会）

2013 年北京经济技术开发区电子政务发展概况

2013 年，开发区信息化工作坚持围绕中心、服务大局，遵循"统筹规划、服务保障、整合共享、集约管理"的原则，以信息化基础支撑能力和共享互通能力提升为重点，深化信息化新技术在新区经济建设社会管理关键领域的应用推广，全力推进"智慧亦庄"建设。

一　构建智慧亦庄发展战略，充分发挥信息化引领作用

1. 成功申报国家智慧城市试点

根据新区"战略产业新区、区域发展支点、创新驱动前沿、低碳绿色家园"的发展定位，对应《智慧北京发展纲要》，按照统筹规划、整合共享、服务引领、全面发展的原则，制定完成《开发区智慧城市发展规划纲要》和《国家智慧城市试点实施方案》，顺利通过北京市住建委和国家住建部两级评审，于 8 月 1 日被住房和城乡建设部正式确定为 2013 年度国家智慧城市试点。在 11 月 22 日正式完成创建任务书签署，开展开发区智慧城市试点创建工作。

2. 深化区域信息化战略要求

按照智慧城市规划纲要，开发区信息化的发展总体战略：以服务和支撑建设具有世界影响力的高技术制造业和战略性新兴产业聚集区为宗旨，以提升产业综合实力为核心，以信息技术改革和体制机制创新为双驱动力，到 2015 年末，完成国家智慧城市及北京市智慧北京的建设任务和指标要求。

二　稳步推进基础建设与能力提升，提供优质网络保障

1. 加快推进开发区政务网络优化升级工作

完成电子政务互联网双百兆链路接入运行，完成党群活动服务中心政务网络接入并南区增设网络节点间，扩大了南区政务专网覆盖范围。继续推进管委会政务网络升级，确定骨干网双核心、网络会聚层、政务双环网"环＋星"及驻区职能局接入管委会政务网实施方案。

2. 积极推进无线城市建设

以开发区现网基站及无线基站规划为基础，推动区内重点企业、园区信号覆盖与通信服务保障，不断扩大 3G 通信及"无限亦庄"覆盖范围，完成隆盛大厦办公大厅热点布设，继续推进公共区域免费 Wifi 覆盖。

3. 稳步推进云计算虚拟平台建设和应用系统托管工作实施

继续开展政务信息应用系统虚拟平台建设及托管工作，截至目前，管委会对外托管系统 15 个，管委会自建虚拟化平台资源池搭建虚拟机 25 台并全部投入运行。

三　以产业宣传和信息服务为重点，不断提升网站服务水平

1. 大力推进各部门网站信息发布工作

2013 年全年门户网站有效页面浏览量共 7933181 次，较 2012 年的 4161513 次增长 91%。

全年网站信息更新总量共22506条，较2012年的29207条降低23%。全年门户网站境外访问次数共417129次，较2012年的245829次增长70%。除获得2013政府网站精品栏目评选"政府网站特色专栏"奖外，在2013年中国优秀政务平台推荐及综合影响力评估中荣获2013年度"中国政务网站领先奖"，蝉联该奖项国家级经济技术开发区网站第一名。

2. 启动重点企业和优势产品虚拟展厅建设

开拓对支柱产业、重点园区和知名企业、优势产品的展示推介新渠道。

3. 建成北京市民主页亦庄专区

开辟区域宣传、公共信息服务的移动平台新渠道，对比全市各区县同类型活动，此次专区栏目上线创全市市民主页推广活动参与率、点击率、参与用户数等多项之最。

四 继续推进基础数据库和公共支撑平台建设

（1）启动公共地理空间基础数据库和共享服务平台建设，按照公共基础图层支撑，专业图层集成应用的模式，推进空间平台建设，为领导决策、产业发展、土地规划、经济运行、城市管理、企业和社会服务提供有效的空间信息支撑。

（2）完成内外网统一认证平台建设部署。实现区内企业登录政府各部门对外服务系统时的单点登录和统一认证。其中，内网统一认证平台对接管委会8个部门13套业务系统应用，外网统一认证平台对接科技创新申报系统。

（3）完善法人基础数据库系统，为部门业务开展提供基础法人信息支撑。截至目前，开发区法人库积累法人数据7742条（企业法人7626条），与工商分局等部门比对数据26973条，为开发区企业环保与科技普查工作共提供7898条/次法人数据支撑。

（4）加快内网办公系统功能完善和推广应用。完成网上督查督办管理、网上政务信息管理及办公平台升级改造的方案设计，持续推动工委管委各部门、驻区职能局间电子公文流转应用。

五 加快城市运行管理体系建设

1. 不断完善城市公共监控体系

完成139路新增公共监控点位建设，完成重点工地扬尘及城市早餐工程监控试点建设，启动博大公园、企业文化园公共监控规划及包含12平方公里新扩区域在内的全区公共安全与城市综合管理监控体系需求规划编制，相关建设资金已列入开发区固定资产投资计划。

2. 建立城市综合管理快速应急响应机制

依托无线网络，建立起对城市综合管理临时监控需求的快速响应机制，协助发改局、建发局、城管执法分局快速建设完成临时监控点位，有效保障了开发区"早餐工程"餐车安全与重点工地监控快速搭建。

3. 完成视频图像信息管理平台改造主体建设

完成该平台验收及试运行，实现了基于空间地理信息平台的视频调用和对前端监控设备的分级授权、远程智能检测和视频质量分析，该平台现已接入监控1576路（自建自管310路，接入重点社会单位监控1162路，公安移动执法车监控4路），其中无线监控39路，实现相关部门移动执法车、早餐工程监控、重点工地监控的有序接入，为应急管理、公共安全、城管执法、安全保密等综合管理工作的开展提供了有力的信息化支持与保障。

六　深化企业和社区信息化建设与服务

深化整合区域对企服务各种资源要素，基本完成以"优势产业宣传、特色园区介绍、龙头企业展示、重点产品推介"为核心功能的开发区产业·企业引擎门户网站的功能梳理和方案设计。稳步推进构建基于社区政务公开和便民服务的社区信息化管理服务平台规划建设。

七　建立信息化大运维体系

完成2013·2015年网站群运维、政务信息网络及视频监控系统运维、网络安全运维服务单位的招标采购工作，实现新老服务单位工作的顺利平稳交接，集中式监理单位同步开展运维。不断提高运维服务标准、优化运维服务流程，将基础运维服务纳入平台化管理。

八　完善政务信息安全防护体系

参照信息安全等级保护三级标准完成对管委会信息系统预测评工作，为下一步管委会信息安全体系建设提供技术依据与管理提升方向；在现有网络安全体系中对已过期的设备进行更新升级并新增数据库审计设备，实现对管委会各信息系统数据库操作行为实时监控、记录，通过技术手段确保及时发现管委会信息系统的网络入侵和服务器漏洞。

2014年度，开发区将紧紧围绕"智慧城市"建设这一主题主线，按照"统筹规划、动态推进，整合共享、融合渗透，全面推进、示范引领"的原则，研究确立具有亦庄特色、符合亦庄区情的智慧城市组织机构、工程建设、项目运营与投融资模式，完善智慧城市顶层设计与总体规划，把智慧城市战略转化为可操作、项目化的业务系统和服务工程，做好任务分解并强化落实。围绕公共安全、资源能源、环境治理、区域交通、园区物流、智慧社区等重点领域适时启动一批重点工程，并配套出台开发区智慧城市相关政策性文件、技术规范和标准体系，加强对提升城市管理、产业提升项目的引导、组织、规范、扶持，吸引区内外企业和其他社会力量投入开发区智慧城市建设中。

（北京经济技术开发区管理委员会）

2013年江苏省仪征市电子政务发展概况

2013年，通过加强对全市电子政务建设的协调与指导；开展电子政务培训；召开全市电子政务工作会议；完善行政务权力公开运行系统；新建12345公共服务办事系统；"中国仪征"网站全面改版升级及政府网站群建设；等等。"中国仪征"荣获全国县级市第一名；江苏省优秀政府网站；"中国政府网站领先奖"；政府网站信息公开类精品栏目等奖项。

一　建设12345服务热新平台

为整合公共服务资源，加快公共服务型政府建设，为人民群众提供更公正、更快捷、更优质的公共服务，构建社会主义和谐仪征，建设汽车名城和更高水平小康社会。创建了仪征市12345公共服务新平台。

（1）全面整合了"12345市民服务热线"工作领导小组办公室、电子政务中心、数字化城市管理监督中心、市政府电子监察中心等4家政府机构，成立了12345公共服务中心。实现了人员、办公场所、信息资源、软硬件设备等优化和共享。避免了重复建设，机构职能重复，资源内耗、行政成本增加等问题。

（2）统筹规划，合理布局并按公共服务功能进行建设和划分。按12345热线电话职能，建有12345热线电话和数字化城市管理及办理大厅；按电子政务建设和管理职能，建有"中国仪征"政府网站内容保障、政府论坛、微博、微信、在线交流、视频直播等的发布和管理大厅，按政府电子监察的职能，建有市政府电子监察大厅，统一负责全市电子监察工作。避免了公共服务场所分散建设，不利管理，不利监督等现象。

（3）统一建设12345公共服务系统平台。将12345热线呼叫、承办，督办管理系统、数字城管系统、电子监察系统、"中国仪征"网站市长信箱，政府论坛，微博，微信等系统进行全面整合。实现了统一数据出口、一个办理系统平台、一个对外窗口的公共服务系统。

二　"服务热线"上新台阶

（1）加强了"热线服务"队伍建设。设立了热线科，采用服务外包的形式，公开招聘12名热线座席人员，24小时接处群众来电；设立了数字化城市管理监督中心，将城市管理热线与12345公共服务热线进行了整合，配备座席员6人、监督员20人；信息科新增5人，应用"中国仪征"网站市长信箱、论坛、微博、微信、仪征政府网站QQ客服，在线交流等网络热线平台，开展市民热线服务。2013年1~10月，共受理各类有效诉求、咨询、建议13973件。其中热线电话2459件、扬州12345市民服务热线交办1134件、扬州网站236件、人民网5件、市长信箱1967件、政府论坛5957件，政府微博2215件。召开专题督办案利分析会15起，现场督办35起，编发专题简报和舆情摘报共24期。

（2）自6月份以来，数字化城管监督中心受理诉求4590件，交办29个部门、单位和企业，办件处理率80%以上。区域内城市管理问题24小时发现率100%、规定时限问题处置情况反馈率100%。城市管理精确、敏捷、高效的水平有了较大提高。

（3）行政权力网上公开透明运行系统办理21984件，电子监察系统在线监察12266次，发出电子督办函98份，已回复97份，受理各类投诉举报354件，办结310件，群众满意率87.6%，向6个乡镇部门下发了督办函，责令12名涉及人员诚勉谈话。

三　"中国仪征"网站全面升级改版

（1）"中国仪征"网站全面升级。围绕"信息公开、在线办事、政民互动"三大功能定位。以"建设透明公开、智慧服务型政府网站"的总体目标要求，新建了生育收养、我要落户、我要住房、我要结婚、驾车出行、保险办理五个场景式服务项目，并制作了教育、社保、就业、健康、住房、交通、计划生育、公用事业、证件办理、企业开办、招商引资 11 个民生服务专题。

（2）政府网站群建设。新建和改版仪征妇联、仪征好苏嫂、仪征 12345. 仪征新城、仪征市信访局、汽车公司、仪征市残联、仪征滨江新城、市委党校等 12 个网站，制作了交通局机关作风建设专栏、平安法治专题、仪征好人专题、12345 专题、"四位一体"政风行风集中评议专题等。

（3）信息网络系统建设。新建 12345 市民服务热线平台，维护行政权力、工程建设领域项目信息公开系统、12345 市民服务热线平台，制作了风景最是仪征美的幻灯片等。

（4）信息发布。2013 年 1～10 月，发布市委、市政府领导活动及重要会议信息 630 条，图片 4100 多张；部门信息 4474 条，图片 6700 多张；上报中国江苏网站 22 条，中国扬州网站 249 条，仪征电视台报道 39 篇，仪征信息报道 25 篇，自编新闻 109 篇，发布专题信息 295 条；发布人大、政协、宣传部、公安局、城建局等单位各类公告和宣传材料 28 个。

（5）新媒体发布。应用微博、微信发布各类信息 4200 多条，咨询和建议近 22000 条，交办和反馈 2100 件。7 月 15 日，《新华日报》头版推介了"仪征热线"微博，《中国纪检监察报》刊登了仪征市"市委常委在线交流及官方微博定期倾听舆情"的做法。

（6）开展在线交流。2013 年 1～10 月，有民政局、卫生局、计生委、食品药品监管局、人社局、水利局、教育局等 25 家单位开展了在线交流活动。答复各类问题 2403 个，答复率 99.5% 以上。

（7）组织网友开展活动。开展了芍药节、龙舟赛、仪征好人、拒绝酒驾、中国好人榜、仪征好媳妇等十多个网络推介及营销活动。

（8）加强网络舆情的监管和引导工作。坚持把提高舆论引导能力放在突出位置。对不利于科学发展观，不利于和谐社会发展和不利安定团结的内容，进行删除、移动和舆论引导。政府论坛注册用户已达 21.7 万人，今年新增 2.8 万人，发布各类信息 47 万多条。对突发事件进行舆论引导和监管，及时清除不良信息，共删除各类帖子 4 万多条。

（仪征市 12345 公共服务中心　杨瑞华）

2013 年湖北省武汉市江夏区电子政务发展概况

近几年，在区委、区政府的部署和推动下，区信息化领导小组按照高标准规划、高起点建设、高水平投入的要求，累计投入资金 3000 多万元，夯实了电子政务基础设施建设，深化信息系统平台应用，为节约行政成本、便捷公众服务、促进园区建设等工作提供了基础设施保障和信息系统服务。

2013 年，按照市委、市政府推进社会管理与服务信息化建设的要求，不断强化措施，强化投入，强力推进电子政务建设，信息化整体水平达到国内同级城市一流、全省各市区领先水平。

一 加强领导，成立专班

从 2003 年开始，江夏区就把电子政务建设工作提到了重要的议事日程，成立专班，精心谋划。2013 年，成立了江夏区信息化领导小组，由区长担任组长，区委常委、区委政法委书记，区委常委、区委办公室主任，区委常委、区人民政府常务副区长，区公安局局长、市管副区级干部任副组长，各相关单位负责人组成。按照总体规划、突出重点、分步实施、立足应用的原则，着力开展顶层设计，统筹全区信息化发展规划，建章立制，落实推进，实现电子政务项目全过程管理，避免分散建设、重复建设、重建轻用和信息孤岛等问题。

在领导小组下设区信息资源管理办公室，成立基础数据中心、综合信息服务中心、云计算中心、信息安全保障运维中心、信息化研发中心、资源目录管理中心 6 个职能部门。

（1）基础数据中心（江夏区测绘地理信息院）负责对全区基础地理信息数据、属性数据、行业专题空间数据等综合数据进行采集、整理、更新、管理和维护。

（2）综合信息服务中心负责编制全区信息资源开发利用规划方案，提供数据发布、数据查询、专题应用等大数据服务。

（3）云计算中心负责搭建云计算产业技术平台，研发产业共性技术，组建产业链，为各行业、各部门提供四类云计算服务：基础设施即服务、平台即服务、软件即服务、数据即服务。

（4）信息安全保障运维中心负责全区数据信息的安全管理，保障网络信息设备和信息系统的安全、高效、平稳运行，对各类信息网站和应用系统进行数据备份、资料整理和归档。

（5）信息化研发中心负责组织实施跨部门的政务共享信息资源的开发利用及重大信息化应用项目的规划、设计、建设和管理，设计综合平台与各部门应用平台之间的接口，协调各部门应用系统的研发。

（6）资源目录管理中心负责拟定信息资源的管理规范和技术标准，实现不同的计算机体系、不同的基础操作系统和不同的数据库集成。

将江夏区信息中心更名为江夏区社会管理网络服务中心，主管单位为区人民政府办公室，区委政法委进行业务指导，原明确为科级事业单位保持不变，重新核定事业编制 14 名，经费形式由原来的自收自支单位改为财政定补单位。在原信息中心承担职能基础上，增加社会管理网络服务职能，负责推进电子政务建设，管理中心机房、政府内外网、统一平台和政务微博，提供宏观经济决策信息和加强社会综合管理等工作。

二 强化投入,加快推进

江夏区作为武汉市创新社会管理信息平台建设试点区(唯一的新城区),以三网融合为抓手,优化基础设施,统一管理平台,建立健全考评机制,加强队伍建设,为推进全区社会管理和服务信息化提供了有力支撑和保障。

一是网络连接覆盖全区。按照省、市对电子政务工作的要求,区政务网络平台以区政务网中心机房为核心,建成三套覆盖全区所有委办局、街道和社区的政务专用有线网络(包括政务外网和政务专网)和一套无线专用网络,采用 GPRS VPN 技术实现了 430 部手机终端与社会管理与服务网格化信息平台移动办公功能,并上联武汉市政务网络平台,实现了市、区、街道、社区、网格五级网络全线贯通。

二是平台建设稳步推进。3 月份,根据区委区政府对整合全区信息资源、规范平台建设和管理的要求,社会管理网络服务中心抽调专门人员,对全区信息化发展情况进行了调查、分析。现有 59 个部门共建有信息平台 68 个,统一平台系统 4 个。"江夏区数字行政中心"项目整合了"江夏区内网门户""江夏协同办公平台"和"江夏区总值班系统"等业务系统,应用功能丰富,既具有面向区领导的决策支持、指挥调度等功能,又具有面向各部门的资源共享和专题应用展示等功能。

三是办公环境不断改善。协同办公系统包括公文管理、待办(已办)事项、日程管理、电子签名与批注、公共信息、邮件服务、即时通讯等多个功能模块,建立了内部信息交流的快速通道,提高了办公效率和办公质量,降低了管理和办公成本。截至目前,整个系统现已处理各级各类文件 31849 份,其中全区单位发文 4406 条,直属单位信息专报 3694 条,其他各类文件 11281 份。

四是安全保障逐步健全。按照国家等级保护三级以及国家电子政务信息安全保障技术框架的要求,加强了电子政务外网互联网边界的入侵防御和数据中心的安全审计,提高了机房精密空调、UPS 电源、消防系统、核心服务器、交换机、存储、网络安全设备的维保水平,统筹规划电子政务应急响应与灾难备份建设,逐步完善了江夏区电子政务网络、数据、系统平台等安全防护体系。

三 注重运用,提高效率

社会管理网络服务中心高度重视电子政务技术运用,利用物联网、云计算和大数据等新一代信息技术,提高政府服务质量和效率,把信息化作为实现江夏科学发展、跨越发展的重要抓手,推进"四化"协调发展。

推进网站提档升级。本着"以人为本,面向社会,服务公众"的办网宗旨,主要设置了"魅力江夏""区域经济""政务公开""招商引资""社区服务""社会管理""新闻地图"等 100 多个大小栏目,建立了 116 个政府信息公开目录,开设了办事指南、区长信箱、曝光台、问政于民等互动交流平台,将政府门户网站打造成为政务信息公开的第一载体、公共服务的第一窗口、群众参政监督的第一平台。

扩展微博服务功能。按照市委市政府要求,以公开高效、舆论自由为宗旨,江夏区开通了江夏区政务微博，取名"魅力江夏"，明确定位，优选栏目，力行"织博为民"。目前，腾讯微博粉丝57317位，发布微博4081条，收听112家市、区级政务微博，新浪微博粉丝12353位，发布微博4109条，收听192家市、区级政务微博。

加强社会管理创新。建成了区社会管理与服务网格化信息管理平台，化解、处置矛盾纠纷、安全隐患信息13000余条，纵向实现市、区、街道、社区、网格五级社会管理体系。深化服务网格化管理工作，组织、参加市区网格员技能大赛，建立健全考评制度，不断巩固社会管理工作成果。

加快智慧城市建设。以数字化、网络化、智能化为主要特征，全面构建以智慧产业、智慧运行、智慧管理、智慧生活为重要内容的城市发展新模式。加快推进企业信息化，大力发展光电子信息、电子商务、物联网等新兴产业，推进信息技术在企业产品研发设计、生产销售、企业管理、人力资源开发、新型业态培育等关键环节的应用和推广。加强信息资源开发利用，扩大商贸、物流、建筑、城市管理、社会服务等领域的信息化应用面，将信息化应用项目纳入政府投资项目予以重点扶持。

四　下阶段计划

我们将按照总体规划、突出重点、分步实施、立足应用的原则，着力开展顶层设计，编制江夏区智慧城市发展规划，并进一步从信息基础设施、信息产业发展、政务信息化、社会信息化、信息安全运用等方面提出"三年行动纲要"，力争用3~5年时间，基本实现信息化在经济发展、政务建设、城市管理和社会服务等各领域深度融合渗透，对经济社会发展的带动作用显著增强。

（武汉市江夏区社会管理网络服务中心）

第五篇

2013·中国电子政务优秀案例

国家环境信息与统计能力建设项目

国家环境信息与统计能力建设项目以贯彻落实党中央、国务院关于节能减排工作部署为指导，以实现"十一五"期间重点污染物减排的目标指标为紧要任务，是污染减排"三大体系"能力建设项目之一。项目总投资 5.79 亿元，建设单位包括环境保护部及其派出机构和直属单位、全国各省（自治区、直辖市、新疆生产建设兵团）环保厅（局）。项目的建设目标是通过加强数据传输能力、数据集中管理能力、数据统计能力、共享和应用能力、信息安全能力和业务应用支撑能力等环境信息化基础能力建设，为污染减排，以及各级环境管理部门的业务应用系统提供统一、安全、可靠的运行环境，支撑和服务业务管理部门的工作，提升我国环境信息化的建设水平。

一 项目建设内容

国家环境信息与统计能力建设项目的建设内容主要包括以下几个方面。

（1）制定 27 项系统建设标准与规范，包括标准框架、网络建设与管理、数据管理和应用安全等方面的标准与规范，用于指导国家环境信息与统计能力建设项目乃至今后环保信息系统建设。

（2）建设连接环境保护部、32 个省（直辖市、自治区和新疆生产建设兵团）、350 个地市和 3023 个县环保局以及各直属单位之间互联互通的网络系统，将全国环保机构级联成为一个大的环境保护业务专网，为数据采集、传输和信息发布提供传输通道。

（3）建立部、省局两级减排综合数据库，为减排工作提供安全、高效的数据汇集、存储、管理、备份的基础环境。通过数据交换平台实现减排数据交换和共享，为减排业务系统提供基础数据支撑。

（4）建立环境保护部、省局两级减排业务综合门户和减排应用支撑平台，为相关的业务应用系统提供支撑和集成环境。建设环境统计业务管理、建设项目管理系统等业务应用系统。

（5）建立统一的安全保障体系和管理制度，用以保障系统安全、高效、稳定运行。建立完备与可行的信息系统技术安全体系，保障信息系统免受各种攻击、事故的威胁。

二 系统总体架构设计

国家环境信息与统计能力建设项目的总体体系架构如图 1 所示，主要包括标准化体系、网络系统、安全系统、应用系统、综合数据库和运行维护体系。

从体系架构上分成纵向 3 个体系，包括标准化体系、安全系统、运行维护体系；横向分

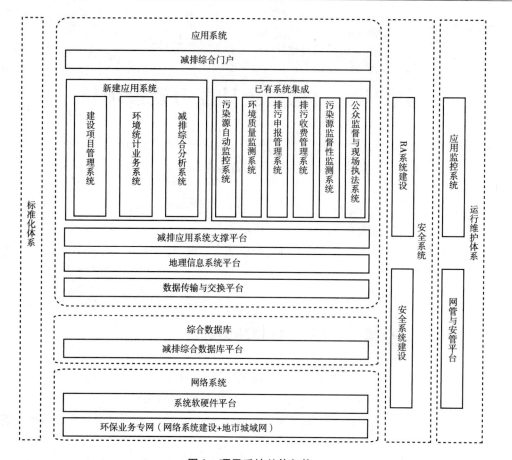

图1 项目系统总体架构

8个层次，分别为网络系统、系统软硬件平台、数据传输与交换平台、减排综合数据库平台、地理信息系统平台、减排应用支撑平台、应用系统（新建系统3个：建设项目管理系统、环境统计管理系统、减排数据管理与综合分析系统；集成已有系统5个：环境质量监测系统、排污申报系统、排污收费管理系统、污染源监测管理系统、公众监督与执法检查系统）以及减排业务门户。

三　项目组织管理经验

（一）项目组织机构设置

国家环境信息与统计能力建设项目的组织实施机构如图2所示。

按照统一领导、分级管理、分工负责、联合共建、协同配合的组织管理原则，组建了由多部门共同参与建设、共同管理、相对独立的工程项目组织实施机构。环境保护部成立了项目领导小组和项目管理办公室（以下简称项目办），统一组织项目的实施。项目启动后，率先引入系统总集成和工程监理单位，为项目建设提供技术支持和监督管理。

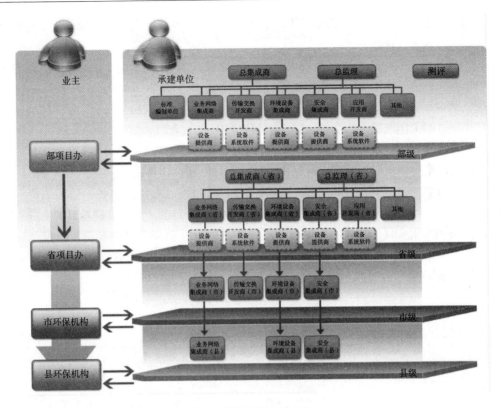

图 2 项目组织实施机构

（二）项目管理制度建设

为了顺利的组织开展国家环境信息与统计能力建设项目的各项任务，项目办优先进行了项目管理办法与制度建设。根据面向项目需要、统一规划、充分利用各部门及单位已有的管理办法及制度基础，根据项目组织及实施建立体系，借鉴国内外先进管理经验、化零为整的原则，项目办参考项目建设各个环节必须遵循的国家和行业有关法律、法规、政策、制度办法，共制定《项目管理办法》等 19 个项目建设管理类管理办法和 9 个日常事务管理类管理办法。对项目的建设组织、建设程序、建设实施、运行组织、运行管理、数据交换与更新、信息共享服务、资金管理、项目采购和招投标管理等各环节的管理均进行了明确要求

（三）项目协调管理

为了保证项目顺利实施，项目加强了日常沟通协调管理工作。针对不同管理对象，采取了多种形式的管理措施，建立了"多维度、立体式"的项目管理机制，通过项目管理平台、信息通报平台、定期召开全国视频调度会、项目联席会、内部工作例会等多种形式，加强项目信息的有效传达和沟通，强化了项目的管控。

（1）沟通协调机制。项目沟通分为协调各省项目办、协调各业务司局和承建单位三个层面。在协调各省项目办方面，主要是通过采取发文、集中会议、视频会议等方式与各省级项目办进行沟通；在协调各业务司局方面，主要采取集中会议方式进行，充分了解和调研各

业务司局的需求；在承建单位之间的协调方面，由项目办各组负责，总集成单位和监理单位配合完成项目日常管理和协调。

（2）领导小组会议。定期召开项目领导小组会议，商讨项目实施方案、技术方案等重要文件，为项目下一步重点工作和技术路线进行把关。

（3）例会制度。制定了例会制度，每周召开项目办工作例会，及时沟通项目的建设情况，把控项目的工作进展，协调解决存在的问题和困难。

（4）专题会议。在项目实施过程中，遇到承建商自身难以解决，或对用户及其他承建单位可能造成重要影响的技术难点等突出问题，通过专题会议解决。

（5）月度联席会议。每月由部项目办组织部各项目组、总集成单位、监理单位召开项目联席会议，统筹考虑项目的总体进展，协调解决存在的问题，加快推进项目的实施进度。

（6）视频调度会议。每月由部项目办组织各省项目办和部项目办各组、项目承建单位共同召开项目调度会议，及时沟通和了解各省项目实施的进展情况和存在的问题，督促各省项目办加快项目的实施进度。

四　项目建设成效

（一）环境信息化基础能力明显改善

项目建成了覆盖全国，连接环境保护部、省、地市和县级环保局的"三层四级"环保业务专网（"一张网"），为环保业务运行、数据传输、网络通信、视频会商、应急指挥等提供网络平台服务。依托于专网还建成了环境数据传输与交换平台（"一个通道"），不仅实现了污染源自动监控数据、环境统计数据、建设项目管理数据上报传输的工作要求，而且能够实现面向所有环境管理基础数据传输和交换需求。

"一张网"和"一个通道"实现了各级环保部门网络的互联互通，基本满足环境保护业务数据传输和政务应用的需要，也成为国家电子政务外网的重要组成部分，为各级政府部门网络的互联互通奠定基础。标志着环境信息化基础能力得到进一步提升，并在环境保护业务中发挥了重要的作用。

（二）环境信息管理、共享、服务和集成能力进一步提升

项目建成了面向所有环境管理业务应用支撑的环境管理业务应用支撑平台（"一个平台"），为环境管理业务应用系统开发建设提供一体化的技术平台。基于支撑平台建立了统一的信息门户、业务组件、开发组件、排污系数、基础代码等通用性功能组件和服务。项目建成了减排综合数据库（"一个库"），为污染源调查、污染源自动监控、排污收费、排污申报、总量调度、环境统计、建设项目管理等环境管理业务提供统一集中管理，并具备存储、整合应用、综合分析的功能。初步形成了共享开放的环境基础信息资源体系，支撑面向环境保护管理和社会服务。

"一个平台"和"一个库"的建立，初步具备了实现环境信息集中统一管理、共享服务的基础能力，为信息共享和系统互联互通奠定基础，有力地支撑和促进了污染减排和其他环境保护管理工作。

（三）对污染减排的支撑和保障能力进一步提高

为了更好地支撑和服务污染减排总量核算工作，项目研制了环境统计应用系统、国控污染源自动监控系统的数据传输与交换平台、建设项目管理系统和减排数据管理与综合分析系统。

针对环境统计污染源信息由区县级环境统计人员手工录入量大、时间长等问题，环境统计系统设计了企业端采集功能模块，提高了环境统计数据采集的实效性，保证了数据真实、准确，支撑了"十二五"环境统计工作的有效开展。

数据传输与交换平台实现了国控污染源自动监测、实时、快速传输。目前，全国所有重点污染源的自动监控数据均通过环境数据传输与交换平台上传到环境保护部，并按照规范要求存储到减排综合数据库。

建设项目管理系统形成了覆盖项目申报－受理－评估－审批－决策－信息发布与反馈等流程的建设项目全流程管理模式，实现了建设项目管理工作的闭环管理，为建设项目管理工作提供了基础信息服务。

减排数据管理与综合分析系统构建了包括环境质量、宏观经济、排污申报、环境统计、建设项目管理、污染源自动监控等信息资源的数据共享服务平台。

（四）环境空间信息服务和应用能力显著增强

项目建成了环境空间信息共享与服务平台（"一张图"），以地理信息相关技术为支撑，整合基础地理信息与环境专题空间信息，构建环境空间信息共享与应用的在线服务平台，为环境保护提供基础地理信息、环保专题空间信息、地理信息处理、应用功能模块、模型模拟计算和环保应用专题系统等服务，提高环保空间信息资源的开发利用水平和共享能力，满足环境管理与决策对空间信息日益增长的迫切需求。

"一张图"作为环境信息化的重要基础设施，有效整合基础空间数据、环境专题空间数据、环保应用功能模块和专题系统、环保空间分析和模型计算等，为环境质量监测、污染源监控、总量减排、环境应急管理、建设项目审批、核与辐射管理等各类环境管理业务应用提供环境空间信息共享与服务技术平台。

（五）运行维护保障能力明显提升

依托国家电子政务外网 CA 认证中心，建成了部、省两级 RA 系统，通过了三级等保安全测评和信息安全风险评估，环境信息系统运行维护保障能力和环境信息安全保障作用明显增强。通过建设网管和安管平台、应用系统运行管理软件，形成了具有环保行业特色的运行管理平台，满足一体化的 IT 运维管理与服务。规范运维的技术支持程序，动态掌握网络系统、主机系统、安全系统、存储系统、基础系统软件、基础支撑环境及应用系统的运行状况。加强 IT 系统维护能力，实现对国家环境信息与统计能力建设项目中各类系统的可视、可控、可管理，从根本上提高环保信息化的运维管理水平，提高系统维护工作效率和工作质量，保证系统维护水平的可持续性提升，构建集网络管理、安全管理及应用系统运行监控管理为一体的环保行业 IT 运维管理体系。

五 总结

在国家环境信息与统计能力建设项目领导小组和项目办等项目管理单位的精心组织和管理下，项目历时3年建设，完成了初步设计方案确定的各项建设内容，系统的各项指标均已达到了考核指标和实际业务要求，项目实施过程符合项目的各项计划和预期目标。项目成果为我国的环境信息化建设提供了坚实的基础和保障，一举扭转了环境信息化基础薄弱、数据传输和服务能力不强、数据管理分散、系统集成能力不强等现状，为各业务管理部门应用系统提供统一、安全、可靠的运行环境，提高了支撑和服务污染减排工作以及其他环保业务管理工作的能力。

（环境保护部信息中心）

全国水利普查空间信息系统

一 系统建设背景

为贯彻落实科学发展观，全面了解水利发展状况，提高水利服务经济社会发展能力，实现水资源可持续开发、利用和保护，国务院（国发〔2010〕4号）决定于2010年至2012年开展第一次全国水利普查。

由于水利普查涉及范围广、对象众、指标多、数据量庞大且对象关系复杂，要保证全国范围内如此大规模的水利普查工作顺利开展，采用传统的纯表格数据处理方式无法保证数据处理任务按时、保质地完成，利用空间信息技术完成数据处理工作可极大提高工作效率和成果质量。为此，项目开展了水利普查空间信息系统的研究与开发，并在水利普查过程中得到全面应用，支撑了水利普查从采集、处理、管理到应用服务的全过程，为水利普查的顺利完成发挥了关键的技术支撑作用，并创新了水利普查成果形式，提高了水利普查成果的技术水平。

二 主要技术内容

本项目研制了一组水利数据模型、整编了一套普查工作底图、开发了一批软件系统、开展了大量水利普查试点、实施了水利普查全面应用、建成了全国水利普查成果库、构建了水利共享服务平台、编制了系列标准规范和管理办法。

（一）研制了一组水利数据模型

采用面向对象的数据建模理论与方法，遵循数据与应用分离的原则，研制了一组涵盖物理存储、逻辑组织及业务行为等多个管理层次的水利数据模型，包括集成空间特征和业务特征的地理实体对象模型、空间关系和业务关系一体的关系模型以及相应的元数据模型。

（二）整编了一套普查工作底图

对相关水利专题数据进行处理，在此基础上快速融合国家1∶50000基础地理更新数据、第二次全国土地调查权属界、高分辨率遥感影像及各类水利专题数据等类型丰富、来源广泛、数据海量、形式多样的源数据，整编了一套水利普查电子和纸质工作底图，并下发至全国各流域、省级和县级水利普查机构。

（三）开发了一批软件系统

开发了多源多类型数据快速处理、空间数据采集、数据质量检查、成果汇总协查、数据建库、成果管理、数据处理等软件系统，这些软件全程服务了各级水利普查机构的数据收集、整理、审核、上报、分析和应用等工作。

（四）开展了大量水利普查试点

为检验水利数据模型、工作底图和软件的科学性和适用性以及技术方法和组织实施的可行性和有效性，于2010年4～7月在全国七省（区）56个县开展了水利普查的试点工作，进一步完善和优化了相关技术成果。

（五）实施了水利普查全面应用

各级水利普查机构应用前期成果，通过采用内业提取为主、外业采集为补充的方式，全面完成了多达550万个水利普查对象的数据采集、空间标绘、关系建立和元数据生成，并逐级汇总后对数据成果从5大类15个方面289个检查项进行质量审核。

（六）建成了全国水利普查成果库

依据水利数据模型开展数据规范化处理，在此基础上完成空间数据入库和表格数据重构处理及集成建库，并进行数据质量检查、性能测试和数据库优化，建成了全国水利普查成果库。

（七）构建了水利共享服务平台

为促进普查数据成果的便捷应用，部署完成水利共享服务平台，并与国家地理信息公共服务平台实现集成，提供水利普查数据的综合分析和展示，实现对水利普查数据的深加工，以丰富多样的形式多角度展示数据和对数据进行多维分析，深度挖掘了普查成果，有力辅助了各项水利业务的决策。

（八）编制了系列标准规范和管理办法。

大规模的水利普查空间信息系统建设在水利行业从未有过，项目实施过程中所需的标准规范和管理办法很不完善，国内外也无可直接采用的。经过对相关国家标准和行业标准技术要求与指标的详细分析梳理，并结合项目实际，编制了系列标准规范和管理办法。

项目技术复杂、实施难度巨大，获得了多项高水平知识产权：申请国家发明专利4项（其中2项已获授权），取得计算机软件著作权9项，出版著作两部。

三　主要科技创新

（一）项目首次系统创建了面向对象水利数据建模理论与方法，支撑水利信息资源体系的科学规划和空间数据采集处理技术体系的完整创建，奠定了全国水利普查空间信息系统的技术基础

研制了水利数据模型。结合水利普查对象的数据内容和应用特点，基于面向对象空间数据建模理论与方法，以对象的空间表达为核心，研制了水利数据模型。包含对象空间特征、业务特征、关系特征组成的地理实体对象模型及相应的元数据模型，涵盖物理存储、逻辑组织及业务行为等多个管理层次，有效解决了水利普查对象空间数据与业务属性数据的统一组织问题，其有序可扩展的特性不仅实现了对普查数据的完整描述，同时也为更大范围实现对水利数据资源体系的完整描述奠定了基础。

基于水利数据模型研编了系列标准规范。为全面支持从采集、处理、管理到应用服务的水利普查业务全过程，基于水利数据模型研编了系列标准规范。在采集处理环节，有效保证了业务数据和空间数据在普查对象层次的一致性；在管理环节，水利数据模型对时态的管理特性为实现成果数据的持续更新和维护打下良好基础；在应用服务环节，通过水利数据模型对普查对象丰富语义信息的有序组织，可支持多维度的时空信息挖掘和主题信息重组，为普查成果的后续应用服务提供了便捷的支撑。

遵循开放原则构建了数据与应用分离的技术方法。为有效保证数据资源存储、组织、维护与多目标上层应用之间的相对独立，利用模型本身的可扩展性，确保依照其所建立的水利普查成果库可支持对未来扩展的其他各类水利数据的统一描述，并在此基础上对外提供统一的数据访问接口来支持新的应用，实现对所有涉水信息的统一组织、存储和管理，为构建全国水利普查空间信息系统奠定了坚实的技术基础。

（二）创造性地提出了"多源数据快速融合、规则约束采集处理、模型驱动数据集成建库、多视角数据挖掘与可视化"的水利普查成套技术方法，成功研制了覆盖全业务流程的系列软件

创建了多源数据快速整编水利普查工作底图的工程技术方法。融合水利、测绘、国土等多个部门的最新数据成果，整编资源二号、ALOS、WorldView、SPOT5、航空影像等国内外影像数据，创建了多源数据快速整编普查工作底图的工程技术方法。基于国家1∶50000更新DEM数据提取地形的正向和负向结构线，以正向结构线逐级递归重组为流域单元，用负向地形结构线重组为汇流线，实现了基于逻辑关系的流域水系智能提取，并完成了与国家1∶50000DLG水系层数据的有效融合，创造性解决了传统方法难以实现的规模以上流域单元穷举与嵌套关系梳理问题；在全国首次大规模完整应用1∶50000更新数据，仅用3个月时间完成了覆盖全国陆域24000余幅1∶50000标准分幅水利普查工作底图的整编，并分发至全国所有县级水利普查机构使用，有效保障了普查工作的进度；针对普查工作覆盖范围广的特点，集中了国内外多种遥感数据，其中国产遥感数据源占比超过57%，国产影像数据首次在业务工作中作为主力数据源使用，极大地促进了自主遥感数据在水利领域的大规模业务化应用；基于精度可控的基准影像库，对多传感器海量影像数据进行了大范围、大规模、批量化配准，确保了基于2.5米分辨率影像的全国范围水利普查工作底图影像成果精度整体一致，为保证工作底图中对水利设施的解译纹理，通过分析不同影像数据源的波谱特性，分类分区域分地貌进行影像色彩处理，实现了工作底图影像色调均匀，纹理清晰，反差适中，色彩自然过渡，突出水利普查要素，为统一的影像基底快速构建提供了有效的实现途径。

研制了规则约束的智能化空间数据采集处理软件。基于水利数据模型完成对象便捷提取和属性自动关联，实现了面向水利普查对象实体的多级元数据自动抽取与逐级萃取，以及伴随实体数据操作的元数据自动采集，还基于专门设计的全流程安全加密措施实现了分布式作业条件下的进度监管与质量跟踪。将水利数据模型中确定的各项规则和实施方案中制定的工作流程有效集成到采集处理软件中，支持基层普查单位非测绘专业技术人员便捷地完成从工作底图快速提取水利普查对象等各项编辑工作，并基于统一的对象编码匹配自动完成空间数据与表格数据的信息关联以及空间关系和业务关系的建立，还实现了元数据伴随实体数据操作过程的自动采集，有效解决了元数据库的同步建设问题；伴随数据采集过程基于知识规则自动地对采集信息进行校验和提示，还支持对不符合规则但对象信息确认无误的数据通过设置为例外的方式灵活适应各地可能存在的一些特殊情况，并能通过填写例外原因对河流湖泊等基础数据中存在的质量问题进行分析解决，极大地提高了普查数据的整体质量，增强了普查成果的一致性和可信度；通过自动抽取采集处理过程中生成的系统日志信息，分阶段自动提取和萃取，生成实体级、要素类级、数据集级三个层级的元数据，完整地记录了数据采集处理全过程的元数据信息，为后续质量复核提供了追踪依据；通过支持对已完成水利普查对象数量和属性填写情况的统计，实现了分布式作业任务执行进度的异步监管；通过统一数据加密和访问控制技术与空间数据采集处理软件的高度集成，构建完善的用户身份验证、计算机外设接口控制、用户行为监控及审计、数据交换传递等机制确保了采集、处理、报送等全流程数据的安全保密。

创新了模型驱动的水利数据集成建库方法。为有力支撑从框架建立、结构优化、数据入库到成果应用的数据库建设全过程，确保全国水利普查成果库的规范性和一致性，创新了水利数据模型驱动的数据集成建库方法。基于水利数据模型构建水利普查成果库框架，在数据库中完整表示空间数据与表格数据之间的关系上，还建立了表分区及主外键约束关系等，确保了数据库结构与水利数据模型的一致性；充分利用模型的通用性和可扩展性，不仅可以根据需要依据模型规则设计新的要素类或完善要素类特征，还能对模型中的物理存储进行动态调整，实现对数据库的持续优化；依据模型设计的数据组织方式，研制了建库系统，实现按标准组织目录进行数据的自动装载入库，并自动完成空间数据与表格数据的一体化建库；支持实现水利数据模型中的元数据组织体系自动转换为数据资源目录，可根据应用需要即时生成视图，对数据成果应用提供有力支持。

提出了普查成果的多视角数据挖掘与可视化方法。利用OLAP技术构建了面向普查成果数据仓库的多维立方体，并依据成果数据的不同应用模式设计了多视角数据挖掘的多种主题，实现了数据挖掘基础上的主题重组与动态可视化分析。根据数据展示分析需要对普查专题进行多维分析，动态建立了普查数据多维立方体，实现了面向水利普查数据多种展示主题的OLAP分析，为各类水利业务分析应用奠定了坚实基础；分析研究了普查成果数据的应用模式，提出了基于数据仓库的多视角数据挖掘主题，实现了对普查数据的汇总分析、对比分析、多维分析和关联分析；依据元数据和数据多维立方体，利用 GIS 技术将统计数据中空间相关的信息挖掘出来并以专题图形式展示，实现了普查数据的动态可视化展示。

（三）创建了基于规则动态可扩展知识库的智能采集自查、实时检查、汇总协查等全过程质量控制技术体系，实现了成果质量控制的"事前定规则，事中能掌控，事后可核查"

研究并创建了基于对象空间拓扑和业务逻辑相结合的动态可扩展知识库，并基于知识规则实现对普查对象异常信息的智能检测与处理。研究分析水利数据模型中各类水利普查对象的空间拓扑特征及相互之间存在的各种业务逻辑关系，并使用领域知识规则加以描述，创建了动态可扩展的知识库，在全国大范围数据质量检查工作过程中，基于知识规则有效支持对信息异常对象的自动识别与过滤，还可结合各地实际情况对知识规则进行不断地丰富和完善，使得知识库在支持规则约束数据采集处理的过程中能灵活适应和动态调整，增强了知识规则对数据质量控制的科学性和合理性。

通过软件自动控制为主和人工目视核查为辅检查复核策略的运用，完整地建立了基于知识规则的全过程质量控制体系。结合知识规则开发可灵活配置的数据质量检查软件，提供灵活高效的自动化质量检查方法和评价方法、便捷有效的人机交互式的检查结果确认机制、统计型错误记录的多种输出格式和错误记录图形定位信息，不仅保障数据质量检查的高效性，还为数据整体水平的评价和问题数据的修改提供有效的输出成果，实现了数据的自动、高效、稳定的检查，极大地提高了数据质量检查的工作效率和检查效果，保证数据成果的正确性与一致性。通过对检查工具的全面应用，不仅实现了多级普查机构数据质量的全面控制，而且还通过辅以人工目视快速判读的方式有效增强了质量控制的效果。

基于云计算技术研制了水利普查汇总协查平台，实现对重点对象展开的分布式内容多级核查，增强了质量控制的完整性。为提高数据质量控制的全面性，通过研制和应用云计算水利普查汇总数据协查平台，供省、流域多层级的水利领域专家开展对阶段普查成果数据进行在线浏览分析、远程联机核查和多级审核处理，实现了对各省级普查机构上报数据"云"集中协查"端"分布、知识规则做支撑、网络化多级协同模式的水利普查对象信息全面核查，通过对重要对象信息的内容全面核查为补充的方式进一步强化了质量控制的效果，构建了基于规则检查和内容协查相结合的全过程质量控制体系。

（四）以顶层设计为先导，通过技术与管理的融合，构建了工作高效、数据安全与应用便捷相统一的组织体系和运行机制，开创了大规模、多层级的普查工作新模式

构建了模型、规则、流程、工具一体化的工作组织体系和与高效运行机制。针对水利普查空间数据采集处理工作学科跨度大、技术水平高、组织层级多、工作流程繁、覆盖范围广等特点，以科学管理为核心，以数据模型为支撑，以规则贯穿全过程，将多领域的优势力量有序组织，同时结合项目特点，设计了科学缜密的工作流程，通过软件工具的广泛应用真正实现了"3S"技术在水利普查业务工作中的业务化应用，大大促进了地理信息技术及相关数据成果在水利行业的广泛使用。

创建了"事前可防范、事中可管理、事后可追责"的安全保障体系。结合目前国家暂无专门针对单机环境下的涉密防护标准规范及相关成型产品的现状，遵照有关的保密法规，根据水利普查工作实际，制定了相应的保密方案和管理办法，专门研制了涉密单机安全保密防护系统，通过综合采用双因子认证、非法外联探测、用户行为监控审计、驱动过滤等多项关键技术，完成了从操作用户开机、用户操作、数据导出、数据传递、数据导入的全过程有效管理及审计，实现了在全国范围对水利普查涉密数据的安全封闭管理。

创新了国家级重大信息化工程的信息服务模式。针对基层水利部门信息技术应用水平低的特点和各地技术基础差异大的实际情况，按照"统一组织、分类培训、分级负责、分阶段实施"的方式，对各级普查机构开展了多层次、全方位的技术培训，同时考虑到大量培训技术人员的成本和难度，采用了由国家统一向各地派驻专业技术人员的方式，全程驻场协助各级水利普查机构工作过程中遇到的相关技术问题，有力支撑了各级普查机构高效优质完成水利普查数据采集和处理任务。

四　主要技术成果

项目历时四年多，经过三年的应用，完成了覆盖全国的各类水利普查对象空间位置、形态和关系数据的采集处理与全面整合工作。主要技术成果如下。

（一）水利普查成果库

水利普查包含超过 550 万个各类水利普查对象的空间信息，涉及 28 类对象、43 种空间要素类、154 类属性表、65 种关系类、2941 个字段。全面集成了 900 多万个普查对象和 9900 多万个清查对象的属性信息。成果综合漏报率为 0.11‰，出错率为 0.34‰，数据处理准确率达 100%。

（二）水利普查工作底图

编制 24182 幅 1∶50000 标准分幅电子工作底图，数据量为 12.8TB，其中包括要素数量超过 6380 万数据量达 256GB 的 31 个矢量图层；打印了 48149 幅 1∶50000 标准分幅纸质工作底图。

（三）多分辨率遥感影像库

完成 250 米、30 米、5 米和 2.5 米四种分辨率的遥感正射影像数据，其中前三类数据 2010 年时相占比均超过 68%；2.5 米分辨率数据中 2009～2010 年时相占比超过 75%，且国产遥感数据源"资源二号"的覆盖率超过 57%。

（四）标准规范

共形成了水利普查工作底图整编、采集处理、审核汇总、质量控制及数据安全保密等相关的技术标准规范和管理办法 22 项。

五　应用成效

（一）应用推广

项目成果推广应用到所有水利普查机构，包括 7 个流域级、32 个省级（含新疆兵团）、

346 个地级（含兵团 14 师）和 3045 个县级（含兵团 176 团场）水利普查机构。

项目数据库成果（水利普查成果库）已推广应用至 7 个流域机构、32 个省级（含新疆兵团）水行政主管部门，为各级水利部门提供了丰富的水利空间信息资源，全面提高了水利管理水平和能力。

项目成果还为国家水安全事件应急处置以及国家水资源监控能力建设等重大项目提供了重要技术支撑和服务；为我国国土资源和统计信息化等提供了有益的建议。

（二）工程效益

极大减少了外业工作量，水利普查空间数据采集处理主要采用内业处理完成，大大降低了数据处理及系统建设的经济成本；成果对河湖和水土保持等普查的完成发挥了决定性作用，对水利工程等其他专项普查任务的完成发挥了重要的支撑作用，并大幅提升了水利普查数据质量；项目形成的系列技术标准与管理办法是水利信息化最重要的基础设施，为其他行业信息化提供有力的技术支持；为全国各级水利部门培养了一大批复合型人才队伍；提高了水利日常管理的精细化水平，增强了水利管理综合决策能力；形成的各类技术成果大大提升了涉水突发事件的快速应急处置能力，极大促进了水利信息化和水利现代化进程；丰富完善了国家空间数据基础设施的内容。

（水利部水利信息中心）

12316 农业综合信息服务平台

一　项目背景与需求

近年来，各级农业部门围绕做好信息服务这篇文章，因地制宜积极开展探索和实践，大力推进信息资源建设、信息技术应用和服务方式创新等工作，农业信息服务进一步向基层延伸，助推了农业农村经济的新发展。然而，我国是一个农业大国，农业信息服务客观上面临着覆盖地域广、覆盖人口数量多、城乡数字鸿沟大等困难，加之信息服务手段不足、信息针对性不强、农户获取信息能力有限等因素，农业信息服务"最后一公里"问题仍然存在，还不能很好地满足广大农户在市场条件下对信息的迫切需求。

党的十八大报告指出，坚持走中国特色新型工业化、信息化、城镇化、农业现代化道路，促进工业化、信息化、城镇化、农业现代化同步发展。连续多年的中央一号文件都强调加快利用信息化手段推进现代农业建设。2012 年《国务院关于大力推进信息化发展和切实保障信息安全的若干意见》提出积极培育、示范、推广适用的农业信息化应用模式，建立全国农业综合信息服务平台，鼓励发展专业信息服务，加快推进涉农信息资源开发、整合和综合利用。《全国农业农村信息化发展"十二五"规划》提出按照"资源整合，协同共享"的思路，重点建设部、省、地市和县四级农业综合信息服务平台体系。"十二五"时期，农业农村信息化的发展环境更加优化、需求更加迫切，一些突出问题亟待解决，农业信息化建设进入了一个新的历史发展阶段。通过信息技术改造传统农业、装备现代农业，通过信息服务实现小农户生产与大市场对接，通过提高信息化水平缩小城乡数字鸿沟，已经成为社会主义新农村建设的一项紧迫任务。

为加快推进农业政务服务应用，实现农业信息服务进村入户，更好地为各级农业部门和广大农业生产经营者提供及时、准确、权威的信息，促进农业农村经济健康发展，2012年以来，农业部在总结以往农业信息服务工作经验的基础上，进一步整合资源、创新应用，组织开展了以12316为载体的农业综合信息服务平台建设。建设12316农业综合信息服务平台，主要是通过电话、手机、电脑等途径，充分发挥电话、手机在农村普及率高和电脑网络信息资源丰富的优势，对信息资源和信息传播服务方式进行有效整合和综合运用，最大限度地扩大信息覆盖面，有效解决农业信息服务"最后一公里"问题。"十二五"时期是农业基础地位需要更加巩固的时期，深入实施农业综合信息服务平台建设，有利于促进农业科技化、市场化、组织化和产业化发展，对于发展现代农业将产生较强的推动作用；有利于促进生产要素在城乡之间的流动，对于实现城乡互动、工农互促具有重要意义；也有利于促进广大农民的思想解放、观念更新、知识普及和能力提高，对于培养一代新型农民将产生积极影响。项目的建设，为政府、企业、农民、合作组织等涉农主体搭建了一个综合性的互动平台，对于提高农业信息服务水平具有重要意义。

二　解决方案和业务创新

围绕建设一个中央级的农业综合信息服务平台，本项目重点打造以中央平台为系统依托，以省级为应用组织保障，以农民专业合作社示范应用为服务基础，基于电脑、手机、3G上网本等多种终端的农业综合信息服务平台，并在12个省（区、市）开展省级示范应用与推广。随着应用的不断推进，平台正逐渐成为各级农业部门开展信息服务工作的重要载体和窗口。

（一）主要内容

项目主要建设内容可以概括为"一门户、五系统"，即12316农业综合信息门户、12316实名用户服务系统、12316短彩信平台、12316语音平台、全国农民专业合作社经营管理系统、双向视频诊断系统等。

（1）12316农业综合信息门户。主要建设12316农业综合信息门户网站，为12316实名用户服务、12316语音服务、12316短彩信服务、省级12316信息服务等业务应用提供统一入口，为社会公众提供市场行情、农业科技、农时农事等最新信息。

（2）12316实名用户服务系统。主要包括实名用户数据库、实名专家数据库、实名管理人员数据库等，为实名用户提供信息分类、实名邮箱、在线交流、信息推送等个性化的信息服务。

（3）12316短彩信平台。主要为三类业务提供服务支撑：一是公益短彩信服务，即使用12316作为短彩信特服号，实现电信运营商网络全覆盖，满足各级农业部门政务工作需要，提供通知、政策、预警信息以及农民手机报等多种服务功能；二是综合短彩信服务，即申请增值服务号码建立综合短彩信平台，根据业务类型和用户需求，利用市场机制为用户提供平台支撑；三是利用短彩信平台信息上行机制，建立户外移动信息采集平台，为农业应急信息采集提供支撑。

（4）12316语音平台。主要是将自动语音查询、人工座席服务、信息处理紧密结合起来，以PSTN网络、移动通信网络、互联网等多种网络作为传输媒介，组织和整合政策法规、病害疫情、食品安全、市场走势等专家及信息资源，为社会公众提供咨询服务。同时，集成农业部各专业热线，保障农业部所有语音服务有一个统一通道，方便公众拨打咨询。

（5）全国农民专业合作社经营管理系统。主要为合作社内部生产经营管理和对外产品展示、信息发布等提供统一的信息平台，提供社员管理、财务管理、生产过程管理、产品展示、团购团销、专家咨询等功能。系统部署在中央、管理在各省、应用在合作社，管理权限划分为部、省、县三级管理，在全国600家农民专业合作社开展示范应用。

（6）双向视频诊断系统。主要用于3G手机、平板电脑、上网本、PC机等终端用户，实现专家远程视频诊断和农业视频点播服务，以提高农业科技服务的实时性、精准性和有效性。农技推广服务部门以及各级服务组织的专家和信息服务人员，均可以通过系统开展视频诊断服务，实现用户和专家的视频互动。

（二）主要创新

在项目前期调研和建设实施过程中，12316农业综合信息服务平台建设一方面注重不断提升系统功能、增强服务效果，努力实现系统互联互通、资源共建共享和业务协作协同，一方面注重不断总结研究、创新应用，努力使系统更加好用、实用、易用。相比以往农业信息服务项目，平台的主要创新有以下三个方面。

（1）采取了实名注册认证机制。12316农业综合信息服务平台首次采取了用户实名注册认证机制，保障了信息来源的可靠性和真实性。平台以实名数据库建设为核心，加强了涉农企业、农民专业合作社、农业专业大户、农家乐等农业主体用户信息建设，不断丰富和完善信息服务体系，在此基础上构建和拓展各类应用。

（2）实现了部省业务协同。为突破平台壁垒以及由此产生的信息孤岛，农业部与北京、吉林、辽宁等11个省（区、市）开展了部省12316平台在系统业务、信息资源、基础数据库等方面的对接，推动地市以下平台上移至省级，实现了部省农业专家咨询、服务统计等业务协同，促进了以部省平台为基础、县乡村平台为延伸的全国12316农业综合信息服务平台体系的形成。

（3）开展了移动终端应用探索。结合当前智能移动终端应用的发展趋势，创新工作思路和服务模式，充分发挥短彩信、移动应用等便捷、快速的特点，开展了移动信息采集应用的探索和尝试，开发了农情速递、农贸速递、菜价速报等移动终端应用，进一步提高了用户体验质量，形成了多种形式的信息服务模式。

三　实施效果与经济社会效益

通过制定实施计划、细化分解任务、强化项目管理、落实政策措施等举措，农业部积极组织各方力量全力推进项目建设。目前，12316农业综合信息服务平台已初步建成，进一步促进了农业信息资源共享，为各级农业部门及广大农户、农民专业合作社等涉农主体及时获取信息、更好地开展工作提供了信息化手段支撑，在提高农业部门服务效能、提升农业生产经营管理水平、促进农产品市场流通、加快农业技术推广、缩小城乡"数字鸿沟"等方面发挥了积极作用。

（一）促进了农业信息资源共享

通过对有关农业政策、科技、市场、专家知识库等涉农信息资源进行整体规划，打造了统一的12316门户网站和12316短彩信平台、农民专业合作社经营管理系统等应用系统，实现了部省12316信息资源的共享和整合，形成了集中统一的12316农业综合信息服务平台，一个窗口对外开展公益信息服务，有效提高了信息资源利用水平。目前系统已注册实名用户22.4万人，通过用户实名注册管理，有效保障了信息资源真实可靠，为涉农部门间搭建起了沟通交流的平台，进一步促进了信息资源共享。

（二）提高了农业部门服务效能

12316短彩信平台覆盖了移动、电信、联通手机用户，实现了与现有业务系统的对接，为业务部门工作开展提供了高效的信息化手段支撑。作为"中国农民手机报（政务版）"的支撑平台，每次发送数量已达4万条，为广大用户及时了解农业资讯提供了很大便利。农业部机关及直属单位也将其作为开展业务工作的重要手段，如部机关党委廉政短信、行政审批综合办公大厅和部值班室通知短信等，大大提高了办公效率。以该平台为基础开发完成的农业信息快速采集系统也在全国蔬菜生产者价格采集中得到了推广和应用，大大缩短了信息上报流程，降低了信息采集成本，提高了采集工作效率。目前，12316短彩平台用户已有65个，拥有发送对象近8万人。2013年全年发送短彩信1200万条，采集信息10万条。

（三）提升了农业生产经营管理水平

全国农民专业合作社经营管理系统的建成，为引导农民专业合作社开展生产经营活动，提高管理和运营水平提供了现代化的管理手段，同时节省了合作社网站建设成本，提高了合作社信息共享效率。2012年在北京、辽宁、吉林、黑龙江、上海、江苏、浙江、安徽、福建、广西、重庆、甘肃等12个试点省600个农民专业合作社进行了系统示范应用，并陆续有新的合作社申请开通使用。目前，系统共注册备案合作社达5800家。在系统示范应用过程中，受到了合作社及农户的欢迎，普遍反映良好，很好地满足了当前对农业生产经营活动进行管理的需要。

（四）促进了农产品市场流通

通过农业综合信息服务平台采集和发布农产品市场供求信息，为农民增收致富架起了信息桥梁，有效促进了农产品流通，解决了农民购买优质农资难和销售农产品难的现实问题。通过系统平台，对农民专业合作社在生产与经营活动中的信息进行采集、管理和发布，搭建了工作平台，实现了社社相连，将农村地区一家一户的经营，由'点'到'面'，形成一个互联互通的网络，大大方便了农户根据市场动态开展自身生产经营管理，更好地适应了市场发展需要。

（五）加快了农业技术推广

利用电话语音、短彩信及网络系统，以农业领域专家为支撑，为农业生产经营者和广大农户提供语音、短彩信和农业专家远程咨询诊断服务，方便、快捷、及时、有效地解决了农业生产技术问题，拓宽了农业信息服务渠道和服务领域，健全了服务手段。信息服务方式的革新，也逐步改变了农民传统的生产观念和方式，拉近了政府、企业、专家和农户间的距离，开辟了便捷的交流和互动渠道，加快了新技术、新品种的推广和农业产业结构的调整，特别是新技术的推广应用更为快捷，在增收致富方面作用显著。

（六）缩小了城乡"数字鸿沟"

通过农业综合服务平台建设，农村信息基础设施进一步完善，信息服务网络进一步延伸，信息进村入户步伐进一步加快，农村市场信息服务体系进一步完善，建立了集成农业科技、市场行情、政策法规等信息资源的农业信息资源数据库，改变了过去农业信息资源分散、共享程度低的状况，架起了沟通政府、企业、市场和农户间的信息桥梁，有效避免了生产经营的盲目性和趋同性，发挥了信息要素在资源配置中的作用，促进了技术、资金和劳动力等生产要素的有序流动和合理配置，缩小了城乡"数字鸿沟"，推动了现代农业发展。

四 开发单位、供应商与运维保障

在项目建设实施中，按照国家有关招投标和政府采购规定，农业部信息中心通过公开招标、批量集中采购、协议供货等组织方式，陆续确定了各系统及有关软硬件设备的开发单位和供应商，包括中国联通、浙江巨化、农信通、海尔等多家单位在内的承建商陆续参与到项目建设中来，承担平台有关系统的开发建设任务。同时，项目监理单位及时展开了监理工作，在项目建设的质量控制、进度控制、投资控制、变更控制、合同管理、信息管理、信息安全管理和沟通协调管理等方面展开了监理工作，保证了工程建设质量。

本项目于2012年初正式启动实施，在时间紧、任务重的情况下，农业部信息中心加强组织管理和统筹协调，认真制定项目工作计划，与各开发单位、供应商和监理单位加强沟通协作、密切相互配合，用一年多时间即基本完成了项目的主体建设任务。在实施过程中，项目采取边建设、边运行、边维护的模式，各方共同做好上线系统的技术支持工作，及时了解和掌握系统运行情况，根据实际需求进一步丰富系统信息资源，优化和完善系统功能，保障了系统安全稳定运行。

12316农业综合信息服务平台建设和运维是一项长期而艰巨的任务，为保障平台长期可持续发展，农业部积极采取一系列措施，努力为平台发展创造良好环境。在制度机制方面，创新服务理念，制定了农业部12316服务规范、农业部12316平台体系管理办法、农业信息服务平台体系建设规划等配套服务管理规范和未来发展规划，制定了全国12316资源共享政策，积极引导力量参与农业信息服务，从制度和机制上保障各项服务和管理工作规范、有序和可持续发展。在推广应用方面，深入开展系统推广培训，举办系统示范应用培训班，为系统推广使用打下了良好基础。在队伍建设方面，积极协调各涉农专家部门，组建12316专家服务团队。在资金支持方面，努力争取农业综合信息服务平台运行专项，加强运行维护资金保障。这些措施的制定和实施，为12316农业综合信息服务平台建立长期稳定的运行机制提供了可靠保障。

（农业部信息中心　李昌健　王家农　唐文凤）

国家级非物质文化遗产代表性项目管理平台

国家级非物质文化遗产代表性项目管理平台是文化部信息中心与文化部非物质文化遗产司共同研制开发的业务系统平台。平台按照《国家发展改革委关于加强和完善国家电子政务工程建设管理的意见》等相关文件要求，根据全国非遗工作的实际需要，为国家级非遗项目申报以及国家级项目资金申报建立了稳定高效的管理平台。平台经过了全国范围使用的考验，取得了良好的实施效果和巨大的社会效益。

一　项目背景与需求

（一）项目背景

信息时代，电子政务已成为一种趋势，它不仅可以加强政府机构内部各部门之间的沟通与交流、降低行政服务的成本，同时还能加强社会公众与政府之间的在线互动，减少烦琐的中间环节，使信息可以迅速、准确地到达相关部门，从而极大地降低社会成本。

随着国家对非物质文化遗产事业的关注与投入，全国范围内的非物质文化遗产的申报保护工作日益增多，截至2013年，国家级的非遗项目申报已经进行了3次，第四批的项目评选工作如火如荼地进行。国家级非遗项目评选以及国家级项目补助申请在全国32个省级主管部门以及上千保护单位中开展，非遗司将收到数千份项目申报书以及大容量的视频图片文件。采用传统纸质申报的方法复杂程度可想而知，如果遇到申报书有修改的情况，退审以及与申报单位的交流将更加复杂。使用传统的申报方法，非遗保护工作人员投入了大量的精力与时间，效率低下，人力、物力成本非常高。

国家级非物质文化遗产代表性项目管理平台的使用将打破先前成本高效率低的申报方式，着手建立起一个稳定高效的平台。

（二）项目需求

根据全国非遗工作的实际需要，结合当前设备配置程度，我们提出以下建设需求。

非遗平台由于数据量大，并发用户多，必须保障平台的稳定性，平台应当提供必要的冗余和备份措施。当系统发生故障时能够立即恢复，保证系统可靠运行；系统备份、数据库备份；定时后备，快速恢复。

申报单位在申报过程中，每个项目需要对应一个申报录像片，录像片要求高清格式，容量平均在 400M 左右，由于各地区的网络质量参差不齐，务必保证网速慢的地区也可以顺利上传视频。

考虑到使用该系统的工作人员对电脑的熟悉程度不同，设计开发时要保证系统界面的友好，字体饱满足够清晰，方便年龄大的工作人员操作。同时也要保证主流浏览器的兼容性。

二　系统设计与解决方案

（一）系统总体架构设计

系统基础功能模块：系统底层最基础的数据或者功能模块，如：数据字典、用户管理、组织管理、系统权限等。

工作流引擎：统一的流程处理方式，统一的待办处理入口。将国家级项目认定申报流程、国家级项目传承人申报、国家级项目保护资金申报、国家级生态保护区资金申报由工作流引擎进行统一管理，由引擎驱动流程流转。

报表系统：报表系统封装底层的报表实现，对展现提供 API 接口，由各个业务模块进行数据的报表展现及导出，方便业务模块的使用。

国家级项目申报系统：包括省级非物质文化遗产项目的申报流程、专家组的评审、非遗项目的社会公示，以及项目信息的检索等。

国家级项目管理系统：包括国家级非物质文化遗产项目资金申报流程、国家级生态文化保护区资金申报流程、国家级非遗项目管理、国家级传承人管理、生态文化保护区管理等。

（二）技术选型

开发语言：java；UI 前端技术：jquery、jquery ui、自定义 CSS；后台框架：Spring MVC、Spring Security、Spring、mybatis；数据库：mysql

（三）申报流程

1. 国家级项目申报管理系统申报流程

（1）国家级项目认定材料申报单位填写。国家级项目认定申报应由省级项目承担单位发起，承担单位根据省级管理员为其分配的用户名及密码登录系统。

项目申报单位登录后，进行申报表填写《国家级非物质文化遗产名录项目申报书》的填写，其中涉及签字及盖章内容上传正件扫描件，涉及证明材料内容上传正件彩色扫描件，申报项目照片和有助于说明申报项目的其他资料以附件形式上传，文件大小不能超过 20M。系统自动将每个申报编制唯一识别编号。申报单位将资料填写完成后，点击提交报送。

（2）国家级项目认定材料省级审核。国家级项目认定按照申报单位→省厅级→非遗司的顺序逐级进行审核。其中网上主要进行资料预审，省级、国家级两级需要进行专家评审。

省级用户登录后，在待办事项里查看提交的相关资料，并进行省级评审工作，省级评审在线下进行。评审完成后，省级审核用户登录系统，对评审通过的项目填写专家意见、专家情况、省级文化行政部门审核意见（其中涉及签字及盖章内容请上传正件扫描件）。同时，省级审核用户应上传省级非物质文化遗产名录正式文件及省级人民政府同意关于申报国家级非物质文化遗产名录项目的函件（正件扫描件）。省级审核用户不能对申报材料进行修改，如果发现资料不完整、与实际情况不符合等情况，可以点击资料驳回。同意申报后，申报材料会进入部委审核状态。

（3）国家级项目认定材料部级审核。部级审核用户登录后，在待办事项或者待审核项目查询里察看提交的相关资料，根据省级用户提交的省级非物质文化遗产名录正式文件进行对照，完成审核后，填写审核意见，进行同意专家评审或者资料驳回的操作。部级审核用户不能对申报材料进行修改，如果发现资料不完整、与实际情况不符合等情况，可以点击资料驳回。同意评审后，申报材料会进入专家评审状态。

（4）部级专家评审。按照分组评审原则，专家共同审议推荐材料，分别通过系统提交评审意见。此次系统建设包含专家库部分，由非遗工作人员将专家信息录入专家库中，每个专家有对应的用户名、密码。项目评审时，由非遗工作人员新建分类组，将专家添加到分类中，将待评审项目也添加到分类中。项目评审会召开时，专家通过用户名、密码登录系统，只能看到项目的部分内容，在系统中提交评审意见，并做出同意与否的选择。现场打印专家评审意见投票汇总表，专家签字，留档。超过半数专家投票同意的确定为专家评审通过。

（5）项目调整及公示。项目评审完成后，若项目未通过评审，非遗工作人员在系统中将项目状态更改为未通过评审，并填写专家意见，项目流程结束，承担单位及各级审核部门可以查看到项目的状态。若项目通过评审，则进入评审委员会审议状态，此次审议为线下操作，待审议完成后，非遗工作人员登录系统，改变审议状态。若审议无异议，则按为其分配项目编码、大项序号、小项序号，项目进入公示状态。若审议有异议，按照评审意见对项目进行修改，合并等操作，则按为其分配项目编码、大项序号、小项序号，项目进入公示状态。

项目进入公示状态后，系统会将项目提交至项目公示页面，公示内容包括序号、项目名称、申报地区或单位、项目简介（点击进入详细页面）。并提供意见反馈界面。

（6）意见反馈及处理。公示期间，社会公众可通过网上留言形式对公示项目提出意见，公示期结束后系统对外封闭。社会公众需要提交姓名、联系方式、反馈意见等信息，意见提交后，由非遗司工作人员将意见分派给该项目省级管理部门及项目承担单位。项目承担单位接收到意见后，在系统后提交意见回复，并上报给省级管理部门，审核后上报非遗司。非遗司可根据意见及回复意见，对公示项目进行调整。

公示完成后，无异议或者异议已处理的项目进行国家级非物质文化遗产项目管理数据库。非遗司工作人员将可报送部领导及国务院的相关项目导出，形成规定格式的表格，至此申报、评审环节流程结束。

2. 国家级项目管理申报流程

国家级项目资金、生态保护区、传承人申报与项目申报流程基本一致，这里就不再赘余。

（四）解决方案

针对系统稳定方面的需求，我们在程序设计上采用了JAVA语言书写程序，使运维工作复杂程度大大降低，便于将来的移植更改。我们定期对系统做备份，保证了数据的稳定。

考虑到有些地区网速慢，上传视频比较困难，我们放弃了互联网上传方式，而使用文化部电视电话会议的专线网络进行上传。文化部专网为双向 2M 带宽，即通过该专线上传和下载文件速度均可以保证至少 200kpbs 的速度。各省级主管部门负责将该地区的视频统一通过专网上传，保证了视频上传的质量。

另外，我们在制作中系统过程中针对 IE6 – IE11，以及火狐，谷歌等主流浏览器都进行了兼容性测试，同时我们的程序员在申报过程中随时在线与申报单位沟通，解决申报中遇到的问题，保证各单位的顺利申报。

三　实施效果

（1）国家级非物质文化遗产代表性项目管理模块，实现了国家级非遗项目认定工作中的相关需求，依托文化部业务专网系统实现了申报材料的网上填写、审核、评审和公示等流程。在第四批国家级非遗项目认定工作中，平台接收申报单位的 1000 多份申报书以及对应的 1000 多个音、视频资料，通过业务专网传输的数据总量达 600G。

（2）非物质文化项目资金管理、传承人管理以及生态保护区管理模块，完成了国家级非遗项目资金、传承人、生态保护区的线上申报、审核、公示和保护工作验收等流程。2012年建立至今，已实现文化部与全国 30 多个省、自治区的 2594 个项目保护单位、2682 个国家级非遗项目之间的资金评审和分配，和全国 17 个生态保护区和 1987 个项目传承人的网上管理。

（3）通过使用网上申报平台，各省以及非遗司的管理人员在审核过程中直接在网上进行，不会出现“文件满天飞”的景象，大大降低了管理员审核的工作量以及难度。在网上申报过程中，不可避免地出现了申报单位材料需要返回修改的问题，通过网上申报平台，审核管理员填写修改意见后，点击退审即可将材料退回给申报单位，保守估计，每次申报按照全国 1000 个保护单位，每个保护单位花费在几百到上千元之间，大约可以节省数十万到数百万的资金，大大降低了社会成本。

下一步，网上管理平台将延伸至各省、市、县级非遗项目的管理，实现非遗工作全流程、全系统的覆盖，同时根据收集的大量数据，实现非遗保护工作的数据分析，探索非遗项目信息的公众化服务。

（文化部信息中心）

中国海关办公平台 HB2012 系统

为全面落实署领导在全国海关办公室工作会议上提出的“统一政务办公系统”的要求，办公厅在组织前期大量准备工作的基础上，经过充分的调研和评估，启动政务办公系统总体升级改造工程，打造全新的、覆盖全国范围、涵盖政务办公、业务管理及决策辅助等核心应用的“统一、灵活、智慧”的海关办公平台。

一 HB2012系统主要特点和功能简介

中国海关办公平台（HB2012）实现了全国海关在互通的网络上使用统一的办公系统，真正实现了全国海关单位政务办公的互联互通。目前，HB2012包含了待办箱、综合管理、收文管理、发文管理、签报管理、通知管理、电子公文传输、通讯录及主网站等子系统。

（1）简化操作，提升效率。HB2012简化了文件制作流程，从文件起草、公文流转、版式生成及盖章，通过几个点击动作就能完成，极大降低了收发岗位的劳动强度；此外，总署各司局也将实现电子公文制发，极大提升公文制作和交换速度。

（2）科学督办，评估绩效。HB2012详细记录文件在各环节的流转情况，在公文处理单上直观的展示各单位办文时长，上一环节可采用多种手段关注下一环节的办理情况或文件办理的全流程，强化了对重要文件的督办能力，为科学、公正的进行开展公文处理绩效评估提供了技术手段。

（3）规范应用，统一授权。HB2012统一规范了发文稿纸、办文界面及操作流程，总署机关和各直属海关将在统一的平台开展政务办公应用，通过使用"身份、认证、授权"三统一平台授权方式，统一了全国海关关员在政务办公平台的身份认证。

（4）互联互通，数据共享。HB2012实现了总署各司局和各直属海关单位的电子文件交换，新增了全国海关通讯录，根据权限配置设置全国海关人员的通讯方式，便于关员相互联系。同时，升级改版海关总署业务管理网主网站主页，设置栏目专门反映全国海关工作，便于工作交流。

（5）HB2012具有以下新特征：一是统一认证，使用海关统一的"三统一"平台实现机构人员和授权管理。二是统一界面，全国海关各单位办公系统界面一致，有利于海关人员在各个单位操作统一，能够更快适应。三是统一维护，全国海关的办公系统统一版本，有利于统一进行开发维护，节约成本，提高效率。四是规范管理，提供文档跟踪和办理时长展示，系统在意见流转区和文档跟踪中直观显示部门、人员的文件办理时长，使流程更加透明，加强各部门对办文的督促，提高办文效率。五是智能反馈，新增关注功能，实现文件智能跟踪和消息反馈。六是外出智能提醒，新增"外出不代办"功能，对已外出但未进行授权委托的用户，系统可对上一环节人员进行智能提醒，便于及时进行撤回操作，防止在某一环节延误。七是短信提醒未办，根据未阅读文件的缓急程度设置不同的时间段，自动发送短信提醒。

二 HB2012各子系统功能简介

根据《中国海关办公平台业务需求报告》，基于B/S结构的全国海关集中式HB2012政务办公平台由数个核心政务办公应用子系统及系统管理组成。简要介绍如下。

（1）待办箱。待办箱子系统作为各应用的集中展现平台，将综合管理、收文管理、发文管理、签报管理、档案管理、督查管理、通知管理等核心政务办公应用整合在一起，实现了用户只需一次性登录门户即可在一个统一的平台上完成在其他子系统的操作。

（2）综合管理子系统。实现总署各司局间、直属海关各单位各部门间协调事务的拟稿、审核、提交联系部门、反馈的全程网上办理，为了加强联系事项办理工作的监控和管理，系统提供了流程跟踪信息，可查看流转情况。

（3）收文管理子系统。完成各种来文的网上登记、拟办、批办、各级分发办理、结果反馈、收文预归档等功能，初步实现了收文办理的全程跟踪管理。

（4）发文管理子系统。在网上提供仿真的发文稿纸，引导用户完成制发各种公文和传真电报，具有网上拟稿、审核、签发、复核、校对、查询检索、发文转公文传输系统、发文预归档，文种代字维护等功能，基本实现了发文全程跟踪监控。

（5）签报管理子系统。提供各类签报事务的网上拟稿、审核、签发、办理等功能，具有流程跟踪监控、查询检索等功能。

（6）档案管理子系统。充分利用网络数据共享的便利，具有公文、信息，人工筛选进行文书归档登记，档案补录等功能，具有档案立卷、移交、检索、统计等功能。

（7）通知管理子系统。提供各种通知类事项的拟稿、审核、会签、发布、检索、归档等功能。

（8）通讯录。通过全国海关机构树展示所有海关人员通信信息，根据不同用户设置浏览、维护等权限。

（9）主网站。主网站系统是海关总署政务办公系统的门户网站，将海关新闻、文件、各司局直属海关链接、海关办公系统链接等大量信息进行了整合并集中展示，是反映总署重点工作的平台。

（10）电子公文传输系统。电子公文传输系统是依照海关电子公文传输需求而定制开发的实现红头文件和相关信息在网络中传输的公文处理系统。

三　HB2012 共性操作介绍

根据《中国海关办公平台业务需求报告》集中设计开发的 HB2012 系统处理界面风格、功能键操作方式方法一致。现将共性操作详细介绍如下。

（1）界面风格、信息展示方式方法基本一致介绍

各子系统公文处理单界面基本划分为"稿纸区"、"意见区"和"操作区"，当处理表单不能全屏展示时，平台用户可通过点击表单右侧便捷栏相应区域表述文字即可快速指向该区域内容。平台用户若点击表单右侧便捷栏下方的"关注"或"收藏"，即可执行该表单对应的"关注"或"收藏"操作。

（2）共性操作介绍示例［以主送（抄送）部门选择控件和文件起草控件为例］

主送（抄送）部门选择控件

在综合管理、督查管理、通知管理、新闻审批和政务公开子系统的拟稿环节，收文管理子系统收文登记、拟办、批办等环节，发文管理和签报管理子系统会签环节，都有主协办部门选择控件，使用该控件能方便选择主办、协办、阅知单位或人员。具体方法如下。

点击公文处理表单中，"主办单位"或"协办单位"旁的图标，系统将弹出窗口。在左侧部门列表中选择"缉私局"，点击"主办"按钮，选择"监管司"，点击"协办"按钮，选择"关务保障司"，点击"阅知"按钮。用户如点击右侧框旁的上下箭头，可根据实际需要调整所选部门的排序。

最后点击"确定"按钮，所选部门被列入处理单中。

注意：从"已选的部门或人员"中"取消"部门或人员时，即从右侧框内删除机构或人员后，相应的部门或人员回到左侧待选列表的最后。因此，如果需要重新选择，请到左侧待选列表的尾部查找。

文件起草控件

在发文管理、签报管理、综合管理、督查管理、通知管理、新闻审批和政务公开子系统的拟稿环节，都有文件起草控件，使用该控件能直观的在处理单上编写或维护正文内容。

具体方法是：点击处理单中"起草链接"，系统将弹出文档编辑界面，在该界面输入文件正文内容。输入完毕后关闭并保存当前文档编辑界面，返回至处理单，用户如点击"编辑"旁的感叹号，此前起草的文档将上传至服务器，如点击"编辑"，将对该文档进行再次修订。

四　HB2012 应用效果分析

为了进一步摸清用户需求、找准工作中的薄弱环节、强化工作的主动性和针对性，针对 HB2012 系统开展了问卷调查。现将调查情况如下。

调查结果

（1）双网办公成效显著。调查显示，总署机关用户大部分工作时间在管理网办公。总体看，双网办公原则得到较好落实。

（2）HB2012 核心设计赢得认可。65% 的用户认为 HB2012 功能改进明显，68% 的用户对 HB2012 的界面设计感到满意，78% 的用户对通讯录系统感到满意，81% 的用户对总署管理网主网站感到满意。另外，98% 的用户对 HB2012 的服务保障工作给予肯定，65.% 的用户认为工作做得很好。

（3）暴露出的问题相对集中。部分用户认为 HB2012 配套使用的某办公软件不好用。

另外，关于总署政务信息化联络员机制，调查显示 60.43% 的用户认为作用发挥得很好。

五　经验总结

HB2012 的核心功能之所以能够赢得大多数用户的认可，在于 HB2012 的开发设计较好地兼顾了先进性和实用性，在吸收先进技术的同时充分考虑了用户的需求。服务保障工作之所以能够赢得广泛认可，在于我们充分考虑了用户改变操作习惯的困惑，按照厅领导的要求始终坚持及时改进升级、及时发布更新、及时跟进培训、及时解决操作异常，上半年累计实施系统升级 9 次和细节改进上百个，同时及时发布更新提示、开展业务培训，解决操作异常；主网站之所以能够受到认可，在于我们上半年进行了彻底改版，版面内容相对更加充实，版面形式相对更加活泼，增加了天气预报等适应用户需求的人性化栏目，还开辟有效反映基层关警员践行"四好"要求的"基层掠影"栏目，日常点击率均很高。

（海关总署办公厅）

国家工商总局企业登记管理数据分析系统

一　项目背景与需求

随着全球信息化的飞速发展，数据呈现爆发性增长，大数据时代的到来，使得全球各个领域借助庞大的数据资源开始了量化进程，商业、政府和技术运用都正在经历一场新的变革，大数据已成为发达国家政府管理和决策的重要支撑。

在大数据时代背景下，每个政府部门都应尝试"用数据来决策""用数据来管理""用数据来创新"。

我国政府部门的大数据应用相对于信息化的发展仍较为滞后。在近 20 年的信息化建设中，我国投入了千万亿资金，沉淀了大量的宝贵数据，这些数据是整个社会经济活动的数字化记录，是可以无限次重复利用的特殊非物质财富，是不可或缺的管理和决策的依据。

响应中央号召，实现工商行政管理职能转变和提升，就是要建设服务型工商。服务型工商不仅指提高主体登记、商标注册、消保维权等工商服务水平，加强执法和监管，净化和规范市场秩序等内容，还包括如何充分发挥自身的信息资源优势强化社会服务职能，适应政府决策、企业投资和公众消费的新需求，深入挖掘工商信息资源蕴含的巨大价值，拓展社会公众服务的深度与广度。

依托国家工商总局"金信工程"而构建的国家经济户籍库，目前已包括 1.1 亿（含注吊销）市场主体的数据信息，是重要而宝贵的资源。国家经济户籍库能全量的，及时的汇集全国所有企业从成立到消亡的信息，为全面掌握企业发展动态提供了数据基础，为充分发挥工商数据的价值，利用大数据技术对工商数据进行分析挖掘，更好地服务于党中央、国务院以及各地方政府决策需要提供有力的量化支撑。

国家工商总局以企业注册局为业务驱动、信息中心为技术支撑，通过整合内、外部数据资源，引入先进的数据管理技术，依托全量数据挖掘分析，搭建《企业登记管理数据分析系统》大数据支撑平台。

企业注册局主要负责分析和梳理业务需求，确定统一指标和口径，验证系统分析展示成果等工作。信息中心主要负责提供分析所用数据，保证数据质量，提供运行环境和设备，对系统技术架构、数据安全、权限控制等进行监督指导。

项目有助于工商行政管理部门积极、主动地为政府制定产业结构调整和优化、区域经济发展等宏观经济政策，提供可靠的依据和分析手段；同时，对宏观经济预警、判断宏观经济走势提供重要的决策支持。

二　解决方案和系统特点

（一）解决方案

1. 建设目标

深入分析企业登记管理数据及业务特点，利用国家经济户籍库的全量数据，通过专业的数据分析和挖掘流程,开发工商总局企业登记管理数据分析系统,实现企业登记管理数据管理和应用,从而推进信息技术与企业登记业务之间的融合,为领导决策和业务管理人员提供支持,实现工商对企业科学化,精细化管理。

2. 系统总体结构

(1)系统逻辑结构。系统整体采用分层设计理念,分为用户层、业务应用层、展现层、方法模型层、数据存储层、系统设施层、网络通信层和支撑体系八个部分构成。其中,支撑体系又分为标准规范体系、安全保障体系和运维管理体系。

①用户层。项目基于不同用户的不同分析应用场景,进行人性化设计,为不同用户提供不同界面提高系统易用性。包括面向决策人员的查询、分析服务界面,面向管理人员的统计、监控界面,面向业务人员的综合查询、统计报表服务界面等。

②业务应用层。业务应用层是在业务模型层基础上,通过分析展现层提供的分析展现工具,为用户提供直接的业务和功能应用。业务应用层在系统中主要通过功能模块实现,这些功能模块包括决策展现、综合查询、监控预警、统计分析、固定报表、智能报告、专题应用等模块。各功能模块按所需要的业务类别,又包括了企业登记、企业注/吊销、企业名称核准、企业年检等重要业务应用内容。

③分析展现层。分析展现层把在业务模型层生成的分析和挖掘结果,通过商业智能技术手段展现出来。这些技术手段包括:Dashboard,综合查询,监控预警,OLAP 分析,固定报表,智能报告,地图展现等。

④方法模型层。方法模型层存放技术方法和业务模型。

⑤数据存储层。数据存储层是系统中所有数据信息存储与管理的逻辑表现,数据存储层实现对各类数据资源的统一存储和管理,以构成业务应用层的基础支撑环境。数据存储层根据数据仓库中的数据,按照登记、年检、投资、名称核准、宏观经济等主题分类存储。

⑥系统设施层。系统设施层提供主机、存储、网络、安全、系统软件等集成设施,提供系统运行的基础环境。

⑦网络通信层。基于工商系统专网提供系统运行的网络环境。

⑧支撑体系。主要包括协作体系,安全体系和标准体系。

分层的架构设计充分体现数据仓库设计方法论层次化思想,每层次功能分布合理、逻辑性强,各层次间接口清晰,适合于规模扩展,具有相对的独立性。

(2)物理结构。在总局经济信息中心的硬件部署基础之上,根据服务器应用现状和性能,采用独立的 WEB 服务器通过负载均衡减少服务压力,采用统计分析应用服务器对系统的数理统计分析进行支持,数据库采用高性能小型机,有效保证海量数据运算的效率和稳定性。

3. 系统实现功能

系统包括决策服务、业务主题、固定报表、灵活报表、分析报告、统计检测、综合查询、数据质量和系统管理 9 个功能模块。

(1)决策服务模块。包括总体情况、经济结构、产业布局、区域特征、发展情况和资本流动 6 个子模块,主要是通过工商数据了解企业发展总量和关键指标情况。

(2)业务主题模块。包括内资企业、私营企业、外资企业、个体工商户、农民专业合作社、企业年检、专题应用和名称预先核准 8 个子模块,主要是进行企业登记管理业务相关的专题分析，支持用户进行数据的灵活钻取分析，关联数据指标的多角度分析，支持对选定指标的排序，并具有丰富的图表展示功能。

（3）固定报表模块。包括内资企业报表、外资企业报表和个体工商户报表3个子模块，共建立了7张报表，实现了各类相关报表的自动生成功能，按国家工商总局需求定制固定报表的自动生成功能，报表通过系统平台实现自动生成，定期更新，体现了生成过程的流程化、自动化、智能化和可定制化。

（4）灵活报表模块。建立了企业登记情况分析立方体，主要是进行灵活的区域定位分析和明细分析；根据报表级别的关联分析，灵活定制不同的关联路径；根据指标级别的关联分析，跨分析主题进行了指标关联，辅助实现了跳跃式和引导式的关联分析过程。

（5）分析报告模块。包括智能报告和专题报告两个子模块，主要是通过与业务人员沟通，了解其常用报告形式，据此设计开发了固定格式的报告，并实现了根据报告时间、报告主体的自定义选择，然后单独或者批量生成一份或多份报告。

（6）统计监测模块。包括统计分析和企业监测两个子模块，主要是自定义关键预警指标以及预警阈值并进行预警名单的定期发布、查询。

（7）综合查询模块。包括企业基本查询、企业综合查询和个体工商户查询两子模块，主要实现了灵活的统计数据的查询功能、分类汇总查询功能、基础信息查询功能等。通过灵活的查询条件设置、查询指标项选择与组合等帮助用户检索与提取所需要的数据。

（8）数据质量模块。主要是用于连接总局原有数据质量校核系统，实现了数据质量的整体评估，展现了所有问题数据的详细情况，对数据修正工作进行监控。

（9）系统管理模块。主要包括用户管理和日志管理2个子模块，主要是基本用户管理实现对系统使用用户的新增、删除、修改、查询、重置密码的功能。在登录和功能使用中会认证用户。

（二）系统特点

1. 引入了外部数据，全方位整合数据资源，实现"跳出工商看工商"

以工商数据为核心，结合决策、管理等不同分析需要确立数据统计口径，按相应的分析主题建模，并适当引入外部经济或其他数据，形成一系列面向应用的综合分析专题数据库。

2. 建立了完整规范的工商数据分析应用指标体系以及指标标准化处理流程

本系统所建设的指标体系不仅包含工商内部数据，也包含其他宏观经济指标，以及综合性、衍生性的分析指标。分为一级指标、二级指标和三级指标。一级指标包含总量指标、质量指标、发展指标、结构指标四大类。二级指标涵盖四大类近百个指标。三级指标则根据具体分析需求进行设定，通过区域、产业、类型等维度与二级指标相结合，覆盖指标数目多达千余个。

在处理各种指标，尤其是在合成指标时，对指标进行标准化处理，处理方法包括无量纲化、季节调整、定基指数等方法。

3. 建立了符合工商业务特色的分析模型，深入挖掘工商数据价值

分析模型体系是依托经济管理理论，基于统计分析和数据挖掘技术，同时结合了经济发展需要以及工商具体业务，利用专业的数据挖掘工具SPSS Modeler Client，开展了工商数据的深度挖掘分析，并将挖掘结果设计各类分析报表，方便直观地展现出来，为深化市场主体

分析及进一步的分析应用提供理论和实践指导。

4. 建设了一套符合工商总局特色的分析内容体系

面对经济社会发展形势、社会公众关注的热点、难点问题等，及时进行相关分析；为投资者和社会公众提供了投资指引和消费警示，服务经济发展；通过和其他政府部门合作，提升了工商信息资源价值，并获取了相应数据资源；以科学分析促进了市场监管效率，优化资源配置水平，提升了工商内部管理能力。在此基础上，引入了先进的数据管理技术，依托了专业的挖掘流程和数据分析，探索建立了包括决策服务体系、业务主题分析体系等在内的分析内容体系，做到了科学管理、优化服务、合理发布。

5. 多种工具组合，提供全面丰富的展现效果

根据用户的实际需求，本系统组合多种信息化展示工具，提供查询、报表、在线分析、监控预警、可视化展现、分析报告等多种功能组合的展现效果。

三 项目实施效果

（一）为我国政府大数据应用提供了前瞻性探索

所用数据是国家工商总局汇总的来自全国31个省市超过1.1亿（含注吊销）市场主体，涵盖了市场主体从出生、监管到消亡的全过程，是全国统一的、全量的、全生命周期的市场主体数据。项目的开发应用，不仅是我国政府在大数据分析挖掘领域的良好开端，亦为我国政府在大数据挖掘领域进行前瞻性探索提供了可借鉴的运作模式，是我国政府在大数据挖掘领域的重要成果。

（二）为政府经济发展和产业结构调整优化提供了科学决策服务

探讨并建立了主体发展与GDP、财政收入等宏观经济指标的协整关系方程，分析了主体发展与宏观经济指标的长期和短期均衡关系，实现了利用主体发展系列指标预测宏观经济未来发展的目的。同时，系统整合了全国各省市主体发展、重点行业及相关经济数据，构建了多个区域经济、产业经济的研究模型，定量分析了各区域产业发展状况、发展模式以及未来发展趋势特点，研究了各区域的产业互补性及比较优势特征，为国务院和各省政府规划产业发展、制定产业扶持政策提供了重要的数据支持，对于加快我国经济转型发展，更好实现"十二五"规划的既定目标起到了重要的决策支持作用。

（三）提高了工商部门公众服务水平

新时期政府的四项主要职能是经济调节、市场监管、社会管理、公共服务。工商部门必须正确认识和把握政府的社会服务职能。通过对企业等级数据进行加工，形成统计分析产品，为社会提供服务，有助于不断丰富工商部门公共服务的内容，拓宽公共服务领域。

四 开发单位、供应商与运维保障

开发单位：国家工商行政管理总局经济信息中心。

供应商：龙信数据（北京）有限公司

运维保障：龙信数据（北京）有限公司

（国家工商行政管理总局经济信息中心）

国家卫星林业遥感数据应用平台

经过近年来的发展，林业遥感应用和林业信息化建设取得了一定的成果，但由于缺乏基于国产遥感卫星数据源的运行平台支撑业务系统，遥感数据源成为制约我国林业遥感应用和林业信息化发展的瓶颈问题，国产遥感卫星在林业上的应用效益和潜力没有得到充分发挥。在此背景下，实施了国家林业卫星遥感数据应用平台建设项目。该平台以国产遥感卫星数据为主要数据源，基于现有的国产卫星运行管理体系与林业资源监测业务运行体系，建设集业务运行管理、卫星遥感数据标准化处理与应用产品生产、数据存档与信息管理、数据产品分发服务、数据质量评价、数据资源整合于一体的国家林业遥感卫星数据平台。

一 基本情况

国家卫星林业遥感数据应用平台能够基本满足林业行业遥感监测业务需求，按照业务流程完成影像数据的接入、影像数据的管理、影像数据的加工处理与应用，为用户提供林业遥感监测的业务支撑。具体功能包括遥感数据接入功能、业务运行管理功能、数据管理功能、林业遥感标准化处理功能、林业遥感应用处理功能、数据产品质量评价功能、林业产品共享功能和林业产品服务功能以及计算机业务支撑平台。各部分功能介绍如下。

1. 遥感数据接入分系统

主要完成国产卫星遥感数据的申请和数据接入，为其他分系统进行高级产品处理和深加工提供基础数据来源。

2. 业务运行管理分系统

主要负责平台系统中各类生产计划的制定和管理、各分系统之间业务流程与数据流程的控制、网络监控管理、平台系统与卫星运行管理系统间的业务联系，并对各种业务资源进行合理的调配，保障系统的可靠、稳定运行，是系统业务运行管理及调度中心。

3. 数据管理分系统

数据管理分系统负责各类对地观测卫星数据、林业应用信息产品的在线存档、永久存档管理与数据产品的查询与检索服务，保证数据的安全性与完整性的同时，便于用户随时提取目标数据，是平台数据交换、影像数据编目存档与信息管理中心。

4. 林业遥感标准化处理分系统

基于林业遥感常规监测、应急监测、林业规划和林业各类评估、辅助决策与服务业务的共性和基础性需求，对接入并存档的各类卫星遥感基础数据、基础产品进行统一、集中、规范化和流程化的高级处理，为林业业务应用开展专题处理提供基础。

5. 林业遥感应用处理分系统

在各级标准林业遥感影像产品生产基础上，结合林业各应用部门相应业务需求，在应用处理流程定制机制下，提供各林业资源监测信息和基础专题产品生产的支撑工具。

6. 林业产品共享分系统

通过国家林业局内网、政务外网，为国家林业局其他遥感应用业务单位、地方林业部门提供卫星遥感标准影像数据、基础专题产品，以及林业遥感专题产品查询、订购与分发服务。

7. 林业产品服务分系统

基于互联网为林业各单位提供按时间、专题等分类组织的各类专题应用产品的浏览查询服务，林业产品网络服务挂接在国家林业局现有互联网门户网站之上。

8. 数据产品质量评价分系统

提供对卫星遥感标准图像产品质量进行分析与评价的常用工具，如对信噪比、图像熵、灰度直方图等的计算与可视化分析。具有对卫星常用传感器辐射和几何校正参数进行评估、优化并定期修正的功能。

9. 计算机业务支撑平台

是基本支撑与运行平台，为平台的安全、可靠运行提供计算机、网络、存储、管理软件等运行环境。

二　实施运行

本项目分为招投标阶段、设计阶段、实施阶段、验收阶段四大阶段，招投标阶段按照相关规定完成了项目需求认定、招标准备、招标实施、合同准备、签订等工作。设计阶段完成了项目计划制定、系统需求分析、系统架构设计等工作。实施阶段完成了软件需求分析、软件概要设计、软件详细设计、软件编码和测试、软件集成、软件合格性测试、用户测试等工作。目前项目进入试运行阶段和培训阶段，已完成基础软硬件的设备采购、软硬件系统集成、应用系统开发部署工作。完成了与中国资源卫星中心的数据对接工作，可以实时接收并处理卫星遥感数据。应用系统已经部署至林业局机房内网区域，系统试运行良好。对接收的遥感数据进行有序管理，采用统一的标准进行集中式规模处理，实现了林业行业内数据的共享，改善了行业遥感应用分散处理的状态，提升了遥感在林业监测、应急监测、规划设计、资源评估等方面的应用水平，提高了监测时效性和辅助决策的效率。

三　发展展望

国家林业遥感卫星数据应用平台系统的建设，从林业遥感应用面临的主要技术问题和限制林业遥感应用的关键问题出发，致力于解决林业遥感数据共享程度低、数据处理标准化程度低、数据处理重复工作效率低等问题，将进一步提升林业遥感数据应用的业务化水平，在林业各领域得到广泛和深入的应用。主要应用领域如下。

1. 扩大遥感数据在国家林业监测调查中的应用领域和应用数量

通过国产卫星遥感数据与国外遥感数据资源的整合，数据共享平台，多种数据源互相补充，解决林业各领域应用遥感数据经费不足、应用难的问题，使得遥感技术森林资源监测、荒漠化沙化土地监测、湿地资源监测、森林防火、森林资源开发利用等领域得到广泛应用。

2. 扩大遥感数据在林业工程跟踪监测和工程建设成效评估方面的应用范围

项目建设将为林业工程建设的监测评估提供更丰富的遥感信息，在更广阔的区域内开展林业工程监测，为林业生态建设提供更丰富更直观的决策信息。

3. 扩大遥感数据在地方林业调查中的应用领域

在林业行业内建立数据共享机制，能够为地方林业调查提供多种数据互补的遥感数据；而且林业遥感应用平台的标准化快速处理能力，能解决遥感数据处理的问题，并提供遥感应用技术指导，大大提高林业地方遥感应用水平，扩大遥感应用范围。

（国家林业局信息办）

北京城管移动应用服务平台

2013 年 4 月，北京城管移动应用服务平台投入运行，该平台是实现北京城管云服务从市级延伸至区、街、一线队员的重要支撑，完成了 6000 余部基于安卓的执法城管通和基于安卓和苹果 iOS 的"我爱北京"市民城管通升级，实现了对执法城管通应用发布、升级，以及用户、权限、终端及安全的统一管理，云到端的智慧城管基础支撑平台进一步完善，强化了支撑一线、服务市民的能力，进一步推动了智慧城管建设。

一　项目背景与需求

（一）以移动技术为代表的新一代信息技术迅速发展与创新 2.0 模式逐步显现

随着以移动技术为代表的移动通信、移动计算、物联网等新一代信息技术的融合、发展与普适，移动交互和移动工作为城市管理提供了新的机遇。移动技术为应对城市管理工作本身的移动性提供了手段，也为公众与政府的沟通和服务提供开辟了新渠。随着技术推动的社会形态的变革与知识社会的形成，以人为本、以服务为导向、以应用和价值实现为核心的创新 2.0 模式正逐步显现其生命力和潜在价值。

（二）智慧城管建设需要进一步强化支撑一线和服务市民的支撑能力

截至 2013 年底，北京市常住人口已超过 2100 万，常住外来人口也达到 800 万，流动人口数量逐年递增，人口与资源环境的矛盾日益凸显，城市管理的重要性日益显著。根据国务院法制办和北京市政府关于相对集中处罚权的决定，北京市城管执法机关行使法律、法规、规章规定的 13 个方面的处罚权，涉及案由 364 项，执法业务多样且复杂。而全市正式城管队员仅 6000 余人，加之当前社会矛盾凸显，暴力抗法事件频出，执法难度进一步加大。北京市城管执法局前期探索了通过建设基于 WindowsCE 的 PDA 移动执法系统较好的支持了一线队员执法工作。但随着首都城市管理工作的转型发展，原有功能已不再适应新的执法业务需求，同时城管对移动应用的需求也逐步增加，大量的应用需要向移动终端拓展。另外，信息技术快速发展，以 Android 和 iOS 为代表的操作系统普遍应用，以及苹果应用商店（App Store）的成功，原有功能的可移植性、兼容性、终端及程序管理的灵活性降低，影响了系统应用。

（三）北京城管物联网平台作为北京市第一批物联网应用示范建成

2012 年，北京市城管执法局通过环境秩序与执法资源感知平台、云到端的智慧城管支撑平台、综合应用平台三大平台建设，构建集感知、分析、服务、指挥、监察"五位一体"的城管物联网平台。作为北京市第一批物联网应用示范项目中第一个建成并投入使用的项目，城管物联网平台在首都城市管理工作中发挥了重要作用，并为北京城管持续提升城市管理和公共服务能力、推动政民互动和社会共建工作打下坚实的基础。2013年，北京市城管执法局在完成城管物联网平台建设基础上，继续深化推动基于"五位一体"城管物联网平台的智慧城管建设，全力推动北京城管移动应用服务平台，致力于进一步完善云到端的智慧城管基础支撑设施，实现基于北京城管云的端到端（"执法城管通"与"市民城管通"）互动。

按照北京城管科技创新与队伍建设"双轮驱动"战略部署，智慧城管建设需在现有物联网平台建设基础上，进一步强化对支撑一线和服务市民的支撑能力，缓解城管队员工作压力，提高城市管理工作效率，提升公共服务水平。通过北京城管物联网平台建设，利用物联网、大数据、云计算等技术将城市各种基础设施连接起来，成为新一代的智慧化基础设施，在此基础上，需进一步结合移动技术，不断完善执法城管通，以满足一线执法队员实时、在线、移动执法的需求。北京城管通过建设移动应用服务平台，加强掌端移动应用建设，全力打造"执法城管通"掌端执法终端"市民城管通"移动公共服务终端，实现所有移动应用的规范化、统一管理和开放创新，运用移动的方式提供统一、灵活的信息发布、管理和服务，通过云到端的一系列智慧城管基础支撑设施建设，推动"巡查即录入、巡查即监察"的工作模式、感知数据驱动的高峰勤务模式和基于创新2.0的公共服务模式三大智慧城管全新工作模式打造。

二 解决方案和业务创新

（一）解决方案

结合城管现场执法移动性等特点，参照北京市移动应用服务平台的安全技术规范，建设北京城管移动应用服务平台，实现了执法城管通的"三个一"重要功能，以及"我爱北京"市民城管通的升级，重点实现了以下5项功能。

（1）应用管理。北京城管移动应用服务平台作为城管移动应用的综合门户，实现对全部城管移动应用的统一管理，提供移动应用软件的发布、更新、卸载等服务，实现了对执法城管通规范化管理。实现信息资源与服务的移动化，使城管的信息资源做到"随时可用，随处可用"。

（2）用户管理。实现了权限控制以及统一认证机制。权限控制实现用户权限的统一控制和管理：不同角色有不同的权限，可以下载使用不同的移动应用；平台针对不同用户进行的升级改造进行有区分的升级。通过建立与城管物联网平台用户身份数据的对接，实现了权限范围内终端用户的"一次认证，全系统通行，一点登出，整体退出"。

（3）安全管理。城管专网和互联网的安全切换，通过用户登录、APN接入、安全检查三个功能模块，实现了网络的安全接入和数据的安全保障。该平台通过检测客户端安全环境、网络接入3A认证、用户身份认证、授权认证及权限控制等措施有效保障了客户端安全接入城管内网。同时对终端数据进行安全监控，由服务器端对终端的安全状态进行分析并及时报告安全隐患，在一定程度上保证终端数据的安全。除进行安全和规范性约束外，增加软件授权码，有效控制了非法应用的接入，实现业务应用的统一授权和发布。

（4）执法城管通"三个一"。建设形成综合执法的"一卡通"、督促考核的"成绩单"、应急处理的"护身符"。在 2013 年 3 月，全市城管完成 6000 余部执法城管通操作细化更新工作，终端由 WinCE 操作系统更换为更为开放的 Android 操作系统。

（5）市民城管通的升级。完成安卓及苹果版本的升级，推出具有城管特色的"我要买菜"创新服务、城管执法机构信息查询服务。热心市民可以用智能手机随时随地查询周边便民菜市场信息，还可对菜市场信息进行完善、推荐、评论和纠错。

（二）业务创新

北京城管移动应用服务平台是以移动技术为代表的新一代信息通信技术为支撑、面向知识社会创新 2.0 的城市管理新模式，强调用户创新、大众创新、开放创新、协同创新。为了实现业务创新系统地有组织地推进，北京市城管执法局研究编制出了"执法城管通移动应用功能规划"，计划利用 3 年时间逐步建成。北京城管移动应用平台业务创新主要体现在以下几个方面。

一是综合办公更畅通，主要是实现内网通知、邮件管理、政务信息、公文审批、即时通信、城管杂志等，将内网用户扩容到四级，及时将市局精神贯彻到一线队员，支持政令畅通、上情下达等功能。

二是指挥调度更敏捷，主要是实现一键报警、即时接收市局指挥中心电话呼叫、一线队员实时接收市局指挥中心下达的紧急任务、一线队员及时进行任务处置反馈、实时接收市局指挥中心应急指令、实时接收市局指挥中心应急预案通知等功能。

三是巡查监察更高效，主要是实现日常勤务任务的接收及反馈、日常巡查记录回传、勤务力量查询、环境秩序监察等功能。

四是视频监控更便捷，主要是实现执法现场视频回传、自建探头的视频查看、公安探头视频查看等功能。

五是业务数据查询更方便，主要是实现对执法车辆、执法相对人、施工工地、非法小广告通信号码、查询委办局共享信息等功能。

六是公共服务更贴心，在城管队员、城市管理志愿者、热心市民范围内应用，主要是实现城管机关位置查询、举报咨询建议、信息纠错服务等功能。

七是设计应用更开放，在项目建设过程中，依据了创新 2.0 理念，重视用户的参与和体验设计，组织各级城管机构、基层街道、社区代表参与共同建设。同时该平台作为一个开放的平台，制定了应用接入与发布的标准管理规范，可以鼓励更多的企业与社会力量参与到城市管理信息化建设中来。

北京城管移动应用服务平台的建设将成为推进城管移动执法工作的里程碑，大大促进城管移动执法和移动办公，全面提高工作效率、降低行政成本，提高及时有效处理突发事件的能力。

三　实施效果与社会效益

（一）随时随地移动办公

依托智能 PDA 终端和 3G 高速政务网络，实现移动终端与 PC 端业务和流程的无缝衔接，支持数据的统一完整、信息共享及快速交换，提供实时浏览通知公告、获取政务信息、收发邮件、审批公文、处理待办事项，实现随时、随地移动办公模式。通过系统建设与应用，进一步拓展了信息交流和沟通渠道，健全市局与各区县之间的内部信息移动链条，提升了市局服务基层、指导基层的工作能力，增强沟通协作，提高工作效率，全力支撑"政令畅通、信息共享、快速落实"。

（二）应急任务掌端处理

通过执法城管通，便于指挥中心及时掌握执法队员的在岗信息、勤务任务和紧急指令处理情况以及突发事件报警，方便指挥中心合理的调度资源。执法队员通过执法城管通接收来自物联网指挥调度系统的紧急任务，并可办理反馈。后期将在系统后台实现对每一名队员的工作量和工作成效的总体评估，生成每一名队员的工作统计表，既为队员展示成绩使用，也作为单位考核每一名队员的数据支撑。

（三）紧急状态一键报警

城管队员在紧急状态下，瞬间剧烈晃动执法城管通，系统自动发出报警信息，指挥中心大屏指挥调度系统中立即弹出报警任务单并伴随报警声音，指挥中心调度员利用指挥调度系统中电话功能与报警队员通话或查看报警队员现场视频，并调度报警队员周边的城管队员前往，使得报警队员在最短时间内获得支援。

（四）视频监控随时获取

整合城管视频监控图像资源，通过政务专网等为市级平台和区县提供图像信息共享以及图像资源。依托城管物联网视频监控平台，实现掌端随时查看城管自建的 400 个无线监控探头视频和公安共享监控探头视频，便于领导第一时间掌握执法现场情况，有利于对重大违法问题的快速处理决策。

（五）信息服务支撑现场执法

依托城管物联网平台，开发建设了执法车辆、执法相对人、施工工地、非法小广告停机号码等业务数据的查询功能，有效缓解了城市管理工作普遍存在的信息滞后、管理被动、职能交叉、管理粗放等难题。开发城管执法涉及的法律法规、执法案由的查询功能，一线队员可以随时随地查询，极大地方便了现场执法工作，有利于提升执法能力和执法效率。

（六）公众互动参与共建共治

依托城管地图公共服务平台建设的市民城管通主要包括三项功能：一是依托属地政府协调建立疏堵结合便民菜市场，推出具有城管特色的"我要买菜"创新服务栏目，公示了近500 个疏堵结合便民菜市场信息，引导市民和商贩流向疏堵区的便民菜市场，热心市民可以用智能手机随时随地查询周边便民菜市场信息，还可对菜市场信息进行完善、推荐、评论和纠错；二是查询 300 余个城管执法机构基本服务信息和管辖区域；三是举报、咨询、建议。据统计，城管地图公共服务平台自上线运行以来，市民参与超过 2.3 万人次，累计处理举报、咨询、建议、纠错信息超过3.4万条，市民城管通用户参与互动600余条，得到了市民的广泛认可与好评。

四 开发单位、供应商与运维保障

北京城管移动应用服务平台由北京时代凌宇科技股份有限公司负责研发，完成了平台中的任务处置、视频监控、台账查询、法规查询等应用以及执法城管通应用开发，北京首电创新应用技术有限公司主要完成了综合办公类等应用开发工作，而北京创毅讯联科技股份有限公司、飘飘人数字科技有限公司等完成了基于安卓和苹果 iOS 的"我爱北京"市民城管通的设计工作。

北京时代凌宇科技股份有限公司是在中关村科技园区注册成立的高新技术企业，该公司拥有物联网核心技术和创新产品及成熟解决方案，是北京市物联网产业领军企业之一。北京首电创新应用技术有限公司同样是注册在中关村高科技园区的高新技术企业，是国内首批从事城市管理综合执法领域研究与开发的综合性软件企业。北京创毅讯联科技股份有限公司是致力于移动多媒体终端产品及软件的设计与研发的技术性企业。飘飘人数字科技有限公司是一家由海外归国专家成立的以人为本的专业的科技咨询服务设计公司。

该平台由专业的运维团队进行日常的运行维护，在平台运行过程中，定期进行系统数据备份、实时进行用户完善、实时进行应用维护，确保平台稳定运行。

北京城管通过环境秩序与执法资源感知平台、云到端的智慧城管支撑平台、综合应用平台三大平台建设，构建集感知、分析、服务、指挥、监察"五位一体"的城管物联网平台，全力推进"巡查即录入、巡查即监察"工作模式、感知数据驱动的高峰勤务模式。基于创新2.0的公共服务模式，北京城管移动应用服务平台的建设，使得云到端的智慧城管基础支撑平台进一步得以完善，该平台是一线执法及公共服务感知信息的重要来源；同时也是城管云建设中重要的服务通道，可实现云服务到一线队员和普通市民的延伸，以及"执法城管通"与"市民城管通"端到端的互动，是落实智慧城管的精细化、智能化、社会化的重要实践。

（北京市城市管理综合行政执法局）

北京法院构建司法公开服务体系项目

北京法院紧紧围绕习近平总书记提出的"让人民群众在每一个司法案件中都感受到公平正义"的工作目标，以"大数据、大服务、大格局"为指导，以服务人民群众、服务审判执行、服务司法管理为重心，坚持"统一开发、集约建设、分步完成"的原则，构建北京法院司法公开服务体系，建设"一库两平台"，以信息技术全面推进北京法院司法公开，全面提高司法信息服务能力，为社会公众提供各类司法服务，为社会征信体系建设和经济社会发展提供决策数据。

一　建设思路及方案

（一）总体目标及建设原则

北京法院司法公开服务体系建设就是要以"天平工程"建设为契机，以司法公开服务司法公正，努力实现以下目标：全面提升信息化水平，重点解决首都法院审判工作日益迫切的信息化需求与信息化资源相对不足的基本矛盾；着力满足首都法院在加强司法管理、提高司法质效、增强司法能力、服务司法公开等方面的需要，满足人民群众对司法信息的需要；切实加强北京法院司法审判信息资源库建设，完善北京法院"信息球"对内服务平台，建设"北京法院审判信息网"对外服务平台。分步实现三级法院统一的司法公开和诉讼服务平台。

立足顶层设计，遵循"统一开发、集约建设、分步完成"的原则：全市三级法院在高级人民法院的统筹管理下，统一开发软件，开展基础建设，确保所有公开信息由统一出口对外发布；建设项目按照总体建设方案稳妥推进，统一建设、统一标准，并选取试点法院先行探索、使用和升级改造；立足法院实际，根据业务需求分成不同建设阶段，逐步拓展和完善司法公开和诉讼服务功能。

（二）总体建设规划

北京法院司法公开服务体系建设拟分为两个阶段。

第一阶段主要是建设北京法院"一库两平台"，实现审判流程公开、裁判文书公开和执行信息公开，探索审判信息资源的对外服务，逐步丰富审判信息资源库；强化"信息球"支撑展现、决策分析、智能引领功能，充分利用审判信息资源库，对各项工作提供决策辅助服务；建设北京法院审判信息网，采用"网机互动"模式动态提供服务，打造服务审判信息公开和提供诉讼服务的对外统一平台。

第二阶段主要是建设全市法院高清数字法庭，实现信访、接待、立案、庭审、合议、文书全程信息记录，同步形成电子档案，为加强审判管理，强化事后监督提供信息服务支撑；推进信息化在审判动态分析、审判质量分析、审判工作指导、司法资源调配、审判效率分析及审判绩效管理等方面的应用；逐步统一全市法院诉讼服务的水平，不断探索和完善诉讼服务的方式；推进信息化在案件审理各个环节监测分析的应用，全面加强法院内部管理；加强对律师、人大代表、社会公众等反馈信息的研究分析，推进司法预测预警应用功能建设，提高司法服务经济社会发展的能力。

（三）建设任务

北京法院司法公开服务体系建设的核心任务是"一库两平台"建设。

一是整合各类信息资源，建设北京法院审判信息资源库。实现审判执行信息全程记录，从立案到开庭、合议到裁判文书再到执行，包括申诉、信访，每一个重要的司法环节都有信息录入，全程记载各类司法信息。逐步完善北京法院案件、法规、案例、司法建议、信息共享等数据库，实现审判信息资源库与干部人事库、行政管理库高度融合，为北京法院对内支持审判，对外司法公开提供基础支撑。

二是运用数据挖掘技术，完善以"信息球"为核心的对内管理和服务平台。整合利用审判信息，加强司法信息资源在审判管理、政务管理、科学决策和服务法官等方面的应用。将"信息球"建成服务北京各级法院的数据、信息和决策支持的平台，逐步实现对业务支撑展现，对业务决策分析，对工作智能引领的作用。

三是打造"网机互动"模式，建设以北京法院审判信息网为载体的对外公开和服务平台。充分运用"北京法院"APP 应用程序、12368 公益服务平台和互联网等技术手段，采用"网机互动"模式建设多群体、多媒体的实用查询系统，提升公共服务水平，满足不同群体的司法信息需求，打造服务审判信息公开和提供诉讼服务的对外统一平台。

二 整合资源，完善"信息球"立体运行模式

为有效解决北京法院审判活动、队伍建设中的难点、重点问题，运用信息技术提供方法、手段和支撑。北京法院运用顶层设计理念，构建了基于"云"计算的"信息球"立体运行模式。通过整合司法审判、司法人事、司法行政、资源共享等信息，基于数据分析、数据挖掘技术，建立了"以人员与案件线索为纬度、以时间与业绩序列为经度"的多层级、多维度、立体化的数据服务模式；以构建"人员、案件、时间、绩效"四个维度、"全国、全市、法院、部门、人员"五个层级、"队伍建设、审判管理、司法统计、审判动态、专项分析、信息检索"六项服务为核心内容，为法院内部、社会公众提供了客观、准确、及时的数据支持；为促进实现"公正司法"核心工作提供了大数据支撑。"信息球"建立了基于大数据的应用一体化模式，解决了以往资源分散、共享不便的难题；从顶层设计出发，建立了一套有效的数据和应用模型，解决了以往重建设、轻应用，信息孤岛现象严重的问题。"信息球"的显著成效主要有。

一是加强精细化审判管理，提高了司法效能。创新运用"顶层设计"理念，服务审判管理；创新建立"按日绩效"机制，服务科学考评；创新建立立体评析审判质效新机制，服务领导决策，实现了案件进程实时监控、审判数据智能比对、司法统计动态评估、问题隐患自动提示、涉案信息共享互通、各项管理精确制导的精细化、智能化、多元化管理目标。依据案件信息每天自动生成约 53 万组司法统计报表，司法统计报表由原来的 5～10 天人工统计报送缩短至 1～2 个小时内自动生成；司法数据与案件信息完全融合，为评估案件质效提供实时分析数据，实现法官工作绩效的"按日生成"；每天生成 70 万组指标数据，为院领导、庭领导和干警提供了审判业务态势、效能、管理等动态数据分析服务，增强了管理的针对性、即时性和实效性，解决了以往"看不见、摸不着、管不到"的难点问题。北京法院 2013 年 28 项审判质效指标中共有 17 项同比大幅上升。

二是推进业务级信息共享，参与了社会管理。通过向公安、检察、监狱、工商、住建、税务、国土资源、银行等政府部门和其他相关单位提供及时、全面的生效案件裁判信息和执行信息，有效促进了跨部门间的信息共享和业务协同，提高了公众服务能力，推动了社会诚信体系构建。北京法院荣获 2012 年北京市资源共享先进单位称号。2013 年，按照北京高院党组关于拓宽服务对象的要求，与北京市律师协会建立信息化合作机制，探索运用"信息球"自动收集到的各项审判执行信息为律师群体提供更加丰富的诉讼服务，促进法律职业

共同体建设；重点开展执行查、冻、扣一体化系统建设，拓展与银行等单位的信息共享工作，共同推动社会征信体系建设。

三是创新大数据信息服务，促进了信息公开。"信息球"整合了北京三级 22 家法院 400 余万件案件审理信息，对审判业务的各个节点进行了精细化的控制与管理，通过信息共享安全管理手段，可以为诉讼当事人和社会公众提供及时准确的司法审判资讯服务，促进了司法公开。进一步完善"信息球"对内管理和公开平台，通过业务系统的适应性修改，将案件信息与"信息球"再融合，实现司法公开信息的自动采集；通过升级完善"信息球"，新增司法公开绩效管理模块，实现对北京市三级法院审判流程公开、裁判文书公开、执行信息公开三方面公开服务工作的信息发布审核与绩效管理功能。全市法院已实现部分审判流程和执行信息公开，通过北京法院审判信息网和"北京法院"动态信息 APP 同步对当事人公开 4 个阶段的 13 个节点信息和 16 项案件信息，依托"信息球"建立了全市法院统一的信息来源、审核、管理、协同、安全、发布等主要环节之间的运行机制。

工业和信息化部杨学山副部长对北京法院"信息球"模式给予了充分肯定，批示指出："信息球"模式是基于信息的电子政务整合、融合模式，对推进电子政务具有很重要的典型意义，请进一步总结推广。北京市经信委对"信息球"给予高度评价，认为"信息球"项目，体现了电子政务顶层设计的理念，促进了信息资源的有效共享，为建立社会诚信体系做出了有益探索。最高人民法院三位院领导分别予以批示，充分肯定了北京法院"信息球"立体运行模式，并在北京高院召开"人民法院信息化工作现场会"，向全国法院予以重点推介。北京法院"信息球"立体运行模式荣获了"2012 年中国行业信息化最佳实践奖""2012 年度中国电子政务最佳实践（管理创新类）奖""2012 电子政务创新应用奖"和"2013 年推动中国信息化进程突出贡献奖"。

三　推进公开，创新"网机互动"模式

目前，北京法院已正式开通北京法院审判信息网，建成"北京法院"APP 应用程序，并整合互联网、APP 应用程序、手机、电话等多种载体实现了五项服务。

一是服务司法公开。围绕最高法院要求的 14 类 54 项公开内容，整合 18 类 60 项公开内容，通过北京法院审判信息网为律师、当事人和社会公众提供 8 项公开和 10 项服务。实现北京法院审判信息网与中国裁判文书网数据同步，除法律规定不公开的外，全市三级法院生效裁判文书全部上网公开。通过"北京法院"APP 应用程序，向社会公众及诉讼参与人提供主动的、交互式的信息推送服务，静态信息 APP 提供 5 类服务，动态信息 APP 向诉讼当事人和律师等及时准确公开审判流程和执行信息。依托北京法院审判信息网、12368 公益服务平台、"北京法院"动态信息 APP 等多载体实现审判流程信息和执行信息的动态查询，当事人和律师可以根据自身习惯通过手机、电话或网站，随时了解北京法院各项审判执行信息。北京法院审判信息网开通 40 天点击量超过 71 万人次，发布审判流程信息 1940 项、执行信息 548 项，公布失信被执行人、限制出境被执行人、限制高消费被执行人三类信息共 4101 项。

二是服务司法为民。社会公众可以通过"北京法院"静态信息 APP 和北京法院审判信息网中的法院要闻、公告发布、诉讼指南、法院导航等栏目了解全市法院案件审理、法院地

址、人员组成等相关信息。针对立案难问题，修订完善立案指引，明确了9类常见案件须提交的证据材料，同时探索开展网上预约立案、电子送达，减少了当事人往返法院的次数，加强了对当事人诉权的保障。通过互联网和APP应用程序提供26类文书样式下载和诉讼工具等服务，便利当事人参与诉讼，节约司法成本。通过视频方式介绍北京法院案件的办理流程以及法院提供的各类诉讼服务和便民设施，让社会公众直观、全面了解法院信息及诉讼流程。

三是服务质效提升。研发专门的工作软件，对审判系统中的裁判文书根据最高法院的要求进行排版和相应的技术处理，使之符合上网裁判文书的基本要求，经案件承办人校对审核后，点击提交公开，再经过相应部门审批，即可直接上传至北京法院审判信息网和中国裁判文书网。实现了裁判文书公开工作的全面、及时，运用信息化手段最大限度地减轻了法官的负担。同时，运用对比排行、统计图表、文字分析和趋势预测等多种量化管理手段，在"信息球"和北京法院审判信息网同步展现法院、法官工作绩效，每日更新全市各法院当日、累计和不同案件类型的收结案数，有效提升法官工作的积极性和主动性。通过互联网对外发布开庭公告、鉴拍公告、拍卖公告等公告信息，公布全市法院4158名法官信息和审判委员会成员信息，进一步规范了司法行为。

四是服务安全保障。率先在互联网和法院内网之间建成安全交换平台，保障了内外网信息交互的安全性和稳定性，实现了全市法院通过高级法院安全交换平台统一出口对外发布公开信息。同时，依托"信息球"自动生成各类审判信息，通过安全交换平台在北京法院审判信息网、"北京法院"APP、12368公益服务平台上予以公开，将上述内部信息服务于社会公众和外部单位，有效实现公开信息的"快、全、准"，推进了司法公开，推动了社会征信体系建设。同时，这种审判信息全自动、及时、安全发布机制，也促进形成倒逼机制，法官填写各项司法数据的准确性大幅提升。

五是服务普法宣传。通过"北京法院"APP和北京法院审判信息网等多渠道，及时发布全市法院重大部署、重要会议、重要通报及查办等信息，践行"阳光司法"，宣扬司法正能量。拓宽监督渠道，社会公众可通过北京法院审判信息网观看具体案件的庭审过程，服务司法公正，树立司法公信。提供各类审判数据、法规查询、案例指导等服务，内容丰富，数据权威，方便实用。通过互联网和APP应用程序发布法院要闻、重要通知和工作报告，公布各类案件参阅案例，公布北京法院和最高法院各类指导文件，收到良好效果。

北京法院构建司法服务体系，初步完成审判流程公开、裁判文书公开、执行信息公开三大平台建设工作，司法信息服务能力得到显著提升，信息化与司法审判、司法人事、司法行政等各项工作深度融合，有效地促进了司法公开、司法公正。

（北京市高级人民法院信息技术处　王岚生　佘贵清）

西城区云计算数据中心项目

当前，全球IT产业正在经历着一场声势浩大的"云计算"浪潮。作为一种全新的服务模式，云计算秉承"按需服务"的理念，以其通用性、可扩展性、高性价比等优势在各信息化领域迅速蔓延，是新一代信息技术产业的重要组成部分，是继个人计算机、互联网之后的第三次信息技术浪潮，将引发信息产业商业模式的根本性改变，同时也将引发电子政务服务模式发生改变。

一 项目背景与需求

首都功能核心区行政区划调整后，原西城区与原宣武区信息化相关建设也进行了相应整合。区域内部政务网络环境复杂，业务系统众多，统一协调管理十分困难；随着政务业务系统规模的增长和系统负载的增加对基础运行环境的性能以及运维服务提出了更高的要求；安全问题也是基层一直持续面临的重要问题，随着各委办局办公地址的迁移，业务系统和数据迁移都为业务应用的稳定性和可靠性带来了不确定的因素。新西城区目前的电子政务新格局，在资源利用、数据安全、业务需求等方面呈现出问题多样化、管理复杂化的趋势，成为"十二五"期间西城区电子政务建设亟待解决的问题。

2010年9月，市经信委、市发改委、中关村管委会共同发布了《北京"祥云工程"行动计划》（京经信委发〔2010〕171号），其中明确提出"以'祥云工程'的实施为抓手和推进平台，推动电子政务全面向云时代转型，统一规划和抓紧建设'政务云'，带动全市云应用的起步"。政务云的建设工作要根据全市各部门（区县）业务特点、应用现状和发展需要，分类分步推进，最终形成"覆盖全市，相互衔接"的政务云体系。

"政务云"服务架构的出现，为新西城电子政务规范化建设和信息整合提供了契机，成为解决西城区电子政务建设问题的有效手段。

二 解决方案和业务创新

（一）解决方案

1. 建设目标

通过西城区政务数据中心建设，将云计算技术架构融入西城区电子政务建设中，集中搭建一个扩展管理灵活、资源充分利用的电子政务云平台，面向西城区各政府部门提供标准化的基础设施、应用支撑以及移动化适配等服务。具体包括以下目标。

①承载西城区各政府部门153台服务器的应用服务，实现西城区电子政务统筹规划和集约建设。

②面向西城区各政府单位提供统一的内容管理、Portal服务、工作流、电子表单、单点登录、搜索引擎、目录服务、报表工具等组件服务，提供集成开发、集成整合、集成管理、移动移动化适配四大应用平台，有效提升西城区各政府部门业务管理和协同能力，逐步实现西城区电子政务一体化建设。

2. 架构设计

基础设施层，将包括主机、存储、网络及其他硬件在内的硬件设备，通过虚拟化技术进

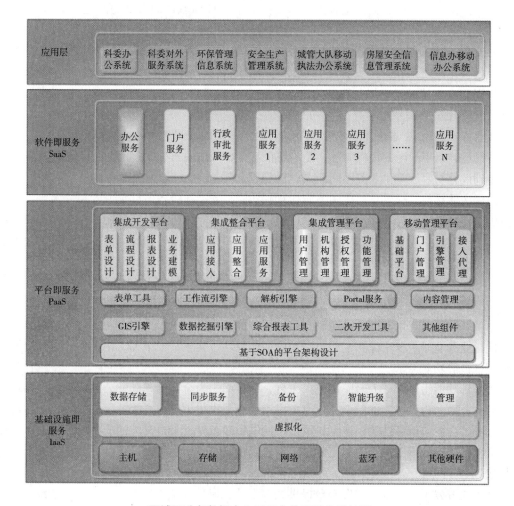

西城区政务数据中心云平台体系架构设计图

行整合，形成一个整体，同时通过云管理平台，对外提供数据存储、备份及运行环境等基础服务。

平台服务层，政务云框架的核心，通过在基础设施层之上搭建政务云应用支撑平台，提供统一的平台化系统软件开发支撑服务。基于该平台，各部门可以根据需要定制功能及相应的扩展。

应用服务层，整个电子政务对外提供的终端服务，基于平台服务层开发或整合的各部门业务系统，业务应用层的系统通过政务外网，面向部门业务人员提供服务。

3. 技术方案

（1）西城区政务云基础设施平台功能。

西城区政务云基础设施平台建设提升了信息中心现有机房、主机、存储、网络等基础设施的使用效率，支撑区内各政府部门应用系统建设，提高资源利用效率，避免重复建设。西城区政务云基础设施平台的搭建主要包括虚拟化服务建设与管理以及业务不间断/灾难恢复服务。

①虚拟化服务管理。虚拟化服务管理支持集中管理西城区政务数据中心的虚拟主机配置，并支持对虚拟机生命周期的全面管理；能够提供虚拟磁盘、离线虚拟机的存储和管理，并支持虚拟机创建；支持管理多个物理服务器向虚拟资产进行转换的过程，支持管理员以及授权用户可以快速的设置虚拟机；支持工作人员使用统一的平台，管理物理和虚拟服务器资产；支持设置虚拟化管理策略，为用户、应用程序以及交付行为设置策略，将大部分日常管理集中到系统本身。

②业务不间断/灾难恢复。政府部门对信息化应用的依赖越来越高，如何保证信息化应用的持续运转，不间断的提供服务，是当前信息化部门的头等大事。因此，西城区政务数据中心基础设施平台应提供业务不间断/灾难恢复服务。支持划分负载，防止一个应用程序影响其他程序的性能；提供自动化的备份、复制功能，支持在线备份群集或者独立服务器中的虚拟机，支持保护实时迁移过程中的虚拟机，支持通过对主机备份实现还原单个虚拟机，保证业务的连续性；应支持物理服务器之间切换负载，保证服务器的计划维护过程中的业务连续性；应支持实时捕获数据的变动，并定期进行同步，便于工作人员以用最短的时间恢复数据。

（2）西城区政务云应用支撑平台功能。

西城区政务云应用支撑平台建设支撑了西城区基础性公共应用建设，支撑区内各政府部门个性化业务应用系统建设。主要包括基础功能组件、集成开发平台、集成整合平台以及集成管理平台等功能需求。

①基础功能组件。政务云应用支撑平台，一方面，为全区的基础性公共应用建设提供支撑；另一方面，为各政府部门个性化业务应用系统建设提供支撑。因此，平台提供多样性的功能服务，为各应用系统的搭建，提供统一的电子政务开发平台。应用支撑平台的基础功能构建应包括内容管理系统、表单工具、工作流管理、目录服务等基础组件，并支持外部组件的集成服务。

②集成开发平台。集成开发平台提供表单设计、流程设计、报表设计、业务建模、代码生成等功能，以支撑政府部门业务应用系统的快速搭建。

③集成整合平台。集成整合平台应提供各类资源的接入、整合管理与资源服务，支持多格式、多来源的信息资源和服务资源接入功能；提供数据级、界面级、应用逻辑级等多种整合方式，提供资源的授权管理与接入资源的动态监控；提供资源的组件式封装服务，对外提供多种形式、个性化的资源服务组件，支撑用户实现应用系统的组合搭建。

④集成管理平台。集成管理平台用于业务应用和资源的统一集成管理，应提供统一组织用户管理，支持用户基本信息的管理、角色管理；提供统一身份认证管理；提供统一功能权限管理，支持用户、机构、角色权限的统一分配与管理；提供统一统计审计管理，支持多种统计分析功能和审计规则设定。

⑤移动适配平台。移动适配平台用于接入各单位的业务应用系统，进行移动化适配，提供业务系统的移动化应用，提供协议处理、会话管理、资源调度、消息路由、认证鉴权、负载均衡、缓存管理等功能；支持终端管理、客户端版本管理、接入控制、License 管理等功能；支持 DataParser、WebService、DBVertical、StandardProtocols 等多种系统接入功能，支持多种数据的解析功能。

（二）业务创新

1. 实现西城区电子政务建设一体化

西城区政务数据中心的建设，以基础设施服务、平台服务、软件服务三个服务线为核心，通过集中建设和统一管理基础性、公共性的信息设施和跨部门应用系统，为全区办公系统和统一门户的建设提供全流程、全方位的支持，满足全区信息资源接入整合和部门业务流程整合的需求，是推进西城区电子政务建设一体化的有力手段，是西城区电子政务建设向高端形态发展的必然要求。

2. 推动北京市政务云应用试点推广

在北京市政务云平台规划指导下，构建西城区政务数据中心，开展区县范围的政务云应用试点建设，一方面可以从实践方面验证北京市政务云平台应用模式的可行性，另一方面，通过探索新技术、新产品和新标准，为北京市政务云建设实施提供技术参考。

西城区政务数据中心建设，以基础设施服务、平台服务、软件服务三个服务线为核心，尝试将云计算技术融入电子政务建设，实现电子政务建设模式的创新，为其他区县和部门电子政务云应用提供示范带头作用，有利于推动北京市电子政务云建设全面开展。

3. 有效保障系统安全，提升系统部署效率

通过构建西城区政务数据中心，对IT基础设施进行虚拟化处理，采用虚拟机特有的动态漂移技术和负载分摊技术，可以有效减少了应用系统被攻击和意外停机的可能性，从而增强最终用户数据的可用性。通过构建西城区政务数据中心，打造基础设施平台，西城区信息中心能够面向区内各政府部门提供标准化的IT基础设施资源，各单位可以轻松获取所需的基础设施资源，从而实现新的应用程序、服务或计算资源的快速部署。

4. 提升信息资源使用效率，避免重复建设

西城区政务数据中心，采用虚拟化技术逐步将西城区内各政府部门的服务器、存储、网络和安全等硬件资源整合成一个统一的虚拟资源池，并对资源进行统筹管理和按需分配，提高了硬件资源的使用率，避免了硬件资源的重复投资；通过统一开发用户管理、资源接入、流程管理等基础功能，既保证了软件的规范性，同时也避免了独立开发带来的重复建设、资源浪费和标准不统一等问题。另一方面，对基础设施和应用系统进行统一的运维管理，既能够节约运维成本，也可以提升各政府部门系统运维管理水平。

5. 统一电子政务建设标准，实现互联互通

基于云计算的电子政务建设模式，本身就是一种标准化的建设模式，可以制定统一的业务标准、管理工作实现标准、技术标准、安全标准等，基于西城区政务数据中心云平台进行业务系统搭建，有利于西城区电子政务系统建设的规范化和标准化，为政府部门信息资源共享和系统互联互通提供保障。

6. 降低信息化建设门槛，拓展信息化应用

在"基础设施即服务"、"平台即服务"和"软件即服务"的政务云建设模式下，基础设施、开发平台、软件服务组件等都由西城区信息中心统一部署和运维，业务部门可方便地利用政务云应用支撑平台，定制和部署各自的业务应用，不必再耗费人力、物力、财力去处

理系统部署、安全管理、运行维护等问题，大大降低了业务部门开展信息化建设的门槛，缩减了开发和运维成本，为业务部门高效、高质地开展信息化建设提供有力支撑。同时，云计算提供丰富的云端设备，有利于移动办公等新业务的开展。

三　实施效果与经济社会效益

（一）项目实施效果

西城区政务数据中心的建设，实现了对西城区政务应用的接入与整合，为区内各政府部门的业务应用、跨部门综合应用提供支撑服务。通过本项目的建设，有效促进西城区政务信息化建设的步伐，为增强各政府部门的业务管理能力，进一步实现业务管理的精细化、智能化，辅助领导决策提供有力支持。同时，还盘活西城区现有政务信息资源，避免了政府资金的重复投入。

西城区政务云基础设施平台于2012年6月建成并投入使用，2013年6月完成第一次扩容，目前利用29台物理服务器搭载166台虚拟服务器，承载166个应用系统对公众或政府机关人员提供服务，节约计算资源建设费用成本83%。

西城区政务云应用支撑平台于2012年7月部署完成并投入使用，已利用其集成开发平台开发了广安门内街道社会团体管理服务系统等6个系统，利用其移动适配平台适配了区OA办公系统等7个系统，节约系统开发时间成本50%，节约建设费用成本45%。

（二）所带来的社会经济效益

1. 社会效益

①有利于提高西城区信息资源管理水平。通过本项目建设，能够逐步接入和整合西城区各政府部门的基础设施资源。及时掌握各单位的信息资源需求，快速提供各单位所需的基础设施服务，满足政府部门的业务需求。

②本项目的建设，能够形成政务云基础设施平台和政务云应用支撑平台，为西城区各政府部门的业务应用建设提供有效支撑，提升系统开发和部署效率。

③本项目的建设，有利于统一西城区电子政务建设标准，为西城区各政府部门业务应用的互联互通，集成共享奠定基础。

④为北京市政务云平台建设提供了建设经验。通过本项目应用的设计、相关技术和标准的使用等方面的探索和总结，为北京市政务云建设提供相关的建设指导思路参考。

2. 经济效益

西城区政务数据中心由信息中心进行统一运维、统一管理，带来了巨大的经济效益。

①有效提升信息中心现有机房、主机、存储、网络等基础设施的使用效率，支撑区内各政府部门应用系统建设，提高资源利用效率，避免重复建设。

②西城区政务数据中心由信息中心的专业运维人员进行统一运维，既保证了运维工作的专业性，也降低了各单位的运维成本。

西城区政务数据中心由信息中心进行统一建设、统一管理，避免了各单位在机房建设方面的重复投入。

（北京市西城区人民政府信息化工作办公室）

"智慧朝阳"服务网

"智慧朝阳服务网"建设是信息化推进服务型政府建设的重要举措,对我区创新为民服务手段、畅通民意诉求渠道、优化投资发展环境、改变政府监督机制等方面都具有十分重要的作用。

一 项目背景与需求

朝阳区"十二五"规划提出了实现从"数字朝阳"向"智慧朝阳"的跨越式发展的建设目标。2013 年 1 月,住建部公布首批国家智慧城市试点,朝阳区成为北京市首批智慧城市四个试点之一。建设"智慧朝阳"服务网站"折子工程"的适时提出提供了整合政府服务信息资源,为社会提供全方位的咨询服务,让百姓享受信息化建设成果的契机,有必要抓住这一机遇统筹全区信息资源开发利用机制,提炼朝阳区智慧服务模式,从而加快朝阳区智慧城市发展的步伐。

二 解决方案和业务创新

(一)解决方案

1. 服务资源梳理

在政府办事资源方面:目前已掌握各单位的相关办事资源,目前已有教育、计生等 51 类资源,但各单位为我办提供的办事资源、委办局和街乡之间的同一类办事资源、街乡之间在网站上公布的办事资源、各单位网站公布的与实体大厅的办事资源存在诸多不一致现象,这些需要进一步梳理统一,以保证各单位网站、实体大厅以及将来建成的服务网中的政府办事资源一致、统一。前期我们与区计生委及试点街乡配合,共梳理 21 项计生类资源,达到了区(政府门户网站)、委(计生委)、街乡及大厅的完全一致。下一步计划在全区范围内推进此项工作,逐步核对统一各个委办局及各街乡的办事资源。

在民生服务资源方面:计划逐步对全区相关委办局进行走访调研,并就调研内容发放需求调研文档,进行会谈,深入细致地对各个委办局掌握的服务资源以及信息化建设成果进行了解,并就服务资源的整合与共享交换意见。前期选取了区社区服务中心、卫生局、气象局、旅游局和投促局为第一批走访调研的单位。其中,社区服务中心、卫生局和气象局,是据我们了解有一定服务资源的单位;旅游局和投促局是与旅游者和投资者频道紧密相关的委办局。通过调研,目前整理出教育培训、医疗卫生等民生服务资源 6 大类。下一步通过调研梳理更多的单位,最终梳理出完整、统一的民生服务资源。

服务网可为百姓提供的民生服务资源除了区政府掌握发布外,还包括公共服务资源和便民服务资源,公共服务资源如银行、邮局等,便民服务资源如社区的餐饮、家政等信息，此类资源我们将对接区内相关委办局、通过 81890、96156、区 GIS 平台等多种渠道获得。

2. 信息化平台设计

建设由服务门户、服务管理、支撑库三部分组成的朝阳服务网，以提升政府绩效为核心，以提高政府服务质量为目的，利用现代信息技术，借鉴电商网站服务模式，促进政府与公民、企业之间的沟通与交流，完善政府服务考核机制。

（1）朝阳服务网站。

以网站为载体，通过互联网提供政府服务事项的服务网站。朝阳服务网站由智能搜索、智能分析、分类与排行、建议与投诉、体验式服务、用户空间 6 个模块组成，构成了群众申请服务或表达意见的"一站式服务"。

服务资源全面本地化，强化搜索功能。全区政务服务资源由各部门整理到服务网，在实现服务资源信息全面本地化的基础上，采用全文检索技术为用户提供全方面搜索，并支持对互联网的查询方式。

先进的技术支持，挖掘服务网的服务价值。采用大数据分析和用户行为技术为用户提供个性化服务，提升用户体验。主要体现在最多搜索、猜您关注功能。

服务事项合理分类，服务质量精确评价。根据公众生活或企业发展各阶段所需的进行合理归类展示。提供用户对各委办局的服务事项各方面的评价，通过统计展示服务质量的排行。

快捷建议投诉方式，增强政民互动沟通。提供对服务事项快捷的建议投诉以及常见问题的解答，将服务建议投诉，纳入已有政民互动体系，并提供快捷的服务反馈。

创新的体验式服务，提升用户满意度。体验式服务关注用户的体验与感受，做到易用安全响应快速以及信息准确丰富，从而提升用户满意度。

朝阳服务网站提供网上申报、网上预约、办事指南三种服务实现办理方式。用户还可以对办理过程中的各环节服务质量进行在线评价，咨询、建议、投诉、收藏并可通过微博、QQ、人人网等社交化网站将服务分享给周围的用户，将服务进行快速传递，扩大服务的影响范围。

用户个性化空间，提供专属服务。提供对用户相关政务服务信息的维护，包括用户基本信息和政务服务申请、办理状态、建议投诉等信息。支持 QQ、新浪微博等社交网站账号的登录。

朝阳服务微信平台。以微信公众平台为载体，提供自助交互式政府服务。微信平台将最新的政策法规、服务资讯等官方服务信息通过短信推送给用户。用户可以通过制定指令查询服务事项信息，也可以通过微信平台进行服务相关的建议与投诉。

（2）服务管理系统。

对政府服务进行管理、监督、决策并提供一系列的标准服务接口。包括服务管理和服务总线两部分。

服务管理实现对政府服务进行管理、监督、决策。设计分成初级功能、中级功能、高级功能三类。

①初级功能实现对服务的基础管理功能。包括部门服务管理、部门服务投诉建议办理、用户服务行为追踪分析和系统管理。

中级功能是用户对政务服务的行为进行统计。包括用户注册信息进行年龄、地区、行业等多维度统计。用户对服务相关的评价、咨询、建议、投诉、收藏、分享、点击量、网上办理、网上预约等行为信息进行统计。

高级功能是基于中级功能中的统计数据，利用大数据分析技术，展现全区部门的服务趋势、用户的行为趋势以及部门满意度、服务满意度、部门维护行为等。

②利用服务总线技术提供标准的信息交换服务，包括支持系统初级功能的搜索、评价、建议、投诉、咨询、地图、分享等通用功能、支持系统中级功能统计用户统计、点击量、服务以及支持系统高级功能推荐、关注、行为分析服务。

服务总线消除不同应用之间的技术差异，让不同的应用服务器协调运作，实现了不同服务之间的通信与整合。从功能上看，提供了事件驱动和文档导向的处理模式，以及分布式的运行管理机制，它支持基于内容的路由和过滤，具备了复杂数据的传输能力，并可以提供一系列的标准接口。

（3）支撑库。

规划用户库、基础业务库、统计分析库三大数据库，为政务服务提供数据支撑。

用户库存储公众用户、企业用户的基本信息数据以及用户在系统中的注册、搜索、建议、投诉等行为数据。

基础业务库存储网上申报、网上预约、办事指南等服务信息数据和相关服务的评价、咨询、建议、投诉等数据以及系统的用户、权限、角色等系统维护信息数据。

统计分析库存储对用户搜索、注册、建议、投诉等行为的统计分析和对服务的评价、建议、投诉、分享、点击量、收藏、维护、分类点击量等相关信息等统计分析。

（二）业务创新

1. 构建主题式、体验式、交互式的政府服务新模式

将各种朝阳服务根据公众生活或企业发展各阶段所需的进行合理归类，区分服务主题展示。系统收集分析公众或企业行为数据，利用行为技术分析，提供给用户个性化推荐服务，提升用户体验。提供公众或企业对政务服务便捷服务咨询反馈渠道，加强公众与政府的交流。

2. 量化服务质量，科学评价考核，提升部门服务水平

改变原有政府"以信息公开为主的被动式服务模式"，创造政府"精细化管理、针对性服务、完善优化的主动式服务模式"。通过朝阳服务网一站式的服务体验，用户可以在享受服务的同时对服务进行评价与投诉建议，政府部门则能够收集、分析服务的需求情况、评价情况以及投诉建议信息。政府服务部门可根据分析结果改进自身服务质量，监督部门可对服务部门进行监督考核。

3. 借鉴电子商务服务模式，利用新技术，提升用户体验

借鉴电子商务服务模式，利用全文检索、用户行为分析等技术提升用户体验。

服务门户部分使用全文检索、单点登录、二维码、用户行为分析、移动应用等新技术，与当前流行技术及应用模式结合，提升前台用户体验。

服务管理部分使用大数据分析、功能模块化、服务总线等技术，提供标准化、可扩展的服务平台，提供精细的数据分析结果支持政府决策。

三　实施效果与经济社会效益

（一）实施效果

"智慧朝阳服务网"有别于一般的政府网站，以政府办事服务和信息服务为核心，打破政府部门界限，将政府部门所能对外提供的各类服务均放在网站上。

"智慧朝阳服务网"还将政府部门掌握的学校、医疗机构等权威信息以电子地图方式提供免费服务，弥补了商业网上地图服务的不足。市民还可通过"智慧朝阳服务网"一站式下载政府部门开发的各类 APP 应用程序。

"智慧朝阳服务网"还推出微信公共服务号，以微信公众平台为载体，提供自助交互式政府服务。用户通过微信获得服务通知、自助服务查询、常见问题、建议投诉的功能。

（二）经济社会效益

"智慧朝阳服务网"构建了群众申请服务或表达意见的"一站式服务"平台。改变了政府传统服务模式，标准化统一管理全区服务资源，拓展多终端的应用，为公众提供更加便捷、个性化、高效的服务体验，建立有效的公众与政府沟通渠道，及时交互信息，形成沟通与反馈的良性循环模式。

另一方面，"智慧朝阳服务网"引入的数据分析模式，为政府的服务改进提供可靠的数据分析支持，改变政府工作模式，探索政府主动式服务的新模式，促进政府服务部门改进工作方式，建立有效的监督考核机制，提高政府工作效率及服务质量。

（北京市朝阳区信息化工作办公室）

朝阳区安全生产移动应用

朝阳区积极推进基于无线通信技术提高电子政务科技水平的探索，基于朝阳区在移动政务的总体需求，结合当前国内外移动应用发展趋势，自 2009 年起，建设了全区的统一移动电子政务门户，基本形成了"平台统一、服务通用，入口单一、应用平行"的架构基础。近几年通过逐步对接重点委办局业务数据，陆续建设了城市监控、一氧化碳防控工作、环境监测等城市管理领域的移动政务应用。

一　项目背景与需求

改革开放以来，国家经济得到迅猛发展，市场化发展不断加快。空气污染物监测随着工业经济的不断发展，工业排放物对我国环境造成的威胁也越来越大。工业排放物中的废气更是污染空气的一把利刃。工业废气中隐藏了许许多多的有毒有害分子，而这些年来造成空气污染更严重的原因则是有毒有害分子当中的颗粒物以及粉尘。这些环保方面问题在城市中更加严重，影响了人们的生产生活和身体健康，并引起政府和全社会的重视。朝阳区领导一直重点关注我区环保问题，在2012年6月成立朝阳区"十二五"时期主要污染物总量减排工作领导小组，制定并下发了《北京市朝阳区"十二五"时期主要污染物总量减排工作方案》。朝阳区环保监测移动应用项目就是应对环保监测，结合移动互联技术，实现我区环保监测的移动应用服务，给区领导和环保部门领导提供实时环保信息，为领导宏观决策和指挥调度环保业务工作奠定坚实的数据基础。

朝阳区安全生产移动应用则是为了有效支撑安全生产领域的领导决策工作，提升我区的安全生产信息化水平，在朝阳区安全生产综合监管调度指挥中心平台和朝阳区移动电子政务统一平台基础上，从中抽取安全生产业务数据，经过整理、分析，建设安全生产移动应用服务，通过移动终端为区领导提供及时有效的全区安全生产隐患类信息服务和决策服务。

二 解决方案与业务创新

（一）解决方案

朝阳区环保监测移动应用项目，以北京市在朝阳区国控子站监测点的数据和区环保局环境监测数据为基础，设计了朝阳区环保监测移动应用，项目建设将提高环保监测能力、完善环保监督体系，全面提升业务工作水平。项目建设内容包括：环保数据采集系统、环保数据移动应用接口、环保数据统计分析和监测移动应用三个部分。

环保数据采集系统：实现系统数据的自动化导入和智能化识别，以减轻工作人员的工作强度，提高办公效率。环保数据包括：可吸入颗粒物（PM10）数据、细颗粒物（PM2.5）数据、水环境监测数据的自动化导入，同时系统按数据格式进行智能化的识别和存储。

环保数据移动应用接口：主要功能包括可吸入颗粒物（PM10）数据接口、细颗粒物（PM2.5）数据接口、全区可吸入颗粒物（PM10）数据接口、细颗粒物（PM2.5）数据接口、全区水环境监测数据和各类统计分析数据的移动应用数据交互。

环保数据统计分析和监测移动应用：基于Android架构技术，提供手机移动应用对环保数据进行监测和统计分析，为领导提供实时的环保监测数据。主要功能包括区空气质量监测整体情况，两个国控子站监测数据的趋势分析，全区可吸入颗粒物（PM10）监测、细颗粒物（PM2.5）监测、区域监测指标分布、监测指标趋势分析、对健康的影响和建议措施。全区水环境监测整体情况、具体监测点水质指标情况和监测点水质趋势分析。

朝阳区安全生产移动应用项目利用移动互联网技术为朝阳区领导提供安全生产隐患查看、汇总、统计分析、决策等服务。项目根据朝阳区安全生产综合监管调度指挥中心平台业务数据情况，结合领导决策分析需求，系统设计分为隐患检查统计、隐患整改统计、GIS视图、企业类型统计、分析报告五大模块。

隐患检查统计：实现对全区隐患检查数据进行抽取整理，可以按月份进行检查单位、检查次数、检查企业数、一般隐患、重大隐患、立案数的统计显示，并提供按检查次数、一般隐患数和重大隐患数的排序功能。可以进行跨月份查看。

隐患整改统计：实现对全区隐患整改数据进行抽取整理，可以按月份进行检查单位、隐患总数、整改总数、整改率、处罚、执法单位等数据显示，并提供按隐患数、整改数的排序功能。可以进行跨月份查看。

GIS视图：对全区各地区发生的隐患进行抽取整理，形成色温图，可以在地图上按月份进行隐患数量在全区的分布情况的查看。点击所属街乡的区域后进行隐患情况的显示，并有隐患类型，可以对该区域多发类型隐患进行重点关注督办。

企业类型统计：对全区隐患类型数据进行抽取整理，提供隐患类型、隐患总数、重大隐患、整改率、占所有隐患、整改数。提供按照隐患数、重大隐患、整改率进行正序倒序的排列，提供跨月份查看。

分析报告：对朝阳区安全生产隐患综合监管系统中的隐患数据进行统计分析，可以和上个月进行对比也可以进行同比，为领导决策提供有力数据支撑。

（二）业务创新

1. 建设环保数据的采集和分析模式，提高基础数据的利用率

实现系统数据的自动化导入和智能化识别，减少人工工作，提高数据采集效率，对数据进行规范化管理，智能识别各种环保数据，对数据进行分类处理，并依据数据分析要求，进行精细化分析，形成各种区环保监测报告，供领导决策使用。对区环保监测的各种数据进行充分利用，提高基础数据的利用率。

2. 结合地理信息技术，全面监管环保隐患及整改情况

与GIS系统相结合，以色温图的形式直观地显示全区环保隐患的监督及整改情况，全面整理分析全区环保工作的隐患检查及整改工作情况，形成按主题、按时间等的对比分析报告，对重点区域、重要隐患进行提示，对隐患整改情况进行监督。有效地全面监管全区环保隐患检查及整改工作。

3. 创新环保监管工作机制，提高工作效率

充分利用新兴的信息化科技手段，结合移动应用，改变传统的环保监管工作模式，不受时间空间局限，提供随时随地的数据分析支持，在环保监管实务工作中提供更加便利的支持与服务。为领导提供决策支持，充分利用领导碎片时间，提供专题性的贴身的数据分析服务，提高工作效率。

三　实施效果与经济社会效益

随着移动技术的广泛应用推广，基于移动技术的政务移动应用为政府部门提供了更高层次、更加及时的信息服务。朝阳区的移动政务应用水平一直处于北京市的前列，成为"智慧朝阳"的重要组成部分。项目的实施效果和经济社会效益集中体现在以下几个方面。

1. 提高朝阳区环境建设水平

通过朝阳区环保监测移动应用、安全生产移动应用等项目的建设实施，各类数据通过移动互联方式及时报送给相关部门和领导，有效地辅助领导进行科学决策，及时调整和制定朝阳区政府工作方向，进一步改善朝阳区区域环境，提高朝阳区环境建设水平。

2. 创新政务办公模式，提升工作效率

通过朝阳区移动应用项目的建设，整合朝阳政府部门已有信息化资源，对业务流程进行优化，使业务流程达到高度的简化与集中。利用移动技术手段，替代大量的人力手工工作，使业务部门能够充分地感觉到通过系统的应用，工作人员的工作压力大幅度减小，办事、沟通效率得到了很大的提高。移动技术在政府工作中的有效推广应用，全面创新了朝阳区的政务办公模式。

3. 创新领导服务模式，助力领导决策

朝阳区各项移动应用项目的建设，利用3G互联网通信技术解决了以往电子政务受限于固定PC所面临的"互动不便、渠道不畅、更新不快、办事不力"等老大难问题。充分利用朝阳区现有信息化资源，基于朝阳区移动电子政务平台设计对的环保监测、安全生产等工作的移动应用程序，充分利用了领导的碎片时间，给区领导提供实时环保信息，为领导宏观决策和指挥调度环保业务工作奠定了坚实的数据基础。

4. 强化公共服务职能，改善民生实现可持续发展

近十年来，灰霾天气、水环境污染、生态环境破坏等环境问题不断出现，环境问题呈现出多样化、复杂化、全局化、长期化的特点，环境保护越来越受到人民群众关注，环境监测的重要性更加突显。在新的环境形势下，环境监测工作日趋繁重，环境监测在环境保护中承担着越来越重要的支撑作用。项目的建设有效推进了全区环境监测的管理水平，强化了政府公共服务职能，完善监测体系，有效改善民生，对全区经济的可持续发展起到了积极推进作用。

（北京市朝阳区信息化工作办公室）

朝阳区统一 GIS 平台

一　项目背景与需求

朝阳区经过多年的信息化建设，已积累了丰富的地理空间数据资源，但这些数据还是存在各个部门内部，无法为其他部门提供服务。数据关联度低，数据资源共享难度很大，各部门建设地理空间数据费用投入很大，造成GIS在各个部门的应用差距越来越大，除了传统的GIS数据生产和使用部门之外，朝阳区其他部门（比如人口、文化、教育部门）由于缺乏基础空间数据和费用投入的限制，虽然对地理空间数据使用需求迫切，但一直未能很好地利用空间信息资源，成为这些部门推动信息化的障碍。

朝阳区信息办从政府部门对地理空间信息整合、共享与交换的需求出发，提出了建设朝阳区统一GIS平台项目（也称：地理信息公共服务平台），并于2009年、2010年、2011年相继启动了统一GIS平台项目一期、二期、三期的建设。

经过前三期的建设，已经搭建了全区空间地理信息共享基础数据库，逐步建成了空间数据共享的平台，建立了空间数据共享机制，平台运行稳定，为区内卫生、消防、教育、人口等部门提供公共的地理信息基础服务。形成了一库（地理信息共享数据库）、一平台（朝阳区统一 GIS 平台）、三节点（将台、垡头、教委）、八应用（应急、交通、医疗、人口、文化、民政、政法委和移动端应用等）的建设成果。

为使平台广泛应用于卫生、教育、农业、人口服务等多个领域，通过统一共享平台有力地支撑这些领域的业务应用系统建设，带动乡镇电子政务建设，平台四期需要从以下几个方面进行持续建设。

- 基础地图数据持续更新
- 加强宏观决策、精细化管理的支持
- 应用部门虽已不少，但还需大力推广
- 进一步完善长效运行机制

基于以上需求，2013 年朝阳区信息办启动了朝阳区统一 GIS 平台四期工程建设项目。

二　解决方案和业务创新

（一）解决方案

1. 建设目标

按照朝阳区信息化的整体战略，在一、二、三期项目的基础上，进一步完善平台各项工作，最终以滚雪球的模式促进数字朝阳区地理空间框架的建设。具体实现以下目标。

（1）继续加强基础数据更新和专题数据整合工作，构建朝阳"一张图"。

对基础地理信息数据持续更新，逐步建成朝阳区统一坐标体系的多尺度的时空框架政务底图，在此底图的基础之上集成叠加各部门不断增加和整合的专题信息，形成整个朝阳区地理信息数据"一张图"，为城市规划、城市管理和综合应急等提供定位框架，满足各部门基于空间位置的政务办公和决策需求，促进部门间信息资源的整合与协同，提高政府综合服务能力。

（2）构建朝阳区地理信息服务中心，促进区各部门共建共享。

朝阳区统一 GIS 平台主要用于统一管理朝阳区的地理空间信息资源，在平台的支持下实现朝阳区地理信息资源的整合、共享、交换和服务，最大限度地发挥地理信息空间资源在"智慧朝阳"建设中的基础性和框架性的作用。项目通过各类数据的持续积累，不断扩充数据库内容，丰富数据种类，形成朝阳区地理信息服务中心，从而促进朝阳区各部门的共建共享。

（3）以平台推动应用发展，以应用完善平台建设。

通过对统一 GIS 平台功能的不断升级和完善，提高在数据管理、交换、服务等方面的支持能力。并基于平台，根据各委办局需求搭建或对接各类应用系统，更好地为委办局的宏观决策提供支撑。实现以平台推动应用发展，以应用完善平台建设，最终以滚雪球的模式促进数字朝阳区地理空间框架的建设。

（4）逐步建立标准规范与机制，保障资源共享与长效运行

通过项目建设，逐步建立一系列统一的数据标准规范和共享机制，解决区各部门数据标

准不统一、信息资源无法共享和集成、无法标准化对外服务等问题。建立起统一的资源管理和服务体系，使有需求的部门可以有效地获取资源，从而保障朝阳区地理空间资源的共享与平台的长效运行。

2. 架构设计

系统架构如下。

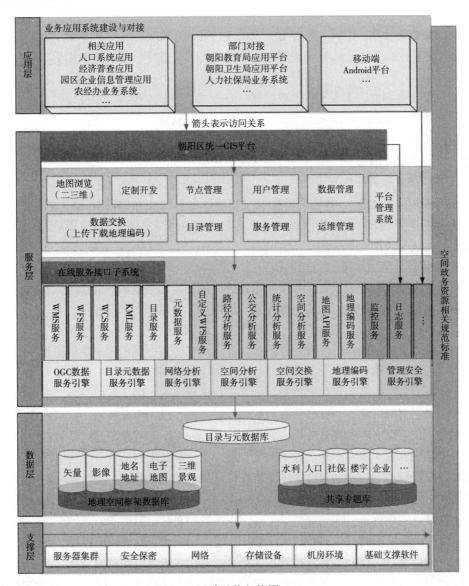

系统总体架构图

整个平台分为4个层次和一套保障体系：支撑层、数据层、服务层、应用层、标准规范保障。

3. 技术方案

（1）空间地理信息基础数据的整合与服务。

朝阳区统一GIS平台目前已有几十类数据，400多个图层，在四期，需要对地理信息数据进行更新，并对新增的专题数据进行整合，并为委办局提供数据离线服务与专题制图服务。

更新的基础地理信息数据包括矢量数据和影像数据，并通过数据提取模块对已更新的基础地理数据进行提取，完成对政务版电子地图库的更新；对已更新的政务电子地图进行坐标偏移等方式的安全处理，完成对公众电子地图库的更新。同时，在三期的基础上，进一步增加专题数据种类，主要包括水利、医疗卫生、社保企业、电子城楼宇等专题数据的整合。

（2）统一 GIS 平台功能扩展。

为提高在数据管理、交换、服务等方面的支持能力，在前三期成果基础上对朝阳区统一 GIS 平台功能进行扩展。仍采用 SuperMap GIS 相关产品、技术体系，与前期具有良好的继承性和衔接性。

增加数据交换功能，实现文件、数据库、分布式二级节点缓存、服务以及二级节点数据等各个层次数据的交换；丰富服务接口，包括用户安全认证、数据、空间分析、数据统计和交换等服务接口；加强部门管理、角色管理等运维功能；支持富客户端、移动端等；以产品安装包、使用手册等辅助手段加强平台部署配置的易用性。

（3）空间公共服务接口开发。

开发与国家"天地图"网站对接接口，方便区各部门在互联网上使用地图数据资源，可获取朝阳区矢量地图；开发数据查询功能，以便区级平台兴趣点数据能够与"天地图"网站中朝阳区矢量地图叠加展现。

（4）各委办局应用建设。

根据各委办局需求搭建或对接各类应用系统，更好地为委办局的宏观决策提供支撑。

朝阳区实有人口空间化。为人口数据赋予地理坐标信息，初步形成街、乡、社区三个层次，从宏观到微观的人口信息空间化。实现按行政区划的统计分析、人口分布、缓冲区查询、地理位置查询，展现各种统计专题图等功能，为区各委办局的宏观决策提供依据。人力社保局对接应用。对参保职工和参保企业数据进行定位；开发应用接口，实现与人力社保局原有系统进行对接，以便能获取各类数据，并进行地址匹配。中关村电子城园区 GIS 展示系统建设。主要是对园区内的企业信息资源数据进行管理，摸清企业家底。实现对企业空间数据和属性数据的查询查看和统计分析。农经办经济合同 GIS 管理系统建设。针对农经办业务要求，开发系统实现土地合同地块查询、乡、村级土地分布图查询、乡、村级土地组合查询等功能；开发在线对接接口，以便农经办能在线调用最新朝阳地图。卫生局应用平台业务服务接口搭建。朝阳区卫生局的空间布局应用系统是在 GIS 支撑平台上搭建，本期项目通过服务接口的搭建，实现统一 GIS 平台与卫生局应用平台的对接、数据和目录的交换。教育局应用平台业务服务接口搭建。为更好地实现地理信息资源共享，在区信息办主平台与教委分平台之间进行深度对接工作，主要包括教育专题目录对接、教育资源数据对接、教育资源服务对接。统计局经济普查应用。将经济普查中的数据成果与 GIS 平台对接，为普查中的企业、楼宇经济状况提供数据等方面支持，同时扩充空间数据库。

（5）空间政务资源相关规范标准编制。

编制朝阳区空间政务资源相关规划标准、朝阳区统一 GIS 平台共享交换政策办法。主要包括：互联网上地图公共服务接口规范、空间地理目录服务接口规范、统一 GIS 平台管理规定、政务电子地图更新流程规定、地图、政务图层对接指南。

（二）业务创新

1. 统一搭建模式，为委办局提供便捷应用

信息办统一搭建 GIS 平台，其他委办局无须再搭建基础平台，而是在该平台上直接搭建应用系统，或者将已有应用系统与 GIS 平台对接，即可实现数据的交换、行业应用的拓展。

2. 地图瓦片分布式存储技术

统一 GIS 平台的地图瓦片采用芒果数据库存储，地图切片支持分布式部署与备份。在多台服务器上分布式存储的地图切片，通过文件系统进行管理，这样服务器端就无须进行数据同步，直接对客户端提供地图服务。

3. 地名地址匹配系统创新

（1）全 B/S 架构：可节约维护成本、提高开发效率、支持多任务处理数据，充分利用服务器资源。

（2）地址批量入库与便捷维护：支持地名地址批量入库和批量匹配标准数据，提高入库效率；支持在线维护标准数据。

（3）高效的匹配/入库服务：提供高效的地址匹配，满足高并发访问；并容许地址存在错字、别字、漏字等情况，高地址匹配能力。经测试 15 分钟能完成 80 万条数据匹配。

（4）分布式部署：提供独立站点，支持多站点集群部署、支持数据库分布式部署，多机器负载请求。

4. 规章制度保障制度

本次为信息资源的管理、共享和保密分别制定了规章制度，保障了朝阳区统一 GIS 平台的顺利运行与数据安全。

三 实施效果与经济社会效益

（一）实施效果

朝阳区于 2009 年、2010 年、2011 年、2013 年相继启动了统一 GIS 平台项目一到四期的建设，经过四期的建设，已经搭建了全区空间地理信息共享基础数据库，逐步建成了空间数据共享的平台，建立了空间数据共享机制。

平台运行稳定，为区内各部门提供了丰富的公共地理信息基础服务。平台中包含了上百个政务基础图层，多年份的影像、矢量地图、地名地址等各类基础地理信息数据，为卫生、水利、教育、文化委、政法委等 10 多个部门的专题应用系统提供了高性能和稳定的空间信息基础服务。在区级统一 GIS 平台的带动下，部分乡镇（将台、堡头）、委办局（教委、卫生局）结合自身的业务特色，搭建了地理信息系统的分平台，2013 年底形成了一中心（朝阳区地理信息数据中心）、一平台（朝阳区统一 GIS 平台）、五节点（教委、卫生局、将台、堡头、农经站）、十多个应用的建设成果。同时，在制度上提供保障机制，实现了资源的管理、共享和保密。

另外，在区统一 GIS 平台的基础上支持和带动了多个部门的信息化建设。在统一 GIS 平台基础上搭建的系统有文化委、政府办、应急办、交通、中关村等单位的 7 个应用系统。在

统一 GIS 平台基础上对接的系统有垡头、将台乡、水务局、农经办、环卫中心、人力社保局等单位的 13 个应用系统。在统一 GIS 平台基础上搭建的委办局的分平台：教务、卫生、农村土地等四个分平台。

（二）经济社会效益

1. 经济效益

（1）降低数据重复采集成本：平台数据共享实现了政府公共数据的统一采集、统一加工、统一维护和共同使用，从而降低信息资源重复采集、重复存放等带来的成本。

（2）避免系统重复建设成本：通过本项目建设，促进各信息基础设施、信息系统的整合，减少服务器等设备，最大限度地避免类似相关系统的重复建设，从而节约大量的资金。

（3）降低数据更新维护费用：利用遥感影像可对数字线划图和政务电子地图数据快速更新，利用地址匹配技术可快速进行政务信息图层的生产和更新，从而大大提高数据更新生产效率，节约大量经费。

（4）建立常态运维机制：通过本项目建立起的空间系统服务长效机制和运维常态机制，可以大大减少由于社会突发问题的积累以及由于管理手段欠缺造成的经济损失

2. 社会效益

（1）平台数据共享为"一体化"的电子政务打下坚实的基础，为区里各部门、委办局提供便捷、优质、无缝隙的公共服务，从而有效地提高区里各部门、委办局办事效率。

（2）促进政府各专业部门信息化建设发展。传统的 GIS 项目开发周期一般为一至两年，通过该项目的实施，可将该周期缩短为三至六个月，效率提高一倍，同时，在统一 GIS 平台基础上，通过统一的共享服务接口进行二次开发，将极大地缩短政府各专业部门信息系统的建设周期。

（3）政务信息资源共享有效提高了政府的决策水平。政务资源共享是政府正确决策、整体规划的需要，为政府做出快速、有效的决策提供充分的、集成的信息储备。

（4）图表一体的表达方式代替了传统的单纯的数字统计方式，提供了一种直观的表达方式，为政府提高了人口统计质量和效率，并为政府工作人员进行人口信息上报提供了科学的依据；

（5）为公众建立了衣食住行等多个方面的生活信息在地图上的展示及查询，反映了政府"以人为本"的核心思想。

四 开发单位、供应商与运维保障

（1）开发单位/供应商：北京超图软件股份有限公司

（2）运营保障机制

超图软件将提供稳定的 VPN 远程技术支持服务网络，主要针对一般的小故障，问题不算复杂或者系统的维护人员对系统的某些技术问题存在疑问时可以通过远程网络进行咨询。此外还提供电话、传真、Email 等指导方式，客户方可以通过多种方式得到远程的技术支持。

对于无法通过电话方式解决的问题或故障，在向支持组长呈报后，根据问题和故障的种

类及情况，安排相应的专业技术工程师到现场排除故障、解决问题。

对应用系统的运行、维护提供 7×24 的全年实时技术支持。

（北京市朝阳区信息化工作办公室）

海淀区房屋全生命周期管理系统

一 项目背景与需求

《智慧北京行动纲要》明确提出了八大行动计划，对信息基础设施、城市运行管理、政府整合服务、市民数字生活和企业网络运营等方面提出了更高的要求。《海淀区"十二五"时期信息化及重大信息基础设施发展规划》明确提出结合海淀区的优势和特点，高标准建设智慧海淀。

其中，海淀区住建房管系统涉及民生关键领域，社会关注度高，其中征收拆迁、工程建设、住房保障、物业管理、经纪机构、房屋安全等重点问题关乎群众切身利益，矛盾复杂、问题集中，容易产生社会矛盾，矛盾调处管理监督工作量大，为适应新形势下社会公共管理的需要，进一步转变政府服务理念，创新管理模式，有效提升社会管理水平，充分发挥掌握的公共资源的作用，以精细化、人性化要求对现有管理资源进行重新配置。随着海淀区网格化社会服务管理工作的推进，实现政府工作重心下移，"更清晰地掌握情况、更及时地发现问题、更迅速地处置问题、更有效地解决问题"，需要真实准确的动态数据支持，管理职能下沉亦需要管理抓手。

海淀区房屋全生命周期管理系统需要达到以房管业、以房管人，实现对智慧海淀的有力支持：在以房管业方面，基于完整、准确、动态的二三维房屋图元和楼盘表展现形式，在房屋楼盘表上关联企业组织机构代码，实现与工商、税务等数据对接，实现楼宇经济、区域经济分析，进行业态监控和业态调整，为产业规划和政策制定提供决策支持。在以房管人方面，在海淀区的"四个实有"工作中，房管局提供现有的房屋基础库作为具体开展此项工作的房屋基础数据。以此为模式，在房屋楼盘表上关联人员证件号码（身份证号、居住证号、暂住证号），可以实现与"智慧海淀"人口基础库对接，从而实现对人口的管理和数据分析，特别是在户籍人口以及高素质住房人群的管理上发挥重大作用。

二 解决方案和业务创新

（一）解决方案

1. 建设目标

一是以房屋为主线，房屋基础数据为载体，围绕拆、建、管三大环节，基于 BI、GIS、三维虚拟现实、物联网、数据交换共享等新技术，依托网格化管理手段，建设海淀区房屋全生命周期管理系统。二是立足海淀区房屋管理实际情况，建立覆盖全区、统一规范、实时更新的房屋信息数据库，达成"以图管房，以房管业，以房管人"的目标。三是建立"智慧住建"信息共享和交换服务平台，为构建"智慧海淀"奠定基础。

2. 架构设计

住建委建设工程综合监控指挥平台：基于对监控指挥平台的需求分析，参考国家电子政务总体技术架构参考模型，住建委建设工程综合监控指挥平台分成基础设施层、信息资源层、应用支持层、应用服务层、展现层及政务信息安全体系和标准规范管理体系作为支撑，简称为"五横两纵"框架。

征收办征收拆迁综合管理平台：征收拆迁综合管理平台总体架构分为基础设施层、数据层、应用层以及相应的制度保障和安全保障。

平台基础设施层包括 Internet 网、政务网、无线网等网络设施，平台数据层包括征收管理数据库、拆迁管理数据、行业管理数据库和行业管理数据库四个主题数据库，并通过区数据交换共享平台实现与北京市建委、海淀区建委、海淀区房管局等相关业务系统的数据交换和共享，平台应用层是系统直接为用户提供的功能模块。

房管局信息投诉平台：房管局信息投诉平台总体框架结构包括房管热线子系统、信息投诉子系统以及知识库。

房管热线子系统主要包括语音接入的功能实现模块；知识库建设主要通过座席在日常工作中遇到的典型问题，经审核形成正式内容写入知识库。

房管局房屋管理综合平台：房管局房屋管理综合平台总体架构包括房管数据库及数据分析处理、房屋管理综合应用两大部分。

房管局公共租赁后期运营管理系统：房管局公共租赁后期运营管理系统总体架构分为基础设施层、数据层、应用层、表现层以及相应的标准和安全保障。

3. 技术方案

（1）住建委建设工程综合监控指挥平台。以工程单体编码为主线，以工程质量、施工安全和文明施工监督为核心，交换共享部、市、区三级相关工程信息，建设海淀区住房和城乡建设委建设工程综合监控指挥平台。建设内容包括企业申报、监督计划管理、网格任务管理、监督执法管理、执法报告管理、监督档案管理、工程分类监管、综合查询、统计报表、绩效考核、视频监控展示、知识库管理、执法配置功能。

（2）征收办征收拆迁综合管理平台。本平台建成后将为海淀区房屋征收办公室所有业务提供信息化支撑，建设规模覆盖征收办全部业务事项和业务流程，并实现与海淀区政府、海淀区建委、海淀区房管局等相关单位进行数据的交换共享。

海淀区征收拆迁综合管理平台包括综合业务处理平台、海淀房屋征收信息网和协同办公子平台三大部分。其中，综合业务处理平台包括征收管理子系统、拆迁管理子系统、房源管理子系统、行业管理子系统、领导决策子系统和统计分析子系统六大部分。

（3）房管局信息投诉平台。房屋管理局信息投诉平台包括房管热线软硬件子平台、信息投诉子平台及座席外包。为海淀区房管局提供有效的资源配置与公众服务手段，并与公众间建立有效的沟通桥梁。

（4）房管局房屋管理综合平台。本项目一期建设内容将在各类标准规范建设的基础上，搭建房管数据库，建设房屋管理综合系统，实现房地产市场预警预报、房屋管理及数据资源管理，同时可扩充支持规划比选、楼宇经济等面向全区的平台扩展功能。

（5）房管局公共租赁后期运营管理系统。建设规模：本期项目一期共建设 17 个业务应用系统、系统管理及相关业务系统数据接口，覆盖整个海淀区。

（二）业务创新

（1）基于完整、准确、动态的二三维房屋图元，围绕拆、建、管三大环节，依托网格化管理手段，形成房屋管理现状一张图，实现房屋空间数据的全生命周期管理。

（2）基于房屋管理现状一张图，以物理楼盘表为载体、以房屋身份证号为标识的方法，挂接房产测绘、权属、交易、物业、房屋安全、拆迁等房屋管理业务信息，实现房屋管理业务领域的全生命周期管理。

（3）依托房屋管理，维护依托市房屋全生命周期平台和已有业务系统，建立覆盖全区、统一规范、高现势性的房屋信息数据库，形成全区现势性强、权威的房屋基础数据，为构建"智慧海淀"奠定基础。

（三）业务系统搭建

自 2013 年 12 月 1 号完成各项功能开发，搭建起全区房屋"一张图"基础数据库，构筑了空间上包含地上、地下，时间上跨越过去、现在和未来的统一数据基础。建立了包含拆、建、管，纵向延伸至街道、社区、网格的应用体系。

标准建设方面，完成了数据库建设标准、二维数据加工标准、三维模型数据标准、信息服务接口规范、房屋基础数据接口与动态更新标准等标准建设；房管数据库成果方面，建立了海淀区的房屋信息数据库和空间信息数据库，其中房屋基础数据包括房屋总建筑面积 1.3 亿平方米、总幢数 24277 幢、总户数 938862 户，经纪机构：总支 367，分支机构 503，经纪人及经纪人协理 5204。物业：物业项目数 1385，非居住类 737，居住类 648，物业企业数 522，普通地下室 4093 间，住房保障 48 个住房保障项目，并整合散租、市场化租赁、廉租楼盘表、征收拆迁、建设工程等数据正在整合；三维数据建模方面，建立起海淀区全覆盖简体模型，重点区域、主干道路两侧、园区 32 平方公里的精细模型，基于基础测绘数据进行搭建，建模空间坐标位置、建筑格局、建筑高度等方面均直观反映现实情况，并可量测，每个模型均附载房屋基础数据，可用于真实的时、空分析，并为将来 2.5 维建设拓展了应用环境。

管理系统中的平台已完成综合展示、房地产市场、登记专题、投诉执法、经纪机构、物业管理、房屋安全、普通地下室、住房保障、统一服务管理、统一用户管理、建设工程、征收拆迁等子系统开发，并上线试运行。实现房屋管理、房屋拆迁、建设工程等房屋领域的数据管理、查询、展示、分析。房地产市场专题，实现从项目－楼幢－户信息的追踪，成为反映房地产市场交易的晴雨表；经纪机构专题，实现经纪机构总支－分支的业绩和从业情况的分析展示，建立中介市场信用体系；住房保障专题，保障项目、保障人员的查询、展示，辅助建立完善的保障体系。

三　系统成效和亮点

1. 房管住建应用的成效和亮点

平台已在房管局内部广泛应用，辅助业务管理，提升管理效能；在住建系统内部应用，建立拆、建、管一体的房屋全生命周期体系。通过平台的深入应用将逐步达到以下效果。

一是为房管领域管理职能下沉搭建系统支撑。在 2013 年房管领域管理职能下沉到七个房管所的基础上，搭建了房管局—房管所—街镇—网格四级系统应用体系，可据此开发相应功能，满足街镇和网格的管理需要，并为此建立了统一资源管理平台。

二是实现业务数据沉淀，初步建立行业运行监管体系。通过平台系统，将我区房屋登记数据、交易数据、房地产经纪行业数据等核心业务数据下沉到我区，通过投诉平台、经纪机构、物业、住房保障、普通地下室、房屋安全等子系统的建设来逐步实现整个房管领域的数据汇集，真正做到了"底数清、情况明"，初步具备了实时监控房地产市场、经纪行业、物业领域的能力，初步建立了行业运行指标体系，实现预警预报和指挥调度的功能。

三是统一接口标准，确保数据鲜活。通过平台建立统一的数据接口标准，规范数据交换方式，实现了不同业务系统数据的动态更新，保证了数据的及时、准确和鲜活。

四是工作侧重点发生转变。平台通过对汇集的数据进行深度整合、加工、抽取、分析、比对、形成成果性数据，为各项工作提供准确数据和直观展示，为实现对业务处理和监管创造了条件，促进了工作由阶段性向常态性、由全面性向重点性的转变，管理方式由消极等待变为提前预防，由被动受理变为主动服务。

五是工作效率不断提高。投诉事项的答复时间由 15 个工作日缩短为 5 个工作日。通过各业务系统建设，也是对全委业务流程重新梳理的过程，业务受理、投诉执法、管理对象监管等业务实现实时响应，多项业务实现实时监控，提醒，服务效率不断提高。

六是建立行业自律引导机制。建立外网发布平台，实时发布行业动态数据，接受百姓监督，引导行业自律。数据汇集，从管业务转到管行业，管行为，建立信用评价体系，推动行业信息发布，提高透明度。

2. 区级应用的成效和亮点

平台建设完成后可为全海淀区提供房屋基础数据，助力智慧海淀建设。扩展三维、2.5维、规划比选、产业布局分析等应用。目前平台已开展与区流管办数据对接工作，设计对接流程，通过地址匹配、空间匹配进行对接，并以"科源社区"为例进行了对接实验。通过平台的深入应用将逐步达到以下效果。

一是多方资源实现共享。一方面实现全委内业务以房屋信息数据和空间数据的融合，内部信息充分共享，另一方面建立房屋数据与其他委办局数据有效衔接，各类资源得到整合和利用，建立了信息、数据等方面资源的共享、共用。

二是辅助城市决策。规划比选城市区域或单体规划方案在三维虚拟现实中可以进行比选，通过对比在三维中显示两个规划方案跟周边环境的关系，更加直观的体现哪个方案更加科学合理，辅助规划方案决策。

三是辅助优化城市区域发展布局。通过与房屋基础数据相结合，对接楼宇经济数据，实现城市产业布局的分析，辅助优化产业结构，调整产业形态，促进区域合理发展。

（北京市海淀区经济和信息化办公室）

海淀区办公云平台建设项目

一　项目意义

智慧政务是智慧海淀的重点建设领域之一。而协同办公体系建设是电子政务的传统性、基础性工作。在海淀区办公系统建设中应用 SOA 技术架构以及智慧海淀、智慧政务的创新管理模式，对海淀区协同办公体系建设进行创新性、变革性的提升改进。

海淀区办公云平台建设项目采用云平台及 SOA 技术，将应用和数据分离，共性需求统一建设，封装为标准公共服务，实现各类业务的服务化管理。办公云平台的设计遵循开放标准原则，提供多厂家共同建设的途径，可以不断整合各种专用软件，使后续建设具有更大的扩展性和兼容性。同时为部门提供即时、高效、可视化的办公平台公共服务中心，也可选择、定制公共服务，缩短项目申请、建设周期。

通过全区办公云平台提供的即用型服务、定制型服务、二次开发型服务可快速构建部门 OA 的共性业务需求。采用统分结合的管理思路，加强部门建设服务，既符合全区统筹规划建设的总体要求，同时也最大程度满足了各个使用单位的服务需求，在系统建设咨询规划、项目申报、后期应用培训等各个环节，真正做好信息化服务工作和应用推广工作。

2013 年海淀区 OA 统筹规划建设项目可以将海淀区协同办公体系建设成为汇聚新技术，汇聚新思路，全国领先的智慧政务新模式。

二　解决方案和业务创新

（一）解决方案

1. 建设目标

（1）提升全区办公云平台服务能力。办公云平台为全区 OA 建设提供共享的硬件环境、软件基础平台及公共应用软件，为部门 OA 集成化建设、统一化运维等服务提供支撑。一方面，区办公云平台应按照公共服务提供方式，规范办公业务的各个服务组件，提供规范的公共服务应用，支持服务的灵活定制、升级和维护。另一方面，按照云平台建设模式，采用 SOA 架构技术，为各单位协同办公系统建设提供统一的基础服务支持和公共服务组件，支持各单位快速建设适合本单位的业务应用，支持集中统一的运行维护支持。当前，提升办公云平台的服务能力具体包括：已建成的基础平台软件和公共业务软件的持续升级完善机制；针对部门 OA 建设需求快速响应和服务的机制；提升平台应用绩效的数据服务、培训服务、推广服务等各种软力量的增强。

（2）创新全区 OA 管理模式。将以智慧海淀、智慧政务的发展为指引，吸纳新思路，采用新技术，引用开放互联标准，以在电子政务内网环境下开创性地建设应用软件提供、试用、采购的一体化服务环境，打造智慧政务应用建设服务中心。

（3）创新部门 OA 建设模式。采用软件即服务（SaaS）模式创新部门 OA 系统建设。在技术思路上，本项目将以 SOA 技术架构为核心，构建可扩展的 JavaEE 应用，提供组件化，可扩展的业务服务，并支持服务可重用、可编排，系统之间松散耦合、随时可用。从部门应用模式上，将基于办公云平台为各单位协同办公建设提供一个物理集中、逻辑分散的虚拟化工作空间。共性资源统一建设使用，同时满足各单位的个性化业务需求。SaaS 模式下为部门提供 2 种服务方式：一种是集中管理的公共服务，例如邮件、短信等；另一种是支持个性化应用，可定制和二次开发的公共业务组件服务，例如以平台提供的日程组件，可通过二次开发，实现领导日程、个人工作计划、工作日志等不同应用。这些业务组件可以热插拔，可以单独挂起和调试。

2. 架构设计

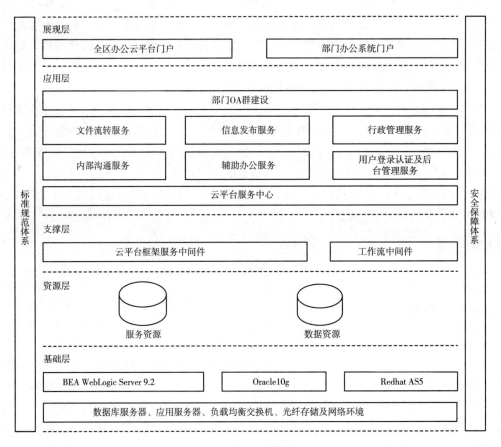

系统逻辑结构图

（1）基础层：该层为本期项目运行的基础环境，包括网络环境、硬件环境、软件环境等，是支撑本项目运行的底层基础设施。

（2）资源层：该层汇集了各类数据资源，包括用户数据、文件数据、业务数据，为协同办公的各类应用提供核心数据服务。该层汇集了各类服务资源，包括应用功能服务（短信、日程等）、信息资源服务（文件、信息等）、支撑软件服务（工作流、电子表单等）、基础设施服务（身份、访问控制等），为协同办公系统建设提供应用服务支撑。服务资源通过平台服务仓库、服务中心进行管理。

（3）支撑层：支撑层实现对服务的管理。该层由成熟的工具软件及中间件构成，为业务层提供应用支持服务。包括：云平台框架服务中间件、工作流中间件。框架服务中间件具体提供云平台的基础服务，包括：组织身份服务、访问控制服务、单点登录服务、身份同步服务、统一消息服务组件、负载均衡集群服务、应用服务运行管理框架、嵌入式应用服务器组件、底层基础开发框架组件。工作流中间件提供业务数据建模工具、业务流程建模工具、业务流程客户端、业务流程引擎、监控管理控制台。

（4）业务层：该层主要包括与本项目相关的应用系统，主要包括平台服务中心、6大类公共服务、部门OA系统建设等内容。

（5）展现层：该层为本项目的界面展现层，提供各类信息的访问和展现窗口，主要分为全区办公平台首页、部门办公系统首页。其中全区办公平台首页包括登录和直接访问2种展现模式。

（6）法规与标准体系：该体系主要包括与本项目相关的技术规范和管理规范的引用、参考。本项目主要参考"基于云计算的电子政务公共平台"国家标准规范，遵循智慧海淀办公云平台标准规范体系，同时扩展协同办公业务分类及描述规范。

（7）信息安全保障体系：该体系主要涵盖与本项目相关的安全保障技术，侧重于系统应用安全保障，包括单点登录、授权管理、访问控制、身份认证、日志管理和数据安全等内容。

3. 技术方案

（1）平台基础服务升级改造。

为不断提升办公云平台的服务能力，将对办公云平台的基础服务功能作持续升级改造。实现构建平台的应用支撑中间件的新版本升级，实现产品补丁的即时更换。进一步提升平台的可管理性，对日志、连接池等的管理进行更新；提供更加丰富完整的日志信息，包括系统运行日志信息、基于注解的通用业务日志、基于应用服务管理框架的服务调用日志。进一步提升平台的运行稳当性，实现数据库服务器重新启动后办公云平台应用服务器的自动连接创建，平台本身不需要重启服务。实现部门OA建设过程中各部门基于云平台的虚拟化部署功能的升级改造，使办公云平具备更强的多住户管理能力。

（2）平台工作流服务升级改造。

实现办公云平台上工作流系统的升级改造。采用SOA技术，基于办公云平台的技术架构，实现工作流定制系统、流程运转引擎、流程展现系统的升级改造，主要内容包括工作流引擎改造，按照云平台构建技术对工作流系统进行升级改造，升级改造后工作流服务的核心组件是流程服务器；系统界面风格改造：对现有公文管理系统主界面进行改造，从界面风格、功能模块和模块布局等方面进行界面改造工作。具体界面改造工作包括改造现有公文管理首页的界面风格，由美工重新根据整体公文管理系统的界面风格和色调，以OA系统主色调和风格为基础，对公文管理首页重新进行美工设计；主界面文件夹功能改造：对现有公文管理系统的主界面进行重新设计，在上方对系统功能区、左侧以功能树的形式对公文管理系统的主要功能模块进行重新布局调整，并对整体功能模块进行重新布局定义；主界面工具栏功能改造：建立工具栏字体后台设置功能，将公文管理系统中的工具栏字体通过大图标、小图标的形式进行后台设定，使用户能够直观、明朗的浏览工具栏上的字体，从而方便日常应用；正文编辑功能改造：对公文的进行整体设计，包括对正文编辑区域的设定、签批区域的设定、领导审批意见的设定、各类标签的布局等；大附件上传功能改造：本次公文管理系统升级改造后可支持在正文中的大附件上传功能，用户在编写好正文后可上传各类大附件文件。本次公文管理系统在大附件上传方面将重新定义附件上传区域及功能，通过对附件上传功能的功能升级，使用户在公文编辑时通过添加各类大附件文件，并支持对所上传附件的排序和管理；文件查询功能改造：建立更为丰富的文件查询功能，可按条件对文件进行筛选查询，如按文件名称、文种、文号、标题、时间、承办人、承办单位、关键字等，并支持组合查询服务。为不同用户提供自己经办文件的查询功能，方便用户查阅全部经手过的文件。

（3）部署办公云平台演示服务器。

选择一台利旧的应用服务器，搭建公共服务中心的应用服务试用及演示环境。为用户提供一个独立的云服务试用空间，不影响平台上运行的其他系统。需要申请部门 OA 建设的用户可以直观的浏览、选择适合自身应用需求的系统功能。办公云平台演示服务器主要提供 7 大类别 42 种办公云服务的演示和试用。

（4）应用系统设计。

针对 2013 年各部门 OA 建设的具体需求，结合全区办公云平台集约化建设总体思路，海淀区基于云平台建设的 OA 办公系统包括两大方面建设内容：一方面是实现全区办公云平台的持续升级改造建设服务和公共办公业务模块的统一建设；另一方面是满足部门 OA 的特殊建设需求。

海淀区平台服务中心建设包括了 5 大服务中心：服务管理中心、服务在线体验中心、部门 OA 建设申请中心、部门 OA 应用展示中心、平台统计分析中心，为电子政务内网用户提供协同办公软件应用服务选择、演示、申请、审批的环境。服务管理中心为系统管理员提供全区办公云平台发布、管理公共服务的中心，为部门 OA 建设过程中浏览服务、体验服务、选择服务、申请服务提供支持；服务在线体验中心的功能包括 4 部分：公共服务展示、试用账户管理、服务人员在线交流、服务体验内容制作；通过部门 OA 建设申请中心可以在线申报部门协同办公项目，办公云平台提供与项目管理、合同管理等系统的数据交换接口服务；部门 OA 应用展示中心提供基于云平台建设的部门 OA 群的集中应用展示情况。

平台公共服务建设将全区平台上各个部门在 OA 系统建设中常用的业务模块统一建设。基于 SOA 技术和云平台的部署架构，对全区平台上的 6 大类 36 个常用模块做升级改造，使其建成后能部署在办公云平台上，凭借统一规划设计，制定出标准的业务功能，满足各个部门的建设需求。

（二）业务创新

（1）3 种类型建设模式：即用型服务、定制型服务、二次开发型服务。既兼顾了新技术的应用，积极回应各部门新建 OA 系统的务实需求，又确保了最小的开发成本和较大的开发效益。办公云平台的部门 OA 建设服务中提供通用的业务模块和服务，每一项公共服务都能解决某一种办公业务的电子化操作，基于这些通用业务模块（如：日程管理、公文管理、信息发布等）进行选择或定制或进行少量二次开发即可构建各单位个性化的办公业务模块。

（2）先体验后定制开发的模式。既可以帮助部门深化需求研究，又可以简化立项沟通和申报审批环节，极大地促进了系统的建设和应用的推广。各单位可以在部门 OA 建设服务中心选择需要的公共服务，并且可以提前试用演示服务器提供的业务模块及服务演示。同时可以在线申报协同办公项目，未来办公云平台可与项目管理系统、合同管理系统互联互通，为全区协同办公项目的建设管理提供统计数据支持和信息化管理流程的支持。

（3）创新全区 OA 管理模式。以智慧海淀、智慧政务的发展为指引，吸纳新思路，采用新技术，引用开放互联标准，以在电子政务内网环境下开创性地建设应用软件提供、试用、采购的一体化服务环境，打造智慧政务应用建设服务中心。

（4）创新部门 OA 建设模式。通过服务（SaaS）模式创新部门 OA 系统建设。以 SOA 技术架构为核心，构建可扩展的组件化应用，共性资源统一建设使用，同时满足各单位的个性化业务需求，为各单位协同办公建设提供一个物理集中、逻辑分散的虚拟化工作空间。

三　实施效果与经济社会效益

（一）项目实施效果

本项目打造海淀区办公云平台、升级改版现有系统页面，实现文件资源立方服务模块的开发，目前全区大 OA 系统用户已顺利过渡到新平台上使用，用户数增加到 6900 多人。系统的应用范围涉及党群系统、政法系统、政府系统、街道系统、乡镇系统、企业事业单位等 164 个部门，系统的月均访问量达到 9 万余次。

通过全区办公云平台提供的即用型服务、定制型服务、二次开发型服务快速构建起部门 OA 的共性业务需求。同时，采用统分结合的管理思路，加强部门建设服务，符合全区统筹规划建设的总体要求，也最大程度满足了各个使用单位的服务需求，在系统建设咨询规划、项目申报、后期应用培训等各个环节，真正做好了信息化服务工作和应用推广工作。

（二）项目带来的经济社会效益

本项目的直接经济效益主要包括通过无纸化办公、即时通信和网上学习降低办公和培训成本。此外，系统的建设在满足部门 OA 建设需求的同时，更要统筹规划全区协同办公平台建设，提高建设经费的投资效益，缩短部门需求分析和申请项目的周期，避免相似业务功能重复建设，提升办公云平台服务能力和成效，实现智慧政务的创新管理，提供办事高效率和服务高质量。

（北京市海淀区经济和信息化办公室）

天津市医疗保险实时监控系统项目

随着基本医疗保险制度的全面覆盖，参保范围不断扩大，就医即时结算的交易量大幅增加，欺诈骗保风险也随之增长。加强对医疗服务行为的监管，完善医疗保险制度实施的监控管理机制已势在必行，并已纳入国家"十二五"医改规划。借助信息化手段，提升医疗保险监管能力，成为人力资源社会保障信息化建设的重要内容。近年来，针对各类医保违规违法案件的上升态势，天津市人力资源社会保障局建成了全国首个医疗保险结算实时监控信息系统，形成了打击骗保违法的新模式。

一 项目背景与需求

2001年，天津市人力资源社会保障局启动医疗保险管理系统建设。针对参保患者医保费用报销周期长，占押个人资金等问题，天津市从2003年开始，大力推行医保费用联网结算，到2006年，先后实现了城镇职工和城乡居民住院、门诊和门诊特殊病联网，参保人员住院、门诊全部实现刷卡即时结算，个人不再垫付医疗费，参保患者无不拍手称快。但是，联网即时结算在方便参保患者医疗费用报销的同时，也为个别定点医疗机构和参保人员违规骗保提供了可乘之机。特别是2010年以来，随着参保人员数量的剧增和联网即时结算的全面实施，医疗需求释放，门诊次数、费用大幅增加，违规骗保行为时有发生，时刻威胁着医疗保险基金的安全，基金监管面临严峻的挑战和巨大的压力。依靠传统的人工审核模式，已难以适应新形势下的基金监管要求，医疗保险监管能力亟待全面提高。

为加强对就医诊疗行为的监管，天津市人力资源社会保障局于2010年起，探索建立全市医疗保险实时监控系统，对所有定点医院、药店、医保服务医师和参保患者就医诊疗行为进行全方位网络监控。经过三年多的不断完善，医疗保险结算实时监控信息系统（简称"医疗保险实时监控系统"）建设上线运行，基本实现对医疗服务的全程监控，有效提升了医疗保险监督稽核能力，确保了基金的合理支出。该系统着力解决以下四个方面的问题：一是提高监控实时性，及时发现违规骗保行为，在第一时间杜绝违规行为的恶性发展，减少医保基金的流失。二是提升监控效能，通过对海量数据的筛查比对，实现对医疗服务信息的关联性分析，在扩大监控范围的同时，提高监控的针对性。三是实现精准监控，通过嵌入监控规则库等技术手段，全面抽取违规行为信息，实现对证据链的整理，科学有效地精确筛查医疗服务信息，准确掌握违法违规行为。四是加强决策分析能力，通过对海量数据的分析、汇总、排序，归纳提炼出经常发生的医保欺诈行为特征，为查找欺诈案件发生的规律，研究防范措施，验证防范机制的有效性，提供数据基础。

二 解决方案和业务创新

2012年，在医疗保险实时监控系统全面启用之初，即发现了大量超额刷卡取药的违法行为，取得了明显成效。随着系统应用的深入，天津市人力资源社会保障局不断加强监控力度，健全监督管理机制，成立了天津市医疗保险监督检查所，创建了行政监督与技术监督相结合的新型监管模式，加快推进事后监管向事前、事中监管的转变，持续提高医疗服务监管工作水平。

（一）技术解决方案

1. 建设思路

天津市医疗保险实时监控系统，与传统管理信息系统（MIS）存在较大差异，建设目的不限于实现数据采集、业务经办和规范化管理，更加注重数学建模理论研究与医疗保险监管实际应用相结合的知识化、专业化、模型化、智能化，通过不断发展完善，实现软件功能的不断演进和完善，为医疗服务监管提供最大化的支撑。从软件开发过程而言，医疗保险实时监控系统不同于简单的软件编程与实施应用，难以在建设初期明确各项业务需求，而需要在应用过程中不断探索、研究与演进，逐步提升系统对业务的支撑能力。为此，天津市医疗保险实时监控系统采取整体规划、分步实施原则，以构建监管指标体系、监管分析模型、诚信考核体系为重点，深入研究异常数据特征和数据关联规律，通过反复迭代和深度挖掘，不断地完善和改进系统功能，逐步提高基金监管效率和监管质量，有效保障基金使用安全。

2. 业务架构

依托医疗保险管理信息系统，以参保人员在就医过程中的就诊结算信息为基础，按监控信息标准交换至医疗保险实时监控系统。按照预制的监控规则，由监控系统的规则引擎，对监控信息进行初步筛查，经监控人员分析确认后，获取疑似违规信息，并转入监控处理流程。通过社保稽核，在稽核人员做出处理决定后，医疗保险实时监控系统向医疗保险管理信息系统反馈处理结果，并将违法对象纳入黑名单，记入其诚信档案。

医疗保险实时监控系统主要包括5个方面功能。

（1）定制监控指标：选取医疗服务过程中的医疗服务机构、执业医师药师、参保人员等多项基础监控指标，形成监控指标信息库，满足各级医疗保险管理机构的管理需求。

（2）定义监控规则：按照医保监控与社保稽核要求，定义医保实时监控系统的监控规则库，设置各项监控规则的阈值，以适应各类管理人员的工作需要，提高系统的灵活性和适用性。

（3）建立交互接口：提供标准统一的数据接口，实现医疗保险实时监控系统与医疗保险管理系统之间的无缝衔接，为抽取监控数据、反馈稽核处理结果提供支持。

（4）监控分析：实现对就诊结算信息的全面筛查，生成各项可疑的就诊记录，进一步还原医疗服务场景，提出各项甄别疑点，供监控人员进一步分析，确定违规行为。在此基础上，综合分析具有规律性的异常数据特征和数据关联逻辑，形成较为普遍的监控规则和检查要点，进一步完善监控体系。

（5）监控处理：实现对违规行为处理过程的管理，提供立案调查、稽核处理等功能，并对调查处理过程进行跟踪记录。

3. 技术架构

医疗保险实时监控系统采用 J2EE 的 B/S/S 架构，技术框架分为展现层、控制层、服务层、资源层四个部分。

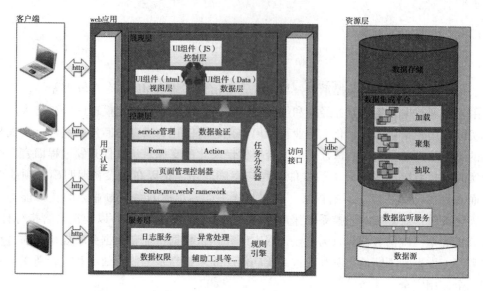

技术构架图

其中，展现层用于支持人机交互；控制层负责接收用户请求，根据用户请求提供相应业务服务接口，将获得的结果转发给展现层；服务层提供日志、数据权限、异常处理、规则引擎、辅助工具、持久化等基础服务；资源层集中存储监控数据，实现对监控数据的抽取、聚合、加载和清洗。

4. 部署结构

医疗保险实施监控系统部署在市级数据中心，数据库与医疗保险管理系统分区部署，避免监控系统在处理海量数据运算时，对医疗保险管理系统造成影响。

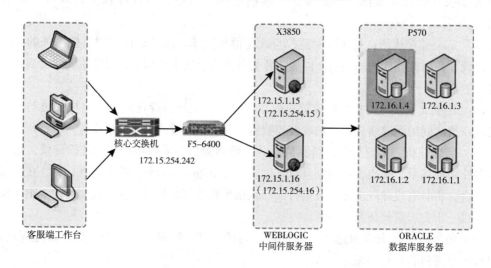

(二) 业务发展创新

1. 创新监管模式

首先是搭建实时监控工作平台，完善违规行为处理流程。在医疗保险经办机构设立专门岗位，由专职监控人员利用系统自动筛查数据，查找违规疑点；进行量化分析，确定违规性质；对确认违规者锁卡，并进行约谈、查处案件等后续处理。锁卡行为由三级监控人员审批完成，约谈由专职人员完成，重大案件查处另由相关科室会同公安经侦部门完成。在工作中，建立责任机制和联动机制，将停卡、暂停医师服务资格等操作责任到人，在筛查违规患者的同时关联到违规医师以及医院，针对监控系统发现违规问题涉及较多的医院和药店进行重点稽核检查。其次是突出监控重点，强化对诊疗行为的规范管理。目前已实现在医生工作站中对糖尿病等五种门诊特殊病种的合理用药，下次允许购药时间进行提示，并开始将医保监控系统中成熟的监控指标及监控方法反向引入到医保支付结算环节，以形成医生工作站、就诊结算、医保监控三方联动和事前、事中、事后监控的有机结合。即事前在医生工作站开具处方环节（或挂号环节）即给出必要提示；事中通过结算系统审核，对规律性违规问题设定卡口；事后通过实时监控系统筛查数据，进行监测和约谈。将必要的控制点逐步前移，三者形成闭环。通过规范管理，达到合理审核、有效监控、医患保三方共筑和谐的目的。

2. 夯实医保监控基础

全面实现持社会保障卡刷卡联网结算，门诊、门诊特殊病诊疗及购药明细信息实时上传是实现医疗保险实时监控的基础。在此前提下，一是建立定点医疗机构、零售药店基本信息库，实现与诚信考核体系自动链接。对医院、药店基本信息进行备案，实行动态管理。二是建立执业医师、药师、护士长基本信息库。基本信息库与诚信考核体系链接，记录其诚信状况。如与审核系统自动链接，记录医疗服务人员不诚信的诊疗行为；与参保人员待遇享受情况链接，记录参保人员不诚信就医行为。三是建立医疗保险"三目"等信息标准体系，形成统一的监控尺度。

3. 科学制定监控指标

针对门诊、门诊特殊病诊疗及定点药店购药进行实时监控。经医保管理、经办部门和医疗专家反复论证，监控指标确定为重点监控参保人员的就诊频次和就诊费用金额，并包括医师的大处方内容。主要指标包括单日疑似处方分解、1个月内药店购药次数和金额、1个月内医院就诊次数和金额、3个月内医院就诊次数和金额等。各项指标按一定逻辑关系设定不同等级的阈值，系统自动进行数据分析，筛查违规疑点，按照违规行为的不同程度自动生成红、黄、绿三级警示，对进入绿区的进行跟踪监控，进入黄区的重点监控，进入红区的立即停卡处理，并对与违规患者相关联的医师进行监督检查。

三　实施效果与经济社会效益

天津市医疗保险实时监控系统运行以来，系统功能不断优化，现已形成功能完善健全、监督精准、运行高效、特色鲜明的医疗服务监控平台，为保障医疗保险基金安全发挥了重要作用。2013年，通过医疗保险实时监控系统，对5600多名参保人员进行停卡处理，对过度超量开药的336名医保服务医师暂停其医保服务资格，累计追回基金1000余万元，避免基金损失近亿元，并处理了 123 家定点医疗机构，查实并移交司法机关处理 23 名欺诈骗保人员，有效地警示了参保人员和医保服务医师，使得就医诊疗行为更加规范。

医疗保险实时监控系统备受各方关注，受到国家、部委、省市等各级领导的高度重视。截至 2013 年底，天津市医疗保险监督检查所接待各级领导视察、各同行考察学习共 114 批，达 1387 人次，还接待了法国和南非等国外同行的参观和考察，并得到了各方的普遍好评。2013 年，天津市医疗保险实时监控系统获得《天津市第四届行政管理创新奖》的表彰。随着医疗保险实时监控系统的深入应用，全市医疗服务监管模式将不断完善，逐步形成基于网络平台的新型监管工作模式，有效支撑医疗保险基金的可持续发展。

四 开发单位、供应商与运维保障

天津市人力资源社会保障局信息中心负责组织医疗保险实时监控系统开发工作，由四川久远银海软件股份有限公司（简称银海公司）承担具体开发任务。天津市人力资源社会保障局信息中心，负责全市人力资源社会保障领域的信息化建设工作，现有 46 名信息化管理技术人员。银海公司隶属于中国工程物理研究院，专业从事计算机系统集成、行业信息化解决方案、应用软件和服务等。

为保障医疗服务实时监控系统的正常运行，天津市人力资源社会保障局信息中心会同银海公司，不断健全系统运维保障机制。一方面建立系统数据同步更新机制，开发 ETL 专用程序，根据时间戳对就诊信息、结算信息、处方信息进行定期增量同步，并按监控规则定期完成数据处理；基于系统应用情况，不断完善监控指标，定期更新监控分析的知识库。另一方面，加强系统运维管理，成立较为稳定的运维团队，不断完善系统功能，及时调整和优化监控内容与监控标准；加强系统的现场监控，优化系统性能，确保系统稳定可靠；定期总结系统运行情况和应用实效，确保系统持续优化，不断提高业务支持的智能化程度。

（天津市人力资源和社会保障信息中心　李立文　金娟
天津市医疗保险监督检查所　杨晓东）

河北省政府门户网站智能搜索系统

一 建设背景和思路

河北省政府门户网站始建于 2002 年，自开通以来不断加强建设，规范管理，丰富内容，在提高政府工作透明度和行政效能、引导舆情和方便公众参与等方面发挥了积极作用，网站也逐渐从"名片型"向"服务型"转变。经过十几年的建设，目前网站已经积累了大量的各种数据资源，这些资源既包括文字、图片、视频等静态资源，也包括办事类、互动类等动态资源。为了提高政府资源的使用效率和服务能力，需要利用智能搜索系统，打造真正意义上的"服务型政府"门户网站。

现有网站搜索不适应公众对于信息的搜索需求。经调查，社会公众在政府网站查找信息时，最关切的是和办事服务类相关的信息，包括各种事项的办事指南以及和办事过程中相关的疑问，特别是跟日常工作生活密切相关的住房、医疗、教育、社保等方面的问题，更是热点，且多用口头语进行搜索。之前河北省政府网站无法识别公众的口头语，即使搜索关键词正确，也无法给公众提供有效信息。因此，网站急需重新建设搜索引擎，实现信息的智能化搜索，人性化引导用户准确表述需求，打破用户对政府网站业务的"理解"障碍，智能的聚合展示用户所需的信息或服务，让政府网站信息及服务获取变得简单。

二 系统亮点功能

河北省政府门户网站智能搜索系统经过重新建设，目前功能已经十分完善，亮点十分突出，其中主要亮点功能如下。

1. 按需加权，智能排序

由于社会公众在政府网站查找信息时，最关切的是和办事服务类相关的信息，因此在搜索结果中将办事服务类的信息在首页优先呈现，让公众第一时间查找到他真正关注的信息。河北省政府门户网站智能搜索系统按需加权，网站管理人员可以根据网站服务内容的需要对检索结果的呈现进行定制加权系数，并在检索结果中智能排序。

2. 百姓体匹配

很多办事事项因为其专业性描述特点，有可能的情况是公众输入白话文（百姓体），但是系统根本无法搜索出结果。比如输入"上户口"，因为对应的办事事项是"办理户口"，所以可能检索不到相关内容。

河北省政府门户网站智能搜索系统中，内嵌国内最全、最专业的政府"百姓体"词库，将老百姓日常工作生活中常用的白话文与办事服务事项中的专业术语一一对应，这样用户即使输入的是白话文，也能通过词库匹配将其转换为网站中的专业术语，从而实现精准搜索。目前，系统中已经内嵌 50 多个专业词库、聚集了 5 万多条专业词汇，所有办事事项均可在搜索时一网打尽。

3. 知识图谱关联

目前网站积累了丰富的信息和服务资源，但是这些信息和服务资源往往按照部门、政务主题、题材等方式进行分类，并且有些信息和服务标题比较专业，有些甚至苦涩难懂，而搜索引擎却检索不到。

河北省政府门户网站智能搜索系统应用知识图谱技术，检索结果集和关键词自动进行关联，使得检索结果更广泛、更准确。

4. 智能引导

对于经常性输入错误的词语，河北省政府门户网站智能搜索提供自动纠错功能，提示按正确词语作为关键词进行搜索，减少重复输入操作。

同时，很多人在输入检索词时，因为没有切换输入法可能直接就输入一大串拼音。为了减少重复输入，河北省政府门户网站智能搜索提供拼音搜索功能，将用户输入的拼音等同于中文内容，从而提高检索效率。

此外，系统还提供关键词联想功能。即当用户输入某个检索词的一部分时，自动联想到与该输入词相关的词语，方便用户直接选择。

5. 实时搜索

河北省政府门户网站智能搜索后台数据更新采用主动触发（Trigger）技术，系统管理人员可以根据网站数据更新情况配置触发器的最短更新周期，达到实时搜索效果。即网站只要发布了最新文章，通过实时触发机制，第一时间（如5分钟内）将网站数据导入到检索系统中，确保搜索结果与网站内容更新保持一致。

6. 自定义框计算

在搜索结果中，无须点击搜索结果链接跳转查看，页面端直接展示热门服务或功能，在搜索结果页面即可完成所有操作，给用户提供更佳的用户访问体验。

三 系统基本功能

河北省政府门户网站智能搜索系统出了提供了诸多亮点功能外，搜索系统所必需的基本功能也应有尽有，其基本功能如下。

分词索引：系统采用智能中文分词技术，最大限度地避免中文检索的歧义与多义现象，较好地实现了中文人名识别、命名实体识别、新词识别。系统内嵌50多个专业词库、5万多条专业词汇，确保分词的准确性，提供最准确的搜索结果。

热词设置及统计：系统采用热词定义管理功能，实现信息处理的热词的管理。支持自定义的热词管理以及由系统自动生成的热词。

可配置的权重设置：系统可以按关键词匹配相关度、更新时间、业务权重、页面热度、点击率等多种方式对搜索结果进行排序，提供多维度排序算法模型，最科学最合理的政府业务排序算法，给出最佳排序结果。

可定义的分类搜索：系统支持精确分类搜索，可以按照政策法规、政府文件、办事指南、表格、新闻、公众咨询、附件文档等分类进行检索，搜索结果更准确。

支持繁体搜索：用户输入繁体内容进行检索时，首先会将繁体字自动转换成简体字进行检索，如果信息中有繁体内容，则直接将包含该繁体内容的结果显示出来。

自定义推荐链接：系统在搜索结果处理中，支持检索系统配置好的推荐地址的搜索，方便用户了解其他热点内容。

高级搜索：除了提供基于标题和正文内容的关键词搜索，系统还支持多种复合条件的高级检索，包括：关键词的包含条件、搜索结果显示数量、搜索内容的时间范围、搜索内容范围、搜索语言格式、搜索文档范围、搜索关键词出现位置等多种条件。

四　应用效果

河北省政府门户网站智能搜索系统，打造的"服务型政府"门户网站，为政府工作人员和社会公众都带来了切实的利益，主要体现在以下方面。

河北省政府门户网站搜索系统中的百姓体、常规词库升级、框计算、知识图谱等可实现按需更新和完善。可根据政府职能的转变和办事事项的变化、需要对办事事项进行整合，及时梳理并更新百姓体词库，保证搜索结果的准确性和有效性。同时通过人为操作，将当前热点的搜索词进行归类统计，提供针对性的搜索服务，增强用户体验。

对于社会公众，人性化引导用户准确表述需求，打破公众对政府网站业务的"理解"障碍，智能的聚合展示用户所需的信息或服务，让政府网站信息及服务获取变得简单。

（河北省人民政府网站管理中心）

民心网——民意诉求表达信息网络系统

2004 年，在省委、省政府的领导下，省纪委、监察厅创建网络工作平台——民心网。十年来，民心网始终坚持"倾听民声、实现民意、服务民众"的宗旨，坚持"暴露问题不可耻、解决问题最重要、为民办事最光荣"的理念，凝聚民心、集中民智、受理民诉、办理民事，成为各级党委、政府密切联系群众、为民办事的平台；全省纪检监察机关履行监督职责、推动作风转变和案件查处的重要阵地；实现公共服务优质化、治理体系和治理能力现代化的生动实践。

十年来，民心网解决问题成效显著。全省各级纪检监察机关、政府部门通过民心网为群众解决实际问题总计 24.3 万件，还利于民 11.4 亿元，促进政府公益性投入 15.6 亿元，挽回经济损失 2370 余万元。通过对举报问题的查处，给予党政纪处分 1757 人，组织处理 731 人，追究刑事责任 205 人，收缴违规违纪资金 2.05 亿元。

一　项目背景与需求

自创建以来，民心网始终在省委、省政府的坚强领导下和省纪委监察厅的直接领导下开展工作，坚持"倾听民声、实现民意、服务民众"的宗旨，进一步明确工作任务是开放式受理群众的诉求和举报；敞开式评议政风行风和基层站所。一站式推动政府部门为群众解难事、办实事、做好事，一条龙式地推动查处，解决群众身边的作风问题和腐败问题，守护群众利益，沟通式引导民心向上、民意向善，倒逼式地推动政府转变职能，转变作风。

二　解决方案和业务创新

十年来，民心网一直探索创新，将电子政务系统与为民办事服务理念紧紧融合，依托电子政务外网，建立的电子政务业务系统——MS521 工程（民生系统），支持跨地区、跨部门的信息资源共享和互联互通，信息化应用中实现了 2586 家政府部门和行业与民心网联网，省、市、县（区）平台系统运行效果良好，成为辽宁省电子政务系统应用较为成功的典范。

民心网是运用现代信息技术整合资源和力量，强化纪检监察机关的监督，人民群众的监督，并使之有机结合来推动民生问题的解决，引导民心向上、民意向善的网络工作平台，是政府实现社会管理服务全覆盖、责任主体和诉求方面零距离沟通的现代民生诉求管理平台。

（一）搭建了一个庞大的民意诉求表达信息网络系统

民心网的软件系统是基于 SaaS 云平台的构架，通过互联网与协同客户端，实现了民意诉求与政府各部门的有效对接，按照"外网受理、内网办理、外网反馈、全程监察"模式，建立"集中式受理、协同化办理、智能化运行"的网络工作平台。

这个系统实现了两个全覆盖：一方面是实现了对群众表达诉求的全覆盖。民心网24小时受理群众反映的问题，群众不分地点、不分时间，只要登录民心网，就能快速、便捷地实现诉求表达。对不方便上网的群众，民心网还开通了96515电话和手机短信受理渠道。无论是哪一种渠道受理的信息，均纳入民心网数据库，进行统一处理，形成了网线合一、零距离、全天候、无障碍的电子化诉求渠道，使群众诉求从网上无序发帖、网下群体上访转化为民心网上的有序表达，实现了群众诉求的有序化。另一方面是实现了对群众诉求办理主体的全覆盖。民心网利用软件系统把省、市、县三级纪检监察机关、政府部门和公共服务行业的2568个单位连接起来，同时把全省43000家与群众生产生活联系密切的基层站所整合起来，在网上开通"群众工作站"，这些联网点和"工作站"覆盖所有问题涉及的单位，每一个群众诉求都能够及时准确地找到责任主体。群众的诉求通过联网软件直达办理单位，减少中间环节，有效提高了诉求办理速度，使群众诉求办理责任清楚、效果清楚，建立了群众诉求办理的责任制。

（二）打造了一个民生建设的数据分析模型

民心网从为民办事的工作实践出发，按照诉求问题的性质和不同办理方式，利用软件系统把群众诉求进行分类管理。同时，依托民心网数据库，建立诉求办理指挥监控中心、运行监测和分析系统，监控诉求的最新分布情况、问题变化态势。数据综合分析系统实现了诉求办理的汇总表、人员及款项处理汇总表、回访汇总表、留言汇总表、减免、挽回、清欠、赔偿、退款、罚没、罚款、投入明细表以及各分平台的对比分析表。实现了在地图上查看诉求量、报结量分布的直观、具体的诉求情况总览模式。

根据数据分析，利用AHP层次分析法，（Analytic Hierarchy Process，简称AHP，是将与决策总是有关的元素分解成目标、准则、方案等层次，在此基础之上进行定性和定量分析的决策方法。）从办理速度、办理数量、办理质量、办理态度、办理到位率和群众满意度等多个因素来考评部门的工作效率。建立以办理质量为主导的"五星评价制度"和综合考评体系，建立11项考评指标项。同时，利用庞大的数据库系统搭建云平台，不断构建起数据和信息之间的关联度，使分析更有针对性，服务决策更有力，不断推进政府提高治理能力的现代化。

（三）民心网利用电子信息技术打造互动载体

民心网利用办理群众诉求中沉淀的信息资源，借助软件分析系统和专家智力，以民心网为中心，建立了杂志、手机报、视频等媒体，形成了以网络平台为主体的信息辐射和综合利用发布系统，并与社会媒体相配合，宣传典型案例、典型办理经验、典型办理人物，形成舆论引导力量，凝聚办理力量，推动诉求办理，弘扬为民办事光荣，展示为民办事行动。民心网互动载体具有以下特点：①发挥了网络和软件技术的信息整合加工功能。民心网利用软件技术对群众诉求办理过程中产生的大量的具有新闻性、实用性的信息进行分析加工，充分发挥现代网络强大的信息集纳空间和丰富的信息采集形式，形成可供多种传播方式利用的"信息团"，实现了信息的综合加工利用。②实现了现代网络的媒体属性与电子信息技术的有机结合。民心网在作为群众诉求办理平台的同时，充分发挥了现代网络的媒体属性，并以网络平台为"集散地"，把信息辐射至杂志、手机报、视频以及社会主流媒体。③放大了信息的传播效果。民心网互动载体常常是在一个主题内容之下，遵循不同媒体信息传播方式、规律的同时，发挥各自优势，实现信息传播的全覆盖，放大了信息传播的效果。

三 实施效果与经济社会效益

十年来，民心网坚持畅通群众诉求渠道，维护群众利益，服务群众、服务政府、服务纪检监察工作，在赢得群众信任、密切联系群众，维护社会稳定，促进社会和谐，推动作风建设等方面发挥了重要作用。

（一）建立了群众监督、纪检监察机关监督和媒体监督相结合的监督模式

民心网使群众监督和媒体监督有了载体和支撑，使纪检监察机关的监督有了平台和实现路径，达成了三种不同性质监督的有机结合和监督效力的倍增。一是使群众监督有序、有力、有效。民心网通过建立健全网络举报受理、查办和信息发布机制，营造了规范有序、积极健康的网络环境。十年来，24.8万件群众的监督信息通过民心网得到解决和反馈，形成了良性运转，对网络舆情的管控由被动应对变为主动收集，做到了重要舆情早发现、早报告、早处置，抓紧抓小，防腐于苗头，防腐于萌芽。二是把纪检监察机关的威慑力转化为监督解决民生问题的推动力。民心网拓宽了纪检监察机关发现案源的渠道。近三年来全省各级纪检监察机关不断加大对民心网举报线索背后隐藏的腐败问题的查办力度，立案量逐年上升。2011年，全省通过民心网立案180件；2012年立案247件，同比增长37%；2013年立案385件，同比增长55%。2012年1月，民心网上反映丹东凤城市供暖不达标投诉比较集中，一天就达到85件，投诉人留言表示将组织集体上访，同时反映供暖背后有权钱交易。省纪委、监察厅据此组成调查组深入调查，发现了供暖背后的腐败问题，进行了认真查处。十年来，各级纪检监察机关共对群众不满意的办理结果实施二次督办3.2万件，普遍建立了通报制度及协调督办会制度。三是发挥媒体的公开监督作用，促进办理质量和效率稳步提高。2007年民心网公开督办10起办理不到位案件，2008年又对16起办理不到位的教育乱收费案件进行公开督办，反响强烈。据统计，2004年民心网平均办理每件群众诉求的时间为68天，2013年为31天，提高了1倍多。2006年民心网办理结果平均得分为3.58分（满分5分），2013年为4.89分，群众满意度得到大幅度提升。

（二）成为各级党委政府维护群众利益、为民办实事的重要平台

各级党委和政府始终把民心网作为党的群众路线教育实践活动的重要平台，倾听民声，实现民意，服务民众。一是民心网成为各级党委和政府部门的"一把手"工程。截至目前，2108份《民心网内参》得到了"一把手"的高度重视。二是针对民生热点问题开展专项治理、源头治乱。十年来，全省依托民心网开展专项整治，取消收费文件42个，群众反映强烈的中小学补课收费、居民二代证印章收费、越权定价、中介组织滥收费等442个热点问题

得到源头治理。2009年，时任省委书记张文岳根据群众反映损害农民利益、加重农民负担问题的民心网内参，做出了"逐个查明情况，逐个落实责任，逐个依法处理，逐个解决问题"的批示。省纪委、监察厅协调省农委组织34个省直部门，对全省损害农民利益、加重农民负担问题进行了一次大排查，使1310个问题得到有效解决。

（三）成为加强作风建设，密切党和政府同群众血肉联系的桥梁和纽带

作为全省纪检监察工作的网络平台，民心网充分发挥了纪检监察机关维护群众利益，密切联系群众的桥梁与纽带作用。

一是强化了对党员干部作风的监督。2013年民心网开通"党员干部作风问题举报通道"，通过调查处理，对领导干部超标准用车、公车私用，以"考察"等名义公款旅游，以结婚、丧事、乔迁、父母做寿、子女升学、儿孙满月等为由大操大办，公款吃喝、奢侈品消费等589起典型案件进行了严肃处理，给予党政纪处分271人。省纪委对其中的10起案件进行了公开通报。

二是促进了全省党风政风的根本转变。民心网通过纪检监察机关的监督作用，把党和政府同人民群众紧紧联系在了一起，创新了网络时代联系群众的新方式。民心网群众工作站被群众称为"不下班的政府"。在2013年冬季采暖期开展的"百姓评供暖"活动中，全省930家供暖办和供暖企业节假日依然坚持上线办件，最快的一件答复结果仅用时13分钟，就得到群众的全五星评价。迄今为止，已经有332家单位和办件人被群众评为了"亲民单位"和"亲民大使"。有群众留言说"因为民心网把每一件群众的小事都当作大事来办，我们信赖民心网，有事还上民心网"。

（四）成为维护社会和谐稳定，化解社会矛盾的减震器

民心网在为民办事中化解矛盾，促进和谐，进一步完善了社会矛盾的调处机制。

一是使大量的信访问题解决在萌芽状态。民心网十年来有效解决群众诉求问题24.3万件，其中63%的群众诉求由县区主管部门和基层行业单位直接领办解决。截至目前，12.2万名诉求人在民心网上留下了满意留言，人民群众的怨声通过民心网转化为对政府工作的理解和对办理单位的感谢。一位群众留言称"最方便的是民心网，没有任何门槛；最低碳的是民心网，不用任何交通工具；最快捷的是民心网，一键下去便到了省城。"民心网节省了群众的上访成本，也有效降低了各地区的上访数量。

二是引导民心向上、民意向善。十年来，民心网互动载体宣传报道各级党委和政府为民办事的光荣事迹2853个；评选出群众心中的优秀办件人343名，"感动民心人物"30名；针对群众关心的热点问题召开新闻发布会300余期；就群众咨询的热点政策邀请专家做客直播间191人次。并与人民网、新华网、新浪网、腾讯网、搜狐网、凤凰网等主流网络媒体建立了网络同盟，积极引导社会舆论，成为宣传纪检监察工作的重要阵地。

（五）成为依靠群众，创新社会管理的有效渠道

民心网创新理念和载体，利用网络提供公共服务，实现官民互动，进行廉政监督，体现了网络时代执政的新要求，打造了电子政务为民服务的崭新模型。民心网提出"暴露问题不可耻，解决问题最重要，为民办事最光荣"的评价理念，不以问题多少评价工作好坏，

而是以面对问题的态度、解决问题的速度和群众的满意度作为评价标准。从根本上转变各级政府部门对群众诉求的抵触情绪，由怕问题等问题变为找问题、改问题。省住建厅连续3年通过民心网征求人民群众对"城市建设绿化、美化、净化、亮化"的建议3.2万条，省电力公司连续6年依托民心网开展社会满意度调查，针对群众意见出台了"十分钟缴费圈""不停电催费""感动式服务"等一系列便民举措。实现了自下而上反映问题和自上而下解决问题的有机结合，集中了群众智慧推动社会管理。

四　开发单位、供应商与运维保障

民心网是隶属省纪委、监察厅的自收自支事业单位，省纪委、监察厅成立民心网管理委员会，负责管理民心网的日常工作。民心网财务由省纪委代管，省政府每年以政府购买公共服务方式拨款758万元。民心网现有专职工作人员209人，市、县分平台和工作站有专、兼职人员3000人，90%以上具有本科及研究生学历。

目前，民心网组织构架日臻完善。内部实行部门管理制，设有举报投诉信息处理部、群众工作平台管理服务部、互动载体管理发布部、保障服务部、信息开发部、技术部6个部门。14个地区、10个省直部门设立民心网分平台，部分县区建立民心网工作站，保障了民心网规范有序运行。

十年来，民心网从辽宁走向全国，业绩突出。先后获得了"全国纪检监察系统先进集体""全国政务公开工作先进单位"全国"五一"奖状"中国政府网站领先奖""全国地方政府创新奖""2013年中国最具影响力政务网站"等荣誉。2013年12月3日，国家工信部在民心网召开"电子政务创新为民服务座谈会"，提出民心网是国家治理体系和治理能力现代化的重要平台。

（民心网）

沈阳市规划和国土资源局"一张图"及
综合业务电子政务系统

沈阳规划国土"一张图"及综合业务电子政务系统是在"十二五"开局之年筹划，并于2011年下半年正式开展实施的项目。围绕建立和丰富"一张图"数据库内容、建立综合业务电子政务系统、建立辅助决策机制等内容开展工作，在加大核心数据全覆盖的基础上，全面实现土地的全生命周期管理，为领导决策提供信息支撑，通过创新管理、优化结构、整合资源、提升平台、改进性能，充分利用新技术，全面实现沈阳局规划国土管理的信息化、集成化和智能化。为全局人员创建高效、简洁、实用、透明、人性化的工作平台，实现全局空间数据管理和全局办公的信息化，力争建设成为全国一流的规划国土电子政务平台的示范。

一　项目背景与需求

（一）充分响应上级主管部门信息化发展规划

国土资源部信息化"十二五"规划：《国土资源信息化"十二五"规划》要求在"十二五"期间，通过信息化建设，需要加快以国土资源遥感监测"一张图"为基础的核心数据库建设；加快国土资源管理全业务网上运行，构建国土资源管理决策与综合监管技术支撑体系；加强在线服务和信息共享，推动国土资源主管部门服务型政府建设；完善信息化基础设施，增强信息化支撑保障能力。

住建部2011～2015年信息化发展纲要：进一步完善行业和企业信息化标准体系，重点完善建筑工程设计、施工、验收全过程的信息化标准体系，推动信息资源整合，提高信息综合利用水平。

（二）有效结合"数字沈阳"建设要求

沈阳恰逢"三大机遇"叠加期，"数字沈阳"建设已经纳入政府信息化工作的首要工作任务，"数字沈阳"建设需要全面整合规划、国土、水利、交通、公安、市政、医疗、计生等政府部门的信息资源。2011年以来政府单位和部门都在进行信息化建设，很多专业系统需要基础性的地理信息作为数据支撑，作为地理信息行业主管部门，这也要求在开展"一张图"建设的同时，充分考虑"数字沈阳"建设对基础地理及规划国土信息资源的要求。

（三）沈阳规划国土行业信息化发展的切实需要

与国内经济发达地区同行业信息化建设水平相比，沈阳市规划和国土资源局信息化建设还有一定差距，开展"一张图"及综合业务电子政务系统建设，将进一步丰富"一张图"数据库，提升我局对沈阳市基础地理信息、规划设计信息、国土资源信息、管理审批信息和其他专题信息等多源、多维、多尺度、多时相数据的集中统一管理能力和价值挖掘能力，为政府部门、城市建设和国民经济各行业提供统一的空间地理信息平台，为"数字沈阳"建设和应用提供空间信息支撑。

二　解决方案和业务创新

（一）解决方案

1. 总体建设思路。以"科学规划、统一标准、抓好关键、面向应用"为指导思想。

（1）科学规划，加强协调。在国家"十二五"信息化规划的指导下，对沈阳规划和国土资源局信息化进行顶层设计，总体规划、整体推进。

（2）统一标准，集中管理。按照国家和省有关技术标准和管理规范，开展标准、规范和运行机制的建设。重点围绕建立全市统一的基础地理信息、规划国土信息的数据采集、组织、分类、保存、发布与使用等信息生命周期各环节建立规范和标准，实现规划国土资源的统一管理。

（3）抓好关键，有序推进。信息化建设从基础做起，全面统筹，抓住关键环节，稳步推进。结合本项目建设内容，前期抓住网络硬件基础设施、规划、国土核心数据库和局内核心业务关键环节，开展开发和应用工作，建成一个，应用一个，成熟一个；同期，建立市局、分局联动机制，系统在市局成功应用之后，逐步向各分局推广。

（4）面向应用，跨越发展。项目建设在兼顾技术先进性的同时，以满足规划、国土业务实际业务需求为导向，以解决各单位部门核心问题和提升服务效率为目的，开展各系统的建设和应用工作，全面提升规划国土资源管理。

2. 技术框架

项目以计算机硬件与网络通信平台为依托，以数据中心为枢纽，以电子政务平台为支撑，构建规划和国土资源信息化建设方案。采用四层技术架构。

3. 建设内容

项目在顶层设计的指引下，充分利用先进技术，全面实现沈阳规划和国土资源局规划国土管理的信息化、集成化和智能化。具体建设内容如下。

内容一：充实现有网络硬件设备

实现市局、审批大厅和各分局、市规划设计研究院、市勘察测绘研究院网络的互联互通，实现与国土资源部、辽宁省国土资源厅的网络与系统集成，满足"电子政务应用的需要。

内容二："一张图"数据中心

建立"一张图"数据中心，整合了现有多比例尺地形图、航空影像、地下管线等基础地理数据，以及规划与国土资源基础管理数据，规划用地审批、规划选址审批、批次报批、规划五线、控制性详细规划等专题数据。

内容三：三大核心平台建设

构建综合业务电子政务平台，建立规划和国土一体化审批系统、行政办公系统、规划国土综合档案管理系统、权力阳光系统、外网公示系统、地籍管理系统、数据汇交系统、成果管理系统、调控监测系统、重点项目管理系统。

构建综合监管平台，实现从用地审批、土地征收、土地供应、土地交易到规划实施等业务的全程化监管，建立监控指挥中心子系统、土地执法监管业务子系统、车载远程执法巡查子系统、手持外业调查子系统、土地矿产卫片执法子系统、实现对土地资源"批、供、用、补、查"全程监管。

构建公共服务平台"数字沈阳"建设，面向全市的政务、公众提供地理信息服务。

（二）业务创新

1. 建立了国土规划和城市规划合一的数据中心

通过将土地利用总体规划和城市规划融为一体，建成"两规"合一的规划国土"一张图"数据中心，既符合城市发展需要，又满足建设用地供给，还落实"切实保护耕地"国策。

2. 引入顶层设计理念实现规划国土业务互联互通

在项目建设中，从整体和全局视角出发对信息化建设的各个方面、各个层次和各种角色等因素进行统筹考虑，编写了信息化顶层设计，明确了沈阳局信息化建设的目标和建设内容，在注重系统整体性的同时，也为将来扩展预留各级规划、国土部门之间联网接口，为将来进一步完善和扩展打下坚实的基础。

3. 实现土地全生命周期管理

项目结合规划国土"一张图"数据中心，通过以项目、地块为单元进行管理，实现了对土地生命周期的全过程动态监测，实现各类信息的可视、可控、可追溯。为信息共享和领导决策提供了技术支持。

4. 建立了"内网审批、外网公示"机制

电子政务系统与外网门户联动，实现平台审批结果自动与外网门户同步，并实时对外发布，树立了沈阳市规划和国土资源局的良好社会形象。

三　实施效果与经济社会效益

（一）实施效果

项目通过改善网络硬件设施，实现了市局、审批大厅和各分局之间的网络互连互通，保证了"一张图"及综合业务电子政务系统的运行。

实现统一标准、统一存储、统一管理、统一服务："一张图"数据中心整合了土地、规划、测绘、执法监察、矿产地质、综合业务和调控监测等7大类、38个子类、400余个小类的信息资源，实现统一标准、统一存储、统一管理、统一服务，并建立起长效的更新维护机制，为业务联动、数据分析和领导决策提供了坚实的数据支撑。

为"数字沈阳"地理空间框架提供了基础数据："一张图"数据建设初期，就兼顾了"数字沈阳"建设对基础地理的要求，"一张图"数据中心建设成果中的基础地理数据直接作为数字沈阳地理空间框架项目基础底库，大量的节约了相应成本。

实现50余项业务网上办公和网上审批：电子政务平台已完成建设用地预审、建设用地审批、增减挂钩、土地供应、地籍审批、矿业权审批、规划审批、行政办公、权力阳光等十大应用系统建设与集成，实现了规划、国土共50余项业务的网上办理。平台上线一年多来，已成功受理规划审批、建设用地审批、土地供应、土地登记、土地交易、矿业权审批和公文审批等11000余件。项目通过成果管理系统和调控监测系统的上线运行，实现了以地块为单元的土地生命周期的管理，实现了对土地生命周期的全过程动态监测。初步构建了领导决策支持体系。

项目通过重点项目管理系统的上线运行，建立年度重点项目数据库，明确重点项目管理负责制，提高重点项目的行政审批效能。

（二）经济效益

项目的建设是政府机构在经济和社会信息化的大背景下，应用现代信息和通信技术，将规划国土信息资源进行集成，实现规划国土资源数据的标准化、数据管理统一化、数据应用集成化，在信息网络上实现组织结构、工作流程的优化重组，实现各类信息资源的共享利用，避免各部门信息烟囱，节约了建设和运营管理成本。

基础硬件资源：通过将各类数据资源集中到统一的中心机房，减少的各处室、部门和各分局因数据、系统建设带来的服务器、网络设备、存储设备的开支，节省信息化建设一次性费用约 1000 余万元（共 15 个分局）。

基础软件平台：通过建立统一的数据管理平台和电子政务平台，统一软件平台基础，节省了数据库软件购置费、GIS 技术软件购置费、数据管理平台购置费、电子政务平台的建设费。

基础数据资源：通过建立一张图数据中心，建立长效的数据更新机制，并为各类行政审批提供电子数据，减少局内长期的图纸打印、数据制作费用；同时，通过一张图数据中心的建设，为数字沈阳地理空间框架提供了基础数据资源，实现了一张图与数字沈阳地理空间框架的有效对接，节省了大量的数据整理加工费用，共计约 300 万元/年。

（三）社会效益

通过建立沈阳市规划国土"一张图"数据中心，实现从"以数管地"过渡到"以图管地"的转变，实现国土"批、供、用、补、查"和规划实施的全过程的网上审批和网上管理，为科学规划、合理利用土地、实施最严格的耕地保护制度、加强和改善宏观调控提供了数据支撑。

项目在技术实现和建设模式等多方面有创新，研究成果达到国内领先水平，获 2013 年度全国地理信息产业优秀工程金奖，将对各部门信息化工作起到示范、引航、推广作用，为全国树立示范。

推进了政务公开建设，紧密围绕提高办事效率、规范行政行为、增加办事透明度等主题，对规划、国土资源的所有行政审批事项进行全面清理，制定了标准流程和标准工作时限，面向社会公开办理，全面接受社会监督，全面提升了沈阳服务型政府的形象。

四　开发单位与运维保障

（一）开发单位

业主单位：沈阳市规划和国土资源局
承建单位：武大吉奥信息技术有限公司

（二）运维保障

2012 年 4 月正式上线运行以来，选派专业人员负责系统的运行维护，同时每年列支确保系统的持续升级和数据的持续更新。截至 2014 年 3 月，系统运行稳定，共受理各类业务案件约 3600 余件，公文类案件约 7500 余件。

（沈阳市规划和国土资源局信息中心）

大连市国家税务局纳税服务质量管理系统

纳税服务是推动税收事业健康发展的重要基础，对引导纳税人遵从税法规定，融洽征纳关系，提高征管效率至关重要。从这个意义上说，纳税服务是落实科学发展观、共建和谐税收的重要内容，是建设服务型政府的应有之义。目前，各级税务机关都把优化纳税服务当作大事来抓，并取得了良好效果。但是，我们还需要全面和深层次地分析纳税服务工作，否则此项工作必将遭遇发展瓶颈。纳税服务质量管理体系，是以建设服务型税务机关为目标导向，由不同监控主体针对具体监控对象和内容，通过特定的监控模型和平台，遵循一定的监控方法和流程，客观、公正、准确地综合评价纳税服务质量的制度、方法、措施的总称。纳税服务质量管理体系的目的在于优化纳税服务，提高税收管理效能和纳税人满意度、遵从度。

一 以全面质量管理理论为基础构建体系

全面质量管理理论要求以产品质量和服务质量为中心，在充分了解客户需求的基础上，以客户需求为导向，全面提升客户满意度。为此需要全员管理、全员参与，并以全程控制为手段，不断进行评价、改进和提高，追求质量持续性改善。这些理论具有普遍适用性，加强纳税服务质量管理体系建设，可从以下几个方面入手。

1. 明确认识理念，建立纳税服务质量管理体系

应将"纳税服务和税收征管"摆在核心位置。纳税服务质量管理体系将以公众的广泛参与为基础，以测评税收工作优化服务、依法治税的效果为指引。应充分认识到纳税服务工作牵涉到税收工作的各个环节，是多项技术的综合应用。应将行之有效的服务技术和机制有机地结合起来，为提高税务机构工作绩效服务。在信息技术支持下，应革新管理方式，以更灵活、更快捷、更优质的服务满足纳税人的各种需求，把增强纳税人的自觉纳税意识，提高纳税服务效率作为中心目标。

2. 拓展监控主体，形成内外双向推动机制

从"顾客本位"理念出发，构建税务机关主导，纳税人广泛参与，专家学者以及中介机构等组成的多层次评价模式。通过内部评价和外部评价的双向推动，实现纳税服务主体、上级机关、第三方等不同主体，运用不同指标对纳税服务进行全方位评价。其中，第三方评价考核机制，应由专业机构实施，主要评价方式为问卷调查、实地测评等，以解决公众评价参与不足、评价呈封闭性、独立性不强等问题。

3. 完善指标体系，合理监控纳税服务质量

绩效考核评价体系建立的目的在于有效地评价纳税服务。不同的服务项目应有不同的考核标准，应将这些不同的标准科学地组合在一起，形成一个纳税服务质量考核指标体系，客观、全面地反映纳税服务质量。因此指标体系设计应围绕纳税服务工作项目展开，指标尽量简单、实用。

纳税服务质量管理指标体系应包括监控类指标和反映类指标。其中，监控类指标主要来源于各应用系统数据及各监控主体评价数据，以综合评分体系为参照，以客观视角、直观地标注出被监控对象的监控结果。监控类指标数据应全部以数字显示，并设有阈值（达标线）。每个指标应配有说明，涵盖指标的名称、标准、预警条件和阈值。所有监控类数据点击指标名称可按局名、部门、人员向下提取，逐层显示，输出信息按指标口径相区别。每个指标应配有比例图（达标与不达标比例）、对比图（各基层局之间对比）、环比图（该指标数据向前推进 12 个月份的变化），每个图上都标有阈值（达标线）。

反映类指标同样来源于各应用系统数据及各监控主体评价数据，但是直接显示文字和数字内容，不做达标判断。其主要目的在于提醒和警示管理者做出应急调整和修正工作。

纳税服务质量管理指标体系应将现代技术手段运用于考核中，通过计算机网络、手机短信、电话语音等现代媒介，设定相关取数指标，量化考核纳税服务主体，减少人工评价的主观性。

4. 建立沟通机制，构建绩效闭环管理链条

现代公共行政管理认为，绩效考核是一个持续的过程，而持续改进是质量管理的核心，所以在纳税服务质量管理体系建设上，不能简单地就考核而考核，更应注重评价效果的持续性。首先，应将评价沟通贯穿纳税服务质量管理全过程，税务机关、税务人员、纳税人和社会机构等应对"纳税服务质量"达成共识，增强可操作性。应特别加强纳税服务绩效分析、结果反馈等评价沟通，充分提升各界对纳税服务的关注度和税务人员纳税服务潜能。其次，面向结果，注重过程，循环改进，形成"监控评价－反馈－改进－再监控评价"机制。应通过发现问题、查找原因、反馈情况、整改完善、跟踪回访等措施，保证纳税服务质量管理结果的实效性和评价效果的持续性，促使纳税服务主体不断完善服务措施，提高服务质量。

二 大连市国家税务局实践案例

大连市国家税务局始终如一地秉持国家税务总局党组倡导的核心业务理念，坚持把尊重纳税人权益，满足纳税人需求，向纳税人提供便捷有效的服务作为出发点和落脚点，不断转变服务观念，夯实服务基础，积极创新突破，打造特色服务。在此基础上，大连市国家税务局重新制定了纳税服务整体规划，确立了"打基础、上台阶、创一流"的奋斗目标，明确了"建制度明确规范、立标准优化服务、重检查固强补弱、抓考核激发动力、努力打造一流纳税服务"的总体思路。经过几年坚持不懈的努力，纳税服务水平得到显著提高。

2011 年，大连市国家税务局按照信息支撑、集约保障要求，运用信息化手段加强流程监控、质量管理、监督考核，研发了纳税服务质量管理管理系统。该系统将大连市国家税务局"税收层级监控分析系统"中的科、所级以上人员设定为管理监控层（这些人员具备一定的层级和相应的权力，能够影响监控对象的人员）；将办税服务厅人员、税收管理员、稽查人员等全体税务人员列为监控对象；整合了各应用系统、手机短信、电话语音等，设定了相关取数指标，能实施项目全过程监控；设置了持续改进机制，能通过监控评价工作成绩，弥补不足，提升纳税服务质量。以下为此系统的具体介绍。

（一）系统构成

大连市国家税务局纳税服务质量管理系统，包括纳税服务质量监控和办税服务厅公共管理服务两个子系统，监控管理对象为办税服务厅人员、税收管理员及税务稽查人员的日常办税、辅导、稽查等业务全过程。

整个系统按照各项工作项目设置了不同指标，确定了各类服务标准和量化口径，充分整合了各系统已有数据，集成了音视频监控、数据采集、排队叫号、满意度评价、数据分析、绩效考核、应急处理和全局网络化等多种方式，能通过指标和数据展示纳税服务质量。

其中，纳税服务质量监控子系统分为前台展示和管理平台后台录入两部分。前台展示主要为月结静态指标，展现按月以指标名称和基层局名称为列名和行名组成的二维列表反映的纳税服务指标。管理平台主要用于人工录入和维护指标数据，并按用户操作权限和功能划分为管理监控层、职能部门层、管理员层三个层次。

办税服务厅公共管理服务子系统分为音视频监控、监控终端和服务软件系统三个部分。其中服务软件系统又分为办税服务厅端和市局监控端。

两个子系统共设 3 个层级 4 大类 21 个项目 80 项指标。

（二）运行效果

2012 年，大连市国家税务局纳税服务质量监控管理系统共登记纳税辅导和实地核查 25641 户次，辅导、核查回访 3316 户次，稽查评估案件回访 604 件，指标统计结果 12 期。各项指标运行一切正常，从数据看，纳税服务质量管理管理系统取得了以下成果，为改进征管工作提供了可靠依据。

一是全员质量监控，进一步提升纳税服务实效。通过企业办税人员对办税服务厅工作人员的评价、企业财务人员对税收管理员的纳税辅导、被评估稽查企业对评估稽查的认可等数据的监控，全体税务人员和纳税人对"纳税服务绩效"达成了共识，增强了质量监控可操作性。通过系统记录、跟踪回访，纳税服务质量监控管理系统能够全程监控纳税服务的全过程，包括最难掌握的税收管理员下户辅导时间、辅导内容、辅导形式、辅导效果等情况。这种全员监控促进了税收管理员及时下户、准确辅导；明确了税务稽查人员、纳税评估人员的事前辅导和事后讲解；调动了广大税收工作人员尽快提升自身素质的积极性；提高了纳税人满意度和纳税遵从度。2012 年全国纳税人满意度调查中大连市国家税务局在此单项分数增长最多。

2012 年全国纳税人满意度调查：纳税辅导表（大连市国家税务局）

评价项目	评价小项	2012 年	2010 年	增长分数	全国排名
对国税局提供的纳税辅导培训进行评价	针对性	84.75	78.60	6.15	2
	及时性	83.12	78.67	4.45	4
	准确性	84.63	80.42	4.21	2

二是过程质量监控，全面提升办税服务效率。纳税服务质量管理分析系统与 CTAIS 系统（中国税收征收管理系统）之间为无缝链接。如对流转审批项目，从税源管理到职能部门，都能实现实时监督。该系统采取逐级向下方式，即时体现出现环节问题的具体环节、涉及的具体人，真正做到流程监控、责任到人。而办税服务厅公共管理服务系统可以远程对各办税服务厅人员正办理的业务、各业务的等候人数等实施实时调度。对于窗口人员、大厅工

作时长、业务数量、平均每单业务时间等各种业务，都能制作详细的数字记录以及清晰的图形化统计报表；还可以及时根据窗口饱和度、窗口满意度、窗口等待时间发出预警，以便管理人员及时采取措施，全面提升办税服务效率。

三是权益保护监控，切实维护纳税人合法权益。该系统集成了投诉管理系统，能录入投诉，并能在系统中办理转办案件、自动回复。该系统针对接受、处理投诉的时限和处理结果设置了"纳税服务投诉按期处理率""纳税服务投诉查实率"两项考核指标。为及时掌控纳税服务投诉举报情况，快速反应、快速处理，更好地维护纳税人的合法权益，奠定了基础。由于能认真核实纳税人的每一起投诉，并及时处理、及时反馈，纳税人愿意通过合法途径维护权益，纳税服务水平得到改善，服务投诉数量明显降低（见下图）。

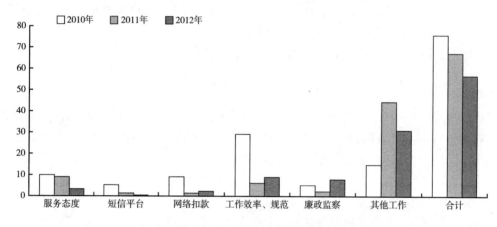

2010～2012 年投诉数据统计图

四是多种渠道监控，及时提供服务决策参考。该系统将现代技术手段运用于考核中，通过计算机网络整合、手机短信平台、电话语音回访等现代媒介和手段，量化考核纳税服务主体，减少手工操作的主观性，达到客观真实评价纳税服务的目的。通过系统设置的办税应用系统设置了非正常运行和办税热点难点两大类问题反映类指标，能及时发出问题预警，给相关领导、单位提供了决策参考。如通过 12366 热线，大连市国家税务局了解到，纳税人实施网络申报和填写报表等存在问题较多，就及时组织 12366 高级座席员在全市范围内进行专题巡讲，使同类问题的咨询量比上年同期下降 29%。

五是持续改进监控，不断增强税务机关的整体服务效能。持续改进是质量监控管理的核心手段，也是绩效考核的根本目的，所以大连市国家税务局更注重评价效果的持续性，在纳税服务质量管理中建立"评价－反馈－改进－再评价"机制。针对质量监控中发现的问题，责令相关人员限期整改，考核部门再对整改情况进行针对性回访，确保质量监控结果的实用性、效果的持续性。此外，大连市国家税务局还通过即时考核、月度考核与年终考核相结合的方式，采用计算机自动生成，局内网即时展示各单位的考核指标完成情况。用图表和数据随时显示各单位的考核结果，各单位需要对照指标检查存在问题，横向对比查找存在差距，激发了各单位荣誉感和责任感。

（三）案例分析小结

科学化、制度化、规范化的纳税服务质量管理体系建设工作，可以在很大程度上推动税务部门对纳税人的需求及时做出反应，进一步提高服务质量。大连市国家税务局将继续在这些方面进行不断的探索和实践。

（1）以提升质量为核心，积极打造纳税服务精品工程。应充分利用质量监控系统建设成果，逐步建成纳税服务数据库和纳税服务项目管理系统，对纳税服务工作实施全方位、多角度的立体监控、科学管理，形成系统的纳税服务质量管理体系。

（2）以队伍建设为根本，全面提高税务人员综合素质。应按照立足当前，着眼长远的原则，坚持以人为本，加强税务队伍建设，打造意识端正、素质过硬，作风优良的高素质干部队伍，提高职能部门服务能力。

（大连市国家税务局 倪福兰 郑晓雪）

大连市地方税务局网上办税大厅

随着税务信息化水平的不断提高，税务信息化范围逐步扩大，越来越多的涉税事项可以通过税务信息系统进行办理，这些系统的推广应用，极大地提高了税收征管工作效率，强化了税收征管质量。为进一步提升纳税服务信息化水平，大连市地方税务局以信息技术为支撑，对纳税端信息系统进行整合，创建了网上办税大厅，实现了"实体"办税大厅业务网络延伸，纳税人通过网上办税大厅"足不出户"轻松办理涉税业务。

一 项目建设背景

税收信息化经过多年的发展，形成了多个纳税端办税系统，就大连地税来看，主要包括网上申报系统、财税库银实时缴税系统、网络发票系统、个人所得税明细申报系统、重点税源普查系统等，随着"信息管税"的不断深入，未来还会加入更多的纳税端信息系统。

一是纳税人涉税负担较重。每项新的税收管理举措，都将会产生相应的管理系统，多个信息系统的存在，必然会有多套登录网址、用户名、口令密码以及多种操作方法，每套系统纳税人都需要一一熟练掌握，无形中增加了纳税人负担。

二是系统适应性较差。现行的纳税端信息系统大多采用 B/S 结构，受纳税人电脑软件环境影响较大，不同的操作系统、各异的浏览器版本、不同的系统设置，都会影响系统的正常运行，出现系统无法正常登录、业务无法正常办理等问题。

三是资源共享性较弱。现在的纳税端信息系统都是各自独立的，没有对系统资源进行有效整合，存在功能交叉、效率较低、定位模糊等问题，不能适应日益科学化、精细化的税收管理要求，不能满足日益深化的纳税服务要求。

四是系统维护成本高。每个纳税端系统都对应一套应用部署环境，不断增多的系统，增加了技术人员的系统监控、维护工作量。不同的系统，架构模式、开发语言、设计思路、数据库等都各不相同，增加了技术人员的系统维护难度。

二　网上办税大厅解决方案

网上办税大厅为纳税人网上办税提供统一入口，纳税人只要安装一套软件，一套登录用户名和密码口令，就可以在一个平台上办理涉税业务，提高资源共享度，降低征纳成本。

（一）网上办税大厅业务设计

立足于提高纳税服务满意度和纳税遵从度，从纳税人的实际办税需求出发，充分发挥信息化网络优势，搭建功能齐全、服务优良的网上办税大厅。

一是整合纳税端办税系统。将纳税端办税系统的纳税管理、发票管理、涉税普查等功能并入网上办税大厅；二是推广网上审批备案。将纳税人需要到税务机关办税大厅办理的业务申请审批事项，包括发票申领、证明打印、企所税优惠备案及报送财务报表等事项移植到网上办理；三是创新办税服务模式。为纳税人提供个性化服务，包括在线交流、涉税通知、统计查询、政策咨询等。

（二）网上办税大厅技术设计

网上办税大厅的技术设计综合、平衡了软件的执行效率、可维护性、易扩展性，采用插件开发模式，基于 C/S/S 架构，实现业务逻辑分离。

1. 大厅架构稳定高效

插件开发模式将办税大厅与办税业务模块分离，办税大厅采用 C++ 语言开发，充分发挥其代码高效的特性，降低了对 framework 等其他组件的依赖性，提高了办税大厅对 windows 系统的适应性。

服务器端采用 Java 语言开发，使用 WebService 技术提供接口调用，采用集群及负载均衡技术，极大提高系统的整体性能及可管理性、可用性、可靠性。

2. 安全策略周密详尽

系统管理级安全主要包括：权限授权体系、运行状态监测。一是权限授权体系。主要通过角色和数据进行系统权限控制，系统中的角色可被赋予菜单或按钮级的操作权限，可分时段控制，一个用户可拥有一个或多个角色，用户所拥有的权限为各个角色权限的并集。数据权限以资源分配的形式进行权限分配，用户只能操作已授权的数据；二是运行状态监测。除了可以使用 WebLogic 中间件或者第三方工具监测系统运行状态外，系统自身提供系统日志、登录日志、操作日志和 sql 日志四部分日志，以便从各个角度分析系统的运行情况。

应用级安全主要涉及客户端程序安全和服务器端访问安全。一是客户端程序安全。通过加壳和混淆代码，防止客户端程序被反编译；客户端本地数据库依托客户端密钥，采用透明加密技术，保证本地数据安全。二是服务器端访问安全。使用强制的用户和密码登录认证、IP 和 Mac 地址绑定以及身份认证等技术确保访问安全性。

传输级安全通过双向 ssl、数据加密技术、数字签名，防止数据在传输过程中被窃取、篡改。

数据库级安全将服务端业务数据库放在独立的安全域中，每天定时备份生产数据。客户端数据以密文的形式存放在本地，业务数据及时传送到服务器端。本地数据库建立定期备份机制，定期备份至外部存储中。

应用服务器级安全（ESB 总线、IM、自动更新服务器等）在服务器部署时，除了依靠安全设备（防火墙、防病毒服务器）外，还加入了防篡改服务器，实时监控应用服务器的文件状态，禁止未经授权的文件更改和文件访问操作，有效保证应用服务器的安全。

3. 业务交互降低依存

平台数据库和核心征管系统数据库分离，通过"数据交互平台"实现两个系统之间的数据交互，在不跨数据源访问的情况下，实现共享数据，降低各系统之间的耦合性，保证各系统相对独立，互不干扰。

三 网上办税大厅的社会和经济效益

（一）简化操作流程，降低纳税人办税成本

一是简化操作流程。网上办税大厅统一了所有纳税端软件，囊括了所有纳税端涉税业务，并且具有统一的设计风格和操作习惯。纳税人只要一次登录，就可以办理所有涉税业务，还简化了业务流程，易懂、易学、易用。

二是系统自动升级。纳税人每次登录网上办税大厅，系统自动检测大厅及业务模块文件版本，根据访问权限，实现文件自动升级更新。纳税人只需安装一次，就可以实时使用最新的办税功能。

三是降低办税成本。大量的涉税审批事项可以通过网上办税大厅进行办理，并且可以实时查看税务审批进度，办税流程更加公开透明，降低了纳税人的办税成本。网上办税大厅提供的发票"网上申领、邮政配送"业务，经测算，每年将有 34000 户次纳税人不必到办税服务厅办理发票领用业务，为纳税人节省办理时间 8500 小时。

（二）优化资源配置，降低税务机关征收成本

一是改善了办税服务厅办税环境。纳税人日常的涉税业务，如发票申领、发票交验、发票缴销、纳税申报等，都可以通过网上办税大厅办理，有效减少现场办税人数和等待时间，改善办税服务厅的拥堵局面，为纳税人提供更加优质、宽松的办税环境。

二是减轻办税服务厅的工作负荷。有利于各基层税务机关整合办税服务厅服务资源，调整办税服务重心，提高征管资源使用效率，减轻办税服务厅工作人员压力，提升办税服务厅纳税服务水平。

三是降低税务机关征收成本。通过网上办税大厅办理涉税业务，可以使用电子数据替代纸质材料、文书，仅证明打印功能，每年就可以为税务机关节省各类凭证的印刷费及邮寄费200 多万元。

（三）推广绿色办税，促进"智慧地税"快速发展

网上办税大厅是"智慧地税"的重要组成部分，通过将常规办税和审批业务移至网上

办理，进一步提高办税透明度和办税效能，突破了时间和空间的限制，纳税人可随时随地办理涉税业务，真正实现"足不出户、轻松办税"。同时，推广了无纸化绿色办税，在降低企业办税成本的同时，减少因出行而带来的交通压力和环境污染，推动"智慧地税"快速发展。

四 网上办税大厅的运维保障

传统运维以"技术人员的单兵作战为主"，运维效果主要依赖技术人员的个人能力，随着信息系统越建越多，技术人员的运维工作压力越来越大，导致运维效率低、工作量大、效果不佳。为确保网上办税大厅稳定运行，大连地税依托运维平台推行规范化运维。

（一）建设运维平台

开发建设系统运维平台，网上办税大厅问题的提出、处理、反馈、考核、评价等全部事项都通过平台上进行，实行运维工作公开化、透明化。

运维平台涵盖了软件运维、数据运维、硬件运维、查询运维四个方面。软件运维主要是软件操作和功能咨询服务、优化完善；数据运维主要是对应用系统错误数据的更改和垃圾数据的清理，确保数据的完整性与准确性；硬件运维主要是对服务器、安全设备、网络设备的日常运维，记录硬件设备的巡检情况；查询运维主要是依据申请人提出的复杂查询需求，制作统计报表。

（二）推行两级联动运维模式

依托运维平台，建立"前台统一受理，后台集中处理，两级联动"的新型运维模式，健全监督跟踪机制，形成运维问题闭环管理。

在市局组建专业的运维咨询小组，配合12366纳税服务热线，统一受理纳税人及税务人员的软件咨询问题，常规问题通过运维电话即时解决，难点问题转交技术人员统一处理，运维咨询小组负责跟踪、考核处理效果。同时向纳税人公布一个集团电话号码和一部手机号码，正常工作时间，纳税人可以直接拨打集团电话号码；非工作时间，纳税人可以拨打手机号码。两个电话号码，保证所有的运维问题有受理、有记载、有回应。

市局、基层局实行职责分工，市局解决市局层面问题，基层局解决基层局层面问题，真正形成"两级联动"。

（三）制定运维规程

系统上线初期制定了《应用系统运行维护工作规程（试行）》，明确运维的职责分工、权限划分、业务流程、操作规范等。根据实际工作情况对原规程又进行了若干次修订，下发了《信息系统运行维护工作规范》及《信息资产运行维护工作规范》，明确了软件运维和硬件运维工作规范，规定了日常运维处理流程，明确了办理时限，细化了考核指标，进一步提高了运维质量。

按季度对系统的运维情况进行考核，通过考核表反映出运维的处理率、处理及时率、退回率、撤销率对运维人员进行考核，监督运维时效、考核处理方法、评价运维质效。

五 网上办税大厅的推广应用

网上办税大厅是大连地税创新税务信息化建设思路的新举措，现已推广 10 余万户纳税人。在节约纳税人办税成本、提高办税效率的同时，大大提升了税务机关高效服务的社会形象，受到了纳税人的一致好评。税务机关通过网上办税大厅为纳税人提供了更为优质的纳税服务，既发挥了税务机关的职能作用，又促进了服务型机关建设，让纳税人真正受益，成为地税机关一个独具业务特色的服务项目，被大连市评为 2011 年度"最佳服务品牌"，产生了巨大社会效益，对全面提升税务机关管理水平和促进地方经济快速发展具有深远意义。

（大连市地税局 张施展）

长春市社区信息网络及综合服务平台

近几年来，长春市从统一建设、统一使用、统一管理、节约建设及维护经费的角度出发，依托长春信息港，整合社区基础网络及信息资源，建设了长春市社区信息网络及综合服务平台，通过集约化建设和管理，有力促进了社区信息化建设的有序推进。

一　建设背景

随着长春市社区建设工作的逐步深入，为充分发挥基层社区贴近群众、方便服务的特点，社区日常事务管理、低保事务管理、劳动保障和就业事务、离退休人员社会化管理等各项工作已经或正在逐步延伸到社区，社区信息化建设是这些事务延伸的必然途径。2007年，长春市涉及社区事务的各个政府部门均提出单独建设信息管理网络的需求，并分别向财政部门申请了网络建设经费。如果财政部门批准经费，这势必造成社区信息化的重复建设和资金浪费。2010年为优化社区信息资源配置，提高信息化建设资金使用效益，长春市信息化主管部门委托市信息中心从技术角度分析了社区信息网络建设情况，建议财政部门统一项目建设经费，依托已经建成长春信息港电子政务基础网络平台，进行社区网络平台的统一规划、统一建设，建设了核心应用平台及一系列重点社区业务系统，2013年初上线运行，系统应用初见成效。

二　建设目标

构建社区基础网络平台。依托长春信息港现有的网络平台，采用内、外网相互独立的接入方式，搭建全市统一的社区内、外网络平台。

整合社区办公业务系统。通过社区业务应用系统的整合与建设，构建社区管理部门、社区服务机构与社区居民之间的互动桥梁，进一步提升社区信息化的支撑作用。

开通社区综合门户网站。依托全市各街道、社区，整合社区各类服务信息，建立服务于社区公众、覆盖全市的社区综合门户网站。

三　建设内容

(一) 搭建了社区基础网络平台

建设了连接全市各社区、社区卫生服务机构的统的内、外网平台，平台覆盖全市460个社区、123个社区医疗机构，实现了市、区、街道、社区四级连接。

（二）建设了核心应用平台

搭建了以长春信息港为中心，以社区相关职能部门、各社区等应用部门为节点的核心处理平台。

（1）基础信息共享与交换平台。围绕低收入家庭经济状况核对系统建设，构建了覆盖公安、民政、社保、医保、人社、卫生等十二家单位的政务信息资源共享交换平台，并开展政务信息资源共享与交换。

（2）个人基础数据库。目前城镇居民个人基础数据库技术开发部分已经完成，整体平台功能主要有个人基础信息比对功能，各部门数据整合，人口数据统计、查询功能等。数据库中现有公安人口基础数据790余万条，照片信息600多万条，民政低保人员数据8万余条，卫生居民健康档案数据110余万条，计生人口及孕龄妇女信息12余万条，参加医保的低保人员数据近一万条。

（3）内网协同办公平台。整合了民政、卫生、人社、医保、社保等部门的办公系统，各部门内部办公系统通过单点登录，实现了数据查询及多元统计分析功能。

（三）建设了重点社区业务系统

（1）社区残联综合管理系统。根据残联提出的新需求，在城镇居民人口基础数据库中开发了长春市残联信息比对模块，通过此模块与人口库中其他部门信息进行比对、整合来支持社区残联综合管理系统中的功能模块。

（2）民政局民间组织信息管理系统。目前该系统的开发工作已经全部完成，根据民政局需求系统分为民间组织和社会团体两部分建设，设计完成了申报、预审批、终审批以及企业的变更、注销、年检管理等功能。系统部署已经完成，民政局正组织相关申报企业进行试运行。

（3）社区卫生服务机构业务管理系统（社区 HIS）。主要功能包括门诊挂号、电子病例、门诊医生、住院模块、收费模块、药房药库管理等。在长春市卫生局统一安排下对全市十个城区 49 家社区卫生服务中心进四百余人次进行系统培训，已经部署应用。

（4）社区卫生服务信息管理系统。系统主要建设了居民健康档案管理，儿童管理，计划免疫管理，妇女管理，慢病管理，传染病管理，健康教育管理等九大管理模块及提醒、统计汇总等功能。目前系统已在全市范围内全面部署应用，导入及录入数据量达 110 多万条，健康档案系统数据录入率要达到 100%。

（5）长春市城乡医疗救助系统。主要包括医疗救助报销模块、救助资金结算及对账模块、政策管理模块、居民基础信息模块、统计查询模块等，实现了低保人群一站式报销，解决了就医难的问题。该系统的部署涉及医保、卫生、民政等多个部门，实现了跨部门业务协同。

（6）社区计生工作全员人口及孕龄妇女信息管理系统。目前该系统的开发工作已全部完成，通过该系统的建设和部署，实现社区对全员人口信息，育龄妇女相关信息的搜集、录入、整理、汇总、管理、分析。实现人口基础信息的集中管理与资源共享，为各级政府职能部门、企事业单位提供决策数据支持。

（7）社区移动业务办公平台。实现了社区居民在卫生服务、离退休人员工资、公积金、社会保险等方面的手机查询和互动。

（8）社区医保相关单位人员信息管理系统。系统实现了数据网上申报，与社保、就业、低保等与社区相关业务的数据共享与交换，保障了社区居民医保业务的正常办理和居民及时享受医保待遇。

（9）长春市低收入家庭经济状况核对系统。民政部门根据公安、工商、交通、社保、公积金等11个部门通过交换平台共享的居民家庭经济状况信息，与社会救助申请人申报的家庭收入等信息进行对比，从而准确核算、掌握申请人家庭收入和财产状况。

（10）长春民生网。以展示民生工作，服务社区居民为目标，整合了社区服务信息资源，发布气象、就业、交通、质检、房产、就业、物价等民生服务信息。并开通了长春民生直播间，邀请各政府职能部门负责人就民生热点话题，与社区居民定期互动。

四　主要成效

（一）实现了信息化基础设施的统一管理

通过统一搭建的社区基础网络，实现了全市近600家社区及相关部门的内、外网接入、计算机相关设备的运行维护的统一维护和管理，提高了工作效率，有效节省了社区信息化基础设施的维护资金。据测算，每年节省网络维护经费在200万元以上。

（二）促进了政务信息资源开发利用

将社区信息化系统建设涉及的社区卫生管理系统、健康档案、社会救助、计划生育、医保、社保等多个项目进行资源目录的整合，明确信息资源的采集、维护、更新等管理责任单位，为信息资源的统一管理、发布、查询和定位服务奠定了基础。通过低收入家庭经济状况核对系统建设，推动了12个部门政务信息资源共享，支持了部门间的业务协同。

（三）建立了统一高效的服务支撑体系

长春市社区信息网络及综合服务平台建设涉及的十几个重点应用系统由长春市信息中心统一提供服务支撑，包括基础网络、主机托管、系统部署、安全体系、信息资源，以及日常运维。通过统一支撑服务大大减少了各部门的运维投入、信息重复采集，提高了信息化资源的利用效率，对于减轻社区负担，提高政务应用起到了促进作用。

（四）社区信息化水平得到了全面提升

长春市社区信息网络及综合服务平台正式启用以来，通过基础先行，首先建立了覆盖市、区、街道、社区四级的基础网络，并以重点应用为抓手，启动了社区医疗、社会救助、健康档案、计划生育等一批重点业务系统，并促进了社区信息资源的整合共享，实现了社区办公的网络化，提高了社区办事效率，显著提升了社区信息化水平。目前长春市医保、社保、低保等业务办理在社区可通过网上申请，极大地方便了社区居民。

（五）有效规范了社区信息化建设

通过统一建设长春市社区信息网络及综合服务平台，改变了过去社区信息化依托于相关部门、分散建设的状况，实现了社区网络的互联互通，业务系统的协同应用，促进了资源共享。制度建设方面，出台了《长春市人民政府办公厅关于加强全市社区协同办公网络平台管理的通知》（长府办发〔2008〕70 号），对社区基础网络及协同办公平台的建设、管理和使用、社区信息化设备管理和运行维护、社区信息资源共享，以及安全管理提出了明确要求。

（长春市信息中心）

郑州市数字档案馆项目

一 郑州市数字档案馆项目建设概述

郑州市数字档案馆建设项目在郑州市委、市政府的高度重视下，在省档案局的精心指导下，依据国家档案局《全国档案信息化建设实施纲要》的要求，按照"统筹规划、分步实施、开发利用、资源共享、标准一致、安全保密"的总体思路，坚持以档案信息网络建设为基础，以档案信息资源建设为核心，以实现档案资源社会共享为目标的原则进行规划和建设。

该项目于 2011 年 1 月经市发改委批准立项，总投资 1200 万元，8 月 4 日经市财政局采购办批准，采用公开招投标方式确定硬件建设中标单位、软件开发及档案数字化加工项目中标单位及监理方中标单位。

郑州市数字档案馆项目在立项之初，就力求打造成精品和示范工程。郑州市档案局提出了"理念超前、技术先进、功能实用、特色显著"的建设目标。郑州市数字档案馆是河南省乃至整个中西部地区投资规模最大的档案信息化建设项目之一。郑州市委、市政府高度重视该项目的建设，在政策和资金等方面给予了巨大支持。

二 郑州市数字档案馆项目建设的重要意义

依据《中华人民共和国档案法》，各级档案馆应当依法保管包括电子文件在内的所有载体的信息，成立数字档案馆，并以档案馆为依托，能够使信息真正成为各类应长期和永久保存的电子政务信息的最终集结地。

随着郑州市电子政务的发展、市直各厅局的办公自动化系统将相继建成，并可通过党政网平台为党政决策和机关办公提供文件资料查询服务。但由于网站林立，文件资料信息分散不全，政务信息不能充分共享。建立郑州市数字档案馆，通过电子政务平台，实现与政府电子政务系统无缝链接，对电子政务系统中已有的文件资料信息资源进行整合，统一管理，统一提供利用，可实现党政机关内部文件资料信息资源共享。

建设数字档案馆，将其有机地融入电子政务平台化建设中，解决电子政务环境下电子文件的处理、归档、进馆、利用一体化、规范化管理的技术和业务问题。只有这样才能保证在电子政务内（外）网各应用系统中运行的电子数据在传输、运转、处理完毕后，完整、安全地得到集中存储与永久保存。而且可以通过数字化综合应用平台，开展已公开现行文件和档案信息网上查询服务，为政务公开提供长效服务，推进政府信息公开的高度和深度。通过数字档案馆的建设，更加丰富和完善了郑州市电子政务系统信息资源，为市委市政府决策及市级机关日常办公提供相应的参考资料和依据,实施档案馆的信息化、现代化建设,全面提升了郑州市档案馆为市委市政府服务的水平和质量。

另一方面,通过技术手段,社会公众能够方便地通过数字档案馆的查询服务索取需要且可公开的文件,为公众和政府搭建沟通桥梁,建立透明、廉洁的电子政府,树立政府良好的亲民形象。通过数字档案馆的建设,增强档案馆的社会服务功能,将全面提升档案管理水平;使市档案馆成为宣传郑州市政府形象的窗口,成为社会各界了解郑州地方市情、了解国家大政方针的窗口,成为对人民大众进行爱国主义和革命传统教育的基地,成为实践科学发展观的窗口之一。

三　郑州市数字档案馆项目建设内容

郑州市档案馆全文数据库建设目标是:全文扫描馆藏民国档案 1876 卷、20 万页;馆藏民国地籍图 1817 张、碑拓档案(北魏－民国)348 卷、馆藏报刊(民国至今)4008 卷册,共 80 万页;馆藏珍贵图书(民国时期)560 册、112000 页;馆藏重要档案(永久、长期档案)1950 年度~1980 年度 4563300 页(含知情档案和招工档案)。至今累计,馆藏档案信息化已采集加工 912 万余页。

(一)数字档案馆硬件设施

根据有关档案法规的规定,郑州数字档案馆按照馆内局域网、政务内网和外网进行三网建设,其中局域网实现严格物理隔离。该三网之间物理上不连接,三网的数据必须通过人工拷贝的方法实现同步。

(1)馆内局域网指郑州市档案馆内部办公局域网。实现郑州市档案馆档案收集、整理、查询利用等业务的网络化管理。

(2)政务内网服务于各行政单位间公文交换,网络为专有方式(市档案馆、下属十二个区县档案局、部分业务指导单位与该网络连接),不与 Internet 连接。各立档单位形成的电子文件通过政务内网实行远程监控,实时接收,实现各类电子文件及时在线归档,使档案收集在时限上提前成为可能。

(3)外网主要功能在于为公众通过 Internet 网络查询利用档案馆信息资源提供服务。非行政系统的业务指导单位可通过 VPN 专用通道与档案局连接。

三网是以局域网为核心。其架构见下图。

(二)软件建设及项目效果

郑州市数字档案馆建设项目是以高效率的数字档案业务管理、高可靠的信息资源服务为宗旨,以建立郑州市区域管辖内的综合数字档案资源中心及档案数字化综合管理平台为重点,以满足郑州市管辖区域内的档案利用者和档案管理者需求为目标,实现郑州市区域内(13 个综合档案馆、市直机关)所有联入政务内网单位的在线归档、在线查阅,建立起郑州市数字档案资源中心、实现档案信息资源的共享和档案管理现代化,其建设目标如下。

(1)整合市档案馆、十二个区县档案局馆、市直机关等 2800 多个全宗的档案信息资

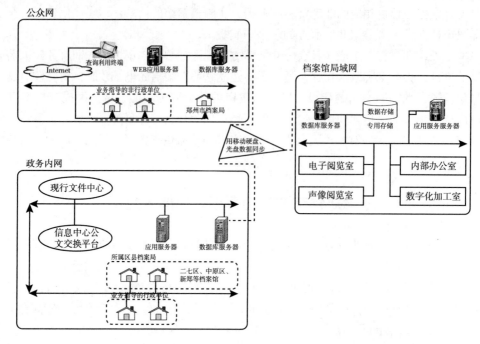

三网构架图

源，包括目录、档案原文、音视频、珍贵历史、专业、专门档案数据，具有在线报送、接收、审批、业务指导、维护、查询利用、综合统计等功能，实现郑州市区域内数字档案信息资源的有机整合。

（2）依托市档案信息门户网站系统，整合郑州市区域内档案网站，形成郑州市区域内档案信息门户网站集群。

（3）依托郑州市档案局电子文件中心管理系统，整合市委、市政 OA 系统中的电子文件，为各级领导和管理人员提供决策支持和信息服务。

（4）与郑州市区域内现有的档案信息系统平台实现接口或集成。

（5）郑州市数字档案馆综合系统平台在技术上预留与正在建设中的数字郑州、郑州信息资源管理中心接口，并预留与全省各地市级档案馆数字档案信息化平台的接口。

基于以上建设目标，郑州市数字档案馆项目开发建设了 7 个相对独立的系统，其中包括 29 个子系统。这 7 个系统包括：综合档案馆藏管理、数字档案室管理、电子文件管理、数字化加工管理、数字档案信息资源整合与共享平台、档案信息门户网、办公自动化系统。

郑州市市档案馆现存文献资料及今后进馆文献、档案、资料信息的收集、整理、开发系统，是郑州市市电子政务系统工程的重要组成部分。市档案信息资源数据库是市电子政务办公信息资源数据库的重要组成部分。郑州市数字档案馆系统的建成和投入使用，已成为科学保管与有效利用档案信息资源的重要途径。郑州市数字档案馆是郑州市电子政务的重要组成部分，该项目建成以来，获得了社会各界的广泛赞誉。大幅提高政府办事效率、公检法案件侦破效率、人民群众查阅利用档案效率的例子不胜枚举。目前，郑州市档案查阅利用大厅就设在档案馆一楼北大厅，凭借单位证明、个人身份证就可在 3 分钟以内查阅到单位沿革历史信息、个人工作经历、婚姻状况等等目标档案（涉密、敏感级别档案需党委或政府的主管秘书长签批）；网民还可在因特网上访问郑州档案信息网的网上展厅（3D效果），了解古城郑州自殷商以来至2011年底的历史重大事件和发展变革。

（郑州市档案馆 郑州市档案学会 石华 王瑞君）

郑州住房公积金业务中心批量处理
与末端分散办理交互平台

住房公积金业务中心批量处理与末端分散办理交互平台，是郑州住房公积金管理中心信息管理系统的重要组成部分，该平台是利用计算机网络技术、通信技术、数据库技术、安全加密技术、身份认证技术等科技手段，对住房公积金的归集、支取、贷款等业务进行集中批量处理和远程分散办理，经过不断的升级完善，2013年上半年全面完成了所有受委托银行的联网扩面工作。

住房公积金业务中心批量处理是指对特定的住房公积金管理业务，由住房公积金管理中心按照一定的周期和时间，对业务内容进行数据采集、提取、加工、存储和表单生成的过程。中心批量处理业务方式的开展，可以节省人力资源，提高资金使用率，减少贷款违约率。

住房公积金业务末端分散办理是相对于住房公积金业务传统方式下的集中业务办理而言的。集中办理是一种"面对面"的业务办理方式，需要办理住房公积金业务的单位或个人，持规定的单据、证件和材料，到指定地点由专人办理所申办的具体业务。而末端分散办理方式则是由业务申办人通过网络系统、终端设备和专用的业务办理交互平台，直接向住房公积金管理中心发出业务申办请求，被申请方则会对业务申请做出即时响应或分时响应。

末端分散办理业务的方式适用于住房公积金的基数调整、缴存、购房支取、职工开户、职工转移、封存、启封、对账、查询等业务的办理。

一 中心批量处理与末端分散办理业务开展的意义

中心批量处理和末端分散办理业务方式的意义体现在以下几个方面。

一是快捷高效。中心批量处理和末端分散办理住房公积金业务方式的实施和运行，可以减少住房公积金缴存单位和个人的办事环节，缩短办事时限，提高工作效率，减缓前台工作人员压力，充分体现住房公积金管理中心以人为本的服务理念。

二是准确安全。中心批量处理和末端分散办理住房公积金业务方式的运行，使住房公积金缴存、支取、贷款等业务办理的程序和应提交的资料更加规范，减弱了人为干预的潜在风险，增强了在途事务的安全系数。

三是节约成本。中心批量处理和末端分散办理住房公积金业务方式的运行，在工作场地设置、人员配备等方面可以节约大量的人力物力，降低办公成本。

· 457 ·

二　中心批量处理和末端分散办理的面向对象

住房公积金业务中心批量处理和末端分散办理方式，对住房公积金归集、支取等主要业务具有明显的高效、快捷优势。

（一）住房公积金归集业务末端分散办理

传统方式下的住房公积金归集业务处理，是"面对面"集中完成对住房公积金的开户、缴存、转移、封存、启封等业务的处理。把业务处理工作扩展为末端分散办理，既调动了缴存单位业务专管员的参与积极性，也减轻了住房公积金管理中心业务管理人员的劳动强度，提高了工作质量。

住房公积金归集业务末端分散办理，是在互联网技术的基础上，通过数据加密技术，以虚拟方式建立住房公积金业务专网，并通过身份认证技术，由各单位指定专人随时处理本单位职工的住房公积金日常业务。该业务的难点在于对业务规范性掌控和业务数据信息安全管理。交互平台利用防火墙技术、物理隔离技术、数据转发技术、入侵防御技术等技术手段，加固业务管理信息系统的安全性，增强数据加密、数据跟踪、数据备份、数据监测等功能，全面确保住房公积金管理信息系统安全可靠地运行。

（二）住房公积金购房支取业务末端分散办理

随着住房公积金业务的飞速发展，职工用于购房的住房公积金支取量越来越大，约占总支取工作量的45%，而住房公积金管理中心的办公场所和工作人员的增加却受各方面的限制，不能同步满足支取业务量日益增长的需要。

住房公积金支取业务末端分散办理，是面向购买自住住房的职工群体，通过互联网自行申办的方式提取本人或配偶的住房公积金。该项业务是针对职工购房所确立的支取业务处理方式，是对职工提取使用住房公积金的规范操作和科学管理。该项业务还结合了目前较为流行的"联名卡"业务，以便确保支取人的身份合法性和银行账户合法性。

（三）住房公积金支取还贷中心批量处理

郑州市住房公积金支取还贷的工作量，在所有住房公积金支取工作量中所占的比重约为35%，随着贷款业务的不断扩大，支取还贷的工作量还将会大幅度上升。传统方式下的还贷支取也是"面对面"的业务处理方式，需要支取还贷的职工凭贷款手续到柜台办理住房公积金支取业务。

还贷支取住房公积金业务，通过交互平台由工作人员批量处理完成。职工只需以书面的形式，委托住房公积金管理中心按照一定的周期、时间和额度，把约定支取的住房公积金从住房公积金缴存账户划拨到住房公积金贷款账户即可。

（四）住房公积金贷款末端分散办理

住房公积金贷款末端分散办理，是指住房公积金贷款申请人通过互联网进行贷款业务申请，网上申办系统则根据申请人提供的身份证号、配偶身份证号、住房公积金账号和密码，完成对申请人的住房公积金缴存情况、所购房情况、贷款历史记录等信息自动审验，并告知申请人是否通过了贷款资格审核。

三　中心批量处理与末端分散办理业务开展的条件

中心批量处理与末端分散办理业务方式的开展，必须具备以下条件。

一是具有完善的信息系统。中心批量处理与末端分散办理业务方式必须有性能先进、功能强大的住房公积金管理信息系统作为基础。因为末端分散办理方式只是改变了传统方式下"面对面"的业务办理方式，对于业务信息的采集、加工、存储、使用等工序，仍由业务管理信息系统集中处理完成。

二是具有专业技术人才队伍。中心批量处理与末端分散办理业务方式是对住房公积金管理中心的技术人员提出的新的挑战。开展该项业务必须有一支技术过硬的专业人才队伍做后盾，以便及时监测信息安全状况和业务开展情况。

三是具有先进的信息安全手段。中心批量处理与末端分散办理业务方式的难点在于信息安全的防护。因为该项业务是开放式的业务办理方式，住房公积金管理中心的业务管理信息系统需要面向互联网开放，这种方式难免会招致电脑黑客或不法分子的攻击。所以，该项业务的开展，需要运用信息隔离技术、数据库审计技术、入侵检测技术等前沿技术作为安全保障。

四　中心批量处理与末端分散办理的建设架构

中心批量处理与末端分散办理在平台建设和技术架构方面，既要全面满足住房公积金业务办理和发展的需要，又要在信息安全、规范管理、提高效能等方面统筹兼顾，科学规划。

（一）系统安全性建设

系统安全性最基本的原则是"制度防内、技术防外"。所谓"制度防内"，是要建立严密的计算机管理规章制度和系统运行规程，形成内部各层人员、各职能部门、各应用系统的相互制约关系，杜绝内部作案的可能性，并建立良好的故障处理反应机制，保障信息系统的安全正常运行。所谓"技术防外"主要是指从技术手段层面加强安全措施，防止外部人员的非法入侵。在不影响住房公积金正常业务与应用的基础上建立系统的安全防护体系，从而满足网络信息系统的环境要求。

（二）系统功能需求

中心批量处理与末端分散办理应用平台，应具备归集业务预处理、支取申请、贷款申请、委托扣款以及各种业务查询等功能。

（1）归集业务预处理功能应具备基数调整、人员新增、人员封存、人员启封、缴存（补缴）申请、公积金账号维护、转移申请、年度对账、票据打印、明细账查询等功能，这些功能使用者为缴存单位的经办人员。

（2）支取申请功能可以满足每个住房公积金缴存用户在互联网上提前申请住房公积金支取的需求。通过与房管部门联网进行信息核对，快速审批用户的支取申请，用户可以第一时间获知审批结果。

（3）贷款申请功能可以满足每个住房公积金缴存用户在互联网上提前申请住房公积金贷款的需求。利用与房管、银行等部门联网进行信息核对，快速审批用户的贷款申请，用户可以及时获知审批结果。

（4）委托扣款功能可以满足住房公积金贷款用户在互联网上签约进行住房公积金自动扣款用以偿还住房公积金贷款的需求。用户可以随时签约、撤销、查询住房公积金缴存情况以及偿还住房公积金贷款的情况。

（三）平台建设的技术关键

中心批量处理与末端分散办理平台的信息安全解决方案，关键在于基于数字证书构建，由证书发放和证书应用两部分所构成的，其特点如下。

1. 有效的身份认证机制

身份认证分为两个部分，一是网络连接许可认证，即采用建立安全连接隧道——VPN连接方式，并颁发给用户操作员登录 Ukey，此 Ukey 由缴存人员随身携带，只有缴存人员通过口令＋Ukey 的方式才能连接到住房公积金公众服务平台，由此初步确定用户身份的唯一性；二是双因子身份认证，考虑到用户可能会把 Ukey 遗忘或丢失，别有用心的人捡后可能非法登录，在住房公积金系统内部应建立一套 CA 认证系统，对住房公积金公众服务平台登录做随机动态口令二次认证，再次确定用户身份的唯一性。

2. 网络安全防护系统

（1）在网络出口处架设一台高性能防火墙，并在防火墙上做 NAT 地址映射和严格的安全策略，保障网络的安全性，确保网络不会因黑客攻击造成数据的损害或丢失。

（2）在网络出口处架设一台入侵防御系统。由于防火墙工作在 TCP/IP 三层以下，所以防火墙的防护规则只能针对协议端口进行判断是否为数据流或是否存在攻击行为，并且，防火墙的工作状态是必须开放常用端口。在网络出口架设一台入侵防御系统 IPS，可以做到 TCP/IP 的第七层应用层的数据分析。IPS 的主要功能包括防网络蠕虫、防木马、防缓冲区溢出攻击、防碎片包攻击、防系统与应用程序漏洞攻击、防端口扫描、防文件泄露等，可大大增强信息系统的安全性。

（3）采用特制的物理隔离网闸系统对核心数据库服务器、内网和外网之间做安全界分，做好基于物理隔离的信息交换。网闸是使用带有多种控制功能的固态开关读写介质连接两个独立主机系统的信息安全设备，物理隔离网闸从物理上隔离、阻断了具有潜在攻击可能的一切连接，使"黑客"无法入侵、无法破坏，不仅使得信息网络的抗攻击能力大大增强，而且有效地防范了信息外泄事件的发生。

（四）平台风险分析

中心批量处理与末端分散办理平台的建设是基于互联网的信息系统，在建设中一定要加强风险防范。

1. 身份真实性验证

如果简单地使用"账户＋口令"模式登录网上业务系统，那么这种简单的认证方式，可使"网银大盗"的黑客程序能够轻易得到用户的敏感信息，从而致使非法用户冒充合法

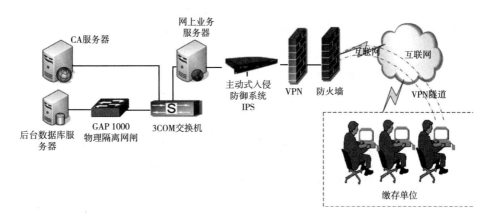

建设方案拓扑图

用户进行网上非法操作或破坏，将会造成住房公积金合法用户受到经济损失。身份真实性攻击将使参与网上业务的各类实体（个人用户、缴存单位等）的身份真实性受到极大挑战，各类信息盗取、身份冒充的事件层出不穷，"网银大盗""网络钓鱼式攻击"等事件给网上交易蒙上了阴影。

2. 数据机密性

用户的资金、账号、密码、交易行为等属于用户私密的信息，在互联网存在一定的安全风险，防止这些信息被非法窃取或破坏至关重要。

3. 信息完整性

住房公积金系统发给网上用户的信息以及用户发给网上业务服务器的信息是在互联网上传输的，在此过程中，由于存在被黑客非法篡改的因素，信息有被改变的风险。

4. 交易行为不可抵赖性

使用网上业务时，用户的交易行为具有不可抵赖的需求，这种需求对互联网信息安全提出了严格的技术要求。

5. 操作可追溯性

网上业务操作员的每一步操作必须具备可审计性。例如：删减、追加、修改等操作，误操作以及由系统漏洞带来黑客非法篡改行为等等，都要能够清晰审核到，以便了解实时信息并能够及时采取挽回措施。

五 结束语

中心批量处理与末端分散办理业务方式的提出，是根据当前郑州住房公积金管理信息系统的网络分布状态提出的。在网络技术和信息安全技术的框架下，如果住房公积金管理业务的开展仍然以"看得见摸得着"为安全底线，则与科学发展观的战略思想相悖甚远！

郑州市住房公积金业务中心批量处理与末端分散办理方式的实施与运行，是住房公积金业务快速发展的迫切需要，是住房公积金管理中心高效服务的需要，是把科学技术转化为生产力理论的具体运用，是执政为民意识的跨越，是全面落实科学发展观的真实体现。计算机信息技术的发展与应用，是住房公积金事业发展的最佳助燃剂，通过中心批量处理与末端分散办理技术的运用，必将会对住房公积金业务的发展起到积极的推动作用，为住房公积金管理中心树立良好的社会形象打下坚实的基础。

（郑州住房公积金管理中心信息管理处　杨凌宇　袁利敏　张璐）

基于"一体化集成框架"的郑州市城乡规划信息系统

一　项目建设背景及需求分析

（一）项目建设背景

城乡规划是城乡建设的"龙头"，是城乡管理的先行者。随着信息技术的日趋成熟，规划信息化建设在规划管理中发挥着越来越重要的作用。新颁布的《城乡规划法》也提出"国家鼓励采用先进的科学技术，增强城乡规划的科学性，提高城乡规划实施及监督管理的效能。"

随着新一轮郑州市总体规划的实施，以及中原经济区和郑州都市区建设的深入开展，规划作为城乡发展和加快推进新型城镇化进程的关键性导控因素，显现出了巨大的压力。在社会经济快速发展过程中，城乡规划编制和规划实施、管理过程中所涉及和依赖的规划数据量也呈海量增剧。采用传统的规划编制和规划管理手段已经不能满足适应新形势下发展和变化的需求，必须改进现有的管理手段，借助先进的地理信息系统、管理信息系统等科学技术，建立包含空间数据管理、规划政务管理、决策支持等应用系统在内的城乡规划信息平台。实现郑州市城乡管理现代化、城乡规划策略科技化和城乡可持续发展，进一步提高城乡规划、建设与管理的决策科学化、管理现代化和服务社会化水平，扭转传统城市规划、建设与管理方式落后的局面。

（二）业务需求分析

规划信息化工作从 20 世纪 80 年代起步，主要经历了以下几个阶段：第一阶段是以地理信息系统技术（GIS）为核心的规划管理信息资源的建设阶段；第二阶段是以地理信息系统技术（GIS）、办公自动化技术（OA）为支撑的规划管理信息系统建设阶段；第三阶段是以"全数字化规划"为建设目标的规划一体化信息系统建设阶段。

实践证明，规划信息化建设为促进城乡管理科学化、民主化和法制化起到了不可替代的作用。可归纳为"六个需要"：一是科学编制城乡规划的需要，二是城乡规划科学管理的需要，三是城乡规划共同参与的需要，四是城乡规划政务公开的需要，五是城乡规划电子政务的需要，六是依法实施监督的需要。

因此，经郑州市发改委立项、市政府批准，郑州市城乡规划局于 2012 至 2013 年开展了"郑州市城乡规划信息系统"项目建设。工程预算资金 890 万元，纳入城建预算，全额市级财政拨付。

二 项目解决方案和业务创新

"郑州市城乡规划信息系统"需要整合包括全市基础地理空间数据、规划编制成果数据和规划审批、批后管理数据等各项信息资源，建立以规划信息资源管理、电子政务、信息服务为主要目标，互通、高效、集成、一体化的城乡规划信息化应用系统。同时建立基于一体化共享平台之上的空间信息的综合分析应用和辅助决策支持系统，实现基于网络服务的全开放式架构，向市政府和其他委办局提供完善、便捷的规划信息服务，向广大市民和城市建设投资者提供访问便捷、种类齐全、动态关联的规划信息服务。

三 解决方案

郑州市城乡规划信息系统，采用企业总体架构和面向服务架构的思想方法，系统总体框架设计如图1所示，总体框架采用层次化设计思路，将建设内容从逻辑上分为基础设施层、数据服务层、核心组件层、应用表现层和统一门户层进行组织。而且在通用性和稳定性的基础上，通过功能划分，实现以上层服务为导向，逐级设计、逐级细化平台组件的颗粒度。

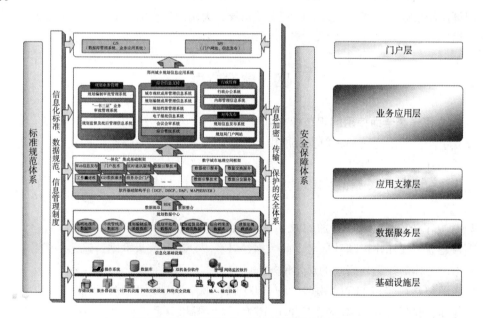

郑州市城乡规划信息系统总体架构设计图

1. 基础设施层

基础设施层为郑州市城乡规划信息系统软件工程的建设提供硬件支持，而且该层是数据库管理与系统运行的基础，所有的功能模块以及数据库管理工作的实现都依赖于该层。由于本数据库管理与服务系统所管理的数据量大，功能复杂，因此，网络采用千兆网络，数据存储采用 SAN 存储。

2. 数据服务层

数据服务层是城乡规划管理和业务运行的基础，本次建设的数据包括郑州市基础地理空间数据、规划编制成果数据、规划项目审批数据、规划监察与批后管理数据，以及历史数据和元数据。这些数据中既有空间数据和非空间数据，空间数据由数据库管理系统和空间数据库引擎进行管理和驱动。非空间数据以文件夹的形式进行管理。同时，数据服务层还包括对数据的访问组件和数据间的逻辑维护组件。

3. 应用支撑层

应用支撑层基于应用平台层提供的开发框架和基础功能组件开发，以及面向上层应用的功能组件库层，该层是数据库管理与服务系统赖以构建和运行的技术核心，本系统中所有的应用功能都基于此层所提供的应用功能服务组件来实现。本层提供的各功能模块，合而可集成到数据库管理与服务系统中，分而可成为独立的轻量级工具，下发给县市相关部门使用。

4. 业务应用层

业务应用层是直接与用户交互的系统功能层，根据用户需求的不同构建和开发不同的交互界面。应用表现层的各应用将主要根据需求内容实现用户界面设计和完成界面元素驱动下层功能组件的逻辑。本层主要是实现规划全业务、办公全过程以及数据库管理与服务系统。

5. 统一门户层

统一登录门户通过门户（Portal）技术实现的统一信息门户，用户通过"一站式"登录，即可使用根据其权限所配置的所有应用系统，为用户提供人性化的应用界面和用户界面整体布局。

四　建设成果

1. 建立了一套全面使用的规范标准体系

建立了一套系统建设及其数据标准规范，应用服务框架、数据交换和发布平台等标准体系；包括《郑州市控制性详细规划电子数据标准》《郑州市用地红线数据标准》《郑州市规划控制线数据标准》《郑州市总体规划数据建库标准》《郑州市基础地理空间数据建库标准》等。

2. 建立了先进、完善、开放的城乡规划综合数据库体系

项目建立了集郑州市基础地理空间数据、城乡规划编制成果数据、遥感影像数据、规划审批数据于一体的先进、高效的郑州市规划综合数据库管理系统。

完成了包括郑州市 1100 平方公里 1∶500、1∶1000 基础地形图、1100 平方公里 1∶1000 航测影像图；郑州市域 7446 平方公里 1∶10000 地形图和卫星影像图在内的基础地理空间数据库建设；

完成了 350 平方公里范围的郑州市总体规划、控制性详细规划、控制六线、历史用地红线数据等规划编制及审批成果的规整、建库工作；完成了历史建设工程档案入库 2 万余件。

3. 建立了城乡规划信息化"一体化"总体框架和"一站式"登录的统一信息门户平台

在广泛采用 IT 主流技术，遵循 IT/GIS 开放性标准的前提下，基于企业总体架构思想，采纳面向服务架构理念（SOA）和应用集成技术，开发了"一体化应用开发与集成框架"。在集成框架的支持下，面向项目需求，开发和部署各管理系统，实现系统间的有机集成。

4. 建成了一套先进、可靠、图文一体的规划管理信息系统

本项目在一体化集成框架基础上，以城乡规划"一书三证"核发、规划批后管理、监督监察为主线，以规划管理全部业务所包含的空间信息和非空间信息为资源，开发了基础地理及规划成果综合数据库管理系统、规划编制与审批系统、"一书三证"业务审批系统、规划监督及批后管理系统、规划档案管理系统、电子报批信息系统、行政办公自动化系统、规划信息发布、会议会审信息系统等。基本实现了规划业务的全覆盖。

五　工程建设特点及业务创新

"郑州市城乡规划信息系统"整合了郑州市城乡建设各项信息资源，通过规划综合数据库等系统的建设为规划编制提供了定量分析手段，为规划实施管理提供直观的技术依据，为规划监督反馈提供高效的监测手段和评价方法。实现了从城市规划的编制、审批、决策到公众参与和实施监督的全过程的一体化管理。具有以下几个特点。

（1）项目严格遵循信息化工程和数据建设的行业标准和技术规范。结合建设内容完成了一套开放的标准体系以规范数据体系建设，建立了相应的保障体系以规范软件开发和系统运行工作，有效保证了各项建设成果的质量和良好应用。

（2）通过GIS和规划成果综合数据库的建设，实现城乡规划"一张图"管理，为郑州市城乡规划精细化管理提供了重要的技术支撑。

（3）通过GIS分析、自动冲突检测等手段，为规划过程中的信息采集、指标分析、成果表现等工作提供了新的方法，实现了规划编制、管理和规划决策的"科学性""过程性"和"动态性"。

（4）业务系统建立了"按需定制"的城乡规划业务元素快速构建和维护机制，通过"项目一棵树"，实现了规划业务全生命周期的管理。系统基于分布式集成框架技术，实现了海量、多源、异构数据的整合管理和CAD与GIS数据流双向同步伺服，具有创新性。

（5）促进行政审批流程规范化，行政监督实施更加完善，审批时限大大缩短。系统自动对在办项目办理流程、时限进行监督预警，大大提高了管理人员的依法行政意识，加强了部门的行政监督实施。

（6）通过规划信息共享平台和基于GIS的规划网站建设，为社会公众提供了丰富的规划信息，增强了公众参与力度，实现了阳光规划。

（7）项目建立了数据库更新维护，系统运行使用、维护管理等机制，保障了系统的稳定、良好运转，项目成果得到了良好的应用；

六　实施效果与工程效益

"郑州市城乡规划信息系统"的建设和投入使用，实现了郑州市规划局从规划编制、规划实施到批后管理以及规划决策分析的科学化、精细化和高效化。更是适应中原经济区和郑州都市区规划建设的需求。

工程的建设体现了"设计过程标准化""应用标准化"和"成果数据即入库数据""决策支持"等先进理念。实现了规划业务管理，海量数据生产、管理和应用的一体化建设。

系统具有实用、先进、安全、开放、可定制、可扩展等特点。

（1）实现了郑州市城乡规划"一张图"管理，为郑州市城乡规划精细化管理提供了重要的技术支撑。

（2）规划管理人员通过系统的 GIS 分析、控制指标自动校核，图形自动冲突检测等功能为我市规划过程中的信息采集、指标分析、成果表现等工作提供了新的方法和手段；规划审批过程中的人为失误减少到零。基本实现了我市规划编制、管理和规划决策的"科学性""过程性"和"动态性"。

（3）促进了郑州市规划局行政审批规范化。系统的建设对规划管理审批流程进行了全面规范化梳理，将规划审批的全过程纳入规范化、流程化管理，审批时限大大缩短。系统自动对在办项目办理流程、时限进行监督预警，大大提高了管理人员的依法行政意识，加强了部门内部的行政监督实施。

（4）建设工程违法监察力度大大加强。违法监察人员通过系统的卫星影像数据、地理空间数据、规划审批数据的自动对比，完成对规划中控制指标执行情况的监测，如是否侵占控制六线，是否在禁建区建设，是否侵占公共设施规划用地等，实现了规划项目从报建到规划竣工核实全过程的高效监督。

（5）通过基于 GIS 分析的规划公众服务平台的建设，为公众提供了便利的规划参与平台，实现政府与公众的沟通和互动，增强了公众的参与力度，实现了阳光规划。系统向社会提供多层次、全方位、内容丰富的信息服务，真正实现了规划依靠公众，规划服务公众。

（6）在省市重点、重大工程项目规划中发挥了重要的社会和经济效益。特别是在"郑州市航空港经济综合试验区规划""郑州三环快速化工程""陇海路高架工程"以及"郑州市合村并城""新农村建设"规划建设项目拆迁计算、成本分析中均发挥出了重大社会和经济效益。大大提高了计算的准确性，缩短了规划周期。

七　系统运行情况

"郑州市城乡规划信息系统"通过了河南省软件评测中心的鉴定测试，经专家评审验收，系统正式上线运行。系统运行稳定，各项功能符合郑州市城乡规划工作需求。目前该系统服务范围覆盖郑州市规划局机关、9 个规划分局和违法监察支队、规划编制研究中心、交通规划研究中心；系统用户 300 多人。系统采用负载均衡、双机互备等技术提供了全年 7×24 小时不间断服务能力。系统存储及备份系统每天自动增量备份，每周数据整体备份策略保证了数据的安全性。

"郑州市城乡规划信息系统"已基本实现了从规划编制到批后管理全过程的信息化；实现了规划审批档案、规划编制成果、基础地理空间等数据的规范、集中存储与统一管理。系统使用运行以来，通过体统共办理各类项目 4100 多件。项目自运行以来稳定、高效、安全。

结束语

"郑州市城乡规划信息系统"通过基于一体化集成框架设计的数字规划管理、决策体系的建设,推动了郑州市城乡规划管理工作的创新,整合业务流程,提升管理能力,降低管理成本;实现了从单纯适应业务需求到推动规划编制、实施和决策良性发展;为郑州市规划管理、城乡统筹和城市减灾等相关重大决策提供重要的支撑。系统已成为"数字郑州"和"智慧郑州"建设的重要基础设施之一。

(郑州市城乡规划局 樊霄鹏)

上海市移动政务统一通讯平台

为主动将政府信息和政务服务推送至公众身边，提升政府部门办事服务质量，市政府门户网站管理中心联合市政府公众信息网管理中心开发建设了集短信、传真、语音、邮件等现代化通信手段为一体的移动政务统一通讯平台。利用平台，政府部门可以通过短信、语音等形式将政府网站上的政务信息和政务服务及时推送到公众移动终端，提高政民互动能力，增强公众服务体验，同时提高政府部门办事的管理水平和效率；通过集约化建设，节约政府服务成本。

上海市移动政务统一通讯平台在移动政务服务领域具有鲜明的特色。一是起步早。平台早在 2004 年就开始建设并运行，持续服务近十年，并不断优化、创新技术功能，起到了探索和示范效应。二是使用广。目前有近 20 万用户可通过平台享受到政府提供的移动政务服务，涉及 30 多个政府应用依托平台开展业务。三是效益佳。平台开通以来公众服务体验大大提升，政府服务质量显著提高，办事效率明显增强，政府服务成本有效降低，人性化服务充分展现，节能环保意识得以体现，是建设移动政府的有效探索。

一　平台基本情况

移动政务统一通讯平台部署在应用系统和公用通信网络之间，为应用系统和公用通信网络之间的通讯提供统一的接口服务。各种应用系统可通过统一接口调用短信、传真、语音、邮件等服务。

平台总体结构示意图如下。

平台由对外接口、传真网关、短信网关以及安全监控四大模块构成。

（一）对外接口

对外接口是移动政务统一通讯平台对外提供服务的模块，应用系统都是通过对外接口提供的服务来使用平台。对外接口模块所有外部接口都通过标准 Web Service 提供给服务调用方，政务外网的用户或应用系统都通过标准 Web Service 接口使用平台的服务，使得平台的功能能够得到更广泛运用。

对外接口模块目前提供了发送、接收以及短信快速通道三类接口，可以为应用系统提供向公用通信网络发送短信、传真、语音、邮件等信息的服务接口；为应用系统提供从公用通信网络接收短信、传真、语音、邮件等信息的服务接口；为应用系统提供快速发送和接收短信而服务的接口。

（二）短信网关

短信网关提供短信收发的基础设施服务，在短信网关内部集成了由上海移动、电信、联

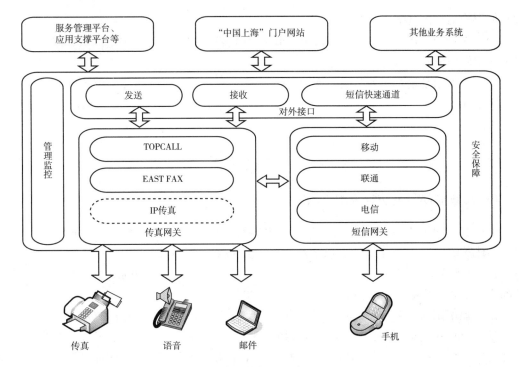

平台总体构架示意图

通等通信运营商提供的短信网关，不仅实现了大批量、及时有效的信息传递功能，并且通过集约化的服务降低短信服务的资费。

（三）传真网关

在传真网关内部采用 TOPCALL、East Fax、IP 传真三种传真收发模式并行的方式，大大提高了通信的效率。通过多种模式并行的冗余，增强了系统的容灾能力；其中 IP 传真模式易于扩展，使得系统具备较强扩展能力。

（四）安全监控

移动政务统一通讯平台包括了安全保障和管理监控功能，为整个应用系统提供整体运行监控和完整的保障，是应用系统安全、平稳运转的强大后盾。

二　平台功能

移动政务统一通讯平台提供以下功能。

（1）政府服务短信统一发送。平台为公众发送免费短信，提供最新政务信息、政府服务、在线访谈等各类政府信息。

（2）结合流程提供办事提醒。平台结合上海市网上行政审批平台建设，为网上行政审批办事提供全流程、全节点的提醒功能

（3）提供政府部门共享使用。通过标准化对外接口，平台可提供上海所有的政府部门

共享使用，集约化建设。

（4）拓展原有传真功能。平台采用了 IP 传真技术，弥补了传统传真局限，同时将传真与电子邮件相结合，实现了移动终端收发传真功能。

（5）提供自动语音服务功能。平台提供了 TTS 自动语音转换功能，为特殊群体提供文字语音服务。

三　平台亮点

（一）政府部门主动服务意识增强

平台于 2004 年开始建设并运行，在全国率先开展政府短信推送，累计注册用户近 20 万，累计发送短信 1026 余万条，在完善政府信息和政务服务的公开渠道、传播政府部门权威声音、方便公众获取政府信息、提升政府服务影响力等方面成效明显，是政府部门开展移动政务、移动政府建设的有益探索。

（1）短信定制功能强大。目前门户网站主要向市民推送三类信息：一是综合新闻，包括当日发布的本市重要新闻、活动、重大事件等信息；二是信息公开，包括民生政策、政府文件、各类通知、公告等。三是访谈预告，提醒市民积极参与门户网站组织开展的各类在线访谈。短信发送既可使用即时发送方式，也可定时发送。市民可以根据自身需求随意订制接受部分或全部信息，也可方便地进行退订。

（2）市民服务体验提升。公众只需注册成为免费服务用户，就可通过移动终端第一时间获取政府部门推送的重大信息、重要服务等，实现了方便快捷的服务体验，减少市民获取政府服务和信息的时间、经济成本。

（3）服务对象种类多。上海作为一个国际化大都市，容纳了大量来沪旅游、工作、生活、学习的外籍人士。政府网站如何更好地服务这些外籍人士，是我们一直在研究和探索的课题。2011 年，门户网站利用移动政务统一通讯平台开发了地址免费发送服务。针对外籍人士在沪外出办事，由于语言限制往往无法准确表达办事部门名称、办事地址等情况，特别新增了政府部门和服务场所联系方式短信发送服务，将办事部门名称、地址中英文翻译，以短信方式直接发送到手机终端，方便外国人士外出办事时使用。

（4）政民互动实时性强。通过平台分配的特服号码发送短信，收信人可以进行回复。通过短信互动，政府部门可在第一时间征集民意，拓宽了百姓和政府的沟通渠道，进一步提升了政府的服务水平。

（二）政府部门开展工作能力提升

（1）短信订制体现个性化。政府部门可方便的根据需求确定短信、传真发送对象，实现定时发送、定人发送，保证信息发送的个性化和差异化，成为部门与部门、部门与公众联系的有效手段。

（2）办事提醒展现便捷性。门户网站网上审批平台与移动政务统一通讯平台深度融合，为公众办事提供帮助。公众通过门户网站网上审批平台办事，在办事过程中，可以收到办事申请是否受理、办理过程中是否需要补证、事项是否办结等办事流程的短信提醒，方便公众掌握办事进程。对政府部门工作人员，可以收到是否有新事项需要处理、事项处理是否超时等短信提醒，提升了政府部门和公众使用办事平台的便捷性。

（3）收发传真实现电子化。通过平台提供的 IP 传真功能，用户可直接登录平台进行收发传真，也可采用邮件代收发传真，即：用户在不具备直接登录平台条件的情况下，可将需要发送的传真件以按照一定格式邮件形式发送到系统提供的代理邮箱中，系统会自动获取邮件，并转化为传真件进行发送；平台在接收到传真后，可根据系统设置，把传真件转换为邮件的形式，转发到相应收件人的邮箱中。使政府部门不受时间、空间限制，方便地使用传真进行信息传递，避免了纸张的浪费和打印时造成的空气污染。

（4）集约化建设效益显著。平台的建设为上海市的各级政府部门提供了使用接口，避免了不同政府部门多头重复建设，从而有效降低政府内部信息化总体建设和运营成本。截至 2013 年 10 月初，已有 30 多个政府应用依托平台开展业务，累计收发短信近 3000 万条，收发传真共计近 3 万件，收发邮件 1 万多个，语音近百条。据统计，平台开通以来在短信费用方面就为政府节约投入近百万元。

四 发展展望

随着移动政务统一通讯平台应用领域不断扩大，用户对服务水平要求不断提升，平台承载能力和技术要求亟待与上述需求相适应，平台后续的发展展望，主要有如下几方面。

（一）进一步保障短信收发实时性

随着平台业务逐步拓展，对短信实时性要求较高的应用接入越来越多，可考虑通过拓宽现有短信收发通道、提高通道吞吐量的方式，也可以考虑将大数据量短信和对实时性要求较高的短信分开两套机制进行发送的方式保障实时性，使平台可同时发送大数据量短信和实时性较高的短信，进一步完善平台短信收发功能。

（二）研究开展移动传真应用

深入研究移动政务统一通讯平台发展的新领域，开发手机端的传真 APP 应用，平台用户可以通过该应用将手机内的资料文件或下载的照片等以传真的形式发送到某台传真终端设备，即将安装该应用的手机变成一个移动传真终端，此项功能的研究将进一步深化移动政务统一通讯平台在移动办公领域的应用。

（三）逐步扩大平台使用范围

随着网上行政审批平台重点协同应用和单部门行政审批事项规范上网的稳步推进，以及依托政务外网的各项业务应用的不断开展，需进一步扩大平台的使用范围，打造无纸化办公模式，加快政府部门之间信息传递，为公众及政府部门业务系统提供最优质的服务，更好地体现移动政务统一通讯平台功能优势。

上海市政府办公厅电子政务办公室

上海市政府门户网站管理中心

上海市公众信息网管理中心

以土地有形市场管理信息系统

为了营造公开、公平、公正的土地交易环境，提高市场机制对土地资源的配置效率，提升土地节约集约利用的水平，上海市规划和国土资源信息化管理部门将"更加注重治本、更加注重预防、更加注重制度建设"作为根本要求，将"制度加科技"作为重要支撑点，以进一步规范土地交易行为为核心，以构筑规范透明、方便高效的全市统一的土地交易平台为基础，以"交易过程透明化、信息掌握分散化、业务操作模块化、工作内容标准化"为实施原则，通过全业务、全方位、全流程的信息化管理，进一步明确了"统一计划管理，统一信息发布，统一交易规则，统一运作监管"的工作要求，通过设立固定场所、健全交易规则、强化相关服务，实现"用技术和制度把权力关进笼子里"。现以土地有形市场管理信息系统为例，阐述该信息化体系对于促进预防腐败、促进市场资源配置等方面的作用。

一　项目综述

（一）立项背景

建立土地有形市场是中国土地使用制度改革的重要目标。随着中国加入世贸组织，市场经济日趋完善，传统的土地协议有偿出让方式越来越不适应现实需求。为此，国土资源部鼓励各地推行招标、拍卖和挂牌交易等国有土地有偿出让方式，建立和规范土地有形市场。

根据《招标拍卖挂牌出让国有建设用地使用权规定》，上海市建立全市统一的土地有形市场机构，有助于上海形成一个公正、公平、公开、诚信的土地市场环境，进一步完善上海的投资环境。此外，土地有形市场的建立，可以充分发挥市场配置土地资源的作用，提高土地利用效率；通过引导各种类型土地交易的入市，可以提高土地交易机会，降低土地交易成本，明晰土地资产价值，同时也杜绝了土地的隐性和非法交易，提高土地交易的安全性和合法性；有利于推动土地交易的依法行政和廉政建设。

（二）建设目标

以"更加注重治本、更加注重预防、更加注重制度建设"为根本要求，以进一步规范土地交易行为为核心，以构筑规范透明、方便高效的全市统一的土地交易平台为基础，通过设立固定场所、健全交易规则、强化相关服务，努力营造公开、公平、公正的土地交易环境，实现"权力在阳光下运行，资源在市场中配置，资金在系统上监管"的目标。

（三）技术路线

系统采用 J2EE 架构设计开发应用系统。它通过提供组织计算环境所必需的各种服务，使得部署在 J2EE 平台上的多层应用可以实现高可用性、安全性、可扩展性和可靠性。

系统软件体系架构采用 B/A/S 三层结构的方式，即客户浏览器（Browser）/应用服务器（Application）/数据库服务器（Server），分别对应处理用户界面逻辑（描述逻辑）、应用处理逻辑（业务逻辑）和数据逻辑三个层次（见图 1）。

Server（数据库服务），是整个应用系统的数据中心，其主要功能就是向系统应用提供所需的数据，包括应用数据、用户数据、系统历史数据、系统配置数据等。

Application（应用服务），是整个系统应用的实现核心，它封装了整个应用的逻辑核心，又可分为 2 大部分：共性逻辑及个性逻辑。其中，对于共性逻辑的解决，可以利用成熟的中间件产品，例如 WEB SERVER 类中间件等。在本层面中，对于公共业务逻辑的抽取提炼，是 Application 层设计的核心所在。

Browser（客户浏览），负责与用户的直接交互，最终应用，客户端越简单易用越好。为了简化操作，降低维护成本，本系统以 Web 浏览器作为应用客户端，通过发送应用请求经由应用逻辑中应用门户平台，进入相应的应用群集，实现业务功能。在该层面，接受多种接入方式并利于扩展，与用户的界面逻辑人性化并易于管理等，是 Browser 层协同 Application 层共同要关注的核心问题。

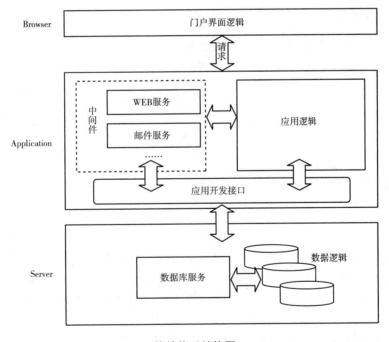

软件体系结构图

土地有形市场管理信息系统利用规土局原有的系统基础设施，在本系统与其他原有业务应用系统之间在信息资源层实现数据的共享、联动，同时遵循信息中心提供的统一用户认证管理（CA）、统一工作流引擎和统一 GIS 应用服务。

（四）实施过程

（1）2007 年 9 月需求调研；

（2）2007 年 10 月系统设计、数据库设计；

（3）2007年11月开发；

（4）2008年1月实转试运行；

（5）2008年3月正式上线。

（五）重点难点

（1）入市流程透明化。通过土地交易系统的建设，将全市统一的土地交易流程及操作标准固化入系统。

（2）信息掌握分散化。对受理竞买申请、竞买资格审查、抽选评标专家、实时交易等重要环节，采用分化动作、各管一段、相互制约的方式，并将核心动作邀请公证处等独立机构操作，监委予以监督。

（3）业务操作模块化。将操作过程分步骤组合成不同的工作模块。引入包括评估等中介机构、银行在内的交易第三方，提供相关配套服务。

（4）业务数据共享化。通过对土地审批系统和土地交易系统的整合，实现招拍挂用地审批→土地交易→土地有偿使用合同签订审批的业务数据的关联和共享。

（六）运行状况

自2008年3月1日至今，完成土地交易项目3115个，面积11177.93公顷，金额6301.79亿元，未发生一起违法违规案件，基本实现了"权力在阳光下运行，资金在系统上监管"。

二　成效分析

（一）权力在阳光下运行

土地市场成立前，土地交易由各区县出让人自行实施，操作相对封闭，权力相对集中。由于土地出让的决策权、执行权基本集中于出让人一方，监督权也主要体现在审批程序方面，使得出让人对交易地块信息的发布和推广、竞买人资格条件的设定和审核、交易具体操作的组织和实施以及竞得人出让合同条件的约定和履行都有较大的自主权和操作空间，也更易受到人为的干扰。因此，我们从土地资源市场化配置的要求出发，针对涉及市场交易体系中的交易主体、交易客体和实施主体这三大因素的各项操作权力作了刚性的制度设计，结合信息化交易手段的使用，形成了较为严密的阳光交易和操作体系。

1. 强化交易信息公开，提升监管效率

交易信息的充分公开是实现阳光操作和市场平等竞争的基础。在设计具体操作流程时，明确要求土地入市交易全过程必须做到交易信息充分、及时地对称发布，确保各方对土地交易中的每个环节和动态都能清晰掌握和了解，最大限度实现各交易主体在信息对称基础上的公平竞争。例如，除了出让文件和报纸公告公布地块信息外，还将竞买人参与竞买时应当了解的交易进度安排、参与方式、注意事项，以及竞买人有必要关心的领取申请表人数、勘察答疑纪要、竞买申请人数、实时挂牌报价和交易结果信息等内容，全部通过告知单、显示屏和互联网等渠道向社会公开。这些做法，不仅是对以往土地交易信息发布方式和内容的重大

改进，而且确保各方对土地交易中的每个环节和动态都能清晰掌握和了解，最大限度地实现了各交易主体在信息对称基础上的公平竞争。

2. 压缩幕后交易空间，制度保障公平

以往的土地交易方式容易使竞买人和出让人或者竞买人之间，在交易过程中发生不正当接触，产生阻挠、串通、操控等影响公平交易的潜在行为。我们力求从制度设计上就坚决对竞买人的相关信息予以规避，有效压缩出让人与竞买人进行幕后交易的空间。例如："1＋19"的受理模式，确保了竞买人信息的相对分散掌握；竞买人从申请竞买时起就以受理编号替代，本人信息则被系统加密；在复核竞买申请资料时，以糊名操作的方式进行；在确认竞买资格时则采用机器判读的做法。同时，通过设计竞买人自行查询竞买资格、实施挂牌报价等自助式操作环节，有效地降低了竞买人信息泄露的可能性。

3. 强化实施主体"硬制约"，改进监管方式

我们将土地出让的决策权、交易操作的执行权和交易行为的监督权进行分离，使各权利主体间的权力相对分散、彼此制约，最大限度地削弱权力寻租的基础。采用"机器管人"，将全程业务分为四个工作模块，各自承担相应工作职责，独立掌握部分交易信息，并通过系统数据集成，合拢产生交易结果。土地交易的任何一方都不能单方面操控交易过程。同时，从保证金到账审核到实施现场交易活动，都引入银行、公证处、专家等独立第三方进行具体操作和监督，并且对这些参与对象，包括每场交易的主持人也都采取随机抽选的方式予以确定，有效避免了人为因素的干扰和交易过程中暗箱操作行为的发生。

（二）资源在市场中配置

构建本市土地交易阳光操作体系的根本目的，就是为了让资源在市场中以市场化手段得到优化、合理配置。在此基础上，我们积极采取各项业务措施，充分发挥市场机制的作用，努力提高土地资源的配置效率，提升土地节约集约利用水平。

1. 发挥集聚效应，运用市场机制优化资源配置

充分发挥土地市场交易集中、信息集聚的优势，着力改变原有交易模式中信息发布面较窄、市场情况把握不全、招商手段和交易方式单一等局限，实施了必要的资源市场化配置举措。一方面，统筹安排全市的土地交易，根据地块性质、区位的不同，确定恰当的入市时机和出让价格，选择合适的交易方式，提高成交率，保证土地资源合理配置；另一方面，拓宽信息发布渠道，拓展市场服务效能，积极引入金融、法律、市场推广等专业配套服务机构，为竞买人提供业务支撑，保证土地资源的优化配置。

2. 发挥市场作用，拓展业务范围实现土地一二级市场联动

本市土地一级市场出让业务模式经过一年的实践，取得了较好的运行效果和社会反响。根据本市的规定，成片开发分割转让等土地一级半市场和土地使用权随在建工程转让等土地二级市场业务也须改变原有的操作模式，实施入市集中公开交易。通过在土地一级半市场上的试点操作，形成了相关业务操作规范，同时积极尝试开展协议交易的入市公示业务，探索配套商品房和经济适用房用地入市出让业务，研究集体用地流转业务等，推进土地资源集中入市公开交易的市场体系建设。

（三）资金在系统上监管

为保证资金在流通过程中的公开、透明。对出让交易中涉及的相关资金，采取了分散掌据信息，通过网络在系统上监管的模式。其中，竞买保证金内、外币账户均由市局统一设立，并对保证金进行监管，市局委托保证金开户银行提供保证金到账情况，由随机抽选的公证处录入系统后，通过网络集成，经土地交易系统自动判读并生成竞买人资格审核结果。同时，交易结束后的保证金原途径退还也以系统自动生成的退转名单作为依据。出让金价款则由竞得人在签订合同后，严格按照"收支两条线"的原则，向出让人所在区县财政支付土地价款，并通过区县出让人向土地交易市场提示出让价款支付信息，经系统确认后方可办理土地登记手续。

（上海市房屋土地资源信息中心）

上海市水务综合信息平台

上海市水务局作为全国第一家实施水务一体化管理的省级水行政主管部门，承担着为社会提供有效的防汛减灾服务、高保证率的清洁水源及保护和谐水生态环境的重任。信息化是经济和社会发展的大趋势，是支撑政府职能转变、提高行业基础管理和社会公共服务能力的重要手段。借助水务信息化，对水资源的开发、利用、治理、配置、节约、保护等开展全方位、全领域、全过程的统一管理和公众服务，达到提升城乡水务一体化管理水平的目标，是水资源可持续利用的必然选择，也是治水思路的重大变革。

一　行业背景

水务综合信息平台是在近几年上海市水务信息化建设成果基础上，依托水利部"948"项目基于网络地理信息系统的多级防汛信息管理系统"一张图"多级多源水务综合信息平台和"数字水务"一期工程、上海市防汛"一网四库"应急管理系统、上海市水资源实时监控与管理系统（试点）等十多个项目，综合应用多种信息技术、整合多源异构数据资源，开发的全方位、多层次的水务综合管理服务和决策支持的信息平台。

二　系统需求与功能设计

城市水务综合管理是 GIS 技术体现空间思维特征的最典型的应用领域，本研究综合应用 Server GIS、计算资源虚拟化、消息队列数据交换、分布式海量数据检索、数据库、应用负载均衡等技术，通过研究平台总体框架、数据标准规范、数据资源整合、在线资源服务、应用系统集成等关键技术，建设基于"一张图"的上海市水务综合信息平台。缓解当前水务业务管理中普遍存在的问题：水务管理缺乏综合信息平台支撑；信息系统重复建设、资源难以整合共享；水务信息的不同步不匹配。工作内容主要包括。

（1）平台总体框架是平台建设首先需要研究的问题，主要对平台的理念内涵、总体架构、数据架构和应用架构等方面进行研究。使水务信息化的各个组成部分互联互通，形成一个有机整体，达到资源最优配置，有效支撑不同领域、不同层次的应用。

（2）对水务综合管理信息平台的标准规范体系进行研究，在此基础上，重点对信息分类与编码标准、数据属性定义、图式符号标准、元数据标准、实体要素编码、建设维护规程等进行研究。

（3）对结构化数据和非结构化数据的存储、交换、检索等关键技术进行研究。集空间数据和属性数据、静态数据和动态数据、信息实体与资源目录于一体，对数据进行有效的交换、共享、存储和管理。

（4）研究在线资源服务技术，提供统一数据接口和交换总线，采用 Rest API、Web Service 等技术建立通用的服务接口，为相关部门提供在线地图服务、数据服务和应用服务。

（5）基于最新 Server GIS 等技术，对平台中的应用集成进行研究，实现基于一个平台、一张地图的水务信息应用集成、多级多层水务信息共享。

三 实施过程及主要措施

水务公共信息平台的建设不是一个独立的项目，而是七年多来项目组承担的十多个科研项目和建设项目在信息系统软件成果的集成。总体来说，主要包括以下五方面的工作。

1. 初步搭建了水务综合信息平台框架

2007 年，针对防汛信息化建设中存在的数据难以汇聚整合、信息不能多级共享等问题，按照"一个中心、一个平台、一张地图"三个"一"的原则，梳理业务数据，设计了满足统一标准、多级应用的水务综合信息平台框架。通过整合防汛管理中涉及的基础信息、设施信息、实时信息、应急管理信息等，建立综合数据库，实现了一个平台和一张电子地图的综合展示和集成应用。研究成果已在水利部太湖流域管理局、市防汛指挥部办公室及松江、虹口两个区的防汛工作中得到应用，在历年上海市多次防汛台风、暴雨工作中发挥了重要作用，为市、区多级防汛指挥提供了有效的信息支撑，显现了较好的社会及经济效益。

2. 制定了水务信息管理标准

2006～2008 年，编制了适合水务一体化管理要求的信息分类与编码、数据属性定义、图式符号、信息资源元数据、实体要素编码等标准，构建了多层次、全方位的标准规范体系。研究并制定了上海市水务管理信息的分类编码原则，编制分类编码体系表，建立了水利、供水、排水管理信息的属性数据结构；参照国家、行业有关的符号标准，按照上海市水务一体化管理的要求，对水务管理信息中的图式符号进行设计。在水务管理信息分类编码的基础上，制定了河流（湖泊）编码，规范了上海市河流和湖泊的编码原则和编码方法；校核了河流湖泊的数量、名称、长度（面积），并根据编码方法，编制市管、区县管、镇乡管河流（湖泊）的实体代码，实现计算机自动编码。标准的试行与水务业务应用相结合，在行业基础数据库建设、水资源管理系统建设、水利水资源普查工作中得到初步应用。

3. 对水务综合信息平台关键技术及其应用进行了研究

2008～2009 年，结合水利部的科研项目，对市水务综合信息平台总体架构、网络架构、数据架构和应用架构、基于中间件的实时数据交换和基于元数据的信息资源目录交换技术进行了研究。针对水务一体化管理特点开发了具有易扩展性、高可用性和可移植性的数据交换系统，有效地解决了多源、多类、异构数据的汇聚、整合、交换和共享。

4. 建设了水务数据中心、水务数据交换平台和水务地理信息应用系统

2009～2011年，按照水务业务数据特点，从水安全、水资源、水环境等各类数据的存储与管理要求出发，建设了水务数据中心，对水务数据中心存储的数据进行梳理、归并，形成实时类、基础类、政务类和元数据类四大类数据；在不改变原有各系统的情况下，开发了水务数据统一交换平台，实现了多源异构数据库及系统之间信息的无缝流转，满足了各单位或部门间信息共享交换的需求，并为构建新系统提供了数据标准接口；开发了基于WebGIS的水务信息服务系统，为防汛保安决策支持系统和水资源管理信息系统提供了统一的基础平台，为市、区两级防汛指挥部门指挥决策提供数据分析依据和后期水资源管理信息系统提供实践经验和支持。

在水务数据中心基础上，通过对水资源普查数据成果的整合，为水资源管理分析提供数据支持。实现了上海水务数据统一交换共享、集中存储、分级管理和分层维护，为水务业务管理和公共服务提供了有效支撑。

5. 各个应用模块陆续开发完成

（1）水资源实时监控管理模块：针对上海市水资源特点，从数据整合、应用集成、水资源动态评价预警以及规范水资源信息的角度出发，基于已有的标准规范收集并整合了各类水资源相关数据。实现了与市供水调度监测中心、市水文总站、市水利处、市堤防处等单位的实时监测数据的接入与共享，并在水资源统计报表体系、水资源评价上有所突破。为有效保护水源地，科学应对突发性水质事故，提升水资源业务管理能力、行政办事效率和社会服务水平提供了重要依据。

（2）防汛应急管理模块：包含了自2008年以来多个年度全市应急管理数据的收集与梳理，通过对人员撤离预案的地图化、"水务热线"灾情信息和城市网格化管理信息的实时上图等数字化手段，为市、区县、街道（乡镇）三级防汛指挥决策提供准确、及时、全面和可靠的信息及直观便捷的辅助决策工具。

（3）台风路径模块：2005年实现了台风路径自动生成和动态预警、综合信息查询、风圈影响分析、相似台风路径智能查找与对比分析等功能。至今，每年不断对该栏目进行升级改进，该模块建成后，多年来为上海市的防汛防台的预警预报和指挥决策提供了科学依据。

（4）苏州河综合管理模块：2009～2012年，以市水务局相关局属单位和苏州河区域相关区县为试点，采用统一交换模式接入整合了下立交道路积水、视频监视、排水泵站运行工况、闵行区水文监测、区域热线灾情等相关数据，实现了水务数据从汇聚到发布的过程，完善了苏州河综合管理数据库。苏州河模块包括了中环线至苏州河口的苏州河沿岸实景视频、苏州河沿线水闸和桥梁的360度全景展示、防汛墙断面三维动态展示功能的开发，实现了相关工程资料的直观可视化，实现了苏州河数据的整合与应用。

（5）基于3G的防汛信息模块：利用无线移动GIS技术，以智能终端设备与载体，构建了防汛信息服务移动平台框架、实现了雨情、水位、风速风向、台风路径、卫星云图、雷达云图、道路积水、灾情快报等信息的展示和查询等功能，为全市防汛应急指挥提供了新的手段。

（6）水务行政审批网上办事模块：该模块实现将33项水务行政许可事项、24项非行政许可事项通过系统进行网上流转,做到行政审批全部上网、全程上网。各部门将有效的行政审批信息交换至行政审批信息资源库,作为办理行政审批和日常监管的基础和依据,实现"一处失信、处处受限。"的要求,实现整体的市水务局(市海洋局)行政审批事项"外网受理、内网流转、协同办公、电子监察"。

(7)水务门户网站:网站开设综合版、水务版、防汛版等个性化版本,重点建设信息公开、网上办事、便民信息、互动平台、新闻中心五大重点版块,并提供中文简体、中文繁体、英文共3种语言版本。网站始终以"为民、便民、利民"为宗旨,以发布权威信息、提供便民服务、拓展网上办事、开展互动交流为重点,依托水务公共信息平台和局电子政务协同办公系统,统一规划、明确分工、积极创新,为服务科学发展、优化公共服务、提升政府形象做出了积极贡献。

四 应用成效和惠民效益

本项目成果已在上海市防汛指挥部及其部分成员单位、上海市水务局及其局属单位、上海市各区县防汛水务部门、上海市应急办等部门(单位)得到了较好的推广应用。

1. 大幅度减少了水灾经济损失和社会影响

该平台将大量的基础信息、设施信息、实时信息、预测信息等直观及时地发布,充分利用网络实现资源整合、信息共享、异地会商和动态预警,大大提高了防汛部门的工作效率,有效减少了防汛指挥人员疲于奔会的现象。从数据采集、数据汇集、系统分析到 WebGIS 发布,整个动态流程通常只需要 5~10 分钟,加快了信息传递的频次和速度,减少了信息传递环节。每 1~2 年更新的高清晰度遥感影像可以分析水务设施的空间变化,节省了以前只能靠勘测调查才能完成的大量人力物力。

准确完整的水务设施信息、实时的汛情监测信息、及时的预测预警信息为防汛抢险措施的实施提供了重要依据;互联互通的网络体系为瞬间传递防汛指挥信息提供了良好的载体;准确及时的汛情动态和预测预警、网络化的资源整合和信息共享,可以为水灾防治多争取一点时间,有效降低了水灾可能带来的经济损失和社会影响。根据上海日益增长的社会经济产值来估计,每年因准确及时的监测预警和切实可行的信息共享,可减少数亿元以上的经济损失和难以估算的社会影响。

该平台经受了"麦莎""卡努""韦帕""罗莎""海葵""菲特"等多次台风、暴雨和水资源突发事件的严峻考验,在实战中不断完善。市委市政府领导多次来到市防汛指挥部,根据该平台提供的决策支持进行现场指挥。例如,2013 年"菲特"台风残留云系、冷空气南下及第 24 号"丹娜丝"台风的共同影响,市防汛部门通过该平台提供的风、暴、潮、洪等多方面的汛情信息,辅助现场指挥决策,确保了城市平稳正常运转和人民群众生命财产安全。

2. 有效提高了行业管理和公共服务水平

以该平台为重要载体,在相关工作中更加重视流程设计、资源整合和系统集成,提高了行业基础管理的精细化和数字化程度,加强了各部门的信息共享和工作协同,促进了水务的一体化管理。该平台面向全市各级防汛水务部门、政府部门和社会公众,准确、及时、全方位、分层次地提供便捷、规范、透明的信息服务,实现了监测监控、应急管理、设施管理、行政许可等信息和过程的逐步公开，强化了政府的公共服务职能。据统计，本平台2010年、2011年和2012年的访问量分别是15.09万次、31.36万次和58.22万次，每年集群发送防汛短信约210万条，成为上海防汛水务工作中不可或缺的信息窗口。

3. 显著降低了信息化建设和运维成本

过去，各部门、各单位在信息系统建设中分头进行，自成体系，缺乏总体规划和资源整合，信息难以共享，跨行业和跨部门的资源整合、信息共享问题亟待解决。通过本项目的研究，建立了统一的水务综合信息平台，使多个相互封闭的信息系统有机关联起来，实现了资源整合和分级共享。通过应用计算资源虚拟化技术，在确保水务关键应用连续、不间断的同时，简化了基础设施管理，有效提高了水务IT资源的利用率，系统运维成本也大大降低。基本改变了原来各系统独立运行、数据孤岛、功能重复、效率低下的局面，减少重复建设，降低了建设和运维成本。

本项目的设计思想、总体架构和关键技术可以推广应用于流域或省市的防汛保安、水资源管理、水环境整治等信息化领域，具有较好的推广应用价值。"标准先行、资源整合、系统集成、信息共享、注重实用、实战检验"的研究理念和实施措施对其他行业和省市的信息化建设具有一定的借鉴意义。

（上海市水务局）

科技企业统计与服务通道系统

一　系统概述

科技企业统计与服务通道系统主要为上海市各企业、上海市科委及各区县科委用户提供"科技企业信息统计""科技服务信息推送"和"科技企业创新咨询"三大功能，由外网填报系统和内网管理系统两部分组成。

外网填报系统向企业用户开放，用于企业用户在线注册企业信息，填报科技企业统计信息，咨询科技企业创新相关工作，以及维护企业联系人信息和邮件订阅情况。

内网管理系统向各区县科委和市科委用户开放，用于相关管理人员在线查询、查看、维护企业信息，查看、审核和导出科技企业统计信息，维护企业联系人信息和向企业发送科技服务信息推送邮件，以及受理、回复科技企业创新相关咨询和查看咨询部门工作报表。

"科技企业信息统计"模块为各类科技企业提供了在线完成企业年度发展状况（包括相关统计数据、主要产品和服务、合作伙伴的分布情况等）填报的功能和市、区两级政府相关管理部门在线审核和查看相应信息的功能。"科技服务信息推送"模块为各类科技企业提供订阅全市相关科技服务机构提供的服务信息的功能和相关管理人员发送相应信息邮件的功能。"科技企业创新咨询"模块为各类科技企业提供在线咨询工作政策和疑问的服务，为企业与管理部门间的信息交互提供桥梁。

二　系统功能

（一）科技企业信息统计

各类科技企业通过"科技企业统计服务通道"，在线完成企业年度发展状况的填报（包括相关统计数据、主要产品和服务、合作伙伴的分布情况等），以便于市、区两级政府相关管理部门及时了解并准确掌握科技企业的基本经营活动情况、科技创新活动情况，并基于历史数据的分析和累计，加强对中小科技企业成长轨迹的跟踪，为政府和有关部门制定扶持企业发展、培育创新集群的政策提供依据。

通过外网系统，各类企业可以在线注册企业信息，填报其民营科技企业活动情况。通过内网系统，各区县科委和相关管理部门可以查询、查看、审核企业报表，管理企业注册信息。通过内外网互动，实现民营科技企业数据的采集和统计分析。

在科技企业信息统计中，系统提供了用户可定制的数据导出服务。用户可以自行选择需要导出的数据字段，自行查询需要导出数据的企业，从而获得完全符合个人要求的统计报表，为信息统计工作提供了极大的便利。

（二）科技服务信息推送

各类科技企业通过"科技企业统计服务通道"，可以订阅全市相关科技服务机构（如上海市科技信息中心、上海市技术市场管理办公室、上海市科技创业中心、上海市高新技术成果转化服务中心、上海市研发公共服务平台管理中心、上海技术交易所、上海市图书馆等）提供的服务信息，根据企业订阅的实际需求，相关科技服务机构的信息（如项目招标、政策宣讲、活动开展等）能够及时、准确地推送至企业相关人员的信箱（企业可以根据需求设定相应人员订阅的信息及发送信箱），确保各类科技创新政策有效落地和各类专业服务及时有效地满足企业需求。

通过内网系统，各区县科委和相关管理部门可以在线编辑、审核、发布科技服务信息推送邮件，系统会自动将设置好的邮件投递到订阅服务的企业，从而帮助企业了解最新的科技服务信息和动态。此外，企业可以通过外网系统对自己的联系信息进行维护，对是否订阅邮件进行设置，而管理部门也可以通过内网来帮助维护企业联系信息。

在科技服务信息推送邮件的编辑中，系统提供了模板设置、发送测试等人性化服务。通过选择模板，用户可以简便地设置邮件格式，简化操作。通过发送测试，用户可以验证邮件发送效果，从而保证正式投递的邮件准确无误。

1. "科技服务信息专递"

"科技服务信息专递"是科技服务信息推送中的特色服务，其信息聚合了市科委部分直属单位、各区、县科委的实用及时效信息，开设了项目招标、活动信息、世博科技、科技金融和政策解读五个专栏，每周定时向企业发送及时、准确的科技服务信息，帮助企业了解科技动态，掌握科技政策、项目申报、相关服务等各类信息。

（1）信息"多彩"，量精质优。

项目招标：科委最新的招标公告、课题指南均在这里"汇集参展"并于第一时间及时推送给相关的科技企业，企业可根据指南内明确的要求进行课题申报。

活动信息：提供与企业密切相关的培训、讲座、沙龙、展会、新平台服务等信息，如：成果转化、融资政策等培训。

世博科技：此专栏信息与今年举办的世博会"同期而生"，每一期内容均从世博科技成果应用、后世博及科技成果转化等多方视角，积极宣传本市的科技实力，同时亦推动企业、科研机构及大学院所等不断学习世界各国展示的最新科技成果和创新发展理念。

科技金融：以各大银行为主角，着力向科企、民众推出有关融资、借贷、资金担保等解困、释疑的价值信息。

政策解读：在这块内容中，我们倾力展示出科委扶持企业、施益民众的政策亮点、重点以及切实可行的切入点，例如政策依据、政策意义、细则要点、适用范围、申报条件、申报材料、办理流程、联系方法。除此，我们还积极探索政策解读更深层面的权威性和可操作性，并寻求与相关的政策制定部门、具体的业务操作部门进行合作，拟在日后采取逐步递进增大推送量的方法，让政策解读成熟一批主推一批，最终可建立一个内容完整、解释权威、切实可行的科技政策解读目录库。

（2）信息"集装"，直达用户。

利用先进的自动化系统来与目标用户之间建立定期的交流、沟通已然成为一种发展趋势和热服务模式，通过这种模式，我们将各类饱含价值的信息有序"集装"统一发送给各大小科技企业。总的说来，该邮件模式有如下特点。

许可性：所有的邮件都是用户同意接受的，邮件内容对用户是有价值的，用户可以随时根据自己喜好订阅/退订邮件。

准确性：邮件内所有信息都是本网站编辑人员将已有的资源信息连同市科委部分直属单位以及各区、县科委提供的实用、时效信息进行筛选和加工、确认后推送至企业的。

安全性：所有的邮件都是无病毒的，当用户接收、阅读时，不会对用户的操作系统、数据造成威胁或直接破坏。

可靠性：所有信息为群发，发送效果有保障，不会出现多次重复发信，更不会出现大量进入垃圾箱或被拒收的情况。

"及时、高效、便捷、安全、准确"这就是我们今年对广大科技企业用户秉持的信息服务理念。依托于该理念而形成的模式所发送的服务信息投递速度快、受众范围广、节约成本、高效而精准，长久以来博得了各方的额首与赞誉。

（三）科技企业创新咨询栏目

各类科技企业通过"科技企业统计服务通道"，提出与科技创新创业相关的各类服务需求，需求信息通过一定的筛选和分类，及时传递到相关单位，便于各类服务机构及时捕捉企业的需求，并根据企业的需求提供个性化、高质量的专业服务。

通过外网系统，企业可以在线提出与科技创新创业相关的各类服务需求及问题。通过内网系统，各区县科委和相关管理部门根据自己的职能可以受理某个需求或问题，并根据企业的需求提供个性化、高质量的专业答复。

在科技企业创新咨询中，系统提供了用户可定制的数据导出服务，以及对企业可以在线提出与科技创新创业相关的各类服务需求及问题图表化，让整个需求及问题处理更加直观。

三 技术特点

1. 系统总体框架

在科技企业统计与服务通道的建设过程中，我们采用分层架构及模块组件化设计（如系统总体框架图），保证系统的可扩展性、安全性、可靠性、集成性。系统分为技术支撑层、核心数据层、开发框架层、服务支撑层、业务门户多层的体系架构，并且构建了统一开发框架，保证了系统底层架构的稳定性和集成性，为系统后续的持续扩展提供了强大的支撑。同时，系统也采用平台性架构开发的思想，对于基础服务采用建设统一服务平台来支撑，例如建立统一管理控制平台、多渠道通信平台、机构信息交换平台来为业务功能提供完善、强壮的平台级系统支撑，保证了系统在大访问量及大数据量的情况下的稳定性。

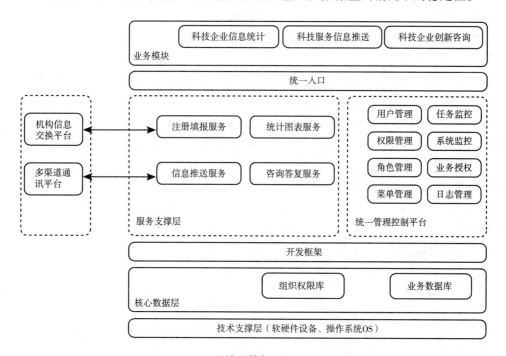

系统总体框架图

2. 实现高效运行

系统每次要接受近 3 万家企业的数据报送、打印，对业务管理人员要提供及时地对历年大量数据的统计分析，存在大数据量和高并发处理的要求，我们采用 Ajax 技术可以仅向服务器发送并取回必需的数据，在服务器和浏览器之间交换的数据大量减少，同时很多的处理工作可以在发出请求的客户端机器上完成，所以 Web 服务器的处理时间也减少了，从而大大加快了系统界面的响应速度，提高了系统运行效率，在整个系统中查询、列表排序中无刷新操作等，极大提高了用户的操作体验，并且大大提高了用户的工作效率。

"科技企业信息统计"中企业需要在线报送和打印统计数据，要保证打印文档的数据准确性、安全可控，以及文档的兼容性和程序生成文件的灵活性。我们采用了基于微软 .NET 技术架构下的 Office 互操作编程接口，通过 Word 模板的应用，借助 Word 中提供的书签功能通过程序将相应的数据插入模板的标签中生成 Word 文档，并且使用 Word 文档安全控制功能使得系统能够为用户提供规范且不可更改的打印文本，保证了申报数据的有效性和安全性，同时也将数据和展现进行有效分离，以灵活应对统计报表的业务变化。

另外，"科技企业信息统计"中科技企业的有效性是后续统计数据的基础，因此我们建立机构信息交换平台与上海市组织机构代码基础信息应用交换平台进行机构基础信息的交换与应用，通过电信的 VPDN 虚拟专网连接和安全认证的 Web Service 标准接口的调用，实现了与组织机构基础信息应用部门之间的实时信息调用和信息交换，保证了组织机构基础信息的及时有效和准确性，对数据申报单位的资质进行初步的校验和验证，减轻了管理人员对组织机构信息审核、维护的工作量，并且通过对组织机构信息的规范化，为日后的数据统计分析以及与其他系统的数据集成及交换建立了良好的基础。

在"科技服务信息推送"模块中，每周要及时推送 3 万多条信息，我们采用了多线程并发处理来推送邮件，实现并行执行多个邮件的发送，从而提高了系统在处理科技服务信息推送中大批量数据的执行效率，保证了用户信息获取的时效性。

3. 系统安全保障

科技企业统计与服务通道系统运行的服务器部署在上海市科技信息中心绿色小型数据中心机房内，该机房具有高密度、高容量、高可靠和低能耗的特点，其完善的机房物理环境和管理机制以及防病毒、防入侵检测等措施为系统的运行与服务提供了有力的保障。系统建设均符合系统安全等级保护三级的要求，在系统业务管理过程中使用 PKI 安全应用支撑平台，利用数字证书及其相关的安全认证技术产品，实现身份认证、接入认证、数字签名以及传输数据保密等安全要求。所有系统业务管理用户都必须使用存有个人数字证书的 USB key 电子密钥拨通 VPN 通道来访问系统，从而保证了系统业务管理用户的身份真实、有效，防止非法用户侵入系统，避免系统信息泄露，保障整个系统的信息安全。外网服务器均在 DMZ 区，通过高安全性的防火墙，来保障外网服务器的安全。两台服务器通过负载均衡技术（NLB）进行部署，保障大用户量同时进行申报的时候系统能够有效地支撑。

科技服务信息推送栏目中允许邮件订阅用户通过点击邮件中的退订链接进行退订邮件订阅，为了防止用户伪造链接来登录系统进行退订操作，我们采用了 RSA 加密算法进行加密，系统后台根据加密的数据操作进行解密验证，验证通过后允许进入系统进行退订操作，从而在保证良好用户体验的同时也保障了系统的安全性。

四　系统应用

科技企业统计与服务通道自建成以来，已投入使用 2 年多，在科技企业统计、科技服务信息推送和科技企业创新咨询业务中获得了很好的应用。目前，科技企业统计与服务通道系统已在全市 18 个区县科委和上海市科委及各下属中心中使用，取得了很好的效果。

截至 2013 年 11 月 27 日，"科技企业统计与服务通道"共有注册企业 43030 家，2011 年度共 22185 家企业参与科技企业统计年报填报，2012 年度共 25154 家企业参与科技企业统计年报填报；市科委《科技服务信息传递》已经发送共 220 期，订阅邮箱数达 47942 个；各个区县通过服务通道给其所属企业发送各类服务信息达 745 篇，为我们更好的服务科技企业提供了有效的信息化手段支撑。

据相关统计：超过 95% 以上的科技企业收到邮件服务信息后，都及时上网申报课题；85% 以上的科企、民众因为获悉科技金融的专栏信息而寻找到对口帮助机构从此走出困境，开启了另一扇发展之门；80% 的用户在仔细研究了我们提供的政策解读信息后茅塞顿开，抓紧时机、顺藤摸瓜完成了历感棘手的项目申报、业务办理等工作。"科技服务信息专递"自推送以来深得民心、广受好评，首次将政府行为的信息传递获悉量最大化、纯净化、实用化，其蕴含价值亦随之体现无遗。

科技企业统计与服务通道帮助上海市科委依靠现代化的信息管理手段，快速、有效地收集了上海市科技企业的相关指标数据，了解并准确掌握科技企业的基本经营活动情况、科技创新活动情况，为相关管理部门的管理、决策、服务提供了可靠的数据基础，获得了市科委、区县科委、各中心等管理部门与企业的一致好评；将科技服务信息及时、准确地推送至企业的信箱，确保各类科技创新政策有效落地和各类专业服务及时地满足企业需求，特别是"科技服务信息专递"服务，自推出以来，激活了各类价值信息并迅速在各区县、科技企业、金融机构、中介服务机构等机构间流通、升温；相关科技服务机构能及时捕捉企业的需求，并根据企业的需求提供个性化、高质量的专业服务。同时，该系统的建成运行也为市科委在深化服务职能，为企业提供更加优质、高效的一种创新服务模式上提供了强有力的信息化支撑。

（上海市科技信息中心）

江苏省生态环境监控系统

一　项目背景与需求

江苏是全国环境保护工作压力最大的省份，全省共有 18.5 万个工业源、36.6 万个农业源、7.8 万个生活源、438 个集中式污染治理设施，污染源点多面广，环境监管任务十分繁重。近年来，我省在环境自动监测监控设施的建设上有了长足的发展，其中，污染源自动监测设备 4332 台（约占全国 1/9）、水质自动监测站 252 个（约占全国 1/3）、大气自动监测站 183 个（约占全国 1/4），环境自动监测监控设施的数量居全国前列。但由于环境自动监测监控体系建设尚未形成，多头管理，系统集成共享水平低，设施运行维护成本大，环境自动监测监控的效率没有得到充分的发挥。为此，进一步加强环境自动监测监控体系建设，发挥环境监控系统效益势在必行。

二　解决方案和业务创新

（一）解决方案

1. 建设目标

江苏省生态环境监控系统（简称"1831"工程）围绕生态省建设总体目标，逐步建立完善的环境监管体系。建设一个全省共享的环境监控平台，集成水环境、空气环境、重点污染源、机动车尾气、饮用水源地、辐射环境、危险废物、应急风险源等八大监控系统，组建省、市、县三级环境监控中心，统一归口管理自动监测监控系统，对监控数据质量实施"全生命周期"控制，建立完善的环境监控运行机制，出台一套环境监控管理办法，实现对全省生态环境的现代化监管，服务于生态省建设、管理和决策。

2. 架构设计

在对省环境管理体制机制、相关部门机构职能、数据采集、传输、评价、发布的业务现状及存在问题等调查分析的基础上，设计省环境监系统建设总体框架，见下图。

本系统框架以系统安全管理机制、系统运行管理机制为保障，分为应用规范层、数据采集层、网络基础层、数据存储层、业务支撑层、应用逻辑层、应用表现层。

（1）应用规范层。省环境监控系统的特点是跨业务的信息集成，数据来源于不同的标准体系，为确保系统成功实施，在建设初期首先要确定相应的基础设施建设规范、信息集成规范和数据标准规范。

通过确定基础设施建设规范，在基础设施的新建与改造过程中，需要按照既定的建设规范来进行设备选型、改造；通过确定信息集成规范和数据标准规范，要求相关业务部门必须按照既定的规范进行数据交换，以保证系统数据的有效性、一致性。

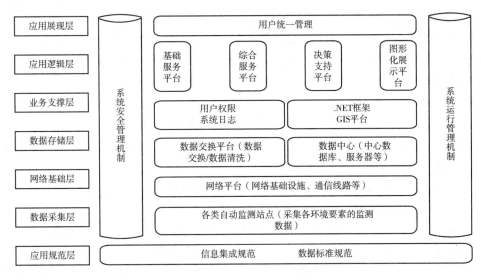

江苏省生态环境监控系统总体框架图

（2）信息采集层。对各环境要素进行有效管理和监控的基础信息来源于分布在全省的各要素监控站点。这些监控站点根据各要素的监控特点在统一的标准规范下进行相关信息的采集。

（3）网络基础层。省环境监控系统的网络基础包括数据自下而上的传输网络和数据中心的数据传输及交换网络。网络基础层是系统的数据传输与交换的重要载体，所有接入本系统的数据传输及业务协同计算机互联网络设施、各种硬件服务器、安全设备、各种系统平台软件通过网络基础层进行数据传输和交换。

（4）数据存储层。省环境监控系统的数据存储层广义上包括与本数据中心进行数据交换的各个系统的数据存储以及省级监控中心的数据交换平台和数据中心。在本项目中仅考虑省级监控中心的数据交换平台与数据中心。

（5）业务支撑层。省环境监控系统的基础设施是省级环境监控中心的重要业务支撑。基础设施建设的广度、深度、规范度直接决定着监控中心处理的数据和信息是否准确、高效和权威。

（6）应用逻辑层。紧密依赖数据层的资源服务，实现八大系统的数据集成，充分利用环境空间数据，以 Web Service 方式实现全网部署，从根本上解决环境监控的综合分析业务的一致性和规范性问题。

（7）信息展现层。针对不同部门、角色用户，按照访问权限统一管理，通过门户技术、界面交互技术把最合适的环境信息展现给用户。

3. 建设内容

江苏省环境监控系统建设涉及环保系统众多部门和相关单位，横向上涉及八大环境管理要素的业务，纵向上涉及省、市、县三级管理机构。根据系统建设总体目标及现状基础，本次一期工程主要建设内容包括以下方面。

（1）已建万吨以上集中式地表饮用水水源地站点、危险固废集中焚烧处置设施在线监控系统、固定风险源监控等联网集成，省辐射站的应用系统集成及监控用房改造。

（2）数据交换平台和数据中心建设，包括平台开发，购买服务器、中间件、软件，实现本项目中心数据库与各个部门业务数据库之间的数据交换。

（3）应用支撑系统建设，充分引用已建项目成果，建设本项目的应用支撑系统，包括三维展示服务、WebGIS 服务等。

（4）应用系统建设。

①基础信息服务平台，包括水环境、空气环境、饮用水水源地、辐射环境、重点污染源、危险固废、应急风险源、机动车尾气等系统集成与服务系统软件开发，管理考核分析、专题分析、预测预警报告、应急响应预案等子系统开发。

②综合信息服务平台，包括环境质量分析、建设项目管理、监察执法管理、排污许可证管理等子系统开发。

③决策支持平台，在太湖流域水环境信息共享平台的基础上，进行水环境生态预警相关课题研究并建立生态预警模型，在此基础上开展生态预警决策支持平台的建设。

④图形化查询平台，包括 WebGIS 的基本服务、SkyLine 的基本服务、水环境信息图形化查询服务、空气环境信息图形化查询服务、饮用水水源地水质监管信息图形化查询服务、污染源信息图形化查询服务、危险固废监管信息图形化查询服务、风险源监管信息图形化查询服务、机动车尾气监管信息图形化查询服务、辐射环境监管信息图形化查询服务等子系统开发。

⑤移动平台，包括移动平台开发、地图浏览、入湖河口、异常水体、巡测等查询，有机污染物查询，监测分析方法查询，太湖水污染与蓝藻异常水体应急监测案例查询等子系统开发。

⑥部署应用软件的服务器群组，采用先进的虚拟化技术，充分利用江苏省太湖流域水环境信息共享平台项目中购置的刀片服务器构建本项目的应用服务器群组。

（5）数据中心建设

①环境空间背景数据平台，包括矢量基础数据整理、遥感影像数据处理、空间数据库建设、标准数据接口制定等子系统开发。

②环境专题信息数据平台，包括重点污染源数据采集、整理、更新，水功能分区，生态功能分区等其他专题数据，专题信息数据库建设等子系统开发。

③对环境统计数据与污染源普查数据进行数据整理，更新环境统计数据库和污染源普查数据库。

④利用在建的太湖信息共享平台项目中的小型机与存储部署本项目的中心数据库。

（6）网络、安全系统建设，包括购置线路、交换机、防火墙等硬件，与省环保厅现有网络系统进行融合，构建本系统所需的网络支撑系统，同时建立本项目的安全管理制度，保证系统运行过程中数据安全、系统安全。

（7）标准化建设，主要建设各类环境要素的数据标准规范、技术标准规范、管理标准规范、业务标准规范。

（二）业务创新

"1831" 工程充分利用物联网技术，借助先进的传感设备，整合现有信息资源，以感知为先、传输为基、计算为要、管理为本，构建一个统一管理、信息共享、决策支持的环境监控物联网平台，实时采集各类环境数据，掌握全省生态环境动态，为环境管理提供依据，为环境应急、节能减排决策提供支撑，形成环境与社会全向互联的智慧型环保感知网络，实现全省生态环境监控的信息化、现代化和智能化。

"1831"工程在国内环境自动监控系统中首次应用三维GIS技术实现基于高精度三维电子地图的监测数据展示，形成高度逼真的三维可视化展示环境，使地理信息与监测数据得到了完美融合，为领导决策提供可视化、形象化的科学依据。采用成熟的中间件技术设计开发了独立的数据交换平台，通过该数据交换平台，将大量基于各自业务流程的异构数据进行数据格式转换，交换到本项目中心数据库中进行统一管理，并将本项目中心数据库的相关数据根据业务要求交换到相应的业务部门数据库中，实现数据的共享。通过对全省重点污染源基本信息、生产工艺、污染治理设施、排污状况、排污数据的收集整理，形成对污染源的全生命周期管理，并能看到污染源的分布情况、立体模型、全景照片和360度全景视频。

三　实施效果与经济社会效益

（一）项目实施效果

江苏省生态环境监控系统（1831工程）按照"统一规划、统一管理、统一标准"开展建设，建成了国内最先进的生态环境监控平台，实现"一个桌面、一张图、一张网、一个数据中心、一个展示大厅、一个移动平台、一个数据交换平台、一套信息服务应用体系"。存储了全省10.26平方公里土地上13个地市，105个县市区，1355个乡镇街道，21779个行政村，7028条道路，8080个湖泊水库，197104条河流等空间数据；建成了省－市100M，市－县20M的全省环保专网；存储了全省840个重点污染源（废水265个、废气213个、污水厂362个），252个水质自动站，179个空气自动站，288个辐射监控点，134家尾气监测站、800个应急风险源，500个水质监测断面（国控125个、省控375个），128个开发区，1316个环境功能分区等业务数据；集成47个应用，感知25.5万要素节点，每天数据输入量300多万条，输出100多万条，完成交换数据量1.323亿条；下发用户安全CA论证2200多个。提供环境数据分析、信息展示功能，满足环境质量预测、预报、评价、考核等管理工作的应用需求，为环境管理者、决策者提供信息服务。

（二）所带来的社会经济效益

1. 社会效益

江苏省生态环境监控系统（"1831"工程）围绕生态省建设总体目标开展建设，在环境监控、信息公开、管理决策等方面逐渐发挥越来越重要的作用，体现了信息化与生态文明的有机结合，对全省环保信息化建设具有指导意义。

随着1831工程的全面继续推进，江苏"信息强环保"的新画卷已经逐渐展开，系统建设效益逐渐凸显。

通过生态环境监控系统感知环境，成为生态环境的晴雨表，可为生态安全提供预警；

通过生态环境监控系统对企业排污以及水环境质量进行信息公开，促进环保公共关系的良好改善，在省政府重点部门信息公开群众满意度测评中获得第一；

通过生态环境监控系统推动环保行政权力在阳光下运行，提高政府工作效率和监督能力，在省政府考核中获得优秀等次；

通过生态环境监控系统对全省生态环境监控状况及管理水平进行科学量化评估，促进了流域水环境质量的明显改善；

通过生态环境监控系统对环境监控数据资源进行集成共享重复利用，实现无纸化办公，提升了数据质量和决策科学水平，极大减少了数据采集运维管理成本，具有显著经济效益；

通过在生态环境监控平台上推进企业环保信用管理，加快"诚信江苏"和社会信用体系建设，有利于推动社会诚信发展；

通过生态环境监控系统对生态环境八大要素进行可视化管理，形象展示了江苏生态文明的建设成果。

2. 经济效益

项目管理示范价值：项目制定完整的《信息化项目管理办法》，严格按照国家招投标法、政府采购法要求进行采购实施，做到项目采购公开化、需求管理软件化、成本核算精确化、绩效考核数量化，引进第三方审计单位负责资金管理、权威测试机构负责质量控制、顶级建立单位负责进度把握、权威标准研究机构负责项目标准规范制定、并对项目驻场运维升级人员规范化管理。

信息化集成示范价值：项目改变了过去"多数多源，多源并用，信息不共享，部门难协同"的局面，开创了"一数一源，一源多用，信息共享，部门协同"的新局面，解决了数据的"归一输入"与"统一输出"的问题。在"统一规划、统一管理、统一标准"原则的指导下，初步实现了全省环保信息化的"平台大统一、系统大集成、网络大整合、数据大集中、硬件大集群、软件大管理、安全大提升、服务大保障"，建成了"一套标准、一个桌面、一张图、一张网、一个数据中心、一个移动平台、一个数据交换平台、一套信息服务应用平台、一个展示大厅"，极大提升了江苏环保工作的统筹力和指挥执行力。

物联网信息技术示范价值：项目采用国际最先进的物联网传感器、最高速安全的专用网络，最先进的信息分析处理技术，实时感知5.4万亿经济总量下10.26平方公里江苏省生态环境系统安全与健康的程度，并将人类社会与环境业务系统进行整合以精细和动态的方式实现环境管理和决策的智慧化、科学化。

信息机构标准化保障示范价值：江苏省生态环境监控系统（1831工程）建立了省、市、县三级监控中心，形成省、市、县三级管理网络体系。以省级环境监控系统集成为起点，分阶段逐步实施环境信息一体化建设，通过环境监控数据传输网络集成、统一的环境监控数据中心建设、统一的环境监控基础软件平台建设，逐步为全省环保系统提供统一规范的基础网络平台、基础硬件平台、基础软件平台、基础数据资源平台、基础服务平台，节约全省后续的环保信息化总体投资和建设成本，避免各部门、各市县信息化基础设施的低水平重复建设，为全省生态环境保护服务。

（江苏省生态环境监控中心）

江苏检验检疫国检云平台

出入境检验检疫机构检验检疫作为我国重要的经济运行监管部门,依据国家法律、行政法规和国际惯例等对出入境货物、交通运输工具、人员等进行检验检疫和监督管理。为保证检验检疫业务顺利开展,在总局信息中心规划、实施和指导下,系统内部各个层级不断强化信息化投入,开发了诸多信息化管理系统,用于检验检疫业务、行政执法、内部管理等各项工作,这些系统在规范工作、提高效率、统一流程等方面起到了很大的推动作用。在此基础上,利用云计算技术整合现有资源、提升服务能力、改革业务模式,既是自我完善、自我发展和自我创新的需要,也是合理施行检验检疫监管和服务的需要,更是促进外向型经济健康发展的需要。

一 检验检疫行业目前存在问题

就检验检疫行业本身而言,目前存在三方面问题,需要通过引入云计算技术的方式加以解决,具体如下。

1. 信息化资源分散,利用率较低

随着各类信息化软硬件系统不断增加,传统的信息化应用模型逐渐显现出分散式、多中心的态势,在降低整体开发运维成本、提升行业资源利用率、提高应用便捷性、整合数据和流程等方面逐渐不能满足检验检疫事业发展的需要,迫切需要引用云计算等先进信息化技术推动资源集约和流程再造,支撑和引领业务发展。

2. 存在大量的检验检疫"软资源"需有效整合

检验检疫行业发展到现在,系统内各个层面上建设了各类检测实验室,很多都达到了国际或国内先进水平,同时系统内也拥有了大批技术专家,积累了丰富的知识、经验。如果能利用云计算的理念和技术,整合检验检疫行业的知识、专家、检测能力等"软资源",形成一个个资源池,以知识云、专家云、检测云等形式集中服务系统内外,能收到很好的社会效益和经济效益。

3. 传统的检验监管工作模式亟须改革创新

原有检验监管工作模式是"企业到检验检疫窗口申请,企业联系现场检验,跟着检验员回办公室出证",是"企业围绕CIQ转"的业务模式,检验检疫对企业的监管和服务效率相对低下。需要考虑如何借助云计算等信息化技术,创新构建"以顾客为中心"的"前台受理、办理"、后台"管理、处理"的检验检疫服务模式,形成新的工作格局。

面对存在的问题,江苏检验检疫局启动"国检云"应用技术研究,其目的一是推动江苏检验检疫信息化资源的集约化、高效化、服务化进程,带动信息系统布局的整体变革;二是整合检验检疫行业"软资源",促进检验检疫服务的现代化,提升检验检疫保障经济发展的能力;三是转变检验检疫工作模式,提升检验检疫系统综合竞争力,实现政府公共服务窗口创新转型;四是探索检验检疫传统信息化平台向云平台转变的发展方向和演进过程,为检验检疫信息化发展树立示范和提供参考。

二 国检云项目意义

综上所述，开展"国检云"项目研究，意义有三点。

1. 系统集约化提升效率

以需求为导向，以效益为根本，密切结合检验检疫业务工作，积极推动云模式的应用，提高信息化基础设施资源利用率，大大降低系统开发和运行维护的资金成本和人力成本。同时为减少重复投入、整合信息孤岛创建新的技术支撑体系。

2. 平台统一化支撑应用

充分发挥云计算虚拟化、高可靠性、通用性、高可扩展性等优势，整合现有信息化系统，建设江苏检验检疫统一信息化云平台，支撑各部门业务应用，促进各类业务信息互补互动使用，优化业务系统、业务流程和工作模式，提高信息化条件下检验检疫部门的履职能力。

3. 业务智慧化推动转型

通过云计算技术引领业务模式转型，利用云平台实现前台现场任务与后台分析决策系统相结合，通过"国检云"建设，在后台实现各种信息化资源（存储、计算、应用系统）集成和各种软资源集成（知识、技术、专家、数据等）。现场前台在任何时间任何地点以任何终端，调用各种后台资源支持一线执法和服务，并为后台增添知识、数据等资源。促使检验检疫更加"智慧"，推动检验检疫行业内业务模式的整体升级。

三 国检云平台研究方法

（1）研究国际通行的云计算规范标准，研究我国云计算发展的总体战略和整体部署，研究云技术的新方法、新技术及应用的新模式，明确国检云定义的内涵和外延，研究行业云技术规范体系。

（2）统筹考虑已有计算资源、存储资源、网络资源、信息资源、应用支撑和信息安全等要素，设计建立一个公共的、安全的、灵活的、供系统内广泛接入和使用的基础系统架构。

（3）利用服务器虚拟化，存储虚拟化，网络虚拟化等基础，整合现有硬件基础资源，形成江苏检验检疫信息化基础资源池。

（4）优化已有数据中心配置，统一数据库管理软件、操作系统、中间件和开发工具等应用支撑软件，构建应用支撑软件服务。

（5）构建逻辑集中、实时高效、共建共享的信息资源目录和共享体系。

（6）根据需求整合和开发云平台上的应用程序、应用功能组件，构建国检云服务体系。

（7）设计统一的信息安全保障基础设施、技术措施和管理制度，保障国检云平台安全可靠运行。

（8）建设过程中不断研究和突破各项关键技术，形成技术积累，结合实际，探索出国检云标准体系。

四 国检云平台建设成果

目前江苏检验检疫系统已经建立了一套符合国际和国内公认的云计算定义、规范和特征的检验检疫行业云——"国检云"技术体系框架，在此框架下初步建成"国检云"技术平台，具体如下。

(一)"国检云"技术体系架构

(1) 研究国际通行的云计算规范标准，研究我国云计算发展的总体战略和整体部署，研究云技术的新方法、新技术及应用的新模式，结合质检系统特点，探索建立检验检疫行业云技术规范体系。

(2) 研究突破检验检疫行业云共性关键技术。在检验检疫行业背景下，研究统一身份认证技术，分布式数据共享与管理技术，服务器虚拟化等云计算关键技术；研究云计算应用服务开发和运行环境、用户信息管理、运行管控、安全管理与防护、应用服务交互等共性支撑技术；研究大带宽环境下的存储与数据网络融合、虚拟机接入、跨集群通信与数据迁移等网络技术；研究云计算数据中心机房绿色节能关键技术。

(二) 初步建成"国检云"平台系统

(1) 整合现有信息化基础资源，建立国检云 IaaS 平台，推动检验检疫系统计算、网络、存储等信息化资源的集约利用。

(2) 建立江苏检验检疫信息化统一工作流和开发部署平台，整合数据资源，建成国检云 PaaS 平台.

(3) 推动服务整合和创新，建设专家云、知识云、数据云和桌面云等新载体，构建国检云 SaaS 平台，为全系统在任何时间任何地点以任何终端提供各种云服务，共建共享，引领资源利用形态的新变革。

(三) 形成云计算环境下的三个"新形态"

(1) 利用云计算技术，形成信息化资源软硬件和网络资源集约高效利用，数据和业务系统与承载的物理环境相分离的信息化技术新形态。

(2) 整合检验检疫行业内各类软资源，如数据、知识、专家、技术，建设国检云平台上的知识云、专家云、检测云等，利用云技术构建检验检疫知识共享体系、专家团队支撑体系，检测技术服务体系，具体模式是利用云计算技术，在云平台上搭建由检验检疫知识系统、专家鉴定系统（辅助鉴定系统、远程鉴定系统）、实验室检测系统等组成的服务平台，利用网络对外提供知识分享、专家支持、检测服务等应用服务，形成检验检疫软资源整合利用，服务系统内外的应用新形态。

(3) 改变原有的"窗口申请、企业联系现场检验，跟回办公室出证"——"企业围绕 CIQ 转"的业务模式，利用云平台实现前台负责受理业务、查验、放行，后台负责业务管理、任务派遣、数据分析、技术支持，检验检疫围绕企业为中心，实现从原来检验检疫工作人员往返于检企间"串联式"，向检验检疫前后台"并联式"处理转变的工作新形态。

五 国检云平台应用成效

目前江苏检验检疫局已规划完成国检云"一个平台、两大中心、三层架构、四套体系、五类应用"，制定了电子政务、软件开发、信息安全、移动应用等方面的近20个子标准。

整合基础资源建成 Iaas 数据中心，基本完成"基础设施云"数据中心建设和资源整合，建立虚拟化应用承载平台，节省服务器80余台，节约设备投入资金1000万元以及后续运维费用。

建成统一登录、统一消息组件等六大 Paas 层公共服务模块，为 Saas 层应用整合奠定基础；构建主数据库和数据仓库，实现数据级整合，为数据挖掘和分析提供支撑。

完成了桌面云建设，实现"任意时间、任意地点、任意终端、任意信息系统"的应用；通过国检云特别是桌面云的应用，江苏检验检疫系统实现了"现场受理、后台处理，现场办理、后台管理"的并行工作格局，打造"江苏检验检疫以人为中心"的行业性移动服务平台，每年有近20万批/1300亿货值实现现场快速通关，各模块使用达38万余次，近3万余次企业享受移动公共服务。系统内用户约3000人，建成50余个工作群组，每天有约500人同时在线办公。

（江苏检验检疫局信息化处　陈玉娣　鲁牧融）

江苏省电子营业执照识别应用系统

江苏省工商行政管理局信息中心作为应用示范单位参与了"十一五"科技支撑计划重点项目—"国家商用密码应用技术体系及应用示范"中课题"电子交易密码应用示范工程"，以国家工商行政管理总局为信任源在江苏省工商行政管理局建设了电子营业执照识别系统（以下简称"电子营业执照系统"），面向全省市场经营主体发放电子营业执照，并开展了全程电子化网上年检、网上亮照、网上验照等一系列电子营业执照相关工作，有效支撑了相关工作的开展。从整体上提升了江苏省工商行政管理局对全省市场经营主体的监管能力，提高了江苏省工商行政管理局对市场经营主体和社会公众的服务水平，促进了安全、互信、健康的网络交易环境的形成，取得了良好的社会效益和经济效益。

一 项目建设背景与需求

电子交易的蓬勃发展，改变了交易双方互动的模式，开辟了有形交易无法完成的无限可能，但同时也产生了一系列问题，网络市场中无照经营、不正当竞争、网络市场经营主体欺诈等违法违规行为层出不穷。究其原因，在于网上市场监管手段的缺失。

在现实社会中，营业执照作为市场经营主体资格和经营资格的凭证，以此来判断该经营者是否具备基本的市场准入条件。但网上经营者是否具有合法经营的资格难以确定，难以判断经营者是否具备准入经营的条件或是否具备合法经营的资格，这就要求工商行政管理部门建立相应的市场经营主体网络经营准入机制，为网络市场经营主体颁发电子营业执照。

"十一五"期间，我国通过国家"863"、科技攻关等计划的实施，在密码算法的商务应用方面取得了一系列令人瞩目的成果，其中 PKI 是一种遵循既定标准的密钥管理平台，它能够为所有网络应用提供加密和数字签名等密码服务及所必需的密钥和证书管理体系，为工商电子营业执照应用开发奠定了基础。

2007 年，国家密码管理局组织实施国家"十一五"科技支撑计划重点项目——"国家商用密码应用技术体系及应用示范"项目，针对工商行政管理业务的实际需要和重要性，本着前瞻性研究，特设课题——"基于密码技术的网络市场主体准入与监管平台"，从密码政策、密码技术和引导资金等方面给予大力支持。

课题"基于密码技术的网络市场主体准入与监管平台"由工商行政管理总局牵头，江苏省工商行政管理局信息中心作为示范单位，参与了上述课题相关内容的研究，并在总局领导下开展了应用示范。目前，上述课题已通过科技部、国家密码管理局的验收。相关技术支撑单位在国家密码管理局指导下，在工商总局的领导下，为工商行政管理量身定制了一套较为完整的电子营业执照签发、管理、应用和服务解决方案和相关专用产品，并取得了相应的产品型号证书，即 SRT1114 电子营业执照密码保障系统。

国家工商行政管理总局在国家密码管理局的支持下，基于"SRT1114 电子营业执照密码保障系统"，建设了"电子营业执照系统"，并通过国家密码管理局的安全性审查，解决了全行业推广电子营业执照的密码政策问题。

江苏省工商行政管理局作为江苏省工商行政管理职能部门，负责江苏省行政管理区域内的市场监督管理和行政执法等的有关工作。作为一个企业大省，江苏省工商行政管理工作一直走在行业前列，为进一步提高工商行政管理和服务水平，创新工商行政管理手段，对参与电子交易的市场主体依法进行市场准入，并对其经营过程进行监督管理，规范电子交易市场秩序，江苏省工商行政管理局勇于创新，率先以工商行政管理总局电子营业执照识别系统为信任源点，按照工商总局的统一标准和要求建设了江苏省电子营业执照识别系统，为江苏省及所属 13 个地市的市场主体发放电子营业执照，并提供相应的应用服务。

二 解决方案和业务创新

（一）业务创新

电子营业执照是纸质营业执照的电子版，创新了工商行政管理的方式和方法。电子营业执照代表了参与电子交易的市场主体的合法身份，为国家有关部门对网上市场主体的准入与监管提供了基础保障。

将电子营业执照和工商业务相结合，能更好为企业提供服务，提高工商行政管理水平，实现工商业务的全程电子化，有利于规范电子交易市场秩序，加强网上交易的监管力度，进而为现代服务业和电子交易提供基础诚信支撑服务，促进电子交易健康快速发展。

（二）解决方案

1. 电子营业执照系统逻辑结构

电子营业执照系统分为基础设施、电子营业执照发照管理分系统、电子营业执照服务分系统、电子营业执照应用集成分系统等部分。

电子营业执照发照管理分系统负责电子营业执照全生命周期的安全管理。

电子营业执照服务分系统为社会公众、市场主体、工商部门、其他政府部门提供电子营业执照应用服务。

电子营业执照应用集成分系统实现工商专网业务系统、互联网业务系统等业务应用系统的快速集成，为其提供相应的电子营业执照管理和应用服务等功能。

2. 电子营业执照系统体系结构

如图所示，电子营业执照系统国家工商总局、省（自治区、直辖市）以及地市三级组成，国家工商总局建设信任源，各省（自治区、直辖市）以总局为信任源分别建设各自的电子营业执照系统，并根据实际情况向地市延伸，实现与工商总局的统一规范建设，为本省（自治区、直辖市）、地市的市场主体签发电子营业执照，为相关应用提供服务。

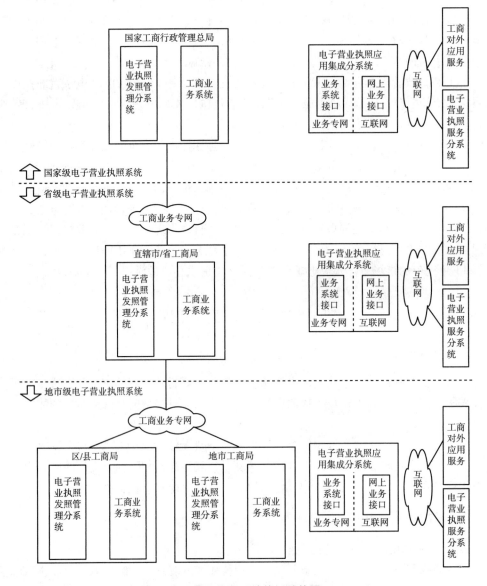

电子营业执照系统体系结构图

3. 江苏省电子电子营业执照系统

江苏省电子营业执照系统负责本省市场经营主体电子营业执照的发放和管理，并为这些市场主体的电子营业执照的应用提供相应应用服务。包括3大分系统，共分为13个子系统。

（1）电子营业执照发照管理分系统。

电子营业执照发照管理分系统受理电子营业执照相关业务申请，对生命周期内的电子营业执照进行全过程管理，包括申请、审核、制照、签发等，包括受理子系统、审核子系统、制照子系统、签发子系统和密码服务子系统。

受理子系统主要提供电子营业执照发照管理分系统与工商登记管理系统之间的业务衔接服务，包括数据同步、业务受理、数据管理、数据导入上报管理、载体管理、业务统计管理等功能。

审核子系统主要负责电子营业执照业务申请的审核，包括注册申请、更新申请、变更申请、注销申请等，主要包括信息审核、日志管理、系统管理员管理、安全通信等功能。

签发子系统主要完成电子营业执照的生命周期管理，包括电子营业执照的签发、发布、吊销、注销、统计等服务。

制照子系统主要负责电子营业执照的制作，提供电子营业执照统计和查询，包括电子营业执照制作、查询统计、权限管理、安全通信等功能。

密码服务子系统负责为电子营业执照发照管理分系统的服务端及客户端提供密码运算服务。

（2）电子营业执照服务分系统。

电子营业执照服务分系统为江苏省工商外网业务系统、其他政府部门、互联网应用提供电子营业执照应用的相关公共支撑服务，包括验证子系统、查询子系统、亮照子系统、验照子系统、接入认证子系统和密码服务子系统。

验证子系统主要为工商外网业务系统、其他政府部门、互联网应用提供电子营业执照相关验证服务，简化应用系统使用电子营业执照。包括基于电子营业执照身份验证、电子营业执照有效性验证、电子营业执照签名数据的验证等功能。

查询子系统主要提供电子营业执照信息查询、状态查询、更新下载及载体管理等功能。

亮照子系统以电子营业执照为基础，市场主体在经营性网站中悬挂"电子营业执照"，实现亮照经营，包括备案管理、亮照信息生成、亮照图标下载、亮照备案信息查询、亮照备案信息统计、统计上报、信息反馈等功能。

验照子系统主要为社会公众提供已亮照市场主体的网上验照服务，主要包括网上验照、验照实时监控、验照量统计、统计上报、信息举报等功能。

接入认证子系统主要针对证（许可证、资质等）照（电子营业执照）共用载体的需求，提供与其他机构的业务对接，包括其他机构的接入认证服务、数据交换等。包括数据代理、系统管理、统计管理、日志管理等功能。

密码服务子系统负责为电子营业执照服务分系统的服务端及客户端提供密码运算服务。

（3）电子营业执照应用集成分系统。

电子营业执照应用集成分系统便于电子营业应用系统的集成，方便业务应用系统使用电子营业执照系统提供的电子营业执照管理和服务等功能，主要包括业务系统接口和网上业务接口。

业务系统接口实现电子营业执照发照管理分系统的受理子系统与登记管理系统等工商内

部业务系统之间的数据同步，包括企业登记注册信息、电子营业执照信息、电子营业执照状态等信息。

网上业务接口为登记注册系统、信息公示系统等网上工商业务，以及其他政府部门应用系统、外部机构系统等提供电子营业执照服务分系统的功能调用，实现企业身份识别、电子营业执照有效性验证、电子营业执照签名数据的验证等服务。

三　实施效果与经济社会效益

（一）实施效果

通过"十一五"科技支撑计划课题的实施，江苏省工商行政管理局以工商总局为信任源，建设了江苏省电子营业执照识别系统。根据江苏省的实际情况，江苏省电子营业执照识别系统分为省级和地市级两级系统，以及业务专网和互联网两部分部署。

2011 年 11 月 18 日，江苏省工商行政管理局举行了新闻发布会，对焦点科技、苏宁易购、宏图三胞等企业颁发电子营业执照，正式开展江苏省工商电子营业执照颁发工作。截至 2013 年年底，已为 10000 多家规模较大、影响范围较广的电子商务公司发放了电子营业执照。经过两年的正式运行，江苏省级和 13 个地市级的电子营业执照识别系统运行稳定可靠，有效支撑了相关工作的开展，目前江苏省工商行政管理局正在面向全省市场经营主体发放电子营业执照。

基于电子营业执照，按照工商行政管理总局外资局的要求，根据江苏省的实际情况开展了外资企业全程电子化网上年检工作，减少了企业往返工商窗口带来的企业支出以及不必要的麻烦；企业使用电子营业执照，通过亮照子系统和验照子系统，支撑其经营性网站开展网上亮照和验照；社会公众可以查看企业经营性网站的电子营业执照，并通过工商验照子系统验证电子营业执照。

总之，江苏省电子营业执照识别系统的建设和电子营业执照的发放在很大程度上方便了省内市场主体，提升了江苏省工商行政管理部门面向企业及公众的网络市场服务水平，提升了政府对市场主体的监督和管理水平。

（二）经济社会效益

江苏省电子营业执照识别系统的建设和电子营业执照的发放对于保证健康、安全、有序的电子交易环境，抵御国内外的高技术犯罪，保障社会稳定和经济发展，都产生了重大的社会与经济效益。

1. 社会效益

江苏省电子营业执照系统的建设和电子营业执照的发放不仅前瞻性的顺应了电子工商行政管理的发展趋势，贯彻了党的十八届三中全会和 2013 年 10 月 25 日李克强总理主持召开的国务院常务会议的会议精神，同时产生了重大的社会意义。

电子营业执照的发放为参与电子交易的市场主体提供了唯一合法市场准入身份标识，解决了网上市场主体身份无从查起的问题，为网上市场主体的准入和监管提供新的监管手段和方式。

电子营业执照的发放方便了江苏省内的广大企业，企业可以通过网络在线办理各种工商业务，如网上年检、网上商标申请等网络业务，免去了企业频繁来往工商窗口的不便。

电子营业执照的发放在方便广大企业的同时，提高了江苏省工商行政管理局对企业的监督和管理水平，使得监督便利化，管理规范化。通过电子营业执照，企业可以在网上亮照，方便工商行政管理部门进行在线巡查监管，同时能够及时发现违法违规的网络市场经营主体。

电子营业执照系统为社会公众提供了网上查看企业电子营业执照和验证电子营业执照的功能，使得社会公众对电子交易信心倍增，构建了诚信的电子交易市场环境，整体上提高的江苏工商服务于社会公众和企业的水平，提高了政府形象。

总之，电子营业执照系统的建设和电子营业执照的发放为市场监督管理和行政执法提供了有效的新方法，改变了传统的方式，更新了管理的观念和手段，提高了监管执法效能，为更好地完成整顿规范市场秩序工作任务提供了重要保障。同时，电子营业执照系统为现代服务业和电子交易提供基础诚信支撑服务，促进了诚信体系的发展，从而将进一步促进整个国民经济的发展。

2. 经济效益

电子营业执照识别系统的建设和电子营业执照的发放不仅为本省带来了良好的经济效益，对其他省的工商行政管理也起到了良好的示范作用，同时将促进其他工商行政管理部门加快电子营业执照系统的建设步伐。

电子营业执照的发放直接减少了广大企业来往工商窗口的经济支出，节约了企业办理工商业务的成本。

电子营业执照系统的建设和电子营业执照的发放降低了政府对市场的监管成本，江苏省工商行政管理部门可以通过信息化技术，在线对各网络市场经营在其经营性网站上挂载的电子营业执照进行巡查和监管，方便，高效，准确率高，节约了政府在市场巡查监管方面的人力和物力方面的投入，将直接产生上亿的经济效益。

电子营业执照解决了网上市场主体身份无从查起的问题，标识了其合法的市场主体网络身份，有效遏制了网上市场无照经营和虚假企业的现象，切实降低了由此带来的经济损失。与此同时，由于促进了安全、诚信的网络交易环境的形成，也直接促进了大众消费，促进了电子商务的发展，直接带来了上亿的经济效益。

最后，随着江苏省电子营业执照的广泛推广和深入应用，将直接促进相关设备产品的大量生产和销售，推动相关企业的快速发展，直接带来巨大的市场经济效益。

（江苏省工商行政管理局信息中心）

江苏省新型农村合作医疗信息系统

一　项目背景与需求

2003 年，江苏省开始恢复建立新型农村合作医疗制度（以下简称"新农合"）。历经试点、扩面，到 2005 年底，全省新农合以县为单位实现了全覆盖，2006 年全省人口参合率达到 90.5%，位居全国前列。

新农合制度建立初期，全省各统筹县（市、区）根据需要，均不同程度地开展了支持业务运行的信息系统建设。2007 年开展的调查显示，全省近 80% 的县（市、区）已建有相应的信息管理系统，为新农合制度的运行提供了基本支持。但由于初期统筹规划不够、没有及时制订相应的规范和标准，使得信息化建设与应用出现一些问题。一是系统不尽规范。参与各地新农合业务系统开发的软件公司有 10 多家，使得软件功能参差不齐，数据采集和处理缺乏标准和规范；二是系统运行不够稳定。在当时条件下投入的硬件、网络等基础设施不尽完善，造成系统的安全性、稳定性非常脆弱；三是信息不能共享。新农合各统筹地区的业务和管理信息资源只在本辖区内使用，省级管理部门对各统筹地区新农合业务数据、统计报表的收集，主要依靠电子邮件方式、按季度进行汇总，无法对各地的基金运作等情况进行实时监控；四是决策支持不够。数据收集不全，难于开展深入分析，因而不能很好地对各地新农合政策的制定、调整等进行及时的指导。同时，参合人员在省内异地转诊就医，不能做到实时结算，需要采用事后手工录入费用明细补偿的方式，不仅增加了工作量，而且加大了管理难度，也造成参合农民报销诊疗费用的极大不便。

2005 年，卫生部制订印发了《新型农村合作医疗信息系统基本规范（试行)》，2008 年又在其基础上作了进一步修订。期间还印发了《关于新型农村合作医疗信息系统建设的指导意见》，对全国各地新农合信息系统建设目标、原则、实施进度和保障措施等提出要求。江苏省基于国家对新农合信息化建设的总体要求和各统筹地区已有新农合业务信息系统的建设、运行状况，经调研评估，提出了省级信息平台及县级业务系统规范化建设的需求，并于 2009 年开展了项目申报工作，通过了省信息办组织的评审和财政的资金立项，2010 年正式开始项目实施，于 2011 年 8 月完成项目一期建设内容并投入实际使用。

二 解决方案和业务创新

新农合省级信息平台的数据来源是各统筹县（市、区）的业务管理、费用结报系统，以及与业务系统相连的各级医疗机构的诊疗系统、收费系统。因此，省级新农合信息平台建设，需要同步推进包括各统筹县（市、区）业务管理系统和各级医疗机构基层信息化建设水平的提升。通过项目建设，促进基层业务信息系统的进一步规范和服务能力的进一步提升，让参合农民直接受益。

项目建设调研时，考虑到各地新农合管理的组织机构设置、制度设计和实施模式并不统一，若短期内全部统一各统筹地区的业务系统，将造成重复建设与资源的浪费，而且会限制各地的特色发挥、影响后续的拓展与服务。因此确定的基本建设思路，是采取由省出台统一的新农合信息系统建设规范和要求，鼓励有条件的统筹县（市、区）对本地的管理软件和数据进行规范化改造升级；对于尚未使用管理软件的县（市、区），按照省统一规范要求进行建设。同时，省开发统一版本的新农合基层业务系统，并提供配套的医院信息系统（HIS，基本功能版本）和村卫生室管理软件，供统筹地区选择使用；省级统一组织实施培训和指导，督促统筹地区实现与辖区内定点医疗机构全部实现联网即时补偿。

（一）总体架构

江苏省新农合信息系统的总体结构，分为省级信息平台、市级虚拟信息平台、县级业务信息系统三个主要部分。对于条件成熟，适合全市新农合软件统一的地市则建设市级信息平台。省级信息平台主要完成大集中资源数据库建立、对县级业务实时监管、统计分析、与省级卫生综合信息平台数据交换等。县级系统负责新农合具体业务办理，以及与省级或市级信息平台的数据交换。

省级信息平台建设的内容主要包括以下方面。

（1）构建省级新农合数据中心。依据卫生部《新型农村合作医疗信息系统基本规范》的数据传输规范，进行各县级新农合系统运作数据的动态采集、传输和存储，实现县级数据在省级异地备份、上传国家信息平台以及与其他卫生信息资源的交互；依据江苏省内异地转诊和费用结算的信息标准，进行定点医疗机构异地转诊和费用结算的信息采集、传输和存储；按省级新农合管理需求，综合其他卫生信息资源，为建立面向主题的数据仓库提供基础条件；提高信息资源共享度，为其他相关政府部分提供信息共享服务。

（2）研发省级新农合管理信息系统。支持对网上基金运行和费用报销实时监控、信息汇总、报表上传等日常业务工作，监管新农合运作，提高工作效率，实现管理的信息化；开展数据分析，提供辅助决策支持；开发和利用信息资源，实现管理的科学化。

（3）建立信息传输的基础网络。建立省、市、县、乡四级基础网络。在各级新农合管理部门、经办机构、定点医疗机构、其他相关部门以及卫生部间建立计算机网络连接，实现网络互联互通。

（4）开展新农合信息标准化。依据卫生部《新型农村合作医疗信息系统基本规范（试行）》，结合各县级新农合系统建设的现状，逐步规范基本数据集、数据代码、数据传输、统计指标和应用软件基本功能，同时优化业务流程，制订江苏省内异地转诊和费用结算的信息标准。

（5）建设省级公众信息服务平台。为参合农民提供信息查询、政策公布和咨询、健康教育培训，为新农合工作人员和定点医疗机构提供信息查询、业务培训服务，为政府管理部门提供统计信息查询，为其他授权用户提供信息共享服务，提高服务水平。

（二）技术路线

江苏新农合省级信息平台与市、县业务信息系统之间采用 VPN 网络连接，以保障数据传输安全，同时节约网络建设与运营资金投入。

省级信息平台与县级业务信息系统之间的数据采集与校验关系见图。各统筹地区设立数据上传的前置机，定时将业务数据推送到前置机数据库，交换系统将校验通过的数据抽取到省平台。

考虑到各地系统升级改造进度不一，数据规范化标准化难度更大，为满足省级管理部门的统计需求，项目先行开发了统计直报系统。县、市、省三级用户可以分别进行填报、审核、驳回、汇总，有报表数据的表内算术平衡，表间一致性校验，实现统计数据快速收集汇总。

省平台在业务管理系统的主界面上，集中显示新农合的关键性指标，省级管理层能方便

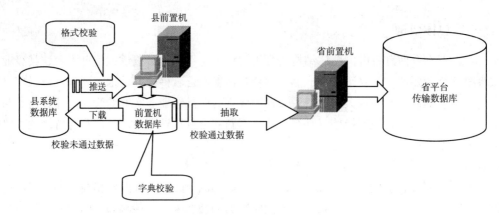

业务数据采集与校验关系图

地获得新农合总体运行情况。从基金管理、参合管理、费用控制等不同业务管理需求中梳理各种管理数据和指标，处理后用数据、曲线等方式展示，并可从省、市、县层层钻取，供管理者深入观察分析。

转诊系统设计为省内异地就医信息交互中心，连接省内全部统筹地区和定点医院。为保证异地转诊业务正常开展，提供两种交换模式，一是采取 Web Server 方式，用户直接登录省平台转诊系统，采用数据文件导入/导出方式交换转诊业务数据，用于保证特殊情况下的业务连续性，以及测试与试运行阶段的数据交换；二是接口方式：从县级业务系统或医院信息系统中，调用省平台的服务接口，交换转诊业务数据。系统设计了灵活的补偿政策配置模块，适应各地不同的转诊补偿政策和项目目录，支持新农合提高费用补偿和费用支付方式改革。

为对省平台收集的数据进行深度挖掘利用，建立面向主题的数据仓库，依托智能分析工具软件开发新农合智能分析系统，对数据进行多维度的对比分析，综合评价功能可自定义多项指标和算法，对基层新农合运行情况进行综合评价，方案测算功能可对新农合补偿方案进行测算，提供决策支持。

三 实施效果与经济社会效益

江苏省新农合省级信息平台建成投入使用以来，发挥了应有的效用。被国家卫生计生委授权的《中国卫生》杂志评选为"2010 年全国十大最具影响力医改新举措"之一；获选"2013 年度江苏省重大信息化示范工程"。项目建设使得省内全部统筹地区实现新农合业务管理的信息化，100% 县、乡、村三级定点医疗机构实现新农合联网即时结报，一半以上的县（市、区）业务信息系统与省级信息平台完成对接，实现了业务数据的上传。

县级业务信息系统的实施和改造过程，推动了基层新农合业务规范化，提高了管理水平。利用规范化的新农合信息系统，开展参合信息确认、就医补偿时滚动筹资、惠民卡绑定自动筹资等新模式，参合筹资更方便快捷，节约成本。审核功能可对费用高危因素进行自动辅助审核，补偿政策配置功能支持开展单病种定额、床日费用等支付方式改革，药品管理功能则为基本药物制度的推行提供手段。统筹地区内各级医疗机构信息系统与新农合信息系统的对接，使得新农合管理部门能及时了解参合人在省、市、县、乡、村各级医疗机构的就医情况，监督医疗机构的医疗行为，对保证合理诊断合理医疗，控制医疗费用上涨，预防转外就医骗补行为，起到了良好的作用。

省级平台异地就医管理系统，实现异地就医的申请、住院预约、费用传输审核、出院补偿结算的全程在线管理。截至 2013 年底，已经接入省平台 25 家省定点医疗机构，通过平台接收和发起转诊 7000 多例，其中大病 4000 多例。利用异地就医管理系统，开通网上转诊申请，推行网络预约转诊住院服务，统筹地区合管办根据联网医院的医疗水平、费用控制和服务能力，选择签约，推荐转诊，各医院根据病人病情以及医院收治能力开展预约服务。这种三方参与、多家竞争的预约转诊模式，激发了城市大医院为农村患者服务的主动性，有利于新农合经办机构对大医院诊疗行为的监管，同时也在一定程度上缓解了参合农民大病住院时需要全额预付费用的压力，减轻群众的医疗费用负担。

省级平台智能分析与辅助决策系统，利用专业的商业智能软件工具，对全省新农合业务运行情况进行多维度、多指标的综合评价。将涉及全省新农合运行的 10 项主要核心指标作为动态监测指标进行实时在线监测。各级管理部门可以根据管理范围和权限，方便及时地查看到实际参合率、基金到位率、基金使用率、实际补偿比、政策补偿比、次均住院费用、住院受益面等方面的情况。基金管理功能可进行省补资金的网络申请和拨付，可监测分析基金筹集标准、基金构成、基金到位情况，预警基金支出风险。

省级新农合数据中心采集存储了全省 4300 万参合农民的个人与家庭基本信息，为建设基于健康档案的区域卫生信息共享奠定了基础。

四 项目建设体会

新农合省级信息平台项目建设兼顾基层，提出省级项目对基层建设要求，开发县级业务系统，配套提供基层医疗机构的医院信息系统，很好地促进了基层卫生信息化建设。省级管理部门对项目的认识和组织非常关键，省级在行政上的任务要求和考核验收有一定的督促作用，是否有对基层建设的资金支持，则直接影响基层升级改造和接入的积极性，特别是对苏北的资金短缺地区。

新农合省级信息平台的异地转诊系统是一个典型的业务系统，不同于采集数据处理分析的管理系统，有大量的业务流程管理、基础数据维护、日常运行管理等常规业务工作，省级管理部门必须具备业务管理的组织、机制和人员，使系统正常运行；协调参与转诊各方利益冲突，共同设计和优化业务模式，创新管理机制，才能使系统真正发挥效益。

标准化是信息共享的基础，基层业务数据标准化的前提是省级要有标准化体系建设，并能强有力地贯彻执行；如数据字典、代码、接口传输规范、业务流程和规范等，省级管理部门要建立相关专业人员参与的标准组织，负责标准的制订、维护和执行。

下一阶段，将从两方面继续开展工作，一是加强采集数据的分析利用。二是继续开发和完善异地就医管理系统。利用省级信息平台采集的大量数据，针对基层支付方式改革需求，开展医疗机构费用控制情况分析，为支付政策调整提供依据；针对省级管理需求，分析基金利用情况，加强基金监管；利用省信息平台，为大病保险提供信息分析，探索省级大病统筹实施应用。在异地住院转诊就医补偿的基础上，开发门诊就医补偿功能，完善住院补偿功能，与转诊业务较频繁的安徽、上海等周边省（市）新农合信息平台/定点医院对接，尝试跨省就医补偿，为参合农民提供更好的服务。分析利用转诊数据，为新的转诊补偿政策制订提供支持，为医疗机构监管提供依据。

（江苏省卫生厅）

浙江省实有人口基础信息资源库和共享交换平台

在创新社会治理的大背景下，根据浙江省综治委第二次专项工作会议"要抓紧启动省人口基础信息库和共享交换平台建设"总体部署，浙江省政府成立了"浙江省实有人口基础资源库和共享交换平台建设协调小组"，由省委常委、常务副省长任组长。近年来，在浙江省协调办（浙江省经济和信息化委员会）牵头领导下，浙江省经济信息中心（浙江省政务数据中心）作为承建单位，有序推进省实有人口基础信息资源库和共享交换平台项目建设（以下简称"人口库建设"），重点围绕工作机制建设、共享交换体系建设、数据清洗比对、标准规范制定等主要任务，初步形成了人口信息共享交换体系框架和实有人口基础信息资源库，为社会治理创新、智慧城市、信用浙江等主题应用提供有效支撑，取得了较好的效益。

一　项目背景及需求

（一）项目背景

人口基础信息资源是国家重要战略资源，具有权威性、基准性、基础性和战略性。人口库作为国家四大基础库之一，一直得到各级党委、政府的高度重视。

国家层面。2011年5月，时任中共中央政治局常委、中央政法委书记周永康在《求是》杂志上发表题为《加强和创新社会管理，建立健全中国特色社会主义社会管理体系》的文章，指出要从我国实际出发，修改居民身份证法，以公安人口信息为基础，建立以公民身份号码为唯一代码的国家人口基础信息库，实现对所有人口底数清、情况明、管得住、服务好。

省级层面。浙江省委十二届六次全会提出"建立健全有关实名登记制度，探索建立以公民身份号码为唯一代码、统一共享的人口基础信息库，完善公安机关省级人口业务管理信息库，为社会管理提供基础性服务"。2012年4月27日，浙江省省综治委第二次专项工作会议上强调，"要抓紧启动省人口基础信息库和共享交换平台建设"。2012年12月，省政府下发了《浙江省人民政府办公厅关于成立浙江省实有人口基础信息库和共享交换平台协调小组的通知》（浙政办〔2012〕147号），成立了以省委常委、常务副省长为组长，共二十五个省级部门负责领导为成员的建设协调小组，加强省实有人口基础信息资源库和共享交换平台建设组织和协调。此后，召开了协调小组第一次会议，正式启动项目建设。

（二）业务需求

整合各政府部门人口相关信息，消除信息孤岛，实现人口信息共享交换，对来源自各政府部门的人口相关信息进行加工处理，形成一数一源、多元采集、及时更新、权威发布的人口基础信息资源库，基于政务外网和互联网分别向政府部门、企事业单位和公民提供数据交换、差异比对、信息核准、互动交流、查询统计、分析研究和报表定制等应用服务。

二　平台功能介绍

省实有人口基础信息资源库和共享交换平台是一个横向连接省级人口相关的部门级业务应用、纵向贯穿省市县三级的实有人口基础信息资源综合服务平台（体系），基于政务外网开展政务应用服务。

（1）网络支撑平台。依托省电子政务外网为主体，以部门专网为补充，构建一套安全、稳定、可靠、高速的网络支撑平台，为实有人口信息互联互通、开放共享、业务协同以及政务服务提供网络环境支撑。

（2）共享交换平台。依托省政务外网及各政府部门纵向业务系统，建成"省－市－县"三级交换体系，技术上采取前置交换模式连接全省部门级业务系统，通过交换桥接系统，增强交换的实时性、自动化，实现综合立体式信息共享交换。具体包括：一是与政府各部门数据交换系统的建设，横向实现与政府各业务系统的数据交换；二是各部门实有人口业务信息库，依托数据共享交换平台纵向实现省市县三级数据实时、动态管理，确保数据维护更新。

实有人口基础信息共享交换平台（体系）呈"丰"字架构，第一横为省级部门共享交换系统，第二横为市级共享交换系统，第三横为县级共享交换系统，竖为"省－市－县"纵向交换系统。原则上，省级政府各业务部门负责本系统共享数据"自下而上汇集"和"自上向下反馈"。

（3）数据库系统。浙江省实有人口基础信息资源库和共享交换平台项目所涉及的所有数据库表合集统称数据库系统，主要包括各部门前置库、各部门源库、清洗数据库及其相应衍生数据库、比对数据库及其相应衍生数据库、目录管理数据库、日志记录数据库以及最终数据仓库等组成。数据处理主要通过交换工具、ETL工具、主数据工具等主线主流的数据处理技术对数据进行处理，并通过BI（商业智能）的工作理念对数据进行数据挖掘、分析最终形成相对权威、全面的数据共享集市。

（4）政务服务平台。搭建统一的政务服务平台，支撑交换体系和目录体系的基本功能实现。主要包括各部门数据的基准服务、查询服务、订阅服务，目录的注册、发布、查询以及定位服务，中心仓库的数据挖掘、分析、报表服务，平台信息的咨询发布及平台各业务流程的审批管理。

（5）主题应用系统。省实有人口基础信息资源库是推进浙江省电子政务的一项重要基础性、先导性工作，促进和带动一批与之相关的主题应用系统的建设和发展。例如：公安厅利用人口库资源开展流动人口综合管理；卫生计生委利用人口库资源完善个人健康档案；人社厅利用人口库资源提升全省参保率、减少养老金冒领；综治办利用人口库资源加强重点人群管理等。

（6）云计算管理中心。云计算管理中心是利用云计算技术建设的实有人口基础信息资源集约化、模块化和智慧化的处理和服务平台，是实有人口基础信息资源进行汇聚、存储、分析、挖掘以及应用的管理平台。主要作用包括一是为未建设共享交换平台的市县提供虚拟化的共享交换平台；二是为需要扩建共享交换平台的部门提供软硬件基础设施支撑；三是实现与省法人单位基础信息资源库、空间地理信息基础资源库、宏观经济基础信息资源库互联互通，搭建虚拟基础资源库；四是采用分布式存储、分布式计算等技术，构建基础设施支撑平台，为海量实有人口基础信息资源提供高水平和高性能的存储、分析、处理能力。

（7）安全保障体系。项目建设按照"信息安全等级保护三级"和"灾难恢复能力四级"的要求，构建安全保障体系。通过技术手段建设安全支撑平台。在电子政务网络平台建设及其信息安全保障体系框架下，依托我省统一的电子政务网络平台和安全保障技术系统，通过合理部署防火墙、安全交换网闸、CA认证、数据库审计系统等安全设备，提供授权管理、身份认证、权限控制、入侵检测、容错、容灾等机制，确保物理设施环境、网络环境、硬件系统、数据信息以及应用系统的整体安全。

（8）标准规范和制度体系。强化标准规范和管理办法的"一体化"建设，在项目规划的同时，着眼于指导全省实有人口基础信息共享交换工作，同步研究了制定一套标准规范和管理制度。具体包括《浙江省实有人口基础信息共享交换体系标准规范》（共9册）以及《浙江省实有人口基础信息资源共享交换管理办法》《浙江省实有人口业务信息库管理办法》《浙江省实有人口基础信息共享交换平台运行维护管理办法》等管理制度。

三　实施效果与效益

（一）实施效果

（1）建立了统一的共享交换平台。基于政务外网，完成人口主题的交换中心软硬件系统搭建，部署了省委组织部、省综治办、省公安厅、省民政厅、省人社厅、省卫生厅、省计生委等共建部门前置系统，实现了在统一交换平台上的互联互通和数据交换。按部门、主题等分类标准，研发人口目录系统，完成了对一期共享指标的分类、编码、编目、注册等工作，以有序化、资产化等形式，管理人口信息资源。

（2）形成了完整的实有人口数据库。目前，共汇聚人口信息为1.5亿条，涉及户籍人口4800万，流动人口2300万，包括个人从出生到死亡全周期、全覆盖的基础信息。建立比对清洗机制。在数据汇聚的基础上，以最为权威的公安公民身份号码为标识，设定清洗比对策略，初步开展了基础信息的预比对工作，编制《浙江省实有人口基础信息初始化数据清洗比对报告》，共发现疑问信息1114.8万条。

（3）制定了系统的标准规范。在省质监局的指导下，按"急需先行"原则，制定标准规范，规范人口信息共享交换，现已起草完成《浙江省实有人口基础信息资源库术语》《浙江省实有人口基础信息资源库共享与应用框架》《浙江省实有人口基础信息资源库数据元目录规范》《浙江省实有人口基础信息资源库采集和核查规范》《浙江省实有人口基础信息资源库更新与维护管理规范》《浙江省实有人口信息资源库应用服务接口规范》《浙江省实有人口基础信息资源比对标准》《浙江省实有人口基础信息共享交换平台接入标准》《浙江省实有人口基础信息资源库安全规范》等9个标准规范和《浙江省实有人口基础信息资源共享交换管理暂行办法》，对全省实有人口基础信息数据的分工采集、交换、集成、整合、共享等做出规定。

（二）效益分析

（1）减少信息资源重复采集，节约政府行政成本。通过信息共享，逐渐解决各部门业务系统因起点、标准不一，所造成的人口信息不一致、信息孤岛等问题，节约各部门分头建设人口信息库的成本，实现了"一处采集、多部门使用""一次采集、反复使用"，大大节约以往各部门分头采集、录入、校验、维护相关人口信息所耗费的人力、物力和财力。

（2）增强跨部门业务协同，节约信息盲点造成的机会成本。建立实有人口信息资源库可以降低政府各部门、企事业单位为防范信用风险而需要的额外支出，比如个人车辆登记信息可有效防止车管部门登记有车的人却享受民政部门提供的低保或建设部门提供的保障房，死亡登记信息可有效防止已死亡人员被冒领社保资金，为国家节约财政资金。个人纳税信息还可以有效防止偷税漏税，增加财政收入。方便、快捷地为社会及居民提供权威性的个人信息，为建立全社会的居民个人信用体系提供信息基础，减少居民在社会活动过程中的信用成本支出。

（浙江省经济信息中心）

杭州市电子公章政务统一平台

全球性的网络化、信息化进程正改变着人们的生活方式，信息技术的应用给人们生活工作的各个层面带来了深刻的影响，政府、企业的系统信息化建设也迎来了新的机遇和挑战，电子政务已经成为世界许多国家政府、企业追求的目标和关注的焦点。

我国的电子政务同样得到党和国家的高度重视，并成为国家信息化建设的中心环节，发展电子政务已经成为我国政治体制改革、行政管理体制改革和政府管理现代化过程中的重要战略安排。

十六大提出，要进一步转变政府职能，改进管理方式，推行电子政务，提高行政效率，降低行政成本，形成行为规范、运转协调、公正透明、廉洁高效的管理体制。

2004年8月28日中华人民共和国电子签名法在第十届全国人民代表大会常务委员会第十一次会议通过，电子公章得到法律认可，具备了有效性和权威性。

随着信息化和无纸化办公迅速发展，电子公章系统已经成为电子政务的一个基础性的和全局性的重要应用系统。因此，做好电子公章系统建设工作对实现电子政务，规范行政行为，保证电子公文权威性和严肃性，推进电子政务发展具有十分重要的意义。

电子公章应用于电子文档之上，与传统的手写签名、盖章具有完全相同功能的技术。有了电子公章，文档可以放心地通过网络以电子文件的形式传输，因此，电子公章问题是电子政务建设中必须首先解决的核心问题。相比较传统公章，电子化公章在保证原有传统公章应用模式的基础上，更是在提供信息化应用过程中对电子公章的全程跟踪、管理，因此在安全性、易用性、可集成方面对其提出了更高的要求。

杭州市电子公章政务统一平台主要集成了方正电子公章系统，利用印刷排版、图像处理、安全控制等方面的技术优势，应用在政府单位各种业务流程中，对电子文件加盖公章等。尤其在内部办公自动化系统，行政审批项目，可以为用户提供成熟的基于电子公章应用的解决方案。

一　用户对电子公章的需求

1. 应具有传统公章的所有特性

加盖电子公章的公文是政府行使职能的重要手段，公章体现了政府的意志和权威，因此，具有很高的严肃性，也就是，公章的表现形式、在公文中加盖的位置等，都要有严格的定义，也就是要保持版式，不能随便改动；其次，公章是一级机关的象征，因此，电子公章需要有可鉴别性，并且，通过 PKI 技术等数字化手段，应能提高电子公章的可鉴别性；最后，公章与整篇公文是紧密结合在一起的，加盖公章后，公文的内容是不能变更的，这就是公章的完整性。电子公章要取代传统公章，就需要具有这方面的特性。

2. 符合传统实物公章管理制度与使用流程

传统实物公章管理制度中，下级公章由上级单位批准并刻制，统一到公安机关指定地点办理刻制手续。公章的启用要求做好戳记，留样保存，并须注明启用日期、发放单位和使用范围。

发放到本单位的公章由专人负责保管，用章需有记录，注明盖印人、时间以及用印原因。并严禁在空白的介绍信、公文纸、信纸纸质载体上盖印。电子公章系统应用之后，应完全符合原有对公章管理的规则与流程，不能改变多少年来的使用习惯。这就要求软件系统要从技术手段上加以保证。

3. 安全性要求

除了使用习惯与管理规则要与原始公章保持一致外，电子公章在制作、发放、保管、盖印、打印加盖公章的公文等操作过程上，从信息安全的角度，更高层次地要求电子公章的安全性。

4. 良好开放性要求

目前我国的电子政务建设不断完善，各个单位纷纷建立与自身业务内容相关的办公软件平台，并且有不断扩展的需要。在以前，高可用性是牺牲了开放性来实现的。办公产品软件厂商都自成体系，制约了政府行业信息化的整合。众多应用系统的出现，最终必然要求资源整合、信息共享。因此在经济合理的前提下，每个应用系统要预留功能扩充的接口，具有良好的开放性。政府应用系统的整合将表现在两个方面，一方面是垂直系统的整合。例如，海关、税务、质检、社保、财政等政府细分行业，它们的系统将进一步整合，统一平台；另一方面，地方政府的各个部门之间的横向整合也将会越来越多。

二　电子公章介绍

1. 电子公章系统功能

电子公章制作使用符合国家规范，通过实物公章印模生成，存放在 U 盘中，与硬件绑定，防止拷贝公章信息。在使用中可以实现可视化盖章、联合盖章、验章、公章管理日志、控制打印份数等功能，下面就业务应用中的主要功能作一介绍。

（1）电子公章制作。

公章制作是电子公章服务器的重要功能，公章制作是对实物公章扫描后的图片加密，制作成可以与版式文件 CEB 结合的电子公章，图像特征与实物印章的图像特征保持一致，同时填写电子公章的名称，高度和宽度值等公章信息。各单位的电子公章图片来源于实物公章的扫描，以黑白二值图的方式扫描，然后通过公章系统制作电子公章，电子公章文件中包含的图片被多种算法加密。电子公章使用的习惯与方式完全符合公章现有的习惯。确保真实再现实物公章的平面大小、样式、字体和色彩。

电子公章的制作只能在电子公章服务器的本机上进行，保证了电子公章制作中操作的安全性，同时使得电子公章制作相对独立，易于管理。

（2）电子公章发放。

电子公章在服务器上制作完成后，就可以对公章的使用进行授权。公章授权的过程是公章发放和密钥发放的过程。发放公章的时候要设置公章使用口令，保障了公章在使用过程中的安全性。

公章以文件的方式存储在 U 盘等移动介质中，采用 1024 位的 RSA 非对称算法和 168 位的对称算法组合加密，并且电子公章文件和 U 盘的硬件进行绑定，文件一旦与此 U 盘分离，使用公章文件时就不能通过电子公章服务器的验证，盖章操作将失败。每次只能发送一个电子公章，但每个点可以制作并发放多个电子公章。

（3）单位标识发放。

单位标识是打印公文的时候的硬件许可，用户端打印公文时向公章服务器发送验证请求，此时用户端需要插上含有单位标识的 U 盘，验证有效后，返回打印信息，用户端可以进行打印，如果验证失败，由电子公章服务器记录下操作时间，操作用户等信息。

（4）电子公章查询。

可以按条件查询已经制作和发放的电子公章的详细信息，查询条件包括公章制作、公章发放或标识发放，输入公章名称，选择电子公章的制作单位，输入制作时间等等。

（5）电子公章作废/销毁。

可以将因各种原因作废的公章（如部门合并撤销、公章 U 盘丢失等），进行作废操作，并记录作废原因。对于含有作废的公章的 U 盘，就不能在电子公章系统中继续使用了，但以前盖章文件有剩余打印份数，还可以继续进行打印。

公章销毁是彻底删除公章，此前盖章的文件也不能再被打印。

（6）电子公章备份与恢复。

对电子公章系统中的公章进行备份，防止由于硬件故障引起的系统瘫痪，并可以在系统恢复后快速恢复公章信息。

（7）系统日志。

系统管理员可以查看所有的用户操作（包括制作、发放、作废、备份、恢复操作），以及后台的盖章和打印操作。保证所有操作都是可以进行回溯查询的，从管理手段上为公章的管理提供保障，如果出现问题时，可以做到有据可查。

2. 系统部署架构

在电子公章系统的实际的部署中，根据应用该系统的单位网络条件以及行政管理机制，可以灵活的部署集中式或者分布式的电子公章系统。

（1）集中式架构。

集中式的架构适用于有些单位网络条件好，管理集中于一个行政中心，下属各单位与这个行政中心形成直接垂直管理。这种情况下，部署集中式的电子公章服务器，更适合这些单位的管理模式。

集中式架构（中心验证）的一个重要优势为：每个客户端的操作员在进行盖章、打印加盖公章公文等这些与电子公章相关的操作，都要到同一个中心服务器进行在线的验证。

相对于中心点验证，在通常的情况下，仅仅依赖客户端验证模式的公章系统，在电子公文远程传输中一篇公文从发文方发送出去后，接收方有权限的操作人员通过客户端的硬件设备进行验证和解密，合法的操作人员在解密之后，如果对公文进行非法操作，就无从监控。尤其是严格规定打印份数的文件，合法用户取得公文后很容易稍加改动，就应用合法的身份与加密卡（或加密机）进行一文多次打印。根本无法做到对公文的"全程加密"或者"落地加密"的要求。

方正电子公章系统集中式部署时，整套系统内所有操作需要到统一服务器进行安全验证，对所有操作都无一遗漏、全部记录，留有完整日志，可做到事前监督、事中控制、事后可查，给系统管理人员提供大大的安全保障，做到职责分明，有据可查。

（2）分布式架构。

在网络环境不够成熟的条件下，建设远程的电子公文交换或者电子公章系统时，个别远程部门可能会采用拨号等较低效率的方式联网；另外，在很多单位的体系结构中，各二级机构部门相对比较独立，二级机构与一级机构的行政、业务和财务等等为独立分管，而二级机构下可能还有自身系统的三级机构部门，甚至是四级、五级部门。

这两种情况中，电子公章的部署相对比较复杂，也对电子公章产品提出了更高的要求，不仅能够满足各种的网络条件下的应用，在局域网连入甚至拨号上网的环境下都能保证很高效率的传输。也需要能够支持可向下扩展的多级应用，不仅可以完成二级体系的电子公章应用，更要能够顺利支持以后可预见的三级、四级等更多级的电子公章应用。

电子公章系统分布式部署，是指在每个公文交换点部署本地的公章服务器，各单位的公文交换客户端对公章操作时，后台直接到本地的公章服务器上进行验证。方正 Apabi 电子公章系统分布式架构与其他的点对点式的电子公章系统的区别在于，不仅仅在客户端可以应用多种软硬件加密手段的验证，更是在本地又有以中心服务器进行服务器级别的验证。

三　建设的意义

通过项目建设，可以在全市范围内提高政府社会服务管理信息化系统的效率，节约老百姓办事的时间，促进杭州市各委办局无纸化进度，使得杭州市信息化过程规范化、透明化、标准化。从而推动政府信息化进程。

通过各委办局逐步有序的接入，由以前行政审批部门按序逐家进行行政审批的模式，变为由政府确定的部门或者政务中心协调、组织各相关部门同步进行审批的行政审批模式。解决办事程序过于复杂、办理时限过长，公民、法人和其他组织负担过重、社会成本过高等问题，有利于促进政府转变职能，提高行政效率。

（杭州市人民政府电子政务办公室）

海南省、市县、乡镇三级农村
宅基地产权管理系统

一 项目背景与建设目标

2008 年 7 月，国土资源部下发了《关于进一步加快宅基地使用登记发证工作的通知》（国土资发〔2008〕146 号），当时，海南省农村宅基地登记累计仅颁发了 5 万多本证书，远低于全国 73% 的平均水平，而开展农村宅基地确权登记发证工作，依法对宅基地使用权进行登记，是推动农村土地产权制度改革，明晰农村宅基地产权关系，为农村宅基地的转让、抵押、担保等行为提供重要保障，依法保护农村宅基地产权人合法权益、规范农村宅基地管理、增加农民的财产性收益，促进新农村建设的一项基础性、公益性工作。2009 年，海南省政府下发了《关于全面开展农村宅基地确权登记发证工作的通知》（琼府〔2009〕5 号），要求用 3 年时间，完成海南省 18 个市县、202 个乡镇、2615 个村委会共 18934 个居民点的地籍调查工作，调查总面积约 12.06 亿平方米，为 110 万农户共计约 512.07 万人口免费进行农村宅基地确权登记并颁发土地权利证书。通知中明确提出建设省、市县、乡镇三级联网的农村宅基地产权管理系统，将农村宅基地确权登记发证工作形成的图、表、卡、册和有关法律文书统一纳入数字化管理，形成完整的农村宅基地产权数据库，为实现农村宅基地确权登记发证工作的常态化、规范化、长效化与制度化提供有力保障，确保农村宅基地产权信息的现势性和权威性。

海南省国土环境资源厅对农村宅基地产权管理信息化建设工作高度重视，在农村宅基地确权登记发证工作开展之初，就积极组织部署，委托海南省国土环境资源信息中心对农村宅基地确权登记发证工作进行调研，将信息化手段作为顺利推进农村宅基地确权登记发证工作的重要技术支撑。经过调研，针对农村宅基地确权登记发证工作的前期准备、地籍调查、确权审批、登记发证、监管检查五个主要工作步骤，以提高工作效率，规范工作程序，控制成果质量，有效过程监管为出发点，提出了全流程化、全数字化的技术方案，将信息化融入每一个工作环节，同时基于市县信息化技术力量薄弱的事实基础，结合海南省直管市县的扁平化行政管理体制，制定了省厅统一规划、统一部署、统一应用、统一维护的大集中工作方案，由海南省国土环境资源信息中心对《海南省、市县、乡镇三级农村宅基地产权管理系统》进行具体的设计实施。

二 解决方案和业务创新

（一）业务分析

要实现对农村宅基地产权的信息化管理，必须先解决农村宅基地地籍调查资料的数字化问题，而对地籍调查资料进行数字化，又必须做到标准先行，参照《城镇地籍数据库标准》（TD/T 1015—2007），海南省国土环境资源厅组织编制了《海南省农村宅基地地籍调查数据库标准》，制定了全省统一的地籍测区编码体系，并且主动为全省各市县地籍调查队开发和提供了《地籍调查数据管理软件》和《地籍测量成图软件》，软件中提供电子表格、测量图件的录入和打印功能，在填写电子表格时，将数据库标准对数据格式要求融入软件功能中，既减少了传统手写表格出现的字迹模糊、同一信息重复录入、信息修改不易等弊端，又提高了作业队伍的工作效率，获得了村民的认可；同时，在作业过程中同步实现了对地籍调查信息的数字化处理，地籍调查工作完成后，可以直接从软件中导出数据成果，提交国土所或国土局进行地籍调查数据建库，真正做到了一举多得。

市县国土局对地籍调查队提交的地籍调查数据成果进行检查和建库，再以地籍调查数据库为基础，采用工作流、电子签章、证件套打等技术，开展确权审核、登记发证工作，在电子签批、电子缮证过程中，既完成了确权登记发证工作，又同步对确权登记信息进行了数字化建库，从而形成了完整的农村宅基地产权数据库。

由于采用了数据集中管理的模式，全省各市县的成果数据集中在省级数据中心，从而实现了数据在省厅、市县局、乡镇国土所的三级同步共享，各市县的工作进展情况，全部可以通过数据的建库情况反映出来，经过统计分析，做到一目了然，为省厅履行技术指导、质量监管，进度控制职能提供了有效的技术手段。这种创新的工作方法，以信息化手段改进作业模式，提高工作效率，同时在工作过程中开展资料信息的数字化，边调查、边建库、边登记发证，与传统的采用手工纸质方式，先开展地籍调查，再进行确权登记发证，最后集中进行地籍资料数字化建库的作业方式相比，既提高了工作效率，激发了各工作岗位的工作热情，又能够节省时间和经费。

（二）系统架构设计

《海南省、市县、乡镇三级农村宅基地产权管理系统》是以成熟的"海南省国土环境资源政务云平台"为基础，采用 SOA 架构理念，应用集群服务、大数据、CA 认证、GIS、工作流、电子签章、元数据管理、短信提醒等先进技术，构建的同时满足省厅监管、市县登记业务办理、乡镇国土所地籍调查等业务工作需要的统一网络、统一门户、统一数据、统一软件、统一维护的农村宅基地产权管理系统。

（1）数据层　农村宅基地产权资料包括权属登记表单、宗地空间位置、权属来源证明材料等不同格式内容，通过采用 DB2 + ArcSDE 的数据管理架构，应用分类分区分表存储，集中统一的数据管理模式，实现对海量数据的有效管理。

（2）管理层　提供对业务数据和系统有效运行的管理功能，同时对通用功能模块化，为服务层提供标准服务接口，提高系统的耦合度和可维护性。通过 ArcGIS Server 将地图浏览变更功能组件化，实现了空间数据的同步共享和实时更新。

（3）服务层面向用户，为用户提供农村宅基地确权登记业务管理和查询服务。

（三）功能设计

针对农村宅基地确权登记发证工作任务，该系统分为 3 个分系统，以分别适应地籍资料数字化、数据库成果管理、土地登记审批业务办理三项业务需求。

（1）地籍调查资料数字化分系统：负责对地籍调查成果进行数字化处理，依据处理数据格式的不同分为两个独立的单机版工具软件：地籍调查数据管理软件和地籍测量成图软件。地籍调查数据管理软件功能包括填写、打印土地登记申请书、地籍调查表电子表格的功能，并且负责对扫描的电子档案进行分类管理，将电子表格数据与档案扫描件关联起来，同时，提供数据打包功能，将数据以测区为单位进行打包，以数据包格式提交数字化成果。地籍测量成图软件功能包括使用地籍测量的界址点进行成图，宗地代码编制、制图等功能，并将地籍图成果打包，以数据包格式提交数字化成果。

（2）数据库管理分系统：负责对农村宅基地确权成果数据进行维护管理，包括数据上报、检查、导入、新增、修改、删除、查询统计分析等功能。其中数据查询统计分析功能要求满足三级需求，省厅查询统计分析全省成果，市县查询统计分析市县成果，国土所查询统计乡镇成果。

（3）土地登记审批分系统：负责以工作流成形式，办理土地登记审批业务。包括登记审批意见签写、组编土地登记簿、套打土地证书等功能。

（四）主要技术特点

（1）应用"网格管理"理念管理地籍数据，将海南省的所有村庄、居民点统一划分为不同的网格，对网格进行编码，以网格为基本单元进行管理。

（2）电子签章审批技术应用，确保审批过程严谨与合规。

（3）统一组织架构和权限认证体系建设，构建从省厅到市县局到国土所约2000人的组织架构和权限控制体系，确保系统的安全稳定。

（4）Web应用集群服务技术应用，满足200用户同时在线进行数据建库、登记审批、造册制证等工作，日发证量达到2000本。

（5）ArcGIS Web Service集群服务技术应用，满足省厅、市县局、乡镇所对地图的建库、查询浏览、数据分析、共享服务需要，涉及共600多个图层，30多个服务的发布共享，后台部署SOC服务器约30多台。实现基于ArcGIS Web Service的DCOM API的空间数据ETL功能和在线制图、打印功能。

（6）构件化技术应用，实现GIS功能服务的动态配置，满足不同市县用户对不同图件的编辑与浏览需求。

三 应用情况及效益分析

（一）系统推广应用情况

《海南省、市县、乡镇三级农村宅基地产权管理系统》已经全面应用于全省18个市县农村宅基地产权管理工作中，共完成制证约100万本，涉及农户83万户，宗地76万宗。该系统将农村宅基地登记的登记申请书接件、地籍调查、材料初审、批后领证等工作前置下沉到乡镇国土所办理，通过国土局与国土所的联网办公，由国土局进行电子登记审核，整个审批流程透明化，省厅通过查询监管系统对全省农村宅基地登记办理情况进行实时监管。此系统的上线使用首先方便了村民在乡镇上即可进行宅基地登记业务办理，也充分发挥了乡镇国土所地熟、人熟的资源优势，减轻了国土局的工作压力，同时实现了省厅数字化实时监管。实现了农村宅基地确权登记发证工作全数字化、全流程化、无缝衔接工作模式，产生了巨大的社会效益。

（二）系统经济效益

该系统建设采用大集中模式，充分利用已有的网络和软硬件平台资源，节省各市县建立独立数据中心的软硬设备投入，同时减少了系统日常运行维护的开支，实际上是花了一套系统的投入成本，满足了18个市县的业务需求，为国家节省了投资成本，树立了一个集约节约的成功榜样。

（三）系统应用社会评价

《海南省、市县、乡镇三级农村宅基地产权管理系统》取得的社会效益，在社会上产生了良好的反响，海南省电视台就该系统在农村宅基地确权登记发证中的应用做了专题报告，在国土资源部领导视察海南地籍工作中获得了好评，并在GIS行业关注的ESRI公司用户大会上作为集中式以图管理案例进行示范推广。

系统建设完成后，陕西、天津、江西、贵州、辽宁、广东等多个省、市、国土管理部门组织管理与技术人员到海南进行参观、考察学习，对我国地籍管理信息化起到了示范带头作用。

2013年，该成果荣获"中国地理信息科技进步二等奖"。

四　开发单位介绍

海南省国土环境资源信息中心为该项目建设运维单位。

（海南省国土环境资源信息中心　马利　阳雄伟）

崇州公众信息网微信平台

2013 年,《国务院办公厅关于进一步加强政府信息公开回应社会关切提升政府公信力的意见》发布,该意见明确提出,各地区、各部门应积极探索利用政务微博、微信等新媒体,及时发布各类权威政务信息。这无疑给各地政务微信发展提出了更高的要求,也为政务微信的发展提出了转型升级的要求。

自 2011 年初,微信进入大众视野至今,经短短三年的迅猛发展,微信用户已经突破 3 亿人,直逼拥有 4 亿用户的新浪微博,并继续保持快速增长。随着微信和腾讯、新浪等新闻媒体以及手机通讯录、朋友网、QQ 好友(群)、位置社交(附近的人)等人际关系圈的互通,未来的微信将可能成为用户最为重要的"手中的名片集装箱""可移动的信息中心""有价值的沟通工具",并由此相互链接而形成无数个密集分布的圈子网络。随着互联网信息传播技术的飞速发展,信息传播分散化、多渠道传播成为一大趋势。

作为政府主导媒体,如何应对信息传播技术对传统传播手段造成的挑战,把握信息传播主动权,积极拓展传播空间和渠道,实现从传统单一媒介平台为主向立体化多功能平台的转型,促进政务信息不断外延,是政府面临的时代要求。2013 年之前,崇州市政府传统媒体有"今日崇州"报刊、崇州电视台、崇州公众信息网,报刊和电视台的影响力仅限于本地,影响力度有限,公众信息网知名度低,信息发布速度不够快,缺乏利用新媒体手段构建能够快速、精准、有效、互动的立体传播体系。因此,如何用好新媒体,增强政府声音传播的多样性、及时性、有效性、互动性,是崇州市官方媒体需要考虑的问题。

为构建立体性的政府信息传播手段,崇州市结合电子政务"十二五"发展规划,提出完善政府微博平台、构建政府微信平台、打造政府网站 App 客户端的想法,并率先于 2013 年 3 月 11 日,以市政府网站崇州公众信息网名义开通四川省首个政府官方微信公众平台"崇州公众信息网",微信账号 CZGZXXW,平台目前已通过微信官方认证,从开通初期发送单文字信息,单图文信息,发展到现在每天发送多图文信息并与微博实现同步,目前注册用户近 3000 户,关注用户数正在不断增加,通过文字、语音、图片、视频等进行互动交流,增强政府的服务能力和建设能力,让百姓与政府的对话更加方便,开启了崇州政民互动新篇章。

崇州公众信息网微信公众平台以新形势下利用新媒体密切联系群众为己任,以正面传播政务信息、民生信息、办事服务信息、加强与民沟通为目标,是党政机关、企事业单位和广大市民参与的公众信息平台,平台主要用于公布政府及其部门的政务动态、工作信息、工作职责、办事程序、服务承诺、方便群众生产生活,接受社会公众监督,吸纳对政府工作的意见和建议。自开通 11 个月以来,共发布各类信息 2200 余条,答复咨询类信息 500 余条,受到了各界群众的一致好评。

崇州公众信息网微信公众平台的开通,是崇州市经济和信息化局创新工作方法、拓宽网站传播途径的有效举措。为保障崇州公众信息网微信公众平台的正常运行,崇州市经济和信息化局专门设置了政府网站、微博平台、微信平台领导工作小组，确立了以网站、微博、微信三种媒介并重传播政府声音、做好办事服务、加强与民沟通为目标的工作理念。同时，建立健全了崇州公众信息网微信公众平台运维机制，对责任分工、信息发布制度、保障机制等进行了明确，强化由专人每天对微信平台进行维护，及时发布各类信息、及时答复市民咨询。

目前，微信平台运行正常，效果良好，主要呈现三个主要特点。

一是发布信息及时，影响范围广

微信平台通过点对点推送方式，传播信息更直接、更迅速，影响力更广泛。"4·20"芦山地震中，崇州市震感强烈，群众恐慌情绪严重，灾情就是命令，崇州公众信息网微信平台工作人员第一时间收集市委、市政府、应急办、民政、卫生、公安、消防、红十字会、电力、通信、医院、学校等部门受灾情况和应急情况，代表市委、市政府第一时间向群众发布关于地震情况的权威信息，及时消除了群众间的恐慌情绪，为稳定生产生活秩序发挥了重要作用。四川崇州"7·9"特大暴雨期间，24小时降雨量超过700mm，部分乡镇受灾严重，到底哪些乡镇受灾，受灾严不严重，市委、市政府抗洪应急采取哪些措施，道路、电力、通信畅通情况怎样，成为广大市民关注的焦点，为积极引导群众配合政府做好救灾工作，崇州公众信息网微信公众平台第一时间收集发布全市灾情信息和救灾信息20余条，使群众第一时间获悉崇州市具体受灾情况、政府应急措施，为崇州"7·9"抗洪救灾有序开展提供了良好舆论支持。除了抗击自然灾害时刻，凡遇到全市重大活动、重大项目、重大民生工程等重要时刻，崇州公众信息网公众微信平台均第一时间发出政府权威声音。

二是民生信息量大，市民满意度高

按照中共中央政治局《关于改进工作作风、密切联系群众》的八项规定要求和崇州市委、市政府《关于改进工作作风、密切联系群众的实施办法》文件要求，切实改进新闻报道，简化市委、市政府领导班子成员出席会议活动新闻报道，提高民生新闻和社会新闻报道比例，自微信平台开通以来，共报道涉及医疗、教育、住房、交通、卫生、社保、就业、农村产权等各类民生信息530余条，占微信平台发布信息总数的53%，报道的民生信息以群众的关注点为出发点，通过文字、图片以及视频专访形式，对群众切实关心的内容进行重点报道，受到了各界群众的一致好评。

三是重视与民沟通，及时答复咨询

作为移动互联网时代一种全新的沟通交流方式，如今，微信已拥有超过3亿多用户，个人和机构都可以建立一个微信公众账号，通过网络快速发送文字、图片、语音和视频信息，与政府部门进行文字、图片、语音的全方位沟通和互动。自崇州公众信息网微信平台开通以来，共答复网友提出的关于办事事项、建议意见、反映诉求等信息500余条，实现了政府和市民的良性互动。下一步，崇州公众信息网将联合公安、社保、住房、民政、教育、卫生、医疗等部门，进一步完善微信平台答复机制，真正达到通过微信平台与群众沟通、为群众办事的目的。

（崇州市经济和信息化局）

贵州省"一张图"平台的省
国土资源电子政务系统

　　随着贵州国土资源信息化应用的不断推广和深入，仅有电子政务平台已经越来越难以满足国土资源管理的需要，为此贵州省国土资源厅开发了集成全省"一张图"平台的贵州省国土资源电子政务系统。本系统采用基于 SOA 的共享服务架构设计模式，通过制定统一的标准化的数据入口，使得各类满足数据接口的业务数据均可快速地同步注册到平台中；实现了"一张图"平台与电子政务系统平台的无缝集成，包括功能独立运行，数据共享、用户和权限管理单点登录；形成了统一的数据标准、统一的数据管理存储方式、统一的数据更新机制、统一的数据应用体系等全省统一的国土资源空间地理信息服务架构。不但能使数据管理、应用服务、应用界面实现分离，同时也使得系统的构建端、应用端和开发端实现分离，快速搭建管地、管矿、防地灾等国土资源业务系统。对国家、省、市、县四级土地"批、供、用、补、查"、矿产资源勘查和开发等提供有力支撑，从而全面提高贵州省国土资源的管理、决策以及社会化服务水平。

一　项目背景与需求

　　2001 年国土资源部将贵州国土资源厅列为省级国土资源信息化建设试点示范单位，2005 年以后，贵州国土资源信息化建设进入了全面发展的阶段，电子政务平台建成并在全省县级以上国土资源管理部门全部投入运行，实现日常公文流转、综合管理和行政审批业务的网上无纸化办理。全省大多数的乡镇国土资源所完成乡镇电子政务建设。

　　随着"智慧地球""云计算""物联网"等新技术不断涌现，信息技术不断创新，并且日益向经济社会各领域广泛渗透为积极应对国土资源管理面临的新形势、新任务、新挑战，国土资源部采取了一系列重大举措。2010 年 6 月国土资源部下发了《关于进一步运用现代科技信息手段规范和创新管理的指导意见》，专门就科技信息手段规范和创新国土资源管理提出指导意见，明确了指导思想、总体要求、主要目标、主要任务和保障措施，强调了全国国土资源"一张图"、综合监管平台和网络互联互通在构筑以科技信息手段为支撑的国土资源管理运行体系中的基础作用，构筑以科技信息手段为支撑的国土资源管理运行体系，实现国土资源的全程监管和高效配置。

　　为了实现以上目标，贵州省在原有电子政务办公平台基础上，开展了集成全省"一张图"平台的贵州省国土资源电子政务建设与应用，实现"以图管地、以图管矿"的国土资源信息化建设的总体架构，从而全面提高贵州省国土资源的管理、决策以及社会化服务水平。

二 解决方案和业务创新

（一）解决方案

1. 建设目标

在电子政务平台基础上，开发建设并集成贵州省"一张图"平台，整合各类空间数据，建立分建共享、共建共享的管理维护机制，形成"以图管地、以图管矿"的体系，为全省各国土资源部门的审批和监管、服务提供支持。

2. 架构设计

（1）基础层：包括网络和基础软硬件，是集成全省"一张图"平台的贵州省国土资源电子政务系统的运行基础，现已基本搭建完成。

（2）数据资源层：其一是 GIS 数据。GIS 数据包括通过分建共享、共建共享的分布在全贵州省国土资源广域网的二调、规划、基本农田、建设用地审批、供应、开发整理与复垦、执法监察、土地利用、矿业权登记成果、储量、矿产资源规划、矿业权设置方案、储量登记、地灾详查、巡查、基础地理、基础地质、三维影像等数据。其二是电子政务数据。主要包括从 2001 年以来全贵州省国土资源业务审批和办公所产生的如建设用地审批数据、采矿权审批数据、探矿权审批数据和各类公文数据等。

（3）服务层：主要是软件基础服务平台，包括电子政务平台（OA）和空间地理信息管理和服务平台（一张图平台）。

（4）业务层：包括在电子政务平台和空间地理信息管理和服务平台基础上搭建的各类国土资源业务应用系统，包括矿政、地政、地灾、测绘等专项业务；

（5）表示层：是用户与系统交流部分。

3. 技术方案

（1）平台实现。

①贵州省国土资源电子政务平台。

贵州省国土资源电子政务办公平台系统为省市县统一的国土资源电子政务办公平台。系统以三级国土资源网络体系包含国土资源管理审批的主要业务和日常办公的无纸化、自动化和网络化。

贵州省国土资源电子政务平台是电子政务建设的核心，是集中统一的行政、业务、日常事务管理重要的技术支撑，是现代 OA + MIS + GIS 集成的综合电子政务系统运行的载体。

贵州省国土资源电子政务平台包括管理平台、运行平台及平台支撑数据库。平台以国土资源局域网和数据中心为基础，通过管理平台定义、配置、维护平台支撑数据库中的资源和各类业务规则，再通过运行平台调用、解释支撑数据库中的信息，以及调用外部开发工具所开发的系统功能组件，驱动国土资源各项业务操作、动态更新业务数据库和基础数据库，形成具有统一安全认证、单点登录、支持大规模应用、多应用系统集成的国土资源电子政务工作平台。

贵州省国土资源平台基本功能包括：资源管理、数据操作管理、流程管理、辅助办公工具管理、接口管理、组织机构及人员管理、外部单位字典管理、岗位角色管理、用户权限管理、关系型数据操作定义、空间数据操作定义、业务管理、业务操作定义、工作流管理、查询统计自定义、个性化桌面自定义、二次开发接口管理、外部系统接口管理等功能，它既是搭建平台也是运行平台。

基于平台上的"贵州省国土资源自动化办公系统"软件是整个系统应用程序的集成，包括审批事项管理——行政性业务（地政、矿政、测绘管理），非行政性业务审批（公文办理），内部业务审批（内部请示发文等）；包括综合事务管理——公告公示、公文管理、督办监管、新闻简报、电子邮件、文档中心等

②"一张图"平台。

"一张图"平台主要有三个子系统组成：业务数据管理系统、展示系统、后台管理系统。

业务数据管理系统主要用于管理关系数据模型、SDE空间数据、WMS、WFS、三维地形方案、综合查询统计分析模型定制等，为前端展示提供基础的数据服务。

展示系统主要基于Skyline三维技术展示基础地形、发布好的各种服务数据、提供业务办公用的相关功能，展示系统根据应用需求可配置成不同的应用系统、其中包括基础GIS功能、空间分析功能、综合统计分析查询、业务专题应用等功能。

后台管理系统主要用于配置各应用系统、管理部门、用户、角色、操作权限、操作功能、综合查询统计分析模型于数据关联定制等。

（2）业务系统搭建。

为满足不同业务应用部门的特定需求，采用可定制化应用的设计，即：可以方便地通过组合基础服务数据、业务功能、资源、界面定制实现业务应用系统的快速搭建，形成不同专业功能系统，如基础地理信息浏览查询、矿权综合管理系统、建设用地审批、采矿权审批、探矿权审批等。

（3）部署设计。

贵州省电子政务平台经升级改造后，全省在省厅和九个市州设系统中心，十个平台系统互联互通，形成统一的整体。已经在省厅、市州局、县局和大部分乡镇使用。

"一张图"平台在贵州省国土资源厅中心机房统一建设部署服务平台，省厅通过局域网访问，市、县两级通过贵州省国土资源广域网连接访问，现已在省厅、9个市州、50多个县投入使用。

（二）业务创新

（1）建成全省统一的电子政务平台和"一张图"平台。实现全省国土资源的省、市、县、乡四级电子政务系统和"一张图"统一平台，实现办公数据、业务审批数据和地理信息数据分建共享、共建共享。现管理的数据覆盖了地政、矿政、地灾、测绘、基础地理数据。实现TB级的数据管理。

（2）"一张图"平台与电子政务系统平台的无缝集成。实现了功能独立运行，数据共享、用户和权限管理单点登录。

（3）形成全省统一的国土资源空间地理信息服务架构。统一的数据标准、统一的数据管理存储方式、统一的数据更新机制、统一的数据应用体系。从而形成了从数据生成、更新、发布、应用的一套完整机制，体现了谁生成、谁更新、谁发布、统一分配应用。

（4）功能与数据分离。平台中依赖业务数据的功能进行优化设计，使得功能实现与业

务数据进行解耦，可根据业务应用需求进行数据绑定，使得功能不强依赖于数据，达到灵活配置的目标。

（5）基于SOA的共享服务架构设计模式。采用SOA架构技术，不但能使集成全省"一张图"平台的贵州省国土资源电子政务系统的数据管理、应用服务、应用界面实现分离，同时也使得系统的构建端、应用端和开发端实现分离，使得应用系统的开发可以"快速构建、所需应变"，使业务功能和业务数据的动态绑定，从而实现了快速搭建管地、管矿、防地灾等国土资源业务系统。

（6）统一数据接口和共享使用。平台采用面向服务的架构设计，通过制定统一的标准化的数据入口，使得各类满足数据接口的业务数据均可快速地同步注册到平台中，并应用到应用系统中。把处于网络上不同位置、不同格式，但按照同一标准发布的基础地理地质数据、矿政数据、地政数据、地灾数据等按授权在集成全省"一张图"平台的贵州省国土资源电子政务系统同时展示和应用。

三　实施效果与经济社会效益

（一）项目实施效果

集成全省"一张图"平台的贵州省国土资源电子政务系统在全省电子政务系统多年运行的基础上，从2008年开始进行技术研讨和需求调研，结合贵州的实际情况，采取了"边建边用"、集中平台服务方式，逐步完善功能和扩大使用范围。

现已经整合了二调、规划、基本农田、建设用地审批、供应、开发整理与复垦、执法监察、土地利用、矿业权登记成果、储量、矿产资源规划、矿业权设置方案、储量登记、地灾详查、巡查、基础地理、基础地质、三维影像等数据。整合的空间数据数据量达到了10个T。

在矿政应用方面，已经建成满足各级矿政部门的矿业权审批、查询统计、矿业权监管、数据管理、矿山四维展示等需求的矿政管理信息化系统，并实现省、市、县三级矿政数据的动态共享和应用。在地政方面，初步建成了土地的批、供、用、补、查应用系统。

（二）所带来的社会经济效益

1. 社会效益

（1）集成全省"一张图"平台的贵州省国土资源电子政务系统在原有OA办公平台基础上，大幅提高矿产资源管理的实效性、准确性和精细化。通过该系统的应用，使矿产资源管理不但实现矿权设计、矿产资源储量、矿产资源规划、矿产资源开发利用多种关联数据的动态叠加、分析、统计和动态建模，这样就可以在时间上大大提升矿产资源的各项业务管理管理；由于可以通过储量、实际地形地貌管理矿权，从而矿权的设置、变更变为更为精确，矿权之间的边界可以精确到厘米。与此同时通过矿产资源储量和开发利用的动态管理可以让矿产资源管理更为精确，具体矿区储量可以精确到吨。从而实现矿产资源的精细化管理。

（2）土地资源管理更高效、精细和完整。通过该系统的应用，使得土地管理从批、供、用、补、查实现时效和精细化的管理，从实现土地资源信息的完整性管理，基本消除了土地资源信息死角和盲点，系统使用使得土地管理的每一个环节误差缩小到天，土地资源管理面积误差缩小到平方米。土地资源数据的完整扩大到 90% 以上。

2. 经济效益

集成全省"一张图"平台的贵州省国土资源电子政务系统，大幅提升贵州省国土资源信息信化管理水平，有效降低全省国土资源各级单位的相关工作经费；促进贵州省国土资源厅审批业务提速，降低被审批单位资金成本和时间成本；确保及时发现违法占用耕地，减少经济损失，及时发现违法挖矿，减少资源损失，及早发现地质灾害，避免人民财产损失，综上所述该项目的经济效益及其附加值巨大。

四 开发单位、供应商与运维保障

开发单位：贵州省国土资源技术信息中心。

供应商：skyline 公司 skyline 软件、Esri 公司的 arcgis 软件、ORACLE 公司的 ORACLE 数据库。

运维保障：贵州省国土资源技术信息中心作为系统运行维护核心单位，合作单位常驻技术人员 3 名，地县国土资源局常驻运维人员 4 名。

（贵州省国土资源技术信息中心）

新疆政府系统电子政务专有云试点项目

从 2012 年开始，新疆维吾尔自治区政府将"电子政务云"作为建设重点，选择阜康市、新源县、莎车县和乌鲁木齐市经济技术开发区等单位开展"电子政务云"应用试点，经过一年的建设和应用，平台运行平稳。新疆政府系统电子政务专有云试点项目有力地推动了电子政务资源的共享与整合，大幅地提高了政务工作效率。

一　工作背景

近年来，新疆维吾尔自治区政府信息化经过多年的建设和发展，已经形成一定规模，应用效益也已显现。但是依然存在缺乏统一规划、重复建设泛滥，"信息孤岛"严重、资源难以共享，资金缺乏保障、专业人才匮乏、保障体系薄弱等问题，严重制约新疆电子政务工作持续发展。

随着信息技术发展应运而生的云计算，是一种基于网络的超级计算模式，能够最大限度地实现互联互通、资源共享、业务协同。基于云计算技术的电子政务工作模式，统一采购软硬件设备，对政府信息系统进行统一管理、统一运维，不但可以减少政府财政投入，而且便于信息资源整合，有助于解决重复建设、资源难以共享、资金缺乏保障、专业人才匮乏等难题，为破解当前制约自治区电子政务发展困境提供了可能和选择。新疆维吾尔自治区党委和政府也将推进云计算产业和应用发展列入新疆信息化发展重点战略。

二　工作思路

为适应信息技术和政务发展的需要，根据自治区党委、政府确定的我区大力发展云计算产业和应用的战略规划，经自治区相关部门批准，2012 年初，自治区政府电子政务办公室和有关机构协商确定开展电子政务云应用试点工作，并组建了自治区电子政务云建设项目组，制定了工作方案，指导电子政务云试点应用工作。项目组在全区范围内选取了新源县、莎车县、阜康市及乌市经济技术开发区等单位，开展了利用云技术开展政务公开和政务服务、行政审批和电子监察、政府网站应用等方面的试点工作，力争通过试点应用，研究云计算在自治区电子政务应用中的适合方式，探索云计算在电子政务应用中的安全解决方案，为云计算在全区电子政务应用推广寻求适合的管理运维模式。

三　业务创新介绍

根据新疆政府系统政务云平台建设的目标和原则，结合新疆县市级电子政务建设水平比较落后、基础薄弱等情况，在完成云平台的基础构建后，按照县市级电子政务建设的规律，分阶段地、逐步在全疆政府系统推广基于云计算技术的统一行政审批平台和电子监察系统；另外，逐步将基层政府网站（群）迁移到电子政务云平台上，同信息公开目录系统进行功能整合，构建全疆统一管理的政府外网信息发布平台；同时提供云存储服务，为各级政府工作人员移动业务处理提供数据和信息服务。

（一）推进顶层设计，避免重复建设

通过统一规划、集中建设，实现顶层设计，可大幅提高电子政务系统的统一性、规范性和先进性；大幅增强数据的规范性、集成性和可用性。形成电子政务可持续发展的先进模式。

（二）打破信息孤岛，促进资源共享与业务协同

过去多年我们为共享而共享的解决政务资源共享的探索和努力，不论是行政上的还是技术上的，都没有取得实质上的进展。但是通过建立电子政务云，基于共享的资源池和统一的自动化集中式管理，可以快速实现资源的共享，可能在相当程度上解决电子政务建设中各自为政、独立建设、资源分散的诸多问题。从而打破信息孤岛，实现政务数据跨部门查询、大数据分析挖掘，为实现信息共享与业务协同奠定提供技术层面的支撑，从而整体提升电子政务的应用水平和效益。

（三）减少系统投资，降低运维成本

使用云平台，依托统一的网络，用户不再需要建设系统平台，不再需要升级投资，不再需要建设自己的专网，只专心于需求和应用，将大大减少重复建设和系统投资，降低运维成本，可有效解决基层政府电子政务建设经费不足而面临的困境。

（四）集中的专业技术服务，降低对用户技术人员和技术水平的要求

所有应用基于统一"云计算"平台部署，所有复杂专业的技术服务都基于"云计算"平台展开，技术支持和维护都主要集中于云平台，由平台运营商或管理方负责。

用户只需更专注自身业务需求与应用即可，不必面对大量复杂的软硬件维护。从而从根本上解决了基层政府信息技术人员缺乏的问题。最大限度地解放了电子政务人员，使他们回归正确的职责所在，更能全身心投入参与政化、优化流程、提出需求和保障应用中。

四 应用成效

经过一年的建设和应用，新疆政府系统电子政务云试点项目已超额完成预定工作任务。

新疆政府系统电子政务云平台共部署 11 台服务器，建立 48 个虚拟节点；试点单位已将行政审批、政府网站等应用集中迁移到新疆政府系统电子政务专有云平台，利用统一软、硬件开展应用：阜康市政府网站和 54 项行政审批事项已正常运行 6 个多月，政府网站已发布信息 3600 余条、实现网上审批办件 6957 件；新源县已完成政府网站主体设计及 41 项行政审批事项流程配置；乌鲁木齐市经济技术开发区已完成 35 项行政审批事项的梳理部署。在试点应用过程中，组织对云计算应用的安全保障体系和运维模式等关键问题进行了深入的实践和研究。

2013 年 5 月 21 日，由自治区经信委、科技厅、新疆大学等单位有关专家组成的专家组

一致同意项目通过验收。通过试点应用工作，相关各方面都对以下方面达成了共识。

（一）云计算技术可有效建立政务大数据应用系统，全面实现信息互联互通、资源整合共享、业务高效协同，而且相对综合耗能更低、碳排放更少。

（二）云计算应用中面临的安全保障等新问题可通过技术手段的进步和标准规范的完善来加以解决。2013 年 9 月，电子政务云平台已通过二级等级保护测评。

（三）云计算应用模式通过统一投资、集中建设、按需租用的方式，促进电子政务建设和运行维护走市场化、专业化道路，全面提升电子政务技术服务能力，降低电子政务建设和运维成本，从而可较好地解决应用单位面临的资金短缺、技术人员匮乏等诸多问题，可促进电子政务传统的自建自维模式的变革和创新，提高综合效益。

五 技术特点

（一）主要硬件设备

新疆政府系统电子政务云目前拥有 15 台服务器，60 颗 CPU，750G 内存，5000G 存储空间，并复用自治区政府外网相关安全设备和三条各 100M 互联网链路。同时，为进一步提升新疆政府系统政务云的支撑服务能力，经与新疆"天山云"相关单位协商，在"天山云"中专门划分出独立区域，作为政务云的扩展区域，目前该扩展区域包括 48 台高性能服务器，384 颗 8 核 CPU，6144G 内存和 100T 存储空间，并完成信息安全等级保护二级建设工作，取得测评报告。

（二）软件体系结构

1. 基础层（IaaS）

为保证系统建设性能和可靠性，本次试点项目建设采用 Eucalyptus 作为云管理平台实现对所有物理设备和虚拟设备的管理，采用 Xen 作为虚拟机管理系统。

2. 平台层（PaaS）

设计中以基础应用平台作为 Paas 层的政务应用支撑平台，各应用通过数据总线与接口进行数据交互和信息共享，平台提供一整套的应用支撑体系与应用管理开发体系。

3. 应用层（SaaS）

依托政务软件支撑平台，当前可开展的政务应用主要有政务信息公开、政务业务服务和政务数据存储等。

六 安全保障体系

云计算中心仍然是一类信息系统，需要依照其重要性不同进行分级保护，云计算中心的安全工作必须依照等级保护的要求来建设运维。但云安全还需要重点考虑虚拟化等新技术的应用和云计算商业运营模式所带来的新的安全问题。

因此，主要考虑如下思路进行云计算中心综合安全防护体系建设。

基于信息安全等级保护，通过对物理安全、网络安全、主机安全、应用安全、数据安全五个方面基本技术要求进行技术体系建设，达到云安全技术提升，目前基于"天山云"的新疆电子政务云已通过信息安全2级等级保护；

通过对安全管理制度、安全管理机构、人员安全管理、系统建设管理、系统运维管理五个方面基本管理要求进行管理体系建设。

通过云安全管理平台加强云中心安全运维管理水平，实现包括资产管理、安全管理中心、安全运维中心、系统配置以及报表管理、日志管理，实现资产统一管理、信息采集、安全事件管理、关联分析、脆弱性管理、安全告警管理、安全响应管理、网管系统、系统运维集中管理、管理制度集中管理和查看、日志管理、报表管理、状态监控及展示等功能，满足云计算中心的安全管理、安全防护及运维管理的需求，尽可能地消除或降低云计算中心的安全风险，满足不同安全等级用户对云安全的要求。

通过以上三方面，使得云中心业务系统的等级保护建设方案最终既可以满足等级保护的相关要求，又能够全方面为云计算中心的业务系统提供立体、纵深的安全保障防御体系，保证信息系统整体的安全保护能力。

此次新疆电子政务云平台建设为依托互联网为政府、公众和企业服务，因此出口与INTERNET连接，基于此项，网上处理及存储的数据均为非涉密数据；

此外，在依据信息安全等级保护的角度解决云平台安全问题的同时，对IaaS、PaaS、SaaS三个层次分别所面临的安全风险，互相映照解决安全问题。

本次系统建设采用Linux系统为主，以尽可能提高系统安全性。在项目建设的后期，当用户大量增加的时候，可以考虑增加数据库安全防护系统。

设备数量和配置上，关键节点采用双机冗余架构配置，以保证系统的可用性和可靠性；从扩展性方面考虑，安全产品选择插卡式设备，以方便实现系统的扩容。同时，云计算中心很多应用都是基于虚拟化方式实现，因此所选设备要求支持虚拟化能力，满足云计算中心的需求，实现安全的虚拟化。

七 运维和保障

目前，新疆维吾尔自治区电子政务云由新疆维吾尔自治区电子政务办负责管理，中科院新疆理化技术研究所提供技术支持，新疆西北曙光云计算有限责任公司进行运维保障，通过驻场与远程相结合的方式进行运维保障。

新疆维吾尔自治区电子政务云结合云计算与新疆本地的实际特点，严格遵守国家相关各项管理规定，并按照规范的ISO9001流程和CMMI3级的要求，建立服务保障体系，同时结合云服务的运营维护理念建立运营体系，通过对不同用户所需服务的提供、跟踪和统计进行相应的计量分析，建立统一规范的服务标准与运维模式。从而建设完成集示范建设、应用推广、人员培训、维护保障、运营服务于一体的集成、高效的新疆电子政务云服务体系。

八 管理创新

新疆政府系统政务云平台基于统一规划和顶层设计，遵循政府主导、企业建设、租用服务和市场运作的原则，通过依托新疆"天山云"平台，实现软硬件集中部署、统建共用、资源共享，集中承载各地各部门基于互联网的面向公众的政务应用系统，提供基础设施、支撑平台和应用系统服务。

九 组织实施经验

2012年初，经新疆维吾尔自治区人民政府办公厅安排，新疆维吾尔自治区政府电子政务办公室联合中科院新疆理化技术研究所等相关单位组织开展了新疆政府系统电子政务云试点项目，新疆新源县、莎车县、阜康市及乌鲁木齐经济技术开发区等单位作为首批试点单位参加试点应用工作。

在各单位的支持和配合下，项目组形成了《自治区政府系统电子政务专有云试点建设和应用示范工作方案》，确定试点工作目标包括建立小规模基于云计算技术体系的自治区级电子政务云、开展基于统一电子政务平台的政府网站、行政审批与电子监察等应用，针对云计算在电子政务应用中存在的安全风险提出解决方案，探索基于云计算的电子政务应用的运营服务规范和模式等，通过实现以上目标来验证了云计算应用于新疆政府系统电子政务的必要性和可行性。

十 下一步工作考虑

（1）在全区政府系统中推广采用电子政务云平台提供的基础设施、支撑软件、应用功能、信息资源、运行保障等服务。新疆政府系统新规划建设的基于互联网的电子政务应用项目将统一部署到电子政务云上建设和运行，已建立的应用系统适宜于云计算应用集中模式的逐步过渡和迁移；

（2）结合新疆实际，以相对社会经济发展水平较低和技术保障条件较差的基层县市政府和有关单位为重点，推进将其政府网站、公共行政服务等重点应用业务全面转入云平台应用，通过效益体现和以点带面促进云计算技术广泛应用的开展。同时，新疆维吾尔自治区将对率先利用统一的电子政务专用云平台开展电子政务应用的地区和单位给予相应扶持和支持；

（3）力争经过三年左右的发展努力，实现新疆政府系统电子政务新增应用系统全部基于云平台运行，原有应用40%以上从传统应用模式过渡云计算平台集中应用模式，大幅减轻因资金和人才保障缺乏而对新疆电子政务发展的制约影响，提高新疆电子政务的建设水平和应用效益。

（4）积极协调相关业务主管部门对新疆政府系统电子政务云的规划建设和应用开展给予积极协调和大力支持。

（新疆维吾尔自治区人民政府电子政务办公室）

新疆克拉玛依市区域远程医学平台

2010年，卫生部制定了《2010年远程会诊系统建设项目管理方案》。国内远程医学迎来新一轮的高速发展。国家医改方案明确提出大力发展面向中西部地区的远程会诊，提高中西部地区医疗服务水平，方便群众看病就医。克拉玛依市市委、市人民政府提出了打造世界的知名现代化石油城和一流医疗卫生服务的目标，满足人民日益增长的健康需求，为此，我们提出了建设北疆区域性的远程医学中心，建设大型远程医学平台，为克拉玛依医疗卫生事业的快速发展，提供一个有效的助力手段。按照卫生部分级医疗的原则，以政府和公立医院主导，建设北疆地区区域远程医学中心，构建高端远程医学网络平台，将发达地区的先进的医疗资源，引进到克拉玛依市，向克拉玛依地区和周边四地五师的医疗机构辐射，形成以克拉玛依市远程医疗平台为核心，覆盖全市及新疆油田所属的各三级医院、二级医院以及基层各社区卫生服务中心以及周边地区医疗机构的医学服务平台。开展远程会诊咨询、远程教育、远程查房、远程影像和病理诊断等多元化的服务，突破地域限制，促进优质医疗资源共享，提高克拉玛依医疗技术水平，服务于全市以及周边地区各族人民群众。

一 远程医学平台具有的服务功能和管理功能

（一）管理功能

（1）建立远程医学服务调度中心。对远程医学工作进行管理和调度，实现入网医院管理、会诊档案管理、远程教育档案管理、对双向转诊进行管理、患者随访和追踪服务、与区域健康档案接口管理；

（2）建立远程医疗服务运维体系。远程医疗健康档案共享，平台基础信息维护，专家资源库管理，费用结算管理。

（二）业务功能

（1）院级远程会诊；

（2）远程专家门诊；

（3）远程科室合作：包括远程重症监护和患者托管；

（4）临床科室远程教学查房；

（5）远程手术指导和示教；

（6）远程心电诊断；

（7）远程影像诊断；

（8）远程病理诊断；

（9）远程医学继续教育；

（10）远程视频会议服务。

远程医疗平台要建设的关键有远程医疗数据中心；三级医院远程医疗会诊室；远程医疗管理调度中心；远程医疗科室会诊终端；临床科室远程教学查房和患者托管系统；社区卫生服务中心远程会诊室。

本项目拟在克拉玛依市建立统一、独立开放、互联互通、资源共享、安全实用的市级远程医疗平台，系统采用成熟可靠的先进技术和开放架构设计，具有良好的扩展性、互联性、开放性，任何两个或多个医院可以同时开展远程医学工作，该平台架构即可以满足分级医疗、也可以跨级医疗，具有上引内联的作用，平台以克拉玛依中心医院为核心建立远程会诊系统，通过远程医疗数据中心（包括基础库、医疗资料库、培训资料库、管理库）的完善，提供网络平台内远程会诊、远程专科诊断、远程监护、远程手术指导、远程教育、视频会议、远程数字资源共享、双向转诊、远程预约等功能。

二　应用成效

远程医学平台网络设计以高性能、高可靠性、高安全性、良好的可扩展性、可管理性为原则，充分考虑技术的先进性、成熟性等。根据项目的建设要求和实际情况，在克拉玛依市组建一套远程医学平台网络，实现各个基层社区、市级医疗机构、中心医院和数据中心连接在一起；集中以数据中心路由器作为克拉玛依远程医疗的对外组网接口，通过移动、联通或者电信三条中的满足需求的专线与上级协作医院组成平台专用网络，建成一个共享平台完善一张传输网络。以数据中心路由器作为克拉玛依远程医疗的对外组网接口，通过移动、联通和电信三条专线与上级协作医院互联互通，在与协作医院互联时，为协作医院提供其相同的联通、电信、移动通信线路，保证互联互通效果，把三家运营商地址注册在防火墙穿越服务器上，保障安全。

（1）建设克拉玛依远程医疗数据中心及覆盖科室级的远程会诊系统环境搭建、各医院软视频客户端集中调试、电子病历浏览器优化改造完善、与 HIS 的接口对接方案均已调测完成。

（2）中心医院、人民医院、第二人民医院、独山子医院以及全市 11 个社区卫生服务中心、2 家乡镇卫生院共计 17 家机构、105 个点的远程会诊系统建设。

（3）在各医院的全力配合下完成远程医学平台的试运行工作，平台功能基本完善。

（4）与上海白玉兰远程会诊平台、北京 301 医院、自治区人民医院，武汉同济医院、湖南湘雅医院、天津血液病医院、山东中医药大学附属医院、新疆医学院附属医院、自治区人民医院接口开发调测完成，目前克拉玛依市远程会诊平台与以上各家医院进行三百多例会诊达到有效开展远程会诊、远程托管、远程教育等多元化的远程医疗服务。

（5）开通克拉玛依油田驻北京办事处会诊中心，实现北京专家资源引进，有效开展会诊业务。

（6）人民医院利用克拉玛依市远程医学平台完成与山东中医药大学并达成合作协议，成功进行 20 例以上远程会诊业务。

（7）对周边地区支援先进医疗资源，截至 2014 年 1 月已经与阿勒泰地区医院、和布克赛尔县人民医院、乌雪特乡卫生院、查干库勒乡卫生院等地区完成对接，并与上述地区进行了会诊 30 多例。

三　技术架构设计

（一）技术架构

系统采用成熟可靠的先进技术和开放架构设计，支持入网医院之间互联互通，易于扩展升级。平台以克拉玛依中心医院为核心建立远程会诊系统，通过远程医疗数据中心（包括基础库、医疗资料库、培训资料库、管理库）的完善，提供网络平台内远程会诊、远程专科诊断、远程监护、远程手术指导、远程教育、视频会议、远程数字资源共享、双向转诊、远程预约等功能。

1. 三大体系包括标准体系、安全体系和运维服务体系

（1）标准规范体系，患者病历、医疗影像、视讯等的标准规范，保证互联互通，如和区域卫生信息平台、医院信息平台、视频平台间的数据交流和共享；

（2）安全保障体系，建立网络、服务器、数据库、应用等全方位安全机制，保障系统平台的数据和信息安全，保护医患隐私；

（3）运行维护体系，设计事件管理、问题管理、变更与配置管理等规范流程，保障系统长期不间断的高可靠运行。

2. 五个层次从下至上包括硬件和网络基础平台、数据中心、管理和业务应用系统、门户

（1）基础设施：提供网络、安全、计算运行环境。

（2）数据中心：提供对医疗信息、患者信息、会诊信息、培训信息、费用信息等数据的存储、访问与管理。并提供服务总线，即插即用的服务管理模式，提供可重用的组件管理。数据交换和信息共享服务、医学语音视频服务、报表服务和安全服务等公共服务功能也在本层实现。

（3）管理和业务应用层：提供会诊管理、费用管理、培训管理等基于会诊业务特性的系统应用和管理。

（4）门户：提供统一访问、信息管理等基于角色的应用与信息统一访问服务。

（二）外部接口

克拉玛依市远程医学平台建设的关键在于与上级协作医院各自拥有不同的远程医学平台互联互通，需要解决 1 对 N 个平台互联互通问题。

与克拉玛依市意向协作的上级医疗机构有：解放军总医院（北京 301 医院）、北京空军总医院、海军总院、武警总院、北大人民医院、中国医科大学附属第一医院、上海华山医院、上海中山医院、上海瑞金医院、上海儿童医院、上海新华医院、上海胸科医院、上海第六人民医院、上海妇产科医院、上海眼耳鼻喉科医院、上海仁济医院、上海交通、大学医学院附属第九人民医院、上海同济大学医学院附属第十人民医院、上海市中医药大学附属中医院、新疆医科大学第一附属医学院、自治区人民院、武汉协和、武汉同济。

上级协作级医院有自己的远程医学平台或区域医疗联盟中也存在类似我们这样的远程医疗平台情况下，其平台管理软件来自不同开发商，要我们解决与上级医院 M 个不同管理平台软件融合对接，双方必须同意并且密切合作，进行二次开发实现远程业务跨平台数据传递与接收等。

（三）数据管理

平台依托数据中心实现对网络内流转的各种信息数据统一管理，实现数据中心的集中管理、统一维护，集中技术优势、提高快速响应业务需求的能力。数据中心由基础数据库、医疗数据库、医学影像数据库、会诊数据库、专家和医疗资源数据库、培训数据库和管理数据库组成，用于存储和管理远程医学活动相关的信息。而门户数据库提供权限用户信息管理功能，只有通过权限认证的申请终端才能接入系统。

远程医学数据管理内容：实现对会诊申请医院主要包括省市级的二、三级医院或跨区域的三级医院管理中心所共享的会诊病人医学资料、专家资料、上级协作单位资料、会诊评估资料、医学教育资料、视讯共享资料等数据的管理功能。数据中心可以将关键配置数据、紧急事件、紧急问题、重大变更及审批申请等信息进行汇集。

四　管理创新

（一）创新性

结合本地区的实际情况和业务需求、管理需求，对传统的远程服务模式进行改革和创新，形成 M↔1↔N 的系统业务架构，即 M 个外引医院，1 个远程医学平台，N 个内联医院和基层医疗机构，建设成一个完整的远程医学活动体系。

M↔1↔N 模式的核心是建设一个高效、实用、稳定、安全、灵活、开放的远程医学平台。该平台承上启下、外引内联，以其开放的体系架构、灵活的管理和配置模式、合理的业务和数据流，实现其远程医疗调度中心、区域化管理平台、远程医学资源平台等多种角色功能。在其网络覆盖范围内，可以随时引入优秀的医疗资源，实现医疗资源共享，实现从院间会诊到科室级会诊和协作的飞跃，满足业务和管理需求。

在建设远程医学平台的过程中，为了使得远程会诊前期工作变得简单、有效。克拉玛依市通过反复实践提出新的理念，借助各医院现有集成平台，将需要远程会诊的患者信息（含病历概要、首页病程录、门诊住院信息、检查化验信息、影像等）标准化实时装载于远程会诊平台电子病历库。由平台统一将患者资料进行整理，将患者电子病历浏览器形式展现给远程会诊专家。

（二）先进性

针对平台建设的总体需求，并考虑未来发展，应用支撑平台选择的技术路线是：采用 SOA 设计思想、服务总线＋组件的技术方法，基于流程驱动的总线集成模式，通过适配器组件集成技术，使得各子系统之间能够以相互操作的方式交换业务信息，解决信息服务多元化，以及系统之间的信息共享、一致性等问题。

在实现技术上，主要采用 J2EE 开放式体系架构、运用 Web Service 应用技术、XML 数据交换技术，业务系统为 B/S 模式。基于 B/S 架构的设计，提供了基于平台的综合应用管理，将医学协作活动延伸到网络内任意一个办公室桌面上，甚至是移动推车上，从而形成更为广泛的、密集的远程医学网络，所提供的统一的管理、一站式业务支撑，帮助医学活动实现从点到面的突破。

（三）扩展性

平台能够满足业务近期、中期甚至长期时间范围数据和业务快速增长的需要。适应目前需求的基础上，能够满足不断发展的信息化需要，充分地为将来可预见和不可预见的性能扩充留有余地，并具备方便地扩展系统容量和处理能力以及支持多种应用的能力，可以根据业务发展的需要进行灵活、快速的调整，实现信息应用的快速部署，而且新功能、新业务的增加能够在不影响系统运行的情况下实现。

（四）可复制性

创新的 M↔1↔N 远程医学业务模式，将远程医疗服务从"单点到多点"扩展到"面到面"，能够更有效地整合区域范围的医疗资源、发挥各个医院的专业特长，充分体现了远程医疗的核心价值理念。这种从业务上、管理上和运营上全面创新的模式，能够更有效地利用优质的医疗资源，给百姓带来更多的实惠。可以扩展或复制应用到全国其他地区。远程医学平台建立远程医疗专家库，并逐步丰富专科病案科学资源，这些宝贵的资源将不仅仅为克拉玛依市使用，也可为其他地区所使用，这将最大限度发挥它的作用，为更多的基层医院和人群提供优质的远程会诊服务。

五　科技示范推广

克拉玛依区域远程医学平台项目2013年成功申报国家科技惠民示范项目，项目合作单位分别为中国人民解放军总医院、中关村医疗器械产业技术创新联盟、上海易可思信息技术有限公司、厦门市智业软件工程有限公司签署了长期合作协议，为推动该项目的顺利进行，各合作单位利用其技术和人员优势全力推动项目的开展。

（克拉玛依市信息化管理局）

喀什行政审批一站式服务平台

行政审批是现代国家管理社会政治、经济、文化等各方面事务的一种重要的事前控制手段。行政审批已被广泛地运用于许多行政管理领域，对于保障、促进经济和社会发展发挥了重要作用，成为一种国家管理行政事务的不可缺少的重要制度。随着政府体制改革的逐步深入和政府信息化建设的迅速发展，结合喀什大发展、大开放、大建设的历史性机遇，着力改善民生，打造服务性政府，推广面向公众、企业的相关应用，喀什市决定在原有喀什市行政服务大厅的基础上，将地市两级行政服务大厅合并建设成为喀什行政服务中心。行政服务中心通过先进的信息化手段，实现"一站式"服务，通过电子监察系统对业务的受理、流转、办结、反馈等方式进行跟踪并提示，确保了办理事项各项业务公开透明，提高了办事效率，服务了广大人民群众，真正做到权力在阳光下运行。

喀什行政服务中心建设的需求：采用先进的信息技术和行政管理理念，建设标准规范、入口统一、功能完善、高效快捷、安全可靠的"一站式"电子政务应用系统和基础平台；利用网络信息技术，整合信息资源，简化公共服务程序，优化业务流程，提高行政管理效能；把面向社会公众的业务，尤其是便民服务和行政许可事项，逐步通过互联网提供跨部门的"一站式"行政审批电子化服务，从而推动电子政务建设，促进依法行政，加强审批监管，提高审批效能，推进科学审批，优化行政管理，方便群众办事，提高社会公众的满意程度。申请人能在任何时间、任何地点、为任何事情都能在网上提交资料，"进一个门，办一切事"，实现"一站式"服务，一个窗口交费和获取审批结果。

一　解决方案和业务创新

喀什行政服务中心从规划设计到建成投入试运行仅半年，在建设过程中遇到很多问题及困难，短短半年中，对方案进行多次修改，并最终确定解决方案，现归纳如下。

其一，各级领导重视，行政服务中心成为阳光政府的窗口。中心是地委、行署，市委、市政府为进一步推进行政审批制度改革、提高行政服务效率、优化投资环境、方便办事群众而设立的地市合一的集中办事机构。在借鉴深圳、上海、山东等援疆省市行政服务中心建设及运行先进经验的基础上，克服时间紧、任务重、工程量大的困难，合理安排工作任务，仅仅利用78天便超常规完成行政职能部门的事项梳理、室内装饰装修、电子监察网络工程、制度汇编等多项艰巨的任务，确保行政服务中心如期投入试运行。过去的一年，市委市政府始终关心和支持中心的建设和发展，把行政服务中心的建设作为优化发展环境的重要环节，从政策和人力、财力、物力等各方面给予大力支持，及时研究解决中心在发展过程中出现的新情况和新问题，推动行政审批工作提高行政效率，降低行政成本，强化服务功能，不断创新运行体制和机制，促进全市经济社会又好又快发展。各有关部门作为服务窗口的后方，能够做到思想上重视，行动上支持，基本做到了项目进厅到位，职能调整到位，权力下放到位，让窗口能办事、办成事，提高了窗口服务人民群众，服务经济发展的能力和水平，中心逐步成为群众满意、优质高效的文明服务示范窗口。

其二，自身建设不断完善，行政审批服务工作健康发展。中心遵循便民、优质、高效、廉洁的原则，借助优美的办公环境，完善的内、外网络，全面优化审批流程，压缩审批时限，加强部门间的协调合作。逐步形成集行政许可与服务、管理与协调、信息与咨询、投诉与监督为一体的一流政务平台。为规范行政审批工作，中心制订了一系列规章制度，形成了较为完善的管理体系。先后建立了首问负责制、一次告知制、限时办结制、重大事项联合审批以及审批工作"一审一核"制等行之有效的工作制度，提高了行政审批服务水平，有效解决了"门难进、脸难看、事难办"问题，受到群众欢迎。在内部管理方面，中心明确职责，强化措施，修订完善了监督管理办法，实行严格的上下班指纹考勤、请销假和空岗查纠等管理考核，对各窗口的限时承诺、办理结果、收费管理、服务态度等方面进行严格督查，定期通报，提高了中心规范化管理水平。同时，中心着力抓好爱岗敬业建设，着力培育干部职工诚实守信的道德观念、文明规范的职业操守和奉献爱心的传统美德。不断加强礼仪和法律知识学习，提高干部自身素质，为依法行政、高效服务奠定坚实基础。

其三，建立健全监督机制，积极推进政务公开。中心把建立健全监督机制作为推进行政审批工作的重要环节，积极推进政务公开工作，把窗口工作置于全社会的广泛监督之下，促进窗口工作人员依法办事，热情服务。整个中心利用行政审批电子监察系统，对行政审批事项的办理情况，进行实时监控，加大对延时办结、超时办结的督办力度；对工作人员严格管理实施考核制度，效能办工作人员派驻中心现场督办等制度措施，确保行政服务中心高效运行。同时通过流动红旗窗口、服务之星等荣誉的评选，增强了大家的争先创优意识，提升了服务效能。一是推行"五公开"制度，即公开服务内容，公开办事程序，公开申报资料，公开承诺时限，公开收费标准。在此基础上，印制了《喀什市行政审批服务指南》，向社会免费发放，基层企业和群众一本《指南》在手，到政府哪个部门办事都明明白白。通过严格规范，缩小了行政权力的弹性系数。二是主动加强与办事群众的沟通，广泛征求意见，转变工作作风。通过设置意见箱、公开投诉电话等方式，畅通群众监督渠道；通过发放征求意见卡、当面询问、电话跟踪、主动回访等方式，广泛征求办事人员的意见建议，并对群众反映的问题及时处理反馈，从而加强了业务上的随时监督，有效地保障了中心工作的健康运转，促进了集中审批职能的充分发挥。三是不断加强社会监督，社会满意度逐年提高。中心常驻2名效能办工作人员，及时接受群众投诉，畅通了与基层办事群众沟通渠道，多层次全方位进行社会监督，有效地减少了行政审批中的违规现象，切实提高了中心的行政效能，优化了经济社会发展环境。

中心把服务大局、服务发展作为工作的出发点和落脚点，围绕市委、市政府工作重点，不断创新工作思路，努力为我市经济社会又好又快发展创造良好环境。

在优化政务流程上，通过部门内流程压缩，精简办事环节；跨部门并联审批，加速重大基本建设项目进程，极大改善了喀什招商引资环境，实现"三个统一"。一是统一标准，即对全市行政审批事项的各种基础数据及其新增、调整、取消等，实行统一的标准化配置，纳入审批和电子监察的日常管理范围；二是统一平台，即推动各审批职能部门使用综合审批平台办理业务，实现跨部门、跨层级的审批共享互通；三是统一入口，即统一全市审批服务的互联网入口，向公众提供"一站式"的审批申报、查询等网上服务。

在提升行政效能上，审批事项采取实行一门受理，限时办结，有效提高了工作效率，缩短了审批时限。积极推进授权力度，通过实行行政审批"一审一核"制，办事窗口处理审批事项的能力和工作效率不断提高，有效解决了"两头跑、两头办"的现象。中心利用行政审批电子监察系统，对行政审批事项的办理情况，进行实时监控，加大对延时办结、超时办结的督办力度；对工作人员严格管理实施考核制度，效能办工作人员派驻中心现场督办等制度措施，确保行政服务中心高效运行。实现"三个集中"。一是实现行政审批事项的集中管理，除个别单位使用指定的专用业务系统外，其他单位要集中在审批平台上进行相关事项办理；二是实现行政审批资源的集中共享，无论是在审批平台或专用业务系统审批的事项，只要是通过该平台所产生的数据都能重复调用和查询；三是实现行政审批过程的集中监管，无论审批系统与监察系统是否建在一个平台上，要求数据是无缝和统一的，如是分平台形式，不因两者间数据交换而增加用户方的交换设备或相应费用。

在创新社会管理上，按照"窗口围绕群众转，部门围绕窗口转，中心围绕社会转"的服务理念，把原来"群众到处找""企业到处跑"转变为"一站式办公、一条龙服务、一个平台收费"的运行模式。实现"三个转变"，一是推动传统审批方式向网络审批方式转变；二是推动行政部门之间信息孤岛、各自为政的格局向资源共享、互联互通转变；三是推动管理型政府向服务型政府转变。

在促进公共服务上，把行政服务中心的电子政务建设作为优化发展环境的重要环节，从政策和人力、财力、物力等各方面给予大力支持，及时研究解决中心在发展过程中出现的新情况和新问题，推动行政审批工作提高行政效率，降低行政成本，强化服务功能，不断创新运行体制和机制，促进全地区全市经济社会又好又快发展。各有关部门作为服务窗口的后方，做到了思想上重视，行动上支持，做到了项目进厅到位，职能调整到位，权力下放到位，让窗口能办事、办成事，提高了窗口服务人民群众，服务经济发展的能力和水平，中心逐步成为群众满意、优质高效的文明服务示范窗口。

在辅助领导决策上，作为集行政审批、公共服务、资源配置和效能监察的综合性电子政务平台，喀什行政服务中心电子政务平台以"社会有需要，中心有服务"为目标，建立一个安全、稳定、高性能的数据整合交换平台，实现跨平台、跨系统、跨应用、跨地区的互联互通和信息共享，为政府部门之间进行联合审批、公文交换、信息共享等提供技术支持。上级部门可以对下级部门的办理情况进行统计汇总，定制各种不同的统计报表，提供审批事项办件情况统计，审批事项网上申报办件情况统计，办件情况日报表，部门办结方式统计，承诺件提速率统计，服务类事项办件量统计，群众评议统计，各局即办件统计，各局收费统计等信息，并以统计表、饼状图、柱状图等丰富多样的表现形式展现给各级领导，提供高质量的辅助决策支持。

二　服务大局推动经济社会发展，着力改善民生

中心把服务大局、服务发展作为工作的出发点和落脚点，围绕市委、市政府工作重点，不断创新工作思路，努力为我市经济社会又好又快发展创造良好环境。按照"窗口围绕群众转，部门围绕窗口转，中心围绕社会转"的服务理念，把原来"群众到处找""企业到处跑"转变为"一站式办公、一条龙服务、一个平台收费"的运行模式。审批事项采取实行一门受理，限时办结，有效提高了工作效率，缩短了审批时限。积极推进授权力度，通过实行行政审批"一审一核"制，办事窗口处理审批事项的能力和工作效率不断提高，有效解决了"两头跑、两头办"的现象。

目前，特区中小企业服务中心以喀什行政服务中心为平台，已挂牌试运行。园区管委会副主任、商务局局长、经信委主任等领导轮流到特区中小企业服务中心坐班，具体指导业务开展，有力地推动了特区中小企业服务中心各项工作高效进行。自正式开展工作以来，共接待 20 余家企业，主要内容涉及企业增资、新建项目洽谈、在建项目工程相关问题的协调、证照办理等。为来喀投资兴业的企业开辟一条绿色通道，中心统一协调、逐渐简化手续，提高办事效率。

三　技术支撑与保障

在建设过程中，考虑到新疆欠发达地区信息化基础薄弱的现实，根据信息化建设的特点，着眼于后发赶超，把握以下原则：第一，强组织原则，抽调经信委、科技局、电子政务和信息化管理办公室等单位的信息化人员进行整合，建立大信息化办公室，负责整个区域的信息化建设，对各单位的电子政务建设提出指导性意见，涵盖电子政务的规划设计、招投标、建设、维护、监管等全流程，能锻炼专业队伍，有效的提升电子政务建设能力和水平；第二，大集中原则，电子政务建设尽量高位推动，顶层设计，规范先行，信息共享，在城市里建立中心机房或租用电信机房，各单位将本单位的电子政务应用统一部署到中心机房，由

大信息化办公室进行日常维护管理，各单位只管理自己的应用，能避免重复建设，大大提高人员和资金的利用率；第三，优乙方原则，选择电子政务乙方建设单位时，要以行业领军公司优先，以有发达城市部署经验的优先，以有大项目先进项目部署经验的优先，以有本地维护力量的优先，切忌贪便宜买到烂尾项目，同时应注意引入多家公司，避免一家独大，要造成彼此有序优良竞争的态势。

四   推广应用见成效

中心始终坚持以科学发展观为统领，紧紧围绕加快转变经济发展方式这条主线，深入贯彻落实全市和特区建设总体工作思路，以公开、便民、廉洁、高效为目标，切实加强思想、组织、制度、作风和文化建设，不断完善公共服务职能，提高公共服务质量，逐步成为党和政府联系群众的纽带，服务群众的窗口，树立了党和政府亲民爱民的良好形象。

中心自试运行以来，共计接待办事群众 397260 余人，平均日接待群众 3000～4000 人，共计受理各类行政审批事项 356861 件，办结 350403（其中地区级单位 1500 件）件，承诺时限内办结率为 100%，收费（税）近 7.5 亿元。深受基层企业和群众欢迎。

综上所述，喀什行政服务中心从建设效果上看，满足了喀什各族人民群众及企业的办事需求，优化了政务流程，提升了行政效能，创新了社会管理，促进了公共服务，方便了群众办事，提供了更为全面的决策支持。提高了部门行政审批的效率，今后我们将继续深化建设行政服务中心建设，逐步开展网上政务大厅，网上行政审批等项目，以信息化手段促进行政审批效率。

（喀什行政服务中心　喀什市信息化管理办公室）

新疆粮食综合管理信息系统

新疆粮食综合管理信息系统项目是我区粮食行业首个电子政务和信息化建设重大项目，也是自治区信息化发展"十二五"规划电子政务重点项目、政企合作推进行业电子政务与信息化建设示范项目。该项目建成了粮食系统首个大型网络化集成化业务管理平台，建成了覆盖全区粮食部门和重点粮食企业的粮食专网，实现了主要粮食业务网上办理、数据分析和信息共享，提升了粮食部门管理全社会粮食流通和保障粮食安全的能力，并在粮食业务集成、专网建设、粮食信息资源开发等方面在全国粮食系统处于领先地位。该系统已上线运行并陆续开展多项业务应用，取得了较好的经济社会效益。

一   项目简介

确保粮食安全关乎经济发展和社会稳定，始终是全区上下高度关注的头等大事。新疆远距内地、地域辽阔、人员居住分散，粮食保供稳价、粮食收购、应急保障与产业发展等粮食流通工作任务繁重，粮食经济宏观调控和粮食安全保障能力亟待加强。与此同时，粮食系统信息化建设尚处于起步阶段，尚未形成全区粮食信息网络体系，存在业务数据采集处理手工操作量大、时效性和安全性较差等诸多问题，亟待改进。由此，在自治区领导和有关部门、有关单位的大力关心和支持下，自治区粮食局于 2010 年起规划建设了新疆粮食综合管理信息系统，项目总投资 3120 万元，其中，自治区财政投资 1620 万元，用于建设软件系统和应用集成；中国移动新疆公司投资 1500 万元，用于建设粮食专网和配置网络接入数通设备。该项目于 2011 年 3 月开工建设，2012 年 12 月通过自治区经信委组织的竣工验收。该项目是新疆粮食行业首个电子政务与信息化重大项目，也是自治区信息化发展"十二五"规划电子政务建设重点项目、政企合作推进行业电子政务与信息化的示范项目。

二　主要内容

（一）指导方针

以安全高效的网络平台为支撑，以粮食业务应用为主线，建设粮食信息化管理平台，切实提高粮食信息数据采集分析和共享交换能力，有效提升粮食经济宏观调控能力、粮食安全保障能力和粮食信息服务能力，有效提升粮食系统信息化应用水平和粮食部门管理全社会粮食流通水平，进一步使粮食信息化平台成为各级领导及相关部门了解新疆粮情的主要渠道、粮食行政部门开展业务管理的有效工具、涉粮企业和农民群众获取粮食信息的重要窗口，为开展粮食宏观调控、保障粮食安全和粮情信息服务社会发挥积极作用。

（二）建设目标

（1）联网到县、联网到库。建成连接自治区各级粮食行政管理部门、重要粮食企业和粮油价格监测点的粮食系统专用信息网络。

（2）建成网络化集成化粮食业务管理平台。建成横向涵盖粮食购销调控、仓储管理、价格监测、监督检查、产业发展、政务管理等主要业务，纵向贯通自治区－地－县－企业四级节点的网络化集成化粮食业务管理平台。

（3）建成粮食信息数据集中管理平台。通过数据物理集中、逻辑分析，构建全区粮食系统数据库、信息库、资料库和项目库，集中管理各类粮食信息数据，推进粮食业务信息数据综合开发利用。

（4）实现与重要信息系统信息数据共享交换。与自治区电子政务内网、电子政务外网、全国粮食系统纵向网、自治区农业厅"金农"网及相关系统实现网间信息共享与数据交换。

（5）升级改造粮食局网站。建设粮食局网站站群系统，扩展信息栏目，增加网上办事和政民互动交流功能，实现粮食网上竞价交易，实现粮油价格动态监测、粮食收购和承储资格审批、放心粮油示范点评定、粮油市场竞价交易等粮食管理与服务事项的网络交互应用。

（6）提升粮食系统网络安全管理水平。与粮食业务系统同步规划同步建设信息网络安全保障系统，建成以防攻击、数据备份、网络综合运维管理、权限与身份认证、跨网安全交换为主要内容的网络安全管理体系，网络信息系统安全等级保护达到第三级水平。

（三）建设内容

新疆粮食综合管理信息系统由软件开发、系统集成和网络建设三大部分组成。

软件开发部分。包含设计开发8个业务功能系统和升级改造粮食局网站。8个业务功能系统分别是流通统计、价格监测、调控管理、项目管理、企业管理、政务管理、监督检查和决策分析子系统，主要功能涉及主要粮食业务数据及统计报表网络化、集成化、流程化管理；全区范围内粮油产品价格信息采集与数据分析；粮食储备和库存管理；粮食行业各类新建、维修改造、技术更新等项目的统筹管理；涉粮企业统筹管理；区地两级粮食行政部门公文纵向交换和信息共享；粮食流通监督统筹管理，粮食业务数据综合分析等。

系统集成部分。包括互联网应用集群、粮食专网应用集群、粮食内网应用集群和中心机房改造等内容。

网络建设部分。主要建成粮食专网和粮食局内网，粮食专网铺设到各级粮食行政管理部门和重要粮食企业的专用光纤，以及配套的路由器、交换机、防火墙等数通设备和内部综合布线。粮食局内网，主要在粮食局内布设，面向粮食局全区数据汇总和分析等业务应用。

三 解决方案与技术创新

（一）技术开发路线

根据新疆粮食流通工作实际和信息化应用水平，新疆粮食综合管理信息系统的开发着力体现先进性和实用性兼顾原则。

1. 先进性

采用SOA开放式软件开发架构，对原有业务应用软件进行整合，为软件升级、应用拓展和技术维护打好基础；采用B/S架构、工作流平台和PORTAL门户集聚等技术，实现业务系统、政务系统交互操作界面集成及统一认证审计，提高软件操作便利性和安全性；建设省区级粮食数据中心，实现粮食业务集并、数据集中（物理集中，逻辑分级），网络分区分域建设管理，相互安全隔离，配齐配全网络管理和监测设备，提升系统安全性和技术维护效率。

2. 实用性

注重实用、实效，解决实际问题，实现粮食业务统计数据采集、分析、查询、审核、汇总、报送等流程化、网络化、集成化；提高新开发软件兼容性，与原有软件实现兼容，数据报表可导入导出；采用GIS、OLAP、多维图表分析和展现等技术，丰富业务软件的图表分析、电子地图展现功能；实现数据自动校验、自动汇总审核和逐级报送，减少手工计算整理审核的工作量，减轻业务人员负担。

（二）推进技术创新

1. 业务创新方面

一是"引进创新"。引用电子地图、集成报表、在线分析等技术，实现较好的应用和展现效果。二是"融合创新"。运用网站站群、工作流等技术，实现粮食购销、储备资格认定、放心粮油示范点评定、粮食仓储建设和产业发展项目资金管理等业务工作与信息网络技术的相互融合。三是"集成创新"。设计开发粮食行业首个全业务集成化网络化管理平台，实现涉粮业务统一管理、集成操作和信息共享。

2. 网络建设方面

自治区粮食局与中国移动新疆公司签订全面战略合作协议，采取政企合作方式推进信息化建设，实现互利共赢、共同发展。针对粮食行政部门与涉粮企业联系密切、涉粮企业经营灵活多变的特点，粮食专网建设采用了不少创新思路：一是采取不同接入方式。具有储备粮管理业务的粮食行政部门、地方国有粮食购销企业采用专线光纤形式接入专网；社会化程度高、经营方式灵活的各类国有和民营粮油加工企业，采取"互联网＋VPN 加密"形式接入专网。二是分区集并、跨区汇聚。先由粮食企业集并至驻地县粮食部门，县粮食部门集并至地州市级粮食部门，再由地州市粮食部门经跨区链路汇聚至自治区粮食局，通过逐级汇聚，降低网络建设成本。三是分级同步推进。各地的移动公司配合所在地域粮食部门、粮食企业同时开工建设，大大缩短了专网建设周期，提前完成预定目标。政企合作建网及采取多种建网方式在全国移动和粮食行业开创了先例。

四　建设成果与经济社会效益

（一）实现粮食专网全区覆盖和联网到县、联网到库

全区 108 个粮食行政管理部门、108 家粮食重点企业，260 家规模以上粮油加工企业、粮食应急企业和价格监测点，共计 476 家单位接入粮食专网，成功实现联网到县、联网到库的预定建设目标，粮食行政部门和国有粮食购销企业覆盖率达到 100%。目前，已在专网上应用了新疆粮食综合管理信息系统、粮食监督检查远程网络视频系统、网络电子邮件系统，今后还将依托专网陆续推进数字粮库、粮食质量监测、粮食网络视频会议等应用。

（二）实现粮食业务全覆盖和网络化集成化管理

成功开发网络化集成化粮食业务管理平台，实现了纵向贯通自治区、地、县、企业四级单位，横向涵盖粮食购销、流通统计、仓储管理、资格认定、政策法规、产业发展、监督检查等主要粮食业务（军粮业务除外）。主要业务信息化覆盖率达 90% 以上。目前，全区小麦收购、粮油价格监测、粮食购销、粮油产业发展、粮食企业财务统计报表报送和区地两级粮食部门政务公文纵向交换等应用已陆续展开，减轻了业务人员工作量，提高了工作效率。

（三）实现粮食业务数据集中管理

通过实现物理集中与逻辑分级、采用 B/S 架构和工作流平台集成开发，实现数据与软件的集中配置与维护，简化了业务和技术维护工作，加强了数据安全保护，各地各单位操作人员通过远程登录、分级分权操作，提高了系统登录和操作的安全性、可控性、灵活性和便利性。

（四）信息共享和业务协同取得实质进展

形成了包括互联网、电子政务专网、电子政务外网、粮食系统纵向网、新疆粮食专网和粮食局内部局域网等不同网络的分区管理、安全隔离、运行可靠的网络基础平台，建立了与

国家粮食局、自治区人民政府、自治区农业厅等有关部门，以及粮食系统内各级粮食部门、粮食企业等的信息共享与数据交换，粮食政务信息共享率达到100%。跨网跨行业跨部门的业务信息共享已具备硬件基础，待协商确定信息内容和交换机制后，即可投入运行。

（五）粮食公共信息服务应用成效明显

建成了粮食局网站站群，增加了多个信息栏目，定期发布粮食收购与粮油市场价格动态信息，实现了粮食收购资格认定、承储资格认定、政策性粮食网上竞价交易等在线服务，行政许可审批事项公开率达到100%，公共管理与社会服务事项电子政务覆盖率达到100%。开通粮食局微博。此外，与中国《粮油市场报》开展跨地域信息资源开发合作，定向发送《粮油市场报手机报》，及时、准确、高效地提供全国范围内粮油行业动态、粮油产品市场供求与价格信息服务。

（六）信息网络安全管理水平显著提升

通过建设粮食专网，划分不同安全区域，配置数据备份、双机热备、身份认证、权限管理、责任与安全审计等一系列安全设备，搭建了包括防外部攻击、系统与数据安全、网络与终端管理、行为与日志审计、安全管理制度等较完善的安全保障措施，信息系统安全保护水平明显提高。2013年，进一步通过开展信息系统安全等级保护，率先在自治区政府部门和全国粮食系统完成信息系统安全等级保护第三级认证。

五　项目开发和维护单位

新疆粮食综合信息管理系统由自治区粮食局牵头开发建设，其中，粮食专网由中国移动新疆公司投入资金并进行建设；粮食信息化管理软硬件系统由具有多个粮食业务系统集成开发经验的北京神州数码公司承建。系统建成并投入运行后，自治区粮食局采取租用形式使用粮食专网，相关网络与硬件设备维护由自治区粮食局信息中心和中国移动新疆公司技术部门共同负责；业务应用系统运行维护工作由北京神州数码公司负责。

六　总体评价

在自治区领导和有关部门、有关单位的关心和支持下，在自治区粮食局党委的坚强领导下和各级粮食部门和粮食企业的支持和配合下，新疆粮食综合管理信息系统开发建设顺利完成，基本实现预定目标。该项目着力体现了先进性和实用性原则，有力推动了信息技术与粮食业务的深度融合；通过开展合作开发，推进技术创新，在粮食业务网络集成应用、专网建设、粮食信息资源开发等方面走在了全国粮食系统前列。该系统上线运行以来，已陆续开展多项业务应用，提升了我区粮食行业管理服务效能和信息化应用水平，取得了较好的经济和社会效益。国家粮食局领导专程来疆调研后，对该项目开发建设给予了充分肯定和积极评价。今后，自治区粮食局将进一步推进电子政务与信息化建设，为实现粮食流通跨越发展、保障粮食安全、推动行业管理现代化做出新的贡献。

（新疆维吾尔自治区粮食局信息中心）

新疆药品流通监控系统

实行药品电子监管，是实施国家基本药物制度的重要内容，关系到医改工作任务的整体推进，关系到药品的质量安全。为认真贯彻落实国务院医改工作部署，根据《国家药品安全"十二五"规划》，新疆维吾尔自治区食品药品监督管理局广泛动员、精心部署，大力推动药品电子监管工作。目前，全区特殊药品监控系统实现了药监、卫生、公安部门信息共享，"六大类"药品和基本药物全品种实现了电子监管，"国家药品监管信息系统一期工程"药品流通监管系统全面铺开。全区 64 家生产企业、182 家批发企业的入网率和上传数据率均实现 100%，7156 家零售企业（动态变化中）的入网率实现 99%，上传数据率达到 98%以上。

一　开展药品电子监管工作的项目背景和需求

食品药品安全是重大的民生和公共安全问题，事关人民群众身体健康和社会和谐稳定。药品电子监管是提高药品安全监管能力的重要举措，是一项利国利民工程，是"构建社会主义和谐社会"发展目标的重要组成部分，是落实科学发展观，推动经济社会又好又快发展的重要保证，也是解决人民群众最关心、最现实的"民生"问题。自治区局党组提出要牢固树立"监管为民"和"民生优先、群众第一、基层重要"的理念，想人民所想、急人民所急、帮人民所困，切实把药品电子监管作为重大的民生工程，作为创新社会管理的有效方式，抓实抓好。要不断提高药品电子监管网的实用性，充分发挥药品电子监管"全品种、全过程、可追溯"的特性，严密防控药品安全风险，确保公众用药安全，不断提高人民群众生活质量和水平，顺应各族人民过上幸福美好生活的新期待。近年来，全区药监系统认真学习和大力践行科学监管理念，逐步形成了"以人为本、依法行政、科学高效、廉洁公正"的食品药品监管文化。

根据国家总局《2011~2015年药品电子监管工作规划》和《新疆维吾尔自治区食品药品监督管理系统信息化建设规划（2011~2015年)》，自治区局科学统筹，分步实施，稳步推进药品电子监管建设工作，不断提升科学监管能力和水平，并确定在第十二个"五年"亟待解决如下问题。

（1）建立地市级食品药品安全信息共享体系，实现全自治区食品药品安全信息跨行业、跨地域的互联互通；

（2）建立食品药品企业的信用系统，实现食品药品企业档案电子化管理，提高对食品药品企业监督效率；

（3）升级决策分析技术，更加全面、科学、准确地挖掘食品药品安全信息的可利用价值，为自治区负责食品药品安全各委办局进行科学管理、增强食品药品安全监管能力提供辅助决策与综合分析的依据；

（4）建立药品不良反应监测系统，实现对药品不良反应监测电子化管理，数字化管理；

（5）完善自治区食品安全信息网建设，加大与各个媒体，网站之间信息交流，扩大宣传范围，从而强化群众食品药品安全和维权意识；

（6）在完成药品经营企业的电子监管同时扩大对医疗机构的电子监管范围，特别是针对国家基本药物、高风险药品的监管。

二 药品流通监控系统的解决方案

自治区局按照"以需求为导向，以应用促发展"的建设思路，注重将系统功能开发与实际工作程序、工作要求紧密结合，注重在扩大应用范围、提升应用水平上下功夫，有力地推动了药品流通电子监管系统工作顺利开展。

（一）厘清思路，明确目标

药品电子监管平台是协助各级食品药品监督管理部门，针对药品建立以统一编码管理为基础的市场准入机制，防止来历不明的假劣产品和诚信缺失的机构进入市场；建立严格的GSP监督机制和最完善的产品流通追踪机制，保证产品在合法流通渠道内拥有真实、清晰、完整的流通痕迹；建立及时的问题产品控制机制，以支持药品企业通过系统控制问题产品的流入与流出。确保安全事件发生后假劣产品或问题产品能及时召回，以及社会紧急状态下可完成产品紧急调配。通过统一部署药店（GSP）进销存管理软件，提高辖区内流通企业的管理水平，促进企业诚信自律经验，统一行业信息标准，提高辖区内整体信息化水平。

（1）建立产品市场准入机制，以产品编码管理为基础为产品流入把关。

（2）建立产品流通追踪机制，保证产品在合法渠道内拥有真实、清晰、完整的流通痕迹。

（3）建立问题产品预警机制，对问题产品设置预警阀值，异常情况出现会预警提示。

（4）建立问题药品控制机制，控制问题产品的流入、流出及召回。

（5）统一流通领域的信息标准，提高辖区内药品行业整体信息水平。

总体建设内容主要包括药品追溯管理系统建设、零售药店GSP进销存管理系统的建设。系统采用B/S和C/S结合结构，用户可根据需要选择。系统操作界面简洁，结构清晰，简单实用。系统可以实时掌握辖区内药品经营企业的经营情况，掌控药品的流量、流向信息。系统可对数据进行统计、分析、查询，方便数据查看分析。并可对异常数据设置预警及问题产品召回机制。为企业建立相应信用档案数据库，并对其进行动态信用评价管理，加强了对失信企业的监督管理。系统可集成数据中心，实现资源整合和数据共享，为科学决策和监管提供数据支撑。

（二）大胆探索，主动创新

作为药品监管的手段，在国家局推行药品电子监管码系统扫码上传之前，自治区局就开展了全疆范围内的药品电子监管工作，已经建成了涵盖自治区、地州市、区县市的三级药品电子监管系统，为了更好地配合国家药品电子监管的工作，自治区局要求系统平台开发的软件公司开发了具有监管码上传功能的新版GSP管理软件，以此来减轻企业负担。该软件具有以下功能。

1. 实时更新的标准药品库

该软件的药品信息均来自国家局发布的标准药品信息库，各经营企业的药品基础信息均从服务器端下载，免除了手工录入烦琐操作的同时规避了因输入错误导致的垃圾数据。

2. 采取积极有效的手段与国家电子监管码相结合，实现技术融合创新

该软件将国家标准库信息与电子监管码相结合，药品经营企业能够使用电子监管码进行日常的进销存管理，并将监管码流量、流向信息提交给电子监管码系统。使用电子监管码进行日常的出入库管理，规范了日常的进销存管理，扫码出入库也更加便捷。

3. 满足民族地区的语言文字需要

针对新疆民族地区特有的语言文字开发了专门的维文版 GSP 管理软件，制作了专用的操作手册，大大方便了当地的药品经营企业的使用，提高了当地的监管能力。

4. 具备满足个性化需求能力的立体监管网络

该软件单机版不完全依赖网络运行的优势，同时兼顾了 C/S 软件和 B/S 构架数据交互的特点（在网络不畅的情况下依然可以使用）；软件端和药品流通监控平台对接，实现数据的实时上传和无缝对接，能够通过系统直接对客户端软件销售的药品进行停售。

当药品出现问题时，当地药监部门可在第一时间通过系统向企业端使用的该管理软件发出药品停售信息，先切断问题药品的流向，再进行上报等工作，避免问题药品流向市场。

（三）技术先进，架构合理

1. 在系统架构方面

坚持开放性、统一性、易用性、规范性、安全性的原则，采用 J2EE 技术路线的多层分布式应用体系架构。业务功能的设计和实现采用基于 ESB（企业服务总线）技术的 SOA 框架，结合大型关系数据库系统 oracle。采用跨平台技术系统，保证系统能够在各种操作系统平台上运行（如 UNIX、Linux、Windows NT 等）。

2. 在系统接口方面

提供标准的开放接口，可以和现有或将来扩展的 B/S、C/S 结构的业务系统集成，并预留了系统扩充能力，方便随时对系统进行二次开发和功能拓展。接口符合主流的技术标准，特别是 XML 技术规范，可与同其他系统对接。

3. 在系统安全性方面

对系统用户、局用户采用单点登录，统一认证，统一管理。提供基于证书和 SSL、PKI 平台、采用电子密钥认证技术等多层次的安全解决方案，并与严密的身份验证、访问控制、数字证书多层次的措施相结合，以确保系统和数据的安全性和完整性。同时，也防止了外部用户的非法入侵及操作人员的越级操作，确保业务办公信息的机密。

4. 在平台功能方面

具有监控全品种药品在辖区内流量、流向，监控辖区药品和医疗器械企业进、销、存情况，对问题药品进行查询定位，对重点药品品种进行重点监控，对药品库房温湿度进行监控，对外埠销售人员进行监管，对药品不良反应进行监控等功能。

三 投资情况和社会经济效益

新疆是经济欠发达地区，财政收入比较紧张，在经费短缺的条件下，如何开展并持续推进信息化建设是摆在食品药品监管部门面前的一道难题。经过充分调研和综合衡量，自治区局2008年3月选取伊犁、乌鲁木齐、喀什等三个地州（市）作为药品电子监管试点地区，2010年10月，在总结试点工作经验的基础上，决定采取以中国电信新疆分公司为依托，建立"三方四家"（"三方"即：自治区食品药品监管系统、电信公司、软件提供方；"四家"即：自治区食品药品监管系统、电信公司、新疆华虹医药网络科技发展有限公司、新疆傲世博祥软件科技有限公司）合作模式，在全区范围内推行药品流通领域的全品种电子监管。期间，积极与中国电信新疆分公司沟通，商定了实行宽带免费先行接入、对已使用非电信宽带客户给予补偿、降低乡村零售药店宽带使用费等一系列优惠政策，进一步减轻企业负担，加快了企业入网步伐。注重与软件提供方的沟通，实现系统整合，提升了系统应用水平。自治区局通过创新合作模式，加强密切合作，充分利用各自资源优势，在仅投入了几台用于搭建电子监管平台的服务器的情况下，在全区全面推开了药品电子监管工作。

经过努力，截至目前，共上报药品购进、销售数据200多亿条次，监管药品品种21万种，已建设成全疆统一，覆盖生产、批发、零售全过程、全品种的电子监管平台。全区药品电子监管框架体系已经形成并发挥作用，系统的科学性、操作性、扩展性得到进一步发展；调动了企业的积极性并形成了内生动力；药品电子监管工作的社会效益正在逐步显现。

（一）创新了监管理念

借助药品电子监管平台的推广应用，全区食品药品监管系统积极探索利用信息化技术来提升监管效能。自治区局建立健全本行政区域内食品药品行政许可管理、日常监管、应急管理、稽查执法、信用评定、广告监测等信息系统；建立健全食品药品产品（机构）、企业基础数据库和诚信数据库，实现与国家、自治区及区级以下监管业务平台的业务协同和信息共享。伊犁州局先后开发启用了电子政务办公业务资源系统（OA）、网上药品行政审批系统、稽查办案网络系统、网上案卷评查系统、药品与医疗器械生产经营企业安全信用分级管理系统和温湿度实时监控系统。乌鲁木齐市局应用了稽查办案、网上行政审批、药品监督抽验、即时通讯等功能，行政执法效率得到进一步提升。

（二）规范了市场秩序

通过药品电子监管系统的推广应用，带动了经营企业实现GSP软件规范管理，对药品的购进、验收、储存、养护、销售、出库、索证索票实行电子化监管，这就从源头上杜绝了违法违规行为的发生，从而保证了辖区内药品流通市场的规范管理。

（三）加强了执法监督

通过药品电子监管系统的推广应用，行政执法人员能够快速清查问题药品在辖区内的流通情况，便于执法人员有效、迅速、准确的实施监管。特殊药品监管网的应用，实现了对麻醉药品、精神药品、血液制品、疫苗、中药注射剂的电子监管，对特殊药品流向可以进行全面网络化动态监控，以保证信息数据的真实性、信息来源的可靠性，有效防止流入非法渠道。

（四）提高了查处问题药品的工作效率

在"刺五加"事件、假药"糖脂宁胶囊""清开灵注射液"以及"铬超标药用胶囊"

等药害事件曝出后,通过该系统在2小时内就查清了全区问题药品的流量、流向,做到第一时间及时下架封存、追溯召回,极大提升了药品监管效能。而传统的人力监管模式,在药害事件发生后,需要大量的监管人员数个月的排查。

国家"十二五"规划纲要指出,"建立食品药品质量追溯制度,形成来源可追溯、去向可查证、责任可追究的安全责任链"。因此建立健全药品质量可追溯制度是药品安全监管部门工作的重要任务,是大势所趋。药品电子监管是食品药品监管部门以科学发展观为统领不断总结药品监管经验而探索出来的监管新模式,是在新形势下利用现代化手段转变监管方式、提高监管效能的迫切需要。自治区局的药品流通监控系统的推进及实施充分体现了监管模式的创新、合作方式的创新、技术融合的创新。通过这些大胆创新,为加强药品监管、保障公众用药安全,提供了坚实的基础,确保了人民群众饮食用药的安全。

(新疆维吾尔自治区食品药品监督管理局)

广州市公安局"网上车管所"应用项目

广州市公安局"网上车管所"是广州市公安局交警支队以"便民利民"为出发点，于2012 年 12 月 20 日推出的一项便民服务措施。该项目是广州交警以互联网、移动智能手机的广泛应用为基础，依托互联网技术、移动政务技术等建设的电子政务项目，实现了交管业务24 小时网上及掌上自助办理，是广州交警服务窗口的延伸。广州市公安局"网上车管所"是全国范围内首次真正实现三级深度网上业务办理的"网上车管所"，通过一年的应用，取得良好成效，在国内同行中引起良好反响，得到公安部交通科研所、广东省公安厅交管局专家和领导的肯定。

一 项目背景与需求

（一）"十二五"规划将电子政务建设作为重要任务

进入"十二五"规划年，公安部交管局、各级政府都高度重视电子政务的发展与规划，要求大力推进建设远程服务平台、一体化服务体系，将电子政务建设作为"十二五"的一项重要任务。

公安部《"十二五"道路交通管理科技信息化发展规划》中提出："十二五"期间，要重点建设"道路交通管理信息社会化服务工程"，推进道路交通管理社会化服务，深化交通管理远程服务平台应用，完善互联网、手机短信、声讯电话等服务平台功能，实现交通违法处理、交通事故信息查询、车辆和驾驶人业务远程受理或办理。

《广州市国民经济和社会信息化发展第十二个五年规划》中，将"一体化电子政务服务体系工程"列为重大项目之一，要求"深入推进网上审批、网上服务"，并要求"五年之内要达到 90% 以上的面向公众的政府服务事项实现全流程网上办理，80% 以上业务量通过网办实现"，并做出建设"网上办事大厅"的部署，提出实现"百项政府服务网上办理"。

广州市公安局交警支队参照公安部、广州市政府的有关规划，并结合广州市政府关于建设"信息广州""智慧广州"的要求，制定了《广州市智能交通管理系统发展规划》，将"公众服务多元化"列为广州交警智能交通管理系统发展目标之一，以机动车、驾驶证和交通违法业务为核心，开办包括补/换领机动车行驶证、机动车号牌等多项业务网上办理，至2013 年底网上可办理的行政许可事项占总事项超过 70%，至 2015 年底超过 90%。

（二）提高交通管理服务能力和效率的客观要求

广州市目前机动车保有量接近 250 万辆，驾驶人数超过 340 万人，在警力有限的情况下，如何提高车管、驾管等交通管理业务办事效率和服务能力、减少市民出行和办事成本是亟待思考和解决的问题。

在传统业务办理模式下，群众办理业务须前往交警部门各服务大厅，由于警力不足、场地有限、办理业务的群众多等客观原因，存在群众等候时间长、民警服务不周等问题，甚至引起群众投诉，同时由于业务办理需填写大量表格，一旦资料缺漏需多次往返，造成办理业务耗时长效率低，极易引起群众不满，恶化警民关系。因此，客观上要求交警部门"以人为本"，提供更为便捷的服务，进一步提高交通管理服务能力和服务效率。

二　解决方案和业务创新

（一）解决方案

1. 打破固有思维，整合多种服务手段，传统与新型方式相结合

广州市公安局"网上车管所"以解决当前业务服务手段单一、窗口业务压力大为根本，充分利用互联网技术，整合互联网应用、智能手机应用、电话、短信、邮政送达等服务手段，以"构建一站式服务窗口，打造一体化服务平台"为目标，以"方便群众、减少出行"为服务理念，建设广州市公安局"网上车管所"平台，接入广州市政府"市民网页"，深入推进"服务措施一网办"专项工作，实现全天候政务公开、业务咨询、业务办理、信息查询等服务，延伸交通管理业务的服务触角，扩展交通管理业务服务手段，方便市民随时随地通过网络进行行业务办理和政民互动。同时，随着手机服务的上线，更加方便群众使用，为交管业务在手机客户端的应用打下坚实基础，使电子政务从"网上政务"进一步扩展到"掌上政务"。

（1）网上车管所门户网站。通过网页访问 http：//www.gzjd.gov.cn/cgs/，目前即可办理包括机动车牌证业务9项、驾驶证业务11项、学员网上自助约考、车辆年审预约、交通违法业务等共计25项业务。

（2）"警民通"手机APP。"警民通"是广州市公安局与三大运营商联手推出的针对各运营商用户群体特色的手机应用，覆盖整个公安行业各种窗口业务，包括出入境、户政、交管等，同时具备网上车管所的服务功能。

（3）"广州出行易"手机APP。"广州出行易"是广州交警依托公众交通信息服务平台开发的具有交管特色的手机应用，主要提供交通路况信息服务和网上车管所的服务功能。市民可通过"出行易"登录网上车管所，查询车辆和驾驶证状态，包括交通违法记录、记分、年审到期提醒、缴纳交通罚款、查询自己的交通违法照片等。

（4）"广州交警"微信。市民可通过关注"广州交警"官方微信，使用轻微事故拍照上传快撤理赔、机动车年审预约等功能；也可绑定本人"网上车管所"账号，实现交通违法查询及提醒订制，在微信接收本人交通违法信息提醒等。

2. 规范化流程管理，企业级应用平台支撑，实现各类应用方式的兼容

广州市公安局"网上车管所"实现了规范化的业务流程管理，提供统一的身份认证、安全令牌、短信平台、物流平台、网上支付、证照验证等服务。对内打通交警内部多个核心业务系统的关联，包括机动车管理、驾驶人管理、道路交通违法、道路交通事故处理、剧毒化学品运输车辆管理等系统，实现与全国公安交通管理综合应用平台数据的比对及接口调用业务办理；对外与财政非税收入、邮政等系统对接，实现交通违法罚款网上缴纳并直达广州

市级财政统一管理、用户可通过邮政寄递服务收取办理好的证件等。

广州市公安局"网上车管所"应用平台采用企业级应用平台 OpenEAP 作为支撑平台，在 OpenEAP 平台的支撑下，网上车管所顺畅兼容智能手机 APP、微信等应用；同时，能够优化业务流程构建、表单定制等基础功能，支持大数据支撑、数据深度挖掘等辅助功能，为应用平台后台管理及数据统计分析奠定良好基础。

（二）业务创新

1. 车管牌证业务网上自助办理，便捷高效

广州市公安局"网上车管所"应用平台打破传统的"固定区域（服务大厅）、固定时间"业务受理方式，实现自动化受理业务，形成 24 小时全天候网上服务大厅，可通过互联网及智能手机 APP 等多种方式办理。同时，"网上车管所"实现与邮政业务的整合，为群众提供了极大便利。

目前，网上办理的车管牌证业务共计 18 项，后台工作人员会在一个工作日内受理业务申请，审核通过后，将由邮政人员上门收取办理业务所需资料，同时将制好的证件送达用户。用户申请办理业务后可选择"邮政送达"服务，整个业务办理过程无须到车管服务窗口排队等候，且可通过短信提醒或网上核查，完全不需专门利用工作时间，只需花几分钟轻点鼠标即可完成，大大节省时间成本和出行成本，真正享受便捷、高效的服务。

2. 驾考学员约考网上自助办理，公正透明

驾驶人考试工作一直是公众关注的话题，驾校将考试指标高价买卖倍受学员和社会诟病。广州市公安局"网上车管所"应用平台在国内最早依托"网上车管所"推出网上约考，在网上车管所按照"先到先得"原则进行排队，杜绝驾校对考试指标进行"二次分配"的不公平现象，将考试名额直接在互联网公开，由学员直接约考，实现约考公正；同时通过系统显示的数字信息，学员可了解待考人数、每天可约考数等相关信息，实现约考透明。

3. 机动车年审提前预约，规范管理

广州市每月超过十万辆机动车需年审，特别是在年底高峰期，各大检测站待年审车辆"排长龙"，影响公共交通秩序，引发群众不满。广州市公安局交警支队推出"年审预约"制度，并依托"网上车管所"应用平台，同步推出互联网、智能手机 APP、微信、电话等多渠道预约方式。

通过预约系统，实现年审能力在时间和空间上的透明，对时间的分配精确到小时，在空间上车主可实时查看各检测站的忙闲程度，根据实际情况选择空闲的检测站进行年审，有效利用所有检测资源，年审能力整体提高了 25%，车辆年审时间由此前最长等待超过一天减少到目前约一小时即可办理完成年审业务。

4. 交通违法多渠道办理，服务贴心

广州市公安局交警支队为民着想，依托互联网、智能移动技术，联合邮政、银行等行业，推出多种自助办理渠道，为群众提供贴心服务。目前，通过"网上车管所"应用平台，群众不仅可查询到名下机动车和驾驶证最准确的交通违法记录、记分情况、驾驶证状态等信息，还可查看"电子警察"照片，让群众明明白白、避免再犯。同时，群众不仅可通过交警官方网站和手机 APP 进行"一站式"违法业务办理和在线罚款缴纳，还可通过邮政柜台、手机银行办理，罚款实时缴纳。

三 实施效果与经济社会效益

（一）用户增长稳定，访问量及业务办理量大，应用效果良好

"网上车管所"于2012年底启用，经过一年的不断开发和完善，现已实现机动车类、驾驶证类、网上约考、交通违法确认及缴纳罚款共计25项群众关注度高的业务全流程网上办理，办理进度可全程网上跟踪与监督，市民通过网络完成业务办理和政民互动。截至2013年12月31日，网上车管所实名注册用户量达77万，学员用户量为52.7万，查询次数近1700万次，办理车管、交通违法、年审预约等业务达70万次，网上约考人数达123万人次，访问量已达3400万次，是国内同类电子政务网站中访问量最稳定、用户量最大的网站。

同时，广州市公安局"网上车管所"是全国公安系统第一个真正实现业务"全流程网上办理"的电子政务网站，受到公安部、广东省公安厅的高度关注，公安部交通科研所会同广东省公安厅交管局专门考察调研，省公安厅交管局还专门召开经验介绍会，向全省介绍广州市公安局"网上车管所"建设和应用经验。

（二）依托"网上车管所"实现服务多元化，切实解决群众"业务办理难"问题，社会效益良好

"网上车管所"应用平台包括Web网站、智能手机APP、微信、IPAD版APP等多种展现方式，实现服务方式多元化，满足不同类型用户的选择需要。通过大力推动"网上车管所"平台的应用，采用实名认证用户机制，并配合手机短信验证码及邮政服务等手段，可进行网上自助业务办理、网上业务办理预约等，通过系统可随手查阅办事指南、查询业务办理进度，做到公开透明，方便用户监督，有效缓解交管部门服务窗口压力，解决群众办理业务排队长、等候时间长、手续流程不明等问题。目前，所有网办业务基本可在一个工作日内办结，切实为群众业务办理提供了便利，受到群众、媒体好评，取得良好的社会效益。

（三）通过网上自助办理，减少交通出行，衍生间接的经济效益

随着广州市社会经济的快速增长，人民生活水平的不断提高，道路交通需求日益旺盛，道路交通拥堵问题不断凸显。通过实施电子政务，引导群众通过各种渠道进行"网上自助办理""掌上自助办理"，实现"足不出户、点点鼠标办业务"，减少交通出行，缓解交通压力，同时也有益于环保，间接产生巨大的经济效益。

四 开发单位、供应商与运维保障

广州市公安局"网上车管所"项目由佳都新太科技股份有限公司承建开发，并负责运维保障。

（广州市公安局交警支队）

广州从"数字人才"迈向"智慧人才"

一　建设背景

在国家、省、市领导的高度重视和大力支持下，广州市人事人才信息化通过实施"广州数字人才工程"，坚持"以服务为中心，以应用促发展"的指导思想，整合资源，优化流程，协同业务，共享数据，成功推动了人事人才工作的信息化改造和管理方式创新。建成了全国规模最大、覆盖业务和服务对象最多、业务办理量最大的人事人才电子政务平台；资源整合、数据共享、业务协同水平显著提升，实现了信息化建设集约化、应用规模化和效益最大化；人事人才信息化应用全业务、全流程、全覆盖，为用人单位和广大人才提供了便捷高效的服务；形成了各级人社部门和人社工作者利用广州市人事人才信息化平台协同工作，共同为人才服务的良好格局。适应技术与业务融合发展和创新的需要，2012 年又确立了建设智慧人才工程发展战略，人事人才智慧化服务初见成效。

二　主要方法与创新

（一）主要方法

一是统一思想，确立原则。在详细分析存在问题的基础上，确立了"统一规划、统一标准、统一平台、统一数据库、统一门户、统一管理、资源共享、安全保密"的全市人事人才信息化建设原则，提出了"以服务为中心，以应用促发展"的建设指导思想，并要求各业务系统和门户网站按照以人为本、服务人才、服务政务的目标推进建设。

二是全面分析，系统规划。在全面分析业务数据关系的基础上，系统规划人事人才信息化总体架构。通过人事人才业务的总体研究和综合分析，明确划分数据层、基础平台层、业务应用层、用户界面展示层，确定广州人事人才信息化总体架构。

三是科学分类，全域覆盖。从人事人才业务架构出发，研究电子政务系统的业务主要对象。从人事人才工作业务架构和人事电子政务系统的管理或服务对象着手进行分析，将分别对应于人事人才管理业务主要对象和业务关系的业务应用系统进行科学分类，研究其各自特点和服务对象。既要考虑为个人、各级人社工作者和领导工作服务的需求，也要满足基层法人单位、各级人社部门和相关政府机构宏观管理决策的数据需求，力求做到服务对象全覆盖，业务流程全覆盖，管理内容全覆盖，系统功能全覆盖。

四是纵横兼顾，全面协同。在横向上，坚持以对业务对象的管理活动为中心，把对同一服务对象的不同业务协同起来，通过数据共享和业务流程对接等手段，将人事业务规范化、流程化，实现全面的业务协作及广泛的数据共享。在纵向上充分考虑人社系统垂直业务指导和分级审批管理的特点，与区县人社局、人社户头、单位、个人等的业务流程纵向贯通，实现人社系统内纵向业务协作和垂直服务延伸。纵横兼顾，统筹发展，增加服务的广度和深度。

五是创新管理，流程再造。通过业务"梳理"与流程分析，实现横向数据共享，纵向流程优化。在系统规划中，按业务部门职能分工，将大量重复交叉、业务边界不清晰的人事业务逐一"梳理"，规范业务流程及业务数据，理清业务主线，明确部门间的业务衔接，统筹上下级信息沟通和工作联系，实现各部门相互配合。

六是业务驱动，动态更新。建立业务应用驱动下的人才资源库数据动态更新模式，确立人才资源库为数据共享和业务系统运行的基础，与产生业务数据源头的业务系统关联互动，保持数据的实时动态更新，实现基础数据集中管理、集中存储、集中更新维护、统一出入口，一数一源，一次采集，多方多次应用，全面共享。

（二）实现业务创新

广州市人事人才信息化建设，打破了业务壁垒和体制分割，充分整合各类信息资源，在服务人社系统、政府部门和市民群众过程中实现了业务创新，塑造了便民公共服务型政府新形象。

一是创新了服务方式。信息化平台支撑人事人才公共服务的市、区（县级市）覆盖以及向基层单位和个人延伸。首先，支撑人事人才公共服务的市级及区（县级市）覆盖，实现市人社局、人社户头（市属主管部门）、区县级市人社局和区属单位主管部门通过信息化平台协同开展人事人才公共服务业务。其次，支撑人事人才公共服务向基层单位和个人延伸，实现面向基层企事业单位和个人网上直接办理人事人才业务。

二是增强了支撑手段。采用云计算、大数据和移动互联网等新信息技术和云服务理念进行人事人才业务平台提升，在虚拟化、规模化应用方面进行了积极探索，选择相关系统进行云端技术拓展和功能深化，开展云服务平台支撑专业云应用系统建设的实践，以及云服务规模再生的探索，云系统可以根据用户量按需增加调整服务器运算能力，满足未来人事人才电子政务发展的扩展需要，实现了云技术和云服务理念在人事人才业务应用领域的成功落地。

三是拓宽了引才渠道。人事人才信息化平台为"多途径，多层次，广范围"选拔培养人才，促进人才合理流动提供了有效支撑。至今，市高校毕业生就业网上申办系统累计接收大学毕业生40.5多万人；人才引进申办系统办理人才引进业务累计5.08多万人；公务员考试录用系统的网上报考人员来自全国32个省、直辖市的460多所大专院校或社会在职人员，自2005年以来报考人数累计达57.4多万人，其中非广东省的报名人数约占51.0%，广州市以外的报名人数约占70.3%；事业单位人员招聘系统自2006年以来报考人数累计达38.8多万人。由于网络不受到地域限制，扩大了广州选人用人的视野，为全国优秀人才流向广州创造了快捷的通道。

三　建设效果与经济社会效益

广州市人事人才信息化建设适应信息化建设与发展规律，依托网络化应用优势创新服务模式，充分发挥全市集约化建设和统一应用的规模效用，推动政府和社会双向降低成本，实现了信息化建设效益最大化。

（一）开展"全流程"网上服务，从减少市民企业出门次数、降低办事成本等方面促进民生改善，提升了政府服务能力和质量

人事人才信息化建设实现了全业务、全流程、全覆盖。包括高校毕业生、人才引进、公务员管理、事业单位人员管理、专业技术人员管理、高层次人才和留学人员服务等 421 项人事人才业务实现了网上办理，全市人事行政许可事项和非涉密人事行政审批事项 100% 实现了网上办理，人事人才核心业务支撑率达 96% 以上，信息化整体应用水平和业务系统建设规模位居前列。通过网上各类人事人才业务系统办理业务累计的用户量已超过 305 万多个，其中人社户头（市属主管部门）用户 3，800 多个、区县级市和区属单位主管部门用户 4，200 多个、区县人社局用户 440 多个，市人社主管用户 670 多个，法人单位用户 4.41 万多个，机构用户 600 多个，个人用户 300.37 万多个，每年为上述各类用户开展网上人事人才业务提供了稳定高效的服务。

（二）实现"一站式"单点登陆，用户一次登录中国广州人社网智慧人才家园就可以办理全部业务，提高了公共服务水平

中国广州人社网建立了 12 个服务对象频道和 28 个业务专题频道，850 多个栏目，网站首页点击率累计达 3.87 亿人次，2013 年 1 至 12 月日均访问数 4.69 万人次，日均访问 79.3 万个页面。各类用户全部实名制，统一身份认证，单点登录，进行业务办理的总量至今累计已超过 9，216 万人次。智慧人才家园提供了包括个人、法人单位、主管部门、人社系统和专门机构等各用户类型的个性化定制服务，内容包括业务办理、结果反馈、交流互动、视频教学、消息短信等，目前已有 87.7 万多用户建立了专属网页。

（三）实现"一口式"业务受理，创新管理，提高了政府管理效能，双向降低了行政和社会成本

广州市人事人才信息化建设实现了核心人事人才业务网上办理、网上服务，大大地减少个人和单位的上门办理次数，减轻了各部门和个人的工作负担及人工成本，极大地方便了服务对象。2013 年各类用户业务办理量达 390 多万件，比 2012 年增加了 30%。与传统手工办理方式相比，全年可减少出门办理次数达 1590 多万次，按最保守的方式计算即以每次出门办理要花费 4 元公交车费计算，每年可为服务对象节省办事成本超过数千万元。广州市人事人才信息化平台业务办理历年累计已达 1500 万多件，减少出门 6000 多万人次，可节省社会办事成本数亿元。双向降低成本形成了"共赢"局面，也体现了低碳绿色环保理念。

四 智慧人才，智慧服务

为适应技术与业务创新融合发展的需要，2012 年又确立了建设广州"智慧人才"工程战略，实现互动服务向主动服务的提升。

（一）广州智慧人才工程建设目标

一是整合区域内各级人社部门、人才服务机构、企事业单位和个人对人事人才信息化的需求，基于云计算环境构建智慧人才生态系统。二是充分运用云计算、大数据、移动互联网等新技术、新理念，深入推动人事人才信息系统更加智慧，公共服务更加便捷，人事业务管理更加精细，人才服务更加贴心；打破现有的部门、层级以及职能边界，提供全方位的人事人才信息化服务。三是构建服务广佛肇、珠三角、泛珠三角地区的区域性人事人才信息资源中心和应用服务中心，提升区域内人才服务和决策水平，实现人力资源开发和人才培养、流动、评价等职业全过程的智慧型服务，支撑人才智慧资源共享。

（二）广州智慧人才工程建设内容

广州智慧人才工程打造智慧人才生态系统，建设包括智慧云平台、智慧门户、智慧引擎、人才大数据等。智慧云平台实现云基础平台、应用支撑平台和业务服务平台等云系统核心建设；智慧门户实现信息和业务系统在各种终端设备的自动适应，多屏合一，为网上办事提供智能化服务。智慧引擎通过智慧型资源调度和应用驱动引擎，实现面向个人、单位和各级业务部门的主动、智慧服务。人才大数据建设将充分利用人事人才信息化应用过程中积累的大量基础数据、业务数据和过程数据，结合社会经济领域的宏观数据，构建人才大数据平台，为提高人才政策制定水平，支撑人才强市战略和经济社会发展等提供人才数据服务。

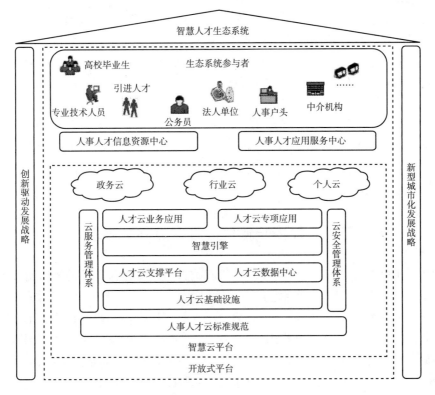

智慧人才生态系统图

（三）广州智慧人才工程建设初见成效

目前，广州智慧人才工程在建设区域性人事人才云试验平台方面进行了积极的实践和探索并初见成效。一是实现了云应用和云服务在人事人才业务应用领域的成功落地。基于虚拟化和云计算技术实现了全省20多个地市、数千招考单位的公务员考试网络报名和考务管理技术支撑，数十万考生完成了考试报名和网上缴费，高峰时8.8万多人同时在线办理报名和缴费。二是实现了网络教学云平台的规模应用，基于广州人社网网络教学综合云服务平台架构已建成包括市继续教育学习网、市公务员网络大学堂、市导游培训在线、智慧人才移动培训等共20多个网上教学云平台应用，已经为120多万各类人才，提供了1680多门课程资源的在线学习服务。

（广州市人事人才信息资源中心）

东莞市以社保卡为载体的公共服务平台

党的十八大明确提出，要"建设人民满意的服务型政府"。这要求政府强化公共服务职能，创新公共服务方式，在加快行政体制和管理制度改革的同时，建立惠及全体人民的基本公共服务体系。面对信息化时代的社会发展需求，如何选择公共服务载体，以达到投入产出的社会经济效益最大化，成为各级政府的一大难题。2012年1月，东莞市社会保障局建成基于金保工程核心平台三版的"城乡一体化社会保险管理与服务平台"，2012年7月，首度发行全国统一的社会保障卡，社保卡应用范围涵盖了社保、金融、医疗卫生三大业务领域，以社保卡为服务载体，初步建成以社保卡为载体的公共服务平台，实现了社保卡、银行卡、诊疗卡、居民健康卡的多卡合一，为民提供"一卡多用、保障一生"以人为本的公共服务。本文主要从东莞市城乡一体化社会保险制度体系现状、以社保卡为载体的公共服务平台的业务应用特点、东莞市社会保障卡医疗卫生应用特点、以社保卡为载体的公共服务平台的技术支撑等方面进行重点介绍。

一 东莞市城乡一体化社会保险制度体系现状

东莞从开拓中崛起，在逆境中腾飞，以"海纳百川、厚德务实"的城市精神，谱写出一曲高歌猛进的改革发展乐章；伴随经济社会的发展，东莞市社会保障局从探索中起步，在改革中扬帆，坚持民生、和谐、科学可持续发展方向，坚持"人人享有基本社会保障"基本理念，通过打破所有制界限，打破用工形式界限，打破户籍界限，打破城乡界限，打破就业状态界限，不断改革社会保险制度，实行一种保险制度体系覆盖所有参保人，将企业职工（包括外来务工人员）、城乡居民、灵活就业人员、职工子女、建筑工人、在校大中专学生、在莞就业的港澳台侨胞、新入户人员等群体全部纳入参保范围，最终建立起既具有东莞特色、又能够满足人民保障需求的城乡一体化的社会养老保险制度及社会基本医疗保险，建立起三位一体的工伤保险制度以及失业保险、生育保险制度，形成了"人人享有、城乡一体、保障广泛、水平适度"城乡一体化社会保险制度体系，基本实现了600多万参保人"老有所养、病有所医、伤有所偿、失业有济"，参保人次达2600多万。

二 以社保卡为载体的公共服务平台的业务应用特点

以社保卡为载体的公共服务平台由 28 个子系统共同构成，日均业务经办量 10 万单。该平台实现了东莞市城乡一体化的养老、医疗以及工伤、生育、失业五大险种的一体化管理，极大地丰富了社保业务管理与服务的内容与方式，创新了业务经办管理与财务管理模块、基金监督模块、业务内控管理、业务档案管理、行政无纸化办公模块等的无缝衔接业务模式，通过与市内外定点医药机构实时联网全面实现了基本医疗费现场结算，通过与金融机构联网实现五大险种各项待遇的社会化发放，通过与金融机构、医疗卫生机构联网实现社保卡横跨社保、金融、医疗卫生等三大业务领域的应用，深度挖掘社保业务经办基础数据，构建更符合实际应用的统计分析系统，实现了我市城乡一体化社会保险事业的"全市业务通办、基金财务集中、经办风险过程监控、业务精确化管理、以人为本个性化服务"。

一是严格遵循国家最新标准。城乡一体化社保信息化平台是基于国家最新标准金保工程核心平台三版开发的，在业务架构、数据标准、技术规范上严格按照国家标准设计，前台界面全部以浏览器方式登录，保持系统核心平台的先进性。

二是城乡一体化。实现深度整合农居民与职工的业务经办，将城乡一体化的基本养老保险制度、医疗保险制度的业务指标、经办流程、经办规则等一体化，实现城乡一体化社会保险体系的高效统一管理与服务。

三是业务经办精细化管理。对业务进行全面优化和规范，对所有业务进行合理分类，理顺社保业务整体框架；对每类业务的经办环节及经办细节进行梳理与优化，对系统前台界面的数据采集入口、业务经办结果进行严格校验，实现业务精细化管理。

四是以社保卡为载体的跨部门跨行业的公共服务平台。系统已实时联通上级部门、全市社保经办机构、市地税局、市卫生局、市内外 600 多家定点医药机构、银联机构、社区等。确保了社保基金地税代征模式实施、各项社保待遇社会化发放、医疗待遇本地异地现场结算、养老保险关系无障碍转移、社保卡诊疗一卡通（此点将在本文第三大段进行突出描述）、退休人员社区化管理等。

五是构建网上公众服务平台，为参保单位、参保人提供多元化、个性化的网络服务。为参保单位提供更方便快捷的业务申报服务；结合社保卡应用，为参保人在社保经办机构、医院、银行、社保网站、手机网站因地制宜的提供各类查询功能。

六是支持全市业务通办。系统支持"经办与行政"分离机构设置，部门权限控制层级清晰；支持所有业务的全市通办和属地经办两种业务模式，也就是参保人在东莞市统筹地区内，可到任一社保经办机构享有同样的社保公共服务。

七是实现养老个帐准"金融化"管理。实现养老个账准"金融化"管理，为每个参保人建立养老个账总账余额表和收支明细表，参保人的个人账户上准确记录每笔资金收支流水，使个人账户管理在资金流、数据流两方面建立严谨对应，账账相符、账实相符。

八是建成统计分析系统。通过完善的业务指标体系，实现业务参数标准化，理顺了一套符合国家标准且充分体现东莞城乡一体化特色的社保指标体系，对能参数化的业务指标参数化，再对业务参数进行国标化。深度挖掘社保业务数据，并对社保业务分析数据建模，建成统计分析系统，为业务提供辅助决策，从而提高政策制定的科学性和准确性。

九是实现业务经办与财务核算及基金监督管理的无缝衔接。系统构建了一条从单项业务收支核定、基金收支汇总、基金收支财务确认、基金收支财务接口数据生成、基金收支财务凭证自动生成环环相扣的财务核算管理与基金监管链，基金监管链上的每个经办环节的金额均由后台算法自动完成，前台操作人员均不可修改，形成了严谨的财务核算与基金过程监督机制。

十是实现业务经办与内控管理无缝衔接。系统填补了以往业务内控管理信息化空白，专设稽核任务抽查子系统，对业务风险点进行高、中、低级别定义，可方便在每类经办业务中抽取案例作为稽核任务。对于存在高风险点的业务，由系统后台根据规则自动触发生成稽核任务。鉴于稽核任务处理的经办流程的复杂性，稽核任务的处理过程信息化在综合政务平台中实现。通过在新系统业务系统与综合政务平台之间建立接口，有效地实现业务经办与内控管理无缝衔接。

十一是实现业务经办与档案管理无缝衔接。社保业务档案量异常庞大，档案信息在业务办结后由档案员再次录入，导致大量数据信息在业务系统与档案系统中需重复录入两次，数据录入压力大。新系统通过在业务系统与档案系统之间建立数据接口，确定业务类别与档案分类的对应关系，把业务经办关键信息自动转换为档案管理信息，实现业务经办与档案管理无缝衔接。

十二是建立"医审通"监管系统和医保基金预警系统，对医疗费用合理性进行综合分析和审查，对基金收支平衡和异常支出进行实时监控。

三　东莞市社会保障卡医疗卫生应用特点

东莞市已发行的国家统一的社会保障卡，严格按国家、省的相关最新技术标准与业务规范设计，以"一卡多用、全国通用"原则建设，坚持高标准和服务的多样化、精细化，在东莞市社保信息化程度较高的支撑下，大力扩展社保卡的应用功能。目前，已初步实现的应用范围主要涵盖了社保、金融、医疗卫生三大业务领域共7大功能，可用于社保参保身份认证、社保信息查询、参保缴费、待遇申领、医疗费用现场结算、金融支付、诊疗一卡通、健康档案管理等，以社保卡为服务载体，实现社保卡、银行卡、诊疗卡、健康卡的"多卡合一"，为参保人提供社保应用、金融应用、医疗卫生应用等一卡通服务。东莞市的参保人，凭一张社会保障卡就可从不同部门中获取社会保障、医疗卫生、金融等各类以人为本的个性化公共服务，并预留今后与劳动就业、民政、图书、交通、居住信息管理等方面的扩展接口。

目前，东莞市社会保障卡最大的应用特点是在全国率先推出"社保卡诊疗一卡通"功能，实现了社保卡、银行卡、诊疗卡、居民健康卡的"多卡合一"。我们主要是通过城乡一体化社保信息化平台、卫生信息系统、各医院信息系统、各发卡银行的信息系统、银联清算平台等系统之间搭建接口，实现各系统之间的网网相连。同时，专门打造"东莞市社会保障卡诊疗一卡通自助服务平台"（以下简称：诊疗一卡通自助服务平台），构建一个强大的社会保障卡应用服务网络。参保人既可持社会保障卡到各社保定点医院、社区的人工窗口，完成所有就诊流程；也可在各社保定点医院、社区部署的社保卡诊疗一卡通自助服务终端，自助完成挂号、预约挂号、预约取号、结算与缴费、信息查询等。"社保卡诊疗一卡通"应用功能特点主要体现如下。

一是社保就诊身份识别：参保人在定点医疗机构就诊时只需出示本人社保卡，可不需出示公民身份证，凭社保卡及密码联入信息服务网络即可完成就诊身份识别和就诊类别确定。

二是诊疗一卡通功能：社保卡具备诊疗卡功能，可在所有社保定点医疗机构通用。参保人不需再持有各定点医疗机构自发的诊疗卡进行就诊，只需凭社保卡及密码在定点医疗机构的服务窗口或自助终端设备上完成门诊就诊的挂号、就诊、划价、缴费等，完成住院就诊的入院登记、中途结算、出院结算等所有过程的衔接及流转。

三是社保医疗现场结算：参保人凭社保卡及密码在定点医疗机构的服务窗口或自助终端设备上，可在院现场结算医疗保险、工伤保险统筹基金支付待遇，可使用医疗个人账户支付医疗门诊就诊费用。

四是金融支付：参保人可使用社保卡上加载的金融账户，在定点医疗机构的服务窗口或自助终端设备上支付社保统筹基金支付后的自费医药费用。

五是社保信息查询：参保人凭社保卡及密码可在定点医疗机构的服务窗口或自助终端设备上查询参保、缴费、社保医疗现场结算信息、社保待遇信息等。

六是健康档案信息管理：社保卡具备居民健康卡功能，卡芯片中的社保应用区预留健康档案信息字段，并通过与卫生部门建立的居民健康档案管理系统相连接，参保人凭社保卡及密码在定点医疗机构的服务窗口或自助终端设备上可查询参保人健康档案的有关信息。

四 以社保卡为载体的公共服务平台的技术支撑

由社保部门为主导，与卫生部门、发卡银行、定点医疗机构、银联等部门联手，基于参保人对社会保障等民生公共服务的需求，以参保人动态的个人数据信息为主轴，建设标准、统一、动态的数据中心，整合社会保障、医疗卫生及金融等三大领域的信息资源，构建以社保卡为载体的公共服务信息网络平台，该平台横跨社保经办服务网、医疗卫生服务网、金融服务网三大业务领域的信息化服务网络，包括社保经办机构服务网、社保经办机构办事大厅自助终端服务网、社保网上综合服务平台、社保费地税代征平台与社保费银行代征平台、社保待遇社会化发放服务网络、退休人员社区服务网络、上级部门数据交换平台、医院社保住院服务平台（窗口）、社区卫生服务机构社保门诊服务平台（窗口）、社保卡管理平台、社保卡诊疗一卡通自助服务平台、预留介入劳动就业、民政、文化教育等平台接入接口等子网，在各系统之间建立数据交换接口，实现社保、卫生、医疗机构、银行各部门之间的网网相连，参保人持社保卡即可在社会保障、医疗卫生、金融三大信息化服务网络获取综合的、个性化的公共服务，是我市社保卡在社保应用、金融应用、医疗卫生应用的技术支撑。

以社保卡为载体构建公共服务平台的应用框架图。

以参保人动态的个人数据信息为主轴，在东莞城乡一体化社会保障体系框架内，将参保人从出生起，开始记录个人基本信息、个人参保信息、参保缴费信息、社保待遇领取信息等个人参保权益记录，在每月社保缴费、实时社保待遇核定、医疗现场报销结算等社会保障公共服务过程中，由参保人将最新个人动态信息互动更新到数据中心，确保了数据中心的参保人动态数据信息真实反映个人状态，确保了数据中心数据鲜活性、真实性。

通过建立对医疗卫生业务领域的开放式接口，将医疗卫生业务领域与社会保障有关的数据信息采集进入社保数据中心，比如：将社保定点医院及社区卫生服务机构的住院就诊信息、门诊就诊信息、处方清单、医生资料库、医生坐班信息、医院药品目录信息等重要医疗卫生数据纳入社保数据中心统一管理，将卫生局的参保人健康档案信息纳入社保局数据中心

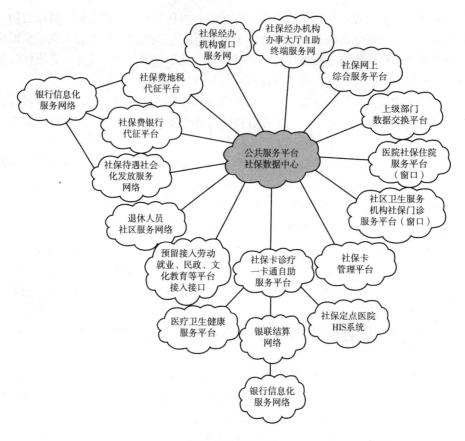

社保卡应用框架图

统一管理，确保了参保人无论是在社保经办机构抑或定点医院及社区卫生服务机构均能享受医疗现场报销、社保卡诊疗一卡通自助服务、医疗就诊信息查询、健康档案查询等公共服务的便捷性。

通过与金融服务网络建立数据交换平台，充分利用银联结算网络、银行信息服务网络，将社保缴费、社保待遇支付、金融结算等社会保障公共服务业务延伸到金融服务网点，从社保缴费核定到社保费用征缴、从社保待遇核定到社会化支付服务，从社保卡医疗个账消费到社保卡金融账户金融结算，均实现社保经办服务网与金融服务网的无缝衔接。

（东莞市社会保障局）

越秀区基于社区服务管理平台

越秀，国家中心城市核心区，辖区党政机关多、企业单位多、老龄人口多、人口密度高、城市化程度高、服务管理要求高、居民服务需求多样。随着城区经济社会的发展转型，由于大量的"单位人"变"社会人"再转变为"社区人"，以及权责不匹配、服务管理机制滞后等原因，群众诉求上达难、职能部门响应慢，与现代公共服务管理的新要求不相适应；基层工作信息孤岛多、统计报表多，与智慧广州建设的新要求不相适应；基层工作作风不扎实、服务群众不到位，与开展党的群众路线教育活动的新要求不相适应；社区服务管理水平与居民群众的新期盼不相适应，这在一定程度上，给越秀区的社会治理带来了新的"刚性需求"。

一 项目背景

新时期，中共十八大提出围绕构建中国特色社会主义社会管理体系，加快形成源头治理、动态管理、应急处置相结合的社会管理机制新要求，2012年9月，越秀区秉承先学先谋、先查先改、先行先试原则，按照广州市委、市政府做出全面推进新型城市化发展的决策部署，以优化提升都会区为总要求，以推进广东省城市社区治理试点和广州深化创新基层社会服务管理试验区建设为契机，以贯彻落实党的群众路线为主线，围绕建设"加快转型升级、建设幸福越秀"的核心任务，依托电子政务建设规划，迅速破解社会治理瓶颈，开展基层社会管理创新的"顶层设计"，制定了"1+6"系列文件，并把网格化管理与幸福社区建设有机结合，以"三问"于民为原则，实施社会管理改革和创新，着力构建职能多元、力量合成、处置高效、服务到位的网格化管理模式。

二 "网格化"项目概括

（一）指导思想

深入贯彻党的十八大精神，围绕科学发展主题、电子政务引领、转型升级主线、民生幸福主旨，按照"低碳经济、智慧城市、幸福生活"三位一体的城市发展新理念，把握"问需于民、问计于民、问效于民"的宗旨，坚持"节约行政成本，创新机制先行，全面统筹兼顾"的原则，创新基层治理模式，扩大基层民主自治，依托"越秀号"信息服务直通车，建立健全职责明确、管理精细、信息共享、渠道畅通、服务有效的网格化服务管理体系，并以此为抓手全面提升我区各项工作的规范化、标准化、精细化和智能化水平。

（二）建设目标

利用智能信息技术手段，依托基层社区细胞元，建立统一的网格化社区管理服务信息平台，准确掌握社区居民的服务需求，调动社区居民的自我服务积极性，整合志愿者、社会组织、企业、政府的服务资源，智能地为116万社区居民（特别是老年人、育龄妇女、青少年、残疾人等特定人群）提供针对性、主动的社区服务，同时解决社区居民与政府、社会组织等服务提供者之间因为信息不对称、信息不准确等而造成行政、服务资源浪费等问题，同时创造更多的就业岗位，促进服务业发展，让城市更环保、更低碳。为我区在国家中心城市新一轮发展中抢占制高点打下坚实的基础。

（三）保障体系

越秀区委、区政府高度重视，把推进网格化服务管理工作作为推进新型城市化发展的重要内容，按照"先行先试、稳步推进"的原则，稳步在全区推进网格化服务管理模式。区委常委会审议通过了《越秀区开展网格化试点工作方案》，选定试点社区，积极探索建立越秀特色的社区网格化服务管理体系。开发了统一的网格化服务管理系统，确定核心数据体系。成立了由王焕清区长任组长的《越秀区智慧社区网格化工作领导小组》，区政府常委会审议通过了《越秀区实施网格化服务管理工作方案》和《越秀区深化推广网格化服务管理工作方案》，确保网格化服务管理工作的推进。

三　项目实施主要做法

（一）将及时响应群众服务需求作为实施网格化服务管理的建设"牵引机"

1. 以"问需于民、问计于民、问效于民"为原则，构建网格化服务管理体系

一是科学划分网格单元，建立可达性强、覆盖面广的社区服务管理网络。在不打破现有行政区划和管理格局的前提下，按照科学适度、便于服务的原则和每个网格原则上不超过200户的标准，结合社区实际，全区267个社区共划分成1879个网格，以网格为单位做到定人、定位、定责，保证网格化服务管理有效延伸到各个角落、直达到每户家庭，全区搭建起"三级平台（区、街道、社区）、四级服务（区、街道、社区、网格）"的社会服务管理组织体系，实现网格全覆盖。二是优化配置工作力量，建立一岗多责、一员多能的社区网格员队伍。将社工和街道干部、协管员、志愿者等各种力量按网格化服务管理要求落实到网格中，每个网格指定一名专职网格员，逐人、逐地、逐事明确社会服务管理工作任务，并实行A、B角管理。在日常工作中，要求网格员主动到居民家中查实情、问民需，定期巡查发现和跟踪处理责任网格内的城市管理、社区服务等各种问题，及时、全面掌握网格内各项动态信息。

2. 以为民服务为导向，实施发现告知、调度派遣、事件处理、跟踪回访、评价结案的"五步闭合"工作法

推动业务资源入格，建立一口受理、协调联动的社区事务服务平台。通过开展群众问卷调查，确定将五大类共190项与居民群众密切相关的社会服务和城市管理事项全部入"格"，做到资源下放、力量下沉、数据共享、业务协同，形成"条块统筹、联动协作"的社区服务管理模式，并结合网格服务管理的执行和群众反馈情况，及时对管理流程进行再造和优化，第一时间呼应群众需求，为群众提供"零距离"服务。

（二）将智慧化建设作为推进网格化服务管理的"助推器"

1. 开发网格化信息系统，建立精细化、智慧化的社区服务管理工作体系

建设区、街两级网格化调度指挥中心，依托"越秀号"信息服务直通车，研发网格化服务管理信息系统，将1879个网格内的所有人、户、单位、房屋、楼宇等基本情况，以及沙井盖、路灯、垃圾桶等城市部件，全部实现数字化、信息化的动态管理和联通共享。为每名网格员配备移动终端，加载网格化服务管理系统软件，可以随时随地反映群众需求，把社会服务变"政府配餐"为"群众点菜"，并及时发现和清理社会管理的盲区、死角，将一些潜在的社会管理问题消除在萌芽状态，实现网格工作无缝隙。

2. 建立便民化、信息化的社区网格服务大环境

近一年来，越秀区着力抓好网格化服务管理"软环境"的同时，以方便群众、减轻基层压力、提高工作效能、降低行政成本为原则，以宜居为目标、以智慧化为带动、以平安为基本，推动实现城区基础设施、运行系统、社会管理和公共服务系统的全方位智慧化，在社区公共区域免费开通 WIFI、设立金融自助服务终端机、医院自助挂号机，增设"智慧二维码"、电子图书阅览室、电子阅报栏、电子公告栏，建设"健康加油站"、自助体检区等功能区等智慧民生应用体系建设，全面提升社区"硬环境"。

3. 创新搭建以网格为核心的社区事务群众参与平台

通过网格化服务管理密切与社区群众的联系，发挥党员、社区能人和群众的作用。开通市民网页的网格化专栏、微博和网格 QQ 群，在网格成立党支部、社区居民意见咨询委员会，运用社区网格论坛、居民议事厅、社情民意接待室、"两代表一委员"工作站等载体，丰富居民自治形式，广泛听取民意、集中民智，发挥网格党组织的核心作用，引导居民深度参与社区事务的决策和管理，增强居民对社区网格的认同感和凝聚力，推动居民自治向着有序、理性的方向健康发展。

（三）将提升群众的满意度和幸福感作为评价网格化服务管理成效的"丈量器"

1. 构建网格化管理责任体系，推动社区事务办理提速增效

组织制定"1 + 2 + 5"网格化服务管理工作制度，明确部门、街道、社区以及网格工作人员责任，要求将服务对象、工作过程和办理效果的相关数据录入系统，建立工作台账，实行电子监察，防止责任推诿，做到底数清、情况明、可评估、可考核，做到"小事调解不出社区，大事化解不出街道"。

2. 优化网格化管理工作流程，促进社区服务管理规范运转

实施发现告知、调度派遣、事件处理、跟踪回访、评价结案的"五步闭合"网格化服务管理工作流程，完善和强化跟踪考核评价功能，尤其是最后一步"评价结案"由系统自评、服务对象点评、第三方评价共三个部分组成，先由系统进行效能监察，然后由服务对象或社区居委会对办理效果进行评价，居民群众满意了才能结案。

3. 加强网格化管理绩效考核，激发网格员服务群众的主动性和积极性

主动接受群众的监督和评议，提高群众评价的分值比重，增加群众在网格化服务管理工作考核评价中的话语权，形成组织评价和群众评价有机统一的双向绩效评价机制，激发部门、街道和网格员、居民群众共同参与社会管理的主动性和能动性，促进网格化服务管理的效能提升。

三 项目实施效益

（一）依托网格化更有效的"管"，促进基层治理更积极的"变"

越秀区积极适应社会发展形势，将网格化管理嵌入城市社区治理，使联系群众变运动式为常规式，基层管理变规定动作为自选动作，社区治理变一元为多元，实现部门力量变分散为协同，城市管理变粗放为精细，社区服务变被动为主动，居民评价变封闭为开放，社区服务管理工作流程变无序为有序，居民诉求渠道更加畅通，职能部门、街道和社区联系群众更加紧密、服务群众更加到位，进一步提高了社区服务管理的科学化、精细化水平。

（二）摆脱陈旧模式治理"路径依赖"，开拓基层管理增益新途径

2013年10月，全区267个社区已全部实施网格化服务管理模式。截至2014年1月23日，全区网格化服务管理通过系统记录民情日志信息114652条，协同处理城市管理和社会事项39168件，办结率达97.6%，已办结案件中97%的事项解决在街道和社区，工作流程时间总体压缩30%；信息系统记录的97万条基础数据实现全区信息共享、导入兼容，入格部门的工作效率提高35%，群众对社区服务管理的满意度明显提升。

（三）以点带面，逐步扩大全市示范效应

2013年10月30日，广州市幸福社区网格化管理现场会在越秀区召开，市领导充分肯定了越秀区网格化服务管理的成效，并向全市推广越秀区的经验和做法。

（四）经济效益

越秀区网格化项目的实施也给社会治理带来了一定经济效益。一是在减少办事成本上效果明显。开展网格化服务管理后，要求网格员主动上门为民解忧，代办相关证件，居民办事成本降低，也获得相应的机会成本。二是压缩了处理问题的用时，快速解决问题，提高了职能部门的工作效率。三是推行收集电子证照档案，减少居民办事复印证件的要求，节约了大量的纸张，也创造了大量的经济效益。

四　项目运维情况

越秀区基于社区服务管理信息平台，开发网格化管理功能模块，支撑网格化管理，具体包括：综合服务子系统、辖区档案子系统、协同治理子系统、民情日志子系统、工作台账子系统、工作考核子系统、统计报表子系统、网格化管理对象信息库；在越秀区所有的18条街道及其所有居委实施推广；制定并协助实施相关标准规范。越秀区先后制定发布《越秀区全面推进网格化服务管理工作的实施意见》《越秀区网格化服务管理工作实施办法（试行）》《越秀区网格化服务管理工作考核办法（试行）》《越秀区网格化智慧党建工作规定（试行）》《越秀区网格化社会服务工作规定（试行）》《越秀区网格化城市管理工作规定（试行）》《越秀区网格化创建平安工作规定（试行）》《越秀区加强居民自治推进网格化服务管理创新的实施办法》等制度，确保网格化稳健运行。

另外，区电子政务平台通过单点登录和webpart展现等方式，将政府网站管理系统、统一门户系统、网格化服务管理系统、政务服务应用系统、电子监察应用系统、区政务数据中心等30多个系统进行有机整合，有效支撑政务公开、政务服务和电子监察等应用服务的上线运行。同时，我区在构建电子政务平台时充分利用原有网络、软硬件资源，积极采用国产软硬件产品，包括浪潮的服务器、趋势的TDA、红旗的操作系统、神州的数据库、金蝶的中间件等，国产软硬件占比高达72.34%；在运维中引入国际标准ISO20000理念，制定了《越秀区依托电子政务平台加强政务公开和政务服务工作技术保障服务情况说明》，建立了

故障分级响应机制，提供400热线电话、电子邮件等保障方式，保障平台稳定安全运行。

下一步，越秀区委、区政府将继续深入贯彻中共十八届三中全会精神，在市委、市政府的正确领导下，着力依托电子政务建设，以提升居民群众幸福感和满意度为目标，以深入推进网格化管理，倒逼部门和街道职能和工作作风转变，强化街道和社区干部队伍建设，不断提升社区服务管理水平，促进社会和谐稳定，为建设"中央文化商务区、幸福建设窗口区、廉洁城市示范区"而奋力前进！

（广州市越秀区智慧社区网格化工作领导小组）

济南市电子政务服务平台

一 项目背景

根据《中共中央关于建立健全惩治和预防腐败体系 2008～2012 年工作规划》（中发〔2008〕9 号）和《山东省建立健全惩治和预防腐败体系 2008～2012 年实施办法》（鲁发〔2008〕11 号）的要求，中共济南市委、济南市人民政府制定了《关于运用现代科技手段预防腐败的意见》，成立了济南市运用现代科技手段预防腐败领导小组并制定了《关于运用现代科技手段预防腐败工作实施方案》和《济南市运用现代科技手段预防腐败电子系统建设指导方案》，明确提出以增强对权力监控的有效性为重点，以体制机制制度创新为依托，以提高预防腐败能力和推进法治政府、服务政府、责任政府、廉洁政府建设为基本目标，应用现代电子信息技术，努力建设纵向贯通省市县、横向涵盖各领域的预防腐败网络，打造电子政务服务、行政审批、行政执法、公共资源交易、反腐舆情、舆论监督、党风廉政教育、纪检监察八大电子信息平台，构筑"一拖七"综合电子监察系统，逐步形成济南特色、全国一流的科技防腐现代化体系，实现政务在网络上运行，资源在阳光下交易，权力在监督中行使，为公众和社会提供更加优质高效的服务，促进经济社会平稳较快发展。

开展科技防腐，实现电子监察，离不开全市电子政务的发展和支撑。济南市信息中心作为电子政务服务平台的牵头实施单位，认真分析了济南市电子政务的现状，认为济南市电子政务经过多年的发展，网络设施逐步完善，业务应用逐步拓展，公安、城管、社保、交通、卫生等部门的业务系统在各自领域已成为全国或全省的示范项目；济南市政府门户网站服务能力不断提升，在近几年的绩效评估中一直处于副省级城市前列，覆盖 67 个政府部门和 10 个县（市）区的政府网站群体系初步形成。但也存在一些突出问题，表现为：乱—基础网络复杂，统一的电子政务外网不完善；散—各自为战，各管一段，纵强横弱；难—信息孤岛多、共享难，信息资源利用不充分。这些问题直接制约了我市电子政务整体绩效水平的提升。面对上述现状，对照建设服务政府、责任政府、法治政府、廉洁政府的目标任务和"加快科学发展、建设美丽泉城"的总体部署，济南市信息中心提出了"依托全市统一的电子政务外网，通过互联互通和业务应用系统的承载与对接，解决业务不协同、资源不共享、监督不到位"的服务平台建设方案，经市政府批准后于 2012 年 10 月正式启动建设。

二 平台基本情况

（一）建设思想

1. 统筹规划，集中统一

一是建立一个合理、开放、统一和基于标准的应用支撑平台，为各部门业务系统建设提供统一的组织架构模型、单点登录、访问控制、流程、表单等基础应用服务，支持对全市电子政务项目进行统一规划、统一设计，实现工程的统一建设，从而达到一体化管理的目的。二是建立统一的数据资源中心，集中沉淀全市电子政务项目运行产生的基础数据，建立行政权力基础库、行政权力运行库、行政权力结果库、监察绩效库和政府信息公开库等，从而为建设一体化公共服务系统和监督监察系统打下坚实基础。

2. 遵循统一的标准化体系

服务平台的一个重要作用是要实现各业务系统的统筹规划、协同融合，因此必须遵循统一的标准规范。标准规范在此项目建设中的主要结构如下图所示。

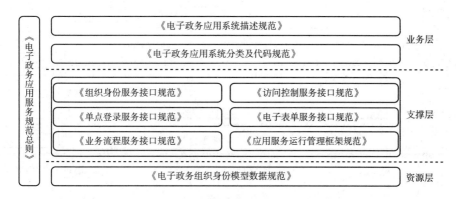

图1　电子政务服务平台标准规范

3. 以 SOA 面向服务的架构思想为指导

基于 SOA 架构的协同政务系统将不同的服务通过服务之间定义良好的接口和契约联系起来。服务独立于实现服务的操作系统和编程语言之外，接口采用中立的方式进行定义。构架在各种系统中的服务通过统一且通用的方式进行交互，保证了政务业务的良好协同。SOA应用系统可以很方便与其他应用系统实现交互，从而避免信息孤岛。

（二）系统总体架构及功能模块

服务平台总体架构如图2。

系统总体功能架构主要分为下面几个层次。

门户层：门户层的主要功能是将用户接入到系统，通过界面展示系统的功能，接收用户的请求，并显示系统处理的结果。

业务层：业务层包括对济南市科技防腐有关业务系统所有业务功能和业务流程的实现，根据不同的业务领域，采用不同的子系统进行实现。

支撑层：支撑层采用SOA架构对业务功能识别，实现可以复用的服务，有利于提高整个科技防腐整体架构的松耦合性。支撑层可以划分为基础类服务、业务类服务以及编排类服务三种类型。不同的应用系统实现的业务功能基本是不同的，但是服务于这些业务功能的基础技术功能和服务却是大致相同的，因此抽象出独立的支撑层，使得它与业务逻辑层之间保持松散耦合，不仅能够同时应用到各种应用系统中去，而且还可以进行独立的发展和变化，不对业务功能造成影响。

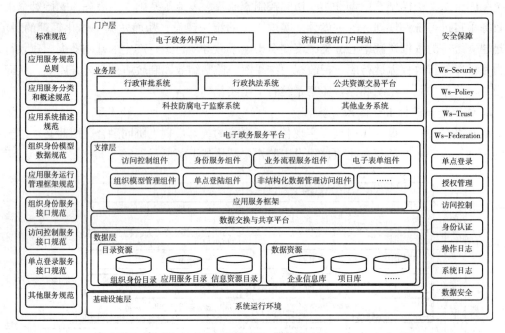

图2 系统总体架构

数据层：数据层提供科技防腐业务系统的各种类型的基础数据，包括：基础平台数据、业务系统数据、共享数据。其中基础平台数据主要为统一的用户数据存储，为各业务系统的统一验证提供良好的基础；业务系统数据为科技防腐业务系统的数据存储；共享数据库主要存储了科技防腐相关业务过程中所需要的共性数据，包括行政权力基础数据、行政权力过程数据、日志数据等。这些数据分别被科技防腐相关应用系统创建、使用和更新，是系统内部最重要的资源，无论应用系统和功能如何变化，数据的格式和流程如何变化，数据内容始终是科技防腐项目建设最宝贵的财富。

基础设施层：用于支撑信息化系统的计算机网络、硬件设备、数据存储、操作系统及相关基础类软件等。

标准规范和安全保障：在每个层次的建设过程中，均需要遵循相关的建设和接入规范，建设完毕后，针对不同的层次需要建立不同级别的运维管理机制，用以保证整个信息化系统稳定可靠地运行。

平台包括6大功能模块。

（1）应用支撑平台：是整合各部门现已运行的业务系统、支持搭建新业务系统的基础，由应用服务框架、基于应用服务框架的电子政务应用服务组件、标准应用服务接口、应用服务的标准和规范和信息资源目录体系等构成；

（2）科技防腐数据资源中心：根据科技防腐相关应用系统产生的基础业务数据，建设统一的共享数据资源中心，整合各应用系统产生的政务信息资源，为其提供基础信息的源头。按照国家标准政务信息资源目录体系和交换体系的要求，设计和建立一个集中、可扩充、可集成、有统一数据模型、有多种角度视图、可交换和安全可靠的数据资源共享应用系统。并结合济南市已有的法人库、人口库、地理信息库等，在对数据管理中心进行资源编目的基础上，组织整理并形成信息资源目录（科技防腐部分）。

（3）信息资源目录（科技防腐部分）：主要包括以下方面内容：一是建立全市科技防腐信息资源目录体系技术环境；二是组织整理全市科技防腐信息全市信息资源目录体系；三是建立全市科技防腐统一的信息资源共享平台。

（4）电子政务标准规范：济南市运用现代科技手段预防腐败体系建设涉及的系统和数据建设需要遵循数据库建设、信息系统建设、数据交换、应用系统接口、数据安全、信息服务等方面的国家和部颁布的标准与规范，同时，在执行过程中结合济南市实际情况可进行扩展和细化，促进济南市电子政务领域逐渐进入一个统筹规划、有序建设的时期。通过标准规范的建立促使各类软件资源实现可重用性，推动业务的协同和互联互通。为科技防腐系统信息化资源共享、集成整合等需要提供了翔实的指导依据。

（5）电子政务外网门户：政府工作人员通过电子政务外网，可以开放访问电子政务外网门户网站，浏览政务外网有关信息，通过电子政务服务平台提供的统一的登录服务（目录体系认证或单点登录）即可登录个人办公平台，通过个人工作平台可访问其他业务应用系统，无须多次登录，即可在本门户中进行一站式办公。

（6）CA认证：按照国家电子政务外网建设安全身份认证要求，建设济南LRA中心，负责数字证书用户身份的注册、审核，用户数字证书的申请、发放、废除和更新等相关工作。对所属受理点进行全面管理，对操作员身份进行鉴别；向SDCA发送证书申请、审核、签发、作废、查询等请求，并接收响应信息；存储和管理用户信息；提供数据备份功能。在系统建设的过程中，实现身份有效识别、数据安全传输、文档表单电子印章防篡改、时间合法有效、权限统一管理、邮件安全实名、数据安全存储、电子证据司法鉴定可靠合法。

经过近一年的紧张努力，济南市统一电子政务外网和电子政务服务平台基本建成，构建了纵向贯通市、县（市、区）两级，横向延伸到经济社会管理、行政执法和公用服务部门的业务应用平台，使得各部门面向公众服务的业务系统具有了一个统一的支撑平台，各相关业务系统向统一平台迁移或对接后，可以实现信息共享和数据交换，进而实现业务协同，为全面提升济南市电子政务服务能力和水平奠定了坚实的基础。

（三）平台功能作用

服务平台具有四大功能：一是互联互通。依托全市统一的电子政务外网，实现各部门业务系统的对接互通；二是整合资源。依托电子政务服务平台整合应用资源和服务资源；三是信息共享。梳理、汇聚分散在各部门、各单位有共享需求的信息资源和监察数据资源，建设统一权威的信息资源体系，为履行政务职能和实施电子监察提供服务。四是业务协同。将各政务部门若干独立的应用系统联系起来，实现政府公共服务跨地区、跨部门的一体化协同运行，这也是建设智慧政府的关键环节。

三　应用推广情况

服务平台于2013年5月份建成并通过专家验收。目前已经实现济南市网上审批系统、公共资源交易系统、阳光民生系统和商务局网上审批系统的数据接入，形成了行政权力基础库、行政权力运行库、行政权力结果库、监察绩效库和政府信息公开库等数据库。为全市深化审批制度改革提供了有效支持，并支撑了济南市建设项目审批服务"一号通"和企业设立后置审批"一表通"的有效运行。

四　前景展望

建设标准统一、功能完善、互联互通、资源共享、安全可靠的电子政务服务平台，对于转变政府职能，创新工作运行机制，提高政务服务效能都具有重要的意义。下一步除做好网上审批、公共资源交易、行政执法等科技防腐业务系统和综合电子监察系统的支撑外，还要做好下列几点。

一是继续完善电子政务外网，推动部门纵向业务专网的并网，推动县市区电子政务外网向乡镇（办事处）、村（居）延伸。二是积极推进各政务部门业务应用与服务平台的对接，在更大范围实现数据交换和信息共享。三是整合政务部门服务资源，形成一体化的政府公共服务网站群，并逐步向统一门户过渡，提升市政府门户网站政务公开、民意表达、网上办事的能力。四是适应手持设备智能化和移动通信技术快速发展的形势，规划建设移动政务服务系统。

（济南市信息中心主任　刘春贵）

青岛市政府投资项目监管平台

近年来，青岛市不断加大政府投资项目的动态监控系统建设力度，积极探索运用现代科技手段实现对政府投资项目全过程监管的办法，建成青岛市政府投资项目监管平台（以下简称政府投资项目监管平台），在政府投资项目监管过程中发挥了良好的辅助作用，获得了中央、省检查组的高度评价。

一　项目背景与需求

（一）建设背景

政府投资项目的特点是项目周期长，环节多，主管部门都是分段监管，政府缺乏统一的监管工具，很多重要项目信息难以快速收集，经常发生进度难以控制，项目延期，或预算严重超支，工程质量不达标影响公众安全的情况。分段监管还有一个重要弊端是项目信息分散、项目名称不一致，监管层无法及时掌握项目的整体信息，一旦出现问题，历史业务信息查询复核难度大。

为进一步加强对政府投资项目的全面监管，市监察局、市发展改革委、市财政局和市电政信息办联合对政府投资项目相关信息网络系统建设进行了摸底调查，并提出启动政府投资项目监管平台建设的建议。2011年4月19日，青岛市召开政府投资项目监管平台建设联席会议，开始启动政府投资项目监管平台建设。

（二）建设需求

1. 业务需求

一是实现政府投资项目全流程业务办理，通过梳理政府投资项目的业务管理流程，将原先散落在各个部门的项目信息集成起来，实现整合项目的全流程办理，对于没有信息系统管理的监管环节，要在平台内构建该环节的业务系统。二是对政府投资项目多角度全方位的监察监管，结合政府投资项目特点，梳理监察监管重点领域，制定监察规则，以项目为中心、流程为主线，对项目信息进行多角度、全方位展现，整体把握项目进度，对重点领域、重点环节实时预警、动态监控。对重点项目实施视频监控，监管人员可以直接查看工地现场，提高工作效率。

2. 服务对象需求

政府投资项目涉及的政府部门多，环节多，涉及施工单位、监理公司、中介机构等社会单位更多，政府投资项目监管平台需要从各类用户的实际工作特点出发，通过该平台为相关工作提供最大便利，减少使用人员的工作负担。

市领导：市领导需要了解青岛市政府投资项目总体的项目数量、地域分布、行业分布、审批手续、资金预算和使用情况、各项目的整体进度、存在哪些重大问题、产生的效益。

发改委项目稽查人员：全面掌握项目信息，通过周密的项目管理，了解项目手续和进展情况，对项目单位的违规行为进行稽查整改。

财政局资金监管人员：对项目资金进行计划预算，按合同约定根据各种项目的进度信息和手续文件，拨付资金。

审计局审计工作人员：通过项目建设过程中形成的大量数据进行比对，验证过程信息的真实性，发现违法违规的疑点信息，并加以确认，为审计工作提供确凿依据。

监察局行政监察人员：通过信访举报和对政府投资项目的项目储备、决策、设计、审批、招投标、施工、验收、评价等项目建设全过程数据的监控，实现对政府投资项目过程中，政府部门行政行为的监察，发现各主管部门的违规违纪行为，及时整改，防止腐败行为发生。

审批监管人员：通过审批系统"项目一号制"改造和与审批系统的对接，将原先凌乱的审批事项与完备的业务逻辑整合，按照项目的特点正确分析审批事项间的并联与串联关系，从只能对单个审批事项的监管提升到对项目涉及的相关审批事项的综合监管。

建设项目主管部门：组织指导建设单位记录项目进度信息，掌握项目进度，形成项目档案，结合项目进度进行质量和安全监管。

社会公众：了解政府投资项目动态，对项目的工程质量、施工单位的违法行为和政府部门的腐败行为进行监督举报。

二 解决方案和业务创新

（一）建设思路

开发基于政府投资项目管理业务流程设计的政府投资项目监管平台，覆盖政府投资项目建设生命周期的全过程，对全流程业务信息进行实时采集，形成包括项目基本情况库、投资情况库、建设情况库、重点项目库、政策法规库、图像文件库、问题及协调工作记录库、招投标信息库等十几个政府投资项目业务信息库，完整记录一个项目从项目储备、前期准备、工程实施到竣工验收、工程结算的全过程，并在此基础上实现四大功能，一是规范业务流程，对流程信息进行实时监察和在线预警。二是动态业务监管，包括进度控制、投资控制、财务管理、工程质量和施工安全控制、工程招投标管理和重大问题备案。三是实时电子监察，对政府投资项目的审批、建设管理、行政执法等方面设置监察点进行电子监察，对履行行政职能和违法违规行为的实时网上在线实时监察。四是数据汇总分析，对政府投资项目的总量信息和不同类别的信息可以实时进行统计分析，构建政府投资项目绩效评估模型，为进一步优化投资结构、搞好投资管理提供有效参考。

（二）系统架构和建设内容

1. 网络架构

政府投资项目综合监管平台主要运行在青岛市电子政务基础网络平台上，电子政务专网是政府内部办公的非涉密网络，因此各级监察监管工作人员在电子政务专网上登录政府投资项目综合监管平台，该平台所依赖的人员体系、安全支撑平台和信息交换平台等都部署在电子政务专网上。政府投资项目门户网站部署在电子政务外网，施工单位、监理单位、中介单位等可以登录网站上报项目信息，网站与政府投资项目综合监管平台之间可以通过安全网闸设备实时交换信息，实现专网、外网数据同步。

2. PKI 安全支撑平台和统一人员体系

政府投资项目综合监管平台建立在青岛市电子政务 PKI 安全认证体系基础上的，使用全市统一的人员体系，充分保证系统的安全性和数据的安全性，并且与青岛市电子政务其他应用系统实现单点登录功能。

3. 信息交换平台和统一数据标准

政府投资项目综合监管平台通过信息交换平台实现与相关部门业务系统的数据实时交换、业务流程对接，对于系统整合、数据整合和流程整合等工作的实现，都必须依赖统一的数据标准，如：项目编号标准、企业基础信息标准等，这是实现整个平台功能的基础。综合监管平台需要大量整合不同业务系统，数据交换报文和数据库设计都要符合国家标准和行业标准。

4. 电子政务基础软件架构

政府投资项目综合监管平台依托全市统一的政务云公共服务平台设计、开发和部署，既充分复用了已有的软件资源和硬件设施，又可以大大缩短开发周期，降低成本，一举两得。

5. 政府投资项目综合监管平台功能

政府投资项目综合监管平台由全流程网上办理系统、建设项目基础数据库、监察监督系统、门户网站四部分组成。

一是全流程网上办理系统覆盖政府投资项目的从项目储备到项目竣工后评价整个生命期的，项目建设所涉及的每个环节全部实现网络化信息管理。利用在线填报、数据交换、自建业务管理系统、与已有系统流程整合对接等方式，将各环节的办理过程信息串联起来，并整合到项目信息基础数据库中。需要对接的各种业务系统，都需要进行升级改造，符合政府投资项目数据标准后，才能接入全流程网上办理系统。

二是建设项目基础数据库是基于全流程网络办理系统采集的项目信息，再经过比对、清洗转换等数据整合步骤，形成了若干个数据库。基础数据库还包括数据整合、数据分析和数据共享利用方面的系统功能。

三是监察监督系统主要从监察局监察、财政局监管、审计局监管和发改委项目稽查五个不同的角度进行设计，包括政府投资项目行政监察、财政监督、审计监督和发改稽查、辅助决策支持五大功能。

四是政府投资项目门户网站是系统的对外窗口。门户网站包括向公众发布各种政府投资项目的政策、动态、新闻等信息，为监理单位、施工单位和专家等社会群体提供网络办公平台入口，还向公众开放了信访举报、效能投诉和建议的受理栏目，以外网受理、专网办理和外网查询结果的办理模式，提高政府服务质量、防止腐败、提升监管效率和效果。

部门业务数据库和部门专有业务系统虽然不包含在综合监管平台中，但却是基础数据库和全流程业务办理系统的基础，基础数据库的大部分数据是从部门业务数据库交换并清洗整合形成的，全流程业务办理系统的大部分办理功能是借助部门专业业务系统实现的。

（三）业务创新

一是打破了部门壁垒，采取以项目为核心、以流程为主线的信息采集方式，更贴合全面监管需求。二是结合政府投资项目类型多的特点，对房建、公路、地铁等9类政府投资项目业务流程进行了量身定做，更适合分类与比较。三是多层次授权，根据职责分工，为项目建设单位、项目主管单位和行业主管单位分别授权、区分职责，更有利于实际业务操作。四是实现政府投资项目业务信息的整合与共享，通过项目基础数据库，实时共享项目审批和招投标环节业务信息，通过全流程业务管理，定期收集项目建设管理信息，实现项目全流程业务信息的整合汇总，并为财政、审计、发改、监察等系统提供数据共享服务。五是与青岛市综合行政电子监察系统紧密集成，共享业务预警信息，实现一站式登录，运行过程可接受综合行政电子监察系统的监督。

三 实施效果与社会效益

政府投资项目综合监管平台于2013年3月试运行以来，先后举办八次专题应用培训，培训系统应用管理员400余人次。目前，列入2013年投资计划的中央投资项目和市财力投资项目已全部纳入系统动态监管，基本实现了中央、地方政府投资项目的实施全过程监管。政府投资项目综合监管平台实施效果主要体现在以下方面。

（一）实施效果

1. 初步形成政府投资项目全业务数据库

政府投资项目综合监管平台运行以来，通过各种方式收集入库330个政府投资项目，26672条业务信息，包括房屋建设等9大类，涵盖审批、招投标等多个业务领域，首次形成青岛市政府投资项目全业务数据库。

2. 统一项目编号，实现政府投资项目信息的规范管理

政府投资项目综合监管平台运行后，要求入库的各阶段项目信息都是用统一的项目编号

为项目唯一识别码，否则将标记为无效数据，为此，审批、招投标、预算支付等相关业务系统都实施了系统改造，增加项目编码字段。统一项目编码后，不同部门、不同来源的同一项目信息可以进行数据比对、互为补充，项目信息得到有效规范。

3. 实现政府投资项目建设过程中的投资控制

政府投资项目综合监管平台通过与发改投资计划管理系统、财政预算管理系统、国库支付系统集成，通过分析比对项目建议书投资额、可行性研究估算额、初步设计预算额、财政批复预算额、招标控制价、中标价、合同价、投资概算调整表、年度投资计划、工程结算、财务决算表和审计决算等主要投资环节资金数据形成项目投资控制链条，对项目投资的逻辑关系进行严格控制，并对异常情况进行预警，形成了项目估算、概算、预算、合同、支付过程完整的资金监管链条，使主管部门可以提前掌握可能出现的超概情况，并提前介入。

4. 初步建成了以项目为核心的政府投资项目协同监管信息平台

政府投资项目综合监管平台的建成和运行，打破了政府投资项目信息共享的部门壁垒，全市建成一个集中共享的基础数据库，要求相关部门按要求提供相关数据，也可以免费从中获取业务监管所需的其他部门业务数据，形成了全市一个平台，以项目为核心，以建设全过程为主线，各部门共享数据、协同监管的业务模式，充分发挥部门合力，实现由分散管理到齐抓共管的转变。

（二）社会效益

1. 全面提升政府投资项目的综合监管水平

通过政府投资项目综合监管平台，全面实现对青岛市政府投资项目的全过程实时动态监管，提升政府投资项目管理的科学化、规范化、信息化、公开化水平。

2. 有效遏制政府投资领域腐败问题

政府投资项目综合监管平台实现政府投资项目实施全过程数据留痕，增加了信息公开和透明，并通过在关键环节建立电子预警，最大限度减少自由裁量权和人为因素，有效预防腐败问题发生。

3. 极大节约项目监管成本

政府投资项目综合监管平台具有高度的开放性和可扩展性，各监管模块可结合不同部门监管需求，进行分级授权和共享使用，采用了标准的数据共享接口，为全市各部门提供数据共享服务，减少重复劳动，提高数据使用率，节约项目监管成本。

（青岛市电子政务和信息资源管理办公室）

青岛市网上便民服务大厅

2013 年，为深化政务公开，提高行政效能，健全政务服务平台，为人民群众提供便捷、高效、规范的政务服务，根据国家、省有关加强政务服务建设、优化经济发展环境的部署要求，青岛市全面启动网上政务服务体系建设工作。截至目前，已整合市级 59 个部门 2212 项政务服务和9类371项公共企事业单位服务事项，建成全市统一的网上便民服务大厅，建立了"市民一站通"和"企业一站通"两个专题网页，对涉及个人和企业整个生命周期的审批办事服务事项提供办事指南、表格下载、信息查询和网上办理等服务。网上便民服务大厅中已有225项业务提供网上预约、582项业务提供网上申报和受理，网上"一站式"便民服务体系初步形成。在国家组织的政府网站绩效评估中，青岛政务网在330个地级（含副省级）政府门户网站中第六次荣获第一名。

一 项目背景与需求

（一）建设背景

目前，网上商务、网上银行、网上订票、网上缴费、网上预约等社会信息化服务已非常普及，发达国家的政府服务也普遍实现了网上办理。相比之下，我国政府电子政务建设虽然经过10多年的发展，政府网站历经多次改版，但其所提供的核心服务模式至今没有大的突破，主要还停留在政务信息公开的阶段，如何与政府职能转变相结合，实现公共事务的网上全程办理是摆在每一个政府面前的课题。

2011年6月8日，中办、国办印发《关于深化政务公开加强政务服务的意见》，要求"按照建设服务型政府的要求，将政府及其部门的政务服务体系建设纳入基本公共服务体系建设的范畴，完善相关政策规定和管理措施，整合政务服务资源，健全政务服务平台，促进政务服务的均等化、规范化、高效化，提供让群众满意的高质量政务服务。"同时要求"充分利用现有电子政务资源，逐步实现网上办理审批、缴费、咨询、办证、监督以及联网核查等事项。"2012年，青岛市委、市政府印发了《青岛市第十一次党代会重大战略实施方案》，将政府公共服务网办率纳入"青岛建设宜居幸福的现代化国际城市评价指标体系"。作为27个关键指标之一，要求"政府公共服务网办率到2016年达到70%"。

（二）项目需求

2013年，青岛市统一规划建设了全市统一的网上便民服务大厅，建设全市统一的网上办事服务平台，整合政府和社会相关的信息资源，为公众提供便捷的网上服务，推动各类服务事项的网上直办。主要建设内容：一是开发网上办事服务基础支撑服务平台，为上层网办应用提供底层的通用服务支持；二是开发应用支撑服务平台，建设网上办事服务平台所需的用户中心、应用中心、协作中心、资源中心、管理中心以及在线支付、评价等通用服务；三是开发基于IOS和Android系统手机端应用，实现手机客户端对网上办事服务系统的使用。

1. 社会公众需求

网上办事服务平台将各个部门、区市的网上办事服务进行统一和集中，实现统一分类和检索，减少查找麻烦，享受事前清楚、办事少走的便捷化服务。平台使用统一的用户账号，所有服务事项统一入口和出口，实现一站式的网上办事服务。平台能够提供完善的办事指南、表格下载、网上递交电子材料、在线受理、网上咨询、投诉建议、状态进度跟踪等，能够对办事服务的质量和效率进行评定，意见和疑问能够及时得到反馈。对于一些覆盖面广、与生活关系密切、申办频率高的办事项目，能够实现全程网办，如社保、教育、户籍和公共事业类等。

2. 业务部门需求

网上便民服务大厅能方便、快捷的发布和各部门业务相关的网上服务。并对已经开展的网上办理业务，希望更多用户使用，扩大社会效益。能更方便地和其他业务部门进行数据共享和交换，从而提供更多便民服务。

3. 监管部门需求

能监督各级政府和委办局开展的网上办理业务的流转情况，是否在办理期限内能及时处理。收集用户对网上办事业务的评价、建议、投诉，督促业务部门持续提高服务质量。

二　解决方案和业务创新

（一）解决方案

青岛市网上便民服务大厅的建设依托于青岛市电子政务统一规划，基于互联网面向社会公众用户提供平台应用的支撑，在总体规划设计上采用"平台＋应用"的思路。采用统一规划、分步实施的思路，通过全市统一的政务云计算数据中心基础设施，并统一设计研发公共服务和业务模块，形成统一的公共服务支撑平台，为各部门建设的应用提供共享与服务能力，避免重复建设，形成新的信息孤岛。

1. 总体架构

网上办事公共服务平台主要面向百万级以上的社会公众用户，是典型的互联网应用，其在海量数据、高并发访问等诸多技术方面带来了挑战，需要参考互联网应用架构来设计，而且，作为政府的公共服务平台，需要满足高可靠性、安全性和扩展性的要求。同时，平台还需要具备良好的用户体验，应用简单快捷。

平台由基础支撑服务和应用支撑服务两部分组成，基础支撑服务通过海量数据存储、分布式计算等技术，来应对平台的大量用户、海量数据和高并发的访问；应用支撑服务平台是平台＋应用理念的核心，将政府办事服务应用都集成到同一个平台中运行，不仅能够给这些应用提供云计算基础服务，同时为应用提供公共和共享服务支撑以及应用的管理和集成能力。

2. 集成架构

网上办事服务平台基于开放平台＋应用的模式（Government App Store），平台建立在云计算基础环境之上，通过整合政府各部门的信息资源，以提供基础服务和应用服务组件为各类办事服务应用提供支撑，平台与政府公共信息资源共享以及各部门之间业务的整合与协同，采用 SOA 服务集成架构。

政府统一的公共信息资源（例如共享库中的自然人、法人、地理信息以及各部门提供的 Web API 服务、开放数据服务等）通过服务的方式在高速服务框架中注册；各部门中现有的业务系统进行相应的适配服务改造，同样以服务的模式在开放平台对外提供，在传统业务系统基础上改造后的服务需要重点考虑高并发访问和性能问题。

3. 逻辑架构

网上办事服务平台从逻辑架构上看，采用展现与逻辑分离的设计理念，使平台进一步松耦合，方便应用动态弹性扩展，能够在保持核心业务稳定的基础上，提升业务在展现层的快速创新能力。逻辑架构从前到后依次为客户端、展现应用、核心业务服务、统一访问层和数据存储层，每个关键的层都通过缓存技术来提升平台整体的性能，使平台能够更好地对外提供高效可靠的服务。

4. 数据架构

网上办事服务支撑平台的数据按结构类型包括结构化数据和非结构化数据两大类。非结构化数据主要包括文本、图片、文档、音视频文件等，通过分布式文件系统在青岛市电子政务信息资源共享中心进行统一管理；结构化数据存储在关系型数据库中，其中平台统一提供的公共服务使用和产生的数据由信息资源共享中心统一管理，部门级应用和共享数据可根据实际情况采用集中或者单独管理。

（二）业务创新

1. 理顺了工作体制机制

经过一年多的建设，青岛市网上便民服务体系建设工作，形成了市监察局、市电政信息办、市政府法制办、市审批管理办各司其职、统筹协调推进，各级政府部门组织建设，引导社会各界积极参与的工作机制。同时，该项工作纳入了我市的科学发展观考核，确保此项工作持续扎实推进。

2. 实现了四级政务服务事项梳理

根据市政府办公厅印发的《青岛市网上政务服务体系建设方案》要求，市监察局、法制办、审管办、电政信息办等部门联合对全市政府部门和公共企事业单位的办事服务事项进行了四轮全面梳理，建立了实时更新的服务事项目录，并通过制定统一的梳理标准，协调市、区市、镇街、社区四级部门、单位，从便民利民角度出发，对每个办理事项建立了详细的办事指南。

3. 全面推进了政务服务网上直办

按照《青岛市第十一次党代会重大战略实施方案》要求，到2015年底，政府公共服务网办率要达到70%以上，并将其作为宜居幸福城市建设的重要内容。2013年，经过反复梳理对接，市级行政机关、公共企事业单位所承担的行政审批（含行政许可审批、非行政许可审批和监督服务）事项已全部实现网上办理；全市其他政务服务事项网上办理率已达到40%。

一体化建设了网上政务服务技术支撑体系。依托电子政务共享平台，创造性提出了开发平台、身份认证、内容管理、服务展现、信息交换、申报、反馈、搜索、支付、评价等功能"十统一"的建设标准，统一建设全市网上办事服务平台，为各部门网上办理事项提供基础的业务支撑功能，实现政府和公共企事业单位面向公众的审批、缴费、查询、监督以及联网核查等服务事项全流程网上办理，为公众提供一站式的网上办事服务。同时，整合政府信箱、在线访谈、意见征集、政务微博等各类政务服务应用系统，为公众办事服务提供相关配套支持。

三 实施效果与社会效益

（一）进一步完善了行政运行和监督机制

市、区（市）、街道（镇）、社区（村）四级全面梳理了政务服务事项目录和细化服务事项指南，在梳理的基础上，进一步优化流程，实行联合办理，并将没有实现网上规范运行的纳入网上规范运行，推进网上办理。在此基础上，同步了建立电子监督系统，实时抓取办事服务事项管理运行中的关键环节信息和数据，由监察、法制和主管部门通过电子监督系统，对部门办事服务事项公开和办理过程实行全程实时动态监控。

（二）全面启动了政务服务网上办理工作

近年来，虽然青岛市网上政务服务取得了一定成效，青岛政务网在全国政府网站绩效评估中也一直名列前茅，但与人民群众的需求相比，政府的网上服务水平还有很大差距。网上便民服务大厅的建设，全面启动了青岛市政务服务网上办理，标志着全市的网上政务服务由过去以信息服务为主向综合办事服务转型取得重要进展。

（三）建成青岛市网上便民服务大厅

2013 年 11 月 18 日，市级网上便民服务大厅开通，225 余项业务提供网上预约、582 项业务提供网上申报和受理。各重点单位加快推进系统建设，纷纷推出网上便民服务新举措、新平台。市人力资源社会保障局于 12 月 6 日开通了新网上便民服务大厅，统一集中了以往分散建设、独立运行的网上办事项目，实现了业务数据的统一和集中办理查询；12 月 16 日，市住房公积金网上营业厅全面升级改版，开通了网上缴存、支取、贷款还款网上结算等业务；12 月 19 日，市经济信息化委的市中小企业云平台启用，该系统整合社会资源，面向中小企业提供 200 多项网上服务。

（四）在全国政府网站评比中再获全国第一

依据党中央和国务院的最新要求，2013 年第十二届中国政府网站绩效评估的重点主要是聚焦网站重点服务，青岛市网上便民服务大厅的建设，为青岛政务网夺得了"民生领域服务指数"得分在全国副省级城市和省会城市的第一名，网站总得分高居全国 330 多个副省级和地级城市榜首。作为首个试点城市，青岛市参与了工信部全国网办服务标准建设。基于全市良好的电子政务基础和正在建设的网上办事服务平台建设符合其要求，青岛市作为首个试点城市，参与工信部网上办事服务体系标准建设工作，网上便民服务体系建设模式、技术体系在国内极具示范意义。

（青岛市电子政务和信息资源管理办公室）

德州市电子政务提升工程

电子政务提升工程是德州市政府于 2010 年 11 月底决定实施的一项电子政务集中建设项目。通过该项工程的实施，全市电子政务基础设施得到加强，科技防腐、党政机关协同办公、政府网站等系统得到很好的应用，取得了良好的经济社会效益。尤其重要的是建立了德州市电子政务工作领导体制和管理机制，促进了全市电子政务的快速发展，使全市电子政务工作进入健康发展的快车道。

一 电子政务提升工程建设的背景

德州市位于山东省西北部,区域面积10356平方公里,人口570万,辖1区2市8县和两个经济开发区。德州是山东的北大门,区位优越,交通便利,自古就有"九达天衢,神京门户"之称。德州是传统农业大市,工业基础较为薄弱,经济状况在我国东部属欠发达地区。德州市电子政务工作起步较早,但发展较为缓慢。九十年代开始实施政府上网工程,1998年开始建设电子政务专网,经过十几年的努力,电子政务工作有了一定基础,"十二金工程"、党政机关内部办公、政府门户网站建设等方面初见成效,但整体发展水平与先进地市相比仍有较大差距。2010年初,山东省纪委下发了《运用现代科技手段预防腐败工作实施方案》。方案要求在全省建成"一拖六"科技防腐架构(一即电子政务外网,六即电子政务服务、行政权力监察、公共资源交易监察、公共资金监察、舆论监督、党风廉政教育六大平台),这是一项复杂的电子政务系统工程;德州市政府门户网站系统已经落后不能满足公众需求,急需升级改版;为打造服务型政府和群众满意政府的要求,急需对市长热线12345系统进行改造升级。当时,新的德州政务服务中心大楼已经开工建设。实际需求和新的场所建设客观上为电子政务项目集中建设创造了条件。但是,对这些新的需求和旧的系统升级,是就事论事,修修补补,还是重新规划设计,推倒重来?为此,市政府组织专门人员,由市政府秘书长带队到国务院办公厅、省政府办公厅进行对接咨询,到杭州、宁波、青岛、衡水等市考察学习,经过反复研究,提出了实施电子政务提升工程的初步方案。面对当今时代信息化快速发展的新形势,市委、市政府充分认识到加快电子政务建设的必要性和紧迫性。2010年11月25日,市政府常务会议研究决定实施全市电子政务提升工程。该工程编入我市"十二五"规划,列入2011年十大民心工程。会后,成立了全市电子政务建设领导小组,由市委常委、常务副市长任组长,市政府秘书长任领导小组办公室主任,抽调相关人员集中办公。电子政务提升工程就此拉开序幕。

二 电子政务提升工程投资情况和主要建设成果

该工程自2010年12月14日领导小组办公室人员集中办公开始,至2013年9月基本结束,共计投入资金3800万元,主要建设内容和取得的成果体现在以下四个方面。

(一)成立市电子政务办公室,建立了电子政务的领导和管理体制

市电政办为正县级全额预算事业单位,由市委办公室、市政府办公室共同管理,以市政府办公室管理为主,负责全市电子政务的管理、统筹、协调、推进和技术支持工作。另外,市委将党委信息化工作、市政府将政府信息公开工作委托市电子政务办公室负责。这种联结党政的独特管理体制,有利于统筹协调全市各级各部门,为全市电子政务工作统一规划建设和信息资源共享打下了坚实基础。市电政办成立以来,以实施电子政务提升工程为契机,创造性地开展工作,有效推进了全市电子政务发展。一是确立了电子政务服务经济发展、服务市民生活、服务机关办公的"三服务"工作宗旨,明确了指导思想、探索了工作思路。二

是科学编制了《德州市电子政务发展规划（2013－2015）》。三是制定了《德州市电子政务工程建设项目管理办法》《德州市电子政务网络管理办法》《德州市政府网站管理办法》等规范性文件，使电子政务工作有章可循。四是加强了对政府信息公开工作的指导和管理。五是积极探索电子政务服务经济发展的有效途径，以电子政务提升工程建设项目为媒介，扩大对外宣传，服务经济发展。

（二）集中建设了电子政务基础设施，形成了较为完善的市级电子政务硬件共享平台

一是高标准建设了市电子政务中心机房。按照国家 A 级规范设计建设，建筑面积 2400 平方米，设施先进，功能完善。机房分两期建设，一期工程已于 2011 年 10 月竣工，部署了 IT 运维管理系统，对重要应用系统实现自动管理。全市电子政务基础平台在这里运行，市人社局、社保中心等 28 个部门（单位）的应用系统在这里托管，中心机房已成为全市的政务计算中心和数据中心，被中国计算机用户协会评为"2012 年度中国优秀数据中心"。二是组建了统一的电子政务网络。根据国家规划要求，结合我市实际，在网络架构上最终确定了电子政务内网、电子政务外网"两网"建设，放弃专网模式。内网目前为非涉密内部网络，与外网、互联网物理隔离，下步将按省委办公厅统一部署逐步改造为涉密网络。整合市直各部门互联网出口，实现统一出口管理，由市财政统一支付网络租用费，目前接入市级电子政务外网的已有 83 家单位。所有县市区与市级外网实现了互联互通。内网接入单位不断扩大，公文传输、信息报送、应急指挥、维稳信息等系统得到较好应用。三是建设了数字认证系统。为重要应用系统提供统一的身份鉴别和授权访问服务，满足了信息保密性、完整性和抗抵赖性等安全需求。四是建设了多媒体培训室。安装双投影屏幕，配备屏幕可升降电脑会议桌，可同时容纳 78 人在线培训，对电子政务应用的普及推广起到重要作用。

（三）实施科技防腐项目，优化了发展环境，有效预防和减少了腐败

依托市级电子政务外网，按照"统一平台、统一监管"和"谁办理谁负责"的原则，集中建设了市、县两级统一的行政审批、公共资源交易和电子监察业务系统，实现了市、县两级有效监督和行政效能的大幅提升。目前，覆盖 66 个办事单位、572 个事项、572 个流程（其中多部门并联审批流程 36 个）的市级行政审批、公共资源交易和电子监察系统已经投入运行，至 2013 年 6 月底，为百姓办理各类事项超过 280 万件。延伸至各县市区统一的行政审批、公共资源交易、电子监察等业务系统也已开发部署完毕，正在试运行。科技防腐项目的顺利实施，使我市成为山东省 17 个地市中行政审批事项最少、平均承诺时限最短的地市之一，进一步优化了发展环境，促进了经济社会发展。

（四）建设政府网站群，网站质量大幅提升

构建以"中国德州"政府门户网站为主站，13 个县市区和 68 个市直部门、单位为子站的政府网站群体系，全市各级各部门网站全新改版，面貌焕然一新，网上便民服务有了质的飞跃，实现了教育、社保、住房、医疗、就业等 14 大类服务事项的在线办理，以及其他公共查询服务，涉及社会生活的各个领域，为企业办事、为百姓生活带来了极大的便利。在线

办事能力得到明显提高，网络问政有了良好开端。"中国德州"主站访问量逐月攀升，达到旧版网站的2.5倍。开通了英文版，打开了对外宣传、开放、交流的窗口。目前我们正在把网站群系统向基层延伸，以大集中方式建设覆盖市、县、乡三级的大规模网站群，已建成434个子站，预计2014年6月底前达到500个子站。

三 电子政务提升工程建设的主要特点

（一）科学合理的规划设计

领导小组办公室一班人不盲从经验，不迷信权威，而是从实际出发，以解决制约电子政务发展的体制机制入手，以满足实际需求，取得实际效益为出发点和落脚点，多方考察了解，科学合理地对整个工程进行综合设计。对《电子政务提升工程初步设计方案》先后修改了十几遍，最后通过专家评审后提交市政府常务会议研究决定。电子政务提升工程既不是就事论事，简单地修修补补，也不是推倒重来，而是在原有基础上的提升，既提升了具体项目的标准和档次，又保持了工作的连续性，为电子政务的长期科学发展奠定了基础。

（二）强有力的推进措施

市委、市政府高度重视，市委书记亲自批示，市长多次调度，分管市长靠上抓，市委办公室、市政府办公室、市纪委（监察局）、市财政局等部门全力支持配合，市电政办全力以赴，形成了全市一盘棋，上下一股劲的工作合力，保证了工程的顺利进行。

（三）大集中部署模式

统筹全市电子政务建设项目，对机房、网络和共性应用系统进行统一建设、统一管理、统一付费，有利于互联互通、数据共享、提高效率。大集中部署是运用"云计算"理念的系统部署形式。因各级各单位不需再单独建设，节省机房建设及设备采购资金2000余万元、办公用房面积2500余平方米、机房管理人员50余人，每年节省运维资金200多万元。

（四）国产化的路线

所有软件、硬件均采用国产一线品牌，大量节约建设投资，确保系统自主可控、安全保密。初步测算，主要产品如果选择国外品牌，将增加投资1.6倍。我市国产化应用工作走在了全省乃至全国的前列。2011年12月24日，电子政务国产化应用高端研讨会在我市召开，与会的国家工信部、省经信委领导和中科院专家对我市坚持走国产化路线给予了充分肯定。国家工信部领导和专家多次到我市调研指导，2013年2月，副部长杨学山专程到我市视察国产化应用情况，对我市国产化应用工作给予高度评价。

（山东省德州市电子政务办公室）

东营市国土资源网络交易服务平台

信息技术与经济发展相结合产生了网络交易。巨大的发展潜力让网络交易在影响电子商务的同时，也进一步影响到了电子政务，尤其是国土资源交易。东营市国土资源网络交易服务平台是基于天地图与云计算技术，以国有建设用地使用权矿业权出让业务中所产生的信息为数据资源，完全基于互联网运行、交易全程自助操作的市、县一体化的国有建设用地使用权矿业权出让网上交易系统，在建设模式、CA 发放、资格审查、成交确认等方面实现了多项技术和工作机制创新，形成了具有鲜明特色的网上交易"东营模式"。

一 项目背景与需求

（一）项目建设背景

2011 年，东营市被山东省国土资源厅确定为全省国有建设用地使用权网上交易试点，承担了研究国土资源网络交易平台创新型技术和相关制度规范的试点任务。为进一步规范国有建设用地使用权矿业权出让行为，优化国土资源配置，预防职务违纪违法行为，有必要开发市、县两级统一的在线交易平台，充分利用互联网络的优势，高效、公开、公平、公正地进行国有建设用地使用权、矿业权出让交易活动。

而天地图·东营作为东营市唯一、权威、全覆盖、多尺度无缝集成的地理信息公共平台，建设了比较完整的地理信息数据体系，集成了全市 1∶50000、1∶10000 地形矢量数据，0.3M 分辨率 DMC 航片影像，0.5M 分辨率卫片遥感影像，中心城区 1∶500、1∶2000 等中大比例尺基础地理信息数据，0.15M 分辨率航摄影像和高程数据以及 360 度全景数据。基于天地图·东营开发国土资源网络交易平台可以帮助用户在线全面了解宗地位置及周边信息，实现全程足不出户参与竞买。

鉴于此，东营市于 2011 年 7 月份正式启动网上交易系统及支撑运行环境搭建工作。同年 8 月 24 日，东营市人民政府办公室印发了《关于实行国有建设用地使用权矿业权网上交易的通知》，指出东营市范围内的国有建设用地使用权矿业权交易均通过网络交易平台进行；9 月 13 日，平台上线试运行并发布首次网上交易公告"东国土资告字〔2011〕11 号"；10 月 21 日，首批国有建设用地使用权网络交易顺利成交，成交额1.28 亿元。

（二）项目需求

东营市将国土资源网络交易平台作为"科技防腐"和"一个平台、两个市场"建设的重要内容，需实现"五统一"。

（1）统一交易平台。县级不再设立交易平台，全部通过市级网上交易平台进行出让活动。

（2）统一数据信息。网上交易相关数据信息全部对外公开，并与地理信息公共服务平台集成，实现了出让地块位置和周边环境的直观展现。

（3）统一竞买方式。各竞买人统一使用 CA 数字证书登录网上交易系统，查阅交易资料、报名申请、异地交易操作等，避免竞买人相互接触，最大限度实现了竞买人信息的保密性，有效防止竞买人私下串通、操控交易。

（4）统一身份认证。竞买人身份信息以竞买号显示，任何人都无法获知竞买人真实身份和参加竞买数量，堵塞了信息泄露渠道。

（5）统一交易程序。实行交易过程自动化控制，起始价、交易报价、交易结果等都按设定程序通过网络自动完成，促进了国土资源的优化配置和政务公开。

二 解决方案和业务创新

（一）系统总体设计与实现

东营市国土资源网络交易服务平台实现土地和矿业两权市场基于互联网的招标、拍卖和挂牌交易等过程管理，包括交易信息制作、信息审批和发布（公示）、交易参与者的身份管理和资质认证、交易过程管理及交易结果管理等内容和信息查询和统计分析等功能。主要有以下模块。

（1）交易公告管理模块：发布、修改、删除，查看拍卖、挂牌等各种交易类型的公告及其下挂的交易对象。

（2）交易申请管理模块：对建设用地使用权、探矿权、采矿权各种交易对象进行申请和审核管理。

（3）在线交易管理模块：管理建设用地使用权、探矿权、采矿权各种交易对象实时在线的交易活动。

（4）交易结果管理模块：查看和浏览建设用地使用权、探矿权、采矿权各种交易对象的拍卖、挂牌等交易结果。

（5）用户管理模块：各种类型用户的注册、删除、个人信息修改，以及用户的登录和注销。

（6）权限管理模块：为用户分配、控制相应权限。

（7）文档管理模块：管理在交易过程中竞买人相关的文档。

（8）统计分析模块：提供对拍卖数量和拍卖金额、挂牌交易的数量和金额进行的统计。

（9）集成 CA 认证模块：通过 CA 来注册和认证证书用户，对交易中的敏感数据进行数字签名认证。

（10）集成银行到账查询接口：对接银企互联系统中的到账查询接口，及时有效地获取交易用户保证金的缴纳情况。

（11）天地图位置信息接口：调用天地图 API，实现出让地块的全景、影像等地理信息的导入、显示和综合查询。

（12）交易监管模块：实现对网络交易服务平台管理人员在信息发布、敏感信息访问等违规操作行为的监管。

（三）项目创新性分析

东营市国土资源网络交易服务平台在第三方身份认证、封闭式交易、全程监管、结合天地图引用等方面取得了创新，水平达到国内领先。

（1）保护竞买人身份信息，净化交易环境。通过 CA 身份认证、保证金随机子账号、大额支付系统交纳等多项技术，既保证了竞买人身份的真实性，又保证了竞买人身份的保密性，消除了以往可能引起此类现象发生的漏洞。

（2）系统全封闭运行，创新"科技防腐"新机制。国土资源网络交易平台通过对交易系统的概念设计、模型搭建，实现了网上交易、成交确认、信息管理封闭式一体化。通过网上交易监管系统，实现对网络交易服务平台管理人员在信息发布、敏感信息访问等行为的监管，规范了交易行为，杜绝了隐形和私下交易，创新了"科技防腐"手段和形式。

（3）安全、高效、稳定的运行平台。平台总体采用冗余架构设计基于"云"计算虚拟化平台搭建，综合运用了防火墙、应用层防火墙、入侵防御系统、网页防篡改系统等软硬件构成的安全防御体系。结合平台监控系统对网络、数据库等设备系统实时监控，及时发现故障并对其定位和告警响应，为网络交易平台各系统 24 小时不间断的安全、高效、稳定运行提供了可靠保障。

（4）共享整合天地图数据服务。东营市国土资源网络交易服务平台扩展"数字城市地理空间框架"应用成果，以在线调用"天地图·东营"方式，整合交易地块位置信息，为竞买者提供地块空间定位信息，方便竞买人全面了解地块出让现状和区位优势。

三 实施效果与经济社会效益

（一）实施效果

据统计，自 2011 年 9 月份平台上线运行到 2013 年 12 月底，东营市各级国土资源部门基于网络交易平台共成交地块 839 宗，成交面积 3701.02 公顷，成交总额 192.06 亿元。与以往相比，平台为竞买人减少拍卖佣金、公证等费用支出 500 余万元，促进了国土资源交易活动的科学化、规范化和信息化，推动了国土资源市场建设的进一步规范和完善，为更好地实现市场对资源的基础性配置、提升国土资源部门公信力和社会形象、优化东营市投资环境发挥了至关重要的作用。

国有土地使用权网上交易是一种全新的智能化交易方式，用户只需通过互联网登录国有土地使用权网上交易系统，利用网银账户进行资金兑付，并通过网上交易系统平台完成报名、报价、竞价及成交确认等全部交易过程，实现了电子政务与电子商务的有机结合，产生了良好的经济社会效应。与传统的招拍挂相比，实施网上交易的优势主要体现在以下五个方面。

（1）有利于扩大招拍挂竞买者参与范围。实施网上交易，全世界的用地者都可以在同一时段通过网络查看交易地块的相关信息，并可通过网上交易系统直接参与竞买，有效地扩大了参与范围。

（2）有利于降低招拍挂出让参与者竞买成本。土地使用权网上交易系统启用后，客户只需通过一台连接互联网的电脑，轻点鼠标即可详细了解竞买地块的完整信息，并直接完成全程竞买，在很大程度上加速了土地的流转，降低了土地交易成本。

（3）有利于最大限度地减少纠纷。网上交易以系统自动记录的服务器时间为准，竞价限定时间一到，系统就会自动确认最新报价。如有竞价，系统会自动进入竞价过程，报价由竞买人独立自行操作，竞价时段由系统精确控制，彻底避免了纠纷。

（4）有利于防止土地交易过程中竞买人私下串通行为的产生。通过网上交易系统竞买土地，竞买人只能看到土地报价信息，无法得知其他竞买人的任何信息，更不可能相互串通，确保了土地交易的公开、公平、公正，实现政府土地收益的最大化，并有效防止土地交易过程中商业贿赂的产生。

（5）有利于廉政建设。网上交易消除了交易过程中人为干预的可能，最大程度的消除了廉政风险点，在制度上、程序上消除了腐败的根源，真正实现了科技防腐。

（二）经济社会效益

通过两年多的运行验证，东营市国土资源网络交易服务平台运行稳定、服务高效，已成为全市国土资源部门国有建设用地使用权交易的唯一形式。国土资源部、山东省国土资源厅到东营市就国土资源网上交易进行了专题调研。2012年4月，东营市国土资源网络交易服务平台作为山东省同行业唯一参展项目，代表东营市参加了第六届中国国际信息技术博览会。此外，平台先后获得以下表彰。

（1）2012年，被东营市实施"效能提升工程"领导小组办公室表彰为"全市效能建设创新项目"；

（2）2013年9月，被山东省经济和信息化委员会授予"山东省计算机应用优秀成果一等奖"；

（3）2013年11月，被山东省国土资源厅授予"山东省国土资源科学技术一等奖"；

（4）2013年11月，被东营市人民政府授予"东营市科学技术进步一等奖（社会公益事业类）"；

（5）2013年1月，被山东省国土资源厅党组评为"先进工作法"；

（6）2013年12月，荣获市纪委"2013年度反腐倡廉创新工作提名奖"。

东营市国土资源网络交易服务平台基于天地图为竞买者提供地块空间定位信息，实现交易地块现状图、影像图和地块现场全景影像的浏览查询，方便竞买人全面了解地块出让现状和区位优势，并参与到网上挂牌活动中来，在国有建设地使用权出让中发挥了重要的作用，实现了最高服务价值。

（东营市地理信息中心　马立国　尚辉　燕静静）

青岛市城阳区全员全程勤廉监管平台

青岛市城阳区将现代企业管理的全过程控制理念引入机关管理，以现代信息化技术为支撑，以P（计划）D（执行）C（检查）A（处理）为关键环节，建立起青岛·城阳全员全程勤廉监管平台。

一　项目背景与需求

近年来，青岛市城阳区经济社会持续保持又好又快发展，经济建设、社会事业等各方面均实现了新突破、新跨越。面对基层群众新的期待和要求，如何进一步提升机关绩效，推进社会管理创新，深化政府职能转变，创新行政管理方式，增强政府公信力和执行力，打造高效廉洁的科学发展环境，成为一个重要的课题。

在此背景下，青岛市城阳区以实时动态的工作绩效监管和超前防范的廉政风险监管为重点，以确保干部勤政高效干成事、廉洁自律不出事为目标，开发建设了青岛·城阳全员全程勤廉监管平台，在全区干部中树立起"没有任何借口""细节决定成败""追求完美崇尚品质"的意识，开创了行政效能提速、经济发展加速、社会和谐稳定的新局面。

二　解决方案和业务创新

青岛市城阳区全员全程勤廉监管平台，有别于传统意义上的办公系统，是实现了对政务工作全过程、网格化管理的业务督办管理平台。

（一）创新建设电子政务管理平台，实现信息技术与工作机制的完美结合

平台名称即体现其管理层面，即实现了"两个全覆盖"：在面上做到了"全员全程"，通过实施区、街道、社区三级联动，实现了监管范围的全覆盖；在点上实施"勤廉监管"，通过对重点工作和关键环节的有效监控，实现了"人、事、权、财"等重要监管领域的全覆盖。可以用"1234"来简要概括整个平台的基本情况。

1. 一个平台

平台建成于2010年5月，是将企业提高产品质量的"全过程控制"理念，引入政府绩效管理，用现代信息技术作支撑，以P（计划）D（执行）C（检查）A（处理）为关键环节，以工作绩效监管和廉政风险监控作为重点，建立起"权责一致、分工合理、执行顺畅、监督有力"的机关绩效管理新模式。

2. 两大功能

整个平台由提能增效和风险监管两大功能系统组成。前者设置了政务管理、社情民意办理、便民服务三个模块，通过对工作的分解落实和网络化流转，细化每一项工作计划进度，量化每一名人员工作任务，全程监控、动态管理，确保干部勤政高效干成事；后者设置岗位廉政风险、反腐倡廉重点工作、重要权力运行、重要资金使用四个模块，确保干部廉洁自律不出事。

3. 三级联动

整个平台实现了区、街道、社区的三级联动，形成了上下贯通、左右同步的全员全程协同机制。实现对辖区195个社区由上而下逐级督导工作，重点解决群众关心的热点难点问题，提高了社区工作规范化水平。

4. 四位一体

把"人、事、权、财"四个方面全部纳入监管系统，对全区29大类2300多项重点工作和重点项目，以及全区机关干部实施集中统一管理，实现权力在阳光下运行，资源在市场中配置，资金在网络上监管，服务在监督中提升，努力做到干部清正、政府清廉、政治清明。

（二）创新行政管理方式，促进工作责任落实

青岛市城阳区全员全程勤廉监管平台，依托于政府金宏办公网系统，建立起有效的行政管理网络。

1. 实现了责任直接压实

监管平台的建立，实现了公开责任约束。以个人工作计划管理和重大项目调度为中心，以督查考核为抓手，实现了对全区的重点工作、重要项目和各级干部的日常工作实行24小时浏览、管理和督办。开设了重点工作、重点项目管理模块，将计划时限细化到周、责任落实到人，便于即时发现问题、解决问题。将全年所有重点工作和重要事项分解到各个责任部门，实行目标量化和动态监控，根据工作完成情况发放"蓝、绿、橙、红"四色牌，及时提示、推进。实现了对干部的扁平化管理和对工作过程的全天候管理。一方面，区主要领导能够及时掌握全区面上工作和各级干部的日常工作情况，区级领导、区直部门及街道负责人能够及时掌握分管领域工作和分管干部的工作情况。另一方面，对每一项工作尤其是重点工作和重大项目，各级干部任务公开，责任明确，变要我干为我要干，干部的责任感和主动性大大增强。

2. 实现了动态管理

监管平台的建立和运行，使日常管理更加程序化、制度化，尤其是实现了由静态管理向动态管理转变。一是纳入监管平台的每项工作任务，都将责任分解到单位和个人，明确标准和时限，实行全程控制、循环推进，保证工作推进中出现问题和偏差能第一时间发现、第一时间解决。二是全过程留痕督促。开设了个人工作日志管理模块，个人计划日报日反馈，单位计划周报周反馈，便于及时掌握下属工作情况，及时指导下级的工作。开设督查考核模块，将考核指标按月分解、考核，有助于强化考核导向、推动工作落实，年度考核有依据。三是现场视频对照。对一些重大项目的进展情况，每周及时通过视频展示工作进展情况；对行政审批服务大厅、公共资源交易大厅的运转及办理情况，通过视频来进行现场监督。

3. 实现了督查工作的实时化和广覆盖

通过监管平台，督查部门实现了对全区重点工作和重点项目进展情况的全程掌控和督查，每年有将近2300项重点工作、重点项目纳入监管平台进行管理。同时将平台管理日常督查结果纳入年终考核，作为评价部门和干部工作业绩的重要依据，大大提高了督查的成效。同时，为了保证全员全程勤廉监管平台的科技手段强化监督管理作用，形成年终考核激励机制，系统专门设置了科学发展考核模块，根据年初工作设置目标，对各单位、各相关工作人员年度工作开展情况进行自动量化打分，并在网上自动生成，作为年度考核的重要依据。

三 实施效果与经济社会效益

全员全程勤廉监管平台的建立，激发了机关工作活力，确保领导干部勤政高效干成事，廉洁自律不出事。

（一）创新工作机制，促进行政效能提升

在工作机制和工作方法上实现了创新，促使从各级领导和各个部门都能各司其职，分工协作，形成合力，从而大大提升了行政效能。

1. 形成招商引资以项目信息管理为主线的工作方法

发展各项社会事业，经济建设是中心，而做好招商引资工作，搞好转方式调结构又是重中之重。面对招商引资工作中出现的信息流失、信息鱼龙混杂等问题，开发建设项目管理信息功能，具有全程留痕、项目信息筛选、统计分析等功能。一是通过全程留痕管理功能实现了项目信息自洽谈阶段到开工建设阶段的全程录入管理，跟踪发现过程中出现的问题和对系统的全程管理，确保招商信息不会因为工作人员变动导致信息流失；二是通过项目信息筛选功能实现了对所有项目信息的有效筛选，抛弃无效信息，将有操作价值的项目进行集中管理维护，确保工作人员将主要精力放在有效信息的管理维护上；三是通过统计分析功能实现了对一段时间内、对某类项目运行情况进行统计分析，结合实际情况形成分析报告，便于全面掌握项目信息整体情况。

2. 形成密切联系群众、解决群众合理诉求的工作模式

关注社情民意，回应社会关切。将区长公开电话等 17 条市民诉求反映渠道，全部纳入模块管理，通过设置办理标准、完成时限、责任单位和具体责任人，密切跟踪掌握群众诉求的办理情况，及时督办反馈，确保群众利益诉求件有落实，事事有回音。通过社情民意办理提速，超前化解了许多苗头性的信访问题，维护了群众合法权益，促进了社会和谐稳定。

3. 形成"制度管常规、领导抓关键"的工作格局

各责任单位每周提报工作进展情况及存在的问题，先行自查自纠。牵头单位对各责任单位工作情况进行汇总，并根据任务完成情况进行挂牌管理，实行动态监控，对完成任务的亮蓝牌，达到进度的亮绿牌，达到进度但存在问题的亮橙牌，未达进度的亮红牌。这一工作模式的最大特点是将领导从繁杂的具体事务中解脱出来，腾出更多精力协调解决重大问题，形成了常规性工作靠制度管、关键环节由领导抓的工作格局，大大提高了工作效率。

4. 形成各级各单位齐抓共管的工作合力

对于涉及多个部门的工作，任何一个部门或环节出现工作延滞，都会影响其他部门或工作环节的推进，监管平台就会亮起"红灯"，这就使各部门之间形成了相互督促、协调推进的工作链条，避免了推诿扯皮、相互掣肘。通过监管平台，形成了强有力的工作推进机制，使青岛市城阳区在招商引资、项目建设、环境整治等重点工作上取得了显著成效，全区经济呈现快速发展的良好局面。

（二）运用现代科技手段防治腐败，实现权力在阳光下运行

通过建设一个宽覆盖、全过程、一体化的电子信息网络系统，改革了原有的权力运行模式，促进了权力运行的规范化、公开化、刚性化、可控化，有力地推动了从源头上防治腐败工作的深入开展。

1. 促进了权力运行更加规范高效

通过实施科技防腐，固化流程条件和时限，实时全程监控，自动预警纠错，使权力运行更加规范，行政效率大幅提高，促进了"他律"到"自律"的转变，群众满意度明显提高。

如平台中的便民服务模块，将行政审批服务事项的运行情况，按照"服务延伸、提速增效、便民利民"的原则，实行"一站式"审批流程，切实为广大群众提供温馨、规范、高效的服务。事务提醒、公告栏和相关图表可以在第一时间显示系统内的异常办理信息。

2. 促进了权力运行更加刚性严格

将权力运行的有关制度规定用计算机语言设定在网络程序中，克服了传统手段弹性过大的弊端，减少了人为操作的空间，最大限度地保证了制度执行的刚性。凡违反规则办理，网络将限制通过并发出警告。其中，行政执法监察以行政执法自由裁量权的规范使用为监察重点，将全区24个行政执法部门依法设置的2500多项行政处罚事项，拆分细化为1万多个处罚阶次，通过固化办理流程、自由裁量权比对、行政处罚异常报警等措施，对案件处理过程、裁量标准等关键环节实时监控，最大限度地压缩执法人员的自由裁量空间，较好地规范了权力的实施过程。

3. 促进了权力运行更加公开透明

使用者、管理者、监督者都可以通过网络了解和掌握权力运行的全过程，解决了过去权力运行内部难监督、外部不公开的问题。一是公共资源交易，将工程建设招投标、土地招拍挂、政府采购等交易事项统一纳入管理，在理顺"监、管、办"分离的工作体制基础上，同步实施全程监控和在线跟踪的电子监察，形成了对权力运行的刚性约束，确保"阳光交易"。二是"三资"信息化监管，在全区195个社区建成"资金、资产、资源"信息化监管平台，通过自动预警、全程留痕、程序锁定、实时监控四大功能，变事后监督为事前监管，实现了对社区财务收支、经济合同履约、资产资源往来等情况的同步监管和掌控。

4. 促进了权力运行监督更加有效

实施权力运行网上管理和监督，不仅实现了监督关口前移、预防前推，而且使权力运行全过程网上留痕，可追踪、可追溯，大大增强了监督的有效性和威慑力。岗位廉政风险把全区所有副处级以上领导干部作为重点监管人群，针对履职过程中可能出现的8000多个岗位廉政风险点，制定了具体的风险防范措施，形成了风险防控数据库，实施分类管理、动态提示和预警分析，提醒领导干部时刻绷紧廉洁从政这根弦，更好地规避和防范岗位廉政风险。同时，区领导和监管部门，可以随时查看全区每名处级干部的岗位廉政风险识别情况，对其自我管理和自我防控情况进行全面监督。

四 运维保障

青岛市城阳区信息中心（青岛市城阳区电子政务办公室）是青岛市城阳区委、区政府负责全区机关电子政务和机关信息化建设工作的部门管理机构，内设5个职能科室。青岛市城阳区信息中心2010年开始组织研发的"青岛·城阳全员全程勤廉监管平台"软件，参加青岛市优秀机关工作成果评比脱颖而出，获得一等奖，受到市委、市政府表彰。

（中国共产党青岛市城阳区委员会办公室）

武汉市农产品溯源管理新模式

按照武汉市委市政府关于加快武汉市智慧城市建设，打造全国食品最安全城市的指示精神，武汉市信息产业办公室会同有关单位，积极组织、策划推进利用具有自主知识产权的二维码物联网感知技术，建设武汉市农产品质量安全追溯系统应用试点，打造农产品质量安全追溯体系，解决政府在食品质量安全监管的难题和死角，打造以农产品质量安全管理为主线的信息溯源新模式。

一　项目背景与需求

（一）项目背景

长期以来，我国食品企业缺乏有效的、全环节的食品质量安全管理信息系统，无法达成实质性的产品追溯和管控，处于消费链两端的企业和消费者迫切需要高效准确全环节的食品质量安全信息服务体系。食品安全事关人民群众的切身利益，事关经济发展和社会稳定的大局，是武汉市委市政府高度关注的"民生"问题，武汉市委在十二次党代会报告中明确提出，武汉将"努力打造全国食品最安全城市"。为达成武汉市食品最安全城市的目标，政府职能部门不仅需要制定各种科学细致的管理办法和整治手段，同时还需要借助新一代信息技术，解决一直以来政府食品质量安全监管的难题和死角。

按照市领导提出的利用二维码物联感知技术建设武汉市食品安全追溯系统的指示，武汉市信息产业办公室经过充分调研，了解到当前二维码国际标准共有日本 QR 码、美国 PDF417 码和中国 GM 码。日本 QR 码采取不执行专利方式（开源免费）在全球大力推广，已在我国率先抢占市场，获得广泛应用。美国政府在涉及国家信息安全的领域均要求采用美国 PDF417 码技术标准。中国 GM 码由武汉矽感科技公司自主研发，已获全球自动识别协会（AIM）认证和工信部批准，成为目前国内第一个也是唯一一个获国际标准、国家标准、军用标准、行业标准等四项标准的二维码标准，性能良好，安全可控。

近年来，二维码技术与移动宽带互联网、云计算等新一代信息技术快速融合，已渗入到我们日常生活的方方面面，但由此带来的安全隐患不容忽视。日本 QR 码由于缺乏统一的应用管理体系，国内已多次发生不法分子利用 QR 码进行恶意网站链接、盗取用户敏感数据、植入手机病毒、进行非法宣传等事件，造成经济损失和不良影响。受"棱镜门"事件等信息安全事件的影响，网络安全和信息安全工作提上了国家重要议事日程。武汉市信息产业办公室专门印发《市信息产业办公室关于加强公共和政务服务二维码应用安全管理的通知》（武信发〔2013〕42 号），对公共和政务服务领域推广使用安全二维码标准提出了具体要求。

2 月 27 日，中央网络安全和信息化领导小组成立，显示出国家领导人对保障网络和信息安全、维护国家利益、推动信息化发展的决心。因此，武汉市将进一步扶持具有自主知识产权的国产二维码技术的宣传和推广，在旅游、食品安全、农业、交通物流、质量监管等重点领域全面应用 GM 二维码标准。

（二）需求分析

为进一步加强武汉市二维码信息安全保障，落实政府管理职能，解决农产品在追溯过程中二维条码标识码符技术难题，实现农产品溯源信息物联网模式的自动采集，保证信息的实时性、不可篡改性和准确性，武汉市在食品追溯链条中全面应用 GM 二维码标准，为政府、企业和消费者提供全环节、全方位的食品溯源信息服务，全面提升食品质量安全管理水平，维护人民群众身体健康，进一步拉动内需，维护社会稳定，实现信息惠民，促进社会和谐建设。

按照武汉市领导的指示，武汉市信息产业办公室主要领导带队，深入武汉矽感科技公司生产厂房、二维码暨离子迁移谱仪展示区和中百集团柏泉快生菜基地、有关实体店调查研究，在详细了解二维码物联智能技术在电子政务（公文加密）、农业、国防、医疗卫生、旅游以及文化出版等多个领域应用的基础上，结合武汉市智慧城市建设和打造食品最安全城市目标，形成了利用二维码技术在中百仓储等大型超市进行食品质量安全追溯应用示范试点工作的思路。武汉矽感科技公司与中百集团迅速达成合作意向，以农产品（净菜）为试点，共同推进在部分有条件的中百仓储实体店进行二维码食品质量安全追溯试点示范项目建设。同时，武汉市信息产业办公室组织矽感科技公司与中百集团迅速制定了中百智慧超市二维码农产品质量安全追溯示范试点工作方案。

二　解决方案和业务创新

作为物联网感知技术之一的二维码技术，具有成本低，存储容量大等特点，作为一种信息载体技术，广泛应用交通运输、工农业、商业、金融、海关、国防、公共安全、医疗保健和政府管理等多个领域。自 2011 年起，首创采用 GM 二维码物联网感知技术打造农产品质量安全追溯体系，实现以农产品溯源信息管理为主线的食品安全管理新模式。

该项目主要有以下特点。

全环节的精细化追溯。在农产品种植环节，通过安装在种植基地的种植养殖追溯管理系统，实现农业生产从翻地、播种、施肥、打药、采摘、追溯全环节的信息化管理，并实现承包户、合同、仓储、销售管理的全面电子化。在农产品的生产加工和流通环节，通过安装加工管理追溯信息系统，实现加工生产的追溯信息化管理，对来料检测、仓储、加工生产、包装和销售的全过程追溯和检测信息进行采集和管理。在零售终端环节，通过整合上游二维码追溯电子秤，在现有超市卖场主流的电子秤上集成 GM 二维码打印功能，该模块将实现电子秤称重产品包装的 GM 二维码赋码"零成本"，避免了附加追溯标签的额外费用。消费者可通过多种终端扫描商品上的 GM 二维码查询商品的溯源信息。

零成本追溯便于复制推广。由于 GM 二维码农产品溯源管理系统利用上游产业链很好地解决了最小化追溯成本的问题，即可以使用 GM 二维码电子秤直接打印出带追溯码的 GM 二维条码价签，在价签上同时打印出商品价格结算码和追溯码，真正实现了"零"成本的追溯，使该项目具有向其他行业领域复制推广的可能。

全新的追溯信息查询方式。GM 二维码农产品溯源管理系统实现了种植环节、加工配送环节和销售环节全链条的信息贯通，通过商品价签上的 GM 二维码，可追溯到该蔬菜的全种植过程信息。该项目提供多种新颖的查询方式，消费者可通过免费下载手机扫描软件"智慧眼"，扫描商品上的 GM 二维条码了解详细的溯源信息，也可以利用布设在武汉中百仓储门店的"食品安全信息服务终端"进行方便快捷的追溯信息查询。

目前，武汉市中百超市食品追溯系统覆盖范围主要有两种，一是散装食品（含生鲜、熟食两种），2011 年实现了从"农田到餐桌"的全环节追溯管理，系统覆盖了农产品生产、配送和卖场全环节，生产环节的试点企业为武汉中百集团柏泉快生菜基地、武汉市兰氏蔬菜有限公司，配送环节的试点企业为中百江夏配送基地，试点卖场确定为中百仓储水果湖、黄浦路、首义路、友谊路和钢都等 5 家门店，试点品种为包装净菜精品。2012 年至今一直大力推广复制试点经验，完成新覆盖 10 家超市。二是武汉中百集团江夏生鲜物流园生产的预包装食品（含面点、豆制品和熟食）GM 二维码追溯，涵盖了中百集团旗下含仓储、超市近千家门店，基本实现全覆盖。

三 实施效果与经济社会效益

为把武汉市打造成食品最安全的城市，总结推广 GM 二维码食品质量安全追溯示范试点工作，支持相关企业做大做强，2012 年，武汉市信息产业办公室组织业内知名专家对 GM 二维码农产品质量安全追溯示范项目进行了评审。与会专家一致认为：该示范项目的成功实施是构建和完善武汉市食品质量安全追溯体系的有益尝试，具有很好的复制性和推广性，对武汉市打造全国食品最安全城市具有重要意义，建议武汉市信息产业办公室在全市推广。

（一）推动武汉市物联网产业的发展

在物联网的产业链中，感知与识别技术是无线网络产业的核心基础技术。条码识别尤其是二维码识别技术则是感知技术的重要组成。因此，在物联网技术的发展中，二维码识别技术不仅是最好的实现手段，同时也是关键环节，中国在二维码技术和应用上有着赶超国外的趋势，市场处于爆发临界点的关键时刻，伴随着大量资金的涌入，二维码技术正在引发一场商业模式革命。

（二）解决食品追溯领域的社会化难题

目前，我国食品产业集中度低，企业多、小、散的格局没有改变，生产管理不规范不科学，在生产、加工、包装、流通、储存、消费等主要环节也没有认真、严格地落实追溯制度，加之缺乏有效的信息技术解决方案支持，导致质量安全漏洞，增大了问题产品的回收难度，同时也阻碍了不同环节监管执法部门的信息共享，降低了协同执法的效率。另外，食品质量安全检验，特别是社会化公共检测平台一直缺失，导致食品质量安全检验存在漏洞、死角。

（三）促进食品行业的两化融合建设

GM 二维码农产品溯源的特点在于将传感器技术和宽带互联网技术有机地结合起来，使食品在全物流链领域的数据能够自动、准确采集，保证整个物流管理系统数据源的实时性和准确性，推动食品物流信息化工作实现从"互联网"模式到"物联网"模式的飞跃，进而有效控制营销过程，降低食品企业整体的销售成本，缩短生产周期，降低库存，减少流动资金占用量，促进食品产业链内外部销售平台的整合和原料供应平台整合的搭建。同时，提高市场竞争能力，扩大市场份额，提高服务质量，能够为企业带来较大经济效益。该项目是对国家"促进信息化与工业化融合，走新型工业化道路"政策的贯彻和落实，是两化融合的创新实践，具有积极的示范作用。

（四）填补我国在食品安全领域感知技术的空白

从物联网应用角度来看，二维码是物联网产业中一个重要且有很大推广辐射效应的技术领域。但却存在着国外跨国集团垄断性侵占的巨大威胁。GM 二维码食品安全溯源管理项目采用我国具有自主知识产权的 GM 二维码技术，填补了我国在食品安全领域感知技术的空白。

（五）强化信息安全管理，维护社会稳定

随着信息技术的高速发展和快速普及，加强信息安全管理已成为当务之急。二维码在我国广泛应用，用户通过手机软件扫描二维码可以方便地实现软件下载、添加好友、浏览图片、视频、网站等，对于"拍码族"来说，二维码已经成为畅游互联网时代的一个不可缺少的元素。然而，在对随处可见的二维码扫描时，已多次发生不法分子利用 QR 码进行恶意网站链接、盗取用户敏感数据、植入手机病毒等事件，二维码极有可能成为犯罪分子选择和利用的工具之一。

因此，武汉市将进一步加强公共和政务服务领域二维码应用安全管理，不断增强二维码应用安全意识、大力推广使用国产二维码技术标准以及加强二维码应用安全管理，做好信息安全保障，杜绝信息安全隐患。

四 GM 二维码技术扩展应用

为进一步强化对全市流通领域食品安全监管，创新监管机制，提高监管效能，促进食品经营企业自律意识和信用水平的提高，根据党的十八届三中全会和中央经济工作会议对食品安全工作的部署和要求，以及武汉市人民政府《政府工作报告》中关于加快建立食品药品质量安全可追溯体系的具体要求，结合武汉市中百智慧超市二维码食品质量安全追溯系统的成功试点应用经验，武汉市信息产业办公室和市食品药品监督管理局将于 2014 年开展武汉市二维码农产品、食品质量安全追溯系统项目建设。该项目将对全市的超市生鲜食品的生产、加工、流通、销售等环节进行全程监控追溯。先期在武汉中百仓储、武商量贩、中商平价等三大超市全面推进 GM 二维码食品质量安全追溯系统，下一步将向华润苏果、家乐福、沃尔玛、麦德龙、大润发等超市复制推广。

同时，武汉市信息产业办公室将大力推进东西湖区农产品质量安全监控体系建设项目的实施。采用 GM 二维码感知技术，在不增加企业成本的前提下，实现农产品追溯信息和检测信息的互联网自动接入，解决农产品流通信息的自动实时采集和共享问题，使农产品质量安

全监管体系更加系统化、科学化，能更好地服务于普通消费者、生产企业和相关职能监管机构。

（武汉市信息产业办公室）

武汉市科技信息资源服务平台

一 引言

"十二五"时期，是武汉市全面推动国家创新型试点城市、东湖国家自主创新示范区和"两型社会"建设的关键时期。科学制定和有效实施科技发展"十二五"规划，对于抓住新一轮国家战略调整带来的历史机遇，全面提高武汉自主创新能力和科技竞争能力，带动产业结构调整和促进发展方式转变，支撑全市经济社会又快又好发展具有重要的现实意义和深远的战略意义，同时也对武汉市积极进行科技创新，信息资源的开发与利用提出了更高的要求。本文描述了武汉市科技信息资源建设所面临的挑战性问题，针对这些问题，重点研究如何开发与利用好科技信息资源并构建科技信息资源服务平台。

二 武汉市科技信息资源建设所面临的挑战

1. 创新工作机制，优化科技管理

搞好科技信息资源建设，应该建立健全规划实施协调机制，加强规划和高新技术产业发展行动计划的衔接，加强对部门、行业和各区科技计划的协调和分类指导。加强科技发展战略研究与技术预测工作，强化科技主管部门对科技发展方向的公共研究职能，充分发挥高层次科技领军人才对市科技政策的咨询作用和实施重大技术创新与高新技术产业化项目的中坚作用。因此必须建立规范的评估监督与动态调整机制，制定和完善适应各类科技活动特点的评估指标体系，规范评估和监督程序，完善和评估监督机制，加强评估工作的法制化建设。建立科技规划动态调整机制，根据科学技术的新进展和社会需求的新变化进行必要的调整。

2. 促进科技信息资源的有效共享

充分利用网络基础设施、信息资源和业务系统，加强信息的整合、共享，消除信息孤岛，使资源利用最大化，建立统一、开放的科技信息资源共享平台。

通过此平台可以达到共建共用、互惠互利的作用，还能共享大型科研仪器设备。使得学校、科研院所、政府、企业之间加强合作，相互开放科技资源，交流科技人员，整合数据资源，建立产、学、研信息资源共享，逐步实现武汉科技创新服务机构的社会化、网络化和信息化。

3. 以需求为导向便捷服务

坚持以人为本，围绕增强公共服务能力、提高决策和管理水平，以需求为向导，利用信息技术和科技资源，构建服务便捷、管理高效的信息化平台。使得企业、政府或专家学者等

使用方便、可靠。

4. 整合创新资源打造创新平台

鼓励科研院所研发信息对外开放，帮助企业解决关键技术问题、开发新技术新产品，促进企业生产工艺优化、产品升级换代；鼓励以企业为主体建立产学研技术创新联盟和产业联盟；鼓励企业与高校采取联合建立技术开发中心、联合建立中试基地、组建股份制科技经济实体等方式，形成产权明晰、优势互补的常态化合作机制。

5. 保证科技信息资源的安全性

坚持防管结合，从管理措施与技术手段两方面进行综合防范，制定和完善各项网络和信息安全制度、规范，建立有效的保障体系，确保网络和信息安全。

在对武汉市科技信息资源的发展建设中，随着互联网的发展和网络业务办理的普及，建设完善的电子政务平台，提供信息服务系统的相关应用已成为当前亟须解决的问题。同时，网络信息安全成为保证科技信息资源能够很好利用的首要问题，因此需要支持跨平台的信息交换技术、数据存储加密技术、海量数据库技术、数据挖掘技术等电子数据交换技术的开发与应用；加强网络安全技术、CA 认证应用技术、高性能密码专用芯片、公钥基础设施、网络安全积极防御系统等安全技术的开发与应用。

三　武汉市科技信息资源建设的主要内容

1. 整合科技信息资源

武汉市科技信息相关机构为加强科技信息协同性，重组优化科技信息资源配置，发挥自身优势，集中改造和新建网络基础设施，构建统一、全新的网络基础平台，重点包括核心数据平台建设、网络平台建设、基础办公平台建设、网络安全平台建设等。武汉市科技信息相关机构整合科技计划项目、科研成果、高新技术企业、专家资源、人才资源、各类科研投入等信息资源，建成交互关联的科技资源基础数据库。

2. 加强共享服务

武汉市科技信息相关机构利用现代网络技术，通过网络信息共享，建立高科技合作常规化项目对接的服务模式。利用初具规模、功能居国内一流的武汉科技创新服务平台，建立中小企业与大专院校、科研院所的网上联系渠道，将技术供需各方的技术信息、科研成果和成果开发、产品生产过程中的问题，通过网络高速传输，便捷快速地进行相互之间的了解和沟通，实现项目常规化高效率对接。

武汉市科技信息相关机构强强联合，组建科技服务大联盟的服务模式。联盟的组建，可以提高本地企业自主创新能力，进一步促进高等院校、科研机构与企业的有效结合，使得院校、院所携带不同专题领域的科技成果与相应领域或行业的企业进行项目对接，实现有效的科技创新服务，提高技术合作项目的成功率。

3. 构建有效的科技信息资源服务平台

随着科技的发展，人们慢慢开始享受信息化带来的方便，构建有效的科技信息资源服务平台可以对科技信息资源进行合理有效的开发与利用。例如科技计划项目的申报工作，项目申报和评审、立项（结题）都可以在网上进行，这样可以避免不必要的资源浪费，同时对科技信息资源也可以做到沉淀积累，供以后使用。

构建有效的科技信息资源服务平台可以促进科技创新服务机构的信息沟通、资源共享，逐步实现武汉科技信息服务机构的社会化、网络化和信息化。

四　武汉市科技信息资源服务平台

目前武汉市已有的科技信息资源服务平台包括武汉科技成果发布与交易信息平台、武汉科技供需对接平台、武汉科技文献共享与服务平台、武汉市科技局电子政务平台、武汉市科技金融公共服务平台，同时，湖北省大型科学仪器共享平台与湖北省科技企业孵化平台也为武汉市科技信息资源建设与服务提供便利条件。如图所示。

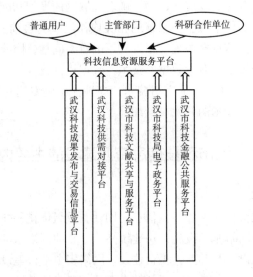

武汉市科技信息资源服务平台图

1. 武汉科技成果交易平台

武汉科技成果发布与交易信息服务平台旨在使科研机构与企业以及市场间的信息沟通和互动更为有效和便捷，整合武汉科技成果资源，将从市级层面整合各类科技成果、技术需求、研发能力和人才信息等资源和服务力量，运用现代化的信息技术手段和高效的服务机制，集成科技成果、技术交易服务、科技政策、省部级以上重点实验室、工程技术中心、大型科学仪器设备、高层次人才等相关信息资源，构建基本覆盖全省主要行业和区域的科技成果转化与技术需求信息共享服务网络。

武汉科技成果发布与交易信息服务平台的成功启动是创新全市科技服务工作手段的有效探索，对提升科技服务水平和聚集科技资源发挥了科技支撑和引领作用。

平台集成中心现有的科技供需资源，利用现代信息技术改造传统的供需对接流程，实现原有各网站信息资源的整合和共享，与国家技术交易信息服务平台互通互联，初步构建了"区域内－区域间－国家间"的供需对接和科技成果转化公共服务平台框架，为技术需求方（科技型中小企业）和技术提供方（高校、科研院所）提供一个更迅速、更直接地实现供需对接的网络平台。截至目前平台收集、整理、发布技术需求 848 项。技术供给 1050 项。2013 年，依托平台组织专场对接活动 22 场，签约项目 91 项，签约金额 10028.6 万元。

2. 武汉科技供需对接平台

武汉科技供需对接平台建设根据"底层数据标准化，核心栏目统一化，工作安排具体化"的原则，采用 WEB2.0 和 WEB3.0 概念，使用 AJAX 技术，采用智能搜索引擎，分析武汉地区科技需求的基础上，充分发挥武汉科技资源优势，整合高校院所、科研机构技术成果信息，为企业、研发机构和投融资机构之间构筑交流平台。平台的建设增强了用户交互体验及会员服务，向规范化、专业化和纵深化发展，扩大了品牌效应，强化了科技供方与需方的紧密结合，最终形成信息采集－加工整理－发布－自动匹配－在线服务－跟踪反馈的信息服务链，真正发挥了平台在成果转化与技术转移的有形化与落地化中的作用。武汉科技供需对接提供"网上信息交流"和"网下服务互动"全过程服务的公共平台，在促进武汉市企业科技需求与高校、研发机构科技供给的有效对接方面，取得了较好的成效。自 2012 年改版上线以来，平台已发布精选武汉地区科技项目、需求近 800 项，日均访问量 1200 余人次，服务企业 400 余家，促成技术合作 100 余项。

市财政局、市科技局还设立专项资金，促进科技成果转化，包括"科技供需对接专项计划""重大科技成果转化专项计划"和"科技成果推广应用计划"，专门支持供需对接项目。

3. 武汉科技文献共享与服务平台

构建武汉市科技文献共享与服务平台是科技信息资源建设的基础，武汉科技信息共享服务平台建于 2008 年，涵盖国内六大专业数据库和国际联机专业数据库，服务平台实现了全市科技企业孵化器全覆盖，平台运行以来，形成中心站与 36 家分站为辐射点的 1＋N 型武汉市科技信息推广应用服务体系。2013 年，平台检索下载文献超过 10 万篇，涉及光机电一体化、电子、节能环保、生物医药等三十余个专业门类，接待查询读者 5000 多人次。作为全市科技创新服务体系的重要组成部分，是服务政府、服务企业、服务社会的主要载体，在促进我市科技资源的合理配置、增强园区孵化器服务功能、推进企业技术创新活动等方面起到了较大的推动作用。

通过扩大用户数和文献服务内容，强化共建信息资源体系和体制机制建设，可以加强推广应用力度，增强服务平台能力，切实提高社会需求的资源保障水平。

4. 武汉市科技局电子政务平台

武汉市科技局为了整合科技信息资源，促进高校、企业、科研院所的共享创新，打造了电子政务平台，在市科技局门户网站上开辟"科技服务中心"，逐步整合各业务系统，形成以局门户网站为依托的电子政务受理"一站式"服务窗口。

门户外网建设特色鲜明，集合集成科技资源，内网办公系统业务办理流程清晰，事务明确，内网和外网之间实现了互联互通，对科技局对外办公业务实现了"外网受理，内网办理"。结合内外网系统的信息服务，整合了三大数据库，分别对应科技局业务密切相关的项目库系统、专家库系统、单位库系统，截止至 2013 年底，项目库系统共接受外网申报项目 18000 余个，专家库系统收录各大领域专家信息 4000 余条，单位库系统收录 4000 余家院校、研究所和企事业单位信息。

电子政务平台具备四大子平台分别是对科技局业务支撑的办公平台、信息资源平台、多媒体平台和互动交流平台，包括五大业务应用为科技计划项目管理系统、科技专家管理系统、办公自动化系统、科技企业信息管理系统、视频点播视频会议系统。

以项目、专家、企业三大基础数据库为核心，以五大业务应用为支撑，建设和整合办公、计划、企业审批与管理、项目全程管理、各类科技投入、专家资源、人才引进、科技市场等信息资源；建设同高校、企业和专家紧密相关的科技数据库，实现项目、企业、人员、投资、成果信息的有机关联和深度整合。为企业、科研单位了提供丰富的科技资源；为科技局各处室进行科技统计分析提供了统一的、系统的、全面的信息资源；为局领导决策提供了科学依据。

5. 武汉市科技金融公共服务平台

按照"政府主导、社会参与、公益性服务、市场化运作"原则建立的专业公共服务平台。服务平台以武汉科技金融创新中心、武汉科技金融服务有限公司、科技金融创新俱乐部为依托，以国家、省、市关于促进科技和金融结合的文件精神为指导，以科技计划管理为纽带，以创新政府服务、有效配置科技资源为基础，开展科技金融、技术转移、科技咨询、科技政务等服务，搭建政府、企业、金融服务机构三方的科技金融合作平台。

科技金融公共服务平台主要解决科技企业和金融机构信息不对称、对接不通畅问题，集成政府相关管理部门、投融资机构等多方资源，为不同成长阶段的科技型中小企业，提供多元化、全方位融资服务，努力构建成为功能齐全、服务一流的科技金融公共服务平台，支持科技中小企业创新、科技成果转化以及为推动全市科技金融中心的建设。深化科技金融服务工作。今年通过科技投资、融资担保促进企业融资 21.9 亿元，涉及企业 253 家次。开展"统借统还" 4 批次，金额 2.45 亿元；开展技术转移对接服务。在平台合作单位的共同支持下，2012 年促成项目落地技术交易额 6800 多万元，2013 年上半年技术对接成交额已达 3800 万元。另外，"一对一"服务近 230 余家企业，收录成果项目 1467 条，征集技术需求 312 余条，开展高校与企业之前的技术供需面对面交流近 30 余次。辅导区外新三板后备企业。平台启动以来，与各区科技局合作组织东湖高新区外的新三板后备辅导工作。通过前期工作，收集区外有意向在新三板挂牌企业信息 103 家，其中新增科技型企业 59 家。

五 总结

近年来，武汉市科技信息资源建设有了以上这些平台作支撑，使得科技信息资源能够充分有效运用，为企业创新提供条件，促进产学研的发展，方便领导做出决策，科技相关部门便捷地开展业务，充分发挥信息化对科技工作的服务和带动作用。

（胡晓艳　肖惊勇　胡琼　刘舰）

武汉市智慧社会管理平台

社会管理，是全球高度关注的发展命题。在建设国家中心城市，复兴"大武汉"的伟大征程中，武汉弘扬"敢为人先、追求卓越"的城市精神，以中国"智慧城市"建设试点工作为契机，把智慧社会管理作为"智慧武汉"的基础和核心内容，以建设"武汉特色、全国一流"的社会管理与服务信息系统为重点，开展了智慧社会管理信息化建设工作。

该系统依托3s、云计算、物联网等科技手段，以全国领先的二、三维一体化的数字武汉地理空间框架为基础，融合、叠加公安、房管、卫计、民政、司法、城管、工商、食药监等21个部门的专题，按照统一的数据标准，对相关的信息资源进行整合，将多部门应用统一融合到一个平台，用信息化手段对"人、房、组织、事件、部件"进行综合性管理，实现信息高度共享和服务管理工作的综合化、全程化、全方位。同时，按照网格化的管理理念，按中心城区300户800人、新城区500户1400人的标准，在全市划分9755个人房网格，从现有政府出资买岗的社区"八大员"中择优选配1.2万余名网格管理员，并将以人、房管理为主的"人房网"、以城市管理为主的"城管网"、以法人组织管理为主的"综合网"进行"三网融合"，建立市、区两级指挥机构，实行"市、区、街、社区、网格"五级联动的运行机制，构建起全方位、宽领域、多层次的社会管理网络体系。通过网格管理员"人在格中走、事在网上办"，使社会管理关口前移，变被动工作为主动上门服务，变事后处置为源头治理，最大限度实现"便民、利民、惠民"。

武汉市社会管理综合治理委员会办公室作为该建设项目责任单位，在市委、市政府统一领导下，具体组织协调、统筹整合资源、加快推进实施，同时负责全市社会管理与服务的指挥调度、统计分析、综合办公和绩效考核。2012年12月，系统通过验收。目前系统已经在116个街道、1169个社区全面运行，覆盖武汉市中心城区和新城区城关共2000平方公里区域，共采集比对了全市620万人口、196万套房屋、196万个城市部件，处理矛盾事件4.8万件。

一 系统建设的主要内容

1. 平台框架搭建

在智慧武汉总体框架下，以数字武汉地理信息公共平台为基础，建立了市、区两级平台，形成了市、区、街、社区、网格"五级联动"的运行机制，实现了人、房、法人、部件等社会管理各类要素的空间化集成调用和综合展现，通过信息开发、数据挖掘和建立综合评价分析模型，对易出现安全隐患的敏感信息汇总分析，并在全市部署应用。

2. 海量信息融合

在二、三维、实景一体化地理空间信息的基础上，实现了社会管理多要素信息的空间化集成管理。实现了对公安、房管、卫计、民政、司法、城管、工商、食药监等21个专业部门的信息融合，对共享的1002万人计生信息，813万常住人口、214万流动人口基础信息，企业法人、小餐饮、药店、电梯、食品生产企业、重点消防单位和消防部件等信息进行了空间化与分析整合。

3. 体制机制固化

形成了网格划分、数据共享、信息采集、平台管理的标准规定。对市、区、街、社区和相关部门、不同岗位操作人员分别设置信息使用权限，分层级、分部门、分岗位授权；建立了工作考核机制，每日对全市各区、街道、网格员及各相关职能部门进行考核；通过平台强化事件全程办理和全程监督的功能，通过对事件接件、流转、办理等流程的实时监控，实现即将到期预警、超期报警；建立了信息采集、比对、更新、共享机制。通过网格员采集保证了信息的鲜活性，通过专业部门信息比对，保证了信息的权威性。

二　系统的主要运用及解决的问题

1. 全面整合，实现了社会管理要素的信息集成与管理

全市实有人口、实有房屋基本信息的采集，实现"人进房""房落地"。在此基础上，融合了公安、房管、卫计、民政、司法、城管、工商、食药监等21个部门的专业信息，将采集信息与权威信息进行比对入库，保证数源法定，为综治相关部门掌握人、房信息，分析社会问题、家庭成因等提供分析依据。

2. 源头治理，实现了社会管理主要事务的实时处置和监督

通过信息系统，固化了市、区、街、社区、网格五级联动机制，实现了21个联动部门的事件协同处置。建立考核机制，对全市各区的信息录入量、信息录入完整性、基本逻辑性、事件办理总量、办结率等进行工作考核，保障信息质量。

3. 重点关注，实现了特殊人群时空分析

针对综治关注的特殊人群、重点人群和弱势困难群体，涉及国家安全、社会稳定的民族宗教场所、人员，对其特殊信息进行掌握，如监护人、成因、活跃状态等信息。对特殊人群、重点人群和弱势困难群体共17类人群时空分析，分析其空间分布特征和时间特征，形成流动人口迁移轨迹，对人口根据年龄、性别比的数量和密度进行分析，为社会管理力量的调度、城市基础设施规划建设提供量化的指标。

4. 预警预报，实现了社会突出矛盾防治预警

针对邪教人员的异动和帮扶、加入邪教的年龄、男女比例、社会成因进行分析，提出针对性治理建议；针对出租屋租用时长、租用人口少数民族所占比例、流动人口流入本区内的趋势分析等；针对房屋拆迁工作，对需拆迁地区土地面积、建筑面积、重点人群、弱势困难群体、少数民族等人口组成及该地区发生过的社会矛盾事件进行风险分析，根据房屋周报均价和以上数据进行拆迁工作量、赔偿金预估；电梯质监预警预告；通过老人一键通和无线网络，实现网格员对空巢老人的贴身服务；通过建立感温、感压和视频传感器网，实现重点文物火情预警、防入侵预警。

5. 为各个政府部门面向城市管理和服务业务提供非常重要的城市基础信息资源

包括城市基础地理信息资源、城市基础设施信息资源、城市各类行政和商业服务信息资源，方便市民办理事务、享受服务。同时，通过项目的深入应用，有效积累了大量的社会管理与服务信息。

6. 基于上述的数据资源挖掘分析，面向市委、市政府领导和委办局各级领导，提供了辅助决策分析工具

例如：提供了城区服务设施的部署是否合理，城市建设的死角和问题在哪里，市民需求最为迫切的管理和服务是什么，当前积累较为突出的社会问题是什么等问题的静态分析结果，动态变化趋势，各因子关联关系等。

三 系统建设的主要成果、成效

1. 应用范围全国第一

通过系统应用，已经将智慧社会管理带来的便利延伸到市民家门口。目前，系统全市社区覆盖率已达到73.6%，人口信息入库率达到86.6%。通过系统量化考核，保证了社区网格员的服务质量，无论是老少妇孺，重点人员还是特殊人群，都能享受到网格员上门服务。项目覆盖面积大、应用范围广泛，在全国社会管理信息化领域属首创。

2. 社会管理要素的实时掌握

实现了人、房、部件、法人等社会管理关键要素的全面空间化整合，真正有效保障了信息的时效性，特别是人口现居住地、重点区域入侵、重大危险源状态等信息的动态掌握。集成了地图、影像、文本、视频信息、温度信息、压力信号等多源、多尺度、多时态信息，基于国际领先的三维技术，保证了各类要素信息与真实世界高度融合、精准定位。

3. 促进了全市信息资源的共享共用

结合数字武汉建设成果，充分利用现有信息资源，在融合相关部门信息资源的基础上，社会管理与服务信息库采用了分布式建设模式，由各区掌握本行政区采集信息、各职能部门维护本部门信息，市级数据中心仅实现对各分布式数据的比对、共享、交换，最终形成权威的人口、房屋、法人、部件和其他专业信息库。实时交换信息量峰值及数据并发访问量都均全国同类系统前列。从体制机制和技术手段等方面，为我国海量信息实时交换共享做出了有益探索。

4. 建立了全市统一的社会管理类信息化建设标准

如《武汉市社会综合管理与服务网格划分规则与编码规范》《武汉市社会综合管理与服务基础信息采集表》《武汉市社会综合管理与服务专业信息共享内容》《武汉市社会综合管理与服务事项分类标准》《武汉市社会综合管理与服务信息系统服务接口规范》《武汉市社会综合管理与服务区级平台建设要求》等。

四 系统建设的重大意义

通过对人、房等综治工作相关信息的融合管理，对易出现安全隐患的敏感信息汇总分析，为武汉市社会管理提供预警预告的决策分析工具，是综治全面掌握管理服务对象动态、提高服务效能的有力手段，为社会服务管理工作智慧决策提供真实可靠和准确权威的信息支撑。从而以信息化带动社会管理基础建设，以信息化促进社会管理机制创新，进一步服务现实斗争，提高对社会治安局势的控制力，提升社会管理服务效能。

（1）推动了社会管理从单一行政手段向综合社会管理的转变。通过本项目的建设大大提升了武汉市的城市综合管理能力，提升城市服务水平，改善市民的生活、工作、学习、娱乐的环境，间接改善经济发展环境，促进武汉经济发展。2013年武汉市被中央综治委授予全国社会管理综合治理最高奖项——"长安杯"，跨入全国最平安城市行列。

（2）通过本项目建设，大大提升了政府社会管理和公共服务体系的信息化水平，实现政府部门信息资源的共享利用，增加管理的科学性、服务的高效性，减少因部门条块分割、职能重叠、管理滞后而造成的部分政府效能的损失。

（3）本项目将21个政府部门的IT基础设施统一建设、共享使用，做到了信息的高度集成融合，极大程度上避免了因独立建设而造成的重复投资浪费，降低总体建设成本，减少财政浪费。

（4）通过本项目建立起的城市管理和社会服务的长效机制和日常机制，大大减少社会突发问题的积累，减少由于管理手段欠缺造成的运动性、突击性行政执法活动，也从很大程度上减少了财政浪费。

（武汉市社会管理综合治理委员会办公室）

武汉市硚口区底册编制系统

近年来，随着我国电子政务建设的不断深入，信息技术的快速发展和迅速普及，电子政务在各领域的多方面应用，正不断完善政务服务体系，成为推动政务服务形式创新、能力提升的重要支撑，在提高政府办事效能中的作用日益彰显，为服务型政府建设做出了新的贡献。

武汉市硚口区电子政务管理中心不断致力于深化推进电子政务建设，努力探索信息化发展的新途径，不断丰富电子政务应用领域，延伸电子政务服务外延，借助电子政务的东风推动各项工作全面铺开，稳步推进。13年围绕第三次全国经济普查工作的开展，按照第三次全国经济普查方案和市经普办文件精神，以及区"十二五"规划关于信息化建设的要求，独具匠心地将信息化手段运用于"三经普"工作之中，借电子政务建设有效助力于普查工作效能的全面提升。自主研发的"经济普查底册编制系统"，促使各街信息共享互联，分街工作稳步高效推动，底册录入高效便捷，采用问题发现机制及时纠正分街错误，确保了单位核查工作的准确性和效率最大化。为推动"三经普"工作圆满完成，确保普查对象的不重不漏，保证普查数据质量，提高核查人员工作效率，有效促使单位核查工作的全面推进、迅速铺开。

一　项目背景介绍

第三次全国经济普查是摸清我国各类单位的基本情况，全面调查我国第二产业和第三产业的发展规模及布局，系统了解我国产业组织、产业结构的现状以及各主要生产要素的构成，进一步查实服务业、战略性新兴产业、文化产业和小微企业的发展状况，全面更新覆盖国民经济各行业的基本单位名录库、基础信息数据库和统计电子地理信息系统，为加强和改善宏观调控，加快经济结构战略性调整，科学制定中长期发展规划，提供全面系统、真实可靠的统计信息支持，其重要性不言而喻。它又是我国普查工作又一次重大改革，与前两次相比，工作量更大、任务更重、信息化程度更高、对普查员的素质要求更严，其重要性、艰巨性和复杂性决定了要打好这场攻坚战，必须充分利用有效时间，争取工作效能的最优化，从宏观上准确把控各阶段工作，促使全区普查工作的步调一致，整体推进。而底册的核查工作是经济普查的一项重要的前期基础性工作，是确保准确界定普查对象，规范各类普查报表填报范围，保证普查登记顺利实施和实现普查结果全面、准确、客观、真实的关键环节。根据以往经验，此项工作既是经普工作的重点又是难点。一难难在部分企业因边界不明晰而造成企业分街工作的重复性；二难难在各街道企业众多，情况各异，分街任务繁重；三难难在各街分街工作进度不一，拖慢了全区底册核查的工作效率；四难难在各街普查办难以及时便捷地互通信息，共享数据，同步推送信息，导致核查工作容易出错；五难难在问题不能及时呈现，同步解决，进一步造成了工作的拖沓。六难难在核查工作环节多、时间紧，核查人员填报数据重复量大，从时间与数量上难于全面监控。

只有切实解决上述顽疾，确保数据质量，提高核查工作效率，才能为经济普查的正式开展奠定坚实的数据基础。为此，亟须优化分街工作流程，提升问题发现机制，畅通数据共享渠道，简化核查填报程序。硚口区电子政务管理中心结合区普查工作实际，研发并启动了"硚口区经济普查底册编制系统"，将技术创新与工作创新相结合，变过去的"蛮干"为现在的"巧干"，为全面把控全区底册核查工作进度，有效提高工作效能提供全方位支撑。

二　项目建设内容

"底册编制系统"的建设要充分体现便捷高效，实时监控，处理及时的理念，在设计阶段，重点把握了"数据互联共享""操作直观便捷"和"处理流程清晰"三个要素，将各种元素和手段尽可能地融入和应用进去，采用简洁明晰的流程化菜单，构建一个应用性强的数据处理平台。

（一）"底册编制系统"的设计思路

建设以"信息共享""层层把关""数据处理"和"规范工作流"为核心的底册编制体系，实现企业从街道到社区再到小区的准确细分、问题从发现到核查的全流程"智慧化"处理。

主要业务流程如图（见下页）。

以街道行政区划代码前9位为用户名，各街道登录系统即见本街待分企业的具体信息，由各街道核准后将属于本街的企业分配到下属各社区，不属于本街的企业则填报申请调出到其他街，对方街道即刻审核后确定是否接收调入企业。这样，借助网络信息化手段有效互联各街道分街工作同步推进，对单位时间进行了最高效利用。另外，通过对比等手段实现了实时发现问题，及时纠正分街错误，避免了重复工作。各社区和小区核查人员在登录系统后可将数据进行再次细化审核，全面保障了数据的真实可靠。数据录入后，系统能够自动生成一览表的列表单位，高效节省了人工录入、整理的时间。同时，系统还提供实时统计功能，自动统计生成各街道企业的核查率、存在率、到社区率等数据，使核查工作的进度一目了然。便于街道根据进度百分比统筹安排工作量，核定工作计划，确保核查工作如期完成。区普查办也可随时查看把控全区各街工作进度情况，为宏观调整、有效指导街普查办的工作提供了决策依据。分街流程的细致化、简洁化、高效化为底册的生成环节和数据核查环节提供了有力的数据保障。

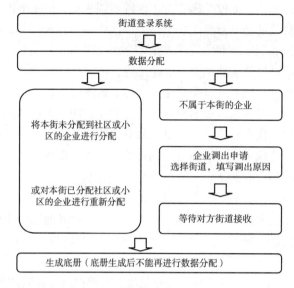

业务流程图

（二）底册编制系统的主要功能

底册编制系统的主要功能包括：基础数据的整理分配、多种渠道的信息查询、及时快捷的问题发现、企业调配审核机制、自动化的数据统计、底册生成集中展示、单位信息新增修改等。各部分功能环环相扣，相互支撑，形成一个完整的闭环流程，使得每个企业的派发、调配、纠错都有相应业务流程可以对应，得以解决。

1. 数据的整理分配功能

实现将企业从街道细化分配到每一个社区或小区，提供可同时分配多个企业的功能和多渠道的信息查询功能。可根据实际需要通过查找组织机构代码、单位名称等关键字，根据不同处理地范围等多种方式准确提取符合条件的企业信息，并可对某个或多个未分配的企业进行设置，将其分配到社区或小区。社区用户登录时可看到街道分配下来的企业信息，再进一步细化，分配到小区。

为保障数据的准确性，提供了即时纠错功能，一旦发现企业分配错误，可即时通过选择"分配目的地"修改社区和小区，对分配错误的企业进行重新调配。整个分配流程由区经普办到街道，到社区，再到小区，层层把关，层层审核纠错，当只有小区下有企业信息时，表明本街道的数据分配任务全部完成，保存后系统自动生成普查小区代码。

2. 企业调入、调出功能

此模块是实现企业分街的核心，能高效启用问题发现机制，迅速调整底册中的错误信息，通过提交申请，接收方审核通过后方可实现企业调整，形成底册。发现调出错误，可通过"调出查询"撤销申请。

核查人员对照底册逐户上门核查时，一旦发现不属于本区域的企业，即刻就可在系统中查询定位到该企业，勾选后根据判断选择应调入的街道或社区，并填写调出原因。对方接到申请后，进行上门核查，若企业属于本区域，选择接收，该企业数据即刻自动转入数据分配功能，调入成功。若经核实确定该企业不属于本区域，可以返回数据到提交申请方，退回企业。申请方若发现调出错误，可借助"调出查询"功能，查询关键字定位该企业，如对方还未接收，可撤销调出申请。

此功能的实现既是对底册数据经核查后的重新调整，也是对核查工作流程的进一步规范化，为底册数据的真实可靠提供了防护屏。

3. 企业修改录入功能

实现修改、新增当前底册数据的功能。普查员可通过核查情况将底册企业的错误信息进行手动修改，也可添加新发现的企业入册。为地毯式核查，真实上报数据提供了支撑。并且通过填报的简便化，组织机构代码查询的准确性，以及一次性录入的高效能，将核查工作化难为易，化繁为简，为核查工作提速、增效。

底册中的企业已存储于系统之中，数据字段和底册完全一致，普查员只需查找定位企业，直接调整、更新错误字段即可。实际录入数据时，机构类型、主要业务活动、核查情况等选项皆可直接通过下拉菜单来选择。当企业已经分配小区后，系统自动锁定小区代码，则无须再手动输入。人性化的流程最大化减少了人工操作，实现了修改数据的简便直观，减轻了普查员录入的工作量。同时，将行业代码全部集成到系统中，可利用"查看行业代码"功能，实现通过输入行业名称以及营业说明等字段，准确查找出相关行业代码，既省去了手动输入的烦琐，又确保了输入的准确，保障了数据质量。

三 底册编制系统的初步成效

"底册编制系统"自运行以来，在智能化、自动化、流程化、规范化、便捷化的综合支撑下，取得了良好的运行效果。

一是实现了准确分街。通过设置管理层由上至下，区域层由大到小的管理，使分街工作流程清晰，延伸到最小责任单元，保证分街的准确细致，利用现代信息技术明确责任主体、调出调入审核严格、发现问题快速高效，为底册的形成提供了技术保障和数据支撑。

二是提高了工作效率。通过实时跟踪统计进度，促使各街道倒排时间、横向比较、纵向规划、统筹安排、随时调整，把握了核查工作的主动权。问题发现机制搭建了发现、纠错、处置、生成各环节的有效衔接，保证了核查中发现的问题和错误在第一时间得到快速、迅捷的处理。

三是增强了责任意识。通过对比各街道、社区、小区的核查工作完成率，强化了区级部门的督导监察，实时监控工作情况，强化了责任意识，消除了普查员"庸、懒、散"思想，促进每一位普查人员主动履责、尽职办事，为核查工作的顺利开展，全面推进奠定了基础。

四是降低了行政成本。通过有效的技术应用和流程设计，改变了以往单纯依靠人力、财力，重复投入的工作模式。依靠提高工作效能，简化录入程序，有效提高了行政运行的"投入产出比"。

该系统正式投入使用以来，用一套完善科学的处置流程、简便易用的操作系统，显著提升了普查各项工作的效率。对政府来说，在宏观调控上可以做到"责任清、数据明、协调快、决策准"；对于街道来说，在工作实施上可以实现"服务规范、信息共享、协同作业"；对于一线普查人员来说，在业务操作上可以"录入数据方便，发现问题快捷，修改错误及时"。系统的建设和运用，能较好地服务于普查人员，服务于普查工作，服务于宏观经济数据统计，获得了较好的社会效益。

（武汉市硚口区信息化领导小组办公室）

湖北宜昌市大综合电子监察平台

在着力强调"服务型政府"和信息技术日新月异的今天，社会对政府公共服务效能和水平的要求越来越高，各地政府纷纷将其作为重点工程进行规划和部署，希望通过不断创新发展的技术手段和服务手段来满足未来复杂多变的社会服务需求。为此，湖北省宜昌市依托原有的电子政务平台，利用先进的云计算支撑技术，探索创新平台建设的设计新思路，成功构建了以服务发展为目标、以制约权力为核心、以科技手段为支撑的大综合电子监察平台。

自2013年5月建成运行以来，该平台全面实现行政效能监察工作的电子化、规范化、科技化，为推进廉洁宜昌、效能宜昌和现代化特大城市建设发挥了积极作用。该项目聚焦了中央电视台《新闻直播间》《中国纪检监察报》《中国反腐倡廉网》和湖北电视台《湖北新闻》《荆楚廉政》等主流媒体栏目的高度关注，获得社会各界的一致好评。

宜昌市综合电子监察工作平台运行以来，得到了上级部门的亲切关怀和大力支持，省委常委、纪委书记侯长安同志对宜昌电子监察工作给予的肯定。省委常委、宜昌市委书记、市人大常委会主任黄楚平同志就我市实施大综合电子监察工作，做出了肯定批示。

一　宜昌市大综合电子监察平台的设计新思路

近几年来，在开展电子监察工作方面，宜昌市纪委监察局一直走在全省的前列。市委、市政府非常重视全市电子政务信息化建设工作，大力支持宜昌市纪委监察局在2007年建成行政审批电子监察系统，并希望能以科技手段强化惩治和预防腐败体系，推进政府行政改革，带动和规范电子政务建设，建立与公众社会持久有效的互动，从而提高政府行政效能和公众综合服务水平，增加社会的城市幸福感。

为此决定全面升级原有的宜昌市电子监察系统，采用先进的云计算技术、遵循"资源的集约化使用"、强化顶层设计和顶层管理、以人为本、标准规范和架构建设先行的前沿设计理念。这一先进设计思想奠定了整个项目的架构基础和平台基础。

（一）采用"资源集约化"的先进云计算技术

云计算是一个大的概念。从作用上讲，可概括为四个字"融合"和"推送"。融合，即融合各类信息系统资源，包括信息基础设施资源、应用资源、数据资源，也包括暴露在服务总线上的服务资源。推送，即将融合后的信息系统资源以服务的形式个性化地推送给云端用户，包括信息基础设施的服务、应用的服务、数据的服务。

因此，从构思开始，大综合监察平台就决定采用本质为"资源融合推送"的云计算技术进行系统架构设计，构建"一个平台、两类资源、三种渠道、四大机制"的整体框架蓝图，从而支持整体平台的标准性、开放性、安全性和可扩展性。"一个平台、两类资源、三种渠道、四大机制"，即利用一个云资源聚合中间件平台，有机融合宜昌市电子监察应用资源和数据资源，根据不同的用户类型将相关信息进行重新融合推送到云端，云端用户根据其角色及需要，可以通过视频监控、门户网站、短信彩信三种渠道，享受云资源聚合平台推送的服务；同时，通过本项目建设四大机制，即技术服务团队、标准规范体系、运行保障体系、安全管理体系。

（二）强化顶层设计和顶层管理

该平台站在信息化的顶层，自顶而下，进行信息化整体设计，并站在业务运行的顶层，创建多维度的监察管理机制。

（三）强化服务对象的个性化服务

大综合电子监察平台非常注重社会公众的需求，采用"公众先行、以人为本"的原则进行系统内容的设计。

对于公众和企事业单位来说，该平台能提供诸如查询、事项申请、业务办理、结果公布等公共服务；对于监察人员来说，该平台能提供单点登录、统一用户管理、统一验证、统一消息、数据整合等专项应用服务；对于政府管理人员来说，该平台能通过视频监控系统实现领导或管理人员对监察对象的实时监控和追踪监控，辅助领导决策。

平台主要功能包含信息采集、预警纠错、投诉处理、信息服务、绩效评估、系统管理等，完备的功能为实施全方位、全动态、全过程的电子监察提供系统化的服务和技术支撑。

二 大综合电子监察平台建设的四大亮点

宜昌市大综合电子监察平台凭借其先进的设计思想、完善的技术架构和建设承建方的成熟经验，在上线运行半年已经取得明显成效，并呈现出四大亮点。

（一）系统化融合建平台

为解决各业务系统相互不融合、数据不共享、监察标准不统一等突出问题，宜昌市应用云计算技术，将分散于各部门的行政审批及政务服务、政府信息公开、网上办公、产权交易、招标投标、政府采购、土地招拍挂、政风行风热线、社会矛盾联动化解、市长专线、视频监控等11个业务应用系统，按照"1＋N"思路有机地融合到统一的大综合电子监察平台上，形成了身份认证统一、基础平台统一、监察标准统一、监察流程统一和全面覆盖、动态监察、资源共享的大综合电子监察平台。

"1＋N"大综合电子监察平台即由1个电子监察中心数据库和若干个业务应用电子监察子系统构成，具有信息采集、预警纠错、投诉处理、统计分析、绩效评估、系统管理等六大功能，为实施全方位、全动态、全过程的电子监察提供系统化的服务和技术支撑。

（二）网格化对接拓领域

结合全国社会管理创新综合试点，积极将大综合电子监察系统与社区网格化管理有机对接，实现了电子监察由以前单纯注重行政审批逐步拓展到公共资源交易、公众诉求表达等公共服务和民生服务领域，电子监察范围由以前单纯注重市直部门逐步向市辖区、街办、社区和网格延伸。社区网格管理员通过社区 e 通，将采集的部门履职详细信息于第一时间上报网格监管中心，监察机关同步对相关职能部门事项受理、办理过程、办理时限、办理结果以及满意度评价等情况实施全程监控。网格化对接，实现了电子监察领域在横向上的拓展和纵向上的延伸，强化了对政府部门、服务窗口、审批岗位乃至网格单元的有效监督。

（三）动态化监察求实效

一是实时抓取，实现"可看"。通过系统既可对单个办件进行动态锁定，随时查阅办件进度，全程记录各环节流转情况，又可利用视频监控设备实时查看"窗口"服务行为，同步录音录像，随时掌握政务服务大厅工作实况。

二是节点监控，实现"可控"。通过事先对各业务系统重要环节、法定程序、办理时限等核心要素设置节点，利用电子信息技术手段，对节点数据进行自动采集，同步获取业务工作信息，自动对超越设定规则的操作进行预警纠错，并以短信服务方式提醒相关部门负责人和经办人，监察人员根据信息提示，可及时纠正违规行为，真正达到事前和事中监察目的。

三是监察倒逼，实现"可管"。对办件中出现的超时未办、逾期不办、违规收费、态度恶劣等各种违规行为，结合办事群众对办件满意度测评系统，系统根据情况会自动发出预警、黄牌和红牌警告，监察人员可及时准确地发现异常情况详细信息，据实发出整改通知书，限期整改到位。

（四）规范化管理促长效

一是建立监管制度。宜昌市政府制定了《宜昌市综合电子监察管理办法》，从电子监察的依据、职责、内容、方式、要求、责任追究等方面予以明确规定，作为全市管理的规范性文件。市监察局会同市电子政务办联合下发了《关于加强综合电子监察平台运行管理的通知》，从制度层面保证了整个电子监察体系的完整性和规范性。

二是开展绩效评估。制定了《宜昌市综合电子监察系统绩效考评办法》，从流程合法、期限合法、监督检查、满意度评价等 8 个方面定期开展量化考评，建立电子监察台账，实行一周一分析、一月一通报。同时，将考评结果纳入全市目标管理综合考评和党风廉政建设责任制考核内容。

三是强化效能问责。加大对电子监察中发现问题的督促整改、效能问责力度，增强电子监察综合效应。对于监察子系统应用问题，直接通报相关部门和主要负责人；对于具体履职问题，通过对超时限、违规收费、违反程序等行为重点督查，对承办人、审核人和批准人等进行重点督办；对于黄牌、红牌警告，经查证后，将依规实施问责，有效促进了机关工作作风转变和效能提升。

三　大综合监察平台运行实施的效果

大综合电子监察的运行，大大提高了政府部门的办事效率，优化了发展环境，开创了纪检监察有效实施再监督的新路径，有力推动了行政效能和政务服务水平的大提升。市级保留的72项行政审批事项平均办理时限为8.5天，平均提速达64%，创造了"宜昌速度"。

下一步，宜昌市将进一步完善和拓展大综合电子监察平台，成熟一个融合一个，如全市重点重大项目运行的监督、涉农资金的监督都将纳入。强化规范管理，发挥系统效应，不断提升电子监察水平，为推进现代化特大城市建设营造良好的政务服务软环境。

（中共宜昌市委常委、纪委书记　吴静）

宜昌市公共资源交易管理系统

为积极推进公共资源集中交易市场规范化建设，有效预防和惩治公共资源交易中的违法违规行为。根据湖北省源头治腐"十个全覆盖"精神，我市开发建设了公共资源交易管理系统，实行以网上全流程交易运行、网上全过程监控管理为主要特点的新模式。

一　交易管理系统基本情况

宜昌市公共资源交易管理系统通过监督管理网络化和操作执行电子化，将"项目交易、公共服务、监督管理、行政监察"四大功能整合为一体，建成了包括信息发布网站、交易业务系统、专家管理系统、网上开评标系统、电子监察系统构成的网上在线交易平台。系统目前具备满足政府集中采购、协议供货、交通、水利、房建、市政工程招投标、产权交易、中介机构选聘、小型工程发包等项目所需的交易功能。主要功能包括。

1. 门户网站

网站面向社会公众，公开政策法规、中心动态、办事流程、提供服务咨询；同时实时发布各类交易公告、开评标日程、协议供货信息；并提供网上办事大厅，网上会员注册及登录、网上投诉、招投标工具下载、评标专家登录、建造师锁定、保证金退还信息发布等多种服务功能。

2. 网员专区

针对公共资源交易种类和参与主体各方，建立了八个类型的网员专区，分别是采购单位、建设单位、供应商、勘察设计单位、监理单位、施工单位、招标代理机构、拍卖机构，依据每个类型网员的不同行业属性，设置了不同的交易功能，可根据所需开展各类网上交易活动，主要包括网上项目申报、网上查看所属项目进度、网上发布公告、网上编制招标文件并发布、网上报名、网上提问、网上下载招标采购文件、网上缴纳保证金、网上上传电子投标文件、网上竞价、网上询价、网上多次参与谈判报价、网上提交统计报表、网上动态维护企业基本信息、资质证件、从业人员资格证件、业绩及信誉证书等。

3. 内部平台管理系统

（1）项目受理。

网上集中受理政府采购、工程建设、产权交易项目，并按照项目行业、类型、所属主管部门及中心承办科室，网上进行自动分流。

（2）交易业务管理。

包括政府集中采购交易模块——满足公开招标、邀请招标、竞争性谈判、询价、单一来源采购、协议供应商网上报价六种交易方式。

协议供货模块——满足八类政府协议供应商的网上展示、上传报表功能，并同时满足办公自动化、空调、家具三类协议供应商的网上竞价所需。

工程建设项目交易模块——满足交通、水利、房建、市政工程的勘察设计、监理、施工招标。

产权交易交易模块——满足各类国有产权项目的公开招标、拍卖、直接鉴证所需。

中介机构选聘交易模块——满足工程招标代理机构遴选、国有企业征集各类咨询中介机构所需。

主要实现对各类交易项目的流程化管理功能。

（3）网上招投标工具。

电子招标文件制作工具——具有政府采购、交通、水利、建设等9个招标文件模板，支持12种评标办法所需，同时具备在线编制、电子签章、审核留痕、多次发布、其他项目复制功能。

电子投标文件制作工具——自动识别招标文件类型，生成所需投标文件模版，支持数字报价、文字承诺等11种报价模式，具有工程量清单自动转换接口、CA数字加密及电子签章、清单报价自动检测查错功能。

（4）评标专家。

专家管理——提供专家专业管理、单位管理、评标专业设置、专家资格管理、专家自行维护个人信息、在线请假、指纹录入等功能。

专家抽取——支持随机抽取评标专家并自动将信息转入评标系统，抽取时可灵活配置所需专业，自动回避投标企业、招标单位、代理机构，同时能满足多个项目同时在线抽取。

专家统计——提供分类专家统计、专家参与项目评标情况统计、专家抽取统计、专家评价功能。

（5）网员管理。

网员信息管理——对入库网员基本信息、资质证件、人员证件、业绩信誉等进行网上受理及核查。

网员CA锁管理——将网员与CA锁绑定，用于身份认证、标书加密、电子签章。

网员状态管理——对有不良行为的企业，可采取暂停、注销等方式停止其交易资格。

（6）综合管理。

包括场内信息发布、开评标场地自助式安排、保证金退还管理、交易费用收取等功能。

（7）业务监管。

采购、工程、产权监管——设置监察点，系统自动对交易项目在公告发布、文件发放、澄清修改、成交公示是否符合规定时限进行监察并自动提醒，对项目受理、文件审查过程中中心服务承诺时限及监管部门是否备案超时进行监督。

视频监控模块——实时调取评标视频。

（8）查询分析。

定制满足采购、工程、产权及综合类等八种报表模版，支持各种查询需求并实时生成。

（9）网站管理模块。

满足网站各栏目的各类信息发布及维护需求，同时提供自助式短信发布模块。

（10）后台管理。

对系统各类用户（监管部门、中心科室）的权限进行分配管理，配置各类型交易项目工作流程以及审核流程设置。

4. 网上开评标系统

支持各类交易项目的网上开标、电子唱标、解密标书功能。同时具备评标专家登录后，开展评标准备、初步评审、详细评审等评标活动，专家可网上进行标书浏览、文件比对、网上评分、电子签名。提供对应12种评标方法的评标流程设置，可自动计算报价评分、自动汇总、自动生成评标表格和评标报告，并根据需求按时自动转入业务系统供查阅。

5. 数据交换平台（接口）

包括与市电子监察系统、各行政监督部门监管系统的实时数据交换接口。短信平台接口、工程量清单转换接口、CA认证及电子签章接口、网银接口、视频接口。

宜昌市公共资源交易管理系统的建立，转变了以往交易活动分散办理、市场隔离、资源浪费的局面，实行交易、服务、监管、监察一网运行，实现真正意义上的集中运作、统一监管，并做到六个统一。

一是统一的信息发布，依托系统整合全部信息资源，通过对外的门户网站、信息大屏、触摸查询屏、实时交易短信，全面及时地发布各类交易信息、公共服务信息，搭建统一、高效的信息发布平台。

二是统一的交易运行，项目业主、中介机构、投标单位等多种角色在统一的平台上完成交易活动，评标专家通过系统参与项目评审活动，形成规范、有序的交易运行平台。

三是统一的交易服务，交易中心通过网上办事大厅、交易场地预约、评标专家抽取、网上协议供货、电子标书模板库等等，提供统一的配套服务，逐步形成完善的交易服务平台。

四是统一的监督管理，各行政主管部门通过系统，在网上完成项目交易过程中的审核、备案工作，对交易的事前、事中、事后进行管理和监督，市公共资源交易监督管理局则对各类交易活动实施全过程综合监管。

五是统一的诚信管理，将各行业信用信息纳入公共资源交易管理系统记录与发布，形成统一的交易信用共享体系。创造一个诚信有益、失信必惩的市场交易环境。

六是统一的预警监控，系统自动对交易活动的流程合法性、上网信息完整性，以及行政监管部门承诺的网上备案或服务时限进行实时监控、预警纠错，有效规范交易行为。

二　交易管理系统运行模式

为有效堵塞监管漏洞，建立了以网上招标－网上投标－网上开标－网上评标为主要特点的网上全流程交易运行新模式。

1. 网上招标

网上发布招标信息，项目招标进程中的所有公告、公示、变更都实行网上发布，避免由于信息的不对称性而产生寻租行为。

网上编制招标文件，采用统一的电子招标文件制作模板，固化"通用条款"，凸显"专用条款"，有效遏制招标文件中不公平条款的设置。

网上进行招标文件备案，监管过程网上留痕，减少工作的随意性，降低监管成本。

2. 网上投标

实现"背靠背"的投标模式，防控串标围标，提高投标效率。

投标人通过网上进行投标报名、下载招标文件、缴纳投标保证金、上传投标文件，完成全部投标活动。系统对参与投标的单位数量及名单严格保密，加大串标、围标难度，提高违规操作成本。

3. 网上开标

实行电子截标，减少了人为的不确定性因素。

电子投标文件采用 CA 电子签章并加密处理，确保开标前投标信息的严格保密以及投标内容的安全可靠。

电子开标系统自动进行电声唱标，并生成电子唱标记录，大大提高开标工作效率。

4. 网上评标

采用网上评标，评标专家按电子招标文件设定的评标规则进行评标，有效杜绝了专家评标的随意性。

评标系统对电子投标文件进行自动检查、清标，提高评标效率。

系统还提供多种防腐手段，自动识别编制电子投标文件的 IP 地址、电脑硬件识别码，锁定投标者身份。

对投标文件内容相似性、雷同性进行实时分析，及时发现围标串标线索，有效打击围标串标行为。

三 交易管理系统运行成效

系统自 2012 年投入运行以来，已有 1326 个交易项目进入网上交易系统开展交易活动，交易总额 155 亿元，为 2400 多个市场交易主体提供网上实时交易服务。市监察局、市财政局、住建委、交通局、水利局、市公共资源交易监督管理局等部门实行了网上监管，系统在有效整合资源、提高运行效率、降低交易成本、创新监管方式等方面，已发挥了积极作用。

1. 资源集约共享，提高运行效率

系统将交易过程中涉及的当事人和各个环节运行于同一个平台，实现了场地、网络、服务机构资源共享，评标专家信息共享，企业诚信记录共享，做到"一次录入、全程共享，同类资源、统一管理"。

2. 创新运行模式，堵塞监管漏洞

通过网上招标，固化电子招标文件模板，统一监管执行标准，杜绝暗箱操作和人为干扰；通过网上投标，投标单位名单得到严格保密，防控围标、串标；通过电子投标文件，锁定投标单位身份;通过网上评标,强化对评标专家公正性监督,有效堵塞了传统交易模式中存在的主要漏洞。

3. 降低交易成本,实现绿色招标

通过网上在线交易,大大降低交易各方在通信、交通、印刷、人力、管理等方面的支出,大幅度削减交易成本。

4. 网上监管监察,形成有效制衡

在网上交易监管模式下,全方位规范化的网上备案、监管、监察,全过程电子化网上留痕、可溯可查,以及关键节点的自动预警提示。遏制了行业垄断和行政干预行为的发生,形成有效的权力制衡。行业监管、综合监管和行政监察相结合的"三位一体"公共资源交易监管机制已经确立。

四 交易管理系统运行中存在的不足

公共资源交易管理系统自运行以来,还是存在着一些不足。一是网员注册登记的局限性。在我市注册登记的网员只能在我市公共资源交易管理系统上进行交易活动,建议能够实现全省联网对接使用,共享供应商库。二是网银缴费的唯一性。我中心使用的是工行网银,只能实现工行网银对项目的点对点对接,对没有工行网银的投标人不能实现自动缴纳保证金。目前,我中心与工行正在开发多个银行对工行、工行对中心项目点对点对接的系统,该系统已进入测试阶段,明年将投入运行。

公共资源交易管理系统的建立,有效促进了交易信息更公开透明、交易过程更规范、交易成本更低廉、交易结果更公正,极大地消除了"人为"因素干扰,对进一步规范我市公共资源交易市场,构建"高效规范、监管有力、市场诚信"的公共资源交易管理体系具有重大意义。

[宜昌市公共资源交易中心(宜昌市政府采购中心)]

宜昌市建设行业综合监管平台

近年来,随着工程建设量呈几何级增长,建筑市场的规模和增长速度均高于其他各个行业,同时,建设工程本身所具有的点多、线长、面广的特点,又为行业管理增加了难度。实现高效的行业监管,在政府、建设局、工程参建各方以及社会公众间,建立"办公自动化、管理现代化、决策科学化、服务信息化"四位一体的综合监管平台,实现对建设工程全生命周期的智慧管理,就是本项目要实现的目标。

本项目包含了施工图纸审查管理、招投标管理、施工许可证管理、工程质量监督管理、工程安全监督管理、工程质量检测管理、商品砼质量管理、建筑市场管理、建筑节能管理、档案管理、竣工验收、行业基础数据库与诚信管理等13个子系统,集成行业管理、行政审批、信息公开、城建档案、诚信等业务,实现一个工程项目从图纸设计到建成竣工验收、交付使用各个环节的全生命周期信息化管理。

本项目以提高建设行业行政主管部门办公效率，精简管理流程，规范审批时效，节约管理成本为目标，通过加强对市场的监管，进一步健全和规范建筑市场，提高各级政府制定政策、做出重大决策的科学性和针对性，全面提高政府的监管水平，助力智慧城市建设。

一　系统建设背景

长期以来，坚持服务与监管并重，全面加强工程建设等行业管理，是各地建设行业管理部门追求的目标，但随着市场的进一步放开和主体的多元化，监管难度大幅上升，各类矛盾日益突出，传统监管模式下的各种弊端也逐步显现，集中体现在以下方面。

一是工程量成倍翻番增长，质量、安全及市场监管力量却无法同步加强，表现出人少事多、超负荷运转的特点。

二是虽然不断加大建筑市场及建设领域突出问题整治力度，但由于社会诚信和行业诚信度普遍不高，导致各种新问题层出不穷，监管工作始终处于一种被动应对的局面。

三是不断加强执法监督和现场监督，但由于手段落后、机制乏力，以致文明执法和廉政建设的空间仍然较大。

化解这三大矛盾，就是本系统的目的所在。按照"方便群众、约束自己、规范监管"的原则，"建设行业综合监管系统"运用先进的科技手段，进一步优化工作流程，集成原来各自独立的子系统，解决现场巡查与后台处理高效联动、行政监管与执法监督同步一体、诚信评价与奖励惩戒细化量化、工程建设管理廉洁自律与他律相结合等方面的问题，并最终实现四大变化：即监管结构扁平化、行政执法透明化、市场监管规范化、项目信息公开化。

二　系统建设目标

本项目运用信息手段，对政府、建委各部门之间、条块之间，以及建委与工程参建各方、社会公众间纷繁复杂的应用和数据共享关系进行一体化构建，满足数据标准化、系统模块化、流程规范化、操作简易化、运行智能化和应用个性化的要求，推动行业管理从粗放监管向规范监管、效能监管、公正监管和联动监管的转变。

三　项目实施

1. 规划设计

本项目于2009年11月由宜昌市人民政府办公室（电子政务办）、宜昌市住房和城乡建设委员会开始规划设计。

2. 立项

在项目实施初期，宜昌市电子政务办和市住建委领导进行多方调研，了解国际国内建设行业信息化平台建设现状、发展趋势，形成符合宜昌市具体情况的建设行业综合监管系统建设方案。

本项目于2009年7月17日面向全国公开招标，确定宜昌金汇软件有限公司为中标单位。

3. 组建项目专项小组

本项目涉及省、市、县三级建设行业行政主管部门的监管及多项行政业务，属于监管与业务一体化的管理信息系统项目，在成立项目组时，由建委主任直接负责项目管理，建委各个业务口的负责人均进入项目小组。这一组织结构有效地保证了项目研发与业务应用的高度统一。

4. 确定系统建设方案

本项目研发大纲历时一年调研才最终定稿，并确立了"业务加监管"的管理模式，以信息共享，打破行业条块分割，实现一体化设计、系统化管理为设计的基本原则。

四 构建系统总体构架

本项目分为五大重要组成部分。

第一部分 企业与资质管理业务线：机构、人员、工程项目。

企业和人员进入基础信息库进行备案，根据经营业绩、市场行为，形成不同的信用评分，同时更新基础数据库，实现各个部门对企业、人员、工程、信用信息的共享，为管理信息共享打下坚实的基础。

第二部分 工程项目管理业务线：工民建工程、市政工程、其他工程。

本项目对所有工程项目进行从施工图审查、招投标到竣工验收备案等环节的全面监控。

第三部分 建设行业行政许可与审批。

系统通过流程引擎、规则引擎规范了行政许可的每个环节，实现规范执行各项行政审批的目标。

第四部分 诚信管理系统。

本项目建立了包括不良行为管理、行政处罚管理、信用评分与信用体系建设在内的信用管理系统，通过技术手段确保记分标准化、扣分无情化和评分公开化的执行。

第五部分 基于GIS的"一张图"查询与监管。

建立基于GIS系统的信息查询、发布与管理系统，并创建数字化城建档案，为数字城市建设奠定坚实的基础。

五 系统特色与创新点

本项目历经三年研发，完全实现立项之初研发大纲的要求。通过近两年的运行，其管理效果主要体现在以下几个方面。

第一：联动监管。通过信息共享，打破部门壁垒，增加违法的"说情"成本。

系统建立了包括"企业资质、人员资格、工程项目、诚信"四方面内容的基础数据库，建设行政主管部门的业务都基于此基础信息开展，从根本上保证信息共享，使各项数据挖掘与分析成为可能。

以技术手段保证"记分标准化、扣分无情化、评分公开化"的诚信管理系统，是本项目的管理龙头。从各个业务部门产生的任何不良行为都将在诚信管理中有记录，这一记录将直接影响工程参建方在建设工程各个环节的各种市场行为。针对不同的诚信分，行业主管部门进行差别化管理，诚信分越高，管理将简化；诚信分越低，将列为重点监管对象；当诚信等级为 C 级时，相关的参建方将没有资格参与宜昌的任何一个工程项目。有了透明化的诚信管理，"求情"成本显著增加，"宁可罚钱，不要扣分"，已成为宜昌建设行业的共识。

本项目的诚信管理还有一大特点，系统给予一线执法人员直接扣 10 分以下诚信分的权力，从而杜绝了"整而不改"的管理难题，在增加一线执法威信的同时，极大提高了涉及安全、质量等重大隐患的执法时效性。

未来，诚信系统横向将与市级诚信平台，纵向与部、省行业主管部门的诚信联网，最终在行业内形成"失信惩戒、守信激励"的良好机制。

第二：流程监管。业务＋监管的系统设计，使通过软件规范每一个工作岗位，规范责任的行业监管成为可能。

"建设行业综合监管系统"不是一个单纯的管理系统，它把建设行业主管部门的具体业务部门都纳入了统一管理，业务系统与监管系统一体化，使真正意义上的实时监管成为可能。

各地建设局主动优化管理流程，通过数据电子化、实时传递、共享资料，将业务办理的每一个环节在软件系统中固化下来，最终实现压缩管理层级，减少办事环节，提高行政效率的管理目标。

以施工许可证办理为例：建设单位可以足不出户，随时通过网络进行施工许可申报，查询办理状态，避免了多头报送资料、多次跑路，大大提高了效率、降低了成本。在宜昌，以前办理施工许可证至少 15 个工作日，实行并联审批后，建委已要求 3 天必须办完。通过网络，领导可随时跟进办理进度。

第三：规范化、扁平化监管。规范各个环节的工作内容，打破层层汇报的多级管理，监管层与一线管理者直接信息沟通。

规范监管，督促各方履责，确保质量安全底线。

一是突出"认证"和"留痕"，加强施工现场人员管理。

工程管理人员是否到岗履职是影响工程质量和施工安全的重要因素之一。为了督促提高项目经理、监理等重要人员在一线的出勤率，所有施工现场都可实施指纹签到等方式予以认证。一线管理者通过手持式数据终端，将信息实时上传中心服务器，形成工程管理一线到监管者的信息快速通道。

二是优化管理模式和机制，加强重要环节管理。

工程建设管理是一个复杂的系统工程，我们针对事关工程质量、安全等重点环节设置了一批特殊功能，及时提醒有关人员履责。如对图纸审查过程中发现的违反"技术强条"内容，系统将在施工管理过程中自动提示，大大提高了质量巡查的针对性。再如配套费收取管理，系统通过与规划、施工、竣工等各个环节挂钩和自动对比，使收费的折扣率、政策性减免等一目了然。系统还能够对企业一个时期的中标情况进行梳理，为纪检及相关部门提供工作线索。

三是强化公开、公平、公正，加强现场执法监督。

通过技术性、程序性手段，进一步加强对工程建设监督人员的监督，明确执法责任，规范执法行为，有效管理自由裁量权，真正做到公正执法，彻底消除因监管不力而产生的管理真空。在系统中，所有的重要节点都设置了办理、审核、批准等环节，从制度上保证了相互监督、相互印证，形成了多维的动态透明监督机制。在大集中模式下，相关数据集中于中心服务器，且数据具有不可逆性，有效避免了人情执法、事后作假等现象。实行监督事项明细和清单制，克服了漏项、漏检行为的发生，避免"选择性"执法。

第四：技术监管。通过各种技术手段，让管理量化，监管难度大大降低。

系统采用"五合一"手持式信息终端（GPS定位、3G通讯、视频、RFID、指纹）进行施工现场基础数据采集，并实时上传；使用CA认证，实施电子签名；通过指纹认证强化相关人员责任；利用GIS，对工程项目和重要人员进行综合管理；通过现场视频监控，远程监管施工现场；运用二维条形码，保证监管部门的各种文书、报告、执法通知的真实性、准确性；通过各种传感器，保证质量检测、商品全生产过程中各种数据的实现采集与分析。同时本项目于市公务员管理、行政监察等电子系统链接，积极拓展第三方监管。

第五：服务参建各方，提高工作效率。

"建设行业综合监管系统"把参建各方均纳入管理，参建各方通过系统登录权限与行业主管部门联系、办理业务，极大地提高了工作效率，也提升了主管部门在行业内的口碑。这一变化是实实在在，也是各地运用系统后让客户感觉最大的变化。

第六：集中监管带来的数据挖掘与管理升华。

截至2012年底，宜昌建委中心数据库的数据超过了1T（不包括视频数据），海量数据使事后稽核与监管成为可能。在近年的行业管理中，多次以技术手段从本项目的海量数据分析中，找到违法证据，对整个行业形成了极大震动，让参建方在做一些手脚时，变得相当谨慎并大大增加造假成本。

六 项目未来发展

通过近年来的成功运行，本项目未来的发展方向将着眼于以下几点。

1. 加快与相关部门和行业主管部门的数据共享工作，强化数据智能分析与预警功能

本项目在数据联网的基础上，使用数据仓库和多维数据库存储，实现基于基准编码系统的数据稽核与预警，达到全行业业务监管的目标。

2. 强化物联网技术的应用，实现智能监管

应用物联网技术，建立本项目前、后台监管服务体系，实现智能化监管，比如利用物联网技术对施工现场的重大安全设备进行监测，基于目前对设备安全管理进行自动预警的基础上，上升到自动处置的高度，从而大大降低现场安全事故的发生。

3. 运用云技术，进一步强化数据集中，提升服务管理模式

充分利用最新的云计算、云存储等相关技术，构建涉及工程参建各方质量与安全数据的"大数据库"，为真正的大集中管理打下基础。

4. 建一步完善功能，全面实现三大应用平台的搭建

基于行业一体化管理，搭建参建各方服务平台、公共服务平台、主管部门管理平台三大应用平台，真正做到全程化、一体化服务，创新服务管理模式。

七 项目推广使用概述

为加快宜昌市及下辖市（区）县的推广使用工作，主要采取以下措施。

1. 全力以赴做好培训工作

2011 年 3 月系统进入试运行阶段，我们分 3 期对市建委等建设行业行政主管部门及下辖区县的近 3000 家参建各方代表进行集中培训。这些人员培训完成后，全面负责本单位或者本区域的推广培训工作。

2. 技术人员现场办公，一对一指导

经过集中培训后，我们派驻专业人员到市建委办事窗口、各个科室及下属二级站办现场办公，一对一指导，随时解答系统操作中遇到的问题，这样可以快速在主管部门中使用起来，同时提高解决问题的效率并且了解新的客户需求。

3. 遵循五大推广使用保障原则

五项保障措施，即领导保障、制度保障、设备保障、技术保障、服务保障。

建立五项保障措施，从领导模范带头、订立规章制度、配备必需设备到建立技术服务体系，全流程化管理，在市建委领导的大力支持下，全面提高系统推广使用率。

八 系统应用成效分析

1. 本项目的推广应用等到各界领导的广泛关注

中国建设报对宜昌市建设行业综合监管系统做了专题报告《思路改变天地宽》（2012 年第 8 月期要闻一版），2012 年，湖北省召开高规格的电子政务工作会议，向全省推广了宜昌这种运用现代科学技术创新监管模式的做法，开创了"全省建管学宜昌"的良好局面。

2. 社会经济效益分析

（1）整合建设资源，节省建设经费和行政管理成本。

搭建建设行业行政主管部门统一监管平台，全流程网上填报、审批，不仅节约异地报送的成本，而且缩短办事日程，提高办事效率，据估算，每年仅宜昌市就节约了近千万的行政成本，降低了日常办公经费，给社会带来可观的物质回报。

（2）该系统率先在全国探索并成功实现了工程项目全生命周期信息化管理。

系统功能的实现为建设行业的监管方式带来全新改变，云计算、物联网、移动互联网等新一代信息技术，不仅打破行业条块分隔的局面，而且建立起拥有千万社员的城建虚拟社区，打开技术革新和跨界竞争的新局面。

九 未来展望

宜昌市建设行业综合监管系统开启了建设行业规范监管、效能监管、监管公正监管、联动监管的新局面，转变了行业管理方式，创新建设行业"业务加监管"的管理模式，全面提高行政效能和行业监管力度，服务于宜昌市电子政务建设以及宜昌市智慧城市建设。

（宜昌市人民政府办公室　宜昌金汇软件有限公司）

马鞍山市国土执法视频监控系统

一 建设背景

马鞍山市位于长江下游南岸、安徽省东部，境内管辖3县3区，地质条件良好，周边山高、岭密、自然资源丰富，是我国七大铁矿区之一。近年来随着社会经济的快速发展，马鞍山市土地非法占用和矿产资源非法开采及盗采现象时有发生，并且已经引起了省市各级领导的高度重视。必须加强高科技手段在国土执法监察工作中的应用，不断创新执法监管方式，提高执法监察效能，有利于解决执法监察工作中"发现难、制止难、查处难"的问题。国土监察管理工作的核心作用，就是保护18亿亩耕地红线。由于受到巡查周期、地域位置差异影响，在一些违法用地高发区或偏远地区，通常是以动态巡查和年（季）度卫星发现违法行为，存在着发现时间滞后、造成事实违法、治理难度大的问题。尽管建立了早查处机制，但仍然要付出较高的执法成本。建立视频监控系统就是破解发现滞后的难题，实现由被动执法向主动防范转变。

国土资源部根据全国各地实际情况，充分总结、论证、评估并审议通过了天津国土局一年多视频监控网建设的做法和经验，于2011年8月17日下发了（国土资厅发〔2011〕45号文件）《关于开展国土资源执法视频监控网建设试点工作的通知》，确定了全国15个试点城市，马鞍山位列其中。

二 项目建设内容

根据本市的实际需求，国土执法视频监控系统建设以市局为一级监控中心，同时设立9个二级分监控中心，100台移动执法终端以及相应的软件系统。用户按权限通过监控专网浏览、调看辖区实时监控图像、违法信息及国土基本业务管理系统等。市局监控中心到县、区级监控中心、前端监控点通过3G网络连接，组成分层星型结构。根据实际执法需要，灵活建立无线移动监控系统，通过无线传输设备将移动监控点的图像通过网络传送至市局监控中心，构成全市互联互访、有线无线互通、资源共享的分布式国土视频监控业务应用体系。

一级监控中心设在市国土资源局，显示系统采用12块46英寸超窄边液晶拼接屏，是全市动态监控系统的核心部分。配置2台服务器及整合式集中智能监控管理控制应用平台（包括监控系统管理软件、WEB服务软件、数字视频转发系统、图像智能分析等）。汇接全市各级图像监控系统，将所需的视频、音频、数据以数字形式通过网络进行传输、存储和共享，并根据授权进行远程调阅、查询，由开放的接口实现互联、互通、互控及其他多种应用，为全市授权单位、领导决策、指挥调度、调查取证提供及时、可靠的监控图像信息。

二级监控中心设在县区国土局，是国土执法取证视频监控系统的基层应用部分，是对重点区域和案件易发、高发的地区、部位等目标图像信息采集、控制管理和传输的源头，是本市国土执法取证监控系统的基础。3个县采用4块46英寸超窄边液晶拼接屏；6个区监控中心采用55英寸显示器。

本项目建设194个固定监控点和5个移动监控点，覆盖市区、当涂、和县和含山，前端监控点主要建设在郊区、矿区，摄像头采用内置精密云台的36倍变焦球机、电源采用太阳能供电系统，监控半径1500米。通过对监控点设置预置位的方式，逐一对各个预置位定时抓图并比对，智能分析违法事件，从而减少监控人员的工作强度，实现违法事件的联动处理。

本系统实现了与国土地理空间框架等业务信息系统的有机结合，推动视频监控与"金土工程"建设的各类业务信息系统融合，探索实践与国土其他业务信息系统之间的对接与整合应用，提供数据共享支持。系统设备具有报警、监控、故障侦测、数据调用、节能控制、自动无人监控、图片上传、实时视频浏览等基本功能，并能实现本地区、跨地区的设备级联。

三　项目成效

该项目建成之后，根据"五边"原则，将在省市、区县界边，开发区和工业园区周边，区县乡村路边，农民宅基地邻边，违法用地易发区地边以及已封闭的矿山等违规用地易发区共安装视频监控网点194处，实现土地监控一百多万亩。

传统的人力巡逻式土地资源监察管理手段成本高，周期长，效率低，受客观因素影响大。与之相比，视频监控网系统显示出巨大优势。系统全天候监控，监查人员可第一时间发现情况予以制止查处；监控画面可随时调出察看，降低了执法调查取证难度；摄像头下方配备高音喇叭，工作人员可操作发声，警告和制止违法行为，大大增加了监察威慑力；过去一人一车30天完成覆盖监控，现在只需三小时。

系统建成使用后，全市每年减少巡查行程100万公里，年降低巡查费用350万元。

四　项目建设经验

（一）严格执行信息化建设管理流程，科学制定技术方案

市信息办按照《马鞍山市电子政务项目建设管理流程》的要求，于2012年1月开始公开征集项目建设方案。2012年2月14日，组织召开马鞍山市国土资源执法视频监控项目方案评审会。市国土局、市信息办、市财政局等领导出席评审会。

评审专家组由我市相关专业领域的5位专家组成。评审过程中，各位专家认真审查了8家公司提供的项目解决方案，听取了各公司的汇报、答辩，并对部分技术细节进行了质询，最终依据评审指标体系对每个公司的方案进行了全面细致的量化打分，最终形成了书面综合评审意见。网络视频监控系统基于运营商光纤网络及3G无线网络的技术，随着视频监控点的增多，监控面覆盖从数量上增加，监控技术出现难题，如何采用海量数据挖掘技术对违法行为进行实时甄别，降低监控人力投入，提高监控效能是本项目主要攻关的方向。经过专家组质询和充分讨论，最终确定一家公司为优选方案。会后根据专家意见对建设方案进行了深度优化和设计。

（二）从电子政务建设实际情况出发，科学设计建设模式

在建设投资模式的考虑上，由于本项目建设和维护资金较大，按照国内同等类型和规模的视频监控网方案测算，约需建设资金2050万元（包含1300万元一次性建设资金和5年合计750万元的维护资金）。如果发挥本地三大通信运营企业的竞争机制，由运营商通过以租代建模式建设，将极大节约建设资金。即本项目所有的硬件设备、网络传输、国土业务应用软件开发、整个系统的运维保障都由中标运营商投资，项目完成通过国土资源部试点验收后交付市国土资源局使用。市国土资源局根据系统正常工作的监控点实际数量及监控点租金成交单价每半年向中标单位支付租金，五年合同期满后，系统设施及设备（除通信网络）、软件所有权均无偿归国土部门所有。经仔细测算后，市信息办向市政府上报了建设方案，市政府最终同意拨付1300万元预算资金。2012年3月30日在马鞍山市政府招标采购网上发布项目招标信息，2012年4月10日通过政府采购竞争性谈判，中国联通马鞍山分公司以五年租金1152万元的价格中标。

（三）在成熟技术基础上，吸取其他行业的应用，大胆进行技术创新

1. 动态视频与静态图片结合

系统可以实现常规的活动视频影像浏览，也可以查看每天定时拍摄的监控区域的图片。吸取公安行业的视频分析技术应用，在国土视频监控中，通过人工智能的图片比对，发现土地违法行为线索报警信息。传统视频监控需要十几个人每天轮巡监控区域，本项目只需两名工作人员每天对报警信息进行处理，极大减轻了视频巡查值班人员的劳动强度。

2. 监控技术与国土执法业务结合

根据违法线索发现的辖区，通过平台下发给责任人，责任人通过移动执法终端将现场查处的情况反馈到市局，形成统计报表，实现土地执法流程的闭环管理，破除了常规情况下技术与业务分离的藩篱，大大提高系统的实用性。

3. 节能设计减少投入

网络传输采用3G+2G双通道设计，前端设备工作在休眠方式，工作时由2G通道激活，大大减小前端设备的电源配置，实际配置30W单晶硅太阳能发电和40AH的蓄电池组，根据前端设备每天工作2小时，连续阴雨7天能够正常使用，有效降低了工程投入。

4. 工程施工设计创新

对于现有同类项目立杆选型做了更改，由金属立杆改为水泥立杆，有效避免因自然原因造成的防锈处理，并加强抗风能力，同时能大幅降低项目成本。

马鞍山国土视频监控项目还在云台传动、预置位同步、立杆倾斜检测报警等方面进行了大量的技术革新。

（四）在做好信息化建设的投入的同时，落实人员及管理措施，做到建、用结合

为进一步加强市、县国土资源执法监察视频监控指挥中心和监控室的管理，规范工作行为，保障市、县国土资源视频监控系统稳定、高效运行，充分发挥国土资源视频监控网络的

功效，在工程建设的同时，就已着手研定视频监控工作流程、人员配备、经费保障、日常维护、制度建设等问题，做到人员到位、制度到位、经费到位。

市、县（区）国土资源主管部门分别成立了以局分管领导为组长，执法队伍、信息中心主要领导和相关工作人员为成员的工作机构，负责管理和使用视频监控网开展国土资源管理工作。同时选调精通计算机的工作人员，为市主监控室配备2名、各县区分监控室配备1名专职工作人员，确保全市各监控室有专人值守，并提前组织对所有工作人员进行了理论和操作培训，现专职工作人员均已具备上岗资质，能够操作监控设备开展正常工作。

在学习和借鉴兄弟省市成功经验的基础上，制定了《马鞍山市国土资源执法监察视频监控工作规范》《马鞍山市国土资源执法监察视频监控工作考核管理办法》《马鞍山市国土资源执法监察视频监控指挥中心和监控室管理规定》《马鞍山市国土资源执法监察视频监控系统维护保障制度》等一系列规章制度，为视频监控系统正常工作提供制度保障。

中标运营商负责建设和日常维护费用，国土部门负责使用，市财政负责审核和保障年租金及运营经费预算。五年期1152万元租金已列入市财政预算，专款专用，其他运营经费也列入市国土资源局2013年度预算。

转变经济发展方式，其中至关重要的一环就是转变土地资源管理利用的方式。建立一个完整的视频监控网系统，能够有效保障农田资源安全，加强对违法占地行为的监控和查处，是保证地区经济高质量发展的基础。马鞍山市国土执法视频监控项目的建设，也可为国内其他城市开展同类型监控项目提供经验借鉴，从而为实现国土资源的有效、合法开发与利用提供技术参考。

（马鞍山市信息化管理办公室）

南平市县统一政务协同办公系统

　　"南平市县统一政务协同办公系统"是基于市电子政务内网而建,该系统秉承"以消息为中心,以流程为驱动,以应用为核心"的理念,以全市"统一规划、资源共享、提高效率、做好服务"为整体目标,利用云计算技术实现了在政务信息网上,通过具有支持图像化配置、动态表单生成、流程的分支汇总与多实例、可进行流程授权与流程监控的智能化流程引擎,面向全市公务员提供一个网上综合工作平台,便于开展无纸化办公。

　　2012 年 4 月,"南平市县统一政务协同办公系统"项目在福建省全省"数字福建建设项目集中开通仪式"上由市长向国家工信部和省政府领导汇报项目建设情况并顺利开通。该项目在南平市、县、乡三级得到全面推广,2013 年底已有 815 家单位接入,用户数达 6257 个,成为南平市至今规模最大、技术最为先进、经济社会效益最为显著的电子政务建设项目。

一 项目背景与需求

　　南平市在市政务信息网上运行了多年的"南平市普通电子公文交换平台",虽实现了本市部门与部门之间的文件传输,但文件在传输到对方部门后,多数仍是以纸质文件进行流转。为进一步推动全市各政府部门内部办公自动化,实现各单位内部公文流转电子化,同时避免重复建设、浪费资源现象的发生,南平市考虑统一建设一套可适应全市各部门实行网上办公的 OA 系统,该系统要求能够兼容原来"南平市普通电子公文交换平台"所有功能,以及具备实现各部门办公流程可根据不同需求进行制定或修改的功能(即万能引擎流功能)。

　　南平市政府办、南平市数字办、南平电信共同签署了"南平市电子政务一期基础支撑项目合作协议书"。项目涉及投资金额达 3000 多万元,包含"统一的电子政务外网"、"统一的电子政务数据中心"、"统一的数据机房"、"统一的政府门户网站平台"和"统一的政务协同办公系统"5 个部分,按照"统一标准、互联互通、资源共享、做好服务"的总体要求,整合全市信息和网络资源,实现资源共享,有效地解决网络重复建设、"信息孤岛"、设备利用率低、信息资源开发利用不足等问题。成立了由项目建设牵头单位、承建单位和使用单位的业务技术骨干组成的项目工作组,决定"外网"、"数据中心"、"机房"、"网站平台"、"办公系统"5 个项目并行实施。由此,其中的南平市县统一政务协同办公系统项目于2011 年开始研发并完善,在 2012 至 2013 年得以逐步推广。

二 解决方案和业务创新

(一)技术解决方案

1. 跨平台的 J2EE 技术

系统采用基于 B/S 架构的 J2EE 架构作为核心的技术架构,这是因为 J2EE 能够为具有可伸缩性、灵活性的大型系统提供了良好的机制。所有用户采用 Browser 即可连接到本系统，对于需要进行登录的用户，统一使用 LDAP 功能模块进行用户账号鉴权，DAO 负责访问数据库。

2. 工作流引擎技术

使用矢量可标记语言 VML 和可扩展标记语言 XML 实现了符合 WfMC 规范的工作流引擎，通过 VML 实现了流程的图形化配置，并保存成 XML 格式。最终由编写的流程引擎实现动态表单生成、流程的分支汇总与多实例、可进行流程授权与流程监控的功能。

3. Memcached

Memcached 是一个高性能的分布式内存对象缓存系统，用于动态 Web 应用以减轻数据库负载。它通过在内存中缓存数据和对象来减少读取数据库的次数，从而提供动态、数据库驱动网站的速度。使用 Memcached 可以有效减少用户使用即时通信沟通时系统对数据库的操作次数，降低了数据库的压力。

4. SaaS 模式

软件即服务英文是 Software – as – a – service 的意译。国外称为 SaaS，国内通常叫作软件运营服务模式，简称为软营模式。在这种模式下，区县用户不再像传统模式那样花费大量投资在硬件、软件、人员上，而只需要提交接入申请，通过政务内网便可以享受到相应的硬件、软件和维护服务，享有软件使用权并不断升级；不用再像传统模式一样需要大量的时间用于布置系统，多数经过简单的配置就可以使用。这是网络应用最具效益的营运模式。

5. webservice 技术

Web Service 是一项新技术，能使得运行在不同机器上的不同应用无须借助附加的、专门的第三方软件或硬件，就可相互交换数据或集成。通过 Web Service，系统不仅实现了单点登录，还实现了与政务内网内省级平台的公文交换，如市公路局和市交通局可以通过南平市县统一政务协同办公系统和省级系统进行数据交互，实现了组织架构同步和公文接收、发送的功能。

6. SAN 和 NAS

通过 SAN 光纤将 NAS 磁盘阵列共享数据，在两台服务器之间建立高可用群集，采用双机热备的模式。

加密算法：通过 MD5 加密算法，对用户密码信息进行加密。通过自定义的可逆加密算法，对系统中的文件和重要数据进行加密、解密，保证了系统数据的安全。

7. 备份技术

备份方案包括两个方面，一个是数据的备份，另一个是应用系统的备份。数据备份的重要性较易理解，应用系统的备份则是另一个重要的内容，因为在应用系统完全瘫痪的情况下不允许管理人员花费数小时乃至一两天的时间来恢复系统，在紧急情况下甚至要求能够快速将应用系统迁移到备用服务器继续运行。

（二）项目创新点

1. 独创"通用工作流引擎"

在 OA 系统中，定制公文处理流程是一件烦心、工作量大的事，须进行详细的需求调研。不同的单位有不同的公文处理流程，且同一单位往往还存在多个流程。以南平市为例，全市 OA 系统覆盖 200 多家市直单位，有数百个流程，流程还常变化。因此如何解决流程多和流程常变化的难题，是 OA 系统的技术核心。南平市 OA 系统使用矢量可标记语言 VML 和可扩展标记语言 XML 实现了符合 WfMC 规范的工作流引擎，通过 VML 实现了流程的图形化配置，并保存成 XML 格式。最终由编写的流程引擎实现动态表单生成、流程的分支汇总与多实例、可进行流程授权与流程监控的功能。克服了这一难题，无须事前定制，就能适应不同部门的各类流程。

2. 集成了"即时通信工具"

系统集成了类似 QQ 功能的"即时通信工具"，方便用户网上面对面交流。即时通信工具需要不断地访问数据库，进行通信记录保存的操作，会给数据库服务器带来巨大的压力，通过高性能的分布式内存对象缓存系统 Memcached，完美地解决了这个问题，保证了在线的公务人员信息沟通，文件传输。

3. 软件易部署、易推广

系统采用了 SaaS 模式进行管理，在这种模式下，如前介绍 SaaS 模式中所述，区县用户不用重复投资，而只需申请接入政务内网，并经过简单的配置就可以使用。所需做的工作仅两项：一是建立该单位的组织结构树；二是对其内部工作人员授权。具备易部署、易用、易推广的特点。任何一个新单位当天就可部署完成，实现"即连即用"。

三 项目产生的社会效益和经济效益

2013 年 12 月 31 日，南平市县统一政务协同办公系统获得南平市 2012 年度科学技术进步二等奖。专家评估该项目可为国内提供一个可供借鉴的市级电子政务协同办公系统建设模式，特别是在电子政务协同办公系统的软件研发和管理体制建设等方面，居国内先进水平。

1. 实现绿色、环保、低碳的电子政务发展模式

由市政府牵头统一开发适合各部门的政务协同办公系统，避免了各部门低水平重复投资建设 OA 系统的问题。南平市市直单位 235 家，以每单位独立建设 OA 系统 10 万元计（包含软硬件），总额高达 2350 万元，而集中建设费用仅 200 万元左右，初步估算节约资金约 2150 万元。同样，各县（市、区）若由各部门分散建设 OA 系统，估计每个县市至少需投入 500 万元以上，而采用集中建设模式，每个县市仅需 28 万元。通过集中建设大幅提高资源利用率，减少资源浪费，节约电力，为构建"绿色政府"搭桥铺路。

2. 建立健全南平市政务信息化核心架构

建立和完善"统一的电子政务外网"、"统一的电子政务数据中心"、"统一的数据机房"、"统一的政府门户网站平台"和"统一的政务协同办公系统"，解决了网络、机房、数据库软件、系统软件、不间断电源、安全设备、存储设备等资源重复投资问题，促进了网站信息的共享。统一的政务协同办公系统的推广，解决了机关内部信息交换不畅和协同办公弱等问题，为未来南平市电子政务的应用发展打下了良好基础。

3. 提高了政府执行力

通过网上督查、网上考核，实现决策事项快速立项、分办、督办、反馈、汇总和多级联动办理，考核指标体系定制、分解下达、实时监控、反馈汇总快速准确完成，形成了更加科学的决策落实和绩效考核机制，提高了政府的执行力。

4. 提升全市电子政务发展水平

采用以租代建、集中建设、服务外包模式，统一建设政务办公平台，帮助解决了市级及基层各单位的投入和技术支持问题，带动各级各单位电子政务应用水平同步提高，实现全市政务信息化水平全面跨越式发展。

四 项目成果应用情况

南平市县电子政务协同办公系统于 2011 年 8 月上线正式全面投入运行，在实际应用中取得较大成效，已经完成市、县、乡三级应用全面部署，实现横向、纵向之间的无纸化办公。乡镇试点方面，2011 年 10 月延平区西芹镇电子政务平台正式开通，作为首个试点乡镇，在全市所有乡镇中率先迈入"无纸化办公"时代。县市方面，先期在武夷山市、建瓯市、建阳市、邵武市、松溪县等县（市、区）全面开展了应用，其中武夷山市、建瓯市、建阳市、松溪县已完成在全县市及各乡镇范围内的正式运行；其余县市也积极进行应用的前期准备工作。

2013 年重点推进各级各部门内部无纸化办公的应用，其中，市政府办、市委办、市公路局、市高速办、市文广新局、市水利局等单位率先全面启用本系统；市委办信息科采用本系统进行信息采集、报送、期刊编写；有部分的市直部门还积极开展部门内部及其下级部门的应用筹备工作。2013 年底已完成 372 家单位的培训工作；至 2013 年底累计有 254069 人次登录，用本系统收、发文共 400295 件。2013 年 12 月 31 日，南平市县统一政务协同办公系统获得南平市 2012 年度科学技术进步二等奖。专家评估该项目可为国内提供一个可供借鉴的市级电子政务协同办公系统建设模式，特别是在电子政务协同办公系统的软件研发和管理体制建设等方面，居国内先进水平。

五 项目开发单位、供应商与运维保障

该项目由南平市信息化局牵头开发，供应商南平市电信公司负责承建和运维保障，日常维护工作由南平电信公司派驻一位专业技术人员到信息化局专职负责。南平市信息化局和电信公司共同负责项目运用推广和培训工作。

（福建省南平市信息化局）

南昌县统一电子政务平台项目

南昌县坚持以人为本、平稳过渡、监察全覆盖三大原则，以政务公开"透明、回应"、政务服务"便民、高效"为目标，于2012年11月建成了全县统一电子政务平台，切实提高了政务公开和政务服务水平，有力促进了服务型政府建设，探索了一条电子政务促进政务服务的创新之路。

一　建设背景与需求

南昌县位于江西中北部，三面环绕省会南昌，是全国县域经济基本竞争力百强县、全国中小城市综合实力百强县、全国财政百强县。全县经济社会一直保持较快发展，综合实力不断增强，经济社会发展也进入了转型期，群众的利益结构多元化，利益诉求更加直接，建设公正透明、廉洁高效的服务型政府意义重大。

为更好地向群众提供高效、便捷的政务服务，促进政府依法行政、阳光施政，贯彻落实《国务院办公厅转发全国政务公开领导小组关于开展依托电子政务平台加强县级政府政务公开和政务服务试点工作意见的通知》（国办函〔2011〕99号）精神，南昌县政府制定了《南昌县依托电子政务平台加强政务公开和政务服务试点工作建设方案》，结合南昌县实际，决定建设南昌县统一电子政务平台，通过有效整合、充分利用、广泛集成，使县政府门户网站群、全省行政审批与电子监察系统、全省政务信息公开平台等各类已建业务系统，遵循统一的标准规范。通过县级统一电子政务平台整合以实现业务协同，集中解决县政府各部门、乡镇网上办公和业务协同的需要，有效提高政府办公效率，为群众提供全面的政务公开信息及便捷的公共服务，切实提高政府服务水平，促进服务型政府建设，并将电子监察系统向乡镇延伸，实现基层社会管理和公共服务全程电子监察。

二　解决方案和业务创新

（一）解决方案

1. 延伸政务网络，构筑便民服务网络体系

通过整合网络资源，建成了覆盖县、乡、村（社区）三级的政务网络。在县行政服务中心和18个乡镇设立了综合服务窗口，在全县305个村（社区）设立了便民服务窗口，为每个服务窗口配备了电脑、打印机、高拍仪、二代身份证识别仪等硬件设备，统一规范了县乡村三级便民服务机构名称和服务标准，形成了县、乡、村三级联动，上下贯通的便民服务网络体系。

2. 提升政府网站，构筑政府信息服务平台

2012年11月建成了以县政府门户网站为主站，18个乡镇、40个部门网站为子站的县政府门户网站群。通过集约化推进政府网站群建设，初步形成了资源共享、分工协同、各具特色、互为补充的网站工作体系。

依托政府网站，重点打造好政府信息公开和政务服务专栏，加大政府信息公开力度。信息公开专栏严格按照国办函〔2011〕99号文件所列基本目录进行栏目设置。政务服务专栏提供606项政务服务事项的信息公开。公布了服务事项的服务内容、办理主体、办事依据、办理条件、办理流程图、办理岗位、办理权限、办理程序、法定期限、承诺期限和监督渠道；支持网上查询、网上申办、结果查询、网上咨询、网上投诉、网上评议、电子证照下载和验证。专栏还提供供水、供电、燃气、通信等便民公共服务。

3. 梳理服务事项，构筑办事服务体系

以群众需求为导向，梳理各类政务服务事项。对所有服务事项涉及的后台部门及办事流程、要素进行摸底，对复用性数据和资料进行了整理和归类；梳理出41个部门共511项行政职权，均包含办理主体、依据、条件、期限、收费标准、监督渠道，以及外部流程图和权力运行流程图。梳理出涉及18个部门95项便民服务事项，除群众必须本人到场的事项外，涉及民政、财政、卫生、计生、人力资源和社会保障、城建、国土、农业等部门办理的事项，均下放到乡镇、村（社区）为群众提供免费、就近代办服务。梳理出38个具有行政执法权的部门共2466项行政执法事项，明确了行政执法主体资格、执法依据、执法种类、违法情节及处罚裁量标准等。对梳理出的事项按照便民利民的原则，简化办事程序。

4. 完善电子监察，构筑廉政防火墙

为进一步强化对权力运行的监督与制约，科学防范廉政风险，在对权力运行进行"确权、分权、制权、示权"的基础上，建成了南昌县电子监察系统。利用信息资源中心及相关数据接口，对政务公开、政务服务进行全流程、全内容、全覆盖电子监察，实现了网络信息技术与预防腐败工作的有机结合。

5. 整合服务资源，构筑协同服务体系

为了解决基础数据库的共建共享问题，按照"一数一源、集中采集、共享校核、及时更新"的原则，制定了信息采集制度，将社区场所、人员、事件等信息纳入信息采集范围，实现"数据一次采集，资源多方共享"。涉及居民的劳动就业、社会保险、民政服务、医疗卫生、计划生育等部门业务应用系统实现与平台的对接，辖区居民在一个业务系统中填报的数据均能在其他系统中实现直接调用，初步实现了综合服务系统与现有部门业务应用系统的互联互通，数据的共享、协同。

（二）业务创新

按照以人为本、方便群众的原则，南昌县在服务方式、服务模式方面做了一些有益的探索，实现了在政务管理和政务服务机制方面有所创新。

1. 服务方式方面

目前许多业务操作，还停留在手工填报、人工录入、收集复印件、打印表格、领导签字批准、出证盖公章等传统操作流程，要一步到位实现无纸化办公还有一定的障碍。统一电子政务平台建成之后，窗口工作人员通过利用高拍仪、打印机等设备，对需要纸质存档的材料，可以方便在政务服务系统输出打印；对签字盖章的材料，以高拍仪拍照方式在政务服务系统存档保存，通过电子化传递签字盖章材料，变人跑腿为机器跑腿，既照顾传统操作习

惯，又平稳过渡到电子化；另外，将二维码技术应用到政务服务系统中，在政务服务专栏提供首创的二维码电子证照下载验证服务，工作人员和办事群众可实时手机验证，避免假证。居民凭二维码电子证照及有效身份证明可以到相应职能部门服务窗口或行政服务中心办理业务，无须相关证照的原件，基本实现了"空手"办成事的效果，方便了企业、群众办事。

2. 服务模式方面

全虚拟的网上政务服务是政务服务建设和应用发展的方向。南昌县探索实现"传统实体店"和"虚拟网店"相结合的政务管理模式，"实体店"和"网店"都上，为创新服务模式不断探索、小心求证，为将来平稳过渡到全虚拟网上政务服务打基础。按照"外网受理、内网办理、外网反馈"的要求，建立内外网信息交换机制，将行政权力运行流程统一固化上网，接入网上政务大厅，实行事项办理全程网上运行，每个环节的操作时间和内容均由系统进行记录，办理结果有纸质证书又有二维码的电子证书。实现行政权力运行数据电子化、流程标准化、办公网络化、信息公开化。

三 实施效果与经济社会效益分析

2013 年，统一电子政务平台办件 6.53 万件，日均办件由 2012 年不足 50 件提升为 252 件，按时办结率达 99.6%，群众满意度不断提升。平台不仅方便了政府工作人员，也为办事群众节省了大量时间和金钱，创造了良好的经济效益和社会效益。

（一）社会效益

1. 为政府科学决策提供数据支撑

依托统一电子政务平台，建立了政府信息公开、政务服务和电子监察等三大系统的服务事项库，过程库，结果库，监察规则库，监察业务库，自然人库，企业法人库等 7 个主题信息库，截止到 2013 年 12 月底，共有数据 113 万条。可从事项分类、受理量、办结量、延期量、满意度等多个维度进行数据统计与分析，为各级领导掌握政务服务提供第一手的翔实数据，为政府行政服务改革提供了有力的数据支撑。

2. 为企业居民提供一窗式服务

依托统一电子政务平台，政府服务事项均实现了"网上申报、系统分发、后台处理、网上反馈"。通过简化办事程序和"打碎原有程序"的流程再造，实现了"前台一口受理、后台分工协同"工作机制，服务窗口可直接办理便民服务事项 95 项、免费代收代办政务服务事项 511 项。基本实现居民"进一扇门、找一个人、办成所有事"的目标。

3. 实现了电子监察与社会监督的有效对接

依托统一电子政务平台，设立政务服务网上评议，推进了从单一的行政权力监察向综合监察延伸，增强了监督的渗透力和制约的扩张力。同时，"一窗式"服务减少了办事人与审批人的当面接触，起到了构筑廉政防火墙的作用，减少了灰色利益链，从源头上减少了人情审批、违规审批等问题，使审批行为更加规范、透明。通过"横向到边，纵向到底"的电子监察，提高了政务工作的透明度，杜绝了"暗箱操作"，使工作人员"不敢腐、不能腐、不易腐"。

（二）经济效益

依托统一电子政务平台，对全县已有信息资源、网络资源、软硬件设备等资源进行了整合，统一了互联网出口。所有乡镇、部门、村（社区）停止使用运营商提供的付费光纤，通过政务网提供的互联网统一出口上网，全县政府部门每年节约上网费120余万元。

按照传统服务模式，服务事项办理要经过逐级审批，办事环节多、周期长，办理过程中往往会出现办事人员不在岗、"脸难看、事难办"等现象，一件事情往往需要来回跑几趟才能办完，群众反映比较强烈。依托统一电子政务平台，群众办事就近或网上提交资料，可在全县范围内任意选择办事结果领取地点，最多跑两次就能办好事情。办事过程中，享受免费代跑、代办、手机短信、电子邮件等主动告之服务，让工作人员为群众"跑腿办事"，使群众避免了出行、排队、付费等麻烦，降低了办事成本。

四 运维保障

电子政务运维管理工作至关重要，这种重要性表现在运维管理阶段既是实现电子政务效益的关键阶段也是业务整合真正的开始。

为保障统一电子政务平台运维，南昌县理顺机构，将信息中心由发改委成建制划归政府办管理，在信息中心基础上组建电子政务运维管理中心，采取从县内单位选调、公开招考计算机类研究生等方式新增4位工作人员充实平台运维技术队伍，平台运维保障经费由县财政列入中心年度预算。采取服务部分外包方式，明确技术保障服务内容、承诺和方式，由电子政务运维管理中心和平台开发实施企业共同为县、乡镇和社区（村）三级提供技术保障服务。同时，建立了平台日常运行报告制度、故障分级响应机制和服务质量考核机制，先后制定了《南昌县统一电子政务平台日常运行管理办法》《南昌县统一电子政务平台运行报告制度》等。

（南昌县经济信息中心）

长治市城区"三位一体"网格化
社会管理服务系统

一 平台建设背景

长治市城区位于山西省东南部，是长治市政治、经济、文化、科技中心和市委、市政府所在地。随着城市化进程的推进和经济转轨、社会转型步伐的加快，居民服务需求越来越多样化、个性化，同时与社会转型期伴生的各种社会矛盾更加凸显，这些对社会管理、公共服务和党的建设都提出了新的课题和挑战。

1. 经济社会快速发展，社会管理对象和管理要素日益增多，管理难度不断加大

随着经济社会转型和城镇化进程推进，越来越多的"单位人"变成了"社会人"，人口流动性加大，失地农民、进城务工人员增多，城市社区承接的管理对象越来越多，管理难度不断加大。推行网格化管理，将社区划分为若干单元网格，缩小管理服务单元，明确管理服务职能，成为近年来一种新型社区管理模式。

2. 传统的基层社会管理服务体制不能很好地适应社会发展和群众需求

基层组织的服务方式比较粗放、渠道比较单一、功能不够完善，政务服务、便民服务不够到位，制约着居民生活质量的提升，需要整合资源，构建一种综合型、多样化、高效率的公共服务体系，为居民群众提供高品质、精细化、快节奏、本地化的服务。

3. 群众利益的保障和公共安全的维护需要更加畅通有效的信息传输渠道

社会转型和矛盾多发，使得基层社会长期积累的矛盾逐渐凸显，部分群众因诉求表达渠道不畅或个人利益处置不当，对社会产生不满，基层维稳任务越来越繁重，处理难度也越来越大，在一定程度上影响社会和谐稳定。需要畅通信息传输渠道，形成群众利益诉求表达与党委政府及时回应、高效处置的互动机制。

4. 信息技术的发展和政府服务意识的增强，为构建网格化社会化综合服务平台创造了条件

信息技术的迅猛发展和广泛应用，使得以信息化提升基层管理服务水平成为趋势和必然。政府服务意识增强、管理职能转变和工作重心下沉，为构建网格化管理服务模式创造了条件。

基于上述背景，我们在综合分析、深入研究的基础上，提出了建设网格化社会化综合服务系统的总体思路，意在通过构建贯穿区、街道、社区（村）、单元网格并延伸至千家万户的管理服务网络，开启解决群众诉求的"绿色通道"和满足群众需求的"便民窗口"，打造社情民意"直通车"和监督评议"晴雨表"。

二 系统建设的目标与任务

1. 工作目标

在网格化管理的基础上，运用先进成熟的信息科技成果，建设纵向上贯穿区、街道、社区

（村）并延伸至单元网格，横向上连接区直各职能部门，内容上涵盖社会管理、公共服务和党的建设三个方面的网格化社会化综合服务平台，配套建设区、街道、社区（村）和职能部门便民服务体系，实现管理服务信息的有效整合、及时调用、快速传递和有效处置，畅通群众利益诉求表达渠道，便于党委政府及时回应、有效处置，提高基层社会管理服务效能，满足群众服务需求。

2. 重点任务

一是开发建设由社会管理信息系统、公共服务信息系统、党的建设信息系统、基础信息数据库、三维实景地理系统和公共安全应急处置系统六大体系组成的综合服务信息网络平台，实现资源信息的共享和高效便捷的调用；二是整合资源，配套建设区、街道、社区（村）、单元网格四级综合服务体系，实现管理精细化、服务多样化；三是引导工作人员和居民运用信息平台，及时上报、处理民生服务事项和影响安全稳定的事件，提高管理服务效能；四是通过对网格化社会化管理服务工作机制、运行机制、服务机制的探索实践，形成可复制推广的创新模式，向外推广使用。

三　系统需求及功能设计

整个系统由社会管理信息系统、公共服务信息系统、党的建设信息系统、基础信息数据库、三维实景地理系统和公共安全应急处置系统六大体系组成。

1. 社会管理子系统

可及时收集、有效处置事关市容环卫、安全稳定等社会管理方面的问题，对信息的采集、传送、处置全程实时动态管理，实现对社会管理事务的统一指挥、快速反应、协同处置。将有信息采集、上报、处理功能（即"掌上网格"）的手机配发至全区532个单元网格内的网格长、信息员，便于网格长、信息员随时随地将网格巡查中发现的社会管理问题，以文字、图片、影像资料等形式上报至网格化"社会管理"平台。

2. 公共服务子系统

由便民生活、政务服务和居家养老三大模块组成。"便民生活"模块提供家居维修、家政服务、商品配送等五大类100多项便民服务内容及常用号码、列车时刻、公交路线、天气预报等各类信息。"政务服务"模块组织发布国家、省、市重要新闻，区、街道、社区热点时事、新闻动态；提供办事指南、规章流程、表格下载等政务信息服务，部分政务实行网上办理。"居家养老"模块为老年人提供养老政策、应急救助、生活照料、家居维修、商品配送、医疗保健、文化娱乐等多层次、亲情化的居家养老服务。通过有效聚合政务服务、便民服务资源，为居民提供上门服务、热线服务、信息匹配服务、网上政务服务等，让居民足不出户便可享受生活便捷。

3. 党的建设子系统

整合与基层民生服务、社会管理相关的党委政府多个部门的管理业务与服务资源，建立分页面、分层级、分模块的区、街道、社区（村）三级组织管理信息平台，实现网上党员教育管理服务、网上组织生活、网上监督评议考核等功能，实现党员干部教育、管理和服务手段的数字化，将街道、社区和职能部门的办事情况、服务质量等置于公众监督之下。

4. 公共安全应急处置子系统

以GIS和数据库管理系统为技术支撑，充分运用三维地理信息技术、电视会议系统建立统一指挥、规范有序、科学高效的城市公共安全应急处置体系，在公共安全受到威胁或遭受灾害时，该系统迅速启动，采取相应的应急措施，将灾害带来的危害降到最低程度。

5. 基础数据子系统

以单元网格为基础，整合网格内人、事、地、物、情、组织等各类管理服务信息建立基础信息数据库，主要包括：街道、社区基本情况，社区人口基础信息，流入、流出人口信息，刑释解教、高危管控、精神病人等特殊人群信息，影响社会稳定的矛盾纠纷、不稳定事件和信访事件信息，以及楼宇管理、个体户信息、入驻单位等，实现管理服务资源的统一调用，为开展服务提供信息支持。

6. 三维实景地理系统

以图形化展示城市的空间地理信息，将所需要的公共设施（公交站牌、路线、避难场所等）、地标建筑、房屋楼栋、商铺门店、单元网格划分情况、网格管理员的姓名以及联系方式、办公地址等城市实时数据，通过图表形式直观、形象地在三维电子地图上予以显示，覆盖全区的三维 GIS 实景地图系统，为城市各方面管理、服务提供决策支持，提升网格化管理服务水平。

四　组织管理和建设过程

（一）项目组织管理

1. 落实责任，明确分工

区委、区政府对平台建设高度重视，为确保平台建设顺利推进，成立了项目领导组、项目技术组和平台开发组、运行组。项目领导组由区委书记任组长，主要负责重大事项决策、重大问题处理协调，区委常委、组织部部长王沁平同志作为项目主要负责人，亲力亲为，全程参与项目的组织、申报、立项、实施、汇报；项目技术组邀请了太原理工大学、省农科院有关专家，主要负责提供技术支持和项目管理指导；平台开发组成立了公共服务、网上政务、社会管理等 8 个子课题组，主要负责设计规划系统开发的总体思路和设计框架；运行组由硬件筹备组和运行机制组组成，主要负责平台基础设施建设及运行。

2. 试点先行，合力推进

城区电化教育中心为项目牵头承担单位，负责项目的组织实施、科技成果的应用示范推广，同时，选择东街街道、太东街道等 4 个街道作为前期示范点，承担部分宣传、培训、推广工作以及街道、社区运行机制的探索；南通海盟金网信息技术有限公司和郑州晨华科技有限公司作为项目的技术引进开发单位，能够积极配合，按照平台建设需求进行软件的设计与开发，保持经常性沟通联系；区科技局、区财政局、区政府办等相关单位积极参与、支持、配合项目的申报立项、招标采购、需求设计等各个环节，推动了项目的顺利实施。

3. 集思广益，扩大参与

在组织街居干部、职能单位相关人员成立课题组，参与课题研究的同时，通过发放调查问卷、召开座谈会、定期走访、制作宣传片、发放服务卡等多种方式，征求居民群众、职能部门对项目建设的意见建议，增强公众对项目的认知度，增强公众参与管理服务的意识。

（二）建设过程

1. 开发建设基础软件

至 2012 年 7 月 1 日，数据库、系统硬件、中心机房和指挥中心建设完成并上线试运行，可以为居民提供网上政务、便民服务、居家养老等 20 多种 150 余项公共服务。同时，针对系统试运行以来存在的问题与不足，成立系统升级课题组、运行机制课题组等，与开发建设三维实景地图、视频监控系统、公共安全应急处置平台等项目二期工作相结合，与健全完善街道、社区（村）便民服务站点建设等主要工作任务相结合，研究讨论系统平台功能完善、系统升级、新的应用系统开发等工作。

2. 建设三级指挥平台

在区、街道、社区分别成立网格化管理服务指挥中心（站、点），明确工作职责，健全完善工作流程，社区信息平台对上报事件即刻受理，并按照"分级负责、逐级上报、分类处理"的原则，通知社区主任、网格长，下达信息派遣指令，由网格长或相关责任人立即处理。处理完毕后反馈至信息平台。如社区无力处理，则上报街道平台或区级平台，由上一层级在更大范围内协调处理，处理完毕，现场核实并反馈至信息平台，结案归档。

3. 规范平台应用及宣传

制定下发《关于健全我区"三位一体"信息平台信息报送机制的意见》，规范信息上报处理流程，并通过召开座谈会、发放调查问卷、定期走访、发放服务卡等方式，征求网格工作人员、居民群众、职能部门对平台建设的意见建议，提高公众对平台的认知度和知晓率，增强公众参与管理服务的意识。

五　应用成效及惠民效益

长治市城区"三位一体"网格化社会化综合服务信息平台从 2012 年 7 月 1 日试运行以来，至 2013 年 12 月 31 日，一年半的时间里，共收集基层上报信息 183302 条，处理 182606 条，办结率达到 99.62%，为居民提供商品配送、居家养老、信息咨询等便民服务 4760 余人次，有效解决了一些群众关心的热点、难点问题，取得了明显的社会效应和惠民效应。

第一，"三网合一"的大型综合信息系统，可实现资源信息的共享和高速便捷的调用，奠定了惠民服务基础。"社会管理""公共服务""党的建设"三个子系统有机集成，统一于一体，有效汇集相关基础数据和需求信息，实现资源信息的共享和高速便捷的调用。

第二，贯穿四级的管理服务信息网络，可实现区委政府、街道社区和职能部门协同办公，提高了为民服务效率。通过构建贯穿区、街道、社区并延伸至单元网格的四级管理服务网络，实现了上下层级之间、部门之间协同办公，大量的社会管理和公共事务通过网上快速办理，简化了群众办事环节，提高了管理服务效能。

第三，开放互动的利益诉求和服务需求表达渠道，使居民足不出户就能享受便捷生活、参与监督评议，提高了为民服务质量。居民群众可通过互联网直接登录系统外网，在网上表达个人对公共服务的需要和诉求，对城市管理的意见和建议，对职能部门服务效能的评判和监督，内网及时受理，及时反馈、答复和回应，提高了办事效率，增加了公众参与互动的热情，提升了公众对城市的认同感和归属感。

山西省长治市城区探索实践的"三位一体"网格化管理服务模式，改变了以往传统的社会管理服务模式，创新了基层管理服务体制机制，实现了四个"转变"：一是实现了由"被动"向"主动"的转变。网格化管理，划小了责任单位，明确了网格职责，由以前的"坐等上门"变为现在的"主动发现"，使问题、矛盾发现和处理的关口前移。二是实现了由"单一"向"协同"的转变。构建了上下级之间、职能部门之间的协同办公机制，改变了以往单一部门办理、各方推诿扯皮的现象，提升了管理服务的效率和水平。三是实现了由"分散"向"统筹"的转变。网格化社会管理有效统筹网格内、网格间各类资源，形成联系和服务群众的合力，改变了以往街道社区行政资源分散、力量薄弱、手段单一、管理服务不到位等问题，提高了服务群众的能力。四是实现了由"粗放"向"精细"的转变。网格化管理方式使网格责任人全面掌握服务对象的不同情况、不同需求，从而有针对性地提供管理服务；信息化服务平台为满足居民群众多样化、个性化服务需求提供了高效便捷的实现载体，变传统的、粗放的管理服务模式为精细化、个性化管理服务方式。

同时，信息平台的建成和应用，吸引了省内外众多专家、学者、社会工作者和兄弟单位的参观学习以及中央、省、市新闻媒体的采访报道，中央电视台《新闻直播间》栏目、《人民日报·内参》都对长治市城区"三位一体"网格化社会管理服务模式进行了特别报道；同时，作为山西省首批启动的科技惠民计划项目，列入国家科技部2013年度"国家科技惠民计划"项目。

（长治市城区委员会组织部）

晋城市电子政务统一云服务平台"栖凤云"

随着晋城市信息化的发展、信息化程度的提高和电子政务集中建设需求度的不断增强，自2012年始，根据《国务院关于大力推进信息化发展和切实保障信息安全的若干意见》（国发〔2012〕23号）和《国务院关于大力推进信息化发展和切实保障信息安全的若干意见》等文件，为充分整合我市既有资源和发挥新生代信息技术的潜能作用，继续深化全市电子政务应用，全面提升电子政务服务民众的能力和水平，晋城市信息中心依照《基于云计算的电子政务公共平台顶层设计指南》，着眼于晋城信息化发展现状，借鉴其他城市经验和优秀案例，开展本市基于云计算的电子政务公共平台的设计和建设。

一　建设背景与目标

2013年8月，晋城市云平台正式命名为"栖凤云"。晋城市利用云计算技术，加速创新，提升服务，加快信息化进程，创建高速平台；利用互联互通网络，综合需求和资源，提供标准、多样化服务，提升信息化覆盖面，互联互通，提高资源利用率，推动跨地区、跨部门、跨层级信息共享；立足现有，以电子政务云服务为基础，推动云计算模式在电子政务中的应用，逐步建设、逐步丰富，完善电子政务公共服务，实现党政业务电子化，在保证云建设的同时，云服务稳定可靠。筑巢引凤，打造晋城市电子政务统一云服务平台——"栖凤云"。

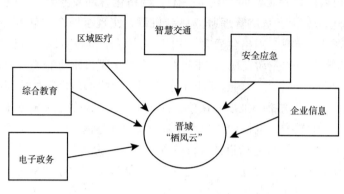

晋城"栖凤云"图

二 解决方案和建设原则

"栖凤云"要实现 IAAS 集约型资源池、PAAS 共享平台、SAAS 创新服务三个层面的云计算服务。IAAS 集约型资源池：市县乡三级电子政务集中统一的共享资源池；实现业务部门与信息基础的松耦合；绿色环保，减少空间、电力、制冷成本，实现节能减排；降低管理复杂度，降低系统运维成本；提升基础架构能力，增强服务等级。

PAAS 共享平台：提供标准化平台服务，优化电子政务系统架构，加快响应速度；对公众企业提供平价资源服务，助力高科技产业和创新企业；提供标准化技术支撑、运维服务和安全保障。

SAAS 创新服务：完善信息资源服务体系；构建公共云计算生态系统，为虚拟经济创造平台；提高信息化条件下政务部门履职能力。

"栖凤云"将秉承一贯高效、节约、安全、规范的建设理念，在顶层设计和实际建设中遵循如下原则。

1. 先进性

采用当今国内、国际上最先进和成熟的计算机软件开发、云计算平台技术，使本次建立的电子政务云平台能够适度超前地适应今后一段时期的技术发展以及满足不断发展的业务需求。

2. 实用性和经济性

在平台设计和建设中，充分考虑对现有资源的整合利用，从实用性、经济性出发，着眼于近期目标和长远的发展，以现有需求为基础，尽可以能利旧，在有限的投资中为晋城电子政务云平台构造一个性能最佳的实用性平台。

3. 可靠性与稳定性

平台具有容错、抗干扰、抗病毒功能，能充分保护数据完整性和一致性等，有故障恢复能力，单个节点故障不会导致整个系统瘫痪。同时平台具有较好的长期稳定性和在任何情况下可靠运行的能力，后续各应用系统的接入不影响平台中相关系统的正常运行。

4. 开放性与兼容性

在网络和主机方面支持符合国际标准和工业界标准的相关接口，软硬件平台具有良好的移植能力，在硬件升级后保持二进制级兼容性和网络协议的高度统一。

5. 安全性与保密性

安全管理功能提供监视、管理和控制功能，严防平台受到来自平台内外的安全性威胁，采用全面、多级安全防护措施，确保平台上各系统安全运行，保证信息的有效可靠、安全保密、完整不可抵赖和标识可查。

6. 灵活性与可扩展性

平台方便扩展设备容量和提升设备性能，具备支持业务处理的灵活配置，可实现动态调配资源、快速响应资源的变化、业务功能的重组与更新的灵活性。平台具有良好的扩展性和升级能力，支持多种协议及接口标准，可适合于多媒体技术和多种高层协议的系统。

7. 可维护性

完善监控机制，梳理自动化的维护流程，使平台便于系统管理员的管理，在系统发生任何问题的时候都能够很容易地进行诊断，并立即采取有效的措施，使得系统时刻处在良好运行的状态。提供很好的查询和管理体系。

8. 易用性

平台友好的用户界面及多种接入手段，为平台管理者和公众提供方便快捷的业务应用。

三　实现效果和社会效益

通过采用先进成熟的云平台技术，建设支撑区域内唯一的信息云平台系统，优先构建支撑涵盖晋城市党政信息化统一一体，包括县（市、区）乡主要三个层级的满足电子政务要求，安全保障、规范有序、服务专业、高效节约，最终实现满足应用需求、强化安全保障、实现信息共享、优化投资效果、提升服务水平、提高政务水平能力的能够按需灵活扩展的云计算平台。

（一）建设完备高效的晋城云平台整体架构

晋城电子政务云平台以服务为导向，实现固有服务支持和资源整合扩张，包含政务公开、公共服务、互动交流、信息发布、审批、电子检查、电子公文、OA 系统等在内的系统提供计算资源、存储资源、网络资源、信息资源和信息安全资源，提供统一的服务门户，建立一个公共的、安全的、灵活的、供各公共系统广泛接入和使用的平台系统架构。

（二）有效提升基础设施建设水平

改善机房环境建设：①在异地增加容灾机房；②迁移或进行承重加固、空气调节、供配电、照明、静电防护、防雷与接地、电磁屏蔽、机房布线；③增加机房监控设备和准入系统、给水排水、气体消防。

提高存储资源池建设能力：①在数据中心间透明地共享和平衡资源，与服务器虚拟化实现应用迁移和高可用；②实时地支持远程用户及时数据访问，与集群技术结合实现跨站点负载均衡和高可用；③增加保护较少无计划的应用停机，对业务无影响的存储到存储、数据中心到数据中的数据迁移。针对晋城目前和未来对于大量文件、视频、图片等非结构化数据，在存储资源池中建设专门的非结构化存储资源池，基于非结构化存储大容量、大吞吐量的需求，采用目前先进的集群存储（并行存储）方式来实现。

网络资源池将网络设计为内、外网两个云，数据隔离，管理网络统一。采用现有数据中心、异地数据中心，网络统一加强数据安全。网络资源池建设完成之后实现对网络层面的初步虚拟化工作，将 IP 地址、MAC 地址、网卡、网段等进行池化管理，并根据系统的需要，对网络资源进行动态的创建、配置、变更和回收。通过网络虚拟化资源池，基于晋城信息中心网络管理的职能，能够提供更加丰富的网络服务，如 IP 管理、DNS 管理、网络流量管理等。

（三）形成更为安全的数据保护机制

1. 一体化数据保护

与传统的备份环境不同，虚拟化环境下的计算资源，不再是有大量的空闲时间，平均资源利用率不到 30%，而是由于单个物理服务器上运行大量的虚拟环境，资源利用率达到 80% 甚至更高。①统一的备份管理架构，提供简便的操作管理界面，并提供强大的备份报表功能，制定和不断完善备份策略；②确定虚拟环境的备份策略，采用不同的备份技术，实现多样化的备份方式，以提供多种数据恢复策略，从而增强备份系统的可用性；③设计快速有效的备份数据恢复机制，实现备份系统在业务系统允许的异常时间内进行数据完整无丢失的恢复；④基于 disk 为主的备份介质，结合数据重复删除技术及数据传输技术在最短的时间里，安全地把数据保存在异地；⑤制定完善的备份数据保存策略，实现备份数据的异地存放，从而达到系统的容灾目的；⑥支持虚拟环境的统一应用接口（APIs）。资源库的建设采用无共享、分布式资源库建设，具有标准调用接口，实现分布式计算、并行加载、并行调用，弹性扩展、高可用。分布式信息访问平台运用与设备无关的标准 API 访问机制，基于身份权限进行多租户安全访问。

2. 安全隔离保护

在虚拟化数据中心安全设计当中，由于相比于传统的安全管理环境增加了虚拟化层，并且由于虚拟化漂移技术的出现，和动态资源变更的需求特点，必须要考虑更多的原则，在虚拟化层进行安全控制，来确保整体的虚拟化数据中心安全。

硬件和虚拟化平台的整合监控：对基础架构的安全监控不仅仅需要针对物理设备，且需要对虚拟化资源进行监控，如虚拟化系统文件，虚拟化网络设备，虚拟化计算资源池等，确保计算平台环境的安全。

从虚拟架构层开始：在虚拟化环境当中，存在虚拟化宿主服务器，用户可能采用多种虚拟化技术来进行虚拟化的实现，安全监控应当能够深入到虚拟化架构中，对虚拟化技术产品进行监控，如虚拟化环境下的攻击可能并不发生在从某一物理端口到另一端口，而是在虚拟化服务平台上，同一台物理服务器内部的两个虚拟机之间。

逻辑化安全策略：在虚拟化环境中，虚拟化服务器，虚拟化网络端口都可能随着资源的动态变化进行资源池内的漂移，安全策略不能绑定或固定在某一个物理的资源上，必须能够跟随虚拟资源进行动态变化。

统一汇报和深度挖掘：在虚拟化环境中，资源的复杂度相比物理环境下层次更多，互相之间的联系也更加复杂，且动态变化，虚拟化环境下的安全管理系统应当能够从众多联系之中，众多安全事件的联系之中，给出联合的汇报，并可以对具体的事件进行细化分析，深度挖掘，帮助管理员迅速找到安全问题。

（四）整体推进晋城市"智慧城市"建设进度

目前，晋城市将以建设电子政务云"栖凤云"为龙头，借着晋城市被确定为"智慧城市"试点的东风，以线带面，整体推进晋城市信息化建设工作。

目前，在晋城市基于云计算的电子政务一体化平台发展过程中，存在着一些隐性和显性的制约因素，一些是需要客观上去克服的，例如建设时间紧、牵涉多项技术难题，设备与人才的缺乏等，一些是需要创新地破除主观意识上的障碍才能得以实现的，例如不同党政业务部门新型沟通合作模式的形成，大数据中心资源整合运用及权限分配等，更多的是需要在不断发展和前进的过程中逐步理顺和成型的，例如数据标准的彻底统一和逐步摒除重复的投资建设等。电子政务云平台的建设不可能一蹴而就，而是个长期的前行的过程，晋城市信息中心将严格以本市实际需求为出发点，充分利用云计算平台的先进性，结合政务模式和业务特点，融汇电子政务建设工作与云计算平台的优势，建设一个集约、高效、安全、适用的电子政务云"栖凤云"，方便晋城市公众和党政机关及人员的工作和生活，以信息化建设促进城市社会经济文化发展，并以其为契机，推动建设"智慧晋城"，全面服务百姓生活，提升城市政府在线体验感。

（晋城市信息中心）

定西市电子民生平台

2012 年，甘肃省定西市为了深入贯彻党的十八大和省十二次党代会精神，结合甘肃省开展的"联村联户、为民富民"活动和"效能风暴"行动，加快推进服务型政府建设，拓展社情民意反映渠道，为广大人民群众提供便捷、优质、高效的服务，在原"12345"市长热线的基础上，整合市内部门热线资源，建设了定西市电子民生平台。平台以"12345"民生热线、"106573001234"民生短信和定西党政网书记市长信箱等为主要受理方式，24 小时受理群众各类民生诉求，批转相关县区和部门办理并答复，并通过电话回访当事人，对办理情况进行满意度调查，做出客观、公开的评价和监督。

一　项目背景与需求

构建服务型政府的需要。服务型政府是现代政府建设的发展方向，是广大人民群众的殷切期盼，是经济社会发展的必然要求。随着经济社会发展水平的不断提升和城市化进程的加快，目前定西已进入一个新的发展阶段。主要表现为各种利益交织，诉求多样，改革深化，转型加速，广大人民群众利益诉求的多元化对政府的服务能力和水平提出了新的更高的要求。建立统一的电子民生平台，利用网络、电话、短信等多种方式，全方位、多角度收集民生信息，进行高效、公开、统一的办理答复，解决群众困难，化解社会矛盾，促进服务型政府建设。

行政效能建设的需要。行政效能是服务型政府建设的重要内容和根本保证。行政效能取决于行政流程的优化程度、信息传递的速度和办事过程的透明程度。传统的纸质办公，耗物耗人耗时，不利于即时统计查询监督，不利于形成科学的事中、事后监督机制，影响行政效率。电子民生平台实现网络转办，大大提高了工作效率。而且每个流程都有迹可循，便于随时掌握工作动态，便于管理人员统计分析数据，便于事中、事后进行查询监督。利用电子政务公开、透明等特点，加强内、外部监督，切实提高工作效率，优化政务环境、规范行政行为、强化行政效能。

畅通民意化解民怨的需要。随着改革进入深水区，许多深层次的矛盾和问题逐步显现，少数领导干部的精神懈怠和消极腐败现象，部分部门和单位的服务不到位、行政不作为现象，都导致、累积了广大人民群众的怨气，而且在一定范围内造成一定程度的矛盾激化和冲突。如何畅通民意、化解民怨，成了摆在各级党委、政府和广大公务人员面前的一个重大而紧迫的课题。电子民生平台以电话、短信、网络等现代化通信方式，为民众提供了一个方便快捷的诉求表达渠道，并按照"事事受理、件件回访"的原则认真办理，最后对当事人进行回访，尽最大努力满足当事人的需求和诉求，实现畅通渠道、化解民怨的目标。

整合平台资源的需要。全市原有信访、城管等众多平台以及各行风、政风热线分散运行，效率不高。通过整合各平台资源，建立全市统一的中心平台，按照"统一受理，网上批办"的方式，通过网络转办，实现资源整合利用，统一管理服务，提高工作效率，保证服务质量。

二　解决方案和业务创新

定西市电子民生平台从 2012 年 3 月调研论证，5 月着手软件开发，8 月开通试运行，2013 年 5 月正式运行。并坚持在运行中不断完善，在探索中逐步提高。

定西市电子民生平台借鉴发达地区先进经验，结合本地实际，进行大量改革创新，具有鲜明的个性特色

1. 具有完备的工作体系和科学的工作流程

平台按照"全天候、立体式接收民生信息，全程跟踪办理环节，全部需求有回复"的原则，构建统一的受理中心，中心工作人员现场答复咨询类事项，电话直接通知相关部门处理紧急类事项，记录转办其他事项。确定了"依法依规依程序、能办则办，不能办做好解释说明"的办理原则，对转办事项进行分级分类、设定办结时限，批转到相关县区和部门办理，部门在办理结束并将结果告诉当事人后，提交办结申请。市民生办对办结事项审核后，由话务人员回访当事人。

2. 采取服务外包的方式筹建运营

通过公开竞标，确定中国移动定西分公司为平台战略合作方，具体负责软件开发维护和硬件建设，提供话务中心工作场地，提供 24 小时话务受理和回访业务服务；政府以花钱买服务的方式，在平台建成运行三年后，按照座席数量支付服务费用。这是采取市场化手段，将政府公共服务与企业利益挂钩，深化政企合作的一次有益尝试。

3. 通过行政公开促进督办落实

为有效保障各级领导和部门的知情权、批示权，市级和各县区四大班子领导可上网查阅全市或县区所有事项的办理过程（包括接听、回访录音）。这种方式保证了领导干部的阅知权，给办理单位增加了一双上级监督的"眼睛"，有效解决提高效率和全面监管的矛盾，达到事半功倍的效果。

4. 将答复和回访当事人作为必须环节

平台事项办理完毕后先由办理单位答复当事人，再申请办结。话务中心对申请办结事项进行回访，征求当事人对事项办理态度、办理结果的满意程度。第三方负责调查评价，有利于保证结果的客观、公正。

5. 将电子监察和效能问责作为督办的重要手段

平台对所有待办事项根据办理状态以不同的颜色显示，并对即将到期事项自动发送警报，便于管理人员掌握情况，开展督办工作。坚持把平台事项的办理落实和"效能风暴"行动相结合，纳入目标管理考核内容，对平台受理的干部纪律作风方面的事项纪检监督部门按管理权限办理，并对逾期和"双不满意"（办理态度和结果均不满意）事项进行行政效能问责。

三　实施效果与经济社会效益

平台自 2012 年 8 月开通运行以来，得到了全市广大人民群众的普遍欢迎和社会各界的

广泛关注。受理量从开始的每天几件，到现在批办件一百件以上，受理范围也从最初的上访、告状，扩展到现在的政策咨询、生活求助、公共服务及权益保障问题。截至2013年底，平台累计受理各类事项7.7万件，其中直接答复4.7万件，转各县区和市直单位办理3万件，已办结2.9万件，办结率98.9%，回复率97.9%，满意率62.8%（成功回访事件中当事人对办理态度或结果满意事项占比）。其中2013年全年受理6.5万件（直接答复3.8万件，转各县区和市直单位办理2.7万件），已办结2.5万件，办结率97.7%，回复率98.2%，满意率60.9%。平台成为群众表达诉求、反映问题的重要渠道，成为政府了解社情民意、办理民生事项的重要阵地。

1. 实现了各类资源的整合利用

通渭县榜罗镇的刘先生想咨询何时恢复供电，打电力服务热线95598，但语音提示要按好几次键，数次按错，刘先生便索性直接拨通了12345民生热线。据了解，市内电力服务热线共有市、县区座席18个，每个县区2个座席平均每天共接10个电话，热线并不热。开通民生平台后，像电力这样的原有热线逐步转为以办理为主，可以大大节约人员资源。

市内原有的信访、城管等众多平台，以及各行风、政风热线分散运行，规定不一，群众难记，效率不高。平台对资源进行整合，全市设一个中心，进行统一受理、统一考评、统一管理，其他平台以办理为主。并通过市内已建成覆盖市、县区所有部门、乡镇的1000多个用户终端进行网上批转办理，实现无纸化办公，降低了行政成本，提高了办事效率。

2. 畅通了社情民意表达渠道

2013年，平台批办有关低保等社会救助方面的事项5500余件，占同期受理事项的8.4%。2013年正值村"两委"换届选举，11月份以来，受理有关"两委"换届方面的事项100余件，引起了各级领导的高度重视。进入冬季，千家万户的供暖始终是个民生大问题。2013年10~12月，平台共办理供暖方面的诉求1640件，占总数的7.5%，有效解决供暖问题暖了民心。

平台为广大人民群众提供了一个便捷、快速、高效反映诉求、解决问题的通道。通过平台，各级各部门为广大人民群众解决了一大批水、电、暖等实实在在的民生困难和问题，维护了当事人的合法权益，有效化解了各类社会矛盾，密切了党群干群关系。平台开通以来，全市信访总量多年来首次下降。2013年，全市信访总量2461件次，同比下降15.9%。

3. 提升了部门工作水平

临洮县八里铺镇王家磨村的黄振雄办理烟草证，半年都没弄下来。正好收到了开通电子民生平台的短信，便打电话求助。县烟草局接到工单后及时上门，为他办理了烟草证。

平台为政府开通了一个及时了解社情民意、把握社会热点问题的窗口。通过平台，各部门可以及时发现工作中的缺点和遗漏，把握工作的重点、难点和热点，采取有效措施，加强和改进工作。并举一反三，通过制度建设，建立促进工作、增强服务的长效机制。平台每个操作步骤都有迹可循，便于查阅，切实增强了工作的规范化和电子化水平，保证了工作效率。

4. 树立了政府良好形象

有市民投诉政务服务大厅一工作人员服务态度差，在进行当面谈话，批评教育的基础上，做出调离大厅的处理。民政部门针对群众反映集中的农村低保问题，开展全市低保大检查，推进"阳光低保"。各乡镇都把平台事项办理作为"一把手"工程，靠实责任，狠抓落实，并在便民服务大厅设立专门窗口，负责平台事项接收和集中办理。全市将民生平台作为"效能风暴"的民众监督窗口，共受理有关干部作风方面的投诉举报 2381 件次。下一步，还将作为群众路线教育实践活动的有效载体和监督平台。

电子民生平台通过多角度收集民生信息，等于将政府工作置于广大人民群众的监督之下，促进了服务型政府建设。由于加强了行政内部监督，各部门、各乡镇的服务意识明显增强，服务水平有效提升。广大干部通过办理平台事项，促进了工作作风转变，变传统的"民要办事"为"为民办事"，坚持"民生事情无小事"，增强了服务的主动性、时效性，政府形象得到有效维护提升。

四 开发单位、供应商与运维保障

定西市电子民生平台由定西市人民政府办公室和中国移动定西分公司合作筹建运行，甘肃创信公司负责平台前期软件开发完善，中国移动定西公司分公司负责平台日常技术维护和话务受理、回访业务。充分利用各级行政资源，通过市、县区民生办批转到市、县区各部门、各乡镇、街道办理落实。

（定西市人民政府办公室）

第六篇
电子政务专题报告

发达国家电子政务发展特点与趋势

21世纪以来，信息技术进步日新月异，信息化水平已经成为衡量一个国家综合国力和竞争力的重要标志。在政府管理领域，许多国家都在利用信息技术提高公共服务水平和行政效率，电子政务在世界范围内迅速发展，推动了政府改革和服务能力建设，促进了经济社会的发展。发展电子政务已经成为世界潮流。

近几年，随着全球金融危机的蔓延，各国政府为降低行政成本，提高行政效率以及提供优质的公共服务，积极制定出台新的电子政务发展战略和实施计划。例如：美国的"开放政府"战略、英国的"智慧政府"战略和"ICT战略"、新加坡电子政务整体规划eGov2015（2011－2015）等。综观这些国家的电子政务发展战略，共同的特点是通过基础设施的集约建设、在线的公共服务和数据信息的开放共享、为公民提供多渠道的整体型和协同型电子公共服务，从而达到提高政府面向社会服务水平和质量的目的。

一 全球电子政务发展总体情况

联合国在2012年对全球各国电子政务调查报告显示，发达国家大多已经将先进的通信技术应用于电子政务，以进一步提高公共部门的工作效率，精简政府体系，保持发展的可持续性。各国将电子政务建设的重点普遍放在了战略规划的制定和顶层设计；一站式的协同和整体型在线电子服务；减少数字鸿沟，扩大面向弱势群体的服务；强化公共部门网络和数据中心等基础设施集约化建设；云计算、移动互联网等新技术应用方面。在各种先进的电子政务解决方案中，创新性技术解决方案，凭借其能够使得落后经济和社会产业重现活力的优势，得到广泛的认可。据联合国2012年调查显示，韩国成为世界最先进的电子政务发展国家，荷兰、英国、丹麦、美国紧跟其后，具体排名如下（见表1）。

表1　2012年全球电子政务发展领导者

排名	国　家	电子政务发展指数	排名	国　家	电子政务发展指数
1	韩　国	0.9283	11	加 拿 大	0.8430
2	荷　兰	0.9125	12	澳大利亚	0.8390
3	英　国	0.8960	13	新 西 兰	0.8986
4	丹　麦	0.8889	14	列支敦士登	0.8264
5	美　国	0.8687	15	瑞　士	0.8134
6	法　国	0.8635	16	以 色 列	0.8100
7	瑞　典	0.8599	17	德　国	0.8079
8	挪　威	0.8593	18	日　本	0.8019
9	芬　兰	0.8505	19	卢 森 堡	0.8014
10	新 加 坡	0.8474	20	爱沙尼亚	0.7987

二 发达国家电子政务发展主要特点与趋势

（一）促进参与——进一步深化以民为本的服务理念

1. 电子政务建设以满足公民而不仅仅是政府自身需要为导向。

美国在其电子政务发展基本纲领《电子政务战略》中明确提出了电子政务发展三大原则：以公民为中心，而不是以政府体制为主导；以提升政府效能为导向，而不是以工程建设为目标；以市场手段为主，积极推动电子政务管理与建设方式的创新。

英国在指导本国电子政务发展十年规划的《英国政府信息与通信技术（ICT）战略》与实施计划中明确电子政务建设的指导思想是：要以公众需求和政府核心业务为中心。电子政务要充分挖掘利用 ICT 技术，以较低的成本提供现代化、有效的面向公众的公共服务，促进本国经济增长与劳动力转型。

新加坡电子政务一直把建设"以公众为中心的电子化政府"作为重点。新加坡政府eGov2015（2011－2015）明确要完善和丰富公共服务，提高面向公众的服务质量，促进公民、企业与政府共同创新，催生新的电子政务服务。

2. 电子政务建设要促进公众参与政府决策特别是公共服务政策的制定。

奥巴马就任美国总统伊始就发布《政府的透明和开放备忘录》，倡导"参与式民主"理念，鼓励民众了解并参与政府公共政策的制定。

英国政府 2012 年制定的《开放的公共服务白皮书》认为，社会公众最清楚需要何种公共服务，以及如何评价公共服务的质量。为此，电子政务的发展趋势将推动交互式电子服务的提供，便于公众参与公共服务政策的制定过程中，实现政府"问策于民"。

新加坡政府 eGov2015 指出，努力提高公民的参政意识并鼓励公民参与决策的制定过程。政府希望能够扩大和深化电子化应用以及尝试新方法，来挖掘网民的智慧和资源，从而加强政府公共服务政策制定的有效性。

（二）推动协同——引领整体政府的发展方向

信息技术成为影响政府体制变革的基本变量，各国政府越来越重视利用先进信息通信技术提高政府运作的效率效能，并进一步改革政府组织架构、运行机制和治理能力。一个重要表现是运用信息通信技术来改变政府与公民、企业及其他部门之间的关系，在注重通过信息化手段提升行政效率效能的传统目标之外，更强调通过信息通信技术加强政府部门之间的整合与协同。国际电子政府实践模式出现整体性、协作性电子政务的趋向。

新加坡政府 eGov2015 中指出整体型政府的愿景目标通过以下三个重点战略实现，即：

一、共同创新，创造更大价值（Co－creating）；

二、联系公众，促进积极参与（Connecting）；

三、促进政府向提供整体服务转型（Catalyzing）。

依托电子政务建设的整体型政府，要实现政府的部门内与部门间能够进行合作，必须通过制度上的安排来使得提供公共服务时是整体的、协调一致的。要做到这一点，首先就是首

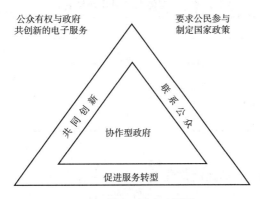

图1　新加坡政府 eGov2015 战略愿景

席信息官（CIO）的设置。据联合国 2012 年电子政务调查报告显示，各国首席信息官设置的数量在逐年提高。

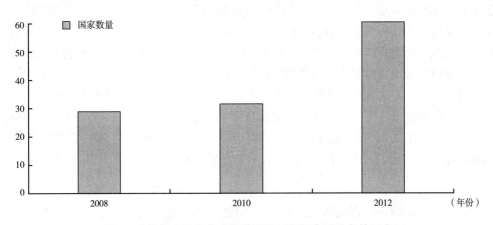

图2　设置首席信息官或类似职位以领导电子政务的国家

表1　不同地区首席信息官或类似官员

五大洲	设置首席信息官或类似职位的国家	本地区此类国家的数量（个）	此类国家所占百分比（%）
非　洲	9	54	17
美　洲	12	35	34
亚　洲	19	47	40
欧　洲	18	43	42
大洋洲	2	14	14

从首席信息官的设置、政府门户网站或地方网站的相关链接数、是否具有一站式服务站点三个维度评价各国整体型政府方面的表现排名如下：

表 2　整体型政府表现排名

排名	国　家	排名	国　家
1	韩　国	6	法　国
2	新加坡	7	巴　林
3	美　国	8	阿联酋
4	荷　兰	9	日　本
5	加拿大	10	挪　威

（三）注重效能——推动效能优先的无缝隙政府建设

1. 无缝隙政府的组织结构不再以特定功能为基础，而是以结果和目标进行组织设计和创新，需要在不取消部门专业化分工的前提下实行跨部门合作

美国政府为打造无缝隙政府，解决政府部门职能交叉和重复问题，以及消除传统官僚行政体制度信息共享的先天性障碍，OMB（美国白宫管理与预算办公室）以政府使命和执政目标为主线，跨越行政组织边界，对政府各部门业务进行重新梳理，将政府业务划分为 4 个业务领域、39 条业务线、153 个子功能，明确和细化了政府部门的职责分工和业务边界。在此基础上，美国联邦数百个电子政务项目整合为 32 个跨部门信息化工程。"跨部门电子政务"工程取代以往以各部门为中心建设信息化系统的做法，有效推动全政府范围内的跨部门协作，使得困扰美国多年的电子政务重复建设、信息孤岛、效益低下等问题大为改观。

2. 推动电子政务绩效管理，为投资决策提供科学依据

美国电子政务建设以支持政府完成核心使命为主线，已由面向具体项目、业务和资金配给型的项目管理转变为注重政府使命、效能优先的绩效管理，注重从电子政务的规划、投资、实施、效益等多个环节对电子政务项目实施绩效考核，并建立考核与 IT 投资预算的反馈机制，为国家投资决策提供了科学依据。从将绩效考核纳入国家 IT 投资管理体系后，电子政务项目的平均绩效得分逐年提高，政府行政效能大幅提升。

（四）推动集约——促进整合、高效、节能的电子政务建设

发达国家近年来大力推进建设公共、安全、灵活的电子政务基础设施，促进数据共享、业务协同，以提升公共服务质量。

1. 建设统一的电子政务网络平台基础设施

英国、法国、德国等 20 多个欧洲国家均建设整合了统一的政府公共网络平台。2010 年与 2011 年英国 ICT 战略中，构建公共基础设施部分的核心内容之一是整合和建设公共部门网络平台项目（PSN），统一已有的 4 个政府电子政务网络平台，整合绝大部分政府公共应用系统。到 2012 年，PSN 承载 80% 的非涉密政府业务应用，2017 年所有非涉密政府应用系统都将部署在 PSN 平台，预计该项目将每年为英国政府至少节约 5 亿英镑的支出。

2. 积极推动数据中心整合。

以促进信息共享、加速开放型政府建设、推行低碳环保、保障可持续发展为目标，以"云计算""虚拟化"等新技术为手段的各国数据中心整合行动已有序展开。美国联邦政府近几年陆续出台多项推动数据中心的整合计划与指导政策，以指导各政府机构数据中心整合

行动的规划及实施；澳大利亚政府在面向未来 15 年的《数据中心整合战略》中，预计战略的实施将在未来 15 年为政府减少 10 亿美元的开销；英国政府 ICT 战略强调为避免数据中心产能过剩，将现有 130 多个数据中心整合为 10~12 个，预计 2013 年将节省 6 亿英镑的 IT 设备开销，未来 5 年将为政府在数据中心方面的财政开支减少近 35%。

3. 积极推动政府云

英、美等国均出台了本国的云战略，积极推进政府的云计算标准制定与试点工作。美国联邦 CIO 委员会近期发布了"云优先战略"，开始建立安全的政府云计算平台，鼓励政府业务逐渐迁移到公用云平台上，以提高行政效率，优化开支。美国行政管理和预算办公室（OMB）评估新的 IT 部署时，要求各部门将基于政府云的解决方案作为首要选项，促进政府 IT 项目全力向云平台迁移，同时鼓励企业参与政府 IT 项目的云解决方案，减少总体运营成本。新加坡电子政务战略规划 eGov2015（2011－2015）也进一步强调继续推进政府云计算解决方案，建设政府机构应用开发部署的时间与成本。可见，在云计算的安全性饱受质疑的情况下，各国对云计算的应用态度仍然很坚定，同时也高度关注云计算的安全性，不断加大研发投入，积极构建和试用可信的政府云。

4. 建立政府公共应用程序库

英国政府认为不同的政府部门业务流程中会有多个步骤与其他部门是相同的。为此，近几年连续发布实施的 ICT 战略规划了政府公共应用程序库，应用程序库将基于云平台部署。通过政府业务流程梳理分解，由国家统一定制开放可复用的服务。此外，政府还制定了开放技术标准，逐步开放面向公众服务的 API 接口，鼓励社会团体二次开发利用。政府公共应用程序库的一站式在线门户，集中共享了大量资源和已认证的电子政务解决方案，能够有效提升电子政务系统的灵活应变能力和标准化水平。

表3　英国中央政府公共 ICT 基础设施 2011~2015 年节约资金计划

单位：百万/英镑

每年节约资金	2011~2012 年	2012~2013 年	2013~2014 年	2014~2015 年
公共服务网络	30	100	130	130
数据中心	—	20	60	80
终端用户设备	—	10	20	30
云和应用程序商店	—	20	40	120
ICT 延缓支付资金	130	290	130	100
总　计	160	440	380	460

（五）开放共享——充分挖掘电子政务的附加值

美国联邦政府各机构拥有大约 24000 个政府网站，信息支离破碎，内容不完整。不同机构、网站发布的数据格式各异，使用极其不便。此外，用户查找不便。为解决上述难题，美国政府于 2009 年 5 月 21 日宣布实施"开放政府计划"（Open Government Initiative），这项计划提出利用整体、开放的网络平台，公开政府信息、工作程序和决策过程，以鼓励公众交流和评估，增进政府信息的可及性，强化政府责任，提高政府效率，增进与企业及各级政府间的合作，推动政府管理向开放、协同、合作迈进。为此，联邦政府开通了旗舰级项目——"一站式"政府数据下载网站 Data. gov，只要不涉及隐私和国家安全的相关数据，需要全部在该网站公开发布。它的上线，意味着美国政府数据仓库正式建立，标志着美国政府进一步公开与透明。

1. 加强数据再利用，推进政府透明化

Data. gov 网站的创建，首要目标是提供易于访问和理解的数据，并使用高价值、可以机读的数据库，改善联邦数据的利用率，进而推动政府透明化，提升行政效率。Data. gov 提供各种数据及标准数据接口，方便用户下载数据，参与政府事务，提供反馈意见和建议，消除政府和公众之间信息不对称问题。同时 Data. gov 网站建有数据目录中心，便于用户根据自己的需求使用数据，提高数据检索能力。

2. 采集与发布政府数据，方便公众下载和再开发利用

Data. gov 网站公布的数据集，主要由联邦政府授权机构进行采集与整理，用户还可以推荐其他的数据集载入网站。此外，网站还提供了地图索引方式链接各州政府公开的数据集。

3. 鼓励企业利用 Data. gov 数据开发特色应用

Data. gov 网站使用模块化架构，提供标准的应用程序接口（API），方便第三方机构开发专业化有特色的应用。由于大多政府数据与地理信息有关，因此，鼓励各企业根据自身的需要，开发大量地理信息服务的可视化应用，大大提升用户体验。以福布斯杂志网站为例，它利用 Data. gov 中人口流动数据（主要是纳税信息），开发了美国人口迁移的可视化工具。在该应用中，用户可以点击任意两个地点，可以查看这两个地点人口迁出和迁入的情况，为企业提供决策参考，以做出更为准确的销售策略。

英国政府也推出了自己的数据公开网站 Data. gov. uk，澳大利亚政府也颁布了"开放政府宣言"。政府数据开放访问，促进了社会和私人领域的创新。有关研究显示，欧洲对气象数据使用收费，投资 95 亿欧元，产出约 680 亿欧元经济价值，利润近 7 倍。相比之下，美国免费提供气象数据，投资约 190 亿欧元，产生经济价值 7500 亿欧元，利润近 39 倍。可见政府部门公共信息的免费流动更有利于刺激经济活力。

（六）优化服务——拓展方式与渠道，扩大面向弱势群体服务

1. 由单一渠道服务向多渠道一体化服务转变

随着移动互联网和社交媒体的普及，为政府提供了更多与公众互动的新途径，从而能够更有效地满足民众的需要，扩大他们的参与权。在联合国 2012 年全球电子政务调查发现，发达国家在多渠道提供服务方面名列前茅，这也表明经济能力在建立多渠道服务机制方面也是主要的因素之一。不同地区公共服务途径的使用情况如图 3。

新加坡未来五年电子政务规划将着力打造移动政府。新加坡的智能手机市场份额达到了 72%，新加坡政府在 IT 规划框架下启动了移动手机平台 mGov@ SG，其中包括 40 多条移动网页和由许多政府机构开发的适用于 iPhone 及 Android 的应用程序，民众通过这些应用程序随时获取公共服务、报告事件或问题，使政府能够及时做出反应。

英国 ICT 战略也计划通过数字化渠道，多媒体、网络等与传统方式并存，向公众提供多样化的服务，拓宽服务的广度与深度。

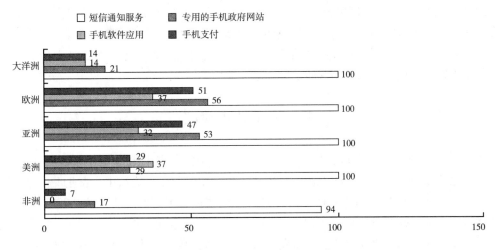

图3　五大洲公共服务途径使用情况

2. 提供低成本、灵活多样的公共服务

英国政府意识到公众才对公共服务拥有真正的选择权和付费权，为此颁布《开放的公共服务白皮书》，强调各级政府应鼓励和吸引更为广泛的地区性和国际性的多方利益相关者的参与，即打破政府垄断公共物品供给的局面，将部分公共服务职能让给企业、非政府组织，强调政府部门间、政府与公民、政府与其他各类利益相关者之间的合作，实现政府公共服务的"官民合作"。

3. 帮助弱势群体，缩小"数字鸿沟"，促进服务平等

美国监管机构通过了新法案，所有美国大众将在十年内全部享有互联网络和电话宽带服务。联邦通信委员会（Federal Communications Commission，FCC）于2011年10月27日一致投票通过普及电信服务现代化法案，旨在帮助1800万在工作和生活中还没有接入宽带的美国大众。

发达国家还提供数字培训或补助，以帮助特殊人群使用电子公共服务。新加坡与韩国将教育信息化作为重点，率先采取了一些措施。新加坡为了提升国民的ICT技能，在政策上进行大力扶持，实现了学龄儿童家庭的计算机保有率达到100%。

（七）强化安全——采用主动防御手段应对新时期安全威胁

随着全球信息化的发展，信息安全形势日益严峻，网络空间已经成为影响各国公共服务安全与意识形态对抗的重要现场。

2010年5月29日，美国总统奥巴马宣布成立网络空间司令部，将网络空间安全提升到了与领土、领空、领海安全等同的国家安全高度。2010年6月，美国颁布了《国家网络安全网络空间可信身份国家战略》（NSTIC）草案，以提升网络空间身份信任级别为核心，增强网上交易安全与隐私保护，以实现公众获取安全、有效、便捷的网络服务。

2011年3月23日，国土安全部发布了《网络空间的分布式安全》（白皮书），讨论如何建立一个健康、弹性的网络生态系统，在这样的系统中，各参与方（主要是网络中各基础设施）能够共同预测、阻止网络攻击，限制其传播速度，减少危害，尽快将网络恢复至可信状态。

2011 年 5 月 16 日，美国出台了由总统奥巴马签署的《网络空间国际战略》，形成了全方位、多角度、大视野的全球网络空间战略，战略讨论了网络保护、网络治理、网络对抗等内容，希望通过该战略制定"国际游戏规则"，抢占互联网空间的主导权，从而形成以美国核心理念为基础的网络空间战略联盟。

三　相关政策建议

联合国 2012 年电子政务调查报告显示，我国电子政务发展指数全球排名第 78 位，和发达国家相比还有很大差距。党的十八大提出要实现新型工业化、信息化、农业现代化、城镇化，推动"四化"同步发展的战略举措，将信息化放在了更高的战略位置。2012 年，国务院批复了国家发展改革委编制的《"十二五"国家政务信息化工程建设规划》，我国的政务信息化建设进入集约、协同、共享的新发展阶段。在此背景下，借鉴发达国家电子政务建设的经验，对于加快推进我国电子政务建设，提高政府行政效能，提升面向公众服务水平和质量十分必要。结合我国实际情况，提出如下政策建议。

1. 加大引导力度，推进电子政务基础设施的集约化建设

电子政务建设的集约化是国际电子政务发展趋势，也是我国电子政务建设的必然选择。我国电子政务建设中存在的网络互联互通难、信息共享难、业务协同难，之所以长期不能解决，除了思想认识不统一，习惯于自建自用以外，一个重要原因就是国家电子政务基础设施没有实现统建共用。中办发〔2002〕17 号文确定了统一建设我国电子政务内、外网，但是十年来作为电子政务重要的基础设施，政务内网刚刚起步，政务外网也面临覆盖面不足、技术路线不统一等问题，政务网络的作用远未充分发挥。另外，随着我国电子政务建设的不断深入，大数据时代的到来，信息系统建设对数据中心、灾备中心、政务云的需求急剧膨胀，各部门纷纷提出灾备中心建设需求。由于数据中心和灾备中心建设涉及土地、电力、楼宇等方方面面，远比网络建设投入巨大，如不对政府数据中心和灾备体系进行顶层设计和规划，将造成新一轮的低水平重复建设，届时造成的浪费将更加巨大。由于数据中心、灾备中心是数据的会聚中心，其建设与网络结构有较强的关联性，为此，建议加快推进国家电子政务内网、外网的建设步伐，继续严格控制部门专网建设。优化网络拓扑结构，适应数据中心、灾备中心对网络的需求，积极推动地方政务网络整合与建设，尽早具备面向民生大型应用的承载能力，满足各级政务部门开展面向社会管理和公共服务的需要。同时，抓紧制定我国政府数据中心和灾备中心体系规划或出台相关政策指导意见，综合考虑战略安全、地理位置、气候、能源供应、信息汇聚、绿色节能等因素，合理布局，科学规划，构建国家数据中心和灾备中心体系。充分利用社会资源面向政府部门提供专业化的外包服务，提高数据中心、灾备中心运营水平，保障国家重要信息系统的安全可靠运行。

2. 加强跨部门工程的顶层设计，促进工程的有效推进

当前社会热点问题越来越依靠多部门协同才能解决，为了减少部门信息系统建设的重复交叉和缺位，实现有效联动，《"十二五"国家政务信息化工程建设规划》设计了 15 个跨部门的重点工程，希望通过跨部门的合作，协力解决社会问题。这些工程的推进首先就是要做好工程的顶层设计和需求分析，明确工程总体建设目标和建设任务，然后根据各部门职能，划清边界和接口，明确各自建设任务和建设方案，分头推进工程的实施。由于跨部门工程的复杂性，以及参与工程各部门基础条件差异较大，要想齐头并进难度很大。建议综合考虑关系国计民生、基础条件较好、部门积极性较高、社会关注度高的工程给予重点推进，如社会保障、卫生医疗、食品安全、安全生产等。

3. 加快国家基础信息库建设，构建我国政务信息资源体系

法人、人口、空间地理、宏观库和文化资源库是"十二五"确定的五个国家基础信息库，也是我国政务信息资源体系的基本组成部分。基础信息库的建设关系到各部门业务系统的建设，是信息共享、业务协同的前提保障，有必要抓紧建设。考虑到各基础信息库建设涉及部门多，同步推进难度大，建议"十二五"期间以法人库、人口库为重点开展建设工作。在建设模式上应统一建设信息共享支撑平台，包括统一的数据交换平台、信息资源目录、元数据库、共享服务门户、标准规范等以及确保信息交换与共享的机制体制建设，在实现电子政务应用基础设施集约化的同时，为我国政务信息资源体系的形成打下基础。在政务信息资源形成一定规模后，适时开展我国政府 Data. gov. cn 门户网站的建设，促进信息资源的会聚和开放共享，充分挖掘信息资源的社会价值和经济价值。

4. 建设面向公众的统一服务门户，提升政府为民服务的水平

从联合国 2012 年电子政务调查报告中我国电子政务发展指数排名来看，名次较低的一个主要原因就是没有一个政府统一的面向社会公众提供在线服务的门户网站。我国政府网站大多为政务公开和新闻发布类网站，网上办事、在线服务应用较少，公民网上办事事项跟踪查询系统就更少，在互联网门户网站采用网上身份认证系统的就更少，而这些功能正是社会公众所急迫需要的，也是评估一个国家电子政务发展水平的重要标准。

当今社会，互联网深刻地影响着我们工作与生活的方方面面，随着 3G、4G 等移动技术的快速发展，互联网将在更大范围内影响我们的社会。为此，建议在我国电子政务建设中加大对互联网的关注与利用，在大力推动政务公开的同时，加大面向社会公众在线办事和服务类系统建设力度，推动公民电子身份认证和公民安全邮箱服务，方便社会公众与政府的沟通与交流，促进服务型政府建设。

5. 更加重视网络与信息安全，加强信息安全基础设施建设

互联网的发展在给人们带来方便、快捷的同时，也给个人隐私的保护和电子政务的安全带来严重威胁。网络的互联互通，也使得网络的安全漏洞被进一步放大，互联网的安全问题在逐步向政务网络、部门局域网等领域蔓延。同时，随着云计算、物联网、移动互联网、即时通讯、社交网络等新技术、新应用的出现，我国信息网络空间不断出现新风险、新威胁、新问题。对此，要进一步加强国家电子政务信息安全关键基础设施的建设，完善信息安全保障体系，提高网络舆情管理，加强网络与信息的安全监测与管控，确保电子政务健康快速发展。建议：一是依托国家统一政务网络，完善密钥基础设施，强化密码在电子政务安全保障中的支撑作用；二是加强政务网络信任体系建设，尽快形成面向全国的服务能力；三是推动数字身份认证系统在应用系统、政务网络以及互联网中的应用，实现个体、机构、服务和设备的数字身份通过授权机构的确立和鉴权，从而彼此信任，构成可信的身份生态系统；四是开展各类 VPN、加密传输与存储、电子签章等技术在政务网络和互联网中的应用与推广，降低安全保障成本，提高网络与信息安全的防护水平。

[国家信息中心公共技术服务部（国家电子政务外网管理中心办公室）主任　周民]

地理空间数据与电子政务系统

一　前言

　　人们生活中的任何一个物体、任何一个事件无不与空间位置相关。如一条路是从什么地方到什么地方、中间经过什么地方，一座桥、一座学校、一个水库在什么地方，这些地面上的物体不管它是很小还是很大都有自身的空间位置关系；一起交通事故、一起森林大火、一起暴力事件也都有发生的地点，也即有它的空间位置。无论是静态的物体还是动态的事件都是有自身的位置关系，人们在查找或管理这些物体和事件时都可以与地理空间关联起来。

　　人们在生活上需要依赖地理空间，在事务管理上更需要地理空间数据的支撑，地理空间数据已在人们的生活、生产、管理中无处不在、不可或缺。电子政务是政府部门的事务管理，也即利用计算机硬软技术、网络技术对事务进行电子化管理。如果将事务中的每一个事件与地理空间关联起来，那么事件就具有了地理空间数据。修建一个水库大坝、建一条高速公路，这些工程项目要通过电子政务系统的审查、审批，如果在审查过程中带有地理空间数据，就可以对项目的位置信息和与项目相关的其他信息一目了然。如大坝位置是否合理、通过大坝来计算水库的淹没范围、水库容量等等。反之，如果只有项目的文本数据而没有地理空间数据的支持，项目的审批如同"盲人摸象"。所以，地理空间数据存在于电子政务之中，电子政务离不开地理空间数据。

二　地理空间数据、电子政务的相关内容

　　表达空间实体的位置、形状、大小及其分布特征的数据称之地理空间数据。每个人都接触过地图，在地图上对空间实体的位置、形状、大小和分布都予以正确地表示，但地图是以纸介质模拟的空间实体，它不能称为地理空间数据，用数据库以矢量或栅格方式存储与管理的空间实体才是地理空间数据，地理空间数据包括空间数据（spatial data）和属性数据（attribute data）。无论矢量数据或栅格数据都具有一个数学基础即地图投影和坐标系统，在统一的地图投影中，不同的坐标系统之间的空间数据可以通过设定参数进行相互转换。

　　国家测绘局将基础地理数据画分为四种表现形式：数字线画图（DLG）、数字高程模型（DEM）、数字正射影像（DOM）、数字栅格图（DRG），即4D产品。数字线画图是矢量数据，一般采用地理信息系统（Geographic Information System，GIS）进行存储、管理和应用，数据是以点、线、面、方向表示，采用拓扑结构表示它们的空间关系。正射影像（航空影像、卫星影像为栅格数据）是以像元（影像的分辨率）呈现和对像元存储和管理。

　　电子政务与地理空间数据的关系是电子政务的管理对象（属性数据）与空间数据中的点、线、面建立关联关系，也即建立空间数据与属性数据之间的联系，这里的空间数据一般是指GIS存储、管理的矢量数据。遥感影像直观、容易识别且数据获取周期短，地物变化中

的现时性强，所以遥感影像数据常出现在电子政务的应用中，但使用遥感影像数据时也必须将管理对象所对应的影像矢量化，形成矢量数据后才能与管理对象（属性）进行关联。

所谓电子政务，是指国家赋予政府和行政管理部门的职责，对相关的政务进行电子化、程序化、网络化管理。人们将电子政务的管理对象大致地分为四类：公文类、事务类、政务类和门户网站。

公文类也即办公自动化（OA 系统），它的主要管理对象是上行文、下行文。党政部门也包括人大、政协，电子政务是以办公自动化的业务为主，当前成熟的 OA 系统完全可以满足公文类电子政务的需求，全国各级政府（人大、党委、政协）在国务院电子政务办公室的推动下基本上实现了办公自动化的运行。

事务类包括机关事务、人事、党办、科技、财务、教育培训、工会、档案等等管理事项。这类事务有的已在 OA 系统中开发了相应的管理功能，但如财务、人事都有专门的管理系统，大型档案管理与查询也是独立的系统。

门户网站是电子政务对外公开服务的窗口，是采用门户技术和动态网页技术将电子政务中可以公开的信息提供为社会服务。

以上三类电子政务在管理中都没有与空间数据相关联，这些事务不是没有空间位置，而是与空间位置关联没有实际意义。

政务类是指由政府审查、审批类事务，各个部委以及对应的省、市、县（市）均在自己的权限内审查、审批各类业务。这也是电子政务中内容最多、业务最为复杂、数据量最大的电子政务。在政务类中 90% 以上的事务与空间数据相关，将地理空间数据引入电子政务非常必要，由此来提高政务管理的精细化。

三　地理空间数据、电子政务数据的存储与管理方式

地理空间数据的存储不仅仅是将空间物体点、线、面的 xy 给予简单的记录和保存，还要记录方向和引入几何拓扑结构来表示点、线、面之间的空间关系，是一个复杂的数据结构，必须采用 GIS 对数据进行存储与管理，才能正确表达空间位置关系。地理空间数据是非结构化数据，在早期的 GIS 对空间数据的存储都是采用文件方式，当与其属性数据挂接时，都是通过关键字（一个代码）与关系型数据库关联，建立一个实体与一组属性数据的对应关系。空间数据的属性数据有两类：一类是空间数据的自身属性。如一个多边形（线或点）的类型、名称、面积；另一类是对空间数据的管理数据。如一块土地的权属、使用者、使用年限、土地用途、项目等。当前的 GIS 产品均能实现空间数据、属性数据一体化存储与管理，即用关系型数据库存储非结构化空间数据。

为了便于空间数据的调用、检索，地理空间数据的存储要有一套数据组织方式，一般将同类型的空间实体作为一个层，进行分层管理，如道路、水系、建筑物等通过制定的编码规则按不同的编码分别置于不同的层中，建立空间数据逻辑层的存储管理。在应用时，可打开需要层的数据而关闭不需要层的数据。

由于 GIS 数据带有几何拓扑结构，在操作数据时能实现一个特殊的功能，那就是空间分析功能。通过空间分析功能，在电子政务中能计算出纸介质手工操作中无法得到的信息或快于手工操作几百倍的速度获得信息。

电子政务数据主要是各行业的项目申请材料，如建一座发电厂、一条高速公路、一个学校或一个港口码头，这些项目需要经过多个相关部门的审查、审批。项目数据不外乎文本数据（项目报告）、表格数据（项目部门的基本信息、项目相关各项指标）、图形数据（项目位置、项目设计图）。文本属于非结构化数据，可以采用文本文件或二进制文件存储，也可以将文本经扫描制成栅格数据；表格数据属于结构化数据，关系型数据库是专门用于对结构化数据的存储和管理。图形数据主要是指项目位置和占地范围，它可能是一个 xy 坐标串（字符数据）、一个或多个多边形。项目设计图可以扫描文件存储或 CAD 等数据格式存储。

四　地理空间数据库与电子政务的关系

我们已经知道电子政务审批的每一个项目都有自身的位置信息，有了图形数据支撑，管理者就能知道项目在什么地方、面积大小以及项目周围的地理情况。项目上报时，跟随项目的图形数据是项目的位置信息，它可能只是一个孤立的多边形（或是一个坐标串）。项目周围的情况是如何知道？地理空间数据模拟了地面的真实情况，GIS 技术进入电子政务系统时首先要建立地理空间数据库，将项目多边形叠加到地理空间数据中，项目周围的情况就会一目了然。

电子政务的地理空间数据指什么，它是怎样获得的？电子政务的空间数据是指不同行业自身管理对象在地面上的分布并通过数据采集、制作形成的基础图件。如管林业就应该有林地分布图，管土地就有土地利用现状图、城镇地籍图，管交通就有公路分布图，等等。这些空间数据是管理部门事先通过调查、测绘获得的。对于管理对象是离散的多边形或者是点信息的部门（如电信部门在全国布设的发射塔），可将地形图作为基础底图，再将管理对象（发射塔的点位坐标）标注到地形图上来作为自己的地理空间数据。地形图作为基础地理空间数据为众多行业的管理对象的空间定位所用，成为这些行业依赖的地理空间数据。但是，针对空间管理对象是连续多边形（点、线）的部门，不能将地形图作为自己的空间基础数据，因为这些连续多边形（点、线）是自己通过调查、测绘产生的，与地形图上的点、线、面不是同一数据，如果将空间管理对象叠到地形图上，即便是同一比例尺也不能完全重叠，必然出现交叉、"双眼皮"现象。

电子政务建设的同时，应采用 GIS 技术将空间数据制作成空间基础数据库管理系统，项目的位置多边形（或坐标串）进入地理空间数据中，就能将项目准确地的定位，并能查看项目周围的环境，同时在空间基础数据中增加了一个新的管理对象。

五　地理空间数据在电子政务中的作用

我们已经了解了地理空间数据与电子政务有着不可分隔的关系，但是，众多的电子政务系统并没有带有空间数据，使得在项目审查、审批过程无法知道项目位置、面积大小、周边的环境以及本项目是否影响今后其他行业地上、地下的项目的设立。为什么众多电子政务没有图形管理？这是因为地理空间数据要引入 GIS 数据库这一复杂的技术，使得空间基础数据库的建设、功能的二次开发、空间数据操作较之一般电子政务系统的难度要大得多。随着一般型电子政务的运行，管理者发现在没有空间数据的支持下，项目审查、审批过程中心中没数，很多信息无法确认，只能听信于项目的上报材料，项目的审查、审批如同"盲人摸象"。

地理空间数据引入电子政务不仅仅是提供了项目的位置、大小以及周边的环境信息，GIS的可视化功能将现实空间里地形、地物、高程表现得清清楚楚，GIS空间分析功能可为项目的管理提供更多深层次的信息。如审批一条高速公路的项目中，可在GIS数据上展示它的全部信息（路线、隧道、桥梁），可以计算全程高速公路占地面积，通过GIS的缓冲区分析，可计算出占地面积中耕地有多少、其他各种地分别占多少；配以DEM（数字高程模型）可以计算出挖、填土方量；引进矿产资源空间数据，通过叠加分析可以发现项目是否压占了地下矿产资源；引进工程地质数据可以发现何处是软地层、沉降地层、不稳定地层等。没有地理空间数据的支持，这些计算、避免项目冲突、规避风险和灾害等信息都无法知道。又如在现实工作的旧街道拓宽改造项目中，需要对拆迁赔偿做出资金计划，首先要知道街道长200米、宽60米内砖混房、钢混房、平房、不同层的楼房各有多少，各类面积是多少，这是必须要计算的数据。如果人工实地调查、计算，两个月内也不一定计算准确。运用GIS缓冲区分析计算，只要在街道图形上划出长度和输入宽度，几分钟内就可能算出所需的精确数据，其速度是人工计算的几千倍。所以，地理空间GIS数据进入电子政务，可为政务管理提供一般系统无法实现的、更深层次的信息，大大提高了政务管理的深度和管理效率。

六　GIS的发展和逐步走进电子政务的过程

GIS起源于计算机制图，纸介质地图是一种模拟形式的图形，通过数字化将纸上线划转换成电子数据，再通过计算机系统处理生成电子地图。由于电子地图是一个静态的电子数据，只能地图电子化再现，无法进行图形动态的管理、数据的查询，又无法与事物属性链接，更谈不上空间的分析。随着对电子地图应用需求不断深入，学者着手重新设计图形的数据结构，增加查询、操作功能，与属性数据挂接，GIS的功能逐步形成。在美国、加拿大等先进国家，GIS起始于20世纪60年代，我国20世纪80年代初以陈述彭院士为首的一批科学家开始关注GIS，并引进GIS产品，如arc/info、GenaMap、MGE等逐步进入我国并在科研项目中开始应用。

我国GIS的应用与进展是随着计算机硬件技术的发展而逐步开展的。到80年代末，我国微机的存储功能还非常小，特别是计算机的内存小，对于大数据量GIS数据难以运行，国外GIS产品都是运行在小型机上。

虽然80年代后期美国ESRI公司赠送100套PC版arc/info给我国的几所大学，但这一产品只能在教学中学习GIS，根本不是应用级产品。由于当时的小型机的价格昂贵，基于Unix操作系统的GIS价格也是相当昂贵，加之西方国家又将小型机作为高新技术对我国限制出口，国内真正应用GIS的只有可数的科研单位和大学，行业管理部门"用不起"这一技术而将GIS拒之门外。随着奔腾英特尔处理器（CPU）和Windows操作系统的问世，微机功能迅速增强，基于Windows操作系统的GIS产品也随之迅速发展，直到90年代初GIS才开始在业务管理系统中应用，我国从引进GIS到大规模应用GIS花了十多年的时间。

有人说，当前全世界GIS有上千个产品，笔者认为有些并不是实际意义上的GIS产品，它虽然能存储和管理空间数据，但数据不带有拓扑结构，难以进行复杂的空间分析，充其量是一个图形软件或桌面图形系统。国产 GIS 系统的研制始于 90 年代，"九五"期间，科技部为了推动国产 GIS 技术的发展，从 1996 年开始组成专家组连续开展了近 20 年的 GIS 测评工作，大大推动了国产 GIS 产品的进步，使我国自主版权的 GIS 系统走进了各行各业。如北京超图软件公司的 SuperMap、武汉中地软件公司的 MapGIS 都是国产优秀的 GIS 产品，它们占据了全国 GIS 用户的半壁江山，也有效地遏制了国外 GIS 在中国的价格。

国土资源、环保、林业、水利、规划等行业的 GIS 应用较为普及，部、省（区、市）两级的电子政务系统均应用 GIS 开展图形数据管理和应用，大部分市和一部分县（市、区）电子政务系统也结合了 GIS 应用。湖南 88 个县（市）级国土资源管理局的电子政务全部应用国产 GIS 对土地、矿产空间数据进行管理。在江苏、浙江、广东的一些镇，国土资源所也开展了 GIS 的应用。武汉市国土资源局在建立了 800 平方公里地籍图数据库的基础上，又运用 GIS 三维（实为二维半）功能实现了全市三维图，在三维图上可查询每一宗地籍数据、每一个单元楼以及楼内每一个单元房的所有信息，在电子政务系统中实现了地、楼、房、户、人的综合管理与服务。

七　引入地理空间数据电子政务系统建设的关键技术

20 世纪 90 年代中期，国土资源、环保、林业、水利、规划等部委机关以及对应的省、市、县行业管理部门开展业务管理系统（也即现在的电子政务系统）建设，涉及地理空间数据的部门都应用了 GIS 技术，形成业务管理与 GIS 相结合的信息系统。当时，业务管理系统建设缺乏信息系统的顶层设计，没人考虑所有业务整体建设的思路，而是以一项业务一个管理系统的建设方式，形成一个个独立的、互不相干的系统，人们把这些系统称为"烟囱"。这样独立的系统自然使消息不能传递、数据不能共享，各自运行各自的业务，GIS 也只能跟随着每一个系统单独应用。更有甚者，同一个部门不同的业务管理系统应用的 GIS 产品并不相同，有的用 arc/info 中文，有的是 Mapinfo 或是 MapGIS，多个 GIS 系统在不同的业务管理系统中运行，空间数据无法实现共享。

虽然，GIS 在我国不再停留在科研和大学里，进入了行业管理部门的业务管理系统，但这仅仅是专业 GIS 人员对 GIS 开发应用的一种技术实现，真正到了电子政务用户那里，这一技术又难以实现。业务管理系统（也即电子政务）的真正用户是公务员，公务员不是 GIS 专业技术人员，不懂 GIS，无法或者很难进行空间数据的操作。原因是当时还没有网络 GIS，GIS 在业务管理系统中是以客户/服务器结构（Client/Server，C/S 模式）实现，也即客户端需要安装或下载一个 GIS 控件（一个操作软件）才能调用空间数据。对于不懂 GIS 技术的人而言，操作难度较大，系统应用效果不好。直到 90 年代末，网络 GIS（Web GIS）的出现，C/S 模式逐渐的隐退，取而代之的是浏览器/服务器模式（Browser/Server，简称 B/S 模式），亦称服务模式。在 B/S 模式中，用户只需在自己的计算机屏幕上直接点击图形功能的图标，通过发出命令，后台应用软件进行计算，由 Web GIS 将结果发至前台（用户），这才解决了用户的操作难题。

GIS 的应用问题解决了，但是相互独立的管理系统之间消息不能传递，数据不能共享问题仍然制约了电子政务系统的有效运行。一个项目的审批往往是多个管理部门的联合审查，也即相关的管理部门都要看同一项目材料、都要提出意见，但在各自独立的管理系统中你能看见的材料我看不见，空间数据也是如此。所以，独立的管理系统无法实现联合审查、审批项目的运行，电子政务发挥的效率、效果都不理想。

2002 年，国土资源部信息中心与深圳国土规划局信息中心共同开展贵州省国土地资源厅的电子政务建设试点时，提出了电子政务平台的设想。2003 年，国土资源部信息中心确立了电子政务平台的思想并着手设计和开发了电子政务平台。电子政务平台的核心思想是在统一的开发平台上开发所有的业务管理系统，在统一的运行管理平台上运行所有的业务系统，电子政务平台既是一个开发平台又是一个运行平台，它可集 OA、MIS、GIS 于一体，跨操作系统，基于配置的用户管理和安全管理，少编程快速开发，支持异构空间数据互操作。利用平台的开发工具包，对业务系统"积木式"快速搭建和快速修改。在统一运行环境上，各业务系统之间实现了互联互通和数据共享，解决了行政审批业务在多部门联合审查、审批的技术瓶颈。

电子政务系统建设要进行顶层设计，关键是系统的总体架构，图 1 表示了一个综合业务管理电子政务的三层架构。数据层：GIS 数据（也称基础数据）、业务数据、下级（省、市、县级）系统的备案数据都在后台数据库统一存储、管理，形成数据中心；支持层：以电子政务平台为统一环境的应用系统；用户层：各业务管理的用户界面。

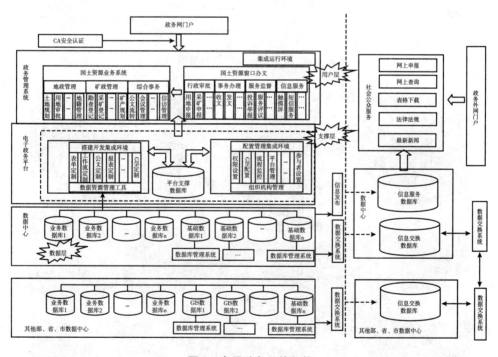

图 1　电子政务总体架构

三层之间既相互独立又紧密联系。数据建库与数据管理、应用系统开发、人员、权限配置是相互独立的，运行时通过工作流引擎使三者之间紧密联系在一起。

GIS 数据一是辅助项目审查。如一个工业项目的用地（即项目位置）是否符合土地利用总体规划时，首先是从 GIS 数据库中调出土地利用总体规划图，再将工业项目用地的多边形叠加其上，审查项目是否坐落在工业规划用地内，与其他项目是否重叠，诸如此类。二是在

GIS 数据（地图或专业图）上展示所有批准过项目的空间位置、基本属性，在一张图查看所有的管理信息，如图 2、图 3 所示。

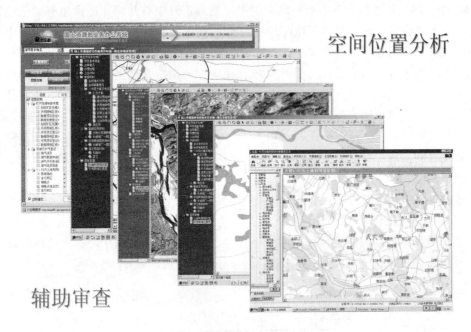

图 2　GIS 数据辅助电子政务项目审查

图 3　在遥感正射影像图上查看项目

在上面介绍的"三层架构中"，GIS 数据虽然与应用系统独立，在 Web GIS 运行模式下，它们之间仍是一种紧耦合状态。面向服务的体系结构（Service－Oriented Architecture，SOA）的出现，GIS 数据库与应用系统之间是一种松耦合状态，GIS 数据提供服务，应用系统通过数据接口任意调用数据。

具有地理空间数据支撑的电子政务系统比一般不带图形的电子政务系统在设计、开发、应用和维护的难度上要大得多。

无论是有空间数据的电子政务系统或者是没有空间数据的电子政务系统都必须在一个统一的支撑环境上开发和运行，这就是电子政务平台。电子政务平台具有统一的底层环境，具有统一的消息传递，具有开放的拓展功能，实现了各个子系统之间的互联互通，实现了数据的共享，电子政务平台技术是电子政务系统建设的关键技术。

八　地理信息在国民经济中发挥了重要作用

现代测绘、遥感、雷达、卫星导航定位获取的数据与地理信息系统（GIS）称为地理信息。

地理信息是重要的基础性信息资源，是国家信息资源的重要组成部分，是加快转变经济发展方式的重要手段。国家非常重视地理信息的应用和地理信息产业的发展。2014年1月22日，国务院办公厅以国办发〔2014〕2号印发《关于促进地理信息产业发展的意见》。开发利用地理信息，有利于促进国土空间布局优化，有利于促进工业化、信息化、城镇化、农业现代化，有利于推动经济社会科学发展。

国土资源规划、土地利用总体规划、城镇化、不动产登记这些国家重大布局，地理信息是重要的支撑。

国防建设、海域巡视、现代化作战是地理信息在军事上的重要应用。

定位、导航、物流、数字城市、智慧城市，地理信息支撑下产生新的产业链。

地理信息的广泛、深度应用，必将带动信息产业的发展，这将促进软件产业向高深技术和产业化推进。遥感探测技术、影像识别技术、人工智能技术将得到快速发展。

地理信息应用于电子政务，提高了政府管理、决策的科学化、现代化。

（电子政务理事会副理事长　国土资源部信息中心原副主任　查宗祥）

初探政务大数据

"大数据"已经是热点很高的词，无论是 IT 产业、商业、政府、制造业等都在谈论。2013 年 3 月 1 日，贵州省在北京举行了"贵州·北京大数据产业发展推介会"，宣布了贵州必须紧紧抓住重大战略机遇，在全国率先推进大数据产业发展。2013 年两会期间，中央电视台加大了对大数据分析在新闻报道中的应用力度，在每天的"新闻联播"中专门安排专题栏目《两会解码——两会大数据》，使用大数据对当天最热话题做深度分析。百度公司利用大数据对春运人群流向进行可视化分析，助力春运。广州市等多个地方部门先后出台了一些大数据的行动计划或实施方案。众多从事大数据的公司提供全球范围的实时数据挖掘、多维度的数据对比、深度的大众思想分析以及极富创造性、直观易懂的可视化呈现服务。李克强总理在今年的政府工作报告中也强调要在大数据等方面赶超先进，引领未来产业发展。目前，虽然国家尚未出台国家层面的大数据战略规划，但大数据的应用与发展已经可以认为上升到国家层面的战略行动。

政府在大数据战略行动中不仅仅扮演者积极推动的角色，更为重要的是政府已成为大数据的采集、所有、应用和主管的主体。

为了与社会普遍产生、使用的大数据加以区分，更加有效地推动政府部门大数据的应用，本文特将政府所拥有和使用的大数据区分为政务大数据和公共大数据两类。其中，政务大数据定义为：通过行政手段依法获取，并用于政务活动的大数据。其他大数据为公共大数据。

一　政务大数据的特性

大数据是指不用随机采样分析（即抽样调查）方法，而是将所有能采集到的数据集中来处理，增进我们认识世界的方法。一般大数据的特点可以归纳为 4 个 V：Volume（数据量大），Velocity（数据产生速度高），Variety（数据多样性），Value（数据是有价值的）。针对政务大数据，除了以上共同特性以外，还具有一些独特的特性。

（1）真实性。政务大数据是在依法行政的许可下采集的，任何被采集对象有义务如实地填报各项调查数据，因此数据是真实准确的，并具有法律效用。

（2）原始性。政务大数据不论是一次采集还是多次采集，均直接来源于企业、家庭或个人，都是最为原始、可靠的数据采集。

（3）完整性。政府部门为了完成一项或几项工作开展数据采集工作，采集的目的和采集的范围都是非常明确的，不可能因为数据采集缺失而影响工作，必须保证所采集数据对于该项工作的完成是完整的。

（4）公正性。政务数据采集所涉及的社会组织或个人，都必须履行义务接受采集，没有任何组织或个人可以随意拒绝，如国家开展的经济普查和人口普查。另外需要保证数据的安全性，非行政授权不可使用政务数据，不可以超范围使用政务数据。

（5）可持续性。政务数据可以根据业务需要定时、定期采集，如社保信息等，也可以根据需要经授权后随时获取，确保业务的持续性。

（6）可处理性。政务数据是政府部门为了履行行政职能而采集的，数据的内在关系是明确的，数据结构是合理的，肯定是可以和便于机器自动处理的。

（7）可开放性。政务数据是政务部门在依法行政下获取的，政务数据属于人民，任何机构或组织和个人不得据为私有，在确保国家安全、组织或个人的利益不受侵害的前提下，可以依法开放。任何机构、组织或个人也有权向相关部门提出获得和使用数据的申请。

二　政务大数据在政务活动中的应用

1. 政务大数据用于科学决策

政府是国家进行行政管理的机构，行政决策是法律赋予的职责。决策的对错、决策的质量和实施的效率如何，决定着一个国家的兴衰成败和人民大众的安危祸福。有资料称："新中国建立以来，在大约 2 万多亿元的总投资中，因决策失误造成的浪费至少有 1 万亿元。""七五"到"八五"期间，我国投资决策重大失误率在 30% 以上，资金浪费及经济损失大约在 4000 亿~5000 亿元。由此可见，在正确的决策机制下按照科学发展观做出正确的决策是多么的重要。正确的决策一定是建立在对事物的正确认知和掌握事物的内在的规律基础之上，而政务大数据政务大数据的首要用途无疑是用于决策，高效的决策是建立在对对象的客观全面了解基础之上的，大数据的应用恰当地为此提供了重要支持。政府部门是非常习惯用数据作为决策的基础，但是在应用大数据之前，由于种种客观条件的限制，所采用的数据基本上是通过统计分析或抽样调查得出的。抽样样本选择和样本数量的风险决定了抽样结论，在我国人口众多、经济发展不均衡等等客观原因决定了小样本抽样的结论存在着一定的局限性，另外，传统的方法大多数集中在单一数据，没有充分发挥跨界领域数据融合所带来的价值信息，往往不能真实地反应事物的真相。而大数据在决策中的应用可以使决策者比以往更加容易掌握事物的真相和更加把控事物内在的规律，从而最大限度地避免抽样调查的这些天然弊病。可以说，将大数据应用于决策是助力政府部门更好地践行科学发展观最佳利器。

北京市信访矛盾分析研究中心以"信访数据深度挖掘与决策支持系统"等三个系统建成了全国首个信访与社会矛盾综合研究工作平台，利用数据挖掘技术对相关信息进行分析，为政府部门提供准确、快速的决策支持，及时解决民生问题，北京全市信访总量已经连续四年保持下降趋势。北京还定期发布社会矛盾指数，以此来衡量社会矛盾的激烈程度和发展趋势。

2. 政务大数据用于精细化管理

政府部门作为社会的行政管理机构肩负着社会管理的职能，用精细化管理替代以往的粗放式管理是社会各界对政府部门的普遍要求。所谓精细化管理，要求各项管理工作要做到精确定位、细化目标、精益求精、细化考核。精细化管理基础是用具体、明确的量化标准取代笼统、模糊的管理要求，把抽象的战略、决策，转化为具体的、明确的工作目标和考核标准。政府管理部门已经掌握了海量的管理数据，采用大数据技术开展数据驱动的社会管理，通过政府的各项职能程序化、标准化、数据化，实现社会管理从粗放式向精细化的转变。北京市东城区创建的"万米网格化管理平台"就是精细化管理的成功案例。

3. 政务大数据用于精准化社会服务

习近平同志在一次讲话中提出要"从群众最关心、最迫切的问题入手，着力解决关系群众切身利益的问题，解决群众身边的不正之风问题，把改进作风成效落实到基层，真正让群众受益，努力取得人民群众满意的实效"。为了落实习近平同志的指示，首先要做的是知道并精确定位什么是群众最关心和最迫切的问题，政务大数据是解决这个问题最有力、最有效的工具。通过政务大数据的分析，政府部门可以深入了解大到整个社会、小到一个家庭甚至是某个人对公共服务的需求，并提供个性化的精准性服务。同时，利用政务大数据可以更加准确地了解和掌握社情及舆情，能够准确地预见事物的发展态势及规律，使政府部门能够提供精确、高效、及时、周到和个性化的服务，促进国家和社会的发展，提高人民生活的快乐指数。政府部门在利用政务大数据推进信息惠民的同时更要引导社会力量使用公共大数据全面开展专业化、多元化、个性化的服务，形成优势互补、多元参与、开放竞争的发展格局。

三 政府做好应用政务大数据的准备了吗？

政务大数据对于政府来说作用是十分明显的，运用政务大数据可以深入了解以往我们无法了解的实物的真谛、不好预测和不好把握的规律，可以帮助我们更好地落实科学发展观，更好地依法行政和更好地为社会服务。要想更好地运用大数据需要具备一些什么条件呢？

1. 大数据的思维

大数据不仅是一种应用性很强的工具，更是一种重要的思维方法。简单地说，大数据思维就是将传统的思维方法转变到以大数据为基础，以大数据分析为手段的数据驱动思维方法，即以大数据来认识事物、把握事务。另外，大数据也是一种系统思维观，要求我们在数据证据的基础上观大局，大数据的思维要求我们认识大数据、认可大数据、使用大数据，按大数据揭示的事物发展的规律办事。

2. 大数据的系统

大数据技术的战略意义不在于掌握庞大的数据信息，而在于在大数据思维的指导下，利用能够处理大数据的系统对大数据进行专业化分析处理，实现大数据的战略意义。大数据的思维除了带来思维方式的转变，还必然带来工作方式和工作流程的转变，现有的电子政务系统显然不能适应大数据的应用。大数据不仅是一种应用，同时也是一项很重要的技术，涉及数据采集技术、数据挖掘技术、数据可视化技术、相应的软件技术，以及机器学习、统计分析等相关的学科知识。因此，要按照处理大数据的需要对已有电子政务系统拓展定位，建立能够更高效、更高速处理大数据的电子政务系统就成为迫在眉睫的工作。

3. 大数据的建立

在大数据时代，大数据成为工作的基础，大数据的建立也随之成为重要的核心工作。称为大数据的数据，数据量要足够的"大"，采集是关键。"依法采集"是政府部门数据采集的天然优势，能够变成数据的事物越来越多，能够用数据描述的事物也越来越多，政务部门要按照大数据思维的需要，重新设计工作流程，获取必需的数据，包括文字、数字、视频、音频等多种数据。以往政府部门采集数据一般都是各行其是，不但给被采集者带来重复采集的麻烦，而且容易产生由于采集口径不同、采集时间不同、更新频率不同等原因造成的数据不一致，数据打架。在大数据时代，对数据的要求越来越高、越来越严格，对政府部门的数据采集工作也提出了新的、更高的要求，"统筹规划、统一标准、规范采集、共享共用"就显得尤为重要。除了政府部门依法采集的大数据之外，社会机构和企业，尤其是互联网上有无限多的大数据，政府部门应将其视为重要的大数据资源，学会从社会获得更大量的大数据作为补充，甚至是直接向社会定期或按需购买大数据服务。

4. 大数据的共享

政府部门拥有的数据不是关系到国计民生，就是涉及社会机构或个人的隐私，甚至关系到国家安全。因此，大数据的采集、保存、使用、共享等都必须置于严格的制度管理之下，不允许出现任何差错。由于采用大数据技术，更多的部门、更多的工作会更加迫切要求数据共享，应以"数据共享为原则、不共享为例外"的原则加快制定更加严格的数据无条件共享的有关规定，促进政府部门之间、政府和社会实现充分的数据共享。

5. 大数据的人才

大数据的应用具有很强的专业性，不仅要求对政务工作熟知、对大数据的分析处理熟悉、又要求掌握较高的计算机应用水平，是具有很高水平的复合型人才方可担当的岗位。这样的复合型人才奇缺，要抓紧选择合适的公务员重点培养，有关大学也应开设相关的专业或课程，培养出大数据时代的合格公务员或专业技术人员。

6. 大数据的开放

在大数据时代，数据不仅仅是资源，更可以创造价值，政务数据是一个具有巨大潜力、尚未开发的巨大资源。2013 年八国首脑在爱尔兰峰会上签署《开放数据宪章》，各国分别制定开放数据行动方案，主动承诺逐步开放政务数据资源，围绕民生，关注用户需求。我国《中华人民共和国政府信息公开条例》实施以来，有力地推进了政务信息公开工作，有了政务信息公开的实践经验，在我国数据开放是指日可待，国家十二个部委最近发布的《关于加快实施信息惠民工程有关工作的通知》的附件中也明确提出促进政务数据开放。将政务信息资源作为社会公共资源和公共创新资料向社会开放，有助于建设开放透明的政府，有助于建设一个更加强大、更好满足社会需求、激励创新和蓬勃发展的社会。数据的价值产生于使用，使用越多价值越大，政务数据开放给社会使用就要在最大的范围、产生最大的社会效益和经济效益。随着政府透明度的不断增加，社会各界对政府部门拥有的政务数据的需求日益增强，强烈要求能够尽早地开放政务数据资源，政府部门有责任开放一切可以开放的政务数据供社会使用。作为社会公共资源的政务数据，本质上是属于人民的，人民是政务数据的唯一主人，应该回归人民。政务数据的开放应该效仿政务信息公开的做法，确定"数据开放为原则、不开放为例外"的原则，做到确保国家安全、确保企业和个人隐私不受侵犯的前提条件下的有序开放，同时做好政务数据使用的服务和监管工作。北京政务数据资源网（www. bjdata. gov. cn）等一批政务数据资源网在政务数据公开方面已经做出了很好的尝试和表率，各级政府部门要转变观念，根除数据垄断，让政务数据来自社会，回馈社会，服务社会，创造更大的价值。

7. 大数据的安全

随着政府部门政务大数据的建立，几乎社会和个人的一切都和大数据息息相关，确保涉及企业、个人数据信息、关系国家安全和国计民生数据信息的不受侵犯和不被非法使用是政府部门的职责。政务大数据应用必然带来一些新的、需要考虑的安全性问题，传统的单纯性安全防护对大数据而言显然是不够的，大数据的防护必须更具有战略性和结构性。

四　总结

在大数据时代，大数据绝不仅仅是一种工具，而是重要的资源，同时也是战略、是文化。无论是智慧政府还是智慧城市，智慧来源于数据，只有处理了数据、产生了信息，才能出智慧。当今的世界，在物理世界之上是数据构成的世界，一切社会关系都可以用数据来表示，人是各种相关数据的总和，社会是通过数据互联来构成的。目前，越来越多的政府部门认识到了政务大数据的重要性，都在尝试"用大数据来决策"、"用大数据来管理"、"用大数据来服务"，涌现了一批既务实管用、又令人耳目一新的做法和应用。实践证明大数据必将有效地助力政府职能的转变，促进服务性政府的快速建立，特别在公共决策科学化、公共管理精细化和公共服务精准化发挥前所未有的作用。

政务大数据的应用必定会给政府部门的工作带来前所未有的挑战，也会带来前所未有的便捷、成就和转变。愿更多的人关心政务大数据、研究政务大数据、使用政务大数据。

（电子政务理事会副理事长　阎冠和）

智慧城市发展指数研究

——北京市智慧城市发展指数（2013）测算与实证分析

内容摘要： 本研究以我国"十二五"时期国家信息化规划（草案）中的信息化发展指数（IDI）为基础，构建了智慧城市发展指数（SCDI 指数），测算了北京市及其 16 个区县智慧城市的发展水平和进程。测算结果显示，北京智慧城市发展指数 SCDI（2013）为 0.450，比 2012 年提升了 6.2 个点，智慧北京建设进一步取得进展，但距完成《智慧北京行动纲要》提出的目标仍有差距，任务艰巨。因此，"十二五"后期需要加大应用现代信息技术的力度，在智能应用方面有所突破，进一步加快智慧北京的建设步伐。

关键词： 智慧城市　SCDI 指数　信息化　指标体系　评价

一　研究背景与意义

智慧城市是当代城市发展的新模式，也是城市信息化发展的高级阶段。实践表明，建设智慧城市能促进我国现阶段城镇化、现代化的发展，因此我国政府对"智慧城市"的建设高度重视。2013 年，国务院连续发布了《关于促进信息消费扩大内需的若干意见》《"宽带中国"战略及实施方案》和《国务院关于推进物联网有序健康发展的指导意见》，为"智慧城市"发展提供了重要的政策导向。

北京市认真贯彻落实国务院的有关战略部署，积极推进智慧北京的建设。北京市政府于2012 年 3 月发布了《智慧北京行动纲要》（以下简称《行动纲要》），明确提出了"十二五"时期"智慧北京"的发展目标：通过实施智慧北京建设的八大行动计划，形成信息化与城市经济社会各方面的深度融合，信息化整体发展达到世界一流水平，实现从"数字北京"向"智慧北京"全面跃升。在《行动纲要》的落实中，北京市经信委开展了第三方评估和监测工作，以我国"十二五"国家信息化规划（草案）中的信息化发展指数（IDI）为基础，研究建立和发布了智慧城市发展指数（Smarter City Development Index，简称 SCDI 指数），对北京智慧城市建设和发展的进程进行综合评估和监测，为政府制定智慧城市发展战略、经济社会发展规划及相关政策提供量化的支持依据。

二　SCDI 指数指标体系

SCDI 指数是测度城市经济社会全面应用现代信息技术、由数字化向智慧化提升水平的综合评价指标。该指数可以用来综合测算和评价城市智慧化发展水平，分析智慧城市建设进程中的效果及问题，为政府制定智慧城市发展战略、经济社会发展规划及相关政策提供量化的支持依据。

（一）SCDI 指数指标体系构建原则

1. 科学性原则

在理论研究基础上，提取出重要的、具有本质特征和代表性强的指标因素，使指标体系科学、严谨、清晰、完整，能反映被评价对象的发展规律和根本属性，体现智慧城市建设进程及发展的水平和特征。

2. 综合性原则

在指标体系构建上以相对少的层次和指标来较全面系统地反映多方面评价对象的内容。为了保证评价指标体系的总体最优，既要避免指标体系过于庞杂，又要避免由于指标过于单一而影响测评的质量。

3. 可操作性和可比性原则

在设计指标体系时，为保证指数能够计算，需要每个指标有数据来源、能够获取，并便于收集整理和可持续动态监测，从而达到测评结果具有纵向和横向可比性；同时尽可能采用国际通用或者相对成熟的指标，各指标须含义准确，统计口径、统计方法科学统一，使所选指标易于理解和应用。

4. 导向性原则

任何一种指标体系的设置，在实施中都将起到引导和导向作用。SCDI 指数在智慧城市建设中，一方面不仅要引导城市加强现代信息技术的基础设施建设，更要重视智能应用和效果，推动数字城市到智慧城市的提升；另一方面要监测地区间的发展差距，重视缩小地区差距，引导社会经济全面稳定发展。

（二）SCDI 指数指标体系架构

根据智慧城市的特征，遵循指标体系的构建原则，本研究构建了由 4 个二级指标和 19 个三级指标组成的 SCDI 指数评价指标体系（见表 1）。

表 1　智慧北京发展指数 SCDI 评价指标体系

一级指标	二级指标	序号	分序	三级指标
SCDI 总指数	环境支撑分类指数	1	1	研发经费占地区生产总值比重
		2	2	人均产值
		3	3	受过高等教育人口比重
	基础设施分类指数	4	1	政府信息化投资占财政支出比重
		5	2	每百户智能终端拥有量
		6	3	户均网络带宽
		7	4	公共无线局域网络覆盖面积（WLAN）
	智能应用分类指数	8	1	互联网购买商品或服务占家庭消费支出比重
		9	2	企业网站建站率
		10	3	电子商务销售额占商品销售总额比重
		11	4	公共管理信息共享率
		12	5	政民网络互动效率
		13	6	智慧社区建成率

续表

一级指标	二级指标	序号	分序	三级指标
SCDI 总指数	发展效果分类指数	14	1	人均收入
		15	2	人均信息消费额
		16	3	产业优化系数
		17	4	城市智能运行管理效率
		18	5	居民安全感满意度
		19	6	居民生活便利满意度

4 个二级指标具体如下。

1. 环境支撑分类指数

建设智慧城市需要科技投入、经济发展水平、高素质人才等相关条件的支撑，因此在指标体系设计中，通过研发经费占地区生产总值比重、人均产值和受过高等教育人口比重 3 项指标来反映建设智慧城市所需要的支撑条件。

2. 基础设施分类指数

现代信息技术应用的基础设施建设是智慧城市发展的重要基础保障，在指标体系设计中，主要通过政府信息化投资占财政支出比重、每百户智能终端拥有量、户均网络带宽、公共无线局域网络覆盖面积 4 项指标来反映城市应用现代信息技术所需基础设施的配置水平。

3. 智能应用分类指数

智慧城市建设的主要任务是以城市运行、市民生活、企业运营和政府服务等领域的智能应用为突破点，全面提升经济社会智慧化应用水平。在指标体系设计中，智能应用指数是智慧城市评价指标体系的核心部分，共包含 6 项指标，分别为互联网购买商品或服务占家庭消费支出比重、企业网站建站率、电子商务销售额占商品销售总额比重、公共管理信息共享率、政民网络互动效率和智慧社区建成率。

4. 发展效果分类指数

智慧城市发展的最终效果是使城市运行更安全、经济发展更协调、政府管理更高效、公共服务更完善、市民生活更便捷，这是建设智慧城市的根本出发点和落脚点。发展效果指数包括 6 项指标，分别是人均收入、人均信息消费额、产业结构优化系数、城市智能运行管理效率、居民安全感满意度、居民生活便利满意度。既反映城市智慧化发展产生的社会经济效益，又反映居民对智慧城市发展的认可程度和满意度。

三　SCDI 指数统计方法

（一）SCDI 指数计算公式

本研究选择综合评价指数法对智慧城市发展水平进行评价。综合指数法分为线性加权模型、乘法评价模型、加乘混合评价模型等形式。对于各项评价指标的重要程度相对均衡、指标值差异不大、各个指标相关性较弱的样本，可以采用线性加权模型进行计算。具体计算公式为：

$$SCDI = \sum_{i=1}^{n} W_i \left(\sum_{j}^{m} W_{ij} P_{ij} \right)$$

其中，SCDI 为智慧城市发展指数数值，n 为智慧城市发展指数的分类个数，m 为智慧城市发展第 i 类指数的指标个数；W_i 为第 i 类指数在总指数中的权重，且 $\sum_{i=1}^{n} W_i = 1$；P_{ij} 为第 i 类指数的第 j 项指标无量纲化后的值；W_{ij} 为第 j 项指标在第 i 类指数中的权重，且 $\sum_{j=1}^{m} W_{ij} = 1$。

（二）SCDI 指数数据的无量纲化处理

常用的无量纲化方法有多种，如标准化法、阈值法、均值法，归一化法等。通过对上述几种无量纲化方法的比较和分析，本研究选择阈值法对原始数据进行无量纲化处理。

阈值法是一种线性无量纲化方法，具有单调性、差异比不变性、平移无关性、缩放无关性、区间稳定性等优良性质。阈值法对指标数据的个数和分布状况没有特殊要求，转化后的数据都落在 0~1 区间里，数据相对数性质较为明显，便于做进一步的分析。在实践中应用比较广泛。阈值法计算分以下两种情况。

1. 一般计算方法

如果指标样本数值分布均匀，则采用如下公式进行计算：

$$Z_i = \frac{X_i - X_{\min}}{X_{\max} - X_{\min}}$$

其中，Z_i 为转化后的值，$X_{\min}$ 为最小阈值，$X_{\max}$ 为最大阈值，X_i 为原始指标值。

2. 对数计算方法

如果指标样本数值差别较大，则采用对数方法进行计算，以消除指标数值差别较大带来的不利影响，其计算公式如下：

$$Z_i = \frac{\lg X_i - \lg X_{\min}}{\lg X_{\max} - \lg X_{\min}}$$

（三）SCDI 指数指标阈值的确定

阈值法应用的关键环节是确定每个评价指标的最小阈值和最大阈值。对于一次性评价的数据处理而言，阈值可以直接从样本数据中筛选获得。对于持续性的年度评估，要求建立的评价模型和方法必须满足评价结果的可持续性与可比性要求。在对智慧城市发展水平进行中长期持续性评价时，可以理论数据或国家中长期发展规划目标值、国际先进水平等为依据，分别确定每个评估指标的最小阈值和最大阈值。

阈值分两种情况：对于相对指标来说，最小阈值可确定为 0，最大阈值可参照指标的目标值来确定；对于绝对指标来说，最小阈值可参照基期最小值来确定，最大阈值可参照目标年份的发展水平来确定。

（四）SCDI 指数权重的确定

在指数测算过程中，指数测算模型可采用两种加权方法。一是加权计算方法，二是均权计算方法。

本研究采用了加权与均权混合的计算方法。对于 4 个二级指标要素，在研究了其对总指数重要性基础上，应用德尔菲法征求有关专家意见，在权重分配上有所侧重，对重要性比较大的智能应用指数与发展效果指数分别赋予30%的平均权重，对环境支撑指数与基础设施指数分别赋予20%的平均权重。对19个三级指标，采用目前国际组织在计算信息化综合评价指数时常用的平均权重方法。

四 北京智慧城市发展指数（SCDI）的测算与评价分析

依据本研究所构建的智慧城市发展指数（SCDI指数）评价指标体系和统计方法，在智慧城市发展指数SCDI（2012）测评基础上，课题组对北京智慧城市发展指数SCDI（2013）进行了测算评估和分析（见表2）。

表2 北京SCDI（2013）总指数及分类指数比较

指数类别	2012年	2011年	2010年	2012年提升的点数	
				与2011年相比	与2010年相比
SCDI的总指数	0.450	0.388	0.296	6.2	15.4
环境支撑分类指数	0.352	0.329	0.308	2.3	4.4
基础设施分类指数	0.628	0.497	0.391	13.1	23.7
智能应用分类指数	0.454	0.310	0.276	14.4	17.8
发展效果分类指数	0.433	0.431	0.246	0.2	18.7

测算结果显示，北京智慧城市发展指数SCDI（2013）为0.450（按可比口径计算，以下同），比2012年提升了6.2个点；智慧北京建设进一步取得进展，但增幅有所减缓；北京所属16个区县智慧城市建设水平普遍提高，但发展不平衡。其主要特点如下。

（一）智慧北京建设取得进展，但任务仍然艰巨

1. 北京SCDI（2013）总指数为0.450

近年来，北京SCDI指数逐年提高。北京SCDI（2013）总指数为0.450[①]，两年累计提升了15.4个点。但按照2015年北京SCDI总指数达到0.650的目标值来测算，目前北京SCDI总指数水平是目标值的69%，"十二五"后期还需要提升20个点，平均每年需提升6.6个点，建设智慧北京的任务仍十分艰巨。

2. 智慧北京建设硬件条件改善较快，但软环境发展滞后

北京SCDI总指数的4个分类指数——环境支撑分类指数、基础设施分类指数、智能应用分类指数和发展效果分类指数从不同的角度反映了智慧北京的发展水平及其变化幅度。

基础设施指数2012年达到0.628，2011年和2012年两年累计增加了23.7个点。基础设施分类指数是反映建设智慧北京所需的信息化投入与终端应用等硬件条件的基础性综合指标。该指数在4个分类指数中水平最高、增幅最大，反映了北京市"十二五"前期信息化基础设施保持了较快的建设速度。

智能应用指数2012年达到0.454，两年累计增加了17.8个点。智能应用分类指数

---

① SCDI（2013）依据2012年统计数据计算。

是反映居民、企业、政府对新型信息技术智能化应用与城市智能化运营能力的重要应用性指标。该指数在4个分类指数中水平和增幅排位均居第2位，尤其是水平排位从上年的第4位跃升到第2位，反映了北京市在推进现代信息技术的智能化应用方面有了较大进展。

发展效果指数2012年达到0.433，两年累计增加了18.7个点。发展效果分类指数是反映城市智慧化发展的社会经济效益、居民对智慧城市发展的认可程度的目标性综合指标。该指数虽然累计增加幅度较高，但水平排位从上年的第2位下降到第3位，北京市在提升智慧城市发展效果方面尚需采取有效措施，加大推进力度。

环境支撑指数2012年为0.352，两年累计仅增加了4.4个点。环境支撑分类指数是反映建设智慧北京所需要的科技投入、经济发展水平、高素质人才等一系列相关支撑条件的综合指标。该指数在4个分类指数中居于末位，不仅指数水平大大低于其他3个分类指数，增幅也较小，这反映了智慧北京的软环境建设滞后，这方面是智慧北京建设的薄弱环节。

（二）智慧北京发展水平继续提升，但增幅有所减缓

1. 北京SCDI（2013）总指数提升6.2个点

北京SCDI（2013）总指数比2012年提升了6.2个点，而SCDI（2012）与2011年相比提升了9.2个点，增幅减缓了3个点。影响总指数提升的主要因素是发展效果与环境支撑两个分类指数提升幅度较小，如果发展效果分类指数能按近两年的平均增幅提升，就能使总指数增加2.8个点。

2. 智能应用水平大幅提升，但发展效果不够显著

智能应用分类指数比上年提升14.4个点，为分类指数中最快。但从构成该分类指数的基础指标来看，目前大部分指标水平还较低。居民在互联网购买商品或服务的支出占消费性支出比重仅为0.72%，企业网站建站率34.5%，电子商务销售额占营业收入比重为8.79%，智慧社区建成率为18.13%。表明进入"十二五"以来，尽管该分类指数提升很快，但由于北京市智能应用尚在起步阶段，因此还需要进一步加大推进居民、社区、企业、政府部门的智能化应用力度。

基础设施分类指数比上年提升了13.1个点，在4个分类指数中提升幅度较大。从构成该分类指数的基础指标来看，均呈现出增加趋势。全市平均每百户拥有可接入互联网的计算机、移动电话和电视机等智能终端数量从2011年的223台（部）增加到2012年的257台（部）；全市光纤网络家庭住户覆盖率从2011年的58.15%提升到2012年的75.35%；全市无线通信网络覆盖率2012年达到97.92%。表明北京市在智慧城市的基础设施建设方面保持了持续发展的态势。

环境支撑分类指数比上年提升了2.3个点，在4个分类指数中提升幅度较小。从构成该分类指数的基础指标来看，需要特别关注的是研发经费投入占比指标，2012年北京市全社会的研发经费投入占比为5.95%，而企业研发经费投入占比仅为2.36%，表明企业尚未发挥出智慧创新的主体作用。

发展效果分类指数比上年仅提升了0.2个点，在4个分类指数中提升幅度最小。从构成该分类指数的基础指标来看，北京市人均收入和产业结构优化均表现出良好的发

展态势，但是在提升城乡居民看病就医、交通出行、学习与教育便利度方面还存在一定的差距。

（三）各区县智慧城市建设水平普遍提高，但发展不平衡

1. 总指数东城区继续位居第一

北京市所属 16 个区县中 SCDI（2013）总指数超过 0.5 的有东城区、西城区与朝阳区，其中排在第一位的是东城区，总指数为 0.542，连续位居第一位。区县间 SCDI 总指数水平差异度①为 100∶61。

从北京各区县 SCDI 总指数变化情况来看，16 个区县的 SCDI 总指数均表现出不同程度的提升，其中提升幅度较大的是丰台区，比上年提升了 8.9 个点（见表 3）。

表 3　北京 16 个区县 SCDI（2013 年）总指数比较

区　县	2012 年		2011 年		2012 年与 2011 年比较	
	指数值	排序	指数值	排序	提升的指数值	提升幅度排序
全市	0.450	—	0.388	—	0.062	—
东城 1	0.542	1	0.487	1	0.055	11
西城 2	0.527	2	0.456	2	0.071	5
朝阳 3	0.504	3	0.440	3	0.064	8
区县 4	0.485	4	0.419	4	0.066	7
区县 5	0.470	5	0.381	6	0.089	1
区县 6	0.447	6	0.376	7	0.071	4
区县 7	0.432	7	0.349	8	0.083	2
区县 8	0.431	8	0.390	5	0.041	14
区县 9	0.406	9	0.337	11	0.069	6
区县 10	0.393	10	0.318	13	0.075	3
区县 11	0.381	11	0.317	14	0.063	9
区县 12	0.379	12	0.343	10	0.037	15
区县 13	0.375	13	0.323	12	0.052	12
区县 14	0.362	14	0.344	9	0.018	16
区县 15	0.342	15	0.284	16	0.058	10
区县 16	0.331	16	0.290	15	0.041	13

2. 四个分类指数中，海淀、东城、顺义分别位居第一

（1）环境支撑分类指数海淀区位居第一。

从 SCDI（2013）的环境支撑分类指数发展水平来比较，在 4 个分类指数中区县间的差距仍为最大。SCDI（2013）环境支撑分类指数高于全市平均水平的有 6 个。其中，海淀区的环境支撑分类指数继续排在第 1 位，指数为 0.527。区县间环境支撑分类指数水平差异度为 100∶21.8。

---

①　水平差异度：以指数水平最高值为 100 计算的最高与最低的比值。

从构成环境支撑分类指数的 3 个基础指标区域变异系数①来比较，研发经费占地区生产总值比重的区域变异系数为 0.91，人均产值为 0.8，受过高等教育人口比重为 0.38。根据 3 个基础指标区域变异系数的差异性来分析，对环境支撑分类指数影响作用最大的是研发经费占地区生产总值比重，该指标最高的大兴区已达到 9.0%，而最低的仅为 0.52%，相差 17 倍多；影响作用排在第 2 位的是人均产值，该指标最高的西城区达到 20.15 万元，而最低的区县仅为 3.767 万元，相差 5 倍多；影响作用相对较小的是受过高等教育人口比重，最高的海淀区为 49.10%，最低的为 12.64%，相差 3.9 倍。分析表明，研发经费占地区生产总值比重是影响环境支撑分类指数水平的主要因素。

（2）基础设施分类指数东城区位居第一。

从 SCDI（2013）基础设施分类指数发展水平来比较，在 4 个分类指数中区县间的差距最小。SCDI（2013）基础设施分类指数高于全市平均水平的有 9 个，其中，排在第 1 位的是东城区，指数为 0.794。区县间基础设施分类指数水平差异度为 100∶67。

从构成基础设施分类指数的 4 个基础指标区域变异系数来比较，政府信息化投资占财政支出比重的变异系数为 0.303，户均网络带宽为 0.162，每百户智能终端拥有量为 0.141，无线通信网络覆盖率为 0.01。其中影响作用最大的是政府信息化投资占财政支出比重，该指标最高的东城区为 45.82%，最低的为 18.07%，相差 2.5 倍；其次是户均网络带宽，该指标最高的顺义区为 97.18%，最低的为 60.73%，相差 1.6 倍。分析表明，政府信息化投资占财政支出比重是影响基础设施分类指数水平的主要因素。

（3）智能应用分类指数顺义区位居第一。

从 SCDI（2013）智能应用分类指数发展水平来比较，在 4 个分类指数中区县间的差距比较大。SCDI（2013）有 8 个区县的智能应用分类指数高于全市平均水平，其中，排名第 1 位的是顺义区，为 0.574。区县间智能应用分类指数水平差异度为 100∶40。

从构成智能应用分类指数的 5 个基础指标区域变异系数来比较，企业电子商务销售额占商品销售总额比重的变异系数为 1.216，企业网站建站率的变异系数为 0.75，互联网购买商品或服务占家庭消费支出的比重变异系数为 0.583，智慧社区建成率的变异系数为 0.501，政民网络互动效率的变异系数为 0.277。其中影响作用最大的是企业电子商务销售额占商品销售总额比重，该指标最高的顺义区为 30%，最低的为 0.38%，相差 79 倍；其次是智慧社区建成率，最高的顺义区为 40.7%，最低的为 6.9%，相差 5.9 倍。分析表明，企业电子商务销售额占商品销售总额比重是影响智能应用分类指数水平的主要因素。

（4）发展效果分类指数东城区位居第一。

从 SCDI（2013）的发展效果分类指数发展水平来比较，在 4 个分类指数中区县间的差距比较小。SCDI（2013）有 4 个区县的发展效果分类指数高于全市平均水平，位居第 1 位的是东城区为 0.516。区县间发展效果分类指数水平差异度为 100∶64。

从构成发展效果分类指数的 6 个基础指标区域变异系数来比较，城市智能运行管理效率的变异系数为 0.455，产业优化系数的变异系数为 0.387，人均信息消费额的变异系数为 0.332，人均收入变异系数为 0.231，居民安全感满意度的变异系数为 0.130，居民便利满意度的变异系数为 0.121。其中影响最大的是城市智能运行管理效率，该指标最高的密云县为

----

① 某指标年均增速的区域变异系数：该指标 16 个区县年均增速的标准差与平均数的比值。

16.37%，最低的为 2.96%，相差 5.5 倍；其次是产业优化系数，该指标最高的海淀区为 56.55%，最低的为 17.62%，相差 3.2 倍；影响作用排在第三的是人均信息消费额，该指标最高的朝阳区为 2015.9 元，最低的为 497.4 元，相差 2.5 倍。分析表明，城市智能运行管理效率、产业优化系数和人均信息消费额是影响发展效果分类指数水平的主要因素。

3. 区县间发展水平差距进一步缩小

（1）总指数水平差距呈缩小趋势。

对 16 个区县 SCDI（2013）总指数变化情况进行分析的结果表明，区县间智慧化发展的总体水平差距呈缩小趋势。其中，区县间总指数的区域变异系数从上年的 0.16 降至 0.15；区域差①由上年的 42 降至 39。

（2）分类指数水平差距有三个呈缩小趋势，智能应用指数差距有所加大。

对 16 个区县 SCDI（2013）分类指数变化情况进行分析的结果表明，环境支撑、基础设施与发展效果分类指数的水平差距均呈缩小趋势，智能应用分类指数的水平差距略有扩大。

从环境支撑分类指数的变化情况来看，SCDI（2013）环境支撑分类指数区县间的变化差距与上年相比有所缩小，区域变异系数从上年的 0.44 降至 0.40；区域差由上年的 80 降至 78。在 16 个区县中，该指数水平有 15 个呈现出不同程度的提升，其中提升幅度最大的是延庆县，比上年提升了 7.6 个点，排名从第 12 位上升到第 10 位，仅有一个区县该指数比上年下降了 0.7 个点。

从基础设施分类指数的变化情况来看，SCDI（2013）基础设施分类指数区县间的变化差距与上年相比有较大幅度缩小，区域变异系数从上年的 0.21 降至 0.13；区域差由上年的 53 降至 35。在 16 个区县中，该指数水平均呈现出不同程度的提升。提升幅度最大的是昌平区，比上年提升了 20 个点，排名从末位上升到第 13 位。该指数是四个分类指数中区域差值缩小显著的一个分类指数，这主要是北京市在贯彻落实"宽带中国"战略部署中，全市加快了光纤到户、光纤到楼的接入网络建设和改造进程，SCDI（2013）16 个区县的光纤网络家庭用户覆盖率都已超过 60%，无线通信网络覆盖率都已超过 95%，信息化基础建设在全市各区县得到了同步推进。

从发展效果分类指数的变化情况来看，SCDI（2013）发展效果分类指数区县间的变化差距略小于上年，区域变异系数从上年的 0.16 降至 0.15；区域差由上年的 39 降至 36。在 16 个区县中有三个曲线的指数略有提升，提升幅度较大的是大兴区，比上年提升了 1.3 个点。

从智能应用分类指数的变化情况来看，SCDI（2013）智能应用分类指数 16 个区县均有不同程度的提升，但区县间水平差异有所扩大，区域变异系数从上年的 0.24 升至 0.25，区域差由上年的 59 升至 61。在 16 个区县中，智能应用分类指数水平提升幅度最大的是丰台区，比上年提升了 26.7 个点，排名从第 9 位上升到第 2 位。

4. 北京区县的智慧城市发展水平划分为 4 种类型

依据北京市各区县 SCDI（2013）总指数的测评结果，结合系统聚类法的分类结果，将 16 个区县划分为 4 种类型（见表 4）。

---

① 区域差：按指数水平差异度计算的某类地区最高与最低水平的差值。

表 4　北京 SCDI（2013 年）4 种类型地区的指数比较

指　标	总指数		环境支撑指数		基础设施指数		智能应用指数		发展效果指数	
年　份	2012	2011	2012	2011	2012	2011	2012	2011	2012	2011
全市平均	0.450	0.388	0.352	0.329	0.628	0.497	0.454	0.310	0.433	0.431
第一类型地区	0.515	0.450	0.447	0.413	0.683	0.575	0.525	0.356	0.486	0.486
第二类型地区	0.437	0.374	0.360	0.324	0.590	0.467	0.476	0.326	0.384	0.393
第三类型地区	0.378	0.320	0.230	0.225	0.661	0.522	0.336	0.253	0.355	0.350
第四类型地区	0.337	0.287	0.120	0.144	0.619	0.537	0.315	0.181	0.355	0.348

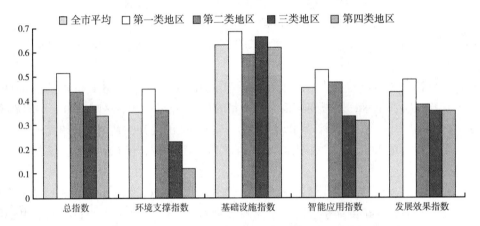

图 1　北京 SCDI（2013）四种类型地区的总指数与分类指数比较

（1）第一类型地区包括四个城区。该类型地区 SCDI（2013）总指数平均水平达到 0.515，比上年提升了 6.5 个点，是全市平均水平的 1.14 倍。

该类型地区的主要特点是，环境支撑、基础设施、智能应用、发展效果 4 个分类指数均高于全市平均水平，分别是全市平均水平的 1.27 倍、1.09 倍、1.16 倍与 1.13 倍，并远高于其他三种类型地区。其中环境支撑分类指数高出的幅度比较大，是第三类型地区的 1.34 倍、第四类型地区的 1.53 倍。水平较高的环境支撑分类指数是第一类型地区建设智慧城市的比较优势，但是该类型地区发展效果分类指数水平仅与上年持平。

（2）第二类型地区由上年的 4 个区县增加到 5 个。该类型地区 SCDI（2013）总指数平均水平为 0.437，比上年提升了 6.3 个点，相当于全市平均水平的 97.1% 和第一类型地区的 84.9%。

该类型地区有三个主要特点，一是环境支撑分类指数与智能应用分类指数略高于全市平均水平，分别是全市平均水平的 1.02 倍与 1.05 倍；二是发展效果分类指数不仅低于全市平均水平，为全市平均水平的 89%，而且指数水平比上年有所降低，降低了 0.9 个点；三是基础设施分类指数水平低，为全市平均水平的 93.9%，同时也低于其他三种类型地区。由此可见，基础设施建设水平仍然是第二类型地区在智慧城市建设中的关键薄弱环节，也是影响全市基础设施分类指数水平的主要因素。

（3）第三类型地区从上年的 6 个区县减少到 5 个区县。该类型地区 SCDI（2013）总指数平均水平为 0.378，比上年提升了 5.8 个点，相当于全市平均水平的 84% 和第一类型地区的 73.4%。

该类型地区的主要特点是，4 个分类指数水平之间存在较大差异。其中基础设施分类指数高于全市平均水平，为全市平均水平的 1.05 倍；其他三个分类指数远低于全市平均水平与第一类型地区。其中环境支撑分类指数差距最大，仅为全市平均水平的 65.3% 和第一类型地区的 51.5%，表明环境支撑条件不足是影响第三类型地区 SCDI（2013）总指数水平的首要因素。

（4）第四类型地区包括两个区县。该类型地区 SCDI（2013）总指数平均水平为 0.337，比上年提升了 5 个点，相当于全市平均水平的 74.9% 和第一类型地区的 65.4%。

该类型地区有两个主要特点，一是环境支撑分类指数和智能应用分类指数水平非常低，是影响第四类型地区 SCDI（2013）总指数水平的两个主要因素。其中环境支撑分类指数仅为全市平均水平的 34.0% 和第一类型地区的 26.8%，同时指数水平比上年下降了 2.4 个点；智能应用分类指数为全市平均水平的 69.4% 和第一类型地区的 60%。二是基础设施分类指数水平比较高，已经超过了第二类型地区。这反映了北京市为全面提升智慧城市建设的水平，正在持续增加对该类型地区的基础设施投入。

五 主要问题与对策建议

（一）进一步加快智慧北京建设的发展进程

"十二五"以来，智慧北京建设工作在稳步推进，但完成《智慧北京行动纲要》发展目标的任务仍然十分艰巨。因此，要把智慧北京建设工作作为贯彻落实党的十八届三中全会精神的重要举措，作为稳增长、调结构、惠民生的重要抓手，切实做好顶层设计，进行统筹规划、系统布局、促进协调发展。以城市规划科学化、公共服务均等化、社会管理精细化、基础设施智能化和产业发展现代化为主要内容，在"十二五"后期进一步加快智慧北京建设的发展进程。

（二）努力实现政府部门间的协同整合和信息共享

智慧城市建设是一项复杂的系统工程，不仅需要互联网、物联网、云计算等现代信息技术的推广应用，还需要在地区和部门间实现信息资源联合共建、广泛共享。但是仅从公共管理信息共享率指标数据至今仍是空白，就可反映出政府部门的协同整合和信息共享仍然存在障碍。因此，在智慧北京建设过程中，要通过健全政府部门信息资源共享的体制机制来解决这一问题。首先，要设计合理的管理体制，明确政府跨部门信息共享工作的责任主体，赋予其法定职权，使其能名正言顺地开展信息共享的规划、设计、推广等工作，解决条块管理体制下导致的"信息孤岛"问题，降低信息共享成本，提高信息共享效率。其次，要加强政府信息资源共享的法规和制度机制建设，对政府信息资源公开、采集、储存、发布、交换、监督等方面制定和出台相关法规和管理制度，通过法规和制度让各部门明确其应向公共平台提供和可索取的信息数据的种类、格式、时限等要求，使信息共享能有章可循、有法可依地规范化运作。

（三）提升居民家庭实际拥有的网络带宽

宽带是新时期我国经济社会发展的战略性公共基础设施，也是制约互联网使用效果的重要因素。"宽带中国"战略及实施方案中提出到2015年，城市和农村家庭宽带接入能力基本达到20Mbps和4Mbps，部分发达城市达到100Mbps；到2020年，城市和农村家庭宽带接入能力基本达到50Mbps和12Mbps，50%的城市家庭用户达到100Mbps，发达城市部分家庭用户可达1Gbps。目前，尽管北京市的光纤入户率已达到75.35%，但居民家庭实际拥有的网络带宽还远未达到发展目标。本项目问卷调查结果显示，调查样本家庭的实际网络带宽在2Mbps及以下的占21.1%，3～10Mbps的占32.6%，11～20Mbps的占9.1%，21～50Mbps的占2.2%，51Mbps及以上的仅占1%。因此，要在智慧北京建设的战略部署中，通过光网城市建设工程，着力提升居民家庭实际拥有的网络带宽。

（四）进一步增强智慧创新能力

本项目评价结果显示，环境支撑分类指数水平在4项分类指数中水平最低，而且区县间的差距较大。其中影响该分类指数最主要的指标是研发经费占地区生产总值比重，这是一项反映智慧创新能力和发展潜力的重要指标。该指标北京市地区间差异很大，最高的地区该指标已经达到9.0%，而最低的仅为0.52%，相差17倍多。从研发经费投入主体来看，2012年北京市全社会的研发经费投入比重为5.95%，而企业研发经费投入比重仅为2.36%，表明企业尚未发挥出智慧创新的主体作用。因此，需要把发挥企业主体作用、增强智慧创新能力作为智慧城市建设的重要任务，进行长远统筹规划，重点落实。

（五）在"便民""利民"和"惠民"等方面应有所突破

本项目问卷调查结果显示，SCDI（2013）在医疗、交通、教育三大民生问题上，居民对智慧化带来生活便利的满意度并没有得到改善，满意度综合得分仅有67.6分，刚超过及格线。在三大民生问题中，居民对教育的满意度相对较高，为70分；交通出行列其次，为67分；看病就医的满意度较低，为65.7分。智慧城市建设的重要目的是通过现代信息技术手段提高百姓生活的便利度和满意度。因此，需要着力落实物联网、大数据、云计算、下一代互联网等现代信息技术在解决民生热点问题中的应用，在医疗、交通、教育等方面有所突破，让百姓尽快感知和体会到智慧城市带来的"便民""利民"和"惠民"效应。

（六）加强现代信息技术知识普及与应用能力培训

现代信息技术需要人将其应用于社会工作与生活中，因此需要有全社会的广泛知晓和参与。但是，本项目的问卷调查结果反映出，还有相当一部分城市居民、尤其是农村居民、老年群体等对基础信息知识和技术尚不甚了解，不具备现代信息产品和技术的应用能力。其中有19.8%的受访者表示家里有宽带但不知道带宽，有超过10%的受访者对信息技术给生活带来的便利与否不清楚，有超过60%的受访者对城市网格化管理不知晓，等等，反映出至今现代信息知识和应用能力的社会普及方面尚存在盲点，这无疑将影响智慧化服务与管理的社会普惠性。因此，在智慧北京建设进程中，需要构建起覆盖全社会的现代信息技术知识普及体系，加强应用能力培训，扫除盲点，切实提高社会公众的智能应用能力，使之享受到智慧北京建设的成果。

（七）尽快完善相关统计制度

统计数据是科学决策的量化依据。目前，由于有关信息化的统计制度还不完善，给政府管理和科学评价工作带来一定困难。现存的主要问题：一是官方统计指标数量有限，不能满足分析的需要；二是部门指标年度间统计数据口径不一致；三是非官方数据随意性大，缺乏科学性等。因此，随着智慧城市建设的进一步深入，需要尽快建立和完善城市智能运行、居民数字生活、企业网络运营、政府智慧化管理等方面的统计制度，为智慧北京建设奠定科学管理的数据基础。

"智慧城市发展指数统计评价研究"课题组

课题组组长：杨京英　陈彦玲　　课题组副组长：王海峰　侯小维　倪东

课题组成员：吴海燕、刘卫国、刘旭、徐世君、杜鹃、王志强、李杨、丛雅静、戴清华

审定：童腾飞

智慧城市与智慧东城

摘要： 当今社会，随着信息技术的不断发展，人们越来越多地感受到了新技术的应用给生产和生活带来的巨大变化。诸如数字化、云计算、物联网、智慧城市、大数据、信息消费等新名词不仅耳熟能详，微博、微信、网购等新工具的使用更是让人们体验到了信息技术普惠带来的方便。伴随着这一趋势，城市管理也日益复杂，国家和社会对城市管理普遍提出更高的要求。如何更好地开展城市建设是摆在各级政府面前的重要挑战。本文探讨了智慧城市概念的起源、发展、工作范畴，总结研究了国内各地智慧城市建设的工作进展，并具体结合东城区具体特点，介绍了东城区智慧城市建设的实践，总结提炼出对智慧城市建设的几点体会。

关键字： 智慧城市　智慧东城　城市管理　信息化

一　智慧城市的理解

1. 智慧城市概念的提出及演进

智慧城市这一概念出现时间不长，一般认为，2009 年 1 月 28 日，IBM 首席执行官彭明盛首次正式提出"智慧城市"这一概念。但智慧城市、智慧社会建设要早于这个时间，如 2002 年 4 月，欧盟委员会提出了"欧洲智能能源"计划，支持欧盟各国和各地区旨在节约能源、发展可再生能源和提高能源使用效率的行动。目的是提高能效以节约能源、大力开发可再生能源、保护环境、实现可持续发展。2007 年，提出了一整套智慧城市建设目标，并付诸实施。欧盟的智慧城市评价标准包括智慧经济、智慧移动性、智慧环境、智慧治理等方面。2008 年 11 月，IBM 总裁彭明盛在纽约召开的外国关系理事会上，正式提出了"智慧地球"理念，提出把感应器嵌入和装备到电网、铁路、桥梁、隧道、公路、建筑、供水系统、大坝、油气管道等各种物体中，并且被普遍连接，形成所谓"物联网"，通过超级计算机和云计算将"物联网"整合起来，实现人类社会与物理系统的整合，引发了智慧城市建设的热潮。从 2009 年 2 月开始，IBM 在中国推广"智慧地球"概念。智慧城市概念引入中国后，引起广泛关注和响应。2010 年中国多个城市将智慧城市建设列入"十二五"规划，作为"十二五"时期加快经济发展和经济发展转型的战略导向和重要抓手。

2. 智慧城市的基本含义

智慧城市是一个复杂综合的概念，目前尚未形成统一的定义。根据维基百科的介绍，智慧城市是把新一代信息技术充分运用在城市的各行各业之中的基于知识社会下一代创新（创新 2.0）的城市信息化高级形态，是基于互联网、云计算等新一代信息技术以及大数据、社交网络、综合集成法等工具和方法的应用，能够营造有利于创新涌现的生态，实现全面透彻的感知、宽带泛在的互联、智能融合的应用以及以用户创新、开放创新、大众创新、协同创新为特征的可持续创新。

3. 智慧城市工作范畴

智慧城市工作范围较广，涉及城市运行和管理的各个方面。根据 2009 年维也纳理工大学的区域科学中心的研究，智慧城市主要包括六个维度，包括：智慧的经济、智慧的移动、智慧的环境、智慧的民众、智慧的生活、智慧的治理。智慧城市是通过综合运用现代科学技术、整合利用信息资源、统筹业务应用，加强城市规划、建设、管理，科学推进城镇健康可持续发展的新模式。

4. 智慧城市建设原则

在智慧城市的建设中，一般应该遵循系统性、可控性、适宜性三大原则。

系统性是指智慧城市的建设要在经济、社会、自然综合规划下开展。应从城市整体入手，系统地谋划城市发展，从更长远、更广泛、更多地视角来分析和研究城市。在城市资源环境条件方面，要掌握城市自然、人文条件；在区域定位方面，要区分城市所处区域、气候带、经济发展程度和定位；在城市发展的核心问题方面，要准确识别城市发展阶段面临的核心问题，化繁为简，找准原因；在目标定位方面，要进行城市区域定位、城市规模、资源开发和利用方向、产业结构和竞争力、生态环境承载力的深入分析。

可控性是指把科学管理方法应用智慧城市建设。要讲究绩效，注重可执行、可落实、可监督、可考核，并从法律法规建设的角度控制社会风险，保证信息技术的合理应用。从政府角度，要建设高效、精细化城市管理、服务模式；从企业角度，要求产业发展和竞争力的提升；从民众角度，要保证智能、便捷、安全、健康。

适宜性是指建设工作要因地制宜、体现智慧。智慧城市建设要"因地制宜、因时制宜"，从城市的实际问题入手，"一城一策"创建智慧方案。辨识城市当前发展阶段的核心问题，明确城市在国际、国家、区域背景下城市发展的目标定位。既从城市发展的需求出发，又结合新型城镇化战略，统筹规划，智慧解题。

5. 智慧城市的建设目标

一般来说，智慧城市的重点目标是在全球化的环境下，提升城市竞争力。"发展是硬道理"，城市只有促进发展才具有可持续性。城市有了钱才能够支持城市方方面面的发展。例如，创造好的投资环境，吸引一流企业入驻，提高产业发展水平，提高居民素质，实现充分就业，等等。在此总体目标性，不同地方的智慧城市的建设也包括其他具体目标，如为居民提供更好的服务，提升居民的生活水平，对环境的监测和控制，实现绿色和可持续发展等。但总体上看，由于城市之间差异很大，智慧城市建设必须以本市自身发展的紧迫需求，以追求经济社会效益的最大化为出发点，而不是盲目照搬。

6. 智慧城市建设的必要性

智慧城市建设是落实国家 2020 年全面建成小康社会的奋斗目标的重要内容和关键途径。党的十八大提出，到 2020 年全面建成小康社会的奋斗目标，并指出："走中国特色新型工业化、信息化、城镇化、农业现代化的道路，促进我国经济持续健康发展。"中央经济工作会议进一步提出，把生态文明理念和原则全面融入城镇化全过程，走集约、智能、绿色、低碳的新型城镇化道路。8 月 14 日国务院印发《关于促进信息消费扩大内需的若干意见》（以下简称《意见》）。《意见》提出：加快智慧城市建设。在有条件的城市开展智慧城市试点示范建设。各试点城市要出台鼓励市场化投融资、信息系统服务外包、信息资源社会化开发利用等政策。支持公用设备设施的智能化改造升级，加快实施智能电网、智能交通、智能水务、智慧国土、智慧物流等工程。由此可见，智慧城市建设是落实国家发展目标的重要内容和关键途径。

智慧城市建设也是城市自身发展提升的迫切需求。改革开放30年，我国城镇化水平得到了较大提高。但是目前我国存在城市公共服务滞后、城市建设与运营管理粗放、城市经济发展方式未实现根本转变、城市资源环境约束日益趋紧等问题。我国的城镇化水平仍然较低，城镇化水平落后于工业化进程，城镇化质量亟待提高，城市转型发展要求日益迫切。数以亿计的农村人口由农村迁入城市，不是一个简单的人口迁移问题，而是一个巨大的经济社会发展问题，其中蕴涵的挑战极多。坚持科学发展，是中国城市发展的极为重要的指导思想。2012年10月，美国麻省理工学院提出发展"城市科学"，试图将以科学的方法构造新的城市概念，研究城市科学发展的战略，解决城市化进程中的各种问题，打造成为一门新的学问。智慧城市建设正是解决当前我国城市建设和管理面临的各类问题的有效途径，也是迫切需求。

二　智慧城市的实现途径

1. 国外智慧城市建设进展

美国是最先提出"智慧城市"概念的国家，作为全球领先的发达国家，美国"智慧城市"的建设从内外两点着眼，对外为保持世界竞争优势地位，对内是对本国经济的拉升提振，以促进国家的经济繁荣与社会可持续发展。美国智慧城市计划主要涵盖三部分核心内容：一是高速宽带发展计划，将目前的宽带网速度提高25倍；二是建设联邦智能交通系统，包括两大智能子系统：智能基础设施和智能交通工具；三是现代化的城市电网，奥巴马政府为了振兴其绿色经济还对智能电网方面进行了重点投资和建设。美国迪比克市利用物联网技术，将城市的所有资源（包括水、电、油、气、交通、公共服务等）数字化并连接起来，监测、分析和整合各种数据，进而智能化地响应市民的需求并降低城市的能耗和成本。为了提高公交系统的载客量和服务质量，利用射频识别技术追踪公交路线的载客量，并借助数百名志愿者乘客的帮助，统计乘客上下车的时间和地点等数据，以便更好地规划交通路线和提高公交系统的调度效率。美国的波尔得市将现有的变电站升级，使之能够远程监控，并进行实时的信息收集和发布，使消费者能够对家庭能源进行自动化操作。对电网接入升级以支持家用太阳能电池板、电池、风力涡轮机和混合动力车等独立的发电和储能设备，使电网电力能便利地传输到这些设备上建立新的测量系统，不仅可以测量用电，还可以将信息实时、高速、双向与电网互联。

欧洲智慧城市以"绿色"为主题，更多地关注信息通信技术在城市生态环境、交通、建筑等领域的作用，发展低碳住宅、智能交通、智能电网，提升能源效率，应对气候变化，建设绿色智慧城市，旨在实现"智能增长""可持续增长"和"包容性增长"三大目标。阿姆斯特丹智慧城市建设目标是2025年CO_2排放降低40%（以1990年为基准，是欧洲目标的两倍）；2020年可再生能源占比达到20%；实施了五个重点智慧项目，分别是：West Orange项目：为500户家庭试验性的安装一种新型能源管理系统，节省14%的能源；Geuzenveld项目：为700多户家庭安装智能电表和能源反馈显示设备；ITO Tower智能大厦项目，占地38000平方米，通过传感器、智能控制系统部署，将能耗降至最低；Energy Dock项目：73个靠岸电站中配备154个电源接入口，便于港口船只充电，采用清洁能源发电；

Utrechtsestraat 项目：代表性街道上部署节能灯，太阳能垃圾箱，内置压缩设备，利用电动汽车搬运垃圾。

日本"智慧城市"发展理念主要是如何利用智能化技术来帮助人们的工作与生活。2009 年 7 月，日本政府制定了《I–Japan 2015 战略》，旨在到 2015 年实现以人为本，"安心且充满活力的数字化社会"，让数字信息技术如同空气和水一般融入每一个角落，并由此改革整个经济社会，催生出新的活力，实现积极自主的创新。初期，日本智慧城市建设主要从汽车交通和基础信息网络入手。当前，日本智慧城市建设主要向节能和环保方向发展。

韩国作为亚洲地区网络覆盖率最高的国家，韩国的移动通信、信息家电、数字内容等居世界前列。2004 年 3 月，面对全球信息产业新一轮"U"化战略的政策动向，韩国信息通信部提出"U–Korea"发展战略，发布 IT839 行动计划。2005 年 MIC 成立 U–city，支援中心，首尔、釜山、仁川等 6 个地区成为示范，韩国政府将"IT839"行动计划修改为"U–IT839"行动计划。2007 年 U–city 启动了以首尔为代表的 U–city 试点。2009 年，韩国通过了"第一次 U–City 综合发展计划"，将 U–City 建设纳入国家预算，在未来 5 年投入 4900亿韩元（约合 4.15 亿美元）支撑 U–city 建设。计划把韩国所有的资源数字化、网络化、可视化、智能化，从而促进韩国的经济发展和社会变革。"U–City"把信息技术包含在所有的城市元素中，使市民可以在任何时间、任何地点通过任何设备访问和使用城市元素。U–City 目前已覆盖 22 个城市。

2. 国内智慧城市的发展状况

2013 年智慧城市得到了各级政府的积极响应，住房和城乡建设部先后公布了国家智慧城市试点名单，试点城市多达 200 个，各地也就智慧城市建设提出具体要求。

上海：2011 年《国民经济和社会发展"十二五"规划纲要》提出：大力实施信息化领先发展和带动战略；构建实施便捷的信息感知体系；推进信息技术与城市发展全面融合；建设以数字化、网络化、智能化为主要特征的智慧城市。智慧城市包含四大体系：一是具有国际水平的智慧知识体系；二是高效便捷的感知应用体系；三是创新活跃的新一代信息技术产业体系；四是可信可靠的区域信息安全保障体系。力争到 2015 年构建智慧城市框架体系。

北京：2012 年 3 月 7 日北京市政府正式印发《智慧北京行动纲要》（京政发〔2012〕7号）。根据文件精神，北京市政府办公厅印发了《关于印发智慧北京重点工作任务分工和关键指标责任表的通知》（京政办函〔2012〕9 号）。明确要求：北京市经信委将依据重点工作任务分工对各单位的建设任务完成情况进行考核，将依据关键指标组织开展面向区域和行业的发展水平评估。"智慧北京"是北京市信息化未来十年的主题。北京的信息化建设将由"以网络全覆盖、业务全面信息化、应用全覆盖信息资源数字化为特征"的"数字北京"（2001~2010 年）阶段发展到"以宽带泛在的基础设施、智能融合的信息应用、创新可持续发展环境为特征"的"智慧北京"（2011~2020 年）阶段。"智慧北京"到 2015 年的发展目标可以归纳为：实现一个基础提升和四类主体的智慧应用体系，信息化整体发展达到世界一流。为了实现"智慧北京"规划目标，《智慧北京行动纲要》提出了八大行动计划，简称"4+4"行动计划，即四项智慧应用行动计划和四项智慧支撑行动计划。根据智慧北京总体发展目标，设计形成了包括城市智能运行、市民数字生活、企业网络运营、政府整合服务和信息基础设施等 5 个方面的 30 项指标。

四　智慧东城建设介绍

东城区是首都功能核心区，面积 41.84 平方公里，常住人口 91.9 万人，流动人口 26.5 万人，管辖 17 个街道、187 个社区。目前，东城区已经形成了智慧东城规划体系。结合《东城区总体发展战略规划（2011～2030 年）》，编制完成《东城区信息化发展战略（2011～2030 年）》和《"智慧东城"行动计划（2011～2015 年)》，形成了完备的智慧东城规划体系。东城区作为住建部全国智慧城市（区）试点之一，依据东城区发展的总体定位以及信息化发展战略规划，结合区域发展实际和国家智慧城市试点要求，开展了智慧城市建设工作。

1. 智慧东城建设目标

作为首都功能核心区，东城区依据建设"五个之都"和中国特色世界城市的要求，立足于"首都文化中心区、世界城市窗口区"的总体定位，《东城区信息化发展战略（2011～2030 年）》首次确定了智慧东城的发展目标，即城市管理精准可靠、公共服务优质便捷、服务经济集约融合以及电子政务协同高效。智慧东城的发展目标要求信息化对东城总体定位提供支撑，以新一代信息技术推进政府管理创新应用，为城市发展新理念开辟广泛的发展空间，同时，在发展高端产业中发挥信息化引领作用。其基本方针为：着眼未来、持续发展；统一部署、急用先行；普遍服务、全民行动；创新体制、完善机制。

根据发展目标，在智慧城市试点中，东城区将创建目标确定为：从"基础设施、基础数据"两个基础建设以及"政务服务、公共服务、产业服务、城市管理服务"四个方面推动智慧城市建设，建设政府引领发展、社会普遍参与的信息化发展新模式，探索研究新技术，开发建设新应用，开拓发展信息化新领域，实现城市管理精细化、电子政务协同化、公共服务优质化和产业发展信息化。

2. 智慧东城建设规划框架

（1）营造宽带融合的信息化环境。

信息化的环境是智慧城市建设的基础，建设内容包括：全面部署新一代信息基础设施，加快构建智能化的城市基础设施，加强网络和信息安全保障体系建设三个主要方面内容。在加快信息网络的宽带化升级，大幅提高全区互联网宽带网络接入速度的基础上，积极推进推动新一代移动通信技术在城市管理、电子政务、公共安全等领域的应用。在加快感知技术在交通领域的应用，运用最新信息技术，全面构建对地下设施、地面建筑、文物古迹等城市重要部件的智能化监控体系，确保城市安全、稳定运行。推进信息技术在对绿地、湖泊、河流等污染监控中的应用，提供智能化的预警和决策支持。在智慧城市环境建设中，特别要注重网络与信息安全保证体系建设，建立和完善信息安全测评认证体系、网络信任体系、信息安全监控体系、容灾备份体系和信息安全应急处理体系。

（2）打造智能化的城市神经中枢。

信息资源开发与共享是智慧城市建设神经中枢的基础。着力开发利用空间地理、人口、经济、基本单位等数据库，建设涵盖地面建筑、地下空间、水资源、地下管道等空间要素的城市地理空间基础数据库。建立健全公共基础数据共享交换规则和机制，加快数据资源目录体系、交换体系的建设，实现基础数据的整合与共享。引导和规范数据资源的社会化增值开发利用，实现信息资源资产化运营。加强信息资源的深度开发、及时处理、安全保存、快速流动和高效利用，促进信息资源的优化配置，满足东城区经济社会发展的信息需求。

（3）建设精准高效绿色城区。

智慧城市建设要与东城区域特色发展紧密结合。坚持发展"网格化"品牌，完善网格化城市管理体系，建立网格化社会服务管理平台，将属地包含的人、地、物、事、组织等各类信息资源纳入工作网格之中，实现对区、街、社区、工作网格的"四级服务管理"。整合城管、公安、消防、卫生、工商等部门资源，实现综合执法与工作网络之间的有机结合，形成常态性、综合性主动执法新机制。以信息化创造绿色人居环境，推进信息技术在环境、出行、购物、旅游、健康等方面的应用，倡导低碳生活，创建舒适优美、健康宜居的城市环境，建设精准高效的绿色城区。

（4）构建宜居和谐普惠型新东城。

建设宜居和谐普惠型的新东城是智慧城市建设的目标之一。在东城区要大力发展网络教育，深度开发、整合全区各类教育资源，积极引进区外、市外、国外优秀教育资源，推进教育信息资源的建设与共享，实现教育资源均等化。大力推进实施电子医疗，密切配合医疗体制改革，完善丰富跨部门和跨区域服务的电子病历信息和居民数字健康档案应用体系，为患者提供集医疗、预防、保健、康复、健教和计划生育"六位一体"的服务。大力推进政务在线服务，整合政府各部门面向社区居民的在线服务，梳理、整合各类服务热线、呼叫热线，提高社区政务和公共服务水平。

（5）发展高度信息化的服务经济。

在智慧城市建设中积极推进信息化服务经济。要以信息化做强文化创意和商业服务业，加快具有东城特色的皇城文化、会馆文化等民族优秀文化作品数字化步伐。以信息化加快推进戏剧"名优精品"工程，着力打造一批具有国际影响力的文化精品和活动品牌，推进王府井、前门大街电子商务建设。大力发展高度信息化的旅游、金融、商务和信息服务业，深入挖掘太庙、国子监、王府井、天坛、明城墙遗址、龙潭湖等东城特色旅游资源，努力打造具有东城特色的国际一流旅游目的地。以信息化推进中医药、低碳服务和体育产业发展壮大。

（6）构建电子政务民主法治政府。

在智慧城市建设中逐步构建电子政务民主法治政府。进一步完善政务业务协同体系，以服务为导向，利用信息技术推进政府体制改革和业务流程重组，建立精简、统一、高效的服务型政府。以业务信息系统为纽带，建立各部门业务协同机制，实现各部门内部以及部门之间信息、业务、服务和人员等的高度协同。健全信息公开与披露制度，基于先进网络构架，改造升级政府门户网站，强化政民互动，拓宽公众参与重大决策和民主监督的渠道。大力推进联网审计、监察信息化，构建法治型政府。

（7）完善智慧东城建设的组织保障体系。

组织保障体系是智慧城市建设的重要保障。完善智慧东城建设组织保障体系框架设计，以区信息化领导小组作为框架的顶层机构，下设网络与信息安全协调小组、互联网宣传管理工作领导小组和党委系统信息化工作协调小组三个专业分支机构，东城区信息化工作办公室作为区信息化工作领导小组的日常办公机构。东城区信息化专家咨询委员会作为区信息化工作领导小组的决策咨询机构。组建东城区信息化协会，促进区域数字内容产业、文化创意产业和信息产业的发展。

3. 智慧东城行动计划

智慧东城行动计划是智慧东城建设第一个五年计划，也是东城区从"数字东城"到"智慧东城"发展的第一步。其目标是到2015年，"智慧东城"的发展目标是，通过实施"2106"计划（"2"即两大基础工程，"10"即十项重点工程，"6"即六项保障措施），初步建成信息资源高度整合的公共基础数据共享服务平台和以城市运行、公共安全、社会管理、公共服务、经济运行和电子政务为应用体系的"智慧东城"应用框架，形成信息化与城市经济社会各方面深度融合的发展态势，信息化整体发展达到世界一流水平，从"数字东城"向"智慧东城"全面跃升。其主要建设内容如下。

（1）两大基础工程。

信息化基础设施提升工程。即实施"光纤入户"、建设"无线东城"、提升政务网络基础设施服务和信息安全防范能力。

公共基础数据共享服务平台工程。即建设公共基础数据共享服务平台、制定公共基础数据开发利用规则。

（2）十项重点工程。

网格化社会服务管理创新工程。即建立网格化社会服务管理平台、完善社会保障和社会公共服务体系、构建以预防为主的公共安全监管新体系、增强网格化社会管理模式的综合执法功能。

"数字文化"特色工程。即建立东城特色文化虚拟体验与展示平台、建立工艺美术数字设计与产业促进平台。

"数字商业"品牌工程。即建立"数字王府井"服务平台、建立"网上前门"综合服务平台、优化重点商业街区交通停车环境。

"数字园区"科技工程。即建设"数字雍和科技园"、建设"数字龙潭湖体育产业园"。

"数字旅游"服务工程。即搭建东城旅游综合服务平台、以故宫、天坛、前门等文化旅游资源为核心，为游客提供旅游信息服务、通过3G移动终端、景点体验中心等方式，为游客提供"网上逛东城"服务。

"数字监测"绿色工程。即推进楼宇经济监测系统应用、建立动态指标监测系统、启动能耗监测试点，推进"绿色东城"建设。

"数字社区"试点工程。即推进"数字安全社会"建设试点、推进"数字宜居社区"建设设点、开展"数字服务社区"试点、推进社区服务助老试点、开展"数字家庭"试点。

"数字教育"提升工程。即提升教育网接入能力、搭建教育资源共享平台，建立教育资源共享机制、搭建面向管理者、教师、学生、家长和市民的信息交流共享平台。

"数字健康"惠民工程。即搭建居民健康服务平台、普及社区卫生服务信息系统、建立东直门全数字化社区卫生服务中心。

"数字政务"强政工程。即构建新一代协同办公平台、建立网上监察综合平台、建立政府绩效管理系统。

4. 智慧东城评价体系

"智慧城市"评价指标体系是智慧城市建设的行动指南，也是检验智慧城市成果的具体体现，将起到引领和指导、评估和监测等作用。建立"智慧城市"评价指标体系可以使决策层及相关机构能够很好地了解和把握"智慧城市"的发展水平与进程，从而进行科学决策，以确保"智慧城市"建设的快速、健康发展。因此，"智慧城市"评价指标体系研究具有重要的科学研究价值和社会实践意义。

指标体系的构建目标。第一，建立一套科学完整的智慧东城评价指标体系，在全面落实《智慧北京行动纲要》精神的基础上，体现东城区现代信息技术应用与网格化管理的成果与效果，量化东城区智慧城区的发展水平和发展程度；第二，科学衔接东城区智慧城区评价指标体系与北京市智慧城市评价指标体系；第三，以第三方评估的形式，建立一套客观、科学的评价指标体系，对东城区的智慧城区建设水平做一个量化的纵向比较，既考查近年来的水平变化，也希望借此对未来的工作做一个引导，从而更好地提升北京东城区乃至北京市整体的信息化、智能化水平。

智慧东城评价指标体系包含 4 个二级指标（即环境支撑指数、基础设施指数、智能应用指数、发展效果指数），19 个三级指标。经第三方测算，2011 年东城区智慧城市发展总指数高于全市平均水平，在 16 个区县中位居第一，但是环境支撑分类指数和智能应用分类指数相对水平较低，尤其是环境支撑指数的情况不容乐观，是应该关注的关键环节（见表 1）。

表 1　东城区四个分类指数的区县排位

年份	2011	2010	2005
发展效果指数	1	1	1
智能应用指数	1	3	6
基础设施指数	1	1	5
环境支撑指数	6	6	4

5. "网格化"城市管理的实践

2004 年，东城区创新城市管理新模式，提出六个创新点，创建了万米单元网格管理法和城市部件管理法。简单来讲，就是对一个基层政府管辖的区域，以一万米为单位进行网格状划分，将井盖、雨水箅子、公共宣传栏、绿地等城市管理对象作为城市部件，按照地理坐标定位到万米单元网格地图上，精确定位，通过网格化城市管理信息平台对其进行分类管理的方法。在网格化的管理模式下，大大提高了城市管理效率和管理水平，有效地解决了城市管理中"政府失灵"问题，系统运行 8 年多来共立案处理各类城市管理问题 707247 件，结案 700740 件，结案率为 99.08%；平均每月处置问题 12000 件。

2010 年东城区又提出网格化社会服务管理模式，则是面向人、组织、地、事、物、情，以人和组织为重点，综合考虑地、事、物、情等因素的精细化管理。构建了天上有云、中间有网、地上有格的信息化平台，将管辖地域划分成若干网格状单元，由专门的网格工作人员，对社区实施 24 小时动态、全方位管理。小到社区环境卫生、居民矛盾化解，大到社区党建、社会治安维护，都可以做到凡事不出网格。该模式实施以来，通过信息平台，到 2013 年 6 月底共采集基础数据 178 万条，上报社会事件 25 万件，记录民情日志 133 万件，有效实现社情民意早知道、早化解、早回复，把 85% 的问题争取解决在社区网格，实现身边事不出网格，小事不出社区，矛盾不上交。信访量明显下降，社会治安提升，群众安全感、幸福感显著提高，成为社会管理创新的成功实践。

按照东城区的总体规划和要求，特别是结合现在智慧城市的建设，形成"网格化"为特色的政府管理服务体系。几个核心思想如下。

第一，城市资源整合协调。城市网格化管理需要运用到方方面面的数据支撑，将各方面数据会聚，资源管理的协调和流程再造就显得极其重要。

第二，城市管理精细化设计。没有精细化的管理思想，就不可能把如此多的数据、管理和服务落到实处。

第三，以服务为本的社会管理。现在东城区不再是为信息化而信息化，更多是通过信息化能够使老百姓更加满意。

第四，把信息技术运用到社会管理、城市管理以及公共服务当中，这也是我们推进智慧城市的基础。

五 总结与思考

本文通过对智慧城市概念到智慧城市内涵的理解，以及国内外智慧城市的发展现状，并结合东城区的具体工作实践，对如何开展智慧城市建设应关注三个方面的结合。

第一，要坚持管理创新和应用创新的结合。东城区"网格化"建设的实践给我们的启示是把管理工作创新与信息技术应用创新相结合，我们在智慧城市建设中，重点关注当前城市建设发展中的核心问题，城市发展中遇到的难题，或者管理体制方面的制约，哪些能借助信息技术来解决。

第二，要坚持需求导向与技术应用的结合。虽然制定了规划，在实际工作应当是在规划大方向的指引下，根据现实工作需要，有针对性地运用信息技术寻求解决方案。同时，新技术的发展也不断给智慧城市建设提出新的思路，比如大数据、云计算，就是要把技术的发展和应用需求很好地结合起来，在工作中发挥作用。

第三，要坚持标准先行与信息化统筹相结合。智慧城市建设的重要基础是信息化资源的整合、开发与利用，其目标能够合理配置资源，推进以人为本的公共服务普惠。因此坚持标准化先行，加大新一代信息技术及应用标准的制定修订力度，特别是在统筹中加强对信息化项目标准规范的要求，比如业务规范、数据规范、安全使用规范等。

总之，智慧城市建设目标宏伟，科技创新日新月异，作为城市的功能区域，智慧城市任务艰巨，责任重大，我们必须要创新工作思路和创新技术运用，更好推进智慧城市的建设。

参考文献

许庆瑞、吴志岩、陈力田：《智慧城市的愿景与架构》，《管理工程学报》2013年第26（4）期。

吴标兵、林承亮、许为民：《智慧城市发展模式：一个综合逻辑架构》，《科技进步与对策》2013年第30（10）期。

史璐：《智慧城市的原理及其在我国城市发展中的功能和意义》，《中国科技论坛》2011年第5期。

陈柳钦：《智慧城市：全球城市发展新热点》，《青岛科技大学学报（社会科学版）》2011年第27（1）期。

李德仁、邵振峰、杨小敏：《从数字城市到智慧城市的理论与实践》，《地理空间信息》2011 年第 6 期。

《北京市东城区总体发展战略规划（2011～2030 年)》。

《东城区信息化发展战略（2011～2030 年)》。

《"智慧东城"行动计划（2011～2015 年)》。

（北京市东城区信息化工作办公室　倪东）

青岛市政务云公共服务平台
建设和应用情况专题报告

一 概况

1996 年，青岛市委、市政府决定成立党委、政府统一的计算机中心（现已改名为青岛市电子政务和信息资源管理办公室，简称市电政信息办），统一建设全市宏观决策和办公信息服务网络系统。从此，青岛市形成了高度集中统一的电子政务管理体制，并逐步确立了建设网络环境下的"一体化政府"，为社会提供"一站式服务"的电子政务发展目标，探索形成了集约化发展模式。2008 年，青岛市政府召开信息化统筹整合专题会议，决定开建电子政务共享平台。2011 年，在共享平台基础上开建政务云公共服务平台。这些措施，使青岛市电子政务应用系统的集中度达到 70% 以上，信息共享和业务协同也实现了重大突破，走出了一条低投入建设、大规模应用，低成本运行、高水平服务的电子政务发展之路，使电子政务与行政管理改革创新实现了深度融合。

二 技术架构

在高度集中统一的体制和模式下，核心技术体系的支撑服务能力建设至关重要。多年来，我们始终遵循"需求导向、适度超前、综合配套、高度一体化"四条原则，不断扩展完善核心技术体系，既及时满足全市机关电子政务应用需要，又不造成浪费。

目前已建成并投入运行的政务云公共服务平台采用"两地三中心"模式，即在市级机关办公楼建设了主数据中心，在相距 120 公里的莱西市（青岛市所辖县级市）建设第二数据中心，两中心互为灾备，通过网络虚拟化、服务器虚拟化和存储虚拟化，形成了实时双活云计算与灾备一体化平台。同时在市级机关另一办公楼建设云计算资源管理中心，部署云管理平台，实现对两个云中心的统一资源调度。目前，该平台配备了 360T 存储、2000 颗CPU、6000G 内存的硬件资源和多种操作系统、数据库、中间件等软件平台资源。该平台的主要技术构成可概括为"686"体系，即网络平台、计算平台、存储平台、安全平台、基础软件平台、基础数据平台 6 个基础平台，基础办公平台、内容管理平台、互动服务平台、办事服务平台、多媒体协作平台、流程管理平台、移动服务平台、信息资源管理平台 8 个应用支撑平台，基础设施服务中心、平台服务中心、应用服务中心、认证和安全服务中心、信息交换共享中心、灾备中心 6 个功能中心。

三 主要功能

按照云服务模式，政务云公共服务平台主要通过四种方式为全市机关电子政务应用提供服务。

一是基础设施共享服务（ISS），即统一建设机房、网络等基础设施，全市机关共同使用。

二是平台共享服务（PSS），即集中统一部署主机服务器、存储、基础软件等支撑平台，承载各部门应用层开发、部署和运行。

三是应用软件共享服务（ASS），即统一开发、引进并集中部署通用应用软件，直接为各部门提供最终应用服务。

四是数据共享服务（DSS），即统一建设政务信息资源交换共享平台，汇集全市政务信息资源，形成中央数据库，为部门提供政务信息资源共享服务。

四　应用成效

由于多年来一直实行云模式（集约化模式），青岛推行电子政务不仅成本低，而且速度快、规模大。目前，全市机关正在和已经利用政务云公共服务平台实施的信息化项目达140种，若按单位分别统计，应用系统总数达2000多个。现对其中三种主要应用模式和重点应用作简要介绍。

（一）通用共性应用服务

（1）网上办公平台。按市级和区市级分别集中、分级服务模式部署（其中市级平台为100个单位提供日常办公服务），纵向到底、横向到边，形成了全市大一统的一网式协同办公环境。2013年，用户总数达5万多个，网上公文信息流转量达2000多万件次。

（2）网上审批平台。按市级和区市级分别集中、分级服务模式部署（其中市级平台为45个有审批职能的部门提供服务），市级400多项许可、非许可审批等事项和所辖10区市的审批业务，全部在统一的网上审批平台流转办理，并实现企业注册登记、建设项目审批、工业项目审批、服务业项目审批等重点领域网上联合办理。2013年，建设完善了一号通、统一登记、联合审批、绿色通道等审批提速相关应用系统，实现网上办理业务5.3万件，审批平均提速率达36.85%。

（3）网上执法平台。按市级和区市级分别集中、分级服务模式部署（其中市级平台为44个有行政处罚权的部门提供服务）。2013年，实现2万余件行政处罚案件的网上规范透明运行。

（4）网上办事服务平台。按市和区市大集中模式部署。市级机关各部门和各区市全面梳理政府和公共企事业单位审批办事服务事项，编写详细办事指南，推行网上直办。全面建成全市统一的网上政务服务平台，2013年11月18日，包括市民一站通、企业一站通和我的政府一站通三大服务体系的网上便民服务大厅正式上线运行，整合政府办事服务2212项、公共企事业单位服务371项，标志着市委、市政府门户网站初步实现由信息服务为主向综合办事服务转型。目前各级行政审批事项全部实现网上办理，市本级政务（办事）服务事项网上办理率也已达40%，并正向区（市）、街道（镇）、社区（村）延伸，计划到2015年底，全市各级政务服务事项网上办理率达到70%以上。

（5）网上政府信息公开平台。依托全市统一的网上办公平台和政府门户网站建设，各部门可在业务流转过程中按主动公开、依申请公开、不予公开的属性自动入库或发布。目前已建成包括 7 项共性目录、1183 项个性目录的政府部门信息公开目录体系，集中发布各类信息 83 万条，其中 2013 年发布各类信息 8 万余条。

（6）网络问政（访谈）平台。57 个部门实现常态化。网络问政（访谈），2010 年以来开展 1806 场，参与网民 45 万人次，回答问题 4.3 万个，其中 2013 年开展 698 场，参与网民 11.3 万人次，回答问题 1.4 万个。

（7）政府信箱（留言板）。形成 60 个部门和 10 区市 24 小时畅通的"一站式"受理市民诉求的渠道，2013 年答复和解决问题 3.5 万个。

（8）网上参政议政。青岛政务网还建立了网上信访、网上意见征集、网上听证、建议提案、公务员效能投诉等系统，全方位多领域拓展公众参与渠道。

（9）网络视频会议系统。按市级和区市级分别集中、分级服务模式部署，并与网上办公平台集成，通达市级机关、区市机关和街道（镇），2013 年召开视频会议 500 多次。

（10）信息审编系统。该系统实现了信息采、改、编、发一体化流程。市委办公厅、市政府办公厅利用该系统从部门收集信息编辑刊物报送领导，高效便捷。仅市政府办公厅就利用该系统编辑刊物 1.3 万份。

（11）项目管理综合信息系统。该系统集招商引资、亿元新开工、重点项目、新型农村社区、政府公共工程供地用地等多个领域、多个维度的项目信息管理。并针对项目实施过程中的企业问题、代表委员意见进行收集督办。2013 年共收录推介项目 339 个、规模以上推进过程中的项目 1470 个、新开工项目 565 个、新型农村社区建设项目 88 个，办理企业求助信 176 条。

（12）建议提案管理系统。该系统是对人大代表的建议及政协委员的提案进行收集、办理的综合管理系统。目前办理了人大建议 6282 条、政协提案 7958 条。

（13）政务信息采集平台。以集约化方式实现全市各级各部门政务信息的统一采集、管理，能够有效避免重复采集，有利于提高财政投资绩效，促进信息资源的整合共享。2013 年，统计部门、老龄部门、人口计生部门、民政部门等基于此平台共采集业务信息 58 万条。

（14）微博学习交流平台。基于微博实现公务员网上学习交流平台，解决机关内部工作人员在任何时间、任何地点、任何方式进行学习交流的问题。目前已在市委办公厅、市政府办公厅、市直机关工委、市委政研室等 10 个部门使用，共注册人数 944 个、话题 46 个、发表微博 1.9 万条。

（15）干部网络学院。构建了全市党员干部的学习培训系统，实现了对党员干部的网上培训、教育机制。目前注册用户 32540 人，视频课件时长 31708 分钟。

（二）部门专业应用服务。

（1）电子监察。针对行政权力运行的关键环节，结合部门业务应用系统，建设了覆盖全市重要行政职权和行政监察重点领域，两级联动的综合行政电子监察系统，实现了重要行政权力网上运行、全程留痕、实时监督。目前监察机关已对 30 多个重要权力领域实施了电子监察。

（2）督察管理。集决策督察、批示督察、专项督察、实事督察于一体的多级联动督查管理系统，可以快速进行督察事项立项、分办、督办、反馈和汇总，显著提高了督察工作效率和质量。

（3）考核管理。可进行考核体系定制、考核指标分解下达、目标完成情况网上填报、重点目标实时监控、考核结果自动生成、重要指标横向比较等，实现了目标管理绩效考核的科学化、高效率，显著提高了考核工作效率和质量。

（4）舆情管理。舆情监控与政务信息、新闻发布构成了三位一体的"大信息"工作机制，重点采编问题类、媒体批评类信息，为市政府领导决策提供及时、翔实、准确的舆情参考。

（5）食品安全监管。建设全市统一的食品安全综合管理平台，满足食品安全信息管理、监管执法、应急联动、宣传教育、辅助决策、社会化管理、公共服务和信息共享等工作需要，推动食品安全责任联控体系、追溯标准规范体系和安全社会信用体系建设，为"四分三连一前置"和社会化网格化管理的青岛特色食品安全管理机制提供信息化支撑。通过该平台，目前实现对全市农产品种植、畜禽养殖、水产养殖、生产、流通、餐饮、餐饮消毒7大环节52个类别10.5万户食品经营主体的网络化监管。

（6）药品数字化监管。开发药品数字化监管平台，实施生产远程监控（非现场监管）、移动稽查执法、网格化监管、电子监察、检验检测、不良反应监测、信息公共服务和网上培训在内的重点应用系统建设，形成以规范、完整、准确的监管对象基础信息库为内核，以全面覆盖、职责清晰的网格化监管系统为载体，以政务专网门户网站为统一日常监管（办公）界面的"一站式"应用格局。

（7）应急管理。以"统一指挥、功能完善、反应灵敏、协调有序、运转高效"的应急机制为目标，规划建设了应急基础支撑平台、应急基础信息数据库、专网应急指挥管理平台和外网门户网站。

（8）安全生产网格化监管。开发了安全生产网格化管理系统，整合安全生产监督各类信息资源，建立安全生产监督基础数据库；按照分级管理原则，实现安全生产业务办理、综合分析、预警预测、监督监查，为领导辅助决策服务。

（9）政府投资项目监管。政府投资项目监管平台由三部分组成：全流程业务系统涵盖房建、市政、园林、管线、场站、公路、港行、水利、地铁9类政府投资项目，实现以项目为中心、以流程为主线的项目全流程信息采集、管理和展示；数据库包含1个基础数据库和20余个专项数据库，实现政府投资项目重点业务信息的统一管理和集中共享；行政监督监察系统包括项目稽察、行政监察和行政审计等3个子系统，从发展改革、监察、审计三部门不同职能需求出发，提供重点数据统计分析、预警和督查督办等功能。

（10）财政专项资金管理。实现了52个部门200余项财政专项资金的网上申报、网上审批、网上监督等功能，并逐步实现财政专项资金的申请、审批、拨款、使用的全过程网上公开、网上查询和网上监督。

（11）政府采购。政府采购系统涵盖了政府采购管理和操作的基本业务，涉及采购人、供应商、代理机构和管理部门等多种岗位角色。具有发布采购公告，发布政府采购政策制度，实施网上采购流程审批，对用户、项目、专家和供应商进行管理等功能。

（12）公共资源交易管理。专网管理平台实现政府采购、建设工程、土地交易、产权交易和交通工程5大公共资源项目统一的信息上报、项目考核、监督监管、统计查询、系统设计、删除数据回收等功能。外网信息发布平台将交易活动过程中的所有非涉密信息全部通过网络及时统一发布。

（13）民政信息化。围绕提升社会救助、救灾捐款、优抚安置、社会福利管理水平，建设覆盖全市民政业务领域的全业务平台。

（14）卫生信息化。建设和完善公共卫生、居民健康档案、基层卫生服务、远程会诊、医疗保障、药品配备使用管理、药品监督管理以及以医院管理和电子病历为重点的区域医疗等信息化应用系统，为解决患者"看病难、看病贵"的问题提供有效信息化保障。

（15）旅游信息化。开发了旅游公共服务系统，实现旅游共享信息交换，提高旅游应急调度、预警管理、突发事件协同、市场营销和旅游服务能力。

（16）文化市场执法综合管理。开发文化市场行政执法技术监控平台，实现案源管理、行政执法、举报投诉、日常巡查、物证管理、实时监控、地理信息辅助等功能，并通过移动执法子系统实现现场执法数据的实时录入、执法信息上传以及对文化经营场所的执法信息、分类、位置等的查询。

（17）产业集群管理。按照"产业内在关联性"建设了动态实时的产业资源库，并依托地理信息系统，建立产业集群辅助决策和公共服务等2个综合服务平台，为领导提供集群式产业布局和规划参考，为部门提供动态监管服务，为企业、公众提供商务合作平台。

（18）政府公共工程建设综合管理。该平台对全市政府主导建设的公共工程进展情况、资金情况、有无问题等信息进行调度统筹，确保项目顺利进行。目前管理公共工程42个。

（19）红十字会业务管理。围绕款物的募集、管理、支出等关键环节，建立了规范的网络流转程序，相关审核、拨付情况全程网上留痕，并通过互联网公示相关收支情况，强化了对资金使用的监督。

（20）数字档案馆。青岛市数字档案馆是将青岛市历史馆藏资料电子化然后为机关共享利用的平台。结合网上办公系统，对公文、信息进行直接归档，形成了全市档案资料查询利用。目前资料量达400余万份。

（21）肉类蔬菜质量追溯管理。以"来源可查、流向可追、数量可计、质量可控"为目标建设肉类蔬菜流通追溯体系，实现各流通节点信息互联互通，形成完整的流通信息链条和责任追溯链条，不断提升肉菜市场流通现代化水平，全面打造"数字化菜篮子"工程。

（22）网上车管所。可方便群众在互联网上咨询，查询违法等信息，也可在互联网上办理预选号牌、预约考试、办理补牌补证等业务。

（23）重点车辆及驾驶人监管。该平台依据国家法律、法规，结合山东省实际，按照"属地管理"原则，依据"企业（单位）自管、交警监管"的重点车辆监管模式创建。该平台具备监管、预警、运行管理、安全告知、安全评估、台帐管理、违规抄告、回执反馈8项功能，实现了对大中型客货运等重点车辆及驾驶人远程实时监管，较好地破解了重点车辆及驾驶人的监管难题。

（24）人口计生管理。青岛市全员人口和计划生育管理系统将人口和计划生育信息与电子地理信息相结合，各级用户可以通过系统直观地掌握辖区内楼座分布、人员分布、市场、驻街单位以及药具发放点分布等情况，并实现了人口信息的准确定位和统计分析，为人口管理与服务提供了基础技术支撑。

（25）大企业直通车。配合大企业服务机制和体制，在互联网构建了企业直通车服务系统。企业可以通过互联网将困难直接发给政府寻求帮助，目前共接受企业诉求235条。

（26）数字化城管。青岛市所辖市南区、市北区和李沧区已成立了区级数字化城管机构，组建了采集员队伍，并在三区重要区域开展数字化城市管理工作，形成了包括1个市级平台、4个二级平台、100多个专业处置部门（市级30个）、200多个社区的受理、派遣、处置网格。

（27）人力资源e网平台。依托金宏网建设，是市直机关事业单位人事管理主平台，提供公务员登记管理、事业单位人事管理、考核奖惩备案、工资调整及数据核算等多项人事管理，是全市数据更新最及时、数据最完整的机关事业单位人事管理综合平台。

（三）信息共享服务

根据《青岛市政务信息资源共享管理办法》，建成了全市统一的政务信息交换共享平台，实现了对政务信息的申请、审批、交换、共享、利用等进行严格的流程监管和行为审计，使信息资源采集、交换、比对、入库、管理、使用均处于可控状态；形成了包括34个部门307项政务信息资源的《政务信息资源共享目录》，依据该目录实现部门间信息交换率达到93.4%，各部门年均交换共享信息2亿余条，其中2013年各部门交换共享信息2.86亿条；制定了全域全息政务地理信息基础平台框架和实现方案；基本建成了政府监管和服务所需基础信息共享数据库。实现了政务信息资源共享管理、目录、平台和数据中心"四统一"，为领导决策和跨层级、跨部门的业务协同提供了有力支撑。

（1）自然人基础数据库。整合公安、人口计生、卫生、公积金、人力资源社会保障等部门人口信息，形成具有776万条数据的自然人基础信息数据库。服务于保障房申请人资格联审等十多个领域的应用。

（2）法人基础数据库。建立了工商、国税、地税、质监、公安、统计等部门间企业基础信息交换机制，形成了具有19.2万个企业、事业、民办非企业和社会团体的法人基础信息数据库。服务于财源建设等20多个领域的应用。

（3）地理信息共享平台。基本建成全市地理信息共享平台。目前共有12大类101个图层信息。服务于安全生产网格化监管、食品药品数字监管、市政环卫设施管理、文化市场监管、城乡建设业务管理、应急管理、人口计生管理、工商企业查询等20多个领域的应用。

（4）统计信息管理。构建了包括发展改革、经济信息化、人力资源社会保障等35个部门及企事业单位161张报表，涵盖全市GDP及三次产业、投资、消费、财政税收、就业和社会保险、外贸、外资以及市重点工作进展情况等1000余项指标在内的全市重点工作目标的指标体系。

（5）财源建设信息管理。实现26个部门和10区市500余万条涉税信息交换共享。通过对涉税信息进行比对分析，税务部门已查补入库税收25.2亿元，其中2013年查补入库税收5.42亿元。

（6）执法数据库。依托网上执法系统，建设包括行政执法事项、法规依据、裁量权处罚结果信息、执法人员资格、执法文书以及黑名单等行政执法信息数据库。目前已建成了市级44个执法部门6274个处罚事项28165项裁量标准、17.9万件行政处罚案件的执法数据库。

（7）批文证照库数据库。依托网上审批系统，建设审批批文和证照信息数据库，为各部门行政审批和业务管理提供准确查询，提高办事效率，减少对虚假申报材料甄别的时间和成本。目前经过各级各部门审批的证照积累已有 1794 条批文信息和 45385 条证照信息。

（8）涉企信用数据库。整合法人基础数据库中企业基础信息和质监、工商、国税、地税相关业务扩展信息，纳入网上行政处罚信息、审批证照信息、工程建设领域信用信息、中介资质信息以及税收缴纳、交通违章、社保缴费等涉企信息。

（9）中介机构网上信用平台。包括专网信息管理系统和外网信用信息网站两部分，对全市各行业主管部门 3 万余家中介组织进行信息采集、统计分析、信用评级、监督考核，并实现面向社会公众的信息公开、查询服务和投诉举报。

（10）信息资源交换共享平台。实现了资源需求方、共享管理方和资源提供方三方交换共享机制网上流转管理，目前该平台共受理需求 120 余件。同时提供共享目录采集和查询、交换情况统计查询和监控等功能。

（11）信息共享目录系统。目录对共享信息的具体名称、数据格式、提供方式、提供单位、更新方式、更新时限等要素进行了科学标识，具有规范和标准共享数据的作用，目前已建立共享目录年度更新机制。

（12）数据标准管理系统。用于规范表单中的数据项内容，将国家标准、地方标准和行业标准以数据字典的形式进行统一管理，主要包括共用数据标准和行业数据标准。

（13）数据比对校准管理系统。在数据共享过程中，数据使用部门可将采集得到或业务系统产生的数据与数据权威部门的数据进行比对，将存疑的数据及时反馈给数据权威部门进行核实、校准，不断提高数据准确性。

（14）政府数据开放平台。政府把掌握的数据通过互联网提供给公众，可供公众自由下载、使用及传播。目前已初步完成该平台框架搭建，并通过政务信息共享目录采集获得各部门可用于公开的数据集。

五　主要做法和体会

政务云公共服务平台能够顺利建成并广泛应用，主要得益于以下措施。

（一）领导高度重视

十几年来，围绕电子政务建设和各个领域的应用推进，青岛市委、市政府制发了 50 多个文件。凡涉及行政管理体制改革创新的决策和部署，都将电子政务作为重要内容或保障措施纳入其中。并且成立了专门的电子政务协调领导小组，由常务副市长任组长，市委秘书长和市政府秘书长任副组长。2008 年，市委常委、常务副市长主持召开信息化统筹整合专题会议，确定了"三不原则"，即没有特殊需要，部门不再建设新的机房、不再建设平台级信息化系统、不再成立新的信息中心，逐步将全市机关的信息化应用整合到统一平台。

（二）理顺管理体制

1996 年以来，青岛市电子政务工作一直坚持实行统一机构、统一规划、统一网络、统一软件，分级推进的"四统一分"管理体制。其中关键是统一机构，即由市电政信息办（两办共同管理、以市政府办公厅为主管理的正局级参公事业单位）统一负责党委、人大、政府、政协的电子政务工作，并负责全市电子政务的管理、统筹、协调、推进和技术支持。

经过多次调整，市电政信息办目前人员编制为 60 人，内设 8 个处，实有 55 人，其中具有硕士和博士学位的 28 人。

（三）加强制度保障

2008 年，青岛市委、市政府印发《青岛市电子政务建设项目管理办法》，2012 年，又印发《青岛市政务信息资源共享管理办法》。这两个文件，分别为技术系统整合和信息资源整合提供了制度保障。

（四）建立资金保障和约束机制

多年来，青岛市财力对电子政务核心技术体系即政务云公共服务平台的建设和运行给予了较充分的资金保障，但对部门的项目投资则严格约束。所有项目都要经过市电政信息办会同市经济信息化委审核并出具书面意见，否则市发展改革委不予立项、市财政局不予拨款。

（五）适度超前

在集中统一的体制和模式下，电子政务主管部门必须适度超前进行技术系统规划建设和应用推进。所谓超前，不是脱离应用需求的盲目投资，而是在超前预测应用需求的前提下，超前建设并引导部门应用，防止分散建设，从而实现集约发展。一是适度超前规划建设核心技术体系，以便及时满足部门应用系统建设需求；二是适度超前规划建设共性应用系统，并坚持不懈推动应用，确保共性应用全市统一。

（六）采用"先主后辅"工作法

电子政务是技术创新推动政务创新的复杂过程，成功的关键是：作为配角的技术部门主动为作为主角的业务部门服务。一般情况下，因业务部门不熟悉技术，往往难以提出电子政务应用思路，我们就主动出主意，并开发应用原型甚至产品，让业务部门了解应用功能，产生应用愿望。接下来，我们就把应用推进的任务交给业务部门，自己退居二线，回到配角位置，提供服务保障。应用成功后，决不与部门争功争利，从而建立良好的互动合作关系。

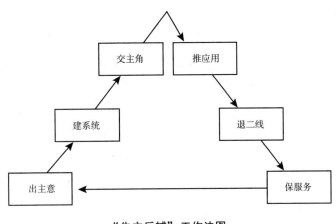

"先主后辅"工作法图

　　下一步，我们将继续扩展完善政务云公共服务平台，进一步深化统筹整合，争取到"十二五"末，使全市机关信息化应用系统的集中度达到90%左右。与此同时，加快扩展、深化各领域应用，不断推动行政管理改革创新。

（青岛市电子政务和信息资源管理办公室）

移动政务助力智慧政府

一　移动政务势在必行

随着社会的进步以及 ICT 技术的发展，ICT 技术比以前更加普遍，政府也面临着不同的环境和诉求。政府的电子政务系统依靠越来越强大和人性化的信息技术，提供更多的在线服务，同时为政府提供了更多与民众互动的新途径，从而能够更有效地满足民众的需要，扩大他们在政务上的参与权。智能手机的蓬勃发展带来了宝贵的机遇，私人公司领域早已开始利用多种渠道。这些发展趋势促使民众试图开拓新的互动方式，希望政务服务也可以借助现代科技提供更加方便、及时的服务。同时，移动化也使得政府常规的办公摆脱了对固定办公环境，固定工作时间，固定电脑设备和网络的依赖，政务办公可无缝延展到每个人手中，使得政务办公从此可以随时随地地跟随着人走，它是对原有信息化的补充，也是对信息化本身的发展和跃变，移动化是政府信息化发展到较高阶段的必然趋势，使"智慧政府"成为可能。

根据美国市场研究公司尼尔森发布的《2013 移动消费者报告》，中国智能手机的普及率达 66%，超过美国和英国，位居韩国之后。智能手机配合无处不在的 3G/4G 和 WiFi 宽带无线网络，公众已经习惯在网上冲浪、社交、电子商务、在线支付等领域更多地使用智能手机，而不是传统的个人电脑，这种发展趋势促使公众希望政府也可以提供基于移动化的公共服务，这样随时随地的上网并访问在线的政府服务成为了基本诉求。另外地区间的经济和信息化发展水平非常不平衡，偏远地区 ICT 基础设施覆盖较差，基于常规 PC 和固定网络接入方式的电子政务系统很难覆盖。而中国智能手机的渗透率处于全球领先位置，2G/3G 网络基本覆盖率接近 100%，特别是随着 4G/LTE 网络开始商用及逐步提升的覆盖能力，在移动宽带时代，人人享有快速便捷的移动政务服务成为可能，移动电子政务势在必行。

移动政务是移动宽带、智能终端与电子政务相结合，它支持公民在任何时候、任何地点快速访问政务数据，以及基于位置的服务。政务移动化可以显著地扩展政府以公众和企事业单位为中心的服务能力，移动电子政务给政府提供了强大的能力，使其能扩大现有电子政务的服务对象规模和层次，扩展或创新很多新的政务服务方式，不仅提高了政府内部的运作效率，而且增加了公众对政务的参与度。移动政务的服务对象是政府机构及公务员、公众和企业，移动技术提升了政府的服务价值和质量，比如：常规的移动办公和基于手机的实时定位数据的应急响应系统。移动政务的主要场景如下。

移动办公：政府机构领导招商引资出差、外出开会、主持会议等，可以通过移动终端访问政府内部的邮件系统、各种行政审批电子流、公文电子流、日程安排、会议管理和通知/公告等信息。政府公务员也可以通过移动终端处理内部的业务流程，访问内部网络的政务信息。

移动执法：比如：工商管理部门现有工商信息系统在移动终端上的延伸和整合，提供各种数据/信息查询、市场巡查、质量监控、条码识别，方便工商管理人员现场查询企业办理工商登记和年审注册等情况，办理各种业务，查处违法行为，处理消费者投诉等，在日常巡查执法和监管过程中，为实施有效监管提供保障。

面向公众的服务：手段多样化、服务职能集中化、服务方式主动化、服务对象平民化，比如：为各类企业和公众提供快捷和主动的申报、查询服务等。可简化方便企业和市民的办事流程，缩短办件时间，增加办事途径，使得公众对政府的满意度得到提升。

总的来说，移动政务使政府、企业和公众三方受益，首先可以提升政府的工作效率，提升政府的服务水平，更好地整合政府职能部门的业务流程，并实现与企业、公众的双向有效沟通，支持向智慧政府、服务型政府转型；移动政务创建政企沟通的桥梁，助力企业发展；公众可以方便地获取各种政务信息、更好的政务响应能力，更好的服务质量和效率，提升政务参与度，并享受优质的政务服务，增强对政府的信任度。而从重要程度来说，移动政务首先要解决的问题是公务员的移动办公和移动执法，以及政府机构之间的移动协同，这样才能更好地为企业和公众服务。

二　移动政务面临的挑战

政务移动化是一种全新的工作方式，对传统的工作模式带来了新的变革，也带来了很多新的挑战。移动政务需要综合考虑政务信息安全、现有政务应用系统、网络架构、IT 系统的统一管理和运维等方面的影响，不是简单的开发几个移动应用，使用智能移动终端并实现终端设备的管理就可以了。

对政府来说，政务信息的安全是其部署的最大挑战，但不是唯一挑战，大量多样化的移动设备的运维和管理是否方便有效，部署难度和成本等也需要重点考虑。

- 移动政务的安全如何保障？

移动政务丰富的应用场景模糊了政务网络的边界，IT 部门对整个 IT 系统的绝对掌控地位开始动摇，我们必须考虑各种场景下的政务安全，比如：

- 智能终端丢失后的信息泄露的风险；
- 木马窃取智能终端中政务数据的风险；
- 手机中的病毒反向感染内部网络的风险；
- 办公数据信息交互经过运营商网络、公共 WiFi 等被截取的风险；
- 身份被冒用导致数据泄露的风险。

移动政务的安全，首先是政务数据的安全。移动政务数据的安全包含政务数据传递的整个链条的安全，即终端操作系统安全、终端数据存储安全、终端应用安全、终端系统环境安全、数据链路安全、设备的安全管理等。今天，我们需要面对很多移动时代的安全风险，比如：设备感染恶意软件、针对移动设备的攻击、设备间安全策略不一致、伪基站泄密等，需要考虑这些安全风险对数据安全的影响。

其次是用户身份的安全，需要通过技术手段的组合保证使用人的身份安全，并且在外出公干和政府部门内部办公等不同场景下，可配合使用不同的认证手段并给予不同的权限，保障安全的同时最大限度地方便使用者。

对移动化带来的安全风险，政府必须实施有效的控制手段和策略。没有单点解决方案可以独自解决移动化所带来的挑战，完善的移动数据安全解决方案将会是广泛产品的组合，可以实时抵御来自移动设备的安全威胁，对移动设备实施安全合规检查，政府部门需要综合考虑移动政务的管理、身份和访问管理、安全策略、规章制度等措施，确保整个数据传递链路的安全。

- 能否对移动政务系统进行方便、有效的管理？

由于终端和应用场景的多样化，大量的受控和非受控移动设备接入政务网络，访问政务数据、应用和系统，移动政务系统的有效管理成为另一个挑战。我们需要考虑很多问题，比如：

- 如何保证个人使用移动终端的规范性；
- 移动政务系统是否支持与现有 IT 系统的统一管理；
- 是否支持分布式、分层分级的部署，以减轻集中管理的难度；
- 每次政务信息的访问是否有记录，是否可追溯。

个人使用的移动的终端、终端类型、系统、软硬件环境等千差万别，这些大量异构的移动设备如何实现方便而有效的管理是一个巨大的挑战。结合庞大的各政府部门及子部门、公务员的权限差异，实现移动政务系统的移动设备、权限、安全特性等的集中管理成为一个大难题，所以移动政务系统的管理还需支持分布式的云部署，既可实现分层分级的管理，也可满足集中管理的要求，具体移动政务系统的管理方案需根据当地政府部门的实际情况确定。对于内部办公和执法场景下，还需要考虑移动权限与内网权限的同步和差异控制问题，比如有些重要的数据和应用系统只能在内网才能访问，是否能方便地对这些权限和差异实现管理也是一个需要重点考虑的问题，因为它关系到移动政务系统运维的工作量和质量。

另外，如果移动政务系统出现问题或风险，我们是否有能力将这个问题找出来？因此移动政务管理系统需要具备强大的日志记录和分析的功能，不仅可以追溯问题或风险产生的原因及其所有情况，并且可以阶段性的自动对日志记录进行分析，找出可能的问题和风险点，系统管理员可根据情况做好风险的预防工作。

- 移动政务系统的部署难度和成本如何？

政府部门确定开始部署移动政务系统，首先需要考虑安全，即要有统一的安全策略规划，需要根据移动政务系统的使用对象、应用系统、终端类型等设置不同的访问、控制、管理的策略。政务移动化改造可能会涉及网络改造、应用改造和业务流程的改造，首先考虑政务移动化改造对原有网络的影响，最好是对正常系统无任何影响。

移动政务的部署的成本主要由移动终端、移动应用、移动政务管理系统、终端通信费用、运维费用等组成，总体部署成本与使用人的规模，移动政务应用方式等相关。

- 如何确保移动政务系统的成功实施？

解决了上述政务系统的安全、管理和部署相关风险和问题，决定移动政务系统成功的关键是政府公务员及其服务的企事业单位和公众是否乐于使用。移动应用的规划和设计时，除了考虑移动终端本身特性、应用场景外，还要充分考虑使用人的实际 IT 水平、使用习惯等，因此符合行业和客户需求的终端，以及使用体验好、易于使用、乐于使用的应用，才有助于应用的推广，是移动化实施成功的唯一标准。

三　华为移动政务解决方案

华为移动政务解决方案可以提供一个无处不在的高效网络，支持不同种类的自带设备安全访问政府的内部网络，并保持自带设备的良好用户体验，实现协同办公、一致体验，提升用户满意度和工作效率，同时该解决方案基于统一的安全策略，终端和企业的安全防护有保障，可一网通行。

华为移动政务解决方案有效解决 BYOD 在部署过程中面临的策略、安全、网络、管理和应用等方面的问题，提供完整的 BYOD 移动办公解决方案，覆盖政府部门内外部办公，政府机构之间的协同、移动执法、公共场合、家庭等应用场景，提供安全敏捷的移动政务空间。

华为移动政务解决方案涵盖终端、基础网络设施、管理、应用和安全五大方面，具体是：定制化的智能终端、统一的移动办公终端平台及基础应用、有线无线一体化的高性能基础网络、统一网络管理和策略管理、端到端的安全保障，通过以上五个方面的协调联动、相互配合，来满足移动政务系统在安全、便捷、体验等多方面的需求。华为解决方案主要有下列几点优势。

- 全方位防护措施，政务数据安全可靠。

自主产权芯片 + 开放系统，构建安全移动终端。

华为终端采用自主设计的 K3 系列 CPU 芯片和 Balong 系列通信芯片，保障芯片级的安全可靠。系统采用开源的 Andriod 操作系统，可深度定制系统安全特性和策略，如防 ROOT、放刷机、独立安全存储空间等，满足政务安全及管理要求。配合预置在手机系统中的安全特性，构建安全的移动终端。

终端安全沙箱，终端数据安全存储。

在数据保护方面，采用"安全沙箱"技术，将终端上的政务信息数据采用高强度加密算法保存，密钥不在终端保存，而是在 AnyOffice 成功登录网关后向网关请求获取，并且加密密钥会周期性变更。另外，政务数据与个人数据是隔离的，从终端环节进一步遏制了企业数据泄密的可能性。

应用层 VPN + 流媒体加密 + 国密支持，确保应用和数据通信安全。

在链路安全方面，本方案基于不同场景下的接入需求，提供了 L3VPN、L4VPN、Web 代理及 L2TP over IPSec 这几种不同的加密接入方式，通过 AnyOffice 和移动安全接入网关 SVN 的配合，完美解决移动办公人员在不同场景下安全接入的问题。应用采用 L4VPN 技术，每个移动应用使用独立的 VPN 通道，可以完全杜绝病毒、恶意软件等通过移动终端入侵政务网络。华为解决方案还支持独有的流媒体加密技术，可确保移动环境下的通话、会议、视频等信息不被截取，而导致泄密。通过上述加密技术，既保障了用户的顺畅接入，又避免政务数据在传输过程中被非法窃听和篡改，使得用户像在办公室一样顺畅地访问内网服务器或办公电脑。

丰富的控制策略，确保企业数据安全受控。

通过移动终端管理身份认证、合规检查、移动设备管理、附件转发保存、复制粘贴、在线浏览等控制策略，实现对企业终端数据的全方位管控，保障企业数据安全。

- 统一策略管理，运维简单可靠。

感知统一。

统一策略首先要解决的是多场景下的精细化环境感知问题。不论是政府内部的接入还是外部的接入，不论是有线的接入还是无线的接入，华为的 Policy Center 均可对用户、终端、时间、位置和接入方式进行统一的感知，面对海量的终端类型和多种的用户角色，都能够给出有效的策略，既保证了用户的使用体验，也能够保障网络、信息的安全。

控制统一。

控制的统一意味着网络中所有的节点都只接受同一个策略中心下发的控制策略，只有做到令出一处，才能保证全网的协同、一致。华为 BYOD 的 Policy Center 能够通过开放的 API 接口，并与最新的 SDN 方式结合，既能够让第三方管理平台对业务进行定制化的管理，也能够实现对第三方设备的统一策略控制。

统一终端管理。

支持识别 PC、智能终端（手机/平板）、IP Phone、网络打印机等泛终端，并对其进行统一网络准入控制、合规性检查、安全管理、桌面管理和安全策略管理，以及针对智能终端的 MDM、MAM 和 MCM 等精细化的管理能力。

统一的身份认证。

支持基于 Policy Center 系统的内建账号认证、Window 活动目录（AD）认证、第三方 LDAP 认证、CA 证书认证、TF 卡/蓝牙/USB Key 认证、短信认证、匿名认证。

支持多种部署方式。

华为的解决方案支持移动政务管理系统的分布式部署和云部署，政府部门可以通过政务云中心的统一策略服务器进行集中的策略管控，而其下级部门的策略平台可根据自治策略和实际情况，进行差异化的权限控制。

- 统一的移动政务平台，良好的用户体验。

统一的政务移动应用平台 AnyOffice，方便员工使用 BYOD。

华为 AnyOffcie 移动办公平台集成安全邮箱、安全浏览器、日程、联系人、通知提醒、MDM 客户端等功能，通过沙箱技术将终端上的企业数据信息加密存放，通过移动 VPN 或内置的应用层隧道与企业内部网络建立加密隧道，确保移动办公数据在终端上的存储以及整个传输链路的安全。同时针对 BYOD 移动办公应用场景进行优化，支持企业基础办公移动化的快速实现。

统一协作软件 eSpace，多终端一致体验。

移动 eSpace UC（统一通信）场景，就是用户在任何时间、任何地点（办公室、家中、途中），通过使用移动设备安全快捷地实现便携沟通、高效协作，可提供 IP 语音、多媒体会议、即时通信、状态呈现、企业通信录、统一消息等众多应用服务。

拥有丰富的终端和定制扩展外设，具备软硬件的深度定制能力。

华为拥有品类丰富的终端产品，尺寸涵盖 5 寸、6 寸、7 寸、10 寸多种，软件可定制企业专属桌面，适配政府需求。同时配套丰富的背夹和外设，可支持专业防护设计，身份证读取、指纹扫描、二维码读取、续航能力扩展等功能，能适配多种政务执法的应用场景。

开放的移动平台，eSDK 助力政务应用 3 天可集成。

华为 BYOD 解决方案是一个开放移动办公平台，SDK 提供对外统一封装的接口，并且提供常用系统集成场景的复合接口和预集成组件，可以简化接口的调用，企业专用应用和行业应用可快速集成，支撑企业快速实现移动化。SDK 主要包括安全沙箱、应用层 VPN、语音、视频、会议、及时消息等融合通信功能接口。

众多的合作伙伴，丰富的政务应用。

华为围绕客户的需求持续创新，坚持"被集成"战略，与合作伙伴开放合作，更好地理解政府需求，为政府提供全面、高效移动政务解决方案。通过联合政府行业顶尖的移动应用开发商共同为客户提供涵盖移动政务办公、移动执法、移动教育、移动医疗等公共服务领域端到端的移动办公解决方案。

华为移动政务解决方案能帮助政府更高效的工作，领导及时掌握所有信息，支持更快更好的决策以及更高效的管理，并最终为企业和人民群众提供更便捷的服务，移动办公让电子政务触手可及。

全新办公体验：打破了政府办公的物理限制，无论何时何地，办公环境随身携带。

提高办公效率：内部便捷的通信，移动的办公方式，畅通的信息网络，都将极大地提高政府部门的办公效率。

提高服务水平：工作效率的提高，方便人民群众，提高政府形象，整体提高政府为民服务水平。

（华为技术有限公司企业业务 BYOD SDT）

浪潮云框架与微应用

浪潮云框架是基于秉承"平台＋服务＋应用"的发展理念，打造"应用中心"，提供完整的应用生命周期管理方案。微应用，主要是围绕着云框架这一主体展开，包括了云计算所涵盖的方方面面，针对其中每一块体系都有着相对应的多种应用，这些数以万计的应用将通过云框架集中统一推送和展现，终将实现每一位市民手中都有一个智慧终端。

一　云框架与微应用综述

浪潮是中国领先的云计算整体解决方案供应商，凭借浪潮高端服务器、海量存储、云操作系统、信息安全技术为客户打造领先的云计算基础架构平台，浪潮一直坚持以技术创新为本，致力于通过设计一套科学合理的云框架体系，解决能落地的云计算应用缺乏的实际问题。

目前已经形成了以云框架为核心，以云应用为主要展现的"云"＋"端"的一体化云体系，浪潮云框架是基于秉承"平台＋服务＋应用"的发展理念，提供完整的应用生命周期管理方案，建立了开放共享平台，规范应用开发规则，享用信息云资源，并且深刻改变互联网用户应用模式，通过提供灵活、自助的服务环境，调动开发者积极性，激发创新能力，方便用户使用，对充分调动公众的使用积极性，提高产品开发效率和质量有着十分重要的意义。

（一）浪潮云计算与微应用特点

浪潮云计算主要表现在安全可靠的数据中心、强大的计算能力及无限存储容量等方面，核心产品是自主研发的产品，关键部位均采用了冗余设计和配置。云架构中只有"云"＋终端。服务和计算都在"云"，"云"对用户来说是个黑盒，用户可以看作一个云网络虚拟出来的操作系统，而业务的使用和展现都在终端，也就是说，用户通过终端使用"云"内的各种服务。

（二）云框架作用

云框架根据之前对云计算的一些讨论，我们可以把我们的参考架构从上到下大致分为四层，详情请看图1。

端是用户使用云框架服务的最终途径，智能的云计算服务同样需要通过智能的终端设备来提供良好的用户体验。

软件即服务这一层可以分为两大类应用服务。一类我们可以称之为水平应用服务，如办公自动化、电子邮件和门户应用等。另外一类我们称为垂直应用服务，这类服务是针对每个行业的特定业务而设计，如电子政务、社会保险等应用服务。平台即服务是指把一个完整的应用程序运行平台作为一种服务提供给客户，基础设施即服务主要是把IT的底层硬件，包

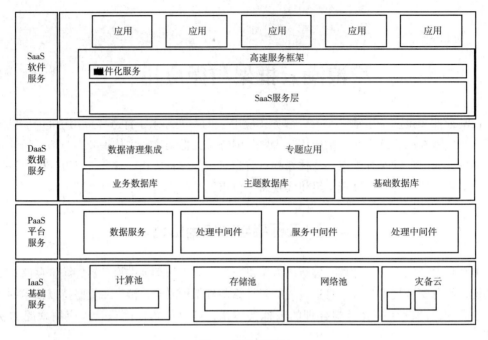

图1　浪潮云框架

括服务器、存储和网络等通过管理平台对外提供服务，通过虚拟化技术，让硬件资源的动态分配成为可能。

（三）已有的微应用模式

浪潮主要的微应用主要包括基于智慧城市的微应用、基于电子政务云的微应用、基于通信行业云的微应用、基于党务建设云的微应用、基于企业管理云的微应用和基于智慧政府的微应用等，下文将以基于云框架的"智慧城市"微应用为例进行分析描述。

二　使用案例

在浪潮"智慧城市"领域，基于云框架的微应用主要是围绕着智慧城市这一主体展开，包括了智慧城市所涵盖的方方面面，比如智慧物流、智慧制造、智慧贸易、智慧能源应用、智慧公共服务、智慧社会管理、智慧交通、智慧健康保障、智慧安居服务、智慧文化服务等，针对其中每一块体系都有着相对应的多种应用，这些数以万计的应用将通过云框架集中统一推送和展现，最终效果将实现每一位市民手中都有一个智慧终端。

以浪潮自行开发的微应用"爱召车"举例，"爱召车"系统是国内首款在政府监管之下的自助召车系统。"爱召车"系统相对于其他第三方手机软件召车系统具有以下几个特点。

（1）操作简单杜绝安全隐患。通过GPS车载台的免提装置就可通话，杜绝了因打手机引发的安全隐患，保障了行车安全；

（2）保护司乘双方隐私权，双方的电话号码都被隐蔽，较好地保护了双方隐私；

（3）建立乘客和司机的诚信体系，对司乘失约进行了制度上的约束；

（4）召车过程实现全程录音存储，有证可取，有案可查；

（5）收费规范，杜绝议价行为；

（6）使用广泛，覆盖面大。目前济南市97%的出租车辆安有GPS车载终端，都可以为乘客提供自助召车业务。

看似一个小小的APP，实际上"爱召车"是以浪潮集团的云计算中心和出租车车联网系统为强大的后台支持，使用了现如今最先进、流行的三大技术：云计算、物联网/车联网、移动互联网。地面人在用智能手机，空中有微波通信、太空有定位卫星支持，让用户实实在在体验一把指尖上的科技。

除此之外，我们还为山西省食品药品监督管理局做了食品安全监管微应用、肉菜追溯微应用，可以方便有效地实现肉菜追溯和监管；为广州市行政审批服务中心做了便民审批微应用，为审批提速助一臂之力，为爱城市网的用户们提供了爱城市微应用，让智慧城市深入到每一位市民心中，还针对企业开发了GS移动平台，助力企业管理；在通信领域，浪潮有运维管理微应用，为通信的日常运维、问题定位和远程检修提供了极大便利；在党政建设领域，浪潮给山东省公安厅建设了"警务千度"微应用，可实现海量警务信息的毫秒查询，成为公安机关打击违法犯罪新的"撒手锏"。诸如此类的微应用还有很多，在此就不一一列举了。

三 使用现状

我国云计算已进入应用落地的快速发展期，作为云计算基础的数据中心面临从传统的部署管理模式向云计算数据中心的转型。浪潮集团完成云基础架构技术布局后的重要技术升级产品云海OS V2.0已经发布，这款全自主设计的产品采用开放、融合的技术理念，对于形成云数据中心开放融合的技术标准，建立融合共生的云计算生态体系具有推动作用。

云海OS是浪潮云计算整体技术布局的关键性技术，OS V2.0的发布意味着浪潮面向客户提供云计算IaaS整体解决方案能力的提升，将加速浪潮云计算战略的进程。

目前基于浪潮爱城市网（http://www.icity365.com）的微应用已经接入了500余个，涵盖各行业方方面面，"爱城市"不同于国内其他便民服务平台，它最大的创新点是基于政府公开数据搭建的面向全社会的开放平台，已汇集一大批中小微企业在开放式平台上利用政府开放的信息和服务接口进行再开发、再创新，围绕平台开发相应的微应用，逐步形成新型规模产业群，促进城市信息服务繁荣发展。

四 发展前景与展望

浪潮云框架以开放的、标准化的设计理念，依托自主设计的软硬件产品，提供云应用服务，是浪潮云战略推进的路径，在这个过程中，浪潮的高端服务器、高密度服务器、海量存储，及浪潮云海、云计算操作系统构建成一个完整的系统基础设施解决方案。借此，浪潮向着达成"国内软硬件服务一体商"的目标持续迈进。

浪潮云框架还有很长一段路要走，需要进一步研究的问题还有很多，其中主要表现在如下几个方面：制定更加规范和完善的标准规范体系，以电子政务行政审批为例，需要制订行政审批等服务管理事项网上运行的业务规范、数据规范、设计规范和技术标准，以及政务云平台建设和信息资源交换共享规范，这些方面还需要进一步加强。另外就是建立安全信任体系，现在公众对云计算的担心其中最大的一点就在于信息安全，需要进一步研究如何建设符合有关规范的网络实名身份认证信任体系和信息安全保障体系，以保障微应用更好更安全的在云框架上的正常顺畅运行。

（浪潮软件电子政务事业部）

第七篇

年度发布

·2013 年电子政务最高荣誉奖·

任守信——中共中央办公厅信息中心原主任
汪玉凯——国家行政学院教授
宁家骏——国家信息中心专家委员会主任
王智玉——审计署信息化建设办公室原主任
姚　琴——国家税务总局电子税务管理中心主任（司长）
阎冠和——北京市经济和信息化委员会原副主任
慈明安——辽宁省人民政府办公厅副巡视员
郭子龙——山西省经济信息中心原常务副主任

任守信—— 中共中央办公厅信息中心原主任

任守信，研究员级高级工程师。曾任国家密码管理局总工程师、副局长兼中央办公厅信息中心主任，全国党委系统信息化部际联席会议办公室副主任、国家电子文件管理部际联席会议办公室副主任、全国党委系统信息化工作专家委员会副主任委员、国家电子文件管理专家委员会副主任委员。曾参加多项国家信息化和信息安全领域及重大科研攻关项目，组织建设多项重要信息化和信息安全工程及信息网络，主持草拟了国家电子政务内网"十二五"规范、国家电子文件管理工作"十二五"规划、全国党委系统信息化建设规划以及多项国家相关标准规范等重要文件，多次获得国家及省部级奖励和表彰。

汪玉凯—— 国家行政学院教授

出生于陕西横山，教授、博士生导师，享受国务院特殊津贴，有突出贡献专家。1996 年获陕西师范大学法学硕士学位。1998 年后，曾多次赴欧美、韩国、突尼斯等国进行学术讲演或学术交流。历任陕西省委党校政治学教研部副主任，陕西行政学院科研部主任、教授，同时担任陕西省政协委员，并获得有突出贡献专家称号，兼任国家行政学院电子政务专家委员会副主任，北京大学政府管理学院博士生导师等。

现任国家行政学院教授，中国行政体

制改革研究会副会长，国家行政学院电子政务专家委员会副主任，国家信息化专家咨询委员会委员，中国（海南）改革发展研究院学术委员会委员、政府改革研究中心主任，中国人民大学国家社会发展研究院学术委员会委员，北京大学政府管理学院、大连理工大学管理学院、东北大学工商学院博士生导师，招收行政管理、电子政务、转轨经济学三个方向的博士研究生。

发表论文 300 余篇，多次获奖。曾在中央电视台《新闻 1+1》《央视论坛》《焦点访谈》《百家讲坛》《法治在线》、中央人

民广播电台等重要媒体制作有关节目，或进行专题讲演。目前在《光明日报》"国是版"担任"国是漫议"栏目主持人和撰稿人。

学术思想及个人著作

近年来注重公共管理、行政改革、电子政务等领域研究。在行政改革方面，2012 年在国内第一个提出"三灰理论"（即灰色权力、灰色资本、灰色暴利）。

在电子政务这一跨学科领域，有较大影响，并在 2005 年第一次提出中国电子政务发展道路应该是："集约化、低成本、见实效"，被国内所公认，并得到业界广泛认同。其撰写的研究报告，受到中央领导的批示。

近年来出版各类著作 20 余部，主要包括：《界定政府边界》《公共治理与公共权力研究》《改革没有回头箭》《公共管理与非政府公共组织》《公共治理与非营利组织管理》《社会变革与科学进步》《电子政务在中国》等。

宁家骏——国家信息中心专家委员会主任

宁家骏，中共党员，1945 年出生，籍贯：河北，国家信息中心原总工，研究员，毕业于南开大学、北京航空航天大学，硕士研究生学历。现任国家信息中心专家委员会主任，国家信息化专家咨询委员会第一届至第四届委员（现任委员），现任国家发改委电子政务工程建设指导专家组成员兼秘书长，国家行政学院电子政务专家委员会委员，中国计算机用户协会副理事长，中国可信计算联盟理事长，曾任国家"863"信息领域专家委员会委员，国家电子商务发展

"十二五"规划课题研究组成员、国家"十二五"信息化重大工程规划起草组成员。长期从事电子政务、信息系统、信息安全、数据库建设、信息系统工程技术工作，是国家级多项电子政务工程项目、规划、文件的主要策划、起草、设计和工程实施组织者之一，曾先后主持完成了国家电子政务外网和宏观经济管理信息系统（"金宏工程"）的设计与工程建设工作。是国家十二五电子商务规划的主要执笔人和国家十二五政务信息化工程建设规划的主要起草者，曾获国家科技进步一等奖、主要参加者奖、国家计委科技进步二等奖，享受国务院特殊津贴。

王智玉——审计署信息化建设办公室原主任

一　个人简介

1981年毕业于郑州大学经济系，高级经济师。1983年8月被组织部门从河南调入正在筹建的国家审计署，曾在审计署办公厅、法规局、审计体系指导司、审计管理司、农业与资源环保审计司长期从事管理及审计工作。

1999年起任审计署计算机技术中心主任，2011年起任审计署信息化建设办公室主任，2013年10月退休。从事审计信息化工作14年，主持金审一期工程、金审二期工程的建设，参与金审三期工程设计。获《计算机世界》报社授予的"2003年度推进中国信息化进程突出贡献奖"、获中国电子信息产业发展研究院和中国信息化推进联盟授予的"新世纪十年信息化建设优秀人物"。任南京审计学院兼职教授、中国计算机用户协会副理事长、中国审计学会理事兼计算机审计专家委员会主任。享受政府特殊津贴。

二　获奖感言

以四分之一的生命历程、三分之一的职业生涯，致力于审计信息化事业，无怨无悔。仍愿在岁暮人生关注电子政务，仍愿以残年余力携手愚公移山。感谢电子政务理事会给予的荣誉。

姚　琴——国家税务总局电子税务
管理中心主任（司长）

姚琴同志现任国家税务总局电子税务管理中心主任（司长），高级工程师，国家税

务总局党校兼职教授，国家税务总局中级职称评审委员会主任委员，全国专业标准化技术委员会委员，国家网络与信息安全信息通报专家组成员，中国信息安全测评中心管理指导委员会委员，计算机用户协会副理事长，中国信息协会电子政务专家委副主任，电子政务理事会常务理事。姚琴同志是税务行业信息化工作的创立者和领军人物之一，在信息化制度创建、规划设计、信息系统建设、软硬件标准制定、信息安全等各个方面做出了杰出贡献，是我国电子政务资深专家。

一　成绩

姚琴同志从 1984 年就开始从事财政、税务信息化工作，经历了税收信息化起步、发展和提升等各个发展阶段。其间，姚琴同志主持实施了金税二期、综合征管、出口退税等三十余个全国税务统一信息系统的开发和推广工作；研究确定了税务系统信息化发展阶段划分和现阶段工作任务；主持制定了税务应用系统整合方案、金税三期工程总体实施方案、税务系统信息化规划等一系列总体设计方案和规划；主持制定和编写了《税务信息与分类代码标准》《国家税务总局软件开发规范》等一系列标准和规范；编著出版了《税收征管信息系统核心技术指南》等多部技术书籍。

经过多年的税收信息化建设，税务部门先后建设形成综合征管等 30 多个业务应用系统和综合办公等 10 多个行政管理软件，依托一体化设计，通过业务、技术整合，逐步形成了全面覆盖税收业务的软件体系。全国国税系统实现了统一综合征管系统、增值税管理系统等核心应用的省级集中，形成了以省级集中为主，核心数据定期向总局汇集的数据分布及应用格局。全国各级税务机关与工商、质监、人保、建设、国土、公安等 20 多个部门实现了定期交换数据。面向全国税务系统 5 级机构，70 多万税务干部、3000 多万纳税人、30000 多个网络节点，借鉴 ITIL 方法论，逐步建立了以省级运维为基础、税务总局运维为依托，覆盖全国、上下统一、协调配合的运行维护和安全保障体系，有效支撑和保障着各类税收信息系统的安全稳定运行。

多年来，税务部门不断优化征管流程、完善信息系统、加快信息共享、开展数据分析、堵塞征管漏洞、促进纳税评估和税务稽查，信息技术应用已经覆盖税收征管的全过程，在提高纳税遵从度和税收征收率等方面发挥了积极作用。最近 10 年来，面对纳税人数量和税收业务的快速增长，各级税务机关在基本不增加税务人员的条件下，依托信息系统，高效地完成了各项业务处理，税收收入快速增长。信息系统的高度集中对于规范执法、减少一线自由裁量权等方面起到了非常重要的作用，系统的统一集中带来了全国税收征管业务处理的统一、规范和透明，加强了对税收执法权和行政管理权有效监督。信息技术在税收工作中的广泛应用，为优化纳税服务提供了丰富的手段，纳税人办税效率大幅提升、办税成本明显降低。2005年，国税系统电子申报户数首次超过上门申报数，2010 年，国税局、地税局网上申报户数已超过 2000 万户，通过网络申报的税额占申报纳税总额的比重约为 2/3。税收信息化的发展推动了税收管理方式的不断转变，促进了征管模式的不断完善，在新一轮税制改革和征管改革过程中，税收信息化正以前所未有的力度影响和推动着税收管理创新。

二　观点

在信息化建设理论方面，姚琴同志认为：一是要坚持"相对论"，信息化工作必须与业务管理工作紧密结合、互相促进、同步发展，信息化工作既不能停滞不前、一味等待，也不能不顾实际、脱离业务需要自行发展；二是要坚持"发展论"，信息技术的不断发展进步和管理活动的持续改进需求，决定了信息化是一个动态发展、永不停歇的过程，是始终贯穿在税收管理中的常态化工作；三是要坚持"系统论"，信息化是一个系统工程，需要进行顶层设计，深入发挥信息技术作用，需要打破现有管理方式和惯性思维，需要从业务、技术发展的全局出发，进行顶层设计和决策；四是坚持"人本论"，高度重视信息技术队伍的建设，信息技术部门自身必须要有一支掌握核心技术、科学组织与分工的专业化的团队，同时，要合理、有效地整合和利用各方面的社会技术力量。

三　未来

结合对税收信息化工作多年的研究，针对税收信息化的未来发展，姚琴同志提出我国的税收工作将向以科技引领、业务变革、流程优化为特征的电子税务方向发展，将呈现出更加现代化、自动化、智能化的特征。我国电子税务的未来发展形态应该是以信息技术为依托，充分利用云计算、大数据、移动互联网等新技术的发展成果，形成包含离线和在线、虚拟和实体、独立和依赖等混合的一种税收管理模式，有机整合实体征收机构和电子税务局，建立电子税务 O2O（Online to Offline）模式，实现业务层面的"一个税务局"。从而达到以下五个方面的目标：促进税收业务信息化的深入开展和广泛应用，实现集约化信息资源处理和利用；促进税收征管业务流程重组和税收征管业务变革；提高纳税人满意度，提高纳税人税法遵从度；降低税收流失率，降低征纳成本；推进依法治税，促进经济社会发展。

阎冠和——北京市经济和信息化委员会原副主任

阎冠和，研究员
先后担任过：
中国科学院软件研究所科技处处长，产业化办公室主任；
北京经济委员会副主任；
北京市信息化工作办公室副主任；
北京市委市政府信息中心主任（兼）；
北京奥组委票务中心副主任；
北京市经济和信息化委员会副主任；
北京政协科技委员会副主任。

社会兼职：

国家电子政务标准化总体组成员；

北京市政协信息化专家顾问组组长；

九三学社北京市委网站顾问；

北京市档案科学技术研究项目评审委员会委员。

先后主持过项目：

国务院办公厅电子政务试点示范工程 –

北京市电子政务试点示范工程（863 项目）；

北京市农村疫病防控系统；

数字北京信息亭；

北京市委市政府机关信息化工作规划；

北京市政府机关行政管理信息化工作规划；

市委市政府机关网络改造工程；

市委市政府信息化项目改造升级；

北京奥运票务系统。

慈明安——辽宁省人民政府办公厅副巡视员

一　个人简介

慈明安，辽宁省人民政府办公厅副巡视员。1986 年开始从事政府信息化工作，历任辽宁省人民政府办公厅信息处副处长，办公自动化管理处处长、电子政务办公室（省政府信息公开办公室）主任，副巡视员。还先后担任省信息化领导小组办公室副主任、省互联网协会副秘书长、省政府上网工程领导小组办公室主任、省政府信息公开领导小组办公室副主任等。

慈明安是辽宁省政府和省政府办公厅信息化建设的开拓者和建设者。主持编制全省电子政务内网建设发展规划，组织全省电子政务内网建设，建成了省市县三级互连互通

的全省电子政务内网骨干网和省政府办公厅内部电子政务网；基于这些网络，建立起服务于省政府办公厅和省直机关的办公管理系统，实现了电子公文传输、建议提案办理、信息管理、档案管理、省政府督查管理等应用子系统。组织参与了全省电子政务外网的规划和建设，初步建成了全省电子政务外网骨干网和运维管理中心。

1994 年率先组织建成了省级政府电视电话系统，开启了新的会议形式，受到省委、省政府领导的赞扬。

1999 年主持了省政府门户网站和省政府网站群的建设，省政府门户网站经过三次较大规模的升级改造，不断适应群众的需要，先后获奖 10 多次；制定了辽宁省省直机关网站群建设管理办法，统一组织省直机关网站，目前利用省政府网站平台已为 30 多个省直部门建立了网站，使政府网站建设有序进行，既提高了效率，又节省了资金，还保证了安全。

担任省政府信息公开办公室主任期间，组织推进全省政府信息公开工作，组建信息公开工作体系，完善信息公开工作机制，制定信息公开工作制度，开展信息公开从业人员培训等，为全省信息公开工作走在前列发挥重要作用。

慈明安致力于电子政务理论研究,探索电子政务发展规律,在主持市政府和省直机关电子政务规划论证时,坚持严谨的科学态度,多次推翻有重大缺陷的电子政务规划或建设方案,并帮助重新编制电子政务规划或建设方案,避免了建设失误和资金浪费。

二 获奖感言

衷心感谢电子政务理事会给我的这份荣誉,能够获得这个奖项,我深感荣幸。对电子政务理事会多年来给予的关心和厚爱,再次表示由衷的感谢。

党的十八大报告在阐述全面建成小康社会和全面深化改革的目标时指出:"工业化基本实现,信息化水平大幅提升,城镇化质量明显提高,农业现代化和社会主义新农村建设成效显著,区域协调发展机制基本形成。"信息化不再仅仅是支撑经济和社会发展的技术手段,信息化水平已成为全面建成小康社会的重要内容之一。在阐述中国特色社会主义道路时指出:"坚持走中国特色新型工业化、信息化、城镇化、农业现代化道路,推动信息化和

工业化深度融合、工业化和城镇化良性互动、城镇化和农业现代化相互协调,促进工业化、信息化、城镇化、农业现代化同步发展。"党的十八大为我国信息化建设指明了方向。

我国信息化建设进入了新的发展阶段,由以"金字号工程"为主的"条条"建设,转为以"智慧城市"为主的地方区域"块块"建设,这就为地方电子政务建设带来了新的发展机遇。国务院对建设"智慧城市"已进行了部署(国务院关于促进信息消费扩大内需的若干意见——国发〔2013〕32号)。国家有关部委按照国务院的要求,正在组织制定相关规划和实施办法,科技部和住建部已批准了100多个试点城市,一些省、市已经开始了"智慧城市"建设的探索。我们高兴地看到,新一轮信息化和电子政务建设的高潮已经到了,信息化和电子政务建设的春天再一次展现在我们的面前,我们这些从事电子政务建设的工作者们,面对新的机遇,千万不要错过,让我们紧紧抓住和把握这次难得的机遇,迎接挑战,在新一轮信息化和电子政务建设中,大显身手吧。

郭子龙——山西省经济信息中心原常务副主任

一 个人简介

郭子龙,山西省经济信息中心原常务副主任,教授级高级工程师、中国电子政务理事会常务理事、中国信息界学术委员会委员、山西省政府应急平台体系建设专家组组长、山西省军区信息化专家咨询委员会委员、山西省信息化学会常务理事、山西省信

息协会理事、山西省电子商务协会常务理事、太原市电子政务"十二五"规划编制工作专家顾问组专家、太原市电子政务专家顾问组专家。

二　主持完成了多项国家级及省级信息化建设项目

主持完成了国家级项目－国家电子政务外网山西节点《山西省电子政务外网（一期工程）实施方案》（代可研报告）、初步设计的编制工作和项目实施，该项目通过由省发改委组织的国家级专家竣工验收，被评为优质工程，获得2012年中国信息化（国家电子政务外网领域）成果评选二等奖，个人排名第一。

主持完成山西省电子政务外网（一期工程）信息安全风险评估项目，并获全国信息安全标准化技术委员会"电子政务信息安全标准优秀应用案例三等奖"。

主持完成山西省电子政务外网（一期工程）网络与安全工程。

主持完成山西省电子政务外网（一期工程）综合门户网站及软件工程。

主持完成山西省电子政务外网（一期工程）移动电子政务智能接入平台工程。

主持完成山西省电子政务外网（一期工程）云存储灾备中心建设工程。

主持完成山西省电子政务外网（一期工程）网络系统安全整改建设工程。

主持完成山西省电子政务外网（一期工程）RA系统工程。

主持完成《山西省电子政务外网市县骨干网可研》编制。

主持完成国家级研究课题《终端安全核心配置标准》，并通过专家验收。

·2013 年电子政务年度人物·

韩海青——国土资源部信息中心主任

李昌健——农业部信息中心主任

蔡　阳——水利部水利信息中心副主任（正局级）

胡晓军——科技部信息中心主任

贾怀斌——人力资源社会保障部信息中心主任

王　桦——海关总署办公厅副主任（副局级）

王庆春——国家质检总局信息中心副主任、高级工程师

张瑞新——国家安全监管总局通信信息中心主任、党委副书记

孙松涛——上海市政府办公厅电子政务办公室主任

刘春林——黑龙江省政府办公厅副主任、党组成员

邓三龙——湖南省林业厅党组书记厅长

刘　稚——新疆维吾尔自治区人民政府电子政务办公室主任

朱志祥——陕西省信息化工程研究院院长

董振国——河北省政府办公厅技术处处长

宋　刚——北京市城市管理综合行政执法局科技信息中心主任

王岚生——北京市高级人民法院信息技术处处长

耿　昭——大连市政府网站管理中心主任

张　艳——青岛市市电子政务和信息资源管理办公室副主任

李协军——武汉市信息产业办公室巡视员

李宗华——武汉市国土资源和规划信息中心主任

刘春贵——济南市信息中心主任

张占峰——广州市人事人才信息资源中心主任

盛　铎——郑州市电子政务中心主任、高级工程师

郑纪华——兰州市数字城市建设办公室主任

谢霄鹏——北京市东城区信息化工作办公室主任

王　臻——北京朝阳区信息化工作办公室主任

何建吾——北京市海淀区经济和信息化办公室

董藏收——东营市政府办公室电子政务科科长

肖　兵——九江市人民政府信息工作办公室主任

彭　勃——长沙天心区电子政务管理办公室主任

韩海青——国土资源部信息中心主任

一 个人简介

韩海青，国土资源部信息中心主任，研究员，中国地质矿产经济学会常务理事、副理事长、中国土地学会副理事长。

曾任国土资源部财务司处长、副司长。1983年毕业于武汉地质学院岩石学矿物学系。1993年获南开大学经济研究所政治经济学专业硕士学位。

长期从事国土资源信息化建设及应用研究。2009年提出"以信息技术规范和创新管理"的理念并主持国土资源"一张图"及综合监管平台、行政办公、公共服务平台等三大平台开发建设。其中建成的国土资源综合监管平台是覆盖全国、全领域业务的集数据获取、行业信息监测监管、督查执法监察、辅助决策等业务和功能于一体的行业信息监管平台，获2013年度国土资源科学技术奖一等奖。主持完成《国土资源部信息化"十二五"规划》等行业重要文件的编制工作。负责组织审核论证国土资源信息化建设与应用中的重大关键技术问题。主持起草与国土资源信息化建设相关的行业技术标准。

二 获奖感言

新一代信息技术将助力电子政务不断创新发展，云计算、物联网、大数据等新一代信息技术将成为推动电子政务创新发展的强大动力。国土资源电子政务建设身处这个新技术蓬勃发展的新的历史方位中，必将以更加智能、更加高效、更加便捷的方式为"尽职尽责保护国土资源、节约集约利用国土资源、尽心尽力维护群众权益"的历史使命保驾护航。

李昌健——农业部信息中心主任

个人简介

李昌健，1963年出生，四川大竹县人，管理学硕士，1984年7月参加工作。现任农业部信息中心主任。先后任农业部种植业司副司长、人事劳动司副司长、市场与经济信息司副司长。现兼任农业部信息化领导小组办公室副主任、农业部政务信息化建设领导小组副组长。

2008 年任市场与经济信息司副司长，分管农业农村信息化建设工作。主持起草了《全国农业农村信息化发展"十二五"规划》《农业部关于加快推进农业信息化的意见》等重要文件，为农业农村信息化发展奠定了基础。组织编写《农业信息化概论》等著作，在《农村工作通讯》《中国农垦》《农机科技推广》等学术期刊发表《抓住农业农村信息化发展的战略机遇期》《农业行政管理体制改革有待深化》《我国农业农村信息化势头强劲服务体系逐步健全产业支撑作用逐渐显现》等论文十余篇。组织实施了金农工程一期项目，并积极谋划金农二期项目，组织实施了农业物联网区域试验工程，有力推动了开展农业信息化标准体系和评测体系建设。深入基层开展了大量农业农村信息化调研工作，在全国推广应用"12316"信息服务热线，研究提出农业信息标准化建设和农业信息评价体系建设，得到社会各方面的好评。

2013 年 5 月任农业部信息中心主任以来，深入调查研究，系统梳理了中心业务，着手拟订发展规划，按照有利于农业信息化事业发展、有利于信息中心发展、有利于职工个人发展的思路，明确了把信息中心建设成电子政务运行保障中心、数据资源开发应用中心、信息安全监管中心、农产品监测分析中心、12316 农业综合信息服务中心、农业信息化促进中心的"六个中心"工作目标。目前，信息中心各项工作顺利开展，形成了面向全行业，以业务应用为重点、以公益服务为主线，为农业部门履行政府职责、依法行政和应急处置提供强有力支撑，为社会、农业全行业和农民提供可共享的丰富数据资源和高价值信息服务的工作态势，发展开始进入快车道。

蔡　阳——水利部水利信息中心副主任（正局级）

一　个人简介

蔡阳，1963 年出生，教授级高工，水利部水利信息中心副主任（正局级），信息化工作领导小组办公室主任，兼任国家防汛抗旱指挥系统建设项目办公室副主任（兼）、国务院第一次普查工作领导小组办公室副主任、国家水资源监控能力建设项目办公室主任。同时还兼任中国计算机用户协会副理事长、中国水利学会水利信息化专委会主任委员、中国测绘地理信息学会常务理事、国家电子政务工程建设指导专家组成员、电子政务理事会常务理事等。获国务院政府特殊津贴，入选水利部 5151 人才工程部级人选。

1. 负责编制《水利信息化十五规划纲要》《全国水利信息化规划》《全国水利信

息化发展"十一五"规划》《全国水利信息化发展"十二五"规划》《国家防汛抗旱指挥系统一期工程初步设计》《国家水资源监控能力建设项目实施方案》，主持编制 9 部水利部颁行业标准。

2. 在国内外学术期刊发表研究论文 40 余篇，编著 10 余部。

3. 主持完成国家重大专项、国家 863 和国家科技攻关等 10 余项、省部级重点项目 70 多项。主持完成国家"金水工程"、国家防汛抗旱指挥系统一期、国家自然资源与地理空间水利数据中心、第一次全国水利普查数据处理、水利电子政务等国家重大工程并发挥巨大效益。正在主持国家防汛抗旱指挥系统二期、国家水资源管理系统等重大工程。

4. 荣获国家科技进步二等奖 1 项，省部级科技进步特等奖 2 项、一等奖 3 项、二等奖 2 项，部级工程白金奖 1 项。

二 获奖感言

水利部从"十五"开始，经过"十一五""十二五"期间的建设，电子政务取得了明显成效，已成为水利工作的重要支撑。回顾水利电子政务的历程，有以下几点体会。

领导重视、健全机构。电子政务涉及业务工作的方方面面，必须加强建设的跨部门统筹协调，建立健全"一把手"负责制，确定牵头建设部门，强管理、务实效，调动一切可以调动的资源推进信息化。2000 年水利部成立了水利部信息化工作领导小组，统一领导和管理水利电子政务工作。各级水利部门也都根据实际情况确定了电子政务领导机构，确立了具体实施部门。

围绕中心、明晰目标。电子政务只有围绕中心工作才有生命力，水利电子政务的建设一直紧紧围绕和服务水利中心——解决水多、水少、水脏、水混和民生水利等水问题，确定了水利电子政务的重点工程，并明确建设目标。

科学规划、顶层设计。2003 年，我们出台了《全国水利信息化（电子政务）规划》，并相继制定十五、十一五、十二五水利电子政务建设规划，为水利电子政务的持续发展打下了基础。为了强化水利电子政务的互连互通、信息共享、业务协同，我们于 2010 年出台了《水利信息化顶层设计》，并确定了统一技术标准、统一运行环境、统一安全保障、统一数据中心、统一门户的"五统一"建设原则。

整合资源、强化运维。由于投资渠道不同、管理体制制约，电子政务存在一定程度的重复建设、数出多门、共享困难等问题，在很大程度上限制了水利电子政务整体效益的发挥。为此，我们自 2008 年就将水利电子政务资源整合共享作为一项长期任务，并于 2013 年出台了《水利信息化资源整合共享顶层设计》，提出了以需求为导向，以整合为手段，以共享为主线，以应用促发展，通过机制体制创新和信息技术深入应用，推进水利电子政务资源整合这一指导思想。随着水利电子政务系统规模的不断扩大，加强系统管理和运行维护尤为重要，为此，我们自 2004 年开始开展了"水利信息系统运行保障平台"项目的研究，建立起一套包括人员队伍、技术手段、管理制度及经费保障的水利信息系统运行维护体系。为了解决日常运行维护经费短缺的问题，我们制定并实施了《水利信息系统运行维护定额》，使得运行维护经费的申报和审批有了依据，专项运行维护经费从无到有，并逐年增加，有效保障了水利电子政务的可持续发展。

胡晓军——科技部信息中心主任

一　个人简介

毕业于北京师范大学世界经济专业，经济学博士。曾先后在北京市海淀教育科研所未来教育工程研究室、国家核安全局办公室工作。1994年10月，调入科学技术部（原国家科委）工作，先后担任办公厅副处长、处长、党组秘书，国家科学技术奖励工作办公室副主任，科技部办公厅副主任；2011年6月，任科技部信息中心主任。

负责组织科技部电子政务工作的具体实施和技术保障。近年来充分利用信息化手段推进科技管理改革，并取得了显著成效，为科技管理和科技创新工作提供了强有力的技术支撑。一是全力推进国家科技管理信息系统建设，为科技管理改革创新提供技术保障。二是不断加强科技部门户网站建设，使科技部门户网站发展成为推进科技部政务公开、宣传科技工作的重要平台，成为为公众提供办事服务的综合性、服务性的政府门户网站。三是不断强化网络管理和信息安全管理，为业务工作顺利开展提供安全保障。

二　获奖感言

感谢电子政务理事会给我这个荣誉，这是对科技部电子政务工作的肯定。电子政务在公共管理中发挥越来越重要的作用。近年来信息技术的快速发展，电子政务在加强宏观管理，提高行政效率，推进政务公开等方面取得了显著成绩。

科技部近年来积极利用信息化和电子政务建设，全面推进科技体制改革，建设统一的国家科技计划管理信息系统，优化科技资源配置，为科技管理和科技创新工作提供了强有力的技术支撑，有效地推进了科技管理和决策的科学化、民主化，促进了科技计划的规范化管理和公开透明，对于提高科技管理水平，促进廉政建设，建设服务型政府发挥了重要作用。

电子政务是一项复杂的系统工程，涉及方方面面，是对现有业务工作流程的改造甚至是革命，不仅是对观念上的挑战，而且要对工作的模式和流程进行改造，要对政府职能进行转变和调整。因此建设好电子政务需要管理者、建设者等方面的共同努力。我们坚信电子政务在政府管理中必将发挥更大的作用。

贾怀斌——人力资源和社会保障部信息中心主任

一 个人简介

贾怀斌，1970 年出生。现任人力资源和社会保障部信息中心主任、部信息化领导小组办公室主任。贾怀斌同志长期主持人力资源社会保障信息化（金保工程）建设项目的立项、规划、设计和实施工作，具有丰富的信息技术知识和电子政务建设、实施、管理经验。组织了社保核心平台等人社领域全国统一应用软件的开发和推广工作；组织推动了人社系统各级数据中心、信息网络、信息化公共服务体系、信息安全体系的建设工作和数据资源的开发利用工作；组织实施了"中华人民共和国社会保障卡"的规划、设计及在全国的发行、管理和应用工作。

二 获奖感言

非常感谢电子政务理事会给我这个荣誉，这是对人力资源社会保障信息化工作的肯定。随着社会信息化的不断深入和信息技术的快速发展，人们传统的生产和生活方式正在发生着深刻变革，推进政务信息化已成为顺应时代发展要求，加快转变政府职能，促进社会服务均等化的必然选择。

近年来，人力资源社会保障信息化建设突飞猛进，取得跨越式发展，有力地支撑和引领了人力资源社会保障工作管理服务创新。随着金保工程一期建设全面完成，全国统一的人力资源社会保障信息系统应用体系基本成型，各业务领域的信息化程度显著提高，逐步覆盖城乡各类管理服务对象；社会保障卡的发行规模持续快速扩大，全国持卡人数已超过 5.5 亿人，成为人民群众切实感受党和政府关怀的重要载体；信息服务能力不断加强，12333 咨询电话覆盖范围日益扩大，已成为人社部门联系广大群众的重要纽带；全国联网应用建设快速推进，各级信息资源不断整合，对业务监管和科学决策的支撑能力明显提高；跨地区业务系统从无到有，实现巨大突破，保证了人民群众的顺畅流动。

政务信息化任重而道远。我们将继续努力，紧密围绕统筹城乡、覆盖全民、跨制度衔接、跨区域协作的业务发展要求，全力推动信息系统省级集中建设，开创人社信息化建设新格局；顺应云计算、移动互联网、大数据和物联网等新理念、新技术和新变革，促进信息服务创新，不断提升信息化服务人社事业发展的能力和水平。

王　桦——海关总署办公厅副主任（副局级）

女，汉族，法学硕士，中共党员。

历任海关总署办公厅新闻办公室副主任、副巡视员兼新闻办公室主任职务。现任海关总署办公厅副主任（副局级）。在《人民日报》《经济日报》等媒体上发表过几十万字的新闻作品。曾担任长篇纪实文学《飓风行动》《边关》的主编。

感谢电子政务理事会给我这个荣誉，这是对海关总署电子政务团队的年度工作的肯定。海关电子政务工作服务大局，助力业务改革，助推服务型政府的建设。2013 年海关总署开展了中国海关办公平台（HB 2012）的推广试点，建立起了安全高效的政令渠道，为各级海关单位的信息交流提供了有力保障；"大网站"体系基本建成，打造了寓智慧、实用和精细于一体的中国海关门户网站群；同时，总署机关的电子政务管理水平显著提高。

海关本年度的政信工作，突出了两个要点，一个是"实用性"，以科技创新工作，实现信息技术与业务工作密切协同；一个是"人性化"，充分考虑用户的体验，实现人与政信系统的有机协调。2013 年以来，总署的政信团队寓管理于服务之中，主动征求意见，剖析问题，创造新经验，受到广泛好评。

海关一直处于全国政务信息化工作的排头兵地位，在信息技术推陈出新的今天，保持政信工作高水准运行，保障新技术的"实用性"和应用的"人性化"程度，切实提高政信辅助办公的效率和科学化水平，为全国政务信息化工作开拓思路、积累经验，是我们孜孜以求的目标。今后，海关政信系统将结合新形势、研究新问题、提出新思路、实施新举措，统筹协调、攻坚克难，以金关工程二期建设为抓手，进一步推动海关信息化建设，为海关事业持续发展做好服务和保障。

王庆春——国家质检总局信息中心副主任、高级工程师

一　个人简介

现任国家质检总局信息中心副主任、高级工程师。1987 年毕业于山东大学计算机系。目前，负责国家质检总局政府网站建设与管理工作，该网站已连续五年获得中国政府网站综合绩效评估部委排名第二。现正组织开发国家质检总局绩效管理系统，同时，负责质检信息资源整合与共享服务平台建设工作。从事计算机技术、软件和网络技术研发和推广应用工作近30 年。其间，主持多项信息系统项目的研究和开发工作，具有丰富的项目管理、

研发和推广经验，擅长信息化建设、日常业务管理、工程项目管理等工作，同时对项目绩效评估、评审等方面有丰富的经历和经验。另外，从事房地产管理工作十多年，熟悉房地产管理相关的政策、法规和业务流程。

二　主要业绩

主持开发了中央国家机关房地产综合管理系统，在中央国家机关推广应用。2000年主持开发中央国家机关、北京市职工住房档案管理系统、辽宁省及银川市职工住房档案和补贴管理系统，并推广应用至今。2004年主持开发了国家质检总局人事、财务管理、口岸卫生检疫管理系统，在全国检验检疫机构推广使用至今。其中，国家质检总局人事信息管理系统获2012年中国信息化（质检领域）成果二等奖。

三　获奖感言

国家质检总局门户网站建站十一年来，在总局领导的高度重视和各有关部门的大力支持下，结合总局和质检系统特点和实际，充分吸收国内外先进政府网站经验，把提高总局网站服务质量作为突破口，不断创新服务手段，加强"网上质检"建设，稳步开展信息公开、在线办事、政民互动，全面提升质检网站服务及建设管理工作水平，已经逐步成为国家质检总局面向社会、服务社会、服务企业、服务总局系统的重要网络窗口，信息资源综合利用的重要载体，服务公众和对外宣传的重要桥梁和纽带。在提高行政效能、提升政府公信力、展示"人民质检"形象等方面发挥了重要作用。

展望未来，质检总局网站发展建设任重而道远，机遇与挑战并存，我们清醒地认识到质检网站发展建设与国家和公众的要求尚有很大差距，我们将按照党的三中全会"建设服务型政府"的新要求，紧密围绕质检工作，进一步增强服务意识，力争通过观念创新、制度创新、技术创新，加倍努力，为质检信息化建设做出更大贡献。

张瑞新——国家安全监管总局通信信息中心主任、党委副书记

一　个人简介

张瑞新，博士，现任国家安全监管总局通信信息中心主任、党委副书记，负责安全监管总局政务信息化建设和运行维护管理工作。兼任中国矿业大学（北京）采矿工程和计算机应用学科的教授、博士生导师。

张瑞新同志先后在高校、事业单位从事安全生产信息化、采矿工程和计算机应用技

术科研、教学和行政管理工作。主持完成安全生产信息化、矿业工程及计算机应用方面科研及工程项目几十项，其中 1 项获国家奖，14 项获省部级奖，专利 6 项、软件著作权 5 项；培养博士和硕士研究生 70 余名；发表学术论文 100 余篇。1994 年获政府特级津贴、1997 年获孙越崎青年科技奖，2007 年获百千万人才国家级人选。

张瑞新同志兼任国家安全监管总局信息化领导小组成员、信息办副主任，第四届国家安全生产专家组成员、国家安全监管总局工程系列高级评定委员会委员、国家行政学院电子政务专家委员会委员、全国专业标准化技术委员会委员、中国信息化成果评选委员会委员；同时担任中国安全生产协会、中国职业安全健康协会、中国煤炭工业协会、中国煤炭学会等常务理事；中国煤炭学会计算机通讯专委会主任委员、中国信息安全专委会副主任委员等。

二　获奖感言

衷心感谢举办方和评委给予我的这个荣誉！这是同行们对安全生产监管监察政务信息化工作所取得的积极进展的充分肯定和对我们工作的极大支持。

大家都知道，各级安全生产监管、煤矿安全监察机构是自 2000 年以来逐步成立的新机构，主要承担生产经营领域劳动者生命安全和财产的保护职责，是现代社会公共安全管理体系的重要组成部分。面对监管的企业类型多、数量庞大，过程复杂的实际状况，有效地依托信息网络技术，特别是基于物联网、大数据、移动互联、新媒体等先进适用的信息技术，建立自下而上的、覆盖高危行业企业、属地和安全监管监察机构的、有效排查治理安全生产事故重大隐患、科学预警和控制安全重大风险事故的安全生产信息系统，为促进安全生产形势的根本好转提供支撑保障。作为安全监管总局的信息技术支撑保障部门，通信信息中心历经 10 年，通过引进高层次人才，培养了一支从事安全生产信息化规划设计、应用系统和数据库研发、重大政务和企业信息化项目建设与技术管理、全国信息网络运维保障、安全生产物联网技术设备检测验证、政府网站和新媒体舆情监测预警服务、信息化培训咨询等承担信息化全生命周期的技术服务团队。秉承"以建保用、以用促建"的信息化创新思维，在有效解决安全生产信息化基础薄弱、推进慢、应用难、资金缺等困难的基础上，形成了信息化支撑保障安全发展的局面。

安全生产信息化的发展，离不开各位领导和专家的支持帮助，在此对大家表示衷心地感谢。

孙松涛——上海市政府办公厅电子政务办公室主任

一 个人简介

毕业于上海交通大学，管理学硕士。目前任上海市政府办公厅电子政务办公室主任，兼任上海市政府门户网管理中心和上海市政府公众信息网管理中心主任。主持并参与了《上海市电子政务管理办法》《上海市电子政务十二五发展规划》《上海市电子政务绩效评估研究》《上海市政务外网市级平台接入审核和网络服务费用支付管理办法》《通过政府网站进行政府信息公开规范研究》

《上海市政府网站卓越质量和服务管理体系》和上海市网上审批平台建设、"中国上海"门户网若干系统化系列化建设等30多项课题研究与项目实施；发表了《"智慧"就是要能"傻瓜式"用》《政府网站基础理论思考》《政府网站应该关注的若干问题》《政府网站——信息公开的主渠道》等10多篇论文。曾获得上海市科技进步二等奖和上海市决策咨询成果三等奖。

二 获奖感言

这个荣誉不仅仅是给我的，也是对我的领导和同事共同辛勤耕耘取得成果的肯定。非常感谢！

电子政务工作充满艰辛和创新：不仅仅要充分发挥在转变政府职能、推动体制创新、优化业务流程、提升行政效能、创新服务方式、提高服务水平等方面的重要作用，更要紧跟和引领新技术的发展；不仅仅要在"工业化、信息化、城镇化和农业现代化"充当助推剂，更要在现代治理的过程中充当排头兵。

刘春林——黑龙江省政府办公厅副主任、党组成员

硕士，黑龙江省政府办公厅副主任、党组成员，东北农业大学农业推广硕士研究生毕业，获农业推广硕士学位。其先后任黑龙江省委办公厅信息处副处长、省委办公厅秘书处副处长、省政府办公厅三处处长、省政府应急办主任等职，精通信息化建设、电子政务等领域工作，并熟悉政府办公厅工作的运行与管理，曾获"2013·政府网站最佳管理者"等荣誉称号。目前任黑龙江省政府

办公厅副主任、党组成员，负责电子政务和省长工作处等工作。

一　主要业绩

提出"立好一个主题、抓好两个加快、搞好三个整合、建好四项标准"的电子政务建设要求，按照统筹规划、顶层设计、资源整合的建设原则，深入强化基础设施支撑作用，大力推进应用体系互联建设。在其带领和指导下，黑龙江省建成了覆盖广、带宽高、稳定好、成本低的电子政务网络体系，并打造出一批精品电子政务工程，抓好重点，以点带面，不断深化电子政务在全省经济社会领域的应用。

规划管理的"中国·黑龙江"省政府门户网站通过有效的网站运维机制和内容保障机制，信息全面及时、在线办事高效，互动交流多样，运行安全稳定。2005 年以来，"中国·黑龙江"多次进入全国省级网站绩效排名前 10 名，并获得过"中国政府网站优秀奖"和"全国省级特色政府网站"等称号，成为政民沟通主平台，为宣传龙江、展示龙江、发展龙江提供重要支撑。

高度重视电子政务安全保障工作，加强组织领导、完善规章制度，主持制定了《黑龙江省电子政务网络信息安全管理办法》，全面做好电子政务外网、内网、互联网以及涉密存储介质等方面的安全保密工作。

主持建设的"国家政务外网黑龙江省电子认证注册服务中心（RA 系统）"，为全省各级政务部门跨地区、跨部门的社会管理、公共服务、信息共享和业务协同提供数字证书服务，切实提升了政务外网安全保障能力。

高度重视人才培养，强调"学习是立身之本、成事之基，要在持之以恒的学习过程中不断追求新知识、探索新规律、总结新经验"，带头学习，深入研究，培养出一批既懂政务又懂业务的复合型人才。

二　获奖感言

非常感谢电子政务理事会给我"电子政务年度人物"荣誉称号，这既是对我个人过去工作的褒扬，也是对黑龙江省电子政务工作的肯定，我很珍视这份殊荣，也更加清醒地认识到自己的责任。推行电子政务，是国家信息化的重点任务，是提高行政能力的重要举措，是支持政府履行职能的有效手段。近几年，黑龙江省认真贯彻国家信息化战略部署，把电子政务工作作为信息化建设的重要内容，通过全省各级部门的共同努力，在整体规划、基础建设、业务应用、安全保障等方面取得了突破性的进展。虽然取得了成绩，但是我们也清醒地认识到黑龙江省电子政务工作与国家要求，与先进省市比较，还存在一定差距，这些客观现实时刻提醒我，未来的工作任重而道远。今后我们要大力弘扬北大荒敢闯敢拼的宝贵精神，统一部署，开拓创新，锐意进取，扎实工作，做到技术与政务相结合，理论与实践相融合，进一步深化电子政务应用与推广，确保黑龙江省电子政务建设工作健康快速发展。

邓三龙——湖南省林业厅党组书记厅长

1957 年出生，湖南省桃源县人。湖南　大学科技哲学专业毕业，硕士研究生学历。

1974年7月参加工作，1980年11月加入中国共产党。下过乡，教过书，服过兵役。1985年元月至1989年2月，先后任益阳市商业局副局长、市城市管理办公室主任。1989年3月至1992年7月，任益阳肉类联合加工总厂厂长兼党委书记。1992年7月至1995年5月，先后任安化县委副书记、代县长、县长、沅江市委书记，1995年5月至2005年12月，先后任益阳市委常委兼沅江市委书记、永州市人民政府副市长、永州市委副书记。2005年12月至2008年3月任湖南省林业厅党组副书记、副厅长，2008年3月至今，任湖南省林业厅党组书记、厅长。2011年11月，当选为中共湖南省第十届委员会委员。2013年2月，当选为第十二届全国人大代表。

湖南省林业电子政务建设在邓三龙厅长的领导下，全省林业系统充分发挥现代信息技术，在社会管理创新中的基础性、关键性作用，全面推进以网络为基础的林业管理服务信息数字化，构建全省统一、动态更新、联通共享、功能齐全的林业管理综合信息平台。为推进科学跨越、加快富民强省提供了稳定的良好环境。

夯实基础，构建信息支撑体系。网络工程建设和信息安全管理是基础。全省林业网络不断延伸，广泛覆盖各林业基层单位。目前，所有厅直单位、14个市州林业局，122个县级林业局和2062个林业基层单位的网络均与省厅实现了互连互通，各市州县林业局均配备了一名专职网络管理员，负责本单位的网络建设和网络安全管理，为全省林业各电子政务应用系统正常运行提供了安全快捷的支撑保障。

创新手段，零距离为民服务。信息化是加强和创新社会管理的一个手段，零距离为民服务才是最终目的。我省综合运用"3S"技术、计算机、网络技术，建成了全国首个林地测土配方平台。平台依托全省林业基础地理数据库470多万个小班的8000多万因子，集成全省二次土壤普查数据、新中国成立以来全省林业取得的1000多项科技成果，85个可以覆盖全省的主要造林树种及由数十位各专业学科专家撰写的针对每个树种的最新栽培技术，整合建立起能对林地的属性进行查询与分析，并推荐适生树种和栽培技术的综合应用系统。现在全省林农只要登录湖南林业信息网，通过输入身份证号或林权证号就可以查到对应林地的信息。信息里，适合种植的树种推荐、品种介绍、栽培技术等都一目了然。林农们不仅知道什么样的土地适合种什么样的树，而且可以在测土配方技术的指导下，在施肥的时候实现土地"缺什么，就补什么"，有效地改良了土地。而更让林农感到方便的是，以往遇到什么困难想找专家帮忙总是有些费周折，测土配方平台的搭建，将基层林业站工作人员、县市区林业局科技人员、省级专家教授们的联系方式都公布在林地测土配方信息系统里，林农可以直接拨打他们的电话进行咨询，极大地方便了广大林农。测土配方平台的建设及整个工作得到了国家林业局和境内外媒体的高度肯定，被广大林农称为民本工程、德政工程。《人民日报》、中央电视台、湖南卫视、国家生态网、红网、《中国绿色时报》、凤凰卫视等媒体都进行了特别报道。

创新整合，率先在全国完成全省林权权属数据库建设。借助现代信息技术，在短短两年的时间内，完成了全省林权权属库建设，同时整合了全省测土配方、森林资源、营造林、森林防火、森林病虫害防治等各类林业基础数据，基本摸清了全省林业"家底"，落实了集体林地面积、权属等，巩固了林改成果，维护了林权证的法律地位，将林业管理工作进一步落实到了山头地块，细化到千家万户，为林地林木流转、抵押贷款、林地测土配方平台应用等提供了翔实数据和技术支撑，高科技手段在林权管理的应用，降低了林权管理成本，提高了工作效率，维护了老百姓利益。此项目被入选2012年度湖南有影响的"三农"工作大事，被列为"数字湖南"重点建设项目。

刘　稚——新疆维吾尔自治区人民政府 电子政务办公室主任

正高级工程师。现任新疆维吾尔自治区人民政府电子政务办公室主任，国务院办公厅全国政府系统政务信息化专家咨询组成员，国家行政学院电子政务专家委员会委员，新疆自治区专家顾问团成员。

曾任中国GIS协会电子政务信息系统专业委员会委员、中国电子学会电子政务专家委员会委员、新疆自治区信息化专家组成员、新疆自治区保密领导小组专家组成员、新疆大学211项目信息专家组成员、新疆制造业信息化示范项目专家组成员等。

长期在新疆自治区党政系统从事办公自动化、政务信息化、电子政务和政府信息公开工作，具体负责自治区政府系统电子政务工作的协调指导，多次参与全国及新疆自治区信息化（电子政务）工作政策、方针和规划的制订工作，主要参与了新疆自治区政府信息公开工作体制、机制及制度和规范的建立工作，主持编著《新疆维吾尔自治区电子政务建设规划指南》、主要参与编著《新疆电子政务发展报告》等，有多篇研究论文在国内综合性报刊、专业杂志和国际学术交流论坛论文集中发表。先后曾在中共中央党校、国家行政学院和北京大学政府CIO班进修和学习。

曾主持国家863项目"缩小数字鸿沟"重大科技专项，荣获2004年度新疆维吾尔自治区科技进步一等奖、2009年度新疆维吾尔自治区科学技术进步二等奖、2009年度新疆维吾尔自治区决策研究与咨询成果二等奖、2010年度新疆维吾尔自治区决策研究与咨询成果三等奖。

朱志祥——陕西省信息化工程研究院院长

1982 年毕业于西北工业大学计算机专业，1985 年获西北工业大学计算机硕士学位，同年留校任教。1993 年 4 月任教授，1993 年获西北工业大学自动控制理论及应用专业博士学位，同年破格晋升为教授。现任西安邮电大学学术委员会委员、物联网与两化融合研究院院长、陕西省信息化工程研究院院长、陕西省信息化专家顾问委员会专家。

一 主要业绩

朱志祥教授从事计算机网络、多媒体通信、信息化应用和信息安全等研究，先后发表论文七十多篇，出版著作两部，主持完成省部级项目 50 多项，多次荣获国家省部级奖励。负责承担国家"六五"重点攻关项目"光纤拉丝过程微机自适应控制系统"的研制工作，获 1987 年电子工业部科技进步二等奖。参加"加氢催化装置微机工控监测与操作指导专家"项目，获 1988 年中国石油化工总公司科技进步三等奖。承担全军重大科研项目"军服计算机专家辅助设计系统"，获 1996 年总后勤部科技进步二等奖。承担"陕西省分布式多媒体远程教学系统"，2003 年获陕西省人民政府教学成果

二等奖。主持"MZH 系列多媒体数字视频会议系统"开发，获 2000 年西安市科学技术二等奖、2001 年陕西省科技进步三等奖。主持"IP－HUB104 型 IP 电话集线器"开发，获 2006 年西安市科学技术三等奖。承担的"三元对等鉴别（TEPA）技术"项目，荣获 2009 年度中国电子学会电子信息科学技术奖一等奖。主持"陕西省城乡一体化医疗保障信息系统建设规划"，荣获 2010 年度西安市科技进步奖三等奖。主持"陕西省县级电子政务建设要求与技术规范"，荣获 2011 年度中国通信标准化协会科学技术奖三等奖。主持"陕西省政务云公共平台顶层设计框架研究"，荣获 2012 年度中国通信学会科学技术奖三等奖。主持"陕西省电子政务公共平台顶层设计及应用实践"，荣获 2012 年度中国电子学会科学技术奖三等奖。主持"两化融合理论研究和陕西省的实践探索"，荣获 2013 年度中国电子学会科学技术奖三等奖。

二 近几年完成的项目

主持陕西省级信息化重点建设项目《陕西省电子政务公共平台顶层设计深化及业务应用》《社会公共服务卡技术验证和管理平台建设》《云计算安全关键技术验证与攻防平台》等。

担任《陕西省"十二五"国民经济和社会发展信息化规划》编制组组长，执笔起草《"数字陕西·智慧城市"发展纲要（2013～2017）》，参与《陕西省两化融合"十二五"规划》等专项规划。同时为西安、宝鸡、咸阳、榆林、渭南等地市"十二五"规划提供专家咨询。

连续 3 年主持完成工信部通信软科学研究计划项目，分别是《政府部门互联网安全接入监管机制及技术架构研究》《省级电子政务云服务体系研究》和《陕西省大数据产业发展思路研究》。

三　获奖感言

2000 年陕西省电子政务筹备组成立以来，作为陕西省信息化咨询委员会专家，参与了陕西省几乎所有省级重要信息系统的立项、规划、设计和论证，并为各市、县提供信息化建设咨询、规划和方案。主要参与了陕西省电子政务总体规划、设计、关键技术攻关、建设要求和技术规范的制定等工作，为陕西省信息化发展提供技术支撑。

目前，陕西省电子政务处于飞速发展的良好阶段。2013 年 5 月，赵正永书记指出"建设小康陕西、和谐陕西、美丽陕西就是陕西中国梦"。实现陕西梦，信息化是跨越式发展有力引擎；实现陕西梦，信息化是科学发展重要手段；实现陕西梦，信息化是提高为民服务水平必要要求。"中国梦""陕西梦"的实现都离不开信息化的大力发展。作为信息化咨询专家，我清醒地认识到使命在肩，责任重大。我将与全国信息化战线的同志们一起，扎扎实实，脚踏实地，用实干的双手托起伟大的"中国梦""陕西梦"。

董振国——河北省政府办公厅技术处处长

中共党员，研究生学历。历任河北省政府办公厅工交处副处长、唐山市政府副秘书长，现任河北省政府办公厅技术处处长、河北省政府网站管理中心主任、河北省政府网站建设协调小组办公室主任。

长期从事电子政务研究和实践工作，主持完成多个课题研究，参与我省多项重大信息化建设项目。负责全省政府系统电子政务工作的规划、指导和政务网络平台的建设、管理、整合工作；负责全省政府系统电子政务业务应用系统的开发、管理、推广及电子政务学习培训、技术交流、安全保密等工作；负责全省政府系统门户网站的建设、管理工作。

一　主要学术科研成果

发表《我国电子政务发展"三阶段论"》《强力推进政府信息化建设》《河北省电子政务外网建设研究》等学术论文 60 余篇，其他文稿 100 余篇。其中学术论文获国家级优秀论文评选特等奖 2 篇，一等奖 2 篇，二等奖 3 篇，三等奖多篇。先后担任中国青年领导科学研究会筹备委员会成员，全国政务信息化协作网专家咨询组成员，中国管理科学研究院高级研究员，中国科学院电子政务理事会常务理事，河北省信息学会副会长，是河北省电子政务研究会的创办者和发起人。

二　参与的重大信息化项目

2002 年参与组织省政府"三网一库"

信息化工程项目建设；2003年主持创办省政府门户网站"中国河北"；2006年参与策划并组织实施河北省公务外网工程建设项目；2010年主持研究制定《河北省政府系统电子政务2011～2015年发展规划》（冀政办函〔2011〕2号）、《河北省政府信息公开系统实施导引（试行）》（办字〔2009〕62号）；2013年参与组织省政府新建办公区信息化系统项目、政府门户网站升级改造项目、省政府政务信息资源中心建设项目等。

三 获奖感言

很荣幸入选电子政务年度人物，这不仅仅是一份荣誉，更是对河北省电子政务建设管理工作的认可和肯定。成绩的取得，与省委省政府对电子政务工作的重视和支持分不开，与广大从事电子政务建设和管理实践的工作人员、专家学者、企业、社会团体等的共同努力和全力配合分不开。在此，向一直关心与支持河北省电子政务工作的领导和同志们表示衷心的感谢。

电子政务建设是一项系统工程，涉及面广，责任重大，任务艰巨，只有进行时，没有完成时。下一步我们将认真贯彻省委、省政府决策部署，围绕移动互联、大数据、物联网、云计算、智慧城市等现代信息技术在电子政务中的应用，开拓创新，扎实工作，努力开创全省电子政务建设和管理新局面，为不断夺取全面建成小康社会和全面深化改革的新胜利、谱写中国梦的河北篇章而努力奋斗！

宋　刚——北京市城市管理综合行政执法局科技信息中心主任

一 个人简介

北京大学遥感与地理信息系统研究所理学博士，伦敦政治经济学院（LSE）信息系统系志奋领学者、理学硕士，现任北京市城管执法局科技信息中心主任、北京城市管理

科技协会副理事长，北京物联网研究会副理事长，北京大学移动政务实验室主任。作为中国最早一批互联网践行者，宋刚是互联网推动可持续发展的先行者，曾在多个互联网设计大赛中获奖，并发起多个在中国互联网历史上具有影响力和里程碑意义的网络公益行动。他曾分别在企业和政府负责信息化和科技管理工作，牵头建设多个城市管理领域重要信息系统，组织完成多个重大科技项目，致力于城市管理与科技创新、电子政务与智慧城市等领域研究，并先后将绿色城市、绿色奥运、移动政务、创新2.0、个人制造等理念和实践引入中国。

二 主要业绩

作为第一批个人网站站长，获1998年

首届中国网页设计大赛三等奖、1999 年首届中国互联网应用设计大赛唯一非机构获奖者。1998 年，参与发起国内首个互联网环保志愿组织"绿色北京"，2000 年，发起被誉为互联网诞生以来国内规模最大的网络公益行动"拯救藏羚羊"，完成第一首网络歌曲《失火的天堂》，并联合清华大学环境系博士生班共同在互联网上发起"建绿色北京、迎绿色奥运"行动，联合发起"绿色北京携手绿色使者"等系列活动，有力推进了北京奥运申办工作。

长期从事信息化和科技创新研究与实践，在核心期刊、国际会议发表论文十余篇，并被《新华文摘》《人大复印报刊资料》等转载。作为伦敦政治经济学院志奋领学者，曾参与英国副首相办公室推动移动政务应用的游牧项目，出席首届欧洲移动政务研讨会、首届中国移动政务研讨会，应邀赴美国匹兹堡大学参加第二届国际电子政务大会并发表演讲。曾负责城市管理应用创新园区以及北京市地下管线综合管理信息系统、基于网格划分和城管通应用的北京市信息化城市管理系统、北京奥运会城市运行监测系统、"我爱北京"城管地图公共服务平台及市民城管通、城管政务维基系统、城管物联网平台、执法城管通移动应用管理平台等重要系统建设，

参与及主持完成多个重大科技项目，并获 2006 年北京市科学技术奖三等奖、2010 年"未来政府奖"颁发的技术领导奖、2011 年推动中国信息化进程突出贡献奖、2012 年中国地理信息科技进步奖。2013 年，带领团队在已建成物联网平台基础上，进一步完成了执法城管通移动应用管理平台的建设以及 6000 余部基于安卓的执法城管通升级，实现对移动终端、网络安全、用户、权限以及移动应用发布、升级、更新的统一管理，云到端的智慧城管基础支撑平台进一步完善。

三　获奖感言

感谢电子政务理事会对北京城管信息化建设工作的肯定，这得益于北京市城管执法局领导班子的超前谋划、前瞻部署和坚强领导，也得益于科技信息中心一个专业、敬业而又团结协作的团队。这些年，北京城管通过环境秩序与执法资源感知平台、云到端的智慧城管支撑平台、综合应用平台三大平台建设，构建感知、分析、服务、指挥、监察"五位一体"的物联网平台，全力推进"巡查即录入、巡查即监察"工作模式、感知数据驱动的高峰勤务模式、基于创新 2.0 的公共服务模式，智慧城市的建设任重而道远。

王岚生——北京市高级人民法院信息技术处处长

毕业院校：复旦大学　学位：工程硕士
专业：软件工程
面貌：中共党员　单位：北京市高级人民法院信息技术处

一　主要工作

主要负责北京法院系统电子政务建设和运维管理工作。2000 年以来，主持建设服务

北京市三级法院的"案件信息管理系统""数字化审判法庭""高清庭审视频""法院专线电话""全国法院 12368 公益服务系统"等大型系统建设工作。2005 年以来专注于电子政务运维管理的研究工作，通过多年探索、实践、改进，构建了电子政务运维管理框架体系，被工业和信息化部确定为"全国电子政务示范项目"，工信部杨学山副部长给予了"深度融合、精细管理"和"电子政务运行

机制最佳实践"的高度评价。2011年基于顶层设计、资源整合，提出并主持构建北京法院"信息球"立体运行模式，为北京法院审判业务提供了"大数据"服务。对此，最高人民法院、市经信委领导和工信部杨学山副部长给予批示，高度评价。

二 社会职务

国家行政学院电子政务专家委员会委员、特聘专家；北京大学数字中国研究院信息化创新治理研究中心研究员；北京政法系统"十百千人才工程"专业技术类系统专家；中国电子政务理事会理事；中国电子商务协会通信分会理事会理事；中国IT治理研究中心智库丛书专家委员会委员。荣获2010年、2013年推动中国信息化进程突出贡献奖；荣获北京大学数字中国研究院2011年度"为新基金项目创新奖"。主持构建的"信息球"立体运行模式，荣获

"2012年中国行业信息化最佳实践奖""2012年度中国电子政务最佳实践奖"和2012年中国行业信息化最佳实践奖。

三 发表文章

参与主持编制了《北京法院电子政务建设探索与实践》。撰写文章分别被国家信息中心、国家行政学院《中国电子政务十年》《中国电子政务发展报告（2011）蓝皮书》《中国电子政务发展报告（2012）电子政务蓝皮书》《中国电子政务年鉴（2012）》等收录。在国内核心期刊发表《视频会议系统的优化与改造》《高清晰多通道视频传输平台在法院工作中的应用》《电视会议的建设与应用》《北京法院系统电视会议系统》《如何构建性能稳定功能齐全的视频会议系统》《基于矩阵式MCU技术的高清晰双向庭审视频系统》《在电子政务运维工作中实现科学化和规范化管理》《精细运维管理：促进信息化与业务工作深度融合》《法院运维管理体系框架》《探索电子政务运维服务外包的新机制》《"全外包"破解新难题》《IT运维走向"贴身服务"》《电子政务应用与模式创新》《电子政务运行机制的最佳实践》《北京法院"信息球"立体运行模式》《北京法院基于云计算的"信息球"立体运行模式探索》《深度融合信息化与审判业务，为"智慧北京"提供更多元的信息服务》等数十篇论文。

耿 昭——大连市政府网站管理中心主任

一 个人简介

1970年出生。解放军信息工程学院计

算机软件专业学士，大连理工大学软件工程专业硕士，教授研究员级高级工程师。现任大连市政府网站管理中心主任、国家信息网络安全协会联盟专家、大连市政府采购和工

程招标评标专家、大连市发改委电子政务专家组成员。先后从事军事、地方信息系统的研发和组织工作。创导大连市电子政务一体化建设模式。编制了《大连市政府电子政务系统总体设计方案》《大连市网上行政审批系统总体设计方案》等各类技术方案五十余部，发表多篇学术文章。

二　主要业绩

主持建设大连市电子政务外网统一平台项目。通过配置十万兆核心交换设备 2 台、汇聚接入设备 105 台，建成国内第一个万兆全交换的政务外网基础网络。面向政务部门提供了外网网络接入、纵向专网组网和虚拟专网组网等网络服务。目前已接入政务部门 600 多家，政务用户 3.2 万个。建成了统一的政务数据中心，集中运行各类计算设备 700 余台（套），数据容量达到 0.5P，通过采用虚拟化等先进技术，集中承载了全市 85% 以上的政务外网和互联网的 1000 余套业务系统，建成了同城异地容灾中心。提供了数据库备份、业务数据备份和核心应用备份等全系列灾难备份和恢复业务，完成包括政府网站、明珠卡和人事档案等在内的容灾备份业务 115 个。该项目被列为国家 2009年试点示范工程，在全国范围内具有很强的示范效益。

主持规划和设计了大连市国土、财政、人事、审计、统计等 20 多个部门的重要应用系统。

主持建设大连市电子政务外网安全项目。规划和设计了全市统一的网络安全防护系统和安全管理平台，有效地实现了对各类政务系统的安全逻辑隔离和对安全事件的统一管理能力。2009 年荣获中国信息安全保障突出贡献奖。

主持建设了"中国大连"政府门户网站。该网站先后获得"中国优秀政府门户网站"等荣誉称号三十余次。

创导大连市电子政务一体化建设模式。该模式取得了十分显著的社会效益和经济效益，为"十二五"期间国家电子政务的集约化建设提供十分鲜活的示例，意义深远。

三　获奖感言

我很荣幸能够当选"2013·电子政务年度人物"。这既是我个人的荣誉，也是大连市全体电子政务工作者的荣誉。

十多年来，大连市电子政务建设经历了网络平台从粗放、分散到集约、统一，应用服务从简单、务虚到深入、务实的发展历程，在电子政务内网、政务外网、数据中心和容灾中心等基础设施建设上取得了显著的成效。大连通过对本地区电子政务公共平台的建设实践，探索了一条集约化建设、大规模应用、一体化发展的新模式。

今后，大连将开展基于云计算的电子政务公共平台建设，为我市电子政务的可持续发展，为国家电子政务的规划布局做出应有的贡献！

张　艳——青岛市市电子政务和信息资源管理办公室副主任

一　个人简介

现任青岛市市电子政务和信息资源管理办公室副主任，博士研究生。1996年大学毕业进入青岛市委市政府计算机中心工作，主要从事电子政务软件基础设施、应用系统的统筹规划、组织协调、业务推进和技术系统建设等工作。一直以来，结合青岛实际，和其他同事一起，坚持不懈地进行电子政务体制机制和发展模式探索，结合行政管理改革创新，有序推进技术系统建设和各个领域的应用，以技术创新推动政务创新，取得了丰硕成果。曾获"青岛市杰出青年岗位能手""山东省优秀青年岗位能手""山东省软件行业杰出青年提名奖"和"2012电子政务最佳实践者"等称号和奖励。

二　主要业绩

主持完成青岛市电子政务云计算公共服务平台建设、青岛市电子政务基础软件平台开发部署；组织完成并全面推广覆盖青岛市各级机关的网上办公系统、网上审批系统、网上执法业务系统、网上便民服务系统、社区综合电子政务系统等全市统一的重大应用系统建设；积极推进并助力青岛市科技防腐系统、智能食品安全系统、工程建设领域诚信平台、民政全业务平台、安监信息化、民政信息化等各个部门信息化系统的建设和应用。主持并全程参与开发的机关网络化办公系统——金宏电子政务系统，2001年10月被国务院办公厅秘书局、科学技术部高新技术发展及产业化司授予"全国政府系统政务信息化应用软件奖"的奖牌；2003年被OA'2003办公自动化国际学术研讨会授予"OA'2003典型应用系统"证书。2002年3月至2005年3月作为课题组主要人员参与国家"十五"重大科技专项课题——青岛市电子政务试点示范工程的研究和建设，所探索的电子政务集约化模式建议作为全国电子政务建设模式予以推广。2008年作为课题组成员参与"青岛市社区信息化"课题研究，获得了国家民政部优秀课题奖。2012年组织建设的"政务云计算与灾备一体化平台"项目获得电子政务理事会"2012电子政务创新应用奖""网上并联审批系统"项目获得电子政务理事会"2012电子政务创新应用奖"。

三　获奖感言

感谢电子政务理事会给我的这个荣誉和对青岛市电子政务工作的肯定。

时光荏苒，岁月如梭，转眼又是忙碌和充实的一年。自党的十八大以来，行政管理体制改革不断深入，政府职能转变、审批制度改革、权力下放、服务下沉等改革举措，为电子政务模式创新和应用深化提供了难得的机遇。

青岛市电政信息办紧跟行政管理改革进程，主动地、创造性地做好技术保障和服务工作，统筹全市电子政务建设，搭建电子政务云公共平台建设，全面推进各个领域的应用，初步形成了全市机关一网式运转、一体化协作、一站式服务的网上政务体系，实现了电子政务与行政管理改革创新较深层次的融合，为强化党的执政能力和政府行政能力，推进行政管理改革和创新发挥了积极作用。

新的一年，我们将围绕城市治理体系和治理能力建设这一主题，深化资源整合、推进重大应用、提升服务质量，为深化行政管理体制改革、优化发展环境、建设智慧青岛作出新的更大贡献。

李协军——武汉市信息产业办公室巡视员

中共党员，大学本科学历，工学学士学位，高级工程师。历任武汉市信息中心主任、武汉市信息产业局党组成员、武汉市信息产业办公室党组成员、副主任，2012年至今任武汉市信息产业办公室巡视员。

长期从事信息化管理工作，主持完成多个课题研究，负责市财源信息共享平台、市级政务云（数据中心）、市民之家、市政务信息资源目录和交换体系、市电子政务网络和应用系统、市政府门户网站、智慧城市示范项目、信息安全管理等工作。武汉市信息产业办公室获"2012电子政务创新应用奖"等。

一　主要业绩

参与组织编制完成《武汉智慧政务建设规划》并通过国家级专家评审，创新提出市政务云"1+3+1+N"［即市政务云（数据中心）总平台、政务服务云平台、市民融合服务云平台、企业综合服务云平台、政府公开数据库和N个专业子服务平台］的总体规划思路。

以数据资源整合为核心，以市财源信息共享平台建设为突破口，建立统一的资源目录、交换目录和编码体系，制定基础数据库标准、设计全市数据整合与共享模型，突破政务资源共享瓶颈。

强化"中国·武汉"政府门户网站功能，开展全市政务网站群运行情况在线监测、多语种政府网站、移动政务门户等建设，新开通法文、日文政府网站。市政府门户网站在全国政府网站绩效评估中始终处于同类城市前列，连续3年获长江沿岸中心城市经济协调会颁发的"中国长江网共建城市优秀组织奖"。

开展政务领域大数据研究及应用。在数字城管、政府门户网站及网站群在线监测、质量技术监督管理、"智慧眼"、GIS地图、基于ETC的车联网等领域开展数据挖掘、分析、创新应用，为政府决策提供依据。

以政务领域为重点，开展智慧城市示范

项目建设。参与策划电子政务智慧应用，首创公开征集智慧城市建设示范项目，共培育出"江夏区基于 GIS 平台的数字行政决策辅助系统""武汉市城市视频监控系统""市行政服务中心信息系统""江汉区社会管理与服务信息系统"等 10 多个项目成为武汉市"智慧城市建设示范项目"，推动了武汉市智慧城市建设。

二　获奖感言

很荣幸获得这个奖项，武汉市信息化建设能取得今天的成绩，与市委市政府对信息化工作的重视和支持分不开。在此，向一直关心与支持武汉市信息化工作的领导和同志们表示衷心的感谢。

电子政务是政府提升行政效率、体现权力公开透明的技术手段，是政府廉政建设的有力工具，更是科学化、现代化管理理念实现的基础。推行电子政务任重而道远，我们将借助武汉市创建国家中心城市的战略机遇期，以大数据、云计算等新一代信息技术为重点，继续大力推进武汉市的电子政务建设和发展工作。

李宗华——武汉市国土资源和规划信息中心主任

一　个人简介

1962 年出生，中共党员，工学博士，正高职高级工程师。1983 年毕业于武汉测绘学院工程测量专业，1996 年获工学硕士学位。2005 年武汉大学摄影测量与遥感专业博士研究生毕业，获工学博士学位。1983 年进入武汉市国土资源和规划局系统工作，现任武汉市房屋和土地征收管理办公室专职副主任（副局级），武汉市国土资

源和规划信息中心（武汉市地理信息中心、武汉市国土资源和规划档案馆）主任、党总支书记。先后被授予武汉市优秀共产党员、武汉市劳动模范、武汉市百姓学习之星、湖北省劳动模范、湖北省有突出贡献中青年专家、全国城市规划新技术应用先进工作者、"十五"国土资源科学技术工作先进个人、中国地理信息产业杰出人才、夏坚白测绘事业创业与科技创新奖、国家测绘局测绘奖章、全国国土资源科技创新领军人才等荣誉称号，享受国务院政府特殊津贴。

二　主要业绩

长期从事数字城市和国土规划信息化工作，为国土规划信息化事业和科技进步做出了突出贡献。主持建立了以"一个中心、三项工程、五个平台、六项支撑"为主要内容的规划国土信息化技术体系，有力地保障了国土资源和规划管理依法行政工作，地

理空间信息系统建设、土地信息系统建设以及政务信息公开与服务等全国领先。大力推进数字武汉地理空间框架和地理信息公共服务平台的研究与建设，主持完成的国家"十五"科技攻关项目的试点项目"数字武汉空间数据基础设施建设"达到国际先进水平，成为我国首个建成的数字城市空间数据基础设施，入选国家信息化应用案例，所提出的"基础信息租用服务和产品增值服务"模式被写入《武汉市信息化发展"十一五"规划》。主持完成的国土资源部示范项目"武汉市1：10000土地利用数据建库和更新调查"被誉为"武汉模式"在全国推广。作为课题负责人主持了国家863重点项目"三维GIS综合应用示范系统建设"课题的研究，项目成果在三维数字地图建设、城市交通规划、旅游宣传等方面成功应用。此外，还主持了国土资源部、住房和城乡建设部、国家档案局等多个部级项目，在数字城市和国土规划信息化技术进步方面取得了显著成绩。主持或参与完成的科研开发项目有20余项获科技进步或优秀科技成果

奖，信息化工程及勘测设计项目有20余项获优质工程奖，参加了多个国家和行业标准的起草工作，公开发表论文100余篇，出版专著两部。

三　获奖感言

非常荣幸被评为"2013·电子政务年度人物"，衷心感谢各位领导、各位专家以及中国电子政务理事会的关心、支持和厚爱。党的十八大将"信息化水平大幅提升"作为全面建成小康社会的目标之一，全社会逐步形成了重视信息化的良好局面。电子政务建设作为信息社会政府运行的重要平台，是新时期服务型政府不可或缺的基础设施。在探索我市电子政务建设的过程中，国土规划系统取得了一定的成绩，我们将以此次殊荣为动力，立足新的起点，以进步为自豪，以超越为目标，为促进武汉市智慧政务建设和发展，为建设国家中心城市、复兴大武汉而不懈奋斗！

刘春贵——济南市信息中心主任

1963年出生，2002年任济南市政府办

公厅综合处处长，2006年任济南市人民政府研究室副主任。长期从事讲话撰稿和政务服务工作。2011年7月任济南市信息中心主任。

在政府官方网站建设和管理过程中，凭借对政务工作的熟悉和现代政府的理念，提出了"1135"的发展思路，即：围绕一个目标——建设网上政府，坚持一个宗旨——为民便民利民，面向三个服务——服务民生、服务发展、服务决策，全面提升五力——参谋力、协调力、宣传力、监督力、

创新力，推动实现了政府网站向服务型网站转型；第一个推出"市民及来访者、企业及投资者、政府及公务员"的三大服务对象划分法，在网站建设中形成了独有的网站文化；荣获全国电子政务理事会"2013年度政府网站最佳实践者"。在政务微博建设方面，打造了"微博济南"平台，创立了"四个一"的运作模式，即：一个机制、一个平台、一个办理体系、一个微博集群。确立了十大任务和作用，在电子政务建设方面，针对信息孤岛的现状，推动实施了基于"互联互通、数据交换、信息共享、业务协同"四大功能的电子政务服务平台建设，找到了"数据不能交换、信息不能共享、业务不能协同"的解决办法。认为，一级政府只有一个门户，网上政府公共服务体系应该基于门户网站搭建，基于电子政务外网及服务平台实现公共服务的一体化，基于政府门户网站提供政府公共服务，并据此规划和推进网上政府建设。

感言：电子政务工作并非高不可攀。技术不是问题，关键在认识；应用不是问题，根本在一体化；云计算不是问题，关键在实现服务。最怕把电子政务工作流人为地割裂，最怕不问目的只讲手段。要塌下心来，研究它的规律、本质和目的，从体制机制上解决好"干什么""为谁干""谁来干"的问题。

张占峰——广州市人事人才信息资源中心主任

一 个人简介

1966年出生，1987年7月参加工作，劳动经济师、计算机应用工程师，1998年12月加入中国共产党，现任广州市人事人才信息资源中心主任。一直从事信息技术和电子政务工作，多年来带领和培养了一支既懂技术又熟业务的专业技术人才队伍，组织承担了广州数字人才工程、广州智慧人才工程和中国广州人社网等60多个大型人事人才信息化项目规划建设。广州市人事人才电子政务平台按照"统一规划、统一标准、统一平台、统一数据库、统一门户、统一管理、资源共享、安全保密"原则并基于云应用、云服务理念，率先实现了人事人才信息化应用全业务、全流程、全覆盖，建成了110多个人事人才应用系统，420多项业务实现了网上办理，各类型业务用户量累计已超过310多万个，年业务办理量达430多万件。得到人社部和各级领导的充分认可，多次在全国人事系统信息工作会议上作经验介绍，2011年广州承担了人社部"金保二期"工程建设项目《人事人才业务规范研究》课题，并担任课题组组长。以其为主要技术力量开发设计的系统屡创佳绩。1997年开发建成的广州市人事信息网是全国首个运用Internet/Intranet技术的政府人事部门专门网站；2000 年建成高校毕业生接收网上报批系统，开全国先河，迈出了政府人事部门电子政务的第一步。2001 年开发的"广州市人事信息网络系统"获全国日贷项目系统建设成果二等奖；2001 年国家人事部"国家公务员考试录用网络系统"通过全国政府信息化软件测评，获全国电子政务软件"政务信息化优秀应用软件"奖；2002 年获广东省信息化试点示范单位；2005 年获全国人事人才基础数据库建设试点单位；2006 年被评选为中国电子政务最佳运维服务机构 20 强，获中国电子政务运维管理创新奖；2007 年获中国电子政务论坛典型应用案例；2007 年获全省人事（编制）系统优秀调研成果；2008 年获政府 CIO 年度贡献奖，获全国"优秀电子政务应用平台"；2011 年全市电子政务绩效评估被评定为"优"；2012 年获中国电子政务最佳实践案例；中国广州人社网 2005～2013 年已连续 9 年被评为广州市优秀政府网站，一直位居前列。

二 获奖感言

首先，感谢电子政务理事会给广州这个机会。在信息技术迅猛发展到已远远超越管理应用需要的今天，推进信息化和电子政务建设，最大的障碍仍然是传统观念和管理理念的障碍。广州人事人才信息化从"数字人才"迈向"智慧人才"，是在部、省信息中心领导的高度重视和大力支持下，按照"六个统一"原则和"以服务为中心，以应用促发展"的指导思想，实现人事人才业务管理和服务的现代化为目标，坚持不懈地走过来的。有了统一思想和共同目标基础，局领导的高度重视和大力推动、业务部门的积极参与和创新改革、技术团队的刻苦钻研和开拓奋进，为这一庞大系统工程，从顶层设计到落地实施提供了坚强保障，在此感谢支持项目的各级领导和所有参加者。这也是对人事人才信息资源中心全体员工和项目团队辛勤工作的鼓励和认可。软件开发和业务应用的特殊性，确定了之前的 IT 应用系统和服务都是成本高、适应性差、单独定制的单件生产方式，云计算使 IT 技术应用和服务的规模化批量生产成为可能和现实，规模化也为进一步分工和专业化发展，实现管理和服务从精细到精确的变革创造了条件。充分运用云计算、物联网、智慧城市、大数据和移动互联网等创新技术和理念，规划建设的广州智慧人才，目标将实现区域内人力资源开发和人才培养、就业服务、流动配置、人才评价、人才激励、薪酬福利等人才服务和管理，以及个人职业生涯全过程的智慧型服务，将使服务支撑更敏捷、更贴心、更细致、更全面，管理决策更及时、更准确、更专业、更科学，人社干部更省力、更省心、更省事、更轻松。

盛　铎——郑州市电子政务中心主任、高级工程师

一 个人简历

现任郑州市电子政务中心主任，高级工程师，1990 年毕业于国防科技大学计算机系。在部队主要从事软件开发工作，1998 年转业到郑州市政府办公厅，主要从事电子政务统筹规划，电子政务基础设施建设和管

格化社会公共管理信息平台"，探索以网格化管理为载体创新社会管理，获"2012·电子政务创新应用"奖。

公开发表《WEB 2.0 时代的政府治理：郑州市网络问政平台 ZZIC 案例研究》《条块融合的城市管理创新：郑州市网格化社会管理案例分析》等论文 10 余篇，主持编写地方《电子政务"十大应用丛书"·郑州卷》。

理维护，应用系统的统筹规划、组织协调和系统建设、推广应用等工作。

二 主要业绩

组织完成郑州市统一的电子政务内网、外网建设；组织完成郑州市 OA 办公和公文传输系统、门户网站和网站群、税源信息共享系统、行政审批业务系统、行政处罚业务系统、电子监察系统、视频会议系统、网络问政系统（ZZIC）、网格化社会公共管理信息平台等全市统一的重大应用系统建设。积极指导和推进各部门信息化系统的建设和应用，积极推进资源整合和信息共享。2006 年主持建设的"郑州市税源经济信息共享系统"，31 个部门的涉税基础信息实现了共享和交换；2009 年获全国"十佳电子政务效能管理优秀应用案例（地市级）"；2010 年组织建设郑州市网络问政系统（ZZIC），利用网络这一有效渠道受理、解决群众诉求，先后被新华社、人民日报等数十家媒体宣传报道；2012 年主持建设的"郑州市网

三 获奖感言

非常感谢中国电子政务理事会给我的这个荣誉。我从 1998 年转业到郑州市从事电子政务工作，见证了电子政务从起步到蓬勃发展的历程。通过十余年的建设和应用，郑州市电子政务建设得到了长足的发展，建成了比较完善的电子政务内网、政务外网网络体系和安全保障体系；电子政务应用系统建设和推广，提高了工作效率，节约了办公成本，在打造公开透明、高效便民的服务型政府方面，发挥了很好的作用。2010 年以来，郑州市在加强社会管理创新方面，电子政务发挥了核心作用，2010 年网络问政系统（ZZIC）的建设和应用，2012 年网格化社会公共管理信息平台的建设和应用，通过网络积极受理群众诉求，通过网格管理主动排查发现问题，通过信息平台联动解决问题，促进了社会管理工作从被动式、运动式向主动化、常态化管理的转变，从粗放式管理向精细化管理的转变，从"重管理轻服务"向服务与管理并重转变。

郑纪华——兰州市数字城市建设办公室主任

一 个人简介

现任兰州市数字城市建设办公室主任、高级工程师。1984 年毕业于甘肃工业大学化工机械专业，负责全市信息化规划、协调、指导，承担政务信息化建设、运维等工作。主持多项信息系统项目工作，具有丰富的项目管理、研发和推广经验，擅长信息化建设、工程项目管理、规划编制及方案制定等工作，同时对项目绩效评估、评审等方面有丰富的经历和经验。2003 年 9 月荣获国家科技部颁发"实施火炬计划十五周年火炬计划先进个人"称号；2005 年 9 月荣获国家科技部颁发的"国家火炬计划软件产业基地十周年先进个人"称号；2012 年 8 月荣获电子政务理事会"2012 年电子政务最佳实践者"奖；2013 年 2 月荣获中国信息协会"2012 年中国信息化（国家政务外网领域）成果评选"三等奖。

二 主要业绩

积极谋划和推进"数字兰州"重点项目和民生工程，建成兰州市三维数字社会服务管理系统平台，并于 2013 年 5 月正式运行，社会反响良好；主持的兰州市民卡工程，发放各类市民卡约 100 万张；建成市数据中心（含人口、法人、宏观经济、空间地理四大信息数据库）；建成市行政审批和电子监察系统；建成市公共资源交易中心系统项目建设完成并投入使用。

建成全市电子政务内网、外网，其中外网共接入 172 家、内网 126 家，视频会议 70 家，并实现了与省上网络的互联互通。

办理网民留言 3000 多条，其中人民网网民回复率 87%，留言量和回复量均居全国地市级领导排行第六名；市政府网站网民回复率 84%，获人民网"全国网民留言办理先进单位"称号。

组织申报的住建部"智慧城市"试点、工信部"信息消费"试点城市和国家发改委"电子商务示范城市"均获成功，获此三项试点的直辖市和省会城市不超过 15 个。

市数字办当年共获得 2013 年度"中国智慧城市领军城市"等 6 个奖项，本人获得"全市数字兰州建设工作先进个人"称号。

三 获奖感言

自市数字办成立以来，我们按照兰州市委、市政府"数字兰州""兰州电子政府"的战略安排部署，从机构、政策环境、重点项目建设等方面全方位推进了"数字兰州"的建设管理工作，颁布实施了政务信息化、城市管理信息化、数字兰州、兰白虚拟同城化、电子商务等方面的"十二五"发展规划。近三年以兰州电子政府建设和资源整合为核心，以集约化、专业化、市场化建设为原则，大力实施了 8 大项目的建设工作，建成"4个1"、2个中心和5个平台，即一网（市电子政务网络）、一站（市政府门户网站群）、一卡（市民卡）、一号（12345民情通服务热线）、2中心（市数据中心、市政府应急指挥中心）、5平台（市级统一的办公系统平台、政务信息化应用云平台、政务信息资源共享交换平台、三维数字社会服务管理平台、市级统一的行政审批和电子监察系统平台），为实现政务信息资源共享乃至"智慧兰州"

的建设奠定了良好基础。

展望未来，兰州市数字城市建设办公室任重道远，机遇与挑战并存，我们清醒地认识到兰州市"电子政务"建设与国家和公众的要求尚有很大差距，我们将按照党的三中全会"建设服务型政府"的新要求，紧密围绕质检工作，进一步增强服务意识，力争通过观念创新、制度创新、技术创新，加倍努力，为兰州市信息化建设做出更大贡献。

谢霄鹏——北京市东城区信息化工作办公室主任

周年庆祝活动应急指挥平台、科技部和国务院应急办"国家应急平台试点示范工程（北京）"、北京市电梯物联网监测试点工程和物联网路侧停车试点工程。主持编制《北京市应急指挥系统平台建设指导意见》等文件。参编《国家应急平台体系建设指导意见》《国家应急平台体系建设技术要求》《北京市图像信息管理系统建设使用管理办法》及相关标准。荣获北京奥运会残奥会国家先进及2008年、2009年信息北京十大应用成果。2013年荣获电子政务理事会"2013·政府网站最佳管理者"。

一　个人简介

1971年出生，1994年参加工作，研究生学历，高级工程师。曾任北京市应急办技术通信处副处长、处长，北京市东城区信息化工作办公室党组书记，现任北京市东城区信息化工作办公室主任。

二　主要业绩

从事政府应急指挥及信息化工作近十年，主持完成北京市应急指挥技术平台体系、北京奥运会城市运行应急指挥技术系统、国庆60

三　获奖感言

感谢电子政务理事会给我们搭建了这么好的平台，提供了一个机会，让我能够当选2013电子政务年度人物。客观地说，这不是我个人荣誉，是对东城区电子政务工作成果的认可。几年来，东城区充分利用先进信息技术，不断拓展网格化应用，以服务对象为核心，以公共服务为重点，寓管理与服务之中，坚持以信息化服务政务、服务民生、服务经济社会发展，推进法治政府、阳光政府和服务型政府建设进程。

王　臻——北京朝阳区信息化工作办公室主任

1973 年出生，江苏建湖人。2008 年 9 月加入民盟。现任朝阳区信息化工作办公室主任，朝阳区政协委员。

1992 年 9 月至 1996 年 7 月在北京航空航天大学空间飞行器设计与应用专业学习，获学士学位。2009 年 4 月至 2012 年 6 月在中国政法大学公共管理硕士（MPA）专业学位班在职学习，获公共管理硕士学位。1996 年 7 月至 1998 年 5 月任日本东京综合物产株式会社北京办事处工作人员。1998 年 5 月至 2000 年 3 月任北京连邦计算机网络技术有限公司部门经理。2000 年 3 月至 2002 年 3 月任北京阳光在线网络技术开发有限公司部门经理。2002 年 3 月至 2006 年 5 月任朝阳区信息化工作办公室总工程师。2006 年 5 月至 2006 年 8 月任朝阳区信息网络中心主任。2006 年 8 月至今在朝阳区信息化工作办公室工作，历任副主任、主任。

推进奥运测试赛场馆图像信息管理子系统建设，保证了对场馆全方位图像信息监控。积极推进朝阳区重点区域、道路沿线 170 多个监控摄像头的建设，实现与区图像信息系统的无缝对接，为促进国庆活动各项安保工作的开展提供了图像信息保障。先后主持开发了"政民互动""信息无障碍""校校通"等重点工程，组织制订了《朝阳区"十二五"时期电子商务发展专项规划》。

何建吾——北京市海淀区经济和信息化办公室

1971 年出生，历任工业和信息化部电信研究院规划设计所传输与接入网络部工程师；陕西省西安市科学技术局党组成员、副局长（挂职）；工业和信息化部电信研究院规划设计所传输与接入网络部副主任、高级工程师；工业和信息化部电信研究院规划设计所副总工程师；中关村科技园区海淀园管理委员会企业发展促进处（海淀区经济和信息化办公室）副处长（副主任）；现任中关村科技园区海淀园管理委员会（海淀区科学技术委员会）企业发展促进处（区经济和信息化办公室、区政府信息化办公室）处长（主任）。

学历：研究生学历，工学博士学位

一　主持过的重大项目

组织编制和实施《海淀区"十二五"时期信息化及重大信息基础设施建设规划》《智慧海淀顶层设计》。

组织完成海淀区网格化社会管理和社会服务综合管理平台开发。

参与完成区卫生局智慧医疗卫生、区教委智慧教育顶层设计工作。

二　获奖感言

很荣幸获得"2013·电子政务年度人物"，感谢评审委员会对海淀区和我本人在

2013年电子政务建设和管理工作的肯定。

2013年是"智慧海淀"大规模启动建设的一年，其中我们突出了以下几个原则：一是优先建设信息基础设施，统建全区政务云中心、政务光缆专网、政务无线专网，启动重点区域无线局域网覆盖并免费向公众开放，推进4G、光纤到户、高清交互电视的建设；二是重点面向企业和民生服务，启动行政审批事项综合业务平台、网格化社会管理服务平台、便民政务服务平台、房屋全生命周期管理平台和中关村核心区中小微企业服务平台的建设；三是创新建设和投资模式，对个性化需求较强的项目采用政府投资建设，对通用性较强的项目采取BO、BT和购买服务等。

2014年海淀区将继续发挥中关村核心区的优势，继续探索智慧城市发展的思路和方法，切实提高面向民生和企业服务以及城市管理的能力。

董藏收——东营市政府办公室电子政务科科长

一　个人简介

计算机工程硕士，高级程序员、系统分

析师，山东省政府采购信息化高级专家。1997年毕业于山东理工大学计算机应用专业，同年7月进入东营市政府办公室工作；1999年6月被选派到农村任职锻炼；2001年1月任市信息产业局政务信息化科副科长、科长；2010年7月至今任市政府办公室电子政务科科长。

参加工作以来，一直从事信息化工作，2006年参与了"十一五"国家科技支撑计划重大项目"农村3S信息化技术的研究与应用"课题，共获得山东省计算机应用优秀成果二等奖2项、三等奖1项，市科技进步二等奖1项，在省级以上刊物发表论文22篇。

本人曾荣获"东营市第二届优秀科技

工作者""东营市劳动模范""山东省信息化建设先进个人""中国电子政务（政府上网工程）杰出贡献奖"等荣誉，记二等功1次，三等功4次。2013年被电子政务理事会评为"政府网站最佳管理者"。

二　主要业绩

作为主要技术骨干，参与编制了《"数字化东营"发展规划》，承担了"数字化东营"城域网、电子政务综合应用平台、市政府门户网站、党政"一体化"协同办公平台等20多个重点项目。东营市电子政务和信息化建设得到上级部门的充分肯定，先后荣获全国电子政务应用奖、全国信息化试点市、全国城市信息化50强等称号，2006年全国城市信息化工作现场会议在东营市成功召开，总结推广了东营信息化建设模式；2007年全国301个中小城市信息化水平综合排名位居第四。

作为市政府网站建设管理的直接负责人，经多次改版，网站综合服务水平和媒体影响力显著增强。市政府网站先后获得山东省优秀政府网站、全国优秀政府门户网站、中国城市政府门户网站十佳标志性品牌、中国政府网站精品栏目奖等多项殊荣。

作为主要推进者和管理者，牵头编制了《东营市电子政务"十二五"发展规划》，制定出台了《东营市市级电子政务管理办法》等制度文件20多项，建立电子政务考核、培训、奖惩等机制，有效遏制了重复建设，推动电子政务科学化、制度化、规范化发展。

作为智慧城市试点申报小组主要成员，主持完成了"智慧东营"申报书、规划纲要、实施方案、汇报PPT和专题片制作等工作。东营市"智慧城市"试点申报工作得到住建部及评审专家的充分肯定，2012年12月东营市成为国家首批"智慧城市"试点。

三　获奖感言

能够评为"2013年电子政务年度人物"，我感到非常荣幸，这是理事会对我们基层电子政务工作者的厚爱，更是对东营市电子政务工作的肯定和认可。这不是给我一个人的奖项，应当属于东营市工作在电子政务一线的全体同志们的，是他们默默无闻、无私奉献推动了全市电子政务的跨越式发展。

信息化是当今时代最鲜明特征，不断改变着人们的工作、学习和生活。党的十八届三中全会开启了全面深化改革的新征程，政务信息化必将在转变政府职能、提高行政效率、提升履职能力等方面发挥新的作用。作为电子政务工作者深感使命光荣、责任重大。下一步，我们将充分利用国家"智慧城市"试点的有利契机，掀起新一轮电子政务大发展热潮，搞好顶层设计，加强资源整合，突出智能应用，强化体制创新，推动"数字政府"迈向"智慧政府"的新跨越。

肖　兵——九江市人民政府信息工作办公室主任

九江市人民政府信息化工作办公室主任、党组书记。华东师范大学硕士研究生毕业，研究论文曾获中国科学院科技进步一等奖。

一 主要工作

为规范管理，以市政府令颁布了《九江市电子政务管理办法》，提出了"统筹规划、规范标准、统一网络、资源共享、信息公开、保障安全"的六个原则。

为统筹规划全市信息资源整合工作，出台了实施办法，提出了电子政务网络、电子政务应用和电子监察三大整合和建设任务以及具体的建设项目。

为夯实电子政务网络基础，九江市建成了下连县乡、横连市级党政机关的统一网络平台。采用物理隔离的内外网两套线路，统一了标准规范，基本实行了互联网统一出口，实现了各级政务机关的网络互联、信息共享和业务协同。

为深化电子政务应用，九江市整合建设了"中国九江"网、政府信息公开平台、工程建设领域项目信息和信用信息公开平台、网上审批和电子监察系统、公共资源交易系统、视频会议系统等一大批共享共用的业务应用系统，行政权力公开透明运行系统、政务信息共享交换系统、政务信息资源基础数据库和目录体系、统一协同办公系统等项目也正在加快推进。为推进信息资源共享，九

江市基于云计算整合建设了电子政务统一监察平台和全市公共资源网上交易系统，建立了市级电子政务云平台。为推进一站式政务公开和政务服务，"中国九江"网围绕"信息公开、办事服务、互动交流"三大功能不断完善，以一体化政府支撑一站式服务。

为加强网络信息系统安全，按照信息安全等级保护要求，在新建的电子政务中心机房进行安全体系规划和建设，新建的电子政务网安全管理平台，实现了对互联网出口、安全产品、服务器的监测和综合分析预警。定期开展外网巡检工作，加强网络监控管理，增强网络和信息安全管控能力，提升网络和信息安全保障水平。

在全国政府网站绩效评比中，"中国九江网"一度进入全国地级市政府网站前五名行列，获得了"中国政府网站优秀奖"，九江市获得了长江沿岸中心城市信息化建设先进城市奖等荣誉。

二 获奖感言

信息，越来越成为推动经济和社会发展的一项战略资源，其价值和意义正与日俱增。作为信息化领域的实践者，应该感到庆幸；作为一项朝阳事业的弄潮儿，应该感到自豪。

如何让信息资源和信息技术在政府社会管理和公共服务中更好地发力，我们一直在思考。近年来，通过借鉴外地成功经验，结合自身工作实际，我们在整合信息资源和推进电子政务集约化建设等方面进行了有益的探索。作为一位基层信息化部门的主管，期望借助电子政务理事会这个交流平台向同人们学习取经。

彭　勃——长沙天心区电子政务管理办公室主任

1973 年出生，湖南望城人，1995 年 9 月参加工作，大学学历，天心区政府办副主任（兼）、电子政务管理办公室主任。工作简历：1995 年 9 月至 1996 年 7 月，在南区计划统计物价局工作；1996 年 7 月至 2005 年 6 月，在天心区计划统计物价局工作，先后担任过农业、投资专业统计员、计算机管理员、计划科科长等职；2005 年 6 月调到区人民政府办公室，从事综合文字调研等工作；2008 年 3 月，调至区信息中心（2012 年更名为"区电子政务管理办公室"）任主任；2009 年 3 月，兼任区政府办副主任。

该同志工作眼界开阔、思维敏捷、作风扎实，工作满怀激情、斗志旺盛、兢兢业业、勤勤恳恳，加班加点毫无怨言。他注重通过网络新媒体汲取新信息，善于敏锐洞察新的形势，能准确把握时代脉搏，知识结构更趋优化，市场意识非常强烈，特别是组织协调、资源调控能力尤为突出，工作中能做到以身作则、勇于担当，对人以诚相待。一是统筹资源，全力推进项目实施。致力纵深推进电子政务建设，构建了区级网络信息资源的大整合、强管理、宽应用和全保障格局。区政府门户网站建设自 2010 年起，连续三年在长沙市九个县市区中名列第一；在湖南省率先建立了区级政务短信平台和网络监控平台中心；区光纤网络建设项目实施运作创造了"天心模式"，展现了"天心速度"，逐步成为全省信息资源整合度最大、利用率最高和传输率最快的城域网工程。二是以身作则，擅于铸造人才梯队。该同志尤其注重年轻干部的培养和锻炼，通过充分授权和绩效考核等机制的科学综合运用，鼓励和支持单位人员提高行政能力和业务水平，五年来，共有 4 位青年干部得到提拔重用，大家你追我赶、良性竞争、同心协力，形成了一个大局观好、凝聚度足、执行力强的优秀工作团队。三是防微杜渐，坚守廉政底线。虽然该同志经手运作的信息化项目数量越来越多、金额越来越大，但他始终严格遵守和执行《招投标法》等各项法律法规，时刻绷紧拒腐防变这根弦，没有丝毫懈怠，坚持阳光操作、市场运作，平时无任何违法违纪违规行为，以自己的行动赢得了领导们的关心支持和同事们的尊重认可。

中兴通讯股份有限公司
方正国际软件（北京）有限公司
北京华宇软件股份有限公司
龙信数据（北京）有限公司
上海普华诚信信息技术有限公司
北京地林伟业科技股份有限公司

中兴通讯股份有限公司

一　企业概况

中兴通讯是全球领先的综合通信解决方案提供商。公司通过为全球 160 多个国家和地区的电信运营商和企业网客户提供创新技术与产品解决方案，让全世界用户享有语音、数据、多媒体、无线宽带等全方位沟通。公司成立于 1985 年，在中国香港和深圳两地上市，是中国最大的通信设备上市公司。

中兴通讯拥有通信业界最完整的、端到端的产品线和融合解决方案，通过全系列的无线、有线、业务、终端产品和专业通信服务，灵活满足全球不同运营商和企业网客户的差异化需求以及快速创新的追求。2012 年，中兴通讯实现全年营业收入人民币 842.19 亿元。其中，国际市场实现营收 446.63 亿元人民币，占整体营收 53%。2013 年 1~9 月，中兴通讯实现营业收入 546.59 亿元人民币，净利润 5.52 亿元人民币，同比增长 132.44%。目前，中兴通讯已全面服务于全球主流运营商及企业网客户，智能终端增速强劲，已跃居全球第四大手机厂商。

中兴通讯坚持以持续技术创新为客户不断创造价值。公司在美国、法国、瑞典、中国等地共设有 18 个全球研发机构，3 万多名国内外研发人员专注于行业技术创新。2012 年中兴通讯蝉联 PCT 国际专利申请量全球企业首位。公司依托分布于全球的 107 个分支机构，凭借不断增强的创新能力、突出的灵活定制能力、日趋完善的交付能力赢得全球客户的信任与合作。

中兴通讯为联合国全球契约组织成员，坚持在全球范围内贯彻可持续发展理念，实现社会、环境及利益相关者的和谐共生。我们运用通信技术帮助不同地区的人们享有平等的通信自由；我们将"创新、融合、绿色"理念贯穿整个产品生命周期，以及研发、生产、物流、客户服务等全流程，为实现全球性降低能耗和二氧化碳排放而不懈努力。我们还在全球范围内开展社区公益和救助行动，参加了印度尼西亚海啸、海地及汶川地震等重大自然灾害救助，并成立了中国规模最大的"关爱儿童专项基金"。

未来，中兴通讯将继续致力于引领全球通信产业的发展，应对全球通信领域更趋日新月异的挑战。

中兴通讯的产品涵盖无线、核心网、接入、承载、业务、终端、云计算、服务等领域。中兴通讯坚持以市场为驱动的研发模式进行自主创新。通过独立自主的开发主体，层次分明、科学规范的创新体系、持续的研发投入，中兴通讯在技术开发领域取得一系列的重大科技成果。中兴通讯是中国重点高新技术企业、技术创新试点企业和国家"863"高技术成果转化基地，承担了近30项国家"863"重大课题，是通信设备领域承担国家"863"课题最多的企业之一，公司每年投入的科研经费占销售收入的10%左右，并在美国、印度、瑞典及中国等地设立了18个研究中心。

早在1997年，中兴通讯就成立专网部负责行业通信市场，对行业客户有着深厚的理解。随着ICT技术的融合与发展，2012年初，中兴通讯正式把政企网作为公司三大战略市场之一，拟将我们在电信运营商网络的丰富经验及领先技术，延伸到行业客户和政府客户。目前，全球有500多家运营商与数千家行业用户，近3亿人正在享用中兴通讯提供的优质、高性价比的产品与服务。

凭借对行业和客户需求的深度理解，依托全球18个研发中心和107个分支机构，重点聚焦在能源、交通、政府、公共事业（含医疗，教育）、大企业、商业（中小企业）等6大行业以及物流等潜力产业，向客户提供30个跨应用场景的综合解决方案和超过80个面向行业的子方案。

秉承互惠互利、合作共赢的理念，中兴通讯大力建设全球渠道网络，目前已与全球28个国家和地区的1600多家渠道代理商签约。以视讯、数通、监控、统一通信产品为主，主要推广平安城市、远程教育、医药物流等综合解决方案。

未来，中兴通讯将继续致力于携手合作伙伴，为政府和行业客户提供专业、优质的ICT解决方案，以信息化带动工业化，助力社会转型与产业升级。

二　主要业绩及创新点

（一）政府行业和智慧城市最佳实践案例

1. 城市管理案例一：北京市政务物联数据专网

北京市政务物联数据专网是国内首个大规模TD－LTE无线宽带政务专网，是全国无线宽带专网建设的样板。北京市政务物联数据专网项目建设完成后，可满足北京市各级政府及相关委办局在城市安全运行和应急管理等领域的物联网应用需求，同时还可以承载北京市医疗卫生、交通运输、市政市容、能源环境、公共安全等民生、应急、城市管理领域物联网示范应用，并推动TD－LTE技术在各行业领域方面的应用推广。

北京TD－LTE无线政务网使用1.4GHz（1447MHz－1467MHz）频段，共20M带宽，总体规划近1000个基站，覆盖北京市城区及重点郊区，中兴公司承建该TD－LTE专网95%以上的区域。项目于2011年一期中标，在中标三个月内完成了一期网络的全部开通，并于春节前夕正式上线，春节期间开展了烟花爆竹实施高清视频监控，效果非常良好，获得了北京市政府领导的极大肯定，为其他城市建设提供了宝贵经验。

北京市政府领导及工信部领导多次参观该网络，现场演示下载速率达到70Mbps，工信部无线电管理局局长谢飞波对该网络表示极大的肯定，认为该网络的建设是全国无线政企网建设的样板，无管局对 1.4G 频率向政府开放持积极意见。

2. 城市管理案例二：衡阳数字城市

为了更好更科学地建设"智慧城市"，使城市管理更智能、人民生活更幸福、产业经济更繁荣、社会环境更和谐，结合城市发展战略，衡阳市政府与中兴通讯开展全方位合作，携手共建"智慧衡阳"。

"智慧衡阳"项目依托中兴通讯云计算平台，结合先进的设计理念和先进的技术和解决方案服务于衡阳，立足信息资源整合，实现"互联互通、信息共享"，并于 2012 年 5 月 7 日在衡阳举行签约仪式正式签约。

智慧衡阳项目以云平台为核心，逐步接入数字政务、数字民生、数字产业等各类应用。整个项目分为三期：一期以社会管理方面的应用为主，目的在于提高政府管理水平，主要分为五大部分：云平台、应急指挥、平安城市、智能交通、数字城管；二期基于基础支撑平台进行业务和功能拓展，推进智慧医疗、智慧社区、数字校园、数字家庭、数字办公、数字水利、数字环保等；三期在第一、二期建设的基础上，促进重要领域基础设施及应用智能化转型、深层次应用。

在产业方面，中兴通讯与衡阳市提出"衡阳云谷"的设想，整合了近 30 家中小型企业，重点发展呼叫中心、IT 服务外包以及电子终端设计与生产等产业。智慧衡阳项目打造了地级市建设智慧城市的样板点，规划具有前瞻性，以数据中心为基础，实现各种业务的整合，也为后期其他业务的应用打好了良好的基础，同时项目的 BOT 运营模式也为其他城市的建设提供了参考。

3. 智慧园区案例：太仓市智慧园区项目

科教新城位于太仓的东南一隅，是连接太仓、嘉定、昆山的中心腹地。科教新城，是"智慧太仓"（太仓智慧城市建设项目）建设的承载体及重要组成部分，按政府规划，它将智慧产业与智慧政府结合，是和谐于太仓智慧城市的整体项目。

太仓园区管委会书记施燕萍谈道："出于政府服务职能和经济发展要求，历经数次规划完善、招商接触，最终科教新城项目选择了与中兴进行战略合作。"

2012 年底，整个科教新城便已落成。而其中一期建设目标是完成产业园区共享服务平台建设。二期是完成产业园区管理应用产品包的全面覆盖。具体项目包括一期建设的云主机、云桌面、云存储、融合通讯等，二期建设中的云服务业务运营。

随着智慧城市建设发展在中国步入快车道。智慧园区作为智慧城市的关键组件也纷纷涌现。太仓科教新城智慧园区项目，突破传统园区的惯有建设思维，融合了科技、教育、商务等元素，称得上智慧园区的建设典范。

中兴通讯智慧城市整体解决方案涵盖城市管理、平安城市、智慧园区、智慧交通、智慧医疗、智慧教育、智慧旅游、智慧物流、节能环保 9 大子方案，涉及管理、安全、园区、交通、医疗、教育、旅游、物流、环保等众多领域，其他电子政务和智慧城市案例还包括：

- 智慧城市运营管理中心案例：秦皇岛智慧管理服务云中心
- 平安城市案例：南京公安云存储道路图像监测
- 智慧交通案例一：宁波智慧交通项目
- 智慧交通案例二：武汉城市自由流项目

- 智慧医疗案例：秦皇岛卫生局智慧医疗
- 智慧教育案例：湖北黄冈教育谷
- 智慧旅游案例：秦皇岛智慧旅游项目
- 智慧物流案例：中兴智慧物流园区
- 节能环保案例：深圳市宝安区环境监控管理系统
- 云计算数据中心案例：最高人民法院数据中心项目
- 电子政务公共云平台案例：海口电子政务云城市数据共享项目

（二）技术创新

1. 4G TD-LTE 技术

在智慧城市领域，应用自主知识产权的 4G TD-LTE 技术，为智慧城市提供"可信、可靠、可控"的高速数据通道，服务于政府电子政务、城市管理和行业信息化，铸建城市运营基石。

2. 云计算技术

通过引入中兴通讯虚拟化软件平台 IECS，利用虚拟化技术，细化物理资源分配单元，提高系统分布密度和使用效率，降低对物理设备的需求，进一步降低 IT 设备的投入；IECS 具备良好的硬件兼容性，支持多种架构的 CPU，避免技术选型不一致，同时提供统一的运维门户和手段。部署一套资源运营管理系统 IROS，支撑精细化运营和统一管控，整合现有设施，实现高效运营。中兴通讯虚拟桌面系统支持虚拟桌面应用和管理，底层采用虚拟化平台作为承载，上层运行虚拟桌面应用软件，同时具备对虚拟化平台和虚拟桌面资源的运维管理，提供相应的调度策略以及操作维护等功能。

中兴通讯提供了用户到应用的端到端解决方案，可将任何应用交付给任何用户，并提供最佳的性能、最高的安全性、最低的成本和最强的灵活性。

3. 智能视频分析系统（CAS）

本系统基于智能视频分析技术，提供多种事件线索，包括人脸识别、车牌识别、视频检索，视频浓缩等。可用于在海量视频中快速寻找目标（人、车），快速获取信息，有效协助紧急突发事件的处理。

4. 微模块数据中心

- 绿色节能，利用冷冻水空调外机，结合自然条件充分利用 Free Colling 制冷资源 PUE 低于 1.3
- 快速化部署，从物理设施层、计算、存储、网络一体化集成，90 天完成部署，1~2 天安装完毕
- 模块化灵活扩展，中兴通讯集装箱、微模块可以灵活扩展，便于便捷的分期按需部署

5. 安全政务终端

中兴自主研发的 Android 智能终端，为企业级移动应用量身打造安全可信的载体：

- 内嵌于 Android 平台中的 6 项安全加固技术，解决 Android 系统可能的漏洞
- 预置的 VPN 专网接入认证机制和 MDM 终端守护进程，以及安全沙箱，解决企业应用安全运行的需求

从手机到 PAD，从 5 寸屏幕到 10 寸屏幕，不同档次硬件配置，让企业采购预算更为合理可控。

（三）近年主要创新成果

1. 1.4G TD – LTE 无线政务专网

- 北京无线政务物联数据专网，北京市政府在"十二五"期间完成北京平原地区的 TD – LTE 网络建设，用于城市安全运行、管理
- 天津无线政务网，该网络将承载城市应急安全，多媒体数字集群通信
- 上海无线政务网，主要考虑"警用直升机通信"及"消防数据传输"需求
- 郑州公安"平安城市"无线承载网络
- 阳泉市 LTE/Wifi 覆盖，为市民提供免费的无线上网应用，是市政府为市民办实事工程之一

荣获奖项：

无线政务专网解决方案获得 2013 年度国家政务信息化建设发展年会国家政务信息化创新企业奖

2. 中兴通讯智慧城市 iCity 解决方案

（1）方案总体架构

智慧城市总体方案的架构可简单概括为"两个平台，三大体系，四层架构"。两个平台一个是城市数据中心，另外一个是业务开发平台；在两个平台之上，提供多种应用，概括为"维稳定、保民生、促增长"三大体系的应用；四个层次即感知层、网络层、平台层、应用层，底层的感知层由各种手持终端、摄像头、传感器等组成，是城市的神经末梢，收集和获取各种信息，这些信息通过基础城市网络：通信网、互联网、物联网，传递到总控制中心，将城市基础网络构建成统一的承载网络，实现各网络互联互通，统一应用开发平台和城市数据中心，对海量数据进行分析与处理，达到平台能力及应用的可成长、可扩充，应用层上的所有子系统实现统一门户，方便、快捷地为市民服务，构建服务型新型政府。

（2）方案优势

中兴智慧城市总体方案优势：

以未来云计算、物联网技术为方向，立足现有成果，以能够落地为目标，为客户打造切实、可行、稳妥的技术实施方案。

中兴在传统的 CT 和终端研发领域有着领先的解决方案，集中体现在平台层（云计算中心）、承载层，在感知层也和众多厂家展开了深入合作。

聚焦优势方案，以客户需求为中心，量身定制，并得到了市场的高度认可。

无处不在泛感知：城市信息随时随地自动自发采集。

应用开发平台：应用开发可扩展，拉动当地软件产业发展。

云计算数据中心：解决烟囱壁垒，实现各机构信息联动共享挖掘。

无线政务专网：依托我司 TD – LTE 技术优势，4G 带宽、我国自主知识产权 TD – LTE，保障政府信息安全。

（3）方案荣誉：

中兴通讯 iCity 智慧城市解决方案获得：

- 智慧城市解决方案 iCity 入围 GSMA 2013 全球移动大奖，为入围奖项中唯一的智慧城市综合解决方案
- 十五届（深圳）中国国际高新技术成果交易会 2013 年度中国智慧城市标杆企业
- 2013 年度 CCCA 中国云计算大奖最佳智慧城市综合方案提供商
- 2013 年中国信息化年会 2013 年度优秀解决方案奖

方正国际软件（北京）有限公司

一　企业概况

1. 发展目标

方正信息产业集团旗下方正国际软件有限公司（以下简称"方正国际"），致力于成为世界一流的软件与信息技术服务提供商。

立足产学研用发展模式，坚持走自主创新之路，方正国际以智慧城市为牵引，业务重点聚焦于金融、公共安全与地理信息、智能交通、媒体、电子政务、城市管理等领域，积极践行智慧城市。

2. 公司资质

方正国际是国家认定的高新技术企业和国家规划布局内重点软件企业，被连续评为中国软件出口示范企业、专利试点先进单位、全国十大优秀系统集成商，先后荣获"2011 年度中国软件行业最具影响企业奖""2011 中国 IT 创新企业奖""2013 中国方案商二十强""2013 中国金服务十大杰出服务商"等荣誉。

公司目前已取得计算机信息系统集成一级资质，通过 CMMI 5 级评估、ISO 9001 质量体系认证、安防工程企业一级认证，同时也是我国软件出口骨干企业、软件进出口工作委员会理事单位、中国地理信息产业协会副会长单位、物联网协会理事单位、中国智慧城市推进联盟和中国智慧城市论坛的理事单位和委员、"智慧海淀产业联盟"理事长单位。

3. 国际合作

方正国际积极参与国际合作，具有在国外实施单体超亿元特大软件开发项目的成功经验，实现了中国自主知识产权软件产品和解决方案向发达国家的规模出口，是目前中国高科技企业成功进军国际市场的代表品牌。公司与 Microsoft、Oracle、IBM、HP、Accenture、PWC、VMware 等国际知名企业建立了战略合作关系，客户遍及中、日、东南亚、北美、欧洲、中东等多个国家和地区，已快速成长为有影响力的一站式解决方案提供商。

4. 技术创新

依托北京大学的研发力量，方正国际在电子政务、公共安全与地理信息、金融、智能交通、媒体等领域具有强大的自主研发实力及创新能力，积累了丰富的行业经验，并实现精细化管理。截至目前，方正国际共申请专利、软件著作权共 600 多项，在图形图像、出版、医疗、交通、公安、通用、金融、生物化学等领域拥有多项自主研发的技术平台。

立足于产学研用发展模式，方正国际高度注重科研投入，与北京大学、武汉大学、华中

科技大学等中国知名高校紧密合作，建立研发基地，不断攻克技术难题，取得了丰硕的科研成果。目前公司拥有授权和受理发明专利 216 件，国际发明专利申请并被受理 3 件，实用新型 9 件，软件著作权 247 项，参与制定标准 9 项。其中，"基于城市海量时空数据的综合地理信息应用系统产业化项目"先后获得奥运安保奖励、北京市火炬计划、测绘科技进步一等奖、地理信息产业优秀工程金奖、公安厅警用地理信息系统三等奖、政务地理信息共享服务平台银奖等。

5. 业务发展

"十二五"时期，随着云计算、物联网、移动互联网、新一代信息技术等新技术的兴起，智慧城市建设热潮席卷全球。方正国际积极参与了全国多项示范区建设工作，发挥长期积累的产业影响力、号召力和联合创新优势，打造以软件、信息服务为支撑的创新集群，通过智慧城市示范项目推动技术创新与成果应用，完成了从行业解决方案推广向城市社会创新事业业务模式的转型。

作为一家专门从事 IT 信息系统集成的公司，方正国际多年来坚持以市场需求为导向、以助力实现信息化为己任、以为客户创造新价值为理念，不断创新发展，为中国政府行业、中国金融行业提供专业的信息系统集成与服务支持工作，主要业务涉及智慧城市、电子政务、公安 GIS、应急联动、金融应用、应用集成、系统网络集成等多个领域。同时，凭借深厚的行业底蕴和客户基础，方正国际在对行业客户业务及需求深入理解的基础上，利用自身优秀的自主研发能力、核心技术及综合服务能力，有针对性地为行业用户提供全面的解决方案。公司不仅能够承担大型信息化应用项目的规划、建设和维护工程，还可以为客户提供满足政府、银行、证券、保险、公安等多个行业发展需求的全方位的技术解决方案。

在电子政务与政府信息化领域，方正国际以系统集成为基础，以应用软件系统开发为核心，构建全面的政府信息化综合解决方案，推出一系列政府行业集成解决方案和应用软件产品，涉及政府内外网门户、智慧政务、电子文件、电子签章、行政审批、智慧社区、信息交换共享、网格化社会管理、政务空间地理信息平台、基础库建设等方向的解决方案和产品。

目前，方正国际不仅参与了"金税""金盾""金财""金宏""金质"等国家金字工程建设，还先后为中共中央办公厅、国务院办公厅、国家发改委及国家信息中心、国家安全部、公安部、财政部、民政部、教育部、国务院新闻办公室、国家税务总局、国家质检总局、国家体育总局、国家地震局、国家邮政局、国家外汇管理局、中国疾病控制中心（CDC）等中央各大部委和北京市、深圳市、黑龙江省、辽宁省、内蒙古自治区、宁夏回族自治区、河北省、湖北省、江苏省、浙江省、广东省等省、市级地方政府及其职能部门提供了咨询设计、系统集成、应用开发及技术实施服务，得到一致好评。

二 产业结构和业务方向

1. 公共安全业务：专业的公共安全信息化软件及服务提供商

以警用地理信息技术为核心，构建社区警务、应急指挥、情报分析等领域创新型的解决方案，为公安信息化建设提供业务咨询、标准规范制定、治安与警卫及人口软件开发、系统集成等综合信息化服务。

软件产品：

- EZMAP 空间数据采集与制图平台
- EZSPATIAL 集成化空间数据中心
- EZSERVICE 空间信息服务平台

解决方案：

地理空间信息共享服务平台服务：

- 地理空间信息共享服务平台解决方案
- 社会管理综合信息平台解决方案
- 园林绿化信息共享服务解决方案
- 应急地理信息共享服务解决方案

警用地理信息系统：

- 警用地理信息基础应用平台建设解决方案
- 重大活动安保 GIS 解决方案
- 实有人口管理 GIS 解决方案
- 警卫地理信息系统解决方案
- 旅店业 GIS 解决方案
- 指挥调度 GIS 解决方案

综合情报平台：

- 综合情报平台解决方案

指挥中心系统集成：

- 指挥中心系统集成解决方案

公安信息化项目的咨询、设计和开发：

- 公安信息化总体方案设计
- 公安信息化标准研究和编制

数据中心：

数据产品：

- 《中国公路网超详版地图集》
- 《黑吉辽三省公路里程地图册》

数据处理：

- 数据采集定位点标准规范
- 矢量数据栅格化处理
- 各类挂图制作

典型案例：

地理空间信息共享服务平台：

- 北京市国土局国土资源数据交换管理系统
- 北京市园林绿化局网格化管理信息系统
- 北京市海淀区空间信息共享服务平台
- 北京市东城区网格化政务图层共享服务平台
- 南宁市政务地理信息共享服务平台

- 北京市政务信息图层共享服务系统

警用地理信息系统：

- 北京市"两实"服务管理综合应用平台
- 国家奥运安保指挥中心奥运安保 GIS 系统
- 北京市公安局第二十九届奥运安保 GIS 工作系统
- 广州亚运安保 GIS 系统公安部边防局指挥中心项目
- 贵州省公安厅指挥中心行业集成项目
- 河北省 25 县市"三台合一"行业集成
- 常州市应急中心指挥调度系统
- 公安部一局业务应用系统
- 北京市公安局社会面动态巡控网络管理应用系统
- 河北省公安局警用地理信息系统
- 广西省公安局警用地理信息系统
- 常州市公安局警用地理信息系统
- 太原市公安局警用地理信息系统
- 温州市公安局警用地理信息系统
- 郑州市公安局警用地理信息系统
- 海口市公安局警用地理信息系统
- 武汉市公安局警用地理信息系统
- 石家庄市公安局警用地理信息系统
- 苏州市公安局警用地理信息系统
- 预测预警系统
- 公安部"动中通"通讯车监控系统
- 北京市公安局地理信息服务系统
- 江苏省公安厅警务地理信息基础平台
- 辽宁全省 14 个地市警用地理信息系统
- 常州市应急警用地理信息系统
- 乌海警用地理信息平台
- 北京市公安局顺义分局警用地理信息基础平台

奥运安保典型案例：

- 北京市公安局第二十九届奥运会安保工作地理信息系统：
- 北京奥运期间风险评估与控制信息管理系统
- 河北省公安厅第二十九届奥运会安保工作地理信息系统：
- 奥运会开闭幕式应急保障地图制作
- 专业情报、综合情报典型案例

2. 政府业务：国内一流的政府解决方案平台提供商

采用先进的 SOA、MDA 技术架构和设计理念开发集成开发平台，使软件开发速度更快，成本更低，门槛更低，让政府信息系统更简单，推动政府信息化进程，为从中央到地方的各级政府提供全面的解决方案和产品服务。

解决方案：
- 方正政通政务办公门户产品
- 方正博通公文档案一体化管理系统
- 方正博通电子文件中心解决方案
- 方正政通网上行政审批系统
- 方正政通企业基础信息库暨税源信息监控系统
- 方正博思网站内容网站管理系统软件

典型案例：
- 宜昌市公务员办公门户平台
- 内蒙古工商局办公门户平台
- 宁夏回族自治区政府办公门户平台
- 江西省委办公平台
- 国务院港澳事务办公室内外网门户
- 郑州市政府税源经济信息管理

3. 电子文档：我国电子文件核心技术、产品、解决方案、运营服务领先提供商：

电子文档业务主要围绕电子文件的全生命周期，积极参与制定我国电子文件相关标准，致力于解决政府、企业电子文件的生成、规范、安全、长期保管、有效利用和扩展应用等问题。

产品体系涵盖电子文件管理相关产品（包括工具、插件等）、解决方案及运营服务，主要包括：自主研发的 CEBX 版式产品、电子公文编辑器、电子表单、版式服务器系统、电子公章、电子公文交换系统、电子文件管理系统和 EEP 封装工具等。

解决方案：
- 方正结构化数据整合解决方案
- 公文一体化生成解决方案
- 文档一体化解决方案
- 方正电子文件管理系统解决方案
- EEP 封装工具软件
- 电子公章系统
- 电子公文交换系统
- 电子公文编辑器
- 版式文件 CEB
- CEBX 电子表单与外网电子签章应用方案

产品介绍：
- 方正 EEP 封装工具
- 方正版式服务器系统
- 方正电子公文传输系统
- 方正电子公章系统
- 方正电子文件管理系统
- 公文标准编辑器

典型案例：

- 方正电子公文传输系统助力国家电网公司案例
- 中国联合通信有限公司应用方正电子公章系统案例
- 武汉市政府应用 CEB 实现"红头公文"网上发布
- 江苏省政府运用 CEB 技术制作公文的电子档案
- 海南省委、省政府电子公文交换系统
- CEB 在新华社信息发布平台的应用

主要客户：

- 郑州铁路局
- 北京银行
- 中国水利水电建设集团公司
- 中国盐业总公司
- 中国铝业
- 中国电力投资集团公司
- 吉林省委省政府
- 四川省委省政府
- 吉林省委
- 新疆自治区政府
- 四川省政府
- 国务院办公厅
- 中共中央办公厅

4. 网格化社会管理业务：以自有产品实现社会管理创新模式应用服务

以自有地理信息平台产品、政务业务平台产品，专注于城市网格化为基础的城市管理、资源环境管理和社会管理，为政府提供专业智慧社区、智慧城管的软件产品、行业应用解决方案和专业服务。

解决方案：

- 方正网格化智慧社区解决方案
- 水利与资源环境管理解决方案
- 智慧园区解决方案

典型案例：

- 海淀区空间数据共享平台
- 海淀区网格化社会服务管理信息平台
- 北京市两实人口数据库等社会管理应用项目
- 海淀区网格化社会服务管理信息平台
- 海淀区紫竹院街道社保服务平台
- 海淀区四季青镇政府智慧社区建设
- 海淀区西北旺镇政府智慧社区建设
- 房山区长阳镇政府智慧社区项目
- 平谷区兴谷开发区智慧园区

5. 智能交通：打造中国智慧交通整体解决方案服务商

在智能交通领域，方正国际致力于成为中国交通领域最大的信息化解决方案和技术服务提供商，为我国轨道交通、公共交通等领域提供先进、成熟的解决方案和产品。

2003 年，方正国际与日本 OMRON 公司成立"AFC 联合研发中心"，历经 9 年发展，已开发出一整套适合国情、功能完善、灵活扩充、使用方便的 AFC 应用系统，并成功服务于日本、迪拜、土耳其、马来西亚、北京、西安、天津、乌鲁木齐、郑州、沈阳等地大都市建设，成为世界城市交通信息化建设的典范。

针对城市公共交通的业务特点和发展趋势，方正国际提供一整套功能完善、高效协作、有机集成、按需配置的智能交通整体解决方案，公交智能调度、公交车站导乘等系统已成功应用于苏州工业园区。

近期方正国际与日立在小额清分系统方面开展战略合作，以期在智能交通领域给社会带来更多便利。

解决方案：

- 自动售检票系统（AFC）
- 方正 AASF 框架

典型案例：

标准制定：

- 北京奥运电子票标准技术支持
- 北京轨道交通 AFC 技术标准参编
- 北京公交一卡通技术标准参编

国内案例：

- 郑州市轨道交通 1 号线一期工程自动售检票系统项目
- 苏州工业园区智能公交项目
- 乌鲁木齐快速公交 AFC 系统项目
- 西安地铁 2 号线 AFC 系统项目
- 北京地铁亦庄线 AFC 系统项目
- 沈阳地铁 2 号线系统项目
- 天津地铁 2 号线 AFC 系统项目
- 北京地铁五号线 AFC 项目
- 北京市科委 ACC 系统项目

国外案例：

- 澳门轨道交通 MRT
- 日本 PIA 全球票务系统
- 日本大东京圈交通一卡通系统
- 阿联酋迪拜地铁 AFC 核心软件系统

北京华宇软件股份有限公司

一 企业概况

北京华宇软件股份有限公司（以下简称华宇）以软件与信息服务为主营业务，创立于 2001 年 6 月 18 日，并于 2011 年 10 月 26 日在深圳证券交易所创业板上市（股票简称："华宇软件"，股票代码：300271），注册资金 1.48 亿元。

华宇秉承"自强不息，厚德载物"的企业精神，坚持诚信为本的价值观，以"提供专业的技术、优秀的产品和卓越的服务，以信息化创造客户价值"为使命，专注于电子政务领域的软件与信息服务，为客户的信息化事业提供全方位的解决方案与服务。

华宇的优势业务涵盖了客户信息系统的全生命周期，包括信息化系统规划咨询、应用软件定制开发、信息化系统建设、信息化应用推广、信息化系统运维服务。目前，华宇主要客户来自法院、检察院行业；司法行政、政府委办局、质检、税务、工商等政府单位及金融、卫生等其他企事业单位多个领域。根据 IDC 中国电子政务研究报告，华宇自 2006 年至今连续 7 年位列中国电子政务 IT 解决方案供应商 10 强。在法院、检察院信息化建设领域，华宇连续多年市场占有率第一，客户遍及全国。

华宇及其全资子公司持有工业与信息化部颁发的"计算机信息系统集成一级资质证书"、国家保密局颁发的"涉及国家秘密的计算机信息系统集成甲级资质证书"和"涉及国家秘密的计算机信息系统集成软件单项资质证书""安防工程企业一级资质""信息安全服务资质证书"，是国家认定的"高新技术企业""软件企业""国家规划布局内重点软件企业""创新型试点企业""中关村国家自主创新示范区核心区重点创新型企业"，通过了 CMMI（软件能力成熟度模型集成）3 级认证、ISO 9001 质量管理体系认证和 ISO/IEC 20000、ISO/IEC 27001 IT 服务管理体系认证，是国家信息技术服务标准（ITSS）工作组全权成员单位，其优秀产品和案例曾获国务院办公厅和科技部颁发的"优秀软件奖"及北京市科委颁发的"北京市科学技术奖"。主要产品入选北京市政府自主创新产品目录，目前拥有近 200 项具有自主知识产权的软件产品，主要产品和技术居于国内领先地位。

华宇结合电子政务服务经验与国际服务管理框架，综合运用先进的服务工具，通过以北京总部服务呼叫中心、技术专家、遍及全国 30 余处现场服务网点和近 300 人的专业服务队伍建立的专业化服务体系，为全国各地用户提供及时、专业的信息化服务，其中为北京市高级人民法院提供的运维服务被工业与信息化部评为全国电子政务运维示范项目。

华宇总部位于北京市海淀区清华科技园，目前拥有 3 家全资子公司及 2 家控股子公司。其中，北京华宇信息技术有限公司成立于 2009 年，主要从事电子政务产品与服务业务；广州华宇信息技术有限公司成立于 2007 年，主要服务于华南地区客户；华宇（大连）信息服务有限公司成立于 2012 年，主要从事自有软件产品研发、软件项目开发和售后服务等业务；北京亿信华辰软件有限责任公司成立于 2006 年，主要提供报表与数据分析软件产品和服务；航宇金信（北京）软件有限公司成立于 2007 年，主要从事政府食品安全保障及工商行政管理领域的软件开发与信息服务。目前华宇及旗下 5 家公司拥有超过 1400 名员工，其中具有本科及以上学历的占 83% 以上。

二　主要业绩及创新点

（一）主要业绩

1. 北京法院审判与行政办公综合平台

- 系统概述

为了进一步使法院审判工作规范化、促进提高法院各项工作的质量和效率、保证法院审判工作的公正性，北京市高级人民法院与华宇共同合作，建设了"北京法院审判与行政办公综合平台"。

- 解决方案

该平台覆盖了北京市三级法院的各类审判工作，实现了支持领导决策、辅助法官和有关工作人员进行审判活动、对案件审判进行流程化管理、各种公文在网络上无纸化传输和法院党务、政务、后勤、综合等办公信息的管理功能，形成了功能强大、数据丰富的应用系统和高效稳定的北京市法院城域网络系统。

平台运用顶层设计理念，通过信息整合和数据挖掘，建立形成多层级、多维度、立体化、可视化、个性化的"信息球"数据服务模式。在整合司法审判、司法人事、司法政务、司法共享等各类信息的基础上，运用数据挖掘和数据分析等技术手段，为各级领导、各类业务、社会公众和诉讼当事人提供及时、准确、动态的综合信息、辅助支持和综合决策服务，大大提升北京法院基于信息化的司法审判能力和水平。

平台还充分利用法院信息化产生的审判、执行业务数据及软硬件基础，将各类业务数据进行有机组织和信息公开前的处理准备，并进一步帮助法院实现互联网、自助终端、手机等多种渠道的全方位、一体化的信息公开服务。

- 项目荣誉

清华大学网络行为研究所对该项目建设给出专家认定，工程验收通过之后，该系统通过了北京市科委组织的科技成果鉴定，并获得了北京市科学技术三等奖，公司受到北京市高级人民法院的表彰并收到感谢锦旗。

2. 北京市人民检察院信息化建设

- 系统概述

华宇凭借多年来对检察院信息化发展的深刻理解和检察院行业丰富的建设经验，通过对行业的动态跟踪、不断创新发展产品和解决方案，形成了涵盖检察院各类业务的信息化解决方案。该解决方案适用于省级院、市级院、区县级院等不同级别检察院，满足上下级检察院之间的信息共享与业务协同，并支持省级院或市级院集中建设模式。

- 解决方案

从 2007 年开始，以北京市人民检察院为中心搭建全市检察机关数据中心，整合了全市各院内部网站及互联网站资源，设计开通了首都检察网、北京检察网，在检察专网与互联网两个层面上，建立了北京市检察机关统一的门户网站。其中首都检察网实现了检察业务、队伍建设、调查研究以及各类专项工作等信息的全市集中整合，成为全市检察机关唯一的信息资源中心和全市干警获取信息的第一渠道。

- 客户价值

更新的管理模式：与时俱进，通过信息化提供网上侦查、网上办案、网上办公、同步录音录像、大要案侦查指挥等新的检务管理模式。

更高的办案效率：为检察办案提供情报分析等更加有效的办案辅助工具，实现案件的快速侦破。

更全的业务支持：实现检察办案、检察办公、队伍管理、检务保障等全方位的信息化管理，为电子检务提供全方位的技术支持。

更快的业务协同：通过信息化手段实现内部不同业务处室、外部其他单位（公安、法院、司法、政法委、银行、建委、民航、电信运营商等）的信息互联，提供更快速的检察业务协同。

3. 全国监狱信息化一期工程北京市监狱管理局应急指挥中心系统建设项目

- 建设背景

项目是司法部监狱局为提高监狱信息化水平，进一步提升各级监狱管理机关快速反应能力和突发事件应对能力，提高罪犯改造质量，确保监狱持续安全稳定而建设的全国性工程项目。

- 解决方案

该项目建设内容主要包括指挥中心基础支撑系统、指挥中心综合应用系统、IT 基础设施、指挥大厅及机房配套工程四大方面。

- 客户价值

项目基于"平战结合"的思想，化堵为疏，增强日常对服刑人员的监督和管理，能够大幅度减少"七类应急事件"出现的概率，为北京市监狱管理局监狱安全管理事件的处置提供必要的保障设施，提高监管安全的水平。

4. 国家卫生统计网络直报系统

- 建设背景

随着国家卫生事业的不断发展，对卫生统计不断提出新的要求。借助其子公司自主知识产权 WEB 报表汇总统计平台产品，华宇为国家卫生计生委定制了"国家卫生统计网络直报系统"，通过对采集的卫生直报数据进行查询和统计分析，构建强大的统计网上直报、数据分析挖掘、报表展示、门户系统平台。

- 解决方案

系统于 2007 年 11 月起在全国推广，实现了《卫生资源与医疗服务调查制度》规定的相关调查内容的网络化管理，为突发公共卫生事件应急指挥决策和医疗救治提供了有效的卫生统计数据。

- 客户价值

卫生统计信息网络直报体系的建立，是我国卫生统计史上的一次飞越，它不只是卫生统计由传统的手工操作、逐级报告向现代的网络运作、直接报告的转变，更是一次卫生统计制度的彻底改革与提高。

5. 北京市财政信息采集与综合查询系统

- 系统概述

为进一步整合北京市财政信息化建设成果及相关资源，加强收入统计、监控、分析、研判，以及对财政支持经济发展政策资金效果评估的准确性，华宇在北京市财政局的指导下于2012 年开发完成了信息采集与综合查询系统。

- 解决方案

系统整合了预算指标管理系统、国库集中支付系统、拨款管理系统、总会计系统、外国政府贷款项目管理信息系统 5 个内部数据源和财政部、人民银行、国税局、地税局、工商局、统计局、区县财政局 7 个外部数据源，利用数据仓库的设计理念，构建了 8 大数据主题。采用先进的 BI 商务智能技术，实现了领导驾驶舱、固定报表、综合分析、分析报告、专题分析、信息采集、自助分析 7 大功能模块，完成了各类报表共 219 张。

- 客户价值

系统提供的准确、及时的数据服务，已经成为财政收入管理，经济发展形势预测，乃至全市政府决策强有力的信息化支撑。

（二）技术创新

1. 大数据分析与处理

在检察院行业，利用大数据技术分析侦查情报信息之间的关联关系，实现信息引导职务犯罪侦查。

在法院行业，利用大数据技术对海量审判数据进行研判分析，实现五个层级、四个维度的审判态势和审判质效数据分析，为法院决策提供支持。

2. 云计算

在法院行业，依托云计算、互联网、移动互联网等技术实现华宇互联网诉讼无忧云服务，面向社会公众、诉讼参与人提供司法公开、在线诉讼云服务和诉讼指南，实现信息技术在司法领域的创新发展，助力法院实现司法为民工作目标。

在电子政务领域，依托云计算、虚拟化等技术构建实现以应用门户系统、信息安全系统、信息服务系统为一体的华宇政务应用支撑平台，为政务应用实施提供完整的开发、运行、维护工具集合。

3. 自然语音处理

运用自然语音处理技术，实现法院、检察院单位法律文书的智能纠错、排版、语音校对、法律条文附录。

（三）近年创新成果

1. 在国家食品安全领域为政府和企业提供"智慧食安"解决方案

- 方案概述

"智慧食安"解决方案融合了地理信息、移动互联、视频监控、流程管理等多项技术支撑，为政府构建形成"横向到边、纵向到底"的城市立体化食品安全监管体系，实现食品从农田到餐桌的全流程溯源。

- 方案特点

全方位立体化　360 度监管无漏洞

以云计算、物联网等先进理念与技术为支撑，融合地理信息、移动互联、视频监控、流程管理、信息发布和数据交换等基础支撑技术，打造全方位立体化的"智慧食安云平台"，实现 360 度监管无漏洞，构建起"横向到边、纵向到底"的城市立体化食品安全保障体系。

主动化动态化　全流程信息无边界

引入食品安全风险评估模型和诚信管理理论，整合全流程不同阶段产生的食品安全数据，构建起完善的食品安全基础信息库，实现城市食品安全监管从被动向主动、从静态向动态的转变，并为实现食品从农田到餐桌的全流程溯源打下了坚实的基础。

重便捷多元化　互动交流无障碍

借助互联网、移动终端、自助终端等多元化的服务渠道，为政府、企业和公众提供了包括语音、彩信、短信、传真、数据等多种交互方式构成的食品安全便捷服务，从而实现了政府、企业和公众三者之间的良性互动，进一步推动了城市食品安全保障体系的不断完善。

- 方案荣誉

"城市立体化食品安全保障体系建设方案"获得2013年第二届"智慧北京"大赛"优秀解决方案"奖；在第五届中国行业信息化奖项评选活动中荣获了"2013年度中国食品安全保障信息化最佳解决方案奖"。

3. 在司法行业为司法部门提供"智慧监狱"解决方案

- 方案概述

"指挥监狱"解决方案由监狱安全保障、办公管理、狱务管理、干警管理、领导决策、狱务公开、政法互联、IT基础设施建设、信息系统安全服务、信息系统运维服务十大类解决方案组成。解决方案依托物联网、视频分析技术，实现罪犯的实时定位、轨迹追踪、押犯车辆定位、越界管理以及对罪犯违规、违法活动进行无人值守监管、报警，填补针对罪犯的时空定位监测空白。

- 方案特点

更安全通过应急指挥信息化、安全防范信息化、服刑人员物联网定位监管信息化的建设，筑牢监狱"四防一体化"的安全防范体系，助力监狱"无脱逃、无重大狱内案件、无重大疫情、无重大安全事故"的安全保障目标。

更高效通过业务应用系统的建设实现狱政管理、刑罚执行、教育改造、劳动改造、生活卫生、警务人事管理等各项业务工作及日常办公的网上录入、网上管理、网上监督、网上考核，全面提高监管改造质量和公正执法水平。

更智能通过汇总监狱信息资源，建设信息资源中心，并实现与法院、公安等部门实现信息共享和业务协同，为领导决策提供数据支持。

更阳光通过狱务公开系统建设，促进监狱信息公开化，服务服刑人员及亲属，切实保证服刑人员基本权益。

- 方案荣誉

北京市监狱管理局"监狱－法院信息资源共享及业务协同系统"2013年被电子政务理事会评为"2013年度电子政务创新应用奖"。

龙信数据（北京）有限公司

一　企业概况和战略

（一）公司简介

龙信数据（北京）有限公司简称龙信数据，是国家级高新技术企业、中关村现代服务业试点企业、双软认证企业。公司专注于大数据挖掘分析，致力于政府经济领域的数据价值发现，基于全量跨界数据资源和领先技术，为政府部门优化组织流程，提升机构运行效能，实现数据治国、量化决策，促进经济社会科学持续发展。龙信数据为客户提供硬件、软件、数据集成、平台建设以及数据分析、研究、咨询等一站式数据管理服务，建立以 DAAS（数据即服务）为核心的服务模式，是中国数据智库的倡导者和践行者。

龙信数据引入"产学研"三位一体的大数据挖掘模式，组建了由海外归国、国内知名大学专家等高层次人才组成的研究团队，与国务院发展研究中心、中央财经大学、国家行政学院、首都经贸大学、中国信息化推进联盟等国家级专业研究机构及知名高校，开展了在数据管理及宏观政策研究方面的长期合作，并将研究成果融入数据管理整体解决方案，为客户创造价值。

龙信数据深入研究客户的需求，率先提出"数据政府"的理念。数据政府是集"阳光型政府、效能型政府、创新型政府、服务型政府"的内涵于一体，通过数据驱动决策、驱动管理、驱动创新，使政府工作更加高效、开放、负责。基于这一理念，龙信数据已在工商、地税、海关、财政、审计、统计、金融、农业等领域形成完整的解决方案，与国家工商总局、国家质检总局、北京市人大、北京市财政局、北京市工商局、北京市审计局、中关村管委会、福建省工商局、河南省工商局、河南财政局等各级政府机构开展了深入合作，相关成果得到了赞许和认可。

龙信数据始终坚持前瞻、专注、跨界、信赖、独立的公司理念，以"用数据促进经济社会科学发展"为使命，通过对全量数据的挖掘分析，寻找相关关系，从中发现规律，让数据价值得到延伸，为政府实现国家治理能力的现代化提供支撑。

（二）公司特点和优势

1. 专业的数据融合能力

龙信数据拥有专业的数据资源整合团队，定期从权威渠道收集与社会经济发展相关的各类数据，并按照统一标准进行数据清洗和整合，形成面向应用的若干主题资源库，实现数据跨界融会贯通。目前采集并完成融合的专题数据包括：国家宏观经济数据、进出口贸易数据、区域经济统计数据、国内全行业经济运行数据、金融数据、重要产品产供销价格数据、企业全方位数据、上市公司数据等，实现实时动态更新。

2. 严谨的数据分析标准

龙信数据依托国内外统计标准、经济管理理论，基于大数据挖掘技术，结合国家和地方政府实际应用分析经验，形成一套包含分析内容体系、分析指标体系、口径标准体系、分析方法体系在内的严谨的经济发展数据分析标准。这套分析标准已应用于战略新兴产业、文化及相关产业、现代制造业、现代服务业等国家重点发展产业分析。利用专业数据挖掘工具，结合具体业务，龙信数据开发了大量数理模型，包括：区域 GDP/财政收入预测模型、政策效能评估模型、资本/产业迁移模型、区域产业发展偏好模型、产业集中度模型、产业活跃度模型、产业相似度模型、企业生命周期模型等。

3. 权威的研究团队

龙信数据组建了由海外归国、国内知名专家等高层次人才组成，研究领域横跨经济、统计、管理、数据挖掘等方面的研究团队，长期专注于经济发展理论、数理模型建设等方面的研究和探索，积淀了丰富的专业知识。同时与国务院发展研究中心、中央财经大学、国家行政学院、首都经贸大学、中国信息化推进联盟等国家级专业研究机构及知名高校合作，长期开展了数据管理及宏观政策研究工作。

4. 成熟的政府项目经验

龙信数据具有多年政府项目实施经验，针对政府客户在需求解析、项目设计、项目实施和运维服务等环节的特点构建了专业的服务团队，建立了一套科学、完善的项目管理流程，赢得了客户的信任与认可。目前已与国家工商总局、国家质检总局、北京市人大、北京市财政局、北京市工商局、北京市审计局、中关村管委会、福建省工商局、河南省工商局、河南财政局等各级政府机构建立了长期互信的战略合作。

5. 丰富的可视化展现形式

龙信数据通过可视化技术研发，可以直观的表现海量数据背后隐藏的规律，释放数据的价值，帮助客户轻松、有效地理解和分析数据资源。龙信数据基于面向应用的数据展现理念，结合地理坐标信息和丰富的数据深度分析挖掘模型，开发出区域间资本互流、族谱图、产业密度图等多款创新的可视化展现方式，以更易于理解的形式呈现给客户，帮助客户在短时间内更好的理解和接收数据传达的信息。

二　主要业绩及创新点

（一）数据管理整体解决方案

1. 国家工商行政管理总局数据校验和分析平台

数据校验和分析平台是对"金信工程"建设的"国家经济户籍库"进行科学管理和数据价值挖掘的系统，包含数据质量评价校核系统、内资企业登记管理数据分析系统、外资登记管理数据分析系统三部分。

数据质量评价校核系统引入先进的数据管理技术，通过数据质量校核评价模型，实现从数据采集、汇总、应用、反馈等环节的全程动态监测评价，建立数据质量管理长效机制，全面提升工商数据整体质量，为工商总局加强数据分析应用，数据深度价值挖掘提供了前提和基础。

内、外资企业登记管理数据分析系统在全面、动态反映市场主体基本状况的基础上，引入活跃度指数模型、生命周期模型、企业投资偏好模型、产业渗透率模型等业务深度分析模型，帮助政府决策部门第一时间了解产业发展现状以及政策实施效果。

数据校验和分析平台的建设有助于全面提高工商部门对全国企业登记数据分析利用水平，切实发挥总局数据中心基础数据的作用，最终起到引领、带动并促进全国企业登记数据的分析应用工作，同时将信息技术与工商业务相融合，为领导和业务机关决策管理提供支持，促进工商监管执法的科学化、精细化。

2. 中原经济区市场主体动态监测分析平台

中原经济区市场主体动态监测分析平台以河南、山东、安徽、河北、山西5省的30个省辖市和3个县（区）为监控主体，整合区域内各地统计、工商等部门数据资源，实现中原经济区跨地区数据应用。

平台通过对区域内市场主体从出生到消亡整个生命过程中的主客体及行为信息的深入分

析，可以全面、客观、准确评价和分析区域产业结构、经济布局、资本进出、企业寿命等，有助于摸清中原经济区总体情况和发展趋势。

平台也是涵盖中原经济区总体，兼顾中部六省，并能与其他类似经济区进行横向比较的综合决策支持服务平台。通过对中原经济区产业结构变动、区域发展程度、投资流向、企业发展状况等方面信息与其他区域的横向比较，对区域统筹规划、合理布局和协调发展有较强的参考作用，为政府科学指导中原经济区建设提供决策依据。

平台实现 PC 端和移动终端同步应用，满足有关部门移动办公的即时性和便捷性要求。平台为政府部门提供信息准确、服务及时、运行高效、技术先进、可操作性强的决策支持服务，有效提升政府部门办事效率、决策能力。

3. 中关村科技园区海淀园企业动态监测平台

中关村科技园区海淀园是北京中关村科技园区的核心区，依托北大、清华、中科院等著名高校和研究机构，是智力高度密集地区，被称为中国的"硅谷"。为不断推进区域经济优化，实现可持续发展，支撑园区管理机构科学决策，中关村科技园区海淀园企业动态监测平台孕育而生。

平台融合园区内、外部全方位数据资源，构建一套包含分析内容体系、分析指标体系、口径标准体系、分析方法体系在内完整的分析监测体系架构，帮助园区管委会全面掌握园区经济总体运行状况，及时洞察重点企业的发展动态，准确判断园区产业结构和空间布局的变迁、优化。

平台还引入中关村高新示范区兄弟园区、国内其他高新技术产业园区的发展数据，能够通过横向对比，明确园区发展定位和竞争优势，有针对性地制定发展策略，实现精准招商、定向扶持。平台的建设和应用将进一步提升园区管理部门的管理和决策能力，推动园区及相关产业快速发展。

4. 北京市财政局综合数据中心

北京市财政局综合数据中心完成了北京市政府系统内部涉及企业个体关键信息的统筹整合工作，数据来源包括北京市财政局、市国税局、市地税局、市工商局、市统计局、人民银行等市级层面 36 个委办局，样本为北京市在营的 100 万家企业全量。通过外部数据接入和内部数据抽取，对数据进行采集、交换、清洗、整合和规范化处理，然后统一存储到北京市财政局综合数据中心并开发应用。

数据中心整体构架可以分为资源体系、标准体系、应用体系、共享体系以及相关支撑体系。客户可利用数据中心实时跟踪企业发展指数等先行经济指标，以分析预测财政收入的走势和拐点；可开展产业结构、财源结构、税收政策、人口资源环境等相关分析研究；跟踪大额专项资金等政策资金支持的重点产业、重点企业、重点项目，并进行"投入－产出"分析，评价政策资金扶持效果，优化扶持方式。

数据中心通过地方财政收入运行监控、收入预测预警、宏观决策支持、财政支出效益分析等几大重要功能，实现对地方政府强化税收，促进经济结构优化和发展方式转变，为构建健全、科学、规范并注重绩效的预算管理制度提供有力支撑。对财政数据的大数据分析是落实《中共中央关于全面深化改革若干重大问题的决定》，建立跨年度预算平衡机制，实现中期财政规划管理和编制财政三年滚动规划，建立规范合理的中央和地方政府债务管理及风险预警机制的有效保障。

（二）研究成果

1. 宏观经济及区域财政收入预测

为了落实十八大精神，推动政府治理能力现代化和社会管理科学化，创新政府经济调控方式和手段，龙信数据基于企业发展指数开展了宏观经济及区域财政收入预测研究，是我国政府领域大数据挖掘的首个成功案例，多次在国务院经济工作会议中得到应用，对宏观经济决策的前瞻性和针对性具有重要意义。

龙信数据依托国家工商总局"金信工程"构建的国家经济户籍库，利用大数据分析对5500多万家全量市场主体进行研究，构建"企业发展指数（EDI）"。该指数构建过程中综合考虑了企业的成立、成长、发展、消亡等过程，并结合规模、行业、主体类型等维度，确立了11个对宏观经济具有显著先行性的指标。课题组深入分析了企业发展变化与GDP、财政收入等宏观经济指标的联系，探索企业发展与宏观经济发展的相互关联和相互影响的规律，发现企业发展指数与GDP、公共财政收入等经济指标具有显著的正相关性，并表现出稳定的先行关系，能够提前1~2个季度预判宏观经济走势，可提前2个季度左右预测区域GDP和财政收入的拐点。

研究成果同时表明，区域间由于产业结构的不同，同等投入形成的GDP、财政收入和先行周期存在差异。龙信数据下一步将加强同地方政府的合作，结合各地的不同产业结构进行深入研究，因地制宜，更有针对性，以使研究成果更具有应用价值。

企业发展指数作为宏观经济的先行指标，可为各地政府提前制定经济调控政策、编制财政预算、引导资源合理配置等工作提供数据支撑；更好地服务政府市场监管，提升部门监管和服务能力；合理引导市场主体经营活动、战略决策和业务调整，减少经营的盲目性，避免市场风险，节约生产和交易成本，增强市场竞争力。

2. 区域产业发展态势分析及监测

为推动各地经济的可持续健康发展，实现经济结构战略性调整和区域经济的创新发展，龙信数据基于区域全量主体数据，通过对市场主体进入、发展变化和迁出等情况的分析，结合外部数据客观准确地反映区域经济发展态势和动态变化趋势。

龙信数据通过引入区域产业链演进分析模型、产业发展活跃度模型、企业生命周期模型、企业投资偏好模型、产业渗透率模型等业务深度分析模型，发现产业发展存在的问题，帮助政府决策部门第一时间了解区域产业发展现状以及相关政策实施效果，并结合全国相关产业发展态势和周边经济一体化区域产业链分工，对地区产业发展提出合理化建议。

区域产业发展态势分析及监测研究已服务于北京、福建、河南等地产业发展决策支持。上述分析可通过龙信数据的区域产业数据分析平台实现动态监控，为地方政府编制区域产业规划、评估和修订区域产业和财税政策、优化配置资源等工作中起到全局性的基础支撑。随着研究成果的进一步应用，还将服务更多的区域产业发展，为各地产业结构调整提供决策支持，对我国宏观产业结构优化也将有非常重要的意义和作用。

3. 区域对外投资分析及监测

为了定量把握地方与全国区域经济和产业发展的互动关系，支撑地方政府财源建设的健康发展、一体化经济区域（例如：同省内各地市间，京津冀、长三角等经济发展跨省区域）的协同发展，龙信数据基于企业族群关系探求模型，对区域内外部投资数据进行全量分析，可反映出动态区域间税源流动情况。

龙信数据在对区域全量内外部投资分析的基础上，引入产业链迁移等分析方法，可定量研究地方与其他区域在经济合作中的具体产业和实际水平；研究地方企业在全国范围的辐射带动作用；协助地方政府梳理招商引资的具体行业及其产业链具体环节，并通过对全国产业数据库的大数据挖掘锁定目标企业名单；结合地方财税数据摸清区域企业注册、实际经营和纳税的协整关系，为区域税源优化提供决策依据。

上海普华诚信信息技术有限公司

一　公司概况

上海普华诚信信息技术有限公司（以下简称普华诚信）成立于2007年8月，注册资金人民币5000万元，是国内一家专业从事信息安全技术研究和开发，信息安全产品研发、生产、销售和服务，信息安全系统设计、建设和集成的高新技术企业；同时从事数据挖掘产品的研发、生产、销售和服务，数据挖掘系统的设计、建设和集成，应用系统的设计、开发、建设和服务等。

普华诚信面向政府和工商、社保、新闻出版、公安及金融等部门、行业，长期致力于行业信息化解决方案和产品的研发、生产、销售和服务，并积累了丰富的经验，形成了突出的行业信息安全产品与服务优势。公司坚持具有自主知识产权的商用密码技术研究和产品的研制，专注于产品创新、技术创新、业务创新和模式创新，以创新为手段，开创信息技术与业务应用完美结合的新局面，并将创新成果应用于科技产业化。从成立至今，公司已经研发了11种商用密码产品；取得13项软件产品登记，24项软件著作权；开发了30多种应用系统，为未来实现可持续的跨越式发展打下了坚实的基础。

普华诚信拥有一支近200人的信息系统与信息安全研发团队，其中博士生和硕士生占20%以上，本科生占80%，并且60%以上的技术人员多年从事商用密码技术研究和信息安全产品的研制，多人多次获得过上海市科技进步一等奖。同时，在不断稳固和扩充行业专家、咨询顾问和专业技术人员基础上，公司与中科院研究生院、上海交通大学、河南理工大学等高等院校和科研院所建立了长期的产学研合作关系。

普华诚信总部设立在上海，根据"立足上海，服务全国"的发展战略及业务特点，同时在北京、深圳、杭州、西安、济南、郑州、成都等地设立了分支机构。公司依靠科技进步，不断调整结构，强化企业内部管理，始终保持良好的发展态势。着眼于长远战略发展需要，已在上海奉贤区建设占地20亩的产业化基地，于2014年上半年投入使用。

普华诚信拥有国家密码管理局颁发的"商用密码产品生产定点单位"和"商用密码产品销售许可证"，并取得了高新技术企业、软件企业、ISO 9001：2008质量体系认证等多项资质。

二　主要产品

1. 密码设备类产品

密码设备类产品主要包括服务器密码机、身份认证网关、签名验证服务器、高性能金融数据密码机和智能密码钥匙等。

2. 密码系统类产品

密码系统类产品主要包括证书注册管理系统（RA）、证书签发管理系统（CA）、密钥管理系统（KM）、证书查询验证系统、证书在线状态查询系统、时间戳服务系统、市场经营主体网络身份识别密码系统、电子营业执照密码保障系统、网络身份识别系统、客户端通用密码服务中间件和服务端通用密码服务中间件等。

3. 应用支撑类产品

应用支撑类产品主要包括统一用户管理系统、统一授权管理系统、统一身份认证系统、证书业务运营系统、电子签章系统、电子记录系统、电子凭证系统、应用身份认证和访问控制网关及可信即时通信系统等。

4. 业务应用类产品

业务应用类产品主要包括门户网站、办公自动化系统、企业法人库应用系统、网上注册大厅系统、网上协同审批系统、国有资产管理系统、街道乡镇信息化平台和网上招商服务平台等。

5. 数据挖掘类产品

数据挖掘类产品主要包括互联网海量数据采集系统、互联网海量数据预处理系统、互联网海量非结构化数据管理系统、互联网海量数据挖掘分析系统、互联网海量数据行业应用系统和海量市场主体信息挖掘平台等。

三　主要业绩

普华诚信经过 5 年多的发展，在科技创新发展的过程中，取得了一系列骄人的成绩。

1. 科研项目

普华诚信正在执行的国家级重大科研项目有：

- 国家科技重大专项核心电子器件、高端通用芯片及基础软件产品项目——基于安全可靠基础软硬件的在线事务处理系统应用迁移/重构和示范
- 2012 年金融领域安全 IC 卡和密码应用专项——高性能金融数据密码机产业化

普华诚信承担并顺利完成了多项国家级和省部级科技攻关任务：

- 国家"十一五"科技支撑计划重点项目——国家商用密码应用技术体系及应用示范
- 国家"十一五"科技支撑计划重点项目——面向现代服务业的电子工商应用支撑体系及示范工程（一期）
- 国家"十一五"科技支撑计划重点项目——劳动保障公共服务业务和信息技术体系关键技术研究及重大应用
- 国家"十一五"科技支撑计划重点项目——区域移动电子商务关键技术研究及应用示范工程
- 上海市 2011 年度"科技创新行动计划"项目——互联网海量数据处理公共服务平台研究和应用示范
- 国家科技型企业技术创新基金项目——市场经营主体网络身份识别与验证支撑平台

2. 科研成果

普华诚信研制了 11 种商用密码产品，并取得了相应的商用密码产品型号证书：

- 电子营业执照密码保障系统 SRT 1114
- 市场经营主体网络身份识别密码系统 SHT 0904
- 数字证书认证系统 SZT 1102
- 密钥管理系统 SYT 1105
- 高性能金融密码机 SJJ 1328
- 服务器密码机 SJJ 1011
- 签名验证服务器 SRJ 1302
- 身份认证网关 SRJ 1106
- 网络身份识别系统 SRT 1208
- 数字证书认证系统 SZT 1001
- 密钥管理系统 SYT 1001

普华诚信取得了 13 项软件产品登记：

- 普华营业执照电子副本签发管理软件 V1.0
- 普华诚信密码服务管理软件 V1.0
- 普华诚信数字证书认证软件 V1.0
- 普华诚信企业法人库软件 V1.0
- 普华诚信应用支撑平台软件 V1.0
- 普华诚信资源访问控制软件 V1.0
- 普华营业执照电子副本签发管理软件 V1.0
- 普华诚信客户端通用密码服务软件 V1.0
- 普华诚信统一用户授权和管理软件 V1.0
- 普华诚信服务端通用密码服务软件 V1.0
- 普华诚信海量数据挖掘服务软件 V1.0 等

普华诚信取得了 24 项项目软件著作权：

- 普华营业执照电子副本签发管理软件 V1.0
- 普华诚信协同办公平台软件 V1.0
- 普华诚信网上注册大厅系统软件 V1.0
- 普华诚信密码服务管理软件 V1.0
- 普华诚信数字证书认证软件 V1.0
- 普华诚信应用支撑平台软件 V1.0
- 普华诚信资源访问控制软件 V1.0
- 普华诚信服务端通用密码服务软件 V1.0 等

3. 工程项目

普华诚信承担并通过国家密码管理局安全性审查的工程项目有：

- 国家工商行政管理总局市场经营主体网络身份识别系统
- 人力资源和社会保障部数字证书认证系统和密钥管理系统
- 公安部公民网络身份识别系统
- 中国铁路总公司数字证书认证系统和密钥管理系统
- 广东省电子商务认证有限公司数字证书认证系统

- 山东省数字证书认证管理有限公司数字证书认证系统

普华诚信承担和顺利完成其他项目有：

- 国家税务总局金税三期身份认证系统全国国税系统推广项目——安全应用支撑平台硬件（签名认证服务器）
- 国家工商行政管理总局"网络市场主体的准入与监管"项目
- 上海市工商行政管理局"网络市场主体的准入与监管"项目
- 江苏省工商行政管理局电子营业执照签发管理体系项目
- 四川省成都市工商行政管理局电子营业执照系统建设项目
- 浙江省舟山市电子政务外网安全信任平台建设项目
- 浙江省绍兴市电子政务外网安全信任平台建设项目
- 浙江省温州市电子政务外网安全信任平台建设项目
- 浙江省湖州市电子政务外网安全信任平台建设项目
- 上海市南汇区电子政务外网安全信任平台建设项目
- 江苏省电力公司安全信任平台建设项目
- 上海市奉贤区/虹口区企业法人库项目
- 上海市嘉定区网上社区公共服务平台项目
- 上海市虹口区国有资产监督管理系统建设项目等

4. 应用开发

普华诚信开发了一系列应用系统：

- 企业法人库应用系统
- 网上注册大厅应用系统
- 区县国有资产管理系统
- 区县国有融资管理系统
- 经济园区招商服务平台
- 街镇经济数据管理中心系统
- 网上社区公共服务平台
- 互联网海量数据处理公共服务平台
- 海量数据挖掘分析服务平台
- 市场主体网络亮照和验照服务平台等

5. 行业影响

普华诚信凭借敏锐的市场触觉和关键技术前瞻性，在电子政务、电子商务、企业信息化等技术领域打开了一定市场空间，业务主要面向政府行业、工商行业、社保行业、新闻出版行业、金融行业和公安行业等。尤其是在工商行业、社保行业、第三方电子认证和新闻出版行业有所建树，并将科研成果进行了产业化推广，对相关领域产生了重大影响。

（1）工商行政管理行业。

在工商行政管理行业，在国家工商总局和国家密码管理局的指导下，我公司为全国工商行政管理行业量身定制市场经营主体网络身份识别密码系统（国家密码管理局现已批准更名为"电子营业执照密码保障系统"）。

目前支持 SM2 算法的工商总局市场经营主体网络身份识别系统已通过国家密码管理局

的安全性审查，进一步提高了做好全国工商网络市场监管的支撑能力（国家密码管理局现已批准更名为"电子营业执照识别系统"）。

电子营业执照密码保障系统已在江苏省工商行政管理局进行成功试点示范，在省局和11个地市工商局建设了相应的系统，为全省数千家经营性网站颁发了符合总局标准的营业执照电子副本，并进行了网上亮照和验照。

（2）人力资源和社会保障行业。

在人力资源和社会保障行业，在人力资源和社会保障部与国家密码管理局的指导下，我公司为全国人力资源和社会保障行业量身定制电子认证系统，该电子认证系统将在全国各省社保部门部署，目前已在部分省社保部门应用。

目前支持 SM 2 算法的电子认证系统已通过国家密码管理局的安全性审查，进一步提高了人力资源社会保障信息系统的应用安全保障能力。

（3）新闻出版行业。

在新闻出版行业，普华诚信在新闻出版领域进行了前期的市场扩展，将大数据关键技术的与网络新闻出版监管业务相结合，研究面向新闻出版的网络监管服务平台，用来满足新闻出版管理部门对网络新闻出版进行监管的需求，提供网络出版监管服务。并且已为湖北省新闻出版广电局建设了网络新闻出版监管系统，实现了湖北省行政管理领域内的网络新闻出版的有效监管，为后期公司数据挖掘产品在新闻出版领域的推广打下了基础。

（4）电子认证服务行业。

在电子认证服务行业，根据国家加强以密码技术为基础的信息保护和电子认证系统建设的要求，在国家密码管理局的指导下，根据有关国家标准，我公司为电子认证服务行业量身定制了数字证书认证系统和整体解决方案。目前该系统已经在全国多个第三方 CA 机构电子认证系统算法升级项目中使用，并通过了国家密码管理局的安全性审查。该系统的建设为第三方 CA 数字证书认证服务提供支撑，为各地应用系统提供可靠的安全支撑，并促进当地电子政务的有效发展。

四　发展构想

普华诚信经过 5 年多的努力经营和发展，建立了科学规范的管理制度，组建了一支专业化的经验丰富的信息系统与信息安全研发团队，研发了一系列具有自主知识产权的密码产品和应用系统，形成了工商、社保、第三方认证服务、公安、金融等多个行业的市场优势，积累了雄厚的足以支撑公司未来 10 年发展的经营资本，建设了占地 20 亩的产业化基地，为公司未来的跨越式发展打下了坚实的基础。

未来，普华诚信将继续坚持以技术为依托、以质量为根本、以创新为动力、以管理为保障的品牌战略，通过规范运作、科学管理、资本经营、技术与战略合作、市场开拓、人才引进等一系列有效措施，充分利用自身资源优势、市场优势，强化营销网络、品牌管理、技术与产品开发三大核心竞争要素，进一步提高公司产品的综合竞争力与赢利能力，专心专业，以信息安全产品为重点，专注于行业信息安全，做大产业。

在经营管理方面，普华诚信将进一步健全各项规章制度，形成较强的抵御各类风险的运营机制，建立完善的知识产权保护、人才培养、创新激励等运作机制，保持较好的信用等级、融资能力和资金管理能力。

在团队建设方面，加强领导班子、学科带头人、骨干人才的队伍建设，培养一套与时俱进的领导班子，培养一批业界杰出的学科带头人，培养一批进取敬业的科技创新人才，培养一批训练有素的技术研发骨干，培养一批吃苦耐劳的销售团队。提高团队每个成员的综合素质，提升整个团队的综合实力；同时注重人才引进，进一步加强和中科院研究生院、上海交通大学、河南理工大学等高等院校和科研院所"产、学、研"合作，积极从这些科研院校中吸收专业人才，为公司源源不断地注入新鲜血液。

在技术研发方面，继续以技术创新为发展动力，进一步加大科研攻关力度，完善并实施知识创新机制，不断深入研究并完善现有产品，遵循国家密码管理局相关管理标准及规范，加强自主可控和具有自主知识产权的产品研发和系统建设，起草多个国家或行业标准，并继续向云计算、大数据等技术领域扩展，取得一批国家级科研成果，申请并获得一批发明专利。

在产品市场方面，在巩固现有市场的基础上，加强销售资源网的构建，进一步在各行业进行纵深方向的市场拓展。在工商行业，以企业登记制度改革和电子营业执照推广为契机，以国家工商行政管理总局和江苏省工商行政管理局等为先行示范，在全国范围内全力推广普华诚信公司的电子营业执照密码保障系统，最终建立全国统一、布局合理、运行有序、自主可控、安全可靠的电子营业执照系统；在社保行业，以建设统一的人力资源社会保障网络信任体系为契机，在部分省人力资源社会保障厅电子认证系统建设经验基础上，在全国推广普华诚信公司的数字证书认证系统和密钥管理系统；在第三方电子认证服务行业，以第三方认证机构 CA 系统算法升级为契机，开拓市场，在全国范围推广公司的数字证书认证系统和密钥管理系统；在新闻出版行业，以湖北新闻出版监管系统为典型案例，在整个行业推广普华诚信公司的数据挖掘产品；在公安行业，以公民网络身份识别系统以及数据挖掘产品为主导进行行业推广；在金融行业，以上海证券交易所为我公司的典型客户，金融行业推广高性能金融数据密码机。

普华诚信本着"开放创新"的指导思想，坚持"立足上海、服务全国"的战略方针，不断超越自我，争做行业信息安全领域的知名企业，为上海的经济及社会发展，为国家的信息化建设做出贡献！

北京地林伟业科技股份有限公司

一 公司简介

北京地林伟业科技股份有限公司（FORESTAR）是以地理信息系统集成、软件研发、数据生产、GIS 咨询与服务为一体的高新技术企业，是行业信息化解决方案的供应商。我们围绕客户的需求持续创新，与合作伙伴开放合作，在林业、国土、农业、市政管线等领域构建了完整的解决方案。到目前为止，地林伟业的解决方案已经应用到全国各个省市，为客户创造着最大的便利和价值。

公司拥有自主研发的 MAPZONE GIS 系列产品，包括移动产品 MAPZONE Moible、桌面产品 MAPZONE Desktop、三维产品 MAPZONE Globe、服务端产品 MAPZONE Server 以及相应的开发包 MAPZONE SDK。

公司在自主技术的基础上，研发了 FORESTAR 应用平台系列产品，包括 FORESTAR GIS 应用平台、FORESTAR 二三维一体化平台、共享服务平台、综合信息应用服务平台、电子政务平台、FORESTAR OA 网络办公平台，为各个行业提供了从移动端、Web 端、桌面端、服务器端的完整解决方案。

二　公司理念

（1）以用户为中心：公司倡导服务为本的理念，坚持把最快、最好的服务、上乘的产品提供给我们的客户，以用户的需求为我们追求的目标。

（2）以人为本：坚持以人为本，把公司内部每个人的需求的满足作为公司发展重要的组成部分，公司的每个人都是公司创新发展的源泉。

（3）坚持公平、公正的原则：公司管理坚持公平、公正的原则。

三　发展里程碑

2006 年

创立于北京。

2007 年

公司产品在辽宁省林业信息化全面应用。

2008 年

自主移动 GIS 研发成功，并推出了全国首个移动端的采伐作业设计产品。

获得北京中关村高新技术企业协会会员证。

2009 年

湖南林木测土配方基础平台项目在中央电视台新闻联播中播出，主题为"湖南：测土配方查电脑，种植进入 e 时代"。

本溪市森林资源地理信息系统于 2009 年 1 月 15 日获本溪市政府科学技术进步奖评审委员会颁发的一等奖。

2010 年

公司产品在国家森林资源一类清查工作中得到应用，自主产品荣获北京市科技进步一等奖。

2011 年

获得国家高新技术企业证书。

公司项目在全国第二届林业信息化大会上汇报演示。

发起创立"董乃钧林人奖励基金"。

通过 ISO9001：2008 认证。

成立西南区分公司、华中区分公司。

测绘信息化关键技术及生态环境应用项目荣获 2011 年 2 月北京市人民政府颁发的一等奖证书。

北京市园林绿化资源协同管理系统荣获 2011 年北京市园林绿化局、北京园林协会、北京林学会颁发的一等奖。

推出"鄂尔多斯数字林业"解决方案。

推出"沈阳数字林业"解决方案。

2012 年

成为中国林业工程建设协会及中国地理信息产业协会理事单位。

参与创建中国林业信息化专项基金。

成立"北京林业大学林学专业学位产学研实践基地""北京林业大学就业实践与教学实习基地"。

获得国家测绘局颁发的乙级测绘资质。

成立东北区分公司、西北区分公司、华北区分公司。

推出"数字林业"数据中心建设解决方案。

2013 年

获得国军标质量管理体系认证证书。

推出移动端 ANDRIOD 版产品。

推出"辽宁省智慧林业"解决方案。

推出"全国林地更新软件"，举办全国各省集中的大型培训会，软件应用于全国各市、县。

推出"全国沙化和荒漠化监测软件"，举办全国各省集中的大型培训会，应用于全国各市县。

推出国家地理国情监测解决方案。

推出农村土地承包经营权确权发证解决方案。

成为北京市中关村企业信用促进会会员。

被评为 2012 年度中关村瞪羚企业。

2013 年 8 月 16 日完成股份公司改制。

2014 年

1 月 24 日在全国中小企业股份转让系统成功挂牌，股票代码 430416。

四　产品体系

行业应用	林业	农业	国土	市政	军工	…
FOFESTAR 应用支撑产品	FORETAR GIS 应用平台	FORETAR 二三维一体化平台	共享服务平台	综合信息应用服务平台	电子政务平台	…
MAPZONE GIS 产品	MAPZONE Desktop	MAPZONE Mobile	MAPZONE Server	MAPZONE Globe	MAPZONE SDK	

图 1　产品体系

五　林业行业解决方案简介

1. 林业行业解决方案图（如图 2 所示）

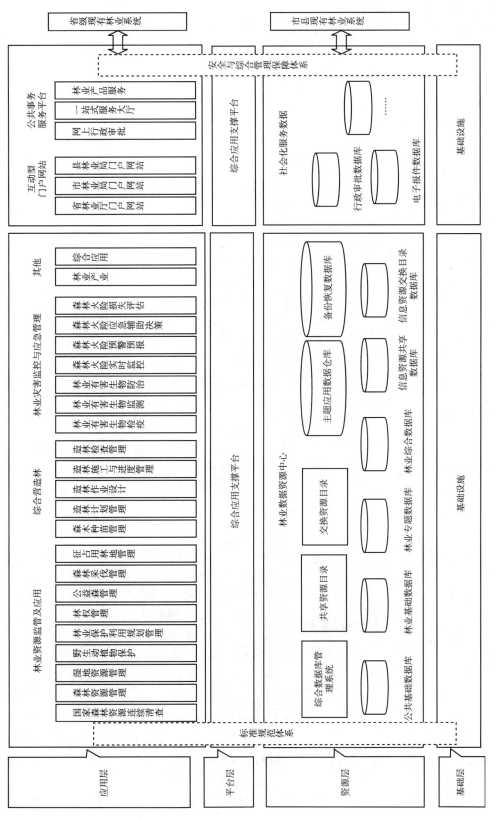

图 2　林业行业解决方案

2. 解决方案案例一览表

本公司的解决方案案例及经典案例见表1。

表1　林业行业解决方案案例

案例		
类别	子类别	案例
森林资源监管及应用	森林调查	国家森林资源连续清查系统（辽宁、北京、江西、西藏、新疆）
		基于市区联动的森林资源和生态状况动态监测系统
		吉林省二类调查系统
		辽宁省采伐作业设计调查系统
		黑龙江森工集团采伐作业设计调查系统
		江西省采伐作业设计调查系统
		湖南省采伐作业设计调查系统
		湖南省二类调查系统
		北京市二类调查系统
	资源管理	辽宁省青山工程动态监测系统
		湖南省林木测土配方基础平台
		辽宁省森林资源建库系统
		辽宁省森林资源综合监测分析系统
		辽宁省荒漠化与沙化综合监测分析系统
		北京市园林绿化资源协同管理系统
		江西省公益林数据采集与处理系统
		广东省中山市森林资源管理信息系统
		北京市名木古树管理系统
		北京市朝阳区绿地管理信息系统
		湖南绿地信息管理系统
		襄阳市森林资源管理信息系统基础平台
	林地保护规划	全国年度林地更新系统
		全国林地保护利用规划工具软件
		国家级林地保护规划管理信息系统
		县级林地保护规划管理信息系统
		黑龙江省林地保护规划数据处理系统
		江西省林地保护规划管理信息系统
	林权管理	广东省林权信息管理系统
		湖南省林权信息管理系统
		湖南省集体林权信息外业采集系统
		湖南林权权属数据入库系统
		辽宁省鞍山市林权信息管理系统
		广东省林权外业采集系统

续表

类别	子类别	案例
森林灾害监测与指挥决策系统	林业有害生物防治	省级林业有害生物监测与防治信息管理系统（湖南、甘肃、内蒙古）
		湖南省林业有害生物防治信息系统
		湖南省林业有害生物外业调查系统
		辽宁省本溪市林业有害生物管理信息系统及网络查询平台
		辽宁省沈阳市林业有害生物管理地理信息系统
		内蒙古大兴安岭林区有害生物防治体系项目
	森林防火	辽宁省沈阳市森林防火动态监测系统
		贵州省林科院试验林场森林防火指挥系统
		八达岭林场森林防火监测辅助决策系统
综合营造林	营林管理	辽宁省造林信息管理系统
		辽宁省造林核查外业调查系统
		辽宁省本溪市造林设计系统
		辽宁省沈阳市造林设计系统
		京北风沙危害区植被恢复与水源保护林管理信息系统
		北京市苗圃苗木管理信息系统

经典案例

序号	案例名称
1	湖南省林权信息管理系统
2	湖南省林木测土配方基础平台
3	北京市园林绿化资源协同管理系统
4	沈阳市数字林业核心平台
5	鄂尔多斯数字林业核心平台
6	辽宁省青山工程动态监测系统
7	广东省林权信息管理系统
8	全国年度林地更新系统
9	中国林业数据库
10	中国林业数字图书馆

获奖名单

2013·政府网站最佳管理者获奖名单

序号	省份	单位	姓名	性别	职务
01	部委	科学技术部信息中心	胡晓军	男	主任
02		民政部信息中心	胡晓明	女	副主任
03		国土资源部信息中心	顾炳中	男	总工程师
04		农业部信息中心	郭永田	男	副主任
05		文化部信息中心	洪永平	男	主任
06		海关总署办公厅	王桦	女	副主任（副局级）
07		国家质量监督检验检疫总局信息中心	王庆春	男	副主任
08		国家安全生产监督管理总局通信信息中心	孙健	男	党委副书记兼纪委书记
09		中央机构编制委员会办公室电子政务中心	宋庆	男	副主任
10		中国气象报社	杨晋辉	女	副社长/高级工程师
11	北京	北京市海淀区经济和信息化办公室	何建吾	男	主任
12		东城区信息化工作办公室	谢霄鹏	男	党组书记（正处级）
13	河北	河北省人民政府办公厅	董振国	男	处长
14	山西	山西长治市人民政府信息中心	郭仁起	男	副主任
15	辽宁	大连市政府网站管理中心	王艳玲	女	副主任
16		大连市政府网站管理中心	耿昭	男	
17		辽宁省林业厅	奚克路	男	
18	黑龙江	黑龙江省政府办公厅	刘春林	男	副主任（副厅级）
19	上海	上海市政府办公厅	孙松涛	男	电子政务办公室主任
20		上海市政府办公厅	彭谷前	男	电子政务办公室处长
21		上海市房屋资源土地信息中心	宋唯	男	主任
22	山东	济南市政府办公厅	谭伟	男	副主任
23		中华人民共和国山东海事局	袁宗祥	男	局长
24		青岛市电子政务和信息资源管理办公室	张福宾	男	处长
25		山东省信息中心	洪之民	男	主任
26		潍坊市经济和信息化委员会、潍坊市综合信息中心	郝万亮	男	副主任、主任
27		东营市人民政府办公室电子政务科	董藏收	男	科长
28	湖北	湖北省荆门市政府电子政务领导小组办公室	谢继先	男	副主任
29		武汉市武昌区人民政府办公室	许甫成	男	主任
30	湖南	长沙市信息中心	易石军	男	主任
31	海南	海南省政府办公厅	王烨	女	
32	陕西	渭南市信息化工作办公室	刘永奇	男	主任
33		陕西省电子政务办公室	魏文涛	男	副主任
34	四川	四川省人民政府信息公开办公室	胥云	男	
35	甘肃	兰州市数字城市建设办公室	包广斌	男	副主任
36		甘肃省定西市人民政府	马海同	男	
37	新疆	新疆维吾尔自治区奎屯市信息中心	王军	男	主任
38		新疆阜康市电子政务办公室	冯新江	男	主任

2013·政府网站最佳实践者获奖名单

序号	省份	单位	姓名	性别	职务
01	部委	科学技术部信息中心	王学勤	男	副主任
02		民政部信息中心	荆方明	女	网站和信息管理部副主任
03		国土资源部信息中心	叶兴茂	男	处长
04		文化部信息中心	汪森	女	处长
05		农业部信息中心	汤艳丽	女	处长
06		新闻出版总署信息中心	赵大恒	男	运行维护部处长
07		国家安全生产监督管理总局通信信息中心政府网站处	周秀玲	女	处长
08	北京	东城区信息化工作办公室	李启青	男	副主任(副处级)
09		首都之窗运行管理中心	王喆	男	技术总监
10		北京市海淀区信息中心	马硕	男	科员
11	河北	唐山市电子政务管理办公室	王丽军	女	副主任
12		邯郸市人民政府办公厅	王吉学	男	处长
13		石家庄市信息中心	王梅林	男	
14	山西	长治县人民政府信息中心	王四清	男	主任
15	辽宁	辽宁省林业厅	田树槐	男	副厅长
16		辽宁省大连市政府网站管理中心	张家勇	男	高级工程师
17		辽宁省大连市甘井子区电子政务办公室	葛文跃	男	主任
18		大连花园口经济区行政审批局	李景	女	
19	吉林	吉林省经济技术合作局信息中心	王紫薇	女	副主任
20		吉林省政府网站管理办公室	冯文友	男	主任
21	黑龙江	黑龙江省政府办公厅	张光玉	男	电子政务办公室调研员
22		黑龙江省政府办公厅政务中心	朱作杰	女	网站管理部主任、高级工程师
23		黑龙江省齐齐哈尔市信息中心	姚迪	女	网站管理科科长
24	上海	上海市科技信息中心	董美娣	女	主任
25		上海市闵行区门户网站管理中心	张乐海	男	主任
26		上海嘉定门户网站	王一姝	女	工程师
27		浦东新区电子政务管理中心	宋红艳	女	政务频道主管
28	山东	山东省济南市信息中心	刘春贵	男	主任
29		山东省潍坊市国土资源局信息中心	杨先连	男	主任
30		青岛市电子政务和信息资源管理办公室	李志民	男	主任科员
31		山东省信息中心	张琳静	女	高级工艺美术师
32		滕州市委办公室、滕州市信息化服务中心	赵曰国	男	副主任、主任
33		东营市利津县电子政务中心	岳明良	男	主任
34	河南	河南省旅游局信息中心电子政务部	魏荔莉	女	副主任
35		郑州市人民政府办公厅数字办网站管理处	徐欢	男	科员
36	湖北	武汉市国土资源和规划局信息中心	姚春晖	男	总工办主任
37		武汉市武昌区机关事务管理局	赵建军	男	区信息网络中心主任

续表

序号	省份	单位	姓名	性别	职务
38	湖南	湖南省国土资源信息中心	贺安生	男	主任
39		常德市人民政府电子政务管理办公室	唐西新	男	党组书记
40		永州市政府电子政务办公室	蒋如明	男	主任
41		郴州市电子政务信息中心	杨铭	男	主任
42		长沙市人民政府电子政务管理办公室	胡岚	女	
43		长沙市人民政府电子政务管理办公室	周骅	男	
44		湖南省经济研究信息中心	雷志鸣	男	
45	海南	海南省政府门户网站运行管理中心	吴文娜	女	工程师
46		海南省国家税务局办公室	孙亮	男	副主任
47		文昌市广播电视台	范兆昌	男	主任
48	广东	广东开普互联信息科技有限公司	汪敏	男	董事长
49	四川	四川省畜牧食品局信息中心	钱亮	男	主任
50		新都区经济和信息化局网管中心	刘维勇	男	主任
51	陕西	陕西省人民政府门户网站管理处	甄晓春	男	副处长
52		陕西省渭南市信息化工作办公室	郑增康	男	总工
53	甘肃	甘肃省定西市网络管理中心	丁陆军	男	主任
54		甘肃省兰州市数字城市建设办公室	雷成	男	网站管理科科长
55	新疆	新疆阜康市电子政务办公室	孙磊	男	科长
56		新疆维吾尔自治区伊犁哈萨克自治州伊宁市	王江波	男	负责人
57		新疆奎屯市信息中心	张玉辉	男	工程师
58	贵州	贵州省贵阳市乌当区信息管理中心	孙宏寅	男	科长

2013·政府网站信息公开类精品栏目获奖名单

序号	省份	网站名称	栏目名称
01	部委	科技部门户网站	政府信息公开
02		民政部网站	网络电视台
03		国土资源部门户网站	政务公开
04		国土资源部门户网站	新闻
05		交通运输部长江航务管理局门户网站	长航映像
06		水利部	水利百科栏目
07		农业部网站	信息公开
08		中华人民共和国商务部网站	各国税制
09		商务部投资项目信息库	招商引资项目
10		文化部政府门户网站	文化资讯
11		中国国家博物馆官方网站	外文版网站群
12		中国美术馆	传播教育
13		安全监管总局政府网站	公告公文事故调查处理及挂牌督办
14		中国林业网	热点专题
15		国家旅游局官方网站	地方新闻
16		中国地震局	信息播报
17		中国地震局	震情速递
18		中国气象网	信息公开
19		中国机构编制网	行政审批制度改革专栏

续表

序号	省份	网站名称	栏目名称
20	北京	首都之窗	北京市政府信息公开专栏
21	河北	中国河北	中国河北网络电视
22		中国·邯郸	视频在线
23		石家庄市园林局	信息公开
24	山西	朔州市人民政府门户网站	行政审批和行政监管事项目录
25		大同就业	综合新闻
26		中国·武乡	政府信息公开
27		长治县人民政府门户网站	信息公开
28	辽宁	辽宁省林业厅门户网站	林业动态
29		辽宁省畜牧兽医局	分析预测
30		辽宁省生态公益林管理中心	护林员风采
31		大连科技信息网	视频科技
32		大连市环境保护局	空气质量发布系统
33		大连教育	营养午餐平台
34		本溪林业网	政务公开
35		阜新市林业局门户网站	商务平台
36		中山区政府门户网站	信息公开平台
37	吉林	吉林省人民政府门户网站	热点专题
38		吉林农网	中国吉林·长白山人参
39	黑龙江	中国·黑龙江	政务专题
40		中国·齐齐哈尔	信息公开
41	上海	上海规土网	土地交易市场
42	江苏	"中国杭州"政府门户网站	党政动态
43		中国仪征	信息公开
44		"中国南京建邺"政府门户网站	政务公开
45	浙江	"中国杭州"政府门户网站	党政动态
46		宁波市科技信息网	政务公开
47		"杭州·余杭"门户网站	政府信息公开
48		丽水市莲都区政府门户网站	政府信息公开
49	安徽	六安市人民政府网站	政府信息平台
50		马鞍山市归国华侨联合会	侨联工作
51	福建	福建旅游之窗（政务网）	全省行业动态
52	江西	南昌市西湖区政府门户网站	记着老百姓、永远跟党走
53	山东	山东省发展和改革委员会	信息公开
54		山东省农业信息网	信息公开
55		济南建设网	房屋征收地图

续表

序号	省份	网站名称	栏目名称
56	山东	青岛政务网	信息公开
57		"中国·潍坊"门户网站	市政府信息公开专栏
58		东营市经济和信息化委员会	信息平台
59		东营市口岸办公室	工作动态
60		东营市城市管理局网站	政务公开
61		东营市地震局信息网	地震科普
62		昌邑市国土资源局	视频播报
63		章丘政务网	历史文化
64		济南市市中区政府网	信息公开
65		"中国·利津"政府门户网站	政府信息公开平台
66		东营区人民政府网站	专题报道
67	河南	郑州市城乡规划局	规划公示
68		郑州市教育局政务网站	政府信息公开
69		"中国·登封"政府门户网站	政府信息公开查阅中心
70	湖北	武汉市江夏区人民政府	新闻地图
71	湖北	湖南省政府门户网站	重点领域
72		湖南省食品药品监督管理局网站	餐饮用药安全
73		娄底市政府门户网站	权力阳光运行
74		长沙市岳麓区人民政府	岳麓动态
75		湖南省郴州市苏仙区门户网站	政务公开
76		常德市武陵区人民政府网站	武陵视频
77	广东	广东环保公众网	广东省环境信息 GIS 综合发布平台
78		深圳海事局	船舶动态
79		深圳市罗湖安全信息网	信息公开
80		龙岗政府在线	公共服务专栏
81	四川	四川省人民政府网站	四川雅安芦山县发生 7.0 级地震
82		四川旅游政务网	四川旅游出行指南
83		青白江区公众信息网站	政务公开
84		温江区公众信息网	特色推荐
85		廉洁大邑	农村惩防体系建设
86	贵州	贵州省人民政府门户网站	财政预算决算"三公"经费信息公开
87		贵州省工商行政管理局门户网站	政务公开
88	陕西	合阳县人民政府网站	信息公开
89	甘肃	中国·兰州政府门户网站	兰州国际马拉松赛
90		中国·定西党政网	今日定西
91		中国·西固	走进西固
92		兰州市七里河区人民政府	新闻中心
93		甘肃省定西市通渭县人民政府门户网	今日通渭
94	宁夏	平罗县政府信息网	政务公开

2013·政府网站网上办事类精品栏目获奖名单

序号	省份	网站名称	栏目名称
01	部委	农业部网站	在线办事
02		国家质检总局门户网站	场景式服务
03		中国海关门户网站	网上中国海关电子地图
04	北京	北京市公安局网站	出入境证件网上预约受理系统
05		西城区人力资源和社会保障网	岗位信息发布
06	河北	河北建设	网上办事大厅
07		中国唐山	专题服务
08	山西	晋中市政府门户网站	办事服务
09	辽宁	辽宁省经济和信息化委员会门户网站	网上办事
10		中国大连	市民邮箱
11		大连公安网	场景式服务
12		沈阳市林业局门户网站	网上服务大厅
13	上海	"上海青浦"政府门户网站	青浦区公共便民服务电子地图
14		上海市工商局浦东新区分局	工商行政许可咨询
15		浦东科技网	浦东科技发展基金项目网上办事窗口
16		"上海静安"门户网站	信息无障碍服务
17	福建	南平市政府门户网站	办事指南
18	江苏	江苏省人力资源和社会保障网	全省标准化公共服务
19		江苏环保	网上办事大厅
20		中国扬州	便民服务
21		南京．雨花	区政务服务中心（场景式服务）
22	浙江	"中国温州"政府门户网站	市民服务中心
23	山东	中华人民共和国山东海事局网站	海上旅游安全服务（海上客运船舶信息查询）
24		济南市交通运输局网站	便民直通车
25		东营市政务服务中心	网上办事
26		东营市招商网	投资服务
27		潍坊市国土资源局门户网站	网上办事大厅
28		中国滕州网	网上办事
29		平阴县人民政府门户网	"中国·平阴"一站式网上服务大厅
30		中国黄河口	行政审批大厅
31		历下区政府网	历下区政府网上为民服务大厅
32	河南	河南旅游资讯网	在线办事
33		郑州市人民政府门户网站	主题服务
34	湖北	中国武汉	企业服务
35		智慧武汉－国土资源和规划网	土地市场
36		江岸信息网	公共服务
37		武昌区政府网站	政务服务
38		硚口信息网	社会综合管理与服务数字化信息系统

续表

序号	省份	网站名称	栏目名称
39	湖南	湖南省工商行政管理局网站	网上办事
40		湖南省农业信息网	湖南省农业厅网上办事
41		湖南省国土资源厅门户网站	网上交易
42		湖南林业厅	测土配方
43		郴州市政府门户网站	网上办事
44	广东	广东省国土资源厅门户网站	网上办事窗口
45		汕头市政府门户网站	广东省网上办事大厅汕头市分厅
46		肇庆市政府门户网站	广东省网上办事大厅肇庆市分厅
47	海南	海南省人民政府政务服务中心门户网站	全流程互联网在线审批
48		海南省人民政府网	在线办事
49		海南国税门户网站	网上办税
50	四川	四川省林业厅	四川省林木种苗生产经营许可资质查询
51		成都市工商行政管理局	网上办事
52		武侯区门户网站	市民服务
53	云南	云南省交通运输厅	公路出行
54	陕西	大荔县政府网站	场景式服务
55	新疆	阜康之窗	网上审批

2013·政府网站政民互动类精品栏目获奖名单

序号	省份	网站名称	栏目名称
01	部委	新闻出版门户网站	"悦读中国"官方微博
02	北京	北京文化热线	互动频道
03		北京西城门户网站	随手拍西城
04		北京西城门户网站	互动交流
05		西城旅游网	虚拟漫游
06		西城旅游网	行程设计器
07		西城区天桥街道网站	志愿天桥
08	河北	中国石家庄	政民互动
09		赞皇县人民政府门户网站	政府信箱
10	山西	中国长治	在线访谈
11		晋城在线	网上活动
12	内蒙古	内蒙古国土资源厅门户网站	在线咨询
13	辽宁	大连市国家税务局网站	在线访谈
14		大连地税网站	实时咨询
15		大连市工商行政管理局	网上 12315
16		和平·沈阳	全民参与城市管理创新
17		甘井子区公众信息网	政府互动
18	吉林	吉林省人民政府门户网站	在线访谈
19		吉林省投资促进网	在线客服
20		榆树政务网	在线访谈

续表

序号	省份	网站名称	栏目名称
21	黑龙江	中国·黑龙江	新闻发布会
22		富裕县人民政府网站	政民互动
23	上海	"中国上海"门户网站	服务导航
24		"上海科技"网站	互动平台
25		上海房管网	热点聚焦
26		闵行区政府网	区长网上办公
27		上海嘉定门户网站	嘉定门户政务微信
28		浦东党建网	党建论坛
29		闵行区梅陇镇人民政府网	梅陇志愿者
30		闵行区马桥镇人民政府门户网站	马桥镇便民服务平台
31		浦东新区航头镇人民政府	互动航头
32		福建农业信息网	厅长信箱
33	江苏	"中国南通"政府网站	在线访谈
34	浙江	浙江省国土资源厅门户网站	互动平台
35		奉化国土资源局门户网站	在线咨询
36		松阳政府网	县长信箱
37	安徽	中国·合肥门户网站	合肥市 12345 政府服务直通车
38		中国·芜湖	市长信箱
39		马鞍山市政府门户网站	市民心声
40	山东	中国·济南	微博济南
41		济南市民政局网站	3D 网上服务大厅
42		济南市规划局	政民互动
43		济南民生警务平台	民意直通
44		青岛政务网	网络在线问政
45		中国东营政府门户网站	在线访谈
46		东营民政信息网	网上民声
47		莱西政务网	社区服务
48		广饶县政府门户网站	在线访谈
49		垦利县政府门户网站	7512345 民生热线
50	贵州	贵州省公安机关警务服务网	警民互动
51		乌当区政府门户网站	在线访谈
52	湖北	武汉市科技局政务网	武汉科技金融公共服务平台
53		中国荆门	市长信箱
54		黄陂区政府网站	民意直通车
55	湖南	长沙市政府门户网站	市长信箱
56		怀化市政府门户网站	市长信箱
57		常德政府网站	政民互动
58		岳阳市政府门户网站	市长信箱
59		永州市政府门户网站	市长信箱
60		涟源市人民政府门户网站	政民互动
61		雨花区政府门户网站	政民互动
62		湖南常德市桃源县人民政府网站	市民留言

序号	省份	网站名称	栏目名称
63	广东	江门市（12345）政府服务热线	政民互动
64		罗湖区电子政务网	区长信箱
65		罗湖区电子政务网	在线访谈
66		深圳南山政府在线	互动交流
67	海南	文昌市人民政府网站	咨询投诉
68	四川	四川畜牧食品信息网	公众参与
69		成都市政府门户网站	"成都面对面"政风行风热线
70		成都市政府门户网站	市长信箱
71		廉洁成都	民情民意直通车
72		成都市人力资源和社会保障局	网站信箱（12333信箱）
73		成都市纠正行业不正之风办公室	"成都面对面"政风行风热线
74		崇州公众信息网	微信公众平台
75		青白江区公众信息网	政民互动
76		新都区人民政府门户网站（香城新都网）	在线访谈
77		蒲江公众信息网	县长信箱
78		郫县公众信息网	阳光政务·政风行风热线
79		锦江区公众信息网	政风行风热线
80	陕西	陕西省人民政府门户网站	在线访谈
81		陕西公安网	为您服务
82		汉中市人民政府门户网站	公众互动
83	甘肃	"中国·甘肃"门户网站	领导信箱
84		兰州市城关区政府门户网	网民留言
85	新疆	中国·伊宁政务门户网站	网络问政
86		奎屯市政府门户网站——西部明珠	市长信箱
87	贵州	贵州省人民政府门户网站	黔办之声
88		中国贵州大方政府门户网	网络问政

2013·政府网站特色专栏获奖名单

序号	地区	获奖网站	获奖专栏
01	北京	北京市东城区政府门户网站	东城区志愿者服务
02		北京经济技术开发区门户网站	市民主页亦庄专区
03		北京市西城区广安门内街道办事处	广内生活家
04	辽宁	大连花园口经济区行政审批局	凝聚正能量共筑中国梦公开直通车
05	吉林	吉林公安网上服务平台	网上办理
06	上海	中国·上海	消息速递
07	山东	中国·济南	市民个人网页
08		济南市槐荫区人民政府	迎"十艺节"集中会战专栏
09		济南市财政公众网	政府采购
10	江西	江西省人民政府门户网站	江西省工程建设领域项目信息和信用信息公开共享平台
11	贵州	"中国·贵阳"政府门户网站	企业展台

2013·政府网站创新应用获奖名单

序号	地区	获奖网站	获奖项目
01	部委	交通运输部政府网站	移动应用客户端
02	北京	北京西城门户网站	全响应社会服务专版
03	上海	上海市绿化和市容门户网站	上海公厕指南 APP
04	陕西	渭南市人民政府网站	我们的梦中国梦

2013·政府网站创新管理获奖名单

序号	地区	获奖单位	获奖网站
01	部委	中国银行业监督管理委员会办公厅	中国银监会官方网站
02	上海	上海浦东门户网站运行中心	上海浦东门户网站
03	山东	潍坊市综合信息中心	"中国潍坊"政府门户网站

第八篇

大事记

2013 年电子政务大事记

1 月

1 月 10 日 全国测绘地理信息系统网站建设会议在哈尔滨召开，国家测绘地理信息局副局长宋超智出席会议并讲话，就今后一段时期内网站建设重点工作做出部署。来自各省、自治区、直辖市、计划单列市测绘地理信息行政主管部门，国家测绘地理信息局直属有关单位、有关测绘单位、有关社团分管网站建设负责人，优秀网站信息员以及网站优秀撰稿人代表共 78 人参加会议。

1 月 11 日 工业和信息化部发布《关于数据中心建设布局的指导意见》（以下简称《指导意见》）。《指导意见》提出了科学推动数据中心建设和布局的指导思想。坚持以市场为导向，以资源节约和提高效率为着力点，通过引导市场主体合理选址、长远设计、按需按标建设，逐渐形成技术先进、结构合理、协调发展的数据中心新格局。

2 月

2 月 16 日 国家发改委下发《国家发展改革委关于加强和完善国家电子政务建设管理的意见》，规范国家电子政务工程建设，加强国家电子政务建设项目的管理，促进政府信息共享和业务协同。

2 月 19 日 河北省省长张庆伟主持召开河北省信息化工作领导小组全体会议，省政府常务副省长杨崇勇、省委宣传部部长艾文礼、省政府副省长张杰辉出席会议，省信息化工作领导小组 27 个成员单位参加了会议。会议听取了省信息化工作领导小组办公室关于全省信息化工作情况的汇报，对《2013 年河北省信息化工作要点》进行了审议。最后，张庆伟省长做了重要讲话，对全省信息化工作进行了安排部署。

2 月 20 日 工业和信息化部信息化推进司印发《基于云计算的电子政务公共平台顶层设计指南》，要求各地积极开展基于云计算的电子政务公共平台顶层设计，避免电子政务基础设施重复建设和投资浪费，进一步提高电子政务发展质量。

3 月

3 月 11 日 国家农村信息化示范省专家指导组会议在北京召开。国家农村信息化示范省专家指导组专家、农村司和农村中心相关人员共 20 余人参加了会议。会议先后听取了指导专家关于国家农村信息化示范省建设的建议和意见，并就专家指导组的工作机制、国家综合服务平台的建设与落实、下一步调研的内容及调研方法等问题进行了深入讨论。

3月12日　国家体育总局信息化领导小组召开全体会议。会议总结了2012年总局信息化工作，研究部署了2013年的工作安排，并审议了有关文件。

3月13日　交通运输部办公厅印发《2013年交通运输政府网站工作要点》，其中要求进一步加强政府网站建设管理，全面提升行业政府网站服务能力和水平，充分发挥政府网站在服务交通运输转型与发展中的重要平台、窗口和渠道作用，加快推进交通运输现代化。

3月16日　国家863计划地球观测与导航技术领域"城市运行的空间信息智能处理与分析系统"主题项目启动会在北京召开。科技部高新司、国家遥感中心、项目专家及承担单位相关人员参加了启动会。

3月23日　全国地方电子政务公共平台顶层设计工作座谈会在古都西安举行，来自全国各省、自治区、直辖市及计划单列市、新疆生产建设兵团负责电子政务工作的同志，围绕新时期电子政务公共平台顶层设计、业务协同与共享、更好地服务经济社会发展等问题进行交流与探讨。会议由工业和信息化部信息化推进司的徐愈司长主持，工业和信息化部杨学山副部长、陕西省李金柱副省长等领导全程参与座谈会并讲话。

4月

4月2日　工业和信息化部信息化推进司组织召开了信息化水平测算和指标体系研究工作座谈会。国家统计局统计科学研究所，工业和信息化部运行监测协调局，北京、上海、江苏等12个省市主管部门的代表以及部属科研机构的研究人员参加了会议。

4月12日　国家发展改革委、中编办、工业和信息化部、财政部、审计署、质检总局、国家电子政务内网协调小组办公室七部委联合发布了《关于进一步加强政务部门信息共享建设管理的指导意见》，其中提出的具体工作包括明确共享范围和方式、发挥基础设施的支撑作用、制定标准规范以及加强组织领导等。

2013年4月24日　教育部在北京召开教育信息化重点工作推进会议。会上，32个省级教育行政部门汇报了工作进展，教育部相关司局结合自身业务对年度教育信息化重点工作进行了部署。教育部相关直属单位负责人，各计划单列市教育局负责人，中国移动通信集团公司和中国电信集团公司等企业代表一并参加会议。

4月25~26日　全国人力资源社会保障信息化工作座谈会在安徽省合肥市召开。会议总结过去5年信息化工作，分析当前形势，研究今后一个时期信息化工作思路，部署2013年工作任务。

5月

5月15日　国家电子政务形势分析会在京召开。此次会议由工业和信息化部信息化推进司指导，中国电子技术标准化研究院、中国电子信息产业发展研究院、国家行政学院电子政务研究中心共同举办。来自中央部委、地方政府的60多位电子政务主管部门代表参加了会议，会议发布了《2012年国家电子政务发展报告》（以下简称报告），汇编了《2012年国家电子政务发展综述》，以及28个部委、21个省级（自治区、直辖市）、13个副省级城市的电子政务发展报告。

5月17日 2013年全国烟草行业信息化工作会议在北京召开。会议主要任务是,贯彻落实全国烟草工作会议精神,总结2012年行业信息化工作,安排布置2013年主要工作任务。

5月19日 由联合国教科文组织特别支持,工业和信息化部、住房和城乡建设部、民政部、中国残疾人联合会、全国老龄办共同指导,中国互联网协会、中国残疾人福利基金会联合主办的"美丽中国——2013中国政务信息无障碍公益行动"在北京正式启动。本次行动的主题为"构建美丽信息中国·共享和谐信息文明"。

6月

6月5日 《中国电子政务年鉴(2012)》(以下简称《年鉴》)新闻发布会在中国社会科学院举行。《年鉴》由电子政务理事会组编,记载中央国家机关和地方政府电子政务的主要进程,汇集国家主管部门指导电子政务发展的重要文件,收录年度电子政务的专题报告和观察评述,发布电子政务的重要成果和年度人物等先进个人信息,整理电子政务发展水平的基础数据的工具书。《年鉴》全书正文9篇,附录6篇,共计100余家作者单位向编辑部提供了150余篇稿件,实际完成160万字。

6月18日 全国农业信息化工作会议在江苏宜兴举行。会议系统总结了近年来农业信息化工作取得的成效和经验,深入分析了面临的形势与任务,全面部署了当前和今后一个时期的重点工作。

6月23日 以"智慧城市与移动信息化"为主题的"第七届中国电子政务高峰论坛"在北京大学隆重举办。本次论坛由工业和信息化部信息化推进司指导,北京大学信息化与信息管理研究中心主办,中央机构编制委员会办公室电子政务中心、北京大学CIO班教务办公室协办。各部委、各省市特邀嘉宾、CIO班学员及有关企事业单位和媒体代表200多人荟萃于此,就智慧城市、云计算、物联网、移动互联网和大数据等新一代信息技术的应用进行了热点讨论。

6月25日 电子政务理事会主办的"2013电子政务理事会年鉴工作会议"在银川召开。来自十余个部委、21个省市的180多位电子政务工作者参加了此次大会。大会以"汇集经验,构建中国电子政务知识体系"为主题,学习知识、交流经验、表彰"电子政务年度人物"和推进电子政务应用的先进单位。

7月

7月1日 国务院办公厅近布《关于印发当前政府信息公开重点工作安排的通知》。要求当前要重点推进9个方面的政府信息公开,包括推进行政审批信息公开、推进财政预算决算和"三公"经费公开、推进保障性住房信息公开等。

7月16日 全国知识产权宣传与政务信息工作会在青海省西宁市召开。国家知识产权局副局长鲍红出席会议并讲话,青海省政府副省长高云龙出席会议并致辞。会议由国家知识产权局办公室主任廖涛主持。全国各省(区市)、计划单列市、副省级城市知识产权局共计110余名有关负责人和代表参加会议。

7月18日 贵州省政府办公厅正式印发《贵州省人民政府门户网站管理办法》。办法要求，省政府门户网站的建设要以公众为中心、以服务为导向，遵循"统筹规划，服务优先，资源共享，安全保密"的原则，着力打造服务型政府网站，促进政府行政效能和服务效率的提升。

7月25日 由国家信息化专家咨询委员会主办的2013年中国信息化进程报告会在北京召开。会议以"智慧城市与城镇信息化发展"为主题，解读有关部门智慧城市建设规划、政策和措施；介绍国际智慧城市发展现状、趋势；交流智慧城市建设经验，宣传和推动我国信息化发展。

7月25日 《中国林业信息化发展报告2013》出版发行。《报告》系统总结了2012年全国林业信息化建设的成就和存在的难点问题，客观分析了全国林业信息化建设面临的新形势和新任务。

7月30日 人民网舆情监测室联合新浪微博共同发布《2013上半年新浪政务微博报告》（以下简称"报告"）。报告显示，新浪认证的政务微博总数已超7.9万，发博总数超过6000万条，被网友转评总数约3.6亿次。相比2012年底，发博数和被网友转评数增长率分别高达73%、177%，显示出2012年上半年新浪政务微博活跃度、传播力、影响力仍继续高速增长。

7月31日 国务院总理李克强主持召开国务院常务会议，研究推进政府向社会力量购买公共服务，部署加强城市基础设施建设。这是解决我国公共服务薄弱问题，调结构、惠民生的重要举措，也是政府进一步放开市场，让社会各方公平参与的发展之机。

8月

8月5日 住房和城乡建设部对外公布2013年度国家智慧城市试点名单，确定103个城市（区、县、镇）为2013年度国家智慧城市试点。住房和城乡建设部要求，各地要针对本地区新型城镇化推进中的实际问题，制订出智慧城市创建目标，做好顶层设计；制订创建任务和重点项目的时间节点；创新体制机制，明确责任和考核制度，落实相关保障措施。

8月8日 经国务院常务会议讨论通过，国务院印发《关于促进信息消费扩大内需的若干意见》（以下简称《意见》）。《意见》指出，促进信息消费，要以深化改革为动力，以科技创新为支撑，坚持市场导向、改革推进、需求引领、有序安全发展的原则，围绕挖掘消费潜力、增强供给能力、激发市场活力、改善消费环境，加强信息基础设施建设，加快信息产业优化升级，大力丰富信息消费内容，提高信息网络安全保障能力，推动面向生产、生活和管理的信息消费快速健康增长。

8月14日 中国人民银行召开2013年金融信息化研究与宣传工作座谈会。会议分析了当前金融信息化建设与安全风险防范工作面临的形势，总结了人民银行金融信息化研究与宣传工作，提出了下一阶段工作要求。

8月15日 国务院办公厅印发了《政府机关使用正版软件管理办法》（以下简称《办法》），对各级政府机关使用正版软件工作提出具体要求。《办法》明确要求各级政府机关的计算机办公设备及系统必须使用正版软件，禁止使用未经授权和未经软件产业主管部门登记备案的软件。各级政府机关工作人员不得随意在计算机办公设备及系统中安装或卸载软件。

8 月 23 日　工业和信息化部印发《信息化和工业化深度融合专项行动计划（2013～2018 年）》（以下简称《计划》）。《计划》目标是到 2018 年，两化深度融合取得显著成效，信息化条件下的企业竞争能力普遍增强，信息技术应用和商业模式创新有力促进产业结构调整升级，工业发展质量和效益全面提升，全国两化融合发展水平指数达到 82。

8 月 27 日　第三届全国林业信息化工作会议在长春举行。会议的主要任务是深入贯彻落实党的十八大精神和国务院关于加快推进信息化建设的一系列决策部署，认真总结"十二五"以来的林业信息化工作，科学分析林业信息化工作面临的形势，进一步理清思路、明确方向，研究部署当前和今后一个时期的工作，加快推进林业信息化发展，努力打造智慧林业，为发展生态林业民生林业做出新贡献。

8 月 29 日　国家邮政局召开了全系统信息化建设工作电视电话会议，全面总结前一阶段国家邮政局监管体系基础信息系统建设情况，安排部署下一阶段建设工作。国家局副局长王梅出持会议并作重要讲话。她强调，国家局监管体系信息系统建设是国家局重要工作之一，也是国家局群众路线教育实践活动要办好的八件实事之一。各级邮政管理部门要总结经验，攻坚克难，精心组织，上下联动，按照既定目标要求，高质量、高效率完成"12·31工程"建设的各项任务。

9 月

9 月 2 日　中央纪委监察部网站（http：//www.ccdi.gov.cn/）正式开通。网站公布了中央纪委监察部组织机构框图。网站作为中央纪委监察部信息公开、新闻发布、政策阐释、民意倾听、网络举报的主渠道、主阵地，紧紧围绕党风廉政建设和反腐败工作中心任务，以中央纪委监察部和各级纪检监察机关为支撑，倾力打造权威发布平台、宣传教育平台、工作展示平台、互动交流平台、网络监督平台和纪检监察业务数据库，为党风廉政建设和反腐败工作提供舆论支持和宣传服务。

9 月 10 日　锐捷网络与浪潮在北京签署战略联盟协议，双方合作重点将围绕浪潮服务器、锐捷网络相关产品的兼容和优化。包括浪潮云海数据中心操作系统对锐捷全线网络设备的兼容，以及云海 OS 实现对数据中心计算、存储、网络资源的全面调度。

9 月 29 日　为加快推进我国信息化事业发展，工信部会同国务院有关部门编制了《信息化发展规划》（以下简称为《规划》）。《规划》指出，到 2015 年，信息化和工业化深度融合取得显著进展，经济社会各领域信息化水平显著提升，信息化发展水平指数达到 0.79。

工业和信息化部经研究确定北京市等 18 个省级地方和北京市海淀区等 59 个市（县、区）作为首批基于云计算的电子政务公共平台建设和应用试点示范地区，鼓励地方在现有基础上建设集中统一的区域性电子政务云平台，支持各部门业务应用发展，防止重复建设和投资浪费，促进互联互通和信息共享，增强电子政务安全保障能力，推动电子政务朝集约、高效、安全和服务方向发展。

10 月

10 月 11 日　由国土资源部地质环境司和中国地质环境监测院联合主办的全国省级地质

环境信息化建设研讨会在重庆市召开。会议传达了国土资源部办公厅印发的《全国地质环境信息化建设方案》（国土资厅〔2013〕28号文）的相关精神，参观了重庆市国土资源和房屋管理局信息平台建设成果，交流了各省地质环境信息化工作中出现的问题，总结了各省地质环境信息化工作成效和经验，通报了地质环境信息化今后推广应用的方案，进一步梳理和明确了今后地质环境信息化建设的总体思路和重点任务。

10月14~18日 受中组部委托，工业和信息化部在南京举办了"2013年第十一期政府管理创新和公共服务能力建设——电子政务专题研究班"。研究班通过专题讲座和现场教学参观等多种形式，向学员们介绍了以信息化手段创新政府管理和服务、"十二五"信息化发展与展望、智慧城市建设、电子政务应用与实践、网络舆情监测与引导、新时期信息安全态势、行政管理体制改革与建设服务型政府等内容。来自全国30个地市分管工业和信息化工作的副市长参加了此次培训。

10月17日 国家林业局正式颁布了《林业数据库设计总体规范》等23项林业信息化行业标准。这些标准是规范林业信息化建设秩序、提高林业信息化建设成效、促进全国互联互通和信息共享的重要技术性文件。

11月

11月13日 中国首个以推动与促进中国云计算产业的自主创新和跨越式发展为宗旨的综合性云体系产业创新战略联盟在京成立。中国云体系产业创新战略联盟依托中国产学研合作促进会，由清华大学、北京大学、工业和信息化部国际经济技术合作中心等联合发起、共同组建，其宗旨是引入国际云体系的先进理念、技术和经验，促进并推动中国云产业的自主创新和跨越发展。联盟同时致力于整合政府、产用学研和资本市场资源，全方位促进和推动中国云计算产业国内和国际合作。

11月20日 受国家发展和改革委员会委托，国家工商总局在京组织召开了企业信用监管一期工程建设项目竣工验收会。国家工商总局副局长马正其在会上指出，要大力加强信息化建设，充分利用已有信息化成果，积极推进国家法人库、社会信用体系等重点信息化工程建设，为工商行政管理创新发展提供重要支撑。验收委员会经过严格的验收审查，对企业信用监管一期工程建设项目给予了充分肯定，认为该项目完成了全部建设任务，项目组织实施有力，工程建设成效显著。验收委员会一致同意该项目通过竣工验收。

11月25日 民政部、工业和信息化部联合全国社区公共服务综合信息平台建设推进会在上海召开。会议的主要任务是深入贯彻党的十八届三中全会精神，全面落实民政部、国家发展改革委、工业和信息化部、公安部、财政部《关于推进社区公共服务综合信息平台建设的指导意见》文件精神，总结交流各地社区信息化建设经验，统一思想、提高认识、明确任务、密切协作，加快社区信息化建设步伐，为深化社会体制改革、构建新型基层社会管理和服务体系奠定坚实基础。民政部部长李立国、工业和信息化部副部长杨学山出席会议并讲话。

12月

国家电子文件管理信息系统建设试点——全国宗地统一代码电子文件管理信息系统工

程，日前在北京通过初步验收。试点工程将以宗地统一代码为核心的土地管理信息融入国家信息化试点，为不动产统一登记信息平台建设奠定了技术基础。

12月31日全国林业网站绩效评估工作完成。评估工作对全国林业系统47个司局和直属单位子站、41个省（包括31个省林业厅、5个计划单列市林业局、四大森工集团、新疆兵团林业局）林业网站、38个市县级网站以及84个专题子站进行了全面评估。评选出全国林业十佳网站、国家林业局十佳网站、专题子站，以及网站单项指标领先单位。评估工作达到了以评促建、以评促用的目的。

附　　录

电子政务理事会名单

顾问

周宏仁　国家信息化专家咨询委员会常务副主任

高新民　国家信息化专家咨询委员会委员、中国互联网协会常务副理事长

陆宇澄　欧美同学会常务副会长、北京市人民政府原副市长

理事长

陆首群　中国开源软件推进联盟主席、中国工业经济联合会副会长　教授

常务副理事长

汪玉凯　中国行政体制改革研究会副会长、国家信息化专家咨询委员会委员、国家行政
　　　　学院教授

胡鹏举　星网锐捷网络有限公司政府及运营商行业部总经理

副理事长

王长胜　国家信息化专家咨询委员会委员、中国信息协会副会长

戴利华　中国科学自然科学期刊编辑研究会副理事长兼秘书长　研究员

郭诚忠　国家信息化领导小组办公室原副主任

沐华平　重庆市经济和信息化委员会主任、党组书记

陈正清　中国计算机用户协会理事长、原国务院电子振兴办原副主任

王安耕　国家信息化专家咨询委员会委员、中国国际信托投资集团公司原总工程师

阎冠和　北京市经济和信息化委员会原副主任

童腾飞　北京市经济和信息化委员会副主任

孙　钢　天津市经济和信息化委员会副主任

周德铭　中国审计学会副秘书长、计算机审计分会会长。"十二五"国家电子政务指导
　　　　专家组专家

戴瑞敏　国家行政学院电子政务专家委员会委员、国家分类与代码标准化委员会委员

金　锋　江西省信息中心原主任

查宗祥　国土资源部信息中心原副主任

王洪添　山东浪潮齐鲁软件产业股份有限公司首席执行官兼总经理

常务理事（以姓名汉语拼音排列）

蔡苏昌　陕西省工业和信息化厅副厅长

蔡　阳　水利部信息中心副主任

陈　俊　江苏省信息中心副主任

陈晓桦　中国信息安全产品测评认证中心副主任

慈明安　辽宁省政府办公厅副巡视员

董学耕　海南工业和信息化厅总工程师

董振国　　河北省人民政府网站管理中心主任
范高潮　　湖南省衡阳市电子政务管理办公室主任
樊千根　　江西省信息中心副主任
冯文友　　吉林省政府网站管理办公室主任
郭子龙　　山西省信息中心原常务副主任
郭作玉　　农业部信息中心主任
郝　力　　住房和城乡建设部信息中心副主任
何　军　　南京市信息中心主任
洪之民　　山东省信息中心主任、党委书记
胡晓明　　民政部信息中心副主任
黄长清　　湖北省武汉市信息产业办公室主任、党组书记
贾怀斌　　人力资源和社会保障部信息中心主任
江一山　　最高检察院检察技术信息研究中心副主任
兰　惠　　内蒙古自治区信息化工作办公室副主任
李建疆　　四川省经济和信息化委员会副主任
李景相　　甘肃省人民政府办公厅副巡视员
李　鸥　　国家广电总局信息中心常务副主任
李生栋　　青海省信息中心主任
李世东　　国家林业局办公室副主任、信息化管理办公室主任
李晓波　　国土资源部信息化工作办公室副主任
刘　斌　　中央纪委信息中心（网络举报管理中心）副主任
刘春贵　　山东省济南市信息中心主任
刘惠军　　山东省青岛市人民政府副秘书长、青岛市电子政务办公室主任
刘　稚　　新疆自治区政府电子政务办公室主任
孟继民　　辽宁省经济和信息化委员会副主任
孟西林　　河南省工业和系信息化厅副厅长、党组成员
单志广　　国家信息中心信息化研究部首席工程师、规划研究室主任、研究员
商建东　　河南省郑州市人民政府副秘书长
沈渭智　　甘肃省电子政务办公室　主任
石跃军　　国家工商行政管理总局信息中心总工程师
舒兆兰　　湖南省常德市电子政务管理办公室主任
宋　庆　　中央编办电子政务中心副主任
苏国平　　新疆维吾尔自治区经济和信息化委员会党组副书记、副厅长（厅长级）
孙松涛　　上海市政府办公厅电子政务办公室主任、上海市公众信息网管理中心主任、
　　　　　　"中国上海"门户网主任
谭晓准　　公安部科技信息化局副局长
王　桦　　海关总署办公厅副主任
王　进　　浙江省经济信息中心常务副主任
王丽霞　　华侨大学人文与公共管理学院副院长、教授

蒋如明　湖南省永州市政府电子政务办公室主任

鞠伟伟　江苏省南京市信息中心网站管理部主任、高级工程师

李滴成　四川泸州市人民政府电子政务办公室主任

李　景　大连花园口经济区行政审批局　局长

李启青　北京市东城区信息化工作办公室副主任

李少昆　四川省攀枝花市电子政务办公室主任

梁爱民　北京市海淀区信息化工作办公室主任

梁占武　长春市信息中心副主任

刘邦凡　燕山大学文法学院院长、教授、博士

刘庆龙　清华大学公共管理学院教授

刘　莎　首都之窗运行管理中心副主任

刘秀梅　全国社会保障基金理事会信息技术部信息处理处处长

刘永奇　陕西省渭南市信息化工作办公室主任

马　严　北京邮电大学信息网络中心副主任、教授

马　蕴　河北省经信委信息化推进处处长

聂和平　山西长治市政府信息中心主任、教授级高工

潘建国　河南省南阳市电子政务中心主任

潘哲旭　佳木斯市信息中心主任

彭宝富　山西省朔州市政府信息中心主任

亓　巍　武汉市科技信息中心主任、高级工程师

钱　杰　上海市绿化和市容管理局科技信息处处长

冉忠涛　大连市政府行政服务中心电子政务处处长

邵德奇　科学技术部信息中心处长、研究员

沈家德　温州市电子政务中心主任

盛　铎　河南郑州市电子政务中心主任

石伟光　商务部信息化司处长

石志明　长沙市人民政府电子政务管理办公室副主任

税　军　海南省工业和信息化厅信息化推进处处长

宋　刚　北京市城市管理综合执法局科技信息中心主任

宋　唯　上海市房屋土地资源信息中心主任

宋彦敏　广东省广州市科技和信息化局电子信息处处长

史　明　辽宁省沈阳市经济信息中心总工程师

史亚巍　北京市经济开发区信息中心主任

神志雄　广东省经济和信息化委员会信息化推进处处长

寿志勤　合肥工业大学电子政务研究所所长

孙立杰　贵州省六盘水市电子政务办公室主任

唐慧荣　贵州省贵阳市工业和信息化委员会副主任　贵阳市信息产业发展中心主任

滕建新　湖南省怀化市电子政务管理办公室主任

王岚生　北京市高级人民法院信息技术处处长

王德进　最高人民法院科技处处长

王　红　贵州省政府办公厅电子政务处副处长

王　俊　湖北省宜昌市人民政府副秘书长兼市电子政务办公室主任

王汝国　北京市监狱管理局技术装备处副处长

王　臻　北京市朝阳区信息化工作办公室主任

巫　晨　江苏省仪征市电子政务中心主任

吴　键　司法部办公厅技术处处长

吴　敏　中国地震台网中心信息网络部副主任

肖　兵　九江市人民政府信息化工作办公室党组书记、主任

熊朝阳　重庆市政府电子政务办副主任

徐　林　贵州省工商局信息中心主任

殷光霁　上海市虹口区人民政府办公室副主任

尹国胜　晋中市委市政府信息化中心主任

尹　岷　北京市国土资源局信息中心主任

余力克　江西省交通运输厅信息中心主任

于　伟　北京市住房和城乡建设信息中心主任

乐　知　深圳市罗湖区电子政务中心（信息中心）主任

张斌峰　江苏省人力资源和社会保障信息中心主任

张发盛　福建省龙岩市数字龙岩建设办公室主任

张光玉　黑龙江省政府办公厅电子政务办公室调研员

张建明　无锡惠山区通信信息网络中心主任

张　俊　江西省上饶市政府电子政务办公室主任

张军力　福建省厦门市电子政务中心副主任、教授级高级工程师

张鹏翥　上海交通大学安泰经济与管理学院 MIS 中心主任、教授

赵常山　大兴区经济和信息化委员会副主任

赵　宏　长春市政府办公厅电子政务处处长

赵金山　山西省朔州市人民政府副秘书长

赵　军　东营市人民政府办公室电子政务中心主任

赵仕品　成都市政府行政效能建设办公室副主任

赵淑红　河南省工业和信息化厅电子政务与信息安全处处长

郑　辉　广东省电子政务协会副秘书长

郑纪华　甘肃省数字兰州办公室主任

周　李　北京市市政管委信息中心主任

周晓英　中国人民大学信息资源管理学院教授

周兆贤　肇庆市经济和信息化局党组成员、肇庆市信息中心主任

邹　力　交通运输部人事科教司信息化管理处处长

朱孝军　马鞍山市信息化管理办公室主任

后 记

《中国电子政务年鉴（2013）》又将付印了，虽然和去年一样，年鉴的组稿、评议修改、发行宣传历时也是七个月，但作者单位要比去年多了30%，而且，写作更规范了，干货也多了不少，连出版社的编辑也表扬咱们了。

因为本篇是后记，估计有耐心看完这篇文字的人不多，所以，我想在这里爆个"料"：本年鉴的作者绝大部分是政府办公厅和经信委系统的，这部分占七成，都是政府职能部门的，而40多家部委办局信息中心的作者，也是参公的事业单位的人，什么意思呢？就是说本书所讲的电子政务的事情以及干这事的人，都是官家的，而组编单位却是一家实实在在、不折不扣的民间组织。换句话说，就是一家民间组织，未经主管部门授权，编了一部电子政务的"官"史。

不知道读者对我爆的这个"料"怎么看？反正一年前我是不敢说的。电子政务这个事，在我们国家就像是皇帝的新衣，时尚、新潮，领导们似乎都愿意把它当个抓手，每年全国要花400~500个亿的钱，养着20万~30万政府信息化专职、专业管理人员，干着梳理政务流程、推动信息公开、提升行政效能、创新社会管理、智慧公共服务的各种大小事，上万家国内外IT企业，上百万从业人员7×24小时为电子政务日夜服务，热闹得很呢！

可是谁若要问中国的电子政务这个事谁是主管单位？估计大多数人说不清楚。近日有民政部办公厅一位领导说，电子政务归中办、国办、发改委、工信部主管，说是有文件可证。想是我愚钝，近日遍查诸单位所发有关文件，实在找不出电子政务的主管单位是谁！终于找到了习总书记在国家网络安全和信息化领导小组第一次工作会议上说过，我国互联网管理体制是"九龙治水"的格局，也就大概明白了这位领导说"电子政务有主管单位"这句话的意思了。他所列的上述四家单位都管着电子政务的某些事情，但都不负责电子政务的顶层设计、发展规划、行业标准、从业资质，都是运动员兼裁判员。你管互联网内容，忙着扫黄；我管电子政务工程项目投资，忙着需求分析和项目验收；他管着信息公开、政府网站、忙着统计公开量和在线访谈，还有部门管着电子政务发展规划、公共平台、网站评估，忙着试点项目。其实管着电子政务事情的部门还有呢！公安部、住建部、科技部、财政部、民政部、卫生和人口计生委……这些部门都参与基础数据库、智慧城市、信息化软硬件服务的采购等等。一句话，说是"九龙治水"，真是大实话，唯一有问题的是"电子政务有主管部门"这句话是个伪命题。

作为国家信息化领导小组的参谋咨询机构——国家信息化专家咨询委员会在2012年11月给国家高层领导的一份报告中明确指出"电子政务管理面临的问题尤为严重。我国电子政务管理涉及的部门多、政府直接投入大，客观上对电子政务相对集中管理提出了更高的要求。但是，由于我国电子政务建设的规划、预算、审批、评估等各个环节分别由不同部门管理，特别是项目建设存在多头立项、多头审批的问题，尚未形成一个完整的机制，没有一个牵头部门对电子政务建设进行全方位的统筹，这就很容易造成重复投入、浪费投入。"

正是因为 20 年来我国电子政务实际上没有一个"牵头"的主管部门，才会出现由电子政务理事会这样一个民间组织来组编《电子政务年鉴》这件事。实际上，许多政府部门管不了、管不好的事情，就应该由民间组织或者政府支持的社会组织来做，这是今天改革的一个方向。

好在十八大三中全会以来，党中央、国务院再次高举改革的旗帜，强调市场的决定性作用，在政府与市场的关系上也明确提出，法律不禁止的市场皆可为，法律不授权的政府不可为。这一改革精神为社会组织和企业释放出巨大的活力和空间，可以说，无法授权，无须授权，电子政务理事会就可以编年鉴这件事，本身是电子政务行业所获得的改革红利。

在 2012 年和 2013 年的年鉴发行函中，我们给年鉴的定位是"工具书和知识库"，其实是一个意思，都不是行业数据库。一旦由电子政务理事会部分理事单位发起设立的"中国电子政务协会"由民政部登记成立了，我想真正的行业年鉴应该是数据库，至少可以说清楚电子政务这个行业是由哪些单位和人组成的，有多少投资和就业岗位，每年的信息消费量有多少，产出是多少，能对机构精简、效率提高、问责透明起哪些作用……

这些是我的梦想。

后记宜短，就此打住。

最后我代表年鉴编委会感谢每一位《年鉴》的读者和作者，谢谢大家对中国电子政务事业的关心和支持，对编辑部各位同仁：于丽丽、冯红娜、李云飞、曾相云、王翠颖、周利娜、马山山的勤劳工作表示感谢！

电子政务理事会秘书长　彭维民

2014 年 5 月

图书在版编目（CIP）数据

中国电子政务年鉴. 2013/电子政务理事会编. —北京：社会
科学文献出版社，2014.5
　ISBN 978 - 7 - 5097 - 5962 - 2

　Ⅰ.①中…　Ⅱ.①电…　Ⅲ.①电子政务 - 中国 - 2013 - 年鉴
Ⅳ.①D630.1 - 39

　中国版本图书馆 CIP 数据核字（2014）第 083428 号

中国电子政务年鉴（2013）

编　　　者/电子政务理事会

出 版 人/谢寿光
出 版 者/社会科学文献出版社
地　　　址/北京市西城区北三环中路甲 29 号院 3 号楼华龙大厦
邮政编码/100029

责任部门/皮书出版分社　（010）59367127　　责任编辑/周映希　尤　雅　崔　岩
电子信箱/pishubu@ssap.cn　　　　　　　　责任校对/朱润锋　师军革　刘欣惠
项目统筹/邓泳红　　　　　　　　　　　　　责任印制/岳　阳
经　　　销/社会科学文献出版社市场营销中心　（010）59367081　59367089
读者服务/读者服务中心　（010）59367028

印　　　装/三河市东方印刷有限公司
开　　　本/787mm×1092mm　1/16　　　　　印　　张/52
版　　　次/2014 年 5 月第 1 版　　　　　　字　　数/1329 千字
印　　　次/2014 年 5 月第 1 次印刷
书　　　号/ISBN 978 - 7 - 5097 - 5962 - 2
定　　　价/350.00 元